한국 교회 강단의 갱신과 부흥을 위한

하나님 중심적 설교

(God-Centered Preaching)

한국 교회 강단의 갱신과 부흥을 위한

하나님 중심적 설교

지은이 · 김창훈
펴낸이 · 김미정

초판발행일 · 2016. 9. 4
증보판발행일 · 2023. 7. 25

펴낸곳 · 호밀리아
출판등록 · 25100-2011-000033호

서울 노원구 상계2동 1282 상계2차 중앙하이츠 201-2002

총판 하늘물류센터 전화 (031) 947-7777 팩스 (031) 947-9753
Copyright ⓒ2023 호밀리아출판사

한국 교회 강단의 갱신과 부흥을 위한

하나님 중심적 설교
God-Centered Preaching

김창훈 지음

호밀리아

목 차

들어가는 말

'하나님 중심적 설교(God-Centered Preaching)'를 회복하자!

클라이드 라이드(Clyde Reid)는 1960년대 말에 미국 교회 설교의 위기를 보면서 '강단이 텅 비었다(empty pulpit)'고 평가하였다. 그렇게 많이 설교가 행해지고 있음에도 불구하고 청중들은 마치 강단이 빈 것 같은 허전함을 느낀다는 것이다. 필자는 라이드가 말한 미국 교회 설교의 위기가 오늘날 한국 교회에도 그대로 나타나고 있다고 생각한다(위기의 원인과 처방에 대한 라이드와 필자의 견해는 다르다 할지라도). 오늘날 그렇게 많은 설교가 행해지고 있음에도 불구하고 설교가 청중의 영적인 갈급함을 온전히 채워주지 못하고, 삶의 문제나 고민에 대한 분명한 해답을 주지 못하는 것 같다. 설교의 능력이 점점 사라지고 있다.

물론 강단의 위기는 설교자와 청중이 함께 책임 져야 할 문제이다. 청중이 설교를 들어도 영적인 배부름을 경험하지 못하고 삶이 변화되지 않는 것은 설교자들이 사명을 제대로 감당하지 못한 것이 원인이 될 수도 있고, 청중의 마음 밭이 박토가 된 것이 원인이 될 수도 있다. 예를 들어, 청중이 설교가 길다고 불평한다고 하자. 그것은 설교자가 준비되지 않는 뻔한 설교를 한 것이 원인이 될 수도 있고, 청중의 마음 밭이 좋지 않아서 설교가 길게 느껴질 수도 있다는 것이다. 물론 양쪽 다 문제일 수도 있다. 그러나 필자는 궁극적으로 설교의 위기에 대한 전체적인 책임은 설교자가 져야한다고 생각한다. 그것은 묵은 땅을 경작해서 옥토로 만들어야 할 책임까지도 설교자에게 있기 때문이다.

이러한 상황에서 더하거나 빼거나 왜곡하는 일이 없이 본문의 핵심 메시지를 바르고 분명하고 능력 있게 전달하는 '(삼위) 하나님 중심적 설교'는 이 시대의 절실한 요구이다. 설교자는 바른 말씀이 고갈되어 가고 있는 위기의 시대에 "여호와의 율법을 연구하여 준행하며 율례와 규례를 이스라엘에게 가르치기로 결심(스 7:10)"하고, 실제적으로 "하나님의 율법 책을 낭독하고 그 뜻을 해석하여 백성으로 그 낭독하는 것을 다 깨닫게 하였던(느 8:8)" 에스라를 본받아야 한다. 그때 강단에서의 말씀의 능력이 회복되고, 설교자와 청중 모두가 영적인 부흥을 경험하리라 믿는다. 본서는 이러한 하나님 중심적 설교에 대한 구체적이고 실제적인 안내서(案內書)요, 지침서(指針書)이다.

제 1 부
설교의 이해

제1장

한국 교회의 상황:
한국 교회의 문제와 목회적 제안[1]

효과적이고 설득력 있는 설교를 위해서 청중 분석은 필요하고 중요하다. 설교자는 적용, 설교의 주제, 그리고 설교의 목적을 결정할 때 반드시 청중이 처해 있는 상황을 고려해야 한다. 넓은 범위에서 한국 교회 현재의 상황은 설교를 준비하고 전하는 과정에서 반영되어야 할 부분이다. 따라서 본서의 서론이라고 할 수 있는 본장에서는 설교자가 늘 고려해야 할 한국 교회의 상황에 대해 논의하고자 한다.

이 땅에 복음이 전파된 이래 한국 교회는 기독교 역사에서 그 유례를 찾아보기 쉽지 않은 괄목할 만한 성장을 이루었다. 일반적인 통계에 의하면, 규모 면에서 세계 10대 교회의 절반 이상이 우리나라에 있고, 한국 교회는 세계에서 두 번째로 많은 선교사를 파송하고 있다.[2] 또한 한국 교회만큼 열정적으로 기도하는 나라도 드물다. 거의 대부분의 교회가 새벽기도회를 하는 나라도 없지만, 한 교회의 새벽 기도회에 몇 만 명이 참석한다는 것은 다른 나라에서는 꿈도 꾸지 못하는 일이다. 그래서 외국에 가보

---

1) 본장은 「신학지남」 312(2012/가을호): 259-279에 "한국 교회 회복을 위한 목회적 제안"으로 게재된 논문을 수정 보완한 것이다.
2) 한국세계선교협의회(KWMA: http://www.kwma.org)가 발표한 통계에 따르면, 2014년 12월 말 현재 한국 선교사는 총 170개국에 26,677명(이중소속 선교사 수의 절반 제외) 파송된 것으로 나타났다. 전체적으로 꾸준히 늘어나고 있지만, 전년도 대비 1,003명이 증가했던 2013년(총 169개국 26,703명)보다는 적은 932명이 증가했다.

면 한국 교회에 대해서 많이 궁금해 하고, 어떤 분들은 한국 교회를 방문한 것을 대단한 자랑으로 여기기도 한다.

그러나 최근의 여러 지표들이 보여주는 것처럼, 한국 교회는 위기를 맞고 있다. 최근 20년 간 한국 교회는 정체 내지는 마이너스 성장을 하고 있다.[3] 뿐만 아니라, 한국 교회는 전체적으로 성경에서 말씀하는 교회다운 모습을 제대로 보이지 못하고 있고 교회로서 제 기능과 역할을 온전히 감당하지 못하고 있다고 평가된다.[4] 세상의 빛과 소금이 되기보다는 오히려

---

[3] 통계청 보고에 의하면, 2005년 11월 1일 현재 기독교 신자는 876만 6000여 명으로 10년 전에 비해 14만 4000여 명(1.6%) 줄어들었다. 반면 천주교 신자는 74.4% 증가한 514만 1000여 명, 불교 신자는 13.9% 증가한 1072만 6000여 명으로 조사됐다. 심지어 원불교도 13만 명으로 2배에 가깝게 증가했다고 한다. 다른 종교의 신자 수는 증가되었는데 유독 기독교인의 숫자만 감소한 것이다. 뿐만 아니라 한국갤럽이 한국인의 종교 실태, 인식, 의식 등을 주제로 1984년, 89년, 97년, 2004년에 이어 2014년까지 총 5차례 조사 보고한 자료에 의하면(『한국인의 종교』[서울: 한국갤럽, 2015], 24-31), 2014년 현재 개종 경험이 있는 응답자에게 이전 종교가 무엇이었는지에 대한 질문에 불교가 33%, 천주교가 10%, 기독교가 52%로 응답하였고, 신앙생활을 하지 않는 비종교인 가운데 개신교에서 이탈한 사람은 68%, 불교에서 이탈한 사람은 22%, 천주교에서 이탈한 사람은 10%로 조사되었다. 그에 반하여 비종교인 가운데 가장 호감을 느끼는 종교에 대해 불교가 25%, 천주교가 18%, 그리고 기독교가 10% 순이었다. 한국갤럽의 이러한 조사 결과는 한국의 대표적인 종교들 가운데 기독교가 이탈률은 가장 높고, 호감도는 가장 뒤떨어져 있음을 보여준다. 또한 미래 학자인 최윤식(『2020·2040 한국 교회 미래 지도』[서울: 생명의 말씀사, 2013], 39-63)은 한국 교회가 뼈를 깎는 노력으로 갱신하지 않고 그냥 이대로 가면 2050-60년에 이르면 한국 교회 교인수는 300-400만명으로 반토막 날 것이고, 베이비붐 세대가 은퇴하는 2028년에는 헌금도 반토막 나서 목회와 선교의 엔진이 꺼질 것이라고 주장하였다. 이러한 상황에서 더욱 안타까운 것은 한국 교회의 성도 수와 호감도는 감소하고 있는 반면 소위 '안티기독교운동'은 갈수록 극성스러워지고 있다는 것이다. 포털 사이트(portal site)에서 '안티기독교운동'을 검색해 보면 안티기독교운동이 얼마나 활발하게 움직이고 있는지 쉽게 알 수 있다.

[4] '한국목회자협회'가 발표한 바에 의하면, 기독교인들 가운데 교회에 나가지 않는 이유는 '목회자들에 대한 좋지 않은 이미지'(19.6%), '교인들이 배타적이고 이기적이어서'(17.7%), '헌금을 강조해서'(17.6%) 등으로 나타났다(한국목회자협의회, 「한국 기독교 분석 리포트」[서울: 도서출판 URD, 2013], 71). 또한 이 보고서에 따르면 종교를 믿을 의사는 있으나 개신교로 개종할 의향이 없는 응답자들에게 이유를 물은 결과 '상업적이라서'(19.5%), '믿음이 안 가서'(12.2%), '자기중심적이라

세상 사람들의 지탄과 비난의 대상이 되기도 한다. 그래서 혹자는 한국 교회를 유람선 타이타닉에 비유하곤 한다. 곧 침몰될 것인데 정신 차리지 못하고 현재의 그럴듯한 상황에 도취되어 있다는 것이다. 혹자는 한국 교회를 IMF를 경험했던 한국 경제에 비유하기도 한다. 외관상 그럴듯하게 보이지만 거품이 많다는 것이다.

이러한 상황에서 한국 교회를 사랑하고 염려하는 사람들이 이구동성으로 지적하는 것처럼, 한국 교회는 이제 화려한 외관이나 그럴듯한 규모만을 자랑하고 거기에 만족하거나 도취되어서는 안 된다. 지금은 냉철하게 반성하고 점검해야 하며 가시적인 조치를 취해야 할 때이다. 어떤 면에서, 가장 시급하게 한국 교회가 할 일은 민족 복음화나 세계 선교가 아니다. 물론 그러한 것들도 무시되어서는 안 되고 병행해야 하지만, 한국 교회에 가장 시급한 일은 내적 정비이다. 교회를 새롭게 하고 교회를 교회답게 하는데 전력을 기울려야 할 것이다. 이와 관련하여 다양한 방향에서 다양한 제안들이 제시되고 있는데, 본장에서는 목회적 관점에서 접근하려고 한다. 이를 위해 필자는 먼저 한국 교회가 안고 있는 대표적인 문제점들을 지적하고, 이어서 한국 교회가 회복하기 위해 필요한 조치가 무엇인지 제안하고자 한다.

서'(11.3%), '맹목적으로 추종하는 모습이 싫어서'(8.1%) 등으로 응답해, 기독교에 대한 부정적 이미지와 신뢰도 하락이 기독교로 개종하고 싶지 않은 중요한 이유인 것으로 나타났다(한국목회자협의회, 「한국 기독교 분석 리포트」, 41). 뿐만 아니라 비종교인을 대상으로 종교별 신뢰도를 평가한 결과 천주교 26.2%, 불교 23.5%에 이어 기독교는 18.9%로, 주요 종교 중 가장 낮았다(「한국 기독교 분석 리포트」, 159). 기윤실도 2008년부터 6년 동안 4차례에 걸쳐 한국 교회의 사회적 신뢰도를 측정했는데, 3년 만에 실시한 2013년 조사에서 종교 간 신뢰도 비교에서 기독교는 3대 종단(불교, 가톨릭, 기독교) 가운데서 이번에도 꼴찌를 기록했다. 19세 이상 1000명의 대상자는 가장 신뢰하는 종교에 가톨릭 29.2%, 불교 28%, 기독교 21.3% 순으로 답했다. 종교가 없는 응답자 중 기독교 신뢰도는 8.6%에 불과했다.

I. 한국 교회가 안고 있는 대표적인 문제: 세속화와 이교화

오늘날 한국 교회가 안고 있는 대표적인 문제를 종합적으로 요약한다면 크게 두 가지라고 필자는 생각한다. 그것은 교회의 세속화와 이교화(異敎化)이다.

먼저, 한국 교회가 직면하고 있는 가장 심각한 문제 가운데 하나는 교회의 세속화이다. '교회의 세속화'라는 것은 교회와 세상의 구별이 점점 없어져 가고, 교회가 세상의 기관들과 점점 같아져 간다는 것을 의미한다.5) 1988년 한국 교회를 방문하여 급성장하는 한국 교회를 약 10개월 정도 면밀히 분석한 레오 오스테롬(Leo Oosterom)은 "한국 교회가 가까운 미래에 직면할 최대의 이슈는 세속화의 문제가 될 것이다."6)고 결론 내렸다. 그의 말이 어느 때보다도 우리 모두에게 절실하게 느껴지고 있다. 세상의 '성공지상주의'와 '물량주의'의 원리가 그대로 교회에도 유입되었다. 세상의 기업들이 이윤을 높이기 위해서 수단과 방법을 가리지 않는 것처럼 많은 교회가 양적인 확장을 교회의 최대 목표로 설정하고 그것을 위해서 수단과 방법을 가리지 않는다. 주님을 머리로 한 지체로서의 교회가 서로 협력하고 세워주어야 하는데 경쟁의 대상이 되었다.7) 예컨대, 새로 입주하는 아파트 지역에 가보면 여러 교회들이 교인들을 자기 교회로 유치하기 위해 심하게 경쟁하는 모습들을 쉽게 찾아 볼 수 있다. 보기에 민

---

5) 이정석은 세속화는 "로마서 12:2에 나오는 '세상을 본받는 것' 즉 '세상화'의 개념과 거의 동일하다"고 하였다(이정석, 『세속화 시대의 기독교』[서울: 이레서원, 2000], 18).

6) 이정석, 『세속화 시대의 기독교』, 17에서 재인용.

7) 글렌 와그너(E. Glenn Wagner)는 오늘날 교회가 약화되고 제 기능을 발휘하지 못하는 핵심적인 문제는 교회가 신앙 공동체가 아니라 주식회사(기업)가 되었기 때문이고, 목회자가 목자가 아니라 최고경영자(CEO)가 되었기 때문이라고 날카롭게 지적하였다. E. Glenn Wagner, *Escape from Church, Inc.* 차성구 역, 『하나님의 교회 vs 교회 주식회사』(서울: 좋은 씨앗, 2000), 23-38.

망할 정도이다. 물론 교회가 양적으로도 성장해야 한다. 최선을 다해 전도함으로 믿는 사람들의 수가 계속 증가되어야 한다. 그러나 교회가 교인들을 뺏기 위해서 서로 경쟁해서는 안 된다. 교회가 서로 협력하지 못하고 수적 확장을 위해 싸우는 모습을 보시는 하나님의 마음은 어떨까? 형제들끼리 서로 잘 살겠다고 싸우는 것을 본 부모의 마음과 같을 것이다. 뿐만 아니라,

한국 교회 지도자들의 정치와 감투싸움을 보면 한심하기 그지없다. 정치적 실권을 잡고 이권을 챙기기 위해 물리력을 동원하고 법적 소송을 하면서 진흙탕 싸움을 하는 추악한 모습들이 매스컴을 통해 자주 보도된다. 교회가 세상과 구별되고 세상에 희망이 되어야 하는데 전혀 그렇지 못한 모습을 보면서 참담함을 느끼지 않을 수 없다. 물론 성공, 명예, 물질 등에 완전히 자유스러울 사람은 하나도 없다. 그러나 현재 하나님 앞에서 살고 있고, 나중에 하나님 앞에 설 것을 믿는 사람들로서 그런 의식이 전혀 없는 세상 사람들과 최소한의 구별된 모습을 보여야 할 것이 아닌가?

한국 교회가 직면하는 또 하나의 문제는 이교화이다. 이교화는 기독교의 정체성과 독특성이 사라지고 기독교가 다른 종교와 구별이 없어져 가는 것을 의미한다. 한국 교회의 이교화를 보여주는 대표적인 예는 기복주의 신앙과 신유나 기적을 최우선시 하는 신앙이다.[8] 물론 성경에서 '복'은 참 중요한 개념이고 성경은 복된 삶을 강조한다(요 10:10). 문제는 많은 성도들이 생각하는 복의 개념이 성경에서 말씀하는 복의 개념과 다르다는데 있다. 시편 1편을 보면, 하나님의 말씀을 즐거워하며 묵상하고 순종하는 것이 복이라고 하였고, 산상 수훈에 보면, 심령이 가난하고 온유하고 주님을 위해서 핍박받는 것이 복이라고 하였다. 하지만 많은 교회가 다른 종교나 범신론적 샤머니즘이 강조하는 것처럼 자녀가 성공하고 물질적

---

8) 참고. "한국 교회의 문제점과 전통 종교와의 관계 연구," 「국제신학」 7(2005): 164-212.

으로 부유해지고 세상에서 명예를 얻고 출세하는 것 등이 최고의 복인 것처럼 강조하고, 그러한 복을 위해서 헌금과 봉사를 강요한다. 좀 심하게 들릴지 모르지만 헌금은 마치 무당들에게 바치는 복채와 비슷하고, 봉사는 유교의 인과응보의 사상에 근거한 것과 같은 느낌이 든다. 신앙의 최고의 목표와 관심이 범신론적 샤머니즘이 추구하는 것과 크게 차이나지 않고, 단지 수단과 방법만 다를 뿐이다.[9] 그것이 소위 '기복주의' 이다. 우리는 헌금과 봉사는 기본적으로 주께서 우리에게 주신 은혜에 대한 감사의 표현임을 기억해야 한다. 물론 우리의 몸과 마음과 물질을 온전히 하나님께 드릴 때 하나님께서 주시는 은혜와 복이 있다. 하지만 기독교 신앙의 본질과 핵심이 무엇인지 분명히 알고 섬기고 헌신해야 한다.

뿐만 아니라, 예수 안에서 얼마든지 기적적인 일들, 병 고침이 일어날 수 있다. 아니 당연히 일어나야 한다. 인간의 상식을 초월하고 과학과 의학이 설명할 수 없는 놀라운 하나님의 능력과 사랑을 체험함으로 우리의 신앙이 더욱 깊어지고 하나님을 더욱 감격적으로 섬길 수 있다. 그러나 그것이 성경이 말씀하는 신앙생활의 핵심은 아니다. 신앙의 최우선적 본질은 십자가에 못 박히신 주님을 인격적으로 만나는 것이고, 그 주님으로 인해 세상이 줄 수 없는 즐거움을 경험하고 영광스러운 나라를 소망하며 여러 가지 어려움 가운데서도 주님 때문에 기뻐할 수 있는 것이다. 그런데 문제는 많은 성도들이 기적적인 일들과 병 고침 등 현실적인 것에 목숨을 거는 것이다. 그러한 문제가 해결된다고만 하면 이단이라고 해도 상관하지 않고 찾아다니고, 그러한 문제가 해결되지 않으면 신앙을 버리기도 한다. 이것은 기독교 신앙이 아니라 일종의 샤머니즘이다.

---

9) 박철수, 『축복의 혁명』 (서울: 뉴스엔조이, 2007).

II. 한국 교회의 회복을 위한 목회적 제안: 바른 교회 & 균형 잡힌 신앙

필자는 한국 교회의 온전한 회복과 새로운 도약을 위해 우리가 노력하고 이루어야 할 부분은 크게 두 가지라고 생각하는데, 그것은 '바른 교회'와 '균형 잡힌 신앙'이다.

1. 바른 교회

한국 교회의 회복과 도약을 위해서 힘써야 할 우선적인 과제는 '바른 교회'를 이루는 것이다. 바른 교회라는 것은 법의 논리에 의해서 지배되는 딱딱하고 인정사정이 없는 교회를 의미하는 것이 아니고, 하나님의 말씀을 기초로 해서 세워지고, 하나님의 말씀에 의해서 지배되고 움직여서 하나님께 기쁨이 되는 교회를 의미한다.

1) 본질과 핵심을 상실한 한국 교회

필자는 한국 교회가 선지자 시대의 이스라엘 그리고 예수님 시대의 바리새인들의 모습을 많이 닮았다고 생각한다. 선지서를 보면, 이스라엘은 제멋대로 살면서도 하나님께서 제정한 방법대로 예물과 예배를 드리고 기도하기만 하면 하나님께서 그들을 기뻐하실 줄 알았다. 그러한 모습들을 보면서 하나님께서는 다음과 같이 말씀하셨다.

> 너희의 무수한 제물이 내게 무엇이 유익하뇨. … 기뻐하지 아니하노라. … 내 마당만 밟을 뿐이니라. … 내가 견디지 못하겠노라. … 내가 지기에 곤비하였느니라. 너희가 손을 펼 때에 내가 내 눈을 너희에게서 가리고 너희가

많이 기도할지라도 내가 듣지 아니하리니 이는 너희의 손에 피가 가득함이라 (사 1:11-15).

하나님께 정성을 다하여 예배하고 헌금하고 기도하는 것은 참으로 귀하다. 그러나 그러한 것들이 삶의 열매가 동반되지 않는 단순한 종교적 행위가 되어서는 안 된다. 하나님께서는 삶의 열매와 함께 예물과 예배를 드리기 원하신다. 그런데 선지자 시대의 이스라엘과 같이 오늘날 한국 교회의 대표적인 문제 가운데 하나는 삶의 열매가 없다는 것이다. 세상에서 빛과 소금이 되기는커녕 거짓과 탈세와 불법을 행해서 손가락질 받는 성도들이 너무도 많다. 뿐만 아니라, 당시의 이스라엘처럼, 삶의 변화와 열매 없이 단지 종교적인 의식을 행한 것으로 신앙의 의무를 다했다고 착각하기도 한다.

한국 교회는 또한 예수님 시대의 바리새인들의 모습과도 유사하다. 하나님께서 원하시는 것은 하나님과의 인격적인 교제이고, 하나님을 사랑하는 마음이고, 내적으로 변화되고 성숙한 신앙의 모습을 갖추는 것인데, 당시의 바리새인들은 신앙의 본질을 잃어버린 채, 전통에 얽매이고 형식에 치우친 신앙생활을 하였다. 하나님께서 진정으로 요구하는 것과 배치되는 왜곡된 신앙생활을 한 것이다(참고. 마 5:21-48). 한 걸음 더 나아가, 그렇게 비본질적인 것들을 강조하고 형식적인 신앙생활을 하면서도 자신들이 어느 누구보다도 하나님을 올바로 섬기는 것처럼 착각하였다(참고. 눅 18:9-14). 예수님께서는 그들에게 진노하시고 심판을 선언하셨다. 오늘날 한국 교회도 본질은 외면한 채 형식만을 강조하거나 본질을 왜곡되게 가르치는 경우가 많다. 그것은 주일 성수, 십일조를 비롯한 여러 헌금들, 교회 봉사 등에서 발견된다. 그리고 당시의 바리새인들처럼, 그러한 외형적인 것만으로 신앙의 성숙을 판단하기도 한다.

2) 개혁과 부흥: 바른 교회를 위한 수레의 양 바퀴

이와 같이 신앙의 본질과 핵심에서 이탈한 한국 교회가 바른 교회, 하나님께서 기뻐하시는 교회를 이루기 위해서 필요한 것은 크게 두 가지인데, 그것은 '개혁(Reformation)'과 '부흥(Revival)'이다.

개혁은 성경에 어긋나 있는 잘못된 교리나 제도를 바꾸는 것이고, 부흥은 영적으로 다시 살리는 것이다. 한국 교회가 바른 교회를 이루기 위해서는 옳지 않는 교리와 잘못된 제도들을 바꾸어야 하고, 신앙의 내적인 자세가 새롭게 변해야 하고, 주님을 향한 열정으로 다시 뜨거워져야 한다. 그런데 교리와 제도의 개혁과 영적인 부흥은 수레의 양 바퀴처럼 함께 진행되어야만 효과를 발휘할 수 있다.[10] 어느 한 쪽만 진행된다면 그것은 온전하지 못하다. 영적인 부흥 없이 개혁만 이루어진다면 그것은 독단적인 교조주의나 예수님 시대의 바리새인처럼 형식주의나 외형주의가 될 것이다. 또한 개혁이 없이 영적인 갱신과 부흥만 강조되면 그 갱신과 부흥은 지속되지 못하고 큰 효과를 발휘하지 못할 가능성이 많다. 따라서 개혁과 부흥은 항상 함께 진행되어져야 한다.[11]

---

10) 기독교 역사 가운데 가장 위대한 사건 가운데 하나이며 오늘날 교회 회복의 원형인 16세기의 종교개혁도 '개혁'과 '부흥'의 두 측면을 동시에 지니고 있다. 이상규는 "지상의 교회가 잘못된 길로 가고, 영적인 흑암 가운데 있을 때 하나님은 신실한 사역자들을 세우시고 교회를 쇄신하는 역사를 시작했는데 그것이 바로 종교개혁이었다. 따라서 종교 개혁은 개혁과 동시에 영적 부흥이었다."고 종교개혁의 의미를 부여하였다(이상규, 『교회 개혁과 부흥운동』 [서울: SFC, 2004, 46]).

11) 여기에서, 필자와 접근 방식과 개념은 약간 다르지만, 20세기의 탁월한 기독교 사상가인 프란시스쉐이퍼(Francis A. Schaeffer)의 말은 들어볼만 하다(Death in the City [Chicago: Inter-varsityPress, 1969], 12).

　　우리 세대의 교회에는 개혁, 부흥, 그리고 건설적 혁명이 필요하다. 흔히 개혁(reformation)과 부흥(revival)을 대립적인 개념으로 생각하는 경우가 많지만, 그것은 잘못된 것이다. 두 단어 모두 '회복하다(restore)'라는 단어와 연결되어 있다. 개혁은 순수한 교리를 되찾는 것이고, 부흥은 그리스도인의 온전한 삶을 되찾는 것이다. 개혁은 성경의 가르침으로 되돌아가는 것이고, 부흥은

3) 무엇을 개혁할 것인가?[12]

종교 개혁자들은 교회가 교회되기 위해서는 끊임없이 개혁되어야 한다고 했다.[13] 왜냐하면, 많은 제도와 전통들이 처음에는 좋은 의도로 시작되었지만 시간이 지나면서 나중에 본래의 의도를 잃어버리고 왜곡되거나 악용되기 쉽기 때문이다. 예수님 시대의 바리새인들이 고수했던 제도나 전

성령과 올바른 관계를 맺는 삶으로 되돌아가는 것이다. 교회사의 위대한 순간들은 항상 개혁과 부흥이 동시에 실행될 때 찾아 왔다. 다시 말해, 교회가 순수한 교리로 되돌아가고 교회에 속한 그리스도인들이 성령의 권능을 맛보며 살게 된 때에 온 것이다. 개혁을 제대로 수행해 오지 않는 상태에서는 진정한 부흥이 오지 않는다. 부흥 없이는 개혁도 완성될 수 없다. 이렇게 개혁과 부흥이 함께 진행될 때 우리 시대에 혁명적인 결과가 일어날 것이다. 그리스도인으로서 개인의 삶에 혁명이 일어날 것이다. 진보적인 교회에만 혁명이 일어나는 것이 아니고 복음적이고 전통적인 교회에도 창조적인 혁명이 일어날 것이다. 개혁과 부흥의 실재가 무엇인지 우리 모두가 알고 경험하기를 원한다. 즉, 순수한 교리를 되찾고 성령 충만한 삶을 사는 교회를 회복함으로 이 천박하고 어두운 세상에 교회가 보여주어야 할 진정한 모습을 보여주기를 원한다.
또한 필자와 구체적인 제안에 있어서는 다르지만 최근에 빌 벡햄도 영적인 부흥과 교회의 목회 방향과 구조의 개혁이 병행되어야함을 강조하였다. William A. Beckham, *The Second Reformation*, 터치 코리아 사역팀 역, 『제 2의 종교개혁』 (서울: NCD, 2000), 19-42; *Redefining Revival*, 이병헌, 박경은 역, 『자연적 부흥』 (서울: NCD, 2001), 8-18.
12) 본서에서 필자는 제도적인 부분의 개혁에 집중하고자 한다. 그것은 한국 교회에 우선적으로 필요한 것이 제도적인 부분일 뿐 아니라, 교리적인 부분과 관련해서는 여러 가지 신학적인 논란을 일으킬 가능성이 많기 때문이다.
13) 한국 교회 개혁과 관련하여 참고할만한 책들은 다음과 같다. 이평소, 『교회 어떻게 새로워져야 하나』 (서울: 대장간, 1995); 이재철, 『회복의 목회』 (서울: 홍성사, 1998); 김동호, 『생사를 건 교회 개혁』 (서울: 규장, 1999); 오덕호, 『교회 주인은 사람이 아니다』 (서울: 규장, 2000); 김홍만, 『개혁신앙으로 돌아가자』 (서울: 옛적길, 2004); 정숙희, 『그들은 왜 교회를 떠났을까?』 (서울: 홍성사, 2007); 백종국, 『바벨론에 사로잡힌 교회』 (서울: 뉴스앤조이, 2010); 이원규, 『힘내라, 한국 교회』 (서울: 동연, 2010). 물론 이들의 견해나 제안들이 왜곡되거나 지나친 부분이 없지 않아 있지만, 한국 교회가 새로워지기 위해서 점검하고 고려할 만한 많은 논의와 방향 제시들이 있다.

통들도 처음에는 좋은 의도로 시작되었다. 그러나 시간이 지나면서 그것들이 제도화되고 형식화되었던 것이다. 한국 교회 안에 변화되고 개혁되어야 할 것이 많지만 핵심적인 몇 가지만 지적하고자 한다.

먼저는 '직분'에 대한 것이다. 중문학 교수인 김경일이 많은 논란을 가져왔던 책 『공자가 죽어야 나라가 산다』에서 우리 사회의 대표적인 악습 가운데 하나가 '유교적 수직 윤리'라고 하였다.[14] 쉽게 이야기하면, 위아래의 구별과 서열이 너무 분명하다는 것이다. 그런 유교적 악습이 교회에도 있다. 교회의 모든 직분은 섬기고 봉사하기 위한 것인데, 한국 교회는 직분을 신분의 서열이나 감투로 생각하는 경향이 많다. 과거에 교회가 핍박을 받고 어려울 때, 목사와 장로는 주님과 교회를 위해서 절대적인 희생과 헌신을 각오하지 않으면 이를 수 없는 자리였다. 때로는 교인을 대표로 해서 생명을 내어놓기도 하였다. 그러나 요즈음 목사직과 장로직은 섬김과 대접을 받는 명예로운 자리가 되어 버렸다. 그래서 장로가 되기 위해서 선거운동하고 장로로 피택되지 않으면 시험에 들거나 교회를 떠나는 경우를 많이 보게 된다. 한국 교회는 교회의 직분이 실질적으로 성도들을 섬기고 봉사하고 희생하는 자리임이 드러나도록 제도적으로 개혁해야 한다.

뿐만 아니라 많은 교회에서 피택된 분들이 임직할 때 액수를 정해서 헌금하게 한다. 물론 주님을 위해서 앞서서 일할 수 있는 자리에 이르게 된 것이 감사한 일이고, 또한 그것이 너무나 존귀하고 영광스러운 일이기 때문에 개인적으로 자기 사정에 따라서 다양한 형태로 감사하는 것은 당연하다. 그러나 반강제적으로 액수를 정해서 일괄적으로 헌금하게 하는 것은 지극히 비성경적이고, 교회의 일꾼을 세우는 본질에도 어긋난다. 오히려 장로로 안수집사로 권사로 임직되는 것은 교회를 위해서 봉사하고 성도를 섬기는 일군으로 교회가 세우는 것이기 때문에, 마치 목사가 위임

---

14) 김경일, 『공자가 죽어야 나라가 산다』 (서울: 바다 출판사, 1999), 116-22, 260-6.

을 받을 때 교회가 환영하고 환대하는 것처럼, 교회가 공식적인 자리에서 그들을 진정으로 격려하고 환대해 주어야 한다. 아무튼, 돈이 없으면 교회의 직분자가 되기 힘든 안타까운 오늘의 현실 속에서, 교회의 직분이 물질과는 상관이 없는 섬김의 자리임이 제도적으로 드러나도록 해야 한다.

다음으로, 담임목사와 당회 중심적 교회 구조에 대한 것이다.15) 많은 교회가 제도적으로 담임목사와 부교역자 사이에 여러 가지 면에서 현격한 차이를 둔다. 그래서 부교역자들이 심방하면, "목사님은 안 오셨어요?"라는 질문을 하는 분들도 있다고 한다. 담임 목사만 목회자이고 부교역자들은 목회자가 아닌 것처럼 여기는 것이다. 또한 대부분의 교회에서 담임목사나 당회가 교회의 모든 일에 전권을 행사한다. 물론 담임목사는 교회의 지도자이고 특별한 일을 제외하면 당회는 교회의 중요한 의사결정기관임에는 분명하다. 그러나 교회의 모든 일이 담임목사 의존적, 담임목사 중심적으로 이루어지고, 당회가 절대권한을 행사하는 것은 문제가 있다. 어떤 분들은 그래야만 교회가 문제없이 제대로 돌아간다고 주장하기도 한다. 그러나 이것은 성경에서 말씀하는 교회의 모습과 동떨어진 잘못된 관행의 결과이다. 구체적인 예를 들어보면, 목회자가 바뀌면 선교사의 지원이나 후원하는 기관이나 교회가 목회자를 중심으로 바뀌는 교회가 많다. 그러한 일이 있어서는 안 된다. 그러한 일을 방지하기 위해서 선교사 지원이나 돕는 기관이나 교회를 선정하는 기준을 만들어 그것에 입각해서 모든 결정이 이루어지도록 하는 제도적 개선이 필요하다. 또한 담임목사와 부교역자가 실제적인 부분에서(특별히 사역의 역할 분담과 사례에 있어서) 동역 하는 제도가 마련되어야 한다. 그리고 교회의 제반 문제에 있어서 성도들의 의견이 반영되고 함께 참여하는 여러 가지 제도적인 장치도 마련되어야 한다. 예를 들어, 교회가 체육대회나 수련회 그리고 전도 집회 등의 행사를 할 때 위원회를 만들어 다양한 성도들이 참여하도록 제도적 보완

15) 참고. 김동호, 『생사를 건 교회 개혁』, 82-143, 140-68.

이 필요하다.

또 한 가지 한국 교회가 개혁되어야 할 부분은 소위 '권위주의'이다. 요즈음 우리 사회에서 자주 듣는 단어 가운데 하나가 '탈권위주의'라는 말과 '분권적'이라는 말이다. 대통령을 포함한 최고의 위치에 있는 지도 자들이 절대적 위치에서 절대적 권력을 행사하는 '제왕적' 통치에 대한 반발이 거세어지고 있다. 그러나 지금까지 한국 교회는 대단히 권위주의 적이다. 물론 '권위'라는 말은 좋은 것이다. 목사, 장로, 권사, 집사들은 그 직분에 합당한 권위가 있어야 한다. '목사가 뭐 저래,' '장로가 뭐 저 래,' '저게 교회를 다녀' 등과 같은 말을 들어서는 안 된다. 그리고 목사 와 장로들에게는 교회지도자로서의 입지를 마련해 주어야 한다. 그러나 권위주의는 사라져야 한다. 직분과 직위를 이용해서 억지 주장을 하거나 무조건 순종을 강요해서는 안 된다. 또한 가운이라든지 교회당에서의 좌 석과 같은 외적인 구분을 통하여 목사와 장로가 다른 성도들과 구분되어 서도 안 된다. 존경은 모범적인 신앙생활과 삶을 통해서 받아야 한다. 특 별히 소통을 강조하는 요즈음에 교회의 지도자들과 성도들이 소통되도록 제도적인 장치가 마련되어야 한다.16)

그러나 바른 교회를 이루기 위해서 제도적인 개혁을 한다는 것이 결코 쉽지 않다. 왜 그런가? 크게 두 가지 이유 때문이라고 생각한다.

먼저는 기존의 제도와 관행에서 혜택을 누리는 것에서 빠져 나오는 결 단이 쉽지 않기 때문이다. 기존의 제도와 관행에서 누리는 특권과 혜택은 마치 달콤한 사탕과도 같다. 그 맛에 한 번 길들여지면 잘못된 것인 줄은 알지만 빠져 나오기가 결코 쉽지 않다. 그래서 그 특권과 혜택을 누리기

---

16) 이를 위해 몇몇 교회에서 목사와 장로의 임기제 또는 신임제를 도입하였다. 목사와 장로의 임기제 또는 신임제에 대한 좀 더 자세한 논의를 위해 이재철, 『회복 의 목회』, 24-31; 김동호, 『생사를 건 교회 개혁』, 140-68, 186-90을 참고하라.

전에는 비판하지만 자신이 그 자리에 이르게 되면 현실적인 잣대로 합리화하고 정당화하는 경우가 많다. 혜택을 누리고 있는 지도자들의 단호하고도 과감한 결단이 필요하다.

다음으로 본래의 목적이 퇴색되고 악용되는 제도를 바로잡기 위해서 결단하고 각오하고 개혁을 시도하려고 하는데 그것을 방해하는 소위 '기득권 세력'이 있기 때문이다. 우리나라 정치와 경제와 사회의 많은 부분에 있어서 개혁을 추진하는데 그것이 효과를 거두지 못하는 것은 이미 자기들이 누리고 있는 것을 포기하지 않으려고 하는 기득권 세력의 반발 때문인 것과 마찬가지이다. 그들은 전체와 장래를 생각하지 않고 자기들의 현실적인 입장만을 생각하는 집단 이기주의의 경향을 가지고 있기 때문에 개혁을 하는데 가장 큰 걸림돌이 아닐 수 없다. 교회 개혁도 마찬가지이다. 많은 제도적인 개혁을 할 때 많은 기득권 세력들의 반발이 만만치 않다.

그래서 바른 교회를 이루어가기 위해서 가장 필요한 것이 용기와 담대함이다. 여호수아 1:7에서 "너는 마음을 강하게 하고 극히 담대히 하여 나의 종 모세가 네게 명한 율법을 다 지켜 행하라."고 하였다. 그들이 마음을 강하게 하고 담대히 할 때 하나님의 말씀을 지킬 수 있음을 강조한 것이다. 오늘날 우리도 마찬가지다. 용기와 담대함이 없이 강한 각오가 없이 성경에서 말씀하는 바른 교회로 개혁하는 것은 결코 쉽지 않음을 깊이 명심해야 한다.[17]

4) 부흥의 당위성

다음으로, 바른 교회를 이루기 위해서 제도적인 개혁과 변화와 함께 반

---

[17] 김동호는, 그의 책 제목이 암시하는 것처럼, 교회의 개혁을 위해 생명을 건 싸움이 필요하다고 하였다(김동호, 『생사를 건 교회 개혁』, 41-9).

드시 필요한 것은 부흥이다. 그동안 부흥이라는 용어가 많이 잘못 사용되는 경향이 있었다.[18] 많은 사람들이 부흥을 단순히 숫자가 많아지는 것이라고 생각하는데 부흥은 일차적으로 '다시 살아나는(Re-vival)' 것이고, '신앙의 생동감과 생명력을 회복' 하는 것이다.[19]

위에서 언급한 것처럼, 개혁은 영적인 갱신과 부흥이 뒤따르지 않으면 오히려 어려움과 부작용을 낳는다. 그것은 우리 사회에서도 자주 경험하였다. 그동안 우리나라의 교육제도나 부동산 정책들이 늘 실패에 실패를 거듭하였는데, 그것은 제도가 나빠서가 아니다. 아무리 좋은 제도를 도입하여도 국민들의 기본적인 자세가 변하지 않으니까 실제적인 효력을 볼 수 없었다. 교회 개혁도 마찬가지다. 개혁과 영적인 부흥은 늘 함께 진행되어야 한다. 뿐만 아니라, 하나님께서는 우리가 미지근하게 신앙생활하기를 원치 않고 구원받은 기쁨과 감격으로 뜨겁고 열정적으로 신앙 생활하기를 원한다. 이것이 부흥이다. 이렇게 다시 살아나는 영적인 부흥이 있을

---

18) 부흥에 대한 바른 이해를 위해서. Iain H. Murray, *Pentecost-Today?* 서창원 역, 『성경적 부흥관 바로 세우기』 (서울: 부흥과 개혁사, 2001), 19-60; 김홍만, 『개혁주의 부흥신학』 (서울: 옛적길, 2002), 11-50를 참고하라. 머레이(Murray, *Pentecost-Today?*, 241-63)는 진정한 부흥은 여섯 가지 결과를 낳는다고 하였다: 1) 부흥은 하나님의 말씀을 회복시킨다, 2) 성도를 성도답게 한다, 3) 부흥은 복음 전도를 가속화한다, 4) 부흥은 사회를 변화시킨다, 5) 부흥은 목회자를 목회자답게 한다, 6) 부흥은 예배를 예배답게 한다. 성경에 나타난 다양한 부흥의 모델을 위해서, Walter C. Kaiser, Jr., *The Theology of Revival in the Old Testament*, 햇불성경연구소 역, 『구약에 나타난 부흥운동(상/하)』 (서울: 햇불, 1995); David B. Long, *Revival: A Study in Biblical Patterns*, 정병은 역, 『부흥: 성경에 나타난 모델들』 (서울: 전도출판사, 2001) 등을 참고하라.

19) 제임스 페커(James I. Packer)는 부흥을 다음과 같이 잘 정의하였다(*A Quest for Godliness: The Puritan Vision of the Christian Life* [Wheaton: Crossway Books, 1990], 36).

부흥은 성령에 의한 하나님의 사역으로서 하나님의 말씀을 통하여 영적으로 죽은 자들을 그리스도에 대한 믿음으로 살아나게 하고, 맥 빠지고 활기 없는 크리스찬에게는 내적 삶을 갱신시킨다. … 부흥은 교회를 생동력 있게 하고 크리스찬으로 하여금 그 사회에 영적, 도덕적 충격을 준다.

때 바른 교회가 이루어지는 것이다.

기독교 역사에서 교회가 교회 되도록 하나님께 위대하게 쓰임 받은 분들은 모두 부흥을 경험하였다. 부흥의 원형은 사도행전에 나타난 초대교회이다. 초대 교회의 성도들은 오순절 성령 강림을 통하여 엄청난 영적인 변화와 부흥을 경험하였다. 뿐만 아니라 우리 기독교 2000년 역사에 있어서 가장 위대한 사건인 종교 개혁을 주도하였던 사람들도 모두 부흥을 경험한 사람들이다. 루터는 심각한 신앙의 번민 속에서 로마서 1:17의 말씀을 통하여 복음의 본질을 깨닫고 영적인 변화와 부흥을 경험하였다. 칼빈은 어떻게 부흥을 경험했는지 정확하게는 알 수 없지만 기독교 역사에서 성경 다음으로 영향력이 있는 책으로 평가받는 기독교 강요를 집필하기 1-2년 전에 예상치 못한 성령의 임재로 회심과 헌신을 결단하는 영적 부흥을 경험했다고 한다.[20] 루터와 칼빈과 함께 3대 종교 개혁자의 한 사람인 쯔빙글리도 흑사병으로 인한 생사의 기로에서 놀라운 부흥을 경험하고 종교 개혁의 선봉이 되었다.[21] 그들은 다양한 방법으로 영적 변화와 은혜를 경험하였는데, 그러한 영적인 부흥을 경험할 때 도저히 가만히 있을 수 없었다. 그래서 성경적 교회 본질을 회복하기 위해 생명을 걸고 위대한 종교개혁에 헌신하지 않을 수 없었던 것이다.

뿐만 아니라 영적인 부흥은 사회를 변화시킨다.[22] 18-19세기에 존 웨슬리(John Wesley), 조지 휫필드(George Whitefield), 조나단 에드워드

---

20) 참고. Willem van't Spijker, *Calvin: Biographie und Theologie*, 박태현 역, 『칼빈의 생애와 신학』 (서울: 부흥과 개혁사, 2009), 45-58.

21) 참고. Winkie Pratney, *Fire on the Horizon*, 권혁재 역, 『기독교 부흥 운동사』 (서울: 나침판, 1997), 29-63.

22) 구체적인 예를 위해서, Winkie Pratney, *Fire on the Horizon*, 310-27; Wesley L. Duewel, *Revival Fire*, 안보헌 역, 『세계를 뒤바꾼 부흥의 불길』 (서울: 생명의 말씀사, 2001); Elmer Towns & Douglas Porter, *The Ten Great Revivals Ever*, 박현식, 장기혁 공역, 『세계 10대 부흥의 역사』 (서울: 가리온, 2002)를 참고하라.

(Johathan Edwards), 찰스 피니(Charles G. Finny) 등을 통해서 일어 났던 영국과 미국의 신앙 부흥 운동은 당시에 타락과 부패가 극치에 달했 던 영국과 미국 사회를 바꾸어 버렸다.[23] 우리나라도 1907년 평양에 부흥 이 일어나서 평양이 아시아의 예루살렘이라고 할 정도로 모든 죄가 급격 하게 줄어들었던 것은 너무도 잘 알려진 사실이다. 반대로, 기독교 역사를 보면 교회가 영적인 침체를 경험하면 교회는 힘을 잃고 사회는 심각한 부 패를 경험하게 되었던 것을 우리는 잘 알고 있다. 지금 유럽이 바로 그 모 습이다. 결국 교회가 교회 되고 부패한 이 사회를 변화시키기 위해서 성도 의 영적인 부흥이 우선되어야 하고 반드시 필요하다.

2. 균형 잡힌 신앙

하나님의 말씀 위에 세워지고, 하나님의 말씀에 의해서 지배되고 움직 이는 교회의 본질에 충실한 바른 교회를 세워 가는 것이 시대적 사명이라 고 한다면, '균형 잡힌 신앙' 을 이루는 것도 우리 한국 교회가 이루어할 중요한 과제 가운데 하나이다. 쉽게 이해할 수 있는 것처럼, 균형 잡힌 신 앙이라는 것은 한 쪽으로 치우치지 않는 신앙, 또는 신앙생활에 있어서 본 질적인 부분들을 모두 중요하게 여기는 신앙을 말한다. 그런데 균형 잡힌 신앙과 바른 교회는 떨어질 수 없는 불가분리의 관계에 있다. 성경에서 말 씀하는 바른 교회를 이루면 당연히 나타나는 것이 균형 잡힌 신앙의 모습 이고, 균형 잡힌 신앙의 모습을 보일 때 그때가 바로 바른 교회의 모습일 것이다.

1) 균형 잡힌 신앙의 중요성

---

23) 참고. 이상규, 『교회 개혁과 부흥운동』, 287-326.

균형 잡힌 신앙이 얼마나 중요한지는 요한계시록에 언급되어 있는 에베소 교회를 통해서 확연히 드러난다(계 2:1-7). 에베소 교회는 진리와 사랑의 균형이 무너졌기 때문에 주님으로부터 심하게 책망을 받았다. 이러한 주님의 평가를 좀 더 명확하게 알기 위해서 당시 에베소 교회의 상황과 모습을 살펴볼 필요가 있다. 당시 에베소 지방은 소아시아 지방의 대표적인 도시로 소아시아 지방의 상업과 교통과 문화의 중심지였다.[24] 특별히 에베소 지방에서 가장 유명했던 것은 아데미 여신을 숭배하는 아데미 신전이었다(참고. 행 19장). 이 신전은 넓이 130m, 길이 68m, 높이 18m나 되는 어마 어마한 신전으로, 어느 누구라도 이 신전 안으로 들어오면 체포할 수 없을 정도로 신성 불가침지역이었다.[25] 뿐만 아니라, 에베소 지방에는 미신이 성행했는데, 사람들은 아데미 상을 새긴 부적을 품고 다니면 안전하고 장사가 잘된다고 믿었고, 어린애를 못 낳는 부인들에게 잉태케 하는 능력까지 부여한다고 믿었다고 한다.

그러한 상황에서 주님께서는 에베소 교회를 크게 세 가지 부분에서 칭찬하셨다. 먼저, 주님께서는 그들의 행위를 칭찬하였다. 그들은 악한 것을 용납지 않고 담대하게 드러내었다. 특별히 당시의 이단 가운데 하나인 니골라당의 행위를 철저히 배격하였다. 그러니까 에베소 지방에 많은 이단 사상들이 있었고, 자칭 그리스도의 제자들이라고 하면서 교인들을 현혹하는 많은 거짓 교사들이 있었는데 에베소 교회는 그러한 이단 사상들과 거짓 교사들을 잘 분별하여서 그들이 교회에 발을 들여놓지 못하게 하였던 것이다. 다음으로, 주님께서는 그들의 수고를 칭찬하였다. 여기에서 '수고' 라는 말은 원어($\kappa o\pi os$)에서 보면 기진맥진 할 정도로 최선을 다해서 일

---

24) David E. Aune, *Revelation 1-5*(WBC 52A) (Dallas: Words Books, 1997), 136-41.

25) W. S. Lasor, "Artemis," *in ISBN(International Standard Bible Encyclopedia)*, 1: 306-8.

을 하는 것을 의미한다(살전 2:9, 3:8; 고전 15:58).[26] 그러니까 에베소 교회는 최선을 다해서 열심히 주님을 위해서 수고한 교회였다. 세 번째로, 그들의 인내를 칭찬하였다. 에베소 교회는 당시의 다른 교회들과 마찬가지로 계속되는 핍박과 어려움이 있었지만 흔들리지 않고 주님의 이름을 위해서 참고 견딘 신실함을 보여주었다. 그러니까 도시 전체가 온통 아데미 신을 숭상하고, 많은 이단들과 거짓 교사들이 난무하는 곳에서, 그리고 계속되는 핍박과 어려움 가운데서 하나님을 온전히 섬긴다는 것이 결코 쉽지 않았음에도 불구하고 그들은 신앙의 정통성을 확립하였고 열정과 신실함으로 주님을 섬겼다.

그런데 그들의 문제는 처음 사랑을 버린 것이다. 그들은 이단 사상을 배격하고 진리를 수호하기 위해서 열심히 수고하고 인내하는 과정에서 그 일 자체에 너무 몰입한 나머지 그들도 모르게 하나님에 대한 사랑이 식어 버렸고 성도들 상호간에도 극도의 삭막함과 냉랭함이 생기게 되었다. 그래서 성도 상호 간에 신뢰와 사랑을 잃어버리고 서로 판단하고 정죄하는 데 급급하였다. 물론 진리와 사랑의 균형을 이룬다는 것은 결코 쉽지 않다. 진리를 위해서 수고하다 보면 냉철하고 매몰차게 일을 처리하기 쉽고, 반대로 사랑과 용서가 풍성하면 진리 부분이 모호할 때가 많은데 에베소 교회가 그 딜레마에 빠진 것이다. 그래서 주님께서는 그들의 행위와 수고와 인내가 아무리 칭찬을 받을 만 하여도 진리와 사랑의 균형이 무너져 버렸기 때문에 처음 사랑을 회복하지 않으면 촛대를 옮기겠다고 심판을 선포하였다.

오늘날도 에베소 교회와 같이 균형을 잃어버린 교회가 많다. 교회의 제도적인 개혁을 강조하면서 영적인 부흥을 소홀히 하는 교회가 있고, 영적인 부흥만을 강조하면서 잘못된 교리와 전통과 제도에는 별로 관심이 없

---

26) Grand R. Osborne, *Revelation* (Grand Rapids: Baker Book House, 2002), 122-3.

는 교회들도 있다. 어떤 교회는 제자훈련에 치우치기도 하고, 어떤 교회는 성령 운동만 강조하기도 한다. 어떤 교회는 사회에 전혀 무관심하고, 어떤 교회는 사회문제에 너무 깊게 관여하기도 한다. 물론 각각 그 나름대로 의미가 전혀 없는 것은 아니지만 한 쪽으로 치우친 교회는 온전하고 바른 교회가 아니다. 에베소 교회의 모습을 통해서 보는 것처럼, 한 쪽으로 치우치는 것은 말씀에서 벗어나는 것이기 때문에 주님의 책망의 대상이 되고, 실제적으로도 한쪽으로 치우쳐 있는 교회에서 신앙 생활하는 성도들을 보면 왜곡된 신앙을 갖는 경우가 많다. 물론 균형 잡힌 신앙을 추구한다고 해서 신앙의 모든 영역에 역량과 관심을 똑같이 분배해야 한다는 것을 의미하지는 않는다. 중요성과 우선순위에 있어서 좀 더 우리가 관심을 가져야 할 것이 있고 좀 덜 관심을 가져야 할 것이 있다. 또한 시대에 따라서, 교회나 개인의 형편에 따라서 좀 더 강조할 것이 있고 좀 덜 강조할 것이 있다. 그러나 온전한 신앙을 유지하고 주님의 기쁨이 되기 위해서는 어느 때 어떠한 상황이라도 어느 한쪽도 간과하거나 무시해서는 안 되고 항상 긴장 관계 속에서 균형을 위한 노력과 수고가 필요하다.

2) 한국 교회에서 균형 잡힌 신앙이 강조되어야 할 이유

특별히 한국 교회에서 균형 잡힌 신앙이 강조되어야 하는 두 가지 이유가 있다. 먼저, 필자가 외국에서 공부할 때 더욱 분명하게 깨달을 것인데, 한국 사람들의 신앙과 신학은 극단적인 부분이 많다는 것이다. 진보적 신학을 하든 보수적 신학을 하든 반드시 포기하지 말아야 할 신학과 신앙적 내용이 있는 것은 분명하다. 그러나 얼마든지 다른 견해도 인정할 수 있는 것인데도 불구하고 한국 사람들 가운데서 절대로 양보하지 않고 자기가 정해 놓은 테두리 안에서 자기만 옳다고 주장하는 분들이 많은 것을 보았다. '다른 것'과 '틀린 것'을 판단할 수 있어야 하는데, 그들은 자기와 다른 주장을 무조건 잘못된 것으로 평가하는 것이었다. 그러니까 '모아니면 도' 라는 식의 극단적인 신학과 목회를 추구하는 경향이 많은 한국 교회의 모습을 보면서 균형 잡힌 신학과 신앙이 참으로 중요하고 필요한 것임을 깨닫게 되었다.

다음으로, 한국 사람들의 특징 가운데 하나가 유행에 아주 민감하다는 것이다. 우리의 생활 패턴과 의복을 보면 우리가 얼마나 유행에 민감한 지 금방 드러난다. 신앙도 마찬가지 인 것 같다. 우리 한국 교회는 너무 쉽게 유행을 따라가는 것을 볼 수 있다. 소위 목회에 성공한다고 하면 그것이 옳은지 그른지 크게 생각지 않고 유행에 휩쓸리는 경향이 있어 왔다. 70-80년대의 한국 교회는 성령 운동과 기도원 운동에 대단한 열심을 보였다. 90년대는 소위 제자 훈련이 한국 교회의 주류를 이루게 되었다. 극에 대한 반동으로 또 다른 극단을 취하게 된 것이다. 요즈음은 소위 영성 운동 또는 셀 교회 운동이 유행하고 있다. 제자 훈련, 성령 운동, 영성 운동, 셀 교회 등은 모두 성경적인 근거가 있다. 어느 하나도 무시해서는 안 된다. 그러나 극단으로 치우칠 때 항상 문제가 생기지 않을 수 없고, 중요한 다른 부분을 놓치지 않을 수 없는 것이다. 이렇게 유행에 민감한 한국 교회를 보면서 항상 교회의 본질 가운데 어느 하나도 소홀히 하지 않고 신앙의 균형을 유지하는 것이 필요하다고 판단되었다.

3) 균형 잡힌 신앙의 구체적 내용

그러면 한국 교회가 균형 잡힌 신앙을 위해서 중요하게 관심을 가져야 할 본질적인 것은 무엇일까? 그것은 복음전파, 평신도와 목회자의 동역, 그리고 사회적 책임의 균형을 이루는 것이다. 먼저, 복음 전파는 아무리 강조해도 부족함이 없다. 전도는 교회가 존재하는 이유요 목적이고, 하나님께서 우리를 하나님의 자녀로 부르신 궁극적인 목적이다. 그런데 요즈음의 한국 교회는 저출산율의 현상으로 심각한 위기를 맞고 있다. 숫자가 확장되는 교회의 대부분은 소위 수평이동에 기인한다. 물론 과거에 비해 전도하는 것이 결코 쉽지 않다. 그러나 한국 교회 전체적으로 전도에 대한 열정이 많이 식어가고 있다는 것은 부인할 수 없는 사실이다.[27] 많은 성도들이 개인주의적이고 이기적인 신앙 생활을 한다. 물론 이것은 소득 일만 불 이상의 시대에 겪어야 하는 과정이라고 하기도 하지만, 한국 교회에 새로운 전도에 대한 열정이 회복되지 않으면 한국 교회의 앞날은 불을 보듯 뻔하다. 전도는 선택이 아니라 의무요 사명이라는 사실을 다시 한 번 깨닫고, 누가복음 15장에서 언급되어 있는 것처럼, 잃어버린 드라크마와 양을 찾는 사람과 같이 열정으로 그리고 최선을 다해서 복음을 전하고 끝까지 포기하지 않는 수고와 노력이 회복되어야 한다.

다음으로, 목회자와 평신도들의 동역이다. 목회자와 평신도가 동역한다는 것은 목사와 성도들이 주의 몸 된 교회를 바로 세우기 위해서 함께 일하는 것을 의미한다. 물론 일부 몇몇 교회에서 이 부분을 위해서 노력하고 있지만 대부분의 한국 교회는 목사와 성도들을 엄격하게 분리하고 목회자 중심, 특별히 담임목사 중심으로 교회가 움직이고 있다. 그리고 평신도들은 아주 수동적이었고 목회자 의존적인 신앙생활을 한다. 그래서 교회 안에 '성인 아이'가 많다. 성년이 되었는데도 여전히 부모를 의존하는 성도들이 많은 것이다. 그것은 당연히 잘못된 것이다. 성도들의 신앙이 목회자 의존적 신앙이 되어서는 안 되고 스스로 설 수 있어야 하고, 한 걸음 더 나아가서는 도움이 필요한 다른 성도들을 도울 수 있는 단계에까지 이르러야 된다. 이것이 성숙하고 바람직한 신앙생활이다. 그리고 이때 목회자

---

27) 한미준(한국 교회 미래를 준비하는 모임)의 통계에 따르면, 교회의 출석 동기는 전도가 64%로 가장 높았다(2005 한미준·한국갤럽리서치, 『한국 교회 미래 리포트』, 137-8). 하지만 교인들의 73.6%가 전도를 해본 경험이 없다고 하였다. 그러니까 교인들 가운데 1/4정도만 전도해 본 경험이 있다는 깜짝 놀랄만한 결과를 보여주었다(『한국 교회 미래 리포트』, 173-4).

가 기도와 말씀 증거에 전념할 수 있도록 환경과 여건이 마련되어질 수 있다. 물론 목회자와 평신도가 동역 하는 교회가 되기 위해서 목회자는 평신도들의 영적인 성숙과 훈련을 위해서 최선을 다해야 하는 것이 전제되어야 함은 두말할 나위가 없다.[28]

그리고 세 번째는 교회가 사회적 책임을 감당하는 것이다. 교회는 교회 자체만 관심을 가져서는 안 되고 세상과 분리되어서도 안 된다. 교회는 세상 속에서 소금과 빛이 되어서 세상에 감동을 주고 영향력이 있어야 한다. 월터 부르그만(Walter Brueggemann)이 주장한대로 교회는 이 시대의 '대안적 공동체' 가 되어야 하고[29] 밴 시터(A. Van Seters)가 주장한대로 교회는 '주유소' 의 역할을 해야 한다.[30] 다시 말하면, 교회는 어둡고 깜깜한 곳을 밝히고 이 시대의 정신을 이끄는 역할을 감당해야 하고, 교회는 성도들이 사회에서 올바른 삶을 살고 시대적 사명을 감당토록 은혜와 진리와 성령으로 충전시켜주는 장소가 되어야 한다. 뿐만 아니라, 교회는 공동체적으로 교회 밖의 사람들의 필요를 채워주는데 관심을 가져야 하고 최선을 다해야 한다. 세상 사람들의 필요를 채우라는 것을 구약에서는 고아와 과부를 도와주라는 말로 표현되었고 신약에서는 이웃에게 먹을 것과 입을 것을 제공하라는 말씀으로 표현되었다. 그러니까 교회가 이 사회에 빛과 소금을 감당하고 지역 사회에 사랑을 실천하는 것은 선택이 아니고 교회가 당연히 감당해야 할 사명이다. 이를 위해서 교회는 체계적으로 우리의 도움이 필요한 고아원, 양로원, 소년 소녀 가장, 장애인들이 거하는 복지 시설 등을 돕고 섬겨야 하고, 재난 당한 이웃에 도움을 손길을 펼 수

---

28) 평신도와의 동역에 관한 원리와 실제에 대한 대표적인 지침서로 옥한흠, 『(다시 쓰는)평신도를 깨운다: 제자훈련의 원리와 실제』 (서울: 국제제자훈련, 2005)를 참고하라.

29) Walter Brueggemann, *Prophetic Imagination* (Minneapolis: Fortress, 2001), 11.

30) A. Van Seters, *Preaching as a Social Act* (Nashville: Abingdon Press, 1988), 13-27.

있어야 한다.[31]

이상에서 교회가 최우선적으로 관심을 가져야 할 세 부분을 언급하였다. 바람직한 교회는 이 세 부분에 균형과 조화를 이루는 교회다.

먼저, 목회자와 평신도가 동역 하는 교회는 성도들의 성숙과 관련되어 있는데 이렇게 훈련을 통한 성도들의 성숙은 복음 전파와 조화와 균형을 이루어야 한다. 어느 한쪽에 치우칠 때 교회는 비정상적인 모습이 되지 않을 수 없다. 전도는 하지 않고 성숙만 신경을 쓰면 마치 활동을 많이 하지 않으면서 필요 이상의 음식을 먹을 때 비만이 되는 것처럼, 교회가 비대해져서 병에 걸리게 되어 있다. 그리고 영적으로 영양을 보충 받지 않고 일만 하면(즉, 계속적인 영적인 영양분을 공급하지 않으면서 전도만 하게 되면) 영양실조에 걸리지 않을 수 없다. 그러니까 잘 먹고 열심히 일해야 건강한 사람이 되는 것처럼 교회도 훈련을 통한 영적인 성숙과 전도와 봉사 활동이 함께 이루어 져야 건강한 교회가 될 수 있다.

또한 평신도의 성숙과 전도가 교회 내의 관심이라면 사회적 책임은 세상에 대한 관심이다. 이 둘도 역시 균형 있게 이루어 져야 한다. 교회와 성도의 관심이 너무 교회 안에만 머물러 있어서는 안 되고, 일방적으로 사회에만 관심을 집중해서도 안 된다.

요약하면, 전도와 성숙과 사회적 책임에 균형 있는 관심을 가지고, 이세 가지가 버팀목이 되어 교회가 세워질 때, 그 교회는 하나님께서 기뻐하시는 균형 잡힌 신앙을 소유한 교회가 될 것이다. 물론 성경에서 말씀하는 바른 교회를 완벽하게 이룰 수 없는 것처럼 신앙의 균형도 완벽하게는 이루어질 수는 없다. 그러나 우리의 신앙과 교회의 모습이 균형을 이루도록 지혜를 모으고 최선을 다해 노력해야 할 것이다.

---

31) 교회의 사회봉사에 대한 좀 더 구체적인 근거와 방향 제시는 김창훈, "교회의 사회봉사: 서울 광염교회 사례를 중심으로," 「총신100만 연구논문집」 2(2008): 118-84을 참고하라.

III. 결론

여러 가지 통계들이 보여주는 것처럼, 한국 교회는 심각한 위기 가운데 있다. 심각한 위기상황에 있는 한국 교회가 위기를 극복하고 제 2의 부흥을 경험하기 위해서 한국 교회에 무엇보다도 필요하고 중요한 것은 교회의 본질을 회복하는 것이다. 이를 위해 본장에서는 목회적 관점에서 문제를 제기하고 목회적 관점에서 대안을 제시하였다. 그것은 바른 교회와 균형 잡힌 신앙을 이루는 것이다. 바른 교회는 하나님의 말씀 위에 세워지는 교회로 교회의 본질을 회복하는 것인데, 그것을 위해 원래의 의도를 상실한 제도들의 개혁과 영적인 부흥이 필요하다. 또한 균형 잡힌 신앙은 한쪽으로 치우치지 않는 신앙, 신앙생활에 있어서 본질적이라고 간주되는 부분들을 모두 중요하게 여기는 신앙을 말한다. 이를 위해서 필자는 전도와 평신도의 성숙으로 인한 동역과 사회적 책임을 강조하였다. 그런데 바른 교회와 균형 잡힌 신앙은 불가분리의 관계에 있다. 성경에서 말씀하는 바른 교회를 이루면 당연히 나타나는 것이 균형 잡힌 신앙의 모습이고, 균형 잡힌 신앙의 모습을 보일 때 그때가 바로 바른 교회의 모습일 것이다. 필자는 설교자에게 이러한 한국 교회의 문제와 과제에 대한 분명한 인식과 목표가 있어야 한다고 믿는다. 왜냐하면, 그때 바르고 적실한 메시지를 전할 수 있고, 또한 그러한 메시지를 통해 본질적인 면에서 성도들의 신앙을 회복시킬 수 있으며 한국 교회의 새로운 도약과 부흥을 이룰 수 있기 때문이다.

제2장

한국 교회의 설교:

설교자가 바로 서야 한다.

전장(前場)에서 우리는 한국 교회가 경험하고 있는 위기와 목회적 대안에 대해 살펴보았다. 본장에서는 한국 교회가 경험하고 있는 위기의 원인과 대책을 설교(자)의 관점에서 접근하고자 한다. 물론 한국 교회의 위기를 다양한 관점에서 접근할 수 있겠지만, 강단에서의 바르지 못한 말씀 선포가 그러한 위기의 대표적이고 근본적인 원인이라는 것은 부인할 수 없다. 그것은 왜곡된 말씀의 선포가 교회에 미치는 영향이 얼마나 큰 것인지 기독교 역사를 통해 확인되었기 때문이다. 이에 대한 에드윈 다아간 (Edwin C. Dargan)의 평가는 인용할 가치가 있다.

> 교회의 영적 생활과 활동의 쇠퇴는 흔히 활기 없고 형식적이며 열매 없는 설교를 동반한다. 이런 설교는 한편으로는 원인이고 다른 한편으로는 쇠퇴의 결과이다. 반면에, 기독교 역사의 위대한 부흥들을 조사해 보면, 거의 대개가 강단 사역에서 시발점을 찾을 수 있으며 그 부흥들은 진행되면서 더 높은 수준의 설교를 개발하고 가능케 했다.[1]

따라서 한국 교회가 직면하고 있는 좌초의 위기를 극복하기 위해서 강단을 새롭게 하고 말씀의 능력을 회복해야 하는 것은 그 무엇보다도 중요

---

1) Edwin C. Dargan, *A History of Preaching*, 김남준 역, 『설교의 역사(I)』 (서울: 솔로몬, 1995), 27-8.

한 일이다.[2] 초대 교회의 황금의 입으로 불리어졌던 존 크리소스톰 (John Chrysostom)의 말은 여전히 설득력 있다.

치료의 유일한 수단과 방법이 우리에게 제시되어 왔다. … 그것은 하나님의 말씀을 가르치는 것이다. 이것이 최상의 도구이며, 최상의 식이요법과 기후이다. 이것이 약을 대신하고 뜸질과 절단을 대신해서 쓰인다. 태우거나 절단하는 일도 필요할지라도 이 한 가지 방법만은 꼭 사용되어야 한다. 그 방법없이는 다른 아무 것도 쓸모가 없을 것이다.[3]

그러면 좀 더 구체적으로 한국 교회의 강단을 점검해보고 그 위기를 극복하기 위해 필요한 것이 무엇인지 설교(자)의 관점에서 함께 생각해보자.

I. '텅 빈(?)' 강단 - 누가 책임질 것인가?

클라이드 라이드(Clyde Reid)는 1960년대 말에 미국 교회의 강단이 '텅 비었다(the empty pulpit)'고 평가하였다.[4] 그는 당시에 그렇게 많이 설교가 행해지고 있음에도 불구하고 교인들은 마치 강단이 빈 것 같은 허전함을 느끼고 있다고 하였다. 설교가 성도의 영적인 갈급함을 채워주지 못하고 삶의 문제나 고민에 대한 해답을 주지 못한다는 것이다. 또한 선포

---

2) 한 예로 '목회와 신학'이 2007년에 한국설교학회와 공동으로 글로벌 리서치에 의뢰해 목회자를 대상으로 한 심층설문 조사에서 목회자의 76.8%가 '공동체 성장과 성숙'을 위해서 설교가 매우 큰 영향을 미친다고 응답하였다. 목회와 신학 편집부, 『한국 교회 설교분석』 (서울: 두란노 아카데미, 2009), 28.
3) Clyde E. Fant & William M. Pinson, *Twenty Centuries of Great Preaching*(vol. I) (Waco: Word Books, 1971), 108-9에서 재인용.
4) Clyde Reid, *The Empty Pulpit*, 정장복 역, 『설교의 위기』 (서울: 대한 기독교 출판사, 1982), 3.

된 말씀이 성도들의 신앙 및 삶과 사고방식에 전혀 영향을 주지 못하고 있다고 하였다. 한 마디로, 설교의 능력이 사라졌다는 것이다.[5]

필자는 라이드가 말한 60년대의 미국 교회 설교의 위기가 오늘날 한국 교회의 강단에도 그대로 나타나고 있다고 생각한다. 많은 성도들이 강단으로부터 마치 텅 빈 것 같은 허전함을 느끼고 있다. 성도들의 말씀에 대한 기대감도 과거보다 많이 약화되었다. 뿐만 아니라 설교를 통한 신앙과 삶의 열매도 많지 않다. 라이드가 미국 교회를 향해 지적한 문제가 마치 지금 한국 교회를 두고 한 말처럼 생각된다.

물론 강단의 위기는 설교자와 성도들이 함께 책임 져야할 문제이다. 먼저 성도들이 설교를 들어도 허전함을 느끼고 영적인 배부름을 경험하기 못하고 삶이 변화되지 않는 것은 설교자들이 사명을 제대로 감당하지 못한 것이 원인이 될 수 있다. 성도들은 말씀을 사모하면서 들으려고 하지만 목사의 뻔한 설교에 만족할 수 없거나 들을만한 가치가 별로 없기 때문에 설교를 듣기 전에 또는 듣는 과정에서 마음을 닫는다. 그래서 강단이 텅 빈 것처럼 느껴진다. 그러나 강단이 텅 비게 느껴지는 것은 전적으로 설교자들만의 문제는 아니다. 예수님의 말씀 가운데 '씨 뿌리는 비유'가 있다. 주님께서는 똑같은 사람이 똑같은 씨를 뿌리지만 밭의 종류에 따라 결과가 다르다고 말씀하셨다. 그러니까 강단에서 같은 말씀이 선포되어도 듣는 사람의 심령의 밭(영적인 자세)에 따라서 전혀 다른 결과가 나타날 수

---

5) 라이드는 설교의 위기가 도래한 원인을 일곱 가지로 제시하였다(Reid, *The Empty Pulpit*, 20-9).
  1. 보통 사람들이 이해하기 힘든 복잡한 말이나 고어를 사용하는 경향이 설교자들에게 있다.
  2. 오늘날의 설교는 대개 싫증이 나고, 지루하며, 재미가 없다.
  3. 오늘의 설교는 대부분 듣는 사람의 형편과 무관한 것이다.
  4. 요즈음의 설교는 과감한 설교가 못 된다.
  5. 오늘날의 설교는 상호전달이 안 된다.
  6. 오늘날의 설교는 사람을 변화시키지 못하고 있다.
  7. 이제까지 설교가 너무 강조되어 왔다.

있다는 것이다. 실제로 과거에 비해 오늘날 한국 교회 성도들의 마음의 밭이 묵은 땅 또는 박토가 되었다는 것은 부인할 수 없는 사실이다. 물론 묵은 땅이 되어 버린 이유는 여러 가지지만, 한국 교회의 성도들이 과거에 비해서 말씀에 대한 갈급함과 사모함이 덜한 것이 분명하다. 그래서 성도들이 30분 이상의 설교에 견디지 못한다. 기도의 생활도 과거만 못하고 편하게 신앙 생활하려고 한다. 고난과 헌신을 위한 각오와 결단이 과거에 비해 현저히 약화되었다. 포스트모더니즘과 상대주의의 영향으로 성경의 권위와 목회자의 신뢰가 감소되었다. 이러한 성도들의 영적 상태로 말미암아 아무리 좋은 말씀이 뿌려져도 전혀 열매를 맺지 못할 수도 있다. 결국 오늘날 설교의 위기는 설교자의 문제와 청중의 문제가 겹친다. 실제적인 예를 들어, 성도가 설교가 길다고 불평한다고 하자. 그것은 설교자가 준비되지 않는 뻔하고 지루한 설교를 한 것이 원인이 될 수도 있고, 객관적으로 좋은 설교인데 성도의 마음 밭이 좋지 않아서 설교가 길게 느껴질 수도 있다. 물론 양쪽 다 문제일 수도 있다. 그러나 필자는 궁극적으로 설교의 위기에 대한 전체적인 책임은 설교자(목회자)가 져야한다고 생각한다. 그것은 묵은 땅을 경작해서 옥토로 만들어야 할 책임까지도 설교자가 감당해야 할 의무이기 때문이다.

II. 한국 교회 설교자의 위기

그러면 한국 교회 설교자가 극복해야 할 위기는 무엇인가?

무엇보다도, 건전하지 못한 설교관이다. 익히 알고 있는 것처럼, 많은 한국 교회 목회자들의 최고의 관심은 '교인 수(數)'다. 그러한 목회의 관심과 방향은 설교에 있어서도 여러 가지 문제를 야기한다. 교인 수가 최고의 목표인 설교자들은 '하나님께서 기뻐하시는 설교가 무엇인가?' 또는

'어떻게 성경적이고 바른 설교를 할 것인가?'에 대한 관심보다도 많은 사람들을 모을 수 있는 설교에 더욱 큰 관심이 있다. 실제적으로도 많은 설교자들이 그저 '꿩 잡는 것이 매다!'는 식의 설교를 한다. 그들 가운데는 성도들이 많이 모이는 교회 설교자들의 설교가 최고라고 생각하고 그대로 모방하는 분들도 있다. 그러나 그들의 방법론만 배우고 겉만 배워서 시도하기 때문에 제대로 효과가 나타나지 않아 갈팡질팡하기도 한다. 한국 교회의 위기를 극복하기 위해 설교자에게 가장 우선적으로 필요한 것은 바르고 건전한 설교관이다. 다시 말해, 설교자의 최우선적 관심은 하나님께서 진정 기뻐하시는 설교여야 하고, 설교자에게 무엇보다도 요구되는 것은 성경적인 바른 설교에 대한 확신과 분별력과 열정이다.

다음으로, 너무 많은 설교 횟수와 사역으로 인한 설교 준비의 부족이다. 대부분의 한국 교회의 설교자가 감당해야 하는 설교의 횟수와 양은 너무 많다. 특히 소형교회에서 혼자 설교 사역을 하는 경우에는 최소한 일주일에 10번 이상, 일 년이면 500번 이상 설교해야 한다. 또한 규모가 작은 교회는 설교 외에도 목회자가 해야 할 일이 너무도 많다. 한 사람이 소유하고 있는 지식과 역량이 한계가 있는데, 그런 상황 속에서 신선하고 역동적이며 영양가가 있는 메시지를 전하지 못하는 것은 당연하다. 이것은 엄마가 충분히 영양가 있는 음식을 섭취하지 못하면서 아이에게 젖을 주는 것과 같은 이치다. 물론 과거에는 전체적으로 성도들에게 사모하는 마음이 있었기 때문에 여러 가지 부족한 설교에도 은혜가 되었다. 그러나 요즈음에는 방송과 인터넷을 통해 좋은 설교를 쉽게 접할 수 있고, 학력도 높아졌으며, 사회에서도 뛰어난 강의를 들을 기회가 많기 때문에 내용이 충실하지 않은 어설픈 설교는 통할 수가 없다. 설교 학자들은 대개 1분 설교하는데 한 시간의 준비가 필요하다고 한다. 양보하더라도 1분 설교하는데 30분은 준비해야 한다고 한다. 그러니까 한 번의 30분 설교를 위해서 기본적으로 20시간은 준비해야 한다. 이 기준을 따른다면 특별한 경우가 아니면 일주일에 두 번 이상의 설교를 할 수 없다.

세 번째로, 한 편의 설교를 위한 해산의 수고가 부족하다.

강단이 텅 빈 것 같이 느껴지는 세 번째 이유는 말씀을 전하기 위해서 해산하는 수고를 하지 않거나 못하기 때문이다. 많은 설교자들이 묵상하고 고민하지 않고 너무 쉽게 설교하려고 한다. 물론 많이 수고하고 노력한다고 해서 항상 좋은 설교가 나오는 것은 아니다. 그러나 묵상하고 고민하면서 최선을 다할 때 좀 더 은혜롭고 풍성한 말씀을 전할 수 있다. 이것은 두 번째의 문제점과 어느 정도 연결되어 있다. 시간이 부족하기 때문에 묵상하고 연구할 시간이 없고, 또한 그것이 자신의 설교 사역의 패턴으로 굳어버릴 수 있다.

더욱 심각한 문제는 남의 설교를 도용(盜用)하는 것이다. 특히 요즈음은 인터넷의 발달과 많은 설교집의 출판으로 인해 남의 설교를 쉽게 복사하고 도용할 수 있다. 필자는 주변에서 자신이 좋아하는 유명한 설교자의 설교를 그대로 하는 설교자들도 여러 명 보았다. 그들은 자신이 아무리 준비해도 자신의 능력으로는 그런 설교를 할 수 없다고 변명한다. 다른 사람의 설교를 참고할 수 있지만, 다른 사람의 설교를 그대로 들고 나가는 것은 큰 문제가 아닐 수 없다. 필자는 스스로 준비한 설교라도 준비되지 않고 깊은 묵상 없이 그냥 원고만 들고 나갈 때 설교에 힘이 없는 것을 경험한다. 깊은 묵상과 많은 노력을 통한 해산의 수고가 있을 때 강단이 살아날 수 있다. 설교자는 크리소스톰이 설교자의 유혹과 관련하여 "만일 설교가가 좀 더 그럴듯하게 보이기위해서 다른 사람 설교를 짜깁기하여 사용한다면, 그것은 도둑이 다른 사람의 물건을 훔치는 것보다 더욱 수치스러운 일"이라고 한 말을 기억해야 한다.[6]

---

6) John Chrysostom, "The Temptations of Greatness," in Richard

III. 설교자의 자세

그러면 강단의 회복을 위해 설교자가 가져야 할 자세는 무엇인가?

첫째, 무엇보다도 먼저, 설교는 목회자에게 가장 중요한 사역임을 명심해야 한다.

물론 설교가 목회의 전부는 아니다. 대부분의 목회자는 심방, 상담, 행정, 그리고 외부 활동(노회나 총회 또는 동료들과의 모임)도 해야 하고 필요하다. 그러나 목회의 최우선 순위에는 설교 사역이 있어야 한다. 사도행전 6장에서 확인할 수 있는 것처럼, 초대 교회의 사도들은 그들이 감당해야 할 최우선의 사역이 기도하는 것과 말씀 전하는 일임을 확신하였기에 사역의 다른 부분들을 평신도 지도자들에게 과감하게 위임하였다. 이것은 오늘날 설교자에게도 그대로 적용된다. 목회자가 설교 사역의 우선순위를 인정한다면 그것은 목회의 방향과 사역의 시스템에서 드러나야 한다. 다시 말해, 교회적으로는 평신도 지도자들을 훈련시켜 목회자의 사역의 상당한 책임을 그들에게 위임해야 하고, 개인적으로는 절대로 양보할 수 없는 설교 준비 시간을 확보해야 한다. 그때 설교를 위해 충분한 시간 투자를 할 수 있고, 그것이 또한 궁극적으로 교회와 성도를 살리는 최선의 선택이다.

둘째, 설교는 가장 부담스러운 일임을 명심해야 한다.

야고보 사도는 말씀의 선생들에게는 더 큰 심판이 있을 것이기 때문에 많이 선생 되지 말라고 하였다(약 3:1). 그만큼 하나님의 말씀을 맡은 자들에게는 막중한 책임이 요구된다는 것이다. 실제적으로 어렸을 때 또는 처음 신앙을 가졌을 때 들었던 설교가 평생 그 사람의 신앙과 삶에 긍정적

Lischer(ed.), *The Company of Preachers* (Grand Rapids: Eerdmans, 2002), 58.

또는 부정적으로 영향을 미칠 수 있다. 뿐만 아니라 설교가 성도들의 인생에 있어서 중요한 시점(성공과 실패 또는 생(生)과 사(死)의 갈림길에 있을 때)에 결정적인 영향을 주는 경우도 다반사다. 설교자는 자신의 설교가 성도들에게 미칠 이러한 여러 가지 영향력에 대한 부담을 가져야 한다. 그때 아무렇게나 또는 쉽게 설교하지 않고, 최선을 다해 준비하여 하나님께서 기뻐하시는 능력 있는 설교를 할 수 있을 것이다.

셋째, 설교는 즐거운 일이 되어야 한다.

설교는 부담스러운 일일 뿐 아니라 결코 쉽지 않는 일이다. 설교는 부담되고 힘 드는 일이기에 작업이기에 주일이 너무 빨리 돌아오는 것처럼 느껴진다고 고백하는 목회자들이 많다. 아마 대부분일 것이다. 설교가 부담되지 않고 힘들지 않다고 생각하는 사람은 문제가 있다. 그러나 거기에 머물러서는 안 된다. 힘들고 어렵기만 하다면 어떻게 평생 설교자로 살아갈 수 있겠는가? 다른 한 편으로 설교는 기쁨과 감사의 일이 되어야 한다. 어느 목사가 "설교는 어려워도 설교 준비는 즐겁다!"고 고백하는 것을 보았다. 필자는 그 고백이 모든 설교자의 고백이 되어야 한다고 생각한다. 필자에게도 설교하는 것은 참으로 부담스럽고 어려운 일임에 틀림없지만, 하나님께서 필자를 설교자로 부르셨다는 사실에 늘 감사하고 감격한다. 필자에게 설교 사역은 진정 즐겁고 감사하고 행복한 일이다. 설교 준비하면서 이전에 알지 못했던 하나님의 놀랍고 오묘한 진리를 깨달았을 때의 기쁨을 경험해 보았는가? 또한 깨달은 진리를 자신에게 먼저 적용하고 그것을 사랑하는 성도들과 함께 나누면서 그들이 신앙과 삶이 변화되는 기쁨과 감격을 경험해 보았는가? 그것은 너무 신나고 행복한 일이 아닌가? 설교를 준비하면서 그리고 성도들과 함께 나누면서 경험하는 기쁨과 즐거움은 설교의 어려움과 부담스러움을 일거에 날려버린다. 로이드 존스는 "내게는 설교하는 일이야 말로 사람이 누릴 수 있는 가장 지고하고 가장 위대하고 가장 영광스러운 소명이다. 나는 오늘날 교회에 가장 긴급한 필요가 참된 설교라고 주저 없이 말하고 싶다."는 고백하였다.[7] 로이드 존즈의 고백이 우리 모든 설교자의 고백이 되어야 한다. 설교가 힘들고 부담스러운 일임에 틀림없지만 다른 한 편으로는 가장 즐겁고 기쁜 일이 될 때 설교 사역을 더욱 잘 감당할 수 있을 것이다.

넷째, 자기 발전을 위해 계속적인 연구와 노력이 필요하다.

흔히 신학교 3년 동안 배웠던 지식은 실제 목회에서 3개월이면 바닥난다고 한다. 그것은 일리가 있는 이야기다. 왜냐하면, 신학교에서 배운 것은 본격적인 사역과 연구를 위한 기초 작업이기 때문이다. 설교자에게 있어서 공부와 연구는 평생 과업이며, 특히 자신의 설교 사역에 있어서 부족한 부분을 보충하기 위해서 계속 수고하고 노력해야 한다. 사회에서도 스스로의 발전을 위해서 노력하지 않으면 살아남지 못하는데 설교자가 연구하고 노력하지 않으면 그것은 일종의 직무유기다. 주위에서 성도들이 은혜를 받고 있다는 이야기에 도취되어서 또한 현재 잘 하고 있다고 생각하기 때문에 자신의 발전을 위해서 별로 관심과 노력을 기울이지 않는 설교자들이 있음을 본다. 존 스토트가 설교자는 사명적인 자세로 연구해야 하며, 최우선 순위로 연구하는 시간을 확보하고 또한 연구하는 습관을 길러야 한다고 주장한 것처럼,[8] 목회자에게 가장 필요한 것 가운데 하나는 자

---

7) Martyn D. Lloyd-Jones, *Preaching and Preachers* (Zondervan: Grand Rapids, 1972), 9.

8) John R. W. Stott, *Between Two Worlds: The Art of Preaching in the Twentieth Century*, 정성구 역, 『현대 교회와 설교』 (서울: 풍만, 1985). 199-226. 그는 설교자는 소명적인 자세로 연구해야 한다고 하면서 스펄전과 빌리 그래함의 말을 인용한다. 스펄전은 "배우기를 그만 둔 사람은 가르치기를 포기한 사람이다. 더 이상 연구의 씨를 뿌리지 않는 사람은 더 이상 강단에서 수확을 거두지 못할 것이다."고 하였고, 빌리 그래함도 다시 사역을 시작한다면 두 가지를 바꿀 것인데, 하나는 지금까지 자신이 연구한 것보다 세 배나 더 연구할 것이며 떠맡는 일을 줄이는 것이고(그는 너무 많이 설교했고 너무 적게 연구했다고 하였다) 다른 하나는 더 많

신의 발전을 위한 끊임없는 연구와 노력이라고 할 수 있다.

　다섯째, 기독교는 설교에 달려있다는 사실을 명심해야 한다.
　피터 포사이드(Peter T. Forsyth)는 "기독교는 설교와 함께 일어서고
설교와 함께 쓰러진다!"고 하였다.9) 그것은 기독교 역사를 통해서 확인되
었다.10) 대표적으로 중세 교회를 예로 들어보자. 흔히 중세를 기독교의 암
흑시대라고 한다. 그런데 중세의 암흑시대는 '설교의 암흑시대'라고 해도
결코 틀린 말이 아니다. 중세시대는 예배에서 말씀보다 의식이 중요시되었
고, 예배는 라틴어로 진행되었기 때문에 성도들은 말 그대로 '예배를 보는
자'가 되었다. 또한 설교자들은 스스로 하나님의 말씀을 받아 전달할 생각
이나 노력을 하지 않고 대신에 당시의 교회의 스승으로 인정받는 인물들의
설교를 낭독하였다. 그러니까 중세시대에는 설교의 권위와 능력을 상실하
였다. 이것은 하나님의 말씀과 설교가 제 기능을 발휘하지 못하는 교회는
타락하고 사명을 제대로 감당할 수 없다는 것을 분명히 보여주었다. 그러
한 상황에서 종교 개혁이 일어났는데 종교 개혁은 말씀의 회복이며 설교의
회복이라고 할 수 있다. 종교 개혁자들의 우선적인 사역은 성경을 번역하
고 성경을 설교하는 일이었다. 그리고 설교가 예배에서 중요한 위치를 차
지하였다.11) 그로 인해 교회와 성도가 회복과 부흥을 경험하였다.

은 시간을 기도에 할애하겠다고 고백했다는 것이다.
　9) Peter T. Forsyth, *Positive Preaching and the Modern Mind*
(Eerdmans: Grand Rapids, 1964), 5.
　10) 참고. Edwin C. Dargan, *A History of Preaching*, 김남준 역, 『설교의 역
사(I/II/III)』 (서울: 솔로몬, 1994); Clyde E. Fant & William M. Pinson(eds.),
Twenty Centuries of Great Preaching(13 vols) (Waco: Word Books, 1971).
　11) 에드윈 다아간은 다음과 같이 평가하였다(Edwin C. Dargan, *A History of
Preaching*, 김남준 역, 『설교의 역사(II)』 [서울: 솔로몬, 1994], 115-6.).
　　종교개혁의 이 위대한 혁명의 사건과 업적들은 대부분 설교가와 설교가 이루
　　어 놓은 작품이었다. 왜냐하면 하나님의 말씀과 그 말씀을 믿고 사랑하고 가
　　르쳤던 신실한 사람들의 사역을 통해서 종교개혁이 일어났기 때문이다. 역으

그것은 종교개혁 이후에도 마찬가지였다. 영국 개신교의 청교도 운동, 웨슬리를 중심으로 한 영국의 복음주의 운동, 미국의 1, 2차 대각성 부흥 운동 등이 바로 말씀의 회복과 설교의 회복에 의하여 이루어진 것이다. 우리나라의 1907년의 평양 대부흥 운동도 말씀 사경회가 그 기폭제가 되지 않았는가? 하나님의 말씀과 강단의 회복은 교회를 바르게 하였고 세계의 역사를 바꾸어 놓는 위대한 능력을 보여주었다. 설교자는 설교는 교회의 회복과 부흥에 절대적으로 필요한 요소라는 사실을 다시 한 번 기억해야 한다.

마지막으로, 그러나 가장 중요한 것은, 설교자는 말씀의 능력을 믿고 설교해야 한다.

성경은 지금도 살아 계신 하나님의 말씀이기 때문에 살았고 운동력이 있어 좌우에 날선 어떤 검보다도 예리하여 혼과 영과 및 관절과 골수를 찔러 쪼개기까지 할 수 있다고 강조한다(히 4:12). 위에서 언급한 것처럼 실제적으로 기독교 역사는 하나님 말씀의 능력이 얼마나 큰 지를 분명히 보여주었다. 그러므로 설교자는 인간적으로 불가능하게 보이는 상황이라고 할지라도 말씀을 제대로 전하기만 하면 그 말씀이 놀라운 능력으로 역사할 것으로 믿고 설교해야 한다. 다시 말해, 설교자는 그저 목회자니까, 또는 설교의 순서를 맡은 사람이니까 설교해서는 안 된다. 아니면 설교를 통해서 성도와 교회와 사회가 변할 수 있음을 확신하고 간절히 소망하며 설교하는가? 하나님께서는 모든 세대마다 특별한 사람들을 세우셨고 그들을 통해 놀라운 일들을 이루셨다. 그러나 설교의 은사와 능력은 특별한 사람들에게만 주어지는 것이 아니다. 모든 설교자는 베드로, 바울, 루터, 칼빈,

---

로 종교 개혁의 사건들과 원칙들은 설교에 영향을 미쳐 설교 그 자체에 새로운 정신을 불어넣고 새 힘과 새 형식 등을 주었다. 그래서 종교 개혁과 설교의 관계를 간략히 말한다면, 상호의존, 보완, 지침이라는 말로 축약할 수 있다.

웨슬리, 조나단 에드워드, 무디, 빌리 그래함처럼 쓰임 받을 수 있다. 자신의 능력만을 생각하면서 설교 사역의 결과에 스스로 포기하거나 한계를 정하지 말아야 한다. 하나님께서 역사하시고 은혜를 주시면 모든 설교자는 생각지 못한 놀라운 일들을 경험할 것이다. 설교자에게 필요한 것은 단지 말씀의 능력을 확신하고 간절히 사모하며 전적으로 헌신하는 것이다. 필자는 이 땅의 모든 설교자들이 말씀의 능력을 확신하며 성령의 역사하심을 사모하며 최선의 노력을 다함으로 설교의 놀라운 능력을 경험하고, 또한 그로 말미암아 한국 교회가 제 2의 전성기를 경험할 수 있기를 간절히 바란다.

IV. 설교자는 누구인가?

강단을 회복하기 위해 또 한 가지 절대적으로 중요한 것은 바른 설교자 상(像)의 정립이다. 따라서 이제 성경에서 언급하고 있는 설교자의 이미지들을 고찰함으로 바람직한 설교자 상을 제시하고자 한다.12)

1. 설교자에 대한 다양한 이미지

토마스 롱(Thomas G. Long)은 '설교가 무엇인가?'를 답하기 위해

---

12) 한국 교회 강단의 회복을 위해 최근에 시도되는 것 가운데 하나는 한국 교회 유명 설교자들에 대한 연구이다. 이것은 한국 교회의 대표적인 설교자들의 신학, 설교 내용, 설교 구성, 전달 등을 다양한 각도에서 분석 평가함으로 바람직한 설교자의 모습을 회복하려는 시도이다. 필자는 이러한 시도는 바람직하다고 생각한다. 왜냐하면 한국 교회와 강단의 갱신과 부흥을 위해서 바람직한 설교자 상의 회복은 반드시 선행되어야 할 과제이기 때문이다. 그런데 이러한 대표적인 설교자들에 대한 연구와 더불어 수행되어야 할 과제는 기초적이면서 본질적인 측면에서의 설교자들을 평가할 수 있는 객관적인 기준의 제시라고 생각한다.

'설교자가 누구인가?' 라는 질문으로 접근하였다.13) 그는 지금까지 제시되었던 설교자의 이미지들(즉, 선포자, 목자, 그리고 이야기꾼)에 대한 장단점을 분석하면서, 설교자는 '증인(Witness)'으로 이해되어야 한다고 주장하였다.14) 필자의 판단으로, 그의 평가와 주장은 다분히 억지스럽고 일방적이다. 그의 주장대로 설교자가 증인으로만 이해되어야 한다는 것은 마치 코끼리의 한 쪽 면만을 그린 다음에 그것으로 코끼리 전체라고 우기는 것과 마찬가지다.

성경에 설교를 위해서 많은 단어들이 사용되었기 때문에 '설교가 무엇인가?' 에 대해서 간단하게 말할 수 없는 것처럼,15) 설교자도 성경에서 다양한 단어로 표현되어 있기 때문에 하나의 이미지로 설교자의 이해를 제한하려고 해서는 안 된다. 대신에 성경에 나타난 여러 이미지들이 강조하는 바를 종합함으로 '설교자가 누구인가?' 를 이해하는 것이 옳다. 필자는 성경에 나타난 설교자의 대표적인 이미지는 '청지기,' '전파자(선포자),' '증인,' '아버지,' '목자 또는 교사' 라고 생각한다.16) 이제 구체적으로 살펴보자.

2. 청지기(Steward)

---

13) Thomas G. Long, *The Witness of Preaching*(2nd ed.) (Louisville: Westminister/ John Knox, 2005), 11-53.

14) Long, *The Witness of Preaching*, 11-53.

15) 본서의 <3장. 설교란 무엇인가?>를 참고하라.

16) 참고. John R. W. Stott, *The Preacher's Portrait* (Grand Rapids: Eerdmans, 1961); 계지영, 『현대 설교학 개론』 (서울: 한국 장로교 출판사, 1998), 17-32. 존 스토트는 신약 성경에 나타난 설교자의 대표적인 이미지를 '청지기(Steward),' '전파자(Herald),' '증인(Witness),' '아버지(Father),' 그리고 '종(Servant)' 이라고 하였다. 계지영도 '설교가 무엇인가?' 를 정의하기 위해서 '설교자는 누구인가?' 라는 질문으로 접근했는데, 설교자의 대표적인 이미지는 '복음을 전파하는 자(Herald),' '목양자(Pastor),' '교사(Teacher),' '성경을 이야기해 주는 사람(Storyteller),' 그리고 '증인(Witness)' 이라고 하였다.

무엇보다도 먼저, 설교자는 하나님의 말씀을 맡은 '청지기(οἰκονόμος)'
이다(고전 4:1-4, 9:16-17). 고린도전서 4:1-4에서 바울은 다음과 같이
고백한다.

사람이 마땅히 우리를 그리스도의 일꾼이요 하나님의 비밀을 맡은 자로 여길
지어다.
그리고 맡은 자들에게 구할 것은 충성이니라. … 다만 나를 판단하실 이는
주시니라.

바울은 복음을 위해서 하나님의 말씀을 전하는 자신과 자신의 동역자
들을 '하나님의 비밀을 맡은 자(οἰκονόμος: 청지기)'라고 하였다. 여기에서
비밀은 '성령을 통해서 그들에게 특별히 알려진 하나님의 계시'이다.[17]
쉽게 말해, 비밀은 '하나님의 말씀' 또는 '복음'이라고 할 수 있다.

그러면, '청지기'로서 설교자의 이미지가 강조하는 것은 무엇인가?

먼저, 당시 청지기는 주인의 가정 일, 재산, 농장, 포도원 등을 관리하
고 책임지는 사람이었고, 청지기에게 가장 요구되는 품성은 신실함이었다
(고전 4:4).[18] 그러니까 설교자는 주인이신 하나님께서 우리에게 주신 말
씀(하나님의 비밀)을 신실하게 관리하고 책임져야 할 사람이다. 그러면,
청지기로서 하나님의 말씀을 신실하게 관리하고 책임져야 한다는 것은
무엇을 의미하는가? 소극적으로 이것은 말씀을 혼잡하게 하거나(고후
2:17, 4:2) 더하거나 뺌으로 잘못 전파하여 말씀의 본래 의미를 왜곡시키

---

17) Gorden D. Fee, *The First Epistle to the Corinthians* (Grand Rapids:
Eerdmans, 1987), 159-60.
18) 고린도전서 4:2에 있는 '충성'은 '신실함'으로 번역하는 것이 옳다. '충성'
으로 번역된 'πιστος'를 대부분의 영어 성경에서는 'faithful'로 번역하였다.

지 않는, 본문에 충실한(벗어나지 않는) 설교를 하는 것을 의미하며,19) 적극적으로는 하나님의 말씀의 살았고 운동력이 있으며 좌우의 날선 검과 같은 말씀의 본래의 기능과 능력이 설교를 통해서 드러나게 해야 함을 의미한다.

다음으로, 청지기는 주인으로부터 주인의 재산을 관리하도록 위임받은 사람이다(참고, 마 21:33-41). 설교자는 하나님으로부터 위대하고 능력 있는 하나님의 말씀을 관리하는 '권위'를 위임받았다. 하나님의 말씀을 위임받은 설교자들에게 요구되는 자세는 그러한 귀한 자리에 쓰임 받도록 인정하시고 택하신 하나님에 대한 감사와 겸손의 마음이다. 동시에 그렇게 영광스러운 일을 맡기심에 대한 자부심과 사명감도 요구된다. 사실 집이나 재산을 관리하는 것이 쉽지 않는 것처럼, 설교를 잘 준비해서 바르고 능력 있게 설교하는 것이 결코 쉽지 않다. 그러나 설교자는 설교가 힘들고 어렵더라도 하나님께서 위대하고 존귀한 사명을 감당케 하신 것에 대한 청지기의 자부심과 사명감을 가지고 감사함으로 최선을 다해서 설교에 임해야 한다.

세 번째로, 청지기가 늘 관심을 가져야 할 것은 주인의 평가이다. 그것은 청지기를 진정으로 평가하고 최종적으로 평가하는 분은 주인이기 때문이다. 청지기로서 설교자는 '주님께서 나의 설교를 어떻게 평가하실 것인가?'를 가장 중요하게 생각해야 하고 주님께 인정받는 것을 최고의 기쁨으로 생각하며 설교해야 한다. 그러나 많은 경우 하나님보다는 교회 공동체 혹은 다른 사람들에 의해서 평가받는 것에 더 큰 관심이 있고, 그것을 더욱 중요하게 생각하면서 설교한다. 또한 설교를 제대로 준비하지 못해 설교자로서의 역할을 제대로 감당하지 못하면 하나님보다도 성도들에게

---

19) Stott, *The Preacher's Portrait*, 24-5.

더 미안함을 느낀다. 물론 설교의 사명을 제대로 감당하지 못했을 때 성도들에게도 미안함을 느껴야 한다. 그러나 설교자가 나태하고 소홀함으로 제대로 설교 사역을 감당하지 못했을 때에 가장 죄송스럽고 미안하게 느껴야 할 분은 설교자에게 그 일을 맡기신 주인이신 하나님이시다. 또한 비록 부족하여도 설교를 위해서 자신이 할 수 있는 최선을 다했다면 낙심하거나 자격지심을 갖지 말아야 한다. 청지기로서 주인의 평가를 가장 중요하게 여겼던 바울은 사람에게 평가받는 것이 자신에게는 매우 작은 일이라고 하면서 자신을 판단하시는 분은 오직 주님이라고 분명하게 고백하였다(고전 4:3-4).

3. 전파자 (Herald, 선포자 또는 전령)

설교자는 청지기일 뿐 아니라 '전파자(κῆρυξ)'이다. 이것은 가장 일반적으로 알려진 설교자의 이미지인데, 동사로는 많이 사용되었으나 명사로 사용된 경우는 그렇게 많지 않다. 설교자가 선포자로 표현된 곳은 디모데전서 2:7과 디모데후서 1:11이다.

이를 위하여 내가 전파하는 자와 사도로 세움을 입은 것은(딤전 2:7).
내가 이 복음을 위하여 선포자와 사도와 교사로 세우심을 입었노라(딤후 1:11).

바울은 자신을 '전파하는 자(또는 선포자)'로 부르심을 입었다고 고백하고 있다. 그러면 선포자의 이미지가 강조하는 것은 무엇인가?[20]
먼저, 당시에 전파자(전령)는 나팔을 불어서 사람을 모으거나 왕이 지

---

20) 참고. Gerhard Friedrich, "κῆρυξ," in *TDNT*(vol. III) (Grand Rapids: Eerdmans, 1965), 683-96.

정한 사람이나 지역에 가서 왕의 명령이나 메시지를 왕을 대신해서 급하고 중요한 소식들을 전달하는 사람이었다. 선포자와 청지기의 공통적인 점은 주인 또는 왕으로부터 어떤 특별한 사명을 받은 사람이다. 그런데 청지기로서의 설교자는 하나님의 말씀을 잘 관리하고 보호하는 것이 주 임무라면, 전파자로서의 설교자는 하나님의 말씀 또는 복음을 온 세상에 선포하는 것이 주 임무라는 것에 차이가 있다.

다음으로, 당시에 전파자(전령)에게 중요했던 것은 왕의 메시지를 전해야 할 사람들에게 바르고 분명하게 전달하는 것이었다. 그것을 위해서 당시에 전달자를 뽑기 위해서 목소리를 테스트하였다고 한다. 또한 전달자는 불필요한 말을 하거나 과장되게 전달하지 않아야 했고 자신의 생각을 추가해서도 안 되었다. 청지기에게 요구되는 덕목이 신실함이라면 선포자에게 요구되는 덕목은 메시지가 변질되지 않고 정확하고 분명하게 전달하는 것이었다. 결국, '전파자로서의 설교자'는 하나님의 말씀과 뜻을 바르고 분명하게 전하는 자이다.

세 번째로, 당시의 전파자(전령)에게는 왕의 메시지를 바르고 분명하게 전해야 할 뿐 아니라, 호소력 있고 설득력 있게 전달함으로 그들의 마음을 움직이는 자질이 요구되었다. 선포자로서 설교자에게도 같은 자질이 요구된다. 고린도전서 9:19-22에서 그것이 확연하게 드러난다. 바울은 자신이 복음의 선포자임을 밝힌 다음에 더 많은 사람을 얻기 위해서 율법 없는 사람에게는 율법 없는 사람처럼, 율법이 있는 사람에게는 율법이 있는 사람처럼, 약한 자들에게는 약한 자들과 같이 되어서 그들이 돌아오도록 그들의 상황과 형편에 맞추어서 복음을 전파했다고 고백한다. 결국, 선포자로서의 설교자에게는 호소력과 설득력의 자질이 요구되며, 그것을 위해서 선포 대상자의 상황을 파악하고 고려하는 것이 반드시 필요하다.

4. 증인(Witness)

성경에 언급되어 있는 설교자의 또 하나의 이미지는 '증인($\mu\acute{\alpha}\rho\tau\upsilon\varsigma$)'이다. 증인으로서 설교자의 이미지는 요한복음 15:27, 사도행전 1:8; 20: 24; 22:15 등에 나타난다.

내가 달려갈 길과 주 예수께 받은 사명 곧 하나님의 은혜의 복음을 증언하는 일을 마치려 함에는 나의 생명조차 조금도 귀한 것으로 여기지 아니하노라 (행 20:24).
네가 그를 위하여 모든 사람 앞에서 네가 보고 들은 것에 증인이 되리라(행 22:15).

위에서 언급한 대로 토마스 롱은 설교자의 이미지는 '증인'으로 압축될 수 있다고 했다.[21] 그에 의하면, 증인으로서 설교자는 성도들의 문제와 필요에 대한 답(하나님의 뜻)을 발견하기 위해서 청중을 대표해서 성경으로 들어가서 성도들을 위해서 말할 것을 발견할 때까지 계속 본문과 성도들 사이를 왔다 갔다 해야 한다고 하였다. 또한 증인으로서의 설교자는 성도들의 문화와 삶에 대한 깊은 경험자일 뿐 아니라 본문의 깊은 경험자여야 한다고 하였다. 그러나 성경에서 말씀하는 증인의 이미지는 그의 주장과 반드시 일치하지 않는다.

먼저, 성경에서 증인의 이미지는 보고 들음에 대한 강조가 있다(행 22:15). 다시 말해, 증인으로서 설교자는 단순히 남에게 들은 것을 전하거나 대본을 보고 연극을 하는 사람이 아니다. 대신에 전파해야 할 말씀에 자신이 먼저 감격스럽게 부딪치고 결단하는 자이고, 복음에 대한 감사와 감격, 십자가와 부활의 능력을 경험하고 주님에 대한 뜨거운 사랑을 경험

---

21) Long, *The Witness of Preaching*, 45-51.

함으로 확신 가운데 하나님의 말씀을 전하는 자이다. 그러한 경험과 체험을 통한 감격과 확신이 없다면 그 사람은 증인으로서 사명을 제대로 감당할 수 없다. 실제적인 예로, 웨슬리는 1725년에 안수를 받았으나 1738년에 올더스게이트(Aldersgate)에서 마음이 뜨거워졌던 경험이 있다. 그 사건으로 말미암아 그는 주님의 증인으로서의 사역을 잘 감당할 수 있었다.

다음으로, 증인은 법적인 용어이다. 법정에서 증인의 역할은 논리적이고 설득력 있게 증언함으로 재판에 실제적으로 영향을 주는 것이다. 증인으로서 설교자도 하나님의 말씀을 단순히 증거하는 것이 아니라 논리적이고 설득력 있게 증거해야 한다. 그래서 청중 가운데 복음을 대항하는 자들과 아직 복음에 확신을 갖지 않는 자들에게 주님과 복음의 본질과 핵심을 효과적으로 변호하고 증거 해야 한다.

세 번째로, 증인은 자신을 위해서가 아니라 자신이 증언하는 사람의 이익과 영광을 위해서 증언한다. 증인으로서의 설교자도 설교를 통해서 설교자가 드러나고 높아져서는 안 되고 우리 증언의 대상되신 주님께서 드러나고 높임 받아야 됨을 기억해야 한다. 우리는 단지 증거 하는 사람으로서 세례 요한이 가졌던 스스로 낮추는 겸손함과 헛된 영광을 구하지 않는 자세를 가져야 한다. 한 걸음 더 나아가서 증인으로서 설교자는 주님의 영광과 복음을 위해서 죽을 각오까지 해야 한다(행 20:24). 증인은 순교자(Martyr)와 어원이 같다는 것은 우리가 잘 아는 사실이다.

5. 아버지(Father)

성경에서 말씀하는 설교자의 또 하나의 이미지는 '아버지(πατήρ)' 이다.

대표적인 성경 구절들은 고린도전서 4:14-15, 데살로니가전서 2:11-12, 빌레몬서 10 등이다.

> 내가 너희를 부끄럽게 하려고 이것을 쓰는 것이 아니라 오직 너희를 내 사랑하는 자녀 같이 권하려 하는 것이라 그리스도 안에서 일만 스승이 있으되 아버지는 많지 아니하니 그리스도 예수 안에서 내가 복음으로써 너희를 낳았음이라(고전 4:14-15).

바울은 종종 서신서에서 자신이 복음을 전하는 자들에게 아버지로서 역할을 하였음을 고백하고 있다. 그러면 아버지의 이미지로서의 설교자가 강조하는 것은 무엇인가?

먼저, 아버지로서의 설교자의 이미지는 설교자와 성도들과의 관계성을 말한다. 설교자는 무대 위에서 연극하는 배우도 아니고, 선포자로서 단지 연설하는 자도 아니다. 그리고 청중들은 단지 구경꾼이나 방관자가 아니다. 성도들과 설교자는 사랑하는 가족 관계에서 하나님의 말씀을 주고받아야 한다. 아버지로서의 설교자는 변함없고 깊은 사랑의 마음으로 설교해야 한다. 이것은 복음을 처음 전하는 자에게나 기존의 성도들에게 모두 해당되는 것이다. 뿐만 아니라, 아버지의 자녀에 대한 애정은 자녀를 끝까지 포기하지 않게 한다(눅 15장). 속을 썩여도 관대하다. 객관적으로 못생겼어도 예쁘게 보이고 조금만 잘해도 대견스럽게 생각한다. 다른 사람들은 그 아버지의 태도와 마음을 이해하지 못하기도 한다. 설교자에게 이 마음이 필요하다. 설교자들은 '나에게 성도를 향한 이러한 아버지의 자세와 마음이 있는가?' 를 자문해 보아야 한다.

두 번째로, 아버지로서의 설교자는 생산과 밀접하게 연관되어 있다. 바울이 자신을 다른 사람들의 아버지라고 불렀던 것은 그들을 복음으로서 낳았기 때문이다(몬 10). 아버지로서의 설교자는 설교를 통해서 많은 사람들을 주님께 돌아오게 하는 결과를 가져와야 한다.

세 번째로, 아버지로서의 설교자는 성도들의 성장과 성숙에 대한 관심이 많다. 고린도전서 4:14-15와 데살로니가전서 2:11-12에서, 사도 바울은 아버지로서의 자신의 권면을 통해서 성도들이 성장하고 성숙하기를 간절히 바라고 있다. 아버지로서 설교자는 단지 복음 안에서 낳은 것으로 끝나는 것이 아니라, 설교를 통해 자녀들의 성장과 성숙을 위해서 책임과 의무가 있다.

그러면 성장과 성숙이 어떻게 가능한가?

먼저, 권면과 책망을 통해서 가능하다(고전 4:14-15; 살전 2:11-12). 설교자는 단순히 성도들의 기분을 맞추기 위해서 설교해서는 안 된다. 때로는 아버지와 같이 그들을 꾸짖고 책망해야 한다. 그러나 단순히 꾸짖는 것이 아니라 칭찬과 격려와 함께 꾸짖고 책망한다. 그것은 가족 관계의 기초 위에서 아버지가 가진 사랑의 마음이 없으면 불가능하다.

다음으로, 최선의 노력을 다해야 한다. 가만히 있어도 성도들이 저절로 자라는 것이 아니다. 물론 진정한 성장은 하나님을 통해서 가능하다. 그러나 마치 아버지가 자녀들에게 최선을 다해 음식을 공급하는 것처럼 설교자는 최선을 다해서 씨를 뿌리고 물을 주어야 한다. "나의 자녀들아 너희 속에 그리스도의 형상이 이루기까지 다시 너희를 위하여 해산하는 수고를 하노라(갈 4:19, 참고. 골 1:28-29)."고 한 바울의 자세는 우리의 자세가 되어야 할 것이다.

마지막으로, 가장 중요한 것은 본을 보임으로 자녀들을 성장시키고 성숙시켜야 한다(고전 4:16). 본이 되지 않는 아버지는 자녀들을 꾸짖을 자격이 없을 뿐 아니라 꾸짖어도 효과도 없다. 그렇기 때문에 바울은 디모데에게 편지하면서, "오직 말과 행실과 사랑과 믿음과 정절에 대하여 믿는 자들에게 본이 되라(딤전 4:12)."고 권면하였다.

6. 목자(Pastor or Shepherd) 또는 교사(Teacher)[22]

설교자의 또 하나의 이미지는 '목자(ποιμήν)'이다. 신약 성경에서 설교자를 목자(목사)라고 하는 경우는 에베소서 4:11이 유일하다. 하지만 성도들을 '양'이라고 지칭하는 것은 여러 곳에서 발견된다(벧전 5:2-3, 행 20:28, 요 21:15). 이것은 설교자가 성도들을 인도하는 목자임을 말한다.

너희 중에 있는 하나님의 양 무리를 치되 … 맡은 자들에게 주장하는 자세를 하지 말고 양 무리의 본이 되라(벧전 5:2-3).

그러면, 목자(교사)로서 설교자의 이미지가 강조하는 것은 무엇인가?

먼저, 목자의 우선적인 임무는 양의 필요를 채우는 것이다. 목자로서의 설교자의 우선적인 일도 성도들의 필요를 채우는 것이다. 이것은 설교자가 성도들과 동고동락하고 하나가 되며, 교인들과 개인적으로 깊은 관계를 형성함으로 그들의 개인적인 필요와 아픔을 알며, 그것들을 어루만져주고 충족시켜 주어야 함을 의미한다. 물론 성도들의 필요가 목회적 활동으로 채워지기도 하지만 설교도 그 역할을 감당해야 한다. 또한 목자로서

---

22) 자주 목자와 교사는 다른 관점에서 다루어지고 있다(참고. 계지영, 『현대 설교학 개론』, 21-7). 하지만 필자는 아래에서 언급할 바와 같이 목자와 교사는 그 역할과 기능과 관련하여 같은 관점에서 설명되어져야 한다고 생각한다.

의 설교자의 이미지는 설교가 성도들의 상황이나 필요와 동떨어진 것이 아니라 그것들과 밀접하게 연결되어야 함을 말한다.

다음으로, 목자는 양들의 필요를 채워주는 사람일 뿐 아니라, 양들을 다른 짐승들의 공격으로부터 보호하고 바른 길로 인도하는 사람이다. 목자로서의 설교자는 단순히 성도들의 필요만을 채우는 자가 아니라 성도들이 악한 길로 빠지지 않게 하고 바른 길로 인도하기 위해서 하나님의 말씀을 바르게 가르치는 자여야 한다. 이러한 교사($\delta\iota\delta\acute{\alpha}\sigma\kappa\alpha\lambda o\varsigma$)로서의 목자의 이미지는 성경의 여러 곳에서 확인할 수 있다. 먼저, 에베소서 4:11에서는 목자와 교사가 한 관사 아래에 연결되어 있다. 이것은 목자와 교사가 두 가지의 다른 역할을 하는 자가 아니라 같은 역할을 하는 자임을 의미하고, 또한 목자의 이미지에는 교사의 이미지 즉 가르침의 요소가 들어있음을 보여준다. 뿐만 아니라 사도행전 20:28에서 바울은 에베소 교회의 장로들에게 "너희는 자기를 위하여 또는 온 양떼를 위하여 삼가라 성령이 저들 가운데 너희로 감독자를 삼고 하나님이 자기 피로 사신 교회를 치게 하셨다."고 하면서, 흉악한 이리가 자기를 쫓게 하려고 어그러진 말을 할 것이라고 주의를 주었다. 그러니까 교회의 지도자들이 감당해야 할 일은 양과 같은 에베소 성도들이 잘못된 가르침에 빠지지 않도록 돌보고 인도하는 것임을 권고한 것이다. 또한 베드로전서 5:2이하에는 양 무리를 '바르게 인도하기 위해서' 본을 보이라고 하였다. 결국 이러한 말씀들은 목자로서의 설교자의 이미지는 성도들이 악한 교훈에 빠지지 않고 바른 길을 가도록 하나님의 말씀을 바르게 가르치는 교사의 이미지도 포함하고 있음을 보여준다.

이상에서 우리는 성경에서 언급하는 설교자의 이미지들을 살펴보았다. 물론 위에서 제안한대로 각 이미지의 특징들이 겹치기도 한다. 바람직한 설교자가 되기 위해서 필요한 것은 위에 언급된 이미지들 가운데 어느 것 하나도 소홀히 하지 않고 두루 갖추기 위해서 노력하는 것이다. 왜냐하면 이러한 이미지들이 전체적으로 결합될 때 온전한 설교자 상이 그려지기 때문이다. 그렇기 때문에 설교자들은 이러한 이미지들의 각각에 합당한 모습을 지니고 있는지 자신을 돌아보아야 한다. 다시 말해, '청지기'로서 하나님의 말씀을 신실하게 잘 관리하고 있는지(왜곡되게 선포하고 있지는 않는지), '선포자'로서 하나님의 말씀을 바르고 분명하며 설득력 있게 전달하는지, '증인'으로 말씀에 대한 분명한 체험과 뜨거움과 확신이 있는지, '아버지'로서 성도에 대한 한없는 사랑이 있는지 그리고 '목자(교사)'로서 성도들의 필요를 채우며 그들을 보호하고 바른 길로 잘 인도하기 위해서 하나님의 말씀을 바르게 가르치고 있는지 자신을 점검해야 하고 자신의 부족한 부분을 보완하도록 노력해야 한다. 그때 바르고 능력 있는 설교자가 될 것이다.

마지막으로 본 장을 마치면서 필자는 청교도 설교자 리차드 박스터(Richard Baxter)가 그의 자서전 Reliquiae Baxterianae에서 했던 고백을 인용하고자 한다.

나는 절대로 다시 설교하지 않을 것이 확실한 것처럼,
그리고 죽어가는 사람이 죽어가는 사람들에게 하는 심정으로.
As never sure to preach again,
And as a dying man to dying men.[23]

그의 고백이 모든 설교자의 고백이 되기를 바란다.

---

23) Richard Baxter, *Reliquiae Baxterianae*, Matthew Sylvester(ed.) (London, 1696), 321. 이 책은 축약된 형태로 1925년 J. M. Lloyd Thomas에 의해 발행되었고, N. H. Keeble에 의해 *The Autobiography of Richard Baxter*(London, 1974)로 재판되었다.

제3장

설교는 무엇인가?

설교학의 다양한 접근들에 대한 고찰[1]

　'바르고 효과적이고 능력 있는 설교'를 하는 것은 모든 설교자들의 바람이다. 그래서 많은 설교자들이 자신의 설교를 업그레이드(Upgrade)하기 위해서 이곳저곳 설교 세미나에 기웃거리곤 한다. 그러나 자신의 부족한 부분이 흡족하게 채워지고 고민하는 부분이 해결되는 경우는 그렇게 많지 않다고 한다. 뿐만 아니라, 세미나마다 강조점과 접근방식이 다르기 때문에 때로는 혼란에 빠지기도 한다. 어떤 설교자들은 좀 더 은혜로운(?) 설교를 하기 위해서 다른 설교자의 흉내를 내보기도 한다. 그러나 그들의 방법만 배우고 겉만 흉내 내는 것이기 때문에 마치 남의 옷을 빌려 입는 것과 같은 불편함을 경험할 뿐 아니라, 큰 효과도 얻지 못하는 경우가 대부분이다.

　필자는 바르고 능력 있는 설교를 하기 위한 첫 걸음은 '설교의 기본기'를 갖추는 것이라고 생각한다. 토마스 롱(Thomas G. Long)은 설교를 '피아노 치는 것'에 비유하였다.[2] 마치 피아니스트들이 대곡(大曲)을 치기 위해서 힘들고 어렵고 때로는 지루하여도 처음에 바이엘과 체르니 100

---

1) 본장은 「신학지남」 280(2004/가을호): 116-140에 "설교는 무엇인가?"로 게재된 논문을 수정 보완한 것이다.
2) Thomas G. Long, *The Witness of Preaching*(2nd ed.) (Louisville: Westminister/ John Knox, 2005), 14.

번, 30번, 40번, 50번을 차례대로 배움으로 기초를 다지는 것처럼, 설교자도 기본기가 갖추어질 때 탁월한 설교자로 발전할 가능성이 크다. 물론 설교가 단지 연구와 노력과 훈련만을 통해서 되는 것은 아니다. 똑같이 교육받고 연습하여도 모두가 세계적인 피아니스트가 될 수 없는 것처럼, 탁월한 설교자는 타고난 은사를 필요로 한다. 그러나 기초를 잘 다지면 대부분은 어느 정도의 수준까지는 도달할 수 있다.

설교의 기본기에서 가장 중요한 것 가운데 하나는 '설교가 무엇인가?'에 대한 설교신학을 분명히 정립하는 것이다. 설교의 본질에 대한 설교신학이 정립될 때 자신과 다른 사람들의 설교를 분석하고 평가할 수 있는 기준이 생기고, 또한 그것에 근거해서 자신의 부족한 부분을 보충하면서 자신의 설교를 계속해서 효과적으로 발전시킬 수 있다.

본 장에서는 설교가 어떻게 이해되어야 하는지를 먼저 어원적으로 간단하게 살펴볼 것이다. 그리고 최근의 설교학계에서 제시된 대표적인 설교 이론들과 제안들을 소개한 후에, 그것에 기초해서 바르고 효과적인 설교를 위해서 설교자가 반드시 관심을 갖고 노력해야 할 네 가지 본질을 제시하고자 한다.

I. 설교(Preaching)의 어원적 접근

'설교가 무엇인지' 파악하기 위해 '설교(preaching)'라고 하는 단어가 성경에 어떻게 표현되었는지를 어원적으로 살펴보는 것은 도움이 될 것이다.3) 성경 단어들의 어원적 의미를 밝힌 사전인 Theological Dictionary of New Testament(TDNT)에서 게르하르트 프리드리히(Gerhard

---

3) 참고. Hendrik J. C. Pieterse, *Communicative Preaching*, 정창균 역, 『설교의 커뮤니케이션』 (수원: 합동신학대학원 출판사: 2002), 19-24.

Friedrich)는 신약 성경에서 예수님과 사도들이 행한 사역 가운데 설교라고 번역할 수 있는 단어는 30여개나 된다고 하였다.[4] 그것은 설교를 한마디로 정의하는 것이 쉽지 않다는 것을 보여주고, 설교가 그 만큼 다양한 기능과 역할을 가지고 있다는 것을 의미한다.

클라스 루니아(Klass Runia)는 그 가운데 대표적인 것으로 다음의 6개를 지적하였다.

> keryssein (to proclaim as a hearld: 전파하다. 선포하다, 전령으로서 선포하다);
> euangelizesthai (to announce the gospel: 복음을 전하다― 이 말은 keryssein과 같은 말인데, 예수님(복음)에 대한 소식이 기쁨의 메시지라는 것을 강조한다);
> martyrein (to witness, testify: 증거하다);
> didaskein (to teach: 가르치다);
> propheteuein (to prophecy: 예언하다):
> parakalein (to exhort: 위로하다, 권면하다―이것은 메시지가 단지 추상적인 것으로 머물지 않고 듣는 자들의 구체적인 상황에 적용되어야 한다는 것을 말해준다).[5]

피터스(H. J. C. Pieterse)는 많은 단어 가운데 설교의 기본적인 성격은 'kerugma,' 'didache,' 'paraklese' 의 세 단어로 축약될 수 있다고 하였다.[6] 세 단어의 구체적인 설명에는 피터스와 일치하지 않지만 기본적으로 세 단어가 대표적이라는 것에 있어서 필자는 그의 견해에 동의한다. 물론 이 단어들을 엄격하게 구분해서는 안 되지만, 'kerugma,'

---

4) Gerhard Friedrich, "κῆρυξ, κηρύσσω, κήρυγμα, προκηρύσσω," in *TDNT*(vol. III) (Grand Rapids: Eerdmans, 1965), 703-4.
5) Klass Runia, "What is Preaching According to the New Testament?" *Tyndale Bulletin* 29(1978): 3-48.
6) Pieterse, *Communicative Preaching*, 23-4.

'didache,' 'paraklese'가 설교의 기능과 역할에 있어서 핵심적으로 강조하는 부분은 무엇인가?[7]

kerugma(선포하다)는 우선적으로 '설교자가 설교를 통하여 유일한 복음을 선포하며 알리는 것'과 관련된다. 이 말은 설교가 '예수 그리스도의 구원 사건(또는 복음)'의 선포요 초청임을 보여준다.

didache(가르치다)는 우선적으로 '설교자가 설교를 통하여 복음의 내용과 요구를 가르치는 것'과 관련된다. 그러나 단순히 지적인 부분에만 머무르지 않고, 예수님의 장성한 분량에 이르도록 삶을 변화시키고 성숙한 신앙에 이르도록 가르치는 것을 의미한다. 그러니까 이 말은 설교가 성도들을 성숙시키고 성화시켜서 그리스도의 제자가 되게 하는 역할과 기능이 있음을 보여준다(참고. 마 28:19-20).

paraklese(위로하다, 격려하다)는 우선적으로 '설교자가 설교를 통하여 상처받고 괴로워하는 사람들을 격려하고 위로하고 치료하는 것'과 관련된다. 이 말은 설교가 성도들을 치유하고 회복시키고 위로하고 영적 에너지를 공급하는 역할을 해야 함을 보여준다.[8]

---

7) 다드(C. H. Dodd, *The Apostolic Preaching and Its Development* [New York: Harper, 1964], 7.)는 초대 교회에서 'kerugma'와 'didache'의 의미와 역할을 엄격하게 구분하였다. 'kerugma'는 불신자들에게 기독교를 소개하는 것이고 'didache'는 성도들에게 필요한 교리적이고 도덕적인 가르침이라는 것이다. 그러나 설교에 있어서 이 용어들의 의미와 기능 그리고 역할을 엄격하게 구분하는 것은 바람직하지 않다. 그것은 성경에서 이러한 단어들은 자주 엄격한 구분 없이 상호 교환적으로 쓰여 지고 있기 때문이다(마 4:23, 9:35; 눅 4:15, 44; 행 28:31). 참고. Pieterse, *Communicative Preaching*, 22-3; Sidney Greidanus, *The Modern Preacher and the Ancient Text* (Grand Rapids: Eerdmans, 1988), 6-7.

8) 설교의 이러한 역할은 밴 시터(A. Van Seters, *Preaching as a Social Act* [Nashville: Abingdon Press, 1988], 13-27)가 주장한 '주유소로서의 교회'의 역할과 밀접하게 연결된다. 특히 요즈음 자살이 급증하고 우울증을 비롯한 정신적 질환이 증가하고 있는 상황에서 설교가 예수 그리스도 안에서 새로운 힘을 얻게 하고 세상을 살아갈 영적 에너지를 공급해 주는 역할을 하는 것은 중요하다.

너무 단순화한 느낌이 없지 않아 있지만, 어원적으로 보면, 설교의 기능 또는 역할은 복음 선포, 신앙과 삶의 변화와 성숙, 그리고 신앙과 삶의 회복과 치료와 관련되어 있다고 할 수 있다. 다시 말해, 어원적인 접근에 의해서 설교의 기능과 역할은 다음과 같이 정의할 수 있다.

'복음을 전해서 안 믿는 사람들을 주님께 돌아오게 하고(kerugma),
주 안에 있는 사람들을 성숙하고 그리스도의 장성한 분량에 이르게 하여 제자의 삶을 살게 하고(didache),
세상에서 살다가 또는 신앙생활을 하면서 상처받고 어려움에 있는 사람들에게 영적인 에너지를 공급함으로 그들이 새 힘을 얻고 격려와 위로를 받으며 치유함을 경험케 하게 하는 것이다(paraklese).'

II. 최근 설교학의 다양한 접근들

'설교가 무엇인지' 또는 설교의 본질을 알기 위해 최근 설교학의 다양한 접근들을 살펴보는 것이 필요하다고 판단된다. 이를 위하여 먼저 설교학의 코페르니쿠스적 변화가 시작되기 이전(즉, 1970년 이전)에 설교학이 어떻게 발전되어 왔는지 간략하게 고찰하고, 최근의 대표적인 설교학자들의 주장과 제안들을 알아볼 것이다. 시드니 그레이다누스(Sidney Greidanus)의 '그리스도 중심적 설교(Christ-Centered Preaching),' 토마스 롱(Thomas G. Long)의 '증언으로서의 설교(Preaching as Witness),' 프레드 크래독(Fred B. Craddock)의 '귀납적 설교 (Inductive Preaching),' 데이비드 버트릭(David Buttrick)의 '현상학적 설교(Phenomenological Preaching),' 존 맥쿨루어(John S. McClure)의 '협력(원탁) 설교(Collaborative Preaching 또는 Roundtable Pulpit),'

피터스(H. J. C. Pieterse)의 '커뮤니케이션으로서의 설교(Communicative Preaching),' 칼빈 밀러(Calvin Miller)의 '장터 설교(Marketplace Preaching),' 폴 윌슨(Paul S. Wilson)의 '하나님의 사건(God's event)으로서의 설교,' 헨리 미첼(Henry H. Mitchell)의 '경축과 경험으로서의 설교(Preaching as Celebration and Experience)' 등이 대표적이라고 할 수 있다.9)

1. 1970년 이전의 설교학

설교학 이론을 처음으로 제시했던 사람은 어거스틴(Aurelius Augustinus, 354~430)이라고 할 수 있다. 어거스틴은 De Doctrina Christiana(On Christian Doctrine) 제 4권에서 최초로 설교학에 대한 이론을 제시하였다.10) 물론 그의 책이 설교학에 대한 탁월한 내용을 담고 있지는 않지만 당시 유행하던 수사학과의 관계에서 설교에 대한 방향을 제시한 최초의 시도였고, 또한 그의 제안들이 교회 역사상 거의 1000년 동안 설교의 기본이 되었다는 점에서 의미가 있다. 그는 일반 수사학과 설교학은 엄연히 구분되어야 하지만 여전히 수사학이 설교에 유용하다고 생각하였다. 그는 키케로의 이론들을 인용하여 설교의 목적도 가르치며 즐겁게 하며 감동을 주는 것(즉, 설득하는 것)이라고 하면서, 그러한 목적을 위하여 '잔잔하고 유순한 어투(subdued style),' '적당한 어투(temperate style),' '장엄한 어투(majestic style)' 등과 같이 다르게 접근해야 한다고 하였다. 하지만 그는 그러한 이론의 실제적인 예들과 근거들을 성경에서 찾고자 하였고,

---

9) 이 외에 또 한 가지 중요한 설교에 대한 제안은 유진 라우리(Eugene Lowry)의 '이야기식 설교(Story-Style Preaching)'인데, 그의 설교론은 본서의 <6장. 내러티브 설교>에서 자세하게 다루어질 것이다.

10) Aurelius Augustinus, *De Doctrina Christiana*, 김종흡 역, 『기독교교육론』 (서울: 크리스챤 다이제스트, 1992).

설교에 있어서 기도의 중요성을 강조함으로 설교와 일반 수사학과의 구분을 명확히 하였다. 또 한 권의 역사적 가치가 있는 책이 윌리엄 퍼킨스(William Perkins, 1558-1602)의 The Art of Prophesying이다.[11] 교회사에서 가장 위대한 설교의 시대는 청교도 시대라고 할 수 있고, 교회사에서 가장 강력한 설교자 집단은 청교도 설교자들이라고 할 수 있는데 그의 책은 청교도 설교의 기초를 놓았고 계속되는 청교도 설교 운동에 큰 영향을 주었다. 실제로도 이 책은 유명한 청교도 설교의 기본 공식인 본문(Text)-교리(Doctrine)-적용(Application)의 설교 스타일을 최초로 공식화하였다.

좀 더 최근의 대표적인 설교학 책들은 존 브러더스(John A. Broadus, 1827-1895)의 On Preparation and Delivery of Sermons[12]와 필립스 브룩스(Phillips Brooks, 1835-1893)의 Lectures on Preaching[13]이다. 브러더스는 목회자였고 남침례교 신학교에서 설교학과 신약을 가르친 교수였는데, 그는 전통적인 수사학자들인 아리스토텔레스, 키케로 등의 영향을 받아 그들의 수사학 이론을 설교학에 응용하고자 하였다. 그는 일반적으로 전통적인 설교에서 강조하는 논리와 명제의 중요성을 강조하고 소위 '3대지 설교'와 설명, 논증, 예증, 적용의 전개 요소들을 체계화하였다. 물론 반복적인 내용이 많고 설교의 신학적인 부분에 대해 소홀하고 너무 기술적으로 접근했다는 비판도 받지만 그의 책은 60년 이상 동안 미국의 대표적인 설교학 교과서로서 역할을 하였다. 브룩스는 보스톤의 트리니티 교회의 목회자였는데, Lectures on Preaching은 1877 예일대학의 The

---

11) William Perkins, *The Art of Prophesying*, 채천석 역, 『설교의 기술과 목사의 소명』 (서울: 부흥과 개혁사, 2006).
12) John A. Broadus, *On Preparation and Delivery of Sermons*, 정성구 편역, 『설교학 개론』 (서울: 세종문화사, 1993).
13) Phillips Brooks, *Lectures on Preaching*, 서문강 역, 『설교론 특강』 (서울: 크리스챤 다이제스트, 1995).

Lyman Beecher Lecture에서 발표한 것이 책으로 출판된 것이다. 그의 책은 설교자의 삶과 사역, 설교의 발전, 청중의 이해 등에 관해 서술되었는데, 특별히 그의 설교에 대한 정의는 지금까지도 자주 인용된다. 그는 설교는 "설교자의 인격을 통해 선포된 진리(복음)"임을 강조하였다.

이 외에도 '설교의 왕자(Prince of Preachers)'라고 불렸던 찰스 스펄전(Charles H. Spurgeon, 1834-1894)도 그의 설교론이 주된 내용을 한 Lectures to My Students[14])에서 설교의 기본과 방향을 제시하였고, 20세기에 들어와서는 앤드류 블랙우드(Andrew W. Blackwood)가 The Fine Art of Preaching[15])이나 Expository Preaching for Today[16])와 같은 책에서 설교의 기본적인 부분에서 좋은 지침들을 내놓았다.[17])

위에서 언급한 1970년대 이전의 책들은 대체적으로 설교란 무엇인지, 설교자의 자세와 삶이 어떠해야 하는지 그리고 설교를 어떻게 준비해야 할 것인지 등에 대한 이론들을 전통적인 관점에서 제시하였는데, 약간의 차이는 있을지라도 큰 범위에서 비슷한 관점을 보여준다.[18])

---

14) Charles H. Spurgeon, *Lectures to My Students*, 원광연 역, 『목회자 후보생들에게』 (서울: 크리스챤 다이제스트, 2009).
15) Andrew W. Blackwood, *The Fine Art of Preaching*, 박광철 역, 『설교학: 설교는 예술이다』 (서울: 생명의 말씀사, 1983).
16) Andrew W. Blackwood, *Expository Preaching for Today*, 양낙홍 역, 『현대인을 위한 강해 설교』 (서울: 생명의 말씀사, 1990).
17) 블랙우드의 설교 이론에 대한 좀 더 자세한 고찰을 위해 Jay E. Adams, *The Homiletical Innovations of Andrew W. Blackwood*, 정삼지 역, 『블랙우드의 창조적인 설교법』 (서울: 기독교문서선교회, 1982)을 참고하라.
18) 1970년 이후에 출간되었지만 탁월한 설교자인 마틴 로이드 존스(D. Martyn Llyod-Jones)의 *Preaching and Preachers*(서문강 역, 『목사와 설교』 [서울: 기독교문서선교회, 1999])나 뛰어난 학자와 설교자인 존 스토트(John R. W. Stott)의 *Between Two Worlds: The Art of Preaching in the Twentieth Century*(정성구 역, 『현대교회와 설교』 [서울: 반석문화사, 1992]) 등도 전통적인 관점에서 접근한 대표적인 설교학 책들이라고 할 수 있다. 역사적 관점에서의 설교학 책들에 대한 평가와 다양한 제안들에 대한 좀 더 자세한 고찰은 Richard

2. 시드니 그레이다누스(Sidney Greidanus)
-그리스도 중심적 설교(Christ-Centered Preaching)

시드니 그레이다누스의 최고의 관심은 성경 해석학과 설교학의 연결이다.[19] 그는 성경이 성령의 감동으로 쓰여 진 하나님의 말씀이라는 확고한 믿음에 근거해서(딤후 3:16), 설교의 유일한 자료와 근거는 성경이고, 설교는 성경에서 하나님의 뜻과 의도를 발견하여 바르게 전달하는 것이라고 하였다.[20] 또한 성경적 설교를 강조하면서 성경이 설교의 내용을 지배할 때, 그리고 본문의 목적이 설교의 목적과 일치할 때 비로소 성경적 설교가 된다고 하였다.[21]

이러한 하나님 말씀으로서의 성경에 대한 믿음과 관심이 한국 목회자들에게는 자연스럽고 당연하게 들릴 수 있다. 하지만 유럽이나 북미에서는 말씀의 권위와 하나님의 권위가 심각한 도전을 받고 있을 뿐 아니라, 요즈음 설교학의 일반적인 경향이 성경 본문에 대한 관심보다는 설교의 방법론 또는 효과적인 전달에 치우쳐 있기 때문에 그의 주장은 어떤 사람들에게는 매력적이지 않고 때로는 따분하며 지루하게 여겨질 수도 있다.

Lischer(ed.), *The Company of Preachers: Wisdom on Preaching* (Grand Rapids: Eerdmans, 2002); Warren W. Wiersbe, *The Dynamics of Preaching*, 고영민, 김기원 역, 『역동적 설교』 (서울: 엘맨, 2001), 221-38; Craig Loscalzo, "The Literature of Preaching," in Michael Duduit(ed.), *Handbook of Contemporary Preaching* (Nashville: Broadman, 1992), 49-59 등을 참고하라.

19) 그는 설교학 이론과 관련하여 지금까지 세 권의 책을 내었는데(*Sola Scripture: Problems and Principles in Preaching Historical Texts* [Toronto: Wedge, 1970]; *The Modern Preacher and the Ancient Text* [Grand Rapids: Eerdmans, 1988]; *Preaching Christ from the Old Testament* [Grand Rapids: Eerdmans, 1999]), 모두가 다 해석학과 설교와의 관계에 관한 것이다.

20) Greidanus, *The Modern Preacher and the Ancient Text*, 7-15.

21) Greidanus, *The Modern Preacher and the Ancient Text*, 10.

그러나 그는 초지일관 성경에 충실한 설교를 주장하였다. 나아가 성경에 충실한 설교, 본문에 있는 하나님의 뜻을 바르게 전하는 설교를 위한 방법으로 '그리스도 중심적 설교'를 제안하였다.[22]

그레이다누스는 그리스도 중심적 설교는 성경 안에 있는 사람이나 청중석에 있는 성도들이 아니라 하나님의 뜻과 예수 그리스도가 중심이 되는 설교라고 하면서, 그리스도 중심적 설교를 통하여 '도덕적 설교,' '인간 중심적 설교,' '영해 설교' 등 말씀의 의도에서 벗어난 설교의 함정을 피할 수 있다고 하였다. 그러나 그는 그리스도 중심적 설교가 곧 예수 중심적 설교는 아니라고 하면서, 그리스도 중심적 설교는 모든 설교에서 예수님의 탄생, 생애, 죽음, 부활, 재림을 언급하는 설교가 아니라, 전체 성경의 빛 아래(특히 신약의 관점으로부터), 그리고 하나님의 구속사적인 관점에서 본문에 있는 하나님의 행하심을 설교하는 것이라고 하였다.[23] 또한 어떤 의미에서 하나님 중심적 설교는 그리스도 중심적 설교지만, 그리스도 중심적 설교는 하나님 중심적 설교 이상이라고 하였다. 그것은 그리스도 중심적 설교는 신약의 관점과 하나님의 구속 계획으로부터 구약을 새롭게 이해하는 것을 요구하기 때문이라는 것이다.[24]

결론적으로 그레이다누스의 그리스도 중심적 설교는 '하나님의 말씀인 성경' 또는 '본문의 해석'에 주된 관심이 있는 제안이라고 할 수 있다.[25]

---

22) 그는 그리스도 중심적 설교는 성경이 하나님의 계시요 하나님에 관한 계시라는 '성경의 하나님 중심(Theocentric) 성격'과 하나님께서 우리에게 말씀을 주신 근본적인 목적은 우리들의 구원을 위한 것이라는 '성경의 구속 목적성'에 기초되어 있다고 하였다(Greidanus, *The Modern Preacher and the Ancient Text*, 113-8).

23) Greidanus, *The Modern Preacher and the Ancient Text*, 118-9.

24) Greidanus, *The Modern Preacher and the Ancient Text*, 118-9.

25) 그의 저서들에는 설교의 전달에 대한 부분이 없어서 아쉽기는 하지만, 성경해석학에 대한 그의 설교학적인 평가와 그것을 설교에 어떻게 효과적으로 활용할 것인가에 대한 그의 관점과 제안들은 탁월하다. 뿐만 아니라, 성경해석학에 근거해서 본문에서 하나님의 의도와 뜻과 행하심을 발견하여 전해야 한다는 그레이다누스

3. 토마스 롱(Thomas G. Long)-증언으로서의 설교(Preaching as Witness)

토마스 롱은 '설교가 무엇인가?'에 대한 질문을 '설교자는 누구인가?'로 답하고자 하였다. 그는 설교자와 관련하여 전통적으로 사용되었던 이미지[즉, '전령(Herald),' '목사(Pastor),' '이야기꾼/시인(Storyteller/Poet)' 등]들의 장단점을 제시한 다음, 설교자는 '증인(preacher as witness)'이어야 하고 설교는 '증언하는 것(preaching as bearing witness)'이라고 하였다.26)

그에 있어서 설교자가 증인이 된다는 것 또는 설교가 증언이라는 것은 크게 세 가지를 의미한다.

먼저, 증언으로서의 설교는 설교자가 성경을 접근하는 원리와 방법을 분명히 보여준다. 그러니까 증인으로서의 설교자는 자신을 위해서 그리고 단지 하나님에 대해서 알기 위해서 성경에 접근하는 것이 아니라, 성도들의 문제와 필요와 관심에 대한 답(하나님의 뜻)을 발견하기 위하여 성도들을 대표해서 성경에 접근한다.

의 설교학적 접근은 본문의 해석이 없거나 부족한 '적용 위주의 설교' 또는 '청중 중심의 설교'가 활개를 치고 있는 오늘날의 상황에서, 또한 본문에 대한 연구가 제대로 행해지지 않기 때문에 하나님의 뜻과 의도가 왜곡되게 선포되고 있는 이 시대에 교회가 바로 세워지고 제 사명을 감당하기 위해서 반드시 필요한 설교에 대한 제안이요 도전이라고 할 수 있다.

26) Long, *The Witness of Preaching*. 18-51. 그가 제시한 '증인'으로서 설교자의 이미지는 폴 리쾨르(Paul Ricoeur)에게서 빌려온 것이다(*The Witness of Preaching*, 46-7). 그는 '증인으로서의 설교자'에 대한 성경적 근거로 사도행전 20:24와 이사야 43:8-13을 제시하였다(*The Witness of Preaching*, 45-6).

다음으로, 증언으로서의 설교는 성경에서 성도들을 위해 말할 것을 보고 듣고 발견함을 의미한다. 증인으로서 설교자의 권위는 직분에 의해서 주어지는 것이 아니고 설교자가 성도들을 위해서, 그리고 성도들의 문제와 필요와 관심과 관련하여 본문에서 보고 듣고 발견하였기 때문에 주어지는 것이다. 만약 본문에서 성도들에게 할 말을 보고 듣고 발견하지 못했다면 설교자로서의 권위는 없어지는 것이다. 그렇기 때문에, 설교자는 성도들을 위해서 바로 보고 듣는 방법을 배워야 하고, 성도들을 위해 말할 것을 보고 듣고 발견할 때까지 계속해서 본문과 성도 사이의 다리를 왔다 갔다 해야 한다.[27]

즉, 청중의 상황에 있는 본문(the text-in- congregation context)과 청중의 상황에 있는 설교(the sermon-in- congregation context) 사이를 계속 왔다 갔다 해야 하는 것이다.[28] 이런 관점에서 보면, 증인으로서의 설교자는 단순한 관찰자가 되어서는 안 되고, 본문에 대한 깊은 경험자일 뿐 아니라 성도들의 문화와 삶에 대해서도 깊은 경험자여야 한다. 그렇지 않으면 증인으로서 역할을 제대로 감당할 수 없다.

마지막으로, 증언으로서의 설교는 설교의 내용에 맞추어서 설교의 형태와 스타일을 결정해야 한다. 말하자면 증인으로서의 설교자는 그가 보았고 발견했던 것을 추상적이고 막연한 언어로 표현해서는 안 되고, 자신이 발견한 것을 성도와 세상에 분명하고 설득력 있게 증거 해야 한다. 그것을 위해 가장 좋은 방법은 그가 접근했던 본문의 수사학적 형태와 구조를 설교(문)에 반영하는 것이다.[29]

---

27) Long, *The Witness of Preaching*, 47-51.
28) Long, *The Witness of Preaching*, 99-101.
29) Long, *The Witness of Preaching*, 117-71. 참고. Thomas Long, *Preaching and the Literary Forms of the Bible* (Philadelphia: Fortress, 1989).

그러므로 '증언으로서의 설교'는 성경과 청중의 어느 한쪽도 소홀히 하지 않고, 그 둘을 연결하고자 하는 설교학적 관심의 표현이라고 할 수 있다.30)

4. 프레드 크래독(Fred B. Craddock)-귀납적 설교(Inductive Preaching)

프레드 크레독(Fred B. Craddock)은 1971년에 As One without Authority(『권위 없는 자처럼』)이라는 책에서 '귀납적 설교'를 제안하였다.31) 요즈음에는 '귀납적'이라는 말이 자주 쓰이지만 당시 설교학계에서는 아주 생소한 개념이었다. 당시의 설교는 대개 주제 설교 또는 삼대지 설교였다. 그러한 설교는 일반적으로 요점과 결론을 먼저 제시하고 그 후에 그 요점과 결론을 위해서 구체적인 예를 들면서 설득하거나 논리적인 설명으로 보충하는 연역적인(deductive) 방법이었다.

그는 이러한 연역적 방법은 권위주의의 산물이며 미국 교회의 설교가 능력을 상실한 이유도 당시 세대들의 사고는 귀납적인데 반해 설교는 너

---

30) 그가 언급한 것처럼, '증인(Witness)'으로서 설교자의 이미지는 그렇게 낯선 것은 아니다. 하지만 그는 증인의 이미지를 새로운 관점에서 설교에 연결함으로 설교학에 신선한 도전을 주었다. 물론 청중의 상황, 필요 그리고 관심의 선입견을 가지고 성경을 접근해야 한다는 그의 해석학적 원리에 대해 필자는 동의하지 않지만(그의 제안은 본문이 청중에 따라 다양한 의미를 갖는다는 독자 중심의 접근을 바탕으로 하고 있다. 하지만 필자는 기본적으로 본문에서 하나님께서 의도한 고정적인 하나의 의미가 있다는 하나님 중심적 입장을 취하고 있다. 자세한 부분은 본서 <7장 본문의 접근>을 참고하라), 설교자가 본문과 청중(또는 청중들이 사는 세계)을 연결하기 위해서는 끊임없는 노력과 열심이 필요하고 설교자는 성경과 성도들의 피상적인 연구자나 해석자가 아니라 깊은 체험자가 되어야 한다는 그의 주장은 효과적이고 설득력 있는 설교를 위해 반드시 필요한 전제 조건이라 할 수 있다.

31) Fred B. Craddock, *As One without Authority*, 김운용 역, 『권위 없는 자처럼』(서울: 예배와 설교 아카데미: 2001). 이외에도 그의 대표적인 저작으로서 *Overhearing the Gospel* (Nashville: Abingdon, 1978); *Preaching* (Nashville: Abingdon, 1985) 등이 있다.

무 권위적이기 때문이라고 진단하면서, 강단의 권위주의를 극복하기 위해서 귀납적 설교를 해야 한다고 주장하였다.[32] 즉 결론이 과정에 앞서는 연역적인 주제 설교 대신에 청중들이 가지는 특별한 문제와 함께 시작하여 성도들과 함께 결론을 이끌어 가는 설교로 바꾸어야 설교의 능력을 회복할 수 있다는 것이다. 또한 성도들은 설교 사건에 있어서 단순히 메시지를 듣기만 하는 수동자가 아니라 설교자와 함께 결론을 만들어 가는 설교의 참여자가 되어야 하며, 그것을 위해서 설교자는 결론을 내리지 말고 결론을 열어놓아서(open-ended sermon), 청중들이 스스로 결론을 내리고 설교를 완성하도록 해야 한다고 하였다. 그러한 귀납적 설교만이 청중의 관심을 일으키며 청중들에게 기대감을 유발시켜 효과적이고 설득력 있게 전달될 수 있고 성도들을 실제적으로 변화시킬 수 있다고 하였다.[33]

그는 또한 설교에 있어서 언어의 사용이 중요한데 당시의 설교는 설교자의 권위로서 강요하는 명령적인 단어('must, should, ought'와 같은)가 너무 많다고 지적하면서, 귀납적인 설교는 "권고적(hortatory)이기보다는 설명적(descriptive)이어야하고, 명령적(imperative)이기보다는 확신적(affirmative)이어야 한다."고 하였다.[34]

그러면서 그는 귀납적인 방법이 설교자와 성도들의 관계를 새롭게 할 수 있다고 보았다. 왜냐하면, 귀납적 설교에서 설교자는 성도들과 함께 말씀을 나누는 자이기 때문에 성도들과 동일시(Identification)되지 않을 수 없으며, 또한 성도들과의 공통적 경험은 귀납적 설교에서 필수적이기 때문에 설교자는 성도들의 삶에 깊은 관심을 가지면서 성도들과 동고동락하지 않을 수 없다는 것이다.[35]

---

32) 그는 설교자의 권위가 사라져야 한다는 의미에서, 저자의 이름과 책 제목의 이니셜도 소문자로 쓰기도 하였다(fred b. craddock: as one without authority).
33) Craddock, *As One without Authority*, 121-7.
34) Craddock, *As One without Authority*, 114.
35) 그는 효과적인 설교를 위해서 설교자는 성도들과 반드시 동일시되어야 하는

이와 같이 귀납적 설교는 효과적인 전달을 위한 '설교의 구성과 접근 방법'에 대한 관심이라고 할 수 있다.36)

5. 데이비드 버트릭(David Buttrick)
-현상학적 전개식 설교(Phenomenological Move Preaching)

신설교학의 기초를 세운 대표적인 이론가 가운데 한 사람인 데이비드 버트릭은 그의 책에서 '현상학적 전개식 설교'를 제안하였다.37) 버트릭의

데 그것은 세 가지 방법으로 가능하다고 하였다. 즉, 직접 접촉함으로, 또는 간접적으로 그들에 대해서 앎으로, 또는 감정이입의 방법이다. 뿐만 아니라 그는 설교를 듣는 청중도 '관객으로서 청중(listeners as audience)'과 '성도로서의 청중(listeners as congregation)'을 분리하였다. 관객으로서 청중은 설교자와 인간적인 관계가 없는 단지 설교를 듣는 자들로서 청중을 말하고, 성도로서의 청중은 설교자와 개인적인 관계가 형성되고 사회적 동일성을 갖는 청중을 의미한다고 하면서 청중은 '성도로서의 청중'이 되어야 한다고 하였다(Craddock, *Preaching*, 93-8).

36) 오늘날도 여전히 많은 설교자가 연역적으로 설교한다. 물론 설교의 내용, 목적, 청중에 따라서 연역적 접근이 효과적일 때도 있다. 그러나 전반적으로 권위가 차츰 무너져 가고 있는 오늘날의 상황에서 연역적 접근보다는 설교자와 청중이 함께 결론을 만들어 가는 귀납적 접근이 효과적일 경우가 많다. 그래서 요즈음에 설교나 성경 공부에서 귀납적 접근이 강조되고 있는 것은 당연한 결과이다. 특히 귀납적인 방법은 지적인 부류의 사람들과 젊은이들에게 효과적인 접근 방법이다. 물론 크래독도 자기가 주장한 설교의 방법이 전적으로 옳은 것이 아님을 인정하였다. 그는 단지 설교학의 접근에 대한 근본적인 것을 교정하려는 의도에서 그 책을 썼다고 하였다(참고. *Overhearing the Gospel*, 58-60). 또한 실제적으로 그의 설교의 개괄적인 이론을 보여주는 책인 *Preaching*에서 그의 설교에 대한 강조점은 어느 정도 다른 모습을 보여주었다. 그러나 그의 귀납적인 방법론은 설교학에 있어서 새로운 시대를 여는 도전이 되었고, 설교학의 커다란 진보를 이루는 혁신적인 제안이었다고 할 수 있다. 그의 설교 방법에 대한 소개와 긍정적 평가를 위해서 Richard L. Eslinger, *A New hearing : Living Options in Homiletic Methods* (Nashville : Abingdon Press, 1987), 95-132을 참고하고, 비판적인 평가를 위해서 Charles L. Campbell, *Preaching Jesus*, 이승진 역, 『프리칭 예수』(서울: 기독교 문서 선교회, 2001), 203-18을 참고하라.

37) David Buttrick, *Homiletic: Moves and Structures* (Philadelphia: Fortress, 1987). 그의 새로운 설교 방법론은 *A Captive Voice: The Liberation*

현상학적 전개식 설교는 설교에 있어서 크게 두 가지에 대한 관심으로 요약될 수 있다. 하나는 그가 '(인간의) 의식(consciousness)'이라고 부르는 것이고,[38] 다른 하나는 설교 때에 실제적으로 일어나는 '현상(phenomenon)'에 대한 것이다.[39] 즉, 버트릭이 독특하면서 새롭게 주장한 '현상학적 전개식 설교'는 '설교를 들을 때 청중의 의식 안에서 실제로 일어나는 것'에 대한 관심이라고 할 수 있다. 버트릭에게 있어 설교의 역할과 목표는 우리 인간의 의식에 하나님과 관련된 믿음의 세계를 구축하거나, 하나님의 이야기와 우리의 이야기를 결합시킴으로 우리의 의식 안에서 우리 자신의 정체성을 바꾸는 것이라고 하였다. 다시 말해, 설교를 통해 인간의 의식에 믿음의 세계가 형성되어야 하며, 또한 그리스도 안에서 청중을 새롭게 변화시키는 능력이 나타나야 한다는 것이다.

버트릭은 이러한 설교의 본질에 충실하며 그가 제시한 설교의 역할과 목표를 달성하기 위해서 설교의 전개에 있어서 '움직임(또는 장면, Move)'[40]과 '구조(Structure)'를 강조하였다.[41] 다시 말해, 그는 마치

---

of Preaching, 김운용 역, 『시대를 앞서가는 설교』(서울: 요단출판사, 1994)의 4장에서 요약 설명되었다.

38) 버트릭은 그의 책에서 '의식'이라는 말을 정확하게 정의하지 않았지만, 1988년 12월에 개최된 설교학회(The Academy of Homiletics)의 모임에서 의식을 '인식의 영역(field of awareness)'이라고 정의하였다(참고. Leonora T. Tisdale, *Preaching as Local Theology* [Ph.D. Diss., Princeton Theological Seminary, 1992], 37). 한편 그린호(David M. Greenhaw)는 의식이라는 말은 '정신적인 인식(mental awareness)'이라기보다는 '생생한 체험(lived experience)'을 의미한다고 하였다("The Formation of Consciousness" in Thomas G. Long & Edward Farley(eds.), *Preaching as a Theological Task* [Louisville: Westminister/John Knox, 1996], 5-7).

39) Buttrick, *Homiletic*, 11.

40) 버트릭에 있어서 '움직임(Move)'은 설교에 있어서 '하나의 규정된 의미들의 단위'를 말한다. 쉽게 이야기하면, 설교 구성에 있어서 전통적인 설교의 '대지(point)'와 유사한 위치에 있다. 하지만 설교에 있어서 움직임과 진전과 연속성을 강조하기 위해 'Move'라는 새로운 용어를 도입하였다(Buttrick, *Homiletic*, 23-8; 69-79).

움직이지 않고 고정된 정물화처럼 본문에서 주제를 추출해내고, 그 주제를 위해서 전환 문장(transitional paragraphs)을 사용하거나 '하나, 둘, 셋' 하면서 몇 개의 대지(categorical points)를 만들어서 설교를 전개하는 전통적인 설교 방법은 움직임이 없어 흥분과 긴장을 줄 수 없기 때문에 효과적이고 설득력 있게 전하는 것을 기대하기 어렵다고 평가하였다.[42] 대신에 마치 영화에서 다양한 내용의 장면들이 계속 변화와 움직임을 보여주면서 전체가 하나의 '구조(plot)'를 이루는 것처럼 설교도 전체적으로 '구조적인 움직임'을 가져야 한다고 하였다.[43] 그에 의하면, 설교는 "어떤 특별한 전략에 의해서 시나리오 안에서, 잘 계획되어진 움직임(Move)의 연속"인 것이다.[44] 이와 같이 그는 설교 전체의 전개가 잘 계획되어진 구조적인 움직임을 갖는 것이 청중들의 의식에 합당하기 때문에 청중들을 변화시키는 가장 효과적인 접근 방식이라고 하였다.

한 걸음 더 나아가, 그는 전통적인 설교를 대치할 현상학적 전개식 설교의 방법을 좀 더 구체적으로 제안하였다.[45] 그는 한 설교에서 서론과 결론에 추가하여 보통 4-6개의 움직임(move)이 필요하며, 각 움직임은 3-4분 정도의 분량으로 구성되어야 한다고 하였다. 또한 각 움직임은 세 부분으로 구성되어야 하는데, '서술(opening statement),' '전개(development),' '이미지화(image),' 그리고 '마무리(closure)'의 구조를 갖는다고 하였다. 도입에서는 움직임의 내용(point-of-view)이 무엇

---

41) 이러한 그의 강조점은 그의 책 제목에서 분명하게 드러난다.

42) Buttrick, A Captive Voice, 161, 184.

43) Buttrick, Homiletic, 71; A Captive Voice, 186. 버트릭의 이러한 주장은 플랏(Plot)을 강조하면서 '내러티브 설교(Narrative Preaching)'를 발전시키고 체계화시킨 유진 라우리(Eugene Lowry)의 주장과 동일하지는 않지만 기본적인 원리는 유사하다고 할 수 있다. 참고. Eugene Lowry, The Homiletics Plot, 이연길 역, 『이야기식 설교 구성』 (서울: 한국 장로교 출판사: 1996).

44) Buttrick, Homiletic, 299. 그는 또한 움직임들은 분명하게 구분되어야 하지만, 의식의 흐름에 따라 통일성을 보여주어야 한다고 하였다.

45) Buttrick, Homiletic, 23-79.

인지 간략하게 언급하고, 전개에서는 신학적 접근, 반대 개념, 경험 등을 이용하여 분명하고 분석적인 언어로 움직임의 중심 개념을 설명하면서, 그 내용을 더욱 생생하게 드러내기 위해 이미지(image)를 활용하며, 마무리에서는 움직임의 핵심 내용을 다시 반복한다.

그는 또한 설교의 플롯을 구성하는 세 가지 기본적인 방법을 제안하였다.[46] 그것은 '즉시적(immediacy)' 방식, '묵상적(reflection)' 방식, '실천적(praxis)' 방식이다. 즉시적 방식은 성경 본문의 전개와 진전을 따르는 방식으로 성경 본문의 움직임이 즉시 청중들의 의식의 변화에 영향을 미치도록 하는 방식이다. 묵상적 방식은 말 그대로 설교자의 숙고에 따라 플롯이 구성되는 방식인데, 본문이 주는 의미가 플롯을 구성하는데 중요한 역할을 한다. 실천적 방식은 기독교적 이해와 삶의 프락시스와 관련된 주제에 초점을 맞추어 플롯이 전개되는 방식인데 신학적 분석을 통해 우리가 어떤 존재가 되어야 할지에 강조점을 둔다. 사실 버트릭이 제안한 현상학적 전개 방식은 설교자들이 이해하고 적용하기에는 다소 난해한 부분들이 많고, 유진 라우리가 제시한 것보다도 명확하지 않다. 하지만 그가 제안한 기본적인 원리는 지역 교회 목회자들에게 유익을 줄 수 있다.

결론적으로, 현상학적 전개식 설교는 효과적인 전달을 위해 청중의 반응(의식)을 심각하게 고려한 '설교의 구조'에 대한 관심이라고 할 수 있다.[47]

---

46) Buttrick, *Homiletic*, 319-445.

47) 그동안 대부분의 설교자들은 주제를 정하고 그것을 '하나, 둘, 셋'의 대지로 나누어서 거의 천편일률적 또는 기계적으로 설교해 왔다. 물론 그러한 전통적인 방법을 배척하거나 무시해서는 안 된다. 그러나 설교 전체가 하나의 주제와 관련하여 그리고 정해진 목표를 향하여 구조적인 움직임을 가져야 한다는 버트릭의 주장은 설교 구성에 있어서 참으로 중요한 관점이라고 할 수 있다. 특별히 그러한 설교 구성은 설교 시간에 지루함을 없애주고, 설교를 마칠 때까지 성도들을 끝까지 설교에 집중케 할 수 있는 유익한 방법 가운데 하나이다. 버트릭의 현상학적 전개식 설교에 대한 다른 학자들의 요약과 평가를 위해서 Thomas Long, "Homiletic," *Theology Today* 45(1988): 108-12(롱은 "버트릭은 기독교의 설교가 무엇이 되어야 하는 가

6. 존 맥쿨루어(John S. McClure)

-협력(원탁) 설교(Collaborative Preaching 또는 Roundtable Pulpit)

존 맥쿨루어도 역시 전통적인 설교를 '권위적인 설교(sovereign preaching)'라고 평가하였는데, 그는 전통적인 설교의 문제가 설교를 준비하는 과정에 있다고 하였다. 따라서 전통적인 설교의 준비 과정에서 발견되는 문제들을 해결하려는 시도로 협력 설교를 제안하였다.[48] 먼저 그는 권위적인 설교로 평가되는 전통적인 설교의 특징을 다음과 같이 지적하였다.

1) 설교자와 청중의 상하관계(Hierarchical relationship),
2) 설교에 있어서 결정적이고 과격한 판단이나 명령조의 언어 사용,
3) 설교자의 강력한 자기주장과 변호적인 수사학의 사용.[49]

계속해서 그는 협력 설교를 위한 기본적인 세 가지 원칙을 제시하였다.

1) 직접적이고 동등한 관계(face-to-face relationship). 즉, 상호성(mutuality)이 유지되는 관계;
2) 참여자로서의 설교자의 역할. 즉, 결정적 판단이나 개인적인 통찰에 근거하는 언어의 사용이 아니라 공동체성이 드러나는 언어의 사용;
3) 상호 관계에 의한 설득. 즉, 성도들에게 어떤 행동을 강요하는 것이 아니

에 대한 관심보다는 설교가 청중의 마음의 키보드를 눌렀을 때 무엇이 일어나느냐에 대한 것에 관심을 보여주었다."고 평가하였다); Richard Eslinger, *A New Hearing: Living Options in Homiletical Method*, 133-65; Tisdale, *Preaching as Local Theology*, 37-42를 참고하라.

48) John S. McClure, *The Roundtable Pulpit* (Nashville: Abingdon, 1995).

49) McClure, *The Roundtable Pulpit*, 30-47.

라 성도들과 함께 행동함.50)

나아가 설교 준비 과정에서 협력 설교는 설교자와 성도들이 함께 동등한 자격으로 원탁 테이블에 앉아서
1) 함께 설교의 주제를 정하고;
2) 함께 그 주제를 분석하고 해석하며;
3) 함께 설교의 브레인스토밍(brainstorming)에 참여하는 설교라고 하였다.
그리고 성도들은 브레인스토밍 그룹 참여를 사인함으로 직접적으로 참여하거나 그 그룹의 회원들에게 설교를 피드백 함으로써 간접적으로 참여할 수 있다고 하였다.51)

또한 그는 설교의 작성에 있어서 몇 가지 원칙을 제시하였다.
1) 다가오는(forthcoming) 주일의 설교에, 전 주의 설교에 대한 성도들의 피드백이 포함되어야 한다.
2) 설교자의 원하는 방향대로 설교가 나아가는 것이 아니라 청중들이 원하는 방향으로 나아가도록 해야 한다.
3) 설교의 브레인스토밍의 과정을 설교에 포함하여 준비 과정의 대화와 노력들을 성도들이 간접적으로나마 엿들을 수 있도록 하고, 또한 브레인스토밍 과정을 설교의 방법으로 모방해야 한다.52)

하지만 이러한 과정들은 협력설교가 단순히 설교의 형성에 있어서 성도들의 의견들만 반영해야 한다거나, 또는 설교 준비 단계에서 설교자가

---

50) McClure, *The Roundtable Pulpit*, 20-5.
51) McClure, *The Roundtable Pulpit*, 50-1.
52) McClure, *The Roundtable Pulpit*, 56-7.

오직 성도들에 의해서 지시를 받아야 한다는 것을 의미하지는 않는다. 설교자는 설교 준비과정에서 적당한 때에 그의 생각과 의견을 제시할 수 있다.[53]

결국, 맥쿨루어가 제안한 협력 설교는 설교자와 청중들이 함께 설교를 만들어 가는 '설교의 준비 과정'에 대한 제안이라고 할 수 있다.[54]

7. 피터스(Hendrik J. C. Pieterse)
-커뮤니케이션으로서의 설교(Communicative Preaching)

피터스는 전통적인 설교를 '활과 화살 모델(bow-and-arrow model)'[55] 이라고 평가하였다. 즉, 전통적인 설교에 있어서 청중은 다분히 수동적인 존재였고, 설득을 위한 대상이요 목표로만 취급되어졌으며, 설교는 설교자에게서 청중에게로 가기만 하는 일종의 일방통행이었다는 것이다.[56] 그러나 그는 설교를 "대화의 성격을 가진 커뮤니케이션 사건이다."고 정의하였다.[57] 기독교 설교가 내용과 목적에 있어서 독특한 성격을 가지지만, 설

---

53) McClure, *The Roundtable Pulpit*, 54.
54) 맥쿨루어가 제안한대로의 협력 설교는 여러 가지 이유 때문에 한국 교회에 적용하기는 거의 불가능할 것이다(아마 다른 나라에서도 결코 쉽지 않을 것이다). 그러나 그의 제안은 크게 두 가지 방향에서 우리에게 적용될 수 있다. 하나는 교회에서 '설교 자료 수집 위원회'를 만들어서 설교자가 성도들의 도움을 받는 것이고, 다른 하나는 목회자들끼리 설교 준비를 위한 모임을 만들어서 매주 함께 모여서 설교를 준비하고 또한 서로의 설교를 분석하고 평가해 주는 것이다.
55) Pieterse, *Communicative Preaching*, 59. 피터스는 "활과 궁수 모델은 궁수(설교자)의 화살이 하나님의 말씀(설교)을 과녁(청중)에 도달하도록 해서 청중의 태도와 믿음 또는 행동의 변화를 가져오는 것을 암시한다"는 마이런 차티어(Myron R. Chartier)의 말을 인용하였다. 참고. Myron R. Chartier, *Preaching as Communication*, 정장복 역, 『말씀의 커뮤니케이션』(서울: 대한기독교서회: 2001), 163.
56) Pieterse, *Communicative Preaching*, 59.
57) Pieterse, *Communicative Preaching*, 145.

교도 보통 인간의 커뮤니케이션에서 드러나는 것과 같은 규칙과 성격을 가졌다는 것이다. 이를 위해서 그는 다음과 같은 커뮤니케이션의 특징을 제시하였다.

1) 커뮤니케이션의 두 기본적인 요소는 화자와 청자이다. 따라서 설교를 듣는 청중도 설교에 있어서 중요한 역할을 한다는 것이다.

2) 커뮤니케이션의 기본적인 성격은 상호작용(reciprocity)이다. 다시 말해, 완전한 커뮤니케이션은 청자가 화자의 메시지를 바르게 해석하고 반응했을 때만 발생한다는 것이다. 근본적으로 상호작용은 대화를 의미하기 때문에 대화는 커뮤니케이션의 가장 중요한 요소라고 하였다.

3) 피드백은 효과적이고 성공적인 커뮤니케이션을 위해서 중요한 정보를 제공하기 때문에 반드시 필요하다.

4) 커뮤니케이션의 주요 목표 가운데 하나인 청중들을 설득하고 영향을 주기 위해서 화자는 청자가 메시지에 집중하도록 하고 몰두하도록 해야 한다.

그러므로 그는 설교가 본질적으로 독백(monologue)의 형태를 취하지 않을 수 없기 때문에 '대화의 성격을 가진 커뮤니케이션 사건'이라는 관점에서 보면 몇 가지 약점을 가졌다고 하였다.

먼저, 설교는 동등치 못한 커뮤니케이션이다. 즉, 청중들은 설교를 중단시킬 수 없고 일반적으로 토론할 기회가 없다.

다음으로, 설교에 대한 피드백(feedback)도 문제가 많다. 대부분의 청중들이 설교를 평가할 기회를 갖는 것이 쉽지 않다. 그렇기 때문에 설교자가 최선을 다해서 설교한다고 할지라도, 마치 연극의 독백이 청중들에 의해서 가끔 잘못 이해되고 잘못 해석되고 무시되는 것처럼, 피드백이 제대로 이루어지지 않기 때문에 설교의 내용이 잘못 이해되거나 무시되는 경우가 많다.

그는 이와 같이 본질적으로 독백으로서의 설교의 한계를 극복하기 위해 필요한 세 가지 방법을 제시하였다.

1) 커뮤니케이션은 설교가 시작되기 전에 시작되어야 한다.

청중의 상황에 대한 고려와 상호 신뢰관계는 성공적인 커뮤니케이션을 위해서 필수적이기 때문에 교회 밖에서 목회자와 청중의 대화는 필수적이다. 그리고 그 대화는 서로를 알아가고 진정한 신뢰 관계를 세우기 위해서 오래 동안 계속 지속되어야 한다.

2) 커뮤니케이션은 설교 중에도 계속 행해져야 한다.

물론 설교 도중에 청중이 말할 수는 없지만 청중들은 얼굴 표정이나 눈이나 자세 등을 통해 비언어적인 메시지를 전달할 수 있다. 그렇기 때문에 설교자는 설교를 하면서 청중들에게 반응하기를 배워야하고, 또한 설교 원고에만 시선을 고정시켜서는 안 된다.

3) 설교 후에도 커뮤니케이션은 계속되어야 한다.

실제적인 피드백은 설교 후에 온다. 무언의 커뮤니케이션은 설교후에 언어의 커뮤니케이션으로 바뀌어야 한다. 그렇기 때문에 교회는 다양한 방법을 통해서(예를 들면, 심방이나 소그룹 모임, 공적인 회의를 통해서) 설교에 대한 피드백을 들을 수 있는 기회와 통로를 만들어야 한다. 이때 설교자에게 중요한 것은 열린 마음으로 대화하는 것이고, 그것 때문에 설교자의 권위가 감소될 것에 대해 염려하지 않는 것이다.

결국 피터스의 '커뮤니케이션으로서의 설교'도 역시 효과적인 전달을 위한 제안이요 관심이라고 할 수 있다.[58]

---

58) 최근에 청중 분석과 피드백이 바람직하고 효과적인 설교를 위해서 필요하고

8. 칼빈 밀러(Calvin Miller) – 장터(시장) 설교(Marketplace Preaching)

칼빈 밀러는 오늘날 설교에 있어서 문제의 핵심은 설교의 내용과 목적이 교회 내로 한정되어 있는 것(indoor sermon)이라고 지적하면서, 교회의 사명과 존재 이유가 설교의 사명과 목표와 동일하다고 하였다.[59] 따라서 장터 설교는 오늘날 설교의 가장 바람직한 모델이며 오늘날의 강단은 장터 설교를 회복해야 한다고 하였다. 그에 의하면, 장터 설교는 다음과 같은 특징을 갖는다.[60]

먼저, 장터 설교는 '전도 중심적' 또는 '전도 지향적' 설교이다.[61] 설교는 단순히 교회의 정체성을 세워 가는 데에만 머물러서는 안 되고, 설교의 우선적인 기능이 전도 또는 증인이 되는 것이기 때문에 교회를 설립하

중요한 부분으로 강조되고 있다. 하지만 아직도 많은 설교자들은 설교와 관련하여서 청중의 역할을 그렇게 중요하게 인식하지 않는 것 같고, 또한 평신도들에게 설교의 피드백(또는 설교의 평가)을 받는 것에 그렇게 익숙하지 않는 것 같다. 그러나 효과적인 설교를 위해서 청중들이 여러 가지 면에서 중요한 역할을 하고, 설교가 대화의 성격을 가진 커뮤니케이션이라는 그의 주장은 오늘날 설교자들이 꼭 명심해야 할 사항이라고 생각한다.

59) Calvin Miller, *Marketplace Preaching* (Grand Rapids: Baker, 1995). 그는 설교의 역할과 관련하여서 교회의 사명을 다음과 같이 정의하였다(*Marketplace Preaching*, 33-5).

    1) 교회는 대 위임명령(마 28:18-20)을 교회의 최우선적 사명으로 생각해야 한다.

    2) 교회는 회심자에게 성경적 세계관을 심어주어야 한다.

    3) 교회는 성도들이 제자가 되도록 도전해야 한다.

    4) 교회는 평신도들에게 회심자를 만드는 전문가가 되도록 가르쳐야 한다.

60) 밀러는 최근에 그의 책 (*Preaching: The Art of Narrative Exposition* [Grand Rapids: Baker Books, 2006])에서 성경에 충실하면서도 효과적으로 전달하기 위한 설교 형식으로 '내러티브-강해 설교'를 주장하였다. 다시 말해, 예수 그리스도 안에 있는 구속을 강조하면서도 효과적으로 전달하기 위해 이미지와 스토리를 활용한 설교의 형식이 필요하다는 것이다.

61) Miller, *Marketplace Preaching*, 15-6.

기 위해서 진리를 선포해야 한다는 것이다. 그리고 설교자는 그 목적을 위해서 성도들에게 '세상을 향한 하나님의 목적이 무엇인지,' '어떻게 모든 성도들이 그 위대한 목적에 합당한 삶을 살 수 있는지' 분명히 가르쳐야 한다고 하였다.

다음으로, 장터 설교는 범위와 영향에 있어서 사회를 향하고 사회를 바꾸는 설교(transsocial preaching)이다.62) 설교가 교회 안에서 행해지든 밖에서 행해지든 상관없이 설교는 교회 밖의 사람들을 위해서 존재한다는 것이다. 또한 그는 교회 안에 갇힌 설교, 또는 성도들에게만 초점을 맞추고 교회에만 관심을 갖는 설교는 성도들의 이기주의만을 강화한다고 하면서 시장 설교를 위해서는 교회 밖의 세상 사람들이 무엇을 이야기하고 무엇에 관심이 있으며 그들의 진정한 필요가 무엇인지 발견하기 위해 노력해야 한다고 했다. 그러면서 그는 "교회 밖의 사람들의 필요를 채우는 설교는 성도들에게도 만족을 줄 것이고 … 교회 밖의 사람들의 갈증을 채우는 설교는 교회 안에 있는 성도들의 갈증도 채울 것이다."63)고 주장하였다.

3) 장터 설교는 장터 언어(Market language, 그는 시장 언어를 또한 '벌케이트[Vulgate]' 라고 하였다)로 설교하는 것이다. 다시 말하면, 장터 설교는 성도들만 이해할 수 있고 세상 사람들이 이해하지 못하는 교회 언어로 설교하는 것이 아니라 거리에 있는 사람들이 이해하는 언어로 설교하는 것이다. 또한 장터 설교는 친근감과 따뜻함을 전하는 스타일로 평상적이고, 구어적이며, 삶과 관련성이 있는 언어를 사용해야 한다고 하였다.64) 그렇기 때문에 교회는 시장 언어를 배워야 한다고 하였다.

4) 장터 설교는 제단 중심적 설교(altar-centered sermon)이다.65) 제

---

62) Miller, *Marketplace Preaching*, 18-21.
63) Miller, *Marketplace Preaching*, 21.
64) Miller, *Marketplace Preaching*, 71-3.
65) Miller, *Marketplace Preaching*, 141-3.

단의 특징은 두 가지인데, 먼저 설교가 제단의 일반적인 특성과 조화를 이루어야 한다는 것이다. 제단은 하나님과 사람이 만나는 곳이기 때문에 사회적 설교, 도덕적 설교와는 거리가 먼 장터 설교는 청중들이 하나님께 반응하도록 기회를 제공하는 설교이고, 제단에서 행해지는 것과 같이 하나님의 존재와 실재를 체험할 수 있도록 하는 설교라고 하였다. 다른 한편으로, 제단은 신비의 장소이기 때문에 장터 설교는 하나님에 대한 신비스러움과 우리 믿음의 신비스러움을 부각시키는 설교라고 하였다.

그러므로 장터 설교는 그 내용과 목적에 있어서 전도에 관심을 갖는 '전도 중심적(지향적) 설교'라고 할 수 있다.[66]

9. 폴 윌슨 (Paul S. Wilson)-하나님의 사건(God's Event)으로서의 설교

폴 윌슨은 최근의 설교학이 설교의 목표와 결과에 별 관심이 없다고 지적하면서, 설교의 최우선적 관심은 설교의 목표 또는 결과여야 한다고 하였다. 그러면서 설교는 '하나님의 사건'이어야 한다고 정의하였다.[67]

---

66) 효과적이고 설득력 있는 설교를 위해서 설교자가 복음을 전해야 할 대상인 세상 사람들과 그들의 사고방식, 사회에 관심(즉, 정치 경제 문화 등)을 가져야 하고, 철학적이고 신학적인 어려운 단어들을 가능한 한 자제하며 쉬운 언어로 설교해야 한다는 것은 설교학자들이 이구동성으로 하는 주장하는 바다. 그러나 그러한 것들은 오늘날 실제적인 설교에 있어서 자주 소홀히 되거나 문제점으로 지적되는 부분이기도 하다. 그렇기 때문에 설교의 기본적 목적, 설교자의 세상에 대한 관심 그리고 쉬운 언어 사용에 대한 그의 주장은 설교자들에게 다시 한 번 각성과 다짐을 주는 유익한 제안이라고 할 수 있다.

67) Paul S. Wilson, *The Practice of Preaching* (Nashville: Abingdon, 1995), 19-25. '사건으로서의 설교'는 이미 1969년 데이비드 랜돌프(David J. Randolph)에 의해 언급되었던 것이다. 그는 새로운 해석학을 기반으로 태동한 새로운 설교의 흐름을 '신설교학(a New Homiletic)'이라고 하면서 설교의 과제는 더 이상 "설교 내용이 무엇인가?"가 아니라 "설교를 통해 어떤 일이 일어날 것인가?"여야 한다고 주장하였다(David J. Randolph, *The Renewal of Preaching: A*

설교(preaching)는 가르침(teaching)과는 달리 단순히 정보만 제공해서는 안 되고 무언가 변화를 가져와야 한다는 것이다. 그는 많은 설교가 아픈 사람들에게 약에 대해서 강의만 하고 있다고 평가하면서, 설교는 처방을 내려주는 것이 아니고, 마치 열이 있는 사람에게 아스피린을 먹이면 열이 떨어지는 것과 같이, 실제적으로 효력이 나타나는 약을 주는 것이라고 하였다. 다시 말해, 설교는 하나님의 말씀을 통해서 하나님과 하나님의 뜻과 하나님의 은혜를 분명하게 드러냄으로 하나님을 만나게 하며 성도들의 삶과 신앙의 실제적인 변화와 헌신을 이끌어야 한다는 것이다.[68]

이에 따라 그는 변화를 가져오는 설교가 되기 위해서 필요한 다음 세 가지를 강조하였다.

첫째로, 그는 설교에 있어서 세 가지 '필요'를 구분하였다. 먼저 성도들에 의해서 직접 표현된 필요(expressed need)이다. 물론 이것은 성도의 이기적인 욕망이 반영될 수 있기 때문에 반드시 하나님께 합당하고 성도들에게 유익한 것은 아니다. 다음으로 실제적인 필요(actual need)이다. 이것은 바람직한 성도가 되기 위해서 실제적으로 유익하고 도움이 되며, 때로는 성도들의 표현된 필요와 부합하지는 않더라도 '성경에서 말씀하는 요구'이다. 세 번째로 설교자의 필요(preacher's need)이다. 이것은 성도들의 삶과는 직접적인 관계가 없다고 할지라도 설교자의 관점에서 성도들이 알아야 한다고 생각되는 필요인데, 단순히 설교자의 이기적이고 개인적인 필요일 수도 있고 하나님의 뜻에 합당한 필요일 수도 있다.

결국 그는 설교가 하나님의 사건이 되기 위해서 설교자는 표현된 필요와 실제적인 필요에 민감하면서 성도들의 진정한 필요를 채울 수 있어야 한다고 하였다. 또한 훌륭한 설교자는 설교자의 필요가 하나님의 뜻에 합

New Homiletic Based on the New Hermeneutic [Philadelphia: Fortress Press, 1969], 17-9).

68) Wilson, The Practice of Preaching, 20.

당하고 성도들을 진정으로 유익하게 하는 것과 일치되어야 한다고 하였다.

둘째로, 그는 설교가 하나님의 사건이 되기 위해 설교자와 성도들과의 관계 또는 설교자에 대한 신뢰성을 강조하였다. 다시 말하면, 설교에 있어서 에토스(Ethos)와 설교자와 성도들의 동일시(Identification)를 강조하였다.

마지막으로 그는 설교가 하나님의 사건이 되기 위해서 상상력(Imagination)의 필요를 강조하였다. 그는 이성은 다른 것을 보는 능력이고, 상상력은 유사함을 발견하는 능력이라고 하면서 변화를 가져오는 설교를 위해서 상상력은 선택이 아니라 의무라고 하였다.[69]

이상과 같이 폴 윌슨의 하나님의 사건으로서의 설교는 설교의 목적과 실제적인 결과에 관심이 있는 제안이라고 할 수 있다.[70]

---

69) Paul Wilson, "Beyond Narrative, Imagination in the Sermon," in Gail R. O'Day & Thomas G. Long(eds.), *Listening to the Word* (Nashville: Abingdon, 1993), 133. 참고. Paul Wilson, *Imagination of the Heart: New Understandings in Preaching* (Nashville: Abingdon, 1988).

70) 효과적인 설교를 위해 설교의 목적을 분명히 하는 것은 중요하다. 하지만 설교자들이 설교의 목적이나 결과를 생각지 않고 설교 자체에 집착하는 경우가 많다. 그런데 설교를 하나님의 사건의 정의하면서 설교자가 설교의 목적과 결과에 대해 관심을 가져야 한다고 하는 윌슨의 주장은 오늘날 설교자들에게 또 다른 도전이 되었다고 할 수 있다. 실제적으로 설교를 준비하는 단계에서부터 설교의 목적을 분명히 하고, 성도들의 실제적인 필요를 찾아서 그 문제를 해결함으로 설교를 통해서 실제적으로 나타날 결과에 관심을 갖는 것은 중요하다.

※ 폴 윌슨의 '네 페이지 설교(Four Page Sermon)' 71)

여기에서 윌슨의 네 페이지 설교를 언급하는 것이 필요하다. 왜냐하면 윌슨은 설교가 하나님의 사건이 되기 위해 가장 효과적인 설교 형태로 '네 페이지 설교'를 제안하였기 때문이다. 필자의 판단으로, 윌슨이 제안한 네 페이지 설교의 기본적인 원리와 방법은 버트릭의 현상학적 전개식 설교와 유사하다. 다만 버트릭이 인간 의식의 현상학적 차원에서 접근했다면, 윌슨은 오늘날 시대적 상황에서 출발하였다. 윌슨에 의하면, 오늘날 문화는 문자에 점점 덜 의존하고 구두적이고 청각적이고 시각적인 매체에 점차 더 의존하고 있다. 이러한 소위 영상 시대에 설교가 전달되기 원한다면 설교 작성을 기존의 이지적인 에세이 작성에서 영화 만들기로 바꾸는 것이 필요하다고 하였다.72)

그러한 영화 만들기로서의 설교를 그는 '네 페이지 설교'라고 명명하였다. 그가 말하는 '페이지(page)'는 버트릭이 제안한 'Move(움직임 또는 장면)'와 유사한 개념이다. 윌슨이 말하는 네 페이지의 설교 구조는 '본문에 드러난 문제'(Trouble in the Bible), '이 세상에 있는 문제'(Trouble in the World), '본문에서 보여주는 하나님의 행동'(God's Action in the Bible), 그리고 '이 세상에서 드러나는 하나님의 행동'(God's Action in the World)의 네 파트(part) 또는 네 막(幕: scene)으로 이루어진다.

첫 번째 페이지에서는 하나님의 뜻에 비추어 인간의 죄성과 그에 따른 결과를 신학적 관점에서 살펴본다. 다시 말해, 성경에는 하나님께서 인간

---

71) 아래의 내용은 Paul S. Wilson, *The Four Pages of the Sermon: A Guide to Biblical Preaching* (Nashville: Abingdon, 1999)에서 핵심적이고 중요한 부분을 필자가 요약한 것이다..
72) 앞에서 언급한 것처럼, 버트릭도 설교가 전달되고 효과적이기 위해서 영화와 같이 되어야 한다고 주장하였다.

에게 요구하신 것에 어긋난 죄들, 또는 인간사에서 드러나는 갈등이나 문제들이 존재하는데 그러한 것들을 드러내는 것이다. 그러한 것들은 본문이 성경에 포함된 중요한 이유이다.

두 번째 페이지에서는 첫 번째 페이지와 유사한 오늘날 우리들의 세계 속에 있는 문제를 해석하여 드러낸다. 이 페이지는 성경과 오늘날의 수천 년의 간격에 다리를 놓고, 성경과 우리의 지리적 배경, 문화, 언어, 그리고 세계관 사이에 있는 다른 간격들도 뛰어 넘는다. 이러한 접근은 그 때와 지금 사이의 모든 변화에도 불구하고 동일하게 남아 있는 어떤 것들이 있음을 믿기 때문에 가능하다.

세 번째 페이지에서는 회중들에게 행동으로 옮기는 것에 부담을 주지 않으면서, 본문을 통해 보여주시는 하나님의 능력과 신실하심 그리고 놀라운 방법으로 돌보시고 구속하시는 은혜와 사랑을 담대하게 선포한다.

네 번째 페이지의 초점은 우리가 사는 세상 속에서의 하나님의 행하심이다. 물론 설교자는 인간의 한계와 부족함으로 인해 하나님께서 온전히 행하실 것에 대해 담대하게 선포하기가 쉽지 않은 부분이 있음을 인정한다. 그러나 우리는 성경에 계시된 대로 하나님은 지금이나 영원토록 동일하신 것을 믿는다. 따라서 설교자는 세 번째 페이지의 본문으로부터 우리에게 제시해 주는 내용을 따라서 오늘 우리가 살고 있는 주변 세상 속에서 동일한 하나님의 행동의 징조들을 찾아서 연결시켜야 한다.

그런데 윌슨은 네 페이지 설교에 있어서 설교자가 기억해야 할 가장 중요한 요소는 통일성이라고 강조한다. 다시 말해, 하나의 본문, 하나의 주제, 하나의 교의, 하나의 필요, 하나의 이미지, 그리고 하나의 사명으로 설교 전체가 모아져야 한다고 하였다. 다음은 간단하지만 네 페이지 설교의 한 예가 될 수 있다.

Page One 그 여인은 물 이상의 것이 필요하다.

Page Two 많은 사람들은 무엇이 그들에게 필요한지를 모른다.

Page Three 예수님은 그녀에게 생수를 주셨다.

Page Four 예수님은 우리들에게도 생수를 주신다.

윌슨은 설교자들에게 이러한 네 페이지 설교를 하루 동안 집중적으로 설교를 준비하기보다 4일에 걸쳐서 매일매일 한 페이지씩 충실하게 준비하라고 권한다. 물론 그는 그가 제안한 네 페이지 설교는 얼마든지 순서를 바꿀 수도 있고, 필요에 따라서 페이지들을 생략할 수도 있다고 하였다.

그는 이러한 네 페이지 방식은 기존의 설교 준비보다 훨씬 간편하고 쉬운 장점이 있다고 하였다. 뿐만 아니라 네 페이지 설교는 소위 주해와 적용이라는 두 파트 구조 설교가 흔히 빠지기 쉬운 설교 전체를 통해 인간의 책임만을 강조하는 설교에서 벗어나서 하나님의 은혜와 사랑을 강조하는 설교가 될 수 있다고 하였다.

10. 헨리 미첼(Henry H. Mitchell)
-경축과 경험으로서의 설교(Preaching as Celebration and Experience)

헨리 미첼은 이른바 '흑인 설교(Black Preaching)'를 신학적으로 정립한 대표적인 학자이다.[73] 그는 설교를 말씀과 복음의 '경축'과 '경험'으로 정의하였다. 그는 전통적인 설교가 이성적 영역에 지나치게 치우쳐 있다고 평가하면서, 설교는 전인격적으로 접근해야 한다고 주장하였다.[74]

---

73) Henry H. Mitchell의 대표적 저서로는 *The Recovery of Preaching* (London: Hodder/Stoughton, 1977); *Blacking Preaching: The Recovery of a Powerful Art* (Nashville: Abingdon, 1990); *Celebration and Experience in Preaching* (Nashville: Abingdon, 1991) 등이 있다.

74) Mitchell, *Celebration and Experience in Preaching*, 18; *The Recovery of Preaching*, 30-3.

다시 말해, 논리적이고 지적으로만 접근해서는 안 되고, 이성과 직관과 감정에 동시적으로 호소하는 설교여야 한다는 것이다.

미첼은 그러한 전인격을 향한 설교를 통하여 청중이 말씀과 복음을 '경험(Experience)' 하게 하는데 설교의 우선적 목적이 있다고 하였다. 왜냐하면, 청중이 말씀과 복음을 전인격적으로 경험할 때 '의식변환(transconsciousness)' 이 일어나며, 그 의식변환이 청중의 신앙과 삶을 변화시키기 때문이라는 것이다. 덧붙여서 그는 말씀과 복음의 전인격적인 만남을 통한 의식변환은 '이야기(story)' 를 통해 가장 효과적으로 성취될 수 있기 때문에, 설교자의 가장 중요한 임무는 "성경의 이야기를 의미있게 말하는 기술(art)을 배우는 것"이라고 하였다.[75]

또한 그에게 있어서 설교의 구조와 전개는 '경축으로 향하는 여정' 이다.[76] 여기에서 경축은 '의식적(ritual)' 으로 표현되는 '찬양(praise)' 과 '기쁨(joy)' 을 의미한다.[77] 따라서 그는 부정적이고 도전적인 말 대신에 말씀과 복음을 통해 승리를 확신하는 말 또는 기쁨과 찬양의 말로 설교해야 하고, 청중들도 드라마의 마지막 장이나 심포니의 마지막 부분에 관객들이 하는 것과 유사한 방법으로 메시지에 커다란 찬양과 기쁨으로 응답해야 한다고 하였다.[78]

미첼은 경축을 유발하는 설교가 행해져야 하는 세 가지 이유를 제시하였다.[79] 먼저, 경축 설교가 행해져야 하는 신학적인 근거는 복음 그 자체가 좋은 소식 또는 기쁜 소식을 의미하기 때문이다. 복음이 말 그대로 좋은 소식이라면 복음에 대한 설교도 당연히 찬양 지향적이어야 하고 설교

---

75) Mitchell, *The Recovery of Preaching*, 35.
76) 참고. Ronald J. Allen, *Patterns of Preaching*, 허정갑 역, 『34가지 방법으로 설교에 도전하라』 (서울: 예배와 설교 아카데미, 2004), 33-5.
77) Mitchell, *The Recovery of Preaching*, 54.
78) Mitchell, *Celebration and Experience in Preaching*, 61.
79) Mitchell, *Celebration and Experience in Preaching*, 61-7

를 통해서 복음의 기쁨과 감격이 경축으로 표현되어야 한다는 것이다. 그런 이유로 경축 설교는 복음의 진정한 이해와 적용을 크게 향상 시켜준다고 하였다. 다음으로, 청중의 입장에서 볼 때 모든 인간들은 문제를 가지고 있고 이런 저런 모양으로 상처를 입고 있다. 그러므로 모든 사람은 복음의 능력과 치료를 경험해야 하는데, 복음의 긍정적인 부분과 믿음을 통한 확신이 그러한 필요를 효과적으로 채워줄 수 있다. 세 번째로, 효과적인 측면에서 설교는 항상 성도들의 신앙과 인격과 삶의 태도를 변화(성숙)시키는 역할을 해야 하는데, 부정적이고 도전적인 말보다는 찬양이 성도들을 변화(성숙)시키고 하나님의 뜻에 복종케 하는데 더욱 효과적이다. 이것은 일반적으로 위협이나 부정적이고 도전적인 말보다 칭찬과 격려가 어떤 일에 동기를 부여하는데 더욱 효과적인 것과 같은 원리이다.

계속해서 그는 더욱 효과적으로 경축을 이끌기 위해 몇 가지가 요소들이 필요하다고 하였다.[80] 먼저, 성경 이야기가 주축을 이루면서(즉, 리텔링하면서), 설교자 자신이 '증인(eye-witness)'으로서 말씀과 복음을 직접적으로 깊이 경험한 이야기가 포함되어야 한다고 하였다. 다음으로, 성경의 위대한 이야기는 경축의 촉매가 된다고 하였다. 세 번째로, 청중의 필요가 말씀과 복음을 통해 채워질 때 자연스럽게 경축이 이루어진다고 하였다. 네 번째로, 대화적인 설교를 통한 청중들의 참여는 경축을 위해 유익하다고 하였다.[81]

이와 같이 미첼의 경축과 경험으로의 설교는 설교를 통하여 말씀과 복음의 능력과 기쁨을 경험하고 경축케 해야 한다는 설교의 결과에 대한 관심이라고 할 수 있다.[82]

---

80) Mitchell, *The Recovery of Preaching*, 32-9; 59-61.
81) 경축의 여정으로서의 미첼 설교의 한 샘플을 위해서, Allen, *Patterns of Preaching*, 36-44를 참고하라. 그의 설교 구조와 전개는 움직임(move)을 활용한 버트릭(Buttrick)의 제안과 유사하다.
82) 물론 미첼의 제안이 한 쪽으로 치우친 부분이 있음은 분명하다. 그러나 여전

지금까지 최근에 관심을 끌고 있는 대표적인 설교학자들의 이론들과 제안들을 살펴보았다. 물론 여기에서 소개된 모든 이론들의 공헌과 한계 그리고 문제점들을 낱낱이 평가하지는 않았지만, 각각의 제안들을 요약하여 소개하였다. 각각의 제안들은 때로 신학적인 검토를 필요로 하고 때로는 왜곡된 부분이 있기도 하며 때로는 균형을 잃기도 했다. 그러나 이러한 이론들도 나름대로 오늘날 설교가 안고 있는 문제들에 대한 심도 있는 고심에서 나온 것이다. 그러므로 필자는 위의 이론들의 장점들과 유익한 부분들을 우리들의 설교에 적용하고 응용하면 도움이 되리라 생각한다.

　　앞에서 살펴보았던 여러 제안들의 강조점 또는 주된 관심은 - 물론 이러한 것들이 완전히 분리되는 것이 아니고 겹쳐지는 부분이 있고 너무 단순하게 분류하는 위험이 있지만 - 크게 네 가지 방향에서 구분될 수 있다.

　　1. 성경(본문)에 대한 관심: 그레이다누스의 그리스도 중심적 설교.

히 미국에서 사회적으로 홀대를 받고 소수 그룹인 흑인들을 복음 안에서 격려하고 영적 에너지를 공급하는 것이 우선적으로 필요한 상황임을 고려한다면 충분히 타당하고 납득할 수 있는 설교학적 제안이다. 또한 복음 안에서의 기쁨과 감격, 그리고 하나님과 하나님의 능력에 대한 신뢰와 확신이 설교의 핵심 메시지로 드러나야 한다는 그의 주장은 신앙의 중요한 부분을 확인시켜주었다고 할 수 있다. 뿐만 아니라, 경축과 경험으로서의 설교는 성경의 핵심 메시지와도 부합한다. 성경 전체를 통해 보면, 하나님께서 하나님의 종들을 통해서 때때로 심판과 책망의 말씀을 하시기도 하였지만, 그것은 최종적인 메시지가 아니었고 사랑의 또 다른 표현이요 회복을 위한 과정임을 알 수 있다(사 1:21-27; 히 12:5-13). 사실 복음 안에서의 격려와 하나님에 대한 신뢰와 확신은 오늘날 모든 성도들에게도 필요하다. 그런데 미첼이 제안한 것처럼, 효과적이고 설득력 있는 '경축과 경험으로서의 설교'를 위해서 가장 중요한 것은 설교자 자신이 말씀과 복음의 직접적인 깊고 풍성한 경험이 있어야 하고, 하나님의 인도하심과 함께 하심에 대한 확신과 기쁨으로 충만해야 한다. 그때 '경축과 경험으로서의 설교'는 자연스럽게 흘러나올 것이고, 그 설교는 성도들에게 용기와 격려가 되며, 또한 성도들을 변화시키고 성숙하게 할 것이다.

2. 말씀과 청중의 연결에 대한 관심: 롱의 증언으로서의 설교.

3. 청중에 대한 관심 그리고 효과적인 전달에 대한 관심: 버트릭의 현상학적 전개식 설교(설교의 구성), 크래독의 귀납적 설교(설교의 전달방법), 맥쿨루어의 협력(원탁) 설교(설교의 준비과정), 피터스의 커뮤니케이션으로서의 설교(설교의 상호성).

4. 목적 또는 결과에 대한 관심: 밀러의 장터 설교, 윌슨의 하나님의 사건으로서의 설교, 미첼의 경축과 경험으로서의 설교.

III. 설교란 무엇인가?

필자는 위에서 소개된 이론들이 설교에서 반드시 고려해야 할 핵심적인 부분들을 보여 주었다고 생각한다. 또한 그들의 관심은 '설교가 무엇인가?'에 대한 질문에 답을 주고 있다. 결론적으로 필자는 설교를 다음과 같이 정의한다.

(성령의 역사하심에 의존하여 또는 성령의 도우심을 받아)[83]
1) 성경으로부터 하나님의 뜻을 발견하여,
2) 그것을 이 시대에 사는 청중들의 신앙과 삶에 연결하고,
3) 효과적이고 설득력 있게 전달하여서,
4) 청중들의 신앙과 삶이 변화하도록 하는 것이다.

---

[83] 사도 바울은 고린도전서 2:4에서 "내 말과 내 전도함이 설득력 있는 지혜의 말로 하지 아니하고 다만 성령의 나타나심과 능력으로 하여 너희 믿음이 사람의 지혜에 있지 아니하고 다만 하나님의 능력에 있게 하려 하였노라."고 고백하였다. 실제로 말씀의 저자이신 성령의 도우심 없이 어떻게 성경에서 하나님의 뜻을 발견할 수 있으며, 성령의 역사하심 없이 어떻게 성도들의 삶을 변화시킬 수 있겠는가? 따라서 설교의 가장 기본적인 전제는 '성령의 역사하심에 의존하는 것(또는 성령의 도우심을 받는 것)'이라고 할 수 있다.

먼저, 설교는 성경에 있는 하나님의 뜻을 전하는 것이다.

설교에 있어서 무엇보다도 중요한 것은 설교를 통해서 설교자의 뜻이나 사상, 생각을 전하는 것이 아니고 성경에 있는 하나님의 뜻을 바르게 분별하여 드러내는 것이다. 만일 설교를 통해서 설교자의 뜻을 전한다고 하면 청중 가운데 설교가 필요 없는 사람들이 많다. 왜냐하면, 청중들 가운데에는 설교자보다 훨씬 더 똑똑하고, 훨씬 더 많은 학식과 경험과 지혜를 가진 사람들이 많기 때문이다. 실제로 설교를 듣기 위해 모이는 청중들의 대부분도 역시 설교자의 생각이나 이야기가 아닌 하나님의 말씀과 뜻을 듣기 위해서 모인다.

그렇다면 설교가 하나님의 뜻을 전하는 통로라고 할 때 설교는 무엇에 근거해야 하는가? 그것은 바로 하나님의 말씀이다. 그렇기 때문에 존 스토트는 본문에 충실한 설교는 이 시대의 사명이라고 하면서 '해설적 설교(Expository Preaching)'를 해야 한다고 하였다.[84] 스토트는 성경을 해설한다는 것은 본문으로부터 하나님의 뜻을 끌어내어 그것을 볼 수 있도록 노출시키는 것을 의미하고 해설적 설교의 반대는 본문에 실제로 없는 것을 부과하는 것이라고 하였다. 또한 설교자는 닫혀 있는 것을 열고 불투명한 것을 명백히 하며 매듭지어 있는 것을 풀고 단단히 포장되어 있는 것을 펼쳐주어야 한다고 하였다.[85]

설교가 본문에 있는 하나님의 뜻을 전해야 한다는 것은 오늘날 교인 수를 늘리는 것을 최고의 관심과 목표로 생각하는 설교자들에게 좋은 경고가 될 수 있다. 우리는 청중에게만 관심을 갖는 설교자가 되지 말아야 한다. 본문에만 관심이 있고 청중에게 관심이 없는 설교도 바람직하지 않지만, 청중에게만 관심을 갖고 본문을 왜곡하는 설교는 참으로 심각한 문

---

84) Stott, *Between Two Worlds*, 139.
85) Stott, *Between Two Worlds*, 139.

제를 야기하지 않을 수 없기 때문이다.

다음으로, 설교는 성경(본문)을 이 시대에 사는 청중의 신앙과 삶에 연결하는 것이다.

설교는 단순히 본문을 해석하는 것에 그칠 것이 아니라 하나님의 말씀을 우리의 신앙과 시대와 삶에 연결하고 적용시켜야 한다. 그래서 존 스토트도 설교는 두 세계(성경의 세계와 오늘날의 세계)의 다리를 놓는 것(bridge-building)이라고 하면서 적용의 필요성을 강조하였고, 많은 설교자들과 설교학자들은 이구동성으로 적용의 중요성을 강조하였다. 예를 들어, 존 다니엘 바우먼(John D. Baumann)은 "설교는 적용과 흥망을 같이 한다."[86]라고 까지 말하였으며, 라메쉬 리차드(Ramesh Richard)는 "적용이 없는 성경 강해는 영적인 변비증을 일으키게 된다."[87]고 하였다.

이렇듯 적용에 대한 중요성은 아무리 강조해도 지나침이 없다. 본문의 해석과 설명 없이 적용만 하는 적용 위주의 설교도 문제가 있지만, 신앙과 삶의 새로운 결단과 각오와 방향을 제시하는 적용이 없는 설교도 마찬가지의 문제가 있다. 본문의 해석과 적용은 설교를 세우는 두 기둥이다. 그러므로 "모든 설교는 한 쪽은 성경 본문에 다른 한쪽은 그 시대의 인간 생활의 문제들에 연결되어 있는 활시위처럼 뻗쳐져 있다. 만약 줄이 어느 한 쪽 끝에만 연결되어 있다면 그 활은 쓸모가 없다."[88]라는 얀 피트 왓슨(Ian Pitt-Wattson)의 말은 참으로 적절하다. 활시위의 양쪽을 연결해야

---

86) John D. Baumann, *An Introduction to Contemporary Preaching* (Grand Rapids: Baker Book House, 1972), 243.

87) Ramesh Richard, *Preparing Expository Sermon: Seven-Step Method for Preaching Salvation*(rev. ed.) (Grand Rapids: Baker Book House, 2005), 113.

88) Ian Pitt-Watson, *A Kind of Folly, Toward Practical Theology of Preaching*(The 1972-5 Warrack Lectures) (St. Andrew: St. Andrew Press, 1976), 57. Stott, *Between Two Worlds,* 167에서 재인용.

화살이 날아가서 위력을 발휘하는 것처럼 설교도 주해와 적용의 양쪽이 제대로 역할을 할 때 제 기능을 발휘할 수 있다.

세 번째, 설교는 청중을 고려하여 효과적이고 설득력 있게 전달하는 것이다.

설교는 성령의 역사에 의존해야겠지만, 듣든지 아니 듣든지 상관하지 않고 아무렇게나 전달하는 것은 아니다. 설교가 능력 있고 효과적으로 전달되기 위해서는 성령께서 역사하셔야 하지만, 이를 위한 우리의 수고와 노력과 지혜를 무시해서는 안 되며 최대한 설득력 있게 전하기 위해 우리가 할 수 있는 모든 수단과 방법을 동원해야 한다.

바울은 복음의 효과적인 전달을 위해서 "스스로 모든 사람의 종이 되었다."고 하면서 유대인에게는 유대인에게 맞게, 헬라인에게는 헬라인에게 맞게, 할례자에게는 할례자에 맞게, 무할례자에게는 무할례자에 맞게 복음을 전하고 설교하였다고 고백하고 있다(고전 9:19-22). 뿐만 아니라, 보다 효과적인 전달을 위한 예수님과 바울의 접근 방법이 다른 것도 발견할 수 있다.[89] 예수님의 설교 대상은 주로 시골에 사는 유대인들이었기 때문에 하나님의 말씀과 뜻을 전할 때 그들에게 익숙하고 잘 알고 있는 새, 농사 일, 목자 등과 같은 비유를 사용하였고, 바울의 설교 대상은 로마의 지배 아래 있었던 도시권의 사람들이었기 때문에 경주, 군대 생활 등을 비유로 사용하였다. 그러므로 '무엇을 전달할 것인가?' 에 대해서만 관심을 가져서는 안 되고 우리가 전해야 할 내용을 '어떻게 효과적으로 전달할 것인가?' 에 대해서도 깊은 관심을 가져야 한다.

네 번째, 설교는 변화를 가져오는 것이다.

---

89) Raymond Bailey, *Jesus the Preacher* (Nashville: Broadman, 1990); *Paul the Preacher* (Nashville: Broadman, 1991).

설교는 단순히 전하는데 목적이 있지 않다. 설교는 청중들을 하나님께서 기뻐하시도록 변화되고 헌신된 신앙과 삶으로 이끌어야 한다. 많은 경우 청중들은 특별한 기대 없이 그저 형식적으로 교회에 와서 설교를 듣게 되는데, 우리는 이러한 청중들을 단순한 관찰자로만 놔두어서는 결코 안 되고, 설교를 통하여 그들의 가치관과 태도와 삶이 움직이고 변화되도록 해야 한다. 그런 의미에서 조셉 스토월(Joseph M. Stowell III)의 말은 인용할 가치가 있다.

> 변화를 가져오기 위하여 설교하는 것은 어려운 일이고 위험한 작업이다. 그러나 그것이 설교의 온전한 취지다. … 설교자와 설교는 재미있고, 즐거움을 주며, 마음을 사로잡고, 호기심을 자아내며, 지적으로 자극하고, 논의의 여지가 있으며, 신학적이고 교리적인 방침들이 인상적으로 가득 차 있고, 그리고 권위적일 수 있다. 그러나 만일 궁극적으로 그 결과가 진리와의 만남으로 인해 변화된 삶이 되지 않는다면, 그것은 하나님이 의도하신 설교가 아니다.[90]

그렇다면 어떠한 영향과 변화를 주어야 하는가? 설교는 지정의, 즉 전인격적인 변화를 가져와야 한다. 설교는 지적인 깨달음을 주어야 하고, 감정적인 뜨거움과 감격을 주어야 하며, 의지적인 결단과 각오를 통한 삶의 변화를 가져와야 한다. 또한 본장 앞부분에서 설교의 어원적 접근을 통해 제안하였던 것처럼, 설교는 불신자들을 주님께 돌아오게 하고, 주님께 돌아온 사람들이 변화되게(성숙하게) 하며, 상처받고 어려움에 있는 사람들을 치유하고 위로할 수 있어야 한다. 그것은 성경의 기록 목적과도 부합한다.

---

90) Joseph M. Stowell III, "변화를 위한 설교" in Keith Willhite & Scott Gibson(eds.), *The Big Idea of Biblical Preaching*, 이용주 역, 『빅 아이디어 설교』 (서울: 디모데, 1999), 169.

성경은 능히 너로 하여금 그리스도 예수 안에 있는 믿음으로 말미암아 구원에 이르는 지혜가 있게 하느니라. 모든 성경은 하나님의 감동으로 된 것으로 교훈과 책망과 바르게 함과 의로 교육하기에 유익하니 이는 하나님의 사람으로 온전하게 하며 모든 선한 일을 행할 능력을 갖추게 하려 함이라 (딤후 3:15-17).

IV. 결론

'설교가 무엇인가?'에 대한 질문에 답하는 것은 결코 쉽지 않다. 실제로 학자들마다 설교에 대한 정의가 다르다. 필자는 최근의 설교학계에서 관심을 받는 학자들의 주장들을 살펴보고, 그들의 제안들과 강조점을 종합적인 면에서 분석하면서, 설교는 "(성령의 역사에 의존하여 또는 성령의 도우심을 받아) 성경으로부터 하나님의 뜻을 발견하여, 그것을 이 시대에 사는 청중들의 신앙과 삶에 연결하고, 효과적이고 설득력 있게 전달하여서, 청중들의 신앙과 삶이 변화하도록 하는 것이다"고 정의하였다. 물론 이 정의가 완벽하지는 않겠지만 설교자가 관심을 가져야 할 핵심적인 부분은 충분히 제시되었다고 생각한다. 그러므로 이러한 네 가지 관점에서 자신의 설교를 스스로 평가해보고, 부족하고 미흡한 부분을 보충하고자 끊임없이 노력하면 좀 더 바르고 효과적이고 능력 있는 설교를 할 수 있을 것이다.

※ 데이비드 버트릭(David Buttrick)의 현상학적 전개식 설교 실례 1.

마태복음 18:21-35
용서하지 않은 종(The Unforgiving Agent)[91]

서론

몇 년 전에 예수님의 비유에 대한 책을 본 적이 있습니다. 그 책은 예수님의 비유들을 '그 비유가 어떻게 끝나느냐?'에 따라 '희극'과 '비극'으로 분류하였습니다. 그렇다면, 오늘 본문의 용서하지 않은 종의 비유는 분명히 비극에 속합니다. 그 이야기가 어떻게 끝났습니까? 주인은 그 종에게 큰 소리로 "악한 종아!"라고 하면서, 그 사람이 빚을 다 갚을 때까지 평생토록 감옥에 가두었다고 말씀합니다. 물론 마태는 다음과 같은 경고의 말을 덧붙였습니다. "너희가 각각 마음으로부터 형제를 용서하지 아니하면 나의 하늘 아버지께서도 너희에게 이와 같이 하시리라." 사실 본문의 용서하지 않은 종에 대한 비유를 오늘날 설교하고 적용하기는 결코 쉽지는 않습니다. 이 비유가 우리에게 주는 교훈은 무엇입니까?

Move 1

[서술] 우선 이 질문부터 시작하겠습니다. "도대체 그 종이 무엇을 잘

---

91) 본 설교는 '즉시적 방식'의 한 예로서 David Buttrick, *Speaking Parables: A Homiletic Guide* (Louisville: Westminster John Knox Press, 2000), 109-111에 수록되어 있는 것으로 출판사의 허락을 얻어 필자가 번역하였다.

못했단 말입니까?" [전개] 그는 자기 것을 정당하게 되돌려 달라고 하지 않았나요? 그 종은 너그러운 사람이었음이 분명합니다. 그의 친구 가운데 한 사람이 돈이 필요한 것을 알았을 때, 그에게 백 데나리온을 빌려주었습니다. 그런데 돈을 갚을 기한이 되었을 때, 그 사람이 빈털터리 인 것을 알게 되었습니다. 종의 친구는 갚을 수 없었습니다. 그러자 그 종은 그 빚쟁이를 불러서 감옥에 가두었습니다. 그것이 잘못된 것입니까? 은행들이 통상적으로 그렇게 하지 않습니까? 빚을 되돌려 받는 것은 당연한 일입니다. 만약 우리가 빚쟁이들을 처벌하지 않고 그대로 둔다면, 우리 경제 시스템은 붕괴될 것입니다. 필요할 때 융자를 받고, 나중에 계약에 따라 융자를 갚음으로 은행과 사회는 유지될 수 있습니다. 우리는 최근에 빈번하게 발생하고 있는 금융 사고들을 정부 당국이 아주 단호하면서도 엄격하게 처리하는 것을 보았습니다. [이미지화] George Bernard Show가 "용서는 거지의 피난처이다. 우리는 반드시 빚을 갚아야 한다"라고 한 말에 별로 놀라지 않습니다. 본문의 비유를 보면서, 우리는 냉정해져야 합니다. 물론 그 종에게 인간미가 약간 부족하다는 것은 부인할 수 없는 사실입니다. 그러나 빚은 빚입니다. 빚은 갚아야 합니다. [마무리] 그래서 우리는 스스로 물어보아야 합니다. "도대체 그 종은 무엇을 잘못했다는 말입니까?"

Move 2

[서술] 답은 이것입니다. "만 달란트입니다." 그것이 문제의 핵심입니다. [전개] 그 종은 조금 전에 만 달란트를 탕감받았습니다. 그 종은 "잠간 기다려주십시오. 조금만 더 시간적 여유를 주십시오"라고 간곡하게 부탁했습니다. 그런데 전혀 기대하지도 않았는데 자신의 빚을 순식간에 탕감받았습니다. 상환 기간이 연장되거나 다시 계약이 체결되지 않았다는 사

실에 주목해야 합니다. 결코 그렇지 않았습니다. 그 빚은 완전히 탕감되었습니다. 만 달란트의 빚이 즉시 면제된 것입니다. 그러나 만약 이 비유가 하나님과 관련된 것이라면 사실 그 액수는 너무 적습니다. 하나님께서는 우리에게 모든 것을 주셨습니다 - 생명, 호흡, 사랑, 좋은 지구, 그리고 하늘의 별들 등등. 하나님께서는 참으로 감사하지 못하는 우리 죄인들에게 모든 것을 주셨습니다. 우리는 온전한 찬양과 감사도 드리지 않고, 오히려 하나님의 길에서 벗어나 있습니다. 그러나 하나님은 우리를 용서해 주십니다. 우리의 매일의 삶에서 주님을 실망시키지만 하나님은 우리를 계속해서 용서해 주십니다. 우리가 하나님께 갚아야 할 빚은 계산할 수 없습니다. [이미지화] 하나님의 측량할 수 없는 놀라운 사랑을 전하고자 했던 설교자 James Denny는 실제 크기의 거대한 십자가를 설교단까지 끌고 올라가서 이렇게 외쳤습니다. "하나님께서 이 모든 것을 당신을 위해 하셨습니다." 만 달란트는 너무 적은 숫자입니다. 하나님의 자비로운 사랑은 우리 인간의 계산을 초월합니다. "너무 놀랍고 거룩한 하나님의 사랑은 우리의 생명과 영혼 그리고 우리의 모든 것을 요구합니다." [마무리] 본문의 비유에서 종이 자비를 요구하였을 때, 주인은 그의 모든 빚을 완전히 탕감해 주었습니다.

Move 3

[서술] 다른 종들이 분노한 것은 결코 놀랄 일이 아닙니다. 우리도 역시 분노할 수밖에 없습니다. [전개] 이 비유에서 만 달란트 탕감받은 사람이 무엇을 하였습니까? 그는 나가서 그에게 약간의 빚을 진 이웃을 감옥에 넣었습니다. 우리는 그 사실에 분노하지 않을 수 없습니다. 그 사람은 결코 용서받을 수 없습니다. 하나님의 자비가 그 사람에게 임할 수 없습니다. 그는 W. H. Auden의 "크리스마스 오라토리오"에 나오는 사기꾼과

같이 왜곡되어 있는 사람입니다. 그 사기꾼은 말합니다. "나는 죄 짓는 것을 좋아합니다. 그런데 하나님께서는 나를 용서하시기를 좋아하십니다. 이 세상은 정말 살만합니다." 이것은 진정 '자기 의'로 말미암은 착각과 무지가 아닐 수 없습니다. 그 종은 자신을 아주 과감한 모험가로 생각했고, 자신의 친구는 도저히 용서할 수 없는 빚쟁이 이상은 아니었습니다. "자기 의" - 이것은 우리가 항상 범하는 실수입니다. [이미지화] 우리는 사담 후세인을 중동의 히틀러라고 부릅니다. 우리가 그에게 행하는 모든 잔인한 일들은 애국적인 의에 의해 포장되곤 합니다. 물론 우리는 몇 년 전에 그가 이란과 전쟁할 때 그를 지원하면서 탱크도 팔았지만, 그것은 잊고 있습니다. 또한 우리는 정의와 자유를 심각하게 훼손한 쿠웨이트를 지원한 것도 쉽게 잊어버립니다. 우리는 스스로를 의롭다고 생각하지만, 우리게게 빚 진 사람들은 게으르고 악한 사람들이라고 생각합니다. [마무리] 이 비유에서 만 달란트 탕감받은 사람은 무엇을 하였습니까? 그는 백 달란트 때문에 그의 이웃을 감옥에 넣었습니다. 물론 그것을 본 다른 종들이 분노했습니다. 우리도 그러한 일이 생기면 같은 행동을 할 것입니다. 우리가 분노한 것은 당연합니다.

Move 4

[서술] 그러면 이 이야기에서 무슨 일이 일어났습니까? [전개] 우리가 문제를 제기할 때, 주인은 우리의 말을 듣고 동의할 것입니다. 주인은 "이 악한 종아!"라고 꾸짖으면서, 그 종을 평생토록 감옥에 넣어서 고통받게 할 것입니다. 여기에서 생각나는 것은 무엇입니까? 그것은 우리도 그 종과 마찬가지로 용서하지 않는 종이라는 것입니다. 사실 우리는 본문의 용서하지 않는 종보다 결코 낫지 않습니다. 우리도 예수 그리스도에 의해 용서받았지만, 결코 용서하지 않은 삶을 살았습니다. [이미지화] 언젠가 공영

방송의 'Bill Moyers 쇼'에서 한 시간 동안 찬송가 "Amazing Grace(나 같은 죄인 살리신)"에 대해 심층 취재한 적이 있었습니다. 혹시 보셨는지요? Moyers는 그날 찬송을 부른 사람들 가운데 Johnny Cash와 Judy Collins에게 "나 같은 죄인 살리신 주 은혜 놀라와 ~"의 가사가 그들에게 의미하는 것이 무엇인지 질문했습니다. 특별히 "나 같은 죄인"에 대한 느낌이 어떤지 물었습니다. Moyers가 왜 그들이 죄인인지에 대해 물었을 때 모두 숙연해졌습니다. 그리고 그들은 기억을 더듬어 과거를 회상한 것 같았습니다. 아마 이 비유는 우리에게 같은 교훈을 합니다. 왜냐하면, 우리는 다른 사람들을 용서하기에 끝없는 실패를 거듭하고 있기 때문입니다. 우리의 가족, 우리의 이웃 그리고 심지어 우리 자신까지도 용서하지 못하고 있습니다. 그 주인은 "이 악한 종아!"라고 책망하면서 그를 감옥에 넘겼습니다. [마무리] 우리는 우리가 원하는 것을 합니다. 우리는 용서하지 않습니다. 우리는 돌아서서 우리가 생각하는 바를 행합니다. 우리 모두는 용서하지 않은 종들 입니다.

Move 5

[서술] 그렇다면 답은 무엇입니까? [전개] 답은 하나님의 자비(언약적인 사랑) 안에서 평생 사는 것입니다. 잘 기억하셔야 합니다. 하나님의 자비는 당신이 사업을 하면서 현금을 주고 받는 것처럼 주고 받는 것이 아닙니다. 우리는 착한 아이들에게 과자를 주는 것처럼 자비를 줄 수 없습니다. 예수님의 십자가 사건으로 우리의 죄는 '단번에 영원히(once and for all)' 용서되었습니다. 그 때 모든 인간의 죄는 용서된 것입니다. 그리고 그 이래 우리는 하나님의 모든 자비 가운데 살고 있습니다. 우리가 숨쉬는 공기, 우리가 경험하는 은혜, 우리에게 있는 생명 이 모든 것이 하나님의 자비하심의 선물입니다. 우리는 과거에 이미 '단번에 영원히' 용서를 받

았습니다. [이미지화] Walter Horton이라는 젊은이가 엠블런스 직원으로 일했습니다. 그가 어느 날 밤 싸움하다가 칼부림으로 심각하게 부상당한 한 매춘부 여인을 호송하게 되었다고 합니다. 그녀는 죽어가면서 물었습니다. "하나님께서 나 같은 추하고 악한 사람을 용서하실까요?" 한 간호원은 이렇게 대답해 주었습니다. "하나님은 당신을 사랑하십니다. 하나님은 당신의 모든 죄를 용서하십니다." 하나님께서는 참으로 악한 우리 인간들을 용서하셨기 때문에 우리는 이웃을 용서해야 합니다. 심지어 우리가 용서할 수 없다고 생각하는 사람들 조차도 용서하며 살아야 합니다. [마무리] 지금도 우리는 다함이 없는 하나님의 자비 안에서 살고 있습니다. 이제 우리는 그 하나님의 자비를 서로 서로를 향하여 베풀고 살아야 합니다.

결론

이제 이 설교의 마지막 부분에서 우리는 본문에서 오해하기 쉬운 한 가지를 언급해야 합니다. 오늘 본문의 비유에서 마태복음의 저자는 그는 비유를 말합니다. 그러나 직접적으로 다음과 같이 말하지는 않았습니다. "너희가 다른 사람을 용서하지 않더라도 하늘에 계신 아버지는 용서하실 것이다." 마태가 이 비유를 잘못 말하였습니까? 우리는 이 비유의 시작을 기억해야 합니다. 베드로가 예수님께 물었습니다. "우리가 형제를 몇 번이나 용서해야 합니까? 일곱 번 정도 하면 됩니까?" 그 질문에 예수님께서는 대답하셨습니다. "아니, 일흔 번씩 일곱 번." 이 숫자는 유대인들이 흔히 완전수라고 하는 숫자입니다. 그것은 '무한대'를 의미합니다. 이 비유는 예수 그리스도에 의해 용서받은 우리가 남을 용서하라는 교훈이지 우리가 남을 용서하지 않는다고 하나님께서 우리의 죄를 용서하지 않는다는 것에 초점이 있지 않습니다. 하나님은 우리를 무한대로 그리고 영원히 용서하시는 하나님이십니다.

※ 데이비드 버트릭(David Buttrick)의 현상학적 전개식 설교 실례 2.

예레미야 24:4-9, 로마서 8:35-39
유배지에 사는 사람들에게 보내는 편지[92]

서론

몇 년 전 「Life」지에 애처로운 모습을 보여주는 사진 한 장이 실린 적이 있습니다. 그 사진은 중동의 한 포로수용소의 철조망 뒤 편에 아랍인 전쟁 포로 한 사람이 서 있는 모습을 담고 있었습니다. 그는 짧은 반바지의 죄수복을 입고 있었고, 다 헤어진 신발을 신고 있었습니다. 또한 아마도 자신이 살던 집의 것으로 보이는 커다란 열쇠를 목에 걸고 있었습니다. 그는 아주 지쳐있는 듯한 표정을 지으면서, 마치 "내가 여기에서 어떻게 살 수 있겠습니까?"라고 말하는 것처럼 보였습니다. 그 사진을 보면서 같은 질문이 오늘날 우리 교회 안에도 울려 퍼지고 있지 않을까하는 생각을 했습니다. "우리가 도대체 여기에서 어떻게 살 수 있겠습니까?" "우리는 마치 이 세속적인 땅에서 난민(難民)과 같이 살고 있는데, 우리는 도대체 어떻게 살아야 한단 말입니까?" 이러한 상황에서 우리는 포로로 잡혀간 이스라엘 사람들에게 편지를 쓰고 있는 선지자 예레미야의 말씀을 들어야 합니다. 그의 말을 귀 기울여야 합니다. 저는 예레미야가 지금 우리에게도 똑같이 필요한 내용의 편지를 쓰고 있다고 믿습니다.

---

92) 본 설교는 '묵상적 방식'의 한 예로서 Ronald J. Allen(ed.), *Patterns of Preaching: A Sermon Sampler* (St. Louis: Chalice Press, 1998), 89-92에 수록되어 있는 것으로 출판사의 허락을 얻어 필자가 번역하였다.

Move 1

[서술] 추방된 자(exile): '추방된 자'는 오늘날 미국에 살고 있는 우리 기독교인들에 대한 메타포(metaphor)라고 생각됩니다. 우리는 지금 세속적인 사회에서 추방된 자들(exiles)로 살고 있습니다. [전개] 우리가 잘 알고 있는 것처럼, 미국은 위대한 믿음의 사람들에 의해 세워진 나라입니다. 뉴잉글랜드 지방에는 청교도들이, 스페인이 지배하던 플로리다에는 구교도들이 정착하였습니다. 이 두 지방 사이에 있는 뉴욕 시는 네덜란드 개혁파가, 동부 펜실베이니아는 독일 경건주의자들이, 버지니아 주 전체에 걸쳐서는 영국 귀족 출신의 성공회 교인들이 지배하였습니다. 그러나, 스테판 카터(Stephen Carter)의 표현을 빌리자면, 지금 우리는 "불신의 비기독교적 문화"(Culture of Disbelief) 속에 살고 있습니다. 과거에는 주일 아침에 교회의 종소리가 온 누리에 울려 퍼졌으나, 오늘날 우리는 주일에 시내 레스토랑에서 샴페인과 함께 브런치(brunch)를 먹습니다. 과거 우리의 훌륭한 조상들은 『천로역정』을 읽으면서 그들의 삶을 돌아보았지만, 오늘날 우리 미국 사람들은 『Psychology Today』를 구독하고 있습니다. 20세기 초에 무신론자들은 그들의 입장을 변호하기 위해 함께 모여서 힘을 모아야만 했습니다. 그러나 이제 상황이 많이 바뀌었습니다. 오늘날은 오히려 하나님을 믿는 사람들이 자신들의 신앙을 설명하기 위해 준비해야 하는 시대가 되었습니다. [이미지화] 브로드웨이에서 활동하고 있는 토니 쿠쉬너(Tony Kushner)는 미국의 기독교를 '커다란 성경책을 들고 있는 노쇠한 천사들의 모임'으로 묘사했습니다. 그러면서 그들은 하나님이 미국의 기독교를 다시 회복시키실 것에 대해 의아해 하고 있다고 했습니다. [마무리] 그렇습니다. 우리는 추방된 자들입니다. "오늘날과 같은 세속적인 사회에서 기독교인으로서 우리는 어떻게 살 수 있을까요?" 이 질문이

오늘날 우리를 힘들게 하고 있습니다.

Move 2

[서술] 그렇다면, 이제 우리 주변에서 들려오는 모든 소리들에 귀 기울여 보십시오. 또한 우리 교회들 안에서 들려오는 소리들에도 귀 기울여 보십시오. "지금 우리는 어떻게 살고 있나요?" 물론 어떻게 살아야 할지에 대한 조언은 결코 부족하지 않습니다. [전개] 일부 그리스도인들은 여전히 '기독교의 부흥'이라는 영광스러운 소망을 가지고 최선을 다하고 있습니다. 종종 시사 주간지 「Time」은 베이비 부머 세대의 신앙과 그들이 섬기던 교회들에 대해 특집 기사들을 싣곤하는데, 황홀할 지경입니다. 그러나 남부 지방을 제외한 다른 지역에서는 과거와 같은 영광스러운 부흥이 더이상 일어날 것 같지 않습니다. 또한 일부 그리스도인들은 세속주의자들에게 빼앗긴 영역을 정치적인 힘을 빌어 되찾기 위해 전투적인 성향을 가진 "기독교 연맹"(Christian Coalition)에 참여하기도 합니다. 하지만 막대한 방위비 예산을 유지하기 위해 가난한 사람들을 위한 복지 예산을 삭감하는 사람들이 학교 교실에서 다시 기도할 수 있도록 추진한다는 것이 가능할까요? 또한 여권운동을 반대(anti-feminist)하고 동성연애에 대해서 강하게 반대하면서(gay-bashing) 사형제도를 강하게 주장하는 사람들에게서 진정 예수 그리스도의 목소리를 듣는다는 것이 가능할까요? 물론 대부분의 교회가 부흥과 성장을 위해서 필사적으로 노력하고 있습니다. 하지만 앞으로의 교회는 현상 수지가 최고의 목표가 될 것이 분명합니다. [이미지화] 혹시 몇 달 전 둔즈버리(Doonesbury)의 만화를 보신 적이 있습니까? 그 만화에는 거의 텅 빈 고딕양식의 교회가 그려져 있었습니다. 맨 앞자리에는 키가 작은 할머니 두 분이 앉아 있었고 그들 뒤에는 노쇠한 할아버지 한 분만이 있었습니다. 설교단에는 젊은 목사가 팔을 높이 치켜

올린 채 "우리 시대는 다시 올 것입니다!"고 소리를 외치고 있었습니다. 그 목사의 약속은 결코 이루어질 것 같지 않습니다. 그 그림을 보면서 크게 웃을 수도 없는 참으로 안타까운 마음이 있습니다. [마무리] 지금 우리는 오랫동안 익숙했던 우리 자신의 땅에서 추방되어 살고 있습니다. 우리가 어떻게 이 세속적인 사회에서 이방인으로 주님을 위해 살 수 있겠습니까?

Move 3

[서술] 예레미야는 말씀합니다. 선지자 예레미야가 오늘날 우리를 위해서도 말씀합니다. [전개] 그 말씀을 들읍시다. "집을 짓고, 이 땅에 정착하라. 씨앗도 심고, 추수도 하라. 이제 결혼도 하라" 그는 계속해서 말씀합니다. "자녀들도 낳고, 계속해서 손자들과 증손자들도 기르라." 비록 우리가 유배지에서 살고 있다고 할지라도, 우리는 여전히 우리 인간을 위해 온갖 좋은 것들로 가득하게 창조하신 하나님의 창조 세계 안에서 살고 있습니다. 그래서 말씀합니다. "너희의 집을 짓고, 너희의 자녀들을 기르고, 땅의 수확을 기뻐하고 즐기라." 여기에서 예레미야는 결코 그리스도인들만 거주하는 고립된 공동체를 의도하지는 않았습니다. 다시 말해, 기독교 지역 (Church Street)의 채색된 스테인 글라스로 아름답게 장식된 교회에서 우리들끼리 잘 먹고 잘 살라는 의미의 말씀이 아니라는 사실입니다. 예레미야는 어느 곳에 살고 있다고 할지라도, 심지어 유배지에서 살고 있다할지라도, 우리가 하나님의 선하신 창조 세계 안에 살고 있다는 것을 알았습니다. 우리는 이 땅에서 다른 인간들과 함께 살아야 될 존재입니다. [이미지화] 최근에 우리 집 근처로 한 가정이 이사를 왔습니다. 사교적이고 협조적인 그 집의 부인은 최근 몇 년 동안 수차례 이사를 했다고 했습니다. 그녀는 그동안 자기가 살았던 모든 집의 사진을 예쁘게 정리한 앨범을 보

관하고 있었습니다. 모든 사진에는 낡은 같은 테이블과 꽃으로 뒤덮인 예쁜 정원이 있었습니다. 그녀는 이렇게 설명해 주었습니다. "나는 이사할 때 테이블을 버리지 않았습니다. 또한 테이블을 정리한 후에 항상 정원을 예쁘게 가꾸었습니다." 하나님께서는 예레미야를 통해서 유배지에 있는 이스라엘에게 이렇게 말씀하셨습니다. "집을 짓고, 씨를 뿌리고, 그 땅에서 마음껏 즐기라." [마무리] 예레미야는 20세기 후반을 살고 있는 우리 그리스도인들에게도 이렇게 말씀합니다. "사람들이 살고 있는 이 세상에 들어가라!" 왜 그렇습니까? 하나님께서 만드신 선한 피조물은 이 땅 모든 곳에 있기 때문입니다.

Move 4

[서술] 여기에서 우리는 잠간 멈추어서 한 가지 질문을 해야 합니다. "무엇이 예레미야로 하여금 그러한 믿음을 갖게 했습니까?" 예레미야는 자신이 하나님의 말씀을 전하고 있다는 것을 어떻게 확신할 수 있었을까요? [전개] 여러분은 예레미야가 유배지에 있는 사람들에게 하나님의 말씀을 어떻게 전달했다고 알고 있습니까? 5절에서 하나님께서 이렇게 말씀하십니다. "내가 이곳에서 옮겨 갈대아인의 땅에 이르게 한 유다 포로들에게!" "나, 여호와가 유배시킨 포로들에게!" 하나님께서 유다를 그 땅에 보내셨다고 분명히 말씀하고 있습니다. 우리는 종종 세속적인 세상이 마치 하나님으로부터 분리되어 있는 것처럼 말하곤 합니다. 그러나 성경은 그렇게 말씀하지 않습니다. 어떤 점에서 하나님은 우리가 추방되는 처음 시점부터 계속해서 관여해 오셨습니다. 이러한 과정들을 통해 하나님께서는 우리를 중세 교회의 왜곡된 승리주의(triumphalism)로부터 벗어나게 하셨습니다. 우리가 하나님의 뜻을 벗어나 고집스럽게 방황한다면, 결국 우리가 커다란 혼란을 경험할 것을 너무도 당연한 결과인 것을 명확하게 알

게하셨습니다. 하나님께서는 불신앙은 우리가 생각할 수 없는 혼란을 경험할 것을 이미 정하셨습니다. 그러나 분명한 것 한 가지가 있습니다. 그것은 세속적인 세계도 여전히 하나님이 다스리시는 하나님의 영역이고, 동시에 하나님이 사랑하신다는 것입니다. [이미지화] 그래서 20세기 초기 장로교 지도자였던 고(故) 브라운 박사는 그의 노년에 미국의 NCC(National Council of Churches)가 출범하는 예배의 설교에서 이렇게 외쳤습니다. "저는 우리가 경험하는 모든 일의 배후에 하나님의 영원한 목적이라는 강력한 물줄기가 흐르고 있다는 것을 확실히 믿습니다." 아이러니하게도 세속주의는 종교개혁과 함께 시작되었습니다. 19세기 중반에 그것은 하나의 '주의(ism)'가 되었습니다. 그 때부터 세속주의가 점점 힘을 얻어 퍼져 나가면서 유럽 전역의 교회들이 텅텅 비어가기 시작하였고, 현재 미국의 교회들도 그러한 상황 가운데 직면해 있습니다. 세속적인 세계는 과학, 공업, 노동조합, 대학교, 정당들에 의해 형성되었고, 심지어 교회에 의해서도 형성되어 왔습니다. [마무리] 그럼에도 불구하고, 하나님께서 이 모든 것 안에 관여해 오셨다는 것은 분명합니다. 하나님께서는 "내가 유배지로 보냈던 유배민들에게!"라고 말씀하십니다. 그 말씀에 귀를 기울이십시오. 세속 세계도 여전히 하나님이 직접 다스리시는 하나님의 세계입니다.

Move 5

[서술] 이제 우리가 이 세속 시대 한 가운데에서 어떻게 하나님을 섬길 수 있을 것인지 생각해 보시기 바랍니다. 우리의 사명은 지금, 여기에서 하나님을 섬기는 것입니다. [전개] 예레미야는 말씀합니다. "세속 도시의 번성을 위해 노력하라" "네가 살고 있는 그 땅의 번영을 위해 기도하라." 하나님의 말씀에 귀 기울이십시오. 우리는 예수 그리스도를 따르는 그리

스도인들입니다. 예수님께서는 인간 세상에 한 인간으로 오셨습니다. 예수님은 병든 사람들을 고치셨습니다. 이 땅에서 담대히 하나님의 말씀을 선포하셨습니다. 예수님의 제자들로서 우리들도 역시 이 세속 세계를 섬겨야 합니다. 공공의 선을 위해 일해야 합니다. 따라서 우리는 전임 사역자로 주일 학교 아이들을 위해 최선을 다해 헌신해야 할 뿐만 아니라, 가난한 지역에 있는 아이들을 섬기기는데도 힘써야 합니다. 하나님께서는 모든 아이들을 수용할 수 있는 좋은 학교가 필요하다는 사실을 알고 계십니다. 우리는 단지 교회의 지도자만 되어서는 안됩니다. 오늘날 우리는 정치적인 영역에서도 우리의 입장을 말할 수 있는 용기가 필요합니다. 물론 오늘날 미국 사회에서 교회의 지도자들이 정치적 행동을 함께 이끌어내는데 있어서 한계가 있는 것은 분명합니다. 그런데 오늘날 문제는 우리 그리스도인들이 성경을 손에 들고 머리위에 신앙이라는 모자만을 뒤집어쓴 채, 안전하고 달콤한 은신처인 교회 안에서만 안주하려고 하고 있다는 것입니다. 그래서는 결코 안 됩니다. 우리는 세상을 향해, 우리가 살고 있는 세속적 세상을 향해, 하나님의 말씀을 선포해야 합니다. [이미지화] 몇 년 전에 주일학교 어린이들이 그린 그림들을 모아놓은 커다란 그림책을 본 적이 있었습니다. 그 책의 중간 부분에 가운데를 접어 넣은 큰 그림이 있었습니다. 그 그림은 테이블에서 봉사를 위해 기다리고 있는 웨이터들처럼 서로서로를 향하여 몸을 아래로 구부리고 있는 굳어 있는 사람들로 온통 가득 있었습니다. 그 그림 아래에는 크레용으로 다음과 같은 제목이 적혀 있었습니다. "하나님의 나라!" 모든 이교도 지역은 여전히 하나님이 친히 다스리시는 하나님의 나라 안에 있습니다. 그리고 그 하나님 나라는 언제나 모든 이웃들에게 진정으로 필요합니다. [마무리] "도시의 번영을 위해 일하십시오." 예레미야는 그렇게 노래하고 있습니다. "그 땅이 잘되기를 위해 기도하십시오." 이것은 우리 주님의 신탁의 말씀입니다!

결론

우리는 이 세속 세계에서 어떻게 살아야 합니까? 유배지와 같은 세상에서 어떻게 믿음으로 살 수 있습니까? 그렇습니다. 우리는 이 세상을 정착하고, 우리의 아이들을 기르고, 모두의 번영을 위해 일해야 합니다. 그리고 우리는 즐거워해야 합니다. 우리는 하나님의 한 가족으로서 함께 떡을 떼며 잔을 들고 즐거워해야 합니다. 하나님의 놀랍고 강력한 사랑의 물결이 우리를 둘러싸고 있기 때문에, 우리는 모든 상황에서 하나님의 사랑의 주권과 섭리를 믿고 기뻐하고 즐거워해야 합니다.

※ 폴 윌슨(Paul Wilson)의 네 페이지 설교 실례 1.

마태복음 1:18-25
성탄절의 취소[93]

Page 1

지나친 화려함과 소란함으로 인해 성탄절의 진정한 모습이 퇴색되고 있다고 종종 느끼곤 합니다. 몇 년 전 어느 텔레비전 광고에서 잘 알려진 신사 한 분이 벽난로 앞에 앉아 위스키를 따라 그 잔을 입술에 대고 맛을 음미하려는 순간 갑자기 어느 합창단에 의해 헨델의 '메시아' 가운데 '할 렐루야'가 울려 퍼지는 장면을 본 적이 있습니다. 이번 주 저희 집 우편함에는 험버타운 플라자에서 보낸 광고 전단지가 있었는데, 그 전단지에는 약국에서부터 로블로우스 매장의 식품에 이르기까지 모든 최신 상품 목록이 수록되어 있었습니다. 그런데 그 전단지에는 큰 글자로 '위로와 기쁨의 소식'이라는 제목이 붙어 있었습니다. 만일 남부 지방의 평안함이 우리의 소망이고, 물품 가격 할인이 우리의 기쁨이라면, 참으로 심각한 문제가 아닐 수 없습니다. 가끔 하나님께서 교회 문 앞에 "성탄 연휴 기간은 문을 닫음. 남부로 휴가 갔음. 새해에 돌아옴"이라고 써 붙이고 성탄절을 취소하시면 어쩌나 하고 염려가 될 때도 있습니다. 만일 하나님께서 성탄절을 통해 하시고자 하신 것처럼 여러분이 파티를 열고, 하나님이 모든 사람에게 성탄 절기를 허락하신 것처럼 여러분이 그 파티에 누구나 오게 한다면,

---

93) 본 설교는 Mark Barger Elliott, *Creative Styles of Preaching* (Louisville: Westminster John Knox Press, 2000), 87-91에 수록되어 있는 것으로 출판사의 허락을 얻어 필자가 번역한 것이다.

그것도 역시 문제가 아닐 수 없습니다.

　성경의 처음 성탄절 이야기를 보면, 요셉은 성탄절을 취소하고 싶어 했습니다. 그는 성탄절 쇼핑을 위해 외출 중이었습니다. 그는 평생 동반자가 될 신부를 찾고 있었습니다. 한 여인이 자신을 배우자로 선택해 주기를 원했던 것입니다. 그는 목수로서 매일 동틀 무렵부터 해가 질 때까지 열심히 일하며 사는 사람이었습니다. 그의 작업장에서는 이른 아침부터 그가 가구나 살림살이들을 만들기 위해 사용하는 톱 소리가 들려왔습니다. 하지만 저녁 때 집에 돌아와 혼자 있으면 외로움을 느끼곤 했습니다. 그는 의롭고 선한 사람이었습니다. 또한 그는 믿음의 사람이었기에 하나님께 늘 기도하시는 삶을 살았습니다. 그는 계속해서 하나님께 이렇게 기도했습니다. "오 하나님! 제가 결혼을 해야 한다면, 하나님이 원하시는 배우자를 만나게 해주세요." 그는 문제가 있을 때만 기도하는 사람이 아니라 쉬지 않고 모든 일들을 위해 기도하는 사람이었습니다. 그는 진정 착하고 선한 믿음의 아내를 얻고 싶어 했습니다. "오 하나님! 자녀들에게는 훌륭한 엄마요, 나이가 들어서는 좋은 친구가 될 수 있는 선한 여인을 허락해 주세요." 하나님께서 항상 그의 기도에 응답하셨던 것처럼, 배우자를 위한 기도도 응답해 주셨습니다. 하나님께서 그에게 말씀하셨습니다. "요셉아! 마리아를 네 아내로 데려오너라." 요셉 혼자만 이 하나님의 말씀을 들은 것이 아니었습니다. 그의 부모들도 하나님께서 말씀하신 것을 들었습니다. 뿐만 아니라 마리아의 부모들도 하나님이 요셉에 대해 말씀하시는 것을 들었습니다. 그리고 무엇보다도 중요한 것은 마리아가 직접 하나님의 말씀을 들었다는 것입니다. 그녀도 결혼을 위해 어느 때보다도 간절하게 하나님께 기도하고 있었습니다. 우리가 인생에서 가장 중요한 일을 결정해야 할 때, 하나님의 도우심을 구하는 것은 당연합니다. '될대로 되라'고 그냥 내버려 두는 것은 정상적이지 않습니다. 데이트 상대를 찾을 때 컴퓨터가 이용되기도 하지만, 컴퓨터는 결코 인격체가 아닙니다. 무언가 좀 더 본질적인 것, 다시 말해 우주를 주관하시는 인격적인 하나님의 역사하심과 인도하심이 필요합니다. 하나님께서 직접 관여하셔서 상대방을 소개받고, 하나님께서 인도하심으로 결혼 초대장을 보내고 결혼식까지 진행하게 될 때, 우리는 결혼과 관련하여 흔들리지 않는 견고함이 있는 것입니다. 요셉과 마리아가 그랬습니다. 하나님께서 그들의 결혼과 관련하여 직접 말씀해 주시고 인도해 주셨습니다. 그들은 서로에게 매력을 느꼈습니다. 그들은 사랑스런 마음으로 서로를 볼 수 있었습니다. 그러나 그들은 둘이 서로를 인간적으로 사랑하는 것 못지않게, 하나님께서 자신들의 결혼을 인도하셨다는 사실에 기뻐하고 감사해 했습니다.

그런데 약혼을 한 후에, 마리아가 요셉에게 자신이 하나님으로 말미암아 임신했다고 말했습니다. 요셉은 화가 나지 않을 수 없었습니다. 생각지도 않은 엄청난 일이 자신에게 일어날 때, 하나님께 화를 내는 것은 당연한 일입니다. 요셉은 화가 나서 하나님께 불평을 쏟아 놓았습니다. "하나님! 이 상황에서 제가 어떻게 해야 할지 모르겠습니다. 저는 배우자를 찾기 위해 어디에도 간 적이 없습니다. 저는 술집에도 가지 않았고, 해변에도 가지 않았습니다. 저는 단지 하나님만 의지했습니다. 또한 의롭고 정직하고 진실한 사람을 만나게 해 달라고 간절히 기도했습니다. 제 자신이 누군가를 선택할 수도 있었지만, 저는 그렇게 하지 않았습니다. 오직 하나님께서 말씀하시고 인도하신 그 여인을 택했습니다. 하나님께서는 "마리아! 마리아!" 라고 분명히 말씀해 주셨습니다. 제가 잘못들은 것 같지는 않습니다. 그녀의 이름은 'ㅁ자' 로 시작했습니다. 마리아가 안나, 엘리사벳, 사라 또는 룻과는 발음이 전혀 다르지 않습니까? 당신은 '마리아' 라고 말씀하셨고, 저도 분명히 '마리아' 라고 들었습니다. 당신은 거듭 거듭 "마리아! 마리아!"라고 하셨습니다. 그래서 우리는 약혼을 했고, 이제 날자도 정하고 예식장도 예약했고, 피로연을 위해 식당도 정했습니다. 그런데 임신이라니요? 마리아는 저에게 동정녀 탄생을 믿으라고 합니다. 그런데 저는 믿을 수 없습니다. 이건 정말 너무 잔인합니다. 하나님, 혹시 제가 당신께 잘못한 것이 있습니까? 지금 이 상황이 징계의 결과인가요? 하나님께서 만약 이런 방식으로 사람들을 대하신다면, 많은 사람들이 하나님을 떠날 것입니다. 하나님! 아무튼 저는 이 일에서 벗어나기 원합니다. 이번 성탄절 계획은 절대로 순조롭게 진행될 것 같지 않습니다. 저 역시 모든 것을 취소하길 원합니다. 이것은 정말 좋지 않은 계획입니다. 어느 것 하나 좋을 것이 없습니다. 취소하면, 많은 사람들에게도 유익하고, 돈도 절약되고, 고통도 경험하지 않을 것입니다. 성탄절을 취소하는 것만이 유일한 해결책입니다."

Page 2

오늘날 상당히 많은 사람들이 이미 마음속으로 성탄절을 취소해 버렸습니다. 그들은 마지 못해 그저 형식적으로 성탄절을 지키고 있습니다. 그들은 크리스마스 추리를 장식하기도 하고, 파티에 가기도 하고, 교회에 가기도 하고, 캐롤을 부르기도 하고, 선물을 주고받기도 하고, 칠면조 고기를 먹기도 합니다. 하지만 그들의 마음속에서 성탄절은 더 이상 큰 의미가 없습니다. 그들은 음악을 사랑하고, 산타를 위해 과자와 우유를 준비했던 지나간 성탄절의 아름다운 추억은 가지고 있을지 모르지만, 그들에게 예수님의 탄생은 지금은 어떠한 의미도 없는 단지 과거의 일에 불과할 뿐입니다. 혹시 교회에 나오는 사람들은 대림절 기간 동안 화환대에 켜져 있는 촛불을 볼 수 있습니다. 네 주 동안 매주 한 자루씩 그리고 마지막 촛불은 성탄절 이브에 그리스도를 기념하기 위해 켜지는 것을 보게 됩니다. 하지만 그들의 마음속에는 이미 촛불이 꺼져 있습니다. 왜냐하면 그들은 성탄절을 취소해 버렸기 때문입니다. 성탄절 이브에 교회에 나오는 사람들도 있지만, 그들의 마음속에서 교회는 이미 바리케이트가 쳐져 있고, 어떠한 불도 켜져 있지 않으며, 지붕은 새고, 창문들은 다 깨져 있습니다. 오직 차가운 북풍만이 그 교회를 지나가고 있습니다. 살아 계신 하나님의 성령께서 불어넣어 주시는 생명의 온기는 전혀 느낄 수 없습니다. 왜냐하면 그들의 마음속에서는 성탄절이 이미 취소되었기 때문입니다. 따라서 그들에게는 이번 주에 어떤 별도 베들레헴 하늘 위에서 빛나지 않으며, 왕의 나심을 축하하기 위해 찾아 나서는 동방 박사들도 없고, 또한 머물 방을 찾는 요셉과 마리아도 없습니다. 설령 그들이 노력한다고 할지라도, 그들 마음에는 그러한 것들이 들어올 공간이 없을 것입니다. 왜냐하면 그들에게 성탄절은 이미 취소되었기 때문입니다. 하늘의 천사들은 노래를 불러 보지도 못한 채 사라져 버렸고, 하나님의 아들은 아기로 태어나서 보여 지기도 전에 거부당했습니다. 찬양은 입 밖으로 나오기도 전에 들어가 버렸습니다. 이러한 상황에서 성탄절을 취소하는 것이 어쩌면 가장 바람직한 일인지도 모르겠습니다. 왜냐하면 만일 여러분들이 하나님을 여러분 마음속에 아주 조금이라도 모시게 되면, 다시 말해 새로 태어난 나사렛 예수라고 불리우는 아주 조그만 아이를 여러분의 마음에 모시게 되면, 하나님께서 여러분들을 사로 잡는 것은 어려운 일이 아닙니다. 그렇기 때문에 성탄절을 취소하고 모든 것이 끝났다고 선언하는 것이 좋을 것입니다. 안전하기 원한다면 혼자 외롭게 지내십시오. 대자연이 앙상하게 옷이 벗겨진 겨울 밤에 창밖을 바라보면서, 우리 주변에서 우리가 볼 수 있는 것들이(해골 같은 나무들과 얼어붙은 대지, 끝없이 이어지는 밤 등) 모두 거기에 있다고 결론을 내리십시오. 무신론과 불가지론은 절망을 안고 사는 사람들을 결코 구해 준 적이 없습니다. 그러한 사상들은 도리어 사람들은 비난하고 정죄만 하고 있습니다.

이런 문제는 우리의 자녀들과 배우자들에게도 해당될 수 있습니다. 왜냐하면 우리의 자녀들이나 배우자들 가운데도 마음 속에 성탄절을 취소한 사람들이 있기 때문입니다. 그렇다면 이런 사람들에게도 과연 소망은 있을까요? 물론 저는 지금 우리 모두에게 말하고 있습니다. 왜냐하면 다른 사람들에게 관대하게 대하고 싶지 않다거나 또는 다른 사람들에게 접근하고 싶지 않을 때, 비록 그것이 순간적이기는 하지만, 우리도 역시 한두 번씩은 다 성탄절을 취소하고 싶어 한 적이 있기 때문입니다. 그리고 건강에 심각한 문제를 가지고 있거나 실직을 당했거나 임시적으로 해직되어 성탄절을 취소한 채 살고 계신 분들에게도 말씀드립니다. 노숙자들에게 성탄절은 과연 무슨 의미가 있을까요? 뉴욕시 경찰(NYPD)이 최근 펜 센트럴 지하철 역(Penn Central Station) 부근에서 하루 저녁에 400명의 노숙자들에게 급식을 제공하던 간이 식당차에 대해 급식 중지 명령을 내렸습니다. "당신들이 하고 있는 일로 인해 노숙자들이 몰려든다"는 것이 이유였습니다. 뉴욕 시는 노숙자들에게 뉴욕 시를 떠나라고 촉구하고 있습니다. 토론토 시도 뉴욕 시를 따라 하고 있습니다. 여러분을 대신해서 데안나(Deanna)와 구제 위원회(Outreach Committee)의 회원들이 미시소가(Mississauga)에 있는 쉼터 연대(Shelter Coalition)에서 열린 회의에 여섯 번이나 참석했으며, 최근에는 하젤 멕골리언 시장과도 면담도 가졌습니다. 시장도 이 노숙자 문제를 연방 정부나 주 정부에게만 맡겨서는 안된다고 확신하는 것 같았습니다. 따라서 쉼터 연대와 공동으로 노숙자 문제의 해결책을 모색하기로 약속했습니다.

Page 3

성탄절이 수많은 사람들에 의해 취소되는 것이 중요한 일인가요? 어떤 면에서는 중요하지 않을 수도 있습니다. 왜냐하면 성탄절은 우리가 무언가 해야 할 어떤 날이 아니기 때문입니다. 성탄절은 하나님이 행하시는 어떤 날입니다. 우리가 성탄절을 위해 아무것도 하지 않더라도 성탄절은 여전히 우리에게 존재합니다. 아, 이제 성탄절의 영광스러움은 사라질 것입니다. 아름다운 불빛으로 장식된 집들이 늘어선 거리도 없어질 것이고, 꼭대기에 베들레헴의 별이 걸린 실내의 성탄 추리도 없어질 것이며, 성탄절 카드도 없어질 것입니다. 그렇지만 성탄절은 계속 돌아올 것입니다. 어쩌면 그러한 성탄절이 처음 성탄절에 훨씬 더 가까울지도 모릅니다. 요셉이 맞이했던 성탄절이 그랬습니다. 그는 화를 내면서 하나님께 대들었습니다. 그는 마음속으로 성탄절을 취소했습니다. 그가 잠자리에 들었는데, 하나님께서 찬사의 모습으로 밤에 그를 찾아오셨습니다. 하나님께서는 요셉에게 말씀하셨습니다. "요셉아, 요셉아. 얘기 좀 하자. 나는 네가 성탄절을 취소한 것을 알고 있다. 성탄절 축하 '메시아' 연주회의 예약도 취소한 것을 알고 있다. 성탄절 축제 행사를 취소시킨 것도 안다. 마리아 혼자 베들레헴으로 올라가라고 말할 생각이지? 마리아가 다른 남자와 놀아난 것과 관련하여 사람들로부터 놀림 받고 싶지 않겠지? 그래 요셉아, 그런 모든 것들은 충분히 이해될 수 있어! 나는 네가 그렇게 한다고 화를 내고 싶지 않아! 모든 것을 그만두고 싶은 너를 충분히 이해해! 물론 동정녀 탄생은 결코 쉽게 받아들일 수 있는 사건이 아닌 것도 알고 있어! 어쩌면 너한테 뭔가 더 좋은 방법으로 접근하는 것이 필요했을지도 몰라! 하지만 요셉아, 문제가 있어! 너하고 나하고는 아주 특별한 관계야! 우리는 그 관계를 계속 유지해 왔어! 네가 태어나기도 전에 우리의 관계는 시작되었어! 나는 네가 세상에 태어나도록 했어! 나는 너를 선택했고, 네 생애를 통해 이루고자하는 목적이 있었어! 그리고 나의 성탄절 축제에 너를 참가시키기로 작정했어! 그런데 네가 잊고 있는 한 가지가 있어! 우리의 관계에 대한 것인데, 너는 우리가 똑같지가 않다는 것을 기억해야 해! 나는 이 축제의 연출자야. 너는 배우고, 나는 감독이란 말이야 그런데 나는 네가 에드립 할 수 있는 자유, 다시 말해 네가 가장 적절하다고 생각되는 말을 할 수 있는 자유, 그리고 너의 최고의 지혜와 통찰력을 활용하여 네가 결정한대로 행동할 수 있는 자유를 주었지! 하지만 나는 감독이야! 너의 연기를 지도할 수 있단 말이야! 너는 내가 너의 연기를 지도할 수 있는 감독임을 잊어서는 안 된단다. 요셉아, 내가 너에게 지금 말하려고 하는 것은 아주 단순한 거야! 성탄절은 네가 마음대로 취소할 수 있는 것이 아니라는 거야. 성탄절은 내가 사람들을 구원하려고 이 세상에 내려 온 절기야! 미안하지만, 이 성탄절 축제에서 너는 각본의 주인공은 아니야! 하지만 이 축제에서 너는 다른 사람의 역할을 가로채는 못된 녀석은 아니야! 바로 아기가 주인공이지. 이 행사를 통해 나는 세상의 모든 죄를 없애려고 해. 그러니까 요셉아, 다른 사람들이 너를 어떻게 생각할지에 대해 신경 쓰지 않았으면 좋겠어! 대신에 나는 네가 사람들이 아기 예수를 어떻게 생각하는지에 대해 신경을 썼으면 한다. 그는 이 세상의 소망이며, 빛 가운데 빛이요, 찬란히 빛나는 새벽별이며, 말씀이 육신이 되신 분이고, 모든 피조물을 다스리는 자요, 섬기는 왕이시며, 내 우편에 앉을 모든 사람들이 구세주란다. 나는 네가 내 성탄절 행사에 참석했으면 한다." 갑자기 동정녀 탄생과 관련한 요셉의 고민은 무대 뒤로 사라집니다. 그리고 동시에 요셉에게 나타나 하나님의 말씀을 전하던 천사도 그 앞에서 사라집니다.

Page 4

하나님은 오늘도 우리 각자 각자에게 말씀하십니다. "수잔아, 빌아, 베드로야, 다이안아 – 여기에 여러분 자신의 이름을 넣어보십시오 – 나는 네가 나의 성탄절 축제에 참여하길 바란다. 내 아들이 태어났다. 그를 통해 내가 세상을 구원하려고 한다는 것을 사람들이 알았으면 좋겠다. 이라크엔 포탄이 떨어지고, 워싱턴은 혼란 가운데 있지만, 나는 여전히 이 세상을 구원하고 있다는 것을 너는 알아야 한다." 여러분! 설령 우리가 성탄절을 거부한다고 할지라도, 그것은 결코 마지막이 아닙니다. 하나님께서는 계속해서 우리가 마음 속으로 진정 성탄절의 진리를 깨달을 수 있도록 여러 가지 방법들을 모색하실 것입니다. 그러나 우리가 성탄절을 받아들이고, 천사들의 합창에 우리의 목소리를 높여 화답하며, 구유에서 태어 나신 아기 예수를 찾기 위해 길을 떠난다면, 하늘은 하나님의 영광으로 크게 진동할 것이고, 우리가 예수 그리스도의 빛을 들고 가는 곳마다 놀라운 일들이 일어날 것입니다. 왜냐하면 그리스도의 은혜가 임하는 곳마다 공의가 이루어질 것이며, 진리가 선포될 것이고, 긍휼이 하나님의 은혜처럼 풍성히 넘쳐날 것이기 때문입니다. 이번 성탄절에 진정 아기 예수께 경배하기 원하시나요? 여러분이 지금까지 별로 관심을 보이지 않았지만 지금 진정 여러분의 사랑과 친절이 필요한 사람들에게 사랑과 자비를 행하시길 바랍니다. 지금이 기회입니다. 그렇게 하면 여러분은 강보에 싸여 구유에 누워 계신 아기 예수님, 세상을 구원하기 위해 이 땅에 오신 아기 예수님께 멀리 있는 것이 아닙니다.

※ 폴 윌슨(Paul Wilson)의 네 페이지 설교 실례 2.

요한복음 12:1-8
쓸데없는 신앙의 행동들[94]

Page 1

마리아는 식탁 주변을 돌아다니고 있었고, 마르다는 부엌에서 바쁘게 움직이고 있었습니다. 그들의 오빠인 나사로도 거기에 있었는데, 그는 손님들과 비스듬히 누워서 함께 식사를 하고 있었습니다. 마치 태양이 빛이 발산하는 것처럼, 그들의 다리는 식탁으로부터 사방으로 퍼져 있었습니다. 마침내 모든 것이 충분히 준비되었습니다. 마리아는 촛불에 비치는 얼굴 하나하나를 자세히 보다가 잠시 멈춥니다. 꼭 도둑인 것처럼 보이는 유다, 베드로, 야고보, 다른 제자들, 그리고 예수님! 그녀가 그토록 사모하였던 예수님과 눈이 마주 쳤던 것입니다. 대화가 계속되고 있었는데, 갑자기 그녀로 말미암아 조용해 졌습니다. 마치 겨울이 다시 온 것 같이 한기가 그녀에게 엄습했으며, 그녀는 무슨 일이 일어나고 있는지 알게 되었습니다. 예수님께서 나사로를 다시 살렸을 때 당시 종교 지도자들은 예수님을 위협하였고, 유다는 신의를 저버리고 배반할 준비를 하였고, 예수님께서도 친히 당신의 죽음을 예고하셨습니다. 이제 예수님의 죽음이 바로 눈앞에 가까이 온 것입니다.

마리아가 나드 향유를 살 때만 하더라도 사실 예수님의 죽음에 대한

---

94) 본 설교는 Ronald J. Allen(ed.), *Patterns of Preaching: A Sermon Sampler* (St. Louis: Chalice Press, 1998), 82-6에 수록되어 있는 것으로 출판사의 허락을 얻어 필자가 번역한 것이다.

어떤 것도 알지 못했습니다. 요한복음에 기록되어 있지는 않았는데요, 꼭 일주일 전에 그녀는 오빠 나사로를 위해서 방부제인 몰약과 알로에를 구입하기위해서 예루살렘에 있는 시장에 갔었습니다. 그때 상인은 상아로 장식된 아름다운 석고 상자를 하나 보여 주었습니다. 그 안에는 직접 인도에서 몇 달에 걸쳐 낙타로 실어온 순수한 나드가 한 파운드 들어 있었습니다. 상인은 웃으며 말했습니다. "이건 임금님들이 사용하는 것인데요, 가격은 일 년치 연봉 정도입니다." 마리아가 밀봉된 그 향유의 냄새를 맡아보았는데, 그 향기가 너무도 황홀했습니다. 마리아는 상중(喪中)의 슬픔 가운데 있었음에도 불구하고, 상인이 말했던 것처럼, 마치 인도 히말라야 산맥의 잔디 언덕에 와 있는 것 같은 착각이 들 정도였습니다. 예수님께서 죽은 나사로를 살리신 후에, 마리아는 예수님께 드릴 적합한 감사의 선물로 찾고 있었습니다. 그녀의 마음에 지난 번 시장에서 봤던, 임금님들에게나 사용한다던, 그 석고 상자가 떠올랐습니다. 그 정도가 주님께 대한 최소한의 예의라고 생각했습니다. 그녀는 즉시 아버지로부터 상속받은 밭을 이웃 사람에게 팔았습니다. 그리고 예루살렘으로 가서 그 나드 향유가 담긴 석고 상자를 샀습니다. 그 상인은 깜짝 놀라지 않을 수 없었습니다. 마리아는 그 상자를 단단히 잘 포장하여 가방에 넣고 예루살렘을 빠져나왔습니다. 그런데 성 밖에 나와서 안정을 취하며 쉬고 있을 때, 그녀는 조금 전에 얼떨결에 한 일에 스스로 놀라 충격을 받을 지경이었습니다. 그녀는 그것을 언제 어떻게 예수님께 드려야 할지도 몰랐습니다. 그녀는 다만 그것이 예수님의 사역에 귀하게 쓰였으면 좋겠다는 바람만 있을 따름이었습니다.

그러나 이제 그녀는 예수님을 바로 자신의 집에서 뵙고 있습니다. 음식을 나르면서 그녀의 옷자락이 이따금 그분의 발등을 스치곤 했습니다. 그때 그녀는 직감적으로 예수님의 죽음이 가까웠다는 사실을 깨달았습니다. 그녀는 그 상자를 가져왔습니다. 그녀는 많이 당황했던 것 같습니다.

주변에 있는 손님들에게 "실례합니다. 혹시 향유와 관련하여 무슨 알레르기는 없으신지요?"라고 물어보지도 않았습니다. 제가 읽은 고대 신약성경 필사본에 의하면, 그것은 저자극성 나드였습니다. 따라서 처음에 다른 사람들은 그녀가 한 일을 전혀 알지 못했습니다. 하지만 방 안에 그들이 이때까지 결코 맡아보지 못했던 황홀한 향기로 가득하게 되었을 때 그들은 비로서 그녀가 무슨 일을 하였는지 알게 되었습니다. 그 향기는 단지 한 번 '훅' 풍기고 지나가는 향기가 아니었습니다. 향기의 진동이 너무 강력했고 압도적이었기 때문에, 순간적으로 그들의 귀에는 음악이 들리고, 입에서는 노래가 나오고, 평범한 사람들이 아주 대단한 사람들이 된 것같은 착각이 들 정도였습니다. 나중에서야 사람들은 말했습니다. 그 냄새는 몰약이나 유향 냄새 같았다고도 하고, 산간 목초지의 꽃 냄새 같다고도 하고, 오렌지 꽃 냄새 같다고도 하고, 꿀을 묻힌 계피 향 같다고도 했습니다. 마리아는 눈물을 흘리며 손바닥에 향유를 부어 예수님의 발과 발목에 발랐습니다. 마치 시신에게 한 것처럼 했습니다. 그녀는 얼마 전에 바로 자신의 오빠 나사로가 죽었을 때 같은 일을 한 적이 있었습니다. 물론 예수님은 아직 살아계셨습니다. 그런데 유다는 그 일을 보면서 아주 못마땅해 했습니다. 하지만, 그녀에게는 향유의 값이 문제가 아니었습니다. 또한 그녀는 다른 사람들이 자신이 한 일을 어떻게 생각하고 어떻게 말하는 지에 대해서도 별로 신경쓰지 않았습니다. 그 후에 그녀는 입술을 꽉 물면서 머리 뒤로 손을 돌려 그녀의 머리카락을 앞으로 늘어뜨렸습니다. 그리고 머리카락을 잡아 남아 있던 향유를 적셨습니다. 그녀는 자신의 행동이 적절한 지, 또는 다른 사람들이 자신을 어떻게 생각하는지에 대해 전혀 관심이 없었습니다. 그녀의 유일한 관심은 그녀가 사랑하는 예수님의 죽음심이 가까웠다는 것이었습니다. 예수님을 위해서라면 그녀는 무엇이든 다 할 마음의 준비가 되어 있습니다.

우리들의 사역이 마리아가 주님께 행했던 것과 같이 엉뚱하기는 하지만, 그녀가 한 것과 같이 자발적이고, 아름답고, 잊혀지지 않을 수 있다면 얼마나 좋을까요? 저는 종종 지금하고 있는 일을 접고 캘거타로 가서 자비 수녀단(Sister of Mercy)의 일원이 되어 일하고 싶은 엉뚱한 계획을 세우기는 하는데, 실행에 옮긴 적은 없습니다. 왜 그럴까요? 저는 너무 많이 심사숙고하는 것은 교육이 가져다 준 폐해라고 생각합니다. 로마 카톨릭 신학자인 그레고리 바움(Gregory Baum)은 언젠가 자기가 심리학을 공부하지 않은 것이 아주 다행스러운 일이라고 말한 적이 있습니다. 그는 자신이 하는 있는 모든 일에 대한 이유들을 심리학적으로 분석하였더라면, 그는 절대로 자신이 사회 운동가가 되지 못했을 것이라고 하였습니다. 몇 년 전에 어떤 사람들이 미국에서 조사를 했는데요. 조사자들은 동문들에게 찾아가서 자신들의 출신학교에 대해 평가를 해달라고 요청했습니다. 최고의 명문사학인 하버드, 예일, 코넬, 임마누엘 칼리지등의 졸업생들은 자신들의 모교에 대해 가장 비판적이었습니다. 조사자들은 처음에 이 문제에 대해 많이 어리둥절하였지만, 거기에는 이유가 있었습니다. 최고의 학교를 졸업한 그들이 모교에 대해 그렇게 비판적이었던 것은, 그들이 학창 시절에 모교에서 그렇게 비판적으로 가르침을 받았기 때문이었습니다. 이와 같이 만일 여러분이 어떤 것에 대해 '깊이 생각하기'를 먼저 한다면, 마리아와 같이 그리스도를 위해 그렇게 엉뚱하면서도 순수하고 자발적인 행동을 할 수 없습니다.

우리가 일생을 헌신할 어떤 사역을 위해 확실한 명분을 찾고자 한다면 아마 우리는 한평생을 기다려야 할지 모릅니다. 그것은 토론토를 방문한 사람이 깨끗한 택시만을 기다리다가 결국 택시를 타지 못하는 것과 같은 이치입니다. 1986년, 당시 우리 교단의 대표였던 주교 밥 스미스 목사님께서 그가 재직하는 기간 동안 대표적인 공적 하나를 남겼습니다. 그것은 교회가 원주민 기숙 학교 문제로 상처를 입힌 것에 대해, 원주민들(First Nations)에게 공식적으로 사과한 것입니다. 어떤 사람들은 그 사과에 대해 쓸데없는 짓이라고 했습니다. 그것은 충분치도 못하고 너무 늦었다는 것입니다. 물론 그렇게 생각할 수도 있습니다. 하지만 그 일이 어떤 사람들에게는 아주 중요하고 의미있는 변화를 가져다 주었습니다. 그 이후 그분은 자신의 사과 의지를 분명하게 보여주기 위해 원주민을 위한 여러 가지 프로젝트들을 수행할 수 있도록 치유 펀드(Healing Fund) 조성을 주도하였고 스스로 물질을 기부하기도 하였습니다. 어떤 사람들은 이 일에 대해서도 쓸데없는 짓이라고 했습니다. 그것은 충분치도 못하고 너무 늦었다는 것입니다. 물론 그렇게 생각할 수도 있습니다. 그러나 이 일 역시 어떤 사람들에게는 아주 중요하고 의미있는 변화를 가져다 주었습니다.

우리가 이 사실을 알 때, 유다와 같은 인간이 여전히 우리 안에 살면서 다른 사람들이 하는 일을 부정적으로만 판단하는 것에 크게 관심을 갖지 않을 것입니다. 왜냐하면 우리가 어떤 것을 행함으로 다른 사람들의 고통이 증가할 가능성이 그렇게 크지 않기 때문입니다. 이제 이번 학기를 마무리하는 시점에서 여러분이 너무 지쳐 있기 때문에 다른 사람들을 도울 수 없는 상황이라고 생각할 지 모릅니다. 그것은 저도 마찬가지입니다. 또한 하나님께서 우리가 다른 사람들을 위해 드려지는 정의와 친절의 작은 수고에 하나님이 무관심하셔서 다른 사람들에게 전혀 유익이 되지 못할 것이라는 두려움이 있을지도 모르겠습니다.

Page 3

당시 제자들은 예수님과 함께 식탁에 앉아 있었는데, 아마 제자들도 마리아가 자신의 행동에 스스로 놀란만큼 놀라지 않았을까 하는 생각이 듭니다. 상아로 장식된 석고 상자는 별개로 한다고 할지라도, 그 향유의 가치에 대해서는 의심의 여지가 없었습니다. 만일 그들 가운데 혹시 왕실의 친척이 있다거나 왕실의 장례식에 참여해 본 사람이 있었다면 그 향기를 맡아 보았을 것입니다. 뿐만 아니라 마리아는 적은 양을 사용하지 않았습니다. 그녀는 손에 조금 덜어서 예수님의 발에 바른 것이 아니라, 아예 병 채 발 위에 부었던 것입니다. 그것은 깜짝 놀랄만한 아름다운 행동이었고, 전적인 헌신이었습니다. 물론 그것을 쓸데없는 일 또는 낭비로 생각할 수도 있습니다. 그렇게 생각한 대표적인 사람이 유다였습니다. 그는 재정을 담당했는데, 그것은 재정을 담당한 사람의 당연한 반응이라고 할 수도 있습니다. 만일 그 순간에 제자들이 마리아처럼 성령으로 충만해 있었다면, 그들은 마리아를 통해서 제자도의 진정한 모습을 볼 수 있었을 것입니다. 진정한 제자도는 무엇입니까? 이 세상을 향하여 그리고 다른 사람의 유익을 위해서 아무것도 바라지 않고, 모든 자존심을 다 버리고, 오직 사랑하는 마음으로, 종의 자세로 다른 사람들에게 베푸는 것 아닙니까? 하나님 외에 누가 이런 깜짝 놀랄만한 헌신을 하도록 인도하신단 말씀입니까? 유다가 캐딜락 한 대 값이나 되는 이 향유를 팔아 가난한 사람에게 주는 것이 더 좋지 않겠느냐고 불평할 때, 예수님께서는 단지 이렇게 대답하셨습니다. "그냥 두어라." 예수님께서는 유다를 배반자라고 공개적으로 꾸짖지 않으셨습니다. 다만 마리아에게 복을 빌어 주셨습니다. 왜냐하면 이제 예수님께서 이 땅을 떠날 때가 가까이 온 것을 스스로 아셨기 때문입니다. "그녀는 나의 장사에 쓰기 위해 이것을 샀느니라." 오직 성령만이 이와 같이 말씀하도록 하실 수 있습니다.

유다의 질문은 바로 우리들의 질문이기도 합니다. 어찌하여 그렇게 황당하게 보이는 행동이 정당화될 수 있습니까? 그러나 이 이야기가 본질에서 멀리 벗어나기 전에, 우리는 먼저 유다에게 감사해야 할 것입니다. 왜냐하면 그의 질문은 바로 우리의 질문이기 때문입니다. 적어도 50,000달러는 되는 돈을 쓸데 없는 일에 쓴 마리아의 행동을 문제 삼는다면, 마리아가 예비한 예수님의 십자가의 길은 더욱 심각하게 문제 삼아야 되지 않겠습니까? 예수님께서 하신 그 황당한 일이 어떻게 정당화될 수 있습니까? 예수님께서는 하나님을 알기 원하는 모든 사람을 위하여 그의 목숨을 주셨으며, 유다와 같은 인간들을 위해 그리고 여러분과 저를 위해 돌아가셨습니다. 하나님께서는 우리 인간의 생명이 천하보다 귀하다고 하셨습니다. 마리아는 자기가 한 일은 결코 대단한 일이 아니라 지극히 적은 일임을 알고 있었습니다. 죽었던 그녀의 오라버니가 지금 살아 있습니다. 하나님께서는 우리 인간의 생명이 천하보다 귀하다고 하셨습니다. 예수님께서 예루살렘으로, 십자가로, 죽음으로 가시는 길이야말로 황당하고 쓸데없는 아주 어리석은 일이 아닐 수 없습니다. 이 사순절에 우리는 다시 외칩니다. "예수님! 제발 그렇게 하지 마세요. 이제 겨우 당신의 사역이 시작됐잖아요? 이 세상에는 바보 같은 일을 하는 사람이 너무 많아요. 그러다가 돌아가시면 어떻게 해요." 하지만 예수님께서는 우리를 위해 죽기 위해 예루살렘으로 가셨습니다. 지금 우리가 십자가 위에 계시는 예수님을 바라볼 때, 우리는 마리아가 기대했던 바로 그 예수님의 모습을 보게 됩니다. 이 세상을 향하여 그리고 다른 사람의 유익을 위해서 아무것도 바라지 않고, 모든 자존심을 다 버리고, 오직 사랑하는 마음으로, 종의 자세로 다른 사람들에게 베푸시는 예수님의 모습입니다.

Page 4

그와 같이 쓸데없는 행동, 인생의 낭비, 바보 같은 행동, 황당한 사랑의 행위의 능력이 여러분과 저를 사망으로부터 끌어내셔서 새 생명을 부여하셨습니다. 무엇을 위해서 우리가 죽음에서 건짐을 받았나요? 우리를 그렇게 끌어내신 것은 이 세상을 향하여 그리고 다른 사람의 유익을 위해서 아무엇도 바라지 않고, 모든 자존심을 다 버리고, 오직 사랑하는 마음으로, 종의 자세로 다른 사람들에게 베풀며 살도록 하기 위함입니다. 사도 바울은 이렇게 말씀합니다. "우리는 구원 받는 자들에게나 망하는 자들에게나 하나님 앞에서 그리스도의 향기니"(고후 2:15). 기름 부으심 받은 예수님은 당신의 향유를 우리의 머리 위에 부으셨습니다. 우리는 그리스도의 향기입니다.

목회 사역 가운데는 쓸데없는 것처럼 보이는 일들이 많습니다. 종종 주일 저녁 예배가 그렇게 보입니다. 종종 청년부 모임이 그렇게 보입니다. 어떤 주에는 열일곱 명이 모이는데, 어떤 주에는 여섯 명만 모일 때도 있습니다. 그들에게 하나님에 대해서 그리고 그리스도인의 윤리에 대해서 말하는 것이 결코 쉽지 않습니다. 종종 감당하기에 너무 힘들 때도 있습니다. 마치 돌들을 앞에 두고 설교하는 것처럼 반응이 없을 때도 있습니다. 그들에게 있어서 기독교 신앙이란 마치 낯선 나라에서 온 이상한 물건인 것처럼 느껴질 때도 있습니다. 하지만 여러분은 그들을 향해 모든 사람을 위한 예수님의 사랑, 우리 가운데 있는 유다 같은 사람을 위한 예수님의 사랑, 그리고 마리아 같은 사람을 위한 예수님의 사랑을 계속해서 선포합니다. 이것이 쓸데없는 일입니까? 열세 살 난 소년이 처음으로 말했습니다. "제 아빠가 암에 걸리셨어요. 그런데 엄마는 좋아지실 것이라고 말씀하세요." 갑자기 방 안에서는 달콤한 향기가 풍겨 나왔습니다.

목회 사역 가운데는 쓸데없는 것처럼 보이는 일들이 많습니다. 한 사람이 길거리를 방황하다가 예배 시간 직전에 악취를 풍기면서 예배당에 들어왔습니다. 교육 전도사가 그 사람을 밖으로 데리고 나가려고 했습니다. 그 전도사는 그날 "다른 사람들에게 ~ 하라"고 설교를 했습니다. 그 설교가 갑자기 쓸데없는 것처럼 보였습니다. 그러나 그가 예배당 안을 들여다 보았을 때 약간의 전율을 느끼지 않을 수 없었습니다. 성도들이 이미 그 사람을 적절하게 돌보고 있었던 것입니다. 교회에서 대표적 위치에 있는 분이 그와 자리를 같이하여 대화를 하고 있었습니다. 여성도 한 명은 그 사람에게 샌드위치를 만들어 주기 위하여 막 자리를 뜨고 있었습니다. 더욱 감동적인 것은 일곱 살 꼬마 소녀가 자기 아빠의 양말 한 켤레를 그 사람에게 가져다준 것입니다.

여러분은 어떻습니까? 여러분은 앞으로 사역을 위해 지난 몇 년 동안 등록금을 내며 최선을 다해 준비하고 있습니다. 그러나 장래에 여러분 앞에 무슨 일이 일어날지 조차도 모릅니다. 이번 학기를 잘 마치는 것이 불가능해 보일 수도 있고, 불필요하게 보이는 과제를 하는 것이 쓸데없는 것처럼 보이기도 합니다. 여러분의 일이 쓸데없는 것입니까? 그렇게 보일 수도 있습니다. 여러분이 자신의 일에 몰두해 있을 때는 특별히 더 그렇게 느껴질 수 있습니다. 어쩌면 여러분이 여러분의 삶을 하나님과 이웃을 위해 헌신하는 일이 황당하게 생각될 수 있습니다. 그러나 기억하십시오. 그것을 통해 그리스도의 향기가 퍼져나갈 것이며, 그것을 통해 하나님의 사랑의 능력을 경험할 것입니다.

제4장

강단 회복을 위한 제안:

(삼위) 하나님 중심적 설교의 회복[1]

앞에서 계속 언급한 것처럼, 오늘날 한국 교회의 강단은 심각한 위기에 직면해 있다. 필자의 판단으로, 오늘날 한국 교회의 설교는 크게 네 가지 관점에서 문제가 제기될 수 있다. 먼저, '하나님 말씀의 왜곡 또는 변질' 이다. 아모스 선지자는 이스라엘의 영적·사회적 타락을 보면서, "양식이 없어 주림이 아니며 물이 없어 갈함이 아니요 여호와의 말씀을 듣지 못한 기갈이라(암 8:11)."고 진단하였다.

오늘날 한국 교회도 하나님 말씀의 기근을 경험하고 있는 것 같다. Walter Kaiser가 지적한 대로 그 원인은 "온갖 조미료가 들어 있는 음식과 이상한 대용식으로 청중들이 양육되기 때문이다."[2] 말씀의 원래 의미가 왜곡되거나, 말씀에 조미료가 너무 많이 가미되어 말씀의 원래 맛을 상실해 가고 있다는 것이다. 실제로 요즈음 본문의 바른 해석이 포함된 설교를 듣는 것은 쉽지 않다. 또한 말씀보다는 행사나 이벤트로 무언가를 이루려고 시도하는 현상 때문에 말씀의 기근 현상은 심화되고 있다.

두 번째로, '적용 중심의 설교'로 흘러가고 있다. 적용은 설교에 있어서 절대적으로 중요한 요소다. 하지만 본문을 주해하여 본문의 의미를 설

---

1) 본장은 "강단회복을 위한 제안: (삼위) 하나님 중심적 설교의 회복,"「복음과 실천신학」제27권(2013/봄): 121-47의 논문을 수정한 것이다.
2) Walter Kaiser, Jr., *Toward an Exegetical Theology* (Grand Rapids: Baker Book House, 1981), 7-8.

명하지 않고 적용에만 집중하는 설교는 심각한 문제를 낳을 수밖에 없다. 그것은 장기적으로 말씀의 권위와 능력을 상실하게 하고, 신앙생활의 기초를 무너뜨릴 가능성이 많다. 그러나 오늘날 대부분의 설교가 극단적으로 적용 중심이라는 것은 부인할 수 없다. 뿐만 아니라 적용이 피상적이거나 부실하기도 하다.3) 본문의 바른 해석과 그 말씀의 바르고 효과적인 적용은 설교를 세우는 두 개의 버팀목인데, 요즈음은 두 버팀목 모두가 제 기능을 감당하지 못하는 안타까운 상황에 처해있다.

세 번째로, '필요 중심적 설교'가 대세를 이루고 있다. 디모데후서 4:3은 "때가 이르리니 사람이 바른 교훈을 받지 아니하며 귀가 가려워서 자기의 사욕을 좇을 스승을 많이 두고"라고 말씀한다. 가장 기본적인 면에서, 설교자의 책임은 말씀에 어떤 것을 더하거나 빼지 않고 본문에서 발견한 하나님의 뜻을 청중의 신앙과 삶에 연결하여 전하는 것이다(딤후 2:15). 그러나 많은 설교자들이 청중을 모으는 것에 급급한 나머지 청중의 입맛에만 맞추는 설교를 한다.4) 물론 설교자는 청중의 필요에 예민해야 하고, 또한 청중의 필요는 채워져야 한다. 그러나 때때로 청중이 원하지 않더라도 그리고 인기가 없더라도 그들에게 진정 유익하고 필요한 메시지를 선포해야 하는데, 그러한 설교가 많지 않은 것이 오늘날의 안타까운 현실이다.

네 번째로, '흥미 위주의 설교'가 강단을 위협하고 있다. 물론 Fred Craddock이 지적한 것처럼 설교는 지루하지 않게 구성되고 전해져야 한다.5) 다시 말해, 요즈음 신설교학이 많이 강조되는 것처럼 설교는 청중에

---

3) 참고. Daniel M. Doriani, *Putting the Truth to Work*, 정옥배 역, 『적용, 성경과 삶의 통합을 말하다』(서울: 성서유니온 선교회, 2010), 15-6.

4) Clyde Reid, *The Empty Pulpit*, 정장복 역, 『설교의 위기』(서울: 대한기독교 출판사, 1982), 23-5.

5) Fred B. Craddock, *As One without Authority*, 김운용 역, 『권위 없는 자처럼』(서울: 예배와 설교 아카데미: 2001), 54.

게 들려져야 한다. 그러나 '들리는 설교'를 위해 설교의 본질이 퇴색되거나 약화되어서는 안 된다. 하지만 갈수록 많은 설교자들이 흥미 위주의 설교 구성과 지루하지 않는 전달에 우선적 또는 지나친 관심을 두기 때문에 설교의 본질이나 원래의 기능이 상실되어 가고 있다. 이는 주객이 전도된 상황이다. 이것은 오늘날 설교학의 대세를 이루고 있는 신설교학(New Homiletics)의 부정적 결과이기도 하다.[6]

물론 위의 네 가지는 모두 연결되어 있다. 말씀의 왜곡 또는 변질은 당연히 부적절한 적용을 낳지 않을 수 없고, 필요 중심적 적용과 흥미 위주의 설교는 말씀의 변질을 초래하지 않을 수 없다.

이러한 위기의 상황에서 한국 교회 강단이 제 기능과 역할을 감당하기 위해서 절실하게 요구되는 것 가운데 하나가 '(삼위) 하나님 중심적 설교([Triune] God-Centered Preaching)'[7]의 회복이다.[8] (삼위) 하나님 중심적 설교는 다양한 의미로 쓰일 수 있는데, 필자는 '성부, 성자, 성령 삼위 하나님께서 본문을 주해하여, 적용으로 연결하고, 효과적이고 능력 있게 전달하는 모든 과정에서 중심적인 위치를 차지하는 것'을 의미한다. 다시 말해, 하나님 중심적 설교는 '하나님 중심적 주해,' '하나님 중심적 적

6) 신설교학의 한계와 문제점에 대한 좀 더 자세한 논의를 위해 Charles L. Campbell, *Preaching Jesus*, 이승진 역, 『프리칭 예수』 (서울: CLC, 2001); James W. Thompson, *Preaching like Paul: Homiletical Wisdom for Today*, 이우제 역, 『바울처럼 설교하라』 (고양 : 크리스챤, 2008)을 참고하라.
7) 혹자는 이를 '신학적 설교(Theological Preaching)'라고 명명하기도 한다. 이에 대한 좀 더 자세한 논의를 위해서 Sidney Greidanus, *The Modern Preacher and the Ancient Text* (Grand Rapids: Eerdmans, 1988), 102-21을 참고하라.
8) 필자와 약간 개념이 다르지만 오늘날 대표적인 설교가 가운데 한 사람인 John Piper도 '하나님 중심적 설교'를 강조하였다. 그는 설교에서 하나님을 최고로 높여야 한다고 주장하면서, '성부 하나님, 성자 하나님, 성령 하나님이 설교의 시작이요, 중간이요, 마지막'이라고 하였다. 뿐만 아니라 그는 삼위 하나님 관점에서 '설교의 목적은 하나님의 영광이요, 설교의 토대는 그리스도의 십자가요, 설교의 은사는 성령의 능력'이 되어야 한다고 역설하였다. John Piper, *Supremacy of God in Preaching*, 박혜영 역, 『하나님을 설교하라』 (서울: 복있는 사람, 2012), 30.

용,' 그리고 '하나님 중심적 전달'을 포함한다.9)

I. 하나님 중심적 주해

'하나님 중심적 주해'는 본문에서 저자이신 하나님의 뜻과 의도를 발견하여 드러내는 것이다. 그러니까 원래의 독자(또는 청중)들에게 어떤 상황에서 어떤 필요에 의해서 어떤 목적으로 본문이 쓰여 졌거나 선포되었는지를 고려하여 본문에서 하나님께서 원래 의도했던 뜻과 의도를 파악하는 것이다.10)

---

9) 설교는 크게 두 분야로 나누어지는데 그것은 '내용'과 '전달'이고, 또한 내용은 크게 '주해'와 '적용'으로 구분될 수 있다. 그렇기 때문에 주해, 적용 그리고 전달은 설교 전체에 대한 요약이라고 할 수 있다.

10) "본문에 '원래의 권위 있는 단일의 의미(one meaning)'가 있느냐?" 또는 "그것을 파악할 수 있느냐?"는 것은 해석학에 있어서 중요한 논란 가운데 하나이다. 전통적으로 본문에서 저자가 원래 의도했던 단일의 의미를 찾는 것이 해석학의 임무였다. 이러한 접근을 '저자 중심의 해석(Author-Oriented Interpretation)'이라고 한다. 그러나 신해석학(New Hermeneutics) 또는 신비평학(New Criticism)이 등장하면서, 많은 학자들이 본문에 하나의 권위 있는 의미란 없고, 만약 의미가 있다면 '의미들(multiple meanings)'이 있을 뿐이라고 주장하였다. 본문의 의미가 오늘날의 독자에 따라서 달라진다는 것이다. 이러한 접근을 '독자 중심의 해석 (Reader- Oriented Interpretation)'이라고 한다.
그러나 이 논의와 관련해서 Eric D. Hirsch, Jr.의 주장을 따르는 사람들이 많다[Validity in Interpretation (New Haven: Yale University Press, 1967)]. 그의 최대 공헌은 Meaning(의미)와 Significance(중요성 또는 적용)을 구분한 것이었다. Hirsch는 본문에서 의미는 하나이지만 상황과 독자에 따라서 다양한 적용들이 있다고 주장하였다. 필자는 기본적으로 허쉬의 주장을 따른다. 그렇기 때문에 필자는 설교에 있어서 본문 연구는 저자가 원래 의도한 의미와 의도를 찾는 것이 목표가 되어야 한다고 생각한다. 이 문제의 좀 더 자세한 논의를 위해서 Kaiser, *Toward An Exegetical Theology*, 106-14; Grant R. Osborne, *The Hermeneutical Sprial* (Downers Grove: IVP, 1991), 366-96; William W. Kline, Craig L. Blomberg, Robert L. Hubbard, Jr., *Introduction To Biblical Interpretation* (Dallas: Word Publishing, 1993), 119-32; Robert H. Stein, "The Benefits of

1. 해석학(Hermeneutics)[11]의 필요성

본문에서 하나님의 뜻과 의도를 찾기 위해서는 해석학이 필요하다. 해석학이 필요한 이유는 성경과 오늘날 우리 사이에 존재하는 여러 가지 차이들 때문이다. 그것은 네 가지로 요약될 수 있다. 먼저, 시간의 차이이다. 성경이 기록될 때와 오늘날은 긴 시간의 차이가 있다. 다음으로, 문화의 차이가 있다. 즉, 구약시대 그리고 예수님 시대의 문화와 우리 시대의 문화는 많은 차이가 있다. 세 번째는, 지리적 차이이다. 성경이 기록된 배경인 팔레스타인 지역의 지리와 환경에 대해서 우리는 모르는 바가 많다. 네 번째는, 언어의 차이이다. 성경이 기록된 히브리어와 헬라어의 단어의 의미, 문법 그리고 구문론은 오늘날 우리들의 것들과 다른 부분이 많다. 이러한 차이들은 성경을 바르게 이해하고 적용하기 위해서 반드시 극복해야 할 부분들인데, 그러한 부분을 극복하기 위해 해석학과 해석학의 도구들이 반드시 필요하다.[12]

그런데 설교자는 해석학이 '과학(science)'이요 '예술(art)'이라는 것을 명심해야 한다. 과학이 강조하는 것은 규칙, 방법, 원리, 또는 원칙이요, 예술이 강조하는 것은 창조성 또는 독창성이다. 다시 말해, 설교자는

---

an Author-Oriented Approach to Hermeneutics," *JETS* 44(2001): 451-66; D. A. Carson, *Exegetical Fallacies*, 박대영 역, 『성경 해석의 오류』(서울: 성서유니온 선교회, 2002), 168-71 등을 참고하라.

11) 해석학은 성경이 오늘날 하나님의 백성들에게 의미하는 것이 무엇인지 또는 본문이 전하고자 하는 메시지가 무엇인지 파악하고 발견하는 기술(skill) 또는 학문(science)인데, 일반적으로 해석학은 '주해(Exegesis)'와 '적용(Application)'을 모두 포함한다. Raymond Bailey, "Hermeneutics: A Necessary Art," in Raymond Bailey(ed.), *Hermeneutics For Preaching* (Nashville: Broadman Press, 1992), 8-10.

12) 독자 중심의 해석은 이러한 차이들을 크게 고려하지 않지만, 저자 중심의 해석은 원래 청중 또는 독자에게 의미했던 것을 파악하는데 관심이 있기 때문에 그 차이들을 중요하게 고려하지 않을 수 없다.

해석학의 원리와 법칙에 익숙해야 하고 그것에 근거해서 본문을 주해하고 적용해야 한다. 그러나 그것만 가지고는 안 된다. 설교자의 창조성(주해에 필요한 해석학 도구의 선택, 그리고 선택한 도구의 적용 그리고 응용)도 중요하다. 왜냐하면, 본문의 주해를 위해 해석학 도구의 선택과 활용에 따라 그 결과가 다를 수 있기 때문이다. 따라서 더욱 바르고 깊은 주해를 위해서 설교자의 끊임없는 노력과 연구가 요구된다.

특별히 하나님의 뜻과 의도를 발견하기 위해 본문을 주해할 때 설교자는 크게 네 부분에 대한 관심이 필요하다. 그것은 a) 문맥, b) 단어, c) 문법적 관계(또는 구문론), 그리고 d) 역사적/문화적/지리적 배경이다.[13] 물론 이러한 부분들이 모든 본문에 항상 모두 다 고려되어야 한다거나 모든 본문에서 동등하게 중요한 것은 아니다. 본문에 따라서 문맥이나 구문론이나 단어나 역사적 문화적 배경이 모두 다 중요할 때도 있고, 그 가운데 한두 가지가 본문의 의미를 결정하는데 결정적인 역할을 할 때도 있다. 설교자는 그것을 잘 분별하고 활용하여 본문을 주해해야 한다.

2. 빠지지 말아야 할 함정들

---

13) 설교자가 하나님 중심적 주해를 위해서 관심을 가져야 할 네 부분의 각각에 대한 자세한 설명과 실제적인 예들을 위해 Kaiser, *Toward An Exegetical Theology*; Elliott E. Johnson, *Expository Hermeneutics: An Introduction* (Grand Rapids: Zondervon, 1990); Osborne, *The Hermeneutical Sprial*; Raymond Bailey(ed.), *Hermeneutics For Preaching* (Nashville: Broadman Press, 1992); Kline, Blomberg, Hubbard, Jr., *Introduction To Biblical Interpretation*; Carson, *Exegetical Fallacies*; 강성열, 오덕호, 정기철 공저, 『설교자를 위한 성서 해석학 입문』 (대한 기독교 서회, 2002); Gorden D. Fee, *New Testament Exegesis* (3rd ed. Louisville: Westminster John Knox Press, 2002); Douglas Stuart, *Old Testament Exegesis* (4th ed. Louisville: Westminster John Knox Press, 2009); J. Scott Duvall & J. Daniel Hays, *Grasping God's Word*, 류호영 역, 『성경해석』 (서울: 성서유니온 선교회, 2009) 등을 참고하라.

문맥과 단어와 구문론과 역사적 문화적 배경에 관심을 가지고 본문을 연구하는 목적은 본문에서 하나님의 뜻과 의도를 발견하는 것이다. 그런데 만약 하나님 중심적 주해가 되지 않는다면 본문 연구는 무가치한 것이다. 하나님 중심적 주해와 관련하여 피해야 할 몇 가지 함정(pitfall)들이 있다. 대표적으로 '인간 중심적(Anthropocentric) 접근,' '영해(Allegorizing 또는 Spiritualizing),' 또는 '도덕적(Moralizing) 접근' 등이 그것이다. 이러한 잘못된 접근들은 본문을 피상적으로 접근하거나 잘못된 관점에서 접근할 때 또는 좀 더 은혜로운(?) 설교를 하고자 할 때 나타나는 결과들이다.[14] 이러한 잘못된 접근들에 대해서 좀 더 구체적으로 살펴보자.

1) 인간 중심적 접근

'인간 중심적 접근'은 본문에 등장한 인물들에 우선적 관심을 두는 것이다. 성경에서 등장인물들은 일차적으로 그 인물들의 탁월함이나 악함을 드러내기 위해서 등장하는 것이 아니다. 그들은 하나님의 뜻을 이루는 과정에서 선택된 자들이고, 천지를 창조하시고 유일하신 하나님의 전능하심과 역사를 주관하심 등을 드러내기 위해서 쓰임 받은 자들이다. 그러나 설교자가 본문에서 핵심적으로 드러내고자 하는 하나님의 섭리와 뜻을 무시한 채 등장인물들을 부각시키고 그 인물들이 중심이 되어서 접근하면, 그것은 인간중심적 주해가 된다. 예를 들어, 마가복음 1장의 문둥병자가 고침 받는 사건에서, 예수님은 이 사건을 통해서 자신이 구약에서 예언한 메

---

14) Robert A. Traina는 본문의 연구에 있어서 범할 수 있는 오류를 세 가지로 분류하였다[Robert A. Traina, *Methodical Bible Study: A New Approach to Hermeneutics* (Wilmore: R. A. Traina, 1952), 181].
　　1. 잘못된 해석: 본문에 그릇된 의미를 부여하는 오류
　　2. 미흡한 해석: 본문의 충분한 의미를 다 캐내지 못하는 오류
　　3. 지나친 해석: 본문의 들어 있는 것 이상의 의미를 부여하는 오류

시아이시고 하나님이시며, 자신을 통해서 민족과 혈통을 넘어선 새로운 시대가 도래되었음을 알리고자 하였다. 복음서 기자도 그 사건의 의도를 잘 알았기 때문에 이 사건을 마가복음의 가장 앞부분에 기록하였다. 그런데 이 사건을 통해서 보여주고자 하는 하나님의 진정한 뜻과 의도를 간과한 채 문둥병자와 그의 친구들이 우선적 관심이 되고 그들의 믿음과 행함만 강조한다면, 그것은 인간 중심적 접근이라고 할 수 있다.

2) 영해

'영해'는 본문을 해석학적 원리에 따라서 정당하게 해석하지 않고(즉, 문맥이나 역사적 상황을 고려하지 않고) 또는 신학적/성경적 근거 없이 설교자가 주관적으로 본문에 영적인 의미를 부여하는 것을 말한다. 자주 언급되는 예로 아가서에서 솔로몬과 술람미 여인과의 관계를 단순히 예수님과 성도들의 관계로 연결시킨다든지, 요한복음 21장에서 베드로 잡은 물고기 수에 특별한 의미를 부여한다든지, 구약에서 빨간색에 대한 언급이 있으면 무조건 예수님의 십자가나 보혈로 해석하면(가장 대표적인 예는 여호수아 2장에 언급되는 '라합의 집의 창에 매었던 붉은 줄이 라합의 집을 구하였기 때문에 이것을 그리스도의 피와 연결하는 것이다), 그것은 영해이다.

3) 도덕적 접근

'도덕적 접근'은 인간 중심적 접근과 어느 정도 같은 맥락을 가지고 있는데, 본문의 하나님의 의도와 뜻을 간과한 채 본문에서 단순히 윤리적인 교훈만을 이끌어내는 접근이다. 예를 들면, 노아가 술 취한 사건에서 단순히 술을 먹지 말자는 관점에서 접근한다든지, 아브라함이 거짓말한 사건(창 12, 20장)에서 단순히 "거짓말하지 말자"는 것에 최우선적 관심을 두고 접근한다든지, 아브라함이 아내를 장사하기 위해서 막벨라 굴을 샀던 사건(창 23장)에서 "정당한 대가를 지불하라" 또는 "공짜를 좋아하지 말라"는 주제로 해석하면, 그것은 도덕적 접근이다. 물론 설교에서 신앙의 윤리적이고 도덕적인 부분도 강조되어야 한다. 그러나 윤리적이고 도덕적인 교훈이 본문의 이차적이거나 부수적인 내용인데, 본문의 하나님의 의도를 간과하거나 왜곡해서 윤리적인 것이 핵심적인 주제로 설명되면 그것은 도덕적 접근이 된다.

II. 하나님 중심적 적용

하나님 중심적 설교를 위해 중요한 두 번째 요구는 '하나님 중심적 적용'이다. 하나님 중심적 적용을 위해서 크게 세 가지가 필수적이다.

1. 바른 적용

무엇보다도 하나님 중심적 적용은 본문의 하나님의 뜻과 의도에 충실한 '바른 적용'을 의미한다. 다시 말해, 본문의 가르침과 일치하고, 본문에서 억지가 아니라 자연스럽게 연결되는 적용이다. 설교자는 자신의 유익이나 변명을 위해서 그리고 특별한 목회적 목적을 위해서(예를 들어, 교회당 건축이나 교회의 특별한 행사 등) 아전인수 격으로 적용을 제시해서는 안 된다(물론 교회의 특별한 목표나 사역과 관련하여 적용을 제시할 수도 있으나 그것은 항상 성도들이 동의할만한 바른 적용이어야 한다). 그때 청중들이 설교에 '아멘!'으로 화답하지 않을 것이고, 설교자의 신뢰가 떨어지는 것은 당연하다. 바른 적용과 관련하여 설교자가 기억해야 할 것은 왜곡된 적용은 이단의 특징이라는 것이다. 사단이 예수님을 시험할 때에 사단은 하나님의 말씀을 인용하기는 했지만, 말씀에 대한 적용이 바르지 못하였다. 오늘날도 이단에 속한 사람들이 말씀을 잘못 적용하여 사회에 물의를 일으키는 경우를 주위에서 종종 볼 수 있다. 그렇기 때문에 올바른 적용은 올바른 해석만큼 중요하다고 할 수 있다.

그러면 바른 적용을 위해서 주의해야 할 것은 무엇인가? 무엇보다도, 바른 적용을 위해서는 위에서 언급한 철저하고 성실한 본문의 주해가 전제되어야 한다. 피상적이며 온전하지 못한 주해는 당연히 잘못된 적용으로 나아갈 수밖에 없다.15) 특별히 성경의 청중과 오늘날 청중 사이에 지리적, 문화적, 역사적, 구속사적 환경과 상황의 변화와 차이가 있어서 문자적으로 적용할 수 없을 경우에는 그 말씀 속에 있는 하나님의 의도와 원리를 발견하여 그것을 기초로 적용을 제시해야 한다.16) 쉬운 예를 들면, 십계명의 "도둑질 하지 말라"는 문자 그대로 적용될 수 있다.

그런데 출애굽기 22:31의 "너희는 내게 거룩한 사람이 될지니 들에서 짐승에게 찢긴 동물의 고기를 먹지 말고 그것을 개에게 던질지니라"라는 하나님의 명령은 문자적으로 적용될 수 없다. 이 말씀을 주신 하나님의 의도는 이스라엘이 하나님의 구별된 백성임을 기억하고 살라는 것이었기 때

---

15) 좀 더 구체적인 설명과 다양한 예들을 위해서 Jack Kuhatschek, *Applying the Bible*, 정애숙 역 『어떻게 성경을 적용할 것인가?』 (서울: IVP, 1996), 57-83; 송인규, 『성경 어떻게 적용해야 할 것인가』 (서울: 성서유니온 선교회: 2001), 252-64를 참고하라.

16) 혹자는 주해에서 적용으로 나아가는 과정에서 '주해적 원리(또는 아이디어)-신학적 원리(아이디어)-설교적 원리(아이디어)'의 3단계를 통해 적용을 이끌어 내기를 제안한다[참고. Steven D. Mathewson, *The Art of Preaching Old Testament Narrative*, 이승진 역, 『구약의 내러티브설교』 (서울: CLC, 2004), 140-85; Terry G. Carter, J. Scott Duvall & J. Daniel Hays, *Preaching God's Word*, 김창훈 역, 『성경설교』 (서울: 성서유니온 선교회, 2009), 62-7.]. 물론 이 제안이 나름대로 의미가 있기는 하지만 그것은 설교 준비를 더욱 복잡하게 만들 수 있기 때문에 필자는 적용을 이끌어내는 방법으로 추천하지 않는다.

문에 본문은 그 하나님의 의도에 기초해서 적용을 제시해야 한다.

다음으로, 선입견을 제거해야 한다. 본문의 의미를 미리 결정하고 주해해서는 안 되는 것처럼, 미리 적용을 결정하고 설교 준비를 해서는 안 된다. 본문을 주해할 때와 마찬가지로 설교자가 설교를 위해 특별한 내용의 적용을 미리 정했다고 할지라도(이것은 설교에서 있을 수 있는 것이며 때때로 필요하기도 있다), 설교를 준비하는 과정에서는 그것을 내려놓아야 한다. 왜냐하면, 선입견을 가지고 본문을 읽거나 연구하면 본문의 의미를 왜곡하여 적용할 가능성이 높기 때문이다. 한 예를 들어보자.17) 어떤 여인이 상담가에게 자기 남편과 이혼하겠다고 하면서 증거 구절로 에베소서 4:24을 제시하였다. 그녀는 남편과 불편한 관계에 있었고 이혼을 고려하고 있었는데,

그 때 에베소서 4:24의 "새 사람을 입으라"는 말씀을 접했던 것이다. 이혼의 생각이 자신을 지배하고 있었기 때문에, 그녀는 문맥의 고려 없이 그리고 본문의 진정한 의미에 대한 묵상 없이 그 본문을 단순히 자신의 상황과 연결하여 이혼하라는 의미로 자신에게 적용하였던 것이다. 조금은 극단적이기는 하지만 이러한 예는 성경을 적용하는데 있어서 많은 사람들이 범하는 오류 가운데 하나이다. 따라서 미리 정한 적용을 내려놓거나 본문에 대한 선입견을 내려놓는 것이 결코 쉽지 않지만, 바른 적용을 위해서 설교자들에게 반드시 요구되는 부분이다.

세 번째로, 소위 '치는 적용(또는 설교: target preaching)'을 하지 말아야 한다. '치는 적용(설교)'은 설교 초보자들이 범하는 실수 가운데 하나인데, 설교 때에 사적인 감정으로 또는 목회 사역을 하는데 있어서 힘들

---

17) 이 예는 Kline, Blomberg, Hubbard, Jr., *Introduction To Biblical Interpretation*, 7에서 인용한 것이다.

게 하는 어떤 사람이나 그룹의 실명을 거론하거나, 또는 구체적으로 거명하지는 않지만 의도적으로 드러나게 그들을 비판하거나 회개를 촉구하면서 적용을 제시하는 것을 말한다. 그러나 치는 설교를 통해 변화되는 사람은 거의 없다.[18] 오히려 치는 설교는 부작용만 낳고 대상이 되는 성도들과 더 어려운 관계와 상황에 이르게 되는 경우가 대부분이다.

뿐만 아니라 치는 적용은 특정한 개인이나 그룹이 설교자의 관심과 생각을 지배하기 때문에 왜곡된 적용으로 나아가게 될 가능성이 많다. 설교자는 올바른 적용을 "어떤 개인들을 지명하는 것이 아니라 성도들이 직면하고 있는 어떤 상황을 목회적 관점에서 구체적으로 제시하는 것이다"[19]고 한 Bryan Chapell의 말을 늘 기억해야 한다. 그렇기 때문에 설교자가 설교를 준비하는 과정에서 적용을 고려할 때 어떤 특정한 사람이나 그룹이 생각나면, 빨리 그 생각을 제거해야만 하나님께서 기뻐하시는 바른 적용으로 나아갈 수 있다.

2. 실제적인 필요(actual need)를 채우는 적용

효과적이고 설득력 있고 능력 있는 설교를 위해서 설교자는 성도들의 필요에 민감해야 하고 또한 설교를 통해 그 필요를 채워야 한다. 그런데 하나님 중심적 설교를 위해서 설교자는 '표현된 필요'(expressed needs: 설교의 대상인 교회에 의해 직접 표현된 필요) 뿐 아니라 '표현되지는 않지만 진정한 필요'(unexpressed actual needs: 교회에 의해 표현되지 않

---

18) 윌리암 블락(『강해설교 어떻게 준비할 것인가?』[서울: 성서유니온 선교회, 2000], 72-3)은 설교를 준비할 때 어느 특정 개인을 생각하며 적용을 준비할 때가 있었는데 그 때 마다 그들이 교회에 오지 않거나 설교를 따분하게 여기고 듣지 않는 것을 경험했다고 하면서 그 후로는 그렇게 하지 않았다고 고백하고 있다.

19) Bryan Chapell, *Christ-Centered Preaching: Redeeming the Expository Sermon* (2nd ed. Grand Rapids: Baker Academic, 2005), 217.

았더라도 하나님의 말씀의 빛 아래서 또는 설교자의 관점에서 볼 때 성도의 믿음과 사명과 삶을 위해서 채워져야 할 필요) 모두를 파악하고 채워야한다. 만약 표현된 필요와 표현되지 않는 진정한 필요가 대립된다면 후자를 택해야 한다.

하지만 위에서 언급한 것처럼 설교자들이 하나님의 뜻과 의도를 담대하게 전하지 못하고, 성도들의 표현되지 않는 실제적인 필요를 채우는데 주저하는 경우가 많다. 그것은 당연히 성도들에게 부담을 주거나 반감을 일으키기 때문이다.[20] 이러한 극단적인 청중 중심의 설교는 오히려 오늘날 극복해야 할 중요한 과제 가운데 하나이다. 성경을 보면, 예수님과 바울 그리고 구약의 선지자들은 청중의 상황을 고려하였고, 그들에게 가장 효과적인 방법과 내용으로 메시지를 전하였지만 청중에 전적으로 얽매이지는 않았다. 그들은 때때로 청중을 엄히 꾸짖기도 하고, 청중이 듣기 싫어하더라도 필요할 때는 핍박이나 손해나 오해를 감수하면서까지 하나님의 말씀과 하나님의 뜻을 전했다. 구체적인 예로, 예레미야는 이스라엘이 원하는 소망과 위로의 메시지가 아니라 심판의 메시지를 전했다. 왜냐하면 그것이 이스라엘을 향한 하나님의 뜻이었고, 그것이 이스라엘의 진정한 필요였기 때문이다.

청중이 설교에 있어서 중심적인 위치를 차지할 때 메시지는 왜곡되지 않을 수 없다. 설교자는 기본적으로 청중을 기쁘게 하는 것이 아니라 하나님을 기쁘시게 해야 하고, 청중에게 인정받는 것이 아니라 하나님께 인정받아야 한다(고전 4:1-5; 갈 1:10). 그와 같이 설교자의 최고의 관심과 소원과 목표가 되는 것이 하나님 중심적 설교이다.

---

20) Reid는 설교자가 담대한 설교를 하지 못하는 대표적인 이유는 설교자 자신이 그렇게 살지 못하기 때문이라고 날카롭게 지적하였다. Reid, *The Empty Pulpit*, 24.

3. '복음적' 적용

복음적 적용은 '복음(예수 그리스도)'이 적용에 있어서 기초와 중심이 되는 것을 의미한다. 물론 본문을 주해할 때도 '예수 그리스도 안에 있는 구속'은 설교자가 고려해야 할 가장 중요한 원리요 기준이다. 왜냐하면 성경 66권은 독립적 또는 단편적으로 존재하지 않고 통일성과 점진성을 이루고 있으며, 또한 그 통일성과 점진성의 기초와 중심에 '예수 그리스도 안에 있는 구속'이라는 주제가 자리 잡고 있기 때문이다.[21]

뿐만 아니라 우리는 성경을 통해 하나님의 최고의 관심과 목표와 사역은 인류의 '구속'이며, 또한 하나님께서 우리에게 명령한 최고의 의무는 예수님께서 이루신 구원을 전파하는 것임을 쉽게 알 수 있다. 만약 이 견해에 동의한다면 하나님 중심적 적용은 당연히 복음적이어야 한다. 다시 말해, 설교의 우선적 관심과 핵심 메시지는 하나님의 최고 관심인 복음(예수 그리스도 안에서의 구원)이어야 하며, 삶에 대한 구체적이고 실제적인 적용도 복음의 관점에서 제시되어야 한다. Bryan Chapell이 강조한 것처럼 설교는 우선적으로 모든 인간이 '타락한 상황에 있다는 것에 초점 (FCF: The Fallen Condition Focus)'을 맞추어야 한다.[22] 그것이 하나님의 뜻을 드러내고 청중의 긴요하고 실제적인 필요를 채우는 하나님 중심적 적용이다.[23]

---

21) 성경의 구속사적 특징과 구체적인 접근 방법을 위해 Sidney Greidanus, *Sola Scripture: Problems and Principles in Preaching Historical Texts* (Toronto: Wedge, 1970); *Preaching Christ from the Old Testament* (Grand Rapids: Eerdmans, 1999)을 참고하라.

22) 참고. Chapell, *Christ-Centered Preaching*. Chapell은 책의 전반부에서 강해 설교에 대해 자세하게 기술한 다음, 후반부에서는 구속사적 설교의 원리와 방법에 대해 구체적으로 설명하였다. 그에 의하면 "강해 설교는 곧 그리스도 중심의 설교이다(상게서, 280)."

23) 물론 극단적인 구속사적 적용으로 인해 영해나 모형론화의 오류를 범해서는 안 되고, 설교의 다양한 역할도 무시해서는 안 된다. 이를 위해 김창훈, "구속사적

하지만 오늘날 한국 교회 설교는 복음보다는 세상의 복이나 치유나 삶의 회복에 더 많은 관심을 두고 있다. 이는 한국 교회가 당면하고 있는 가장 심각한 문제 가운데 하나이다.[24] 물론 복음 안에서 세상의 복들을 경험할 수 있고, 인간의 상식을 초월하는 삶의 치유와 회복도 체험할 수 있다. 그러나 그것은 하나님의 우선적 관심이 아니고, 복음의 본질이 아니다. 뿐만 아니라 복음의 본질이 결여된 윤리적 삶으로의 변화를 강조하는 설교도 심각한 강단의 문제 가운데 하나이다. 물론 성도는 삶의 변화가 있어야 하고 윤리적인 삶을 살아야 한다.

그런데 그것은 복음의 기초 위에서 제시되어야 한다. 단순한 삶의 변화는 기독교 신앙과 전혀 상관없는 방법이나 다른 종교에서도 얼마든지 가능하다. 그렇기 때문에 바울도 로마서나 에베소서에서 다소 어렵고 딱딱할 수 있음에도 불구하고(특별히 로마서의 수신자들은 초신자 들이었다), 먼저 기독교의 기본 진리를 자세히 설명한 다음에, 그 기초 위에서 성도의 삶에 대해서 교훈하였던 것이다. 온전하고 순수한 복음이 부각되지 않는 설교는 당장에 청중에게 인기가 있을 수 있고, 또한 복음이 기초를 이루거나 강조되지 않고 윤리적이며 삶의 변화만을 추구하는 설교도 순간적인 효과가 있을 수는 있으나, 그러한 설교는 장기적으로 교회를 무너뜨리고 기독교의 정체성을 훼손시킬 수밖에 없다는 것을 설교자들은 명심해야 한다.[25]

설교의 평가," 『복음과 실천신학』 15(2007/겨울): 132-52를 참고하라.

24) 이에 대한 좀 더 자세한 논의를 위해서, 김창훈, "한국 교회 회복을 위한 목회적 제안," 『신학지남』 312(2012/가을): 159-79를 참고하라.

25) 이러한 경향 역시 신설교학 인해 나타나는 부정적인 결과 가운데 하나이다. 그래서 Charles Campbell은 신설교학의 가장 대표적인 문제를 복음의 본질과 교회의 정체성의 훼손이라고 하였다. 다시 말해, 설교의 본질은 예수의 복음의 전해지고 교회의 정체성을 세우는 것이 되어야 하는데, 신설교학은 기독교 복음을 개인의 경험으로 변질시켰다고 비평하였다(Campbell, *Preaching Jesus*, 295-397). 혹자는 이와 같이 신설교학의 한계를 지적하고 신학적 행위로서 설교를 강조하는 Charles Campbell과 Lucy A. Rose를 중심으로 한 설교학의 움직임을 '후기 신설교학 운동

III. 하나님 중심적 전달

'하나님 중심적 전달'이란 한 마디로 성령 하나님의 능력에 전적으로 의지하여 설교를 전달하는 것을 의미한다. 물론 설교를 준비하여 전달하고, 설교를 통해 변화를 가져오는 설교의 모든 과정에서 성령의 역할은 절대적으로 중요하다. 말씀의 저자이신 성령 하나님의 조명 없이 어떻게 우리가 말씀에서 하나님의 뜻과 의도를 제대로 발견할 수 있으며, 성령의 역사하심이 없이 어떻게 복음 안에서 사람들을 변화시킬 수 있겠는가? 그것은 불가능한 일이다. 그런데 신설교학의 영향으로 인해 최근 많은 설교자들이 전달에 있어서 성령의 인도하심과 역사하심에 대한 의존보다는 방법론에 치우치는 경향이 강해지는 것은 안타까운 일이 아닐 수 없다.26) 뿐만 아니라 순진한 또는 지적(知的)이지 않는 사람으로 간주될 수 있기 때문에 설교의 전달에 있어서 성령의 역할에 대해 강조하는 것을 꺼리는 경향도 있다.27)

(A Post-new Homiletic Movement)'이라고 명명하기도 한다. 하지만 필자는 그들 역시 신설교학의 우산 아래 있다고 평가한다. 이와 관련된 좀 더 자세한 논의를 위해서 최진봉, "후기 새로운 설교학의 등장에 관한 연구," 『신학과 실천』 22(2010): 175-208를 참고하라.

26) Ronald Allen은 이와 같이 너무 효과적인 전달에만 관심을 갖는 신설교학에 대해 문제를 제기하면서 설교란 '신학적 행위'이고, 설교학은 신학적 관점에서 접근되어야 한다고 주장하였다. Ronald Allen, "Agenda in Homiletics," in Papers of Annual Meeting of the Academy of Homiletics(1991), 32-46. 참고. Jeffrey Crotts, *Illuminated Preaching: The Holy Spirit's Vital Role in Unveiling His Word, the Bible*, 이승진 역, 『성령의 조명을 받는 설교』(서울: 성서유니온 선교회, 2011), 72-113; 류응렬, "Eugene Lowry의 설교신학과 평가," 『복음과 실천신학』 20(2009/가을): 209-31.

27) James A. Forbes, Jr., *The Holy Spirit & Preaching* (Nashville: Abingdon Press, 1989), 22. 한 걸음 더 나아가 Greg Heisler는 복음주의 진영에서 조차 설교에 있어서 성령의 역할을 정당하게 연결시키는데 실패했다고 평가하였다(*Spirit-Led Preaching*, 홍성철·오태용 역, 『성령이 이끄는 설교』(서울: 베다니

하지만 성령의 역사하심은 일반 연설과 설교를 구별 짓는 가장 중요한 특징 가운데 하나이다. 그렇기 때문에 사도 바울은 "내 말과 전도함이 지혜의 권하는 말로 하지 않고 다만 성령의 나타남과 능력으로 한다(고전 2:4)"고 고백하였고, "우리의 씨름이 혈과 육에 대한 것이 아니요 정사와 권세와 이 어두움의 세상 주관자들과 하늘에 있는 악의 영들에게 대함이라"고 선포하였다(엡 6:12).[28] 필자는 하나님께서 설교자들을 훈련시키는 가장 대표적인 것 가운데 하나가 성령의 역사하심을 온전히 인정하고 철저히 의지하게 하는 것이라고 생각한다. 설교자들은 종종 철저히 준비했는데 그것이 전달되는 과정에서 전혀 효과가 나타나지 않는 것을 경험하기도 하고, 반대로 조금 부족하게 준비했는데 전달하는 과정에서 생각했던 것보다 효과적이고 능력 있게 설교를 하는 경험도 한다. 하나님께서 이러한 경험을 하게 하시는 이유는 무엇일까? 필자는 그것은 설교자가 항상 스스로를 인정하지 말고 온전히 성령 하나님을 의지하도록 하는 하나님의 훈련 과정이라고 믿는다.

그러나 성령에 의존한 하나님 중심적 전달에 있어서 기억할 것이 있다. 그것은 크게 두 가지이다. 하나는 성령 하나님을 의지한다는 것은 전달의 다양한 수단과 방법을 무시하는 것을 의미하지는 않는다.[29] 효과적인 전

출판사, 2008), 31].

28) Jeffrey Crotts는 '설교에 있어서 성령의 역할 또는 조명'에 관해서 언급하는 성경의 핵심구절들을 잘 정리하여 제시하였다(Crotts, *Illuminated Preaching*, 196-239).

29) 다른 한 편에서는 능력 있고 효과적이고 설득력 있는 전달을 위해서 일반 연설의 기술 또는 방법이 꼭 필요한가에 대한 논란도 계속 있어 왔다. 종종 설교는 듣든지 아니 듣든지 결과를 하나님께 맡기고 그냥 선포하는 것이라고 생각하는 분들이 있다. 그들은 고린도전서 1:21("하나님의 지혜에 있어서는 이 세상이 자기 지혜로 하나님을 알지 못하므로 하나님께서 전도의 미련한 것으로 믿는 자들을 구원하시기를 기뻐하셨도다") 과 고린도전서 2:1-4 등의 말씀에 근거해서 전달의 기술과 방법에 대해서 부정적이다. 그러나 고린도 전서에서 언급한 '전도'의 미련한 것은 전도의 행위를 의미하기보다는 말 그대로 십자가의 도를 전하는 것을 의미한다. 즉, 다른 내용을 전하는 것이 아니라 사람들에게 미련하게 생각되어지는(참고. 고전

달에 관한 이론과 기술인 수사학은 그리스, 로마시대부터 지금까지 부침을 거듭하며 발전되어 왔다. 특히 요즈음은 스피치 커뮤니케이션(Speech Communication)과 관련된 연구가 일반 학문에서도 활성화되고 있다. 우리나라에서도 1990년대 중반 이후 선거에서 TV토론이 활성화 된 후에 이 부분에 대한 관심이 급증하였고, 최근에는 많은 대학과 기관에서 효과적인 스피치 커뮤니케이션을 위한 학과나 연구 과정들이 계속해서 개설되고, 스피치 커뮤니케이션과 관련된 많은 서적들이 출판되고 있다.30)

물론 설교와 일반적인 스피치(연설)의 기본 원리가 반드시 일치하지 않는다. 설교에서 청중에 대한 고려도 중요하지만 설교는 우선적으로 '하나님 중심적(Theocentric)' 이어야 하고, 성령의 역사하심은 효과적이고 능력 있는 전달을 위해 절대적으로 중요한 요소이다. 그렇지만 스피치 커뮤니케이션의 일반 이론이 설교에 모두 그대로 적용되지는 않는다고 할지라도 설교의 효과적인 전달을 위해서 일반 스피치 커뮤니케이션 이론이 많

1:18,23) 십자가의 진리를 전함으로 하나님께서 자기 백성을 구원하신다는 것을 의미한다. 또한 바울이 말과 지혜의 아름다운 것에 대해 부정적으로 언급한 것은 구변과 지식에 능통한 고린도 교회의 상황을 고려한 일종의 경고로 볼 수 있다. 물론 너무 기교적이고 가식적인 전달은 지양되어야 한다. 전달의 기술과 방법에 대한 부정적인 견해도 아마 이러한 부분에 대한 비판일 것이다. 설교에 있어서 내용과 전달은 수레의 두 바퀴와 같다. 좋은 내용을 가진 설교도 제대로 전달하지 못해서 효과가 감소되는 경우가 있다. 글로 보면 좋은 내용인데 제대로 전달하지 못하는 경우가 있고, 같은 설교의 내용이라도 전달의 방법에 따라 효과와 결과가 다를 수 있다. 성경을 보면, 설교자의 대표적인 모델이라고 할 수 있는 선지자들, 예수님 그리고 바울도 효과적인 전달을 위해서 수사학적으로 다양한 방법들을 사용한 것을 볼 수 있다. 따라서 최근에는 수사학적 접근이 성경 연구에 있어서 중요한 방편 가운데 하나로 사용되고 있다.

30) 예를 들어, '커뮤니케이션북스(주)' 는 미디어와 커뮤니케이션 분야의 전문 출판사로 그와 관련된 수많은 책들을 출판하고 있고, '한국수사학회(Rhetoric Society of Korea)' 나 '한국소통학회(Korean Speech & Communication Association)' 등에서는 정기적으로 학술대회를 개최하여 수사학 또는 스피치 커뮤니케이션과 관련된 연구 논문들을 발표하고, 발표된 논문들을 <수사학> 그리고 <스피치와 커뮤니케이션>이라는 학회지를 통해 계속 출판하고 있다.

은 도움을 주는 것은 분명하다. 뿐만 아니라 신설교학에서 제안되고 있는 설교 구성의 다양한 유형들도 효과적인 전달을 위해 유익하고 필요하다.[31]

다음으로. 청중 분석을 무시하는 것도 아니다. 청중 분석이라는 것은 설교를 듣는 대상과 설교가 전해지는 상황을 고려하여 전하는 것을 의미한다. 효과적인 전달을 위해 청중은 반드시 고려되어야 한다. 설교자가 청중을 분석하고 고려해야 할 가장 중요한 이유는 그것이 성경적이기 때문이다. 청중을 고려하여 설교한 청중 분석의 가장 대표적인 예는 예수님과 바울에게서 찾아볼 수 있다. 예수님과 바울은 각각 다른 청중을 대상으로 설교하였기 때문에 다른 접근과 언어와 목표를 가지고 복음(진리)을 전하고 설명하였다. 예수님의 설교 대상은 주로 시골에 사는 유대인들이었기 때문에 하나님의 말씀과 뜻을 전할 때 그들에게 익숙하고 잘 알고 있는 새, 농사 일, 목자 등과 같은 비유를 사용하였다. 그런데 바울의 설교 대상은 로마의 지배 아래 있었던 도시권의 사람들이었기 때문에 경주, 군대 생활 등을 비유로 사용하였다. 또한 바울 자신은 모든 사람에게 자유 하였지만 모든 사람에게 맞추어 복음을 전했다고 고백한다(고전 9:19-22). 뿐만 아니라 성경의 기자들도 청중을 고려하였음을 알 수 있다. 예를 들어, 마태복음은 흔히 유대인을 위한 복음서이고, 마가복음은 이방인을 위한 복음서라고 한다. 그것은 접근 방식에서 확연히 드러난다. 유대인들은 구약을 인정하기 때문에 마태복음에는 구약의 인용이 많다. 그래서 "… 함을 이루려 하심이라" 또는 " … 함이 이루어 졌느니라"와 같은 구절들이 많이 등장한다. 그러나 마가복음의 대상인 이방인들은 구약을 모르고 또는 인정하지 않기 때문에 마가복음에는 구약에 대한 인용이 거의 없다. 이것

---

31) 참고. Eugene Lowry, *How to Preach a Parable*, 이주엽 역, 『설교자여, 준비된 스토리 텔러가 되라』 (서울: 요단출판사, 1999); Paul S. Wilson, *The Four Pages of the Sermon: A Guide to Biblical Preaching* (Nashville: Abingdon, 1999).

은 복음서 저자들도 효과적으로 복음을 전하기 위해 청중을 고려했다는 것을 분명하게 보여준다. 결국 청중 분석은 효과적인 전달을 위해 하나님께서 활용하신 방법임을 알 수 있다. 따라서 하나님 중심적 설교는 대상이 누구인지 그리고 청중이 어떤 상황에 있든지 상관하지 않고 전하는 것이 아니라 청중을 고려해서 전하는 것이다.[32]

결국 성령의 역사에 절대적으로 의존한다는 것은 설교 준비를 소홀히 하거나 인간적인 지혜를 무시하는 것을 결코 의미하지 않는다. 설교자는 설교 시간에 성령께서 필요한 말씀을 주실 것으로 믿고 대충 준비해서는 안 된다. 설교자는 철저하게 설교를 준비해서 원고를 작성하고 잘 숙지해서 전해야 한다. 또한 가장 효과적으로 전할 수 있는 방법에 대한 연구와 수고도 필요하다.

그러면 성령의 역할과 우리의 연구, 수고, 노력 그리고 지혜와의 관계는 어떠한가? 이에 관하여 필자는 한 편으로는 전적인(100%) 성령의 역사하심을 인정하고 의지해야 하며, 다른 한 편으로는 우리의 전적인(100%) 수고와 노력이 필요하다고 생각한다. 이것은 상식적으로는 납득되지 않을 수도 있지만 신앙 안에서는 이해되는 말이고, 사도 바울도 실제적으로 그렇게 설교하였다. 사도 바울은 철저히 성령의 나타남과 역사하심을 의지하였지만, 자신이 할 수 모든 노력을 다하여 말씀을 전했다(고전 9:20-27; 골 1:28-29).[33]

그런데 하나님 중심적 전달은 설교자가 최선을 다해 연구하고 수고하고 노력하여 설교를 준비하고 전달하는 모든 과정에서도 설교자는 스스로 무능함을 인정하고 궁극적으로 모든 주권과 능력을 가지고 계시는 성령

---

32) 참고. 이승진, "다문화 상황 속에서 복음의 소통에 관한 실천신학적인 고찰," 『복음과 실천신학』 23(2011/봄): 71-96.

33) 그래서 Crotts는 "설교에서 성령의 역할에 대한 새로운 이해는 어떤 면에서는 설교자의 부담을 덜어줄 수도 있지만, 반대로 새로운 부담을 가중시킬 수도 있다"는 의미심장한 언급을 하였다(Crotts, *Illuminated Preaching*, 17)

하나님께 전적으로 의존하고 민감하도록 요구한다. 왜냐하면 필요에 따라 지혜를 주셔서 깨닫게 하시고, 또한 전하는 과정에서도 미처 준비하지 못한 것을 더하기도 하시고 준비한 내용을 빼시면서 설득력 있고 능력 있는 설교로 이끄는 분이 성령 하나님이시기 때문이다. 뿐만 아니라 안 믿는 사람을 돌아오게 하고, 성도를 그리스도 안에서 성숙하게 하고, 치유하셔서 변화를 일으키시는 분도 오직 성령 하나님이시기 때문이다(고전 1:19-21; 12:3).34) 따라서 설교자는 설교의 전 과정을 통해 성령 하나님께서 인도하시고 도와주시고 역사하시도록 기도에 매진해야 할 것이다.

IV. 나가면서

오늘날 한국 교회의 강단은 심각한 위기 상황에 있다. 하나님의 말씀이

---

34) 설교에 있어서 성령 하나님의 역할과 관련하여 Faris D. Whitesell의 말은 자주 인용되고 있다 [*Power in Expository Preaching* (Westwood: Fleming H. Revell, 1963), 144-5].
　　성령은 상황에 맞추어 우리가 성경 말씀을 올바로 선택하도록 인도해 주신다. 성령은 성경을 연구하기 위하여 우리가 사서 읽어야 할 책을 선별하도록 인도해 주시며, 그 본문을 연구할 때에 바로 이해하도록 조명해 주시고 통찰력을 주신다. 성령은 관련되는 성구들이 기억나게 하시고, 알맞은 예화들을 떠오르게 하신다. 그는 우리가 기쁨으로 본문에 집중하게 하시며 설교 원고를 쓰거나 말로 표현할 때에 힘을 주신다. 그는 담대함과 확신함으로 설교하게 하시며, 설교하는 도중에 새로운 생각들이 떠오르도록 영감을 주시며 적절하지 않는 것들을 빠뜨리게 하신다. 그는 청중을 하나로 만드시며 주의를 기울이게 하시고, 마음을 열게 하시며 기대했던 방법 뿐 아니라 기대하지 못했던 방법으로도 하나님의 말씀을 적용하게 하신다. 성령께서는 확신을 주시며, 회개시키시며, 위로를 베푸시고, 영감을 주시며, 의로 책망하시고 바르게 하시며 가르치신다. 그는 듣는 사람들의 마음과 기억 속에 말씀을 심으셔서 그것이 옥토에 뿌려진 씨앗처럼 열매를 맺게 하신다. 그렇다면 성령의 인도하심과 능력 없이 설교를 준비하고 말씀을 전하려고 한다는 것이 얼마나 어리석은 일이겠는가?

강단에서 사라지고, 그 의미가 왜곡되고 있다. 또한 설교자가 성도의 필요와 흥미에만 급급해서 그들에게 진정으로 필요한 메시지를 담대하게 선포하지도 못하고 있다. 이러한 위기를 극복하기 위해 절실하게 요구되는 것은 (삼위) 하나님 중심적 설교이다. 성부, 성자, 성령 삼위 하나님께서 본문을 주해하여 적용으로 연결하고 효과적이고 능력 있게 전달하는 모든 과정에서 중심적인 위치를 차지해야 하는 것이다. 하나님 중심적 설교가 강단에서 회복될 때 한국 교회는 제 2의 부흥과 도약을 경험할 수 있으리라 굳게 믿는다.

※ 청교도 설교의 도전과 교훈

'청교도(Puritan)' 또는 '청교도적(Puritanical)' 하면 부정적인 이미지가 강하다. 대개 청교도들은 융통성이 없으며 금욕주의적인 성향이 강한 율법주의자 또는 분리주의자로 알려져 왔다. 물론 청교도들도 우리와 같은 인간들이었기에 실수를 하였고 그로 인해 부정적인 측면이 있는 것은 부인할 수 없지만,[35] 1950년대 이후 청교도 운동이 새롭게 조명되고 많은 연구 서적들이 출판됨으로 그러한 오해는 많이 해소되었다.[36] 제임스 패커(James I. Packer)는 리렌드 라이켄(Leland Ryken)의 책 (Worldly Saints: The Puritans As They Really Were) 서문에서 청교도들을 다음과 같이 평가하였다.

청교도들은 오늘날 우리에게는 발견할 수 없는 성숙이 무엇인가에 대한 모범을 보여주었다. … 우리는 영적으로 난장이들이다. 반대로 청교도들은 영적 거인들이었다. 그들은 위대한 하나님을 섬기는 위대한 영혼의 소유자들이었다.[37]

에드워드 힌슨(Edward Hindson)도 청교도들은 "하나님께 대한 영적

---

35) 청교도들의 부정적인 교훈에 Leland Ryken, *Worldly Saints: The Puritans As They Really Were* (Grand Rapids: Zondervan, 1990), 187 이하를 참고하라.

36) 청교도 서적에 대한 발간은 1957년 이안 머레이(Iain Murray)에 의해 시작된 'Banner of Truth(영국)' 라는 출판사와 1988년에 돈 키슬러(Don Kistler)에 의해 설립된 'Soli Deo Gloria(미국)' 라는 출판사에 의해 활발히 이루어지고 있다. 우리나라에서는 '부흥과 개혁사' 그리고 '청교도 신앙사' 등의 출판사가 청교도 관련 저서들을 활발히 출판하고 있다. 참고. Erroll Hulse, *Who are the Puritans?* 이중수 역, 『청교도들은 누구인가?』 (서울: 양무리서원, 2001), 30.

37) Ryken, *Worldly Saints*, x.

헌신과 깊은 지각을 소유한 다채로운 사람들이었으며," 청교도주의는 "정통신앙과 열정적인 헌신의 건전한 결합이었다"고 주장하였다.[38]

필자는 이와 같이 최근에 재평가 받고 있는 '청교도' 또는 '청교도주의' 또는 '청교도 운동'은 영적으로 쇠퇴하고 기독교의 정체성이 희미해지는 이 시대에 많은 도전과 각성을 던져 준다고 생각한다. 특별히 한국 교회의 새로운 도약과 한국 교회 강단의 본질을 회복하기 위해서 청교도의 설교는 연구할 가치가 있다. 본장에서는 청교도 운동에 대해 간략하게 정리한 후에, 청교도 설교의 특징을 고찰할 것이다. 이어서 청교도 운동과 설교가 다원화된 이 시대와 심각한 진통을 겪고 있는 한국 교회와 강단에 주는 도전과 교훈을 간략하게 제시하고자 한다.[39]

I. 청교도 운동의 이해

청교도들은 기독교 역사상 독특한 위치를 차지한다. 그들의 주장과 사상은 유별나다. 우선 학자들의 견해를 종합해서 간략하게 정의하면, 청교도 운동은 영국에서 일어난 종교 개혁 운동이다.[40] 알렌 카든(Allen Carden)은 청교도 운동을 다음과 같이 정의하였다.

---

38) Edward Hindson, *Introduction to Puritan Theology*, 박영호 역, 『청교도 신학』 (서울: 기독교문서선교회, 1989), 17, 24.

39) 본서는 청교도 그리고 청교도 운동과 관련하여 그동안 밝혀지지 않았던 새로운 사실을 드러내는 것보다는, 청교도 운동과 설교에 대한 그동안의 연구 결과들을 정리함으로 한국 교회 설교의 방향을 제시하는데 우선적인 관심과 목적이 있다.

40) 사실 청교도가 누구이며 청교도 운동이 무엇인가 하는 것은 쉽게 정의를 내릴 수 없을 정도로 다양하게 이해되어 왔다. 청교도와 청교도 운동에 대한 정의와 다양한 이해에 관해, 윤종훈, "English Puritanism 정의와 그 근원적 배경에 관한 연구사적 고찰," 『신학지남』 277(2003/4): 252-75; Basil Hall, "Puritanism: the Problem of Definition," 283-296 in *Studies in Church History*(vol. 2), ed. G. J. Cuming (London: Thomas Nelson, 1965)을 참고하라.

청교도 운동이란 정치, 형식 그리고 보다 작은 범위에 있어 교리 문제들에
대해 영국 국교회에 이의를 제기하였고, 로마 카톨릭식의 관행들을 버리고
회중의 자치권과 권위를 행사하고 궁극적 권위로서 성경을 기초하여 자신들
의 사회를 건설하고자 바랐던 사람들로 구성된 개혁주의 신앙운동이다.[41]

본격적인 청교도 운동은 메리 여왕의 종교적 박해로 대륙에서 망명 생
활하다가 여왕의 죽음을 계기로 귀국한 프로테스탄트들에 의해 시작되었
다고 할 수 있다.[42] '피의 메리(Bloody Mary)'라고 할 정도로 악명이 높
았던 메리 여왕의 뒤를 이어 왕이 된 엘리자베스는 교회를 장악하지 않고
는 국사를 제대로 운영할 수 없게 되자 카톨릭과 기독교의 융화정책을 폈
다. 그러나 개혁자들은 그것에 만족할 수 없었다. 그러한 상황에서 청교도
들은 처음에는 영국 교회를 로마 카톨릭의 오염으로부터 정결케 하는 일
에 관심을 두었다. 특히 그들은 성직자의 예복 착용[43]이나 예배의식 등에
집단적인 저항을 나타내면서 개혁 운동의 깃발을 들었다. 그 때에 그들은

---

41) Allen Carden, *Puritan Christianity in America*, 박영호 역, 『청교도 정
신』 (서울: 기독교문서선교회, 1993), 8. 피터 루이스(Peter Lewis)는 청교도의 본질
과 대표적인 교훈은 1) 개인 경건생활의 신약적인 모습 2) 건전한 교리 3) 질서 있는
교회 생활로 정리될 수 있다고 주장했다. Peter Lewis, *The Genius of
Puritanism*, 서창원 역, 『청교도 목회와 설교』 (서울: 청교도신앙사, 1991), 16-19.
42) 역사가들은 영국에서의 청교도 시대 즉 청교도가 가장 왕성하게 활동하고
주도권을 잡았던 시대를 1559년 마리안 추방자들이 되돌아온 시대 또는 청교도라는
말이 출현한 시대부터 1662년 청교도 목사들에 대한 국교회로부터의 대추방 사건까
지를 잡고 있다(참고. Lewis, *The Genius of Puritanism*, 19).
43) 교회 역사를 통해 볼 때, 목사의 복장 착용은 학자들의 주된 토론 대상이 되
었는데, 복장 착용 문제는 청교도의 본격적인 시작을 알리는 사건이 되었다고 할 수
있다. 특히 존 후퍼(John Hooper)는 교회 안에 존재하던 계급 구조를 타파하고 목
회자와 목회자 사이의 평등 실천하고자 하려고 노력하면서, 복장으로 신분을 나타내
는 것은 사제주의적인 발상이요 성경이 가르치는 만인제사장 주의에 대하여 정면으
로 도전하는 것이라고 비난하면서 목회자의 복장 착용을 반대하였다. 오덕교, 『청교
도 이야기』 (서울: 이레서원, 2002), 18.

'까다로운 사람들(Precisians)' 또는 '청교도'라고 불리게 되었는데, 그것이 진정한 의미에서 청교도 운동의 시작이라고 할 수 있다.[44] 점차 그들은 칼빈의 제네바 교회를 모델로 하여 교회와 사회 전반을 하나님의 말씀으로 개혁하는데 박차를 가하였다.

그 후 제임스 1세와 찰스 1세가 다스리던 스튜어트 왕가 시대에 청교도 운동은 절정에 이르렀다. 특히 크롬웰을 중심으로 종교 개혁과 마찬가지로 신앙고백적 국가와 문화를 이룩해보고자 하는 대규모의 시도가 있었고, 1643년에 웨스트민스터 사원에서 소집된 총회에서 오늘날 장로교의 근간이 된 웨스트민스터 신앙고백과 대소요리 문답서를 탄생시키기도 하였다. 하지만 왕정복고가 이루어지면서 1662년에 통일법(Act of Uniformity)이 발효되어 대추방령이 선포됨으로 청교도 운동은 서서히 힘을 잃고 표면적으로는 막을 내리게 되었다.[45] 물론 청교도들은 그들이 원했던 것만큼 영국 교회를 변화시키지 못했고, 핍박을 받으며 영국 밖으로 쫓겨나기도 했다. 그럼에도 불구하고 그 영향력은 대단하였다. 청교도들은 종교 개혁의 실제적인 모델을 보여주었고, 오늘날 개신 교회의 개혁 목표의 원형이 되었으며, 청도교에 대한 이해 없이는 미국에 대해 이해했

---

44) 임희완, 『청교도: 삶, 운동, 사상』 (서울: 아가페 문화사, 1999), 28-32. 청교도 운동의 사상적 기원에 대해서는 다양한 의견이 있다. 대표적으로 제임스 헤론(James Heron)은 존 위클리프(John Wyclif)의 개혁 운동을 청교도 운동의 출발점으로 본다(James Heron, *A Short History of Puritanism*, 박영호 역, 『청교도 역사』 [서울: 기독교문서선교회, 1982], 33). 마샬 내핀(Marshall Knappen)은 성경 번역 때문에 순교 당했던 윌리암 틴데일(William Tyndale)을 청교도 운동의 진정한 기원으로 간주한다(Marshall Knappen, *Tuder Puritanism: A Chapter in the History of Idealism* [Chicage & London, Phoenix Books, 1965], 3). 마틴 로이드 존즈도 내핀의 견해에 동조하였는데, 그 이유는 틴데일이 감독들의 승인이나 재가를 받지 않고 성경을 번역하였고, 왕의 승락 없이 영국을 떠났기 때문이라고 하였다(David Martyn Lloyd-Jones, *The Puritans*, 서문강 역, 『청교도 신앙: 그 기원과 계승자들』 [서울: 생명의말씀사, 1990], 252).

45) James Nichols, *History of Christianity 1650-1950*, 서영일 역, 『현대교회사』 (서울: 기독교문서선교회, 1994), 70-71.

다고 할 수 없을 정도로 오늘날 미국의 보편적인 가치관을 형성하는데 기초를 놓았다.[46] 대표적인 청교도 신학자 가운데 한 사람인 원종천은 청교도 운동의 결과를 다음과 같이 잘 정리해 주었다.

> 16세기에서 17세기에 걸친 한 세기의 청교도 운동이 막판의 성공 후에 결국은 실패로 돌아가기는 했지만 그들이 교회 개혁을 위하여 보여준 노력과 힘은 대단한 것이었다. 그 과정에서 그들이 남긴 신앙, 정신, 사상은 현대 서구 문명에 개인, 교회, 사회 그리고 국가적으로 많은 영향을 남겼다. 청교도들은 영적 윤리적으로 철저한 개인 신앙의 모델을 제시했을 뿐 아니라 미 신대륙에서 완전히 새로운 교회와 사회 공동체를 세웠고 영국에서는 혁명을 일으키어 교회 정치 체제 뿐만 아니고 국가 정치 체제까지도 개혁했다.[47]

II. 청교도 설교

청교도들은 어느 시대의 설교자들보다도 설교의 존귀함과 영광스러움을 강조하였다. 청교도들이 가장 강조하고 중요하게 여긴 사역은 설교였던 것이다. 대표적인 청교도 가운데 한 사람인 존 오웬은 "목사의 가장 우선적이며 중요한 의무는 열심히 하나님의 말씀을 설교함으로 양떼를 먹이는 것이다"라고 역설하였다.[48] 청교도의 대표적인 열매 가운데 하나인 웨

---

46) 오덕교, 『청교도 이야기』, 7.

47) 원종천, 『청교도 언약 사상: 개혁 운동의 힘』 (서울: 대한기독교서회, 1998), 275-6. 일반 역사학자인 임희완도 청교도 운동은 참된 교회를 추구하였고, 영국과 미국 그리고 서양 근대 시민 사회의 기틀이 되게 하는 정신, 삶, 제도들을 이룩하는데 중요한 역할을 하였으며, 영국의 근대화와 서양의 근대화에 시발점이 되었다고 청교도 운동을 높이 평가하였다. 임희완, 『청교도: 삶, 운동, 사상』, 17-26.

48) John Owen, *The Works of John Owen*(vol. XVI), ed. W. H. Goold (Edinburgh: The Banner of Truth Trust, 1981), 74. 설교의 중요성과 고귀함에 관한 여러 청교도들의 직접적인 언급을 위해서 Lewis, *The Genius of Puritanism*, 61-76을 참고하라.

스트민스터 예배모범(Westminster Directory)에도, "말씀의 선포는 구원에 이르게 하는 하나님의 능력이요 복음의 사역에 가장 위대하고 탁월한 부분으로서 성실히 수행해야 할 것이다. 그럴 때 설교자는 부끄러움을 당하지 않게 될 것이며 또한 설교자 자신과 듣는 사람들을 구원하게 된다"고 명시하고 있다. 또한 청교도들은 예배에 있어서 핵심적인 부분이 설교라고 생각하였다.[49] 청교도들은 형식적인 긴 기도서의 낭독, 그리고 성례를 포함한 어떤 의식도 설교를 대치할 수 없다고 하였다. 데이비스는 청교도들이 얼마나 설교를 중요하게 여겼는지 무수한 방법으로 증거 될 수 있다고 하였다.

예배에서 설교가 왕좌를 차지함은 강단 벨벳 방석 위에 놓인 성경의 상징에서 뿐 아니라 거의 모든 청교도 예배당의 긴 벽 중앙을 차지한 강단의 위치에서도 나타난다. 또한 설교의 중요성은 각 회중에 대한 충분한 설교들의 공급(안식일에 두 번, 그리고 세 번째는 주간의 한 날에 성경적 근거를 갖는 강의)에서도 볼 수 있다. 선거일, 국민군 훈련일 그리고 범죄자 처벌과 같은 분명히 일반적인 성격을 갖는 특별 행사들도 설교를 요구했다. 설교의 중요성은 가장들이 그들의 자녀와 종들에게 예배를 드리고 집에 돌아온 다음 그들이 예배에서 들은 설교 내용을 질문함으로 검사를 할 것이라는 기대에 의해 특별히 나타난다.[50]

또한 청교도들은 설교를 그들이 추구했던 '교회 개혁'과 '영적 부흥'[51]의 대표적이고 가장 효과적인 수단으로 여겼다.[52] 그들은 설교를 통

49) Lloyd-Jones, *The Puritans*, 289-91.
50) Horton Davies, *The Worship of the American Puritans: 1629-1730*, 김석한 역, 『청교도 예배』 (서울: 기독교 문서 선교회, 1995), 93-4.
51) James Packer, *Among God's Giants: Aspects of Puritan Christianity*, 박영호 역, 『청교도 사상』 (서울: 기독교문서선교회, 1992), 40-61. 제임스 패커는 그동안 청교도 운동과 관련하여 제대로 평가받지 못한 것 가운데 하나는 청교도들의 영적 부흥에 대한 것이라고 하면서, 청교도들은 영국의 교회가 영

해 영적인 무지와 미신 그리고 잘못된 관행과 전통 가운데 있는 교회와 성도들을 변화시키고 영적으로 회복시킬 수 있다고 믿었던 것이다. 이와 같이 설교는 그들의 사상과 생각을 전달하는 가장 중요한 도구였기 때문에 청교도들은 자신들의 신학적인 주장과 가르침을 책으로 출판할 때도 대부분 설교의 형태로 표현하였다. 설교자로서의 청교도들에 대한 몰간의 평가는 자주 인용된다.

> 청교도들을 이해하는데 있어 본질적인 것은 그들이 무엇보다도 먼저 설교자들이었다는 것이다. … 그들이 교회를 통해 세상을 개혁하기 위해 시도할 때, 그리고 교회의 지도자들로 인해 그 노력들이 좌절되었을 때, 그들을 결속시키고 그들의 노력을 지속하도록 원동력이 된 것은 그들이 복음을 전파하기 위해 부르심을 받았다는 스스로에 대한 깨달음 때문이었다.[53]

한걸음 더 나아가, 당시에 청교도 설교자들은 일대 선풍(旋風)을 일으켰다. 당시 영국 성공회가 당면한 가장 큰 문제 가운데 하나는 설교를 따라 이리 저리 쫓아다니는 평신도들이었는데, 그들이 원래의 교구를 버리고 훌륭한 설교를 들을 수 있는 이웃 마을로 찾아간 곳에는 십중팔구 청교도 설교자가 있었다고 한다.[54] 라이큰은 당시 청교도 설교가 얼마나 회중을 사로잡았는지를 보여주는 일화를 소개한다.

적으로 부흥하길 간절히 원했고 실제적으로 많은 수고와 노력을 하였다고 주장하였다.

52) 오덕교, 『청교도와 교회 개혁』 (수원: 합동신학교 출판부, 1994).

53) Ironwy Morgan, *The Godly Preachers of the Elizabethan Church* (London: Epworth, 1965), 11. 대표적인 청교도 연구 학자 가운데 한 사람인 오덕교 교수도 "청교도 운동을 이해하기 위해서는 무엇보다도 먼저 청교도의 설교를 아는 것이 필요하다. 설교 없는 청교도 운동이나 청교도 없는 설교 역사를 논할 수 없기 때문에 청교도의 설교 이해는 청교도 이해의 지름길이다"고 주장하였다. 오덕교, "청교도와 교회 개혁의 방편으로서의 설교," 「신학정론」 11/2(1993), 441.

54) Ryken, *Worldly Saints*, 94.

캠브리지 임마누엘 대학의 초대 학장이었던 로렌스 채델톤이 그의 고향에서 설교를 하였는데, 그곳은 카톨릭 관할 지역이었다. 그곳 사람들은 제대로 된 설교를 자주 들어보지 못했다. 채델튼은 두 시간 동안 설교한 후에, 결론을 맺기 위해서 "여러분, 너무 길게 설교하였습니다."라고 말했다. 그러나 회중들은 그에게 설교를 계속해 주기를 간절히 애원하였다. 그러자 "채델톤은 예상치 못했던 경험하였고 회중들의 끈질긴 청원에 흡족해 하면서 장시간 동안 설교했다"는 보고가 있다. 이 사건은 유명했다. 그러나 청교도 운동 동안 이러한 일은 희귀한 일이 아니라 흔하게 접할 수 있었다. 종교적 대적자들 입장에서 보면, 그들이 가장 두려워하였던 부분은 바로 청교도들의 설교였다.[55]

요약하면, 설교는 청교도들과 청교도 운동을 이해하는데 핵심적인 부분을 차지한다고 할 수 있다. 이제 청교도들이 가장 귀한 사역으로 여겼고, 회오리바람이 되어 당시의 영국을 뒤 흔들어 놓았던 청교도 설교의 대표적인 특징이 무엇인지 알아보자.

1. 말씀 중심의 설교

무엇보다도 먼저 청교도 운동은 종교 개혁의 연장선상에 있었기 때문에 성경에 대한 관심과 강조가 두드러진다. 종교 개혁자들과 같이 청교도들도 자기 나라 말로 쓰인 성경을 읽을 수 있는 권리를 갖기 간절히 원했다. 청교도 운동의 기원으로 거론되는 존 위클리프나 윌리암 틴데일의 최고의 관심도 성경을 영어로 번역하여 모든 사람이 읽도록 하는 일이었다. 실제적으로 존 위클리프는 볼가테 라틴 성경을 영어로 번역하였고, 윌리암 틴데일도 역시 헬라어에서 영어로 성경을 번역하였다.[56] 뿐만 아니라

---

55) Ryken, *Worldly Saints*, 91.

영어 성경의 고전이요 표준으로 우리에게 너무 잘 알려진 킹 제임스 번역 (King James Version)도 청교도 운동의 결과라고 할 수 있다.

또한 청교도들은 성경을 정확 무오한 하나님의 말씀으로 믿고 성경에 절대적인 권위를 부여하였다.[57] 청교도들의 사상이 표현된 소요리 문답 제 2문에서는 "신구약 성경에 기록된 하나님의 말씀은 어떻게 우리가 하나님을 영화롭게 하고 그를 즐거워해야 할 것인지를 지도하는 유일한 법칙"이라고 하였다. 웨스트민스터 신앙 고백서에도 성경은 "하나님의 영적인 감동으로 기록된 것으로서 신앙과 생활의 유일한 법칙"이라고 하였다. 청교도에게 있어서 성경은 교회의 전통이나 교회 회의의 권위보다 더 우월한 절대적인 권위였다. 사실 청교도들이 청교도 운동을 추진하였던 본래의 목적은 국교회적인 교회와 국가의 연합을 파괴하는데 있지 않았으며 혹은 국교회와 나란히 새로운 교회를 만들려고 하지도 않았다. 그들이 최우선적으로 하고자 했던 일은 영국의 기존 교회를 말씀을 중심으로 철저히 변화시켜보려는데 있었다.[58]

이와 같이 성경에 지대한 관심이 있었고 성경의 권위를 철저하게 인정하였기 때문에, 청교도 설교가들은 '본문에 충실한 설교,' 그리고 '본문의 의미를 바로 드러내는 설교' 를 위해 최선을 다했다. 그들은 또한 설교가

---

56) 틴데일은 영국의 카톨릭이 성경번역을 방해하자 1524년 대륙으로 건너가 신약 번역을 계속하였다. 그리하여 1526년 틴데일의 영어 신약 성경 초판본은 카톨릭 당국자들의 극심한 반대 속에서 영국에 전해진다. 이 후 틴데일은 생명의 위협을 받으며 객지를 전전하면서도 구약 번역을 계속하였다. 하지만 왕실 정보원에게 잡혀 감옥에 갇히게 되었는데, 옥살이 중에도 여전히 구약을 번역하였다. 결국 그는 화형을 당했는데, 그가 세상을 떠나지 직전 한 명언은 지금도 많은 사람들의 심금을 울린다. "주여, 영국 왕의 눈을 열어주소서!" 참고. 임희완, 『청교도: 삶, 운동, 사상』, 53-55.

57) 청교도들의 성경관에 대한 직접적인 언급을 위해서, Carden, *Puritan Christianity in America*, 37-57; Ryken, *Worldly Saints*, 137-154를 참고하라.

58) Justo L Gonzalez, *A History of Christian Thought*, 이형기, 차학순 공역, 『기독교 사상사 III』 (서울: 대한예수교장로회 총회 출판국, 1990), 383.

성경을 알리고 가르치는데 가장 효과적인 방법이라고 믿었기 때문에, 본문을 읽기만 하고 본문과 상관없는 설교를 하는 것을 늘 경계하면서 설교의 세세한 부분까지도 성경에 의존하여 설교해야 한다고 강조하였다.[59] 그래서 대표적인 청교도 설교가 가운데 한 사람인 윌리암 에임스는 당시 일반화되었던 본문을 벗어난 주제 설교를 비난하고 본문에 충실한 설교를 촉구하면서 "목회자들이 설교를 시작할 때 본문을 읽고 그 후에 설교의 대부분을 본문과 연결시키지 않고 자신의 생각을 전하는 설교를 하는 것은 청중을 속이고 무시하는 것이다"고 경고하였다.[60]

그러면 그들이 어떻게 성경에 충실한 설교를 했는지 대표적인 청교도 설교자들이었던 윌리암 퍼킨스(William Perkins)와 리차드 박스터(Richard Baxter)의 설교를 간략하게 살펴보자.

먼저, 윌리암 퍼킨스의 설교 가운데 하나를 보자. 윌리암 퍼킨스는 스바냐 2:1-2을 '스바냐 2:1-2에 대한 신실하고도 평범한 강해'라는 특이한 제목으로 설교하였다.[61] 그는 본문의 문맥인 스바냐 1장과 2장을 간략하게 설명한 다음에, '회개'를 설교의 주제로 정하고, 다음과 같이 다섯 대지(대지는 일반적으로 청교도 설교에서 '교리'로 이해된다)로 나누어 설교하였다.

1. 행해야 할 일은? 살피라.

---

59) Ryken, *Worldly Saints*, 99.
60) William Ames, *The Marrow of Theology*, ed. John D. Eusden (Boston: Pilgrim, 1968), 191.
61) 윌리암 퍼킨스(William Perkins)는 청교도 설교의 교과서인 *The Art of Prophesying*을 저술하고 청교도 설교의 아버지로 역할을 하였는데, 이 설교는 윌리암 퍼킨스의 세 권의 작품 전집에 실려 있는 두 개의 설교 가운데 하나로, 윌리암 퍼킨스의 대표적인 설교라고 할 수 있다. William Perkins, *The Works of William Perkins* (vol. III), ed. Ian Breward (Appleford: Sutton Courtenay Press, 1970), 283-302.

2. 살펴야 할 대상은? 너희 자신이다.

3. 누가 그것을 해야 하는가? 유대인들(즉, 영국인 자신들).

4. 언제 해야 하는가? 하나님께서 정하신 명령이 시행되기 전.

5. 왜 살펴야 하는가? 하나님의 징계가 임하기 때문이다.

다른 청교도 설교가들과 마찬가지로 비록 짧은 본문으로 설교하였지만, 퍼킨스는 역사적 배경과 문맥(context)을 고려하여 본문을 깊이 분석함으로 본문의 핵심과 의미를 정확히 파악하고자 했다. 그리고 그 결과를 근거로 설교의 주제를 정하여 그 주제를 중심으로 논리적으로 대지를 전개한 것이다. 위에서 보는 바와 같이 그의 설교는 내용과 구조와 전개에 있어서 전체적으로 본문에 충실한 설교라고 하지 않을 수 없다.

다음으로, 리차드 박스터의 설교 하나를 살펴보자. 박스터는 마태복음 5:16을 본문으로 하여 '우리 행위를 통해 무슨 빛을 비추어야 하는가?' 라는 제목으로 설교하였다.[62] 그는 짧게 본문의 의미를 설명한 후, 본문에서 추출할 수 있는 아홉 개의 교리들을 열거한다. 그러면서 이 설교에서 자신은 '하나님께 영광 돌릴 수 있는 우리의 행함은 무엇인가'에 집중하고 싶다고 언급한 후, 다음과 같은 내용으로 두 대지로 나누어 설교한다.

1. 하나님께 영광을 돌릴 수 있는 방법은 무엇인가?

2. 우리가 하나님께 영광을 돌리는 구체적인 행위가 무엇인가?

---

62) 리차드 박스터(Richard Baxter)는 일반적으로 청교도를 대표하는 저술가요 설교가로 인정되고 있는데, 이 설교는 17세 말에 출판된 6권의 청교도 설교 전집 가운데, 리차드 박스터의 설교로는 처음 나타나고 청교도 설교의 대표적인 주제 가운데 하나이기에 필자가 임의로 선정하였다. Richard Baxter, "What Light Must Shine in Our Works?" in *Puritan Sermons 1659-1689* (vol. II) (Wheaton: Richard Owen Roberts, 1981), 460-492.

박스터가 택한 본문은 의미를 파악하는데 크게 고려할 사항이 많지 않지만, 그는 나름대로 철저히 본문을 분석하고, 본문 안에서 설교의 주제와 목적을 정하였으며, 본문을 벗어나지 않고 설교가 전개되는 것을 볼 수 있다.

이상과 같이 청교도들은 철저히 본문에 근거하고 본문에 충실한 설교를 하기에 최선을 다했다. 또한 청교도들의 성경의 절대적인 권위에 대한 인정은 설교의 진행 과정에서 성경의 많은 인용으로 나타났다. 다시 말해, 그들은 당시의 유행했던 대로 설교에서 자신들의 주장을 뒷받침하고 증명하기 위해서 교부들의 글을 인용하지 않고, 성경을 신앙과 삶을 위한 유일한 자료요 규범으로 신뢰하였기 때문에 성경을 많이 인용하였던 것이다.[63] 그와 같이 청교도 설교자들은 성경을 인용함으로 자신들이 설교한 내용이 한계를 가진 한 인간에 의한 것이 아니라 영원토록 변함없는 신뢰할 수 있는 하나님의 말씀에서 기인된 것임을 드러내고자 하였다.[64]

뿐만 아니라 성경 해석에 있어서도 중세시대는 성경에서 우의적, 문자적, 유추적, 목적론적 또는 도덕론적 의미를 드러내는 소위 '4중적 해석'을 추구하였는데,[65] 청교도들은 위에서 보는 바와 같이 종교개혁자들을 따라서 그러한 다중적 의미들을 거부하고 본문을 역사적, 문법적, 문자적으로 접근함으로 본문에서 하나님의 뜻을 바르게 파악하여 바르게 적용시키는 것을 본문 해석과 설교의 목표로 하였다.[66]

---

63) 심지어 "뉴 잉글랜드의 청교도 설교자들은 유머를 회피했고, 성경에서 직접 이끌어 낸 것이 아닌 예화는 거의 포함하지 않았다"고 한다. Carden, *Puritan Christianity in America*, 170.

64) 참고. Carden, *Puritan Christianity in America*, 46-48.

65) 참고. Sidney Greidanus, *Preaching Christ from the Old Testament* (Grand Rapids: Eerdmans, 1999), 98-109; Davies, *The Worship of the American Puritans*, 117.

2. 청교도 설교의 구조적 특징

청교도 설교는 독특한 구조를 가지고 있다. 흔히 청교도의 아버지라고 불리우는 윌리암 퍼킨스의 책(The Art of Prophesying)은 당시 청교도 설교 구성의 지침을 제시하였다.[67] 퍼킨스는 바람직한 설교는 다음과 같은 구조를 가져야 한다고 주장하였다.

1) 성경에서 본문을 택해서 분명하게 읽는다.
2) 본문을 읽은 후에 문맥에 비추어 본문을 이해하게 하고 본문의 의미를 드러나게 한다.
3) 본문의 자연스러운 의미에 근거해서 몇 개의 유익한 교리를 도출하여 정리한다.
4) 바르게 도출된 교리들을 단순하고 쉬운 말로 사람들의 삶에 적용한다.[68]

---

66) 참고. Davies, *The Worship of the American Puritans*, 117-126; Ryken, *Worldly Saints*, 149-152. 제임스 패커(*Among God's Giants*, 136-143.)는 청교도들이 강조한 본문 해석의 원리를 다음과 같이 6가지로 요약하였다. 1) 성경을 문자적으로 그리고 문법적으로 해석하라. 2) 성경을 일관되게 조화적으로 해석하라. 3) 성경을 교리적으로 그리고 하나님 중심으로 해석하라. 4) 성경을 기독론적으로 그리고 복음적으로 해석하라. 5) 성경을 경험적으로 그리고 실천적으로 해석하라. 6) 성경을 신실하고 현실적인 적용으로 해석하라.

67) 참고. William Perkins, *The Art of Prophesying & The Calling of the Ministry*, 채천석 역, 『설교의 기술과 목사의 소명』 (서울: 부흥과 개혁사, 2006). 이 책은 William Perkins의 대표작이라고 할 수 있는 *The Art of Prophesying*와 *The Calling of the Ministry*를 함께 모아 번역한 것이다.

68) Perkins, *The Art of Prophesying & The Calling of the Ministry*, 115. 참고. Ryken, *Worldly Saints*, 99-100. 윌리암 퍼킨스의 생애와 사상 그리고 *The Art of Prophesying*에 대한 자세한 소개와 평가에 대해, 박영호, "윌리암 퍼킨스의 『설교의 기술』에 대한 연구," 「복음과 실천」 제 11권(2006/봄호): 119-145를 참고하라.

위와 같은 퍼킨스의 제안은 단지 이론적 제시로만 그친 것이 아니라 청교도 설교의 실제적인 전형(典型)으로 활용되었다. 대표적인 청교도 신학자인 가운데 한 사람인 페리 밀러도 그러한 청교도 설교의 표준에 동의하였다.

청교도 설교는 본문을 인용하고 가능한 한 짧게 그 본문을 설명한다. 다시 말해, 본문의 정황과 문맥 그리고 문법적 의미를 밝히고, 비유와 구문들을 쉽게 풀어주고, 본문의 논리적 의미들을 드러낸다. 그 다음에 단호하고 직설적인 문장으로 본문에 담겨져 있거나 논리적으로 본문에서 연역할 수 있는 교리를 선포한다. 그 후에 첫 번째 논증(reason) 또는 예증(proof)으로 나아간다. 계속 논증이 이어진다. 마지막 예증이 제시된 후에는 순서적으로 적용들이 이어진다. 그 다음 더 이상 말할 것이 없을 때 설교가 끝난다.[69]

간단하게 이야기하면, 청교도의 설교는 삼 단계로 구성되었는데, 그것은 '본문의 의미 파악-본문에서 교리 도출-교리의 일상적인 삶에 적용'이다.[70]

이와 같이 청교도 설교 구조에 나타난 중요한 두 가지 특징은 '교리에 대한 강조'와 '교리에 근거한 실제적인 삶에 대한 강조'였다. 물론 여기에서 교리라는 것은 엄격한 의미에서 오늘날 조직신학에서 말하는 교리라기보다는 우리가 믿고 따라야 할 '신앙의 원리'라고 하는 것이 더욱 옳은 표현일 것이다. 또한 청교도의 설교에서 교리들은 설교의 전개에 있어서 오늘날 설교의 '대지(大旨)'의 개념으로 이해해도 무방하다. 예를 들어,

---

69) Perry Miller, *The New England Mind: The Seventeenth Century* (Cambridge: Harvard University Press, 1954), 332-33.

70) 청교도 설교의 3중(또는 3단계) 구조에 대한 학자들의 견해는 거의 일치한다. 참고. Carden, *Puritan Christianity in America*, 167-70; Davies, *The Worship of the American Puritans*, 100-7; Lewis, *The Genius of Puritanism*, 87-94; Ryken, *Worldly Saints*, 99-102; Ames, *The Marrow of Theology*, 191-92.

위의 윌리엄 퍼킨스의 설교를 보면 그가 본문에서 추출했던 회개의 다섯 가지 교리가 그대로 설교의 대지가 되었다. 아무튼 청교도들의 설교에 있어서 핵심 주제는 항상 교리와 연결되어 있었고, 설교를 책으로 출판할 때 교리는 대문자 'D' 또는 'DOCT' 또는 'DOCTRINE'으로 표시하여 교리가 무엇인지 분명히 알려주는 경우가 많았다. 또한 청교도 설교는 각각의 교리(대지) 아래 그 대지를 설명하거나 논증하거나 예증하는 많은 해설 또는 논증[오늘날로 하면 소지(小旨)라고 할 수 있다]들이 있었다. 예를 들어, 리차드 박스터의 위의 설교를 보면, 첫 번째 대지에서는 네 개의 해설과 논증이 있고, 두 번째 대지에서는 20개의 해설과 논증이 있다.

뿐만 아니라 청교도들은 교리를 실제적인 삶에 적용하였다. 그들은 단지 교리만을 전하고 설명하는 것이 아니라, 그 교리에 근거해서 실제적으로 어떻게 살아야 하는지 분명히 제시하여 설교를 통해서 더욱 온전한 경건의 삶으로 인도하는 것을 설교의 목적으로 여겼다. 예를 들어, 윌리엄 퍼킨스는 위의 설교에서 회개에 대한 다섯 가지 교리를 설명한 다음에 "Now for the Use"라고 언급하면서 자신의 설교한 대지를 실제적 삶과 연관하여 설명하였다. 또한 리차드 박스터는 위의 설교에서 두 개의 대지를 논증한 후 'Use'라고 따로 구분하여 적용을 7개로 나누어 그러한 교리가 성도들의 삶속에서 어떻게 구체적으로 적용될 수 있는지 설교하였다.

이렇게 실제적인 적용을 중요시 한 청교도 설교에 대해서 로버트 뱅크스는 "자신들이 갖고 있는 조직적인 신앙을 삶의 모든 일상적인 일에 관계시키는 것이 중요하다고 진지하게 생각한 그리스도인들이 있었다면 그들은 바로 청교도들이다"라고 평가하였다.[71] 청교도들이 금욕주의자요 융통성이 없는 사람들이라고 오해를 받는 것도 성경적 생활을 강조하며 하

---

71) Robert Banks, *Redeeming the Routines: Bringing Theology to Life All the Business of Life*, 한화룡 역, 『일상생활 속의 그리스도인』 (서울: IVP, 1994), 179.

나님의 말씀을 삶 속에서 철저히 지키려는 그들의 자세 때문일 것이다.

3. 청교도 설교의 핵심 내용

청교도 설교를 특징짓는 대표적인 주제를 한 마디로 하면 '죄와 회심'
이라고 할 수 있다.[72] 청교도들은 인간은 진정한 회개가 필요한 존재이며,
죄로 부터 돌아서기 위해서 진지하게 경고를 받을 필요가 있는데,[73] 그러
한 인간들에게 죄를 깨닫게 하고 회개케 하는 수단이 바로 설교라고 생각
하였다. 이러한 죄와 회심에 대한 강조는 크게 두 가지 방향으로 전개되었
다.

하나는 오직 그리스도를 통한 구원에 관한 것이다. 청교도들은 인간은
본질적으로 부패한 죄인이기에 스스로 구원받을 수 없고 오직 그리스도를
통해 죄 용서를 받아야 한다고 하였다. 청교도들은 종교 개혁자들이 생명
걸고 외쳤던 그리스도 안에 있는 구속의 유일성과 적합성을 강조한 것이
다. 다시 말해, 청교도 운동의 뿌리는 종교 개혁이기 때문에, 청교도 설교
의 우선적 관심과 지향점은 '그리스도 중심적'이라고 할 수 있다. 대표적
인 청교도인 리차드 쉽스는 청교도의 설교 내용을 잘 대변해 주고 있다.

설교한다는 것은 그리스도의 신비한 비밀을 드러내는 것이며, 그리스도 안에
있는 것이면 무엇이든지 밝히는 것입니다. 그윽한 그리스도의 향기가 모든
사람들에게 퍼지도록 상자를 깨뜨려 여는 것이 설교입니다. 그리스도의 속성
과 성품이 무엇인지를 드러내는 것이며 그리스도께서 하신 일을 밝히는 것입

---

72) 알렌 카든은 17세기 동안의 뉴잉글랜드의 청교도 설교를 주제별로 분석하였
는데, 다섯 가지 주제가 대표적인 것이었다고 하였다. 즉, 1) 죄 문제, 2) 거룩한 삶
의 소명 3) 구원의 소명 4)그리스도의 인격과 사역 5) 교회와 가정에서의 가족 관계
들이 순서적으로 많이 등장하였다고 하였다. Carden, *Puritan Christianity in
America*, 178-82.

73) Hindson, *Introduction to Puritan Theology*, 27-28.

니다.[74]

제임스 패커도 청교도 설교의 내용에 대해서 다음과 같이 정리하였다.

청교도 설교는 '그리스도와 십자가에 달리신 그리스도' 주위를 맴돌았다. 왜
냐하면 그것이 성경의 중심이기 때문이다. 설교자의 임무는 하나님의 모든
의도를 선포하는 것이다. 그런데 십자가가 그 의도의 중심이다. 청교도들은
성경의 여행자는 갈보리라고 부르는 언덕을 시야에서 놓치자마자 바로 길을
잃게 된다는 것을 알고 있었다.[75]

다른 하나의 방향은 명목적인 신앙생활에서 벗어나 구원받은 자로서의
합당한 거룩한 삶에 대한 강조다. 청교도들은 하나님 백성으로 경건하고
성화된 삶을 위해 죄에 대항하여 투쟁하고 철저하게 회개해야 한다고 하
였다. 그래서 자주 그들은 진지하고 그리고 직접적으로 죄를 지적하였고,
죄에 대해 민감하기를 강력히 촉구하였다. 뿐만 아니라 청교도들은 이원
론적인 사고로 단지 신앙생활과 교회 생활에만 관심을 두지 않고 설교를
통해 노동, 결혼과 성, 돈, 가정, 성경, 교육, 사회 활동 등 삶의 모든 국면
에서 성경적인 바른 삶의 양식을 제시하였다.[76] 그들은 거룩한 것과 세속
된 것을 따로 구분하지 않았고 삶 전체를 통전적으로 이해하며 모든 삶을
통해 하나님께 영광을 돌리도록 요구하였다.[77] 그래서 하나님 뜻에 합당
한 사회를 세우고자 하였다.

다음으로, 청교도들은 구원과 신앙인의 삶과 관련하여 하나님의 주권

---

74) Lewis, *The Genius of Puritanism*, 94에서 재인용.
75) Packer, *Among God's Giants*, 397.
76) 참고. Ryken, *Worldly Saints*.
77) 원종천, 『청교도 언약 사상: 개혁 운동의 힘』, 276; Packer, *Among God's Giants*, 22-28.

과 은혜를 강조하였다. 칼빈의 신학 전통을 이어받았기 때문에, 그들은 하나님께서는 자신이 원하시는 사람을 자신이 기뻐하시는 뜻대로 구원하시는 권리를 가지고 계시며, 구원사역에 있어서 인간이 할 수 있는 것이 아무 것도 없다는 것을 확신하였다.[78] 하지만 거기에 머무르지 않고, 침체되어 있는 영국 교회를 개혁(reformation)하고 성도들의 영적인 삶의 갱신(renewal)을 위해 인간의 책임과 역할을 함께 강조하였다. 물론 이로 인해 종교 개혁의 핵심적인 가르침 가운데 하나인 "하나님의 은혜로 말미암은 오직 믿음을 통한 구원"에 대한 진리를 약화시키지는 않았다.[79] 다시 말해, 청교도들은 하나님의 은혜와 주권을 강조함과 동시에 역시 성경에서 중요한 비중을 차지하고 있는 하나님의 백성으로서의 거룩한 삶 또는 경건한 삶을 위해 끊임없이 노력하도록 도전하고 권면하였다.[80] 그래서 제랄드 크랙은 청교도 설교는 "하나의 중심을 가진 원이라기보다는 오히려 두 개의 초점을 가진 타원"으로 그려져야 한다고 했다.[81]

4. 철저하게 준비된 설교

청교도들은 효과적이고 능력 있는 설교를 위해서 하나님의 주권과 은혜를 철저하게 신뢰하였지만 설교자의 철저한 준비를 함께 강조하였다.

---

78) Ryken, *Worldly Saints*, 14; Hindson, *Introduction to Puritan Theology*, 26-27.

79) 원종천, 『청교도 언약 사상: 개혁 운동의 힘』, 24; 임희완, 『청교도: 삶, 운동, 사상』. 이러한 청교도 관점은 그들의 독특한 언약 사상에 근거하였다. 대체적으로, 청교도는 인간의 역할과 책임을 더욱 강조하는 츠빙글리-불링거보다는 하나님의 은혜와 주권을 강조하지만 인간의 책임과 의무를 무시하지 않는 칼빈의 전통에 더욱 가깝다고 평가된다. 이에 대한 자세한 것은 원종천, 『청교도 언약 사상: 개혁 운동의 힘』, 15-29을 참고하라.

80) 원종천, 『청교도 언약 사상: 개혁 운동의 힘』, 69.

81) Gerald Cragg, *Puritanism in the Period of Great Persecution*, 1660-1688 (Cambridge: The University Press, 1957), 202.

무엇보다도 먼저, 청교도들은 스스로 경건한 설교자가 되기에 최선을 다했다. 즉 설교자 자신의 준비이다. 청교도들은 교회를 돌보는 것보다 물질과 명예만 추구하며 방탕한 생활을 하던 당시 국교회목사들에 대한 반동으로 그리고 효과적인 설교를 위해 경건 생활의 실천을 역설하였다.[82] 존 오웬은 "자신의 영혼에 설교한 설교라야 다른 사람에게 훌륭하게 설교하게 된다. 만인 말씀이 우리 안에 능력으로 거하지 않는다면 우리에게서 능력으로 전달되지 않을 것이다"라고 목소리를 높였다.[83] 또한 리차드 박스터는 목회자가 다음의 내용으로 자아 성찰을 해야 한다고 하였다.

1) 구원의 은혜의 역사가 자신의 영혼 안에서 온전히 이루어지고 있는지 보라.
2) 자신이 은혜의 상태에 있음을 만족하지 말고, 그 은혜가 활기차고 열정적으로 활동하고 있는지 보라.
3) 행동이 자신의 가르침과 배치되지 않는지 보라.
4) 다른 사람의 죄는 지적하면서 자신은 혹시 그런 죄에 빠져 있지 않는지 보라.
5) 자신의 사역에 필요한 자격 요건을 갖추기 꺼려하지는 않는지 보라.[84]

이와 같이 청교도들은 그들이 선포한 말씀과 일치하는 삶을 사는 경건한 설교자가 되기 위해서 말씀을 묵상하고 기도하는 일에 전력을 다하였으며, 매일 일기를 쓰면서 자신들의 삶을 돌아보았다.[85]

---

82) 이에 관한 청교도들의 직접적인 언급을 위해서 Ryken, *Worldly Saints*, 93을 참고하라.
83) Owen, *The Works of John Owen* (vol 16), 76.
84) Richard Baxter, *The Reformed Pastor*, 최치남 역, 『참 목자상』 (서울: 생명의말씀사, 2003), 35-62.
85) Carden, *Puritan Christianity in America*, 182.

다음으로 청교도들은 자질과 실력을 갖춘 설교자가 되어야 한다고 했다. 당시 영국 국교회들의 학적인 수준이 형편없었기 때문에,[86] 미신과 무지로 오염된 영국 교회를 개혁하기 위해 청교도들은 설교자의 학문적 자질을 중요시하고 강조하였다. 웨스트민스터 대요리 문답 제 158문에서는 설교자의 자격을 "하나님의 말씀은 충분한 은사를 가졌을 뿐 아니라 정식으로 공인되고 이 직분에 부름을 받은 자"로 규정하였다. 또한 웨스트민스터 예배모범은 "설교의 막중한 소임을 수행함에 있어서 설교자는 성경의 원어를 비롯하여 문학과 과학, 성경과 신학의 지식, 성도들의 삶의 장에 대한 이해와 공감 등에 대한 탁월한 은사를 가져야 한다"고 규정하였다. 실재로 청교도들의 학적 수준이 대단하였다. 대부분 영국의 청교도 설교자들과 뉴잉글랜드를 세운 초기 개척자들은 옥스포드 대학이나 캠브리지 대학에서 신학 수업을 받은 이들이었고, 신대륙에 도착한 후에도 불과 6년 만에 보스톤에 하바드 대학을 세워 학문이 겸비된 목사를 배출하고자 하였다.[87]

세 번째로, 청교도들을 설교를 위해 최선의 준비를 하였다. 한 편의 설교를 위해 3일을 바쳤던 토마스 세퍼드(Thomas Shepard)는 "하나님은 일주일 내내 세상 일에 묻혀 살다가 토요일 오후에서야 서재로 가서 설교를 준비하는 자를 저주할 것이다. 그 때에는 너무 늦어서 기도하거나 울수 있는 충분한 시간이나 마음을 조정할 시간적인 여유도 없기 때문이다"라고 경고하였다.[88] 청교도들은 설교를 목회 사역의 가장 중요한 영역으

---

86) 존 후퍼의 조사에 따르면, 당시의 311명 가운데 171명이 십계명을 암송하지 못했고, 그 가운데 33명의 십계명이 성경의 어디에 있는지 몰랐다. 30명은 주기도문이 성경의 어디에 있는지 몰랐고, 27명은 누가 주기도문을 만들었는지도 몰랐으며, 10명은 주기도문을 암송하지 못했다고 하였다. Ryken, *Worldly Saints*, 96에서 재인용.

87) Ryken, *Worldly Saints*, 97; 오덕교, "청교도와 교회 개혁의 방편으로서의 설교," 445.

로 인정하였기에 설교 준비를 위해 많은 시간을 투자하고 최선의 준비를
한 것은 너무도 당연한 일이 아닐 수 없다.

5. 설교의 전달: 성령의 역사하심에 의존한 평이하고 열정적인 설교

청교도들은 모든 사람들이 이해할 수 있도록 쉽고 단순하게(plain
style) 설교하는 것을 추구하였다. 청교도들은 교부들의 글들을 인용함으
로 설교를 짜깁기하고, 라틴어나 헬라어를 많이 사용함으로 허세를 부리
고자 했던 영국 국교도들의 설교체를 배격하였다.[89] 윌리엄 에임스는 "지
식자들에게만 알려진 이야기나 사람들이 이해하지 못하는 라틴어, 헬라어,
히브리어 단어들과 문장들은 청중들에게 혼란을 일으킨다고 말하면서 결
코 설교에 포함되어서는 안 된다"고 하였다.[90]

또한 그는 어렵게 설교하는 설교자들을 비난하면서, "회중이 기억하기
에 어렵게 설교해서는 안 된다.… 회중이 설교의 요지를 기억해서 후에 가
족들과 사적으로 그것을 복습할 수 있도록 해야 한다. 이렇게 되어 지지
않으면, 설교를 통해서만 하나님의 교회가 누릴 수 있는 가장 위대한 열매
의 한 부분을 잃고 만다"고 외쳤다.[91] 리차드 박스터도 "설교자가 일부러
이상한 용어들을 써서 내용을 모호하게 하는 것은 가르치는 시늉만 할 뿐
자신의 생각은 숨기는 것"이라고 하면서 "만약 다른 이들에게 어떤 내용
을 쉽고 명료하게 설명할 수 없다면 이는 우리가 아직 그것을 제대로 소화

---

88) Babette May Levy, Preaching in the First Half Century of New
England History (Hartford, Connecticut: The American Society of Church
History,1945), 82. 오덕교, "청교도와 교회 개혁의 방편으로서의 설교," 447에서
재인용.
89) Ryken, Worldly Saints, 105; Davies, The Worship of the American
Puritans, 97-98.
90) William Ames, The Marrow of Theology, 194.
91) William Ames, The Marrow of Theology, 194.

하지 못했다는 표징"이라고 역설하였다.[92] 그러니까 청교도들은 준비할 때는 철저히 어렵게 준비하지만 전달은 또 다른 영역으로 쉽게 모든 사람들이 이해할 수 있도록 전달되어야 한다고 했다. 준비할 때와 전할 때에 접근 방식이 달라야 하는 것에 대해 사무엘 루터포드 "냄비는 죽을 담는 데 사용하는 것이 아니라 끊이는데 사용되는 것이다"라고 비유적으로 설명하였다.[93] 라이큰은 청교도들이 모든 사람이 이해할 수 있도록 쉽게 설교해야 한다고 주장한 것은 다음과 같은 신념에서 기인한 것으로 평가하였다.

1) 소위 '젠체하는 설교'는 회중의 관심을 설교 내용에서 설교자에게로 돌린다고 믿었기 때문이었다.
2) 청교도들은 설교를 통하여 사회의 모든 계층의 사람들에게 다가가고 싶은 열망이 있었기 때문이었다.
3) 설교의 궁극적인 목적은 미학적인 탁월함에 있는 것이 아니요 영적인 교화에 있다는 신념 때문이었다.[94]

뿐만 아니라, 청교도들은 강단에서 최선을 다해 열정적으로 설교했다. 설교에 있어서 열정적 전달은 박스터의 유명한 말에서 확인된다.

절대로 다시 설교하지 않을 것이 확실한 것처럼,
그리고 죽어가는 사람이 죽어가는 사람들에게 하는 것처럼
(As never sure to preach again,

---

92) Baxter, *The Reformed Pastor*, 128.
93) Davies, *The Worship of the American Puritans*, 98에서 재인용.
94) Ryken, *Worldly Saints*, 103-4. 피터 루이스는 쉽고 단순 명료한 설교 스타일은 청교도들을 위대한 설교자로 만든 요인 가운데 하나라고 하였다. 만일 청교도 설교자들이 끊임없이 라틴어 풀이에 열중했거나 문장이 어디서 끝났는지도 모르게 또는 이중의 뜻이 들어 있는 애매모호한 용어들을 사용했다면 그와 같은 명성을 결코 얻지 못하였다는 것이다. Lewis, *The Genius of Puritanism*, 88.

And as a dying man to dying men.)

청교도들은 바른 지식으로 많이 연구하여 설교하는 설교의 지적인 부분을 추구했지만, 긴박성을 가지고 격렬하게 그리고 간혹 애원하는 어조로 마음과 의지에 뜨겁게 호소하였다.[95]

이와 같이, 청교도들은 최선의 노력을 다하여 준비하고 가능한 한 모든 사람들이 이해하도록 쉽게 전달하고 열정적으로 복음을 선포하였지만 궁극적으로 열매를 맺게 하시는 분은 성령님이심을 철저하게 인정하였다. 그들은, 리처드 쉽스가 "하나님의 거룩한 말씀의 설교는 성령님의 사역이다"라고 단호하게 말하였던 것처럼,[96] 설교의 효과와 능력은 설교자의 영역이 아니고 오직 성령의 나타나심과 능력으로 가능하다고 믿었다. 윌리엄 거어널(William Gurnall)의 말은 당시의 설교자의 자세를 잘 보여준다.

하나님께서는 그대를 보내사 만나게 하는 자들을 회심시키는 일을 그대에게 맡기지 않으신다. 회심의 때를 정하는 것은 인간이 하는 것이 아니라 하나님께서 하시는 것이다. 그대의 의무는 복음을 공포하는 것이다. 하나님께서는 자신의 종들의 수고의 성공으로 판단하시지 않고 자신의 메시지를 전하는 충성으로 판단하신다.[97]

III. 한국 교회 강단을 향한 청교도 설교의 도전과 교훈

이상에서 우리는 종교 개혁의 대표적인 열매요 실제적 모델인 청교도

---

95) Carden, *Puritan Christianity in America*, 170.
96) Ryken, *Worldly Saints*, 103.
97) Packer, *Among God's Giants*, 394에서 재인용.

와 청교도 설교의 특징들을 살펴보았다. 청교도들은 성경의 권위와 설교의 능력이 상실되었던 상황에서 말씀의 권위를 회복하고 설교를 통해 교회와 사회를 개혁하고자 하였다. 필자는 청교도들이 살았던 시대와 마찬가지로 오늘날 한국 교회도 본질의 회복을 위한 개혁이 필요하다고 생각한다. 또한 청교도들이 추구했던 것과 같이 교회 개혁의 중심에 설교가 있다고 확신한다. 물론 청교도 설교가 오늘날 우리가 따라야 할 완벽한 설교의 모델을 제시한다고 생각지는 않는다. 그들에게 부족한 부분도 있었고 한계도 있었다. 하지만 청교도 설교는 오늘날 한국 교회의 강단에 많은 교훈과 도전을 준다. 간단히 요약하면 다음과 같다.

무엇보다도 먼저, 청교도들은 설교를 통해 당시 기독교의 본질이 희미해지고 변질되는 상황에서 기독교의 본질을 회복하고자 최선을 다했다. 청교도들과 같이 한국 교회의 설교자들도 '기독교의 본질을 분명히 제시하는 설교'를 통해 교회가 교회다운 모습을 되찾아야 할 것이다.

두 번째로, 청교도들은 본문의 바르고 철저한 해석에 근거한 성경적인 설교를 하고자 최선을 다했다. 청교도들처럼, 오늘날의 설교자들도 성경의 권위를 온전히 인정하고, '본문의 깊이 있는 연구와 분석'을 통해 하나님의 뜻을 바르게 전해야 할 것이다.

세 번째로, 청교도들의 설교는 교리와 적용이 균형을 이루는 설교였다. 하지만 위에서 지적한 것처럼 오늘날 한국 교회에서는 적용 중심의 설교, 흥미 위주의 설교가 대세를 이루고 있다. 하지만 장기적으로 교회의 정체성을 온전히 유지하기 위해서 '교리 설교'는 필수적이다. 청교도들의 설교는 이 부분에서 좋은 모범을 보여주고 있다.

네 번째로, 청교도 설교는 신앙과 삶을 이원론적으로 접근하지 않고 통전적으로 접근하였다. 청교도들처럼 신앙생활 뿐 아니라 사회적 삶과 책임에 대한 강조하고 성경의 원리에 근거한 구체적인 삶의 방향을 제시하는 '균형 잡힌 설교'는 한국 교회에 절대적으로 필요하다.

다섯 번째로, 청교도 설교의 대표적인 주제는 죄와 회심에 대한 것이었다. 위에서 언급한 것처럼 오늘날 한국 교회의 강단은 성도들의 비위를 상하지 않게 하고 상처를 감싸주는 설교에 치중하고 있다. 물론 격려와 위로도 필요하다. 하지만 때로는 온전한 치유를 위해서 상처를 도려내는 아픔도 감내해야 한다. '죄를 지적하고 회개를 촉구하는 설교'도 한국 교회의 설교에 절실히 요구된다.

마지막으로, 청교도들은 교회와 성도들을 위해 설교를 가장 중요하고 고귀한 사역으로 생각하고 설교에 목숨을 걸었다. 청교도들과 같이 오늘날 설교자들도 교회의 부흥과 회복을 위한 최고의 수단과 도구요, 목회 사역에서 '최고의 우선순위'로 여기고 철저하게 설교를 준비하고 확신과 열정으로 하나님의 말씀을 전해야 할 것이다.

제 2 부
설교의 형식

제5장 주제 설교(Topical Preaching)

제6장 내러티브 설교(Narrative Preaching)

제7장 강해 설교

전통적으로 설교의 형식은 크게 주제 설교(Topical Preaching),[1] 본문 설교(Textual Preaching) 그리고 강해 설교(Expository Preaching)로 분류되어 왔다.[2] 그러나 학자들에 따라 분류에 대한 기준이 일치하지 않는다. 예를 들어, 존 바우만(John D. Baumann)은 주제 설교는 어떤 주제에 대해서 설명하는 설교, 본문 설교는 짧은 본문에 근거한 설교, 그리고 강해 설교는 긴 본문에 근거한 설교라고 하였다.[3]

로날드 알렌(Ronald Allen)은 강해 설교는 본문의 해석에서 출발하여 성도들의 상황과 필요를 고려하는 설교이고, 주제 설교는 어떤 주제가 복음의 빛 아래서 해석되고 설명되는 설교라고 하였다.[4] 데이비드 라센(David L. Larsen)은 본문 설교는 설교의 윤곽 또는 설교의 대지가 대개 1-2절의 짧은 본문에서 나오는 설교이고, 강해 설교는 대지는 물론이고 소지까지 본문에서 나오는 설교라고 하였다.[5]

---

1) 일반적으로 '주제 설교'와 '제목 설교'는 상호 교환적으로 사용되고 있으나 필자는 제목 설교보다는 주제 설교라는 용어를 더 선호한다. 그것은 이 분류에 속하는 설교는 제목보다는 주제에 대해 관심이 있는 설교이기 때문이다.

2) 설교는 다양한 관점과 방향에서 분류될 수 있다. 마크 엘리엇(Mark B. Elliott)과 로날드 알렌(Ronald Allen)은 설교의 내용이나 설교의 형식에 근거하여 다양하게 설교를 분류하고 그 실제적인 예들을 제시하였다('대화 설교,' '상담 설교,' '치유 설교,' '찬송 설교,' '전도 설교,' '역할 설교,' '흑인 설교,' '인물 설교,' '교리 설교,' '예언자적 설교,' '구속사적 설교' 등등). Mark B. Elliott, Creative Styles of Preaching, 성종현 역, 『당신의 설교는 창조적입니까』 (서울: 그루터기 하우스, 2001); Ronald Allen, Patterns for Preaching, 허정갑 역, 『34가지 방법으로 설교에 도전하라』 (서울: 예배와 설교 아카데미, 2004).

3) John D. Baumann, *An Introduction to Contemporary Preaching* (Grand Rapids: Baker Book House, 1972), 101-3. 제임스 브래가(James Brage)도 거의 같은 입장을 취했다. 브래가는 "주제 설교란 본문과는 상관없이 주제로부터 대지를 뽑아내는 설교이고, 본문 설교는 적은 분량의 성경 본문에서 대지들을 뽑아내는 설교를 말하고, 강해 설교는 다소 넓은 범위의 성경 본문을 한 주제나 중심 사상을 가지고 해석하는 설교를 의미한다."고 하였다. James Brage, *How to Prepare Bible Message* (Sisters: Multnomah Publishers, 1969), 19-100.

4) Ronald J. Allen, *Preaching the Topical Sermon*, 김창훈 역, 『강단의 비타민: 주제 설교의 재발견』 (서울: 솔로몬, 2010), 17-27.

하지만 지금까지 설교의 한 형태로 분류되는 '본문 설교'는 위에서 본 바와 같이 대체적으로 1-3절의 짧은 본문에 근거한 설교로 이해되고 있으나, 그것은 옳은 기준이 아니라고 판단된다. 왜냐하면, 설교의 형태는 본문의 길이에 의해서 결정되는 것이 아니라 설교의 내용 또는 전개 방식에 의해서 결정되어야 하기 때문이다.[6] 본문 설교는 말 그대로 본문에 충실한 설교여야 한다. 그렇다면, 흔히 '본문 설교'라고 분류되는 것은 강해 설교에 포함되어야 한다.[7] 그러나 '본문 설교'로 인정되는 설교 가운데 본문에서 주제만을 정하고 본문의 모든 부분에 대한 철저한 해석이 없거나 설교의 내용과 구성이 본문의 모든 부분을 반영하지 않으면 그것은 주제 설교로 분류되어야 한다.

따라서 필자는 설교의 형식은 크게 '주제 설교'와 '강해 설교,' 그리고 최근에 새롭게 부각된 '내러티브 설교(Narrative Preaching)'의 세 가지로 분류하는 것이 바람직하다고 생각한다. 필자의 견해를 간단히 피력하면, 주제 설교는 어떤 주제에 대해 집중하여 그 주제를 설명하거나 설득하거나 증명하는 설교이고, 강해 설교는 본문의 철저한 해석과 설명에 근거한 설교이며, 내러티브 설교는 이야기, 플롯(또는 기승전결의 구조), 귀납적 접근을 강조하는 설교라고 할 수 있다. 이제 각각에 대해서 좀 더 구체적으로 살펴보자.

---

5) David L. Larsen, *The Anatomy of Preaching* (Grand Rapids: Baker Book House, 1992), 31-3.

6) Al Fasol, "Textual Preaching," in Michael Duduit(ed.), *Handbook of Contemporary Preaching* (Nashville: Broadman, 1992), 77-83.

7) Sidney Greidanus, *The Modern Preacher and the Ancient Text* (Grand Rapids: Eerdmans, 1988), 123

제5장

주제 설교(Topical Preaching)[1]

1980년대 초반까지 한국 교회의 강단은 주제 설교가 주류를 이루었다. 그런데 최근 들어 주제 설교는 그다지 인기도 없고 별다른 효과도 기대할 수 없는 설교 형식으로, 심지어 비성경적인 설교로까지 평가되고 있다. 장두만은 주제(제목) 설교를 '도약대식 설교(Jumping Board Sermon: 설교를 시작하기 위해 성경 본문을 사용하기는 하지만 일단 설교가 시작되고 나면 본문은 전혀 쓸모없게 되어버리는 설교)' 라고 하면서 다음과 같이 평가하였다.

이제 성도들은 제목 설교에 식상해 있다. 성도들이 교회에 가는 이유는 목사의 개인적인 견해나 단순한 종교적 담화를 듣기 위해서가 아니다. … 제목 설교 시대는 점점 소멸 되어가고 있다. 19세기 이전은 전반적으로 제목 설교의 시대요, 20세기는 제목 설교와 강해 설교의 혼재기요, 만일 주님이 더디 오시면 21세기는 강해 설교의 시대가 될 것이다. 이제 설교자는 빨리 새로운 시대에 적응해야 한다.[2]

또한 리처드 메이휴(Richard L. Mayhue)는 "주제 설교나 본문 설교는 하나님의 말씀을 본문의 문맥에 비추어 바르게 해석하고, 이해하고, 설

---

1) 본장은 「신학지남」 282(2005/봄호): 156-182에 "주제 설교의 이해"로 게재된 논문을 많은 부분 수정 보완한 것이다.
2) 장두만, 『(다시 쓰는) 강해 설교 작성법』 (서울: 요단, 2000), 33.

명하고, 적용하려는 데에 진지한 노력을 기울이지 않았다."3)고 진단하였다. 물론 이러한 평가들이 전혀 틀린 것은 아니다. 실제로 강단에서 행해지는 주제 설교가 이러한 모습을 보이고 있는 것은 부인할 수 없기 때문이다. 그러나 그것이 주제 설교의 진면목이 아니고, 오히려 온전한 주제 설교를 위해서 경계해야 하고 피해야 할 함정들이다.

뿐만 아니라 많은 사람들이 주제 설교를 단지 한국 교회에서 전통적으로 활용되어 온 소위 '삼대지 설교' 정도로만 이해하고 있다. 그래서 주제 설교는 성경에 대한 깊은 해석과 설명이 부족한 설교, 또한 연역적인 접근 방법이기 때문에 전달 면에서 효과적이지 못한 설교로 판단되어 왔다. 이러한 오해 속에서 80년대부터는 주제 설교의 대안으로 본문에 충실한 강해 설교가 한국 교회 설교자들의 최고의 관심사가 되었고, 최근에는 효과적인 전달을 위해서 내러티브 설교에 대한 관심이 고조되고 있다. 그러나 주제 설교는 단순히 삼대지 설교 정도로만 이해되어서는 안 된다.

필자는 최근에 주제 설교가 강단에서 천대받게 된 가장 대표적인 이유는 주제 설교에 대한 잘못된 지식과 오해에서 비롯된 것이라고 생각한다. 하지만 주제 설교가 잘못 실행되어 왔고, 또한 실제로 부작용이 있었다고 하더라도 그 방법 자체가 무시되거나 천대받아서는 안 된다. 이것은 마치 잘못된 강해 설교를 대상으로 강해 설교를 평가하면서 피해야 할 설교 형식으로 강해 설교를 지목하는 것과 같은 것이다. 본 장에서는 주제 설교가 어떻게 이해되어야 하며, 주제 설교가 왜 필요한지, 그리고 어떤 주제를 가지고 어떻게 주제 설교를 할 수 있는지 살펴보고자 한다.

---

3) Richard L. Mayhue, "강해 설교의 재발견," in John MacArthur & the Master's Seminary Faculty(eds.), *Rediscovering Expository Preaching*, 김동완 역, 『강해 설교의 재발견』 (서울: 생명의 말씀사, 1993), 34.

I. 주제 설교란 무엇인가?

주제 설교는 몇 가지 관점에서 이해될 수 있는데, 강해 설교와 비교하면 좀 더 쉽게 정리될 수 있다.

첫째, 설교 주제와 목표의 관점에서 보자. 강해 설교는 본문에서 설교의 주제와 목표가 정해지는데 반하여, 주제 설교는 대체로 성도들의 필요와 관심과 상황에 근거해서 설교의 주제와 목표가 정해진다. 물론 때때로 성경 본문에서 주제 설교의 주제가 나올 수도 있다. 그런데 그것은 어떤 본문에서 중요한 이슈가 등장할 때, 그 문제를 다루기 위해서 그 본문 자체에 전적으로 집중하지 않고 성경의 여러 본문을 함께 참조하는 경우이다.[4]

둘째, 설교 내용의 구성과 전개의 관점에서 보자. 강해 설교는 본문의 구조와 내용에 근거해서 설교가 구성되고 전개되는데 반하여, 주제 설교는 주제를 중심으로 설교가 구성되고 전개된다.

셋째, 설교 준비의 관점에서 보자. 강해 설교는 본문에서 출발하여 성도의 신앙과 삶 또는 세상(의 이슈)에 적용하는데 반하여, 주제 설교는 성도의 신앙과 삶 또는 세상(의 이슈)에서 출발하여 그것을 복음 또는 성경 전체의 빛 아래에서 해석한다.[5]

그러므로 주제 설교는 '선택된 본문의 모든 부분을 집중해서 자세히 다루어야 한다는 부담감을 갖지 않고, 또한 성경 본문의 구조나 내용에 크게 얽매

---

4) 이때는 그 본문의 구체적인 주석과 설명보다는 본문의 핵심적인 부분만 설명하고 성경 전체의 관점 또는 복음의 관점에서 그 문제에 대한 결론(하나님의 뜻)을 찾는다. 이런 형식의 설교를 일부 학자들은 '본문-주제 설교(Textual-topical sermon)'로 분류하기도 한다.

5) Ronald J. Allen, *Preaching the Topical Sermon*, 김창훈 역, 『강단의 비타민: 주제 설교의 재발견』 (서울: 솔로몬, 2010), 19-27.

임 없이 설교자가 성도들의 신앙과 삶이나 사회적 문제를 주제로 정하고, 그 주제를 복음과 성경 전체의 빛 아래에서 조명하여 설명하는 설교' 라고 할 수 있다.6)

II. 주제 설교가 필요한 경우

주제 설교는 크게 두 가지 경우에 필요하다.

먼저 어떤 주제에 대해서 하나의 본문이 만족할 만한 답을 제시하지 못하거나, 또는 본문에 언급된 어떤 특별한 주제에 대해서 체계적으로 설명하고 적용하기 원할 때이다. 이러한 때는 하나의 본문에 집중하기보다 복음 또는 성경 전체의 빛 아래에서 여러 본문을 참조함으로써 그 주제에 대한 결론을 제시할 수 있다. 예를 들어, 다음과 같은 내용이 주제 설교의 주제가 될 수 있다.

1. 성경의 핵심적인 주제들: 복음의 내용, 복음의 본질, 기도, 성경, 교제, 전도, 예배, 선교, 사랑 등
2. 교리적인 주제들: 성령론, 기독론, 신론, 교회론, 종말론 등
3. 성도들의 신앙과 삶에 관계된 문제들: 술, 담배, 제사, 결혼, 이혼 등
4. 사회적 문제들: 전쟁, 사형제도, 안락사, 유산, 동성연애, 인간복제, 환경 문제 등

또 다른 경우는 교회의 절기 및 행사의 경우 또는 국가나 사회적으로 특별한 사건이 발생하거나 특별한 상황이 전개될 때이다. 예를 들어, 대형 홍수나 화재와 같은 재해가 생기거나, 9.11 테러와 같이 사회적으로 파장

---

6) Francis C. Rossow, "Topical Preaching," in Michael Duduit(ed.), *Handbook of Contemporary Preaching* (Nashville: Broadman, 1992), 84-91.

을 가져온 사건 등이 발생하거나, '00게이트'와 같은 여러 부정적인 사건들이 연이어 사회적 문제가 될 때 등이다. 이러한 때는 그 상황에 맞는 주제를 선택하여 하나의 본문에 크게 구애받지 않고 성경 전체의 빛 아래서 또는 복음의 관점에서 그 주제에 대해 설교하는 것이 더욱 적합할 수 있다.

이외에도 주제 설교의 주제는 성경, 성도의 삶, 설교자의 경험, 독서, 사회의 이슈 등을 통해서 다양하게 발견될 수 있다.

III. 주제 설교를 작성하는 기본 원리들

1. 주제와 관련된 성경 구절들을 찾고 의미를 파악한다.
2. 주제와 관련된 서적, 설교집, 논문, 기타 관련 자료 들을 충분히 읽고 검토한다.
3. 주제와 관련하여 언급하고자 하는 내용들을 무작위로 써 본다.
4. 수집된 자료들을 브레인스토밍 과정을 거쳐 우선 순위를 따져서 아웃 라인을 작성한다.
5. 자료들을 적절하게 배치한다. 때로 여러 부분에서 필요한 자료나 내용이 있을 때는 최고의 효과를 낼 수 있는 곳에 배치한다.
6. 아웃 라인 각 부분과 관련하여 분명한 성경적/신학적 근거를 확보해야 한다.
7. 중요한 모든 부분에서 충분하고 납득할 만한 설명(이유와 근거)이 있어야 한다.
8. 필요한 모든 부분에서 예증(예화, 보조 자료, 통계 등)이 있을 때 설득력이 있다.
9. 예상 가능한 반론에 대해서도 충분한 설명이 있어야 한다.

10. 설교 구성의 6가지 원칙(통일성, 논리성, 독립성, 명확성, 비율, 진전)[7]에 근거하여 설교를 작성해야 한다.

IV. 주제 설교에 있어서 주의할 점

주제 설교를 행함에 있어서 우리가 주의하여 할 여러 가지가 있다.

첫째, 설교하고자 하는 주제가 강단에서 다루어야 할 만큼 비중이 있는 것인지, 그리고 그 주제에 대한 논의가 성도들에게 유익한지를 고려해서 잘 선택해야 한다. 그렇지 않으면 설교가 종종 성도들에게 불필요한 혼란과 오해와 분쟁을 가져오기도 한다.

둘째, 선택된 주제는 반드시 성경적 관점에서 다루어져야 한다. 본문에 대한 부담이 없음으로 인해, 주제 설교가 단순히 시사적인 담론이나 윤리를 위한 에세이나 삶을 위한 교양강좌가 되어서는 안 된다.

셋째, 어떠한 경우도 본문의 의미가 왜곡되지 말아야 하고 설교자의 주장을 위해 본문이 오용되지 말아야 한다. 선택된 본문이 철저하게 분석되고 해석되지는 않았다고 할지라도, 해당되는 구절은 문법적, 문학적, 역사적 문맥을 고려함으로 바르게 해석되어 그 주제에 대한 바른 관점이 제공되어야 한다.[8]

넷째, 주제 설교는 단지 방향이나 접근방법이 다를 뿐, 다른 설교 방법들과 동일한 설교의 목적을 가지고 있다는 사실을 명심해야 한다. 그러므로 주제 설교도 성경에 있는 하나님의 뜻을 전달하고 구체적으로 적용을 제시함으로 청중들에게 신앙적으로 '지·정·의'의 측면에서 변화와 성숙을

---

7) 이와 관련하여 본서의 11장 설교 작성을 참고하라.
8) Allen, *Topical Sermon*, 23. 물론 모든 설교에서 이 부분이 중요하지만 특히 주제 설교에서는 더욱 신중을 기해야 한다.

줄 수 있어야 한다. 또한 믿지 않는 사람이 주님께 돌아오며 성도들이 신앙과 삶에 대한 바른 가치관을 가짐으로 신앙의 성숙을 이루고, 나아가 회중의 신앙과 삶에서 회복과 변화가 나타나야 한다.

마지막으로 설교자는 그 문제에 대해 충분한 지식이 있어야 한다. 예를 들면, 교회사에서 그 문제가 어떻게 해석되었는지, 그 문제에 대한 상반된 신학적 입장이 있는지, 그 문제에 대한 교단의 입장은 어떠한지, 그 문제에 관하여 일반 사람들의 견해는 무엇인지 등이 조사되어야 한다.[9] 그렇기 때문에 충분한 연구를 위해서는 주제 설교가 미리 계획되어 준비되어야 할 뿐 아니라, 평소에도 이를 위해서 다양한 문제와 이슈들에 대한 꾸준한 관심과 연구가 필요하다.

V. 주제 설교의 장점

만약 앞에서 언급한 주의해야 할 사항들이 잘 지켜졌다고 할 때, 주제 설교는 다음과 같은 여러 가지 장점을 가지고 있다.

1. 주제 설교는 실질적인 성도들의 필요를 채울 수 있다. 물론 성도들의 필요가 다른 설교 방법을 통해서도 채워질 수 있겠지만, 주제 설교는 훨씬 더 쉽고 분명하게 성도들의 필요를 채워줄 수 있다.[10]

2. 주제 설교는 필요 중심적이기 때문에, 다시 말해 주제가 대체적으로 성도들이 궁금해 하는 부분이고 또는 그들의 신앙과 삶에 실제로 필요한 부분이기 때문에, 성도들이 보다 더 설교에 집중하게 된다.

3. 성도들이 기독교인으로서 자신의 삶과 세상과 주변의 문제들에 관해서 어떻게 생각하고 행동해야 하는지에 대한 성경적 가치관과 세계관을

---

9) Allen, *Topical Sermon*, 71-118.
10) Rossow, "Topical Preaching," 86-8.

분명히 가르쳐 줄 수 있다.

4. 성경의 중요한 교리나 주제들을 체계적으로 정리할 수 있다.[11]

물론 강해 설교나 내러티브 설교가 이런 부분에 결정적인 약점이 있다거나 이런 부분의 필요를 전혀 채워주지 못한다는 것은 아니다. 그러나 주제 설교가 다른 설교 방법보다 이런 부분에 있어서 더 유익하고 효과적일 가능성이 높다.[12]

VI. 주제 설교를 위한 다양한 접근

이제 실제로 어떻게 주제 설교를 할 수 있는지 살펴보자. 일반적으로 주제 설교는 연역적으로 행하는 것으로 알려져 있다. 그러나 주제 설교는 설교의 주제와 목적에 따라서, 청중에 따라서(지적 수준, 연령 등을 고려하여), 설교자와 청중의 관계성에 따라서 다양한 방법으로 행해질 수 있으며 다음과 같이 분류될 수 있다.

1. 내용 전개에 따른 분류

'어떻게 설교의 내용을 전개하느냐'에 따라 주제 설교는 연역적 형식과 귀납적 형식으로 분류되는데, 이것은 주제 설교의 가장 대표적인 분류

---

11) 필자도 성도들의 신앙과 삶을 위한 체계적인 가르침의 필요를 느끼고 주일 밤에 10회씩 두 차례에 걸쳐 주제별로 설교를 하였는데, 성도들이 적극적으로 참여하였을 뿐 아니라, 성도들에게 굉장한 유익을 주었던 것으로 평가되었다.

12) 이러한 장점 때문에 많은 제자 훈련 교재나 성경 공부 교재가 주제별로 구성되어 있다. 예를 들어, 많은 교회에서 사용하고 있는 사랑의 교회(오정현 목사 시무)의 제자 훈련 교재도 주제별로 구성되었고, 대부분 교회의 새신자 성경 공부 교재도 마찬가지다.

방식이다.

1) 연역적 형식(Deductive Form)[13]

'연역적'이라는 것은 일반적 원리를 먼저 내세우고 그것을 특별한 상황과 연결시키는 논리학적 원리이다. 설교에 있어서는 연역적 형식은 전체의 주제 또는 전하고자는 핵심을 먼저 제시한 다음에 그것을 구체적으로 설명하거나 논리적으로 증명하고, 특별한 예를 들어서 주제 또는 핵심적 내용을 확인함으로써 설득시키는 것이다. 다시 말해 연역적 방법은 설교의 요점이나 결론을 설교의 서두에서 먼저 제시하는 것이다.

예를 들어, '순종'에 대해 다음과 같이 연역적으로 설교할 수 있다. 먼저, '순종은 하나님 백성의 당연한 삶이다.'는 주제 또는 요점을 선포한다. 그 다음에 설교의 주제나 목적에 따라서, '순종의 정의', '순종을 위한 구체적인 방법', '순종해야 할 이유', '성경에 기록된 순종하였던 예와그 결과 또는 순종하지 못하였던 예와 그 결과' 그리고 '주위에 순종하거나 순종하지 않았던 사람들의 구체적인 예와 결과' 등 구체적인 설명이나논리적인 증명, 그리고 특별한 실례들을 언급함으로 주제를 설명하거나논증하여 청중들을 설득한다.

연역적 설교는 우리 한국 교회의 전통적 설교 방법으로서 많은 설교자들이 의식적이든 무의식적이든 간에 연역적 방식으로 설교한다. 대체로연역적 설교는 설교 환경이 설교자나 성경의 권위가 인정될 때, 그리고 논쟁적인 주제보다는 모두가 진리로 인정하고 받아들이는 주제를 설교할 때효과적인 접근 방법이다.

2) 귀납적 형식(Inductive Form)[14]

---

13) 어근인 'deduce'는 'lead down'를 의미한다.

'귀납적' 이라는 것은 구체적인 실례로부터 시작하여 일반적인 원리를 도출해 내는 논리적 방법이다. 설교에 있어서는 특별한 실례(성경에 있는 구체적인 예 또는 청중들이 경험한 특별한 문제 또는 사회에서 볼 수 있는 특별한 이슈) 또는 문제 제기와 함께 시작하여 그것으로부터 일반적인 원리를 세우고, 그 원리를 삶에 적용한다. 다시 말해 요점이나 결론이 설교의 마지막에 오는 것이다. 예를 들어, 귀납적으로 접근하는 다음의 설교 개요를 살펴보자.

특별한 실례:
1) 욥의 고난에 대한 구체적인 설명(욥 1-2장)
2) 바울의 기도가 응답 받지 못함에 대한 설명 (고후 12장)
3) 9.11테러로 인한 쌍둥이 빌딩의 전파

원리:
1) 고난 속에는 하나님의 섭리가 있다.
2) 기도의 응답에는 Yes, No, Wait가 있다.
3) 화목하지 못할 때 불행은 당연히 찾아오는 결과이다.

적용:
1) 고난의 순간에 하나님의 뜻을 헤아려라.
2) 기도가 응답되지 않더라도 낙심하지 말라.
3) 화목하고 하나가 되자.

연역적 접근이 이미 제시된 주제와 결론을 논증하고 설명하는 것이라면, 귀납적 접근은 설교자가 성도들과 함께 주제 또는 결론을 이끌어 내어

---

14) 어근인 'induce'는 'lead into'를 의미한다.

성도들에게 마치 자신이 직접 결론을 내린 것처럼 느끼게 하는 것이다. 귀납적 접근은 최근에 선호하는 접근 방법으로서 특히 논쟁이 되는 주제를 다루거나, 청년층이나 지적 수준이 높은 청중들에게 설교할 때 효과적인 방법이라고 할 수 있다.

3) 평가

흔히 연역적 설교가 오늘날 효과적이지 못한 방법이라고 평가하면서, 귀납적 설교만을 주장하는 분들이 있는데 반드시 그렇지 않다. 두 방법 모두 장단점이 있다.

먼저 연역적 설교는 설교의 핵심이 분명하고 설교자의 의도를 명확하게 전달할 수 있는 장점이 있다. 왜냐하면, 처음부터 주제를 분명하게 이야기하고, 그 주제가 설교 내내 다양한 표현과 방법으로 적절히 반복되기 때문이다. 다시 말해 청중들은 처음부터 목표를 알고 설교를 들으므로 설교가 진행되는 동안 설교자의 의도와 설교의 내용을 잘 따라갈 수 있다. 그러나 연역적 접근은 결론과 핵심이 먼저 언급되기 때문에 자칫 지루함을 줄 수 있고, 또한 설교가 진행되는 과정에서 뻔한 내용의 설교가 되어 청중들이 귀를 닫게 할 가능성이 있다.

반면 귀납적 설교는 연역적 설교보다 더 흥미진진하고 설득력 있는 접근 방법이 될 수 있다. 왜냐하면, 이 방법은 원리적으로 청중들과 함께 결론을 도출해가기 때문이다. 특별히 오늘날과 같이 반(反) 권위적인 성향이 갈수록 강해지고 있는 상황에서는 귀납적 설교가 더욱 효과적일 수 있다. 그러나 귀납적 접근은 설교의 내용이 불분명하게 전달될 수 있고, 청중들에게 혼란을 줄 가능성도 있다.

그렇기 때문에 어떤 한 방법만이 모든 상황에서 절대적으로 효과적이라고 단정해서는 안 된다. 단지 설교자는 설교의 내용, 본문, 청중들의 상태 그리고 설교자와 청중의 관계에 따라서 더 효과적인 방법을 택해야 한다.

하지만 우리가 알아야 할 것은 귀납적인 형식 또는 연역적인 형식으로 명확하게 구분되는 설교는 그렇게 많지 않다는 것이다. 한 설교 안에도 연역적인 방법과 귀납적인 방법이 섞여 있는 경우가 대부분이다. 다시 말하면, 전체적으로는 연역적으로 구성되어 있지만 중간에 귀납적인 접근이 포함될 수 있다. 예를 들어 '순종'에 대한 설교를 할 때 전체적으로는 연역적으로 설교하지만 중간에 '순종이란 무엇인지'나 '순종해야 할 이유' 등의 부분에 가서는 얼마든지 귀납적으로 접근할 수 있다. 또한 전체적으로는 귀납적인 구성인데 중간에 연역적인 접근이 포함되거나, 적용과 결단을 위해서 연역적인 접근으로 방향을 바꿀 수 있다. 다시 말하면, 어떤 본문을 먼저 귀납적으로 접근하여 성도들과 함께 그 본문의 핵심 진리를 함께 도출하고, 그런 다음에 그 결론(또는 핵심 주제)에 대해서 설명 또는 논증하거나, 구체적인 예를 들어 부가 설명이나 적용을 이끌어 냄으로써 연역적인 접근으로 마무리할 수도 있다. 내용의 전개에 따른 설교의 분류는 다음과 같이 도표화 될 수 있다.15)

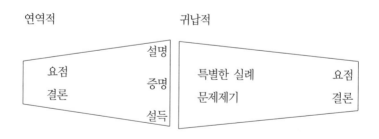

---

15) Greidanus, *The Modern Preacher and the Ancient Text*, 143.

귀납적-연역적

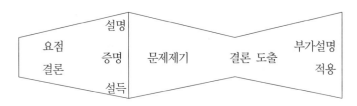

| 특별한 실례 | 결론 도출 | 부가설명 |
| 문제제기 | | 적용 |

연역적-귀납적-연역적

요점	설명	문제제기	결론 도출	부가설명
결론	증명			적용
	설득			

2. 강조점 또는 목표에 따른 분류16)

모든 설교와 마찬가지로 주제 설교도 강조점과 목표가 분명히 있어야 하는데 설교의 '강조점 또는 목표'에 따라 여러 가지로 분류된다. 대표적인 예로 문제 부각형, 방향 제시형, 동기 부여형, 해석(설명) 중심형, 적용 중심형 등이 있다.

1) 문제 부각형

문제 부각형은 성도들의 신앙과 삶에 있어서 분명한 문제가 있는데, 그

---

16) Bryan Chapell, "Alternative Model," in Michael Duduit(ed.), *Handbook of Contemporary Preaching* (Nashville: Broadman Press, 1992), 117-31.

들이 그것을 모르거나, 알면서도 신앙과 삶의 태도를 바꾸지 않을 때 그들이 문제가 심각하다는 것을 드러내거나 강조하기 위하여 사용하는 설교 유형이다. 예를 들어, 성도들이 거짓말하거나, 세금의 의무를 제대로 이행하지 않거나, 세상 사람들과 똑같이 부정직한 방법으로 부를 축적하면서도 다른 세상 사람들도 그렇게 하고 있다는 이유로 자신의 태도와 삶의 방식에 대하여 그다지 문제의식을 느끼지 못하는 경우가 있다. 이때는 성경적 증거와 논리적이고 설득력 있는 접근으로 그들의 삶의 태도와 자세가 하나님 앞에서 심각한 죄라는 사실을 확실히 깨닫게 하는 데에 설교의 많은 부분을 할애해야 한다. 물론 해결 방안도 제시해야 하지만 그것은 부차적인 것이다. 왜냐하면, 죄를 죄로 인식하지 못할 때에는 해결 방안이 전혀 유익하지 못하기 때문이다. 문제 부각형의 대표적인 예는 나단의 설교이다. 다윗이 죄를 지었을 때 선지자 나단은 그가 지은 죄의 심각성을 부각시키는데 초점을 맞추어서 다윗에게 접근하였다. 이렇게 문제의 부각에 주력하는 설교를 문제 부각형이라고 한다.

2) 방향 제시형

방향 제시형은 성도들이 문제를 충분히 인식하지만 그 해결책에 대해 궁금해 할 때, '어떻게 하는 것이 하나님의 백성으로 합당한 자세인지' 방향을 제시하는 것을 목표로 하는 설교 유형이다. 다시 말해 성도들이 "목사님! 저는 충분히 그 문제를 알고 있습니다. 그러니까 그것이 문제라는 것만 말씀하지 마시고 해결책이 무엇인가 알려주십시오!" 라고 요청한다고 생각될 때 하는 설교이다. 예를 들어, '가치관이 혼란스러운 이 시대에 성경적인 자녀 교육은 어떤 것인지', '갈수록 심각해져 가는 인터넷 문제를 신앙인으로서 어떻게 극복할 수 하는지', '성경에서 말씀하는 바람직한 부부상은 무엇인지', '신앙 안에서 고부간의 갈등을 어떻게 해결할 수 있는지' 등은 그것이 문제라는 것에는 공감하지만, 그 문제에 대한 신앙인으로서의 바람직한 대처 방안에 대해 궁금해 할 수 있다. 이때도 역시 문제와 함께 시작한다. 그러나 증거를 필요로 하지는 않는다. 왜냐하면 그것이 문제라는 것은 모두가 충분히 인식하고 있기 때문이다. 대신에 그러한 문제들에 대한 해결과 방향을 제시하는 것에 많은 시간을 할애하고 그 부분에 설교를 집중한다. 방향 제시형의 예는 바울 서신에서 볼 수 있는데, 사도 바울은 자주 모두가 익히 아는 문제에 대해서는 문제를 간단히 제시한 다음에 그 문제의 해결책에 대해서 자세하고 집중적으로 기록한다. 예를 들면, 바울은 빌립보 교회에 하나 되지 못함의 문제를 인식하고 빌립보서 2:1-11에서 구체적으로 어떻게 하나 될 수 있는지를 설명하고(1-4절) 하나 됨을 위한 본으로 예수 그리스도를 제시하고 있다(5-11절). 이렇게 어떤 문제에 대하여 해결 방향의 제시에 주력하는 설교를 방향 제시형이라고 한다.

3) 동기 부여형

동기 부여형은 신앙인으로 어떤 부분에서 당연히 해야 된다는 분명한 인식은 있지만 제대로 실천하는 못하는 문제에 대해서 설교하는 경우에, 실제 행동에 옮길 수 있도록 동기를 부여하기 위한 설교 유형이다. 예를 들면, '기도하라!', '사랑하라!', '전도하라!' 등은 신앙인으로 기본적으로 해야 할 일인 것은 다 인정하고 있으나 행동으로 잘 옮기지 못하는 경우가 많다. 이때에는 먼저 문제 제기와 그것에 대한 방향을 제시한다. 그렇지만 청중들에게 필요한 것은 실제로 행하도록 하는 동기부여이다. 다시 말해, 실제로 행동으로 옮기는 것이 목적인 동기 부여형 설교에서 설교자는 어떤 실천적인 문제에 대해서 '왜 해야 하는지' 그리고 그것이 '어떤 유익이 있는지'를 논리적으로 설명하고, 이와 함께 간증이나 '구체적인 예' 등을 통해 청중들에게 감동을 줌으로 그들이 실제로 행할 수 있게 해야 한다. 이렇게 실제로 행하는 것에 강조와 목적을 두는 설교를 동기 부여형이라고 한다.

4) 해석(설명) 중심형

이 유형은 본문의 내용이나 성경의 가르침, 또는 핵심 내용을 알려주는데 설교의 목적이 있을 때 사용하는 설교 방법이다. 이 경우 적용을 무시하지는 않지만 되도록 간단하게 하면서 성경을 더욱 자세하게 주해하거나 어떤 문제에 대한 성경적 입장에 대해서 자세하게 설명하는 것이다. 이러한 유형은 논쟁이 되거나 잘 이해되지 않는 신앙의 진리에 대해서 성경적 견해를 알려주고자 할 때 유익한 접근이라고 할 수 있다.

5) 적용 중심형

이 유형은 본문의 해석을 위한 특별한 이슈가 없든지, 본문이 너무 잘 알려져 있어서 특별한 설명이 필요 없거나, 또는 이론이나 원리보다는 삶의 실제적인 부분에 성도들이 필요를 느낄 때 삶에의 적용과 실제적인 응용에 강조점을 두는 설교 방법이다. 이때는 먼저 본문의 내용이나 문제에 대해서 간단하게 설명하거나 해석한 다음에 집중적으로 진리에 근거해서 삶을 분석하면서 구체적으로 어떻게 무엇을 삶에 적용할 것인가에 대해 설교 시간의 대부분을 할애해야 한다.

6) 결론

위에서 제시한 처음 세 개의 유형들은 어떤 주제에 대해서 시리즈로 설교할 때 효과적으로 사용될 수 있다. 예를 들어, 첫 번째는 문제 제기형으로, 두 번째는 방향 제시형으로, 세 번째는 동기 부여형으로 설교할 수 있다. 물론 성도들의 상황이나 교회의 형편에 따라 강조해야 할 부분이 있다면 시간 분배를 다르게 할 수 있다. 예를 들어, 요즈음에 한국 교회에서 일반화되고 있는 전도 집회를 앞두고 5주 동안 전도에 대한 설교를 한다고 하자. 그때 첫 주는 전도하지 않는 것이 왜 문제인지를 부각시키고, 둘째 주에는 어떻게 전도해야 하는지 방향을 제시하고, 셋째 주부터 다섯 째 주까지 세 주 동안은 동기를 부여하는데 집중할 수 있다. 그것은 오늘날 대부분의 성도들이 전도의 필요성과 당연함을 알고 있지만 실제로 전도하는 부분이 부족해서 동기부여가 가장 필요하다고 생각하기 때문이다. 또한 한 번의 설교에서 이러한 접근들을 혼합하여 사용하는 것도 가능하다. 예를 들어, 한 번의 설교를 세 대지로 나누어서 첫 대지에서는 문제를 부각하고, 둘째 대지에서는 방향을 제시하고, 셋째 대지에서는 동기 부여하는 것에 초점을 맞출 수도 있다.

한편 해석 중심형과 적용 중심형은 특별한 경우에 사용되는 설교 방법이다. 특별한 경우가 아니라면 해석과 적용을 동등하게 모두 중요하게 여기고, 비율에 있어서 균형을 이루는 것이 가장 바람직하다.

3. 알렌의 제안[17]

주제 설교에 대해 체계적인 이론을 제시한 알렌은 주제 설교를 위한 6가지 방법을 제안하였는데, 여기에서는 앞에서 필자가 제시했던 연역적 방법[18]과 귀납적 방법[19] 외에 나머지 네 가지를 소개하고자 한다.

---

17) Allen, *Topical Sermon*, 121-50.
18) 알렌은 연역적 방법은 가장 일반적인 주제 설교의 방법으로 단순하게 주제를 소개하고, 평가하고, 적용하는 방법이라고 하면서, 이 방법은 그렇게 복잡하지 않으면서 직접적으로 언급하고 솔직하게 평가할 수 있는 주제에 적합하다고 하였다.

1) 감리교 4대 원리에 기초한 설교구조(Methodist Quadrilateral: 사변[四邊] 접근형)

이 유형은 긴 역사를 가지고 있는 주제나 문제 등에 적합한데, 특별히 기독교 교리 설명에 유용한 접근 방식이다. 이 유형에서는 네 가지 방향 (사변: 四邊)에서 주제에 접근한다. 여기에서 사변이라는 것은 성경, 전통, 경험, 이성을 말한다. 다시 말해, 어떤 주제를 다룰 때 성경, 전통, 경험, 이성의 네 가지 차원에서 점검하고 설명하면서 결론을 도출하는 것이다. 이 방법에서 설교의 순서와 분량은 서론(5-10%) - 성경(15-20%) - 전통 (15-20%) - 경험(15-20%) - 이성(15-20%) - 종합(20-25%) - 결론 (5-10%)으로 구성된다. 예를 들면, 세례에 대해 설교할 때 다음과 같이 설교할 수 있다.

먼저, 세례에 대해서 간단히 소개하고(서론),
두 번째, 성경에서 세례에 대해서 어떻게 말하고 있는지(성경),
세 번째, 지금까지 세례가 교회에서 어떻게 이해되어 왔는지(전통),
네 번째, 세례의 경험이 실제적으로 줄 수 있는 유익이 무엇인지(경험),
다섯 번째, 교단의 확신이 그리스도인의 믿음의 본질과 어떻게 일치될 수 있

이 경우에 설교의 순서와 분량은, 서론(5-15%) - 설교의 대지(main point)를 짧게 언급(5%) - 주제(topic)에 대한 설명(15-25%) - 주제에 대한 신학적 평가(15-25%) - 적용(15-25%) - 결론(5-15%)으로 구성될 수 있다고 하였다.
19) 알렌은 귀납적 방법이 아주 '예민한 문제'나 '청중들이 받아들이기에 불쾌한 문제' 등을 설교할 때 유익한 방법이라고 하면서 다음과 같이 구체적인 방법을 제시하였다. 먼저, 설교자가 그 주제를 인식하게 되었던 과정을 설명한다. 다음으로, 청중들도 그 주제가 자신들에게 중요하다는 사실을 발견하게 한다. 그리고 청중들이 함께 그 문제에 대해서 고민하고 연구하도록 이끌어간다. 마지막으로, 연구를 통해서 얻어진 통찰력을 통해 개인 또는 공동체가 어떻게 그 문제에 대처하는 것이 옳은지에 대해서 결론적으로 언급한다.

는지, 그리고 세례가 우리의 매일 삶에서 의미는 무엇인지(이성) 등을
차례로 설명하고,
여섯 번째, 그러한 관찰들을 종합한 다음에,
마지막 결론으로 매일의 삶 속에서 그들이 세례 받은 자임을 기억하며 살도
록 당부한다.

2) 실천적 윤리적 사고에 기초한 모델(Practical Moral Reasoning)

이 유형은 개인적 사회적 문제로 인해서 청중들이 혼란스러워 하는 주
제에 적당한 방법이다. 다시 말해, 낙태, 전쟁, 사형제도, 안락사 등과 같
이 실제적으로 사회에서 논란이 되는 문제를 주제로 설교할 때 바람직한
방법이다. 이때 실천적인 윤리적 사고를 설교에 적용하고 활용함으로, 설
교를 통해 청중들이 그 주제에 대해서 바로 이해하고 실제적으로 행동할
수 있도록 지침을 마련해 주는 것이다. 이 방법에서 설교의 순서와 분량은
주제에 대한 경험(10%: 주제가 어떻게 회중의 삶과 어떻게 연결되어 있는
지 설명하는 것인데 일종의 사례소개이다) - 주제와 관련된 경험을 경청
하기(20%: 주제에 대해서 사람들이 어떻게 반응하고 행동할 수 있는지 함
께 귀를 기울이는 것이다) - 비판적 분석(30-50%) - 결단과 실행전략
(20- 30%)으로 구성될 수 있다.

예를 들어, 요즈음 사회적으로 논란이 되고 있는 사형 제도에 대해 설
교하고자 할 때 다음과 같이 할 수 있다.

먼저, 어떤 범죄자가 곧 경험하게 될 사형 집행에 대해서 이야기하고, 그 사
형 집행에 대해서 그 가족들을 포함한 찬성과 반대의 입장을 가진 사람들의
의견이 어떻게 나누어졌는지 언급한다(주제에 대한 경험).
다음으로, 다양한 방면에서 그 문제와 관련된 사람의 입장과 느낌들을 듣게
해준다(주제와 관련된 경험을 경청하기).
세 번째로, 모든 사람을 위한 하나님의 사랑과 모든 사람을 위한 하나님의

정의의 관점에서 다양한 입장들을 분석한다(비판적 분석).

마지막으로, 만약 그 분석을 통해서 사형 제도가 복음과 대립되는 것이라고 결론을 내리면 설교자는 그 결정에 입각해서 가능한 실행 전략들(예를 들면, 금식하고 기도하면서 정부 지도들에게 편지하기, 형무소 근처에서 궐기 등을 통한 의사 표시, 법률 기금을 모금하거나, 사형 제도를 폐지하기 위한 입법 개정에 참여 등)이 무엇인지 방향을 제시하며, 청중이 동참할 수 있도록 유도한다(결단과 실행전략).

3) 실천 지향적 구조(Mode of Praxis)

이것은 자살, 성적인 타락, 성형 수술, 세금 포탈 등과 같이 성도의 가치관이나 윤리적인 부분에 있어서 위기를 느끼는 주제와 관련하여 적합한 설교 형태이다. 이 유형은 설교를 통해서 청중들이 바른 관점으로 그 주제를 이해하며 바람직한 방향으로 살아갈 수 있도록 하는데 목적이 있다. 이 방식의 설교는 버트릭이 제안한 구조를 따르는 것인데, 플롯(Plot)이라고 불리는 거대 구조 속에서 움직임(Move)이라고 불리는 미세 구조들을 잘 조화하여 의식의 흐름에 합당하게 설교를 진행하는 것이다. 구조에 대한 하나의 사례를 제시한다면, 현 상황에 대해서 언급하고 그것이 기독교 공동체에서 중요한 이유에 대한 언급(움직임1) – 체계적인 분석을 통해 현 상황을 어떻게 이해해야 하는지에 대한 설명(움직임2) – 기독교적 관점에서 현 상황에 대한 분석 및 평가(움직임3) – 새로운 이해와 실제적인 행동의 제안과 촉구(움직임4) 등의 구조를 통해 설교를 진행할 수 있다.

실제적인 예를 들어 18-20세에 있는 흑인들이 대학보다도 감옥에 갇혀 있는 사람들이 많다는 것을 청중들이 알게 되어 심각하게 고민하게 되었을 때를 가정해 보자.

움직임1. 설교자는 그 상황에 대해서 언급하면서 그 상황이 왜 일어났는지 질문을 던진다.

움직임2. 그러한 상황이 오게 된 여러 요인들(예를 들면 인종차별, 가난, 무기력한 교육 시스템, 가족 환경, 법률의 불공정성 등)을 함께 생각해 본다

움직임3. 복음의 관점에서 그러한 상황을 평가 분석한다.

움직임4. 성도들로 하여금 이러한 불합리한 상황이 극복된 새로운 세계와 삶의 방식에 대한 꿈을 꾸게 하고 그 일에 동참하게 한다(예를 들어, 인종 차별에 대한 인식, 교도소 방문, 교육 제도와 법률의 개혁 등).

4) 지성, 감정, 의지에 초점을 맞추는 설교 모델

이 방법은 비교적 복잡하지 않고 논란이 많지 않은 명확한 주제(예를 들어, 하나님의 은혜와 같은)에 관해서 지성(이해), 감정(감성), 의지(결단)의 한 부분에 치우지는 것이 아니라 그것들을 종합적으로 접근하여 설교를 구성하는 방법이다. 설교는 서론 – 설교의 핵심적인 내용 설명 – 지성에 초점을 맞춤 – 감정에 초점을 맞춤 – 의지적인 부분에 초점을 맞춤 – 결론 등으로 구성된다. 물론 지성, 감정, 의지가 명확하게 구분되지 않으며 또한 따로 따로 움직이는 것도 아니지만 설교자가 지성, 감정, 의지의 한 영역에 치우치지 않고 그것의 통합과 역동적 상호작용을 인식하고 추구하는 것은 바람직한 설교의 방법이라고 할 수 있다.

4. 주제 설교의 분류에 대한 종합적 평가

설교에 있어서 가장 중요한 것은 설교의 내용이다. 그러나 같은 내용이라고 할지라도 그것을 어떤 형식에 담아서 전달하느냐에 따라 청중들이 그 내용을 수용하는 정도나 그 내용이 전달되는 효과가 달라진다는 것은

두말할 나위가 없다. 그것은 마치 음식을 담는 그릇이나 음식이 진열되어 있는 모양과 방식이 음식의 맛에 영향을 미치는 것과 같다. 지금까지 설교자들은 알게 모르게 다양한 형식으로 설교를 하여 왔는데, 이와 같이 설교를 전달하는 형식들에 대한 이론을 정립하고 그것들을 활용하면 좀 더 효과적인 설교를 할 수 있을 것이다. 물론 앞에서 제시한 여러 가지 접근 방법들만이 주제 설교를 하기 위해 가능한 모든 방법이거나 설교가 반드시 이러한 순서와 분량으로 구성되어야 한다는 것은 아니다. 설교의 순서나 양은 주제나 내용, 청중의 상황, 그리고 설교자와 청중의 관계 등을 고려하여 얼마든지 조정하고 응용할 수 있을 것이다. 또한 이러한 접근 방법들이 주제 설교에만 적용되는 것은 아니다. 이러한 접근들은 강해 설교나 내러티브 설교와 같은 다른 설교 형식에도 얼마든지 적용될 수 있다. 중요한 것은 이러한 다양한 접근 방법들을 실제로 설교에 도입하여 적용한다면, 청중들에게 설교가 그만큼 다양하고 신선하면서 효과적으로 전달될 수 있다는 것이다.

VII. 결론

지금까지 우리는 다양한 각도에서 주제 설교에 대해서 살펴보았다. 이처럼 주제 설교는 일반적으로 생각하는 것과 같이 단순히 '삼대지 설교'를 말하는 것이 아니다. 또한 전달에 있어서도 따분하거나 비효과적인 방법이라고 간주해서도 안 된다. 오히려 주제 설교는 오늘날 강단에서 참으로 유익하고 필요한 설교의 방법 가운데 하나이다. 물론 필자는 주제 설교가 강해 설교를 대신하여 강단에서 행해져야 할 주(主) 설교 방법이 되어야 한다고까지 생각지는 않는다. 그러나 알렌이 언급한 것처럼 주제 설교는 때때로 강단의 '영양을 보충하는 비타민'으로 사용될 수 있을 것이다.[20]

※ 주제 설교 실례 1.

용서와 참 자유[21]

설교자: William J. Wassner

William J. Wassner 목사님은 인디애나 주 인디애나폴리스에 있는 Westview Christian 교회의 목사이다. 그는 Texas Christian University, The University of Chicago Divinity School, Christian Theological Seminary를 졸업했다.

이 설교는 실제로 용서의 삶을 살아야 하는 성도들의 개인적인 문제에 대해서 다루고 있다. 설교자는 용서에 대한 기독교 교리를 성도들의 매일의 삶과 관계에서 적용시키고자 했다.

서론[22]

비록 과학적이지는 않지만, 저는 최근에 성도들이 듣고 싶어 하는 설교 주제가 무엇인지 조사를 해보았습니다. 조사 결과, 많은 성도들이 다른 사람을 용서하는 문제에 대해 설교듣기를 원하는 것을 알았습니다.

---

20) Allen, *Topical Sermon*, 20. 참고. Rossow, "Topical Preaching," 91.

21) 본 설교는 Allen, *Topical Sermon*, 184-94에 에 수록되어 있는 것으로 출판사의 허락을 얻어 여기에 인용하였다.

22) 본 설교의 구조 나누기(서론, 주제 언급, 본론, 결론 및 적용)는 필자에 의한 것이다.

설교자는 설교를 시작하면서 교인들이 이 설교에 흥미를 가질만한 이유가 있음을 상기시킨다. 왜냐하면 용서에 대한 주제는 어떤 사람들에게 자칫 식상한 주제가 될 수도 있기 때문이다.

주제 언급

다른 사람을 용서하는 것은 성경적으로나 교회적으로나 중요합니다. 마태복음에서 예수님께서는 "예물을 제단 앞에 드리다가 거기서 네 형제에게 원망 들을만한 일이 있는 줄 생각나거든 예물을 제단 앞에 두고 먼저 가서 형제와 화목하고 그 후에 와서 예물을 드리라(마 5:24)."고 말씀하셨습니다. 매 주일 우리는 "우리가 우리에게 죄 지은 자를 사하여 준 것 같이 우리 죄를 사하여 주옵시고(마 6:12)"라고 주님께서 가르쳐주신 기도를 드립니다. 베드로가 "우리에게 잘못한 사람들을 몇 번이나 용서해야합니까?"라고 물었을 때, 예수님께서는 "일흔 번 씩 일곱 번 용서하라."고 대답하셨습니다(마 18:21-22). 누가복음에서는, 예수님께서 십자가에서 돌아가실 때 하나님께서 자신을 죽이는 사람들까지도 용서해 주시기를 기도하셨다고 말씀합니다(눅 23: 34).

초대교회의 서신들도 계속해서 용서해야 할 것을 말하고 있습니다. 에베소서는 "너희는 모든 악독과 노함과 분냄과 떠드는 것과 비방하는 것을 모든 악의와 함께 버리고 서로 친절하게 하며 불쌍히 여기며 서로 용서하기를 하나님이 그리스도 안에서 너희를 용서하심과 같이 하라(엡 4:31-32)."고 말씀합니다. 이 요구는 세기와 세기를 거쳐서 계속해서 명령되었고, 지금도 우리 교단은 성도들이 예언적 사역, 구원사역, 그리고 화해의 사역을 개발하고 발전시키도록 강조하고 있습니다. 다른 사람을 용서하는 것은 요셉의 때부터 지금까지 계속되었습니다.

우리는 용서하도록 명령하였기 때문에 남을 용서하는 것이 아니라, 하나님께서 우리를 용서하셨기 때문에 남을 용서하는 것입니다. 그것은 우리가 지금 존재하는 이유이기도 합니다. 그리스도인으로서 우리의 정체성 가운데 하나는 '용서하는 자'입니다. 하나님은 우리를 용서하셨고 우리는 용서함으로 응답합니다. 그렇기 때문에 우리는 용서함으로 우리의 존재를 확인받습니다.

설교자는 성경과 전통과 복음 그 자체를 이 설교의 신학적 근거로서 제시한다.

본론

사실 용서하지 않을 때 우리는 불면증, 죄의식, 삶의 무력감, 좌절감, 괴로움, 소화불량 등의 엄청난 대가를 지불받습니다. 용서할 때 우리는 진정한 자유를 누리고, 숙면할 수 있고, 삶의 의미와 목적이 새로워지고, 육체적으로도 더 나은 기분을 느낄 수 있습니다.

설문 조사에서 저는 우리 성도들이 두 가지 부분에 큰 의문점을 가지고 있음을 발견했습니다. 하나는 '용서가 무엇인가?'이고, 다른 하나는 '우리가 어떻게 용서할 것인가?'에 관한 것이었습니다.

'용서'라는 말은 원래 경제 분야에서 사용되었는데, 부채에서 자유로워지는 것을 의미했습니다. 만약 제가 여러분들에게 50불의 부채를 졌다고 가정해 봅시다. 만약 여러분들이 저에게 그 빚을 탕감해 주었다면 여러분들은 저를 용서하신 것입니다. 이것은 인간관계에서도 적용됩니다. 인간관계에서 사람을 용서하는 것은 빚을 면제해 주는 것입니다. 용서하는 것은 모든 속박과 장애물을 제거하는 것입니다. 용서하는 사람과 용서받는 사람은 그들의 관계를 새롭게 출발할 수 있습니다.

설교자는 성도들이 용서의 의미를 이해하고 있다고 가정하지 않는다. 여기, 그리고 뒤에 계속되는 설교에서 설교자는 성도들이 용서의 의미에 대해 분명한 그림을 그릴 수 있도록 돕는다.

인간관계에서 당신에게 고통을 가져다주는 어떤 일이 일어날 수 있습니다. 어떤 사람이 당신에게 상처를 줄 만한 말을 하거나 행동을 할 수도 있습니다. 그것이 당신을 흔듭니다. 당신은 그것을 떨쳐버릴 수 없습니다. 당신은 그것이 하나님께서 원하시지 않는 것임도 압니다. 이렇게 깨어진 관계는 당신과 하나님 사이에 마치 고속도로의 구혈과 같이 움푹 패인 자리와 같을 수 있습니다.

책을 통해, 저는 용서는 항상 네 단계 안에서 가능함을 알았습니다. 첫째 단계는, 당신이 그 사람과 그 사람과의 관계를 가치 있게 여기는 것입니다. 당신은 하나님께서 당신을 사랑하신 것만큼 그 사람을 사랑하시고, 우리가 서로 서로 세워주고 격려하기를 원한다는 것을 알고 있습니다. 하나님은 당신이 고통 가운데 있기를 원치 않습니다.

둘째 단계는, 당신이 다른 사람에 대한 비난을 그치기로 결단합니다. 어느 신학교 교수는, "비난은 범인을 손가락 질 하고, 범죄자로 낙인을 찍어버리고, 그 상응한 처벌을 찾기에 급급합니다."고 말했습니다. 이런 모든 부정적인 것들은 상대방과의 거리를 줄이기보다는 더 멀어지게 합니다. 그러한 비난은 당신과 그 사람과의 관계를 더 멀리 밀어내기 때문에 당신은 비난하지 않기로 결심하는 것입니다.

셋째 단계는, 깨어진 관계를 개선하기 위해서 그 사람에게 찾아가기로 결정합니다. 그것은 당신이 이전에 겪었던 상처가 현재까지 계속되기를 원치 않기 때문입니다.

넷째 단계는, 이 부분이 가장 힘든 단계인데, 그 사람에게 갑니다. 왜냐하면, 용서는 당신이 의도적으로 취해야 할 행동이기 때문입니다. 물론 당신 혼자 가는 것은 아닙니다. 항상 우리와 함께 하시는 하나님께서 당신과 동행하십니다.

용서에 대해서 연구하는 심리학자들은 용서를 위해서는 서로의 감정을 표현하는 것이 중요하다고 합니다. 당신은 그 사람을 사랑한다고 말하고 당신이 상처를 입었지만 더 이상 그 상처로 인해 당신과 멀어지고 싶지 않다고 설명합니다. 그리고 과거의 상처로부터 해방되었고 앞으로는 당신을 신뢰하기 원한다고 말합니다. 이제 새롭게 관계가 시작되었습니다.

물론 이 새로운 시작에는 불확실성이 있고 위험 요소도 있습니다. 그 사람이 당신에게 다시 상처를 줄 수 있고, 당신이 그 사람에게 상처를 줄 수도 있습니다. 당신은 "나는 신뢰하고 위험을 감당할 준비가 되어 있습니다. 저는 이 새로운 시작에 당신이 함께하기 원합니다."고 말합니다.

그리고 당신은 그 사람의 느낌과 생각을 또한 듣습니다. 그 사람은 당신이 그 상황을 더 잘 이해할 수 있도록 도울 수도 있습니다.

우리는 때때로 사람들이 "용서하고 잊어라."고 말하는 것을 듣습니다. 그러나 어떤 이는 우리가 잊을 수 없을 것이라고 말합니다. 어떤 사람은 자신의 아버지가 어렸을 때 자신을 학대하였던 것을 잊지 못합니다. 어떤 여인은 그녀의 상사가 그녀의 미래에 대해서 거짓말한 것을 잊지 못합니다. 당신은 또한 당신이 사랑했던 사람이 당신을 이용했던 것을 잊지 못합니다. 우리는 잊지 못할 수도 있습니다. 그러나 우리는 용서할 때 과거의 좋지 않았던 일이 현재나 미래에도 계속 지속되지 않도록 결심해야 합니다. 우리는 참 자유를 누려야 합니다.

물론 당신이 다른 사람을 용서하였기 때문에 그 사람도 똑같이 반응하리라는 보장은 없습니다. 그 사람은 당신을 더 멀리 할 수도 있습니다. 뿐만 아니라, 그 사람이 이미 죽었을 수도 있습니다. 그러나 당신은 용서할 수 있습니다. 당신이 다른 사람에게 직접 말하지 않을 수도 있지만 용서하고 참 자유를 누릴 수 있습니다. 당신이 그 사람과 관계가 회복되지 않을 수도 있습니다. 그러나 당신이 할 수 있는 모든 것을 다 함으로 당신은 참 평안을 누릴 수 있습니다.

용서를 실제적으로 실행해야 한다고 설명한 후에, 설교자는 설교 요점이 긍정적인 이미지로 작용할 수 있는 더 진전된 이야기를 한다.

저는 다른 사람을 용서함으로 자신의 삶의 참 평안을 누렸던 저의 친구를 소개하고자 합니다. 저의 친구는 제가 여러분들에게 이 이야기를 할 수 있도록 허락하였습니다.

자신의 이야기를 나눌 수 있도록 그 친구가 허락해주었다는 것을 언급함으로써 설교자는 신뢰를 깨뜨리지 않았다는 것을 성도들에게 보여준다. 또한 그 친구가 다른 도시에 산다는 것을 언급함으로써 설교자는 성도들이 그 친구가 누구일지 궁금해 하는 것을 방지할 수 있다.

저의 친구의 아버지는 자녀들을 학대하였습니다. 그의 형제들은 다섯 명이었는데 아버지는 안정되지 못한 직장으로 인해 힘들어했습니다. 그의 아버지는 가족의 기본적인 생계는 책임져 주었고, 최선을 다했지만 좋은 아버지는 되지 못했습니다. 저의 친구는 자신은 아버지를 오래전에 용서했노라고 하면서, 이렇게 말했습니다.

"어린 시절에 아버지께서 나에게 했던 일은 기억하지만 그것은 그렇게 나를 힘들게 하지는 않았습니다. 그러나 어머니에 대해서는 다릅니다. 아버지가 우리를 학대할 때 그냥 내 버려둔 어머니에 대해서는 분노의 마음이 있습니다."

저의 친구의 부모님은 지난 가을에 이혼하셨고, 그는 그것이 어머니를 위해서 잘된 일이라고 생각했습니다. 그는 다음과 같이 이야기했습니다.

"나는 어머니께서 결국은 스스로 자립하리라고 생각했습니다. 그러나 어머니가 다시 집으로 돌아왔을 때 나는 화가 치밀어 올랐습니다. 몇 주 전 어머니가 전화를 했을 때, 나는 마음속에 있는 모든 불편한 감정들을 하나도 남김없이 쏟아 부어 버렸습니다. 나는 어머니를 용서한 줄 알았지만, 실제로는 용서하지 않았던 것입니다. 전화에 대고, 어렸을 때 아버지가 우리에게 행한 악한 일들의 목록을 다시 반복해서 이야기했습니다."

불편한 마음으로 전화 통화를 끝내고 그 친구는 자신의 어린 시절을 회상하였다고 합니다.

"나는 어머니가 얼마나 힘든 세월을 보냈는지에 대해서 생각하였습니다. 어머니는 젊었고, 인생 경험도 별로 없었고, 다섯 아이들을 키우면서 경제적으로 어려웠으며, 집안도 불안정한 삶을 살았습니다. 아이들을 낳고 키우면서 나는 부모들도 잘못할 수 있다는 것을 깨달았습니다. 우리 대부분에게 부모가 되는 것은 좋은 부모가 되기 위한 일종의 훈련인 것을 알게 되었습니다. 나는 어머니가 아버지와 계속 함께 살았던 이유가 있을 것이라고 생각했습니다. 부모님들은 지금 카운셀링 중에 있습니다. 그들에게 과거를 극복하기 위한 인내와 용서하는 사랑이 필요합니다. 나는 어머니의 선택들에 대해서 분개하였을지라도(물론 지금도 어머니께서 최선의 선택들을 하였다고는 생각지 않습니다), 그 분의 선택들을 용서해야만 했습니다."

이 이미지 안에서, 설교자는 학대의 피해적인 특징을 인정하고 폭력적인 관계에 대해서 관대해서는 안 된다는 것을 넌지시 보여주고 있다. 그러나 또한 과거에 발생한 폭력의 피해가 치료될 수 있다는 것도 인정하고 있다.

저의 친구는 여러 날 동안 힘들게 보낸 후에, 어머니께 전화를 드렸다고 합니다. 그리고 "미안해요!"라고 하면서 "어머니를 사랑하고, 어머니가 부모로서 했던 모든 잘못을 용서 한다."고 말하였습니다. 그 친구는 또한 어머니께서 잘하셨던 일에 대해 진심으로 감사를 표현하면서, 어머니께 용서해 달라고 하였습니다. 어머니는 "그래, 그래, 그래!"라고 하셨고, 그들은 울다가 이야기하고, 이야기하다가 함께 울었다고 합니다. 그 사건은 그의 어깨에 있던 거대한 짐을 내려놓게 하였습니다. 저의 친구는 "물론 앞으로도 과거의 일들을 기억하기는 하겠지만, 그것이 과거처럼 나를 억누르지는 않을 것이다."고 고백했습니다.

결론 및 적용

여러분들도 용서해야 할 사람이 있을 것입니다. 그 사람이 동료일 수 있고, 이웃일 수 있고, 친구일 수 있고, 가족일 수도 있고, 아니면 당신 자신일 수도 있습니다. 그 사람이 여러분이 전화할 수 없는 사람일 수도 있습니다. 그 사람이 이미 이 땅을 떠난 사람일 수도 있습니다. 하지만 여러분은 용서할 수 있고, 참 자유를 누릴 수 있습니다. 여러분의 용서에 대해 상대방이 반응하지 않을 수도 있습니다. 그러나 여러분 사이에 가로막힌 것을 제거해야 합니다. 하나님께서는 우리가 참 자유하길 원하십니다. 그것이 하나님께서 우리에게 용서하라고 명하신 이유입니다. 참 자유를 누립시다!

설교자는 청중들이 처해 있는 각각의 상황에서 본 설교의 핵심적인 내용을 적용하도록 권면함으로 설교의 결론을 맺는다. 결론은 강하고 긍정적이다.

※ 주제 설교 실례 2.

낙태에 대한 윤리적 타당성[23]

설교자: Jon M. Walton

Jon M Walton은 델라웨어 주 윌밍턴에 있는 Westminster Presbyterian 교회의 목사이다. 그는 McAllister College, Union Theological Seminary in New York, San Francisco Theological Seminary를 졸업했다.

이 설교에서 설교자는 낙태에 관한 몇 가지 모호함에 대해 근본적이고 민감하게 접근하고 있다. 그는 피조물로서의 우리 인간의 한계에 대해 언급했고, 그의 주장의 신학적인 뼈대로서 청지기 의식을 언급했다. 1990년에 행해졌던 이 설교는 아주 민감한 주제를 다루는데 아주 유용한 실례이다.

서론: 문제 제기

아마 '낙태' 만큼 논쟁의 여지가 많고 의견이 분분한 문제는 그렇게 많지 않을 것입니다. 20분 동안에 제가 이 문제에 대해서 명쾌한 해답을 줄 수는 없습니다. 그러나 저는 크리스천의 관점에서 이 복잡한 문제에 대해서 여러분과 함께 생각해 보고자 합니다.

설교자는 즉시 이 주제에 대한 기독교적 관점에서의 복잡성을 인정하

---

23) 본 설교는 Allen, *Topical Sermon*, 226-37에 수록되어 있는 것으로 출판사의 허락을 얻어 여기에 인용하였다.. 본 설교는 앞의 설교와 대조적으로 귀납적 접근에 의한 주제 설교의 좋은 예이기에 소개하였다. 낙태에 대한 문제는 별도로 논의해야 할 신학적 주제이다.

고 설교의 진정한 목적을 제시한다.

구체적 두 가지 실례(개인적 경험)

제가 필라델피아에 있는 장로교 병원에서 학생 목사로서, 어느 여름을 보내고 있을 때, 낙태에 대한 문제를 실제적으로 경험하게 되었습니다. 그때 저는 한 청소년을 만나게 되었고, 왜 병원에 오게 되었는지 물었습니다. 그 아이는 "나는 낙태하기 위해서 여기 왔습니다. 방금 들어갔다가 나왔어요. 이번이 세 번째입니다."고 말했습니다. 그런데 놀랍게도 그 아이의 나이는 16살이었습니다. 그 아이는 모든 16살 청소년들이 그런 경험을 하는 것처럼 당연하게 이야기하였습니다. 그 아이는 '거리의 문화'에 대해 아주 밝았고 피임의 방법으로 낙태를 사용하였습니다. 나는 그 아이의 가치관에 소름이 끼쳤습니다. 그러나 나는 여러분들에게 묻습니다. 그 아이의 태도가 무책임하기도 하고 호탕하게 보이기도 하지만 당신은 그 아이의 아이가 되고 싶습니까? 그 아이의 결정이 지혜로운 것입니까? 그리고 그 아이의 결정이 이 사회의 가치관과 전혀 상관없는 것입니까?

설교자는 청중 가운데 많은 사람들이 낙태라는 주제와 관련해서 가지고 있는 이미지에 부합한 실제적인 예를 제시함으로 설교를 시작한다. 하지만 설교자의 질문은 청중들로 하여금 그들이 잘 알고 있는 개념을 넘어서 그들 자신이 살고 있는 세상과 밀접하게 연결되어 있는 사례를 생각하게 한다. 설교자는 청중들이 그 주제를 개인화하도록 돕는다.

내가 낙태에 대해서 심각하게 고민했던 두 번째 경험은 뉴욕 병원에서 유전학적 낙태 상담 팀을 4년 동안 섬기고 있을 때였습니다. 유전학자들과 성직자들로 구성된 이 그룹은 부부들과 임신 문제를 담당하고 있었습니다. 한 팀으로서 우리는 유전학적 장애를 가지고 있는 태아를 낙태해야 되느냐 하지 말아야 되느냐에 관한 문제를 의학적으로 그리고 윤리적으로 깊이 생각해 보았습니다.

설교자는 주제에 관한 자신의 경험을 열거할 뿐 아니라 그 주제에 관해 자신이 많이 고민하고 있음을 보여준다.

한 전형적인 예는 다음과 같습니다.

한 부부가 그 부인이 다니던 산부인과 의사를 통해 우리 병원에 보내어졌습니다. 그 부부에게는 세 명의 건강한 아이들이 있었습니다. 그 산모는 거의 마흔 살이었는데, 여러분들도 잘 아시는 것처럼, 나이 많은 어머니들에겐 태아 기형의 확률이 더 높습니다. 한 검사(양막 천자)결과, 자궁 안에 있는 태아가 치명적인 혈액병을 갖게 될 확률이 아주 높은 염색체 패턴을 가지고 있음이 밝혀졌습니다. 그것은 쉽게 타박상과 출혈이 되는 작은 것으로 시작하여, 아마도 10살 이전에 백혈병으로 생명을 마치게 될 가능성이 많았습니다. 처음에 그 부부는 그들이 들은 것을 인정하지 않았습니다. "당신이 어떻게 그러한 일들이 일어날 것이라고 확신할 수 있나요? 아마도 우린 다를 거예요." 그런데 얼마 있지 않아, 같은 장애를 가지고 있는 아이들을 낳은 사람들에게 있었던, 회복될 수 없는 염색체 손상이 그들에게 있음이 명백해졌습니다. 그들은 결정해야 했습니다.

그들은 자신들의 관심과 시간을 필요로 하는 살아있는 세 명의 어린 아이들을 생각해야만 했습니다. 아픈 아이는 가족들에게 엄청난 영향을 미칠 것이었습니다. 그들은 스스로에게 질문했습니다. 아이를 고생시키지 않을 수 없다는 것을 알고 있는 부모가, 어떻게 그 아이가 계속해서 고통스런 삶의 경험을 하게하고, 어린 나이에 고통스러운 죽음에 이르게 될 환경 속으로 고의로 인도하겠습니까? 그것은 끔찍한 결정이었습니다. 그들은 낙태하기로 결정했습니다.

그들은 두 가지 악 가운데서 좀 더 덜 한 쪽으로 결정해야겠다는 생각에 이르게 되었습니다. 그들은 병이 말기에 접어든 아이를 세상 속으로 데려와서, 그것에 대한 책임을 지고 키우거나, 또는 낙태시킬 수 있었습니다. 둘 중 하나를 선택해야 했습니다. 그러나 낙태는 마치 그들이 자신들의 아이의 생명을 취하는 것처럼 느끼게 했습니다. 만약 여러분들이 그 분들의 입장이라면 어떻게 했겠습니까?

이 마음 아픈 사례를 통해서 그리고 한 질문을 다시 던짐으로써, 설교자는 청중들이 그 주제를 개인화하고 그 주제의 복잡성을 느낄 수 있도록 유도하고 있다.

본론

그리고 어머니의 생명이 위태롭다면 어떻게 하겠습니까? 통계적으로 말하자면, 대부분의 어머니들은 그들 자신의 건강이 위험하다면, 태아를 낙태시키기로 결정합니다. 그것이 그 선택이 절대적으로 잘한 것으로 만들어 줍니까? 대부분의 사람들은 강간이나 근친상간으로부터 생겨난 임신의 경우라면 낙태가 정당화 될 수 있다고 합니다. 우리는 그 임신의 원인 때문에 소름이 끼치지만, 그 태아는 어쩌란 말입니까? 사랑으로 임신된 아이의 권리보다 그러한 아이의 생명에 대한 권리가 덜한 이유가 있습니까?

의학 기술은 시편 기자가 하나님이 하신다고 말씀하시는 것[즉, 어머니 자궁 안에 있을 때 아직 아이의 형질이 이루어지기 전에도 아는 것(시 139:16)]과 비슷한 것을 우리에게 하게 합니다. 즉, 양막 천자 검사로 자궁

안을 들여다보는 것은 아이의 운명에 대한 하나님의 시각을 우리에게 주는 것 같습니다. 그러나 의료 과학은 신적인 이해와는 상관없는 지식을 우리에게 주기도 합니다. 우리 지혜의 한계로 인하여 무능력을 경험할 때, 어떻게 우리는 현명하고, 신실하며, 도덕적인 선택들을 할 수 있겠습니까?

문제는 복잡합니다. 명쾌함을 요구하지만, 관련된 많은 이슈에 대해 명쾌하게 결론을 내리기는 거의 불가능합니다. 우리는 인생에서 선을 행하기 위해서 도덕적으로도 올바른 선택을 하기 원합니다. 그러나 우리는 도덕적으로 온전한 정결함을 얻을 수 없습니다. 모든 우리의 결정은 우리의 죄 된 상태에서 이루어집니다. 우리는 더 좋은 그리고 더 나쁜 결정을 할 수는 있겠지만, 온전하고 죄 없는 결정을 할 수는 없습니다. 우리는 인간이고 한계가 있습니다. 그러므로 우리는 실수를 합니다. 우리가 할 수 있는 것은, 주어진 환경 아래에서 할 수 있는 최선의 선택을 하는 것입니다.

어떤 이들은 생명이 시작할 때의 개념으로 이 문제를 토의하기도 합니다. 그들은 만약 우리가 생명이 자궁 안에서 언제 시작되는지를 알 수 있다면, 그것은 낙태로 생명을 끝내는 것에 대한 참고가 될 수 있다고 결론을 내립니다. 그러나 언제 생명이 시작됩니까? 수태시기, 태동시기, 아니면 생존 가능시기(태아가 어머니 없이 그 자신 만으로 생존할 수 있는 때)입니까? 언제 태아가 고통을 느끼게 되고, 언제 두뇌 활동을 시작합니까? 우리 교회의 총회는 다음과 같이 생명이 시작하는 포인트를 현명하게 규정합니다.

낙태의 윤리성은 생명이 언제 시작하는지에 관한 것과 연관되어 있지 않다. … 생명이 언제 시작하는 지에 관한 현대 과학의 대답은, 인간의 생명과 그것의 재생산이 하나의 연속이라는 것이다.… 이 연속의 과정에서 뚜렷한 인간 생명체가 언제 발견될 수 있는지에 대해서 묻는 것은 참으로 어리석은 것이다. 인간의 생명은 항상 존재한다.

태아는 언제나 하나의 인간 생명체입니다. 만약 우리가 이 주제에 관하여 더 나아가고자 한다면, 우리는 세 가지 것들을 인정해야만 합니다. (1) 생명은 항상 존재한다. (2) 생명과 생명의 종료에 대한 우리의 결정은 항상 회색 지대에 머무르게 되고, 인간의 죄와 한계로 인하여 절대로 오점이 없을 수는 없다. (3) 이러한 상황들 중 어느 것도, 다른 이의 생명에 대한 우리의 책임을 면하게 해주지는 못한다.

이제 설교자는 가능한 최선의 선택을 내릴 수 있도록 돕는 요인들에 관하여 보다 구체적으로 말할 수 있는 단계에 이르렀다.

여기에 '낙태에 대해 어떻게 생각해야 하는지'에 대한 해답이 있다. 임신이란 일종의 청지기 사명입니다. 즉 하나님으로부터 부여받은 것입니다. 임신에 대한 이러한 가치관을 가지고 있을 때 우리는 우리가 할 수 있는 최고의 선택을 하게 됩니다.

설교자는 자신의 관점을 분명하게 진술한다.

여성들의 정의(justice)와 자신들의 몸에서 일어나는 일을 통제할 수 있는 권리를 포함해서, 낙태와 관련된 많은 문제들이 있습니다. 그러나 신앙인의 관점에서 볼 때 남녀 모두는 자신의 몸으로 하나님께 영광을 돌릴 책임이 있는데, 임신도 마찬가지 입니다. 이런 관점에서 볼 때 정해진 기간 동안 충분히 임신하는 것은 낙태하는 것과 마찬가지로 도덕적 책임을 수행하는 것입니다.

이 문제에 대한 통찰력을 제공하는 사람들 가운데 존 칼빈이 생각납니다. 그는 생명을 청지기의 관점에서 서술하였습니다.

> 우리의 생명에 한계를 설정하신 하나님은 동시에 생명을 관리할 책임도 우리에게 맡기셨다. 다시 말해, 하나님은 생명을 보존하기 위한 수단들을 주셨고, 또한 도우신다. 그분은 또한 우리로 하여금 위험을 예견할 수 있도록 하셨고 우리가 모르기를 원치 않으신다. 그분은 예방과 치료책을 제공하셨다. 이제 우리의 의무가 무엇인가에 대해서는 매우 명확해진다. ⋯ 우리의 의무는 생명을 지키는 것이다. 만약 하나님께서 도움을 주신다면 그것들을 사용하라. 만약 하나님께서 위험에 대해 우리에게 미리 경고해 주신다면 무모하게 그 위험에 빠져서는 안 된다. 만약 하나님께서 이용할 수 있는 치료책을 주신다면 그것들을 소홀히 하지 말라.

칼빈은 매우 명확합니다. 즉 우리의 의무는 생명을 지키는 것입니다. 또한 생명은 신성합니다. 왜냐하면, 생명의 근원이 하나님이시기 때문입니다. 그렇지만 모든 희생을 치르면서 생명을 지키는 것은 위험합니다. 그것은 우상숭배입니다. 그것은 '그 생명이 얼마나 공허한 것인가에 상관없이 한 사람(혹은 심지어 3개월 정도밖에 안된 태아의 몸이라고 할지라도)'을 지키는 우상숭배인 것입니다. 우리는 생명을 지키길 원합니다. 그러나 태아를 우상으로 만들지는 말아야 합니다.

태아가 장애인일 때, 임신상태를 유지하는가 아니면 낙태를 하는가에 대한 결정은 결코 쉽지 않습니다. 저는 이러한 문제 앞에서 부모들이 두 가지 방식을 택할 수 있다고 생각합니다. 둘 다 옳을 수 있습니다. 다운증후군, 지진아, 흑내장, 뇌수종, 척추피열, 헌팅톤 질병 등을 앓고 있는 자녀들을 둔 많은 가족들, 그리고 다른 장애인들은 종종 가장 용기 있고 축복받은 가족들 가운데 있습니다. 그러나 그들의 상황은 결코 낭만적이지 않습니다. 그러한 가족들에게 슬픔과 어려움은 끝이 없습니다. 그러므로 어떤 가족들에게 있어서 낙태는 더 나은 선택인 것처럼 보입니다.

피임의 한 수단으로서 낙태를 사용하는 사람들에 대해서는 어떠합니까? 편리한 피임 장치들과 낙태의 도덕적인 책임 등을 고려할 때, 낙태는 피임에 대한 마지막 선택이어야만 합니다. 그렇다손 치더라고, 어떤 피임 장치도 100퍼센트 신뢰할 수 없다는 것 역시 사실입니다. 임신을 피하려고 노력하지만 임신하는 경우가 많습니다.

10대들의 임신은 어떻습니까? 해마다 약 1백 2십만 명의 10대들이 임신을 합니다. 이 중 거의 40%가 낙태를 선택하고, 20%는 입양이나 낙태를 하게 되며, 40%가 그들의 태아를 지킵니다. 이와 같은 수없이 많은 편모로서의 10대 엄마들에게 가족생활은 일종의 재앙입니다. 낙태가 항상 분명한 답이 될 수는 없지만, 편모나 편부에 의해서 혹은 조부모들에 의해서 자라나는 많은 아이들은 엄마, 아기, 가족 및 사회 전체에 대한 엄청난 부담을 주고 있습니다.

이 주제가 결코 쉽지 않다는 것을 당신들도 이해할 수 있을 것입니다. 나는 이 문제를 해결하기 위한 방법으로서 당신들 지갑에 갖고 다니기 위해 플라스틱의 얇은 조각으로 코팅된 10가지 쉬운 해결책을 제공할 수 없습니다.

유전학 상담 팀들과 함께 보낸 나의 시간들은 나에게 낙태에 대한 쉬운 입장에서 벗어나 보다 결과에 대해 심각하게 고려하는 여러 가지 가능성들을 보는 시각을 주었습니다. 이제 오직 두 가지만이 쉽게 내게 이해됩니다. 하나는 낙태가 성(별) 선택을 위한 피임의 수단으로서 사용되어서는 안 된다는 것이고, 다른 하나는 낙태가 편리를 위한 피임으로서 사용되어서 안 된다는 것입니다. 임신의 본질은 편리가 아니라 청지기 사명입니다.

설교자는 다시 한번 자신의 견해를 분명하게 밝힌다.

저는 낙태가 결코 바람직하지는 않다고 할지라도, 종종 더 나은 선택이 될 수 있다는 것을 믿게 되었습니다. 또한 우리가 그 쪽을 결정했을 때 하나님의 은혜에 우리 자신을 맡겨야만 합니다. 다시 말해, 비록 의학이 비록 우리에게 자궁을 보고 임신을 중단시킬 수 있는 신적인 능력을 우리에게 준다고 할지라도, 세상의 어떤 힘도 우리가 하는 것이 반드시 옳다고 확인해 주는 신적인 지혜가 아님을 알아야 합니다.

우리가 이러한 상황으로 인해 괴로워하는 것만큼이나 하나님께서도 우리의 문제로 인해 고통스러워하심을 믿는 것이 성경적으로 옳다고 저는 생각합니다. 우리가 어떠한 문제에 처한다고 할지라도 하나님께서는 우리를 버리지 않으십니다. 하나님께서는 우리가 얼마나 인간적이며 연약한가를 충분히 아십니다.

하나님께서는 오래 살지 못할 거라는 것을 알고도 출산을 선택한 그 부부와 함께 하십니다. 하나님께서는 그들이 직면하게 되는 모든 것에서 견뎌낼 수 있도록 그 자녀와 그 부부와 함께 인내하십니다. 그렇지만 하나님은 임신을 포기한 부모를 저버리시지 않으십니다. 당신 자신의 아들의 잃음을 이미 경험한 하나님은 그와 동일한 고통을 견뎌내는 부모를 멀리하시지 않으십니다.

설교자는 복음의 약속에 대해 직접적으로 선포한다. 이것은 청중이 주제에 관한 고민을 더 이상 하지 않아도 된다는 것을 의도한 것은 아니지만, 고민 가운데 있는 사람들에게 하나님의 계속적인 사랑과 격려의 메시지를 전해준다.

결론

우리는 하나님께 대해 신실할 수 있기 위해 최선을 다해야 합니다. 그것은 항상 쉽지도 않고 분명하지도 않습니다. 그러나 우리가 생명의 결정에 대한 책임을 질 때, 기도와 말씀과 현명한 상담을 통하여 인도를 받을 때, 우리는 우리 인간이 할 수 있는 최선을 다하는 것이라 할 수 있습니다. 하나님께서는 그것 이상을 요구하지 않습니다.

때때로 우리의 결정이 당시에 최선이 아니라고 생각될 때도, 하나님께서 우리를 용서해 주심을 확신합니다. 시편 기자는 이렇게 기도합니다.

하나님이여 나를 살피사 내 마음을 아시며 나를 시험하사 내 뜻을 아옵소서! 내게 무슨 악한 행위가 있나 보시고 나를 영원한 길로 인도하소서!(시139: 23-24)

임신을 지속할 것인가 아니면 중단할 것인가에 대한 중요한 결정을 해야 하는 부모들을 위해, 의사들과 간호사들과 상담자들을 위해, 그리고 과거에 그들이 했던 결정을 안고 살아가는 이들을 위해, 시편 기자의 기도가 반드시 적절하지 않을 수도 있습니다.

하나님! 다른 사람들의 어려운 결정에 대해 쉽게 판단하지 않도록 우리를 도우소서!
우리 자신과 우리 자녀들을 위해 선택한 결정으로 인해 우리에게 평안을 주소서!
그리고 영원히 그 길로 우리를 인도하소서!

하나님의 약속은 모든 낙태의 상황에 관련된 이들에게 선한 약속이다.

제6장

내러티브 설교[1]

(Narrative Preaching)[2]

내러티브 설교(Narrative Preaching)에 대한 이론이 본격적으로 등장한 것은 그렇게 오래되지 않았다.[3] 내러티브 설교가 등장하게 된 배경은 이렇다. 1960년대부터 미국 교회의 강단은 심각한 위기를 경험하였다. 그러한 상황에 대해 클라이드 라이드(Clyde Reid)는 '텅 빈 강단(The Empty Pulpit)'이라고 표현하였다.[4] 그는 그러한 텅 빈 강단 현상의 핵심이 설교가 제대로 전달(communication)되지 못하는데 있다고 진단하였다. 라이드의 말을 들어보자.

오늘날 강단은 아무런 메시지도 선포할 수 없기 때문에 그 결실도 없을뿐더

---

1) 영어의 'Narrative Preaching'은 그동안 우리나라에서 다양하게 이해되고 번역되어 왔는데('이야기 설교,' '서사 설교,' '이야기식 설교' 등), 필자는 혼란과 오해를 막기 위해 '내러티브 설교'로 명명하는 것이 바람직하다고 판단한다. 왜냐하면 Narrative Preaching의 다양한 면을 모두 담을 수 있는 적합한 용어를 아직은 찾아내지 못했기 때문이다.

2) 본장은 「신학지남」 279(2004/여름호): 231-245에 "이야기식 설교의 이해"로 게재된 논문을 많은 부분 수정 보완한 것이다.

3) 물론 그 전에도 내러티브 설교가 행해지고 있었지만, 공식적으로 논의되거나 대표적인 설교의 형식 가운데 하나로는 다루어지지 않았다. 앞에서 언급한대로 그 전에 대표적인 설교의 형식은 주제 설교, 본문 설교, 강해 설교 등 이었다.

4) Clyde Reid, *The Empty Pulpit*, 정장복 역, 『설교의 위기』 (서울: 대한 기독교 출판사, 1982), 3.

러 메시지가 선포되고 있다 하더라도 그 능력이 전혀 없다는 데서 강단이 비었다고 할 수 있다. 내가 텅 빈 강단이라고 할 때 이것은 메시지의 의미가 전혀 없다는 뜻이요 교인들의 당면 문제와 아무런 연관을 맺지 못하고 상호간에 의사전달이 되지 않고 있다는 의미이다. 여기에서 텅 빈 상태는 상대적일 뿐이지 절대적인 것은 아니다. 그럼에도 불구하고 강단이 텅 비었다고 하는 것은 부인할 수 없다(밑줄은 필자).[5]

그러한 위기의식 속에서 1970년대에 들어서면서 '효과적인 전달'과 '경험적 설교를 통한 삶의 변화'를 위해 미국 설교학계를 중심으로 논리와 명제가 주된 관심이었던 전통적인 설교[6]의 대안으로 소위 '신설교학(the New Homiletic)'[7]이 등장하게 되었다. 그리고 지금까지 신설교학은 설교학계에 엄청난 도전과 변화를 가져왔는데,[8] 그 신설교학 열풍의 중심에 '내러티브 설교'가 자리 잡고 있다.[9]

그런데 내러티브 설교가 설교학계에서 본격적으로 논의되고 핵심적인 주제로 관심을 갖게 된 것은 1980년대부터였고, 우리나라에서는 1990년대 후반에 소개되고 점차 대중화되었다고 할 수 있다.[10] 요즈음 구미 설

---

5) Reid, *The Empty Pulpit*, 3.

6) 전통적인 설교는 아리스토텔레스가 체계화시키고 어거스틴이 설교에 적용한 소위 '고전 수사학' 이론에 바탕을 두었다.

7) '신설교학'이라는 용어의 처음 사용은 데이비드 랜돌프(David J. Randolph)에 의해서였다. 그는 신해석학에 근거한 설교학이라는 의미에서 신설교학(A New Homiletic)이라는 용어를 사용하였다. 하지만 오늘날 일반적으로 이해되는 신설교학의 개념은 리차드 에슬링거(Richard Eslinger)에 의해 사용되었다고 할 수 있다. 에슬링거는 명제와 논리 중심의 '전통적인 설교학(The Old Homiletic)'에 대조되는 개념으로 '신설교학(the New Homiletic)'이라는 용어를 사용하였다(Richard Eslinger, *A New Hearing: Living Options in Homiletical Method* [Nashville: Abingdon, 1987], 11).

8) 그래서 내러티브 설교를 중심으로 일어난 설교에 대한 새로운 접근을 에슬링거는 '설교학의 코페르니쿠스적 전환(Copernican Revolution)'이라고 하였다(Eslinger, *A New Hearing: Living Options in Homiletical Method*, 14, 65).

9) 따라서 본서에서는 때때로 신설교학과 내러티브 설교를 특별한 구분 없이 사용하기도 할 것이다.

교학계에서 가장 큰 관심과 연구의 대상은 내러티브 설교라고 해도 과언이 아니다. 그러나 아직까지도 내러티브 설교에 대한 명확한 이해가 부족하기도 하고 오해까지 있는 것 같다. 본 장에서는 내러티브 설교에 대해 개괄적으로 소개하고, 이를 평가하고자 한다.[11]

I. 내러티브 설교의 발단

신설교학의 효시는 헨리 그레이디 데이비스(Henry Grady Davis)라고 할 수 있다. 그는 Design for Preaching[12] 이라는 저서에서 3대지 중심의 전통적인 설교를 극복하고자 두 가지 새로운 제안을 하였다. 하나는 '설교의 형태(Form)'에 대한 것이고 다른 하나는 '이야기로서의 설교(preaching as story-telling)'에 대한 것이다. 먼저, 그는 "설교는 나무

---

10) 오늘날 내러티브 설교의 대표적인 학자로 평가되고 있는 프레드 크레독 (Fred B. Craddock), 데이비드 버트릭(David Buttrick), 폴 윌슨(Paul Wilson), 유진 라우리(Eugene Lowry)의 대표적인 저서들이 우리말로 번역된 것은 1990년대 후반이었다(본서 '3장. 설교는 무엇인가?'를 참고하라). 그들의 저서가 번역되고 소개됨으로 우리나라에 내러티브 설교가 본격적으로 논의되고 대중화된 것이다. 특별히 미국에서 신설교학을 전공한 장신대의 김운용 교수는 이 일에 주도적인 역할을 하였다고 평가된다. 참고. 김운용, 『설교의 새로운 패러다임』(서울: 장로회신학대학교 출판부, 2004); 『새롭게 설교하기: 변화하는 시대 속에서의 설교』(서울: 예배와 설교 아카데미, 2005).

11) '신설교학'과 '내러티브 설교'에 대한 좀 더 자세한 설명을 위해서 Eslinger, A New Hearing: Living Options in Homiletical Method; Charles L. Campbell, Preaching Jesus, 이승진 역, 『프리칭 예수』(서울: 기독교 문서 선교회, 2001); Stpehen C. Parris, "새로운 설교학 운동의 태동," in 정장복 박사 회갑 기념 논문 출판 위원회, 『현대 사회와 예배·설교 사역』(서울: 예영 커뮤니케이션, 2002), 245-67; 이연길, 『이야기 설교학』(서울: 쿰란출판사, 2003); 김운용, 『설교의 새로운 패러다임』; 『새롭게 설교하기: 변화하는 시대 속에서의 설교』등을 참고하라.

12) Henry Grady Davis, Design for Preaching (Philadelphia: Fortress, 1958).

와 같아야 한다(A sermon should be like a tree)."고 하면서 설교의 유기적 형태(organic form)를 강조하였다.[13] 즉, 보이지 않지만 뿌리가 있고 그것에 몸통(또는 줄기)이 연결되어 있고 몸통에서 가지가 나오고 그 가지에서 꽃과 열매를 드러내는 것처럼 설교도 하나의 아이디어에서 점점 발전하여 유기적이고 연속적으로 연결되어야 한다고 하였다. 또한 설교의 형태는 어느 일정한 틀로 고정되는 것이 아니라 본문이 설교의 형태를 결정하며 나무의 모양과 형태가 다르듯이 설교도 유기적 특성 안에서 다양한 형태로 구성될 수 있다고 하였다.[14] 다음으로, 그는 "우리 설교의 9/10는 개념들의 해설이고 논리적 전개인데 복음서를 보면 해설이 1/10이 채 안 된다. 복음서에서 중심 개념들이 주로 이야기 형태로 표현 된다."고 하면서,[15] 설교에 있어서 이야기 설교의 가능성을 제기하였다. 이러한 데이비스의 두 제안들은 신설교학의 근간이 되었고, 계속 되는 내러티브 설교의 논의에 핵심적인 요소가 되었다.[16]

내러티브 설교는 프레드 크레독(Fred B. Craddock)에 의해서 본격적으로 시작했다는 것이 일반적인 견해이다. 그는 1971년에 As One without Authority(『권위 없는 자처럼』)이란 기념비적 책을 통하여 신설교학(내러티브 설교)의 실제적인 토대를 마련하였다.[17] 그는 당시의 전체 사회가 비 권위적인데 반해 설교는 너무 권위적이기 때문에 제대로 전달될 수 없고 설교에 효과가 없다고 하면서 효과적인 설교 전달을 위해 권위적이지 않은 '귀납적 설교(inductive preaching)'를 할 것을 제안하고, 이에 대한 두 가지의 이유를 제시하였다. 먼저 당시의 미국은 설교자와 성

---

13) Davis, *Design for Preaching*, 16-7.

14) Davis, *Design for Preaching*, 8-9.

15) Davis, *Design for Preaching*, 157.

16) 참고. George M. Bass, *The Song and the Story* (Lima: CSS Publishing, 1984), 76.

17) Fred B. Craddock, *As One without Authority*, 김운용 역, 『권위 없는 자처럼』 (서울: 예배와 설교 아카데미: 2001).

경의 권위가 무너지고 있는데, 권위가 무너진 때에 권위에 입각한 연역적
인 접근은 효과가 없으며,[18] 다음으로 청중들도 여러 세대에 걸쳐 귀납적
으로 교육받아왔기 때문에 연역적으로 접근하면 효과가 없다는 것이다.[19]
그러므로 설교가 효과적으로 전달되기 위해서는 명제를 정하고 논리적으
로 접근하기보다 청중들의 삶의 구체적인 경험으로부터 시작하여 설교자
와 성도들이 함께 결론을 만들어가면서, 설교자가 권위로 어떤 것을 강요
하는 것이 아니라 스스로 결론을 내리고 적용할 수 있도록 결론과 적용을
열어두는 설교(open-ended sermon)를 해야 한다고 주장하였다.

한 걸음 더 나아가 80년 대 중반부터 내러티브 설교의 이론에 힘을 보
태주고 날개를 달아 준 사람은 데이비드 버트릭(David Buttrick)이다. 그
는 Homilitic: Moves and Structures 라는 저서를 통해 기존의 설교가
청중의 자연스런 심리적 상태를 따르지 못하고 부자연스럽기 때문에 제대
로 전달되지 못한다고 평가하면서, 설교가 효과적으로 전달되기 위해서는
청중의 심리 상태에 자연스럽게 접근할 수 있는 '설교의 구조
(Structure)'가 필요하다고 하였다.[20] 그는 대개 설교자들이 하나 둘 셋
으로 설교의 대지를 구분하면서 설교하지만 보통 사람의 의식은 그러한
부자연스러운 구분에 익숙지 않으며 쉽게 싫증을 낸다는 것이다. 그러므
로 설교도 인위적이고 억지로 할 것이 아니라 마치 우리가 대화하듯이 자
연스럽게 연결해야 한다고 하면서, 설교는 '어떤 특별한 전략에 의해서,
잘 계획되어진 시나리오 안에서의 움직임(Move)의 연속'이라고 하였
다.[21]

---

18) Craddock, *As One without Authority*, 51-4.
19) Craddock, *As One without Authority*, 98-100.
20) David Buttrick, *Homilitic: Moves and Structrues* (Philadelphia:
Fortress, 1987). 그의 설교학적 제안은 인간의 내면 세계에서의 의미 이해를 중요
시하기 때문에 '현상학적(phenomenological)'이라는 용어를 사용하였다.
21) 그에게 있어서 '움직임(또는 장면, move)'은 일반적인 설교에 있어서 '대지
(point)'에 상응하는 것이다. 그는 전체 설교(structure)는 움직임들이 모여서 구성

물론 설교가 효과적이고 능력 있게 전달되지 못한 데에는 여러 가지 원인이 있을 수 있고, 학자마다 그 원인에 대한 진단과 처방이 다를 수 있다. 그러나 내러티브 설교가 태동할 때부터 계속 발전되는 단계에서 가장 심각하게 고민했던 문제는 설교의 효과적인 전달과 경험적 설교를 통한 삶의 변화였다. 그러한 상황에서 좀 더 효과적인 설교를 위한 여러 가지 시도와 노력과 움직임이 있었고, 그 대표적인 결실이 내러티브 설교로 나타났다고 할 수 있다.

II. 내러티브 설교의 이해

앞서 언급한 것처럼, 내러티브 설교는 그동안 다양한 각도에서 연구되고 발전되었기 때문에 내러티브 설교에 대해 정의와 이해도 다양하다. 이것은 어쩌면 내러티브 설교가 그렇게 길지 않는 기간에 급격하게 발전하여 왔기 때문에 나타난 당연한 현상이라고 할 수 있다. 필자의 판단으로, 오늘날 '내러티브 설교'는 크게 세 가지 방향에서 이해되고 행해지고 있다. 먼저, 혹자는 내러티브 설교를 '이야기 자체로 설교하는 것(한 마디로, 스토리텔링, story-telling)'으로 이해한다. 다음으로, 혹자는 내러티브 설교를 '성경의 이야기를 다시 재구성해서 설교하는 것(한 마디로, 리텔링, retelling the story)'으로 이해한다.[22] 세 번째로, 혹자는 내러티브

되는데, 그 움직임들은 분명하게 구분되어야 하고 논리적으로 연결되어야 하지만 영화의 시나리오에서처럼 연속적인 흐름이 있어야 한다고 주장하였다(Buttrick, *Homilitic*, 69-79).

22) '리텔링(Retelling the story)'에 대해서는 Steven D. Mathewson, *The Art of Preaching Old Testament Narrative*, 이승진 역, 『구약의 내러티브 설교』 (서울: CLC, 2004), 231-56; Larry Lange, *Retelling the Story* (Lima: CSS Publishing, 2005); 김운용, 『설교의 새로운 패러다임』, 269-71를 참고하라.

설교를 '플랏을 따라 설교하는 것(한 마디로, 이야기[형]식, story-style)'
으로 이해하기도 한다.[23]

물론 내러티브 설교에서 이 세 접근 방법이 엄격하게 구분되어 행해지
는 것은 아니다. 오늘날 대부분의 내러티브 설교는 이 세 영역이 함께 고
려되고 반영되어 행해지고 있다. 예를 들어, 본서 3장에서 소개된 버트릭
(Buttrick)의 '현상학적 전개식 설교'나 윌슨(Wilson)의 '네 페이지 설
교' 그리고 본장에서 소개될 유진 라우리(Eugene Lowry)의 제안들은 모
두 정도와 강조점의 차이는 있다고 할지라도 이 세 영역들이 함께 반영되
어 있다.

그렇기 때문에 단순하게 내러티브 설교를 정의하는 것보다는 내러티브
설교가 가지고 있는 대표적인 특징들을 제시하는 것이 내러티브 설교를
이해하는데 더욱 효과적이라고 생각된다. 필자의 판단으로 내러티브 설교
가 전통적인 설교와 구별하여 특징적으로 강조하는 것은 크게 세 가지이
다.

먼저, '이야기(story)'에 대한 강조이다.

앞에서 언급한 것처럼, 헨리 데이비스는 성경의 내러티브적 성격을 부
각시키면서 설교에 있어서 이야기의 중요성과 이야기로서의 설교의 가능
성을 제시하였다. 또한 내러티브 설교를 체계화시키고 활성화시킨 버트릭
이나 윌슨도 '영화와 같은(movie-like)' 움직임(move)과 페이지(page)를
제안함으로 스토리를 강조하였다. 실제로 성경을 보면, 이야기를 통해서
메시지를 전달하는 경우가 많다. 선지자 나단은 다윗의 죄를 지적할 때 직

---

23) 이야기(형)식의 설교와 관련하여 Eugene Lowry, *The Homiletics Plot*;
How to Preach a Parable, 이주엽 역, 『설교자여, 준비된 스토리 텔러가 되라』 (서
울: 요단출판사, 1999); Wayne B. Robinson, *Journeys toward Narrative
Preaching*, 이연길 역, 『이야기 설교를 향한 여행』 (서울: 한국 장로교 출판사:
1998) 등을 참고하라.

접적으로 또는 논리적으로 접근하지 않고 이야기로 시작하였다. 예수님께서도 자주 이야기로서 설교를 하신 것이 복음서에 기록되어 있다. 예를 들어, 누가복음 10:25-37을 보면, 어떤 관원이 "누가 우리의 이웃인가?"를 물었을 때 논리적이고 명제 중심으로 접근한 것이 아니라 선한 사마리아인의 이야기로서 그 질문에 답을 하셨다. 또한 죄인 하나가 회개할 때 하나님께서 얼마나 기뻐하시는가를 세 편의 이야기를 통해 말씀하셨고(눅 15장), 끈질긴 기도의 중요성도 이야기로서 설명하셨다(눅 11:1-13, 18:1-8).

이러한 성경의 내러티브적 성격을 근거로 신설교학(내러티브 설교)에서는 계속해서 이야기 자체의 효과와 능력을 강조하면서 이야기를 설교의 중요한 요소로 간주하였다. 신설교학 학자인 김운용은 다음과 같은 이야기의 기능과 효과를 주장한다.

이야기는 청중들로 하여금 말씀을 가장 잘 이해할 수 있도록 도와주며 (understand), 사람들의 흥미와 관심을 유발시킨다(attention). 또한 이야기는 오래 기억하게 하며(remember), 감성적인 부분들을 고양시켜준다(stir up).… 이야기가 시작될 때 사람들은 귀를 기울이며, 무엇이 일어날 것인가 기대하게 된다(anticipate).[24]

내러티브 설교의 옹호자들은 설교의 사명은 교인들을 그리스도 안에서 변화시키는 것인데, 사람을 변화시키려면 진리를 논리적으로 전달하는 것보다 이야기로 전달하는 것이 더욱 효과적이라고 주장한다.[25]

---

24) 김운용, 『설교의 새로운 패러다임』, 257.
25) 내러티브 설교에서 '이야기(story)'란 전통적인 설교학에서 언급되는 '예화'와는 다른 개념이다. 이연길에 의하면, 예화는 이미 논증된 진리를 예증하는 것이 목적이지만, 내러티브 설교에서 이야기는 그 자체가 독립적으로 메시지를 내포한 설교가 되는 것이다. 다시 말해, 내러티브 설교에서는 이야기 자체를 통해서 설교자와 청중이 함께 진리를 찾아가게 한다(이연길, 『이야기 설교학』, 207).

다음으로, 플랏(Plot)에 대한 강조이다.

플랏은 설교 전체의 '구성' 또는 '줄거리'를 의미한다. 내러티브 설교는 '기-승-전-결' 또는 '발단-전개-갈등-해결-종결(대단원)'과 같은 이야기 형식(story-style)[26]을 빌어 설교를 구성하는 것을 강조한다. 내러티브 설교에 있어서 플랏을 강조하는 대표적인 학자는 유진 라우리(Eugene Lowry)이다.[27] 그는 지금까지의 설교는 주제나 논제를 잡아서 대개 세 가지로 적절하게 자르고 그 부분들을 어떤 논리적인 순서에 따라서 조직하는 것이었다고 지적하였다. 그러나 그는 설교가 여러 재료를 가지고 짜깁기 또는 건축(construct)하는 것이 아니라, 연속성(continuity)과 움직임(movement)을 가지고 발전 또는 전개(develope)시키는 것이라고 주장하였다.[28] 마치 소설이나 영화처럼 설교는 문제 해결을 향한 긴장과 관심을 놓지 않는 연속성과 움직임이 있어야 하고 내용 구성에 있어서 극적인 전환과 절정을 향하는 집중성이 있어야 한다는 것이다. 그렇기 때문에 그는 단순히 이야기를 포함하거나 이야기 자체가 내러티브 설교가 아니라 플랏을 가진 설교가 내러티브 설교라고 하였다. 또한 이러한 내러티브 설교의 특징 때문에, 그는 내러티브 설교는 특별한 사람만이 할 수

---

26) 라우리는 '스토리(story)'와 '내러티브(narrative)'를 구분하여 사용했다. 그에 의하면, 내러티브는 스토리들이 모여 플랏을 형성하는 것, 즉 '스토리 형식(story-style)'을 의미한다. 다시 말해, 내러티브는 스토리보다 크고 넓은, 즉 스토리를 포괄하는 개념이다. 그는 '스토리'와 '내러티브'의 차이를 구분하기 위해서 'Medicine'이라는 단어를 예로 사용하였다. 'Medicine'이란 단어는 이미 제조된 병 안에 들어 있는 약 뿐 아니라 의사의 처방까지를 포함하는 개념인데, 약 자체가 '스토리'라고 한다면 처방과 조제까지를 포함하는 것이 '내러티브'라는 것이다[참고. Eugene Lowry, *How to Preach a Parable*, 27-30; *The Sermon: Dancing the Edge of Mystery* (Nashville: Abingdon, 1997), 24.].

27) 그의 핵심적인 주장을 위해서 그의 대표적인 저서들인 *The Homiletics Plot*; *How to Preach a Parable*, *The Sermon: Dancing the Edge of Mystery* 등을 참고하라.

28) Lowry, *The Homiletics Plot*, 14-25.

있는 설교가 아니라 모든 사람이 다 할 수 있는 설교라고 하였다.

마지막으로 귀납적인 접근에 대한 강조이다.

간단히 이야기하면, 연역적인 설교는 요점과 결론을 먼저 제시하고 그후에 그 요점과 결론을 위해서 구체적인 예를 들면서 설득하거나 논리적인 설명으로 보충하는 설교이고, 귀납적인 설교는 특별한 예로부터 시작하여 청중들과 함께 결론을 만들어 가는 설교이다. 뿐만 아니라 귀납적인 설교는 종종 설교자가 적용과 결론을 내리지 않고 청중들에 적용과 결론을 일임하는 경우가 많다. 이와 같이 내러티브 설교는 권위적으로 명령하거나 논리적으로 설득하거나 직접적이고 단도직입적으로 접근하는 설교가 아니라 설교자의 권위를 내려놓고 간접적이고 우회적으로 설교할 것을 강조한다. 이것은 실제로 예수님의 설교에서도 종종 볼 수 있다. 예수님께서는 많은 경우 이야기로 설교를 하신 다음에 적용과 결론을 간략하게 말씀하시기도 하셨지만, 종종 적용과 결론을 보류해서 청중에게 일임하기도 하셨다. 예를 들어, 마태복음 13장에서 예수님께서 씨 뿌리는 비유를 말씀하셨지만, 결론이나 적용을 자세히 말씀하지 않으셨기 때문에 제자들이 나중에 예수님께 그 비유에 대해서 설명을 요청했던 것이다.

많은 분들이 강해 설교를 하면서 귀납적으로 한다고 하지만 사실 완전히 귀납적으로 강해 설교를 하는 경우는 거의 없다고 할 수 있다. 로날드 알렌(Ronald Allen)이 주장한 것처럼 귀납적으로 시작하지만 중간에 연역적으로 방향이 바꾸어지는 경우가 대부분이고, 아니면 처음부터 연역적으로 설교하는 경우도 많다.[29] 그렇기 때문에 스토리를 활용하여 삶의 구체적인 경험으로부터 시작하거나, 설교자와 성도들이 함께 결론을 만들어 가거나, 또는 설교자가 권위로 어떤 것을 일방적으로 강요하는 것이 아니

---

29) 참고. Ronald J. Allen, *Preaching the Topical Preaching*, 김창훈 역, 『강단의 비타민: 주제 설교의 재발견』 (서울: 솔로몬, 2010), 31-40.

라 영화나 소설과 같이 스토리를 통해 메시지를 전달하고 적용과 결론을 열어두는 귀납적인 접근은 본질적인 의미에서 내러티브 설교만이 가지는 고유한 특징이라고 할 수 있다.

요약하면, 내러티브 설교는 이야기를 강조하고, 이야기의 특성을 살려서 귀납적으로 접근하고, 연속성과 이동성이 있는 설교 구성(즉, 플랏을 가진 구성)으로 효과적인 전달에 최종적인 목표를 두는 설교라고 할 수 있다.

III. 유진 라우리의 제안

내러티브 설교가 처음 등장할 때는 일반적으로 '스토리텔링(즉, 이야기로서의 설교)'에 우선적 관심을 두었다. 예를 들어, 찰스 라이스(Charles Rice)는 Interpretation and Imagination에서 설교란 '하나님의 이야기'와 '사람들의 이야기'가 만나는 장소이고, 설교자의 임무는 설교 안에서 하나님의 세계와 현대인의 세계를 하나로 만드는 것이라고 주장했다.[30] 물론 라이스는 성경의 이야기를 전개하는 설교를 말하는 것이 아니라 "단순하게 (우리들의) 이야기만 말하라."[31]고 주장함으로 그 스스로 한계를 보여주었지만, 설교의 본질을 이야기에서 찾는데 있어서 설교학계에 관심을 이끌어 내는데 중요한 역할을 하였다. 뿐만 아니라 신설교학이 본

---

30) Charles Rice, *Interpretation and Imagination* (Philadelphia: Fortress, 1970), 46. 이외 에도 설교에 있어서 이야기를 강조한 중요한 책들은 Charles Rice, Edmund Stimle & Morris Niedenthal, *Preaching the Story* (Philadelphia: Westminster, 1980); Richard A. Jensen, *Telling the Story* (Minneapolice: Augsburg, 1980); *Thinking in Story* (Lima: CSS Publishing, 1993) 등이 있다.
31) Rice, *Interpretation and Imagination*, 86

격적으로 시작되는 상황에서 크래독이 제안한 귀납적 설교도 다분히 스토리텔링에 가깝다고 할 수 있다.

그런데 최근에는 내러티브 설교에서 가장 우선적 관심과 강조점을 두는 것이 플랏(plot)이다. 특히 라우리(Lowry)는 내러티브 설교에서 이야기(story)가 있고 없고는 중요한 것이 아니고 플랏이 진정한 의미에서 내러티브 설교를 결정하는 가장 중요한 요인이라고 까지 하였다. 뿐만 아니라 라우리는 플랏을 활용한 내러티브 설교를 위해 구체적이고 실제적인 지침들을 제시하였다. 필자는 그의 제안은 오늘날 설교자들이 내러티브 설교를 이해하고 실행하는데 많은 통찰력과 도움을 주고 있다고 판단한다. 따라서 라우리의 제안을 좀 더 자세히 살펴보는 것은 필요하다.

1. 내러티브 설교 구성의 기본적 지침

라우리는 내러티브 설교는 설교의 구성에 있어서 다섯 가지 기본적인 연속 단계를 가져야 한다고 하였다.[32]

(1) 웁스(Oops)! 평행을 뒤집어라! (또는 '갈등을 찾아라!' 또는 '모순이 되는 요소를 부각하라!')

"웁스!"는 미국인들이 놀랐을 때 하는 소리로 "아이구 저런!"의 의미가 있다. 그러니까 이 단계에서는 청중들이 설교에 관심을 갖도록 어떤 사건의 모호함이나 문제점을 소개하면서 갈등이나 긴장을 드러낸다.

(2) 우(Ugh)! 모순을 분석하라! (또는 갈등을 분석하라 또는 모순을 구체적이고 심층적으로 설명하라!)

"우!"는 두려워서 놀랐을 때 하는 소리로 "악!"의 의미가 있다. 그러니까 이 단계에서는 '왜 그런가?' 라고 질문하면서 첫 번째 단계에서 제기되었던 모호함, 갈등, 또는 긴장을 심층적으로 진단하고 분석한다.

---

32) Lowry, *The Homiletics Plot*, 33-98.

(3) 아하(Agh)! 해결의 실마리를 드러내라!

"아하!"는 무언가를 깨달았을 때의 표현이다. 그러니까 이 단계에서는 그동안 드러났던 모호함, 갈등, 긴장이 해결되는 실마리가 제공된다. 그래서 청중들이 "아하!"의 탄성을 지르게 된다.

(4) 와(Whee)! 복음을 경험하라! (또는 복음을 제시하라!)

"와!"는 기쁘거나 흥분할 때의 표현이다. 이 단계에서는 모순과 갈등이 해결되는 정점으로 복음을 제시한다.

(5) 예(Yeah)! 결과를 기대하라!

"예"는 환호를 지르는 표현이다. 그러니까 이 단계는 청중들의 신앙과 삶에 대한 새로운 결단과 실제적인 변화를 기대하는 설교의 적용이요 결론이다.

이것을 도표로 그려보면 다음과 같다.

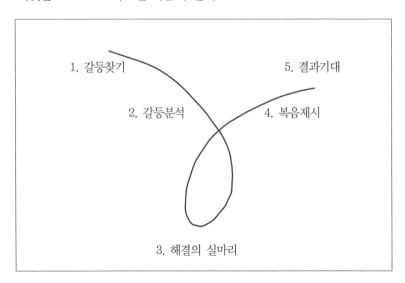

이러한 단계를 가지는 내러티브 설교 구성의 좀 더 분명한 이해를 위

해 실제적인 예를 들어보겠다. 라우리가 실제로 설교한 마태복음 20:1-16(제목: 누가 무엇을 더 달라고 할 수 있단 말입니까?)을 살펴보자.[33]

1단계 (갈등 찾기/ 문제 제기): 본문의 내용을 전체적으로 설명하면서 일한 시간과 상관없이 동일한 임금을 받는 것은 문제가 있다고 지적함으로 갈등 또는 문제의 요소를 부각시킨다.

2단계 (갈등 분석/ 문제 분석): 일을 한 시간과 상관없이 동일한 임금을 지불한 것이 어떻게 문제가 되는지 분석한다. 먼저, 공평성 차원에서 문제가 있음을 밝힌다. 우리가 살고 있는 사회에서 그것은 상식적으로 보다 법률적으로 보나 옳지 않다는 것이다. 또한 그러한 행동은 다음에 일꾼을 구할 때도 어려움을 가져온다고 하였다.

이렇게 문제를 구체적이고 심층적으로 분석하는 것(또는 부각시키는 것)은 나중에 문제 해결의 극적인 반전 또는 복음이 갖는 독특한 특징을 효과적으로 드러내기 위해서 필요한 과정이다.

3단계 (해결의 실마리/ 반전): 이 문제의 해결의 실마리는 앞 장(마태복음 19장)의 부자 청년과의 대화 그리고 그에 대한 제자들의 반응에서 찾는다. 즉, 문맥을 통해 본문의 의도와 의미를 드러내는 것이다. 일종의 반전이다.

4단계 (복음 제시/ 해결): 그러면서 하나님 나라의 특징을 설명한다. 즉 하나님의 나라는 사업상의 거래에 의한 것이 아니고 계약도 아니고 가족의 언약이라는 것이다. 하나님께서 일방적으로 체결하시고 이끌어 가시는 것이다.

5단계 (결과-적용)

우리는 모든 일에 단지 감사할 수밖에 없는 자들이고 더 이상 요구할

---

33) 이 설교는 유진 라우리의 대표적인 설교로 인정되고 있는데, Lowry, *How to Preach a Parable*, 175이하에 설교 전문(全文)과 보충설명이 있다.

수 없는 자들임을 결론(적용)으로 제시한다.

라우리의 제안을 좀 더 온전히 이해하기 위해 우리나라에 내러티브 설교를 소개하고 실제적으로 실행하고 있는 대표적인 사람 가운데 한 분인 이연길 목사의 설교를 살펴보자. 본문은 누가복음 15장이고, 설교의 제목은 '회개하고 돌아오는 자들 사랑하시는 하나님'이다.[34]

1단계(갈등 찾기/ 문제 부각): 우리는 아버지가 아들에게 유산을 주는 것에 대해 당연한 일로 여기지만, 고대 근동의 상황에서는 그렇지 않다는 것이다. 따라서 설교자는 아버지가 아들에게 유산을 넘겨준 일이 당연한 것이 아니고 모순되고 정당치 않다는 사실을 다른 사람들의 그 일에 대한 의견을 통해 부각시킨다.

예수님께서 이 비유를 말씀하실 때 당시의 청중들은 그러한 사실을 구태여 설명하지 않아도 그것이 문제인 줄 알았지만, 오늘날 청중들을 그것을 몰랐기 때문에 그 부분을 강조하고 있다.

2단계(갈등 분석/ 문제 분석): 아들이 아버지에게 유산을 달라고 한 것이 왜 잘못되었는지 그리고 중동지역에서 그것이 어떤 의미가 있는지를 밝힌다. 설교자는 그것은 당시에 그것은 육신적으로나 정신적으로 가족을 배반한 것이고 아버지를 죽인 것과 같은 문제였다고 설명한다.

이러한 설명을 통해 설교자는 다음의 극적인 반전을 위해 아들의 뻔뻔스러움, 사랑을 받을 가치가 없음 등을 분명하게 보여준다.

3단계(해결의 실마리/ 반전): 집을 나간 아들이 어떻게 되었는지를 설명하면서 반전을 도모한다. 그렇게 배반한 아들이 성공하고 잘 된 것이 아니라 오히려 극한 어려움에 빠진 것이다. 만약 성공하였다면 아버지의 받아들임은 큰 의미가 없다.

이 부분은 마지막 결론을 향해 나아가는 일종의 반전인데, 아쉽게도 본

---

34) 이연길, 『이야기 설교학』, 188-90, 224-31.

설교에서는 그것이 크게 부각되지 않았다.

4단계(복음제시/ 해결): 아무런 조건도 제시하지 않고 아들을 받아들이는 장면을 통해서 이 세상 어느 아버지에게도 볼 수 없는 아버지의 파격적인 사랑을 설명한다. 설교자는 이 부분에 설교의 대부분을 할애한다. 그리고 다양한 관점에서 보충 설명한다. 이것은 이 부분이 이 설교의 가장 중요한 부분임을 보여준다. 또한 아버지의 품 안을 떠나서는 결코 살 수 없는 자임을 설명한다. 그러면서 청중들에게 온전한 복음의 기쁨을 누리도록 초청한다.

5단계(결과 또는 적용): 하나님의 위대한 사랑을 믿게 하며 아버지를 기쁘게 하는 일이 복음을 전하는 길임을 깨닫기를 기대한다.

그런데 유진 라우리는 그의 대표적인 저서 The Homiletics Plot의 2001년 확장판에서 처음에 제시했던 5단계의 과정을 설교자들이 좀 더 쉽게 활용할 수 있도록 기존의 3,4단계를 하나로 통합한 4단계의 내러티브 설교 구성을 다음과 같이 제시하였다.[35]

1단계: Conflict(갈등)
2단계: Complication(심화/혼란)
3단계: Sudden Shift(대반전)
4단계: Unfolding(해결)

---

35) Eugene Lowry, *The Homiletics Plot*(expanded ed.) (Louisville: Westminster John Knox Press, 2001), 117-21. 그는 그의 저서 *The Sermon: Dancing the Edge of Mystery* 에서도 같은 주장을 했다.

이것을 도표로 그려보면 다음과 같다.

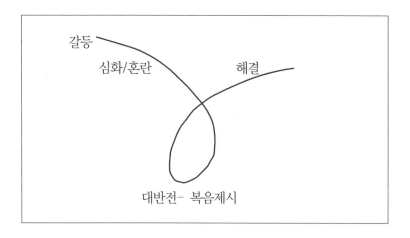

라우리와 비슷한 관점에서 로빈슨(Robinson)은 내러티브 설교를 위해 다음과 같은 구성의 단계를 제안하였다.

1) 쟁점(Issue)을 발견하라.

2) 쟁점을 탐구하라.

3) 쟁점을 재구성하라.

4) 쟁점을 해결하라.[36]

이상에서 내러티브 설교 구성을 위한 라우리와 로빈슨의 제안을 살펴보았다. 그들의 제안을 활용해서 필자는 좀 더 쉽게 이야기(형)식을 가진 내러티브 설교를 할 수 있도록 다음과 같이 제안한다.

1) 문제를 제기하라.

2) 문제를 분석하라.

3) (반전을 통해) 문제를 해결하라.

---

36) Robinson, *Journeys toward Narrative Preaching*, 123-52.

4) 복음(또는 적용)을 제시하라.

2. 내러티브 설교 구성의 다양한 방법

라우리는 내러티브 설교는 여러 가지 방법으로 구성될 수 있다고 하면서, 구체적으로 다음과 같은 방법들을 제시하였다.[37]

1) 스토리 진행(Running the Story)

이 방법은 성경 본문 자체의 플랏(흐름)을 따라서 설교를 구성하는 것이다. 물론 설교자는 성경 본문의 특정 부분을 강조할 수 있고, 세련되게 꾸밀 수도 있고, 창조적으로 생동감 있게 구성할 수도 있다.

2) 스토리 보류(Delaying the Story)

이 방법은 본문의 제시를 보류하는 것이다. 그러니까 본문이 설교의 이슈에 대한 해답을 가지는 경우, 먼저 현재의 관심사 또는 다른 소재를 꺼내어 설교를 시작하고, 그 해결책을 구하기 위해 성경 본문으로 관심을 돌려 본문의 핵심을 제시함으로써 해결을 시도하는 것이다.[38] 유진 라우리는 이러한 방식이 본문이 비교적 짧거나 너무도 잘 알려진 경우에 유익하다고 하였다.

---

37) 라우리는 *How to Preach a Parable*에서 그가 제시한 내러티브 설교의 네가지 구성 방법에 대한 실제적인 예들을 보여주면서 전개 과정에 대한 보충 설명을 덧붙이고 있다.
38) 최근에 몇몇 교회에서 빔 프로젝트를 통해 설교의 주제와 연결되어 있는 의미 있는 스토리를 먼저 보게 한 다음에 설교를 하는 경우가 있는데, 그러한 설교 방법은 큰 범위에서 '스토리 보류'에 속한다고 할 수 있다.

3) 스토리 유예(Suspending the Story)

이 방법은 성경 본문으로부터 시작한다는 것은 스토리 진행과 같지만 설교를 진행하다가 본문의 앞 뒤 문맥을 살피거나 성경 외에 다른 것을 살펴보기 위해서 스토리 흐름상에 있는 해당 본문을 떠난다. 그러나 설교를 마무리하기 위해서 다시 해당 본문으로 돌아온다.

4) 스토리 전환(Alternating the Story)

이 방법은 성경의 본문과 다른 설교 자료 사이에서의 다중적 이동으로 설교를 전개하는 것이다. 이 방법은 소설이나 영화 등에서 두 개 이상의 이야기가 각각 독자적인 구성에 의해서 진행되지만, 나중에 질서와 균형을 잡으면서 하나의 이야기로 결합하는 것과 같은 방법이다.[39)]

이와 같이 라우리가 제시한 내러티브 설교의 구성 방법은 반드시 내러티브 설교가 아니더라도, 다시 말해 강해 설교나 주제 설교에서도, 우리가 쉽게 사용할 수 있는 설교의 구성 방법이다. 그러나 내러티브 설교는 설교의 구성과 내용적인 면에 있어서 '구성의 극적인 전개'와 '내용의 연속성과 움직임' 그리고 '반전'이 특별히 강조된다.[40)]

---

39) 이연길, 『이야기 설교학』, 266.
40) 내러티브 설교의 다른 실제적인 예들을 위해서, 정장복, 주승중, 김수중, 김운용, 『새천년 성경적 설교: 서사 설교의 실제』 (서울: 예배와 설교 아카데미: 2001); 이연길, 『이야기 설교학』, 232-78; 김운용, 『설교의 새로운 패러다임』, 228-50, 283-304, 335-55; 『새롭게 설교하기: 변화하는 시대 속에서의 설교』, 475-537; Mark B. Elliott, *Creative Styles of Preaching*, 성종현 역, 『당신의 설교는 창조적입니까』 (서울: 그루터기 하우스: 2001), 12-40을 참고하라.

IV. 내러티브 설교의 평가

내러티브 설교는 여러 가지 장점들을 가지고 있다.

첫째, 무엇보다도 제대로 된 내러티브 설교는 청중들에게 부담을 주지 않고 자연스럽게 접근할 수 있다는 장점이 있다. 따라서 안 믿는 사람들이나 초신자들에게 복음을 전할 때 좋은 방법이 될 수 있다.[41]

둘째, 크레독은 설교에 있어서 지루함을 주는 것은 중범죄라고 하였는데,[42] 제대로 된 내러티브 설교는 설교의 진행에 있어서 연속성과 움직임을 보여주고 극적인 요소를 더해 주기 때문에 설교의 지루함을 제거해 주고, 청중들이 계속되는 긴장 가운데서 설교에 집중하게 할 수 있게 해준다.[43] 이것은 마치 우리가 몇 시간 동안 영화를 볼지라도 길게 느껴지지 않거나 재미있는 소설을 밤을 새면서까지 읽는 것과 같다.

셋째, 내러티브 설교는 '덜 설교적(less preachy)'이기 때문에 권위주의를 배격하는 이들에게, 특별히 요즈음의 젊은이들에게도 거부감을 주지 않고 효과적으로 접근할 수 있다.

넷째, 제대로 된 내러티브 설교는 전통적인 설교의 논리적인 접근보다도 듣는 청중들에게 더 깊은 감동을 줄 수 있고, 삶을 변화시키는 데에도 역시 더욱 효과적일 수 있다. 마치 연극이나 영화, 소설 등이 교훈 또는 결론을 분명하게 언급하지는 않지만 우리에게 깊은 감동을 주고 우리의 삶을 돌아보게 하며 새롭게 결단하도록 하는 것과 같다. 그렇기 때문에 내러티브 설교는 소위 '치는 설교'에 대한 오해를 없앨 수 있으며, 비록 간

---

41) 최근에 '사랑의 교회(오정현 목사 시무)'에서는 대각성 전도 집회를 하면서 인생을 깊이 생각하게 하는 영상을 먼저 보여주고 복음을 전하고 있는데, 이론적으로 따지면, 이것은 내러티브 설교의 장점을 이용하는 것이라고 할 수 있다.

42) Craddock, *As One without Authority*, 55.

43) 이연길(『이야기 설교학』, 192)은 "주제의 명확성, 이야기의 이동성, 끊어지지 않고 이어지는 긴박감, 설명하기보다는 청중들로 하여금 스스로 그림을 그려보도록 하는 생동감 넘치는 묘사 등은 이야기 설교의 진수라고 할 수 있다"고 하였다.

접적이기는 하지만 놀라운 치유와 회복의 능력이 나타날 수 있다.

다섯째, 일반적으로 설교를 들은 다음 한 주가 지나면 90%정도를 잊어 버린다고 하지만, 내러티브 설교는 설교를 오래 기억하게 하는 효과가 있을 수 있다. 많은 사람들이 설교를 듣고 난 후 다른 것은 잊어버릴 지라도 설교 중에 사용된 예화는 오래도록 기억하는 것과 같이, 내러티브 설교도 역시 스토리와 극적인 반전으로 이루어진 설교 구성을 통해 청중들이 오래 기억토록 할 수 있다.

그러나 내러티브 설교는 다음과 같은 여러 가지 약점들도 가지고 있다.44)

첫째, 기독교의 기본진리에 대한 가르침의 훼손이 있을 수 있다.

설교는 단지 삶의 변화만을 위해 행해지는 것이 아니다. 물론 그리스도 안에 있으면, 삶의 변화가 오는 것은 당연하지만, 만약 삶의 변화만을 추구한다면 기독교 신앙과 전혀 상관없는 방법이나 다른 종교에서도 얼마든지 가능하다. 실제로도 우리는 주변에서 기독교인보다도 훨씬 양심적이고 도덕적인 비(非)기독교인들을 많이 볼 수 있다.

신앙 안에서 삶의 진정한 변화는 기독교의 바른 진리 위에서 이루어져야 한다. 그렇기 때문에 바울도 로마서나 에베소서에서 다소 어렵고 딱딱할 수 있음에도 불구하고(특별히 로마서의 수신자들은 초신자들이었다.), 먼저 기독교의 기본 진리를 자세히 설명한 다음에, 그 기초 위에서 성도의 삶에 대해서 교훈하였던 것이다. 이와 달리 내러티브 설교는 삶의 변화를 위한 효과적인 전달에 최우선적 관심이 있기 때문에 기독교의 기본 진리

---

44) 신설교학(내러티브 설교)의 한계와 문제점에 대한 좀 더 자세한 논의를 위해 Charles L. Campbell, *Preaching Jesus*, 이승진 역, 『프리칭 예수』 (서울: 기독교문서선교회, 2001); James W, Thompson, *Preaching like Paul: Homiletical Wisdom for Today*, 이우제 역, 『바울처럼 설교하라』 (고양: 크리스챤, 2008)을 참고하라.

에 대한 가르침은 소홀하게 될 가능성이 많다. 따라서 내러티브 설교는 순간적인 효과가 있을 수는 있으나, 장기적으로는 기독교의 정체성을 무너뜨릴 가능성을 배제할 수 없다.[45)]

둘째, 내러티브 설교는 본문을 피상적으로 보게 하거나 본문의 의미를 왜곡할 가능성이 크다. 필자는 설교에 있어서 중요한 것 중 하나는 하나님 말씀의 오묘함과 깊음을 드러내는 것이라고 생각한다. 물론 내러티브 설교를 주장하는 분들은 내러티브 설교를 통해서도 본문의 의미를 깊이 드러낼 수 있다고 하지만 본문을 깊이 관찰하고 해석하는 부분이 극히 부족하다는 것은 내러티브 설교의 실제적인 예들을 보면 쉽게 드러난다.

또한 설교에 있어서 가장 기본적인 것 가운데 하나는 본문의 의미를 바르게 해석하는 것인데, 내러티브 설교는 본문의 의미를 왜곡시킬 가능성도 많다. 예를 들어, 유진 라우리가 마태복음 20:1-16을 본문으로 설교한 내용('누가 무엇을 더 원할 수 있는가?')을 보면 본문의 의미가 많이 왜곡되어 본문의 핵심적인 주제와는 다른 부분이 강조되었음을 볼 수 있다.[46)] 물론 모든 설교에서 본문의 의미가 왜곡될 가능성이 있다. 하지만

---

45) 로날드 알렌은 이와 같이 너무 효과적인 전달에만 관심을 갖는 신설교학에 대해 문제를 제기하면서 설교란 신학적 행위이고, 설교학은 신학적 관점에서 접근되어야 한다고 주장하였다. Ronald Allen, "Agenda in Homiletics," in *Papers of Annual Meeting of the Academy of Homiletics* (1991): 32-46. 찰스 캠벨도 신설교학의 가장 대표적인 문제를 복음의 본질과 교회의 정체성의 훼손이라고 하였다. 다시 말해, 설교의 본질은 예수의 복음의 전해지고 교회의 정체성을 세우는 것이 되어야 하는데, 신설교학은 설교가 들려지는 것에만 관심이 있고 기독교 복음을 개인의 경험으로 변질시켰다는 것이다. 혹자는 이와 같이 신설교학의 한계를 지적하고 신학적 행위로서 설교를 강조하는 찰스 캠벨과 루시 로즈(Lucy A. Rose)를 중심으로 한 설교학의 움직임을 '후기 신설교학 운동(A Post-new Homiletic Movement)'이라고 명명하기도 하지만 필자는 그들 역시 신설교학의 우산 아래 있다고 보는 것이 올바른 평가라고 생각한다. 이와 관련된 좀 더 자세한 논의를 위해서 최진봉, "후기 새로운 설교학의 등장에 관한 연구,"「신학과 실천」 22(2010): 175-208를 참고하라.
46) 그는 이 본문에서 하나님의 사랑을 강조하면서 '하나님의 사랑을 받고 하나님 나라에 초청 받은 자가 더 이상 무엇을 바라겠는가?' 라는 중심 명제로 설교하였

필자는 내러티브 설교에서 본문의 의미가 왜곡되는 경우를 더욱 빈번하게 볼 수 있었다.[47]

셋째, 내러티브 설교는 설교자의 의도를 왜곡할 가능성이 있다. 예수님께서 비유를 말씀하실 때 그것을 깨닫지 못하는 사람들이 많았는데, 이것은 오늘날도 마찬가지다. 특히 귀납적인 접근을 강조하면서 결론과 적용을 열어놓는 내러티브 설교는 그 가능성이 더하다. 성도들이 설교자의 의도와는 다르게 자주 아전인수격으로 설교를 듣는 경향이 있다는 것은 설교자라면 누구나 경험하는 바가 아닌가?[48]

V. 결론

지금까지 내러티브 설교가 무엇인지 개괄적으로나마 살펴보고 내러티브 설교가 가지는 장단점에 대하여 생각해보았다. 필자는 내러티브 설교가 주는 유익과 장점들이 있기 때문에 무조건 내러티브 설교를 배척해서

다. 그러나 이 본문은 우월감과 큰 상을 기대하며 주님을 섬기는 제자들에게 겸손하게 주님을 섬기고 대가를 미리 생각하고 주님을 따르지 말라는 경고의 말씀으로 필자는 이해한다(이는 마태복음 19:27의 베드로의 질문을 보면 분명하게 드러난다). 그러니까 분문의 핵심 주제가 설교에 반영되지 않은 것이다. 뿐만 아니라 그의 설교에는 적용을 포함하여 설교 전체가 분명하고 구체적이지 않다.

47) 이렇게 본문의 핵심에 벗어나고 본문의 의미를 왜곡하는 경향이 있는 내러티브 설교의 약점을 극복하기 위해 설교자는 다른 설교 형태와 마찬가지로 본문 연구를 통해 본문(설교)의 중심 주제와 적용을 먼저 결정하고 그것에 맞추어서 내러티브 설교를 구성하는 것이 바람직하다.

48) 필자는 결론과 적용을 열어놓는 귀납적 접근이 특별한 경우에는 필요하고 효과적일 수 있지만, 일반적으로는 구체적이고 직접적으로 결론과 적용을 언급하는 것이 바람직하다고 생각된다. 톰슨도 50-60년대의 성도들과 오늘날의 성도들의 신앙 수준과 성경의 친숙도와 이해에 대한 차이 때문에 간접적이며 귀납적 접근이 당시에는 어느 정도 유효했지만 오늘날에는 효과가 없다고 주장하였다. Thompson, *Preaching like Paul*, 14-5.

는 안 된다고 생각한다. 성경에서 분명히 보는 바와 같이 예수님께서도 비유와 이야기 등을 통해서 가르치시고 교훈 하셨으며, 그것은 오늘날 우리에게도 동일하게 적용할 수 있다고 생각한다. 그러나 많은 내러티브 설교 옹호자들이 주장하는 것처럼, 내러티브 설교만이 유일한 대안이라고 우겨서는 안 될 것이다.

그렇다면 이러한 내러티브 설교를 우리는 어떻게 활용할 수 있는가?

필자는 지역교회에서 내러티브 설교가 가능하다고 생각한다. 특별히 주일 낮 예배에는 더욱 효과적인 설교가 될 수 있을 것이다. 그러나 다른 여러 가지 방법으로(예를 들면, 주일 밤과 수요일 밤에 제대로 된 강해 설교나 교리 설교를 하거나, 또는 여러 가지 성경 공부를 통하여 복음의 핵심과 본질을 가르치는 것 등으로) 내러티브 설교가 가지는 취약 부분을 보충해야 할 것이다. 왜냐하면, 내러티브 설교에만 치중하면, 위에서 언급한 것처럼 복음의 본질이 훼손될 수 있고, 교회와 신앙의 정체성을 훼손시킬 가능성이 있기 때문이다.[49] 또한 기독교 기본진리의 가르침 부족과 말씀의 진면목을 체험하지 못한 결과는 당장은 드러나지 않을지 모르지만, 언젠가는 교회를 무너뜨리는 결과를 가져올 것이다. 주일학교도 마찬가지다. 주일학교 학생들에게 이야기식으로 설교하는 것도 효과적일 수 있다. 그러나 공과공부 시간이나 다른 소그룹 모임을 통해 기독교의 기본진리와 하나님 말씀의 귀함을 잘 가르치는 것이 병행되지 않으면 안 된다.

마지막으로, 우리는 말씀을 선포함에 있어서 우리가 잘 알고 있는 바울의 고백을 늘 명심해야 할 것이다.

내 말과 내 전도함이 지혜의 권하는 말로 하지 아니하고 다만 성령의 나타나심과 능력으로 하여 너희 믿음이 사람의 지혜에 있지 아니하고 다만 하나님의 능력에 있게 하려 하였노라(고전 2:4-5).

---

49) Campbell, *Preaching Jesus*, 295-397.

※ 이야기식(Story-style) 설교의 실례 1.

설교자: 유진 라우리(Eugene Lowry)

마태복음 20:1-16
누가 무엇을 더 달라고 할 수 있단 말입니까?[50]

평행을 뒤집어라

때는 아침 7시 15분 경이었습니다. 포도원 주인은 그 날의 품꾼들을 구하기 위해 장터로 갔습니다. 품꾼들은 모두 통상 하루 품삯인 한 데나리온씩을 받기로 동의했습니다. 그래서 그들은 포도원으로 일하러 갔습니다. 8시 45분쯤 되었을 때, 포도원 주인은 다시 사람들이 많이 모여 있는 장터로 갔습니다. 일자리를 찾고 있는 사람들에게 주인은 "적절한 품삯을 주겠소"라고 말했고, 그들도 역시 포도원으로 일하러 갔습니다. 11시 45분쯤 되었을 때, 포도원 주인은 또 다시 장터로 갔습니다. 사람들은 주인이 필요한 일꾼들을 한꺼번에 구하지 않은 것에 대해 의아해 하기도 했습니다. 곧 폭풍이 오려고 했기 때문일까요? 아무튼 그들도 역시 포도원으로 일하러 갔습니다. 그리고 주인은 2시 45분경에, 심지어 일할 시간이 한 시간밖에 남지 않은 4시 45분경에 또 다시 장터로 갔습니다.

이제 임금을 지불해야 하는 6시가 되었습니다. 주인은 포도원 전체를 책임지고 있는 청지기에게 귓속말로 마지막에 일하러 온 사람에게 제일

---

50) 본 설교는 '스토리 유예'의 한 예로서 Eugene Lowry, *How to Preach a Parable: Designs for Narrative Sermons* (Nashville: Abingdon Press, 1989), 116-120에 수록되어진 것으로서 출판사의 허락을 얻어 필자가 번역한 것이다.

먼저 품삯을 지불하라고 속삭였습니다. 그런데 일꾼들은 깜짝 놀랐습니다. 그들은 한 시간밖에 일하지 않았지만, 한 데나리온을 다 받았기 때문입니다. 그들은 7시에 온 사람들에 비하면 절반도 일하지 않았는데, 한 데나리온이나 받은 것에 대해 흥분하지 않을 수 없었습니다. "주인이 한 시간당 한 데나리온을 주겠다고 말했었나? 왜 이렇게 많이 주지? 그건 우리들에겐 거의 반 달치 월급인데...." 일꾼들은 도저히 믿을 수가 없었습니다. 하지만 주인의 청지기가 세 시에 온 사람들에게 지불하는 것을 보고 알게 되었습니다. 무언가 착각이 있었던 것이 분명했습니다. 3시에 온 사람도 5시에 온 사람도 모두 같은 액수의 임금을 받았습니다. 분명히 주인은 청지기의 잘못을 지적하면서, 청지기의 귀에 다시 속삭였어야 했습니다.

하지만 주인은 그렇게 하지 않았습니다. 주인의 청지기는 12시에 온 사람들에게도 여전히 한 데나리온의 삯을 지불하였습니다. 아침 일찍 7시에 온 사람들의 얼굴에 웃음기가 사라지기 시작했습니다. "아니 어떻게 주인은 일한 시간의 양과 상관없이 모두에게 같은 액수의 임금을 지불할 수 있단 말인가?" 그 일이 눈 앞에서 벌어지고 있지만, 그들은 그것을 믿을 수도 없었습니다. 아니 결코 생각할 수도 없는 일이었습니다.

정말로 7시에 온 사람들도 똑같이 한 데나리온씩을 받았습니다. 오늘 본문은 그들이 "불만이 가득했다(Grumble)"고 말씀합니다. 성경은 그들이 한 말을 그대로 옮기지 못하고 완곡한 말로 젊잖게 표현하고 있음이 틀림없습니다.

"아니 어떻게 다른 사람과 똑같이 우리에게 지불할 수 있나요? 마지막에 일하러 온 사람들은 거의 땀도 나지 않았어요. 그런데 찌는 더위 속에서 하루 종일 고생하며 일한 우리들을 그들과 똑같이 대우하는 이유가 뭐죠?"

"잠깐만 기다려 봐요"하고 주인이 대답했습니다. "왜 당신들은 더 많은 것을 기대하죠? 내가 아침 6시 45분경에 우리가 나누었던 대화를 기억하지 못했나요? 그리고 당신들은 한 데나리온을 받는 것에 동의하지 않았나요?"

"맞아요. 물론 그렇습니다. 하지만 지금은 상황이 틀려요. 우리는 당신이 다른 사람들에게 똑같은 액수를 지불한 것을 보았어요. 따라서 우리는 당연히 다른 사람보다 더 많이 받아야 하지 않나요?" 주인은 대답했습니다. "그런데 문제가 뭐죠? 내가 호의를 베푼 것을 왜 불평합니까? 나는 그들에게도 똑같이 지불하기로 결정했어요. 내 돈으로 내가 지불하는데 무엇이 문제인가요? 그렇지 않나요? 당신들은 내가 약속한대로 한 데나리온을 받았습니다. 그러니 이제 집으로 돌아가시오."

모순을 분석하라

그런데요. 저는 일꾼들의 말에도 일리가 있다고 생각합니다. 그렇지 않나요? 만약 여러분들이 아침 7시에 일하러 온 사람들이라고 생각해 봅시다. 그 상황에서 여러분들의 기분이 어떨까요? 일한 시간이 다른데 똑같이 임금을 받는다는 것은 분명 문제가 있습니다. 이것은 결코 공정하지 못합니다. 만약 여러분이 법적으로 정당한 고용주로 일하고 있다면, 여러분은 결코 "당신이 좋을 대로" 돈을 지불할 권한을 가지고 있지 않습니다.

예를 들어, 당신이 시 교육위원회에 속한 위원으로서 두 명의 새로운 선생님을 채용할 위치에 있다고 생각해 봅시다. 두 명 모두 대학 성적도 좋고, 동일한 경력을 가지고 있습니다. 한 명은 남자이고, 다른 한 명은 여자입니다. 그런데 당신이 구직 시장의 상황을 고려해서 여성이라는 이유만으로 다른 한 사람에게 적은 임금을 지불할 수 있겠습니까? 당신은 결코 그렇게 하지 못할 것입니다. 왜냐하면, 만약 그렇게 하면 누군가가 당신의 일처리에 문제를 삼을 것이고, 그 결과로 당신은 해고될 것이 분명하기 때문입니다. 또 다른 예로, 당신이 정원 일을 시키기 위해서 동일한 경력을 가진 백인 한 사람과 흑인 한 사람을 고용했다고 합시다. 그리고 그 정도는 괜찮다고 생각하고 흑인이라는 이유만으로 흑인에게 적은 임금을 지불할 수 있습니까? 그것은 결코 옳은 일이 아닙니다.

본문의 이야기도 형식은 다르지만 같은 이슈를 다루고 있습니다. 만약 전국노조연합회에서 이 이야기를 들었다면 그들은 결코 가만히 있지 않을 겁니다. 그렇지 않습니까? 사실 저는 이 이야기에서 충격을 받았습니다. 도대체 왜 예수님께서 그 불공평한 주인의 편을 들었을까요? 사실 오늘 본문에서 마지막에 온 품꾼들에게 가장 먼저 임금을 준다는 것은 잔인한 일이고, 어쩌면 어리석은 일일 것입니다. 주인은 일부러 7시에 온 사람들이 불공평한 일이 진행되는 것을 보도록 강요한 것이나 다름이 없습니다. 주인이 7시에 온 일꾼들에게 먼저 임금을 지불하는 것이 더 현명한 일이었습니다. 그리고 나서 9시, 12시에 온 사람들에게 차례로 임금을 지불했다면 아무 일도 없었을 것입니다. 뿐만 아니라 다음 날 아침에 주인에게 어떤 일이 생길 것 같습니까? 아마 주인은 오전 6시 45분쯤 장터로 가면 거기에 아무도 없을 것입니다. 주인은 오후 4시 45분쯤에 다시 와야 할 것입니다. 그 때는 많은 사람들이 일할 준비를 하고 있을 것이 분명합니다.

해결의 실마리를 드러내라

이 이야기를 통해 예수님께서 특별히 주고자 한 메시지가 있음은 틀림없습니다. 그렇지 않다면 이 이야기는 상식적으로 이해할 수 없습니다. 이 이야기를 이해할 수 있는 첫 번째 키는 나중에 고용된 사람에게 먼저 임금을 지불했다는 것입니다. 그런데 이 이야기의 온전한 이해를 위해서 우리는 본문의 바로 앞 장(마태복음 19장)으로 가야 합니다.

그 장면을 기억하십니까? 예수님께서 소위 부자 청년이라고 불리우는 사람과 대화를 나누었습니다. 그 부자 청년은 그의 인생에서 한 가지를 제외하고는 모든 것에 질서가 있는 삶을 살았습니다. 예수님은 그에게 "가서 네 소유를 팔아서, 가난한 사람에게 주어라. 그리고 다시 와서 나를 따르라"라고 말씀하셨습니다.

제자들은 예수님과 부자 청년과의 대화를 듣고 있었습니다. 그리고 그들은 자신들의 귀를 의심할 수밖에 없었습니다. 제자들은 바로 전에 교회 성장 세미나에 다녀왔습니다. 예수님께서 그러한 장래가 촉망받는 부자 청년을 돌려 보낸다는 것은 상상도 할 수 없는 일이었습니다. 예수님은 제자들이 충격적으로 놀라는 것을 보시고 말씀하셨습니다. "내가 너희에게 말하노니 약대가 바늘귀로 들어가는 것이 부자가 하나님의 나라에 들어가는 것보다 쉬우니라." 여기에서 이 이미지를 비신화화(Demythologize)하지는 마십시오. 다시 말해, 바늘귀를 예루살렘 성의 문으로 이해하지 말라는 것입니다. 예수님께서 의미하신 것은 말씀하신 그대로입니다. 아주 포동포동하고, 그것도 등에 큰 짐을 진 덩치가 큰 낙타가 아주 작은 바늘귀를 통과하는 것이 부자가 하나님의 나라에 들어가는 것보다 쉽다는 것입니다.

"그래요, 그건 불가능해요"라고 제자들은 말했습니다. 제자들이 여기서는 그 말씀을 이해했습니다. 그 때 예수님께서는 그들에게 복음을 전해 주셨습니다. "사람들에게는 불가능하지만 하나님에게는 모든 것이 가능하다." 하지만 제자들은 한 사람도 예외 없이 예수님 말씀의 핵심을 알지 못했습니다. 그리고 베드로는 아주 뻔뻔하게 앞으로 나아가서 말했습니다. "하지만 예수님, 우리는 모든 것을 버리고 주를 좇았습니다. 그러면 우리는 무엇을 받겠습니까?" 다시 한 번 말씀드립니다. "예수님, 우리는 모든 것을 버리고 주를 좇았습니다. 그러면 우리는 무엇을 받겠습니까?"

복음을 제시하라

베드로의 질문에 대한 주님의 대답은 무엇이었습니까? 한 마디로, '속 았다(Cheated)' 입니다. 만약 여러분이 베드로와 같이 어떤 보상을 바라고 주님을 따른다면, 그것은 속았다는 결론에 이르지 않을 수 없습니다. 왜냐하면, 하나님의 나라는 사업상의 거래나 계약(contract)이 아니기 때문입니다. 하나님의 나라는 언약(Covenant)의 관점에서 이해해야 합니다. 그렇기 때문에 만약 여러분이 "내가 일한 댓가로 최종적으로 받을 것 (Bottom-line)이 무엇입니까?"라고 질문한다면, 대답은 간단합니다. "당신은 지금 스스로 속고 있습니다."

그러한 설명에 이어서 곧 바로 따라오는 것이 오늘 본문의 포도원 품꾼의 이야기입니다. 이 이야기를 통해서 우리 모두도 지금 스스로 속고 있다는 사실을 알게 될 것입니다. 물론 저는 저 자신보다 일을 더 많이 한 사람과 비교해 본 적이 없습니다. 항상 저는 저 자신보다 일을 적게 한 사람들과 비교합니다.

이렇게 마지막 결산을 계산하는 심리는 항상 교회에서 문제를 일으켜 왔습니다. 저는 어린 시절에 Kansas 주의 Wichita 시에 있는 한 감리 교회에서 어른들의 대화를 종종 들은 적이 있습니다. 그들의 대화 가운데 아직도 생생하게 기억되는 내용 가운데 하나는 이런 것이었습니다. "신앙생활은 불공평한 것 같애. 우리는 평생을 시간과 물질을 드려서 교회에 충성했고, 항상 말씀대로 살려고 곧고 좁은 길을 선택하며 살아왔어. 그런데 우리가 천국에 갔을 때 평생 자기 맘대로 하고 싶은 모든 것을 하다가 죽기 바로 직전 회심(Conversion)한 사람과 함께 천국에 있다는 것은 불공평한 것 아냐?"

뿐만 아니라 이런 태도는 종종 의기소침한 모습으로 나타나기도 합니다. 예를 들어, 여러분이 어느 주일 오후에 지역 전체 교회의 지도자들이 함께 모여 훈련하는 모임에 참여했다고 생각해 봅시다. 참석자들은 작은 그룹으로 나뉘어져서 빙 둘러 앉아서 모임을 가졌다고 합시다. 대부분의 사람들은 서로를 모릅니다. 그 때 인도자가 말했습니다. "먼저 자신을 소개하는 시간을 가졌으면 좋겠습니다. 순서대로 당신이 어떤 사람인지 간단하게 말씀해 주십시오." 둘러 앉은 순서를 따라 한 사람씩 자신을 소개하는데, 나이 드신 한 분이 이렇게 말씀했습니다. "저의 이름은 000입니다. 저는 한때(Used to be) 배관공이었습니다." 그는 '한때(Used to be)'라는 말을 사용했습니다. 여기에서 그가 '한때'라고 한 말은 무엇을 내포하고 있습니까? 삶은 계약(Contract)인데, 이제 그 계약이 끝나게 되었다는 것입니다. 그는 한 때 열심히 일해 가정의 생활비를 책임지는 사람이었지만, 그것은 "한때"였지, 지금은 아니라는 의미입니다.

계속해서 자기 소개를 하는 과정에서 한 여인의 순서가 되었습니다. 그 여인은 매우 수줍어하면서 이렇게 말했습니다. "난 단지(Just) 주부일 뿐이에요." 여기에서 여인은 '단지(Just)'라는 말을 사용했습니다. 여기에서 그녀가 단지라는 한 말의 의미는 무엇입니까? 그녀의 말에도 역시 그녀 자신이 가족의 생활비를 충당하지 못하고 있다는 의기소침함이 담겨 있습니다. 그녀는 이제 하루 거의 모든 시간을 요리하고 설거지 하고 집 안 청소하는데 보낼 따름입니다. 물론 여기에서의 계약(Contract)은 약간 애매하기도 합니다. "난 단지 주부일 뿐 이에요"라는 그녀 자신의 소개에서 어느 정도 자존감의 결여가 느껴지는 것은 사실입니다.

그러면 이제 여러분이 3살, 6살, 9살 먹은 세 아이의 부모라고 상상해 보십시오. 여러분은 9살 먹은 아이를 3살 먹은 아이보다 3배나 더 사랑합니까? 물론 9살 먹은 아이는 3살 먹은 아이보다 훨씬 더 많이 집안 일을 도운 것은 분명합니다. 하지만 그것 때문에 9살 먹은 아이를 더 사랑하지는 않습니다. 또한 당신이 9살 먹은 아이라면 당신이 세 살 때보다 부모님을 3배나 더 사랑합니까? "아닙니다. 그건 말도 안되는 소리입니다. 우린 가족이거든요"라고 당신은 말할 것입니다. 옳습니다. 우린 가족이니까요.

이 이야기도 마찬가지입니다. 오늘 본문에서 예수님은 가족의 언약 (Covenant)에 대해서 말씀하고 있습니다. 하지만 시몬은 이것을 사업상의 거래로 생각했던 것입니다.

결과를 기대하라

그리고 이 순간에도 포도원 주인은 어디 있는 줄 압니까? 주인은 장터로 돌아와서 아직 초청을 받지 못했거나, 아직 그 초청에 응답할 기회를 찾지 못한 사람들을 찾고 있습니다.

그 초청이 아침 7시이든지, 9시이든지, 정오이든지, 오후 3시이든지, 5시이든지, 또는 심지어 일할 시간이 다 지나버린 새벽 2시이든지 전혀 문제가 되지 않습니다.

포도원으로 초청되는 것은 집으로, 즉 하나님의 가정으로 초청되는 것입니다.

누가 무엇을 더 달라고 할 수 있단 말입니까?

※ 이야기식(Story-style) 설교의 실례 2.

설교자: 이연길

누가복음 15:11-32
아버지 품으로[51]

평행을 뒤집어라

케니스 베일리(Kenneth Bailey)란 분은 15년 동안 많은 사람을 만나서, 오늘 본문에 나오는 아버지의 태도에 대하여 질문해 보았다고 한다. 그것도 한 곳에서만 아니라 모로코부터 인도까지, 터키로부터 수단까지 15년 동안을 다니면서 질문을 던져 보았다. 그는 아버지가 살아 있는데 아들이 유산을 달라고 했다는 이야기에 대해서 질문을 던졌다. 그런데 사람들의 대답은 모두 똑같았다고 한다.

"당신 마을에 어떤 사람이 이런 요구를 자기 아버지에게 한 일이 있는가?"

"결코 없었다."

"당신은 이런 요구를 할 수 있다고 생각하는가?"

"불가능하다."

"누군가가 이런 요구를 했다면 어떤 일이 벌어진다고 생각하는가?"

"아버지가 그를 때렸을 것이다."

---

51) 이 설교는 이연길, 『이야기 설교학』, 224-31에 수록되어진 것으로서 출판사의 허락을 얻어 여기에 인용하였다.

"왜 그런가?"

"그런 요구는 아버지가 죽기를 원한다는 것을 의미한다."

모순을 분석하라

결론적으로 베일리는 이렇게 말했다.

"이 아들은 자기 유산만 요구한 것이 아니라, 그 유산의 처리권까지 요구한 것이다. 비록 유산을 넘겨준 경우라도 재산 처리권은 아버지가 살아 있는 동안은 아버지가 가지는 법인데, 이렇게 적용해 보면 탕자의 두 가지 요구 속에는 '아버지가 죽을 때까지 나는 기다릴 수 없다.'고 한 것과 같다."

작은 아들은 아주 공격적인 태도를 취했다. 그 유산을 처분하여 아예 먼 나라로 달아나 버린 것이다. 이것은 자기가 태어나서 자라고 함께 생활해 온 가정과 공동체를 배반한 것과 같다. 육신적으로 배반한 것이고 아울러 정신적으로 배반한 것이다. 서울에서 유산 때문에 아버지를 죽인 어느 대학 교수의 마음의 뿌리나 이 아들의 심리적 뿌리는 같은 것 아닌가? 그럼에도 아버지는 아들이 요구한대로 모든 것을 다 허락해 주었다. 이런 아버지가 세상에 있을까? 아버지는 왜 그런 무모한 요구를 받아들였다고 행각하는가?

해결의 실마리를 제시하라

집이란 인간에게 있어서는 자유, 평화, 질서, 그리고 안정의 상징이다. 그래서 가정은 "실례합니다!"가 없는 곳이라고 하지 않는가? 시간과 장소, 그리고 물질에 제한을 받지 않는 곳이다. 여러분이 이 여행을 가려고 계획을 세운다고 하자. 언제 떠나서 언제 돌아올 것인가? 호텔은 언제부터 언제까지 머물 것인가? 돈은 얼마나 준비해야 할까? 등등 질문에 끝없이 던져진다. 하지만 집을 나가면 그때부터 장소에 제한을 받는다. 시간과 물질에 철저하게 얽매이게 된다.

자유를 찾아서 집을 떠난 아들은 이제부터 도리어 철저하게 장소와 물질에 제한을 받기 시작했다. 돼지우리에 떨어졌다는 것은 유대인들에게는 거지가 되었다는 표현 이상의 것을 암시한다. 그것은 인간 이하의 삶으로 전락한 것을 말한다. 사람으로서 더 이상 내려갈래야 내려갈 수 없는 지점까지 내려갔다는 의미이다.

복음을 경험하라

아들은 떠나간 후에 아버지에게 소식 한 번 주지 않고 오랜 세월이 흘러갔다. 현대의 아버지라면 '이제는 아들을 잊자.'고 했을지도 모른다. 그만큼 아무 소식도 없이 세월이 지났는데도 그 아버지는 날마다 아들을 기다리고 있다.

이 아버지의 사랑은 이 세상 어느 아버지에게도 볼 수 없는 파격적인 사랑이다. 제한이 없는 희생적인 사랑이다. 아버지는 사랑하는 아들에게 돈을 주되 집에 있어 달라고 강요하지 않았다. 도리어 그 아들을 자유롭게 떠나도록 그 의지대로 허락했다. 그 이유가 무엇일까?

자신 있는 사랑은 남에게 강요를 하지 않는다. 사랑에 자신 있는 아버지는 아들이 잘못 나간다고 해도 두려워하지 않는다. 사랑에 자신이 있는 아버지는 아들에게 자유를 주고 싶어 한다. 실패를 통하여 더 성숙한 아들이 될 수 있다는 것을 아버지는 확신하고 있었던 것일까? 아버지는 아들이 반드시 돌아온다는 사실을 믿고 있었다. 그렇기 때문에 아들을 기다리고 있었던 것이다.

기다리고 기다리던 어느 날 거지꼴이 되어 돌아오는 아들을 그 아버지는 보았다. 그리고 먼저 아들에게 달려갔다. 자존심과 돈과 함께 떠났던 둘째 아들은 아무것도 없이 돌아왔다. 그는 그처럼 시퍼렇게 가졌던 자존심도, 긍지도, 그리고 아들 됨도 다 잃어버리고 왔다. 또 아들이 돌아온 것은 자기가 얼마나 비참한가를 인식했기 때문이라기보다는 자기를 사랑하는 아버지가 있다는 그 기억 때문에 아버지께 돌아오기로 결단을 한 것이다. 그래서 아들은 "집으로 가겠다."고 말하지 않고, "아버지에게 돌아가자."고 결단을 한다.

아들은 집으로 돌아오기를 결단한 후에 아버지를 만나서 어떻게 말할 것인가 하는 시나리오를 작성하고 준비했다.

"아버지, 내가 하늘과 아버지 앞에 죄를 지었습니다. 나는 더 이상 아버지의 아들이라고 불릴 자격이 없으니, 나를 품꾼으로 삼아 주십시오." 그는 이렇게 준비한 것이다.

아들은 집으로 돌아오면서 아버지를 만나면 하려고 준비했던 말을 수천 번도 더 연습했을 것이다. 아들의 옷에는 돼지 오물 냄새가 배어 있다. 다른 사람 같으면 근처에도 오지 않으려고 했을 그런 아들을 아버지는 왈칵 끌어안았다. 그리고 돼지우리에서 돼지와 같이 먹고살던 그의 볼에 입을 맞추었다. 아버지는 사랑으로 아들의 입을 막았다. 성경에는 기록되지 않았지만 아버지는 속으로 이렇게 말했을 것이다.

"아들아, 아무 말 마라, 내가 다 안다. 나는 다 용서했다. 너는 내 아들이다."

그래서 아들은 용기를 내어 다시 말한다.

"아버지, 내가 하늘과 아버지 앞에 죄를 지었습니다. 나는 더 이상 아버지의 아들이라고 불릴 자격이 없으니, 나를 품꾼으로 삼아 주십시오."

그러나 아버지는 아무 대답이 없다. 단지 서둘러 종들에게 "잔치를 준비하라."고 말할 뿐이었다.

사랑은 위대한 것이다. 진정한 사랑은 절대로 변하지 않는 것이다. 아버지의 사랑은 영원히 변하지 않았다.

탕자를 그린 그림이 역사상 많이 있다. 그러나 아마도 1766년에 램브란트가 그린 "The Return of the Prodigal Son"처럼 인상적인 그림은 아마 없을 것이다. 러시아를 방문했을 때 가장 보고 싶었던 그림이 바로 이 그림이었다. 이 그림은 높이가 9피트, 넓이가 6피트 크기의 대작이다. 나는 그 그림 앞에서 발을 뗄 수가 없었다.

신발이 다 해어져, 왼쪽 신발은 아예 신을 수 없게 되어 벗겨져 있고, 오른쪽 신발은 뒤창이 다 닳아서 밑창이 없을 뿐 아니라, 구멍이 나서 발바닥이 보인다. 그가 입은 옷은 겉은 없고 오직 속옷만 남았는데, 그것도 옷이라기보다는 그저 헌 헝겊을 두른 것이라고 하면 좋을 것이다. 머리는 마치 죄수나 범죄자처럼 박박 깎아버려서 아예 볼 수가 없다. 마치 왕처럼 보이는 아버지의 가슴 한가운데 왼쪽 귀를 대고 안겨 있는 모습니다. 아버지의 가슴에 자기의 몸을 부렸다고 보는 것이 옳을 것이다. 아버지는 금은으로 장식하였고, 손에는 팔찌를 차고 있다. 아들에겐 장식이란 하나도 찾아볼 수 없다. 그런데도 아버지는 온갖 정성과 따뜻함으로 아들을 안고 행복해 하는 모습이다. 아들이 오른쪽 무릎을 약간 쳐들고 있는 것이 인상적이다. 아버지의 사랑으로 다시 인생을 시작하겠다는 결의로 보인다.

이 아들이 진실로 아버지께 돌아왔다고 생각하는가?

그는 아들로 돌아온 게 아니다. 오직 외인이요, 품꾼의 하나로 돌아왔다. 거지로 돌아왔을 뿐 이다. 아버지에 대하여 자기는 죽은 것으로 여기고 왔다. 그런데도 아버지는 종들에게 명령을 내린다. 좋은 옷을 가져오고, 좋은 짐승을 잡고, 아버지의 명령은 모두가 좋은 것으로 시작된다. 우리 성경에는 "제일 좋은 옷을 가져오라!"에서 '빨리!'란 단어가 빠져 있다. 얼마나 급했으면 아버지가 '빨리' 좋은 옷을 내오라고 소리쳤겠는가! 손에 가락지도 끼워주고, 신발도 신기고, 잔치를 베풀라고 명령을 내렸다. 잃어버림의 아픔이 얼마나 큰가를 아는 자는 찾은 기쁨이 또한 얼마나 큰가를 아는 법이다. 아버지의 기쁨은 죽은 자식이 살아 돌아왔다는 것이다.

아들의 생명, 돌아온 생명 외에는 어느 것도 아버지에게는 관심이 없다. 보통 아버지 같으면 돈을 어떻게 탕진했는지, 왜 아버지와 식구들을 그토록 속상하게 했는지, 이제는 다시는 나가지 않겠다고 다짐해야 한다든지, 이제는 집이 얼마나 좋은지 알았느냐는 등 별별 관심이 많았을 것이다. 그러나 여기에 나오는 아버지의 관심은 오직 한 가지, '죽었다가 살아온 아들'이란 것뿐이다.

어거스틴은 "한 사람의 삶에 있어서의 절정은 순교가 아니라 자기 자신의 과거의 위험으로부터 뉘우치고 돌아서는 것이다."고 했다. 자기가 탕자가 되어 보고, 아버지의 품으로 돌아오는 일이 그처럼 어렵고 힘들지만, 또 그처럼 영광스런 일이 없다는 것을 친히 체험하였기 때문일 것이다. 지난 번 타임지 가십 난에 나이로비 미 대사관 폭발 사고에서 가족을 다 잃을 뻔한 분의 낙서 같은 게 나와 있었다. "나의 생애 가장 중요한 경험은 그 건물의 코너를 돌 때였고, 나의 가족이 죽었다고 생각하였을 때였다. 그리고 나의 작은딸을 보는 순간이었다."

그가 어떻게 돌아올 수 있었던가는 물질이 그에게서 떠나자 세상의 모든 것이 자기를 떠나게 되었을 때, 그 돼지우리에서 비로소 알게 되었을 것이다. 그는 자기가 누구이며, 왜 이곳까지 와야 했으며, 이제는 어디로 가야 하는가를 알았다. 짙은 향수 냄새 젖은 어둠의 소리는 일시적으로는 달콤하고 매혹적이지만 그것은 모두가 조건적이란 사실을 그는 깨달았다. 조건이 사라지면 모든 것은 다 떠나고 만다는 것을 그 안에 살고 있을 때는 모른다. 무엇보다도 그는 자기가 돼지가 아니라는 사실을 알았다. 우리는 짐승이 아니다. 우리는 돼지가 아니다. 우리는 하나님의 영광스런 형상을 입은 존재이다. 우리는 돼지 울에 머물러 살 수는 없다. 탕자는 생각했다. "돼지로 살기보다는 아버지 집에 품꾼일망정 사람으로 살고 싶다."

그러나 아직 이 아들은 정신적으로 아버지에게 돌아온 것은 아니다. 용서를 생각지도 못한다. 다시 아들이 된다는 것은 더더욱 상상하지 못한다. 그는 죄의 무거운 짐을 그대로 진 채, 죄책감에 눌려 돌아온 것이다. 이 아들은 돌아왔지만 아직도 마음이 무겁기만 하다. 죄에 눌려 있다.

아버지는 이 아들의 마음의 무거운 죄 짐을 풀어주었다. 죄책감에 눌려 있는 아들에게 자유를 주었다. 아버지는 아들을 그의 가슴에 품어주었다. 아무것도 묻지 않고 대담하게 용서해 주었다. 과거를 기억조차 하지 않고, 오직 미래만을 보여주었다. 그리고 아들의 영광을 회복시켜서 다시 아들로 자유를 누리며 살도록 만들어 주었다. 아들의 옷을 입혀주고, 신발을 신겨주고, 가락지를 끼워주었다. 아무 제한 없이 다시 아버지의 아들로 살아가도록 만들어 주었다.

옛날 가락지가 오늘 한국에서 인감 도장과 같은 것이라면 이것은 대단한 모험이 아닐 수가 없다. 성경에 보면, 이집트의 바로가 요셉을 총리로 임명하면서 반지를 끼워주었다(창 41:42; 에 8:2).

'벤허' 영화를 지금도 기억하는가? 해전에서 로마의 장군을 구해 주었을 때, 장군은 벤허를 아들로 삼고 그에게 가락지를 끼워준다. 그리고 말한다. "네가 앞으로 어떤 서류나 명령에 서명할지라도 그것은 내 명령이다."라고. 탕자에게 아버지는 아버지의 권위를 행사할 수 있는 특권을 다시 주었다. 그렇다면 그것은 모험 중에 모험이 아닐까?

속죄란 용서와는 다르다. 용서는 그 사실만 용서해 주는 것이다. 그러나 속죄는 죄의 기억조차 지워주는 것을 말한다. 아버지는 아들의 잘못을 속죄해 주었다. 기억에서조차 지워버린 것이다. 지금도 주님께 돌아왔다고 하면서도 정신적으로 탕자로 살고 계신 분은 없는가? 죄의 무거운 짐을 지고 고통하거나, 죄책감으로 눌려 지내는 분은 없는가?

결과를 기대하라

램브란트는 그의 그림에서, 탕자가 오른쪽의 무릎을 약간 일으켜 세우려고 하는 동작을 그렸다. 돌아온 아들이 한없이 아버지의 품에만 안겨 살수 없다는 것이다. 이제는 새롭게 새로운 아들로 살아가겠다는 굳은 결의가 그 속에 표현되어 있다. 아버지께 돌아온 우리는 항상 어린아이로 살아갈 수는 없다. 이제는 아버지 앞에서 성숙한 어른이 되어서 살아야 한다.

헨리 나우웬은 램브란트의 그림을 설명하면서 이렇게 말하고 있다. 탕자가 몸으로만 들어와서는 안 되고 정신적으로 영적으로 돌아와야 되는데, 탕자가 영적으로 돌아오는 길은 바로 주님이 말씀해 주신 팔복을 따라 사는 길이라고 했다. 심령이 가난하고, 애통해 하고, 온유하고, 의에 주리고, 자비하고, 마음이 청결하고, 화평을 이루고, 의를 위해 핍박도 받는 데까지 나아가야 한다는 것이다.

아버지께 몸과 마음이 다 돌아왔는가? 그래서 영혼의 속죄와 자유를 얻었는가? 그리고 이제는 하나님의 자녀의 특권과 영광을 누리고 사시는가? 그보다 더욱 중요한 게 있다. 내가 용서를 받고 이 은혜를 누린다면, 지금 버려진 아들들도 아버지께서 기다리고 계신다는 사실이다.

그래서 이제는 아버지에게 받은 사랑을 그 사람들의 영혼을 위하여 베풀어야 한다. 그 생명을 베푸는 작업이 바로 복음을 전하는 것이다. 바리새인들은 그 일에 실패한 사람들이다. 그래서 결국은 주님께 버림을 받았다. 주님은 이 "생명 구출 작전을 위하여" 이 땅에 오신 것이다. 아버지를 대신하여 그렇게 할 용기가 여러분에게는 있는가?

※ 리델링(Retelling the story) 설교 실례 1.

설교자: 월터 부르그만(Walter Brueggemann)

열왕기상 17:17-24; 마가복음 5:35-43
새를 통해 얻게 된 삶의 능력52)

당시 이스라엘의 문제는 구조적이고 조직적이었습니다. 비가 오지 않았습니다. 가뭄은 사람들을 죽음에 이르게 할만큼 심각했습니다. 가뭄은 오늘날로 말하면 에너지로 말미암은 위기에 해당하는 것입니다. 에너지 위기는 정부 정책의 실패를 의미합니다. 왕은 비가 오게 할 수도, 삶을 다시 회복시킬 수도 없었습니다. 왕의 무능함은 입증되었고, 정부는 신뢰를 잃게 되었습니다. 그들의 상황은 좌절과 실망만 가져올 뿐이었습니다.

그러한 에너지 위기는 부자나 가난한 자 모두에게 영향을 미칩니다. 그러나 그러한 위기는 대개 가정 먼저 가난한 자들에게 그것도 아주 심각하게 어려움을 줍니다. 오늘 우리의 관심은 한 무명의 여인입니다. 그러한 여인들은 대개 일반 대중에게 잘 알려지지 않습니다. 그 여인은 아무 것도 가지지 않았습니다. 이름도, 음식도, 소망도 없었습니다. 이 여인이 가진 것은 오직 하나였습니다. 그것은 사랑하는 외아들이었습니다. 그 아들은 그녀의 유일한 소망이었고, 삶의 의지였고, 살아가는 이유였습니다.

이 이야기는 실패한 왕정 체제 아래에서의 한 무명의 쓸쓸한 여인의

---

52) 본 설교는 Walter Brueggemann(ed. by Charles L. Campbell), *The Threat of Life: Sermons on Pain, Power, and Weakness* (Minneapolis : Fortress Press, 1996), 41-6에 수록되어진 것으로서 출판사의 허락을 얻어 필자가 번역한 것이다.

등장으로 시작합니다. 엘리야가 그 이야기 속으로 들어갑니다. 그는 다른 차원에서 이 이야기의 주인공이라고 할 수 있습니다. 그는 정부에 의해 인정받지도 못했고, 정부의 일에 관여하지도 않았습니다. 또한 가뭄 해결하기 위한 정부의 대책에도 협조하지 않았습니다. 어느 누구도 그가 가뭄의 문제를 해결하는데 도움이 될 것이라고 생각하지 않았기 때문에 그에게 어떤 것을 요구하지 않았던 것입니다. 그런데 그는 정부에 의해서가 아니라 여호와 하나님에 의해 보냄을 받았습니다. 하나님께서 돌연히 그리고 구체적인 설명도 없이 그에게 명령하셨습니다. "그 과부에게로 가라(9절)." 그는 하나님의 명령을 따라 그 과부에게로 갔습니다. 그는 그녀에게 계속해서 풍성한 음식을 제공해 주었습니다. 그것은 왕이 결코 해 줄 수 없는 것이었습니다.

이야기는 더욱 흥미롭게 전개됩니다. 엘리야가 음식을 제공하는 놀라운 기적을 행함으로 배고픔의 위기는 극복되었습니다. 그러나 이제 더 큰 위기가 기다리고 있었습니다. 그녀의 유일한 소망이었고 또한 앞으로 소망이 될 그녀의 외아들이 죽게 됩니다(17절). 그녀는 그 아이를 잃게 되었습니다. 현실적 삶에서 그녀의 유일한 의지였던 아이를 잃게 된 것입니다. 그녀는 이성을 잃어버렸습니다. 그녀는 통곡하면서 엘리야에게 항의합니다. "당신은 내 아들을 죽게 하려고 저에게 오셨습니까?(18절)" 그녀에게 두려움이 밀려왔습니다. 이상하게 생각되는 사람을 신뢰했다는 것에 당혹해 했습니다. 그녀는 거의 패닉 상태에 이르게 되었습니다. 그녀의 삶을 지탱할 힘을 상실한 것입니다. 이제 그녀는 개인적인 면에서 에너지의 위기 상황에 처하게 되었습니다. 그녀는 자신이 정부의 시스템을 신뢰하지 않았다는 것에 약간의 죄의식을 느꼈는지도 모르겠습니다. 죽음이 있었다면 누군가는 책임을 져야합니다. 그러나 그녀는 엘리야에게 아들의 문제를 따진다고 할지라도 문제 해결에 별 도움이 안 될 것이라는 결론에 이르게 됩니다(왕 역시 같은 결론을 내렸습니다. 참고. 왕상 18:17).

그 소년의 죽음은 가뭄이나 기근보다 더 큰 슬픔이요 고통이었습니다. 우리는 이제 이 기이한 남자가 무엇을 할 것인지를 지켜보아야 합니다. 모든 사람은 왕들이 그러한 엄청난 문제와 관련하여 능력을 발휘할 수 없는 것을 알고 있습니다. 따라서 어느 누구도 왕이 이 소년의 죽음의 문제를 해결할 것이라고 기대하지 않았습니다. 그러나 엘리야는 어떤 왕도 할 수 없는 것을 자신은 할 수 있음을 암시합니다. 엘리야는 과연 왕들은 결코 시도조차도 하지 못한 일들을 할 수 있을까요?

엘리야는 그 여인의 불신과 냉소적인 모습에도 아랑곳하지 않고 도발적이고 권위적인 모습을 보여줍니다. "너의 아들을 내게 달라(19절)." 그는 그 소년을 품에 안고 기운을 불어넣습니다. 그는 자신은 죽음의 문제조차도 해결할 준비가 되어 있다는 사실을 그 여인에게 보여주었습니다. 그는 왕이 결코 감당할 수 없는 문제를 해결할 수 있는 준비된 하나님의 사람이었습니다.

엘리야는 아주 독특한 방법으로 접근합니다. 그는 기도했습니다. 그는 하나님의 존재와 역사하심에 의존해서 죽음의 문제에 접근하였던 것입니다. 그는 죽음은 하나님의 관심을 불러일으키는 것이라고 선포합니다. 다시 말해, 죽음은 하나님의 능력과 보호를 경험하는 통로라는 것입니다. 그 장면에서는 그 여인이 등장하지 않습니다. 거기에는 오직 엘리야만 있을 따름입니다. 강력한 카리스마가 돋보이는 그의 언행이 무대 전체를 지배하였습니다. 엘리야는 두 번 기도합니다. 그의 간절한 기도는 죽음의 문제가 이 여인이 상상했던 것보다 훨씬 더 큰 충격을 가져왔다는 것을 대변하고 있습니다. 삶의 한계와 고통은 하나님의 실존과 능력과 신실하심을 경험하게 하는 것입니다.

엘리야의 첫 번째 기도는 하나님을 고발하는 것이었습니다(20절). 엘리야는 하나님께서 삶과 죽음의 문제를 주관하신다는 것을 알았습니다. 엘리야는 이 문제의 책임이 자신에게 있지 않다는 사실을 알았기 때문에 하나님께서 이 죽음의 직접적인 원인이신지 물었습니다. 물론 하나님으로부터 어떤 답도 없었습니다. 하나님께서는 그런 도전적인 질문에 쉽게 답하시지 않습니다. 그러나 기도하고 있는 엘리야의 모습에는 단호함과 능력과 위엄이 분명하게 드러나 보입니다. 그는 다시 기도합니다. 이번에는 하나님께 명령적으로 기도합니다. 그의 목소리에는 심오함과 간절함이 있었습니다. 엘리야는 하나님께 마치 명령하듯이 기도합니다. "하나님! 이 아이의 생명이 돌아오게 해 주십시오!(21절)" 하나님께서는 생명을 회복시킬 수 있는 능력이 있습니다. 혹자는 생명에 대한 책임이 왕에게 있다고 생각하지만 엘리야의 믿음의 세계에서 왕은 전혀 고려의 대상이 되지 않습니다. 엘리야는 인간의 문제를 내어놓습니다. 거기에는 오직 죽음, 하나님 그리고 기도 밖에 없습니다.

하나님께서는 엘리야에게 양보하십니다. 엘리야는 하나님께서 행동하실 수밖에 없도록 하였습니다. 하나님께서 들어주셨습니다(22절). 엘리야의 간절한 요청으로 하나님께서는 그 소년의 생명이 다시 돌아오게 하셨습니다. 이제 소년은 다시 살아났습니다(22절). 엘리야의 기도와 믿음과 용기와 담대함이 세상을 변화시킨 것입니다. 엘리야는 새롭게 태어난 소년을 정신을 잃고 혼란스러워 하면서 울분을 토했던 어머니에게 돌려주었습니다. 엘리야는 아주 간결하게 말했습니다. "당신의 아들이 살았소!(23절)" 엘리야는 스스로 으스대지 않았습니다. 그는 하나님을 언급조차 하지 않을 뿐 아니라 하나님을 증언하지도 않았습니다. 그는 단지 견고하고 강력한 신앙에 의해 나타나는 새로운 세계에 대해 설명했습니다.

소년이 다시 살아난 것처럼 그 여인에게도 놀라운 변화가 일어났습니다. 그 여인은 한 때 엘리야를 비난하면서 항의하였습니다(18절). 그러나 이제 그녀는 조금도 주저함없이 엘리야를 인정하고 있습니다. "이제야 내가 당신이 하나님의 사람이시고, 하나님의 말씀이 당신의 입에 있음을 알게 되었습니다(24절)." 그 여인은 새로운 생명의 기적이 나타나는 곳에서 하나님의 놀라운 능력을 볼 수 있었습니다. 그는 엘리야를 인정했을 뿐 아니라 하나님을 향한 더 많은 믿음의 고백을 하게 되었습니다. 저는 하나님께서 결코 포기하지 않는 분임을 알게 되었습니다. 저는 생명을 위한 하나님의 능력이 지금도 여전히 작동하고 있음을 알게 되었습니다. 저는 불쌍하고 무능력한 왕의 통치가 하나님의 통치를 가둘 수 없음을 알게 되었습니다. 진정 이 드라마에서 왕은 완전히 제외되었습니다. 어느 누구가 그에게 요청하고 있습니까? 그는 아무 것도 할 수 없습니다. 생명을 잃게 되었지만 왕은 생명을 돌아오게 할 수 없습니다. 또한 왕은 생명이 다시 돌아오는 것도 막을 수 없습니다. "내 아들이 죽었다가 다시 살아났습니다." 하나님께서는 왕이 할 수 없는 일을 하십니다.

이 이야기는 엘리야의 기이함에 대해서 말씀하고 있습니다. 엘리야는 하나님께 생명을 살리는 능력이 있음을 보여주었습니다. 그 능력이 설명되지는 않았습니다. 그 능력은 오직 증거될 뿐입니다. 그 능력은 믿음에 연결되어 있고 그 능력은 기도에 연결되어 있습니다. 또한 그 능력은 그 과부의 약한 믿음이나 왕의 부족한 믿음을 받아들이기를 거부하는 것과 연결되어 있습니다. 엘리야를 통해 세워진 새로운 세계는 모든 관습과 일상적인 일과 고정관념들을 깨뜨려 버립니다. 새로운 소식이 들려옵니다. 소년이 살아났습니다! 이 이야기를 통해 우리에게 전해진 뉴스는 생명을 회복시키는 능력이 나타났다는 것입니다. 그것도 단지 인간 대리인을 통해 나타났습니다.

지금은 사순절 기간입니다. 우리는 새로운 삶으로 가는 과정 가운데 있습니다. 그러나 지금은 고난, 고통, 죽음, 부인, 회개를 위한 시간입니다. 우리는 사순절 기간에 부활을 사모합니다. 우리는 죽음의 문턱에서 새로운 삶을 선물로 받았다는 것에 대해 의아해 할 수 있습니다. 우리의 질문은 엘리야가 물었던 질문이고 과부 어머니가 했던 질문입니다. 그것은 삶에 대한 질문입니다. 어떻게 하면 우리 가운데 있는 저항하고 싶은 엄청난 실패와 좌절과 고통에서 삶을 회복할 수 있을까요? 어떻게 그것이 가능합니까?

본문은 우리에게 힌트를 줍니다. 그러나 구체적인 설명은 없습니다. 17장 앞부분에서 하나님께서는 엘리야를 부르시고 사명을 주십니다. 엘리야는 오늘날 에너지 위기에 해당하는 가뭄이 심각한 상황에서 부르심을 받았습니다(1절). 하나님께서는 엘리야에게 시냇가 물을 마시게 하고 까마귀에 의해 음식을 공급받게 하셨습니다(4절). 그가 먹은 음식이 그렇게 맛있지는 않았습니다. 새들이 떨어뜨려 주는 음식이 얼마나 맛이 있겠습니까? 또한 그에게 제공되는 음식은 왕의 식탁에 화려하게 제공되는 음식과 같이 안정적으로 제공되지도 않았습니다. 엘리야는 까마귀에 전적으로 의지해야 했습니다. 그럼에도 불구하고 그에게 충분한 음식이 제공되었습니다. 아침 저녁으로 새들은 빵과 고기를 제공해 주었습니다. 엘리야에게는 충분한 물과 먹을 것이 있었습니다(6절).

음식은 보잘것없이 보였지만 하나님께서는 그에게 충분히 채워주셨습니다. 그는 왕의 통치 영역 밖에서 일용할 양식을 해결하였습니다. 정부가 그의 양식을 해결해 주지 않았습니다. 엘리야는 왕으로부터 고급스런 음식을 제공받지 않았지만, 왕이 제공하는 일종의 쓰레기같은 음식에서는 자유로웠습니다. 그는 왕이 해결할 수 없었던 에너지 문제의 심각한 위기에서도 자유로웠습니다. 물론 그는 왕과 대립각을 세우지는 않았습니다. 그는 왕이 음식과 건강과 정의와 생명과 같은 인간이 가지는 근본적인 문제에 대해서 인과관계가 없다는 확신을 가지고 있었습니다. 저는 엘리야가 까마귀를 통해 제공된 음식을 기꺼이 먹은 것이 그에게 에너지와 용기와 자유와 권위를 주었다고 믿습니다. 그는 기도를 통해 그 여인과 함께 에너지를 공급받았고, 죽음의 위기에서도 용기를 얻었고 또한 권위를 얻게 되었던 것입니다.

이 이야기는 사순절 절기 가운데 있는 우리에게 두 가지를 교훈합니다.

먼저, 죽음의 문턱에 직면해 있는 우리에게 생명의 능력이 절실히 필요하다는 것입니다. 우리 주위에는 쓰러진 아이들과 소망이 없이 좌절하고 있는 과부들로 가득합니다. 우리에게 그들의 삶을 회복시킬 수 있는 능력이 필요합니다.

다음으로, 삶을 회복시킬 수 있는 능력은 왕과 함께 그럴듯한 음식을 먹을 때 나타나지 않습니다. 엘리야의 능력은 까마귀를 통해 식생활을 해결하는 습관에 기인되었습니다.

사순절은 다른 식사, 다른 영양 공급, 다른 충성에 대해 생각할 시간입니다. 다양한 방법들에 의해 우리는 경제적으로 종교적으로 지적으로 정치적으로 도덕적으로 유혹당하고 길들여지고 매수당하며 살고 있습니다. 이것은 우리가 삶에서 실제로 경험되는 이야기입니다. 매수된 백성은 결코 삶의 능력을 경험할 수 없습니다. 엘리야의 이야기는 우리에게 강력하게 도전합니다. 엘리야의 이야기는 다른 식사법에 기초를 둔 다른 능력에 대한 이야기입니다.

우리에게 주어진 사순절의 의미는 이것입니다. 왕이 할 수 없는 것을 하는 것이 가능할까요? 삶은 주어졌습니다. 그러나 헐값으로 또는 우연히 주어진 것은 아닙니다. 이것은 세상이 주는 방식으로 주어진 것도 아닙니다. 그 여인이 놀란 것은 당연합니다. 삶은 아들을 되돌려주고, 딸을 회복시켜주고 우리를 위해 새롭게 만들어지는 희망과 기쁨과 행복과 함께 주어지는 에너지와 용기를 줍니다. 삶은 적게 먹고 열심히 기도하는 자에게 주어집니다. 삶은 하나님에 의해 주어집니다. 능력은 왕이 결코 할 수 없는 것을 하도록 주어집니다.

※ 리텔링(Retellingthe story) 설교 실례 2.

설교자: 조관호

창세기 16:6-14
감찰하시는 하나님을 붙잡고 기도하십시오![53]

창세기 16:6-14 에 하갈의 이야기가 나옵니다. 하갈이 자기 주인 사래를 업신여겼다가 사래로부터 학대를 받게 됩니다. 자신의 임신을 빌미로 교만해지더니 결국 주인까지 무시하다가 사래에게 학대를 받게 된 겁니다. 하갈은 학대를 견디다 못해 결국 사막으로 도망하게 되었고, 그곳에서 죽을 만큼 고생하다가 하나님의 불쌍히 여기심을 받은 겁니다. 불쌍히 여기신 하나님이 그녀에게 물을 주시고 생명을 연장해 주는 내용이 창세기 16장에 나와 있습니다. 그 후에 하갈은 이와 같은 하나님의 은혜에 감사의 고백을 하며 자신에게 긍휼을 베풀고 찾아오신 하나님을 '감찰하시는 하나님' 으로 부르고 있습니다(13절). 감찰하시는 하나님은 히브리어로 '엘로이' 리고 합니다.

욥기 28:24에서도 우리는 감찰하시는 하나님을 만날 수 있습니다. "이는 그가 땅 끝까지 감찰하시며 온 천하를 두루 보시며..." 이렇게 땅 끝까지 감찰하시는 엘로이 하나님 앞에서 우리는 어떤 모습으로 나아가야 할

---

53) 이 설교는 조관호, "비블리컬 스토리텔링 설교의 한 예," 「활천」 639권 2호 (2007): 22-31에 수록된 것으로 저자의 허락을 얻어 여기에 인용하였다. 조관호는 "비블리컬 스토리텔링 vs 스토리텔링(Biblical Storytelling vs Storytelling)," 「활천」 639권 2호(2007): 16-21에서 자신의 '성경적 스토리텔링(필자는 그의 접근 방식을 '리텔링 '이라고 판단한다)' 이론을 설명한 후에 그 한 예로서 이 설교를 제시하였다.

지, 그리고 엘로이 하나님의 이름 속에 나타난 은혜의 이미지들은 어떤 것인지 생각해 보도록 하겠습니다. 그리고 그 엘로이 하나님을 붙잡고 그 이름을 부르면서 기도하자는 겁니다!

마음속을 감찰하시는 분 앞에 죄를 숨기지 마십시오.

하나님께서는 사람의 속마음을 아주 세밀하게 살피며 감찰하고 계십니다. 하나님께서 우리들의 마음을 꿰뚫어 보고 계시다는 겁니다. 우리는 이 의식을 한시라도 잊어서는 안됩니다. 하나님께서는 우리의 생각, 우리의 방향, 우리의 꿈 등 모든 것을 전부 살피십니다. 우리가 아침에 무엇을 먹었는지, 또 어떤 걸음을 걷고 있는지, 누구를 만나서 어떤 이야기를 하고 있는지, 우리 직장생활 또 사람을 대하는 생활태도는 물론 마음속까지 하나님은 일일이 알고 계시는 겁니다.

하나님께서 이렇게 감찰하시는 이유가 있습니다. 우리의 삶을 평가하고 저울에 달아 보시기 위함입니다. 시편130:3 말씀에 "여호와여 주께서 죄악을 감찰하실진대 주여 누가 서리이까" 예레미야17:10에는 아주 무서운 말씀이 기록되어 있는데 "나 여호와는 심장을 살피며 폐부를 시험하고 각각 그 행위와 행실대로 보응하나니..." 하나님께서 우리의 심장을 살피며 행위와 행실대로 평가하실 것을 분명하게 말씀하고 있습니다.

그러므로 우리의 생각, 우리의 일거수일투족을 감찰하시고 계신 하나님 앞에서 무엇보다 정직해야 합니다. 정직하게 생각의 죄를 고백해야 하는 겁니다. 우리를 세세히 보고 계시는 하나님 앞에서 우리의 악한 생각들, 못된 품성들, 고의적으로 범하는 죄들, 연약한 것을 핑계대면서 세상에 나가서 멋대로 사는 것들을 숨길 수가 없다는 거지요.

하나님은 사랑의 하나님입니다. 그렇다고 죄까지도 사랑하신다는 말은 아닙니다. 아니 죄를 미워하십니다. 그렇기에 죄를 지은 사람을 향해서는 죄를 인정하고 토해내기를 기다리시는 겁니다. 하나님은 모든 것을 받아

줄 수 있는 분입니다. 그러나 자기의 죄를 인정하지 않는 사람은 결코 받아주신 적이 없습니다. 물론 하나님은 어떤 죄든지 용서할 수 있는 분입니다. 그런데 끝까지 회개하지 않는 사람에게는 심판을 내리시는 분이라는 것을 우리는 기억해야 합니다.

우리는 너무나도 쉽게 자신이 어떤 죄를 짓고 있는지 의식하지 못할 때가 많습니다. 그래서 우리가 어떤 죄를 지었는지 구체적으로 알기 원한다면 십계명을 거꾸로 점검해 나가면 유익이 됩니다. 첫 번째 계명인 "너는 나 외에는 다른 신들을 네게 있게 말지니라."부터 시작하면 별로 죄진 것이 없는 것 같습니다. 우상을 섬기지는 않는 것 같거든요. 그런데 열 번째 계명부터 하나님 앞에서 내 삶을 점검하고 내 삶을 보기 시작하면 내가 죄인이란 사실을 쉽게 발견하게 됩니다. 열 번째 계명은 바로 탐심을 말하고 있는 것 아니겠습니까?

세상을 향한 욕심들, 인간이기에 욕심을 좀 가져야 하고, 야망이 있어야 하고, 더 많이 갖고 더 높이 올라가기 위한 탐욕들, 인간이기에 어쩔 수 없다고 하며 갖는 욕망들을 향해 하나님은 탐심의 죄라고 하시며 열 가지 계명 가운데 하나로 기록해 놓으셨습니다. 여기에 걸려들지 않을 사람이 없습니다. 저를 비롯한 모든 사람이 걸려듭니다.

이러한 탐심을 이루기 위해서 아홉 번째 계명을 어깁니다. 거짓말하고 사람을 속입니다. 눈으로 입으로 행동하고, 안 그런 척하면서 자신의 탐심을 이루기 위해 우리는 못된 행동을 합리화시키는 일을 교활하게 하고 있다는 것이지요. 또 탐심을 이루기 위해서 남의 생각들을 도적질합니다. 남의 물건을 도적질합니다. 그것도 죄가 아닌 것처럼 환경을 만들어서 도적질하는 일이 얼마나 많이 일어나고 있는지 모릅니다. 또 탐심을 이루기 위해서 우리 속마음이 사람을 죽이기 위한 계획을 얼마나 많이 합니까? 법이 무서워서 칼을 안 들고 있을 뿐이지 사람을 이 땅에서 매장시키기 위해 계획을 짜는 것이 인간들이잖아요?

또한 마음속에 수많은 음란한 것들과 악한 것들이 내 탐심을 이루기 위해서 부글부글 끓고 있잖아요? 언제부터인가 부모도 자식도 그렇게 중요하지 않게 되었습니다. 나 자신의 탐심과 야심을 이루기 위해서 사는 모습 때문에 말입니다. 여기서 세상 사람들이 그렇게 사니까 우리도 그렇게 살 수 밖에 없다고 하며 쉽게 넘어갈 문제가 아니라는 겁니다. 사람은 속아 줄지 모릅니다만, 속사람을 감찰하시는 하나님은 결코 속지 않으신다는 겁니다.

감찰하시는 하나님이 우리들을 보니까, 마음속에 무수한 죄들은 있는데 회개하는 사람은 극히 드물다는 겁니다. 우리들 마음 그리고 우리의 가정, 우리의 직장생활, 인간관계 모든 것을 세세하게 살피며 감찰하시는 그 하나님께 우리의 죄와 우리의 악한 것과 우리의 생각들을 내놓고 "하나님 내가 죄인입니다." 라고 고백하는 것은 무척이나 중요합니다. 죄의 고백이 없이 하나님께 고백하는 것은 헛수고에 불과합니다.

우리의 죄를 회개하지 않는 이상, 그 죄는 사라지거나 없어지지 않습니다. 사람들은 죄를 지은 다음에 공통적으로 그 죄를 잊으려고 하는 심리를 갖고 있습니다. 그러나 혹시 우리가 죄를 잊는다고 해서 하나님까지 죄를 잊어버리는 것은 아니라는 것이죠. 하나님은 죄를 잊지 않으십니다. 하나님의 머릿속에서 죄가 사라지는 방법은 시간이 가고 세월이 지나면 없어지는 것이 아니라 예수 그리스도의 보혈을 의지하고 회개할 때만 없어지는 겁니다. 사람의 마음속을 감찰하시는 하나님께서는 회개하지 않은 죄를 구체적으로 기억하고 계십니다.

여호수아에 나타나는 아간 사건을 보면 죄를 찾아내시는 하나님을 볼 수 있습니다. 이스라엘 백성들이 여리고성을 함락시킨 것과는 달리 아이성은 물리치지 못합니다. 그 이유는 바로 아간이 지은 죄 때문입니다. 이 사건 앞에서 여호수아가 통곡을 하면서 하나님께 물어봅니다. 그때 하나님께서 말씀하시기를 수백만의 사람들 가운데 단 한 사람의 범죄 때문이라고 하십니다. 감찰하시는 엘로이 하나님께서 이스라엘 백성들 한 사람 한 사람의 태도를 보고 계시다가 그 중 누군가가 죄를 짓자, 그 죄를 찾겠다고 말씀하시는 것입니다. 얼마나 무서운 분이십니까? 여호수아 7:16-18 말씀에 죄를 추적하시는 하나님의 모습이 나타납니다. "이에 여호수아가 아침 일찍이 일어나서 이스라엘을 그 지파대로 가까이 나아오게 하였더니 세라 족속이 뽑혔고 세라 족속의 각 남자를 가까이 나아오게 하였더니 삽디가 뽑혔고 삽디의 가족 각 남자를 가까이 나아오게 하였더니 유다지파 세라의 증손이요 삽디의 손자요 갈리의 아들인 아간이 뽑혔더라."

아간은 가져서는 안될 것을 가졌습니다. 은, 금, 외투 한 벌을 숨겨놨습니다. 사람들이 전혀 모르게 숨겨놓았습니다. 그런데 감찰하시는 하나님께는 숨기지 못하는 겁니다. 하나님이 그 죄인을 찾아 나서신 겁니다. 수백만이 되는 이스라엘 백성들 가운데 아간이란 한 사람을 족집게로 집어내듯 끄집어내십니다. 그리고 이 아간의 죄로 말미암아 이스라엘에 화가 임했다고 말씀하시고 심판을 내리십니다.

아간이 들킬 때까지의 상황을 생각하면서 너무 답답한 마음이 듭니다. 열두 지파에서 유다가 뽑혔으면 가슴이 찔렸을 것 아닙니까. 유다 족속 가운데 세라족속이 뽑힐 때 아간이 뜨끔했을 것 아닌지요. 깨끗한 사람은 마음에 뜨끔함이 없을 겁니다. 깨끗한 사람은 불안해하지 않습니다. 죄를 지은 사람이 언제나 초조하기 마련이잖아요. 그런데 계속 좁혀오는 것을 보면서 아간이 얼른 손들고 "내가 죄인입니다. 내가 죄인입니다. 날 용서하소서." 이렇게 말해야 되는데 끝까지, 하나님이 잡아낼 때까지 아무 말도 하지 않았다는 겁니다.

우리의 심장과 폐부, 마음속을 감찰하시는 그 하나님 아버지 앞에서 죄를 인정하고 고해야 합니다. 정직하고 진실하게 고해야 하는 겁니다. 우리가 죄를 자백하면 하나님이 해결해 주십니다. 이사야 1:18 말씀입니다. "여호와께서 말씀하시되 오라 우리가 서로 변론하자 너희 죄가 주홍 같을

지라도 눈과 같이 희어질 것이요 진홍같이 붉을지라도 양털같이 되리라."

어떤 죄냐가 아닙니다. 붉고 진하고 시커먼 죄라 할지라도 하나님께로 가지고 오면 양털같이 만들고 눈처럼 하얗게 만들어 주겠다는 것이 하나님의 약속입니다. 요한일서 1:8-9에도 하나님의 약속이 있습니다. "만일 우리가 죄 없다 하면 스스로 속이고 또 진리가 우리 속에 있지 아니할 것이요. 만일 우리가 우리 죄를 자백하면 저는 미쁘시고 의로우사 우리 죄를 사하시며 모든 불의에서 우리를 깨끗케 하실 것이요."

죄가 하나님과 우리의 관계를 갈라놓았습니다. 그런데 이 갈라놓은 하나님과의 관계를 다시 회복하는 방법은 예수의 이름으로 우리의 죄를 자백하며 용서를 구하는 것입니다. 어떤 죄냐, 얼마나 큰 죄냐, 얼마나 무거운 죄냐, 얼마나 끔찍한 죄냐, 그것이 중요한 것이 아니라 큰 죄라도 하나님께 회개하면 용서받는 것이고 작은 죄라도 용서를 구하지 않으면 그것 때문에 심판을 받는다는 것을 우리는 기억하고 있어야 합니다. 마음을 감찰하시는 하나님은 우리의 죄를 절대로 그냥 넘어가지 않으십니다.

다윗이 큰 죄를 범했습니다. 그야말로 못되고 심각한 죄를 한꺼번에 지은 사람입니다. 그런데 사무엘하 12장에 보면 "내가 여호와께 범죄하였노라." 라고 하면서 진실하게 고백을 합니다. 그랬더니 나단 선지자가 그 앞에서 하나님의 음성을 듣고 바로 선포를 합니다. 다윗이 진실하게 하나님께 용서를 구하고 회개하였기 때문에 하나님께서 다윗의 죄를 사했다고 말입니다. 매우 중요한 부분입니다. 하나님께서는 인간이 아무리 은밀하게 죄를 지었다 하더라도 지은 죄를 알고 계십니다. 그렇기에 지은 죄를 고백해야 하는 것이고 고백하고 나면 우리 죄를 용서받을 수 있는 거지요. 주 예수 그리스도의 보혈로 모든 죄를 깨끗게 하신다는 약속의 말씀을 붙잡고, 감찰하시는 하나님 앞에서 우리의 죄를 숨기는 일이 없어야 하는 겁니다.

마음을 감찰하시는 분 앞에 아픈 가슴을 토로하십시오.

인생사를 감찰하시는 하나님이 우리의 하나님이십니다. 우리에게 일어난 괴로운 일, 원통한 일이 있잖아요. 하나님은 그걸 알고 계십니다. 그 감찰하시는 하나님께 우리의 마음을 토로하자는 거지요. 우리가 예수를 믿으면서 살지만 늘 평안한 것이 아닙니다. 항상 잘되는 것도 아닙니다. 불안한 것이 있습니다. 더군다나 살다 보면 원통한 일이 얼마나 많은지 모릅니다. 그 괴로운 일 원통한 일을 하나님께서 감찰하고 계시다는 것을 알고 있어야 합니다. 엘로이 하나님은 우리의 모든 것을 바라보고 계시고, 우리의 형편과 처지를 지금 눈여겨보고 계시고, 우리의 움직임, 우리의 마음의 변화, 우리의 심장 뛰는 것까지도 하나님께서는 전부 감찰하고 계신다는 겁니다. 나만 알고 있고 나만 괴로운 것이 아닙니다. 하나님도 알고 계십니다. 원통한 이리 있습니까? 감찰하시는 하나님께 가지고 나오십시오. 그분께 그 일들을 내려놓으십시오.

사람의 능력으로 할 수 없는 일들이 우리에게 얼마나 많은지 모릅니다. 할 수 있는 일보다 할 수 없는 일이 거반입니다. 그렇기 때문에 그런 것들을 가지고 하나님께 기도하는 겁니다. 사람의 능력으로, 나의 능력으로 할 수 없는 그 버겁고 고통스러운 문제를 하나님께 기도하는 겁니다. 그러면 기도할 때, 나를 감찰하고 계셨던 하나님께서 들으시고 그 문제를 하나님의 방법과 시간표에 따라서 응답하시는 것을 경험하시게 될 것입니다. 이사야 40:27에는 하나님의 간절한 마음이 담겨져 있습니다. "야곱아 네가 어찌하여 말하며 이스라엘아 네가 어찌하여 이르기를 내 사정은 여호와께 숨겨졌으며 원통한 것은 내 하나님에게서 수리하심을 받지 못한다 하느냐"

이스라엘 백성들은 하나님께 기도는 하지 않고 오히려 하나님은 우리에게 축복하지 않으신다고 하면서 불평만 했습니다. 우리는 그러면 안됩니다. 우리는 하나님께 기도하는 겁니다. 나의 심장을 아시고 아픔을 아시고 나의 환경을 아시는 그 감찰하시는 하나님께 기도하는 겁니다.

사무엘상에 한나가 나옵니다. 아이를 갖지 못했던 여자입니다. 그런데 설상가상으로 남편이 둘째 부인으로 얻은 브닌나라는 여자는 아이를 잘도 낳는 겁니다. 그녀는 자신이 아이가 있다고 한나를 얼마나 학대하고 못나게 굴었는지, 이것이 한나를 격동하게 만듭니다. 그러나 성경에 보면 한나가 브닌나와 부딪치지 않습니다. 자기 남편과도 부딪치지 않습니다. 자신의 모든 것을 감찰하시는 하나님께 나아가서 통곡하며 기도할 뿐이라는 것입니다. 우리가 아는 것처럼 마음과 형편을 감찰하시는 하나님께 기도했더니 한나는 성경에서 가장 위대한 사람중에 하나인 사무엘이라는 아들을 얻게 되었습니다. 감찰하시는 하나님께 기도하면 우리의 형편과 사정을 아시는 하나님께서 우리의 문제를 만져주시고, 우리의 문제를 치료해주시고, 우리의 문제를 해결해주신다는 말씀입니다.

억울한 일을 지켜보고 계시는 하나님께 기도하십시오. 시편 10:14 말씀을 보십시다. "주께서는 보셨나이다 재앙과 원한을 감찰하시고 주의 손으로 갚으려 하시오니 의로운 자가 주를 의지하나이다 주는 벌써부터 고아를 도우시는 자니이다." 하나님께서는 우리가 당하는 어려움, 속상함, 학대받는 것, 무시당하는 것 등에 대해서도 모두 감찰하고 계시는 분이십니다.

야곱이 삼촌 집에 가서 20년 동안 일을 합니다. 그런데 삼촌 라반이 얼마나 못되었는지 노임을 주지 않는 겁니다. 야곱의 말에 따르면, 한번도 삼촌의 양을 잡아먹은 적도 없고 추울 때면 양이 얼어 죽을까봐 양을 품고 잔 야곱입니다. 더울 땐 양들이 더위에 지쳐 죽을까봐 양들을 시원한 곳으로 인도한 야곱입니다. 그런데 삼촌이 도적같이 노임을 전부 빼앗아갔다는 거예요. 얼마나 억울한 일입니까? 그때 야곱이 삼촌을 향해서 한마디 합니다. 창세기 31:42 말씀입니다. "우리 아버지의 하나님 아브라함의 하나님 곧 이삭의 경외하는 이가 나와 함께 계시지 아니하셨더면 외삼촌께서 이제 나를 공수로 돌려보내셨으리이다마는 하나님이 나의 고난과 내 손의 수고를 감찰하시고 어젯밤에 외삼촌을 책망하셨나이다."

다시 말해 삼촌은 나를 짓밟으려 했고, 삼촌은 나의 노동력을 도적질하려했고, 삼촌은 나의 인생을 막으려했으나, 감찰하시는 하나님께서 나를 그 원통한 구덩이에서 건져내셨다고 야곱이 말하고 있는 것입니다. 우리도 마찬가지입니다. 억울한 일이 있어도 참는 겁니다. 알고 계시고 보고 계시고 감찰하시는 하나님, 그 엘로이 하나님께서 억울함을 이기게 하실 것이고 억울하게 만드는 원수를 갚아주실 것이고 더 나아가 우리의 수고를 갚아주시고 채워주실 것임을 분명히 확신하길 바랍니다.

감찰하시는 하나님은 우리가 원망스러운 일을 만날 때에도 알고 계십니다. 억울한 일을 만날 때에도 알고 계시구요. 답답해 할 때도 우리의 마음을 알고 계십니다. 그 감찰하시는 엘로히 하나님을 붙잡고 낙심하지 말고 기도하십시오. 때가 되면 하나님께서 가장 좋은 것을 주실 것입니다. 괴롭고 원통한 일이 있을 때도 감찰하시는 하나님께 기도하는 겁니다. 주님의 일을 하다가 못된 사람 때문에 마음 아파할 때 있습니다만, 그것을 하나님이 감찰하고 계시다는 것을 잊지 마십시오. 하나님께 영광을 돌리기 위해서, 교회를 위해서, 선교사역을 위해서 열심히 일을 하고 있는데 사탄에게 조종받는 사람이 다가와서 하나님의 일을 하는 사람의 마음을 아프게 만들고, 그의 기를 꺾어 버리면서 사역을 하지 못하도록 방해합니다. 그러나 이것을 엘로이 하나님이 보고 계십니다. 그렇기에 우리는 낙심하지 않고 기도하는 겁니다.

모세가 수많은 사람들을 애굽에서 데리고 나옵니다. 얼마나 힘들었겠습니까? 모세는 자신이 원해서 지도자가 된 것 아닙니다. 하나님이 하라 하셔서 무거운 지도자의 역할을 하고 있는 겁니다. 그래서 더 힘이 듭니다. 그런데 고라 자손들이 지도자의 고통은 보질 않고 영광만 보고 그릇된 생각을 하게 됩니다. 앞에서 끌고 가는 게 멋있어 보이거든요. 사람들에게 인정받고 박수 받는 모습이 멋있어 보인 겁니다. 그래서 그걸 보고 모세와 아론 앞에 가서 대드는 겁니다. 왜 너희들만 리더가 되느냐는 것입니다. 왜 아론과 모세 당신들만 지도자가 되느냐, 왜 너희들이 우리를 다스리고 우리를 향해서 명령하느냐, 너희만 하지 말고 우리도 해야 된다고 사람들을 선동합니다. 사람들의 생각을 바꿔버리는 거예요. 모세만이 왜 우리의 지도자냐, 모세가 우리의 지도자가 될 수가 없다. 우리도 할 수 있다, 민주주의적으로 하자라는 것입니다. 그럴 때 모세의 태도가 민수기 16:4에 나타납니다. "모세가 듣고 엎드렸다가..."

고라 자손과 싸우지 않았습니다. 못된 생각을 갖고 달려드는 그들과 맞서서 싸우거나 변명하지 않았습니다. 오히려 그와는 반대로 모세는 하나님 앞에 엎드려서 계속 눈물로 기도했습니다. '하나님께서 나에게 이 백성을 끌고 갈수 있는 지도력을 주셨고 권위를 주셨고 권세를 주셨는데, 지금 하나님을 반역하는 자들이 있습니다. 하나님 나를 도와주소서. 내가 연약합니다. 나는 혼잡합니다. 나는 할 수 없습니다. 하나님께서 처리해 주셔야 됩니다.' 억울하고 답답하고 원통한 일들을 만날 때 모세는 엎드려 기도했습니다. 그랬더니 하나님이 처리해 주십니다. 민수기 16:35 말씀에 하나님께서 하신 일이 기록되어 있습니다. "여호와께로서 불이 나와서 분향하는 250인을 소멸하였더라."

우리가 주님의 일을 하다가 억울한 일을 당하고, 오해를 받고, 사람들에게 따돌림을 받을 때 그것을 변명하기 위해서 동분서주하지 마십시오. 그것을 사람들에게 말하기 위해 여기 저기다가 전화하지 마십시오. 모세를 본받는 겁니다. 엎드려 하나님께 기도하는 겁니다. 엘로이 하나님, 감찰하시는 하나님이 우리를 아시고 우리의 문제를 하나님의 시간표에 따라 응답하시기 때문에 그렇습니다.

사명으로 몸부림치는 걸 감찰하고 계시는 하나님께 간구하십시오.

누구에게나 사명이 있습니다. 사명이 무거우세요? 감찰하고 도우시는 엘로이 하나님께 기도해야 합니다. 살아가면서 주님께서 맡겨주신 사명 때문에 힘들 때가 있을 겁니다. 그때에 하나님께로 눈을 드는 겁니다. 어린 예레미야가 사명 때문에 얼마나 힘이 들었는지요. 지쳐 있었습니다. 그때 하나님께서 예레미야에게 찾아가셔서 하시는 말씀이 예레미야 33:2-3에 기록되어 있습니다. "일을 행하는 여호와 그것을 지어 성취하는 여호와 그 이름을 여호와라 하는 자가 이같이 이르노라 너는 내게 부르짖으라 내가 네게 응답하겠고 네가 알지 못하고 크고 비밀한 일을 네게 보이리라."

버거운 것이 사명입니다만 사명으로 인해 힘들어하지 마십시오. 그 사명 가지고 우리를 감찰하고 계시는 하나님께로 가까이 가는 겁니다. 하나님께 부르짖는 겁니다. 하나님께 우리의 사정을 소상히 아뢰는 겁니다. 그러면 우리가 생각지도 못한 비밀스런 것들을 알려주시고 힘을 주신다는 사실입니다.

선지자 엘리야가 이세벨에게 쫓겨 다닙니다. 너무 힘들고 마음이 무거웠습니다. 지쳐버린 마음과 육신으로 인해 남쪽 끝 깊은 곳에 찾아들어가 로뎀나무 밑에 누웠습니다. 거기서 눈물 흘리다가 지쳐서 잠을 잡니다. 지쳐서 잠을 잘 때 하나님께서 천사를 보내어 어루만져줍니다. 먹을 것을 줍니다. 물을 줍니다.

누구에게든지 십자가가 있습니다. 누님께서 누구든지 나를 따라오려거든 자기를 부인하고 자기 십자가를 날마다 지고 나를 쫓아오라고 말씀하지 않았습니까? 그렇기에 주님의 일을 하는 건 무척 어렵습니다. 쉬운게 아닙니다. 만만한게 아니예요. 포기하고 싶을 때가 많아요. 원망도 있습니다. 사람들에게 오해받을 때도 있습니다. 그러나 그러한 일들 때문에 주님의 일을 놓으면 안됩니다.

하나님께 나아가 기도해야 합니다. "나에게 힘주시옵소서. 능력 주시옵소서. 성령의 능력으로 나를 이끌어 주셔서 사명을 잘 감당하고 십자가를 질 수 있도록 도와주시옵소서."라고 기도해야 한다는 것입니다. 역대하 16:9절 말씀입니다. "여호와의 눈은 온 땅을 두루 감찰하사 전심으로 자기에게 향하는 자를 향하여 능력을 베푸시나니." 하나님께서는 온 땅을 보시면서 자기를 찾는 사람에게 능력을 주셔서 당신의 일을 잘하도록 하신다는 말씀입니다.

하갈이 죄를 지었습니다. 자기 주인인 사래에게 대들었고 그 이유로 광야로 쫓겨났어요. 그곳에서 회개합니다. 그러고 나서 하나님의 사랑과 하나님의 은혜를 경험합니다. 하갈에게는 너무도 감동적인 사건이었습니다. 원통한 일을 하나님께서 쓰다듬어 주셨습니다.

그런데 그 옆에 보니 샘이 하나 있더라는 겁니다. 그래 나를 감찰하시고 나의 죄를 용서하시고 또 나에게 원통한 일을 풀어주신 그 하나님이 계셨구나. 이곳을 내가 기념해야겠다. 이것을 내가 간증해야겠다고 하면서 옆에 보이는 샘을 기준으로 해서 이름을 하나 만들어 놓습니다. 본문말씀 14절에 나옵니다. "이러므로 그 샘을 브엘라해로이라 불렀으며 그것이 가데스와 베렛 사이에 있더라."

우리의 브엘라해로이는 어디입니까? 우리가 감찰하시는 하나님을 만난 곳이 어디냐는 것입니다. 우리가 죄 용서함을 받은 곳이 어디고, 우리의 원통함과 억울함을 풀어주신 그곳이 어디입니까? 어떤 분은 자동차 안일 수도 있습니다. 어떤 분은 직장일 수도 있습니다. 어떤 분은 침대에서 기도하다가 엘로이 하나님을 만난 분도 있습니다. 감찰하시는 하나님을 만난 브엘라해로이, 그곳이 어디냐는 겁니다.

이런 찬양이 생각납니다. "주님과 같이 내 마음 만지는 분은 없네, 오랜 세월 찾아 난 알았네, 내겐 주 밖에 없네." 우리의 마음을 만져주시던 그분을 만나고 고백했던, 이젠 내게 주밖에 없음을 알게 했던 브엘라해로이를 경험하고 간증하는 하나님의 자녀로 살아가시기를 축원합니다.

제7장

강해 설교[1]

존 맥아더(John F. MacArthur, jr.)는 "말씀을 정확히 그리고 능력 있게 전하기 원하는 사람, 회계의 날에 주께로부터 칭찬 듣기를 원하는 사람, 사람들의 삶이 근본적으로 변화되고 경건한 삶을 사는 것을 보기 원하는 사람, 이런 사람들에게는 오직 강해 설교만이 그 해답이다."[2]고 하였다. 존 스토트(John R. W. Stott)도 "나는 강해(해설적) 설교를 여러 가지 방식들 중의 한 가지로 규정하는 분류 방식을 받아들일 수 없다(때로는 싫어하기까지 한다). 나의 주장은 진실한 설교는 모두 강해(해설적) 설교라는 것이다."[3]고 하였다. 한 걸음 더 나아가, 도날드 밀러(Donald G. Miller)는 "모든 진실한 설교는 강해 설교여야 한다. 강해 설교가 아닌 것은 설교가 아니다."[4]고 까지 주장하였다.

---

1) 본장은 *Chongshin Theological Journal* 19/1(2014): 147-172에 "A Suggestion for Pulpit's Restoration: The Restoration of Expository Preaching"으로 게재된 논문을 수정 보완하여 번역한 것이다.

2) John F. MacArthur, "서론," in John MacArthur, jr. & the Master's Seminary Faculty(eds.), *Rediscovering Expository Preaching*, 김동완 역, 『강해 설교의 재발견』 (서울: 생명의 말씀사, 1993), 22.

3) John R. W. Stott, *Between Two Worlds: The Art of Preaching in the Twentieth Century*, 정성구 역, 『현대교회와 설교』 (서울: 풍만, 1987), 139.

4) Donald G. Miller, *The Way to Biblical Preaching* (Philadelphia: Fortress, 1957), 22. 링크 카이퍼도 도날드 밀러와 같은 견해를 가지고, "성경의 강해는 설교의 본질이다. 강해 설교를 설교의 여러 방식 중 하나로 이야기하는 것은 심각한 오류이다. 혹은, 많은 보수주의자들이 하고 있듯이, 강해 설교가 설교 방식 중 가장 좋은 유형이라고 말하는 것도 만족스럽지 못하다. 모든 설교는 강해 설교여

한국 교회에서도 강해 설교에 대한 선호와 강조는 예외가 아니다. 「목회와 신학」 편집부에서 2007년 1월 한국 교회 목회자들의 설교 사역을 분석하면서 가장 선호하는 설교 스타일에 대해 설문조사를 하였는데, 그 가운데 70% 이상이 강해 설교 또는 주해 설교를 선호한다고 대답하였다.[5] 또한 대부분의 설교집들이 '강해 설교'라는 제목이나 부제로 출판되고 있는 것도 설교자들의 강해 설교에 대한 선호도를 쉽게 짐작하게 한다.

이렇게 강해 설교는 그동안 동서고금을 막론하고 많은 학자들과 설교자들에게 '가장 바람직한 설교 형식' 또는 '가장 성경적인 설교 형식'으로 인정되어 왔다. 그런데 문제는 '제대로 된 강해 설교'가 그렇게 많지 않다는 것이 필자의 판단이다. 온전한 강해 설교를 위해서 강해 설교의 바른 이해와 지침이 필요하리라 생각한다.[6]

I. 강해 설교가 무엇인가?

야 한다. 강해 설교만이 성경적 설교가 될 수 있다."고 하였다. Rinck B. Kuiper, "Scripture Preaching," in Ned B. Stonehouse & Paul Woolley(eds.), *The Infallible Word*(rev. 3d ed.) (Philadelphia: Presbyterian and Reformed, 1967), 253. 또한 비슷한 관점을 위해서 James Daane, *Preaching with Confidence: A Theological Essay in the Power of the Pulpit* (Grand Rapids: Eerdmans, 1980), 55-6을 참고하라. 물론 필자는 이 말에 전적으로 동의하지 않지만, 강해 설교의 중요성과 강조에 대해서는 견해를 같이한다.

5) 목회와 신학 편집부, 『한국 교회 설교분석』 (서울: 두란노 아카데미, 2009), 99. 2003년 4월에도 목회자들 사이에 가장 선호하는 설교 스타일에 대한 설문조사를 하였는데, 그 가운데 72.1%가 강해 설교를 선호한다고 대답하였다[박삼열, "한국 교회 목회자들의 설교에 관한 의식 연구," 「목회와 신학」 169(2003/4): 163]. 그러니까 최근 신설교학(내러티브 설교)에 대해 관심이 높은 상황에서도 한국 교회 설교자들은 여전히 강해 설교를 가장 선호하고 있다는 것을 확인할 수 있다.

6) 본서에서 강해 설교라 함은 한 책을 정해서 연속적으로 설교하는 것 설교뿐 아니라(이것을 흔히 '연속 강해 설교'라고 한다), 임의로 본문을 택해서 하는 설교도 포함한다.

이야기 설교나 주제 설교와 마찬가지로 강해 설교도 학자들에 따라서 다양하게 정의되고 있다. 우선 몇 몇 대표적인 학자들의 강해 설교에 대한 정의를 살펴보자.

먼저, 강해 설교의 정의에 관하여 가장 많이 인용되는 헤돈 로빈슨 (Haddon W. Robinson)의 견해를 들어보자.

강해 설교는 하나의 성경적 개념(아이디어)을 전달하는 것이다. 그 개념은 하나의 본문을 문맥 안에서 역사적, 문법적, 문예적으로 연구함으로 얻어진 결과인데, 성령께서 그 개념을 먼저 설교자의 인격과 경험에 적용하고, 그것을 다시 설교자를 통하여 청중들에게 적용하는 것이다.

Expository preaching is the communication of a biblical concept, derived from and transmitted through a historical, grammatical, and literary study of a passage in its context, which the Holy Spirit first applies to the personality and experience of the preacher, then through the preacher, applies to the hearers.[7]

이러한 정의를 통해, 로빈슨은 바람직한 강해 설교를 위해서 1) 하나의 핵심 개념(또는 하나의 핵심 주제, A Big Idea)[8]의 전달, 2) 본문의 철저

---

7) Haddon W. Robinson, *Biblical Preaching: The Development and Delivery of Expository Messages*(rev. ed.) (Grand Rapids: Baker Book House, 2001), 21.

8) 그의 강해 설교의 정의에는 '하나의 핵심 주제(A Big Idea)'에 대한 것이 크게 부각되지 않지만, 그의 책에는 이 부분이 특별히 강조되고 있다. 어쩌면 강해 설교에 있어서 '하나의 핵심 주제(A Big Idea)'에 대한 강조는 헤돈 로빈슨의 가장 큰 공헌이라고 할 수 있다. 그래서 그의 제자들이 로빈슨을 존경하는 마음으로 한 권의 책을 헌정하면서 이 부분을 특별히 강조하였다(Keith Willhite & Scott Gibson(eds.), *The Big Idea of Biblical Preaching in Honor of Haddon W. Robinson*, 이용주 역, 『빅 아이디어 설교』 [서울: 디모데, 1999]).

한 연구를 통한 바른 주해, 3) 그 결과의 설교에의 반영, 4) 적용을 강조하였다.

그러면, 대표적인 강해 설교학자 가운데 한 사람인 브라이언 채플(Bryan Chapell)의 견해는 어떠한가?

강해 설교는 하나의 특정 본문으로부터 설교의 모든 대지와 소지를 이끌어냄으로 성경을 설명하는 것이다. 그런데 그 대지와 소지는 성경 저자의 사상(의도)을 드러내야 하고, 본문의 범위를 모두 포함해야 하며, 또한 청중의 삶에 적용되어야 한다.

It expounds Scripture by deriving from a specific text main points and subpoints that disclose the thought of the author, cover the scope of the passage, and are applied to the lives of the listeners.[9]

정리하면, 브라이언 채플은 제대로 된 강해 설교를 위해서 1) 설교 전체가 온전히 특정 본문의 지배를 받아야 하며, 2) 본문을 바르게 그리고 철저히 주해해서 저자의 의도를 드러내야 하고, 3) 그것이 설교에 온전히 반영되어야 하고, 4) 청중의 삶에 필요한 적용이 있어야 함을 강조하였다.

그리고 시드니 그레이다누스(Sidney Greidanus)는 강해 설교를 다음과 같이 정의하였다.

강해 설교는 '성경 중심적 설교'다. 다시 말해, 강해 설교는 원래 특정한 성경 저자가 본문에서 의도했고, 그것이 성경 전체의 문맥에 비추어서 확인된,

---

9) Bryan Chapell, *Christ-Centered Preaching: Redeeming the Expository Sermon*(2nd ed.) (Grand Rapids: Baker Academic, 2005), 132.

본문의 실제적이고 본질적인 의미가 설교를 통해 분명하게 밝혀지고, 그것을 또한 오늘날 청중들의 필요에 적용하는 것이다.

Expository preaching is Bible-centered preaching. That is, it is handling the text "in such a way that its real and essential meaning as it existed in the mind of the particular Biblical writer and as it exists in the light of the over-all context of Scripture is made plain and applied to the present-day needs of the hearers.[10]

간단히 말해서, 그레이다누스는 강해 설교란 성경적 설교로서 1) 본문의 의도(의미)가 제대로 파악되어서 그것이 설교에 분명히 드러나고, 2) 그것을 또한 오늘날 청중의 필요에 적용하는 것이라고 하였다.[11]

다음으로, 라메쉬 리차드(Ramesh Richard)의 견해를 들어보자.

---

10) Sidney Greidanus, *The Modern Preacher and the Ancient Text* (Grand Rapids: Eerdmans, 1988), 11. 그레이다누스는 메릴 엉거의 견해를 수용하였다(참고. Merrill Unger, *Principles of Expository Preaching* [Grand Rapids: Zondervan, 1955], 33).
11) 마찬가지로, 리처드 메이휴(Richard L. Mayhue)도 강해 설교와 관련하여 두 가지를 강조하였는데, "강해란 하나님이 의도하신 의미를 본문으로부터 이끌어 내는 석의의 과정과 현 상황에 맞는 본문 의미의 설명을 전제로 한다"고 하였다 (Richard L. Mayhue, "강해 설교의 재발견," in John MacArthur, jr. & the Master's Seminary Faculty[eds.], *Rediscovering Expository Preaching*, 김동완 역, 『강해 설교의 재발견』 [서울: 생명의 말씀사, 1993], 25). 그러면서 강해 설교에는 다음과 같은 다섯 가지 요소가 포함되어야 한다고 하였다(Mayhue, "강해 설교의 재발견," 38-9).
 1. 성경만이 메시지의 원천이다.
 2. 세심한 석의를 통해 메시지를 성경으로부터 이끌어 낸다.
 3. 성경을 그 정상적인 의미와 문맥에서 정확하게 해석한다.
 4. 원래 하나님이 의도하신 성경의 의미를 명확하게 설명한다.
 5. 성경적 의미를 오늘날에 적용한다.

강해 설교는 성경 본문의 중심명제를 오늘날 청중들의 상황에 맞추어 현재화 시킨 것이다. 그런데 그것은 올바른 해석 방법을 통해 얻어져야 하고, 효과적 인 전달방법을 통해 선포되어야 한다. 또한 그것은 지적인 깨달음을 주며, 정 적으로 느끼도록 해야 하며, 선한 삶을 살 수 있도록 영향을 주어야 한다.

Expository preaching is the contemporization of the central proposition of a biblical text that is derived from proper methods of interpretation and declared through effective means of communication to inform minds, instruct hearts, and influence behavior toward godliness.[12]

리차드는 강해 설교를 '내용(what)'과 '방법(how)'과 '목적(why)'의 세 부분으로 나누어서 정의했는데, 정리하면 올바른 강해 설교가 되기 위 해서는 1) 내용: 본문의 중심 명제의 현재화(즉 적용), 2) 방법: 바른 주해 와 효과적인 전달, 3) 목적: 설교의 결과로서 지정의의 전인적인 변화가 포함되어야 함을 강조하였다.

마지막으로, 월터 라이펠트(Walter L. Liefeld)는 강해 설교를 정의하 는 대신 참된 강해 설교를 구별할 수 있는 특성을 다섯 가지로 제시한 다.[13]

1) 강해 설교는 하나의 기본적인 본문을 다룬다.

---

12) Ramesh Richard, *Preparing Expository Sermon: Seven-Step Method for Preaching Salvation*(rev. ed.) (Grand Rapids: Baker Book House, 2005), 19.
13) Walter L. Liefeld, *New Testament Exposition: From Text to Sermon*, 황창기 역, 『신약을 어떻게 강해할 것인가』(서울: 두란노서원, 1989), 13-4. 라이펠 트는 신약학자지만 필자는 그가 탁월하게 강해 설교의 특징들을 제시하였다고 생각 한다.

2) 강해 설교는 본문의 주해가 바르고 온전해야 한다(hermeneutical integrity).

3) 강해 설교의 메시지는 하나의 주제로 모아지는 결합력(cohesion)이 있어야 한다.

4) 강해 설교의 메시지는 저자가 본문에서 보여준 움직임(movement)과 방향(direction)에 충실해야 한다.

5) 강해 설교는 적용을 포함해야 한다.

이상 대표적인 학자들이 제시한 강해 설교의 정의와 특징들을 살펴보았다. 물론 그들의 제안들은 대동소이하다. 그들의 제안들을 종합하여, 필자는 참된 강해 설교는 다음과 같은 특징들을 보여주어야 한다고 생각한다.

1) 하나의 본문을 집중적으로 다루어야 한다.

2) 본문을 바르고 철저하게 해석하고, 그 결과가 설교에 반영되어야 한다.

3) 설교 전체가 선택한 본문에 의해 온전히 지배되어야 한다.

4) 설교 내용이 하나의 핵심 주제(A Big Idea)로 모아져야 한다.

5) 설교 구조에 진전이 드러나야 한다.

6) 본문을 바르게 적용해야 한다.

좀 더 구체적으로 살펴보자.

먼저, 강해 설교는 하나의 기본적인 본문에 집중하는 설교이다.

강해 설교는, 주제 설교와는 다르게, 특별한 경우 외에는 여러 개의 본문을 취급하지 않고 하나의 기본적인 본문에 집중하여 깊이 있게 다루어야 한다. 다른 본문을 언급할 때는 본문과 연관성을 갖거나 본문의 강해에 도움을 주는 것이어야 한다.

다음으로, 강해 설교는 본문을 '바르고,' '철저하게' 해석하고, 그 결과가 설교에 반영되는 설교이다.

강해 설교의 대표적인 특징은 본문의 바르고 철저한 해석이다. 만약 본문의 바르고 철저한 해석이 없다면 그것은 강해 설교라고 말할 수 없다. 그래서 메릴 엉거(Merrill Unger)는 강해 설교를 결정하는 기준은 본문의 길이가 아니고 그 본문을 취급하는 방법이라고 하였다.[14]

좀 더 자세히 말하면,

1) 강해 설교를 위해서는 본문이 해석학적 원리에 의해서(즉, 단어 연구, 문법적, 문맥적, 역사적인 연구를 통해서) '바르게' 해석되어 저자 의도가 온전히 드러나야 한다. 그러나 강해 설교라는 이름은 붙여졌지만 본문의 의도가 제대로 드러나지 않거나 왜곡되는 경우가 많은 것은 안타까운 일이 아닐 수 없다. 모든 설교에서 본문은 바르게 해석되어야 하지만, 특별히 강해 설교라는 설교 형식을 취한다면 본문의 바르고 철저한 해석은 절대적인 요구사항이다.

2) 강해 설교는 올바로 해석된 본문 전체가 설교에 반영되어야 한다. 강해 설교는 본문의 한 구절이나 한 단어에 초점을 맞추는 설교가 아니다. 또한 본문 가운데 많은 다른 중요한 부분들을 생략한 채 특정한 부분만을 드러내고 그것을 주제로 하는 설교도 아니다. 그러나 강해 설교를 한다고 하면서도 선택된 본문 전체가 충분히 드러나지 않고 마치 제목 설교하는 것처럼 본문 가운데 일부분만을 설교하는 경우가 많다. 다른 설교와는 다르게, 참된 강해 설교는 철저하고 바르게 해석된 본문 전체가 설교에 반영되어야 한다.

---

14) Unger, *Principles of Expository Preaching*, 33.

세 번째로, 설교 전체가 선택된 본문에 철저히 지배되는 설교이다.

강해 설교는 설교의 내용과 구성이 선택된 본문에 철저히 지배되어야 한다. 하지만 많은 설교자들이 강해 설교를 한다고 하면서 본문에 철저히 굴복되지 않고 자신의 생각과 주장을 위해서 성경(본문)을 하나의 수단으로 이용하는 경우가 많다.15) 강해 설교는 '단순한 하나의 방법이 아니라 철학'이라고 한 로빈슨의 말을 설교자들은 늘 기억해야 할 것이다.16)

네 번째로, 강해 설교는 설교 내용이 분명한 하나의 핵심 주제로 모아져야 한다.

모든 설교가 마찬가지지만, 강해 설교도 설교의 전체 내용을 요약할 수 있는 분명한 핵심 주제가 있어야 한다. 오늘날 강해 설교에서 가장 많이 잘못 시행되는 부분 가운데 하나는 통일성과 일관성 없이 한 절 읽고 설명하고 적용하고, 다시 한 절 읽고 설명하고 적용하는 것이다(이것을 영어로는 'running commentary preaching'이라고 한다). 다른 형식의 설교와 마찬가지로 강해 설교도 내용이 산만해서는 안 되기 때문에, 많은 학자들이 참된 강해 설교를 위해서 이 부분에 대해 주의하도록 권고하고 있다.17) 특별히, 로빈슨은 설교 전체를 모을 수 있는 하나의 핵심 주제는 강해 설교의 가장 중요한 부분이라고 하면서, 강해 설교는 "산탄형(buckshot)이 아니라 집중형(bullet)"이어야 한다고 주장하였다.18) 또한 라이펠트도 하나의 핵심 주제를 따라 설교하는 것은 "보석들을 하나의 실로 꿰어서 하나의 가치 있는 목걸이를 만드는 것이다."19)고 하였다.20)

---

15) Robinson, *Biblical Preaching*, 22.
16) Robinson, *Biblical Preaching*. 22.
17) 우리나라에서도 유명한 설교자들 가운데 주어진 본문을 한 절씩 차례대로 설명하고 적용하는 설교를 강해 설교로 이해하는 분들이 종종 있다.
18) Robinson, *Biblical Preaching*, 35.
19) Liefeld, *New Testament Exposition*, 14.
20) 같은 관점에서 제임스 브래가는 "강해 설교란 다소 넓은 범위의 본문을 한

다섯 번째로 강해 설교는 설교 구조에 진전이 드러나야 한다.

'내용의 진전'은 강해 설교의 구조(또는 전개)와 관련되는 것이다. 강해 설교는 본문의 내용을 주제에 맞추어 막연히 나열하는 설교가 아니다. 대신에 본문의 핵심 주제와 관련된 내용을 설명하고 적용하는 과정에서 본문에서 보여주는 구조적인 움직임과 진전이 그대로 드러나야 한다. 이러한 설교 구조(전개)에 있어서 움직임과 진전은 특별히 내러티브 설교에서 강조하는 것인데, 본문에 충실한 강해 설교에서도 본문의 움직임과 진전이 설교를 통해 드러날 때 지루함을 주지 않고 본문의 핵심 주제를 더욱 효과적으로 전달할 수 있다.[21]

여섯 번째로 강해 설교는 반드시 바른 적용이 있어야 한다.

강해 설교는 본문의 해석에 치중하는 단순한 주해(exegesis)가 아니라 적용이 반드시 있어야 한다. 그러니까 설교를 통해서 본문이 21세기를 사는 우리들에게 주는 교훈과 요구가 무엇인지 분명하고 구체적으로 제시해야 한다. 그래서 존 스토트는 강해 설교를 '성경과 청중의 두 세계 사이를 연결하는 다리 놓기 설교'라고 하였다.[22] 그런데 중요한 것은 적용은 본문의 목적이나 의미에서 벗어나거나 설교자 자신의 주장을 위해서 왜곡되게 제시되어서는 안 되고 본문에서 자연스럽게 나와야 하며, 또한 창조적

주제나 중심 사상을 가지고 해석하는 설교를 말한다. 모든 설교 자료는 직접 성경 본문에서 나오고, 설교 개요는 하나의 주된 사상을 중심으로 하는 일련의 점진적인 사상들로 구성된다"고 하였다. James Brage, *How to Prepare Bible Message* (Sisters: Multnomah Publishing, 1969), 63.

21) 물론 강해 설교의 진전과 내러티브 설교의 진전에는 약간의 차이가 있다. 내러티브 설교는 본문의 구조에 특별히 얽매임이 없이 어느 정도 고정된 플롯에 맞추어 설교를 구성하지만, 본문에 충실한 강해 설교는 본문의 구조(전개 또는 흐름)를 설교에 반영하는 것이다.

22) Stott, *Between Two Worlds*.

이어야 한다.[23)]

이와 같이, 진정한 강해 설교는 "하나의 본문에 집중하고, 그 본문이 바르고 철저하게 해석되어 그 결과가 설교에 온전히 반영되고, 설교의 메시지는 하나의 핵심 주제(A Big Idea)가 진전을 통해 나타나며, 적용이 반드시 포함되는 설교"라고 할 수 있다.[24)]

II. 왜 강해 설교가 필요한가?

강해 설교의 관점에서 볼 때 오늘날 설교의 문제점은 크게 세 가지이다.

1. 하나님 말씀의 변질 또는 퇴색

---

23) 로빈슨은 강해 설교의 적용에 있어서 두 가지가 요구된다고 하였다 (Robinson, *Biblical Preaching*, 27-30). 하나는 독창성이 있는 적용이다. 그는 강해 설교가 지루해지는 이유가 대개 적용 과정에서 독창성이 결여되었기 때문이라고 진단하였다. 설교자가 무슨 설교를 하든지 항상 같은 방식으로 적용시키거나 혹은 아예 적용을 빼버리면 이 말씀이 도대체 나와 무슨 상관이 있느냐고 불평하고 지루해 한다는 것이다. 그렇기 때문에 마치 양떼를 돌보는 목자와 같이 강해 설교자는 자신이 설교하는 교인들의 상처와 울음소리와 두려움에 민감해야 한다고 하였다. 다음으로, 바른 적용을 요구하였다. 왜냐하면, 잘못된 적용은 잘못된 주해만큼이나 악영향을 미치기 때문이다.

24) 좀 더 간단하게 강해 설교를 정의하면, 강해 설교는 1) 성경(본문)의 본래의 의미를 바르고 정확하게 설명(해석)하고 2) 그것을 오늘날 청중의 상황과 필요에 맞추어서 적용하는 설교라고 할 수 있다. 그리고 한 마디로 하면, 강해 설교는 "성경 (또는 본문)에 충실한 설교"라고 할 수 있다. 또한 참된 강해 설교를 위해서 강해 설교가 아닌 것을 구별할 줄 아는 것인데, 그것을 위해서 Mayhue, "강해 설교의 재발견," 35; 장두만, 『(다시 쓰는) 강해 설교 작성법』 (서울: 요단, 2000), 30-40을 참고하라.

아모스 선지자는 이스라엘의 영적 사회적 타락을 보면서, "양식이 없어 주림이 아니며 물이 없어 갈함이 아니요 여호와의 말씀을 듣지 못한 기갈이라(암 8:11)."고 하였다. 그러한 선지자 시대의 모습이 오늘날 전 세계 교회의 모습이다. 월터 카이저(Walter Kaiser, Jr.)는 그것을 잘 지적하였다.

교회와 성경은 흥망성쇠를 같이 한다. 교회가 살면 성경이 산다. 그리고 성경이 살면 교회가 산다. … 전 세계 대부분의 교회가 건강하지 못하다는 것은 공공연한 사실이다. 교회는 극도로 쇠약해졌다. 그것은 온갖 인공 방부제가 들어있는 음식과 이상한 대용식으로 성도들이 양육되기 때문이다. … 하나님 말씀의 진정한 선포의 부재로 인한 전 세계적인 영적인 기근은 전 세계의 모든 지역에 아주 빠르게 확산되고 있다.[25]

2. 필요 중심적 설교

디모데후서 4:3은 "때가 이르리니 사람이 바른 교훈을 받지 아니하며 귀가 가려워서 자기의 사욕을 좇을 스승을 많이 두고"라고 말씀한다. 사도 바울의 경고는 오늘날 이 시대의 설교자를 향한 경고이다. 가장 기본적인 면에서, 설교자의 책임은 말씀에 어떤 것을 더하거나 빼지 않고 본문으로부터 하나님의 뜻을 끌어내어 우리의 신앙과 삶을 위해 바르게 적용하는 것이다(딤후 2:15). 그러나 많은 설교자들이 교인들을 모으는 것에 최고의 관심과 목표를 두고 청중들의 입맛에만 맞추는 설교를 한다. 물론 설교자는 청중의 필요에 예민해야 하고, 또한 그들의 필요가 채워져야 한다. 그

---

25) Walter Kaiser, Jr., *Toward an Exegetical Theology* (Grand Rapids: Baker Book House, 1981), 7-8.

러나 때때로 청중들이 원하지 않고, 그들에게 인기가 없더라도 설교자는 하나님의 관점에서 그들의 진정한 필요를 채우는 메시지를 선포해야 하는데, 그러한 설교가 그렇게 많지 않는 것이 오늘날의 안타까운 현실이다.

3. 적용 중심의 설교

적용은 설교에 있어서 빼 놓을 수 없는 참으로 중요한 요소 가운데 하나이다. 하지만 본문의 의미를 해석하고 설명하지 않고 적용에만 집중하는 설교는 심각한 문제를 낳지 않을 수 없다. 그것은 장기적으로 교회의 기초와 정체성을 무너뜨릴 가능성이 많다. 그러나 대부분의 설교가 극단적으로 적용 중심이라는 것은 부인할 수 없는 오늘날의 상황이다. 필자는 최근에 본문의 바른 해석이 포함된 설교를 별로 들어보지 못했다. 카이저는 이 부분에 대해서도, "오늘날 해석학 이론은 본문이 의미하는 것에 대해서 별로 관심이 없다(가끔 전혀 없다). 그리고 본문이 오늘날 우리들에게 주는 교훈에 집중한다."[26] 라고 잘 지적하였다. 필자는 해석과 적용은 설교를 세우는 두 개의 버팀목이라고 생각한다. 그러나 요즈음의 설교는 한 쪽의 버팀목이 무너져버린 느낌이다. 물론 모든 설교에서 항상 해석과 적용이 반반의 분량으로 구성될 수는 없지만 전체적으로 두 요소는 균형을 이루어야 한다.

이러한 상황에서 어떤 것을 더하거나 빼거나 왜곡하는 일이 없이 본문의 핵심 메시지를 바르고 분명하게 전달하는 강해 설교는 이 시대의 절실한 요구라고 할 수 있다.[27] 설교자는 바른 말씀이 고갈되어 가고 있는 위

---

26) Kaiser, *Toward an Exegetical Theology*, 150.
27) 존 스토트는 '본문에 충실한 강해 설교' 는 이 시대의 사명이라고 하였다. 그는 강해 설교를 통해서 닫힌 것처럼 보이는 것을 열고, 어렵고 불분명한 것을 명백하게 하고, 얽힌 것을 풀고, 단단히 묶은 것을 풀어 젖혀야 한다고 하였다. Stott,

기의 시대에 "여호와의 율법을 연구하여 준행하며 율례와 규례를 이스라엘에게 가르치기로 결심(스 7:10)"하고, 실제적으로 "하나님의 율법 책을 낭독하고 그 뜻을 해석하여 백성으로 그 낭독하는 것을 다 깨닫게 하였던(느 8:8)" 에스라를 본받아야 할 것이다.[28)]

III. 강해 설교의 장점과 어려움

1. 장점[29)]

1) 강해 설교는 설교에 신적 권위를 부여한다.

만약 설교자 자신의 생각이나 다른 사람들의 견해들을 설교를 통하여 소개하거나 설명한다면, 자신 있고 힘 있게 외치지 못할 것이다(물론 그렇게 하면서도 자신 있게 설교하는 사람들도 있지만 그것은 미성숙하거나 교만한 것이다). 왜냐하면, 그것은 확실성이 보장되지 않기 때문이다. 그러나 만약 살아 계신 하나님의 정확 무오한 말씀을 있는 그대로 전한다면 설

Between Two Worlds, 139.

28) 브라이언 채플은 "강해 설교는 과거 150년 동안 보수적인 서부 교회에서 두드러지게 나타났는데, 거기에는 최소한 두 가지 이유가 있다. 먼저, 성경의 권위가 위협받게 되자, 이것을 극복하기 위해서 복음주의자들이 찾아낸 방법이 강해 설교였으며 또한 이것이 성경의 진리에 다가갈 수 있는 일반적이고 보편적인 접근 통로라고 생각했기 때문이다."고 하였다. 오늘날도 절대적인 진리가 인정되지 않는 포스터모더니즘의 환경 속에서 교회가 계속 침체되어가고 있는데, 이러한 상황에서 설교자들은 그의 말에 귀를 기우려야 한다. Chapell, *Christ-Centered Preaching*, 132.

29) 참고. Mayhue, "강해 설교의 재발견," 49; 장두만, 『(다시 쓰는) 강해 설교 작성법』, 51-61; Derek Thomas, "강해 설교" in Don Kistler(ed.), *Feed My Sheep: A Passionate Plea for Preaching*, 조계광 역, 『설교 개혁』 (서울: 생명의 말씀사: 2003), 94-103.

교자는 담대하고 확신을 가지고 설교할 수 있다. 왜냐하면 그것은 살아계신 하나님께서 담보하시기 때문이다. 담대하고 확신에 찬 설교는 목소리가 크다고 되는 것이 아니다. 바르게 해석된 하나님의 말씀을 전할 때, 목소리가 크지 않아도 설교자는 자연스럽게 확신을 가지고 담대하게 전하게 된다. 결국, 제대로 된 강해 설교는 설교자에게 신적 권위를 부여하고, 설득력 있고 능력이 나타나는 설교를 하게 한다.

2) 주제와 내용에 있어서 치우치지 않고 균형 있는 설교를 하게 된다.

설교자는 누구나 자신이 좋아하는 본문과 주제가 있다. 만약 주제 설교를 주(主) 설교 형식으로 삼는다면, 설교자는 자기가 좋아하거나 친숙한 본문과 주제를 중심으로 설교할 가능성이 많다. 그러면 당연히 성도들은 편식할 수밖에 없다. 물론 깊은 연구와 묵상이 없으면 강해 설교를 한다고 해도 늘 같은 주제와 적용과 결론으로 설교할 수 있다. 그러나 제대로 하나의 책을 연속적으로 강해 설교하면, 설교자의 취향이나 기호와는 상관없이 모든 본문으로 다양한 내용을 설교해야 하기 때문에 설교의 주제가 한 쪽으로 치우치지 않고 신앙생활의 다양한 부분을 균형 있게 설교하게 된다.

3) 하나님의 말씀을 배우게 한다.

설교자의 중요한 사명 가운데 하나는 설교를 통해 청중들이 하나님의 말씀을 알게 하고 또한 성경을 연구하는 방법을 배우게 하는 것이다.[30]

---

30) 존 스토트는 이에 관해서 다음과 같이 주장하였다(John Stott, "Rehabilitating Discipleship: An Interview with John Stott" Prism[1995,

그런데 제대로 강해 설교를 하면 그것이 자연스럽게 가능하게 된다. 또한, 설교를 준비하는 과정에서 설교자도 성경을 더욱 깊이 그리고 바르게 배우고 알아가게 된다. 교회 성장을 위해서 목회자의 성장은 당연히 요구되는 중요한 전제 조건인데, 강해 설교를 하면 설교자의 성장도 자연스럽게 나타나는 결과이다. 뿐만 아니라, 설교를 준비하면서 보화를 발견하는 기쁨과 감격은 설교에 대한 부담과 어려움을 상쇄시켜 준다. 필자의 경우에도 말씀의 준비 과정을 통해서 하나님께서 주시는 은혜와 깨달음과 배움이 너무도 크기에 항상 기대감 속에서 설교를 준비한다.

4) 다루기 힘든 문제를 원만히 다룰 수 있다.

설교 때에 다루기 힘든 문제가 많다. 또한 성도들이 듣기 싫어하는 설교도 있다. 예를 들어, 요즈음에 헌금이나 절대적인 헌신을 강조하는 설교나 죄를 지적하고 책망하는 설교를 하는 것이 결코 쉽지 않다. 그러나 연속적으로 강해 설교를 하면, 교회가 어려움 가운데 있을 때나 목사와 청중이 익숙하지 않은 환경일 때(예를 들어, 교회에 부임한 후 초기에 설교할 때), 다루기 힘든 문제를 자연스럽게 설교할 수 있다.

5) 설교를 통해 오해받을 가능성이 적다.

목회 경험이 적은 설교자들이 흔히 저지르는 실수 가운데 하나는 교회가 어떤 문제가 생겼을 때에 그 문제를 바로 해결하려고 하거나 그 문제에

July-August]). Derek Thomas, "강해 설교," 99에서 재인용.
> 우리는 교인들에게도 우리처럼 성경 말씀을 이해하는 눈을 갖게 해주고 싶습니다. … 강단에서 강해 설교를 계속해 나간다면, 교인들은 성경의 의미를 알게 될뿐더러 스스로 성경을 읽을 수 있는 방법을 배우게 됩니다. 우리는 교인들에게 우리의 해석학적 방법을 가르쳐 주어야 합니다.

관련된 당사자들을 꾸짖고 책망하는 설교(소위 '치는 설교')를 하는 것이다. 그러나 그때 그러한 설교는 문제를 해결하기보다는 더 큰 문제를 야기하거나, 당사자들에게 오해와 상처를 주거나, 또는 목회자와 성도가 적대적인 관계로 바뀔 가능성이 많다. 또한 설교자가 전혀 의도하지 않았지만 청중들이 설교의 내용을 오해해서 시험에 들 때도 있다. 그런데 강해 설교(특히 연속 강해 설교)를 하면 순서를 따라 적당한 때에 자연스럽게 그 문제에 대해서 이야기함으로 불필요한 오해를 없애준다.

6) 목회자가 신뢰를 받게 된다.

말씀에 충실한 강해 설교를 계속하면, 성도들로부터 "목회자가 말씀의 근거 위에서 모든 것을 생각하고 계획하고 행동하고자 하는 분이구나!"하는 신뢰를 받게 된다. 그러면 목회의 계획을 세울 때나 목회 방향을 정할 때 그리고 제반 목회 활동에 대한 신뢰가 생기기 때문에 좀 더 효과적으로 목회 할 수 있다.

2. 어려움

1) 연속 강해 설교는 그러한 설교 형태에 대해서 익숙지 않은 성도들에게 자칫 지루함을 줄 수도 있다. 특별히 부피가 큰 책을 설교할 때면 그 가능성은 더하다.[31]

2) 강해 설교는 본문을 해석하고 설명하는 과정이 있기 때문에 흥미와

---

31) 연속 강해 설교에 익숙지 않은 성도들에게 너무 긴 책을 너무 오랫동안 설교할 때 오는 지루함을 극복하기 위한 여러 대안이 있을 수 있다. 예를 들어, 시리즈(아브라함 시리즈, 이삭 시리즈, 야곱 시리즈 등)로 설교한다든지, 어느 정도 기간을 두고 한 책을 두 번 또는 세 번으로 나누어서 설교한다든지, 한 번 설교하는 본문의 길이를 좀 길게 하는 방법 등이 있다.

적용 위주의 설교에 길들여져 있는 성도들에게 재미없고 따분할 수도 있다.[32]

3) 연속 강해 설교를 하다보면, 같은 주제가 반복되는 경우가 많다. 예를 들어, 복음서나 베드로 전서 그리고 야고보서를 강해하다 보면 같은 주제가 계속 반복되는데 초보 설교자가 이런 부분을 극복하며 설교하는 것이 쉽지 않을 수 있다.[33]

4) 설교의 내용 구성에 있어서 일관성이 상실할 가능성이 있다. 이것은 잘못된 강해 설교가 갖는 특징 가운데 하나인데, 앞에서 언급한 바와 같이 이 부분은 설교의 핵심 주제와 본문의 진전이 설교에 반영될 때 해결될 수 있다.

이러한 부분들 외에도 강해 설교를 하다보면, 극복해야 할 문제들이 많다. 그러나 중요한 것은 설교자가 강해 설교가 가장 성경적인 설교이고, 또한 이 시대에 진정으로 필요한 설교 형식이라는 확신을 갖는 것이다. 그러면 어떠한 장벽도 충분히 넘을 것이고, 그 확신이 성도들에게 전달될 것이다.[34]

---

32) 이러한 부분을 극복하기 위해서 설교자는 본문의 내용을 다양한 방법으로 흥미롭게 설명해야 한다. 예를 들어, 본문의 이해를 돕기 위해서 유익하고 흥미 있는 역사적 문화적 배경을 설명한다든지, 본문의 의미가 훼손되지 않는 범위 내에서 상상력을 동원해서 본문을 좀 더 흥미롭게 재구성할 수도 있다. 하지만 본문을 설명할 때 특별한 경우 외에는 본문을 너무 학문적으로 접근하지 않도록 주의해야 한다.

33) 필자의 경우에도 초보 설교자였을 때 이런 어려움을 경험하였다. 이 부분은 '본문에 대한 깊은 묵상과 연구' 그리고 '책 전체 주제와 구조에 대한 연구'를 통해서 극복할 수 있다. 다시 말해, 여러 본문의 주제는 유사하지만, 각 각의 본문이 그 주제를 다른 각도로 접근하고 있음을 발견하고 그것을 설명하고 적용함으로 설교에 변화를 주어야 한다. 뿐만 아니라 책 전체의 주제와 구조에 따라 각 부분의 설교의 주제와 목적을 정하고 그 주제가 책 전체를 통해 점진적으로 전개되도록 계획하여 설교해야 한다.

34) 강해 설교의 사명을 가지고 한국에서 선교사로 활동한 윌리엄 블락(William Black)의 경험담은 강해 설교자들에게 격려와 위로가 될 것이다(윌리엄

IV. 강해 설교를 위해서 필요한 사항들

온전한 강해 설교를 하기 위해서 크게 두 가지가 필요하다고 생각한다.

1. 끊임없는 연구와 노력

모든 설교가 마찬가지지만 특별히 온전한 강해 설교를 하기 위해서 설교자에게 가장 중요하게 요구되는 것은 계속되는 노력과 성경의 부지런하고 끊임없는 연구이다. 존 스토트는 이 부분에 대해서 잘 지적하였다.

블락, 『강해 설교 어떻게 준비할 것인가?』 [서울: 성서유니온 선교회, 2000], 23-4).
몇 년 전 제가 스코틀랜드에 목회할 때, 낮 예배를 마친 후 우리 교회에 다니는 한 여성도가 제게 오더니 불평을 쏟아놓는 것이었습니다. 그녀는 만약 제가 계속해서 강해 설교 방법으로 설교한다면, 아마도 우리 교회엔 한 사람도 남아 있지 않을 것이라고 말했습니다. 이 말을 듣고 저는 크게 낙심했습니다. 며칠 후 저는 그 성도를 심방했습니다. 저는 그 문제에 대해서 이야기하고 싶었지만, 그녀와 그녀의 남편까지 큰 소리를 내가며 계속 그렇게 설교하면 앞으로 아무도 그 교회에 나가지 않을 것이라고 또 다시 불평하자 저는 더 깊이 낙심하고 말았습니다. 그래도 다음 주일에 저는 계속해서 강해 설교를 했습니다. 저는 아무에게도 그 문제에 대해 이야기하지 않았습니다. 그 날 저녁 예배 후에 한 성숙한 여성도가 저를 만나려고 기다리고 있었습니다. 그 분은 저에게 이 번 주 중에 무슨 특별한 문제가 있었느냐고 물었습니다. 대답하기 전에 저는 왜 그런 질문을 던지는지 물었습니다. 그녀는 다음과 같이 대답하였습니다. "며칠 전에 식사 중에 하나님께서 제가 기도하기를 원하시는 것 같았습니다. 그래서 저는 식사가 끝난 후에 기도하기 시작했습니다. 하나님께서는 제가 목사님을 위해 기도해야 한다고 말씀하시는 것 같았지만, 정말 제가 무엇을 위해 기도해야 할지는 모르겠다고 말씀드렸습니다. 그러다가 한 가지 생각이 떠올랐습니다. 목사님이 하나님의 말씀을 잘 지킬 수 있도록 기도해야 한다는 생각이었습니다."
이 말을 듣고 저는 큰 은혜를 받았습니다. 아무도 제 문제를 몰랐지만 하나님께서는 다 아셨던 것입니다. 또한 강해 설교 방법이 모든 사람을 다 기쁘게 하지는 않더라도 하나님만은 분명히 기뻐하실 것 같았습니다.

강해 설교는 몹시 힘든 작업이다. 아마도 그렇기 때문에 강해 설교가 희귀한지 모르겠다. 오직 사도들의 본을 따를 각오가 되어 있고 "우리가 하나님의 말씀 전하는 것을 제쳐놓고 공궤를 일삼는 것이 마땅치 아니하며. … 우리는 기도하는 것과 말씀 전하는 것에 전무하리라(행 6:2,4)"라고 말할 수 있는 자만이 강해 설교를 할 수 있다. 이 조직적인 말씀의 전파는 조직적인 말씀의 연구 없이는 불가능하다.[35]

그러나 한국 교회의 목회 상황은 온전한 강해 설교를 하기에 그렇게 호의적이지 못하다. 왜냐하면, 많은 목회자들이 설교 외에 하는 일들이 너무도 많기 때문이다.[36] 강해 설교를 위해서는 하나님의 말씀을 옳게 분별하기 위한 끊임없는 시간과 노력의 투자가 뒷받침 되어야 하고, 또한 설교 준비에 목회 사역의 우선순위를 두어야 한다. 사실 처음부터 제대로 된 강해 설교를 하는 사람은 드물다. 거의 대부분의 사람들은 실패와 시행착오를 경험한다. 또한 하나님 말씀의 깊이와 넓이는 무궁무진하다. 그 광맥은 다함이 없다. 그 광맥을 발견하고 추출하기 위한 왕도는 없다. 무엇보다도 말씀의 저자이신 성령의 도움이 절대적으로 필요하다. 그것과 함께 시간을 투자하여 끊임없이 연구하는 설교자의 수고와 노력이 필요하다. 그때 하나님의 말씀에 나타난 삼위 하나님의 사랑의 너비와 길이와 높이와 깊이를 더욱 깨닫게 될 것이고, 하나님의 모든 충만하신 것으로 더욱 충만하

---

35) John Stott, *The Preacher's Portrait* (Grand Rapids: Eerdmans, 1961), 30-1.

36) 「목회와 신학」 편집부의 설문조사에 의하면, 자신의 설교 사역 개발의 필요성을 크게 느끼는 목회자가 거의 대부분이지만 설교 사역에서 가장 어려운 점은 다양한 목회 사역으로 인해 바쁜 것이라는 분들이 50% 가까이 됐다(목회와 신학 편집부, 『한국 교회 설교분석』 34, 37). 2003년의 조사에서도 같은 결과가 나왔다. 자신의 설교 사역 개발의 필요성을 크게 느끼는 목회자가 87.9%이지만, 다양한 목회 사역으로 인해 바빠서 설교 사역에 방해받는다고 응답한 한 분들이 53.9%였다(박삼열, "한국 교회 목회자들의 설교에 관한 의식 연구," 「목회와 신학」 169[2003/4], 164).

게 되어(엡 3:17-21), 더욱 깊이 있고 바람직하고 온전한 강해 설교자가 될 수 있다. 설교자는 "진리의 말씀을 옳게 분변하여 부끄러울 것이 없는 일군으로 인정된 자로 자신을 하나님께 드리기를 힘쓰라[37](딤후 2:15)."는 바울의 권면을 늘 되새김해야 한다.[38]

2. 성경이 하나님의 말씀이라는 확신

강해 설교자에게 성경관은 참으로 중요하다. 왜냐하면, 강해 설교는 하나님의 말씀인 성경의 권위를 인정하고 또한 성경의 권위에 철저하게 무릎을 꿇는 자세가 전제되어야 하기 때문이다. 20세기의 '강해 설교의 왕'이라고도 평가를 받는 캠벨 몰간(Campbell Morgen)은 한 때 성경에 대한 심각한 고민에 빠졌는데, 그 문제가 해결되자 강해 설교에 대한 확신이 생겼다고 한다. 그에 대한 말을 들어보자.

이 젊은이(몰간)가 삼 년간 진지하게 그의 미래의 말씀 사역에 관해 생각하고 있을 때 종교적인 논쟁의 탁류가 그를 저 깊은 곳으로 끌고 가는 것을 느꼈다. … 성경에 대한 공격으로부터 변호하는 다른 책들이 나타났다. 그러나 그것을 읽을수록 그의 마음을 채운 질문들에 더 대답할 수 없었다. … 마침

---

37) '힘쓰라(σπουδάζω)'는 '열정적으로 또는 고통을 각오하고 수고하라' 또는 '할 수 있는 모든 노력을 다하라' 라는 의미이다.

38) 칼빈의 말 또한 우리에게 새로운 도전과 결단을 준다(John Calvin, *Sermons on Deuteronomy*, Facsimile edition of 1583 [Edinburgh: The Banner of Truth Trust, 1987], 293. Derek Thomas, "강해 설교," 77에서 재인용).

강단에 서기만 하면 하나님이 전할 말씀을 주시겠지, 하는 생각으로 말씀 연구와 준비를 게을리 할 뿐 아니라 말씀을 어떻게 적용해야 사람들에게 신앙적인 유익을 줄 수 있을지 고민하지도 않은 채 무작정 강단에 오른다면 이는 분수를 모르는 어리석은 행위가 아닐 수 없다. 이런 뻔뻔한 행위는 하나님의 징계를 받을 것이다.

내 성경이 인간에게 내리신 하나님의 권위 있는 말씀이라는 확신이 몰간에게 서 완전히 사라져 버렸다. 그는 즉각 모든 설교 계획을 취소하였다. … 그리 고 그는 스스로에게 말했다. "나는 더 이상 나의 아버지가 주장하시던 것, 즉 성경이 하나님의 말씀이라는 사실을 확신하지 못한다. 그러나 이것만은 확신 한다. 만약 성경이 하나님의 말씀이라면 편견 없이 열린 마음으로 이 책을 읽을 때 그것은 스스로에 대해 내 영혼에 확신을 줄 것이다." 후에 그는 이 렇게 말했다. "저 성경이 나를 찾아왔다. 나는 그때(1883년) 성경을 읽기 시 작했고, 공부하기 시작했다. 나는 그 후부터 지금까지(1938년) 말씀을 배우 는 학생이 되었다."

2년 후에 몰간은 회의의 늪에서부터 나와 성경은 살아 계신 하나님의 말씀이 라는 사실을 절대적으로 확신하게 되었다. 이 사건을 그가 기록하고 있는데 그의 말을 인용하면 다음과 같다. " … 이 경험은 마침내 나로 하여금 설교 의 사역으로 돌아오게 하였다. 나는 곧 설교를 시작해야 할 충분한 근거를 발견했고 그 후로부터 내가 설교를 계속하게 되었다."39)

강해 설교자들에게는 무엇보다도 캠벨 몰간과 같이 하나님의 말씀으로 서의 성경에 대한 강력한 부딪힘과 절대적인 확신이 필요하다. 만약 설교 자가 성경은 하나님의 말씀이고 하나님의 말씀은 유일무이한 영원한 진리 로서 오류가 없다는 것을 확신하고 경험한다면 본문에 충실한 강해 설교 를 하지 않을 수 없다. 뿐만 아니라 하나님의 말씀으로서의 성경에 대한 설교자의 확신과 열정은 설교를 통해서 청중들에게도 전달되어야 한다. 바꾸어서 말하면, 강해 설교를 하면서 성경이 정확무오 한 하나님의 말씀 이라는 확신과 열정이 드러나지 않고, 또한 청중들이 강해 설교를 통해서 하나님의 말씀으로서 성경의 권위를 느끼고 말씀의 진면목을 경험하지 못

39) Jill Morgen, *A Man of the Word: Life of G. Campbell Morgen* (Grand Rapids: Baker, 1978), 39-40. John F. MacArthur, jr., "성경의 무오성과 강해 설교," in John MacArthur, jr. & the Master's Seminary Faculty(eds.), *Rediscovering Expository Preaching*, 김동완 역, 『강해 설교의 재발견』 (서울: 생명의 말씀사, 1993), 66-7에서 재인용.

한다면 그것은 온전한 강해 설교를 하지 못하고 있다고 할 수 있다.

V. 결론

야고보 사도는 "내 형제들아, 너희는 선생 된 우리가 더 큰 심판을 받을 줄 알고 많이 선생 되지 말라(약 3:1)."고 경고하였다. 이 말씀은 교회에서 가르치는 자의 직분이 얼마나 두렵고 책임 있는 것인지 분명히 보여준다. 필자는 나중에 주님께서 설교자를 평가하실 때 가장 중요한 것은 설교자에게 맡겨진 말씀의 내용에 대한 신실함이라고 믿는다. 다시 말해, 설교자들이 하나님께서 자신들에게 맡기신 말씀을 하나님께서 의도하신 대로 얼마나 바르고 정확하게 전하고 선포했느냐를 가장 중요하게 평가하시고 판단하신다는 것이다.[40] 그렇다면 앞에서 언급한대로 청지기요 전령이요 증인으로서 설교자가 주님의 심판대에 섰을 때 주님으로부터 잘했다고 칭찬 받을 수 있는 최선의 길은 '제대로 된 강해 설교'일 것이다.

VI. 제언

지금까지 우리는 다양한 설교의 형식을 살펴보았다. 그런데 설교의 형식과 관련하여 몇 가지 명심할 사항들이 있다.

먼저, 단순히 설교 형식 자체만을 가지고 어떤 형식이 다른 형식보다

---

40) 칼빈은 임종 시 "나는 설교할 때나 책과 주석을 집필할 때나 하나님의 말씀을 순수하게 전하고, 거룩한 성경을 충실하게 해석하는 것을 목표로 삼고 매진해 왔다."고 유언을 남겼다고 한다(Thomas, "강해 설교," 78에서 재인용). 설교자들은 하나님 앞에서 설 때를 생각하면서 두렵고 떨림으로 최선을 다해 바르고 온전하게 하나님의 말씀을 전하는 것을 최고의 목표로 해야 할 것이다.

더 성경적이라든지 더 효과적이라고 판단해서는 안 된다.[41] 설교학자나 설교자 가운데 어느 하나의 설교 방식만이 옳다고 주장하는 분들이 있다. 예를 들면, 강해 설교 또는 내러티브 설교만을 고집하는 분들이 있고, 귀납적 설교만을 강조하는 분들도 있다. 그것은 옳지 않다. 설교의 주제와 내용, 설교 환경(예배 환경-주일 낮, 주일 밤, 수요일 밤, 새벽 예배 등; 청중의 상황-연령, 지식, 장소 등; 설교자의 권위나 신뢰성 여부 등), 그리고 설교의 목적에 따라서 다양한 설교 형식을 사용할 수 있고 또한 해야 한다.[42]

다음으로, 한 설교에서 어느 한 형식만 독립적으로 사용하는 경우도 있지만, 한 설교 안에서 여러 형식들을 복합적으로도 사용할 수 있음을 기억해야 한다. 예를 들어, 이야기식-강해 설교도 할 수 있고, 주제-강해 설교

---

41) 그래서 다니엘 바우만(J. Daniel Baumann)은 "본문 설교나 강해 설교가 주제 설교보다 반드시 성경적이라고 말할 수 없다."고 하였다(J. Daniel Baumann, *An Introduction to Contemporary Preaching* [Grand Rapids: Baker Book House, 1972], 101). 도날드 수누키안(Donald R. Sunukjian)도 "성경적 설교를 논함에 있어 본문 설교와 주제 설교 그리고 강해 설교를 나누는 구식의 구별 방법은 유익하지 못하다. … 이러한 구분 대신 우리는 성경 자료를 어떻게 다루느냐라는 잣대로 성경적 설교를 규정한다. 본문 설교, 주제 설교, 강해 설교 모두가 성경적 메시지일 수 있다."고 주장했다(*Invitation to Biblical Preaching*, 채경락 역, 『성경적 설교의 초대』 [서울: CLC, 2009], 16-7). 뿐만 아니라 형식 자체가 중요한 것이 아니라는 관점에서(물론 오해의 소지도 있고 약간 지나친 감이 없지 않아 있지만), 헨리 데이비스는 "본문을 가지고 있지 않다고 해서 비성경적이라고 해서는 안 되고, 본문이 있다고 해서 그것이 반드시 성경적이라고 할 수 없다."고 하였고[Henry G. Davis, *Design for Preaching* (Philadelphia: Fortress Press, 1958), 32.], 존 낙스도 "성경 본문 위에서 비성경적 설교를 할 수 있고, 성경 본문이 없어도 성경적인 설교를 할 수 있다."고 하였다(John Knox, *The Integrity of Preaching* [Nashville: Abingdon Press, 1957], 19).

42) 마크 엘리엇(Mark B. Elliott)과 로날드 알렌(Ronald Allen)은 다양한 설교 방법들을 제시하고 또한 그와 관련된 실제적인 설교의 예들을 보여주었다. Mark B. Elliott, *Creative Styles of Preaching*, 성종현 역, 『당신의 설교는 창조적입니까?』 (서울: 그루터기 하우스, 2001); Ronald Allen, *Patterns for Preaching*, 허정갑 역, 『34가지 방법으로 설교에 도전하라』 (서울: 예배와 설교 아카데미, 2004).

를 할 수도 있고, 이야기식-주제(또는 주제-이야기식) 설교도 할 수 있다.

세 번째로, 다양한 설교 방식을 결코 무시해서는 안 되지만, 자신의 은사에 따라 하나의 주 설교 방법을 선택할 수도 있다. 그러니까 논리성과 사고력이 뛰어난 설교자는 그 은사에 맞게, 언어 분석 능력이 뛰어난 사람은 그 은사에 맞게, 스토리텔링에 특별한 은사가 있는 설교자는 그 은사에 맞는 설교 방식을 주 설교 방법으로 택할 수 있다는 것이다. 한 걸음 더 나아가, 기본적인 설교의 형식들을 응용하여 자신만의 독특한 설교 형식을 개발하는 것도 바람직하다.[43]

마지막으로, 필자는 가능하다면 한 설교에서 주제 설교, 강해 설교 그리고 내러티브 설교의 장점들을 모두 활용하는 것이 가장 바람직하다고 생각한다. 강해 설교는 본문에 충실하며, 주제 설교는 설교의 내용이 명확하고, 내러티브 설교는 청중들에게 자연스럽게 접근하고 지루하지 않게 하는 장점들이 있는데, 할 수만 있으면 그러한 장점들이 한 설교에서 모두 활용되어야 한다는 것이다. 좀 더 구체적으로 이야기하면, 필자는 강해 설교를 기본 형식으로 하고 여기에 주제 설교와 내러티브 설교의 장점들이 활용되는 설교 형식을 취하는 것이 가능하다고 생각한다. 다시 말해, 기본적으로 본문에 충실하면서, 하나의 큰 주제 아래서 내용이 분명하도록 설교를 구성하고(주제 설교의 장점), 또한 설교가 긴장 가운데 정점을 향하여 자연스럽게 진전되도록 플롯을 활용하면(내러티브 설교의 장점) 최고의 효과를 가져 올 수 있다는 것이 필자의 생각이다. 이러한 복합적이고 종합적인 접근 방식이 필자가 추구하는 이상적 설교 모델이기도 하다.

---

43) 이와 관련하여 Dave Stone, *Refining Your Style: Learning from Respected Communicators*, 김지홍 역, 『(청중을 사로잡는) 13가지 맛깔스런 설교 레시피』 (서울: 국제제자훈련원, 2008)는 좋은 참고 자료가 될 수 있다. 이 책에서 저자는 미국의 대표적인 설교자들이 자신들의 은사에 맞는 접근 방식을 효율적으로 사용하여 얼마나 설득력 있고 효과적인 설교를 하고 있는지 자세하게 보여주고 있다.

제 3 부
설교의 준비

필자는 유학 시절에 테니스를 배운 경험이 있다. 그때 필자는 테니스를 처음 시작하였는데, 같이 테니스를 하던 동료들의 수준은 다양하였다. 그 가운데 선수로 활동하였고, 테니스를 지도한 경력이 있던 동료가 있었는데, 필자는 그 분에게 기초부터 배웠다. 그 결과 비교적 정확한 자세로 테니스를 하게 되었고, 다른 동료들에 비해서 실력도 빠르게 향상되었다. 필자에게 테니스를 가르쳤던 동료는 다른 동료들에게도 기초부터 다시 배우기를 권면하였다. 그런데 두 가지 반응이 나타났다. 기초를 다시 배우면서 테니스를 하는 부류와, 기초에 연연하지 않고 그 전의 자신의 방법대로 계속 테니스를 하는 부류가 나타났다. 기초부터 다시 배웠던 동료들은 자세를 교정하는 과정에서 힘들고 어려운 시간이 있었지만 일정한 기간이 지났을 때 실력이 한 단계 향상되었을 뿐 아니라 지금도 좋은 자세로 테니스를 하고 있다. 하지만 그렇지 않았던 부류는 계속 함께 운동을 하였지만 별다른 진보도 없었고 지금도 '엉성한' 자세로 테니스를 하고 있다.

설교도 마찬가지라고 생각한다. 가장 바람직한 것은 힘들고 어려워도 처음부터 기초적인 원리를 배워 그 원리에 충실하게 설교를 준비하는 것이다. 그때 바르게 설교 할 수 있을 뿐 아니라 계속 설교가 향상될 수 있다. 문제는 이미 자기 나름대로 설교를 하고 있는 설교자들이다. 여기에도 역시 크게 나누어서 두 부류가 있다고 생각한다. 한 부류는 다시 기본적인 것을 배우고 자신의 설교 준비 과정을 점검하여 부족한 부분이 있다면 보충하고 잘못된 부분이 있다면 고치고자 하는 분들이다.

다른 한 부류는 기초적인 원리에 상관없이 그냥 자기 스타일대로 계속 설교하는 분들이다. 물론 이미 굳어버린 자신의 스타일을 바꾼다는 것이 결코 쉽지 않다. 또한 바쁜 목회 생활에서 자신의 변화를 위해서 시간을 낸다는 것도 쉽지 않다. 그러나 원론적인 면에서 자신의 설교를 점검하고 부족한 부분을 보완하려는 결단과 노력이 있을 때, 그 과정이 비록 힘들고 어렵더라도, 일정한 시간이 지나면 더욱 발전된 모습으로 하나님께서 기뻐하시고 성도들을 변화시키는 설교를 할 수 있으리라 믿는다.

이제 설교를 준비하는 과정을 살펴보자. 필자는 바르고 능력 있는 설교를 위해서 다음과 같은 과정이 필요하다고 생각한다.[1]

I. 본문의 접근
본문 선택 - 본문 연구 - 본문 주제 - 본문 구조(또는 전개)

II. 청중 분석 및 적용
청중 분석 - 적용

III. 설교의 작성

---

1) 설교를 준비하는 과정에 대한 학자들의 다양한 제안들이 있다. 예를 들어, 라메쉬 리차드(Ramesh Richard)는 설교 준비를 위한 7단계의 순서를 제안하였다: 본문의 연구-본문의 구조-본문의 중심 명제-목적의 다리-설교의 중심 명제-설교의 구조-설교의 선포(*Preparing Expository Sermon: Seven-Step Method for Preaching Salvation*[rev. ed.] [Grand Rapids: Baker Book House, 2005]). 헤돈 로빈슨(Haddon W. Robinson)은 10단계로 설교 준비 과정을 제시하였다: 본문 선택-본문 연구-주해적 아이디어 발견-주해적 아이디어 분석-설교적 아이디어 조직-설교 목적 설정-설교 목적 달성 방법의 결정-설교개요 결정-설교 개요를 채움-서론과 결론 준비(*Biblical Preaching*[rev. ed.] [Grand Rapids: Baker Book House, 2001]). 또한 테리 카터(Terry G. Carter), 스코트 듀발(J. Scott Duvall) 그리고 다니엘 헤이즈(J. Daniel Hays)도 10단계 설교 준비 과정을 제시하였다: 성경 당시 본문의 의미를 파악하라-강 너비를 측정하라(본문의 상황과 오늘날의 상황의 유사점과 차이점을 파악하라)-원리화의 다리를 건너라(보편적이고 영원한 신학적 원리를 파악하라)-본문이 오늘날 청중에게 주는 의미를 파악하라-청중을 분석하라-배경에 대한 자료 가운데 설교에 포함할 것을 결정하라-설교의 주제와 요점을 결정하라-본문에 충실한 적용을 찾아라-예화를 찾아라-설교를 작성하고 전달을 연습하라[*Preaching God's Word*, 김창훈 역, 『성경설교』(서울: 성서유니온, 2009), 40-2]. 이와 같이 학자들이 설교 준비를 위해 제안하는 과정과 사용하는 용어가 약간씩 다르긴 하지만 기본적으로는 대동소이하다고 할 수 있다.

설교 주제 - 설교 목표 - 설교 구조(또는 전개) - 설교 완성

설교 준비는 크게 세 과정을 거친다. I) 본문 연구, II) 본문 연구를 통해서 도출된 결과를 청중을 고려하여 맞추어서 적용하기, III) 설교 작성이다. 그런데 우리가 알아야 할 것은 위에서 제시한 설교 준비 과정이 '시간적 순서'가 아니라 '논리적 순서'라는 것이다.[2] 설교 준비는 마치 계단을 오르는 것처럼, 단계별로 한 단계씩 마무리하면서 진행되는 것이 아니다. 물론 기본적으로는 위에서 제시된 순서를 늘 기억해야 하고 최종적인 결론도 그러한 순서를 따라 논리적으로 정리하는 것이 바람직하다. 그러나 시간적으로 한 단계가 끝나고 다음 단계로 넘어가는 것이 아니라, 모든 준비 과정이 상호 밀접하게 연관되어 있으며 뒤에 있는 과정을 시행하면서 앞의 과정이 수정 또는 보충되기도 한다. 예를 들어, 본문 선택(범위)이 본문을 연구하다가 바꾸어질 수 있고, 본문의 주제와 구조를 결정하다가 본문 연구의 결과가 수정되고 보완될 수 있다. 뿐만 아니라 여러 과정들이 한꺼번에 진행되기도 한다. 다만 이러한 과정을 소개하는 것은 이러한 과정을 염두 해 둘 때 좀 더 체계적으로 설교를 준비할 수 있고, 좀 더 논리적으로 결론에 이를 수 있기 때문이다. 따라서 시간적인 순서에 너무 연연해하지 않고 이러한 과정들의 각각을 충실하게 이행해서 바른 결론을 도출하는 것이 중요하다.[3]

---

2) 그래서 필자는 일부러 설교를 준비하는 '단계(step)'라고 하지 않고 설교를 준비하는 '과정(process)'이라고 표현한다. 왜냐하면 단계는 시간적 순서를 암시하기 때문이다. 그런데 설교 준비 과정을 제시한 책들 가운데 앞에서 설교 준비 과정들이 시간적 순서 또는 단계를 따라 진행되어야 하는 것처럼 오해를 주는 책들이 많다. 예를 들어, 위에서 제시된 라메쉬 리차드, 헤돈 로빈슨 그리고 테리 카터 외 2인의 제안들은 모두 그들이 제안한 설교 준비의 과정들이 시간적 순서대로 진행되어야 하는 것처럼 느껴진다.

3) 브라이언 채플(Bryan Chapell)은 바른 설교를 위해서 설교자는 여섯 가지 질문에 대한 답을 할 수 있어야 한다고 하였다(*Christ-Centered Preaching: Redeeming the Expository Sermon*[2nd ed.] [Grand Rapids: Baker Academic,

그러나 큰 범위에서의 과정, 즉, 본문의 연구, 청중 분석과 적용 그리고 설교의 작성은 어느 정도 시간적 순서로 진행되는 것이 바람직하다. 물론 그것조차도 반드시 시간적 순서대로 진행되고 완료되는 것이 아니라 동시에 진행되고 함께 결론이 도출될 수도 있고, 또한 뒤의 과정이 앞 과정을 수정하고 보충하기도 한다.

_____

2005], 104-6).
　　1) 본문의 의미는 무엇인가?
　　2) 본문의 의미를 어떻게 알 수 있는가? 이것은 설교자 자신이 그러한 결론을 내렸는지에 대한 과　정과 이유를 설명하는 것이다.
　　3) 본문이 기록된 상황(사건)은 무엇인가? 이것은 본문이 쓰여 진 이유이다.
　　4) 우리와의 공통점은 무엇인가? 즉, 본문의 대상 또는 본문의 저자와 우리의 공통점은 무엇인가?
　　5) 본문의 진리에 대해서 사람들은 어떻게 반응해야 하는가? 즉, 본문이 성도들에게 어떤 의미가　있는가?
　　6) 본문의 의미를 전달할 수 있는 가장 효과적인 방법은 무엇인가?
　그리고 이러한 6가지 질문에 대답하기 위해서 네 단계를 거쳐야 한다고 하였다 (*Christ-Centered Preaching*, 107-19).
　　1) 관찰하기- '본문에 무엇이 있는가?'를 알기 위해서 본문을 반복해서 읽는 것이다.
　　2) 질문하기
　　(1) 본문의 주해를 통해서 '그것은 무엇을 의미하는가? 그것이 거기에 있는 이유는 무엇인가?'를 대답하는 것이다.
　　(2) 구조 분석-문장 구조 분석/ 문법적 분석/ 개념적 분석이 필요하다.
　　3) 관련짓기-분문과 성도들 사이에 연결점을 찾는 것이다.
　　4) 조직화하기- 효과적인 전달을 위해서 설교의 순서와 차례 정하는 것이다.

제8장

본문의 접근

I. 본문 선택

1. 본문 선택의 방법

설교에 있어서 본문 선택은 중요하다. 물론 설교를 준비하는 과정에서 본문이 바꾸어질 수도 있고 본문의 길이가 길어지거나 짧아질 수도 있지만, 본문 선택은 설교 준비에 있어서 첫 단추를 꿰는 것이다. 그런데 오랫동안 같은 교회에서 목회 하는 설교자들에게는 주일 설교를 위해서 본문을 택하는 것은 항상 큰 부담이 아닐 수 없다. 본문을 선택하는 몇 가지 방법이 있다.

첫 번째는, 성경 가운데 한 권의 책을 선택해서 연속 강해 설교(consecutive expository preaching)를 하는 방법이다. 대부분의 한국 교회가 주일 밤이나 수요일 밤에는 주로 연속 강해 설교를 하고 있는데, 이때는 본문 선택이 비교적 수월하다.

두 번째는, '렉셔너리(Lectionary: 교회력에 근거하여 마치 우리나라의 주일학교나 구역 공과처럼 몇 년을 주기로 커리큘럼을 만들어서 매 주 설교를 위해서 본문을 정해주고 본문에 대한 해설이 제공되어 있는 책이다.)' 를 따르는 방법이다. 이 방법은 우리나라에서는 흔하지 않지만 로마 카톨릭, 그리이스 정교회, 루터파 교회 그리고 외국의 일부 개신 교회에서 자주 사용하는 방법이다. 렉셔너리에 의해서 본문을 선택하여 설교하면 두 가지 장점이 있는데, 하나는 설교자의 편향과 기호에 따라 설교의 주제가 한 쪽으로 치우칠 가능성이 적고, 다른 하나는 원한다면 설교자들이 모임을 만들어서 같이 설교를 준비할 수 있는 좋은 매개가 될 수 있다. 필자는 우리나라의 대부분의 교회는 일주일에 여러 차례 예배를 드리기 때문에 고정적으로 한 예배를 정해 렉셔너리에 따라 본문을 정하고 설교하는 것도 좋은 방법 가운데 하나라고 생각한다.1)

세 번째는, 매 주일 마다 설교의 주제나 목표에 따라 설교자가 임의로 본문을 정하는 것인데, 한국 교회 목회자들이 주일 낮 설교를 위해서 가장 일반적으로 사용하는 방법이다. 그런데 이 경우는 두 가지를 기억해야 한다. 먼저는, 일 년 또는 장기적인 계획을 세워서 설교의 주제와 본문을 정하여 설교하는 것이 바람직하다. 다음으로 설교의 주제와 본문의 선택이 목회자의 취향에 따라서 한 쪽으로 치우치지 않고 본문과 주제에 있어서 균형을 이루도록 해야 한다.

마지막으로, 특별한 경우를 위한 본문의 선택이다. 예를 들면, 시대적 (사회적) 상황 (예를 들어, 인간 복제, 결혼, 이혼, 낙태, 자살 등과 같은 사회적 문제 그리고 전쟁, 홍수, 화제, 지진, 쓰나미 등과 같은 대형사건 등), 교회의 절기(예를 들어, 신년, 세례, 성찬, 부활절, 성탄절, 감사 주일, 종교 개혁 주일 등등) 또는 교회의 행사와 필요 (예를 들어, 전교인 새벽 기도회, 전도 집회, 설립 기념일, 공동체 의식을 고취시키기 위해서, 특별한 주제와 관련하여 성경적 견해를 가르치고자 할 때 등등)를 고려해서 본문을 선택하는 경우이다.2)

---

1) 물론 개 교회의 특별한 행사나 상황이나 사회의 특별한 상황이 발생하면, 거기에 맞는 본문을 택할 수 있을 것이다.
2) 세 번째와 네 번째를 같이 묶어서 설명할 수도 있지만, 본문 선택의 상황이나 과정이 약간 다르다고 판단했기 때문에 나누어서 제시하였다.

일반적으로 연속 강해 설교나 렉셔너리에 의한 설교보다는 매 주일마다 주제에 따라서 본문을 선택할 때 더 많은 시간과 노력이 요구된다고 할 수 있다. 왜냐하면, 구체적인 설교의 주제와 목표에 정확히 맞는 본문을 택하기가 쉽지 않기 때문이다. 따라서 이때는 성령의 도우심과 함께 끊임없는 성경 읽기와 독서 그리고 교회와 성도와 사회에 대한 계속적 관심과 연구가 필요하다.3) 그런데 앞에서 언급한 것처럼, 한국 교회가 처해있는 현재의 심각한 위기 상황과 형편을 고려할 때, 가능하다면 주일 낮까지도 연속 강해 설교하고 때때로 상황에 맞추어서 특별한 주제를 택하여 설교하는 것이 바람직하다고 생각한다.

2. 본문을 선택할 때 고려할 사항

먼저, 본문이 설교의 주제와 목적에 일치해야 한다. 어떤 주제나 특별한 경우를 위해서 설교할 때, 대개 설교를 하기 전에 구체적인 설교의 주제와 목표를 갖는다. 예를 들어, 공동체에 대한 설교를 할 때도 설교자는 공동체 의식에 대한 강조, 서로 용납하는 부분에 대한 강조, 또는 협력에 대한 강조 등과 같은 설교의 주제와 목표를 먼저 정한다. 또한 전도 집회를 위해서 설교할 때도 대상자 선정, 전도 방법, 전도 집회 바로 직전에 교회에 데리고 오는 방법 등과 같은 주제와 목표를 먼저 정한다. 그리고 그러한 구체적인 주제와 목표에 맞추어 본문을 선택한다.

그런데 문제는 본문을 선택했을 때, 설교자가 생각했던 주제나 목적과 본문의 연구를 통하여 본문의 의도나 내용이 일치하면 좋은데 그렇지 않는 경우가 종종 있다는 것이다. 만약 본문의 내용과 설교자의 의도가 다르면 어떻게 해야 하는가? 선택은 두 가지이다. 다른 본문을 택하든지(이때

---

3) 필자는 특별한 주제와 관련한 설교를 위해 연구하고 기도로 준비할 때 항상 하나님께서 가장 적절한 본문을 주시는 것을 경험한다.

는 설교 준비를 위한 시간적 여유가 있을 때다) 또는 그 본문의 의도에 따라서 설교의 주제와 내용을 바꾸든지 해야 한다(이때는 대개 설교 준비를 위한 시간이 많지 않을 경우다). 그렇게 하는 것이 성경의 권위를 인정하는 말씀의 청지기가 취해야 할 바른 자세이며, 또한 그렇게 함으로 성도들로부터도 설교자로서 신뢰를 얻게 된다. 성도들은 직접적으로 말로 표현하지는 않더라도 설교를 들으면서 항상 "목사님 말씀이 타당치 않는 것 같다. 억지다!" 또는 "과연 그렇다! 목사님 말씀은 설득력이 있다." 등의 판단을 내린다. 설교자는 모든 설교에서, 특별히 어떤 주제에 대해서 설교할 때, 항상 성도들에게 억지라는 생각을 주어서는 안 되고 성도들로부터 본문의 해석과 적용에 있어서 "참으로 그렇구나!" 하는 '심적 동의'를 얻어야 한다.

다음으로, 본문은 하나의 중심적이고 통일적인 주제가 도출될 수 있는 한 단위여야 한다(A Single Unit of Thought). 종종 한 두 절을 본문으로 설교하는 설교자들이 있는데 그것은 바람직하지 않다. 한 두 절을 중심으로 주제 설교를 하고자 할 때도 그 구절의 의미를 분명히 밝혀주고 그 구절의 이해에 도움이 되는 문맥을 본문에 포함하는 것이 옳다. 예를 들어, 빌립보서 4:13을 핵심 구절로 설교하고자 할 때, 빌립보서 4:10-13을 본문으로 택해야 하며, 기도에 대한 강조를 위해서 마가복음 9:29을 핵심 구절로 설교하고자 할 때에도 그 구절의 문맥인 마가복음 9:14-29를 본문으로 정해야 한다. 그런데 내러티브 장르로 구성된 본문과 같이 본문이 너무 길 경우(예를 들어, 여호수아 3-4장은 이스라엘이 요단강을 건너는 사건으로 전체가 하나의 내러티브다.)에도, 설교자는 전체를 본문으로 정하되, 본문을 읽을 때에는 중요하다고 생각되는 구절들을 선택할 수도 있다(물론 이러한 때에도 가능하다면 전체를 다 읽은 것이 바람직하다.).

세 번째로, 본문의 단위가 설교자의 취향이나 관점 또는 청중에 따라 다를 수 있음을 인정해야 한다. 주석이나 설교집을 보면 주석가들이나 설교자들이 본문의 단위에 대해서 의견이 일치하는 경우도 있지만, 대부분의 경우 단일한 주제를 이루는 본문의 범위가 천차만별로 다른 경우가 많다. 예를 들어, 마가복음 1장의 경우에 구엘리히(Robert A. Guelich)는 1-3, 4-8, 9-11, 12-13, 14-15, 16-20, 21-29, 29-31, 32-34, 35-39, 40-45절을 단위로 구분하여 주해하였고,[4] 코올(R. Alen Cole)은 1:1, 2-8, 9-11, 12-13, 14-15, 16-20, 21-28, 29-31, 32-34, 35-39, 40-45절을 단위로 구분하였다.[5] 또한 몰간(Campbell G. Morgan)은 1-3, 4-13, 14-35, 1:35-2:12절로 나누어서 설교하였고,[6] 신약학 학자인 소망교회의 김지철 목사는 1, 2-8, 9-11, 12-13, 14-15, 16-20, 21-28, 29-31, 32-34, 35-39, 40-45절로 나누었고,[7] 필자는 1-8, 9-13, 14-15, 16-20, 21-28, 29-39, 40-45절로 나누어서 설교하였다. 복음서는 다른 책에 비해 설교를 위한 본문의 구분이 비교적 쉬운데도 불구하고 이렇게 다르다. 하지만 이렇게 단위의 범위가 다른 것은 틀림의 문제라기보다는 관점의 차이인 경우가 대부분이다. 그렇기 때문에 설교자의 안목 그리고 청중의 상황은 본문을 선택하는데 중요한 요소가 된다.

하나의 좀 더 구체적인 예를 들면, 많은 설교자들은 사도행전 14:1-18을 1-7절(바울의 이고니온에서의 전도)과 8-18절(바울의 루스드라에서의 전도)로 나누어 설교한다. 그러나 필자는 사도행전 14:1-18을 "두 극단에서"라는 제목으로 한 번에 설교하였다. 본문을 보면, 바울은 이고니온에서는 무고한 고난을 당했고 루스드라에서는 분에 넘치는 과분한 대우를 받았다. 그러나 바울은 그 두 극단의 상황에서 자신의 위치를 지키면서 최선

---

4) Robert A. Guelich, *Mark 1-8:26*(WBC 34a) (Dallas: Word Books, 1989).
5) R. Alen Cole, *Mark*(TNTC) (Grand Rapids: Eerdmans, 1991).
6) Campbell G. Morgan, *Gospel according to Mark*, 김동훈 역, 『마가복음 강해』 (서울: 아가페, 1994).
7) 김지철, 『마가복음 신학적 명상: 내가 너를 기뻐하노라』 (서울: 두란노, 1997).

을 다해 복음을 전했다. 그래서 필자는 우리도 어떠한 상황에서도 신실하게 최선을 다하고 자신의 위치를 지키자는 주제로 설교하였다.

II. 본문 연구

본문 연구는 본문이 원래의 독자(또는 청중)들에게 주었던 의미와 의도를 발견하는 것을 목적으로 한다. 그러니까 원래의 독자(또는 청중)들에게 어떤 상황에서 어떤 필요에 의해서 어떤 목적으로 본문이 쓰여 졌거나 선포되었는지를 고려하여 본문이 원래 의도했던 의미를 파악하는 것이다.[8]

---

8) '본문에 원래의 권위 있는 단일의 의미(one meaning)가 있느냐?' 또는 '그 것을 파악할 수 있느냐?' 는 것은 해석학에 있어서 중요한 논란 가운데 하나이다. 전통적으로 본문에서 저자가 원래 의도했던 단일의 의미를 찾는 것이 해석학의 임무였다. 이러한 접근을 '저자 중심의 해석(Author-Oriented Interpretation)'이라고 한다. 그러나 신해석학(New Hermeneutics) 또는 신비평학(New Criticism)이 등장하면서, 많은 학자들이 본문에 하나의 권위 있는 의미란 없고, 만약 의미가 있다면 '의미들(multiple meanings)'이 있을 뿐이라고 주장하였다. 본문의 의미가 오늘날의 독자에 따라서 달라진다는 것이다. 이러한 접근을 '독자 중심의 해석(Reader-Oriented Interpretation)'이라고 한다.
  그러나 이 문제에 관해서 에릭 허쉬(Eric D. Hirsch, Jr.)의 주장을 따르는 사람들이 많다(Validity in Interpretation [New Haven: Yale University Press, 1967]). 그의 최대 공헌은 Meaning(의미)와 Significance(중요성 또는 적용)을 구분한 것이었다. 허쉬는 본문에서 의미는 하나이지만 상황과 독자에 따라서 다양한 적용들이 있다고 주장하였다. 필자는 기본적으로 허쉬의 주장을 따른다. 그렇기 때문에 필자는 설교에 있어서 본문 연구는 저자가 원래 의도한 의미와 의도를 찾는 것이 목표가 되어야 한다고 생각한다. 이 문제의 좀 더 자세한 논의를 위해서 Walter C. Kaiser, Toward An Exegetical Theology (Grand Rapids: Baker Book House, 1981), 106-14; D. A. Carson, Exegetical Fallacies, 박대영 역, 『성경 해석의 오류』 (서울: 성서유니온, 2002), 168-71; Grant R. Osborne, The Hermeneutical Spiral (Downers Grove: IVP, 1991), 366-96; William W. Kline, Craig L. Blomberg & Robert L. Hubbard, Jr., Introduction To Biblical Interpretation (Dallas: Word Publishing, 1993), 119-32; Robert H. Stein, "The Benefits of an Author-Oriented Approach to Hermeneutics," JETS

1. 본문 연구를 할 때의 주의할 점

먼저, 본문을 연구하고자 하는 설교자에게 가장 중요한 것은 본인의 신학과 선입견을 내려놓고 가능한 한 백지 상태로 본문에 들어가는 것이다. 물론 그렇게 하는 것이 불가능하고 위험하기도 하다. 그러나 자신의 신학과 선입견을 가지고 본문을 연구하거나 또는 적용을 먼저 결정하고 본문을 읽거나 연구하면 본문의 의미를 충분히 드러내지 못하거나 왜곡하는 경우가 많다. 한 예를 들어보자.[9] 어떤 여인이 상담원에게 찾아가 자기 남편과 이혼하겠다고 하면서 증거 구절로 에베소서 4:24을 제시하였다. 그녀는 남편과 불편한 관계에 있었고 이혼을 고려하고 있었는데, 그때 에베소서 4:24의 "새 사람을 입으라."는 말씀을 접했던 것이다. 이혼의 생각이 자신을 지배하고 있었기 때문에, 그녀는 문맥의 고려 없이 그리고 본문의 진정한 의미에 대한 묵상 없이 그 본문을 단순히 자신의 상황과 연결하여 이혼하라는 의미로 자신에게 적용하였던 것이다.

조금은 극단적이기는 하지만 이러한 예는 성경을 해석하고 적용하는데 있어서 많은 사람들이 경험하는 오류 가운데 하나이다. 우리는 종종 자신에게 어떤 문제가 있거나 어떤 것을 골똘히 생각하고 있으면 성경을 읽을 때 모든 것을 자기의 상황과 연결하는 경향이 있다. 결국 실제적으로 불가능하지만 우리의 신학도 가치관도 선입견도 내려놓고 본문을 접근할 때, 본문의 의미를 제대로 파악할 수 있다. 신학은 본문 연구를 통해서 이루어진 결과를 최종적으로 점검하기 위해서 활용되어야 하고, 설교자의 가치관과 선입견은 늘 본문에 비추어 점검 받아야 한다.[10]

44(2001): 451-66 등을 참고하라.

9) 이 예는 Kline, Blomberg & Hubbard, Jr., *Introduction To Biblical Interpretation*, 7에서 인용한 것이다.

10) 라메쉬 리차드(Ramesh Richard)는 결론이 도출되었을 때 그것이 옳은지

다음으로, 본문의 바른 해석을 위해서 성령의 도움이 절대적으로 필요하다. 성경의 저자는 하나님이시다. 그렇기 때문에 인간의 노력과 연구만으로 본문에 있는 하나님의 뜻과 의도를 바로 안다는 것은 불가능하다. 하나님께서 우리에게 은혜로 주신 것을 알게 하시는 진리의 성령 하나님께서 역사하실 때, 우리는 명료하고 확실하게 본문의 의미를 깨달을 수 있다(고전 2:10-14). 그러므로 설교자는 "내 눈을 열어서 주의 법의 기이한 것을 보게 하소서(시 119:18)."라고 하였던 시편 기자의 소원을 가져야 할 것이고, "우리 주 예수 그리스도의 하나님, 영광의 아버지께서 지혜와 계시의 정신을 너희에게 주사 하나님을 알게 하시고 너희 마음의 눈을 밝히사 그의 부르심의 소망이 무엇이며 … 우리에게 베푸신 능력의 지극히 크심이 어떤 것을 너희에게 알게 하시기를 구하노라(엡 1:15-19)."고 하였던 사도 바울의 기도를 해야 할 것이다.[11]

판단하는 시금석으로 다섯 가지를 제시하였다(*Preparing Expository Sermon*, 47).
    1. 진실성의 시금석: 저자의 의도를 올바로 파악했는가?
    2. 통일성의 시금석: 본문의 해석들이 조화를 이루는가?
    3. 일관성의 시금석: 성경의 다른 부분과 조화를 이루는가?
    4. 단순성의 시금석: 혹시 억지로 짜 맞추는 해석이 있지는 않은가? 단순하고 분명한가?
    5. 정직성의 시금석: 자신의 편견 또는 선입견이 본문의 정확한 해석을 방해하지는 않았는가?
  11) 필자는 본문을 연구하는 과정에서 때때로 한 단어나 한 구절의 의미를 파악하는데 반나절의 시간을 보낼 때도 있다. 그때 필자가 하는 것은 크게 두 가지이다. 하나는 그 본문을 바르게 이해하기 위해 필요한 모든 자료들을 찾아서 보는 것이고, 다른 하나는 겸손히 무릎 꿇고 성령님의 도움을 구하는 것이다. 연구 없는 기도는 신비주의적이고 주관적인 해석 또는 영해의 결과를 낳을 수 있고, 기도 없는 연구는 잘못된 해석이나 결과를 도출케 하는 경우가 많고 우리의 수고가 무용지물이 되게 할 수도 있다. 연구와 기도가 조화를 이룰 때 본문에서 의도한 것을 깨달을 수 있을 뿐 아니라, 다른 사람들이 쉽게 발견하지 못한 진리까지도 발견할 수 있다.

세 번째로, 본문 연구와 관련하여 중요한 것 가운데 하나는 전후 문맥과 역사적 배경을 고려하면서 본문을 여러 차례 반복해서 읽고 묵상하는 것이다(물론 본문이 포함되어 있는 책의 전체적인 구조나 역사적인 배경과 상황 그리고 지리적인 배경 등에 대한 사전 지식이 어느 정도는 있는 것을 전제한다.). 이때 가능하면 다양한 번역본을 참고하는 것이 바람직하다. 설교자들 가운데 본문에 대한 깊은 묵상 없이 주석이나 다른 사람들의 설교를 먼저 참고하는 분들이 있다. 그것은 본문의 의미를 충분히 파악하지 못하게 하거나 본문의 깊은 의미를 경험하지 못하게 할 수 있다. 스펄전의 자주 인용되는 말은 늘 명심해야 할 가치가 있다.

> 복음에 흠뻑 젖어들도록 하라. 본문에 젖어들었을 때 최상의 설교를 할 수 있다는 것을 나는 항상 발견한다. 나는 본문에 들어가서 그 의미와 목적 찾기를 즐겨한다. 그리고 그 안에 들어가서 목욕을 하고 그 안에 누워서 그 것에 흠뻑 빠져 있는 것을 기쁘게 생각한다.[12]

사실 본문 연구는 세심한 관심을 가지고 본문을 주의 깊게 읽는 데서부터 시작된다. 따라서 설교자는 본문의 바르고 깊은 이해를 위해 필요한 부분에 관심을 가지고 읽고 묵상해야 한다. 예를 들어, 역본들 사이에서 번역이 다른 경우, 좀 더 깊은 연구가 필요한 단어, 우리 말 성경에 잘 나타나지 않는 접속사(왜냐하면, 그러므로, 그러나 등), 특별한 관심이 요구되는 문법적인 부분(시제, 수, 성, 격 등), 논리적인 관계들(원인과 결과, 이유, 대조, 비교, 조건, 목적 등) 등에 대해 관심을 가져야 한다.[13]

---

12) Charles H. Spurgeon, *All Round Ministry*(reprint) (Edinburgh: Banner of Truth, 1960), 124.
13) 흔히 귀납적 성경 연구를 위해 소위 '관찰-해석-적용'의 세 단계(step)를 제안하고, 이와 같이 본문을 묵상하는 단계를 '관찰'이라고 하기도 한다. 하지만 '관찰'이라는 단계와 '해석'이라는 단계를 분리하여 시간적인 순서로 이해하는 것은 바람직하지 않다. 물론 본문의 자세히 읽기와 묵상은 본문 연구에 있어서 우선적

2. 본문 연구의 방법

1) 해석학(Hermeneutics)[14]의 필요성

본문 연구를 위해서 해석학이 필요하다. 해석학은 성경이 오늘날 하나님의 백성들에게 의미하는 것이 무엇인지 또는 본문이 전하고자 하는 메시지가 무엇인지 파악하고 발견하는 기술(skill) 또는 학문(science)이다.[15] 그런데 해석학이 필요한 이유는 성경과 오늘날 우리 사이에 존재하는 여러 가지 차이들 때문이다. 그것은 네 가지로 요약될 수 있다. 먼저, 시간의 차이이다. 성경이 기록될 때와 오늘날은 긴 시간의 차이가 있다. 다음으로, 문화의 차이가 있다. 즉, 구약 시대 그리고 예수님 시대의 문화와 우리 시대의 문화는 많은 차이가 있다. 세 번째는, 지리적 차이이다. 성경이 기록된 배경인 팔레스타인 지역의 지리와 환경에 대해서 우리는 모르는 바가 많다. 네 번째는, 언어의 차이이다. 성경이 기록된 히브리어와 헬라어의 단어 의미, 문법 그리고 구문론은 오늘날 우리들의 것들과 다른 부분이 많다. 이러한 차이들은 성경을 바르게 이해하고 적용하기 위해서 반드시 극복해야 할 부분들인데,[16] 그러한 부분을 극복하기 위해서 해석

인 과정이지만 그것은 본문 연구의 통합적인 과정(process)으로 진행되어야 한다. 본문의 자세히 읽기에 대한 좀 더 자세한 설명과 예를 위해 Richard, *Preparing Expository Sermon*, 34-45; Carter, Duvall & Hays, *Preaching God's Word*, 47-52를 참고하라.

14) '해석학(Hermeneutics)'의 어원은 그리스 신 중 'Hermes'에서 유래되었다. 헤르메스는 올림포스 십이신 중 '전령의 신' 또는 '사자(使者)'로서의 역할을 하였는데, 그는 자신의 사명을 감당하기 위해서 스스로 언어를 만들어서, 내용을 전달할 사람들에게만 그 의미를 드러냈다고 한다.

15) 참고. Raymond Bailey, "Hermeneutics: A Necessary Art," in Raymond Bailey(ed.), *Hermeneutics For Preaching*, (Nashville: Broadman Press, 1992), 8-10.

학과 해석학의 도구들이 반드시 필요하다.

그런데 설교자는 해석학은 '과학(science)'이요 '예술(art)'이라는 것을 명심해야 한다. 과학이 강조하는 것은 규칙, 방법, 원리, 또는 원칙이요, 예술이 강조하는 것은 창조성 또는 독창성이다. 다시 말해, 설교자는 해석학의 원리와 법칙에 익숙해야 하고 그것에 근거해서 본문을 주해하고 적용해야 한다. 그러나 그것만 가지고는 안 된다. 설교자의 창조성(주해에 필요한 해석학 도구의 선택, 그리고 선택한 도구의 적용 그리고 응용)도 중요하다. 왜냐하면, 해석학 도구의 선택과 활용에 따라 주해의 결과가 다를 수 있기 때문이다. 이를 위해서 설교자의 끊임없는 노력과 연구가 요구된다.

2) 성경 해석에 필요한 도구들

본문을 주해할 때 크게 네 가지의 관심이 필요하다. 그것은 A) 문맥, B) 단어, C) 문법적 관계(또는 구문론), 그리고 D) 역사적/문화적/지리적 배경이다.[17] 물론 모든 본문에 이러한 부분들이 항상 모두 다 고려되어야 한다거나 모든 본문에서 동등하게 중요한 것은 아니다. 본문에 따라서 문

---

16) 일반적으로 해석학은 '주해(Exegesis)'와 '적용(Application)'을 모두 포함한다.

17) 이러한 부분의 각각에 대한 좀 더 자세한 논의를 위해서 Kaiser, *Toward An Exegetical Theology*; Carson, *Exegetical Fallacies*; Osborne, *The Hermeneutical Spiral*; Elliott E. Johnson, *Expository Hermeneutics: An Introduction* (Grand Rapids: Zondervon, 1990); Kline, Blomberg & Hubbard, Jr., *Introduction To Biblical Interpretation*; Douglas Stuart, *Old Testament Exegesis* (Philadelphia: Westminster, 1984); Raymond Bailey(ed.), *Hermeneutics For Preaching* (Nashville: Broadman Press, 1992); Gorden D. Fee, *New Testament Exegesis* (Louisville: Westminster John Knox Press, 1993); 강성열, 오덕호, 정기철 공저, 『설교자를 위한 성서 해석학 입문』(서울: 대한기독교 서회, 2002); J. Scott Duvall & J. Daniel Hays, *Grasping God's Word*, 류호영 역, 『성경해석』(서울: 성서유니온, 2009) 등을 참고하라.

맥이나 구문론이나 단어나 역사적 문화적 배경이 모두 다 중요할 때도 있고, 그 가운데 하나 내지 두 도구가 결정적인 역할을 할 때도 있다. 설교자는 그것을 잘 분별하여 적용할 수 있어야 한다.

(1) 문맥

문맥을 의미하는 영어의 'context'는 두 라틴어의 결합이다[con("together") + textus("woven")]. 문맥은 본문과 결코 떨어질 수 없는 함께 짜여진 부분이다. 따라서 문맥의 고려는 단어, 절 그리고 본문 전체를 이해하는데 있어서 가장 기본적이면서 중요한 요소라고 할 수 있다.

A) 문맥은 단어의 의미를 결정한다.

예를 들어보자. 낙심하지 않는 끈질긴 기도를 강조하기 위해서 주님께서 비유로 말씀하신 누가복음 18:1-8에서 "원한($\varepsilon \kappa \delta \iota \kappa \varepsilon \omega$)"이라는 단어는 4번이나 나온다(3, 5, 7, 8절). 따라서 해석학의 기본 원칙에 따라 '원한'이라는 단어는 본문을 이해하는데 중요하다.[18] 그런데 우리말 '원한'이 주는 뉘앙스처럼,[19] 이 말을 단순히 '마음속에 맺힌 것,' '미운 감정,' 또는 '악한 감정'으로 이해하는 것은 본문이 강조하는 '낙망치 말고 기도하라!'는 문맥에 잘 어울리지 않는다. 만약 예수님께서 '용서한 후에 기도하라!' 또는 '사랑의 삶과 함께 기도하라!' 등과 같은 내용으로 본문의 비유를 설명했다면 그러한 의미로 이해될 수 있다. 하지만 본문의 문맥은 그렇지 않다.

그러면 '원한에 맺힌 일'은 '낙망치 말고 기도하라!'는 문맥에서 어떻게 이해되어야 하는가? 그 문맥에 따라 이해하면, 본문의 원망스러운 일

---

18) 해석학의 일반적인 원칙 가운데 하나는 어떤 본문에서 반복되는 단어는 본문을 해석하는데 중요한 역할을 한다는 것이다.

19) 원어($\varepsilon \kappa \delta \iota \kappa \varepsilon \omega$)도 '정당성을 입증하다(vindicate),' '처벌하다(avenge)' 또는 '원수를 갚다(punish)' 등의 의미로 우리말이 주는 뉘앙스와 큰 차이가 없다

이란 과부의 입장에서 보면 너무도 정당한 요구였고, 재판관은 당연히 해결해 주어야 할 일이었다. 그런데 그것이 원망에 맺히도록 해결되지 않았고, 앞으로도 해결될 기미가 거의 보이지 않는 상태라고 할 수 있다. 본문은 그때에도 낙망치 말고 기도하라는 것을 강조하고 있다. 다시 말해, 문맥에 따르면 본문에서 원망스러운 일은 '하나님의 영광과 기쁨을 위해서, 또는 우리의 신앙생활을 위해서 당연히 이루어 져야 할 일'이다. 예를 들어, 불신자를 주님께로 인도하는 것, 주님의 일을 위해서 건강이 회복되는 것, 자녀들이 믿음 안에서 잘 자라주는 것 등과 같은 일이라고 할 수 있다. 그러니까 본문에서 주님께서는 비유를 통해서 응답되어지면 하나님께 영광이 되고 모든 사람들에게 기쁨이 되는 일들을 위해 기도했는데, 마음에 원한이 생기도록 응답되지 않을 경우에도 낙망치 말고 계속해서 하나님께 부르짖으며 기도하라고 가르치신 것이다. 결론적으로, 이 본문에서 핵심 단어인 '원한'이 문맥에서 바로 이해될 때, 본문이 바르게 이해되고 적용될 수 있다.

B) 문맥은 문장(또는 절)의 의미를 결정하기도 한다.

가장 쉬운 예로, 빌립보서 4:13을 보자. 많은 설교자들은 이 말씀을 가지고 '하나님의 백성인 우리는 모든 것을 할 수 있다.'는 주제로 해석하고 설교한다. 물론 그러한 해석과 적용이 전혀 잘못된 것은 아니지만, 문맥에 비추어 보면, 이 말씀의 핵심은 그것이 아니다. 이 말씀의 가장 가까운 문맥은 빌립보서 4:10-13이다. 특히 12절을 보면, 바울은 비천과 풍부에 모두 대처하는 비결을 배웠다고 고백하면서 어떤 상황 자체가 자신에게 어떤 영향을 주지 않는다고 말한다. 즉, 삶의 부요와 풍성함이 온다할지라도 그것에 빠지지 않았고, 빈곤을 경험한다고 할지라도 그것 때문에 좌절되지 않았다는 것이다. 그러면서 계속해서 그렇게 할 수 있는 것은 예수님께서 능력을 주시기 때문이라고 고백하고 있다. 그러니까 빌립보서 4:13의 핵심은 모든 일에서 적극적이고 능동적으로 능력을 드러내는 신앙이라기 보다는 모든 상황에서 변함없이 신실하게 대처할 수 있는 전천후 신앙을 의미한다. 우리는 일반적으로 풍부하면 나태하고 교만해지기 쉽고, 비천하면 좌절하거나 비굴해지기 쉽고, 좋을 때만 감사하고 어려울 때는 불평 원망하기 쉽다. 그것은 초보적인 신앙이다. 그런데 본문은 일차적으로 그러한 초보적인 신앙이 아니라 예수님으로 인해 모든 환경에서 감사할 수 있고 주님의 뜻에 합당하게 적응하는 성숙한 신앙인이 될 것을 교훈하고 있다. 결국 문맥은 빌립보서 4:13의 바른 의미와 적용을 결정지어 준다.

C) 문맥은 단락의 주제, 목적 또는 핵심 의도를 결정하기도 한다.

예를 들어, 빌립보서 2:5-11을 보자. 많은 분들은 이 본문을 가지고 주로 기독론에 대해서 설교한다. 물론 그렇게 설교해도 잘못되거나 틀린 것은 아니다. 왜냐하면, 이 단락은 신약에서 기독론에 관하여 가장 뛰어나게 언급하고 있는 본문 가운데 하나이기 때문이다. 그러나 문맥을 통해서 보면, 본문의 핵심은 기독론이 아니라 '우리의 삶의 모범으로서 겸손하고 낮아지신 예수님'이다. 당시에 빌립보 교회의 가장 큰 문제 가운데 하나는 하나 되지 못한 것이었다. 그래서 바울은 빌립보서 2:1-4에서 하나가 되기 위해서 필요한 것이 무엇인지 구체적으로 권면한 후에, 빌립보서 2:5-11에서 하나 되기 위해서 구체적인 본으로서 예수님의 성육신을 언급하였다. 결국 문맥은 본문의 핵심 의도가 '하나 되기 위해서 우리가 가져야 할 가장 중요한 자세는 예수님처럼 자기 특권을 내세우지 않고 겸손하게 낮아지는 것'임을 분명히 보여준다. 문맥은 단락의 주제와 목적 그리고 핵심 의도를 분명히 해준다.

또 다른 예로서, 마태복음 20:1-16의 소위 '포도원 품꾼'의 비유를 살펴보자. 이 비유에 대한 다양한 해석이 있는데 혹자는 이 비유에서 한 데나리온은 구원을 상징한다고 하면서, 언제 믿어도 같은 구원을 받는다고 주장한다. 그러나 문맥을 통해 보았을 때 이 비유는 구원에 대한 것이 아니다. 마태복음 19:27을 보면, 부자 청년이나 다른 사람들은 그렇게 하지 못하였지만, 제자들은 주님의 말씀대로 모든 것을 버리고 주님을 따랐기 때문에 일종의 '우월감' 또는 '우쭐함'을 가지고 있었음을 알 수 있다. 그렇게 다른 사람들보다 좀 더 헌신하였기 때문에 우월감을 가지고 있었던 제자들에게 주님께서는 더욱 겸손하게 봉사하고 섬기라고 교훈하기 위해서 이 비유를 말씀하셨다.[20] 또한 혹자는 뒤에 온 사람은 앞에 온 사람보다 더욱 열심히 일했기 때문에 같은 상급을 받았다고 주장하기도 한다. 그러나 오늘 본문 어디에도 그러한 주장을 뒷받침할 만한 증거가 없다.[21] 결국 문맥을 통해서 볼 때, 이 비유는 구원이나 동일한 상급에 대한 교훈이 아니라, 주님을 따르는 자의 겸손한 자세에 대한 교훈이라고 할 수 있다. 그래서 이 비유의 앞뒤에서 예수님께서 "먼저 된 자로서 나중 되고 나중 된 자로서 먼저 될 자가 많으니라(마 19:31, 20:16)."라는 경고의 말씀을 하신 것이다.

D) 고려해야 할 문맥의 범위

a) 가까운 문맥

위에서 보았던 것처럼, 본문의 단어나 절이나 전체를 가장 가까운 문맥 속에서 이해하는 것이다.

b) 책의 문맥

본문의 의미를 바르고 온전하게 파악하기 위해서 본문이 속해 있는 책

---

20) 그것은 성경 전체의 문맥에서도 확인될 수 있다. 이 비유에서 한 데나리온은 일의 대가로 받은 것인데 성경은 구원은 일을 해서 얻은 대가가 아니고 값없이 주시는 선물이라고 분명히 말씀한다.

21) 성경 전체에서 보면, 상급은 충성과 봉사의 대가로 주는 것이고 상급이 충성과 봉사의 질과 내용에 따라 다르다는 것이 명확한 진리이다.

의 문맥을 고려해야 한다. 먼저, 책의 목적 또는 의도를 고려해야 한다. 예를 들어, 창세기는 일차적으로 출애굽 후 광야 생활을 하고 있는 이스라엘 백성들에게 그들이 믿는 하나님이 어떤 분임을 밝히고, 그 하나님과 그들의 조상들과의 언약 관계를 드러냄으로서, 그들이 천지를 창조하시고 역사를 주관하시며 참으로 신실하신 하나님을 의지하고 신뢰토록 하기 위해서 쓰여졌다. 그러니까 이런 기본 의도와 목적에 맞추어서 창세기는 해석되어야 하고 적용되어야 한다. 복음서는 일차적으로 예수님께서 그리스도이시고 하나님의 아들이심을 보여주기 위해서 쓰여졌다(요 20:30-31). 그 목적에 맞추어서 복음서의 모든 내용들을 해석하고 적용해야 한다. 또한 사도행전은 어떻게 하나님께서 예루살렘과 유대와 사마리아와 땅 끝까지 복음을 확장시켜 가셨는지를 드러내기 위해 쓰여졌다. 따라서 모든 본문을 해석하고 적용할 때 설교자는 그 목적과 의도를 반드시 기억하고 있어야 한다. 하지만 설교자들이 이러한 내용은 알고 있지만 본문을 주해할 때는 잊어버리거나 무시하는 경우가 많다.

다음으로, 본문의 의미를 파악하기 위해 책 전체의 구조를 고려해야 한다. 예를 들어, 여호수아서를 보면, 1-5장에서는 가나안 민족과의 본격적인 전투를 위해 준비하는 과정을, 6-12장은 가나안 민족들과 전투를 통해 땅을 정복하는 과정을, 13-21장은 정복한 땅을 분배하는 과정을, 22-24장은 지도자인 여호수아가 백성들에게 땅에서 복을 누리며 살기에 필요한 것을 당부하고 임종하는 장면이 기록되어 있다.[22] 이러한 여호수아서의 전체적인 구조와 흐름에 대한 이해는 본문의 이해와 설교에 절대적으로 필요하다.[23]

---

22) 혹자는 이스라엘이 가나안을 점령하는 전쟁의 과정을 따로 떼어서 3단계로 나누어 설명하기도 한다. 제 1단계는 가나안의 중앙, 그리고 남쪽과 북쪽의 주요 지역을 점령하는 과정이고(6-12장), 제 2단계는 남아 있는 땅을 정복하기에 앞서 땅을 분배하는 과정이며(13-21장), 제 3단계는 각 지파 별로 분배된 땅을 정복하는 과정이다(사사기 초반부에 간략하게 언급되어 있다).

또 다른 예로서 빌립보서를 보자. 빌립보서는 서신이다. 그러니까 서신의 형식에 비추어서 보면 빌립보서의 구조는 분명하게 드러난다. 일반적으로 서신은 서론, 본론, 결론으로 구성되어 있는데, 대개 서론에서는 문안인사 및 기원, 감사, 바람, 자신의 형편을 소개하고, 본론에서는 자신이 편지를 쓴 진정한 이유, 그리고 하고 싶은 말을 기록한다. 그리고 결론에서는 당부와 인사를 한다. 빌립보서도 역시 일반적인 서신과 같이 서론(1:1-1:26), 본론(1:27-4:20) 그리고 결론(4:21-23)으로 구성되어 있다. 서론을 좀 더 구체적으로 살펴보면, 1-2절은 문안인사, 3-8절은 빌립보 교회가 자신에게 베푼 감사와 그들의 훌륭한 점, 9-11절은 빌립보 교인을 위한 기원(바람), 12-26절은 자신의 근황 소개와 앞으로의 계획을 기록한다. 그리고 1:27-4:20은 본론이다. 그러니까 바울이 빌립보 교회에 당부하고 싶은 말들이다. 또한 편지를 쓴 이유에 해당한다. 여기에서는 크게 두 가지를 권면한다. 하나는 하나 되라는 것이고 다른 하나는 가짜 복음을 전하는 사람들을 대하는 자세(즉, 복음 안에서 고난을 각오하는 것)이다. 그리고 결론에서는 인사의 말을 한다.

이러한 구조를 알면 빌립보서의 핵심 주제가 무엇인지 분명히 드러난다. 일반적으로 빌립보서의 주제는 기쁨이고 빌립보서는 기쁨의 서신이라고 한다. 그러나 이것은 너무 단편적이고 피상적인 주장이다. 빌립보서의 구조에서 본론의 시작이라고 할 수 있는 1:27에서 바울은 "복음에 합당한 생활을 하라."고 권면한다. 그리고 계속해서 복음에 합당한 생활이 무엇인지 기록하고 있다. 그 가운데 핵심적인 주제는 빌립보서 1:27-30에서 언급되어 있는 것처럼, 하나가 되는 것과 복음 안에서 고난을 각오하는 것이다. 이러한 관점에서 보면, 빌립보서의 주제는 "복음의 합당한 생활"에 대

---

23) 여호수아서의 구조에 대한 이해가 본문의 이해와 설교에 어떻게 영향을 미치는지 김창훈, 『천국을 경험하고 천국을 확장하자』(서울: 호밀리아, 2011)을 참고하라.

한 권면이다. 기쁨은 단지 복음의 합당한 삶에 포함되는 요소이다.

그렇기 때문에 만일 성경의 어느 한 책을 설교하려면, 설교자는 그 책의 설교를 시작하기 전에 미리 그 책 전체의 연구를 어느 정도 끝내야 한다. 전체의 내용, 목적, 구조를 알지 못하고 설교하면 연속 설교하는 도중에 방향을 잃어버리고 시행착오를 겪지 않을 수 없다.

c) 성경 전체의 문맥

어느 한 본문이나 특별한 문제를 성경 전체의 빛 아래서 이해하는 것이 필요한 경우도 많다. 성경 전체의 문맥에서 본문을 보면 때때로 원래의 저자가 의도하지 않았거나 분명하게 알지 못하였던 것을 구속사의 진전에 따라 그 의미가 확연히 드러나는 경우가 있고,[24] 때때로 난해한 구절의 의미가 성경의 다른 구절들을 통해서 명백해 지는 경우도 있다.[25] 이와 같이 성경 전체의 빛 아래서 본문이나 특별한 주제를 이해하는 것은 참으로 중요하고 때로는 의미를 파악하는데 결정적 역할을 할 수도 있다.

예를 들어, '안식일'에 대해서 생각해 보자. 출애굽기 16:22-30, 20:8-11; 23:12; 31:12-16 등에는 안식일의 의미와 안식일을 지키는 구체적인 방법이 기록되었다. 하나님께서 창조 후에 쉬셨기 때문에 이스라엘도 철저히 쉬면서 안식일을 지켜야 했다. 어떤 노동도 해서는 안 되었고 심지어는 손님이나 기르는 가축까지도 쉬게 해야 했다. 그와 같이 지키지

---

24) 이것을 'sensus plenior(fuller sense-더 충만한 의미)'라고 한다. 참고. Greidaunus, *Modern Preacher*, 71-2, 111-3.

25) 이것은 '성경(믿음)의 유비(analogy of Scripture[faith])'라고 하는데, "오직 성경으로"를 슬로건으로 내 걸었던 종교 개혁자들의 성경해석의 원리이다. 참고. Kaiser, *Toward An Exegetical Theology*, 134-40; Osborne, *The Hermeneutical Spiral*, 11. 오스본은 어떤 교리나 주제가 단순히 하나의 증거 본문이나 자신이 좋아하는 본문에 의해서 설명되어서는 안 되고, 항상 전체 성경의 내용에 비추어서 평가되고 요약되어야 하며, 성경에 자세한 설명이 없는 것을 쉽게 말해서는 안 된다고 하였다(예, 고린도전서 15:29의 '죽은 자의 세례,' 누가복음 16:22-26의 '하데스,' 구약의 노예제도, 일부다처제 등등).

않으면 죽이라고까지 명령하셨다. 그런데 성경 전체를 보면, 이 안식일(주일)의 개념이 구속사의 진전에 따라 발전적으로 변화되는 것을 알 수 있다. 출애굽기에서는 창조를 기념하기 위해서 안식일을 지켜야 한다고 했는데, 신명기 5:12-15에서는 안식일을 지켜야 할 이유를 '창조'에서 '이스라엘의 구원'으로 바꾸어서 말씀한다. 그리고 신약에서 예수님께서는 좀 더 분명히 안식일의 의미와 지켜야 할 구체적인 방법을 말씀하셨다. 사람이 안식일(주일)을 위해서 있는 것이 아니라 사람을 위해서 안식일(주일)이 주어졌고, 또한 안식일은 선을 행하는 날이라고 하셨다(마 12:1-14, 막 2:23-3:6, 눅 6:1-11). 한 걸음 더 나아가 신약 시대에는 이 안식일이 예수님께서 구원을 완성하신 부활의 날(주일)로 바꾸어져서 지켜지고 있다. 따라서 안식일에 대해 바르게 이해하고 설교하기 위해서는 이렇게 성경 전체의 빛 아래서(특히 신약의 빛 아래서) 점검해야 한다.

그런데 주의해야 할 것은 구약의 본문을 연구할 때 너무 빨리 신약의 문맥으로 넘어가지 말아야 한다는 것이다. 예를 들어, 미가 5장에는 베들레헴에서의 메시아 탄생이 예언되어 있다. 설교자들은 자주 이 본문을 접할 때 기록된 당시의 역사적 상황과 구약에서의 의미를 전혀 고려하지 않은 채 무조건 신약의 빛 아래서 예수님의 탄생에 연결시켜서 해석하고 적용한다. 물론 이 본문에서 설교자는 예수님에 대한 예언들이 어떻게 실제적으로 성취되었는가에 대해서도 관심을 가져야 한다. 하지만, 설교자는 우선적으로 그 말씀이 기록된 시대적 상황과 구약에서의 의미를 점검해야 한다. 왜냐하면 본문에 있는 메시야를 통한 소망의 메시지는 역사적으로 선지자들이 살았던 때의 구약의 민족적 이스라엘과 일차적으로 관련되어 있기 때문이다. 이 본문에 있는 새로운 왕(메시아)을 통한 회복과 구원의 메시지는 당시에 고난 가운데 있었던 이스라엘의 회복과 이스라엘에게 어려움을 주었던 이방 나라들로(앗수르, 바벨론 등의 이스라엘의 적)부터의 보호와 일차적으로 관련되어 있다. 그리고 그 메시지는 온 인류와 우주의 구원으로 연결되고 확대된다. 그렇기 때문에 이 본문에서 우리는 구약의 역사적 상황을 무시하고 무작정 예언서의 메시지를 예수님으로 연결해서는 안 되고 먼저 당시의 역사적 상황 속에서 그 의미를 파악하고 그 다음에 예수님의 탄생과 사역에 연결시켜야 한다. 그때 예수님에 대한 예언의 의미를 좀 더 깊고 명확하게 알려줄 수 있다.

(2) 단어

물론 단어의 의미는 문맥에 의해서 결정된다. 그러나 종종 본문의 온전하고 깊은 이해를 위해 단어 자체에 대한 연구가 중요하거나 필요할 때가 있다. 왜 그런가? 그것은 어떤 언어를 다른 언어로 번역할 때 원래의 의미를 온전히 유지하면서 완벽하게 번역한다는 것이 불가능하기 때문이다. 특히 성경이 기록될 때와 오늘날의 우리 사이에는 수천 년의 시간적 간격도 있다. 다른 문화와 환경 가운데서 수천 년 전에 히브리어와 헬라어로 쓰인 성경이 우리 말 또는 영어로 번역될 때 원래 의미를 온전히 드러나지 못한 경우가 있는 것은 너무 당연하다.[26] 예를 들어보자. 성경을 보면, '의($\delta\iota\kappa\alpha\iota\text{o}\sigma\upsilon\nu\eta$, צדקה)'라는 단어가 자주 등장한다. 특별히 이 단어는 로마서에서 전체를 이해하는데 핵심적인 역할을 한다. 그런데 '의(義)'라는 단어가 국어사전에는 '사람으로서 행하여야 할 바른 도리'라고 설명되어 있다. 다시 말해, 의는 '도덕적/ 윤리적/ 사회적 차원의 선'을 의미한다. 그런데 원어인 '$\delta\iota\kappa\alpha\iota\text{o}\sigma\upsilon\nu\eta$' 또는 'צדקה'의 가장 기본적 의미는 하나님과의 관계에 있어서 또는 다른 사람과의 관계에 있어서 '신실함'이다. 예를 들어, 로마서 1:16의 "복음에는 하나님의 의가 나타났다."는 말씀은 복음이 하나님의 관계성에서의 신실함을 증명하였다는 것을 말한다. 즉, 예수 그

---

26) 어떤 설교자들은 원어를 고려하지 않고 한글(한자)이나 영어만을 가지고 단어의 의미를 설명하는 경우도 있다. 이것은 바람직하지 않다. 참고. Duvall & Hays, *Grasping God's Word*, 204-5; Carson, *Exegetical Fallacies*, 29-82.

리스도를 통하여 우리를 구원하심은 어쩌다가 우연히 이루어진 것이 아니라, 구약을 통해서 계속 말씀하시고 약속하신 하나님의 우리를 향한 관계성의 신실함을 보여주신 것이다. 마태복음 6:33의 "먼저 그의 의를 구하라."라는 말씀에서도 의를 하나님과의 관계성에 있어서 신실함으로 이해하면 쉽고 분명하게 와 닿는다. 즉, 이 말씀은 세상 사람들이 가장 중요하게 여기고 가장 큰 관심을 보이는 무엇을 먹을까 마실까 입을까 보다는 하나님과 관계의 신실함을 우선순위로 여기라는 명령이다. 그리고 팔복에서 "의에 주리고 목마른 자" 또는 "의를 위해서 핍박받는 자"가 복이 있다고 했는데, 그러한 말씀들도 같은 차원에서 이해되어야 한다. 그러니까 의에 주리고 목마르다는 것은 하나님과 온전한 관계를 간절히 바란다는 것이고 의를 위해서 핍박받는 것은 하나님과의 온전한 관계를 위해서 핍박받은 것을 의미한다. 이와 같이 실제적으로 영어나 우리말 성경에서 원래의 의미를 온전히 드러내지 못하는 경우가 많기 때문에 설교자는 단어 자체에 대한 연구가 필요하다.

그러면 단어 연구가 필요한 것은 어떤 경우인가? 몇 가지라고 생각한다. 먼저, 본문을 읽거나 연구할 때 단어의 좀 더 명확한 의미를 알기 원할 경우가 있다. 예를 들어, 고린도전서 1:24를 보면 "십자가는 하나님의 지혜요 능력이다."고 했는데, 여기에서 '십자가는 능력'이라는 말은 우리에게 분명하게 와 닿지 않을 수 있다(물론 전혀 의미가 통하지 않는 것은 아니고 나름 일리가 있는 번역이기도 한다). 그런데 여기에서 능력이라는 말은 헬라어로 'δυναμις'인데 헬라어 사전에서 찾아보면 '처방'이라는 의미도 있는 것을 알 수 있다. 그래서 이 말을 처방이라는 단어로 번역하면 좀 더 분명하고 쉽게 와 닿는다. 다시 말해, 예수님의 십자가 사건은 죽음의 자리에 있는 우리를 구원하시는 하나님의 처방(즉, 구원방법)이라는 것이다. 이렇게 '능력'을 '처방'으로 해석하면 훨씬 더 쉽게 이 구절을 이해할 수 있다.[27] 다른 본문에서도 능력으로 번역되어 있는 이 단어를 처방으로 바꾸어보면 더 쉽게 이해되어 진다. 예를 들어, 로마서 1:16에서 "내가 복음을 부끄러워하지 아니하노니 이 복음은 믿는 모든 사람에게 구원을 주시는 하나님의 능력이라."고 말씀하셨는데, 여기에서 능력을 처방으로 바꾸어보면, 좀 더 쉽게 이해된다.

다음으로, 본문에서 중요한 역할을 하는 어떤 단어의 보다 깊은 의미를 알기 원할 때에도 단어 연구가 필요하다. 예를 들어, 마태복음 5:7의 "긍휼히 여기는 자는 복이 있나니 저희가 긍휼히 여김을 받을 것이다."라는 말씀에서 '긍휼히 여긴다'는 말의 의미는 본문을 바르고 깊이 있게 주해하고 적용하기 위해서 중요하다. 그런데 '긍휼(ελεος, חסד)'이라는 단어의 우리말의 의미는 '불쌍히 여김'이지만, 원어적으로 이 말은 '불쌍히 여김'보다는 더 깊은 의미가 있다. 이 말은 '언약적인 사랑'을 의미한다. 언약적인 사랑은 하나님께서 일방적으로 사랑을 시작하시고 또한 하나님의 백성들이 하나님을 반역함에도 불구하고 변함없이 사랑하시는 사랑을 말한다. 물론 잘못되었을 때 훈계도 하시고 채찍질하기도 하시고 하시지만 그 기본적인 사랑에는 변함이 없는 것이다. 그러니까 마태복음 5:7의 말씀은 우리말이 주는 뉘앙스처럼 막연히 '불쌍히 여겨라.' 또는 '동정심을 가져라.'를 의미하지 않고 언약적인 사랑을 베풀라는 의미한다. 좀 더 쉽게 이야기하면, 하나님께서 이미 우리에게 본을 보여주신 그 언약적인 사랑 (즉, 일방적이고 조건 없는 사랑, 변함없는 사랑 그리고 모든 것을 용서하

---

27) 사실 처방이 능력이다. 만약 의사가 정확하게 진단해서 바로 처방하고, 환자가 그 처방에 따라 하기만 하면 능력이 나타나지 않을 수 없다. 뿐만 아니라 하나님께서는 예수님께서 우리의 죄를 용서하시고 심판에서 우리를 구원하시는 처방이라는 것을 구약에서 이미 예표로 보여주셨다. 대표적인 것으로 두 가지를 들 수 있는데, 첫째, 유월절 어린양이고 두 번째가 광야의 놋뱀이다. 하나님께서 애굽을 심판하실 때 하나님의 백성을 구원하시기 위해 그리고 죽어 가는 이스라엘을 살리시기 위해서 처방을 내려주신 것이고 그 처방에 따른 사람들은 모두 구원받았다. 그러니까 십자가는 그렇게 우리를 구원하시는 하나님의 처방으로 이해하는 것은 여러 가지 면에서 타당하다.

는 사랑)을 다른 사람에게 그대로 실천하라는 것이다. 이와 같이 '긍휼'을 이해하면 "우리가 긍휼하심을 얻고 때를 따라 돕는 은혜를 얻기 위하여 은혜의 보좌 앞으로 담대히 나아갈 것이니라(히 4:16)."는 말씀도 쉽게 이해된다. 이 말씀은 우리에게 두 가지 은혜가 필요함을 말씀한다. 하나는 늘 변함없는 은혜(긍휼)이고, 다른 하나는 필요에 따른 특별한 은혜(때를 따라 돕는 은혜)이다. 이 두 가지 은혜를 위해서 하나님께 나아가서 기도 하라는 것이다.

세 번째는 여러 의미 가운데 하나를 택해야 할 경우에도 단어의 연구가 필요하다. 예를 들어, 빌립보서 1:5을 보면 'κοινωνία'라는 단어가 나온다. 우리가 잘 아는 것처럼, 이 단어의 대표적인 의미는 '교제'다. 그런데 이 단어가 어떤 번역본에서는 '교제(fellowship)'로 번역하고 어떤 번역본에서는 '참여(participation)'로 번역하였다. 실제로 사전을 찾아보면, 사전에서도 이 두 의미가 모두 언급되어 있다. 그런데 두 가지 가운데 어떤 의미를 취하느냐에 따라 본문 전체의 의미는 많이 달라진다. 물론 문맥을 보면 '참여'가 더 바람직한 번역임을 알게 되지만 원어의 의미를 확인하기 위해 사전이나 성구 사전 등을 통한 연구도 필요하다.

그러면 어떻게 단어를 연구해야 하는가? 물론 본문에 나오는 모든 단어를 다 연구할 수는 없다. 일반적으로 학자들은 세 과정을 거쳐 단어 연구를 하는 것을 제안한다. 먼저, 중요하다고 생각되는 단어, 충분한 의미를 알고 싶은 단어, 원래의 의미가 궁금하게 생각되어지는 단어, 여러 가지 의미로 번역되어 있는 단어 등 연구가 필요하다고 판단되는 단어들을 선택하라.28) 다음으로, 단어사전(Lexicon), 성경사전(Bible Dictionary), 성구사전(Concordance) 그리고 주석 등의 도움을 받아 단어의 기본적인 의

---

28) 연구되어야 할 단어는 설교자가 직접 본문을 묵상하거나 연구하면서 발견할 수도 있고, 주석이나 설교집 등을 보면서 발견할 수도 있다.

미 또는 단어가 가지고 있는 여러 가지 의미들을 파악하고 이해한다.[29]
세 번째로 문맥 아래서 가장 타당한 단어의 의미를 결정한다.

  (3) 문법적 관계와 구문론
  성경의 언어인 히브리어와 헬라어는 문법적 관계가 분명하다. 다시 말
해, 성·수·격이 확실히 구분되어 있고, 수식관계가 분명하다. 따라서 설
교할 본문의 문법적 수식관계를 도표(diagram)로 정리해 보는 것은 본문
의 흐름과 핵심 주제를 파악하는데 유익하다. 다시 말해, 주 문장과 보조
문장 그리고 수식어와 수식구 등의 문법적인 관계를 고려해서 본문을 도
식해 보면, 단어들의 관계, 절과 절의 관계, 전체의 흐름을 파악함으로 본
문의 주제와 구조 그리고 설교의 구조를 결정하는데 중요한 도움이 되는
경우가 많다. 물론 본문을 도식할 때 원어(히브리어와 헬라어)로 하는 것
이 가장 바람직하지만, 최소한 영어로는 해야 한다(필자는 가장 바람직한
번역본은 원문에서 직역한 NASB[New American Standard Bible]라고
생각한다).[30] 예를 들어, 로마서 5:1-5을 문법적 관계로 분석해서 도표로
정리해 보자.

  1절 Therefore, since we have been justified through faith,
    we have peace with God through <u>our Lord Jesus Christ</u>[31],

---

  29) 설교자가 참고하기에 믿을만한 단어사전, 성경사전, 성구사전, 주석 등에 대
해서는 Stuart, *Old Testament Exegesis*, 162-284; Fee, *New Testament
Exegesis*, 126-39; Duvall & Hays, *Grasping God's Word*, 701-38을 참고하라.
  30) 왜냐하면 우리말은 원어와 어순이 다르기 때문에 약간 혼란스러울 수 있기
때문이다. 하지만 우리말로 모든 본문의 도식화를 시도한 '*문맥성경*'(서울 성경 연
구원 간)은 이 일을 위해 도움이 될 것이다. 그리고 모든 본문의 시작과 끝 그리고
내부 구조에 대한 자세한 설명과 관찰을 위해서 Rolf P. Knierim & Gene M.
Tucker(eds.), *The Forms of the Old Testament Literature* (Grand Rapids:
Eerdmans) 시리즈는 유익할 것이다.
  31) '_'는 다음에 보충하는 문장, 구 또는 단어 등이 있음을 나타낸다.

2절 ⇒through whom[32)] we have gained access by faith into
this grace
⇒in which we now stand.

3절 And we rejoice in the hope of the glory of God.

Not only so, but we also rejoice in our sufferings,

4절 because we know
⇒that suffering produces perseverance;
perseverance, character;
and character, hope.

5절 And ⇒hope does not disappoint us,
because God has poured out his love
into our hearts by the Holy Spirit,
⇒whom he has given us.

그러므로 우리가 믿음으로 의롭다 하심을 얻었은즉,
우리 주 예수 그리스도로 말미암아 하나님으로 더불어 화평을 누리자.
(또한) ⇒그로 말미암아 이 은혜에 들어감을 얻었으며
⇒ 우리가 믿음으로 서 있는
하나님의 영광을 바라보고 즐거워하느니라.
다만 이뿐 아니라 우리가 환란 중에도 즐거워하나니
이는 ⇒환난은 인내를
인내는 연단을
연단은 소망을 이루는 줄 앎이니라

---

32) '⇒'는 앞부분과 연결되어 보조 역할을 하고 있음을 나타낸다. 그러니까 2
절은 관계 대명사로 연결되어서 2절은 1절의 보조 문장으로서 역할을 하고 있다.

⇒ 소망이 부끄럽게 아니함은 우리에게 주신 성령으로 말미암아
하나님의 사랑이 우리에게 부은바 됨이니

본문은 1절에서 언급된 것처럼 예수 그리스도를 믿음으로 의롭게 된
자의 삶의 특권을 언급하고 있는데, 그것이 구체적으로 무엇인지는 구문
론적 도식을 통해 쉽게 알 수 있다. 즉, 본문에서 주 문장은 세 개인데, 그
주 문장들이 바로 예수 그리스도를 믿음으로 의롭게 된 자의 삶의 특권이
무엇인지 말한다.

먼저, 그리스도 안에서 하나님과 화평하게 된 것이다(1절 하반 절).[33]
다음으로, 하나님의 영광을 바라보며 기뻐하는 것이다(3절 상반 절).
세 번째는 고난 가운데서도 기뻐하는 것이다(3절 하반 절).[34]

또 다른 예를 위해서, 에베소서 4:1-3을 보자.

1절: I, therefore, the prisoner of the Lord, entreat you to
walk in a manner worthy of the calling

2절   ⇒with which you have been called,
with all humility
and gentleness,
with patience,
showing forbearance to one another in love,

3절 being diligent to preserve the unity of the Spirit
in the bond of peace(NASB).

---

33) 2절의 '예수님으로 말미암아 은혜에 깊이 들어감' 은 분사 구문이다. 그러니
까 하나님과 평화를 누리게 된 자는 계속해서 하나님의 은혜를 경험할 수 있음을 말
한다.
34) 4-5절은 고난 가운데서도 기뻐해야 할 이유를 언급하고 있다.

주 안에서 간힌 나는 너희가 부르심에 합당하게 행하기를 간절히 권한다.

　모든 겸손과

　온유와

　참음으로,

　　사랑 가운데서 서로 용납함으로,

평안의 매는 줄로 성령의 하나 되게 하신 것을 지키도록 힘쓰라(사역).

본문은 하나님께서 그리스도 안에서 부르신 부름에 합당한 자의 삶에 대한 것이다(1절). 그 가운데 가장 우선적인 것은 '성령의 하나 되게 하심을 지키도록 최선을 다해 노력하는 것이다.' (분사인 '힘쓰라 또는 최선을 다해 노력하라(σπουδάζω)'는 구문론적으로 볼 때 독립적인 용법으로 '명령'을 나타낸다).[35] 그런데 하나 됨을 위해 필요한 구체적인 성품적 요구가 2절에 세 가지로 제시되고 있다. 첫 번째는 겸손이요, 두 번째는 온유함이요, 세 번째는 인내이다(인내는 사랑 안에서 서로 용납하는 것임을 분사구문으로 보충 설명된다.). 이와 같이 문법적 관계에 의해서 본문이 구조적으로 분석되면 쉽게 본문의 논리적 전개와 핵심 내용을 파악할 수 있을 뿐 아니라, 설교의 개요도 쉽게 세울 수 있다.[36]

뿐만 아니라 본문을 깊고 바르게 이해하기 위해서 구문론(Syntax)에 대한 이해가 필요하다. 구문론은 본문에서의 단어의 기능과 역할 또는 단어와 단어 사이의 관계를 규명하는 것인데, 그것은 성경의 언어인 히브리어나 헬라어를 바로 이해하는데 아주 중요하다. 예를 들어 보자.[37] '하나

---

35) Daniel B. Wallace, *Greek Grammar: Beyond the Basic* (Grand Rapids: Zondervan, 1996), 652.

36) 좀 더 구체적인 설명을 위해 Fee, *New Testament Exegesis*, 65-80와 Kaiser, *Toward an Exegetical Theology*, 165-81를 참고하라.

님의 의(ἡ δικαιοσύνη τοῦ θεοῦ)'는 문맥에 따라 '하나님이 주신 의'를 의미할 수 있고 '하나님이 자신 안과 자신의 행동에 가지고 계신 의'를 의미할 수도 있다. '하나님의 나라(ἡ βασιλεία τοῦ θεοῦ)'도 마찬가지다. '하나님으로부터 기원된 나라'를 의미할 수도 있고, '하나님 자신이 소유하고 계신 나라'를 의미할 수도 있다. 또한 동사도 구문론적으로 어떻게 이해하느냐에 따라 문장의 의미가 달라질 수 있다. 따라서 설교자가 그러한 구문론적 의미를 판단할 수 있는 지식과 능력을 가질 때 본문의 깊은 의미를 파악할 수 있다. 그것은 훈련과 연습을 통해 가능하다. 필자는 구문론을 배우지 않고 파악할 능력을 기르지 않으면 원어 공부에 대한 큰 의미가 없다고 생각한다. 결국 문법적 관계와 구문론에 대한 이해와 판단 능력은 본문을 더욱 깊이 그리고 바르게 이해하는데 필수적이라 할 수 있다.

(4) 역사적/문화적 배경

성경은 특별한 역사적, 문화적 배경 가운데 기록되었다. 따라서 본문의 의미를 바르게 파악하기 위해서 역사적, 문화적 배경을 고려하는 것은 당연하다. 실제로 본문의 저자, 그리고 청중 또는 독자 그리고 기록된 시기와 상황 등에 대한 지식은 본문을 바르게 이해하는데 결정적인 역할을 하는 경우가 있다. 예를 들어, 사도행전 15장에는 예루살렘 공의회에게 결의한 두 가지 사항이 기록되어 있다. 하나는 구원을 위해서 더 이상 할례가 필요 없다는 것이고, 다른 하나는 우상의 더러운 것과 음행(단지 성적인 것만을 이야기하는 것이 아니라 영적인 것을 포함한다.)과 목매어 죽인 것과 피를 멀리하라는 것이다. 여기에서 구원을 위해서 할례가 필요 없다는 것은 쉽게 이해된다. 그러나 먹는 문제에 대해서 왜 그런 결정을 내렸는지 그리고 이 결정이 오늘날도 그대로 적용되는지에 대해서 명확하게 답하기

---

37) 좀 더 구체적인 설명과 다른 예를 위해서 Fee, *New Testament Exegesis*, 118-9를 참조하라.

가 쉽지 않다. 특히 고린도전서에서 바울은 시장에서 파는 제사음식도 먹을 수 있다고 했다고 했는데 이것은 공의회의 결정과 배치된다. 그러면 이 본문을 어떻게 이해해야 하는가? 이 본문은 당시의 역사적, 문화적 상황에서 설명되어야 한다.

당시 교회는 유대인들과 이방인들이 함께 섞여서 신앙생활하고 있었다. 그런데 그들의 문화는 다른 부분이 많았다. 그 대표적인 것 가운데 하나가 음식 문화였다. 하나님께서는 이스라엘에게 이방인들과 구별된 백성임을 기억하도록 먹을 것과 먹지 말아야 할 것을 구별해 주셨다(참고. 레 11장, 신 14장). 그래서 이스라엘은 2000년 가까이 하나님의 명령을 생명처럼 지켜왔다. 그런데 그렇게 오랫동안 지켜오던 것을 복음을 받아들였다고 해서 하루아침에 바꾸는 것은 쉽지 않았다. 그러한 상황에서 할례의 문제는 복음의 본질에 해당하는 부분이었기 때문에 반드시 지켜져야 했지만, 음식에 대한 것은 바울이 언급한 것처럼 기독교 신앙의 본질적인 문제는 아니었고, 건덕에 속한 문제였다. 그러니까 유대인들이 그렇게 귀하게 여겼던 할례를 포기해야 했기 때문에 이방인들도 유대인들이 그렇게 혐오하는 것을 건덕을 위해서 절제하는 것이 공동체 전체를 위해서 바람직하였다. 다시 말하면, 공동체의 일부분이 너무 혐오하는 것을 다른 사람들이 절제하는 것은 전체 공동체를 세우기 위해서 필요하였기 때문에 그렇게 결정한 것이었다.

이와 같이 당시의 역사적, 문화적 배경 가운데서 사도행전 15장을 이해하면 오늘날의 적용도 쉽게 결정할 수 있다. 그것은 건덕을 위해서 절제와 양보가 필요하다는 것이다. 사실 오랫동안 유지해온 관습이나 습관을 예수를 믿음으로 하루아침에 바꾼다는 것은 쉽지 않다. 그렇기 때문에 공동체 안에서 어떤 부류에게 너무도 중요하게 여겨왔던 것이나 어떤 부류에게 혐오스럽게 취급되는 것들의 문제가 발생할 때, 그것이 복음의 본질을 훼손하는 것이 아니라면 건덕 상 이해하고 양보하고 절제하는 것은 공동체 전체를 위해서 바람직하다. 오늘날 한국 교회의 추도식이라든지 술과 담배 문제가 이 원리에 속한다고 할 수 있다.

이혼에 관한 문제도 마찬가지다. 구약에서는 이혼 증서와 함께 이혼을 할 수 있도록 말씀한다(신 24:1-4). 그런데 신약을 보면 예수님과 사도 바울도 이혼 문제에 대해서 좀 더 자세하게 말씀하셨는데(마 19:1-9, 막 10: 1-12; 고전 7:10-19), 구체적으로 두 가지 이혼할 수 있는 사유를 제시한 다. 먼저 마태복음을 보면, 예수님께서는 이혼은 창조 질서에 어긋나는 것 이고 이혼하는 것은 간음이라고 말씀하시면서(마 19:1-9, 막 10: 1-12), 음행한 연고 외에 이혼해서는 안 된다고 말씀한다. 그것은 상대방이 음행 을 범했을 때는 이혼이 가능하다는 것을 의미한다. 다음으로, 고린도전서 를 보면 믿지 않는 남편이 믿는 아내에게 이혼을 요구할 때 이혼은 가능하 다고 하였다. 그런데 여기까지만 보면 하나님의 진정한 의도를 온전히 발 견할 수 없다.

이혼에 관한 문제를 바로 이해하기 위해서도 역시 당시의 역사적, 문화 적 배경이 고려되어야 한다. 먼저, 구약에서 이혼을 명한 시대적 배경이다. 당시에는 여자들을 마치 노리개나 노예와 같이 생각하고 자기 마음대로 여자를 바꾸었다고 한다. 그리고 여자들은 집에서 쫓겨난 후에도 법적으 로 한 남자의 아내로 계속 남아 있어야 되었고, 만약 결혼하게 되면 그 사 람은 사회에서 소외되어 창녀 취급을 받을 수밖에 없었다. 그러한 상황에 서 이혼 증서를 주라고 한 것은 먼저 이혼 증서를 줌으로 이혼 문제에 대 해서 신중함을 기하기 위함이었다. 아무래도 증서를 주기 위해서는 한 번 더 생각하지 않겠는가? 다음으로, 이혼 증서를 줌으로 이혼 당한 여자들 이 거리낌 없이 재혼할 수 있는 기회를 마련해 주기 위함이었다. 이렇게 볼 때 모세의 명령은 이혼을 찬성하거나 조장시켰던 것이 아니라 오히려 이혼을 억제시키며 아내들이 남편의 희생물이 되지 않도록 하는 목적이 있었음을 알 수 있다.

다음으로, 신약 시대의 시대적 배경도 아는 것이 필요하다. 성경은 음행이 얼마나 큰 죄인지 계속해서 강조하고 있으며, 음행은 공동체와 가족을 파괴하는 대표적인 죄악이었다. 그래서 당시에 음행은 죽을 죄에 해당하는 것이었고, 간음을 하게 되면 죽여도 아무 말을 할 수 없었다. 그러니까 예수님의 말씀은 단지 음행이 이혼의 사유임을 강조하는 것이라기보다는 음행이 하나님께서 금지하신 이혼을 해야 할 정도의 큰 죄인 것을 확인시켜 주었던 것이다. 또한 당시는 핍박과 고난의 상황이었다. 그러한 상황에서 믿지 않는 남편과의 이혼을 허락한 것은 이 세상의 어느 것보다 신앙을 유지하는 것이 귀중한 것임을 말씀한 것이다.

결국 이렇게 역사적, 문화적 배경을 고려하여 이혼에 관한 문제를 살펴볼 때, 이혼은 하나님의 진정한 의도가 아님을 쉽게 알 수 있다. 다만 우리의 죄성(罪性)과 연약함 그리고 완악함 때문에 조건적으로만 가능하게 하였다. 그러나 그것조차도 아주 부득이한 경우이다. 한 걸음 더 나아가서 주님께서는 설령 음행을 한다고 할지라도 우리는 받아주어야 하고 믿지 않아도 우리는 최선을 다해서 섬기고 사랑해야 함을 함께 말씀하셨다. 결국 역사적, 문화적 배경에 대한 지식은 본문을 온전히 이해하고 오늘날 우리들에게 바르게 적용하는데 중요한 요소임이 분명하다.

3) 신학적 해석(Theological Interpretation) 또는 하나님 중심적 해석 (Theocentric Interpretation)

문맥과 단어와 구문론과 역사적 문화적 배경을 연구하는 목적은 본문에서 하나님의 뜻과 의도를 발견하는 것이다. 이렇게 본문에서 하나님의 뜻과 의도를 찾는 것을 '신학적 해석' 또는 '하나님 중심적 해석'이라고 한다.[38] 만약 신학적 해석이 되지 않는다면 본문의 연구는 무가치한 것이

---

38) '신학적 해석' 또는 '하나님 중심적 해석'에 대한 좀 더 자세한 논의를 위

다. 그런데 신학적 해석과 관련하여 피해야 할 몇 가지 함정(pitfall)들이 있다. 대표적으로 '인간 중심적(Anthropocentric) 해석(또는 설교),' '영해(Allegorizing 또는 Spiritualizing) 설교,' '도덕적(Moralizing) 해석(또는 설교)' 등이 그것이다. 이러한 잘못된 접근들은 본문을 피상적으로 접근하거나 잘못된 관점에서 접근할 때 또는 좀 더 은혜로운(?) 설교를 하고자 할 때 나타나는 결과들이다.[39] 이러한 잘못된 접근들에 대해서 좀 더 구체적으로 살펴보자.

(1) 인간 중심적 해석(설교)

'인간 중심적 해석'은 본문에 등장한 인물들을 중심으로 설명하고 적용하는 것이다. 성경에서 등장인물들은 일차적으로 그 인물들의 탁월함이나 악함을 드러내기 위해서 등장하는 것이 아니다. 그들은 하나님의 뜻을 이루는 과정에서 선택된 자들이고, 천지를 창조하시고 유일하신 하나님의 전능하심과 역사를 주관하심 등을 드러내기 위해서 쓰임 받은 자들이다. 그러나 설교자가 본문에서 핵심적으로 드러내고자 하는 하나님의 섭리와 뜻을 무시한 채 등장 인물들을 부각시키고 그 인물들이 중심이 되어서 접근하면, 그것은 인간중심적 해석(설교)이 된다. 예를 들어, 마가복음 1장의 문둥병자가 고침 받는 사건에서, 예수님은 이 사건을 통해서 자신이 구약에서 예언한 메시아이시고 하나님이시며, 자신을 통해서 민족과 혈통을 넘어선 새로운 시대가 도래되었음을 알리고자 하였다. 복음서 기자도 그 사건의 의도를 잘 알았기 때문에 이 사건을 마가복음의 가장 앞부분에 기

해서 Greidanus, *The Modern Preacher*, 102-21을 참고하라.

39) 로버트 트레이나는 본문의 연구에 있어서 범할 수 있는 오류를 세 가지로 분류하였다(Robert A. Traina, *Methodical Bible Study: A New Approach to Hermeneutics* [Wilmore: R.A.Traina, 1952], 181).

    1. 잘못된 해석: 본문에 그릇된 의미를 부여하는 오류
    2. 미흡한 해석: 본문의 충분한 의미를 다 캐내지 못하는 오류
    3. 지나친 해석: 본문의 들어 있는 것 이상의 의미를 부여하는 오류

록하였다. 그런데 이 사건을 통해서 보여주고자 하는 하나님의 진정한 뜻과 의도를 간과한 채 문둥병자와 그의 친구들의 믿음과 행함만 강조한다면, 그것은 인간 중심적 해석(설교)이라고 할 수 있다.

(2) 영해(설교)

'영해(설교)'는 본문을 해석학적 원리에 따라서 정당하게 해석하지 않고(즉, 역사적 상황이나 문맥을 고려하지 않고) 주관적으로 본문에 영적인 의미를 부여하여 해석하고 적용하는 것이다. 예를 들어, 자주 언급되는 대로 아가서에서 솔로몬과 술람미 여인과의 관계를 단순히 예수님과 성도들의 관계로 연결시킨다든지, 요한복음 21장에서 베드로가 잡은 물고기 수에 특별한 의미를 부여한다든지, 구약에서 빨간색에 대한 언급이 있으면 무조건 예수님의 십자가나 보혈로 해석하면(가장 대표적인 예는 여호수아 2장에 언급되는 '라합의 집의 창에 매었던 붉은 줄이 라합의 집을 구하였기 때문에 이것을 그리스도의 피와 연결하는 것이다.), 그것은 영해이다.

(3) 도덕적 해석(설교)

'도덕적 해석(설교)'은 인간 중심적 해석과 어느 정도 같은 맥락을 가지고 있는데, 본문의 진정한 의도를 무시한 채 본문에서 단순히 윤리적인 교훈만을 이끌어내는 접근이다. 예를 들면, 노아가 술 취한 사건에서 단순히 술을 먹지 말자고 해석하고 적용한다든지, 아브라함이 거짓말한 사건(창 12, 20장)에서 단순히 "거짓말하지 말자!"는 것에 최우선을 두고 접근한다든지, 아브라함이 아내를 장사하기 위해서 막벨라 굴을 산 사건(창 23장)에서 "정당한 대가를 지불하라." 또는 "공짜를 좋아하지 말라."는 주제로 해석하면, 그것은 도덕적 해석(설교)이다. 물론 설교에서 신앙의 윤리적이고 도덕적인 부분도 적용되고 강조되어야 한다. 그러나 윤리적이고 도덕적인 교훈이 본문의 이차적이거나 부수적인 내용인데, 본문의 하나님의 의도를 간과하거나 왜곡해서 윤리적인 것이 핵심적인 주제로 설명되거나 적용하면 그것은 도덕적 해석(설교)이 된다.

III. 본문의 주제와 구조

설교를 위해서 본문을 연구하는 주목적 가운데 하나는 본문의 주제(Central Idea 또는 Big Idea)을 결정하고,[40] 그 주제와 관련하여 본문이 어떻게 전개되는지 또는 어떤 구조를 가지고 있는지 파악하는 것이다. 본문의 주제와 구조는 위에 기술된 본문의 연구들을 충실히 수행하는 과정에서 자연스럽게 나타나는 결과이다. 따라서 만약 본문의 주제와 구조가 확실하고 분명하게 나타나지 않았다면 본문 연구가 아직 부족한 것이라고 할 수 있다. 뿐만 아니라 본문의 주제와 구조는 설교의 주제와 구조를 결정하는데 근거가 되고 중요한 역할을 한다.

그런데 여기에서 우리가 주의해야 할 것은 본문의 구조는 본문의 장르에 따라 다양하게 접근되어야 한다는 것이다.[41] 먼저, 내러티브 장르의 본문에서는 플롯(발단-전개[위기]-절정[해결]-결과)을 따라 본문의 구조를 파악하는 것이 바람직하다. 예를 들어, 여호수아 2장의 주제와 구조는 다음과 같이 제시될 수 있다.

---

40) 헤돈 로빈슨은 이것을 본문의 '주 요소(저자가 본문에서 무엇을 말하고 있는가?)'와 '보충 요소(저자가 주제에 대해서 무엇을 말하고 있는가?)'를 파악하는 것이라고 하였다(Robinson, *Biblical Preaching*, 67-8).

41) 대부분의 설교학 교과서들은 장르와는 상관없이 천편일률적으로 '서론-본론-결론' 또는 순서적으로 '1. 2. 3.'으로 나누어 본문의 구조를 파악할 것을 제시한다. 예) 장두만, 『(다시 쓰는) 강해 설교 작성법』(서울: 요단출판사, 2000), 134-75, 333-430; Richard, *Preparing Expository Sermon*, 53-64; Donald R. Sunukjian, *Invitation to Biblical Preaching*, 채경락 역, 『성경적 설교의 초대』(서울: CLC, 2009), 33-51. 하지만 그것은 하나님께서 다양한 장르로 말씀하신 의도를 충분히 반영하지 않는 것으로 바람직하지 않다.

주제: 연약하고 부족한 자를 사용하셔서 구원을 이루어 가시는 하나님
본문의 구조 또는 전개

   가. 발단: 여호수아가 가나안에 두 명의 정탐꾼을 보내다(1절).

   나. 위기 또는 갈등: 두 사람이 발각되어 생명이 위태롭게 되다(2-3
      절).

   다. 해결: 기생 라합의 거짓말로 두 사람의 위기가 극복되고 무사히
      본진으로 돌아가 다(4-21절).

   라. 결과: 두 명의 정탐꾼이 확신의 보고를 하다(22-24절).

역사적 보고나 평가와 같은 서술형 본문은 서론-본론-결론 또는 단순히 순서적으로 구조를 파악하는 것이 바람직하다. 예를 들어, 열왕기하 21:1-18을 보자.[42]

주제: 하나님께서 므낫세의 악정(惡政)에 노하시다.
본문의 구조

   1. 므낫세 왕이 범한 죄의 내용과 성격(1-11절).

   2. 므낫세 왕과 이스라엘에게 임할 심판의 내용과 성격(12-15절).

   3. 므낫세 왕의 통치에 대한 최종 평가(16-18절).

시편의 경우에는 시편 저자의 생각의 흐름을 따라 본문의 구조를 찾는 것이 바람직하다. 예를 들어, 시편 1편에서 우리는 다음과 같이 본문의 주제와 본문의 구조를 제시할 수 있다.

주제: 복 있는 사람

---

42) 김창훈, "더 큰 은혜와 심판의 길목에서,"「그 말씀」181(2004/7): 66-76.

본문의 구조

1. 복 있는 사람은 어떤 사람인가(1-2절)?

2. 복 있는 사람에게 나타나는 결과는 무엇인가(3절)?

3. 대조적으로 악인들에게 나타나는 결과는 무엇인가(4-5절)?

4. 결론 및 요약: 의인과 악인이 대조된다(6절).[43]

바울 서신과 같은 강화체 본문은 저자의 논리의 흐름을 따라 본문의 구조를 파악해야 한다. 예를 들어, 빌립보서 2:1-4를 보자.[44]

주제: 하나가 되라.

본문의 구조 또는 전개

1. 하나가 되어야 할 이유(1절).[45]

2. 하나가 되라(2절).

3. 하나가 되기 위해 하지 말아야 할 일(3절 상).

---

43) 설교에서 이 부분은 설교의 결론으로 결단을 촉구하기 위해서 제시될 수 있다.

44) 본문을 구문론에 따라 도표로 나타내면 다음과 같다.

  if there is any encouragement in Christ,
  if there is any consolation of love,
  if there is any fellowship of the Spirit,
  if any affection and compassion,
make my joy complete by being of the same mind, maintaining the
same love, unitedin spirit, intent on one purpose.
  Do nothing from selfishness or empty conceit,
  but with humility of mind regard one another
          as more important than yourselves;
  do not merely look out for your own personal interests,
      but also for the interests of others.

45) 일부 학자들은 본문의 'Εἴ τις'(영어로는 대개 'if'로 번역되고 우리말로는 대개 '~한다면'으로 번역되어 있지만)를 구문론적으로 '이유(~하기 때문에)'를 의미한다고 주장한다. 필자는 그것이 문맥적으로 볼 때, 옳은 판단이라고 생각한다.

- 다툼과 허영.

4. 하나가 되기 위해 해야 할 일(3절 하-4절).
   - 겸손함으로 남을 나보다 낮게 여김.
   - 자기 일을 돌아볼뿐더러 다른 사람들의 일을 돌아보는 것.[46]

물론 본문의 주제와 구조(전개)를 파악하기 쉬운 본문도 있고 어려운 본문도 있다. 그런데 본문의 하나님의 뜻과 의도가 온전히 드러나게 하기 위해 본문의 주제와 구조를 분명히 하는 것은 반드시 필요한 과정이다. 따라서 설교자는 본문의 주제와 그 주제와 관련하여 본문의 구체적인 내용과 구조와 전개가 확실하게 드러날 때까지 계속 연구하고 노력하고 기도해야 할 것이다.[47]

---

46) 본문의 주절은 2절이다. 그리고 1절은 그 이유를 설명하고 있고, 3-4절은 그 방법을 구체적으로 제안하고 있다. 따라서 설교의 구조는 본문의 순서를 따라 전개하는 것보다는 2절을 먼저 설명하면서 하나가 되어야 함을 강조하고, 다음으로 1절을 설명하면서 하나가 되어야 할 이유를 언급한 후에 하나 되기 위해서 하지 말아야 할 일이 무엇인지, 그리고 하나가 되기 위해서 적극적으로 해야 할 일이 무엇인지 설명하는 것이 바람직하다.

47) 사실 늘 시간에 쫓기는 목회자들이 한 본문의 주해를 위해서 주석가들처럼 많은 시간을 투자한다는 것은 결코 쉽지 않은 일이다. 그러나 해석학에 대한 기본적인 지식을 갖추고 있고, 본문과 관련된 몇 권의 좋은 주석이 있으면 시간도 많이 단축할 수 있을 뿐 아니라 효과적인 연구를 할 수 있다. 특별히 주석은 본문 해석을 위한 핵심 논점과 중요한 부분들에 대한 다양한 견해를 제시하기 때문에 설교자들은 주석을 살펴본 후에 필요하다면 논쟁되는 부분이나 중요한 부분들에 대한 서적들을 참고할 수 있다. 그러나 설교자는 스스로 최종적인 결정을 해야 하고, 또한 왜 그러한 결론에 이르렀는지 설명할 수 있어야 한다. Fee(*New Testament Exegesis*, 145-164)는 설교자를 위한 주석의 방법과 각각의 과정에 필요한 시간까지 제시하였는데 참고하면 유익할 것이다.

제9장

청중 분석
(Audience Analysis)

본문 연구를 통해서 본문의 중심 주제 또는 하나님의 의도와 뜻을 파악한 다음에 설교를 작성하기 위해서 가장 먼저 필요한 것은 청중을 분석하는 일이다. 청중을 분석한다는 것은 본문 연구를 통해 도출된 결론을 가지고 적용, 설교의 주제와 목적, 설교의 구성, 설교 언어 등을 결정하기 위해서 청중을 고려하는 것을 의미한다. 또한 청중을 분석한다는 것은 설교의 대상인 청중들을 더욱 깊이 알아가는 것 즉, 청중들의 관심과 고민이 무엇인지, 또는 그들의 필요가 무엇인지 등을 알아가는 것을 의미한다.

하지만 청중은 오랫동안 설교학에서 정당한 관심을 받지 못했다. 마이론 차티어(Myron R. Chartier)가 지적한 것처럼, 전통적인 설교학에서 청중은 궁수인 설교자가 잘 조준해서 명중하기만 하면 되는 '과녁(Target)'에 불과하였다.[1] 전통적인 설교학은 단지 설교자 편에서 무엇을 전해야 하는지 그리고 가만히 멈추어 서 있는 청중을 어떻게 설득시킬 수 있는지에 대해서만 관심이 집중되어 있었다. 그런데 청중이 효과적인 설교를 위한 중요한 요인으로 관심을 끌게 된 것은 신설교학의 등장으로 말미암았다. 신설교학 학자들의 우선적인 관심은 청중에게 있었다. 예를 들어, 토마스 롱(Thomas G. Long)은 온전한 설교를 위해서는 청중을 피상적으로 알아서는 안 된다고 하면서, 설교자의 가장 중요한 자격은 청중을

---

1) Myron R. Chartier, *Preaching as Communication*, 정장복 역, 『말씀의 커뮤니케이션』 (서울: 대한기독교서회, 1990).

위해 증언할 수 있을 정도로 깊이 체험적으로 깊이 아는 것이라고 하였다. 프레드 크레독(Fred B. Craddock)은 청중에 변화된 상황을 강조하면서 연역법 대신 귀납적 접근을 강조하였다. 데이비드 버트릭(David Buttrick)은 청중의 의식에 가장 알맞은 설교의 구조를 강조하였다. 존 맥쿨루어(John S. McClure)는 설교에 가장 효과적으로 청중의 필요와 상황을 반영하기 위해서 교회 안에 청중들로 구성된 설교 준비 위원회를 조직해야 한다고 하였다. 피터스(H. J. C. Pieterse)는 설교는 일방적인 행위가 아니라 커뮤니케이션이 되어야 한다고 하였다. 칼빈 밀러(Calvin Miller)는 효과적이고 능력 있는 설교를 위해서 청중의 문화와 언어를 배우고 활용해야 한다고 하였다.[2] 필자는 물론 그들의 견해에 전적으로 동의하지는 않지만,[3] 모두 나름대로 일리가 있는 주장이라고 생각한다. 왜냐하면 청중을 제대로 분석하고 이해하여 그들에게 필요한 내용을 그들에게 가장 알맞은 방법으로 설교할 때 더욱 효과적이고 능력 있는 메시지를 전달할 수 있고 또한 청중들의 신앙과 삶을 변화시킬 수 있는 가능성이 가장 높기 때문이다.

I. 청중 분석의 성경적 근거(실례)

설교자가 청중을 분석하고 고려해야 할 가장 중요한 이유는 그것이 성경적이기 때문이다. 청중을 고려하여 설교한 청중 분석의 가장 대표적인 예는 예수님과 바울에게서 찾아볼 수 있다. 예수님과 바울은 각각 다른 청

---

2) 여기에서 소개한 학자들의 제안에 대한 좀 더 자세한 설명을 위해 본서 <3장. 설교는 무엇인가?>을 참고하라.

3) 필자의 판단으로, 신설교학은 너무 청중 중심으로 치우쳐 있다. 청중을 무시하는 것도 문제지만, 청중에게 너무 치우치는 것도 바람직하지 않다. 왜냐하면, 설교는 근본적으로 '하나님 중심적'이어야 하기 때문이다.

중을 대상으로 설교하였기 때문에 다른 접근과 언어와 목표를 가지고 복음(진리)을 전하고 설명하였다.

예수님의 설교 대상은 주로 시골에 사는 유대인들이었기 때문에 하나님의 말씀과 뜻을 전할 때 그들에게 익숙하고 잘 알고 있는 새, 농사 일, 목자 등과 같은 비유를 사용하였다. 그런데 바울의 설교 대상은 로마의 지배 아래 있었던 도시권의 사람들이었기 때문에 경주, 군대 생활 등을 비유로 사용하였다. 또한 바울 자신은 모든 사람에게 자유하였지만 모든 사람에게 맞추어 복음을 전했다고 고백한다.

> 내가 모든 사람에게서 자유로우나 스스로 모든 사람에게 종이 된 것은 더 많은 사람을 얻고자 함이라. 유대인들에게 내가 유대인과 같이 된 것은 유대인들을 얻고자 함이요. 율법 아래에 있는 자들에게는 내가 율법 아래에 있지 아니하나 율법 아래에 있는 자 같이 된 것은 율법 아래에 있는 자들을 얻고자 함이요. 율법 없는 자에게는 내가 하나님께는 율법 없는 자가 아니요 도리어 그리스도의 율법 아래에 있는 자이나 율법 없는 자와 같이 된 것은 율법 없는 자들을 얻고자 함이라. 약한 자들에게 내가 약한 자와 같이 된 것은 약한 자들을 얻고자 함이요. 내가 여러 사람에게 여러 모습이 된 것은 아무쪼록 몇 사람이라도 구원하고자 함이니(고전 9:19-22).

성경의 기자들도 청중을 고려하였음을 알 수 있다. 예를 들어, 마태복음은 흔히 유대인을 위한 복음서이고, 마가복음은 이방인을 위한 복음서라고 한다. 그것은 접근 방식에서 확연히 드러난다. 유대인들은 구약을 인정하기 때문에 마태복음에는 구약의 인용이 많다. 그래서 "… 함을 이루려 하심이라." 또는 " … 함이 이루어 졌느니라."와 같은 구절들이 많이 등장한다. 그러나 마가복음의 대상인 이방인들은 구약을 모르고 또는 인정하지 않기 때문에 마가복음에는 구약에 대한 인용이 거의 없다. 그러한 접근들은 유대인과 이방인에게 복음을 전하는 가장 효과적인 방법이었다. 이것은 복음서 저자들도 효과적으로 복음을 전하기 위해 청중을 고려했다는 것을 분명하게 보여준다.

뿐만 아니라 바울의 '아덴에서의 설교(행 17:16-34)'는 뛰어난 청중 분석을 통해 접근한 대표적인 설교의 한 예라고 할 수 있다. 아덴에서의 바울의 설교는 다른 곳에서의 설교의 내용과 접근 방식이 달랐다.[4]

먼저 바울이 설교한 장소인 '아레오바고'는 회의가 열리거나 법정으로 쓰였던 장소였다. 사도행전을 보면 바울은 대개 회당에서 설교하였는데, 아덴에서의 설교는 다른 곳과는 설교의 대상도 달랐고 설교의 분위기나 상황도 전혀 달랐다. 다른 곳에서는 볼 수 없었던 이교적인 분위기였다. 22-31절에 기록된 그의 설교는 서론, 본론 그리고 결론(결단)으로 구성되었다.

서론에서 바울은 두 가지를 이야기한다. 먼저, 바울은 그들에게 종교성이 많다고 한다(22절). 이 말은 그들을 인정하면서 칭찬하는 말이다.[5] 칭찬하고 인정할 때 기분 나빠할 사람은 없다. 그러니까 바울은 자신의 분한

---

4) 바울의 아덴에서의 설교에 대해서 혹자는 바울이 제대로 복음을 전하지 못한 실패의 대표적인 예라고 하면서 몇 가지 이유를 제시한다. 먼저, 바울이 당시 최고의 철학의 도시인 아덴의 사람들에게 십자가를 설교하지 않고 철학적으로 접근하였기 때문에 실패했다고 한다. 다음으로, 고린도 전서에서 바울이 사람의 지혜로 복음을 전하지 않는다고 했는데, 그것은 바로 전에 복음을 전했던 아덴에서의 실패했던 경험 때문이었다고 한다. 그리고 회심자가 많지 않았다고 한다. 그러나 성경 어느 곳에도 그러한 주장을 뒷받침할 근거가 없다. 고린도 교회에서 사람의 지혜로 하지 않겠다고 한 것은 언변에 능하고 지식이 많은 고린도 교인들에게 실제적으로 필요한 메시지였다. 뿐만 아니라, 당시 이방 종교와 신들을 난잡하게 숭배하였던 아덴의 상황에서 전혀 열매가 없었던 것도 아니었다(행 17:34). 그 정도면 설교를 통한 열매가 있었다고 할 수 있다.

5) 이 말이 칭찬을 의미하는 것인지 아니면 "너무 미신적"이라고 질책한 것인지에 대한 논란이 있으나, 필자는 이 말이 그들을 칭찬하고 인정하는 것이라고 생각한다. 아무리 문제가 많은 교회에 편지하더라도 먼저 그들의 장점들과 공헌들을 인정하고 칭찬하는 바울의 접근 방식을 볼 때, 이 말도 같은 차원으로 해석하는 것이 타당하다. 그리고 만약 이 말이 그들을 비아냥거린 것이었다면, 그들은 비위가 상했을 것이고, 애초에 설교 자체를 하지 못하게 하였을 것이 분명하다.

감정을 전혀 표시하지 않고(참고. 행 17:16) 이렇게 청중의 마음을 사로잡아 그들이 설교를 거부하지 않고 설교를 듣도록 하였다.

다음으로, 그가 설교하는 주제가 '알지 못하는 신'에 관한 것임을 언급한다(23절). 이 바울의 말을 이해하기 위해서 당시의 아덴의 상황을 알 필요가 있다. 당시 아덴에는 그리이스 신화에 등장하는 신들의 사원들로 가득하였으며 그 외에도 셀 수 없이 많은 각종 신들과 우상들을 위한 신상들이 곳곳에 널려 있었다. 300개의 공식화된 우상과 3만여 개의 신상들이 있었다고 한다. 그렇게 많은 우상들을 섬기면서도 그들은 혹시 자기들이 알지 못하는 신들을 섬기지 못해 그들로부터 저주와 재앙을 받을까 염려하여 '알지 못하는 신들에게'라는 제단을 쌓고 거기에서 제사를 지내며 제물을 바쳤다. 그러니까 '알지 못하는 신'에 관한 것은 설교를 듣는 당시 청중들이 가장 궁금해 하면서 최고의 관심을 보일 수 있는 주제였다. 그런데 바울은 그들에게 그 신에 관해서 이야기하겠다고 한 것이다. 이렇게 서론에서 알지 못한 신에 관한 언급을 한 것은 그들의 관심을 끌기 위한 것이었다. 사람들은 평상시에 관심이 있는 것이 언급되어지면 집중해서 듣는 경향이 있는데, 바울이 바로 그 점을 노린 것이다. 결국, 바울은 아덴에서 설교할 때 청중을 인정하고 청중이 가장 궁금한 부분을 서론에서 언급하였다. 이것은 청중을 설교에 집중케 하는 좋은 서론이라고 할 수 있다. 그러니까 바울은 청중 분석을 통해서 그들을 잘 알고 있었고 거기에 맞추어서 그들에게 접근하였다.

그러면서 본론으로 하나님을 소개한다.

아덴에서의 설교의 내용은 회당에서의 설교의 내용과 달랐다. 회당에서는 유대교의 배경을 가진 사람들이었기 때문에 구약 성경을 많이 인용하였다. 그러나 아덴에서의 청중들은 구약 성경을 알지도 못했고 믿지도 않았고 별로 관심도 없었기 때문에 구약을 인용하는 것이 도움이 되지 않는다. 그리고 유대인들에게는 예수님께서 그들이 기대했던 메시야이심을 드러내는 것이 그들에게 필요하고 가장 중요하였지만, 수많은 우상들을 섬기고 다신론적 신앙이 있는 이방인들에게 무엇보다도 필요한 것은 바른 신관(유일신 하나님에 대한 믿음)이었다.

그래서 바울은 크게 세 가지를 설교한다.

먼저, 하나님께서 우주의 창조주이시오 모든 피조물의 주인이시오 섭리자시며 무소부재하시고 완전하신 분임을 설교한다(24절). 자신이 섬기는 하나님만이 진정한 신이라는 것이다.

다음으로, 하나님은 지금도 피조물에게 필요한 것을 공급하시는 분이시고(25절), 생사화복을 주관하시며 가까이서 만날 수 있는 신이심을 설교한다(26-28절). 하나님은 우리가 만나고 직접 경험할 수 있는 분이라는 것이다.

그러면서 결론으로, 회개를 촉구하면서 예수 그리스도를 증거한다(30-31절). 그리고 예수님의 하나님 되심은 부활을 통하여 확실하게 증거되었다고 한다.

아덴에서의 바울의 설교는 뛰어난 서론과 본론의 내용을 가지고 있다. 그는 서론에서 청중이 설교에 관심을 갖도록 유도하였고, 본론에서 그들에게 가장 필요한 내용을 언급하였다. 그리고 결론으로 예수 그리스도에게로 초청하였다. 이러한 전개와 내용은 청중에 대한 바른 이해 없이는 불가능한 것이다. 결국 아덴에서의 바울의 설교는 혹자가 주장하는 것처럼 실패한 설교의 샘플이 아니라 정확한 청중 분석에 근거한 탁월한 설교였다고 평가할 수 있다.

이러한 성경적 예들로 볼 때 효과적이고 능력 있는 설교를 위해서 청중을 분석하고 고려하는 것은 설교자의 필수적인 일이라고 할 수 있다. 설교는 특정한 사람이 특정한 상황에서 특정한 청중들을 대상으로 특정한 메시지를 전하는 것이다.[6] 따라서 막연하고 허공을 치는 메시지를 전하지 않기 위해 청중 분석은 필요하다. 또한 청중 분석이 제대로 되었을 때 그들에게 진정으로 필요한 메시지, 현실감 있는 예화, 효과적인 전달을 할 수 있는 것은 당연한 결과이다.[7] 그래서 클라이드 팬트(Clyde E. Fant)는 다음과 같이 청중 분석과 이해의 중요성을 다음과 같이 강조하였다.

> 20세기(21세기: 필자 첨가)에 대해 무지한 설교자는 1세기의 심오한 지식을 전달할 수 없다. 설교자라면 성경 본문을 정확히 알아야 하고 회중에 대해서도 박식해야 한다. 성경 말씀은 단순히 추상적인 말에 그쳐서는 안 된다. 성경 말씀은 특별한 상황에 주어지는 특별한 해결책이어야 한다.[8]

II. 청중 분석의 범위

설교자가 청중을 이해해야 할 범위는 크게 세 부분으로 나누어진다.[9]

---

6) 참고. Rick Ezell, *Hitting A Moving Target*, 민병남 역, 『설교, 변하는 청중을 사로 잡으라』(서울: 생명의 말씀사, 2004), 21-44.

7) 그런데 설교의 주제나 목적과 언어의 사용에 있어서 청중들과 동떨어진 설교를 하는 분들이 있음을 종종 발견한다. 예를 들어, 시골 교회에서 설교하면서 강남에 사는 사람들의 삶의 방식을 실례로 든다든지, 상류층에 있지 않은 분들에게 설교하면서 '노블리스 오블리제(noblesse oblige)'에 관하여 적용한다면, 그것은 청중을 고려하지 않는 설교라고 할 수 있다.

8) Clyde E. Fant, *Preaching for Today* (New York: Harper and Row, 1975), 105.

9) 참고. 정인교, 『(정보화 시대 목회자를 위한) 설교 살리기』(서울: 생명의 말씀사, 2000), 78. 정인교는 청중의 상황은 크게 세 가지로 대별된다고 하였다. 그것은 원론적 상황, 광의적 상황, 그리고 협의적 상황이라고 했다. 먼저, 원론적 상황이란 신학적인 인간 이해와 동일한 것으로 죄인으로서 인간 구원을 필요로 하는 인간, 따라서 하나님 말씀 앞에서 설 수 밖에 없는 인간의 원초적인 상황을 의미한다고 하였다. 다음으로, 광의적 상황이란 인류학적, 문화적, 인종적으로 대별됨으로 다른 것들과 구분되는 특징적인 것들을 의미한다고 하였다. 그리고 셋째, 협의적 상황이란 설

먼저, 모든 사람 그리고 모든 상황에서 고려해야 하는 근본적인 부분인데, 그것은 모든 인간은 타락한 존재로서 절대적으로 예수 그리스도를 통한 구원이 필요하고, 또한 모든 인간은 어느 누구도 예외 없이 주님께서 다시 오실 때까지 여전히 한계 상황에 있는 연약하고 부족한 존재라는 것이다. 이에 대한 믿음과 인지가 부족할 때 설교는 근본적으로 잘못될 수밖에 없다. 그래서 브라이언 채플(Bryan Chapell)은 모든 설교의 기본은 '타락한 상황에 초점 맞추기(FCF: Fallen Condition Focus)'임을 강조하였다.10)

다음은 민족적이고 문화적인 것이다. 모든 민족들은 그들 나름대로 민족적이고 문화적인 전통과 특징들이 있다. 예를 들어, 한국인들은 미국인이나 흑인들 또는 구라파 사람들과 사회적으로 문화적으로 다르다. 또한 같은 동양인이라고 한국인들은 중국인이나 일본인들과도 가치관이나 관습이 다르다. 따라서 같은 본문이라도 청중의 민족이나 문화에 따라서 구체적인 설교 내용과 접근 방법이 다를 수 있다. 이것은 마치 선교사들이 선교지의 사람들과 문화에 대해 폭넓은 연구를 하고 그들을 이해할 때 그들에게 가장 효과적으로 접근할 수 있는 것과 같다. 한국 교회에서 사역하는 설교자들은 한국인만이 가지는 독특한 가치와 문화와 정서를 고려해서 설교해야 한다.

세 번째로, 좀 더 구체적이고 좁은 범위에서의 설교의 상황과 환경 그리고 대상에 대한 고려와 이해가 필요하다. 예를 들어, 청중들의 신앙 수준(불신자, 초신자, 성숙한 신자 등), 지적(교육) 수준(장년, 어린아이, 대졸, 초졸 등), 생활 환경(서울의 강남, 농촌, 부촌, 빈촌 등), 예배 환경(주

교를 듣는 청중의 공간적, 시간적, 직업적, 환경적인 면에서 일정한 차이를 가질 수밖에 없다는 것이다.

10) Bryan Chapell, *Christ-Centered Preaching: Redeeming the Expository Sermon*(2nd ed.) (Grand Rapids: Baker Academic, 2005), 269이하.

일 낮 예배, 주일 밤 예배, 수요 예배, 금요 철야 예배, 새벽 기도회, 헌신 예배 등)11) 등과 같이 좁은 범위에서의 청중과 청중이 처해있는 상황과 환경 등을 고려하는 것이 필요하다.12)

이와 같이 큰 범위에서 세 가지 부분을 종합적으로 분석하고 고려할 때 설교자가 특정한 상황에 있는 청중들을 위해서 가장 효과적인 메시지를 전할 수 있다.

III. 청중 분석에 있어서 주의 할 점

먼저, 청중을 분석한다는 것은 청중에 대해서 불평하지 말아야 함을 내포한다. 목회자들 가운데 종종 청중이 자기의 수준에 미치지 못한다고 불평하는 분들이 있다. 물론 설교에 있어서 자신의 은사와 정서가 맞는 청중들이 있는 것은 분명하다. 예를 들어, 시골 교회의 환경에 맞는 분들이 있고, 서울의 지식층들에게 어울리는 분들이 있다. 그러나 청중에 대해서 불평하는 것은 설교자로서 합당한 태도가 아니고, 또한 설교자로서 자질이 부족하다고 할 수 있다. 물론 설교자가 자신의 은사를 잘 살리는 설교를 하는 것이 바람직 하지만, 바람직한 설교자는 예수님과 바울처럼 청중 분석을 통해서 모든 대상과 모든 상황에 맞추어서 설교할 수 있어야 한다. 한 걸음 더 나아가서, 설교자는 필요하다면 청중들에게 효과적으로 접근하기 위해 자신의 스타일과 장점까지도 포기할 각오가 되어 있어야 한다.

---

11) 청중의 구성이 덜 복잡할수록 설교 작성은 더욱 수월하다. 예를 들어, 다른 예배 설교보다도 주일 낮 예배 설교는 훨씬 어려울 수 있다. 왜냐하면 주일 낮 설교는 다양한 부류의 성도들의 공존하기 때문에 다른 예배의 설교보다 본문의 설명과 적용에 있어서 고려해야 할 것이 훨씬 많기 때문이다.

12) 참고. Terry G. Carter, J. Scott Duvall & J. Daniel Hays, *Preaching God's Word*, 김창훈 역, 『성경설교』 (서울: 성서유니온선교회, 2009), 94-103.

다음으로, 청중을 분석한다는 것은 무조건 성도들의 필요나 욕구를 채우는 설교를 하라는 것을 의미하지는 않는다. 이것은 오늘날 많은 설교자들이 범하는 실수 가운데 하나이다. 성도들의 필요 가운데는 잘못되고 왜곡된 부분들이 있을 수 있다. 그런데 설교자가 그러한 필요를 채우는데 급급해서는 안 된다. 설교는 기본적으로 하나님 중심적이어야 한다. 설교자는 청중 분석을 통해서 왜곡되거나 성숙되지 못한 청중들의 필요나 욕구에 도전함으로 청중들의 신앙을 한 단계 성숙시켜야 할 의무와 책임이 있다. 청중 분석을 한다는 것은 청중에게 존재하는 기독교와 성도의 본질에 왜곡된 필요를 발견하는 것도 포함한다.

세 번째, 청중 분석을 한다는 것은 청중의 평가에 연연하라는 것을 의미하지 않는다(참고. 고전 4:1-5). 궁극적으로 우리의 설교를 평가하는 분은 하나님이시다. 청중의 평가가 하나님의 평가보다 우선되지 말아야 한다. 그렇기 때문에 청중의 비위를 맞추기 위해서 본문을 왜곡하거나 핵심 내용을 전하는 것을 포기해서는 안 된다. 다만 청중 분석을 통해서 전하야 할 내용을 더욱 효과적으로 전하고자 노력하고 연구하는 것이 설교자가 해야 할 일이다.

IV. 청중 분석의 방법

청중을 분석하고 알아가기 위해 몇 가지 방법이 필요하다.

1. 신문과 베스트셀러 책을 읽어라.

오늘날 우리 사회는 급격하게 변하고 있는데, 독서는 청중과 청중이 사는 시대에 대한 지식을 준다. 뿐만 아니라 우리는 우리가 사는 시대에 대해서 잘 모를 때가 많다. 예를 들어, 필자는 우연히 어느 통계를 보았는데, 우리나라에서 1980년에는 5인 가구 이상이 절반 정도였는데 2010년은 1-2인 가구가 절반 가까이 된다는 것이다. 필자는 이 통계를 보고 놀란 적이 있다. 이것은 오늘날 우리 사회가 얼마나 개인주의화 되어 가고 있는지를 보여준다. 이러한 지식은 우리가 무엇을 설교할 것인지 방향을 제시해 줄 수 있다.

2. 성도들과 계속해서 깊은 교제를 하라.

청중 분석의 또 하나의 방법은 성도들과 깊이 교제하는 것이다. 대부분의 설교는 목회의 상황에서 이루어진다. 그런데 담임목회를 하고 있다고 하더라도 청중을 아는 수고와 노력은 계속되어야 한다. 그것은 부부가 오랫동안 함께 살아도 서로를 알지 못해 실수하거나 상처를 주는 경우가 있고, 함께 살아도 계속 대화하고 노력하지 않으면 소원한 부분이 생기는 것과 같은 이유 때문이다. 따라서 설교자는 성도들과 공식적이고 비공식적인 만남을 지속하여야 하고(예를 들어, 제자훈련을 한다든지 소그룹의 모임에 규칙적으로 참석하는 것도 하나의 방법이 될 수 있다), 정규적으로 또는 특별한 경우에 심방하는 것도 유익하다.

3. 설문 조사도 하나의 방법이 될 수 있다.

청중을 이해하기 위해서 일 년에 한 차례씩 정규적으로 또는 필요할 때마다 설문조사를 하는 것도 하나의 방법이 될 수 있다.[13] 청중들의 신앙생활과 관련된 내용, 청중들의 필요, 청중들의 상태 또는 자신의 설교의 반응에 대해 궁금한 것들을 무기명으로 설문 조사를 하는 것도 유익하고

---

13) Ezell, *Hitting A Moving Target*, 97-103.

필요하다고 생각된다. 설문 조사는 설교자가 전혀 생각지도 않거나 알지 못하는 문제에 대한 정보를 제공해 줄 수 있다.

　결국, 본문의 연구만큼 중요한 것이 그 메시지가 선포될 청중에 대한 이해이다. 청중은 무엇을 그리고 어떻게 설교해야 하는지를 결정해 주는 중요한 요소라고 할 수 있다. 그렇기 때문에 청중들을 잘 아는 지역 교회 목회자도 계속해서 청중을 알아가는 수고와 노력이 필요하며, 또한 본문의 연구가 끝난 다음에 설교 준비와 전달이 끝날 때까지 청중들이 머리에서 떠나서는 안 된다.

제10장

적용1)

제이 다니엘 바우만(J. Daniel Baumann)은 일찍이 "설교는 적용과 흥망을 같이 한다"2)고 까지 말했으며, 라메쉬 리차드(Ramesh Richard)는 "적용이 없는 성경 강해는 영적인 변비증을 일으키게 된다."3)고 하면서 적용의 중요성을 강조하였다.

하지만 오늘날 설교의 가장 큰 문제 가운데 하나는 적용의 부족이다. 존 스토트(John R. W. Stott)는 "현대 교회의 가장 심각한 문제는 바로 설교의 문제이다. 많은 사람들이 교회를 떠나는 것은 강단으로부터 흘러 나오는 말들이 그들에게 아무런 의미를 갖지 못하기 때문이다. 즉 설교가 그들 자신의 생활과 아무런 관련도 없으며 그들을 위협하고 있는 피할 수 없는 많은 문제들을 그냥 지나쳐버리기만 하기 때문이다."고 하면서 오늘날 설교에 있어서 적용의 부족을 안타까워했다.4)

뿐만 아니라, 온전하고 설득력 있는 적용을 제시하는 것이 설교자에게

---

1) 본장은 *Chongshin Theological Journal* 17(2012): 136-159에 "The Application in Preaching: What? and How?"로 게재된 논문을 수정 보완하여 번역한 것이다.

2) John D. Baumann, *An Introduction to Contemporary Preaching* (Grand Rapids: Baker Book House, 1972), 243.

3) Ramesh Richard, *Preparing Expository Sermon: Seven-Step Method for Preaching Salvation*(rev. ed.) (Grand Rapids: Baker Book House, 2005), 113.

4) John R. W. Stott, *I Believe in Preaching* (London: Hodder and Stoughton, 1983), 44.

결코 쉽지 않는 일이다. 「목회와 신학」이 2007년에 한국설교학회와 공동으로 글로벌 리서치에 의뢰해 목회자를 대상으로 심층설문 조사를 했는데, '설교 사역에서 가장 부족한 부분은 무엇인가?'에 대한 질문에 '전달력이 가장 부족하다'(24.6%), '자료 준비 부족'(24.5%), '적용'(22%), '예화'(1.47%), '본문 이해 및 해석'(7.8%) 순으로 응답하였다.5) 이 조사는 설교자에게 적용이 결코 쉽지 않은 영역임을 확인시켜 주었다.6)

이상에서 간략하게 보는 바와 같이 설교에 있어서 적용은 필요하고 중요한 요소이지만 오늘날 설교에서 적용이 제대로 역할을 감당하고 있지 못하다. 또한 설교자에게 적용은 결코 쉽지 않은 일이고 많은 시간과 노력이 필요한 부분이다. 하지만 안타깝게도 설교에 있어서 적용에 관해 자세히 다루는 출판물이 많지 않고, 적용이 무엇인지 분명하게 정의한 책들도 그렇게 많지 않다.7) 본장에서는 적용이 무엇인지, 설교에서 적용이 꼭 필요한 것인지, 어떻게 적용해야 하는지 그리고 효과적이고 설득력 있는 적용을 위해 유의해야 할 것이 무엇인지 등과 같은 적용의 개괄적인 부분을 논의하고자 한다.

I. 적용은 무엇인가?

---

5) 목회와 신학 편집부, 『한국 교회 설교분석』(서울: 두란노 아카데미, 2009), 33.

6) 같은 관점에서 David Veerman도 적용은 어렵고 많은 시간과 노력을 요구하는 일이라고 하였다("Apply Within: A method for finding the practical response called for in a text" in Haddon Robinson & Craig Larson[eds.], *The Art and Craft of Biblical Preaching* [Grand Rapids: Zondervan Publishing, 2005], 284.).

7) 적용에 대한 책들의 소개와 평가에 대해 Daniel M. Doriani, *Putting the Truth to Work*, 정옥배 역, 『적용, 성경과 삶의 통합을 말하다』(서울: 성서유니온 선교회, 2010), 8-12을 참고하라.

온전하고 효과적인 적용을 위해 먼저 적용이 무엇인지 알아보는 것은 순서일 것이다. 이를 위해 학자들이 적용을 어떻게 정의하는지 먼저 살펴보자.

라메쉬 리차드(Ramesh Richard)는 설교가 끝났을 때 청중은 다음의 세 가지 중요한 질문에 답할 수 있어야 한다고 하였다.

1) 설교자가 무엇에 관해 설교했는가?
2) 그래서 무슨 변화가 내 삶 속에 있어야 하는가?
3) 이제 내가 설교를 통해서 들은 하나님의 명령과 관련하여 해야 할 일이 무엇인가?[8]

그는 여기에서 두 번째와 세 번째 사항이 적용이라고 했다. 다시 말해, 적용은 설교에서 빼 놓을 수 없는 필수적인 것으로, 설교의 주제와 목적에 연결하여 '청중에게 어떤 변화가 일어나야 하는지' 그리고 '그 변화와 관련하여 청중이 실제적으로 해야 할 일이 무엇인지'를 분명하게 언급하는 것이라고 하였다.

비슷한 관점에서 데이비드 비어맨(David Veerman)은 간단하면서도 분명하게 적용을 정의했다. 그의 말은 적용이 무엇인지 언급할 때 자주 인용된다.

간단히 말하면, 적용은 다음의 두 가지 질문에 대답하는 것이다: 즉, "그래서 (so what)?" 그리고 "지금 나는 무엇을(now what)?"이다. 첫 번째 질문은 "이 본문이 나에게 왜 중요한가?"를 의미하며, 두 번째 질문은 "나는 지금 그것과 관련해서 무엇을 행해야 하는가?"를 의미한다.[9]

---

8) Richard, *Preparing Expository Sermon*, 115.

제임스 브레가(James Braga)는 적용은 성도들이 분문이 말씀하는 진리에 적절하고 우호적으로 반응하도록 설득하기 위해, 그 진리를 자신을 포함한 성도의 삶에 직접적이고 개인적으로 연결하는 수사학적인 과정이라고 하였다.[10] 그러니까 적용은 성경의 진리를 청중 개개인에게 이해시키고 의미 있게 하며 그 진리에 실제적으로 반응하게 하는 설교의 중요한 과정이라는 것이다.

존 브로더스(John A. Broadus)는 적용은 설교의 주제가 청중 개개인에 어떻게 연결되는지 즉 그들에게 실제적으로 가르치는 교훈은 무엇인지 그리고 그들에게 실제적으로 요구하는 명령은 무엇인지 드러내는 설교의 한 부분이라고 하였다.[11]

워렌 위어스비(Warren W. Wiersbe)는 적용은 페인트칠을 할 때 붓이 표면에 닿는 것처럼, 성도들이 설교를 통해 선포하는 진리를 마음으로 느끼고, 머리로 이해하고, 의지적으로 실천하여 개인적인 변화를 경험하도록 하나님의 말씀을 하나님 백성의 신앙과 삶에 연결시켜 주는 것이라고 하였다.[12]

---

9) Veerman, "Apply Within," 285.

10) James Braga, *How To Prepare Biblical Message* (Sisters: Multnomah Publishers, 1969), 249-50.

11) John A. Broadus, *On the Preparation and Delivery of Sermons*(4th ed.), rev. Vernon L. Stanfield (New York: HarperCollins, 1979), 167.

12) Warren W. Wiersbe, *Preaching & Teaching with Imagination: The Quest for Biblical Ministry* (Wheaton: Victor Books, 1994), 217. 그는 또한 설교는 사람들이 보면서 감탄해 하는 벽에 걸려 진 그림도 아니고, 설교는 사람들이 닿을 수 없는 먼 곳을 바라볼 수 있는 창문도 아니고, 설교는 새로운 삶으로 인도하는 문이라고 하면서 적용이 그 역할을 한다고 하였다(상게서, 218).

제이 아담스(Jay E. Adams)는 적용을 다음과 같이 비유하였다.

만일 당신이 상처 부위에 압박을 '적용한다면(apply),' 출혈을 그치게 하기 위해 상처 부위에 힘을 가하는 것이다. 당신이 때 묻은 벽에 페인트를 새로 이 '적용한다면(application),' 벽에 페인트를 발라 달라붙게 함으로써 벽의 모습에 영향을 끼치는 것이다. 당신이 '응용(applied)' 과학이라고 말하는 것 은 어떤 이론을 여러 가지 유용한 방식으로 응용시켜 일상생활을 변화시킨다 는 의미이다. '적용한다는 것'은 어떤 한 사물을 다른 것과 접촉시켜 둘이 서로 조화를 이루게 하고, 그렇게 함으로써 적용하는 사물이 적용되는 대상 에게 영향을 미치게 하는 것이다(밑줄은 필자).[13]

이상의 견해들을 종합하면, 적용은

(1) 설교에 있어서 반드시 포함되어야 할 필수적인 요소로서(적용의 위 치),

(2) 성경(본문)이 오늘날 청중(설교를 듣는 개개인과 교회 전체)의 신앙 과 삶을 위해서 가르치고 요구하는 것이 무엇인지 실제적이고 구체적으로 설명하고 설득함으로(적용의 내용),

(3) 하나님께서 원하시는 대로 성도의 신앙과 삶의 변화와 성숙을 추구 하기 위한 것이라고 정의할 수 있다(적용의 목적 또는 역할).

좀 더 구체적으로 말하면, 설교는 단순히 강의하거나 처방을 내리는 것 이 아니라 신앙과 삶의 변화를 추구하는 것이다. 즉, 안 믿는 사람을 믿게 하고, 믿음 안에 있는 사람을 더욱 성숙시키고, 좌절하고 낙심한 사람들을 회복시키고 위로하는 실재적인 사건이어야 하는데, 적용이 그러한 역할을 한다.[14] 그러니까 설교자는 적용의 과정을 통해 청중들이 신앙과 삶 속에

---

13) Jay E. Adams, *Truth Applied: Application in Preaching* (Grand Rapids: Zondervan Publishing, 1990), 15.

서 순종해야 하고 피해야 하고 믿어야 하고 회개하고 결단해야 할 것을 구체적으로 설명하고, 또한 실제로 행할 수 있도록 설득력 있게 도전하고 격려하고 자극함으로 신앙과 삶에 변화와 성숙을 가져오게 해야 한다.

II. 왜 설교에서 적용이 필요한가?

위에서 보는 바와 같이 대부분의 학자들은 적용이 설교에서 반드시 필요한 요소라고 주장하지만 일부 학자들은 설교에서 적용이 꼭 필요한가에 대한 의문을 제기하기도 한다. 예를 들어, 존 스토트(John R. W. Stott)는 한 때 성경 본문을 설명하고 적용은 주로 성령께 맡기는 방법을 사용했다고 한다.[15] 왜냐하면 성경 자체가 놀랄 만큼 현대적이기 때문이며, 또한 성령께서 본문을 사용하셔서 청중들에게 죄의 인식과 그리스도께 대한 믿음 그리고 거룩한 성장을 주신다고 믿었기 때문이었다고 한다. 다른 관점에서 칼 바르트(Karl Barth)는 적용은 오직 하나님의 일이며, 참된 적용은 "인간과 하나님의 직접적인 만남(direct encounter between man and God)"이라고 하였다.[16] 따라서 성도들이 직접 하나님으로부터 말씀에 대한 적용에 대해 깨우침을 받아야 한다고 하면서, 설교자가 적용을 제시함으로 하나님과 성도 사이에서 방해가 되지 말아야 한다는 주장하였다.[17] 물론 그들이 말이 전혀 엉뚱한 것은 아니다. 설교를 들을 때 우리는 종종 구체적인 적용이 제시되기 전에 본문에 대한 주해와 설명을 들으면

---

14) Paul S. Wilson은 설교는 단순히 처방하는 것이라 현장에서 직접 약을 주어 효과를 발휘하게 하는 하나님의 사건(God's event)이라고 하였다(*The Practice of Preaching* [Nashville: Abingdon, 1995], 20).

15) John R. W. Stott, *Between Two Worlds: The Art of Preaching in the Twentieth Century*, 정성구 역, 『현대 교회와 설교』 (서울: 풍만, 1985), 157.

16) Karl Barth, *Prayer and Preaching* (London: SCM, 1964), 107.

17) Barth, *Prayer and Preaching*, 66.

서 본문의 메시지를 자신의 신앙과 삶에 연결하여 새로운 삶의 결단을 하거나 위로와 격려를 받을 수 있다. 또한 궁극적으로 우리에게 말씀을 적용시키는 분이 성령님이신 것도 분명하다.

하지만 설교에서 있어서 적용이 반드시 제시되어야 할 몇 가지 이유가 있다. 무엇보다도 먼저, 성경의 실제적인 예가 적용이 필요함을 보여준다. 이사야 1장에서 선지자는 이스라엘이 드리는 예배와 관련하여 이스라엘 백성들을 꾸짖은 후에(10-15절), 그들이 해야 할 일들이 무엇인지 구체적으로 제시하고(16-17절), 마지막으로 결단을 촉구하였다(18-20절). 예수님께서도 당시의 지도자들의 외식적인 모습을 꾸짖으면서 그들이 해야 할 일들이 무엇인지 직접적이고 구체적으로 말씀하셨다(마 23장, 막 7장). 뿐만 아니라 로마서, 에베소서와 같은 바울 서신을 보더라도 바울은 복음의 기초를 설명한 다음에 후반부에 신앙과 삶에 대한 구체적인 가르침을 하였고, 또한 그의 서신 내용의 대부분은 성경 말씀에 근거해서 당시의 성도들이 당한 문제들에 대한 해결책을 제시하였다.

다음으로, 온전한 그리스도인으로 세워가기 위해 우리의 수고와 노력도 필요하기 때문이다. 위에서 언급한 것처럼, 적용을 적용되게 하는 분은 성령님이시다. 성령께서 역사하셔야 깨닫게 되고 삶의 변화가 일어날 수 있다. 하지만 만약 성령께서 모든 것을 다 하신다면 우리가 설교할 필요도 없다. 성령의 역사하심에 의지해서 우리는 할 수 있는 대로 최대의 지혜를 모으고 최선의 노력을 해야 한다. 골로새서 1:28-29에서 이렇게 말씀한다.

우리가 그를 전파하여 각 사람을 권하고 모든 지혜로 각 사람을 가르침은 각 사람을 그리스도 안에서 완전한 자로 세우려 함이니 이를 위하여 나도 내 속에서 역사하시는 이의 역사를 따라 힘을 다하여 수고하노라.

그렇다면, 본문의 말씀이 오늘날 우리에게 어떤 교훈을 하는지, 무엇을 책망하는지, 어떤 도전을 하는지, 바르게 하도록 요구하는 것이 무엇인지, 그리고 우리가 어떻게 해야 온전케 되는지를 설교자가 설명하면서 설득력 있게 권면하는 것은 당연한 일이다(참고. 딤후 3:16-17; 롬 15:4; 고전 10:11).

세 번째로, 성경의 이해와 적용에 실제적인 지침이 될 수 있다. 수천 년 전에 쓰여 진 성경의 메시지를 오늘날 우리의 상황에 바르고 온전하게 적용하기 위해서 극복해야 할 여러 장애들이 있기 때문에(예, 문화, 언어, 환경 등), 성경을 읽으면서 성도들이 바르고 온전한 적용을 찾지 못하는 경우가 있다. 또한 자신의 상황을 합리화하며 변명의 근거를 삼거나 선입견에 사로 잡혀서 왜곡되게 적용하는 경우도 있다. 그러한 상황에서 설교자가 성도들이 말씀을 바르고 온전하게 적용하도록 구체적이고 실제적으로 제시하는 것은 절대적으로 필요할 뿐 아니라 성경을 이해하고 바르게 적용하는데 지침을 제공한다.

결국 설교자가 본문에 근거해서 바르게 적용을 제시하는 것은 당연한 것이고, 적용의 필요성과 중요성은 아무리 강조해도 지나침이 없다.[18] 본문의 해석과 설명 없이 적용만 하는 적용 위주의 설교도 문제가 있지만, 신앙과 삶의 새로운 결단과 각오와 방향을 제시하는 적용이 없는 설교도 마찬가지의 문제가 있다. 본문의 해석과 적용은 설교를 세우는 두 기둥과도 같다. 그래서 "모든 설교는 한 쪽은 성경 본문에 다른 한쪽은 그 시대의 인간 생활의 문제들에 연결되어 있는 활시위처럼 뻗쳐져 있다. 만약 줄

---

18) 그래서 나중에 존 스토트도 설교는 두 세계(성경의 세계와 오늘날의 세계)의 다리를 놓는 것(bridge-building)이라고 하면서 적용의 필요성을 강조하였다. Stott, *Between Two Worlds*, 151-195.

이 어느 한쪽 끝에만 연결되어 있다면 그 활은 쓸모가 없다"[19]라는 얀 피트 와트슨(Ian Pitt-Wattson)의 말은 참으로 적절하다. 활 채에 활시위의 양쪽을 연결해야 화살이 나아가서 위력을 발휘하는 것처럼 설교도 주해와 적용의 양쪽이 제대로 연결될 때 제 기능을 발휘할 수 있다.

III. 언제 적용을 제시해야 하는가?

일반적으로 적용은 본문에 대한 설명 뒤에 순차적으로 오는 것으로 인식하고 있다. 물론 적용은 반드시 본문에 대한 바른 주해에 근거해서 본문에 분명한 설명과 함께 제시되어야 한다. 그렇다고 해서 설교에서 적용이 순서적으로 본문에 대한 설명을 뒤따라서 와야 되는 것은 아니다. 적용은 설교가 진행되는 동안 계속 제시되어야 한다.[20] 다시 말해, 설교 전체가 적용과 연결되어 전개되어야 한다. 좀 더 구체적으로 설명하면, 설교의 제목(설교의 제목은 적용의 관점에서 정해지는 것이 바람직하다)에서 적용은 암시되어야 하고, 서론에서 적용을 기대하게 해야 하며(서론에서는 구체적인 적용을 위한 성도의 필요가 언급될 수 있다), 본론에서 구체적이고 실제적으로 적용이 제시되어야 하고, 결론에서 요약 정리되어야 한다.[21] 이것은 적용은 단순히 본문 주해의 결과에 부수적으로 덧붙여지는 것이 아니고 적용이 설교에 있어서 핵심적인 위치에 있음을 보여준다. 실제적으

---

19) Ian Pitt-Watson, *A Kind of Folly, Toward Practical Theology of Preaching*(The 1972-5 Warrack Lectures) (St. Andrew: St. Andrew Press, 1976), 57. Stott, *Between Two Worlds*, 167에서 재인용.

20) 설교에 있어서 주해와 적용으로 이분화 되어서는 안 되고 상호 긴밀하게 연결되어야 한다. 이에 관한 좀 더 자세한 논의는 Doriani, *Putting the Truth to Work*, 35-45를 참고하라.

21) 참고. Baumann, *An Introduction to Contemporary Preaching*, 260-64; Adams, *Truth Applied*, 67-84, 117-130.

로도 효과적인 설교를 위해 설교의 주제와 목표를 분명히 하는 것이 중요한데, 설교의 주제와 목표는 적용의 관점에서 정해지기 때문에 적용이 설교 전체에서 언급되는 것은 당연하다.

그러면 본론에서 구체적인 적용은 언제 제시해야 하는가?[22] 필자는 개괄적인 면에서 제임스 브레가의 제안에 동의한다. 브레가는 설교에서 적용을 할 시기에 대해서 세 가지 가능성을 제시하였다.

1) 일반적으로 영적 진리가 논의될 때마다 적용을 제시하는 것이 바람직하다.

2) 각 대지나 소지의 끝 부분에서 적용을 제시하는 것이 좋을 때도 있다.

3) 설교의 본론에서는 적용을 보류하였다가 마지막 부분에서 적용을 제시할 수도 있다.[23]

브레가의 견해에 좀 더 구체적으로 덧붙여 설명하면, 구체적인 적용의 시기는 본문의 장르, 설교의 구조나 형식, 그리고 청중에 따라 달라질 수 있다. 예를 들어, 본문이 논리적으로 전개되는 시편이나 서신서 같은 경우는 적용이 영적 진리가 선포되거나 각각의 대지 뒷부분에 오는 경우가 많다. 전체가 하나의 핵심 주제를 위해 전개되는 내러티브 본문은 전반부에 본문을 설명한 후에 후반부에 본문의 핵심을 중심으로 적용을 세분화하여 (예를 들어, 1, 2, 3 등과 같이) 제시 될 수도 있다(물론 내러티브 본문에서도 본문의 기승전결의 구조를 따라 설교를 전개하면 각 단계에서 적용이 제시되는 것이 바람직하다). 또한 주제 설교나 강해 설교는 영적인 진

---

22) 제목, 서론, 결론에서 적용이 어떻게 암시되고 언급되어야 하는 문제는 또 다른 논의가 필요하기 때문에 본서에서는 약하기로 한다. 이에 대한 간략한 논의는 Richard, *Preparing Expository Sermon*, 101-28를 참고하라.

23) Braga, *How to Prepare Bible Message*, 250-1. 참고. 장두만, 『(다시 쓰는) 강해 설교 작성법』191-2.

리가 제시될 때마다 적용이 제시되는 경우가 많고, 내러티브 설교는 적용이 특별히 구분되지 않는 시기에 또는 마지막에 제시되는 경우가 많다. 또한 청중은 설교의 형식과 구조에 영향을 미치기 때문에 당연히 적용의 시기에도 영향을 미친다.

그런데 설교자는 적용이 어느 시기에 이루어진다고 할지라도 적용의 내용이 산만하고 분산되는 것이 아니라 통일성과 일관성을 유지해야 함을 명심해야 한다. 효과적인 설교를 위해 설교의 통일성과 일관성이 필요한데, 적용도 설교의 주제와 목적에 벗어나지 않고 그것을 중심으로 모아져야 한다는 것이다. 예를 들어, 설교의 주제가 용서에 관한 것이라면 어떤 시기에 적용이 있든지 적용은 용서라는 주제와 연결되어야 하고, 설교의 주제가 회개에 관한 것이라면 각 부분의 적용도 역시 회개에 관한 것이어야 한다. 이것은 일종의 '빨래줄 원리(clothline concept)'이다. 다시 말해, 설교의 주제와 목적이 빨랫줄이라면 적용은 그 줄(설교의 주제와 목적) 위에 걸려 있는 옷이어야 한다.[24]

IV. 어떤 내용(영역)을 다루어야 하는가?

그러면 적용할 때 고려해야 할 내용(영역)은 무엇인가? 그것은 다양한 관점에서 논의될 수 있다. 우선 적용은 포괄적으로 보면 개인생활, 가정생활, 교회생활(신앙생활: 하나님과의 관계 그리고 다른 성도들과의 관계를 포함한다), 사회생활, 직장생활 등의 영역에서 이루어질 수 있다.[25] 성경의 원리(딤후 3:16)에 따르면 그러한 각 영역에서 신앙과 삶을 위한 '교

---

24) 참고. Terry G. Carter, J. Scott Duvall & J. Daniel Hays, *Preaching God's Word*, 김창훈 역 『성경설교』 (서울: 성서유니온선교회, 2009), 120.

25) 이 부분에 대해서 좀 더 자세한 논의를 위해서 Stott, *Between Two Worlds*, 168-95를 참조하라.

훈(가르침)'과 '책망(꾸짖음)'과 '바르게 함(온전히 세워감)'과 '의로 교육하는 것(양육 또는 훈련)'이 적용의 내용이 될 수 있다.[26] 강조점에 따라 '복음제시(예수 그리스도를 영접하는 것),' '성숙(그리스도의 장성한 분량에 이르도록 하는 것 또는 그리스도의 제자가 되는 것),' 그리고 '격려 또는 위로(낙심과 좌절 가운데 있는 성도들에게 힘과 용기를 주는 것)' 가 적용의 내용이 될 수 있다. 목표에 따라 '문제 부각(스스로 문제인지 모르는 사람들에게 문제가 있다는 것을 깨닫게 하는 것),' '방향 제시(신앙과 삶에 있어서 방향을 제시하는 것),' '동기 부여(행함에 이르도록 동기를 부여하는 것)' 가 적용의 내용이 될 수 있다.

물론 위에서 제시한 영역들이 엄격하게 구분되지는 않는다. 중첩되어 있는 경우가 많으며, 하나의 적용이 여러 영역을 포함하는 경우도 많다. 다만 이렇게 영역의 구분을 제시하는 것은 적용을 효과적이고 구체화하는 데 유익하기 때문이다. 그런데 여기에서 우리가 기억해야 할 것은 적용은 한쪽으로 치우쳐서는 안 되고 전체적으로 균형을 이루어야 한다는 것이다. 예를 들어, 교회 생활이나 개인생활이나 사회생활 가운데 한 부분에만 치우쳐서는 안 된다. 복음 제시나 성숙이나 격려 가운데 한 쪽으로만 치우쳐서도 안 된다. 뿐만 아니라 적용은 전체적으로 지, 정, 의의 모든 부분을 포함하는 전인격적이어야 한다.

보다 구체적이고 다양한 적용을 위해 여러 학자들의 제안도 참고하면 도움이 되리라 생각한다. 먼저, 라메쉬 리차드는 다음과 같은 영역을 제한하였다.

1) 자세: 하나님에 대한, 다른 사람에 대한, 주위 환경에 대한 자세.

---

26) 위어즈비(Wiersbe, *Preaching & Teaching with Imagination*, 218)는 "교훈은 옳은 것이 무엇이냐, 책망은 옳지 않은 것이 무엇이냐, 바르게 함은 어떻게 하면 옳게 될 수 있느냐, 의로 교육은 어떻게 하면 옳은 데 머물 수 있느냐?"를 의미한다고 하였다.

2) 하나님에 대한 지식.

3) 행동: 발전시켜야 할 습관들, 바꿔야 할 습관들, 확인해야 할 습관들.

4) 관계들: 용서하고, 용서받고, 격려하고, 징계하고, 복종하고, 이끌어가야할 관계들.

5) 동기들: 잘못된 이유로 열심을 내고 있지는 않는가?

6) 가치관과 우선순위: 무엇이 또는 누가 우선되어야 하는가? 무엇을 또는 누가 해야 하는가?

7) 인격[27]

또한 제임스 나이퀴스트(James F. Nyguist)와 첵 쿠하트쉑(Jack Kuhatschk)는 적용을 위해서 다음과 같은 질문이 유익하다고 했다.

1) 지켜야 할 명령은 무엇인가?

2) 요구해야 할 약속이 있는가?

3) 따라야 할 본이 있는가?

4) 피하거나 고백해야 할 죄가 있는가?

5) 감사나 찬양을 드릴 이유가 있는가?

6) 본문은 하나님, 예수님, 나 자신, 이웃들에 대해서 무엇을 가르쳐주는가?[28]

월터 라이펠트(Walter L. Liefeld)는 적용을 결정하기 위해서 본문의 기능을 다음과 같이 나누는 것이 필요하다고 하였다.

1) 동기를 부여하는 범주(고후 5:9-11, 14-15).

---

27) Richard, *Preparing Expository Sermon*, 117.
28) James F. Nyguist & Jack Kuhatschk, *Leading Bible Discussion*, 편집부 역, 『성경 공부의 모든 것: 그룹 성경공부 인도자를 위한 안내서』 (서울: 한국 기독학생회 출판부: 1990), 36.

2) 유죄를 선고하는 범주(마 5:13, 19, 22).

3) 위로하고 격려하는 범주(고후 1:3-7).

4) 복음을 선포하는 범주(롬 3:23).

5) 경배로 이끌어주는 범주(계 4:1-5:14).

6) 거룩한 삶을 위한 표준을 제시하는 범주(엡 4-5장).

7) 목표를 설정해 주는 범주(엡 1장).

8) 교리적인 문제를 다루는 범주.

9) 문제를 다루는 범주(행 6:1-7).

10) 인과관계를 보여주는 범주(롬 1장).

11) 신앙이나 또는 행동의 토대를 제시하는 범주(롬 1:16).

12) 삶에 대한 관점을 보여주는 범주(엡 3:10).

13) 윤리를 가르치는 범주(눅 16:1-13).[29]

V. 어떻게 접근할 것인가?

적용은 크게 두 가지의 형태로 제시될 수 있는데, 설교자는 청중이나 예배의 상황 그리고 설교의 주제에 따라 더욱 효과적인 접근 방법을 택해야 한다.[30]

1. 직접적인 적용

---

29) Walter L. Liefeld, *New Testament Exposition*, 황창기 역, 『신약을 어떻게 강해할 것인가』 (서울: 두란노 서원, 1989), 139-47.

30) 혹자는 직접적인 적용과 간접적인 적용 외에도 '암시적인' 적용이 있다고 주장하시만 암시적이라는 말은 간접적이라는 것과 같은 차원으로 이해하는 것이 바람직하다. 참고. 장두만, 『(다시 쓰는) 강해 설교 작성법』, 192-7; 정창균, 『고정관념을 넘어서는 설교』, 56-60.

본문에 근거해서 '분석적이고 논리적으로' 성도가 당연히 갖추어야 할 신앙과 삶의 자세에 대해 직접적으로 언급하는 적용의 형태다. 이때 다른 성경 구절이나 인정할만한 사람의 말을 인용하거나 자료나 통계 등을 활용하는 것이 도움이 된다. 직접적인 적용의 성경의 예는 많다. 위에서 본 이사야 1장의 선지자의 책망이나 예수님께서 당시의 종교적 지도자들을 꾸짖었던 것은 직접 적용의 예들이다. 사도행전 7장에서 스데반도 하나님의 구원역사를 설명한 다음에 "목이 곧고 마음과 귀에 할례를 받지 못한 사람들아. 너희가 율법을 받고도 지키지 아니하였도다(51절)."고 직접적으로 엄히 꾸짖고 책망하였다. 바울 서신에서 바울도 수신자들의 문제나 어려움이 무엇인지 언급하고 직접적이고 논리적으로 책망하거나 권면하면서 성도가 갖추어야 할 신앙과 삶에 대한 방향을 제시하였다.

2. 간접적인 적용

직접적인 적용은 청중들이 해야 할 일을 구체적으로 제시하면서 지시하고 명령한데 반하여, 간접 적용은 예화나 간증 그리고 비유 등을 통하여 간접적 또는 암시적으로 청중의 변화와 결단을 촉구하는 방식이다. 예를 들어, 구약에서 선지자 나단은 다윗의 죄를 지적하고 회개토록 하기 위해서 가난한 사람을 약탈한 부자 이야기를 통해 간접적으로 접근하였다(삼하 12). 예수님께서도 산상 수훈을 마치신 다음에 반석 위에 지은 집의 비유로 그들의 결단과 행함을 촉구하셨고(마 7:24-27), 여러 가지 비유를 사용하여 하나님 나라를 설명하시면서 하나님 나라에 합당한 신앙과 삶의 자세를 제시하였다(참고. 마 13:44-48). 또한 말씀을 듣고 순종하도록 씨뿌리는 비유를 통해 말씀하셨고(마 13:3-9), 제자들의 잘못된 태도를 지적하면서 겸손히 주님을 섬기도록 포도원 품꾼의 비유를 통해 말씀하셨고

(마 20장), 이웃을 사랑하는 것이 어떤 것인지를 선한 사마리아인의 비유로 말씀하셨고(눅 10장), 낙망치 말고 기도해야 할 것을 억울한 과부의 비유를 통해 말씀하셨다(눅 18장).

그러나 접근은 간접적이지만 처음 또는 마지막에 직접적인 언급이나 암시를 통해 비유나 이야기의 의미를 분명하게 하는 경우가 대부분이다. 예를 들어, 나단 선지자는 간접적인 접근을 통해 다윗의 동의를 얻은 후에 "당신이 바로 그 사람이요."라고 하면서 직접적으로 다윗의 죄를 지적하였다. 예수님께서도 포도원 품꾼의 비유를 말씀하면서 "먼저 된 자가 나중 되고 나중 된 자가 먼저 될 자가 많다."고 그 비유의 앞뒤에서 분명하게 언급하셨다. 또한 선한 사마리아인의 비유로 먼저 말씀하신 다음에 "너희도 가서 이와 같이 하라."고 명령하셨다. 이러한 경우는 간접 적용에 가깝기는 하지만 엄격히 말해 직접적인 적용과 간접적인 적용을 혼합한 것이다.

그러면 이 두 방법 중에 어떤 방법이 더 바람직하고 효과적인가? 프레드 크레독을 비롯한 신설교학자들이 주장하는 것처럼 간접적으로 '엿듣게 (overhearing)' 하는 것이 가장 바람직하고 효과적인가?[31] 필자는 그렇지 않다고 생각한다. 각각은 장단점이 있다. 분석적이고 논리적인 방법을 사용하여 직접적으로 접근하면 청중의 심적 반발이나 거부감을 일으킬 수 있고, 청중에게 동기부여를 해서 삶의 변화를 주는데 있어서 충분치 못한 경우가 많다. 또한 간접적인 접근은 청중들이 충분히 설교자의 의도를 이해하지 못하는 수도 있고 아전인수로 설교자의 의도를 왜곡할 가능성이 있다. 그것은 복음서에서 쉽게 확인될 수 있다. 예수님의 간접적인 접근에 청중뿐 아니라 제자들도 이해하지 못하는 경우가 많았다. 따라서 때와 환

---

31) 신설교학의 출발점이라고 할 수 있는 크레독은 오늘날 청중은 귀납적으로 교육을 받고 있고, 권위주의적인 것을 싫어하기 때문에 간접적으로 접근해야 한다고 주장하였다. 참고. Fred B. Craddock, *Overhearing the Gospel* (Nashville: Abingdon, 1978).

경에 따라 또는 청중과 설교자의 관계에 따라 직접적인 접근이 필요하며 유익할 때도 있고, 간접적인 접근이 효과적일 수도 있다. 하지만 대부분의 경우 직접적인 접근과 간접적인 접근을 적절하게 혼합하는 것이 가장 바람직한 방법이라고 생각한다.

VI. 효과적인 적용을 위하여

위에서 적용의 기본적인 개념을 정리해 보았다. 이제 효과적이고 능력 있는 적용을 위해서 설교자가 기억해야 할 몇 가지를 제시하고자 한다.

1. 바른 적용이어야 한다.

적용에 있어서 가장 중요한 것은 항상 본문의 가르침과 일치해야 하며, 적용이 본문에서 억지가 아니라 자연스럽게 도출되어야 한다. 즉 왜곡된 적용이 아니라 바른 적용이 되어야 한다. 바르고 자연스럽게 적용될 때 성도들이 설교자를 신뢰하며 설교에 동의하고 결단하며 변화된다. 그러나 설교자가 자신의 유익이나 변명을 위해서 그리고 특별한 목회적 목적을 위해서(예를 들어, 교회당 건축이나 교회의 특별한 행사 등) 아전인수격으로 적용을 제시하면 설교자의 신뢰가 떨어지고 성도들도 변화되지 않는다 (물론 교회의 특별한 일과 관련하여 적용을 제시할 수도 있으나 그것은 항상 성도들이 동의할만한 바른 적용이어야 한다).

바른 적용과 관련하여 설교자가 기억해야 할 것은 왜곡된 적용은 이단의 특징이라는 것이다. 사단이 예수님을 시험할 때에 사단은 하나님의 말씀을 인용하기는 했지만, 말씀에 대한 적용은 바르지 못하였다. 오늘날도 이단에 속한 사람들이 말씀을 잘못 적용하여 사회에 물의를 일으키는 경우를 주위에서 종종 볼 수 있다. 그렇기 때문에 올바른 적용은 올바른 해석만큼 중요하다고 말할 수 있다.

그러면 바른 적용을 위해서 필요한 것은 무엇인가? 먼저, 본문의 의미를 미리 결정하고 주해해서는 안 되는 것처럼, 미리 적용을 결정하고 주해 작업에 들어가서도 안 된다. 본문을 주해할 때와 마찬가지로 설교자가 설교를 위해 특별한 내용의 적용을 미리 정했다고 할지라도(물론 이것은 설교에서 있을 수 있는 것이며 때때로 필요하기도 있다), 본문을 주해할 때는 그것을 내려놓아야 한다. 왜냐하면, 선입견을 가지고 본문을 연구하거나 적용을 먼저 결정하고 본문을 읽거나 연구하면 본문의 의미를 왜곡하거나 충분히 드러내지 못하는 경우가 많기 때문이다. 따라서 미리 정한 적용을 내려놓거나 본문에 대한 선입견을 내려놓는 것이 결코 쉽지 않지만 (어쩌면 불가능하지만), 바른 적용을 위해서는 반드시 필요한 부분이다.

다음으로, 바른 적용을 위해서 철저하고 성실한 본문의 주해가 전제되어야 한다. 피상적이며 온전하지 못한 주해는 당연히 잘못된 적용으로 나아갈 수밖에 없다.[32] 간단히 이야기하면, 본문에서 그 말씀을 주실 때의 하나님의 의도를 발견하여 적용하는 '하나님 중심적 접근'이 요구된다. 왜냐하면, 성경의 청중과 오늘날 청중은 지리적, 문화적, 역사적, 구속사적 환경과 상황의 변화 또는 차이로 인해 문자적으로 적용할 수 없을 경우가 많기 때문이다.[33] 그때는 그 말씀 속에 있는 하나님의 의도를 발견하여

---

32) 좀 더 구체적인 설명과 다양한 예들을 위해서 송인규, 『성경 어떻게 적용해야 할 것인가』 (서울: 성서유니온선교회: 2001), 252-64; Jack Kuhatschek, Applying the Bible, 정애숙 역 『어떻게 성경을 적용할 것인가?』 (서울: IVP, 1996), 57-83를 참고하라.

33) 이러한 이유 때문에 혹자는 주해에서 적용으로 나아가는 과정에서 '주해적 원리(또는 아이디어)-신학적 원리(아이디어)-설교적 원리(아이디어)'의 3단계를 통해 적용을 발견하기를 제안한다(참고. Steven D. Mathewson, The Art of Preaching Old Testament Narrative, 이승진 역, 『구약의 내러티브설교』 [서울: CLC, 2004], 140-85; Carter, Duvall & Hays, Preaching God's Word, 62-7.). 물론 이 제안이 나름대로 의미가 있기는 하지만 그것은 설교 준비를 복잡하게 만들

그것을 기초로 적용을 제시해야 한다. 쉬운 예를 들면, 십계명의 "도둑질 하지 말라!"는 문자 그대로 적용될 수 있다. 그런데 출애굽기 22:31의 "너희는 내게 거룩한 사람이 될지니 들에서 짐승에게 찢긴 동물의 고기를 먹지 말고 그것을 개에게 던질지니라."라는 하나님의 명령은 문자적으로 적용될 수 없다. 이 말씀을 주신 하나님의 의도는 이스라엘이 하나님의 구별된 백성임을 기억하고 살라는 것이었기 때문에 본문은 그 하나님의 의도에 기초해서 적용을 제시해야 한다. 산상수훈에서 팔복의 말씀은 오늘날 우리들에게 문자적으로 적용 가능하다. 그러나 "만일 네 오른 눈이 너로 실족하게 하거든 빼어 내버리라 네 백체 중 하나가 없어지고 온 몸이 지옥에 던져지지 않는 것이 유익하며 또한 만일 네 오른손이 너로 실족하게 하거든 찍어 내버리라 네 백체 중 하나가 없어지고 온 몸이 지옥에 던져지지 않는 것이 유익하니라(마 5:29-30)."라는 말씀은 문자적으로 적용할 수 없다. 이 말씀에서 우리는 "육체를 절단하는 아픔을 각오하고 죄를 이기라."는 하나님의 의도를 근거로 청중에게 적용할 수 있다. 물론 이러한 예들은 설교자에게 그렇게 어렵지 않는 부분인데, 특별히 하나님 중심적 접근과 관련하여 설교자는 '인간중심적 접근,' '영해' 또는 '도덕적 접근'의 함정에 빠지지 않도록 주의를 기우려야 한다.

2. 창조적 적용이어야 한다.

뻔한 적용이 되어서는 안 된다. 어떤 본문에서든 청중들이 뻔히 예상하는 수준의 적용 또는 늘 반복되는 적용이 되어서는 안 된다는 것이다(본문이나 설교의 주제는 다른데 항상 같은 적용을 제시하는 설교자도 있다). 창조적인 적용을 위해서 세 가지가 필요하다. 먼저는 본문을 깊이 연구하

수 있기 때문에 필자는 모든 본문에서 하나님의 의도를 발견해야 한다는 하나님 중심적 접근을 제안한다.

는 것이다. 그러면 같은 내용이라고 할지라도 깊이 있고 창조적인 적용을 찾을 수 있다. 예를 들어, 복음서의 본문을 깊이 연구하지 않으면, 복음서에 기록되어 있는 예수님의 치유 사건들의 본문에서 천편일률적으로 단순히 믿음만을 강조할 수 있다. 그러나 각각의 사건을 자세히 연구하고 묵상하면 각각의 사건의 핵심과 접근 방식이 다르기 때문에 그것에 근거하여 적용하면 창조적으로 적용할 수 있다. 구체적인 예를 들면, 마가복음 1:40-45에서 문둥병자의 믿음은 새로운 시대를 여시는 예수님에 대한 믿음이라면, 마가복음 2:1-12는 죄 용서를 주시는 예수님에 대한 믿음이다. 그리고 두 사건에서 문둥병자와 중풍병자가 예수님께 나아가는 방법이 주는 구체적인 교훈도 다르다.[34]

다른 하나는 성도들의 신앙과 삶에 대한 관심, 연구 그리고 깊은 묵상이 필요하다. 성도들의 신앙생활과 삶의 여러 구체적인 상황과 환경을 하나님의 말씀과 연결하여 적용을 제시하고 구체적으로 교훈하면 뻔한 적용이 아니라 창조적인 적용을 할 수 있는 것이다.[35] 이를 위하여 설교자에게 성도들의 심방, 성도들과의 대화, 심리학 서적이나 철학 서적 그리고 베스트셀러 등의 독서가 필요하다. 특별히 성도들의 삶의 배경이 되는 이 시대의 사상과 문화와 가치관에 대한 관심이 절실히 필요하다. 칼 바르트가 제안한 유명한 경구인 "한 손에 신문, 한 손에 성경"이 설교자에게 일상화되고 자연스러운 것이 되어야 한다.

뿐만 아니라 접근 방식도 창조적이고 설득력이 있어야 청중들에게 감동과 변화를 줄 수 있다. 예를 들어, '사랑하라'고 설교할 때, 어떤 설교자의 설교에서는 깊은 감동이 있고 정말 사랑하며 살아야겠다는 결단이 있

---

34) 참고. 김창훈, 『복음의 본질과 복음의 핵심』 (서울: 솔로몬, 2005), 73-92.
35) 테리 카터와 스코트 듀발과 다니엘 헤이즈는 '실제적인 삶의 시나리오(real world scenarios)'를 만들어 보는 것이 구체적인 적용을 위해 가장 좋은 방법이라고 하였다. 실제적인 삶의 시나리오에 대한 좀 더 구체적인 설명과 실제적인 예를 위해 Carter, Duvall & Hays, *Preaching God's Word*, 136-41를 참고하라.

지만, 어떤 설교자들에게서는 별로 감동도 없고 뻔한 이야기로 들린다. 그것이 같은 내용이지만 접근 방식의 차이일 수도 있다.

3. 구체적이고 실제적인 적용이어야 한다.

적용을 구체적으로 해야 할 것인지 아니면 일반적인 원리를 제시하고 청중에게 일임할 것인지에 대한 논란이 있어 왔다. 특별히 최근의 설교학의 대세를 이루고 있는 새설교학을 추종하는 학자들은 구체적으로 적용을 제시하는 것에 대해 소극적이다. 예를 들어, 프레드 크레독은 귀납적 설교를 주장하면서 열린 결론 또는 열린 적용이어야 한다고 주장한다.36) 다시 말해, 설교자가 구체적이고 실제적인 적용을 제시하지 말고 성도 스스로 결론을 내리고 적용해야 한다는 것이다. 유진 라우리도 구체적이고 실제적인 적용에 큰 관심을 보이지 않고 있다.37) 이러한 새설교학자들의 주장은 새설교학이 이야기에 대해 강조하고, 또한 이야기 자체에 간접적이지만 적용이 포함되어 있다고 판단하기 때문이다.

하지만 분명한 것은 적용이 하늘의 뜬 구름을 잡는 것과 같이 막연해서는 안 된다. 그것은 성경의 가르침과 명령이 분명하고, 성경도 우리에게 구체적이고 실제적으로 명령하기 때문이다. 물론 논쟁의 여지가 있는 본문과 설교의 주제가 있다. 예를 들면, 오늘날 주일을 어떻게 지키는 것이 성경적인지에 대해 교회 안에서 논란이 있을 수 있다.38) 또한 매장과 화장 가운데 어느 것이 바람직한지에 대해서도 신학적 논의가 있을 수 있다. 이러한 때에는 성경적 원리를 제시하고 구체적인 적용은 청중에게 일임하

---

36) Fred B. Craddock, *As One without Authority*, 김운용 역, 『권위 없는 자처럼』 (서울: 예배와 설교 아카데미: 2001).
37) Eugene Lowry, *The Homiletics Plot*, 이연길 역, 『이야기식 설교 구성』 (서울: 한국 장로교 출판사: 1996).
38) 참고. 김창훈, 『복음의 본질과 복음의 핵심』, 111-26.

는 것이 바람직하다. 하지만 이러한 경우는 많지 않다. 따라서 성경의 가르침과 명령을 따라 설교에서 명백하면서 구체적이고 실제적인 적용을 제시하는 것이 바람직하다.

그러면 어떻게 하는 것이 구체적인 적용을 제시하는 것인가? 브라이언 채플은 적용은 네 가지에 대한 구체적인 제시가 있어야 한다고 하였다.

① what: 본문에서 하나님이 우리에게 요구하시는 것은 무엇인가? 또는 우리가 행해야 할 일은 무엇인가?

② where: 적용을 실천할 수 있는 구체적인 상황을 명시하는 것이다. 예를 들어, 그 명령을 행해야 하는 가정, 직장, 교회 등의 상황을 제시하는 것이다.[39]

③ why: 적용은 적절한 교훈 뿐 아니라 이유까지 제공해 주어야 한다. 다시 말해, 우리가 하나님의 어떤 명령을 왜 그 상황에서 행해야 하는지를 제시하는 것이다. 그때 더욱 설득력이 있다.

④ how: 적용을 제시할 때 동기부여 뿐 아니라 그 방법도 제시해야 한다.[40]

예를 들어, 만약 본문에서 '하나가 되라!' 는 적용을 도출했다면 설교자는 설교를 통해서 막연히 하나가 되라고 구호를 외치면서 설교를 끝내서는 안 된다. 하지만 실제로 그러한 설교를 주변에서 쉽게 들을 수 있다. 효과적이고 바람직한 적용은 하나가 되어야 할 상황과 환경을 설정(설명)

---

39) 실제로 본문에 그 말씀이 적용되는 구체적인 상황이 제시되는 경우가 많다.
40) Bryan Chapell, *Christ-Centered Preaching: Redeeming the Expository Sermon*(2nd ed.) (Grand Rapids: Baker Academic, 2005), 214-22. 채플은 "적용을 제시하면서 이 네 가지 질문 중에 한 가지라도 무시한다면 그 적용은 완전하지 못할 뿐 아니라 비성경적이라고 할 수 있다(222)"고 하였는데 반드시 그렇지 않다. 대부분의 성도가 인지하고 있는 부분은 굳이 말할 필요가 없고, 설교의 내용과 주제와 목표에 따라서 'what,' 'where,' 'why,' 'how,' 가운데 한 두 부분에 집중할 수도 있다.

하고, 그러한 상황에서 왜 하나가 되어야 하는지 그리고 어떻게 하나가 될 수 있는지에 대해서 구체적인 방향을 제시해야 한다. 다른 예를 들면, 만약 본문에서 '하나님 말씀에 순종하라!' 는 적용을 도출했다면 막연히 순종하라고 외치면서 설교를 마무리해서는 안 되고, 어떤 상황에서 왜 그리고 어떻게 순종하는지를 구체적이고 실제적으로 언급해야 한다. 물론 위에서 언급한 바와 같이 적용을 구체화하는 과정에서 예화, 비유 또는 통계 등의 활용은 효과적이고 설득력 있는 적용을 위해 중요하고 필요하다.

4. 전체를 위한 적용이어야 한다.

먼저, 설교자는 소위 '치는 설교'를 하지 말아야 한다. '치는 설교'는 설교 초보자에게 많이 나타나는 오류 가운데 하나인데, 설교 때에 어떤 사람이나 그룹을 실명으로 거론하거나, 또는 거명하지는 않지만 그들을 변화시킬 목적으로 어떤 사람이나 대상을 목표로 해서 의식적으로 적용을 제시하는 것을 말한다. 그러나 치는 설교를 통해 변화되는 사람은 거의 없다.[41] 오히려 치는 설교는 부작용만 낳고 성도들과 더 어려운 관계와 상황에 이르게 되는 경우가 대부분이다. 그렇기 때문에 설교자가 설교를 준비하면서 적용을 고려할 때 어떤 특정한 사람이나 그룹이 생각나면, 빨리 그 생각을 제거해야 한다. 그것은 부작용을 낳을 뿐 아니라, 특정한 개인이나 그룹이 생각을 지배하기 때문에 왜곡된 적용으로 나아가게 될 가능성이 많기 때문이다. 설교자의 올바른 적용은 "어떤 개인들을 지명하는 것이 아니라 성도들이 직면하고 있는 어떤 상황을 목회적 관점에서 구체적으로 제시하는 것이다."[42]고 한 브라이언 채플의 말을 늘 기억해야 한다.

41) 윌리암 블락(『강해 설교 어떻게 준비할 것인가?』, 72-3)은 설교를 준비할 때 어느 특정 개인을 생각하며 적용을 준비할 때가 있었는데 그때 마다 그들이 오지 않거나 설교를 따분하게 여기고 듣지 않는 것을 경험했다고 하면서 그 후로는 그렇게 하지 않았다고 고백하고 있다.

다음으로, 설교자가 청중과 자신을 분리시키지 말아야 한다. 종종 설교자들 가운데 설교자의 권위를 위해서 설교 때에 설교자와 청중을 구분해야 한다고 주장하는 분들이 있다. 그래서 설교할 때 항상 "여러분!" 또는 "여러분은 … 해야 합니다!"라는 표현을 사용해야한다고 한다.43) 그렇게 할 때 설교자의 권위가 세워진다고 한다. 그러나 그것은 옳지 않다. 왜냐하면 설교자도 하나님 앞에 여전히 부족하고 계속 성화 되어야 하고, 그 말씀 앞에서 무릎을 꿇어야 할 사람이기 때문이다. 뿐만 아니라 효과적인 면에서 볼 때도 권위주의적인 것은 바람직하지 않다. 물론 설교할 때 "여러분!" 하면서 청중들을 지칭해야 할 때가 있다. 예를 들면, "여러분! 구원의 확신이 있습니까?" 해야지 "우리는 구원의 확신이 있습니까?"라고 할 수는 없다. 하지만 적용을 제시할 때 대부분의 경우는 "우리는 … 해야 합니다!" 또는 "본문은 우리에게 … 하기를 요구합니다." 라고 하면서 적용의 대상에 설교자를 포함하는 것이 합당하다.44) 실제로도 설교자의 겸손하고 부족한 부분을 그대로 드러내는 것을 통해 은혜를 경험하였다고 고백하는 성도들이 있는 것을 자주 본다. 이것은 동일시(Identification)의 효과 가운데 하나이다.

VII. 결론

---

42) Chapell, *Christ-Centered Preaching*, 217.

43) 해돈 로빈슨은 본문을 주해하고 설명할 때는 '우리' 라는 단어를 사용해야 하지만 적용으로 넘어가서는 개개인을 향해 개별적으로 도전하기 위해서 단수형 '당신' 을 사용해야 한다고 주장한다. (Haddon W. Robinson, *Making a Difference in Preaching: Haddon Robinson on Biblical Preaching*, ed. Scott M. Gibson, 김창훈 역, 『탁월한 설교에는 무언가 있다』 [서울: 솔로몬, 2010], 146-7.)

44) 정창균, 『고정관념을 넘어서는 설교』, 63-4; 김서택, 『강해 설교의 기초』 (서울: 홍성사, 2001), 263.

본장에서는 적용의 개괄적인 부분을 살펴보았다. 적용은 무엇인가? 적용은 언제 어떻게 하는가? 어떻게 적용을 제시할 수 있으며 어떻게 접근해야 더욱 효과적인가? 바르고 효과적인 적용을 위해 기억해야 할 사항은 무엇인가? 등의 내용을 다루었다. 필자는 적용은 설교에 있어서 꼭 필요하고 중요한 요소로 성경(본문)이 오늘날 우리(설교를 듣는 개개인과 교회 전체)의 신앙과 삶의 변화를 위해 가르치고 요구하는 것이 무엇인지 실제적이고 구체적으로 설명하고 설득하는 것이라고 하였다. 또한 적용은 설교의 부수적인 것이 아니라 설교의 가장 중요한 요소로서 설교 전체를 통해 암시적으로 또는 직접적이고 구체적으로 계속 언급되어야 한다고 하였다. 그리고 적용에 있어서 가장 중요한 것은 항상 본문의 가르침과 일치하는 것인데 본문에서 억지 아니라 자연스럽게 나와야 하고, 효과적인 적용을 위해서는 뻔한 내용이 아니라 창조적인 내용이어야 하며, 막연한 적용이 아니라 구체적이고 실제적인 내용의 언급이 필요하다고 하였다. 이를 위해 설교자에게 본문과 청중에 대한 끊임없는 연구와 묵상이 요구된다고 하였다. 아무쪼록 한국 교회 강단이 바르고 온전하고 효과적인 적용을 통해 더욱 풍성하고 영향력이 있기를 바랄 뿐이다.

※ 구체적/실제적 적용의 실례 1.[45]

(전략)

정리하면, 13장과 15장에서 사울이 왕으로서 하나님께 버림받은 가장 중요한 이유는 무엇이었죠? 그것은 불순종이었습니다. 그리고 하나님께서는 이 사건들을 통해 당시 이스라엘 왕들과 백성들 그리고 오늘날 우리들에게 하나님께 합당한 사람으로 쓰임받기 위해 하나님께서 가장 중요하게 요구하시는 것은 모든 상황에서 어떠한 변명도 용납되지 않는 하나님의 말씀에 절대적으로 순종하는 것임을 말씀하고 있습니다.

사랑하는 여러분, 우리가 교회를 다니면서 그리고 설교를 들으면서 아마 가장 많이 듣는 말씀이 순종에 대한 말씀일 것입니다. 그리고 여기 계신 대부분의 성도들은 순종하는 삶을 살고 싶을 것입니다. 그렇죠? 그런데 순종하기가 쉬운가요? 어려운가요? 어느 정도는 할 수 있지만, 사실 100% 온전히 순종하는 것은 쉽지 않습니다. 그러면 언제 또는 어떤 상황에서 순종하기가 쉽지 않은가요?

13장과 15장은 우리가 불순종하기 쉬운 대표적인 두 가지 상황을 말씀하고 있습니다. 13장에서 사울이 불순종하였던 것은 눈 앞에 보이는 전쟁의 불리한 상황으로 말미암아 불안하고 두려운 마음이 있었기 때문이었습니다. 15장에서는 현실적으로 눈 앞에 보이는 좋은 것에 대한 탐심 또는 욕심 때문에 불순종하게 되었음을 말씀합니다.

우리도 마찬가지입니다. 먼저, 눈 앞에서 내가 생각하거나 원하는 것과는 다른 상황이 진행될 때 우리는 불안해 하고 두려워하거나 초조해 하면서 불순종할 수 있습니다. 예를 들어, 직장 생활에서 승진 대상이 되었는

---

45) 본 실례는 필자의 사무엘상 13-15장 설교의 '사울의 배반'과 관련된 부분에서 발췌한 것이다. 본 설교에서 필자는 구체적이고 실제적인 적용을 제시하고자 하였다. 또한 직접적 적용과 간접적 적용의 조화도 시도하였다.

데 모든 상황이 나에게 불리하게 돌아가는 것 같아요. 그럴 때 우리는 눈한 번 질끈 감고 편법을 쓰거나, 신앙 양심에 어긋나거나 비굴한 행동을할 수 있습니다. 또한 입시생 자녀를 두고 있는데, 그 아이의 성적이 부모님들이 원하는 성적이 아니예요. 그 때 우리는 아이들에게 올 한 해만 주일에 교회 가지말고 학원이나 도서관으로 가라고 할 수도 있습니다. 이런상황들은 13장의 경우들입니다.

다음으로, 탐심이나 욕심 때문에 우리는 불순종할 수 있습니다. 우리가신앙 생활하고 또한 살아가다 보면 순종과 불순종 사이에서 선택의 기로에 있을 때가 있습니다. 예를 들어, 순종과 불순종 사이에 1000만원이 걸려 있을 수 있습니다. 한 번 눈 딱 감고 거짓말하거나 속이면 1000만원의수입을 올릴 수 있는 상황이라고 합시다. 그 때 우리는 천 만원에 대한 욕심 때문에 신앙 양심을 속일 수 있습니다. 제가 조금 높게 잡은 것 같은데요, 천 만원이 아니라 우리는 종종 몇 만원 때문에 양심을 속일 수도 있습니다(예를 들어, 세 살 이하가 무료 입장인 놀이 공원에서 우리 아이가 4살 인데도 3살이라고 하는 경우도 있습니다). 또한 이런 경우도 있을 수있습니다. 그동안 크게 문제 되지 않는 어떤 일들이 믿음이 성숙하게 되니까 하나님께 합당치 않게 생각되어서 바꾸려고 할 때 그렇게 하면 인간적인 관점에서 보면 손해가 예상될 수 있습니다. 예를 들어, 식당을 하는데조금 질이 떨어지는 재료를 썼는데 하나님께서 마음에 불편함을 주셨다고합시다. 그 때 우리는 눈 앞에 보이는 이익과 손해 때문에 망설이며 불순종할 수 있습니다. 그러면서 마음은 원이로되 합니다. 이런 상황은 15장의경우들입니다.

그러면 이렇게 눈 앞에 보이는 것으로 인해 두렵거나 불안할 때 그리고 탐욕이나 욕심이 작동할 때 그러한 것들을 극복하고 하나님께 순종하기 위해 우리에게 필요한 것이 무엇입니까? 저는 다니엘의 유명한 믿음의고백인 '그리하지 않을지라도'의 믿음이 필요하다고 믿습니다.

지난 주에 우연히 어느 교회 신문을 본 적이 있는데, 이런 간증이 있었습니다. 그 분은 30년 동안 안경점을 경영하면서 직원을 서너명 둘 정도로 나름 성공했다고 합니다. 그런데 제자 훈련을 받으면서 늘 마음에 부담되는 것이 있었는데 그것은 주일 성수 였습니다. 그래서 처음에는 주일에 직원들이 돌아가면서 안경점을 오픈했는데, 하나님께서 그것 마저도 내려놓게 하셔서 주일에 가게 문을 닫기로 결심했다고 합니다. 그런데 주위에서 주일 매상이 평일의 2.5배인데 어쩌려고 그렇게 하느냐고 걱정하며 만류했다고 합니다. 그러나 믿음으로 순종했습니다. 그리고 이제 "주일은 쉽니다" 팻말을 건지 5년째가 되었다고 합니다. 그 분의 말을 그대로 옮겨봅니다.

　　남들은 주일성수하면 평일에 더 잘되게 해주셔서 넘치도록 채워준다고 하지만 솔직히 그렇지는 않는 것 같다. 그리고 그런 축복을 바라고 싶은 마음 역시 단 1%도 없다. 다만 이 땅에서 우리가 가장 약한 부분인 물질에 대한 욕심을 내려놓고 나니 마음이 그렇게 평안할 수가 없다. 그리고 주일 성수 이후 달라진 것이 한 가지 더 있다면 그것은 믿지 않는 고객들로부터 더 깊은 신뢰와 사랑을 받고 있다는 것이다." (분당 우리 교회 우리지 2015년 7월호).

　　사랑하는 성도 여러분, 하나님께 더 온전히 순종하고 싶으시죠? 그런데요. 결과에 집착하면, 그리고 이익과 손해에 대해 주판 알을 튕기면 우리는 절대로 순종할 수 없습니다. 하나님의 말씀에 온전히 순종하려면, 뒤에 나타날 결과에 대한 관심을 내려놓고 '그리하지 않을지라도'의 믿음을 가지고 지금 하나님께서 원하시는 길을 한 걸음 내딛어야 합니다. 설령 돈을 손해 본다할지라도, 설령 승진하지 못한다 할지라도, 설령 우리 아이가 원하는 대학보다 한 단계 낮은 대학에 간다고 할지라도 라는 믿음으로 순종하는 것입니다. 물론 그러한 믿음의 걸음을 내딛을 때 대부분의 경우 우리는 전혀 예상치 못한 하나님의 은혜를 경험할 수 있습니다. 그러나 반드시 그렇지 않을 수도 있습니다. 그런데 분명한 것은 '그리하지 않을지라도'의 믿음으로 순종하면, 그 순종으로 말미암아 하나님께 합당한 자로 쓰임받게 될 줄 믿습니다. 이 세상에 이것보다 더 큰 복이 없을 줄 믿습니다.

※ 실례 2.46)

(전략)

이렇게 사람의 수준에 따라 대하시는 하나님을 보면서 우리가 교훈 받아야 할 것은 무엇이죠? [What] 그것은 하나님의 뜻을 온전히 이루고, 더 큰 은혜를 경험하기 위해 우리의 신앙수준을 높여야 한다는 것입니다. 왜냐하면, 마치 부모가 자녀들에게 어떤 일이나 물건을 맡길 때 무조건 맡기는 것이 아니라 자녀들의 나이와 수준과 성숙도를 고려하여 적절하게 맡기는 것처럼, 우리 하나님께서는 우리의 신앙수준에 따라 우리를 대하시고 우리에게 맡기시기 때문입니다. 우리가 어린 아이 수준의 신앙을 가지고 있으면 그 수준에 맞추어서, 청소년 정도의 신앙이면 그 수준에 맞추어, 그리고 장성한 신앙이면 또한 그 수준에 맞추어 하나님의 뜻을 이루어 가시고 은혜도 주시는 것입니다.

[구체적 설명 또는 예] 기도도 마찬가지입니다. 하나님께서는 우리 신앙의 수준에 따라 기도에도 응답하십니다. 때로는 우리 수준이 올라올 때까지 훈련시키시면서 기다리게도 하시고, 응답하실 때에도 우리 수준에 맞게 적절한 범위 내에서 응답하십니다. 왜냐하면, 하나님께서 많이 주신다고 할지라도 우리는 자신의 수준 이상의 것은 누리지 못하기 때문이고,

---

46) 본 실례는 필자의 출애굽기 21;1-11의 설교(제목: 대인관계의 수준을 높이자)에서 발췌한 것이다. 본 설교에서 필자는 구체적이고 실제적인 적용을 제시하고자 하였다.

또한 수준 이상의 감당할 수 없는 것이 주어지면 그것은 복이 아니라 짐이요 어쩌면 화가 될 수도 있기 때문입니다. 그러니까 우리가 더욱 더 온전히 하나님의 뜻을 이루기 위해, 그리고 더 큰 은혜와 복을 누리기 위해 우리는 어린아이의 신앙이 아니라 성숙하고 장성한 신앙, 그리고 수준 높은 신앙을 소유해야 될 줄로 믿습니다.

[Where] 특별히 오늘 본문의 종 제도를 통해 우리에게 교훈하시는 것은 신앙의 장성함과 성숙함이 다른 사람들과의 관계에서 드러나야 한다는 것입니다. 저는 언약서에서 하나님과의 관계에서 믿음과 예배에 대한 교훈을 한 다음에 다른 어떤 것보다도 먼저 종에 대한 규정들을 언급한 것은 크게 두 가지 이유 때문이라고 생각합니다. 하나는 당시 종에 대한 제도가 전체적으로 하나님 보시기에 가장 취약한 부분이었기 때문이고, 다른 하나는 종과 관련한 태도와 자세는 하나님의 백성으로서의 삶에 있어서 참으로 중요하였기 때문인 것 같습니다.

사랑하는 성도 여러분,

하나님을 믿고 하나님의 구원을 경험한 사람들에게 반드시 나타나야 할 것은 대인 관계에서의 성숙한 모습입니다. 우리는 우리가 만나고 상대하는 모든 사람들을 학력, 재력, 사회적 위치, 인종, 피부 색깔 등으로 인해 선입견이나 편견을 갖지 않아야 합니다. 물론 그것이 쉽지 않지만 그렇게 해야 합니다. 또한 어느 누구도 함부로 평가하고 차별하거나 무시하지 않아야 합니다. 하나님을 믿는 우리는 우리가 만나는 사람들이 어떠한 상황과 환경 가운데 있다고 할지라도 그들을 존귀하게 여기고 인격적으로 대하며 사랑을 베풀어야 합니다.

[Why] 왜 그렇습니까?

그것은 우리가 만나는 사람들은 모두 다 하나님의 형상대로 지음 받았기 때문이고, 또한 그들은 하나님께서 십자가에서 생명을 줄 정도로 사랑하는 존귀한 자들이기 때문에 그렇습니다.

[How] 최근에 단기 선교를 다녀온 어느 집사님의 이야기인데, 그 분도 선교지에 갔을 때 처음에 현지인에 대한 거부감이 있었다고 합니다. 이것은 외국 여행을 많이 하지 않는 분들에게 얼마든지 있을 수 있는 일입니다. 그런데 하나님께서 은혜를 주셔서 그러한 마음이 곧 사라지고 그들을 귀하게 여기고 사랑하는 마음을 갖게 되었다고 합니다. 그리고 처음에 가졌던 거부감에 대해 회개했다고 합니다. 이것이 예수님의 마음이고, 하나님의 백성이 가져야 할 자세인 줄 믿습니다. 분명 우리 주위에서 객관적으로 볼 때 부족하고 연약한 사람이 있을 수 있습니다. 그러나 설령 객관적으로 부족하고 연약하다고 할지라도 그들도 하나님의 형상대로 지음 받은 존귀한 사람들임을 믿습니다. 그렇기 때문에 객관적으로 부족하다고 할지라도 단지 겉으로가 아니라 중심으로 모든 사람들을 존중하는 마음과 사랑하는 마음으로 대해야 할 것입니다. 마치 부족하거나 연약한 부분이 있는 자녀를 둔 부모가 다른 형제나 자매들이 그 아이를 함부로 대하지 않고 귀하게 여기고 사랑할 때 마음에 기쁨과 감사가 있는 것처럼, 하나님께서도 우리가 연약하고 부족한 지체들을 귀하게 여기며 사랑해 줄 때 만족해하시고 흐뭇해하실 줄 믿습니다.

제11장

설교 작성

I. 설교의 중심 주제와 설교의 목적

설교자는 본문 연구를 통하여 본문의 중심 주제와 구조를 찾아내고, 청중 분석을 통하여 적용을 도출하면서, '설교의 중심 주제,' '설교의 목적,' 그리고 '설교의 구조(또는 전개)'를 결정해야 한다.

1. 설교의 중심 주제(Central Proposition or Big Idea)

설교의 중심 주제를 결정한다는 것은 본문의 주제와 구조에 기초해서 '설교자가 설교에서 무엇에 대해서 무엇을 말하고자 하는가?'를 결정하는 것이다.[1] 일반적으로 설교학자들은 설교가 어떠한 형식을 취하든지 - 즉, 주제 설교, 내러티브 설교, 또는 강해 설교에 상관없이 - '설교 전체를 지배하고 모든 내용을 통합할 수 있는' 하나의 중심 주제를 가져야 한다는 것에 동의한다. 설교의 중심 주제의 중요성에 대해서 헨리 조웻(J. H. Jowett)의 말은 많은 설교학자들(헤돈 로빈슨, 브라이언 채플, 라메쉬 리

---

1) 설교의 중심 주제를 강조한 대표적인 학자는 헤돈 로빈슨인데, 그는 설교의 중심 주제(Homiletical Idea)는 "성경의 내용을 정확하게 반영하면서도 교인들에게 그 의미를 연결시켜 주는 하나의 성경적 개념을 서술하는 것"이라고 하였다. Haddon Robinson, *Biblical Preaching*(rev. ed.) (Grand Rapids: Baker Book House, 2001), 113.

차드, 시드니 그레이다누스, 존 스토트 등)에 의해 인용되고 있는데, 필자도 그의 말에 동의한다.

나는 수정과 같이 맑을 정도로 짧고도 함축적인 문장으로 설교의 주제를 표현할 수 있기 전까지는, 아직 설교를 위해 준비가 되지 못했다고 확신한다. 나는 바로 그 문장을 얻어내는 작업이야말로 설교를 위한 연구에 있어서 가장 어렵고도 흥분되며 가장 생산적인 작업이라는 것을 알게 되었다. 그 문장을 만들기 위해 스스로 압박을 가하고, 불투명하고 부적절하고 애매모호한 표현들을 모두 제거하고, 가장 정확하게 그 주제를 정의할 수 있는 단어들을 정리하는 작업이야말로 설교를 작성하는데 있어서 가장 중요하고 본질적인 일 가운데 하나이다. 나는 바로 이 문장이 구름 한 점 없는 밤하늘의 달과 같이 명확하고 선명하게 떠오르기 전까지는 어떠한 설교도 선포되어서도, 아니 글로도 기록되어서도 안 된다고 생각한다.[2]

1) 설교의 중심 주제가 있어야 할 이유

그러면 왜 모든 설교가 중심 주제를 가져야 하는가? 거기에는 두 가지 이유가 있다.[3]

먼저, 설교할 본문이 하나의 중심 주제를 가지고 있기 때문이다.[4]

앞에서 우리는 설교 본문을 택하고 범위를 정하는 중요한 원칙 가운데 하나가 '본문은 하나의 중심적이고 통일적인 주제가 도출될 수 있는 한

---

2) J. H. Jowett, *The Preacher: His Life and Work* (New York: Doran, 1912), 133.

3) 참고. Keith Willhite, "총탄 vs 산탄," in Keith Willhite & Scott Gibson(eds.), *The Big Idea of Biblical Preaching in Honor of Haddon W. Robinson*, 이용주 역, 『빅 아이디어 설교』 (서울: 디모데, 1999), 13-27.

4) 참고. John R. W. Stott, *Between Two Worlds: The Art of Preaching in the Twentieth Century*, 정성구 역, 『현대 교회와 설교』 (서울: 풍만, 1985), 242-6.

단위(A Single Unit of Thought)'여야 한다고 하였다. 만약 이 견해에 동의한다면, 원리적인 면에서 볼 때 선택한 본문에서 하나의 설교의 중심 주제가 도출되는 것은 너무도 당연한 결과이다. 이와 관련하여 키이스 윌 하이트(Keith Willhite)는 하나의 중심 주제로 설교하는 것은 선택이 아니라 본문에 저자가 의도하는 하나의 의미가 있다고 믿는 "복음주의 해석학의 의무"라고까지 하였다.[5]

다음으로, 하나의 중심 주제로 설교하는 것이 가장 효과적인 전달방법이기 때문이다. 하나의 통일된 주제로 설교하는 것은 수사학적으로 볼 때도 가장 효과적인 전달 방법임이 입증되어 왔다.[6] 두안 릿핀(Duane Litfin)은 그 점에 대해서 잘 언급하였다.

지난 2,500년 동안 대중 연설을 연구하고 실제로 하였던 사람들 사이에서 분명하게 동의하는 원리가 하나 있다. 그것은 하나의 핵심 주제를 중심으로 연설을 구성하고 발전시키는 것이 가장 효과적인 방법이라는 것이다. 다시 말해, 고대 그리스와 로마의 수사학자들로부터 최근의 커뮤니케이션 이론가에 이르기까지, 먼 옛날 민주 정치의 정치적 웅변술로부터 우리 시대의 설득력 있는 메시지에 이르기까지, 대중 연설의 역사와 그 역사가 우리에게 주는 아주 강력한 교훈은 가장 효과적인 연설이 되기 위해서는 오직 하나의 핵심 주제를 중심으로 전개되고 발전되어야 한다는 것이다.[7]

이어서 릿핀은 그러한 합의가 도출된 것은 하나님께서 우리 인간을 통일성(unity), 질서(order) 그리고 진전(progress)을 좋아하고 추구하도록

---

5) Willhite, "총탄 vs 산탄," 15.
6) 참고. Robinson, *Biblical Preaching*, 35-9. Willhite, "총탄 vs 산탄," 22-5.
7) Duane Litfin, *Public Speaking: A Handbook for Christians*(2nd ed.) (Grand Rapids: Baker, 1992), 80.

창조하셨기 때문이라고 하였다.8)

   하지만 조웻이 지적한 것처럼, 설교를 준비하면서 설교의 중심 주제를
결정하기까지의 과정이 결코 만만한 작업은 아니다. 많은 연구와 묵상과
훈련을 요한다. 그러나 설교의 중심 주제를 명확하게 하는 것은 효과적인
설교를 위해 절대적으로 필요한 과정이다. 따라서 효과적인 설교를 위해
서 설교자는 설교를 준비하는 과정 내내(즉, 설교를 구성하고 완성하는 모
든 과정에서) 설교의 중심 주제를 머리에 담고 있어야 한다.

2) 설교의 중심 주제를 세워가는 기본 지침들

   먼저, 설교의 중심 주제가 막연해서는 안 된다. 많은 설교학자들은 설
교의 핵심 주제(Idea)가 막연하지 않고 제대로 세워지기 위해서 두 요소가
포함되어야 한다고 주장한다.9) 그것은 '주 요소(subject)'와 '보조 요소
(complement)'이다. 주 요소는 '설교자가 설교 전체를 통해 말하고자 하
는 것이 무엇인가?'에 대한 기술(記述)이고, 보조 요소는 '설교자가 그 주
요소에 대해 말하고자 하는 것은 무엇인가?'에 대한 기술이다. 주 요소는
전체 설교의 집이라면 보조 요소는 주 요소의 설명, 이유, 근거, 수단 또는
방향 제시 등을 제시하는 그 집의 구성 요소들이라고 할 수 있다. 월터 라
이펠트(Walter L. Liefeld)가 사용하는 용어에 의하면, 주 요소는 목걸이
줄이라면 보조 요소는 그 목걸이의 줄에 걸려 있는 보석들과 같은 것이
다.10) 또한 테리 카터(Terry G. Carter), 스코트 듀발(J. Scott Duvall)

---

   8) Litfin, *Public Speaking*, 80-3.
   9) Robinson, *Biblical Preaching*, 43-50; Litfin, *Public Speaking*, 84-9;
Ramesh Richard, *Preparing Expository Sermon: Seven-Step Method for
Preaching Salvation*(rev. ed.) (Grand Rapids: Baker Book House, 2005),
87-9.

그리고 다니엘 헤이즈(J. Daniel Hays)의 표현에 의하면, 주 요소는 빨래 줄이고 보조 요소는 빨래 줄에 걸려 있는 옷들('빨래줄 개념: clothline concept')이라고 할 수 있다.[11]

그런데 중요한 것은 두 요소 가운데 하나라도 없어서는 안 된다는 것이다. 주 요소가 없으면 통일성과 일관성에 문제가 있을 수 있고, 보조 요소가 없으면 막연하고 설득력이 떨어진다. 예를 들어, "우리는 하나님의 신실하심을 믿기 때문에 어려움 가운데서도 낙심하지 않는다."는 설교의 주제를 정했다고 하자. 여기에서 주 요소는 '어려움 가운데서도 낙심하지 않는다.'이고, 보조 요소는 '하나님이 신실하시기 때문이다.'이다. 만약 설교의 중심 주제를 단순히 '어려움 가운데서도 낙심하지 않는다.'라고 한다든지 또는 '하나님은 신실하시다.'라고 정하면 막연하고 설득력이 부족하다. 대신 '어려움 가운데 낙심하지 말아야 하는데 그 이유는 하나님께서 신실하기 때문이다.'고 주 요소와 주 요소의 근거를 제시하는 보조 요소가 함께 어우러질 때 설교의 중심 주제가 좀 더 구체적이 되고 설득력이 있다.

그러나 여기에서 우리가 기억해야 할 것은 보조 요소가 하나인 경우도 있지만 거의 대부분의 경우 여러 개라는 것이다. 왜냐하면, 주 요소가 본문 전체를 지배하는 핵심 내용이라면 보조 요소는 본문의 구조 또는 전개를 통해 주 요소의 설명, 이유, 근거, 수단 등을 여러 각도에서 다양하게 제시하기 때문이다. 이때는 설교의 중심 주제를 주 요소와 보조 요소로 나누어서 기술하는 것이 바람직하다.

예를 들어, 로마서 5:1-5의 설교의 중심 주제는 다음과 같이 기술할 수

---

10) Walter L. Liefeld, *New Testament Exposition: From Text to Sermon*, 황창기 역, 『신약을 어떻게 강해할 것인가』 (서울: 두란노서원, 1989), 14.

11) Terry G. Carter, J. Scott Duvall & J. Daniel Hays, *Preaching God's Word*, 김창훈 역, 『성경설교』 (서울: 성서유니온, 2009), 120.

있다.

주 요소: 예수 그리스도를 믿음으로 의롭게 된 자의 삶의 특권이 무엇인가?

보조 요소:

1) 그리스도 안에서 하나님과 화평하게 되었다.

2) 하나님의 영광을 바라보며 기뻐한다.

3) 고난 가운데서도 기뻐한다.

에베소서 4:1-6의 설교의 중심 주제는 다음과 같이 기술할 수 있다.

주 요소: 하나 되기 위해 요구되는 품성은 무엇인가?

보조 요소:

1) 겸손.

2) 온유.

3) 인내.[12]

여호수아 1장의 설교의 중심 주제는 다음과 같이 기술할 수 있다.

주 요소: 어떻게 삶의 위기를 극복할 것인가?

보조 요소:

1) 우리와 함께 하시는 하나님을 신뢰해야 한다.

2) 늘 말씀을 묵상하면서 강하고 담대함으로 말씀에 순종해야 한다.

3) 공동체 의식을 가지고 살아야 한다.

여호수아 2장의 설교의 중심 주제는 다음과 같이 기술할 수 있다.

---

12) 물론 설교의 중심 주제를 '우리는 겸손과 온유와 인내로 하나가 될 수 있다' 라고 하나의 문장으로 단순하게 기술할 수도 있지만, 보조 요소의 강조를 위해서 주 요소와 보조 요소로 나누어서 정리하는 것도 가능하다.

주 요소: 우리의 인생이 하나님께 존귀하게 쓰임받기 위해서 무엇이 필요한가?

보조 요소:

1) 믿음 안에서 지혜롭게 준비해야 한다.

2) 내가 부족하여도 하나님께서 함께 하시면 나도 쓰임 받을 수 있다고 믿어야 한다.

3) 하나님에 대한 절대적인 신뢰와 함께 모든 것을 내어 던지는 행함이 있는 믿음이 필요하다.

4) 좋은 동역자가 필요하다.

다음으로, 설교의 중심 주제는 적용의 관점에서 정해지는 것이다. 설교의 중심 명제는 본문의 주제에서 출발하지만, 적용의 관점에서 결정되고 기술되어야 한다. 예를 들어, 빌립보서 2:5-11의 본문의 주제는 '하나 됨의 본으로서 예수님의 성육신'이다. 그런데 설교의 중심 명제는 적용의 관점에서 '하나 되기 위해서 예수님처럼 낮아지고 희생해야 한다.'라고 말할 수 있다. 또한 마가복음 1:16-20의 본문의 주제는 '제자를 부르시는 예수님'이지만, 설교의 중심 주제는 적용의 관점에서 '주님은 사람을 통해서 하나님의 일을 이루어 가신다'라고 정할 수 있다.

뿐만 아니라 설교의 중심 주제는 적용의 관점에서 정해지기 때문에 하나의 본문에서 다양한 설교의 주제가 나올 수도 있다.[13] 다시 말해, 본문의 주제에서 청중 분석을 통해서(청중의 필요와 상황을 고려해서) 도출해 내는 것이다. 예를 들어, 누가복음 19장에 있는 예수님과 삭개오가 만나는 사건에서 설교의 중심 명제는 '인생의 진정한 기쁨은 예수님 안에 있다'

---

13) 필자는 본문에는 하나님께서 의도하신 하나의 고정된 의미가 있지만, 적용은 상황과 청중에 따라서 다양하다고 믿는다. 이에 대한 좀 더 자세한 논의를 위해서 본서의 <9장 I. 2. 본문 연구>를 참고하라.

라고 정할 수 있고, '예수님을 만남으로 변화된 삶을 살자'라고 정할 수도 있다. 물론 이 둘이 떨어질 수 없는 관계지만 전자는 주님을 만나기 전의 인생의 모습에 대한 강조점이 있고 후자는 주님을 만난 다음의 당연히 바꾸어 져야 할 삶의 모습에 강조점이 있다. 또한 요한복음 4장에 있는 예수님께서 수가성 여인에게 복음을 전하는 사건도 마찬가지다. 설교의 중심 주제를 '복음을 전하기 위해서 모든 마음의 벽을 허물어야 한다.' 고 할 수 있고 '주님을 만난 다음에 세상에서 경험할 수 없는 기쁨과 감격이 있다.' 고 정할 수도 있다. 전자는 복음을 전하는 자의 자세에 대한 강조가 있고, 후자는 주님을 만난 사람에 대한 강조가 있다.

2. 설교의 목적

설교의 목적을 정한다는 것은 "나는 왜 이 설교를 하고자 하는가?" 또는 "설교를 통해서 청중에게 일어나기를 바라는 변화가 무엇인가?"를 정하는 것이다.[14] 물론 설교의 목적은 설교의 중심 주제와 밀접하게 연결되어 있고, 설교의 주제가 분명해 지면 설교의 목표도 자연스럽게 분명해진다. 하지만 설교의 목표를 실제로 기술하고 설교를 준비하는 과정에서 의식하는 것은 청중을 변화시키는 효과적이고 능력 있는 설교를 위해서 필요하다. 그러나 우리는 분명한 목표가 드러나지 않는 설교를 자주 듣는다. 헤롤드 브라이슨(Harold T. Bryson)과 제임스 테일러(James C. Taylor)가 기록한 예는 오늘날 설교자들에서도 쉽게 찾아볼 수 있는 실례 가운데 하나이다.[15]

---

14) 참고. Richard, *Preparing Expository Sermon,* 77-83; Robinson, *Biblical Preaching,* 107-13; Thomas Long, *The Witness of Preaching*(2nd ed.) (Louisville: Westminister/ John Knox, 2005), 108-16.

15) Harold T. Bryson & James C. Taylor, *Building Sermons to Meet People's Needs,* 정성영 역, 『청중의 필요를 채우는 설교 작성법』 (서울: 요단 출판

어느 목사는 초기 목회 사역 시기에 일어난 일을 간증한 적이 있다. 어느 토요일 저녁에 그 목사는 아내에게 주일 아침에 할 설교를 읽어주고 있었다. 다 읽고 나자 그의 아내는 질문했다. "여보, 왜 그 설교를 하려는 거죠?" 그 목사는 이 질문을 받고 처음에는 화가 치밀었다고 한다. 그러나 이 질문은 설교 준비를 좀 더 완벽하게 하도록 그를 서재로 몰아넣었다. 그는 서재에서 자신을 쩔쩔매게 했던 똑같은 질문을 스스로 해 보았다. "나는 도대체 왜 이 설교를 하려는 것인가?" 그는 설교를 작성하는 과정이나 도중에 이 질문을 떠올려보지 않았다. 설교 준비에 오랜 시간을 투자한 후에도 그 설교를 하려 했던 충분한 이유를 찾지 못했다. 이제 그 목사는 한 가지 명확하고 특수한 목적을 가진 다른 설교를 준비하기에 이르렀다. 누가 "왜 그 설교를 하려느냐?"고 질문해 왔다면 그는 구체적으로 대답했을 것이다.

그러면 어떻게 설교의 목적을 정할 것인가?

설교의 목적도 역시 본문의 의도에 기초해서 성도의 필요와 상황을 고려해서 결정하되, 설교의 중심 주제와 밀접하게 연결이 되어야 한다. 또한 적용이 구체적이어야 하는 것처럼 설교의 목표도 가능하면 구체적이어야 한다. 위의 제시한 설교의 중심 주제의 예와 연결하여 다음과 같이 설교의 목적을 정할 수 있다.

로마서 5:1-5:
예수 그리스도를 믿음으로 의롭게 된 것이 얼마나 귀한 특권인지 알게 하고, 그 특권을 누리는 삶을 살게 한다.

에베소서 4:1-6:
하나 됨이 얼마나 중요한 하나님의 요구인지 알게 하고, 하나 되기 위해서 우리에게 필요한 성품을 갖도록 한다.

사: 1994), 89-90.

여호수아 1장:

살아가면서 누구에게나 오는 삶의 위기를 극복하도록 격려하고, 위기를 극복하고 형통함을 경험하기 위해 우리가 해야 할 일을 하게 한다.

여호수아 2장:

하나님께 쓰임 받는 인생이 되기를 소원하게 하고, 쓰임 받는 인생이 되기 위해 필요한 믿음과 삶의 모습을 갖게 한다.[16]

그러면 설교의 중심 주제와 목표를 분명히 하면서 설교할 때 오는 유익이 무엇인가?[17]

1. 서론의 초점을 분명하게 해 준다.
2. 본론에 제외되어야 할 것과 포함되어야 할 것을 구분해 준다.
3. 설교가 일관성과 통일성을 유지하도록 한다.
4. 성도들이 설교의 내용을 더욱 잘 이해하게 한다.
5. 설교의 수용성과 효과를 측정하는 객관적인 기준을 제공해 준다.[18]

---

16) 롱(Long)은 설교의 중심 주제와 설교의 목표를 함께 다루었다. 그는 설교의 중심 주제를 '초점(Focus),' 설교의 목표를 '기능(Function)'이라고 명명하면서, 이 둘은 1) 본문의 주해에서 나와야 하고 2) 상호 연결이 되어야 하며 3) 분명하고 통일되고 비교적 단순해야 한다고 하였다. Long, *The Witness of Preaching*, 108-16.

17) 참고. Richard, *Preparing Expository Sermon*, 78.

18) 설교의 주제와 목적을 분명히 할 때 오는 이러한 여러 가지 유익 때문에 필자는 설교자에게 필요한 은사 가운데 하나가 '절제'라고 생각한다. 다시 말해, 하고 싶은 모든 말을 다 하는 것이 아니라 주제와 목적에 맞추고 거기에서 벗어나지 않도록 절제하고 노력하는 것이다. 이것은 마치 나무가 바르고 아름답게 자라기 위해 불필요한 곁가지를 과감하게 제거하는 것과 같다. 뿐만 아니라 한 번에 설교자가 원하는 모든 것을 다 말하려는 것은 먹을 양이 한정되어 있는 아이들에게 감당하기 힘든 양의 음식을 주는 것과 같은 것이다.

II. 설교의 구조(Structure)[19]와 전개(Development)

설교의 중심 주제와 설교의 목표를 결정한 후 설교자는 설교 내용을 어떻게 구성하고 전개해야 할 것인가 결정해야 한다. 물론 설교에 있어서 내용은 중요하다. 그러나 같은 내용이라 할지라도 그것을 어떻게 구성하고 전개하느냐에 따라 그 내용이 전달되는 효과 또는 청중들이 그 내용을 수용하는 정도가 달라질 수 있다.

그러면 포괄적인 면에서 설교자가 선택할 수 있는 설교의 구조와 전개는 어떤 것들이 있는가?

지금까지 효과적이고 설득력 있는 설교를 위해 참으로 다양한 설교의 구조(또는 형식)와 전개가 제안되어 왔는데, 가장 큰 범위에서 설교자가 택할 수 있는 설교의 구조와 전개는 '주제 설교,' '내러티브 설교,' 그리고 '강해 설교'이다.[20] 또한 설교자는 내용을 어떻게 전개할 것인가에 따라 연역적 구조나 귀납적 구조 가운데 하나를 선택할 수 있고, 또는 두 방법을 복합적으로 활용할 수도 있다. 그것은 설교의 주제, 청중, 또는 설교자와 청중의 관계에 따라 결정된다. 뿐만 아니라 많은 학자들이 설교 구조와 전개에 대해 다양한 모델들을 제시하였다. 로날드 알렌(Ronald J. Allen)은 주제 설교의 구조와 전개를 위해 6가지 모델을 제안하였다.[21]

---

19) 많은 설교학 교과서는 이 부분을 '개요(Outline)'라는 용어를 사용하여 설명한다. 하지만 필자는 개요라는 용어보다는 '구조(Structure)'라는 용어를 선호한다. 왜냐하면, 개요는 설교 내용을 단순히 순서적으로 나열하는 뉘앙스를 내포하고 있다면, 구조는 좀 더 포괄적인 개념이고(예를 들어, 구조는 플롯(plot: 기승전결)에 의한 구조와 전개도 포함할 수 있지만, 개요는 그렇지 못하다), 또한 구조는 상호의존적이고 전체를 종합해서 하나로 여기는 뉘앙스를 함축하고 있기 때문이다.

20) 각 형식의 정의, 방법, 장단점 등이 본서 <2부. 설교의 형식>에서 자세하게 논의되었다.

21) Ronald J. Allen, *Preaching the Topical Sermon*, 김창훈 역, 『강단의 비타민: 주제 설교의 재발견』(서울: 솔로몬, 2010), 121-50. 알렌은 주제 설교를 위해 6가지의 구조를 제안했지만, 모든 설교 형식에서 활용될 수 있다. 자세한 설명을 위

그는 또한 Patterns for Preaching 에서 34가지의 설교 구조(형식)에 대해 언급하면서 그 구체적인 실례들을 보여주었다.[22] 유진 라우리(Eugene Lowry)는 내러티브 설교를 위해서 플롯을 활용한 '다섯 단계(갈등 찾기-갈등 분석-해결의 실마리-복음 제시-결과 기대)' 또는 '네 단계(갈등-심화-대반전-해결)'의 설교의 구조를 제안하였다.[23] 또한 그는 그러한 구조 안에서 '스토리 진행,' '스토리 보류,' '스토리 유예,' '스토리 전환' 등과 같은 다양한 설교의 구조들이 가능하다고 하였다.[24] 또한 데이비드 버트릭(David Buttrick)은 '현상학적 전개식 설교'를 제안했고, 폴 윌슨(Paul S. Wilson)은 '본문에 나타난 문제(Trouble in the Bible)' - '이 세상에 있는 문제(Trouble in the world)' - '본문에 나타난 하나님의 행동(God's action in the Bible)' - '이 세상에 나타난 하나님의 행동(God's action in the world)'으로 구성된 '네 페이지 설교(The Four Pages of the Sermon)'의 구조를 제시하였다.[25]

물론 이 외에도 더욱 다양한 설교의 구조와 전개가 제안될 수 있다. 설교자는 청중을 분석하고 설교의 중심 주제와 목적을 고려하여 이러한 제안들 가운데 하나의 구조와 전개를 택할 수도 있고, 여러 개의 구조와 전개들을 복합적으로 활용할 수도 있고, 또한 자신에게 적합한 구조와 전개

해 본서 〈4장. 주제 설교〉를 참고하라.

22) Ronald J. Allen, *Patterns for Preaching*, 허정갑 역, 『34가지 방법으로 설교에 도전하라』(서울: 예배와 설교 아카데미, 2004).

23) Eugene Lowry, *The Homiletics Plot*(expanded ed.) (Louisville: Westminster John Knox Press, 2001).

24) Eugene Lowry, *How to Preach a Parable*, 이주엽 역, 『설교자여, 준비된 스토리 텔러가 되라』(서울: 요단출판사, 1999). 자세한 것은 〈5장. 내러티브 설교〉를 참고하라.

25) Paul S. Wilson, *The Four Pages of the Sermon: A Guide to Biblical Preaching* (Nashville: Abingdon, 1999). 필자는 본문의 충실한 (강해) 설교를 할 때도 라우리가 내러티브 설교를 위해 제안한 다양한 설교 구조와 전개 방식들이나 윌슨이 제시한 네 페이지 설교 구조도 얼마든지 활용할 수 있다고 생각한다.

를 개발할 수도 있다.

다음으로, 범위를 좁혀서 본서의 주된 관심인 본문에 충실한 성경적(강해) 설교를 하고자 할 때, 설교의 구조와 전개를 선택하고 완성하는 과정에서 설교자가 기억해야 할 기본적인 원리들 그리고 실제적으로 도움이 되는 지침들을 살펴보고자 한다.[26]

1. 설교 구조와 전개의 기본적인 원리[27]

1) 통일성(Unity)

통일성은 설교 전체가 하나의 주제 하에 일관성을 유지하는 것을 의미하는데, 설교의 구조와 전개에 있어서 가장 중요한 원리라고 할 수 있다. 통일성을 유지하기 위해 설교의 중심 주제와 목표를 분명히 하는 것은 필수적인 작업이다. 또한 설교의 통일성을 위해서 중심 주제와 목표에 도움이 되지 않거나 관련되지 않는 것들은 과감히 제거해야 한다.

2) 논리성(Logic)

설교의 각 부분들과 그 안의 내용들이 논리적으로 잘 연결되어야 한다. 특히 본문의 논리가 설교의 구조와 전개를 통해 잘 드러나야 한다.

---

26) 물론 스토리텔링이라든지 일인칭 설교와 같은 특별한 설교 형식에서는 이러한 기본 원리들보다도 반전이라든지 플롯의 탄탄함과 긴장감이 더욱 중요할 수 있지만, 대부분의 설교에서는 다음의 원리들은 효과적인 설교를 위해 필요하다고 판단된다.

27) 참고. John A. Broadus, *On the Preparation and Delivery of Sermons*, rev. J. E. Weatherspoon (New York: Harper & Brothers, 1944), 97-9. Bryan Chapell, *Christ-Centered Preaching: Redeeming the Expository Sermon*(2nd ed.) (Grand Rapids: Baker Academic, 2005), 35-41.

3) 독립성(Distinction)

핵심 내용을 반복적으로 강조하면서 설교의 효과를 높이는 경우도 있지만, 설교가 전개되는 과정에서 내용이 불필요하게 반복되어서는 안 된다.

4) 명확성(Clearness)

설교가 전개되는 과정에서 설교의 중심 주제와 목표가 분명하게 설명되고 제시되어야 한다. 또한 설교가 어떻게 전개되고 있는지 청중들이 명확하게 알고 따라 올 수 있어야 한다.

5) 비율(Proportion)

설교의 각 부분들이 차지하는 비율이 조화와 균형을 이루어야 한다. 다시 말해, 내용에 있어서는 서론-본론-결론 또는 기-승-전-결이 적절한 비율을 차지해야 한다. 뿐만 아니라 전체적인 내용에 있어서 지적인 부분과 정적인 부분과 의지적인 부분이 조화를 이루어야 하고,28) 청중과 관련해서는 불신자, 초신자, 성숙한 신자를 위한 내용들이 균형을 이루어야 한다. 즉, 어느 한 부류도 설교에서 열외가 되어서는 안 된다.

6) 진전(Progression)

처음에는 흥미롭다가 갈수록 지루함을 주는 용두사미형의 설교가 되거

---

28) 이 말은 모든 설교에서 항상 이 세 부분이 조화를 이루어야 한다는 것을 의미하지 않는다. 다만 육 개월 또는 일 년 단위로 전체의 설교를 평가할 때 한 쪽으로 치우치지 않고 전인적으로 접근되어야 한다는 것이다.

나, 전체적으로 내용이 밋밋하게 전개되어서는 안 된다. 분명한 논리적 진전을 드러내든지, 반전의 기법을 활용하든지, 아니면 플롯(기승전결)을 효과적으로 활용하여 설교가 지루하지 않으면서 내용이 전체적으로 목표를 향해 점차적으로 발전해 가야 한다.[29]

2. 설교 구조와 전개의 실제적인 지침들

많은 설교자들과 설교학자들은 성경에 충실한 (강해) 설교를 위해 하나의 구조를 정하고 본문, 설교의 내용, 또는 청중에 상관없이 어떤 본문이든지 기계적이고 획일적으로 그 구조에 맞추어서 설교를 전개하곤 한다. 예를 들어, 다음이 아마 가장 일반적으로 사용되는 설교의 구조와 전개의 '틀'일 것이다.

서론

---

29) 제임스 브래가는 바람직한 설교 구성을 위해 다음과 같은 원리를 기억해야 한다고 하였다. 필자가 동의하지 못하는 부분도 있지만 참고하면 도움이 될 것이다. James Braga, *How To Prepare Biblical Message* (Sisters: Multnomah Publishers, 1969), 164-75.
　　1) 대지(main divisions)는 설교의 중심 주제에서 나와야 하며, 또한 대지는 설교의 중심 주제가 발전적으로 전개되는데 기여해야 한다.
　　2) 대지는 서로 구별되어 독특한 내용을 보여주어야 한다.
　　3) 대지는 점진성이 드러나도록 배열되어야 한다.
　　4) 설교 중심 주제의 정당화(validation)가 필요하거나 증거가 요구될 때, 대지들이 그 논지를 충분히 지지하고 변호하도록 설교가 구성되어야 한다.
　　5) 각 대지는 하나의 기본적인 개념(idea)을 포함해야 한다.
　　6) 대지는 분명하게 진술되어야 하며, 각 대지는 질문과 전환 문장을 활용하여 진술해야 할 하나의 개념(idea)을 완벽하게 표현해야 한다.
　　7) 대지의 수는 가능한 한 적어야 한다.
　　8) 천편일률적인 구조보다는 매 주마다 다양하게 설교가 전개되도록 계획해야 한다.
　　9) 대지는 병렬 구조(parallel structure)를 띠어야 한다.

본론

  I.

    1.

    2.

  II.

    1.

    2.

  III.

    1.

    2.

결론

물론 위에서 제시한 구조와 부분적으로 약간 차이가 있고 경우에 따라 약간의 변화가 있을 수 있겠지만, 전체적으로 서론, 본론, 결론으로 구성하되 본론은 대지들과 소지들로 구성된 설교 형식이 대부분의 설교자들이 가장 일반적으로 활용하고 있다.

하지만 설교의 구성과 전개가 천편일률적으로 되어서는 안 된다. 설교의 내용을 구성하는 각 부분(또는 단위)들은 본문에 따라, 설교의 내용에 따라, 또는 청중에 따라 다양하게 구성되고 전개되어야 한다. 설교자는 하나님께서 다양한 방법(장르)으로 우리에게 말씀하셨다는 것을 기억해야 한다. 하나님께서는 이야기도 사용하시고, 시도 사용하시고, 편지도 사용하셨다. 또한 플롯도 사용하시고 논리도 사용하셨다. 마찬가지로, 설교자도 할 수만 있으면 다양한 설교의 구조와 전개 방식을 사용하여 메시지를 전해야 한다. 여기에서 설교의 구조와 전개를 위해 필요한 몇 가지 팁(Tip)을 제안하고자 한다.

먼저, 본문의 장르(특징)를 설교의 구조와 전개에 반영하는 것이 바람직하다.

설교의 구조와 전개를 결정하는 요인은 여러 가지다. 청중, 그리고 설교의 주제와 목적이 그 가운데 대표적인 것이다. 즉, '누구에게 어떤 내용을 전하느냐!'는 것은 설교의 구조에 영향을 줄 수 있다. 여기에서 추가해야 할 또 하나의 중요한 요인은 '본문의 장르'이다. 위에서 언급한 것처럼, 많은 설교자들은 본문의 장르를 무시하고 모든 장르의 본문을 하나의 설교 구조에 끼워 맞추어 설교한다. 하지만 본문의 장르가 설교의 구조를 결정하는 절대적인 요인은 아니라고 할지라도, 본문의 장르와 특징이 설교의 구조와 전개에 반영되는 것이 바람직하다. 왜냐하면 그것이 본문의 의도와 핵심을 더욱 잘 드러낼 수 있는 방편 가운데 하나이기 때문이다.

예를 들어, 내러티브 본문은 본문을 구성하는 플랏을 활용하여 설교의 구조를 정하는 것이 바람직하다. 여호수아 2장을 보자. 여호수아 2장의 본문 구조와 전개는 다음과 같다.

가. 발단: 여호수아가 가나안에 두 명의 정탐꾼을 보내다(1절).

나. 위기 또는 갈등: 두 사람이 발각되어 생명이 위태롭게 되다(2-3절).

다. 해결: 기생 라합의 거짓말로 두 사람의 위기가 극복되고 무사히 본진으로 돌아가 다(4-21절).

라. 결과: 두 명의 정탐꾼이 확신의 보고를 하다(22-24절).

이에 근거해서 설교의 구조와 전개는 다음과 같이 정해질 수 있다.

가. 발단: 두 사람을 보내 가나안을 정탐하다(1절).

　적용: 믿음 안에서 지혜롭게 준비하는 것이 필요하다.

나. 위기 또는 갈등: 두 사람이 발각되어 생명이 위태롭게 되다(2-3절).

다. 해결: 기생 라합의 거짓말로 위기가 극복되고 무사히 본진으로 돌아가다(4-21절).

1. 왜 기생 라합인가? 하나님께서 어떻게 하나님의 위대한 구원 사역을 이루어 가시는지 하나의 샘플을 보여주고 있다.

적용: 내가 부족하고 연약하여도 하나님께서 은혜를 주시면 나도 쓰임받을 수 있다는 믿음이 필요하다.

2. 거짓말을 통한 구원을 어떻게 볼 것인가? 라합의 거짓말과 비교할 때 그의 행함이 있는 믿음의 가치가 훨씬 위대했다.

적용: 하나님에 대한 절대적인 믿음과 함께 모든 것을 내어 던지는 행함이 있는 믿음이 필요하다.

라. 결과: 승리를 확신하는 보고를 하다(22-24절).

적용: 좋은 동역자가 필요하다.[30)]

바울 서신과 같은 논리적 전개가 특징인 소위 '강화체(講話體)' 본문들은 본문을 구성하는 논리를 따라 설교의 구조와 전개 방법을 택하는 것이 바람직하다. 예를 들어, 로마서 5:1-5을 보자.

본문은 '예수 그리스도를 믿음으로 의롭게 된 자의 삶의 특권은 무엇인가?'를 말씀하고 있는데, 본문의 구문론적 도식(diagram)을 통해 쉽게 알 수 있는 것처럼, 본문의 세 개의 주 문장이 그 구체적인 내용을 설명하고 있다. 따라서 설교는 본문의 논리를 본문의 의미를 설명하면서 적용하

---

30) 이 구조만 보면 설교가 복잡하게 생각되지만, 이 구조를 활용하여 설교가 어떻게 전개되었는지 설교를 요약해 보면 다음과 같다.
우리의 인생이 존귀하게 쓰임받기 위해서 필요한 것은 무엇인가?
먼저, 믿음 안에서 지혜롭게 준비하는 것이 필요하다.
둘째, 내가 부족하고 연약하여도 하나님께서 은혜를 주시면 나도 쓰임 받을 수 있다는 믿음이 필요하다.
셋째, 하나님에 대한 절대적인 믿음과 함께 모든 것을 내어 던지는 행함이 있는 믿음이 필요하다.
넷째, 좋은 동역자가 필요하다.

는 구조와 전개를 취하였다. 설교의 구조와 전개는 다음과 같다.

예수 그리스도를 믿음으로 의롭게 된 자의 삶의 특권은 무엇인가?

1. 그리스도 안에서 하나님과 화평하게 된 것이다(1절 하반 절).

   적용: 하나님의 은혜를 더욱 풍성하게 누리자.

2. 하나님의 영광을 바라보며 기뻐하는 것이다(3절 상반 절).

   적용: 나그네 인생 길에서 영광스러운 소망을 바라보며 살자.

3. 고난 가운데서도 기뻐하는 것이다(3절 하반 절).

   적용: 고난은 인내와 연단된 인격과 소망을 주기 때문에 기뻐할 수 있다.[31]

다음으로, 본문의 전개와 설교의 전개가 대부분의 경우 동일하지만, 반드시 그렇게 해야 하는 것은 아니다.

일반적으로 설교의 구조와 전개는 본문의 구조와 전개를 그대로 따르는 것이 바람직하다. 왜냐하면, 그것이 자연스럽고 본문의 의도를 가장 잘 드러내 주는 방편이기 때문이다. 예를 들어, 위에서 보았던 로마서 5:1-5의 설교의 구조와 전개는 본문의 구조와 전개를 그대로 따라 진행되었다.

그러나 종종 효과적인 설교를 위해서 설교의 순서가 본문의 순서를 따르지 않을 수도 있다. 예를 들어, 빌립보서 2:1-4를 보자.

본문의 구조는 다음과 같다.

1. 하나가 되어야 할 이유(1절).

2. 하나가 되라(2절).

3. 하나가 되기 위해 하지 말아야 할 일(3절 상).

   - 다툼과 허영.

---

31) 설교에서 세 개의 대지(main point)를 취한 것은 특별히 의도한 것이 아니고, 본문에서 예수 그리스도를 믿음으로 의롭게 된 자의 삶의 특권을 세 부분으로 설명하였기에 그대로 따른 것이다.

4. 하나가 되기 위해 해야 할 일(3절 하-4절).
   - 겸손함으로 남을 나보다 낫게 여김.
   - 자기 일을 돌아볼 뿐더러 다른 사람들의 일을 돌아보는 것.

그런데 설교의 구조는 다음과 같다.
1. 하나가 되어야 한다(2절).
2. 왜 하나가 되어야 하는가(1절)?
3. 어떻게 하나가 될 수 있는가(3-4절)?
   먼저, 하지 말아야 할 것은 다툼과 허영이다.
다음으로, 해야 할 일은 겸손함으로 남을 나보다 낫게 여기는 것이고,
자기 일을 돌아볼 뿐더러 다른 사람들의 일을 돌아보는 것이다.

위의 설교는 본문의 논리를 따라 설교를 전개했다. 그런데 본문의 순서
는 따르지 않았다. 왜냐하면, 순서는 바꾸어 전개하는 것이 논리 전개상
더욱 효과적이라고 판단했기 때문이다.

3) 본문의 전개는 순서적(1,2,3)일 수도 있지만, 가능하면 논리적인 것
이 좋다.

대부분의 설교자들이 사용하는 일반적인 방법은 설교 내용을 대지와
소지로 나누어서 하나, 둘, 셋 하면서 순서적으로 주제를 설명하고 적용하
면서 설교를 전개하는 것이다. 물론 그것도 가능하다. 특별히 본문이 그렇
게 구성되어 있으면 그렇게 해야 한다. 예를 들어, 위의 로마서 5:1-5는
본문이 중심 주제를 위해서 순서적으로 구성되어 있기 때문에 설교도 순
서적으로 전개되었다. 또 다른 예로, 에베소서 4:1-6을 보자. 본문은 다음
과 같이 구문론적으로 분석될 수 있다.

주 안에서 갇힌 나는 너희가 부르심에 합당하게 행하기를 간절히 권한다.

> 모든 겸손과
> 온유와
> 참음으로,
> 　사랑 가운데서 서로 용납함으로,
> 평안의 매는 줄로 성령의 하나 되게 하신 것을 지키도록 힘쓰라(사역).

본문은 하나님께서 그리스도 안에서 부르신 부름에 합당한 자의 삶에 대한 것이다(1절). 그 가운데 가장 우선적인 것은 '성령의 하나 되게 하심을 지키도록 최선을 다해 노력하는 것이다(3절).' [32] 그런데 하나 됨을 위해 필요한 구체적인 성품적 요구가 2절에 세 가지로 제시되고 있다. 첫 번째는 겸손이요, 두 번째는 온유함이요, 세 번째는 인내이다(인내는 사랑 안에서 서로 용납하는 것임을 분사구문으로 보충 설명된다).

따라서 이 본문의 설교의 전개는 '성령의 하나 되게 하심을 지키기를 힘쓰기 위해서 우리에게 요구되는 성품이 무엇인가?' 라고 질문을 던진 후에 '하나,' '둘,' '셋' 하면서 순서적으로 그 내용(단어)을 설명하고 적용하면서 설교를 전개하는 것이 바람직하다.[33]

그러나 전통적으로 해 온 것처럼 모든 본문의 설교를 단순히 순서적으로 전개하는 것은 바람직하지 않다. 왜냐하면, 내러티브 장르가 아닌 거의 대부분의 본문은 '논리적' 으로 내용이 전개되기 때문이다. 따라서 논리적

---

32) 분사인 '힘쓰라 또는 최선을 다해 노력하라(σπουδάζω)' 는 구문론적으로 볼 때 독립적인 용법으로 '명령' 을 나타낸다. 참고. Daniel B. Wallace, *Greek Grammar: Beyond the Basic* (Grand Rapids: Zondervan, 1996), 652.

33) 하지만 전체적인 구조와 전개에서는 논리적인 부분도 무시하지 않았다. 이 설교도 본문의 순서를 그대로 따르지 않고, 효과적인 논리 전개를 위해 본문의 순서를 바꾸어서 설교를 전개하였다.

인 본문은 그 논리를 반영하여 논리적으로 설교를 전개해야 한다. 뿐만 아니라 논리적으로 접근하는 설교가 단순히 순서적으로 접근하는 설교보다 더욱 흥미진진하고 효과적이다. 예를 들어, 위의 빌립보서 2:1-4의 설교도 일반적으로 하는 것처럼 단순히 순서적으로 접근하지 않고 논리적으로 접근하였다. 왜냐하면, 본문이 그러한 논리를 가지고 있기 때문이다.[34] 또 다른 예로, 이사야 1:10-20은 다음과 같은 논리로 설교를 전개할 수 있다.

§ 당시의 이스라엘의 모습은 어떠했습니까(10-15절)?
§ 그러면 이스라엘의 문제는 무엇입니까(1-9절을 통해 보충 설명)?
§ 그러한 상황에서 하나님께서 그들에게 요구하는 것은 무엇입니까 (16-17절)?
§ 그런데 만약 그들이 하나님의 명령을 따르지 않으면 결과는 어떻습니까(18-20절)?

4) 그러나 어떠한 경우라도 크게 두 가지가 고려되어야 한다.
(1) 설교의 전개에 있어서 전환점이 있는데 (예를 들어, 서론에서 본론으로 그리고 본론에서 결론으로 전환할 때라든지, 또는 본론에서 설명에서 적용으로 그리고 적용에서도 한 단계에서 다음 단계로 전환할 때에), 전환이 무리 없이 자연스럽게 전개되어야 한다. 그러니까 앞의 내용과 연결하는 다리 역할을 해주면서 앞의 내용을 한 단계 상승시켜야 한다. 훌륭한 전환은 통일성과 질서와 진전을 보여주는 것이다.
(2) 설교의 전개는 가능하면 대화적이어야 한다.
설교자는 실제적으로 대화하지는 않지만, 설교를 하면서 마치 장기를

---

34) 물론 초보 설교자들이 그러한 논리를 발견하고 설교에 반영하는 것은 쉽지 않을 수도 있다. 하지만 훈련과 연구를 통해 본문을 주해하고 파악하는 능력을 발전시켜 나가면 가능하리라 생각된다.

두는 것과 같이 성도들과 상호 작용을 하면서 마음속으로 그들과의 활발한 대화를 유지해야 한다. 위의 이사야 1:10-20의 설교에서 보는 것처럼, 어떤 부분을 설명할 때 또는 한 부분에서 다음 부분으로 넘어갈 때 설교자가 질문을 던지면서 전개하는 것이 필요하다. 물론 청중들로부터 직접적인 답을 듣는 것이 질문을 던지는 목적은 아니다. 청중들이 마음속으로 그 질문을 대답하게 함으로 지루함을 감소시켜 주며, 설교의 다음 부분에 기대를 가지고 하고 또한 설교에 더욱 집중하게 할 수 있다. 결국 이런 대화적 설교는 더욱 효과적인 설교가 되게 하고 또한 권위적 설교에 수반되는 저항감을 감소시킬 수 있다.

3. 효과적이고 설득력 있는 설교 구성의 요소들

위에서 우리는 설교 구조와 전개의 기본적인 원리와 실제적인 지침들을 제시하였다. 이제 범위를 좀 더 좁혀서 효과적이고 설득력 있는 설교를 위한 구성 요소들을 살펴보고자 한다. 사실 설교는 설교자가 전달하고자 하는 메시지를 얼마나 설득력 있게 잘 설명하는지(즉, 청중이 온전히 동의할 수 있도록 이유와 근거를 충분히 제시하는지), 그리고 그것을 바르고 창조적이면서 구체적이고 실제적으로 적용하는지에 달려있다고 해도 과언이 아니다. 그렇다면 그러한 설교를 위해서 필요한 설교 구성 요소들은 무엇인가?[35] 필자는 다음과 같이 제안한다.

1) 주의 끌기
2) 핵심 메시지 진술
3) 근거와 이유를 통한 상세한 설명(논증/예증)

---

35) 설교의 구성과 관련한 다양한 제안들과 실제적 예들을 위해, 박영재, 『청중 욕구 순서에 따른 16가지 설교 구성법』 (서울: 규장, 2000); 신성욱, 『설교의 삼중주』 (서울: 생명의 말씀사, 2009), 114-243을 참고하라.

4) 구체적이고 실제적인 적용의 제시[36]

필자는 이러한 구성 요소들이 제대로 역할을 할 때 효과적이고 설득력 있는 설교가 될 수 있다고 믿는다. 이제 좀 더 구체적으로 살펴보자.

먼저, '주의 끌기'이다. 서론이나 도입부에 해당하는 이 구성 요소는 청중들의 주의와 관심을 집중시키고, 설교를 들어야 할 동기를 유발시킨다. 이 요소에서는 긍정적인 또는 부정적인 면에서 문제를 제시해야 한다. 또한 질문을 통해 궁금증을 발생시키면서 핵심 메시지로 안내하는 것이 일반적이다.

다음으로 '핵심 메시지 진술'이다. 이 요소에서는 설교자가 전달하고자 하는 핵심 메시지를 간결하면서도 분명하게 진술해야 한다.

세 번째로, '근거/이유를 통한 상세한 설명'이다. 이 부분에서는 제시된 핵심 메시지에 대한 근거와 이유를 설명해야 하는데, 한 마디로 핵심 메시지를 '논증'하고 '예증'하는 구성 요소라고 할 수 있다. 여기에서 근거나 이유는 반드시 깊이 있는 설교 본문의 주해와 성경 전체로 부터의 설명에 의해 이루어져야 한다. 때때로 신학적 관점에서 근거와 이유가 설명될 수도 있다. 뿐만 아니라 대부분의 경우 보조 자료(예화나 통계 등)를 통한 예증도 필요하다.

※ 이 과정에서는 문제를 분석하는 일이 필요할 때도 있다.

※ 때때로 'yes-but 기법'[37] 사용이 효과적이기도 하다. 이것은 일종

---

36) 여기에서 필자의 제안은 송숙희가 '잘 읽히는 프로페셔널라이팅 공식'으로 개발하여 활용한 'A5'에 근거한 것이다. 그녀는 잘 읽히는 글쓰기를 위해 다음과 같이 생각을 정리하고 뼈대를 세울 것을 제안하였다. 송숙희, 『글쓰기의 모든 것: 원하는 것을 얻어내는 설득의 기술, 프로페셔널라이팅』(서울: mgt., 2013), 218-21.
Attention: 독자의 주의를 끈다.
Appoint: 메시지를 주장한다.
reAson: 이유나 근거를 제시한다.
Argument: 예시로서 증명한다.
Appoint: 다시 한 번 메시지를 강조한다.
37) 'yes-but 논법'은 설교자가 제시한 핵심 메시지와 관련하여 반론이나 다른

의 반전 기법이라고 할 수 있다.

4) 구체적이고 실제적인 적용의 제시이다. 충분히 핵심 메시지를 논증하고 예증하였다면, 이제 핵심 메시지가 우리에게 요구하는 것을 언급하는 적용이 제시되어야 한다. 적용은 단지 선언이나 선포로 끝나서는 안 되고, 구체적이고 실제적이어야 한다. 다시 말해, 구체적인 상황이 제시되어야 하고, '왜?' 또는 '어떻게?'에 대한 언급이 있어야 한다. 뿐만 아니라 적실하고 설득력 있는 보조 자료(예화 또는 통계 등)가 제시되어야 한다. 그 때 적용을 통하여 훨씬 효과적으로 결단시키고 신앙과 삶을 변화시킬 수 있다.

그러면 이제 위의 설교 구성 요소들과 관련한 실례들을 살펴보자.

실례 1. 필자의 여호수아 3-4장을 본문으로 한 설교에서 '문제 분석'을 통한 상세한 설명이 제시되었다.

(전략)

그런데 이스라엘이 요단강 근처에 도착한 후 하나님께서는 곧바로 건너도록 하지 않고 거기에서 삼 일 동안 머물게 하십니다. 3장 2절입니다.

사흘 후에 관리들이 진중으로 두루 다니며

사흘 동안 어떻게 요단을 건널 것인지에 대한 구체적인 지시가 없었던

견해가 있을 수 있는 경우 또는 일반적인 상식과 다른 경우에 활용하는 기법이다. 다시 말해, "일부에서는(또는 어떤 사람들은) ~ 라고 생각할 수 있다(또는 주장할 수 있다)." 또는 "일반적으로는 ~라고 주장하지만" 등과 같은 표현을 통해 다른 사람들의 주장을 충분히 이해하고 있기는 하지만 그래도 결코 진리가 아님을 보여주는 방법이다. 김용규, 『설득의 논리학』 (서울: 웅진씽크빅, 2007), 97-104.

것인지, 아니면 구체적으로 지시는 하면서 일부로 삼 일 동안 기다린 다음에 건너라고 명령했는지 정확하게 알 수는 없지만 하나님께서는 이스라엘을 그 곳에서 삼 일을 머물게 하셨습니다. 사실 삼 일이라는 기간은 전체 광야 생활에 비하면 극히 짧은 시간입니다. 하지만 요단강 근처에서의 삼일은 이스라엘에게 어느 때보다도 길게 느껴졌을 것입니다. 왜냐하면, 그 곳은 그들에게 전혀 생소한 지역이었는데(4절), 강 건너에 그들의 동태에 예의주시하고 있는 적군들이 있었기 때문입니다. 강은 또 어떠했습니까? 지금은 요단강이 그렇게 큰 강이 아니지만 당시에는 보통 때에 강의 폭이 20-30m, 깊이가 3-4m 정도였다고 합니다. 그런데 이스라엘이 그 곳에 도착한 때는 곡식을 거두는 시기(오늘날의 3-4월에 해당하는 시기입니다.)였기에, 강물이 언덕에 넘치고 있었습니다(수 3:15). 우기가 막 끝났을 때였고 겨우내 얼었던 헬몬 산의 눈과 얼음이 녹아 흘러내리는 시기였기 때문에 하류에 있는 요단강은 일 년 중 가장 물이 넘치는 시기였습니다. 적군을 앞에 두고 있었고, 200만 정도의 사람들이 그러한 강을 건넌다는 것은 결코 쉽지 않은 일이었습니다. 그러한 상황에서 그곳에서 삼 일을 머문 것은 그들에게 긴장과 갈등과 두려움의 순간이었을 것이 틀림없습니다.[38]

여기에서 우리는 두 가지 질문을 해야 합니다.[39] 먼저는 왜 하나님께서 다른 때를 택하지 않고 요단강의 물이 가장 넘치는 시기를 택해서 이곳에 오게 하셨을까요? 하나님께서 얼마든지 다른 때를 택하실 수 있었을 것입니다. 그랬더라면 좀 더 쉽게 건널 수 있었겠죠. 하지만 하나님께서는

---

38) 이스라엘 민족이 긴장과 갈등과 두려움이 있었음을 당시 상황의 분석을 통하여 설명하고 있다.
39) 다음에 제기되는 두 질문도 역시 분석을 통해 본문을 더 깊게 이해하고자 하는 하나의 방편이다. 여기에서의 질문은 '본문 안의 배경(즉, 역사적 배경과 환경)'과 '상식적 상상력'에 의한 것이다. 설교자는 청중들이 발견하지 못한 부분도 배경과 상상력을 통해 문제를 제기하고 답을 제시해야 한다.

일부러 이때를 택한 것입니다. 이것은 결코 우연이 아닙니다. 또 한 가지는 하나님께서 곧바로 건너게 하지 않고 삼 일 동안 머물게 하셨을까요? 하나님께서 미리 싯딤에서 떠날 때 요단강을 건널 방법까지 알려주고, 곧바로 건너게 하실 수도 있었을 것입니다. 그러나 하나님께서는 요단강 근처까지 오게 하신 다음에 일부러 삼 일을 그 곳에 머물도록 하신 것입니다.

왜 그렇게 하셨을까요? 우선 하나님께서 요단강의 물이 가장 넘치는 시기를 택해서 이곳에 오게 하신 이유는 그들에게 기적이 필요했기 때문입니다. 다시 말해, 요단강은 그들이 가나안을 정복하기 위해 넘어야 할 첫 번째 관문이었는데, 그 첫 번째 관문을 통과하면서 그들이 기적적인 일을 경험하는 것은 앞으로의 전쟁에서 반드시 필요했던 요소입니다. 또한 곧바로 건너게 하지 않고 삼 일 동안 머물게 하셨던 가장 중요한 이유는 무엇이죠? 그것은 그들이 거기에서 삼 일을 머무르면서 인간적인 관점에서 보면 그들이 강을 건너는 것이 거의 불가능에 가까운 어려운 일임을 직접 눈으로 보면서 철저히 깨닫게 하시기 위함이었습니다.

사랑하는 성도 여러분, 하나님께서는 우리에게 일부러 문제를 허락하시고, 그 문제에 대해 아무 조치도 취하지 않으시고 우리로 하여금 그 문제를 철저히 경험하게 하실 때가 있습니다. 그것이 경제적인 문제일 수가 있고, 건강의 문제일 수가 있고, 자녀의 문제일 수가 있습니다. 그것이 삼 일 동안의 그렇게 길지 않는 기간이 될 수도 있고, 몇 년이 될 수도 있고, 심지어 몇 십 년이 될 수도 있습니다.

그러면 하나님께서 왜 그러한 문제들을 그렇게 그냥 놔두시는 것처럼 보입니까? 그것은 우리로 하여금 인간의 능력으로는 그리고 인간의 수단과 방법과 지혜로는 절대로 해결할 수 없다는 것을 철저히 경험하고 깨닫게 하신 다음에 하나님의 기적적인 일을 경험하도록 하기 위함인 줄 믿습니다.

실례 2. 여호수아 2장을 본문으로 한 설교에서 'yes-but 논법'이 활용되었다.

(전략)

또 한 가지 본문에서 생각해야 할 것은 라합이 두 정탐꾼의 위기를 극복하도록 도와주는데, 즉, 하나님의 구원사역을 이루어 가는데 거짓말이 사용되었다는 것입니다. 이것은 또한 어떻게 이해해야 할까요? 성경을 보면, 이런 종류의 거짓말이 종종 등장하는 것을 봅니다. 야곱이 아버지 이삭을 속여 장자권을 획득하였고, 여호수아 9장을 보면 기브온 거민들이 여호수아를 속여서 이스라엘과 화친을 맺습니다.

[yes] 이와 같은 거짓말과 관련하여 크게 두 가지 견해가 있습니다. 하나는 긍정적인 견해입니다. 즉 이러한 거짓말은 '믿음의 거짓말'이기에 죄가 아니라고 합니다. 소위 '하얀 거짓말'은 괜찮다는 것입니다. 다른 하나는 부정적인 견해입니다. 어떠한 경우라도 절대로 거짓말을 해서는 안 된다는 것입니다. 아무리 목적이 거룩하여도 거짓말은 정당화될 수 없다고 합니다. 그러니까 라합의 거짓말은 잘못이요 죄라는 것입니다.

[but] 여러분은 어떻게 생각하십니까? 이 문제에 대해 많은 논란이 있어 왔고, 명쾌하게 답하기도 쉽지 않습니다. 저는 먼저 성경의 기본적인 원칙을 말씀드리고, 다음은 라합과 관련하여 말씀드리겠습니다.

먼저, 성경의 원리는 무엇입니까? 성경의 기본적인 원리는 거짓말은 죄라는 것입니다. 목적이 선하면 방법도 선해야 한다는 것이 성경의 분명한 가르침입니다. 아무리 선한 목적이라고 악한 방법으로 이루어서는 안 됩니다. 그렇다고 하면, 라합의 거짓말은 분명 잘못이 아닐 수 없습니다. 그러나 신약의 평가는 어떻습니까? 히브리서 11장을 보면 그녀는 위대한 믿음의 사람 가운데 한 사람으로 평가되고 있습니다. "믿음으로 기생 라합은 정탐꾼을 평안히 영접하였으므로 순종치 아니한 자와 함께 멸망치 아니하였다(31절)"고 말씀합니다. 뿐만 아니라 야고보서 2장을 보면 믿음의 조상인 아브라함과 함께 행함이 있는 믿음의 대표로서 소개되고 있습니다. "기생 라합이 사자를 접대하여 다른 길로 나가게 할 때에 행함으로 의롭다 하심을 받은 것이 아니냐(25절)"고 말씀합니다. 종합하면, 이 사건에 대해 신약은 기생 라합을 믿음의 사람이라고 높이 평가하면서 칭찬하고 있습니다.

그러면 라합에 대한 이러한 긍정적인 평가는 상황에 따라 거짓말해도 괜찮다는 것일까요? 이 부분에 관해 어느 학자가 잘 정리해 주었습니다. 그것은 거짓말이 분명 잘못된 것이지만 그녀의 거짓말과 비교하여 그녀의 믿음의 가치가 너무 훌륭했기 때문에 그녀가 칭찬받았다는 것입니다. 다시 말해, 그 상황에서 거짓말 한 것과 그의 행함이 있는 믿음을 무게로 달면, 상대가 되지 않을 만큼 믿음의 무게가 가치가 있고 훌륭한 것이었습니다. 좀 더 쉽게 설명하면, 보통 사람이 10점 만점에 5점의 믿음의 점수를 얻었다고 합시다. 그런데 라합이 거짓말한 점수를 (-2)점이라고 하면 (-2)점을 빼고도 다른 사람들보다 점수가 더 높다는 것입니다. 그래서 하나님께서 그렇게 긍정적으로 평가했다는 것입니다. 야고보서에 언급된 대로, 아브라함과 함께 생각해 보면 더 이해하기 쉬울 것 같습니다. 성경의 기록만 보더라도, 아브라함은 거짓말도 많이 하고 실수도 많이 했습니다. 그러나 그가 하나님께 순종해서 이삭을 드렸던 것은 하나님에 대한 절대적인 신뢰가 없으면 도저히 엄두도 내지 못할 위대한 결단과 믿음의 행동이었습니다. 그 전에 그가 잘못 행했던 마이너스 점수를 다 차감해도 남음이 있는 믿음의 행동이었습니다. 그래서 그가 대표적인 믿음의 사람으로 인정받게 된 것입니다.

라합도 마찬가지입니다. 그녀도 아브라함과 같이 '엄청난 결단'과 '생명을 내건 행함이 있는 믿음'을 보여주었습니다. 만약에 발각되었으면 그녀는 즉시 죽음에 처할 수도 있었습니다. 라합의 믿음은 머리에만 있는 믿음, 몸을 사리고 계산하는 믿음이 아니었습니다. 하나님을 절대 신뢰하는 행함이 있는 믿음이었고, 조국과 민족도 초월하는 믿음이었고, '죽으면 죽으리라'는 믿음이었습니다. 그 믿음의 가치가 거짓말 한 것과 상대가 되지 않을 만큼 위대하고 존귀한 것이었습니다.

사랑하는 여러분, 하나님께서 오늘날 우리들에게도 라합처럼 행함이 있는 믿음을 요구하시는 줄 믿습니다. 우리 하나님께서는 라합처럼 행함이 있는 믿음을 통해 천국을 경험하고 천국을 확장시키는 줄 믿습니다. 하나님께서 원하시는 것을 알면서도 아직 머뭇거리는 분이 계시나요? 알고 있지만 당장 눈앞에 있는 이익을 놓치기 아까워서, 또는 어려움 또는 손해가 무서워서 안 되는 줄 알면서도 계속 그 자리에 머무시면서 갈등하시는 분이 계시나요? 과감한 결단과 행함으로 옮기는 믿음이 필요할 줄 믿습니다. 그리고 그 때 하나님께서 놀랍게 역사하실 줄 믿습니다.

실례 3. 출애굽기 21:1-11의 종에 대한 규례에 대한 설교에서 근거와 이유를 통해 상세하게 설명하고 있다.

(전략)

[주의 끌기] 이상이 종에 대한 대략적인 하나님의 명령입니다. 그런데 본문을 보면서 떠오르는 질문이 있을 것입니다. 성경 전체의 관점에서 보면, 본문에 언급되어 있는 '노예 제도'나 '첩(일부다처제) 제도'는 성경적이지도 않고 하나님의 창조 질서에도 합당치 않는 제도인 것 같은데, 왜 하나님께서 이 부분을 인정하고 이에 대해서 자세하게 지침들을 제시하셨을까? 라는 생각을 할 수 있습니다. '성경이 이율배반(二律背反)적이 아닌가?'라고 생각할 수도 있을 것입니다. 그렇지 않습니까?

[핵심 메시지 제시] 이 부분에 대해 먼저 말씀드리겠습니다. 이 부분에 대해서 다양한 견해가 있지만 이렇게 정리하시면 될 것 같습니다. 노예 제도나 첩 제도는 성경적이지도 않고 창조질서에 합당치도 않은 제도임이 분명합니다. 그런데 하나님께서 이 제도들을 인정하고 그에 대한 지침들을 준 것은 한 마디로 하면 '이스라엘의 한계' 때문이었습니다. 모세가 시내 산에서 율법을 받을 당시 이스라엘은 영적으로 갓 태어난 아이와 같았습니다. 그들의 신앙적, 도덕적 수준은 이방인과 크게 다를 바가 없었습니다. 그들은 하나님께서 요구하시는 온전한 규칙을 지킬만한 신앙적 도덕적 수준에 이르지 못했습니다. 이러한 사실을 익히 알고 계신 하나님께서 그들의 수준에 맞는 기준을 제시하셨던 것입니다.

[설명] 이에 대한 성경의 증거가 있습니다. 이혼과 관련하여 율법에는 이혼증서를 써주면 가능하다고 했습니다(신 24:1). 하지만 이혼은 궁극적으로 하나님이 원하시고 기뻐하시는 뜻이 아닙니다. 그래서 예수님께서 그 부분에 대해서 질문을 받자 무엇이라고 말씀하셨죠? 그것을 허용한 것은 이스라엘 마음의 완악함 때문이었다고 하시면서 '본래는 그렇지 않다'라고 말씀하셨습니다(마 19:8, 막 10:2-9). 쉽게 이야기하면, 이스라엘의 완악함과 부족함을 고려해서 하나님께서 당시 여자를 마치 물건 취급하는 상황에서 그 폐해를 최소화하기 위해 절대적 원리보다 낮은 것을 일시적으로 허용하셨다는 것입니다. 그래서 학자들은 이러한 하나님의 조치를 하나님의 '교육적 조치' 또는 '의학적 조치'라고 합니다. 교육적 조치라고 한 것은 수준이 낮은 사람을 높이기 위해 그가 감당할 수 있는 수준에서 교육을 시작한다는 것입니다. 그리고 의학적 조치라는 것은 환자를 고치는데 처음에는 그가 견딜 수 있는 만큼 약을 주고 상황을 보면서 온전해질 수 있는 강한 약을 준다는 것입니다. 요약하면, 하나님께서 다른 방법으로 원칙은 분명히 제시하지만 그들의 '수준'(여기에서 상황이라고 말하면 오해의 소지가 있을 수 있습니다. 즉, 상황윤리라고 생각할 수 있기 때

문에 수준이라는 단어를 사용하는 것이 적절합니다)에 맞추어서 또는 '수준'을 고려해서 접근하셨다는 것입니다.

[보조 자료] 실제로 이것은 하나님께서 우리를 다스리고 인도하는 방법 가운데 하나입니다. 하나님께서는 우리를 훈련시키고 성장시키실 때 우리 수준에 맞추어서 대하십니다. 저는 고등학교 때 아파서 신앙생활을 시작하였는데, 처음에 저에게 하나님은 아주 무섭고 두려운 분이었습니다. 왜냐하면, 저의 생각이나 행동이나 계획이 조금만 잘못되어도 하나님께서 즉각적으로 어떤 조치를 취하셨기 때문입니다. 그래서 그 때는 매를 맞지 않기 위해서 그리고 어려움을 당하지 않기 위해서 억지로 순종하기도 했습니다. 대학교 다닐 때에도 해보고 싶은 것도 많은데 두려워서 하지 못했습니다. 종종 '왜 내가 예수를 믿었을까?'라고 생각하면서 예수 믿는 것이 후회스럽기까지 한 적도 있었습니다. 그러나 지금 저를 하나님께서 다루시고 인도하시는 방법은 그 때와는 전혀 다릅니다. 지금 저는 두렵고 무서운 하나님이 아니라 참으로 저를 사랑하시는 하나님으로 고백합니다. 저는 저를 부르시고 이 자리에 있게 하신 하나님의 은혜와 사랑에 말로 다 표현할 수 없는 감사의 마음이 있습니다. 하나님께서 저에게 두려운 하나님으로 나타나신 것이 하나님의 본심은 아니었지만 일시적으로 저의 수준에 맞추어서 대하신 것입니다. 바울도 고린도 교회에 편지를 쓸 때 어린아이를 대함같이 한다고 하였습니다. "내가 너희를 젖으로 먹이고 밥으로 먹이지 않으니 이는 너희가 감당치 못하기 때문"이라고 말씀합니다.

실례 4. 여호수아 3-4장을 본문으로 한 설교에서 발췌한 것으로 실제적이고 구체적인 적용의 한 예이다.

(전략)

[주의 끌기] 우리가 알아야 할 것은 하나님께서 아무 이유나 목적 없이 이러한 기적을 주시지 않는다는 것입니다. 하나님께서 기적을 행하실 때에는 반드시 이유가 있습니다. 하나님께서 오늘 본문의 기적을 이스라엘에게 주신 이유는 크게 세 가지였습니다.

[핵심 메시지 제시] 먼저, 하나님께서는 이 기적을 통해서 백성들 앞에서 여호수아의 권위를 세워주었습니다. [근거/이유를 통한 상세한 설명] 4장 14절입니다.

그 날에 여호와께서 모든 이스라엘의 목전에서 여호수아를 크게 하시매 그가 생존한 날 동안에 백성이 그를 두려워하기를 모세를 두려워하던 것 같이 하였더라.

이것이 이 기적을 행하시는 하나님의 목적 가운데 하나였습니다. 그래서 하나님께서는 이 기적을 행하시기 전에도 같은 말씀을 하셨습니다. 3장 7절입니다.

여호와께서 여호수아에게 이르시되 내가 오늘부터 시작하여 너를 온 이스라엘의 목전에서 크게 하여 내가 모세와 함께 있었던 것 같이 너와 함께 있는 것을 그들이 알게 하리라.

당시의 상황에서, 다시 말해 이제 본격적으로 가나안을 정복해야 하는 시점에서, 가나안 정복을 효과적으로 수행하기 위해 가장 필요했던 것 가운데 하나는 여호수아의 리더십 또는 지도자로서의 권위를 세워주시는 것이었습니다. 그래서 이 기적을 통해 하나님께서 모세와 함께 하였던 것같이 여호수아와 함께 하심을 이스라엘에게 보여주신 것입니다.

[적용] 오늘날 우리도 마찬가지입니다. 우리가 영적 싸움에서 승리하기 위해 그리고 믿음의 삶을 살기 위해 필요한 것 가운데 하나가 '권위'입

니다. 권위주의는 바람직한 것이 아니지만 권위는 필요합니다. 목회자는 교회의 지도자로서 권위가 필요합니다. 부모는 부모로서의 권위가 필요합니다. 남편으로서의 남편으로서 권위가 필요하고, 엄마는 엄마로서의 권위가 필요합니다. 교사는 교사로서의 권위가 필요합니다. 또한 우리 모두는 예수 믿는 사람으로서의 권위가 필요합니다. 물론 우리가 신앙생활하다 보면 억울하게 오해 받아서 어려움을 당할 수는 있지만, 예수를 믿는 우리는 결코 다른 사람들에게 무시당하거나 업신여김을 당해서는 안 됩니다.

[구체적 방법 제시] 그러면 어떻게 우리의 영적인 권위가 세워질 수 있겠습니까? 투쟁해서 얻는 것입니까? 강압적으로, 또는 우격다짐을 통해서 얻을 수 있는 것입니까? 종종 어떤 목회자들은 교회에 부임해서 스스로 권위를 세우기 위해서 성도들과 부딪치기도 합니다. 부부지간에도 주도권을 잡기 위해서 그리고 남편으로 권위를 세우기 위해서 결혼 초반에 승부를 걸기도 합니다. 부모로서의 권위를 세우기 위해서 강압적으로 자녀를 다스리기도 합니다. 그렇게 해서는 온전히 권위가 세워지지 않습니다. 뿐만 아니라 그러한 방법으로 권위를 세우는 것은 얼마나 힘든 일인지 모릅니다.

진정하고 온전한 권위는 자신이 세우는 것이 아니고, 하나님께서 세워 주시는 줄 믿습니다. 특히 오늘 본문의 여호수아처럼 하나님께서 나와 함께 하심으로 놀라운 능력이 나타날 때 권위가 세워지는 줄 믿습니다. 사무엘도 하나님께서 그 말 하나도 땅에 떨어지지 않게 하셨을 때 권위가 세워졌습니다.

[보조 자료(예화)] 제가 아는 어느 권사님이 계십니다. 그 권사님은 처녀 때 예수를 믿다가 예수를 믿지 않는 가정에 시집가서 신앙생활에 많은 어려움을 겪었습니다. 그 어려움은 갈수록 심해졌고, 예수 믿는 것 때문에 많은 핍박이 있었습니다. 그러던 와중에 공무원이던 남편에게 사무관으로 승진할 기회가 주어졌습니다. 그래서 남편의 승진을 위해서 40일 철야기

도를 작정하고 남편에게 기도하면 하나님께서 도와주실 것이라고 이야기 했습니다. 남편도 승진하고 싶은 마음에 그것을 허락하면서 하나님이 살아계시는 지 보자고 했습니다. 얼마 후 승진 발표가 났는데, 다른 사람들은 다 승진이 되었지만 권사님의 남편만 승진이 되지 않았습니다. 그렇게 되자 남편은 하나님이 어디 살아 있느냐고 하면서 그 권사님을 더욱 핍박하였습니다. 그런데 이게 왠 일 입니까? 그 때가 막 5공화국이 시작될 때 였는데, 소위 정화운동에 걸려서 승진했던 사람들은 다 뇌물을 쓴 혐의로 승진이 취소되고 형사 처벌을 받게 되었습니다. 그 결과 권사님의 남편은 돈 한 푼도 들이지 않고 자연스럽게 승진하게 되었습니다. 남편은 그러한 일이 진행되는 과정에서 하나님께서 그 권사님과 함께 하심을 보았습니다. 하나님께서 그 권사님의 권위를 세워주신 것입니다. 권사님의 남편은 예수님을 믿고 나중에 장로가 되어 교회를 잘 섬기다가 지금은 하늘나라에 있습니다.

[결단과 변화 촉구] 사랑하는 성도 여러분, 예수 믿는 우리 모두에게 권위가 필요합니다. 예수 믿는 우리가 다른 사람들에게 우리의 잘못과 부족함 때문에 무시당해서는 안 됩니다. 저는 우리 모든 성도들이 하나님께서 함께 하심을 늘 경험하기를 바랍니다. 그래서 이 땅에서 권위 있는 삶을 살기를 바랍니다.

III. 설교의 완성

설교의 주제와 목적 그리고 설교의 구조와 전개 방식이 정해지면 이제 설교를 완성하는 일이 남아 있다. 설교를 완성하기 위해서 필요한 것은 설교의 제목, 서론, 결론을 작성하는 것이고, 또한 설교의 주제를 분명히 하고 설교의 목적을 달성하기 위해서 필요한 보조 자료를 찾는 일이다.

1. 설교 제목(Title of Sermon)

설교의 제목은 설교의 중심 주제와 밀접하게 연결되어 있는데, 설교의 중심 주제가 설교에서 말하고자 하는 것에 대한 좀 더 구체적이고 자세한 서술이라면, 설교 제목은 좀 더 함축적인 표현이다.[40]

그러면 설교의 제목을 어떻게 정하는가? 크게 두 가지 방향에서 정해질 수 있다.

1) 일반적으로 적용의 관점에서 설교의 제목이 정해지는 것이 바람직하다.

예를 들어, 마가복음 1:16-20에서 본문의 주제는 '제자들을 부르시는 예수님'이다. 그런데 설교의 제목은 적용의 관점에서 '주님께서 일하시는 원리'라고 할 수 있다. 마가복음 1:40-45은 '문둥병자를 고치신 예수님'에 관한 내용인데, 설교 제목은 적용의 관점에서 '새 시대의 도래와 믿음'이라고 할 수 있다. 또한 빌립보서 1:3-8의 내용은 '빌립보 교회를 향한 바울의 감사와 기쁨'에 대한 것이지만, 설교 제목은 적용의 관점에서 '복음에 참여하는 합당한 자세'라고 할 수 있다.

2) 특별한 경우에는 본문의 주제가 그대로 설교의 제목이 될 수 있다. 이때는 특별히 본문의 내용에 대한 강조를 원할 때이다. 예를 들어, 마가복음 1:9-13의 본문의 주제는 '예수님 공생애의 밑그림'인데 필자는 설교의 제목도 '예수님 공생애의 밑그림'이라고 하였다. 왜냐하면, 설교를 통해 본문의 의미와 주제에 대해 강조하고자 했기 때문이었다.

---

40) 필자의 경우 설교의 주제와 목표와 설교의 구조가 결정되면 설교의 제목을 정한다. 그리고 설교 제목이 정해지면 주보를 위해서 본문과 제목을 보내고 그때부터 본격적으로 설교를 완성한다. 그러니까 설교의 제목이 정해졌다는 것은 설교 준비가 반 이상이 끝난 것이라고 할 수 있다.

그런데 설교의 제목을 정할 때 몇 가지 주의 사항이 있다.

무엇보다도 먼저, 설교 제목을 결정할 때 가장 중요한 것은 설교 제목은 설교의 핵심을 드러내야 하고, 설교 전체 내용을 함축할 수 있어야 한다. 다시 말해, 마치 자석에 쇠붙이들이 딸려오는 것처럼 설교 전체가 설교 제목에 연결되어야 하고, 또한 성도들이 설교의 핵심과 설교의 전체 내용을 제목과 연결시켜서 이해할 수 있어야 한다. 그런데 설교 제목과 설교 내용이 연결되지 않는 설교도 많고, 설교 제목이 설교 전체를 반영하는 것이 아니라 설교 중 일부분을 만을 반영하는 경우도 있다. 또한 어떤 설교자는 설교의 핵심이 드러내지 않는 본문의 한 구절을 설교의 제목으로 택하는 경우도 있다(물론 본문의 한 구절이 설교의 핵심을 포함하는 경우가 있기도 하다.). 대개 이러한 경우들은 설교의 일관성과 통일성에 문제가 있을 때가 많다. 그러니까 설교의 제목은 설교를 평가하는 중요한 요소가 될 수 있다.

다음으로, 제목은 가능하면 참신하고 독창적이어야 한다. 예를 들어, 누가복음 19:1-10의 설교 제목을 "구원받은 삭개오" 또는 "변화된 삭개오" 등과 같이 평범하게 하는 것보다, "인간 혁명" 또는 "위대한 만남"이라고 하는 것이 더욱 바람직하다.[41] 필자는 전도 집회 설교를 하면서 이 본문으로 "기회, 그것을 잡읍시다!"는 제목으로 설교한 적이 있다.[42]

물론 좋은 설교 제목이 효과적인 설교를 위해 반드시 필요한 것은 아니다. 그러나 참신하고 독창적인 광고나 책 제목이 소비자나 독자의 관심과 흥미를 유발하는 것은 부인할 수 없는 사실이다. 설교도 마찬가지라고

---

41) 참고. 장두만, 『(다시 쓰는) 강해 설교 작성법』 (서울: 요단, 2000), 245.

42) 참신하고 독창적인 설교 제목의 많은 예들과 방법을 위해서 Braga, How To Prepare Biblical Message, 107-16을 참고하라. 예를 들어, "죽음의 패배(고전 15장)," "안식 없는 자들을 위한 안식(마 11:28-30)," "왜 경건한 자들이 고통 받는가?"(의문문의 형태), "보다 나은 삶을 위해!"(감탄문의 형태), "제자도: 그 도전과 대가"(복합적인 주제를 담는 경우) 등은 참신하고 독창적인 설교 제목이라고 할 수 있다.

생각한다.[43)]

그러나 제목만 너무 거창해서는 안 된다. 예를 들어, 창세기 7:6-24을 본문으로 설교하면서, "노아 홍수의 신약적(현대적) 의미"이라고 제목을 정한다면, 그것은 너무 거창하고 신학적이다. 오히려 이 본문으로 설교할 때 "재림을 준비하는 삶" 또는 "종말을 맞는 우리의 자세" 등으로 제목을 정하는 것이 좀 더 구체적이고 실제적일 것이다. 대개 너무 거창한 제목은 그 제목에서 청중들이 가졌던 기대를 만족시켜주지 못할 가능성이 많다. 뿐만 아니라 제목만 거창하고 내용이 그 제목을 충족시키지 못하면 설교자의 신뢰성에 손상을 입을 수도 있다.

세 번째로, 적당한 길이여야 한다. 일반적으로 설교의 제목은 너무 길지 않고 압축되고 함축적으로 요약될 때 더욱 효과적일 수 있다. 신문을 발행할 때 1면의 탑(Top) 기사의 타이틀을 선정하기 위해서 편집자가 많이 고심한다고 한다.[44)] 그것은 탑 기사의 타이틀이 신문 전체에 대한 관심과 호기심을 자극할 수 있기 때문일 것이다. 설교도 마찬가지이다.

2. 서론(Introduction)

설교의 중심 주제와 목적과 구조가 정해지면 그것과 연결되는 서론이 필요하다. 일반적으로 서론은 설교의 주제와 목적과 구조가 결정된 다음에 작성하는 것이 원칙이다. 왜냐하면 서론을 미리 만들어 놓으면 본래 설교자가 의도한 주제와 목적과 구조에 따라 설교가 진행되는 것이 아니라 서론에 이끌려서 설교가 준비될 가능성이 많기 때문이다.

---

43) 참고. Donald R. Sunukian, *Invitation to Biblical Preaching*, 채경락 역, 『성경적 설교의 초대』 (서울: CLC, 2009), 326-6.

44) 대개 신문은 탑 기사의 제목을 붙일 때 11자 정도로 한다. 왜냐하면 그때 그 제목이 한 눈에 들어오기 때문이다. 설교 제목도 11자 이내에서 정하는 것이 무난하리라고 생각한다.

1) 서론의 역할

(1) 설교의 본론에 대한 청중의 흥미와 관심을 유발시킬 수 있다.

서론의 가장 중요한 역할은 설교를 위해 청중의 흥미와 관심을 유발시키는 것이다. 좋은 서론은 전혀 설교를 들을 준비가 되어 있지 않거나 설교 자체에 별로 관심이 없는 청중들에게 설교에 관심과 흥미를 불러일으키게 할 수 있다. 반대로 만약 설교의 처음 부분에서 무엇인가 들을만하다는 관심과 흥미를 제공하지 못하면, 설교에 대한 청중들의 관심을 멀어지게 할 수도 있다.

(2) 주제를 제시한다.

서론의 또 하나의 역할은 설교의 주제를 제시하는 것이다. 물론 설교의 접근 방법에 따라 주제를 제시하는 범위는 다를 수 있다. 연역적 설교의 경우에는 서론에서 설교의 주제와 아웃라인과 설교의 목적까지 언급할 수 있지만, 귀납적 설교의 경우에는 주제만을 암시할 수 있다. 그런데 어떠한 경우라도 서론을 통해서 최소한 설교의 주제는 암시되어야 한다. 서론을 통해서 청중들은 설교의 주제에 대해서 생각하고 기대할 수 있어야 한다.

3) 서론은 본론을 맞이하는 마음의 준비를 하게 한다.

마치 자동차의 시동을 걸고 워밍업(warming-up)을 하는 것처럼 서론은 청중들이 편안한 상태에서 자연스럽게 설교에 집중하도록 워밍업을 하는 시간이라 할 수 있다. 따라서 설교자는 서론을 통해서 청중들이 자연스럽게 설교의 본론에 집중할 수 있도록 이끌어가야 한다.

(3) 서론은 설교의 주제와 내용을 기억나게 하는 효과를 가져 올 수 있다.

예를 들어, 다이아몬드의 아름답고 귀하고 단단함의 특성을 서론으로 제시하고 그 기초 위에서 죄악의 어두운 시대에서 변함없고 빛나는 믿음의 삶을 설교한다면 청중들은 더욱 오랫동안 설교의 주제를 기억할 수 있을 것이다. 또한 따뜻한 물속의 개구리가 죽는 과정을 서론으로 제시하고 그 기초 위에서 사탄의 유혹에 대해서 설교한다면 청중들은 더욱 쉽게 이해하고 더욱 오랫동안 설교를 기억할 수 있을 것이다.

서론의 이러한 역할 때문에 그동안 많은 사람들에 의해서 서론의 중요성은 많이 강조되어 왔다. 특히 헤돈 로빈슨(Haddon Robinson)은, "만일 설교자가 처음 30초에 청중의 주의를 사로잡지 못하면 설교 내내 청중에게 외면당할 수 있다."[45]고 하면서 서론의 중요성을 크게 강조했다. 과장된 측면이 없지 않아 있지만 서론의 중요성에 대한 강조에 있어서는 동의한다. 그렇기 때문에 물론 주어진 설교 시간이나 설교에 대한 청중의 높은 관심으로 인해 청중이 설교에 집중할 것이 확실한 상황에서는 그 길이가 짧아질 수는 있지만 서론은 효과적인 설교를 위해서 반드시 필요한 요소라고 할 수 있다.

2) 좋은 서론의 특징

(1) 길이가 길지 않아야 한다.[46]

서론의 길이가 길지 않아야 한다는 것이 설교학 교과서들의 가장 일반적인 조언이다. 왜냐하면, 서론이 너무 길면 사람들을 지루하게 하거나 설교 자체에 관심을 멀게 할 수 있기 때문이다. 필자는 30분 설교에 약 2-3분 정도가 적절하다고 생각한다(전체 설교의 5-10%).

---

45) Robinson, *Biblical Preaching*, 166.
46) 안병만, 『존 스토트의 설교의 원리와 방법』 (서울: 프리셉트, 2001), 225-6.

(2) 본론과 잘 연결되어야 한다. 서론의 목적 가운데 하나는 주제를 제시하는 것이다. 그렇기 때문에 서론을 위한 서론이 되어서도 안 되고 서론만 따로 놀아서는 안 된다. 만약 본론과 연결되지 않는다면, 그 서론은 무익한 것이다. 그러나 종종 설교와 전혀 상관없는 이야기를 장황하게 늘어놓는 경우를 본다.

(3) 설교를 들을 필요를 제시하라. 서론의 최우선적 목적은 청중의 관심과 흥미를 유발하는 것이기 때문에 서론을 통해서 설교의 주제가 청중들에게 얼마나 유익하며 필요하고 중요한지를 제시하여야 한다.

(4) 과장되게 약속하지 않는다. 때때로 서론에서 어떤 문제를 완전히 해결해 주겠다거나 어떤 주제에 대해서 분명한 결론을 주겠다고 과장되게 약속하는 경우가 있다. 그러나 만약 서론에서 약속한 것을 본론에서 충분히 설명하거나 해결하지 못했을 때 청중이 느끼는 좌절감과 실망감이 크다는 것은 두말할 나위가 없다.[47] 그러니까 설교의 우수성을 측정하는 방법 중의 하나는 서론에서 제시된 필요가 얼마만큼 현실적으로 적합하며 또한 설교가 그 필요를 얼마만큼 잘 해결해 주었는가가 될 수 있다.

(5) 불필요한 변명을 하지 않는 것이 좋다.
설교자의 솔직한 고백이 때때로 청중들의 마음을 열어주기도 하지만, 설교의 서론에서 불필요한 변명을 하지 않는 것이 좋다. 예를 들어, '바빠

---

47) 두안 릿핀(Duane Litfin)은 그 부분에 대해서 다음과 같이 잘 지적하였다 (*Public Speaking*, 236-7).
비교적 예의 바른 사회에서는 청중이 처음부터 연설자에게 관심을 집중한다. 그러나 더 어려운 부분은 그 관심을 어떻게 하면 계속 붙잡아서 그것으로 무엇인가를 하느냐는 것이다.

서 제대로 준비가 안 되었다.'고 이야기하면 설교의 내용에 대한 신뢰를 떨어뜨릴 수 있고, '설교에 은혜가 되지 않을 수도 있다.'고 하면 설교에 대한 관심을 멀리할 수도 있고, '처음 설교이기 때문에 너무 긴장 된다.'고 서하면 설교 시간 내내 청중들이 불안해 할 수 있다. 이러한 불필요한 언급이나 변명은 과장된 약속의 또 다른 극단이라고 할 수 있다.

3) 서론의 유형과 실제적인 예[48]

(1) 최근의 뉴스

10여일 전에 어느 일간 신문에 이런 기사가 보도되었습니다. 그것은 A라고 하는 71세 된 할머니와 B라고 하는 33세 된 그의 양아들의 모자관계가 법적으로 정리되었다고 하는 기사인데 거기에는 사연이 있습니다. 아마 보신 분이 계시리라고 생각되는데 A라는 할머니는 1971년에 자기 집 앞에서 버려져 있었던 B라고 하는 젖먹이 아이를 발견하였습니다. 그래서 그 분은 남편과 상의하여 그 아이를 친아들로 키우기로 결정하고 자신의 아들로 출생신고를 하였다고 합니다. 그러다가 1986년 남편이 세상을 떠났습니다. 그 후에 그 사람은 학교 수업을 빼먹는 등 제대로 학교생활을 못하다가 결국 다니던 고등학교에서도 퇴학을 당했습니다. 그러나 A씨의 아들에 대한 사랑은 변치 않았습니다.

그래서 A씨는 결혼을 앞둔 양아들 B씨에게 전세 보증금으로 2,000만 원을 마련해 주기도 했다고 합니다. 그러나 B씨는 결혼 후에도 정신을 차

---

48) 여기에 제시된 서론의 예들은 필자가 창세기를 연속 강해 설교를 하면서 실제로 사용하였던 것들이다. 채플(Chapell, *Christ-Centered Preaching*, 246-9)은 '흥미로운 이야기,' '간결한 단언,' '깜짝 놀랄만한 진술,' '흥미를 유발하는 질문,' '설교의 중심 주제와 연관 있는 어떤 항목이나 사상 혹은 인명을 나열하는 것,' '흥미로운 인용문,' '충격적인 통계 수치,' '성경의 사건,' '편지 내용의 발췌,' '우화,' '친숙하거나 동감이 가는 시의 구절,' '훈계' 등이 서론으로 사용될 수 있다고 하였다.

리지 못하고 아들까지 두고도 바람을 피워 A씨가 마련해 준 보증금 2,000만원까지 모두 탕진하고 계속해서 A씨에게 돈을 요구하기 시작하였다고 합니다. 그래서 처음 얼마동안 양아들의 요구를 들어주었으나 A씨는 더 이상 줄 돈이 없게 되었습니다. 그러자, B씨는 가구를 파손하는 등 행패를 부리고 어머니를 괴롭혔습니다. 결국 A씨는 97년 양아들을 피해 형제들이 있는 캐나다로 이민을 떠났으나 말도 통하지 않는 외국 생활에 적응하지 못하고 98년 다시 귀국했습니다.

그러나 귀국 후 양아들이 다시 자신을 찾을지 모른다는 불안감에 B씨에게 자신의 귀국 사실을 알리지도 않고 살다가 결국 A씨와 32년간의 모자 관계를 정리하기로 마음먹고 법원을 찾았다고 합니다. 그리고 재판부는 "두 사람의 친자 관계는 B씨로 인해 파탄에 이르렀기 때문에 호적상 친생자 관계를 정리하라."고 판결했다고 합니다. 그리고 그 판결을 보고 A(71)할머니는 한 편으로는 기쁘지만 다른 한 편으로 참으로 씁쓸하고 아쉬운 마음으로 돌아갔다고 하는 기사입니다. 제가 방금 말씀드린 양자 B씨는 참으로 배은망덕한 사람입니다. 그런데 저는 이 기사를 보면서 오늘날 우리도 다 하나님께서 자녀로 삼으신 양자들인데 그 사람처럼 배은망덕하고 있지는 않는가 생각해 보았습니다. 오늘 본문은 야곱의 네 아내에게서 11명의 아들과 한 명의 딸이 출생하는 것을 기록하고 있다. 오늘 본문은 이스라엘과 오늘날 우리가 배은망덕하지 말아야 할 이유가 설명되어 있습니다. (창세기 29:31-30:24의 '은혜에 감사하고 은혜를 사모하라'의 서론)

(2) 시대적 상황

얼마 전에 어떤 외국 사람이 우리나라를 '성형 수술 공화국'이라고 평가하는 기사를 본적이 있습니다. 우리나라만큼 성형 수술을 많이 하는 나라가 없다는 것입니다. 실제적으로 신문이나 TV에서 어떤 분은 아홉 번

성형 수술했다고 하고 어떤 분은 일곱 번 성형 수술을 했다고 자신 있게 말하는 분들을 보았습니다. 그런데 놀라운 것은 그런 분들이 앞으로도 기회가 주어지고 여유가 되면 계속 성형 수술을 할 것이라고 아주 당당하게 말한다는 것입니다. 이런 분들을 의학적으로 '성형 수술 중독증' 환자라고 합니다. 또한 어떤 분들은 미국에까지 가서 미국 사람들은 생각지도 않는 부분들을 성형 수술해서 미국 신문에서도 대서특필된 것도 보았습니다. 그리고 요즈음에는 여성들만 성형 수술을 하는 것이 아니라 남성들조차도 성형 수술하는 사람들이 눈에 띄게 증가하고 있다고 합니다. 그러니까 그 외국인의 평가가 결코 틀린 것이 아니라고 생각합니다. 물론 사고를 당했다든지 아니면 선천적으로 잘못되어서 고쳐야 될 부분이 있을 때는 어쩔 수 없이 성형 수술이 필요하기도 합니다. 그러나 분명한 것은 대부분의 경우 불필요한 성형 수술을 한다는 것입니다. 또한 성형 수술을 하면 행복해질 줄 알았는데 오히려 불행하게 된 경우도 많이 있습니다. 어떤 분은 죽음에 이르기도 하고 어떤 분은 성형 수술의 후유증으로 심한 고통 속에서 사는 분들이 있는 것을 우리는 자주 매스컴을 통해서 접하고 있습니다.

이렇게 성형 수술 붐이 일어나고 있는 가운데 가장 중요한 원인 가운데 하나는 우리의 가치관과 자아상이 제대로 되어 있지 않기 때문입니다. 가치관과 자아상이 제대로 되지 못하기 때문에 외모를 중시하는 사회의 조류에 휩쓸려가고 외모를 통해서 자신의 만족과 행복을 추구하려고 하는 것입니다. 그러나 단순한 외적인 변화가 우리의 진정한 만족과 행복을 줄 수 없다는 것은 우리가 너무나 잘 아는 사실입니다. 이러한 시대에 우리에게 필요한 것은 우리 인간에 대한 바른 이해요 우리 자신에 대한 바른 자화상의 확립이라고 생각합니다. 오늘 본문은 우리가 알아야 할 우리의 모습을 알려 주고 있습니다. (창세기 1:26-31의 '특별한 창조로서의 인간'의 서론)

(3) 자연의 진리

알프레드 윌리스라는 영국의 자연주의 과학자가 하루는 천잠나비라고 하는 곤충이 번데기에서 나비로 변하는 과정을 관찰하였습니다. 그 곤충은 안에서 꼭 바늘 구멍만한 구멍을 하나 뚫고는 그 틈으로 몸 전체가 나오기 위하여 꼬박 한나절을 아주 힘든 고통을 치르는 것이었습니다. 그래서 그분은 그것이 너무 안타까워서 그 다음 나방은 쉽게 나오도록 고치를 찢어주었습니다. 그런데 이상한 것은 쉽사리 구멍을 벗어난 나방은 제대로 날지도 못하고 그 무늬나 빛깔도 영 곱지 않더라는 것입니다. 그리고 간신히 푸덕푸덕 날개 짓을 하더니 얼마 안 되어서 그만 죽어버리고 말았습니다. 그것을 보면서 그는 나방이 고치를 뚫고 나오려고 애쓰고 발버둥치는 그 일이 바로 날개를 튼튼히 자라게 하고 몸의 힘을 길러주며 아름다운 색채를 나게 만들어주는 과정이었던 것을 알게 되었습니다. 그러니까 죽은 나방은 힘들고 어려운 고생의 과정은 면제받았지만 그로 인해서 빨리 죽어갔던 것입니다. 저는 나방이 온전해지기 위해서 고치를 뚫고 나오는 역경의 과정이 야곱의 삶의 과정이었다고 생각합니다. (창세기 36:1-43의 '훈련과 연단의 삶'의 서론)

(4) 책의 내용이나 영화 이야기

지난주에 저는 감동적인 영화 하나를 보았습니다. 아마 여러분들 가운데서도 보신 분들이 계실 것인데 'A Beautiful Mind' 라는 영화입니다. 우리말로 하면 아름다운 마음이라고 할 수도 있고 영어로 그 제목 앞에 a 라는 관사가 있기 때문에 아름다움 사람이라고 할 수도 있을 것입니다. 그 영화에 나오는 주인공은 현재 생존하고 있는 실제적인 인물인 '존 내쉬' 라는 사람입니다. 그는 미국의 명문인 프린스턴 대학교를 시험도 없이 입학할 정도의 천재적인 수학자였습니다. 그런데 그는 30세 정도의 젊은 나이에 정신 분열증이라는 병을 가져서 지금까지 평생을 환상과 환청으로 어려움 가운데 살고 있는 사람입니다. 그러나 그의 아내 알리샤의 헌신적인 수고와 사랑으로 그 병을 극복하고 결국 노벨 경제학상까지 수상하게 되었습니다. 그는 노벨상을 받는 자리에게 이 세상에서 가장 아름다운 것은 사랑이라고 하면서 자기 아내의 아름다운 사랑의 마음 때문에 자신이 그 자리에 있었던 것을 고백하였습니다. 제가 이 사람의 실제적인 삶을 조사해 보았는데 물론 이 영화는 그의 실제적인 삶과 다른 부분도 있고 과장된 부분도 있습니다. 그러나 그 영화는 오늘날 이 시대에 우리가 회복해야 할 가정의 한 단면을 보여주고 있다고 생각합니다. 오늘 본문은 인간 창조의 독특한 부분 가운데 하나인 결혼 제도와 가정의 창설에 대해서 말씀하고 있습니다. (창세기 2: 18-25의 '회복해야 할 가정의 모습'의 서론)

(5) 이야기(이솝우화 또는 탈무드 등등)

이솝우화 중에 '세 마리의 황소와 사자'에 대한 이야기가 있습니다. 세 마리 황소는 어디로 가도 함께 갔으며, 함께 풀을 뜯고, 함께 누워 쉬었습니다. 그렇게 항상 서로 가까이 지냈기 때문에 어떤 위험이 다가오면 그들은 서로 힘을 합해 대처해 나갈 수 있었습니다. 그런데 그들을 잡아먹으려는 사자 한 마리가 있었습니다. 그러나 사자는 그들을 한 번에 다 잡아 먹을 수는 없었습니다. 사자는 어느 누구와도 일대일 대결은 자신이 있었지만 한 번에 세 마리는 힘에 겨웠습니다. 그래서 사자는 꾀를 부렸습니다. 소들이 풀을 뜯고 있을 때 그 중에 약간 뒤쳐진 황소에게 살금살금 다가가 귓속말로 다른 소들이 그의 흉을 보고 있다고 말했습니다. 그리고 다른 소들에게도 같은 방법으로 속삭였습니다. 이런 식으로 자꾸 접근하자 마침내 세 친구들은 서로를 불신하게 되었습니다. 각자는 다른 두 마리가 자기를 모략하고 있다고 생각하였던 것입니다. 마침내 그들 사이는 깨어져 각자 뿔뿔이 흩어졌습니다. 이것이 사자가 노리던 바였습니다. 그래서 사자는 하나씩 하나씩 황소를 잡아먹었다는 이야기입니다. 이 우화의 교훈은 무엇입니까? 그것은 서로 화목하고 원만한 관계를 유지하지 못할 때 그 결과 얼마나 비극적인지를 보여주는 것입니다. (창 33:1-20의 '화목한 삶의 복'의 서론)

(6) 적절한 인용 또는 비유

경영학에서 '20대 80의 법칙'이라는 이론이 있습니다. 이 '20대 80의 법칙'이라는 이론은 이탈리아 경제학자 파레토가 주창한 것인데, 이것은 어느 조직이든 구성원의 20%가 그 조직을 이끌어 나가는 핵심 역할을 한다는 이론입니다. 예를 들면, 20%의 국민이 나라의 총 생산량의 80%를 생산한다고 합니다. 또한 백화점에서도 고객의 20%가 전체 매출액의 80% 가까이를 구입한다는 것입니다. 그리고 20%의 운전자가 전체 교통사고의 80%를 저지른다는 것이다. 그리고 이 '20대 80의 법칙'은 자연계에도 적용이 된다고 합니다. 예를 들면, 개미는 열심히 일하는 곤충으로 우리에게 알려져 있는데 정작 땀 흘리며 열심히 일하는 개미는 20%에 불과하다고 합니다. 그러니까 20%의 열심히 일하는 개미가 나머지 80%의 개미를 먹여 살린다는 것입니다. 이러한 사실들은 사회 전반에 걸쳐서 소수의 핵심적인 사람이 그만큼 중요하고 또한 많은 영향을 미친다는 것을 보여주고 있습니다. 오늘 본문도 소수의 믿음의 사람들이 전체 공동체를 위해서 얼마나 중요한지를 우리에게 말씀하고 있습니다. (창 18:16-33의 '소수의 의인이 됩시다.'의 서론)

(7) 앞 주일 설교 요약 또는 본문의 배경 설명 등등

오늘 본문은 이삭의 삶에 대한 것입니다. 창세기 12-50장에 보면 4명의 이스라엘의 조상이 등장합니다. 그들은 아브라함, 이삭, 야곱, 요셉입니다. 그런데 그 가운데 이삭은 180세까지 가장 오래 살았습니다. 아브라함은 지난번에 보았던 대로 175세까지 살았고 야곱은 147세, 요셉은 110세

(창 50:26)까지 살았습니다. 창세기를 보면 아브라함과 야곱과 요셉은 모두 그들의 생애에 대해서 10장 이상의 양으로 기록되어 있는데, 이삭은 비록 그가 가장 오래 살았지만 그에 대한 성경의 기록은 가장 짧습니다. 물론 다른 곳에서도 조금씩 다루어지기는 하였지만 그의 생애만 다루는 곳은 오늘 본문인 26장밖에 없습니다. 그 이유는 파란만장하였던 다른 사람들에 비해 그의 생애가 극히 평범하였기 때문이라고 생각됩니다. 그러나 단순히 평범한 삶을 살지 않았습니다. 그는 평범하지만 비범한 믿음의 삶을 살았는데 오늘 본문은 이삭의 극히 평범한 삶 속에 드러난 비범한 모습을 보여주고 있습니다. 그래서 그의 생애 내내 하나님께서 그와 함께 하셨습니다. (창 26:1-35의 '이삭의 삶을 통한 교훈-임마누엘'의 서론)

(8) 시청각 자료

실제대상, 모형, 사진 및 슬라이더, 그림 및 지도, 도표, 동영상을 보여주거나 특별한 보조 자료를 제시하고 설명함으로 서론을 대신할 수 있다.

3. 결론(Conclusion)

'끝이 좋으면 모든 것이 다 좋다!'는 말이 있다. 이것은 설교에 있어서 결론의 중요성을 대변하는 말이라고 생각된다. 결론은 설교의 총 결산이다. 많은 경우 마지막 말 한마디가 가장 오랫동안 기억된다. 그러니까 좋은 결론으로 설교를 마무리하면 도중에 약간 부족하고 실수를 하더라도 청중의 마음에 새로운 결단과 각오를 줄 수 있고, 반대로 결론이 약하고 재미없으면 설교의 효과를 감소시킬 수도 있다.[49]

---

49) 물론 형식적인 결론이 없이 설교가 절정에 이르렀을 때 여운을 남기고 설교를 마무리하면서 찬송이나 합심 기도 등으로 설교를 정리하고 결단을 촉구할 수도 있다. 그러나 일반적으로는 형식적인 결론과 함께 설교를 마무리하는 것이 바람직하다.

1) 결론의 역할[50]

(1) 설교를 요약 정리하는 것이다.

이것은 설교의 중심 주제와 관련이 있다. 설교의 본론을 마친 후에 설교의 중심 주제를 몇 문장으로 요약하는 것은 설교의 내용을 정리하고 설교의 핵심을 기억하게 하는데 유익하다.[51] 이때 주의해야 할 것은 길지 않아야 한다는 것이다. 왜냐하면, 너무 길면 효과가 감소하기 때문이다. 그래서 브라이언 채플은 결론은 설교의 절정(climax) 또는 마지막 목적지 (destination)에 해당한다고 하면서 "결론에서의 요약은 소나타를 연주하는 것이 아니라 망치로 내리치는 것처럼 들려야 한다."[52]고 하였다.

(2) 마지막으로 청중의 결단을 촉구하는 것이다.

이것은 설교의 목적과 관련이 있다. 설교의 목적은 청중의 변화를 위한 것인데 설교를 요약한 후 그것에 근거해서 설교를 통해 이루기 원했던 목적을 결론을 통해서 간략하지만 직접적으로 다시 한 번 언급하는 것이 설교의 효과를 위해서 유익할 수 있다. 또한 최종적인 결단을 촉구하기 위해서 간절한 호소, 성경 구절의 인용, 훌륭한 사람의 말이나 적절한 격언 또

---

50) 참고. 장두만, 『(다시 쓰는) 강해 설교 작성법』 238-9; Stott, *Between Two Worlds*, 264-5; Chapell, *Christ-Centered Preaching*, 253-60.

51) 리차드(Richard, *Preparing Expository Sermon*, 127)는 요약과 관련하여 결론은 두 가지 요소를 갖추어야 한다고 하였다. 그것은 '일관성(cohesion)'과 '해결(resolution)'이다.

(1) 일관성: 성도들은 설교의 모든 중요한 부분을 간략한 표현을 통해서 다시 듣는다. 그러니까 결론은 설교를 요약 정리함으로 청중이 설교를 한꺼번에 가장 가까이서 볼 수 있는 부분이다.

(2) 해결: 설교의 서론에서 설정되었던 목적지에 도달했다고 하는 느낌을 받을 수 있어야 한다.

52) Chapell, *Christ-Centered Preaching*, 255.

는 고사성어의 인용, 질문 등의 방법을 사용할 수도 있고, 설교를 마무리한 후에 설교 내용과 잘 조화를 이루는 찬송을 하거나 함께 기도(통성 또는 묵상)를 할 수도 있다. 그런데 결단을 촉구할 때 주의해야 할 것은 성도들이 설교의 절정에 이르렀다는 느낌을 받도록 하기 위해서 강렬하게 끝을 맺고 맥 빠진 분위기를 연출하지 않는 것이다. 그래서 성도들로 하여금 마음 깊은 곳에서의 지, 정, 의의 동의와 결단을 이끌어 내야 한다.[53] 이점에 관하여 "결론이란 설교의 클라이맥스로서, 설교자가 설교를 통해 계속해서 성취하려고 했던 목적을 강력한 인상을 남기며 마지막으로 제시하는 것이다."[54]고 한 제임스 브레가의 결론에 대한 정의는 기억할 만하다.

정리하면, 결론은 설교의 중심 주제와 설교의 목적을 간단하게 요약하여 다시 한 번 제시함으로 설교의 효과를 높이기 위한 것이다.

2) 결론에서의 유의사항

(1) 결론은 본론에서 자연스럽게 흘러나와야 한다.

본론의 메시지가 끝난 다음에 급작스럽게 결론에 들어가는 것보다 결론에 이르렀다는 것을 청중들이 자연스럽게 느낄 수 있어야 한다. 그러니까 본론이 끝나면 약간 템포를 늦추거나 한 호흡을 쉰 다음 "이제 결론입니다." "이제 말씀을 맺겠습니다." 또는 "말씀을 정리합니다." 등과 같은 표현으로 본론이 끝나고 결론이 시작되었음을 알려주는 것도 필요하다. 아무튼, 마치 비행기가 착륙하는 것처럼 설교도 자연스럽게 끝이 나야 한다.

---

53) 참고. 장두만, 『(다시 쓰는) 강해 설교 작성법』, 241-6.
54) Braga, *How To Prepare Biblical Message*, 281.

(2) 결론은 간결하고 단순해야 한다.

결론이 너무 길거나 복잡하면 효과가 감소된다. 그렇기 때문에 결론을 위해서 철저하고 세심한 준비가 필요하다. 또한 어떤 설교자의 경우는 "마지막으로"라는 단어를 여러 번 쓰는 경우도 있는데, 그때도 결론의 역할은 약화될 수 있다. 필자는 설교를 요약하고 마지막 결단을 촉구하기 위해서 5-10 문장 정도의 결론이 적당하다고 생각한다.

(3) 새로운 것을 말하지 않는다.

이제 까지 설교한 내용과 관련이 없거나 본론과 관련해서 지금까지 언급이 없었던 새로운 논지를 제기한다거나 결론 속의 또 다른 결론을 말하지 말고 오직 지금까지 언급한 내용 가운데서 핵심 부분만을 요약하고 정리해야 한다. 새로운 것을 말하면 결론의 효과가 감소될 뿐 아니라 성도들이 혼란스러워 할 것이다.

4. 보조자료

설교의 핵심이나 내용을 분명하게 설명하거나, 논증하거나, 설득력 있게 제시하기 위해, 또는 설교의 목적을 효과적으로 달성하기 위해 다양한 보조 자료가 사용될 수 있다.

1) 보조 자료의 종류

많은 사람들은 보조 자료를 단순히 예화로만 생각한다. 물론 예화가 가장 대표적인 보조 자료임에는 분명하지만, 너무 예화에만 치우치지 말고 비유, 인용, 통계 자료, 복장 또는 시청각 교재(예를 들어, 실제대상, 모형, 사진 및 슬라이더, 그림 및 지도, 도표, 동영상 등) 등을 다양하게 사용하

는 것이 바람직하다.55)

2) 보조 자료의 역할(또는 가치)

종종 보조 자료의 사용에 부정적인 분들이 있다.56) 예화의 사용을 비지성적인 것으로, 인용이나 통계 등의 사용을 세속적인 것으로 간주하는 것이다. 그러나 성경의 저자들도 내용을 분명하게 설명하고 청중들의 이해를 돕기 위해서 다양한 비유와 예화를 사용하였음을 기억해야 한다. 성경의 거의 모든 장에서 예화와 비유가 발견된다고 해도 과언이 아닐 만큼 그 예는 많다. 구체적인 예를 들어, 이사야서를 보면 하나님께서는 포도원의 비유를 들어 이스라엘의 모습을 지적하셨다(사 5장). 예수님께서는 소위 탕자의 비유를 들어 하나님의 사랑이 어떠한지 보여주셨다(눅 15장). 바울은 우리의 몸을 통하여 공동체의 모습을 설명하였으며(롬 12장, 고전 12장), 베드로는 젖으로 하나님의 말씀을 비유하였다(벧전 2장).57) 그러면

---

55) 여기에서 우리는 서론과 보조 자료의 차이를 분명히 할 필요가 있다. 왜냐하면 많은 설교자들이 서론과 보조 자료(예화)의 차이를 분명하게 인식하지 못하는 경향이 있기 때문이다. 서론의 우선적인 목적은 청중의 흥미와 관심을 끌기 위한 것이고, 예화의 목적은 진리를 설명하거나 논증하거나 설득하기 위한 것이다. 따라서 대체적으로 서론은 성경이나 신앙적인 이야기보다는 신앙이 없는 사람들도 공감하고 흥미를 느낄 수 있는 내용이어야 하고, 보조 자료는 일반적인 내용 뿐 아니라 성경이나 신앙적인 이야기(어쩌면 이 부분이 보조 자료의 주된 재료라고 할 수 있다)도 사용할 수 있다.

56) 참고. D. M. Lloyd-Jones, *Preaching and Preachers*, 서문강 역, 『목사와 설교』(서울: 기독교 문서 선교회, 1999), 301-7. 이 부분에 대한 좀 더 자세한 논의를 위해서 계지영, 『현대 설교학 개론』(서울: 한국 장로교 출판사, 2005), 149-54를 참고하라. 계지영은 결론적으로 "그동안 예화는 설교의 아이디어나 명제를 쉽게 이해할 수 있도록 설명하는 것으로 생각되어져 왔는데, 최근의 설교학에서는 예화나 스토리, 또는 이미지는 설교에서 있어도 좋고 없어도 좋은 것이 아니라 설교에 있어서 필수적인 것"이라고 주장하였다(『현대 설교학 개론』, 151).

57) 스토트(Stott, *Between Two Worlds*, 258)는 예화의 역할에 대해서 다음과 같이 잘 정리해 주었다.

예화는 추상적인 것을 구체적인 것으로, 고대를 현대로, 생소한 것을 친숙한 것으로, 일반적인 것을 특수화한 것으로, 모호한 것을 정확한 것으로, 비실제

보조 자료는 어떤 역할을 하는가?

(1) 설교의 내용을 분명하게 하고 진리를 증명해 준다.

흡연과 음주에 대한 해를 여러 가지 논리로 설명하기보다는 흡연과 음주로 인해 건강의 피해를 본 사람들의 실제적인 예나 실험 결과를 보여주면 훨씬 더 분명하고 효과적일 수 있다. 마찬가지로 성경의 진리를 삶의 구체적인 예나 자료 등을 사용하여 설명하면 청중들은 그 진리를 더욱 분명하고 실감나게 알 수 있을 것이고, 그것은 성경의 진리가 참임을 증명해 줄 것이다.

(2) 설교에 있어서 지루함과 산만함을 방지해 준다.

흔히 보조 자료(예화)는 건물의 창문에 비유하곤 한다. 창문이 없는 집에서 사람들이 생활할 수는 있지만 무언가 답답하고 불편함을 느끼는 것처럼, 성경의 진리를 논리적으로만 설명하고 적용하면 지루해 하거나 답답해하며 설교에 집중하지 못할 수 있다. 그때 보조 자료는 창문을 통해 들어오는 시원한 바람과 같이 설교에 활력을 불어넣어 줄 것이다.

(3) 진리를 오랫동안 기억하게 해준다.

설교에서 예화, 비유, 통계 또는 인용하는 말들은 두 번 사용하기가 힘들다. 만약 두 번 사용하려면 "지난번에 한 번 말씀드린 것인데, …" 등과 같은 말로 먼저 양해를 구해야 한다. 왜냐하면 일반적으로 사람들은 이야기나 통계나 인용 등은 잘 잊어버리지 않기 때문이다. 이것은 다른 말로 하면, 예화나 비유나 통계 등과 같은 보조 자료와 함께 진리를 설명하면 그 진리는 훨씬 더 오래 기억하게 된다는 것을 의미한다.

적인 것을 실제적인 것으로, 보이지 않는 것을 보이는 것으로 바꾸어 놓는다.

(4) 청중이 진리를 적용하고자 하는 결단을 주고, 진리를 실천하는데 핑계를 없애준다.

설교를 들으면서 "과연 그럴 수가 있을까?" 또는 "말이 옳기는 하지만 …"이라고 하면서 진리를 완전히 신뢰하지 못하거나 진리를 실행하는데 머뭇거리거나 용기를 내지 못할 경우가 있을 수 있다. 그러한 사람들에게 그 진리가 신뢰할 만하고 참이라는 사실을 보조 자료들을 통해서 확인해 주면, 그들이 그 말씀대로 행하도록 하는데 도움이 될 수 있다.

결국, 이러한 역할과 가치로 볼 때, 보조 자료는 효과적이고 능력 있는 설교를 위해서 필수적인 요소라고 할 수 있다.[58] 또한 보조 자료가 설교에 있어서 필수적인 요소가 되는 또 하나의 이유는 보조 자료의 사용은 바람직하고 효과적인 설교를 위해서 중요한 요소 가운데 하나인 '청중에 대한 관심(청중의 삶과 신앙 그리고 이 사회에 대한 관심)'과 '청중 분석'의 표현이요 결과라고 할 수 있기 때문이다.

3) 주의점

보조 자료가 항상 유익한 것은 아니다. 잘못 사용하면 오히려 설교에 해를 줄 수 있다.[59] 보조 자료를 효과적으로 사용하기 위해서 다음의 몇

---

58) 채플(Chapell, *Christ-Centered Preaching*, 175-207)은 예화에 대한 여러 가지 탁월한 설명과 제안을 하였다. 그는 예화는 단순한 흥미를 위해서 제시해서는 안 된다고 역설하면서 예화가 필요한 이유를 다음과 같이 제시하였다(상게서, 179-90). 1) 설교의 위기- 예화의 사용은 설교를 효과적이고 설득력 있게 한다. 2) 문화의 흐름- 현대 문화의 시청각적 특징은 예화의 사용을 당연하게 한다. 3) 위인들의 발자취- 위대한 설교들은 모두 탁월한 예화가 사용되었다. 4) 인식으로의 여정 - 경험 통해서 이해는 촉진되고 향상된다. 5) 성경의 지침- 성경 전체의 사상으로 볼 때 예화는 필수적이다. 6) 주님이 사용하신 방법- 예수님은 "비유가 아니면 말씀하지 않으셨다(막 4:34)."
59) 리차드 메이휴는 예화 사용 시 피해야 할 것에 대해서 다음과 같이 제시하

가지를 주의해야 한다.

(1) 무엇보다도 먼저 보조 자료는 믿을 만 해야 한다.

보조 자료가 효과적으로 사용되기 위해서는 무엇보다도 신뢰할 수 있어야 한다. 종종 예화나 비유나 통계의 내용이 사실과 다른 경우가 있는데, 만약 성도들 가운데 그 부분에 대해 알고 있는 사람이 있을 경우에 그것은 설교에 치명적인 악영향을 가져올 수 있다. 그렇기 때문에 다른 사람이 사용한 보조 자료를 다시 사용하려면 반드시 확인하는 과정을 거쳐야한다. 또한 보조 자료는 청중이 믿을 수 있는 공신력이 있는 사람이나 기관으로부터 구해야 하고, 필요하다면 출처를 밝혀야 한다.

(2) 보조 자료는 적절해야 한다.

보조 자료는 적당한 때에 설교의 내용을 효과적으로 전달하기 위해서 사용되어야 한다. 그러나 때때로 적당한 때에 사용하지 못함으로 효과가 감소될 수 있고 때때로 주제와 거의 상관이 없거나 주제를 충분히 설명하거나 논증하지 못하기 때문에 공연히 시간만 낭비할 수도 있다. 그리고 현실성이 없거나 청중의 환경과 동떨어진 예화를 사용해서는 안 된다. 예를 들면, 시골에 있는 분들에게 강남에 사는 사람들에게 해당하는 보조 자료를 사용하거나 중산층에 있는 분들에게 상류층이나 고위층의 사람들에게만 유익한 보조 자료를 사용해서도 안 된다. 또한 외국의 예들과 자료들은

였다: 진부한 예화를 사용하지 말 것, 예화가 좋기 때문에 예화를 사용하지 말 것, 예화가 본문의 요지에 빛을 던져 주는가를 확인할 것, 과거 목회 경험에서 예를 듦으로 개인적인 혹은 교회적인 비밀을 누설하지 말 것, 청중을 감정적으로 움직이기 위한 목적으로만 예화를 사용하지 말 것, 자신의 경험을 과장하여 거짓말 하는 경우가 되지 말도록 할 것, 좋아하는 예화를 자주 반복해서 사용하지 말 것(Richard L. Mayhue, "서론, 예화, 결론," in John MacArthur & the Master's Seminary Faculty[eds.], *Rediscovering Expository Preaching*, 김동완 역, 『강해 설교의 재발견』 [서울: 생명의 말씀사, 1993], 352-3).

종종 정서적으로 우리와 맞지 않는 경우도 있기 때문에 신중을 기해 사용해야 하고, 가능하면 최근의 예와 통계를 사용하는 것이 효과적이다. 또한 보조 자료는 지나치게 특수하거나 지엽적이지 않아야 하고 모든 조건과 상황을 고루 대표할 수 있는 보편적인 것을 골라야 하고, 만약 반례가 있다면 이를 짚고 넘어가야 한다. 뿐만 아니라 보조 자료의 너무 많은 사용은 오히려 역효과를 가져올 수 있기 때문에 한 번의 설교에 세 개 이상의 보조 자료의 사용은 자제하는 것이 좋다.

(3) 보조 자료는 그 자체가 목적이 되어서는 안 된다.

보조 자료는 설교의 내용이나 중심 주제를 설명하거나 논증하거나 설득하기 위해서 사용하는 것임을 항상 잊지 말아야 한다. 다시 말해, 보조 자료는 말 그대로 보조 역할을 하는 것이다. 그러나 보조 자료가 단순히 흥미를 제공하거나 그 자체가 교훈이 되기 때문에 설교의 주제나 내용과 상관없이 사용되는 경우도 있다. 그때는 오히려 설교의 내용과 주제를 설명하고 논증하는데 혼란을 가져올 수 있다.

(4) 설교자 자신의 이야기를 적절하게 사용하라.

설교자 자신의 이야기를 예화로 사용할 수 있느냐에 대한 논란이 있을 수 있다. 필자는 가능하다고 생각한다. 성경을 보면, 바울은 종종 효과적인 전달을 위해서 자신의 과거(빌 3장)나 경험(고후 12장)을 이야기하였다. 설교자 자신의 긍정적인 이야기는 성도들에게 신뢰감과 존경심을 불러일으킬 수 있고, 부족한 부분에 대한 고백은 동일시의 효과가 있다. 그러나 자신의 이야기를 사용할 때 두 가지를 주의해야 한다. 하나는 너무 많이 하지 않는 것이고, 다른 하나는 자신의 자랑이 되지 않게 하는 것이다.

4) 예화(또는 비유) 사용의 방법[60]

(1) 요지를 제시하라.

(2) 예화를 말하라.

 (a) 기술적으로 시작하라.

예화를 시작할 때, "예를 들겠습니다.""이런 비유를 생각하면 좋습니다.""이 사실은 …을 통해서 증명될 수 있습니다." 등과 같은 도입문이 필요할 때가 있고, 그런 도입문을 생략하는 것이 설교의 흐름을 위해서 효과적일 때가 있다. 대개 설명을 위해서는 그런 도입문이 필요하지만, 논증이나 설득을 위해서는 자연스럽게 예화의 내용을 시작하는 것이 효과적일 수 있다.

 (b) 보조 자료를 필요에 따라 첨삭하라.

설명이 필요할 때는 설교자 자신의 말을 첨가하기도 하고, 때로는 보조 자료의 핵심만 간단하게 언급하고 지나갈 수도 있다.

 (c) 결정적인 부분을 부각시켜라.

설교자의 말하고자 하는 주제나 목적을 위해서 핵심적이고 결정적인 부분을 부각시켜야 한다.

(3) 성도들과 연관시켜라.

(4) 필요하다면 요지를 다시 제시하면서 결론을 내려라.

예를 들어보자. 다음은 필자가 창세기 37:1-36("고난을 극복하는 삶")의 설교에서 사용한 예화(비유)이다.

1) 요지

혹시 주위에 여러분들을 어렵게 하고 힘들게 하고 방해하는 분들이 있

---

60) 참고. Richard, *Preparing Expository Sermon*, 124-6; Chapell, *Christ-Centered Preaching*, 190-200.

습니까? 쉽지 않지만 그 분들을 미워하지 마십시오. 그리고 그것으로 인하여 좌절하거나 낙심하지 마십시오. 오히려 하나님의 사람은 그것 때문에 감사해야 합니다. 왜냐하면, 그러한 것들이 우리를 더욱 겸손하게 하고 더욱 하나님을 의지하도록 만들기 때문이고 그것으로 인하여 하나님의 더 큰 은혜를 경험하기 때문입니다.

2) 예화(비유)

그런데 비난과 모함과 어려움을 당할 때 대응하는 유형이 세 가지가 있다고 합니다.

첫 번째는 풍선형입니다. 풍선은 어떻습니까? 바늘을 조금만 쑤셔 넣어도 터져 버립니다. 그러니까 조그만 어려움에도 견디지 못하고 쓰러지는 사람들을 풍선형이라고 한다고 합니다.

두 번째는 황소형입니다. 황소의 특징은 무엇입니까? 황소는 뿔이 있습니다. 그래서 비난은 비난으로, 모함은 모함으로, 싸우려고 덤벼드는 형입니다. 그러니까 맞대응 하는 것입니다. 이런 사람은 큰일을 하지 못합니다.

세 번째는 독수리형입니다. 독수리의 특징은 무엇입니까? 독수리는 날씨가 궂어지고 바람이 거세지고 폭풍우가 오면 날개를 펼쳐서 더 높이 올라가서 비바람이 부는 그 위를 날아다닙니다. 그러니까 독수리형은 비난과 모함을 당할 때 그것을 초월하고 더 높이 날아감으로 비난과 모함을 승화시키는 사람입니다.

3) 성도와 연관

여러분은 어떤 형인지 모르겠습니다.

4) 결론

저는 우리 모든 성도들이 독수리형이 되어서 우리를 괴롭히는 사람들이 있을 때 그것으로 인하여 더 높이 날기를 소원합니다.

한 가지 예를 더 들어보자. 다음은 창세기 29:31-30:24("은혜에 감사하고 은혜를 사모하라")의 설교에서 사용한 예화이다.

1) 요지

사랑하는 성도 여러분, 자격이 없는 나, 나같이 부족한 자를 택하셔서 구원하시고 이 자리에 있게 하신 하나님의 은혜에 대한 감사와 감격이 있습니까? 우리가 올바로 그리고 온전히 하나님을 섬기기 위해서 우리에게 무엇보다도 필요한 것은 하나님께서 우리에게 주신 은혜에 대한 깨달음과 은혜에 대한 감격과 감사입니다. 우리가 배은망덕한 것은 은혜에 대한 깨달음과 감사가 없기 때문입니다.

2) 예화

(1) 도입부
성 프란시스에 대한 일화가 많은데 이런 이야기가 있습니다.

(2) 내용
성 프란시스의 제자가 환상 중에 하늘나라를 갔답니다. 그런데 아주 호화로운 의자가 있더랍니다. 그래서 천사에게 묻기를 "이 의자는 누가 앉을 자리입니까?" 하고 물었습니다. 천사가 대답하는 말이 성 프란시스가 앉을 자리라고 했습니다. 그런데 제자이지만 스승에 대하여 시기심이 생겼습니다. 그래서 훗날 제자가 "선생님, 선생님은 자신을 어떤 사람이라 생각합니까?" 물었는데 프란시스는 "나는 내 자신을 세상에서 제일 악한 사람이라고 생각한다."고 하더랍니다.

그랬더니 제자는 프란시스에게 "선생님은 위선자입니다. 모든 사람이 선생님을 성자라고 부릅니다. 세상에는 도적도 있고 나쁜 사람도 많은데 제일 악하다니 그것이 말이나 됩니까? 그런 거짓말은 하지 마세요."라고 따졌답니다.

(3) 절정

그때 프란시스는 이렇게 말했답니다. "그건 자네가 몰라서 그래. 내가 하나님께로부터 받은 은혜가 얼마나 많은 줄 아는가? 만약 내게 주신 은혜를 다른 사람에게 주었더라면 그 사람들은 나보다 훨씬 더 좋은 사람이 되었을 거야!"라고 하더랍니다. 그 말을 듣고 제자는 아무 말도 못했다고 합니다. 그는 자기에게 임한 하나님의 은혜에 대한 온전한 깨달음과 감사하는 마음이 항상 있었습니다. 그러니까 그는 온전히 믿음을 지킬 수 있었던 것입니다.

3) 성도와 연관

사랑하는 성도 여러분!
우리 가운데 한 사람도 하나님의 은혜를 받지 않는 사람이 없습니다. 그러나 은혜를 깨닫고 감사하는 사람과 그렇지 못한 사람의 신앙생활은 너무도 다를 것입니다.

4) 결론

저는 우리 모든 성도들이 바울과 같이 프란시스와 같이 하나님의 은혜를 깊이 깨닫고 감사함으로 온전하고 하나님께서 기뻐하시는 신앙 생활하기를 간절히 바랍니다.

5) 보조 자료의 원천

보조 자료는 다양한 방법으로 다양한 곳에서 구할 수 있다. 예를 들어, 성경, 독서, 예화집, 개인적인 체험(목회자 또는 성도들), 신문이나 잡지 등 매스컴, 자연의 진리 및 과학의 원리, 또는 우리 주변 상황 등이다. 또한 보조 자료는 꾸준히 준비해야 한다. 설교자는 설교를 위해서 주위의 모든 것들에 관심을 가져야 한다. 왜냐하면 보조 자료는 어느 곳에서나 발견될 수 있기 때문이다. 그래서 브라이언 채플은 "예화를 효과적으로 사용하기를 원한다면, 경험을 분리하고 결합시키는 능력을 개발해야 한다."고 하면서 "예화를 잘 활용하는 설교자들은 세상이 주목할 만한 사실을 알려줄 때까지 가만히 앉아서 기다리지 않는다. 설교자는 세상으로부터 다른 사람들은 깨닫지 못하는 보물을 발견할 수 있어야 한다."고 강조하였다.[61] 뿐만 아니라 보조 자료를 필요한 때에 적절하게 사용할 수 있도록 자기의 방식으로 그것을 정리하고 분류해야 한다. 예를 들면, 제목, 가나다 순, 본문별 등으로 정리해 두면 적당한 때에 효과적으로 사용할 수 있을 것이다.

---

61) Chapell, *Christ-Centered Preaching*, 191.

부록 1
설교 준비 과정의 실제적 예

마가복음 1장

I. 서론적 연구

1. 마가복음의 구조

본문 연구에서 가장 중요한 것 가운데 하나는 전체 숲 가운데서 나무를 보는 것이다. 만일 마가복음 전체를 연속 강해하려면 시작하기 전에 전체의 구조를 파악하고 각 부분에 대한 대략의 연구가 선행되어야 한다.

마가복음은 전체적으로 어떻게 구성되어 있는가? 일반적으로 마가복음은 전체적인 구조와 개요를 파악하기가 쉽지 않는 책으로 평가되고 있지만, 필자는 마가복음이 크게 두 가지 방향에서 접근될 수 있다고 생각한다.

하나는 예수님 사역의 내용이나 방향에 따라 마가복음 전체가 분석될수 있고, 다른 하나는 예수님께서 사역하신 장소에 따라 마가복음 전체가 나누어 질 수 있다. 우선, 예수님 사역의 내용과 방향에 따라 마가복음을 살펴본다면, 마가복음 1:1-8:26 까지가 전반부이고 8:27부터 마지막까지가 후반부에 속한다고 할 수 있다. 전반부에서는 예수님께서 말씀과 사역을 통해 자신을 통하여 복음의 새로운 시대가 임하였음을 선포하고 그 복음의 새로운 시대의 특징이 무엇인지 가르치신 것이 기록되었다. 후반부에서는 복음의 새로운 시대가 임하기 위해 반드시 필요한 예수님의 고난과 십자가가 강조된다. 그리고 장소를 기준으로 해서 마가복음의 구조를 나눈다면, 1-9장이 전반부이고, 10-16장이 후반부이다. 1-9장에서 예수 님 사역의 중심지는 갈릴리이고, 10장은 예루살렘으로 올라가는 과정이며, 11-16장에서 예수님 사역의 중심지는 예루살렘이다.

2. 마가복음의 주제와 목적

다른 복음서들과 마찬가지로 마가복음도 예수님의 그리스도 되심과 하 나님 되심을 드러내기 위해서, 그리고 그것을 믿음으로 진정한 생명을 얻 게 할 목적으로 쓰여졌다(참고, 요 20:30-31). 그렇기 때문에 설교자는 모 든 본문을 해석하고 적용할 때, 이 마가복음 전체의 주제와 목적을 늘 기 억해야 한다. 또한 전반부에서는 복음의 새로운 시대가 예수님을 통해 임 하였고 그 새 시대의 특징이 무엇인지 기록하였기 때문에 모든 본문은 그 것과 연결하여서 해석하고 적용해야 하고, 후반부는 십자가와 부활에 초 점을 두고 해석하고 적용해야 한다.

3. 본문 선택

마가복음 1장은 1-8절, 9-13절, 14-15절, 16-20절, 21-39절(I:21-28 절, II:29-39절). 40-45절로 나누어서 설교되었다.

II. 설교 준비 과정

A. 1-8

1. 본문 연구

※ 1절의 의미는?

- 원문에는 마가복음 1:1에 동사가 없다. 영어로 번역해 보면, 'The Beginning of the Gospel of Jesus Christ, the Son of God' 이다. 그래서 마가복음 1:1은 단순히 마가복음에 포함되는 한 구절이라고 하기보다는 마가복음의 타이틀이요, 또한 마가복음 전체를 요약하고 마가복음의 주제와 목적을 보여주는 구절이라고 하는 것이 더욱 타당하다. 마가복음 1:1의 의미를 좀 더 자세히 살펴보자.

먼저, 예수님은 그리스도와 하나님의 아들과 동격으로 연결되어 있다. 그것은 예수님이 단순한 인간(또는 선지자나 교사)이 아니고, 구약에서 계속 예언되었던 그리스도(메시아)시요, 또한 하나님의 아들(하나님의 아들은 하나님이심을 의미한다. 참조. 요 5:18)이심을 의미한다. 따라서 이 구절을 통해 '예수님의 메시아 되심과 하나님 되심'이 마가복음의 주요한 관심사요 주제임을 확인할 수 있다.

그리고 마가복음 1:1은 마가복음이 '복음의 시작(The Beginning of Gospel)'에 대한 책임을 말한다. 그러면 '복음의 시작'이란 무엇을 의미하는가? '복음'은 예수 그리스도와 동격이고, '복음의 시작'에서 소유격은 구문론적으로 '주격(기원)'을 의미한다고 판단된다.[62] 그러니까 '복음의 시작'은 '예수님으로부터 시작' 또는 '예수님을 통한 새로운 시작'을 의미한다. 그런데 여기에서 '시작(αρχη)'은 창세기 1:1의 '창조'를 헬라어로 번역할 때 쓰였던 단어이다. 이것은 예수님을 통한 새로운 시대가 하나님께서 천지를 창조하실 때와 같은 또 한 번의 새로운 시작임을 보여준다. 그것은 사도 바울이 그리스도 안에 있는 사람을 새로운 피조물이라고 강

---

62) Daniel B. Wallace, *Greek Grammar: Beyond the Basic* (Grand Rapids: Zondervan, 1996), 121.

조한 것과 같은 맥락이다(참고. 고후 5:17).

결론적으로, 마가복음 1:1에서 우리는 마가복음의 주제와 내용과 목적이 무엇인지 확인할 수 있다. 즉, 다른 복음서와 마찬가지로 마가복음도 그리스도시요 하나님이신 예수님이 천지를 창조할 때와 같은 새로운 시대의 시작을 여신 것이 책의 주제요 목적임을 확인할 수 있다.

※ 세례 요한의 사건을 기록한 이유는?[63)]

 - 필자는 세례 요한의 사건이 여기에 기록된 것은 예수님을 통한 새로운 시대의 시작이 우연히 그리고 우발적으로 드러난 것이 아니라 구약 예언의 성취임을 보여주기 위한 것이라고 생각한다. 뿐만 아니라 예언의 성취로서 세례 요한의 등장은 예수님이 메시아이심을 확인시켜준다.

※ 세례에 대한 선포의 의미는 무엇인가?

 - 예수님을 통해 복음의 새로운 시대가 시작되었음을 선포하는 것이다.

2. 본문의 주제

예수님을 통해서 복음의 새로운 시대가 시작되었다.

3. 본문의 구성

1) 마가복음의 타이틀(1절).
2) 구약 예언의 성취로서 세례 요한의 등장(2-8절).

4. 적용

---

63) 본문을 연구할 때는 항상 본문의 '문맥적 의미'에 대해 관심을 가져야 한다.

1) 하나님으로 그리고 메시아로서 예수님을 만나자.

2) 예수님을 통해 인생의 근본적인 변화를 경험하자.

3) 세례 요한의 자세를 본받자.

5. 설교의 주제

하나님이시요 메시아이신 예수님을 통해서 시작된 복음의 시대의 은혜와 복을 경험하고 누리자.

6. 설교의 목표

예수님을 믿음으로 진정한 의미에서 우리 인생이 시작됨을 깨닫게 하고, 믿음 안에서 우리의 자세로서 세례 요한의 낮아짐과 겸손한 모습을 본받게 한다.

7. 설교의 구조와 전개

1) 마가복음 설교를 시작한 이유.

2) 하나님의 아들 예수 그리스도.
   적용: 하나님으로 그리고 메시아로서 예수님을 만나자.

3) 복음의 시작.
   적용: 예수님을 통해 인생의 근본적인 변화를 경험하자.

4) 예수님을 예비하는 자로서의 세례 요한: 기록의 의미와 세례 선포의
   의미.

5) 세례 요한의 자세.

적용: 복음에 합당한 삶의 자세는 세례 요한처럼 낮아지고 겸손하게 주님을 섬기는 것이다.

B. 9-13

1. 본문 연구

※ 두 사건의 의미: 예수님 공생애 전체의 밑그림을 보여준다.

1) 예수님께서 세례를 받으신 사건의 의미와 결과는?

먼저, 하나님이신 예수님이 우리를 구원하기 위해 죄가 있는 인간이 되셨음을 보여준다.

다음으로, 세례를 받은 후에 하나님의 인정이 있었다. 이것은 죄인 된 예수님의생애가 하나님을 기쁘시게 하고 하나님께 인정받는 생애라는 것을 보여준다.

2) 예수님께서 사단에게 시험을 받으신 사건의 의미와 결과는?

먼저, 예수님의 사역이 궁극적으로 사단과의 싸움이라는 것을 보여주셨다.

다음으로, 사단의 시험에서 예수님이 승리하셨다. 이것은 우리도 예수님을 의지함으로 사단과의 싸움에서 승리할 수 있다는 것을 보여준다.

2. 본문의 주제: 예수님 공생애의 밑그림.

3. 본문의 구조

1) 세례 요한에게 세례를 받으시는 예수님(9-11절).

2) 광야에서 마귀에게 시험을 받으시는 예수님(12-13절).

4. 적용

1) 주님께서 기뻐하시고 인정하시는 신앙생활을 하자.
2) 주님을 의지함으로 마귀와 싸워서 승리하는 신앙생활을 하자.

5. 설교의 주제

주 요소: 예수님 공생애의 밑그림이 보여주는 바람직한 신앙생활은
　　　　무엇인가?
　보조 요소:
1) 주님께서 기뻐하시고 인정하시는 신앙생활이다.
2) 주님을 의지함으로 마귀와 싸워서 승리하는 신앙생활이다.

6. 설교의 목표

예수님께서 세례 요한에게 세례를 받는 사건과 광야에서 시험을 받으
신 사건의 의미를 알게 하고, 그 주님을 본받는 삶을 살게 한다.

7. 설교의 구조와 전개

1) 예수님께서 세례를 받으신 사건의 의미.
2) 예수님께서 세례를 받으신 사건의 결과.
　적용: 신앙생활의 최고의 목표와 관심은 주님께 인정받는 것이어야
　　　　한다.

3) 예수님께서 마귀에게 시험을 받으신 사건의 의미.

4) 예수님께서 마귀에서 시험을 받으신 사건의 결과.

　적용: 예수님이 경험하신 똑같은 시험을 우리도 경험하는데, 예수님
　　　을 의지하면　우리도 그 시험에서 승리할 수 있다.

C. 14-15

1. 본문 연구

※ "하나님의 복음"이란 무엇인가?

 - 여기에서도 소유격은 구문론적으로 '주격(기원)'의 의미가 있다.[64]
   즉, '하나님의 복음'은 하나님께서 마련하신 복음을 의미한다. 예수
   님을 통한 복음은 우리를 위해 하나님께서 주도적으로 계획하시고
   준비하시고 진행하시고 완성시키신 것이다.

※ "때가 차매"의 의미는?

 - 하나님께서 마련하신 복음은 하나님께서 계속해서 준비하시다가 하
   나님께서 계획하신 때에 이루어졌음을 의미한다.

※ "하나님의 나라가 가까웠다."는 의미는?

 - 하나님 나라는 우선적으로 '하나님의 다스림 또는 통치'를 의미한
   다. 또한 하나님의 나라가 가까웠다는 하나님의 나라가 임한다는
   것을 의미한다.

2. 본문의 주제

---

64) Wallace, *Greek Grammar: Beyond the Basic*, 121.

하나님께서 우리를 위해서 주도적으로 마련하신 복음

3. 본문의 구성:

예수님께서 선포하신 하나님의 복음의(14절)
1) 시간적 배경: "때가 차매"
2) 핵심적 내용: "하나님의 나라가 가까웠다."
3) 우리에게 요구되는 것: "회개와 믿음" (15절)

4. 적용

 1) 모든 일에 하나님의 때와 계획이 있음을 믿자.
 2) 하나님의 다스림과 통치를 경험하자.
 3) 우리에게 회개와 믿음이 필요하다.

5. 설교의 주제

하나님 나라를 경험하기 위해서 필요한 신앙과 삶은?
1) 모든 일에 하나님의 때와 계획이 있음을 믿는 믿음이 필요하다.
2) 부족하여도 하나님의 나라를 경험할 수 있다는 믿음이 필요하다.
3) 삶의 방향을 바꾸고(회개), 내가 나의 주인 됨을 포기해야 한다(믿음).

6. 설교의 목표

하나님의 복음의 의미를 알게 하고, 하나님 나라를 경험하기 위해 합당한 믿음의 삶을 살게 한다.

7. 설교의 구조와 전개

1) '하나님의 복음'의 의미
2) 하나님의 복음의 시간적, 공간적 배경
   적용: 범사에 하나님의 때와 섭리가 있음을 믿자.
   모든 사람이 하나님의 복음을 경험할 수 있다.
3) 하나님의 복음의 내용: 하나님의 나라
4) 우리에게 요구되는 것: 회개와 믿음
   적용: 하나님의 통치를 경험하기 위해서 우리의 삶의 방향을 바꾸
   고(회개) 내가나의 주인 됨을 포기해야 한다(믿음).

D. 16-20

1. 본문의 주제

제자들을 부르시는 예수님

2. 본문의 구조

1) 발단: 고기를 잡고 있었던 제자들(16, 19절).
2) 전개: 그들에게 "따라 오라"고 명령하신 주님(17, 20절).
3) 절정: 부르심의 목적을 제시하시는 주님.
4) 결과: 모든 것을 버려두고 주님을 따르는 제자들(18, 20절).

3. 적용:

1) 주님은 사람들을 부르셔서 사람들을 통해서 일하신다.
2) 주님께서 분명한 목적을 가지고 우리를 부르신다. 또한 우리를 부르시는 최고의목적은 복음을 전하는 것이다.
3) 부르심을 받은 사람에게 철저한 헌신을 요구하신다.

4. 설교의 주제:

주 요소: 주님의 일하시는 원리는 무엇인가?
보조 요소:
1) 사람을 부르셔서 사람을 통해 일하신다.
2) 분명한 목적을 가지고 부르신다.
3) 철저한 헌신을 요구하신다.

5. 설교의 목적

주님의 일하시는 원리를 알게 하고, 사람을 통해 일하시는 주님께 쓰임 받기에 합당한 믿음의 삶을 살게 한다.

6. 설교의 구성

1) 제자들을 부르심.
   적용: 주님은 사람들을 부르셔서 사람들을 통해서 일하신다.
2) 목표를 제시하심
적용: 주님께서 분명한 목적을 가지고 우리를 부르신다. 또한 우리를

부르시는 최 고의 목적은 복음을 전하는 것이다.

3) 제자들에 대한 요구

적용: 부르심을 받은 사람에게 철저한 헌신을 요구하신다.

E. 21-39(I: 21-28, II: 29-39)

본문은 예수님의 핵심 사역이 언급되었다. 그것은 다섯 가지이다.

1. 예수님은 랍비들과는 전혀 다르게 권세 있게 가르치셨다.
2. 말씀을 통해서 더러운 귀신들린 사람을 회복시키셨다.
3. 병자들을 회복시키셨다.
4. 기도하셨다.
5. 전도하셨다.

E-1. 21-28

1. 본문 연구

※ 권세 있는 가르침의 내용은 무엇이었을까?

- 주님의 가르침의 내용은 산상 수훈을 통해서 볼 때 크게 두 가지이
  다. 하나는 기존의 잘못된 가르침을 바로잡는 교훈이었다. 다른 하
  나는 기존의 상식을 뛰어넘는 가르침이었다. 대표적인 예로서, 오리
  를 가자고 하면 십리를 가고, 속옷을 달라고 하면 겉옷까지 주라고
  하셨다.

※ "더러운 귀신의 쫓겨남"의 기본적인 의미는 무엇인가?

- 이것은 단순히 악한 영의 세력이 쫓겨나는 것을 의미하지 않고, 기본적으로 우리가 얽매여 있는 것(사상, 물질, 명예 등등)에서 해방됨을 의미한다. 그러니까 하나님의 나라가 임하게 되면 우리가 얽매여 있는 것에서 자유하게 된다.

2. 본문의 주제

예수님의 권세 있는 가르침

3. 본문의 구성

1) 권세 있게 가르치신 예수님(21-22절).
2) 권세 있는 가르침으로 마귀를 쫓아내시는 예수님(23-28절).

4. 적용:

1) 주님의 권세 있는 가르침에 순종하자. 즉, 신앙생활의 본질을 보여주는 구별된 삶을 살자.
2) 우리가 얽매여 있는 모든 것에서 해방되어 진정한 자유를 누리자.

5. 설교의 주제

예수님의 권세 있는 가르침을 따라 세상 사람들과 구별된 삶을 살고, 얽매여 있는 모든 것에서 해방되어 자유를 누리자.

6. 설교의 목적

예수님의 권세 있는 가르침이 무엇인지 알게 하고, 그 가르침대로 살아 진정한 행복을 누리도록 한다.

7. 설교의 구성

1) 주님의 권세 있는 가르침.

　적용: 신앙생활의 본질을 보여주는 세상 사람들과 구별된 삶을 살자.

2) 귀신을 쫓아내심.

　적용: 말씀에 순종해서 하나님의 나라가 임하면 우리의 얽매여 있는

　것에서 해방되고 진정한 자유를 누리게 된다.

E-2. 29-39

1. 본문 연구

※ '병에서의 회복'의 기본적인 의미는 무엇인가?

- 이것은 단순히 우리 육체의 병이 치유되는 것 이상을 의미한다. 다시 말해, 이것은 더욱 포괄적으로 '우리의 모든 연약함과 문제에서의 회복'을 의미한다. 그러니까 하나님 나라가 임하게 되면 우리의 삶의 모든 문제가 해결됨을 경험한다.

2. 본문의 주제

병자를 고치고 기도하고 전도하시는 예수님.

3. 본문의 구성:

  1) 베드로의 장모를 포함한 많은 병자를 고치시는 예수님(29-34).
  2) 새벽 미명에 습관을 쫓아 기도하시는 예수님(35-37).
  3) 전도에 열정을 보이시는 예수님(38-39).

4. 적용:

  1) 하나님의 나라가 임하면 우리의 삶의 문제가 해결된다.
  2) 하나님의 나라가 임하기 위해서 우리가 할 일은 기도하는 것이다.
  3) 하나님의 나라가 확장되기 위해서 우리는 전도해야 한다.

5. 설교의 주제

예수님을 통해 임하게 된 하나님 나라를 경험하고 확장시키기 위해 최선을 다하자.

6. 설교의 목적

예수님을 통해 임하게 된 하나님의 나라를 경험하고 전파하게 한다.

7. 설교의 구성

1) 베드로의 장모를 포함한 많은 병자를 고치시는 예수님(29-34).
  적용: 예수님을 믿어 하나님의 나라가 임하면 우리의 삶의 문제가 해결된다.

2) 새벽 미명에 습관을 좇아 기도하시는 예수님(35-37).

적용: 하나님의 나라가 임하기 위해서 우리는 기도해야 한다.

3) 전도에 열정을 보이시는 예수님(38-39).

적용: 하나님의 나라가 확장하기 위해서 우리는 전도해야 한다.

F. 40-45

1. 본문 연구

※ 문둥병자를 고치신 사건의 의미는 무엇인가?

1) 구약에서 문둥병을 격리시킨 대표적인 이유는 하나님의 백성으로서 이스라엘의 특권적 위치를 알게 하는 것이었다(레 14장). 그러니까 문둥병의 치유는 하나님의 구원 역사에서 이스라엘의 특권적인 위치가 없어지고 새로운 언약 공동체 또는 새로운 하나님의 백성의 시대가 도래한 것을 보여준 것이다.

2) 문둥병자는 혈통적으로 민족적으로 사회적으로 버림받은 사람의 대표적인 부류이다. 이것은 예수님을 통해 임하게 된 하나님의 나라는 혈통적으로 민족적으로 사회적으로 제한 없이 모든 사람들에게 열려있음을 보여준다. 다시 말해, 어떠한 사람이라도(아무리 죄가 많은 사람이라도, 아무리 부족한 사람이라도) 하나님 나라에 들어와서 하나님의 통치와 임재를 경험할 수 있음을 보여준다.

2. 본문의 주제

문둥병자를 고치신 예수님.

3. 본문의 구성:

1) 발단: 문둥병자의 나옴과 간구.
2) 전개: 예수님의 치유.
3) 해결: 제사장에게 입증하라 하심.
4) 결과: 그 사람이 예수님의 소문을 온 동네에 퍼트림.

4. 적용:

1) 예수님을 통해 임하는 하나님의 나라는 모두에게 열려 있다. 누구나
   그 은혜를 누릴 수 있다.
2) 문둥병자의 믿음으로 그 은혜를 누리자.

5. 설교의 주제

문둥병자의 믿음으로 복음의 새 시대에 주님께서 주시는 은혜를 누리
자.

6. 설교의 목적

모든 사람에게 복음이 열려 있음을 깨닫게 하고, 그 은혜를 누리기 위
해 문둥병자의 믿음을 갖게 한다.

7. 설교의 구성

1) 문둥병자의 치료의 의미

적용: 예수님께서 복음의 새로운 시대를 여셨고, 예수님을 통해 임하는 하나님의 나라는 모두에게 열려 있다. 따라서 혈연적, 민족적, 사회적 제한 없이 모든 사람 이 하나님께 나아올 수 있다.

2) 주님께서 여신 새로운 시대의 특권을 누리는데 요구되는 것은 무엇인가?

적용: 우리에게 요구되는 것은 문둥병자의 믿음이다.

좀 더 구체적으로 설명하면,

(1) 나올 수 없는 상황에서 하나님께 나아오는 것이다.

(2) 가장 낮고 겸손한 자세로 주님께 엎드리는 것이다.

(3) 조금도 의심치 않고 신뢰함으로 하나님께 아뢰는 것이다.

빌립보서 1장

I. 서론적 연구

1. 빌립보서의 구조

빌립보서는 서신이다. 그러니까 서신의 형식에 비추어서 보면 빌립보서의 구조는 분명하게 드러난다. 일반적으로 서신은 서론, 본론, 결론으로 구성되어 있는데, 대개 서론에서는 문안 인사 및 기원, 감사, 바람, 자신의 형편을 소개하고, 본론에서는 자신이 편지를 쓴 진정한 이유, 또는 하고 싶은 말을 기록한다. 그리고 결론에서는 당부와 인사를 한다.

빌립보서도 역시 일반적인 서신과 같이 서론(1:1-1:26), 본론(1:27-4:20) 그리고 결론(4:21-23)으로 구성되어 있다. 서론을 좀 더 구체적으로 살펴보면, 1-2절은 문안 인사, 3-8절은 빌립보 교회에 대한 감사와 칭찬, 9-11절은 빌립보 교인을 위한 기원(바람), 12-26절은 자신의 근황 소개와 앞으로의 계획을 기록한다. 그리고 1:27-4:20은 본론이다. 그러니까 바울이 빌립보 교회에 하고 싶은 말들이다. 또한 편지를 쓴 이유에 해당한다. 그리고 결론에서는 인사의 말을 한다.

2. 빌립보서의 주제

일반적으로 빌립보서의 주제는 기쁨이고 빌립보서는 기쁨의 서신이라고 한다. 물론 이 말이 전혀 틀린 것은 아니지만, 이것은 너무 단편적이고 피상적인 주장이다. 위에서 제시한 구조가 옳다면 빌립보서의 본론은 1:27-4:20이다. 그런데 본론에서 바울은 "복음에 합당한 생활을 하라!"고 권면하면서 시작한다(1:27). 그리고 계속해서 복음에 합당한 생활이 무엇인지 기록하고 있다. 그 가운데 핵심적인 내용은 빌립보서 1:27-30에서 언급되어 있는 것처럼, 하나가 되는 것과 복음 안에서 고난을 각오하는 것이다. 이러한 관점에서 보면, 빌립보서 전체의 주제는 "복음의 합당한 생활"에 대한 권면이다. 기쁨은 단지 복음의 합당한 삶에 포함되는 일부분일 뿐이다.

3. 본문 선택

빌립보서 1장은 1-2절, 3-8절, 9-11절, 12-26절(I: 12-18절, II: 19-26절), 27-30절로 나누어 설교되었다.

II. 설교 준비 과정

A. 1-2

1. 본문 연구

※ 문안 인사에서 다른 서신들과 다른 점은 무엇인가?

발신자로서 자신을 단지 그리스도 예수의 종이라고 한다. 다른 서신에서는 자신의 사도직을 강조하였지만 빌립보서에서는 사도직에 대한 언급이 없다(로마서와 디도서에도 그리스도 예수의 종이라고 표현하였지만, 사도직도 강조하였다. 데살로니가 전·후서와 빌레몬서에는 특별한 명칭이 없이 단순히 바울이라고만 소개한다.). 그것은 바울 스스로가 사도로서 권위를 주장하지 않아도 될 만큼 빌립보 성도들과 좋은 신뢰 관계가 형성되어 있었기 때문이라고 할 수 있다.

2. 본문의 주제(핵심적인 내용): 문안 인사

3. 본문의 구조(구체적인 내용): 발신자, 수신자, 기원

4. 적용:

  1) 서로를 인정해주자.

  2) 하나님께는 종으로서의 자세, 지체들과는 동역하는 자세를 갖자.

  3) 성도로서의 구별된 모습을 보이자.

  4) 모든 상황에서 은혜와 평강을 사모하며 누리자.

5. 설교의 주제:

주 요소: 하나님께 합당한 사역의 자세는?

보조 요소

  1) 서로를 인정해주는 것이다.

  2) 하나님께는 종으로서 사는 것이고, 지체들과는 동역하는 것이다.

  3) 성도로서의 구별된 모습을 보여주는 것이다.

  4) 모든 상황에서 은혜와 평강을 사모하며 누리는 것이다.

6. 설교의 목적

  문안 인사의 의미를 알게 하고, 그 속에 들어 있는 바울의 사역과 신앙의 자세를 본받게 한다.

7. 설교의 구조

1) 발신자

적용: 서로를 인정해 주자.

하나님께는 종으로서의 자세, 지체들과는 동역하는 자세를 갖자.

2) 수신자

적용: 성도로서 구별된 모습을 보여주자.

3) 기원

적용: 모든 상황에서 하나님이 주시는 은혜와 평강을 간절히 사모하고 누리자.

B. 3-8

1. 본문 연구

※ 5절의 '참여'라고 번역된 단어의 헬라어로 'κοινωνία(코이노니아)'이다. 어떤 번역본은 '교제(fellowship)'로, 어떤 번역본은 '(복음의) 참여(participation)'로 번역하였다. 그런데 이 단어의 바른 이해는 본문의 해석과 적용의 핵심이다. 문맥을 볼 때 이 말은 '(복음의) 참여(participation)'를 의미한다. 다시 말해, 바울은 빌립보 교회가 복음을 받아들인 처음부터 복음에 참여한 것 때문에 하나님께 감사하고 있다. 이러한 결론은 본문의 문맥과도 어울리고(7절), 빌립보서 전체를 보더라도 타당하고(빌 3:10, 4:15), 전체 바울 서신의 내용과도 부합한다.

2. 본문의 주제: 빌립보 교회를 향한 바울의 감사와 기쁨

3. 본문의 구조

1) 그들이 처음부터 지금까지 복음에 참여(매임과 복음의 변명함과 확정함에 있어서)하였기 때문에 바울은 그들을 향해서 감사와 기쁨이 있었다(5절, 7절).

2) 하나님께서 그들이 계속해서 끝까지 복음에 참여하도록 인도하실 것이기 때문에 바울은 그들을 향해 감사와 기쁨이 있다(6절).

3) 빌립보 교회가 복음의 참여함 때문에 갖게 된 감사와 기쁨은 바울이 그리스도의 심장으로 그들을 뜨겁게 사랑하게 하였다(8절).

4. 적용:

1) 처음부터 복음에 참여해야 한다.
2) 꾸준히 또는 변함없이 복음에 참여해야 한다.
3) 주님을 더욱 철저히 의지함으로 복음에 참여해야 한다.
4) 다른 사역자들에게 기쁨과 감사가 되어야 한다.

5. 설교의 주제:

주 요소: 복음에 참여하는 합당한 자세는 무엇인가?
보조 요소
1) 처음부터 참여해야 한다.
2) 꾸준히 또는 변함없이 참여해야 한다.
3) 주님을 더욱 철저히 의지함으로 참여해야 한다.
4) 다른 사역자들에게 기쁨과 감사가 되어야 한다.

6. 설교의 목적

빌립보 교회가 복음에 참여했던 바람직한 모습을 알게 하고, 하나님께서 기뻐하시는 모습으로 복음에 참여하게 한다.

7. 설교의 구조

1) 빌립보 교회는 처음부터 지금까지 복음에 참여하였다(5, 7절).
적용: 우리도 처음부터 할 수 있는 범위에서 복음에 참여하자.
꾸준히 또는 변함없이 (특히, 어려움 속에서도) 복음에 참여하자.
2) 하나님께서 앞으로도 인도하실 것이다.
적용: 주님을 더욱 철저히 의지함으로 복음에 참여하자.
3) 빌립보 교회는 바울의 사랑의 대상이었다.
적용: 다른 사역자들에게 기쁨과 감사가 되도록 하자.

C. 9-11

1. 본문 연구

영어로 본문의 구조를 분석하면 다음과 같다.

And this I pray,

that your love may abound still more and more

in real knowledge and all discernment,

so that you may approve the things that are
excellent, in order to be sincere and blameless
until the day of Christ;
having been filled with the fruit of righteousness
which [comes] through Jesus Christ, (수단)
to the glory and praise of God. (목적)

2. 본문의 주제: 빌립보 교회를 위한 바울의 기도

3. 본문의 구조

1) 사랑이 지식과 분별력과 함께 더욱더 풍성해지기를 기도하였다.
 그 결과 또는 목적은 무엇인가?
  (1) 그래야 그리스도의 날까지 지극히 선한 것을 분별할 수 있기 때
   문에
  (2) 그래야 그리스도의 날까지 신실하고 허물없이 이를 수 있기 때
   문에
2) 의의 열매가 가득하길 위해서 기도하였다.
  (1) 그것은 예수 그리스도로부터 오는 것이다(수단).
  (2) 그것은 하나님께 영광과 찬송이 되기 위한 것이다(목적).

4. 적용:

1) 사랑이 지식과 분별력과 함께 더욱더 풍성해지기를 기도하자.
2) 의의 열매가 가득하길 위해서 기도하자.

5. 설교의 주제:

주 요소: 우리의 기도에 포함되어야 할 내용은 무엇인가?
 보조 요소
1) 사랑이 지식과 분별력과 함께 더욱더 풍성해지는 것이다.
2) 의의 열매가 가득하길 위해서 기도하는 것이다.

6. 설교의 목적

빌립보 교회를 위해서 바울이 기도했던 내용을 명확히 알고, 그것을 우리의 기도에 적용하도록 한다.

7. 설교의 구조:

1) 바울은 빌립보 교회가 사랑이 지식과 분별력과 함께 더욱더 풍성해지기를 기도하였다.
   적용: 사랑이 지식과 분별력과 함께 더욱더 풍성해지기를 기도하자.
      그 결과와 목적은 무엇인가?
  (1) 그래야 그리스도의 날까지 지극히 선한 것을 분별할 수 있기 때문에
  (2) 그래야 그리스도의 날까지 신실하고 허물없이 이를 수 있기 때문에
   적용: 그리스도의 날까지 지극히 선한 것을 분별하고, 신실하고 허물없이 이를 수 있도록 최선을 다하자.
2) 바울은 빌립보 교회가 의의 열매가 가득하길 위해서 기도하였다.
   적용: 의의 열매가 가득하길 기도하자.

(1) 그것은 예수 그리스도로부터 오는 것이다.

(2) 그것은 하나님께 영광과 찬송이 되기 위한 것이다.

적용: 의의 열매는 주의 은혜로 가능함을 알아야 하고 철저히 주님을 의지하고, 또한 의의 열매를 맺어서 하나님께 영광과 찬송이 되기를 소원해야 한다.

D. 12-26

12-26절에서 바울은 빌립보 교인들이 궁금해 하던 자신의 상황과 생각을 전한다.

D-1. 12-18

1. 본문 연구

※ '진전(12절)'은 로마가 다른 나라를 점령하기 위해서 탱크가 지나갈 수 있는 길을 개척할 때 쓰였던 단어였다. 그러니까 바울이 투옥됨으로 로마에 복음이 전파되는 길이 활짝 열리게 된 것이다.

※ '시위대'는 당시에 출세하기 위한 하나의 관문이었다. 그런데 바울은 감옥에 투옥됨으로 그들에게 복음을 전할 기회를 얻게 된 것이다. 만약 바울이 투옥되지 않았더라면 그들에게 복음을 전하는 것은 불가능한 일이었다.

당시 빌립보 교인들은 바울이 투옥됨으로 복음의 전파에 방해와 큰 손해가 있을 줄 알았다. 그러나 그러한 빌립보 교회의 생각을 안 바울이 자신의 상황과 환경을 설명하는 과정에서 그들의 생각과는 다르게 자신의 투옥을 통해서 오히려 복음의 진보가 이루어지고 시위대에까지 복음이 선포되었음을 알려주었다.

2. 본문의 주제: 바울의 삶의 최고의 관심과 기쁨-복음의 진전

3. 본문의 구조

1. 그는 자기의 상황이 복음의 진보가 되었다고 이야기한다(12절).
 1) 자기의 매임이 시위대 안과 기타 모든 사람에게 복음 전하는 기회가 되었다. 즉, 자신의 매임으로 전혀 불가능해 보이는 곳에 복음이 전파된 것이다(13절).
 2) 자신의 매임으로 많은 사람들이 두려움 없이 복음을 전파하게 되었다.
  그런데 열심히 복음을 전파하는 두 부류의 사람들이 있었다(14-17절).
  (1) 시기와 질투로 복음을 전하는 사람들
  (2) 바울을 사랑하는 마음으로 복음을 전하는 사람들
2. 바울은 전파되는 것이 그리스도라면 기뻐한다고 고백한다(18절).

4. 적용:

1) 모든 상황을 복음을 전하는 기회로 삼자.
2) 시기와 질투로 복음을 전하지 말고, 선한 의도로 복음을 전하자.
3) 복음의 진전이 나의 삶의 최고의 기쁨이 되게 하자.

5. 설교의 주제:

복음의 진보는 우리 삶의 최고의 관심과 목표와 기쁨이 되어야 한다.

6. 설교의 목적:

복음의 진전이 최고의 관심과 목표와 기쁨인 바울의 삶을 따르게 한다.

7. 설교의 구조

1) 바울은 모든 상황에서 원망하거나 낙심하지 않고 최선을 다해 복음
   을 전했다.
   적용: 모든 상황이 복음 전파를 위한 기회다. 항상 최선을 다해 복음
   을 전하자.
2) 바울의 매임에 두 가지 반응이 있었다.
   적용: 시기와 질투로 복음을 전하지 말고, 선한 의도로 복음을 전하
   자.
3) 바울은 자신이 어떻게 평가받는 것에 별로 관심이 없었고 전파되는
   것이 그리스도라면 크게 기뻐하겠다고 하였다.
   적용: 복음의 진보가 우리의 가장 큰 관심이요 기쁨이 되게 하자.

D-2. 19-26.

1. 본문의 주제

바울의 삶의 원리-영광스러운 소망을 사모하는 삶, 다른 사람의 유익을 위한 삶, 그리스도가 존귀케 되는 삶.

2. 본문의 구조

1) 바울은 구원(석방)될 것을 확신하였다(19절).

왜냐하면, 그것이 빌립보 교회에 유익하기 때문이다(24절).

구체적으로, 빌립보 교회의 믿음의 진보가 이루어지기 때문에(25절).

빌립보 교회에게 기쁨이 되기 때문에 (25절).

빌립보 교회의 자랑이 더욱 풍성해지도록 (26절).

2) 살든지 죽든지 자신을 통해서 그리스도가 존귀케 되기를 원했다(20, 22절).

3) 자신만을 생각하면 이 땅을 떠나서 주님과 함께 있는 것이 더욱 좋다(21, 23절).

3. 적용:

1) 다른 사람의 유익을 위해서 살자.

2) 그리스도가 존귀케 되는 것이 우리의 최고의 소망이 되게 하자.

3) 주님과 함께 할 영광스러운 소망을 가지고 살자.

4. 설교의 주제:

주 요소: 바람직한 삶의 원리는 무엇인가?

보조 요소

1) 영광스러운 소망을 가지고 사는 삶이다.

2) 다른 사람에게 유익을 위해 사는 삶이다.

3) 그리스도를 존귀케 하는 삶이다.

5. 설교의 목적:

바울의 고백을 통해 바람직한 삶의 원리가 무엇인지 알게 하고, 그렇게 살게 한다.

6. 설교의 구조

1) 바울은 구원될 것을 확신하였다.

    적용: 다른 사람의 유익을 위해서 살자.

2) 바울은 살든지 죽든지 자신을 통해서 그리스도가 존귀케 되기를 원했다.

    적용: 그리스도가 존귀케 되는 것이 우리의 최고의 소원이 되게 하자.

3) 바울은 자신만 생각하면 이 땅을 떠나서 주님께 함께 있는 것이 더욱 좋다고 했다.

    적용: 주님과 함께 할 영광스러운 소망을 가지고 살자.

E. 27-31

1. 본문 연구:

27절의 '생활하라(πολιτεύομαι)'는 원어적으로 '시민과 같이 살아라 (live as a citizen)'는 의미이다(빌립보서 3:20의 '시민권(πολίτευμα)'은 이 단어의 명사형이다). 당시에 로마 시민권을 가진 사람은 자부심이 대단하였고, 로마의 시민으로서의 명예를 잃지 않으려고 최선을 다해 살았다. 그러니까 로마의 시민권을 가진 사람이 대단한 자부심을 가지고 사는 것처럼, 너희도 천국의 시민권을 가진 자답게 자부심을 가지고 복음에 합당한 삶을 살라는 것이다.

2. 본문의 주제: 복음에 합당한 삶을 살라.

3. 본문의 구조

복음의 합당한 삶은
1) 하나가 되는 것이다(27절).
2) 대적들로 인하여 두려워하지 않는 것이다(28절).
   왜냐하면 그리스도로 인하여 고난을 당하는 것은 너무도 당연하기 때문에(29절)
   그러한 고난이 실제로 바울 안에서 보여 지고 있기 때문에(30절)

4. 적용:

1) 하나가 되도록 힘쓰자.
2) 고난을 두려워 말자.

5. 설교의 핵심 명제:

주 요소: 복음에 합당한 삶은?

보조 요소:

1) 하나가 되는 것이다.

2) 고난을 두려워하지 않는 것이다.

6. 설교의 목적

복음에 합당한 삶이 무엇인지를 깨닫고, 복음에 합당한 삶을 살게 한다.

7. 설교의 구조

1) 복음의 합당한 삶은 하나가 되는 것이다.

　적용: 하나가 되도록 힘쓰자.

2) 복음의 합당한 삶은 대적들로 인하여 두려워하지 않는 것이다.

　적용: 고난을 두려워 말자.

부록 2

본문 선택의 한 방법으로서 '렉셔너리'의 사용[65]

설교자에게 있어서 본문 선택은 설교를 위해 첫 단추를 꿰는 것과 같다. 본문을 선택하는 방법은 크게 나누어서 세 가지 정도다. 하나는 성경의 한 권을 택해서 연속 강해 설교를 하는 방법이다. 이 방법은 역사적으로 예배 때의 '연속적 읽기(Lectio Continua: continuous reading)'와 맥을 같이하는 것으로 유대교 회당에서 율법서를 전체적으로 읽기 위해 차례대로 읽어 갔던 관습에서 유래되었으며, 초대 교회의 설교자들[66] 그리고 칼빈과 쯔빙글리와 같은 종교 개혁자들이 즐겨 사용하였다. 연속 강해 설교를 하는 경우에 본문 선택은 비교적 쉬울 수 있다. 다른 하나는 설교자가 임의로 본문을 정하여 설교하는 것이다. 이 방법은 전통적으로 예배 때의 '선택적 읽기(Lectio Selecta: selective reading)'와 같이 설교자가 목회 계획에 맞추어서 또는 교인들이나 시대적 상황을 고려하여 특별한 주제나 목적을 정해놓고 거기에 맞는 본문을 택하여 설교하는 것이다. 이것은 역사적으로 그리고 오늘날 목회자들이 가장 일반적으로 사용하는 방법이다.[67] 하지만 오랫동안 같은 교회에서 목회하는 설교자가 필

---

65) 본장은 「신학지남」 299(2009/여름호): 97-122에 "본문 선택의 한 방법으로서 '렉셔너리(Lectionary)'의 사용"으로 게재된 논문을 수정 보완한 것이다.

66) 2세기 중엽에 저스틴(Justin Martyr)은 "일요일이라고 불리는 날에 도시나 지방에 사는 사람들이 한 장소에서 모임을 가졌다. 이때 사도들에 관한 기록이나 선지자들의 말씀을 시간이 허락하는 데까지 읽는다. 낭독자가 읽기를 마치면 인도자는 강론을 통하여 그 고귀한 말씀들을 실천하도록 촉구한다."고 초대 교회의 예배 상황과 설교 방법에 대해 전해주고 있다. Justin Martyr, "The First Apology of Justin, the Martyr," in Cyril C. Richardson(tr. & ed.), *Early Christian Fathers* (Philadelphia: Westminster Press, 1953), 287.

67) 한국 교회 목회자들도 예외는 아니다. 『목회와 신학』이 2007년에 한국설교학회와 공동으로 글로벌 리서치에 의뢰해 목회자를 대상으로 한 심층설문 조사를

요에 따라 매 번 임의로 본문을 선택하는 것은 항상 큰 부담과 어려움이
아닐 수 없다.

또 하나의 설교를 위한 본문 선택의 방법이 '렉셔너리(Lectionary)'[68]
에 의한 것이다. 이 방법은 최근 들어 관심이 고조되고 있지만,[69] 우리 교
단은 다른 교단에 비해 비교적 적은 관심을 보이고 있다. 필자는 본장에서
교회력과 렉셔너리의 발생 과정과 역사에 대해 살펴보고, 이 방법의 유익
과 한계가 무엇인지 평가한 다음에, 이 방법의 효과적이고 바람직한 활용
을 위한 우리의 과제가 무엇인지 제안하고자 한다.

했는데, '성경 본문을 어떻게 정합니까?' 라는 질문에 다음과 같이 응답하였다(복수
선택이 가능하도록 하였다). 목회와 신학 편집부, 『한국 교회 설교분석』 (서울: 두란
노 아카데미, 2009), 55.
　성도의 상황과 시기적 정황에 맞는 본문을 찾는다(50.4%); 교회력과 목회 계획
을 절충한다(47.4%); 강해 설교이므로 문제되지 않는다(39.6%); 그때 그때 영감에
따른다(27.2%); 목회 계획에 따른다(27.1%); 교회력에 따른다(23.2%); 설교자 개인
의 성경 읽기 계획에 따른다(10.0%).
　특별한 것은 50대의 목회자들은 주로 '성도의 상황과 시기적 정황에 맞는 본문
을 택한다' 가 가장 높았고(57.1%), 30대에서는 '강해 설교' 가 가장 높았으며
(50.0%), 교회 규모가 300명 이상인 교회에서는 '교회력과 목회 계획을 절충한다.'
가 가장 높았다(60.3%).)
　68) 'Lectionary' 는 라틴어 'Lectio(reading)' 라는 말에서 유래했다. 우리말로
'성서일과(聖書日課)' 또는 '성서정과(聖書定課)' 등으로 번역되어 소개되어 왔으
나, 필자는 영어를 그대로 차용하여 '렉셔너리' 로 표기하고자 한다. 그것은 '렉셔너
리' 라는 용어가 우리말로 번역된 성서일과나 성서정과보다도 더욱 쉽게 이해될 수
있고 현실감도 있다고 생각하기 때문이다.
　69) 2004년 연세대학교 연합신학대학원에서 열린 목회전문화 세미나에 참석한
목회자들(84명)을 대상으로 한 설교에 관한 설문조사에 의하면(복수 선택이 가능하
도록 하였다), 29%가 렉셔너리에서, 33%가 매년 출판되는 렉셔너리를 이용한 설교
자료집인 『예배와 설교 핸드북』 (정장복 편저), 『예배와 강단』(김종렬 편저)에서 설
교의 주제와 아이디어를 찾는다고 응답하였다. 또한 렉셔너리를 거의 매주 사용하는
사람은 14%, 일 년에 50%를 사용하는 사람은 11%, 특별 절기에 사용하는 사람은
24%였고, 가끔 사용하는 사람은 40%, 전혀 사용하지 않는 사람은 11%인 것으로
조사됐다(허정갑, "설교의 실제: 설문지를 중심으로," 「현대와 신학」 28[2004]:
285-301).

I. 교회력(Christian Year/Liturgical Calender: 敎會曆)의 역사

렉셔너리는 일차적으로 교회력과 관계되어 있기 때문에 교회력의 발생 과정과 역사에 대해 살펴보는 것이 우선적으로 필요하다. 교회력은 '예수 그리스도를 통한 하나님의 구원 역사(즉, 그리스도의 탄생, 사역, 죽음, 부활 그리고 재림)를 매년 시간을 정하여 규칙적으로 기념하고 재현하기 위해 교회가 정한 달력'이라고 정의할 수 있다.[70] 오늘날 기독교가 하나님의 구원 역사를 기념하고 재현하는 교회력을 정하여 지키는 것은 구약 성경에 기초한다.

구약에서 하나님께서는 이스라엘을 애굽에서 구원하신 후에 여러 가지 절기들(유월절, 맥추절, 장막절, 안식일, 월삭 등)을 지키라고 명령하셨다. 그것은 그들에게 베푸신 구원의 은혜와 사랑을 계속해서 기억하고 감사함으로 더욱 하나님께서 기뻐하시는 신앙생활을 하도록 하기 위함이었다. 마찬가지로 그리스도를 통한 하나님의 구속사를 중심으로 구성된 교회력도 계속해서 하나님의 구원 역사를 재현함으로 우리가 감사와 감격으로 주님을 바로 섬기고 미래의 완전한 구원을 소망하며 살 수 있도록 도와주는 은혜의 방편이라고 할 수 있다.

이와 관련하여 웨버는 "하나님의 구원 사건을 축하하는 영적인 목적은 성도의 영성이 그리스도에 의하여 빚어지도록 하려는 것, 즉 그와 함께 죽고 그와 함께 부활하며 그와 함께 거듭나고 그의 부활과 재림을 향한 참된 소망 가운데서 살려는 것이다."고 잘 정리해 주었다.[71] 주승중도 교회력

---

70) 교회력의 연구와 관련하여 대표적인 학자 가운데 한 사람인 알렌(Horace Allen)은 교회력을 "the annual rehearsal of the history of our salvation accomplished in the birth, death, resurrection and return of Jesus Christ" 라고 정의하고 있는데, 그의 견해가 교회력과 관련하여 가장 많이 인용되는 것 같다. Horace Allen, Jr., *A Handbook for the Lectionary* (Philadelphia: The Geneva Press, 1980), 25.

71) Robert Webber, *Ancient-Future Time: Forming Spirituality through*

은 "우리가 계속적으로 하나님의 은혜를 받도록 하는 은총의 수단들 가운데 하나"이기에 교회력은 단순한 교회력이 아닌 '은총의 교회력'이라고 규정하는 것이 옳다고 하였다.[72]

1. 주일(The Lord's Day)

신약의 교회력의 기초이자 시작은 주일(일요일)[73]이다. 구약의 이스라엘이 일곱째 날에 창조와 구원을 기념하여 안식일로 지킨 것처럼(출 20:8-11, 신 5:12-15), 초대 교회는 매 주일의 첫 번째 날에 예수 그리스도를 통한 구원 사건을 기념하여 함께 모여 예배드렸다[고전 16:2(매 주일의 첫 날), 행 20:7(안식 후 첫 날)]. 물론 할례와 세례가 병행해서 지켜졌던 것처럼 처음에는 안식일과 주일을 병행해서 지켰음이 틀림없다. 언제부터 어떻게 주일만을 지키게 되었는지 분명하지는 않지만, 역사적 자료들에 의하면, 최소한 1세기 말이나 2세기 초 정도에 주일로 정착된 것으로 판단된다.

하나의 증거로, 약 115년경에 익나시우스(Ignatius)는 마그네시아 (Magnesia)의 교인들에게 편지하면서 그들을 "안식일을 지키지 않고, 그리스도와 그의 죽음 때문에(비록 어떤 이들은 그것을 부인하고 있다고 할지라도) 주일을 지킴으로서 그들의 삶과 우리의 삶을 빛나게 하였던 사람

---

the Christian Year, 이승진 역, 『교회력에 따른 예배와 설교』 (서울: CLC, 2006), 36-7.

72) 주승중, 『은총의 교회력과 설교』 (서울: 장로교신학대학교출판부, 2004), 7.
73) '주일(또는 주의 날: The Lord's Day)'이 기독교 용어로 정착하게 된 것은 1세기 말 쯤 인 것으로 추측된다(참고. 계 1:10). '일요일(태양의 날: Sunday)'은 2세기 중반 정도에 개종한 이교도들에게 주님의 부활을 태양이 솟아오르는 것에 비교하여 설명하기 위해 그들이 사용하였던 용어를 빌려 온 것이다. 참고. Holy L. Hickman, Don E. Saliers, Laurence Hull Stookey & James F. White, *The Handbook of the Christian Year* (Nashville: Abingdon, 1992), 17-8.

들"이라고 말하고 있다.[74] 그런데 주일이 공식적으로 인정되고, 휴일(a day of rest)이 된 것은 321년에 콘스탄티누스 황제(The Emperor Constantine) 때부터였다. 하지만 이때도 여전히 농사짓는 사람들을 그 규정에서 제외하였다.[75] 주일의 예배를 의무화하였고 주일의 노동을 정죄하는 결정은 비로소 363년 라오디기아 회의에서 이루어졌다.[76]

그런데 그들이 주일에 모여서 예배를 드렸던 가장 중요한 이유는 그리스도의 부활 때문이었다. 물론 그들이 주일에 모여서 그리스도의 삶과 죽음을 기념하기도 했지만, 무엇보다도 그들은 매주 모여서 예수님의 부활을 기념하고 축하하며 기뻐한 것이다. 뿐만 아니라 주일의 예배를 통해 부활하신 주님이 장차 재림하여 완성하실 영광스러운 날을 소망하였다. 요약하면, 주일은 주님의 죽음과 부활을 기념하고 장래 부활에 대한 소망 가운데서 지켜졌던 '매 주일의 작은 부활절(a weekly little Easter)'이었다. 또한 그날에 성도들은 함께 모여 예배를 드리면서 주님께서 명하신대로 떡을 떼며 성찬을 행하였다.[77]

---

74) Ignatius, "The Letter of Ignatius(Bishop of Antioch): Magnesians," in *Early Christian Fathers*, 96.

75) 이와 관련한 초대교회의 문서(Henry Betten[ed.], *Documents of the Christian Church*[2nd ed.] [Oxford: Oxford University Press, 1965], 18-9)를 보면, "모든 재판관과 시민들과 장인들은 거룩한 주일에 휴식을 취해야 한다. 하지만 농부들은 농사에 지장이 되지 않도록 농사일에 종사해야 한다. 왜냐하면, 씨를 뿌리고 포도를 심는데 있어서 그 날이 가장 적절한 날일 수 있기 때문이다"고 언급하고 있다.

76) 참고. 정장복(편저), 『교회력과 성서일과』(서울: 대한기독교서회, 1996), 27.

77) 초대교회의 목회 지침서였던 디다케는 다음과 같이 성찬을 지키는 자세에 대해 명령한다(Cyril C. Richardson[tr. & ed.], "The Teaching of the Twelves Apostles, Commonly Called the Didacke" in *Early Christian Fathers*, 178).
주님의 특별한 날인 매 주일마다 모두가 함께 나와 떡을 떼고 감사하라. 정결한 제사가 되도록 먼저 죄를 고백하라. 이웃과 다투어 사이가 안 좋은 사람은 그 이웃과 화해할 때까지 이 자리에 함께 하지 말라. 그것은 제사를 더럽히는 것이 된다.

2. 연 주기(The Annual Cycle)

오늘날의 교회력으로 정착한 것은 4세기 후반이다. 그것은 크게 두 개의 주기(Cycle)로 발전되었다. 먼저는 부활절을 중심으로 이루어진 사순절 -부활절-오순절 주기이다. 이것을 일반적으로 부활절 주기라고 부른다. 다른 하나는 성탄절을 중심으로 이루어진 대림절-성탄절-주현절 주기이다. 이것은 성탄절 주기라고 부른다.

1) 부활절 주기(The Easter Cycle)

(1) 부활절

예수님의 부활은 초대 교회 성도들의 신앙과 삶의 원동력이었고 설교의 핵심이었다. 시간이 흐르면서 그들은 주님의 부활을 기념하여 매 주일 모여서 예배드린 것처럼 일 년 단위로 부활을 기념하는 날을 생각하기 시작하였다. 이것은 구약의 이스라엘이 연 주기로 절기를 지켰던 것에 근거한 듯하다. 특히 초대 기독교인들에게 이스라엘 절기 가운데 유월절에 예수님께서 십자가에 못 박히셨다는 것은 중요했다. 그래서 초대 교회는 유대인의 절기인 유월절에 부활절을 지키게 되었고, 명칭도 그대로 유월절 즉 파스카(Pascha: 히브리어의 '넘어간다(Passover)'는 뜻이다)를 사용하였다.78)

기록에 의하면 예수님의 부활을 기념하는 유월절이 늦어도 2세기 초부

---

78) 오늘날 우리가 부활절을 지칭하기 위해 사용하는 'Easter'라는 용어는 튜튼족의 신 중 봄과 새벽의 여신 이름인 'Eastre'을 고대 영어에 맞추어 바꾼 말이다. 이 여신의 축제는 해마다 춘분에 열렸다. 언제 무엇 때문에 '파스카'를 '이스터'로 바꾸었는지 확실하지는 않지만, 일요일(Sunday)과 마찬가지로 예수 그리스도의 부활, 봄, 빛의 영광됨이 의미상 일치되고 있기 때문에 개종한 이교도들에게 부활절의 의미를 더욱 효과적으로 설명하기 위해서 이 용어를 사용하기 시작하였을 것이라는 추측이 가능하다.

터 지켜지기 시작하였는데,[79] 부활절은 '일 년 중 가장 큰 주일(a yearly great Sunday)'이 되었고, 일주일의 중심이 주일이었던 것처럼 모든 절기 가운데 중심이 되었다. 그런데 기독교의 부활절을 언제 지켜야 할 것인가에 대한 계속되는 논쟁이 있었다. 이것이 소위 '쿼토데치만 논쟁 [Quartodeciman(fourteenth day) Controversy: 14일 논쟁]'이다. 동방교회는 부활절을 지키는 날짜를 유대인의 유월절을 지키는 날짜와 동일하게 음력으로 지켜야 된다고 주장하였다. 즉 유월절 어린양의 희생은 유대력의 니산월 14일에 거행되었기 때문에, 그 날은 주님의 고난을 기념하고, 그로부터 3일 뒤에 부활절을 지켜야 한다는 것이다.

그 주장에 따르면 부활절은 일주일 가운데 어느 요일에도 지킬 수 있었다. 하지만 서방교회는 부활절이 주중의 어느 요일이 아니라 언제나 주일에 지켜져야 한다고 주장하였다. 이 부활절 날짜에 대한 논쟁은 325년 니케아 종교회의에서 유대교의 유월절과는 다르게 부활절은 주일에 지켜야 한다고 결정함으로 해결하였다. 하지만 유월절과 주일의 입장을 모두 고려하여 춘분(3월 21일: 낮과 밤의 길이가 같은 날)이 지난 후 첫 만월(보름달, 음력 15일)후 첫째 주일에 지키도록 결정하였다. 이것을 양력으로 하면 3월 22일 부터 4월 25일 사이에 온다.

(2) 오순절 성령 강림일(위대한 50일)

처음 2-3세기 동안 부활절은 그리스도의 수난, 죽으심, 그리고 부활을 함께 통합적으로 기념하는 절기였는데, 4세기에 교회력에 있어 여러 변화가 일어났다. 부활절이 여러 개의 축제로 나누어지게 된 것이다. 먼저, 주

---

79) Hickman(ed.), *The Handbook of the Christian Year*, 19; Thomas J. Talley, *The Origins of the Liturgical Year* (Collegeville: The Liturgical Press, 1991), 5-6. 제임스 화이트는 고전 5:7-8을 근거로 1세기에 교회가 부활절을 지키기 시작했다고 주장하기도 한다. James White, *Introduction to Christian Worship* (Nashville: Abingdon Press, 1990), 58.

님의 부활을 매년 기념하던 초대 교회 그리스도인들은 결코 부활절 하루의 행사로 만족할 수 없었다. 그들은 부활의 감격과 기쁨을 7주 또는 50일의 기나긴 기간을 통하여 표현하였다. 그렇지 않고는 이 놀라운 부활의 신비를 다 경험할 수 없었기 때문이다. 그 시기를 흔히 "위대한 50일(The Great Fifty Days)"이라고 불렀다.[80]

이와 같이 50일간 '부활절 절기(Eastertide)'를 거부감 없이 자연스럽게 지킬 수 있었던 것은 구약의 유대인들이 유월절부터 초실절(맥추절, 칠칠절, 오순절)까지의 50일 동안을 출애굽에 대한 감사의 축제로 지켰기 때문이다. 초대 교회는 출애굽을 통해 이루어진 구원의 감사를 부활의 승리를 기뻐하기 위한 절기로 자연스럽게 바꾸어 지키게 된 것이다. 다만 50일째 되는 오순절은 구약에서처럼 첫 곡식의 추수를 감사하는 절기가 아니라 성령의 강림을 통해 교회의 탄생을 축하하는 날로 새로운 의미를 부여하여 지켰다. 그리하여 4세기 후반에 '위대한 50일'이 종결되는 마지막 날 주일을 '오순절 성령 강림 주일'이라고 부르게 되었다. 이렇게 따로 구분되어 지켜지게 된 '오순절의 일요일(Pentecost Sunday)'은 초기 몇 세기 동안 부활주일에 버금가는 두 번째 중요한 절기와 행사가 되었다. 결과적으로 부활절과 오순절 성령 강림절은 교회력에서 가장 오래되고 중요한 절기인 '위대한 50일'의 첫 째 날과 마지막 날이 된 것이다.

또한 4세기 전반까지 교회는 성령 강림절에 예수님의 승천과 성령 강림을 동시에 기념하였다. 그러나 4세기 말에 이르러 이 두 가지 중요한 사건의 의미를 보다 더 확실하게 하기 위하여 마침내 이 둘을 분리하여 지키게 되었다. 즉 주님의 부활 후 40일째를 '주님의 승천 기념일(The Day of Ascension)'로 하고 50일째를 '성령강림일'로 정한 것이다. 그리하여 처음 2-3세기 동안에는 하나였던 '위대한 50일'이 크게 부활절, 승천일

---

80) 텔리에 의하면, 초대 교회는 이미 2세기에 부활절을 50일간 지키고 있었다고 한다(Talley, *The Origins of the Liturgical Year*, 57-66).

그리고 오순절로 나뉘어 지키게 되었다.

(3) 사순절81)

이상에서 보는 바와 같이 초대교회는 매 주일 부활을 기뻐하며 예배를 드렸을 뿐 아니라, 일 년 가운데 한 주를 부활절로 정하여 주님의 부활을 기념하였다. 그런데 부활절을 기념하는 대표적인 행사는 세례였다.82) 그것은 구약의 이스라엘이 홍해를 통과함으로 노예에서 해방되고 구원받은 것처럼, 교회도 세례를 통해 그리스도와 함께 장사되고 새롭고 영원한 생명을 얻는 것으로 믿었기 때문이다. 이와 같이 세례와 깊은 관련이 있는 부활절을 맞이하기 위하여 초대 교회 성도들은 자연스럽게 자신을 돌아보고 점검하며 준비하는 기간을 갖게 되었는데 그 기간이 바로 '사순절 (Lent)'이다.83)

따라서 처음의 사순절은 그리스도의 십자가의 고난과 죽음을 묵상하고 회개하는 기간이라기보다는 세례 지원자들을 위한 마지막 준비의 기간이

---

81) 전체적으로 사순절에 관한 부분은 주승중, 『은총의 교회력과 설교』, 144-64를 참고하여 정리하였다.

82) 터툴리안은 "부활절은 특히 세례를 베푸는데 의미 있는 날이다. 이때 주의 수난 안에서 세례를 받고 완성된다."고 하였고(Tertullain, "On Baptism," in Ante-Nicene Fathers[vol. III], [Grand Rapids: Eerdman, 1997], 678), 성 바질 (St. Basil of Caesarea)은 "부활절은 세례를 받기에 가장 적합한 날이다. 이 날은 부활을 기념하는 날이다. 세례는 우리 속에 부활의 씨를 심어 준다. 그러므로 우리는 주님께서 부활하신 날에 세례를 받음으로 부활의 은총을 받자."고 하였다 (Edward Yarnold, The Awe-Inspiring Rites of Initiation: Baptismal Homilies of the Fourth Century [London: St. Paul's Publications, 1971], 136). 주승중, 『은총의 교회력과 설교』, 93, 146에서 재인용.

83) 부활절을 준비하는 기간인 사순절은 처음 1세기에는 단 40시간 동안 지켰는데, 이는 예수님께서 무덤 속에서 40시간 동안 있었던 것과 일치시키기 위함이었다. 이것이 3세기에 이르러서는 부활주일 전 한 주 기간을 준비하게 되었고 나중에 30일로 연장되었으며 325년 니케아 종교회의에서 40일로 확정되었다. 그것은 아마 예수님께서 공생애를 시작하기 전에 광야에서 40일간 금식하였던 기간과 동일하게 맞추기 위함이었던 것 같다.

었다. 하지만 이렇게 원래 그리스도의 부활을 맞이하기 위한 준비의 기간, 특별히 부활 주일에 세례 받을 사람들의 훈련기간이요 준비기간으로 시작된 사순절이 어거스틴 때에 이르러서는 세례와 상관없이 모든 그리스도인들이 주님의 고난과 죽음을 묵상하며 회개하고 참회하는 기간으로 발전하였다. 그것은 5-6세기에 이르러 유아세례가 대대적으로 행해져서 성인 세례를 받을 사람이 압도적으로 줄었기 때문이었다고 한다.[84]

또한 전통적으로 행해지던 금식이 이 기간의 영적 훈련의 가장 대표적인 수단으로 활용되었다. 이렇게 부활주일을 맞이하기 위한 회개와 참회의 기간인 사순절은 '참회(또는 재)의 수요일(Ash Wednesday)'[85]부터 시작된다.[86] 이와 함께 초대 교회는 사순절의 마지막 일주일을 수난 주간 또는 거룩한 주일(Holy Week)로 구별하여 지켰다. 특히 이때는 예수님의 고난, 십자가, 그리고 부활을 통한 구속사역을 완성하셨던 예루살렘에 모여 예수님의 마지막 발자취를 따라 순례하는 것에 큰 의미를 두었다.

2) 성탄절 주기(The Christmas Cycle)

---

84) 이러한 변화에 대해 텔리는 다음과 같이 요약하고 있다(Talley, *The Origins of the Liturgical Year*, 224).
　　사순절의 역사는 세례를 위한 준비로서의 의미에서 성목요일에 교회 앞에 공식적인 화해를 요청하는 사람들의 공적인 참회의 의미로 그 강조점이 변화되어 감을 보여준다. 유아세례의 증가는 사순절의 주요 관심을 세례로부터 참회자의 화해로 향하게 하였다.
85) 성경에서 재는 참회와 회개의 의미를 갖는다. 욥은 고난이 지나간 후 하나님을 뵙게 되면서 "그러므로 내가 스스로 한하고 티끌과 재 가운데서 회개하나이다(욥 42:6)."고 고백하였고, 니느웨 사람들도 요나를 통해 하나님의 심판의 메시지를 듣고서 재를 뒤집어쓰고 통회하였다(욘 3:6). 예수님께서도 회개하는 모습을 "재에 앉아 회개"하는 것으로 묘사하셨다(마 11:21).
86) 사순절이 수요일부터 시작하는 것은 사순절이 부활주일을 제외하고 40일 동안 지켜지기 위해서는 수요일부터 시작해야 하기 때문이다. 따라서 오늘날 사순절은 부활절 날짜에 따라 2월 4일부터 3월 11일 사이에 온다.

교회력의 또 하나 중요한 주기는 성탄절 주기이다. 사실 성탄절 주기는 부활절 주기처럼 빨리 시작되지도 않았고 구약의 유대력에 근거하지도 않았다. 성탄절 주기 가운데 가장 빨리 시작된 절기는 '주현절(Epiphany)'[87]이다. 오늘날 주현절은 성탄절만큼 잘 알려져 있지 않지만 성탄절보다 더 빨리 시작되었고, 부활절, 오순절과 함께 초대 교회의 3대 절기 가운데 하나로 중요하게 지켜졌다. '주현절'은 문자적으로 '현현(manifestation)'을 의미하는데, 특별히 하나님이신 예수 그리스도께서 이 땅에 오셔서 사람들에게 드러내심을 기념하여 지키는 절기이다.[88]

부활절과 마찬가지로 성탄절 절기도 처음에는 통합적으로 지켜지다가 주현절에서 성탄절이 따로 분리된 것은 4세기 전반으로 여겨진다. '성탄절'이라는 말은 354년의 한 문서에 처음 나타나는데, 그 문서에서 "예수님께서 유대 베들레헴에서 태어나셨다"고 하면서 그 날이 12월 25일이라고 하였다.[89] 또한 크리소스톰은 386년 성탄절에 안디옥 성도들에게 설교하면서 "우리가 성탄절을 지킨 지 얼마 되지 않았습니다. 그러나 빨리 성장하였고 많은 열매를 맺었습니다."고 말하였다.[90]

사실 초대 그리스도인들은 처음에 예수님의 탄생에 대해 별로 관심을 갖지 않았다. 위에서 언급한 것처럼, 그들은 예수님의 부활을 믿음의 핵심

---

87) 'Epiphany'는 헬라어의 "epiphaneia"에서 기원된 단어인데, 이는 "epi(upon)"와 "phaino(show)"의 합성어이다.

88) 주현절(Epiphany)의 기원에 대해서는 논란이 많다. 주현절이 처음 시작될 때 그리스도의 탄생을 기념하였는지, 주님의 세례를 기념하는지, 또는 예수님의 첫 번째 표적인 가나 혼인 잔치의 이적을 기념하는지 분명치 않다. 아니면 이 셋이 모두 예수님께서 이 땅에서 하나님이심을 드러내시는 것과 관련되기 때문에 주현절은 이 모두를 함께 기념하는 절기였을 수도 있다. 참고. James F. White, *A Brief History of Christian Worship*, 정장복 역, 『예배의 역사』(서울: 쿰란 출판사, 1997), 81.

89) Hickman(ed.), *The New Handbook of the Christian Year*, 23.

90) John Chrysostom, *Opera Omnia*, ed. Bernard de Montfaucon (Paris: Gaume, 1834), 418. Hickman(ed.), *The New Handbook of the Christian Year*, 23에서 재인용.

에 두고 부활절을 중요하게 지키면서, 주님의 재림을 기다리며 영광스러운 부활을 간절히 소망하였다. 그런데 초대교회가 그리스도의 탄생에 관심을 가지게 되고 주현절과 성탄절이 지키게 된 이유는 무엇일까? 그것은 2세기 이 후 등장한 예수 그리스도의 인성과 신성에 관한 기독론 논쟁과 가현설과 양자설과 같은 이단 사상들의 등장으로 말미암아 참인간이면서 참신이신 예수님의 나심과 현현을 분명히 하고 그것을 기념하기 위한 절기가 필요하였기 때문이었다.[91] 그러니까 성탄절은 예수님의 인성을 드러내고 기념하는 절기이고, 주현절은 예수님의 신성을 확인하고 기념하는 절기라고 할 수 있다.

그런데 예수님의 탄생일, 세례일 등의 날짜에 대해서는 성경에도 언급되어 있지 않고, 기록에도 없다. 오늘날 우리가 지키는 성탄절(12월 25일)과 주현절(1월 6일)의 날짜는 원래 동지 이후에 고대 이집트와 로마에서 거행된 '정복되지 않는 태양(Unconquered Sun)의 축제' 라는 이방인들의 동지 축제에서 기인되었다고 하는 것이 일반적인 견해다. 그러니까 성탄절은 이방인들의 선교를 위한 기독교 토착화의 한 면을 보여준다고 할 수 있다.[92]

뿐만 아니라 초대교회 성도들은 부활절의 준비 기간이 필요했던 것처럼 성탄절과 주현절을 위한 준비 기간의 필요성을 공감하였다. 기록에 의하면, 380년 스페인에서 열린 공의회에서 "12월 17일부터 주현절인 1월 6일까지 모든 성도는 교회에 결석해서는 안 된다."고 선포하였고, 5세기경에 프랑스 고올 지방에서 주현절을 위해 40일간의 준비 기간이 실행되었

---

91) 참고. 주승중, 『은총의 교회력과 설교』, 165-8.
92) 성탄절은 원래 12월 25일 하루 만 지키는 절기가 아니었고, 12월 25일부터 시작하여 주현절(1월 6일) 전까지의 12일간의 절기였다. 이렇게 하루만 지키게 된 것은 종교 개혁가들 특히 퓨리탄들의 영향이 크다고 할 수 있다. 예전에 영국에서 이 날들이 단지 즐거운 축제의 날로서 술을 마시며 떠들고 놀아대는 세속적인 환락의 날들로 변질되어 갔기 때문이다.

다.[93] 이와 같은 성탄절과 주현절의 준비 기간으로 대림절(Advent)[94]을 지키게 되었고 대림절이 성탄절 전 4주간으로 결정된 것은 11세기 교황 그레고리 7세 때로 추측된다.[95]

위와 같은 과정을 거쳐 교회력은 4세기 말 경에 완성되었다. 그런데 4세기 이후에 두 개의 절기가 추가되었다. 하나는 '삼위일체주일(Trinity Sunday)'이고 다른 하나는 모든 성인들을 함께 기념하는 '성인들의 기념일(All Saints' Day)'이었다. 삼위일체주일은 오순절 다음 주일로 약 1000년경에 도입되었고, 성인들의 기념일은 원래 부활절 절기 중에 거행되었으나 9세기경에 11월 1일로 결정하여 지켰다.[96]

그러나 안타깝게도 4세기 이후에 교회가 성모 마리아를 중심으로 한 성자들의 축일들이 교회력에 침범하면서 그리스도의 구속사가 근간이 된 교회력의 근본이 무너지기 시작하였다. 그리하여 중세에 이르러는 주일뿐 아니라 일 년 365일이 모자랄 정도로 온갖 성자들의 기념일을 지키게 되었다. 그러한 상황에서 루터나 쯔빙글리와 같은 종교 개혁가들은 주일과 주님과 관계된 축일만 지키고 모든 성자들의 축일은 없앨 것을 주장하였다.[97] 이러한 개혁가들의 주장이 그동안 개혁교회가 부활절과 성탄절 외의 교회력을 소홀히 여기는 계기가 되었다. 그러나 20세기에 들어오면서(특히 1940년대 이 후에) 예배회복을 위해 초대 교회의 중요한 전통이

---

93) Hickman(ed.), *The New Handbook of the Christian Year*, 23.

94) 'Advent'는 라틴어 'ad'와 'venire'의 합성어로 '도래' 또는 '출연'을 뜻한다. 따라서 대림절은 하나님께서 그리스도로서 이 세상에 오신다는 것을 의미한다.

95) 주승중, 『은총의 교회력과 설교』, 221.

96) Hickman(ed.), *The New Handbook of the Christian Year*, 24.

97) James F. White, *Documents of Christian Worship: Descriptive and Interpretive Sources* (Louisville: Westminster/John Knox Press, 1992), 34이하.

요 유산이었던 그리스도의 구속사를 중심으로 한 교회력의 회복 운동이
전개되고 있다.

부록-1) 교회력의 영성 조망[98]

절기	강조점	영적인 도전
대림절 (강림절)	베들레헴에 찾아오신 그리스도의 역사의 마지막에 다시 오실 그리스도의 재림에 대해 준비함(성탄절 4주 전)	회개하고 그리스도의 영적인 재림을 준비하라! 여러분의 심령에 새롭게 태어나셔야 할 메시아의 찾아오심을 간절히 열망하라!
성탄절	이스라엘의 멸망이 성취되고 메시아가 탄생함. 예언이 성취됨, 온 세상의 구세주께서 찾아오심(12월 25일부터 1월 5일까지)	성육신의 영성을 받아들이라! 그리스도께서 여러분 안에서 새롭게 태어나시도록 하라!
주현절 (현현절)	모든 이들을 위한 구세주로 현현하신 예수는 유대인들만을 위한 것이 아니라 온 세계를 위한 것임(1월 6일)	예수 그리스도께서 여러분 안에, 그리고 여러분을 통해서 증거될 수 있도록 헌신하라!
주현절 이후	예수께서 표적과 기사를 통해서 자신을 하나님의 아들로 증거하신 공생애 과정을 그와 함께 순례함(1월 6일부터 사순절 전까지)	여러분의 삶과 행동으로 그리스도의 삶을 증거하는 것을 배우라!
사순절	그리스도와 함께 십자가를 향하여 순례하는 시기임. 지속적인 반대에도 불구하고 예수는 군중들을 효과적으로 돌보심. 사순절을 거세지는 폭풍우(the gathering storm)와 같음(재의 수요일부터 시작되어 부활절 이전 6과 1/2주간 계속되며 종려주일을 포함하여 고난주간 혹은 성주간 목요일 일몰에 끝남)	사순절은 십자가를 향한 그리스도의 순례여정에 동참하면서 스스로를 점검하고 갱신함으로써 총체적인 회개에 집중하는 시기이며 기도와 금식, 그리고 자신의 시기이다.
성삼일	성삼일은 구원의 역사에 가장 결정적인 순간임. 교회는 예배 속에서 세속 목요일과 성금요일 사건들을 회상함. 성토요일의 철야 예배(The Great Paschal Vigil)는 부활의 성만찬으로 끝남(성 주간의 세족 목요	성삼일은 금식과 기도에 집중하는 시기이다. 우리는 세례 받아 하나가 된 삶의 패턴인 예수의 죽음과 부활의 패턴에 따라 살기로 결단하고 헌신해야 한다.

	일과 성금요일, 성토요일의 삼일을 가리킴)	
부활절	온 세상의 구원을 위해서 예수께서 십자가에 죽고 부활한 위대한 구원의 사건을 기념함. 부활절은 일 년 교회력 중에서 가장 결정적인 사건이며 모든 교회력의 영성의 원천이기도 함(부활절은 이후 승천일을 포함하여 50일간 지속되며 성령강림절에 끝남).	성도의 영적인 삶의 원동력이 여기에 있다. 우리는 예수의 죽음 안에서 죄에 대하여 죽고 부활의 영성 안에서는 성령의 생명으로 부활하도록 부름 받는다.
성령강림절 이후	오순절에 임하신 성령의 강림으로 교회가 태어남. 오순절 이후 증인들의 복음전파와 초대 교회의 성장 및 시련이 이어짐(성령강림절 이후 절기는 이때부터 대림절 직전 대략 6개월 간 지속됨)	이 시기는 교회의 가르침을 받아들이며 역사 속에서의 하나님의 구원에 관한 더욱 깊은 진리의 세계로 나아가는 시기이다.

---

98) 이것은 교회력의 의의에 대한 로버트 웨버의 견해이다(Webber, *Ancient-Future Time: Forming Spirituality through the Christian Year*, 12-3)

II. 렉셔너리(Lectionary)의 역사

이상에서 우리는 교회력의 발생 과정과 역사에 대해 살펴보았다. 위에서 본 것처럼 교회력은 예수 그리스도를 통한 구원을 기억하고 감사하며 영광스러운 미래를 소망하게 하는 은혜의 수단이다. 이러한 교회력에 맞추어 예배 시간의 말씀 선포와 개인적인 묵상을 위해 성경에서 선별하여 배열한 성구 모음집이 렉셔너리이다.99) 렉셔너리는 매 주일(Sunday Lectionary)과 주일을 제외한 월요일부터 토요일까지의 성경 읽기(Daily Readings)를 위해 지정된 본문으로 구별된다.

그러면 렉셔너리는 언제 어떻게 시작하였는가? 초대교회에 렉셔너리가 있었는지에 대해서는 확실치 않다.100) 렉셔너리에 대한 증거들은 4세기 말에 처음 등장한다. 물론 오늘날의 것과는 형태적으로 어느 정도 차이는 있겠지만 388년 경 안디옥의 크리소스톰(Johannes Chrisostomus, 349-407)의 요한복음에 관한 설교 제 11번에 다음과 같은 렉셔너리에 관한 언급이 있다.

그러면 내가 여러분에게 요구하는 것은 무엇이겠습니까? 여러분 각자가 주의 첫 날 또는 안식일에도 여러분들 사이에서 읽혀질 복음서의 그 부분을 손에 들고, 그 날이 되기 전에 집에 앉아서 읽어 내려가는 것입니다. 그러면서

---

99) 1992년에 출판된 개정 공동 렉셔너리(The Revised Common Lectionary)는 "렉셔너리는 하나님의 백성들이 예배하는 동안 선포되기 위해 성경에서 의도적으로 선별하여 배열된 성구 모음집"이라고 정의하고 있다." Consulation on Common Texts, *The Revised Common Lectionary: Includes Complete List of Lections for Years A, B, and C* (Nashville: Abingdon Press, 1992), 9.

100) 구약 시대에 회당에서 성경을 체계적으로 읽는 전통, 예수님께서 안식일에 습관대로 성경을 읽으신 것(눅 4:16-30) 그리고 사도 바울이 안식일에 율법과 선지자의 글을 읽는 것(행 13:14) 등으로 보아 비록 오늘날과는 다르지만 초대 교회에도 어떤 형태의 렉셔너리가 있었다고 주장하는 분들이 많다. 참고. 주승중, 『은총의 교회력과 설교』, 299-300.

종종 그 내용들을 깊이 묵상하며 그 부분들을 모두 잘 검토하여 어느 부분이 명료하고, 어느 부분이 모호한지 … 그리고 각각의 논점들을 한마디로 무엇인지 모두 검토해 본 다음에는 그것이 읽혀지는 것을 듣는 것입니다.[101]

또한 385년에 경에 쓰여 진 밀란의 주교 암브로시우스의 편지 제 20번에서 "그리고 나는 잇따르는 설교를 시작하였습니다. 자녀들이여, 그대들은 지정된 규례와 절기에 따라 끝까지 읽히는 욥기를 읽는 것을 들었습니다. … 다음 날에는 요나서를 관습에 따라 읽었습니다."고 언급된 것으로 보아 교회력에 따른 일정한 형식의 성경 낭독과 설교가 그때에 있었음을 보여준다.[102]

이러한 초대교회의 전통을 이어 받아 중세 시대의 교회는 여러 개의 렉셔너리들이 제작되어 사용되었다.[103] 그 가운데 대표적인 것들은 7세기 경 안디옥 지역에서 사용된 것으로 추정되는 비잔틴 렉셔너리(Byzantine Lectionary), 고대의 렉셔너리 가운데 오늘날 것과 가장 근접한 내용을 담고 있고 8세기 이전에 사용된 것으로 추정되는 예루살렘 렉셔너리(Jerusalem Lectionary), 6세기 경 시리아 교회에서 사용된 것으로 추정되는 에뎃사의 렉셔너리(The Lectionary of Edessa), 8세기 경 사용된 것으로 보이는 로마교회의 렉셔너리(The Lectioanry of Rome), 7세기 경 스페인 지역에서 사용된 것으로 보이는 보비오 미사경본(The Bobbio Missal), 7-8세기 경 프랑스에서 사용된 것으로 보이는 룩셀의 렉셔너리(The Lectionary of Luxeuil), 11세기 스페인 지역에서 사용된 것으로 보이는 톨레도 렉셔너리(Lectionary of Toledo) 등이 있다.[104]

---

101) 정장복, 『교회력과 성서일과』, 64에서 재인용.
102) 정장복, 『교회력과 성서일과』, 369에서 재인용.
103) 화이트(White, *A Brief History of Christian Worship*, 136)는 중세 시대 설교의 가장 큰 공헌이 렉셔너리를 발전시킨 것이라고 하였다.
104) 좀 더 자세한 것은 정장복, 『교회력과 성서일과』, 64-6을 참고하라.

하지만 이러한 렉셔너리의 발전과 활용에도 불구하고 중세 시대는 위에서 언급한 바와 같이 시간이 지날수록 예수 그리스도의 생애와 구속사를 중심으로 한 교회력과 렉셔너리의 본래의 모습을 상실하고, 성자들의 기념일들이 교회력을 채우게 되었고, 성경 낭독과 설교는 성자들이 생활담이나 전설로 대치되었다.105) 이러한 상황에서 종교개혁자들이 본질이 상실된 렉셔너리를 배척한 것은 당연한 결과였다. 대신 쯔빙글리, 칼빈 그리고 부처 등과 같은 종교 개혁자들은 성경 전권을 차례로 설교하는 연속적 성경읽기를 선호하였다. 그들은 주로 주일 낮에는 복음서를 연속적으로 설교하였고 주중이나 주일 오후에 서신서나 구약을 설교하였다.106) 이러한 종교 개혁자들의 취향은 개혁주의 설교의 표준으로 발전하였고 개혁교회는 그 후 삼 사 백 년 동안 부활절과 성탄절을 제외한 다른 교회력이나 렉셔너리에 거의 관심을 보이지 않았다.

그런데 20세기에 이르러 장로교의 본산인 스코틀랜드 교회가 예배회복 운동을 추진하는 과정에서 1940년에 공식적으로 교회력과 렉셔너리를 채택하였다. 스코틀랜드 교회는 대부분의 성자들의 축일을 배제하고 예수 그리스도의 생애와 구속사를 중심으로 한 원래의 교회력을 회복하고자 하였다. 스코틀랜드 교회의 렉셔너리는 교회력을 따라 2년 동안 주일 아침과 저녁에 사용할 수 있도록 구성되었다. 주일 아침 예배를 위해서는 시편과 함께 세 개의 성구가 제시되었는데, 구약에서 한 개, 신약에서 두 개를 선별하였고 그 중에 하나는 반드시 복음서에서 읽도록 하였다. 주일 저녁에는 시편과 함께 구약과 신약에서 하나씩 택하여 읽도록 하였다.107) 이

---

105) 참고. William D. Maxwell, *A History of Christian Worship: an Outline of its Development and Forms*, 정장복 역, 『예배의 발전과 그 형태』(서울: 쿰란출판사, 1996), 102.

106) A. Allen McArthur, "교회력과 성서일과의 개혁(The Christian Year and Lectionary Reform)" in 정장복 편역, 『교회력과 성서일과』, 348-53; White, *A Brief History of Christian Worship*, 193; Maxwell, *A History of Christian Worship*, 102이하.

와 같이 스코틀랜드 교회의 렉셔너리는 형식과 내용에 있어서 오늘날 사용하는 렉셔너리의 실제적인 모태라고 할 수 있다. 하지만 교회력과 렉셔너리의 회복에 대한 그들의 중요한 공헌에도 불구하고, 스코틀랜드 교회는 교회력과 렉셔너리의 제정과 사용에 대해 충분한 신학적 근거와 설명 없이 단지 교회력에 적절한 성경 구절만을 제시하였기 때문에 그들의 공로가 제대로 인정받지 못한 안타까움이 있다.108)

렉셔너리에 대한 본격적인 연구와 사용은 천주교에서 재기되었다. 1962년부터 1965년까지 '교회의 현대화와 일치'라는 목표와 함께 4회기로 나누어 진행된 제 2차 바티칸 공의회는 로마 카톨릭의 모든 분야에 새로운 전기를 가져오는 계기가 되었다. 특별히 그동안 경시되었던 말씀의 선포가 본래적 위치를 회복하게 되었다. '거룩한 전례에 관한 헌장' 35조 2항에서는 '설교의 직무는 가장 충실하고 바르게 이행되어야 한다.'고 밝힌다.109) 한 걸음 더 나아가 그들은 올바른 말씀의 선포를 위해 렉셔너리의 제정을 추구하였다. '거룩한 전례에 관한 헌장' 51조에서 "하나님의 말씀의 더욱 풍성한 식탁을 마련하여 주도록 성경의 보고를 더욱 활짝 열어, 일정한 햇수 안에 성경의 더 중요한 부분들이 백성들에게 봉독되어야 한다"고 선언한 것이다.110)

그 결과 1964년 18명의 전문위원들로 위원회를 구성하여 스코틀랜드 교회의 렉셔너리를 비롯한 지금까지의 렉셔너리를 검토하고 많은 개신교 학자들의 자문을 구해 마침내 1969년 5월에 교황 바오로 6세에 의해 로마

---

107) 스코틀랜드 교회의 렉셔너리에 대한 구체적 내용은 정장복(편역), 『교회력과 성서일과』, 539-51을 참고하라.
108) 정장복(편역), 『교회력과 성서일과』, 69.
109) Vatican Council, 『제2차 바티칸 공의회 문헌: 라틴어 대역(2nd ed.)』 (서울: 한국천주교중앙협의회, 2002), 61.
110) Vatican Council, 『제2차 바티칸 공의회 문헌: 라틴어 대역(2nd ed.)』, 73.

미사 성서 일과(The Roman Lectionary for Mass)인 <미사 독서 예식서 (Ordo Lectionum Missae: 이하 OLM)>111)를 공포하게 되었다.

로마 카톨릭은 그동안 교회력이 본질에서 벗어나 성자들의 기념으로 가득 채워진 것 때문에 배척 받았던 자신들의 잘못을 인정하고 개신교 신학자들의 도움을 받아 렉셔너리의 일대 변혁을 추구한 것이다. 우선 OLM은 3년을 주기로 구성되었는데, 복음서는 교회력의 중심으로 첫째 해는 마태복음, 둘째 해는 요한복음과 함께 마가복음을, 셋째 해는 누가복음을 연속적으로 읽도록 배치하였다. 또한 서신서도 복음서와는 별도로 계절에 따라 거의 연속적으로 읽도록 구성되었다. 특히 그동안 외면당했던 구약의 말씀들을 복음서의 말씀을 보강하기 하기 위해 채택되어 복음서의 배경을 설명하고 대조하도록 보강하였다.112)

이와 같이 OLM은 카톨릭 교회가 스스로의 과오를 반성하고 개신교 학자들의 조언을 수용하면서 형성되었기에 개신교의 긍정적인 평가를 얻게 되었다. 뿐만 아니라 OLM에 도전을 받아 북미의 교회는 교회력과 렉셔너리의 중요성을 인식하고 교단별로 렉셔너리를 제작하기 시작하였다. 대표적으로 미국 성공회(Episcopal Church), 루터교회, 미국의 연합 장로교회, 남장로교회, 컴벌랜드 장로교회, 연합 그리스도 교회, 감리교 등이 카톨릭의 렉셔너리를 수정 보완하여 사용하게 되었다.113)

---

111) Vatican Council, *Ordo Lectionum Missae* (Vatican City: Polygolt Press, 1969).

112) 이 렉셔너리의 특징은 한 마디로 3독서, 3년 주기, 조화의 준 연속이라고 할 수 있다. 즉, 교회력에 따라 구약과 복음서와 서신서를 함께 읽도록 되었으며(3독서), 3년을 주기로 편성되었고, 독서 본문이 성경 본문의 순서에 따라 진행하되 적합지 않는 일부 구절을 생략하였다(준 연속 독서). 참고. 이홍기, 『미사 전례』 (서울: 분도출판사, 2004), 147-50.

113) 이러한 렉셔너리들에 대한 좀 더 자세한 설명을 위해 정장복(편저), 『교회력과 성서일과』, 75-6; Fritz West, "An Annotated Bibliography on the Three-Year Lectionaries Parts II-IV," *Studia Liturgica* 24/2(1995): 222-7을

이러한 상황에서 1960년 중반에 미국과 캐나다 교회들의 예배 갱신을 위해 조직된 공동본문협의회(CCT- Consultation on Common Text)는 1978년 3월에 모임을 갖고 모든 교단들이 수용할 수 있는 교회력과 렉셔너리를 만들기 위한 북미 위원회(NACCL: The North American Committee on Calendar and Lectionsry)를 발족시켰다. 이 위원회는 4년간의 연구 끝에 1982년 <공동 렉셔너리(The Common Lectionary: 이하 CL)>114)를 만들게 되었다. 특별히 CL은 그리스도 예표적 관점만을 지나치게 강조했던 카톨릭의 구약 선택을 거부하고 구약을 주제와 내용별로 재구성함으로 성경이 한 부분에만 치우치지 아니하고 전체적으로 균형을 이루도록 노력하였다. CL이 시험적 성격을 지니고 있었지만 많은 개신교 교단에서 다양한 방법으로 활용되었다. 하지만 CL은 좀 더 보완될 필요가 있었기 때문에 다시 추진 위원회를 구성하여 1992년 드디어 오늘날 많은 교단에서 일반적으로 사용하고 있는 <개정 공동 렉셔너리(The Revised Common Lectionary: 이하 RCL)>115)가 완성되었다.116)

이렇게 교회력의 회복과 렉셔너리에 대한 전세계적인 관심이 고조되는 상황에서 그동안 성탄절과 부활주일을 제외하고는 교회력과 렉셔너리에

참고하라.

114) Consulation on Common Text, *The Common Lectionary* (New York: Church Hymnal Corporation, 1983).

115) Consulation on Common Text, *The Revised Common Lectionary*.

116) RCL은 CL에서 제기된 문제들을 어떻게 보완하였는지 다음과 같이 밝히고 있다(Consulation on Common Text, *The Revised Common Lectionary*, 77-8).
   1) 성경의 사용에 관하여: 구약 예언서를 정경의 순서대로가 아니라 연대기적으로 배치하였다. 또한 시편을 첫 번째 본문에 대한 응답으로 선택하였다.
   2) 여성에 대한 배려: 여성과 관련된 본문을 보완하였다.
   3) 추가적인 교회력의 문제: 주현절 이후 9번째 주일과 거룩한 토요일을 추가하였다.
   4) 복음과 관련이 있는 구약 성경의 읽기를 보완하였다.
   5) 오늘날 상황의 고려: 오늘날 청중들에게 반유대주의적 감정을 부추기는 부분을 피하고자 하였다.

큰 관심이 없었던 한국 교회는 최근에 교회력과 렉셔너리에 대한 관심을 보이고 있다. 서론에서 언급한 것처럼 많은 목회자들이 렉셔너리에 근거해서 본문을 택하고 있다.

뿐만 아니라 많은 교단과 학자들이 렉셔너리에 근거한 설교를 제안하고 보조 자료들을 출간하고 있다. 대표적인 몇 가지 예를 들어보자. 박근원은 일찍이 1978년에 한국 기독교 장로교 『예식서』에 삼위일체력에 따른 렉셔너리를 소개하여 지금까지 교단적으로 사용하고 있으며,[117] 최근에는『교회력과 목회 기획』을 출판하여 삼위일체력에 따른 렉셔너리를 소개하고 있다.[118] 정장복은 공동성서정과가 만들어진 다음 해인 1984년에 『예배와 설교 핸드북』을 출판하여 지금까지 매년 계속해서 공동 렉셔너리와 개정된 공동 렉셔너리에 근거하여 예배 자료와 설교를 돕는 자료를 소개하고 있다.

특별히 『예배와 설교 핸드북』에서는 개정판 공동 렉셔너리에 제시된 네 개의 본문 가운데 하나를 택하여 다양한 설교 방법과 설교 모범을 수록하고 있다. 또한 김종열은 1988년부터 교회력에 따라 예배와 설교를 구상하는 목회자들을 돕기 위해『예배와 강단』을 매년 출판하고 있다. 1988년부터 2002년까지는 독일의 개신 교회에서 사용하는 6년 주기 렉셔너리를 사용하였고, 2003년부터는 개정 공동 렉셔너리에 근거하여 렉셔너리에 근거한 설교를 소개하고 있다. 이 외에도 여러 교단과 개인이 렉셔너리에 의한 설교를 소개하고 있다.[119]

---

117) 한국 기독교 장로회, 『예식서』 (서울: 한국 기독교장로회 출판국, 1978).
118) 박근원, 『교회력과 목회 기획』 (서울: 쿰란 출판사, 2003).
119) 예를 들어, 이정훈, 『한국의 그리스도인을 위한 절기 예배 이야기』 (서울: 대한 기독교 서회, 2000); 남호, 『교회력에 따라 예배하기』 (서울: 감리교신학대학교 출판사, 2002) 등이 있다.

부록-2) 교회력 절기[120]

Year A	구 약	시 편	서 신	복 음
대림 절기				
대림절1	사2:1-5	시122편	롬13:11-14	마24:36-44
대림절2	사11:1-10	시72:1-7, 18-19	롬15:4-13	마3:1-12
대림절3	사35:1-10	시146:5-10 또는 눅1:47-55	약 5:7-10	마11:2-11
대림절4	사7:10-16	시80:1-7, 17-19	1:1-7	마1:18-25
성탄 절기				
성탄절	사 9:2-7	시 96편	딛 2:11-14	눅2:1-14 (15-20)
	사 62:6-12	시 97편	딛 3:4-7	눅2:(1-7) 8-20
	사 52:7-10	시 98편	히 1:1-4 (5-12)	요1:1-14
성탄절 후1	사 63:7-9	시 148편	히 2:10-18	마2:13-23
성탄절 후2	렘 31:7-14	사 147:12-20	엡 1:3-14	요1:(1-9) 10-18
주현 절기 주현절 후 6, 7, 8,9 주일이 재의 수요일 바로 앞의 주일이라면 주현절 후 마지막 주일(산상변모일) 성서일과를 사용할 것				
주현절	시60:1-6	시72:1-7, 10-14	엡3:1-12	마2:1-12
주님의 수세일 (주현절 후 1)	사42:1-9	시29편	행10:34-43	마3:13-17
주현절 후 2	사49:1-7	시40:1-11	고전1:1-9	요1:29-42

---

120) 이것은 RCL이 제안한 렉셔너리이다.

주현절 후 3	사9:1-4	시27:1, 4-9	고전1:10-18	마4:12-23
주현절 후 4	미6:1-8	시15편	고전1:18-31	마5:1-12
주현절 후 5	사58:1-9a(9b-12)	시112:1-9(10)	고전2:1-12 (13-16)	마5:13-20
주현절 후 6	신30:15-20	시119:1-8	고전3:1-9	마5:21-37
주현절 후 7	레19:1-2, 9-18	시119:33-40	고전3:10-11, 16-23	마5:38-48
주현절 후 8	사49:8-16a	시131편	고전4:1-5	마6:24-34
주현절 후 9	신11:18-21, 26-28	시31:1-5, 19-24	롬1:16-17 ; 3:22b-28(29-31)	마7:21-29
주현절 후 마지막 주일 (산상변모일)	출24:12-18	시2편 또는99편	벧후1:16-21	마17:1-9
사순 절기				
재의 수요일	욜2:1-2, 12-17 또는 사58:1-12	시51:1-17	고후5:20b-6:10	마6:1-6, 16-21
사순절 1	창2:15-17; 3:1-7	시32편	롬5:12-19	마4:1-11
사순절 2	창12:1-14a	시121편	롬4:1-5, 13-17	요3:1-17 또는 마17:1-9
사순절 3	창17:1-7	시95편	롬5:1-11	요4:5-42
사순절 4	삼상16:1-13	시23편	엡5:8-14	요9:1-41
사순절 5	겔37:1-14	시130편	롬8:6-11	요11:1-45
사순절 6 (수난주일)	사50:4-9a	시31:9-16	빌2:5-11	마26:14-27:66 또는 27:11-54
성목요일	출12:1-4(5-10), 11-14	시116:1-2, 12-19	고전11:23-26	요13:1-17, 31b-35
성금요일	사52:13-53:1	시22편	히10:16-2	요18:1-19:

	2		5 또는 4:14-16; 5:7-9	42

부활절기 주님의 승천일 본문은 부활절 7주에 사용될 수도 있음				
부활절	행10:34-43 또는 렘31:1-6	시118:1-2, 14-24	골1:1-4 또는 행10:34- 43	요20:1-18 또는 마28:1-10
부활절 2	행2:14a, 22-32	시16편	벧전1:3-9	요20:19-3 1
부활절 3	행2:14a, 36-41	시116:1-4, 12-19	벧전1:17- 23	눅24:13-3 5
부활절 4	행2:42-47	시23편	벧전2:19- 25	요10:1-10
부활절 5	행7:55-60	시31:1-5, 15-16	벧전2:2-1 0	요14:1-14
부활절 6	행17:22-31	시66:8-20	벧전3:13- 22	요14:15-2 1
주님의 승천일	행1:1-11	시47편 또는 93편	엡1:15-23	눅24:44-5 3
부활절 7	행1:6-14	시68:1-10, 32-35	벧전4:12- 14; 5:6-11	요17:1-11
오순절	행2:1-21 또는 민11:24-30	시104:24-34, 35b	고전12:3b -13 또는 행2:1-21	요20:19-2 3 또는 7:37-39

오순절 이후의 주일들 이 날들은 비절기 기간으로 Ordinary Time이라고 부른다. 그리고 이 날들은 날짜를 기준으로 표시한 것은 부활절 날짜에 따라 해마다 이 기간이 길어질 수도 있고 짧아질 수도 있기 때문이다.				
삼위일체주일	창1:1-2:4a	시8편	고후13:11 -13	마28:16-2 0
5. 29-6.4 사이의 주일	창6:9-22; 7:24;	시46편	롬1:16-17 ;	마7:21-29

주일	구약	시편	서신	복음
	8:14-19		3:22b-28(29-31)	
	신11:18-21, 26-28	시31:1-5, 19-24		
6.5-6.11 사이의 주일	창12:1-9	시33:1-12	롬4:13-25	마9:9-13, 18-26
	호5:15-6:6	시50:7-15		
6.12-6.18 사이의 주일	창18:1-15 (21:1-7)	시116:1-2, 12-19	롬5:1-8	마9:35-10:8 (9-23)
	출19:2-8a	시100편		
6.19-6.25 사이의 주일	창21:8-21	시86:1-10, 16-17	롬6:1b-11	마10:24-39
	렘20:7-13	시69:7-10 (11-15), 16-18		
6.26-7.2 사이의 주일	창22:1-14	시13편	롬6:12-23	마10:40-42
	렘28:5-9	시89:1-4, 15-18		
7.3-7.9 사이의 주일	창24:34-38, 42-49, 58-67	시45:10-17 또는 아2:8-13	롬7:15-25a	마11:16-19, 25-30
	슥9:9-12	시145:8-14		
7.10-7.16 사이의 주일	창25:19-34	시119:105-112	롬8:1-11	마13:1-9, 18-23
	사55:10-13	시65:(1-8)9-13		
7.17-7.23 사이의 주일	창28:10-19a	시139:1-12, 23-24	롬8:12-25	마13:24-30, 36-43
	사44:6-8	시86:11-17		
7.24-7.30 사이의 주일	창29:15-28	시105:1-11, 45b, 또는 128편	롬8:26-39	마13:31-33, 44-52
	왕상3:5-12	사119:129-136		
7.31-8.6 사이의 주일	창32:22-31	시17:1-7, 15	롬9:1-5	마14:13-21
	사55:1-5	시145:8-9, 14-21		
8.7-8.13 사이의 주일	창37:1-4, 12-28	시105:1-6, 16-22, 45b	롬10:5-15	마14:22-33
	왕상19:9-18	시85:8-13		

8.14-8.20 사이의 주일	창45:1-15	시133편	롬11:1-2a, 29-32	마15:(10-20) 21-28
	사56:1, 6-8	시67편		
8.21-8.27 사이의 주일	출1:8-2:10	시124편	롬12:1-8	마16:13-20
	사51:1-6	시138편		
8.28-9.3 사이의 주일	출3:1-15	시105:1-6, 23-26, 45c	롬12:9-21	마16:21-28
	렘15:15-21	시26:1-8		
9.4-9.10 사이의 주일	출12:1-14	시149편	롬13:8-14	마18:15-20
	겔33:7-11	시119:33-40		
9.11-9.17 사이의 주일	출14:19-31	시144편 또는 출15:1b-11, 20-21	롬14:1-12	마18:21-35
	창50:15-21	시103:(1-7)8-13		
9.18-9.24 사이의 주일	출16:2-15	시105:1-6, 37-45	빌1:21-30	마20:1-16
	욘3:10-4:11	시145:1-8		
9.25-10.1 사이의 주일	출17:1-7	시78:1-4, 12-16	빌2:1-13	마21:23-32
	겔18:1-4, 25-32	시25:1-9		
10.2-10.8 사이의 주일	출20:1-4, 7-9, 12-20	시19편	빌3:4b-14	마21:33-46
	사5:1-7	시80:7-15		
10.9-10.15 사이의 주일	출32:1-14	시106:1-6, 19-23	빌4:1-9	마22:1-14
	사25:1-9	시23편		
10.16-10.22 사이의 주일	출33:12-23	시99편	살전1:1-10	마22:15-22
	사45:1-7	시96:1-9(10-13)		
10.23-10.29 사이의 주일	신34:1-12	시90:1-6, 13-17	살전2:1-8	마22:34-46
	레19:1-2,	시1편		

	15-18			
10.30-11.5 사이의 주일	수3:7-17	시107:1-7, 33-37	살전2:9-13	마23:1-12
	미3:5-12	시43편		
11.6-11.12 사이의 주일	수24:1-3a, 14-25	시78:1-7	살전4:13-18	마25:1-13
	암5:18-24	시70편		
11.13-11.19 사이의 주일	삿4:1-7	시123편	살전5:1-11	마25:14-30
	습1:7, 12-18	시90:1-8 (9-11), 12		
11.20-11.26 사이의 주일 (왕 되신 그리스도주일)	겔34:11-16, 20-24	시100편	엡1:15-23	마25:31-46
	겔34:11-16, 20-24	시95:1-7a		

III. 렉셔너리의 사용에 대한 평가

이상에서 우리는 교회력과 렉셔너리의 발전 과정과 역사에 대해서 살펴보았다. 그러면 본문 선택의 방법으로서 렉셔너리를 사용하면 어떤 유익이 있는가?

먼저, 하나님께서 구약의 이스라엘에게 구원역사와 관련된 여러 절기들을 명령하면서 기대했던 것처럼, 그리스도의 생애와 구속사와 연결된 교회력에 근거한 렉셔너리를 잘 활용하여 메시지를 선포하면 성도들이 그리스도 안에 있는 구원의 은혜를 기억(되새김), 회복 또는 유지하는데 많은 도움이 될 것이 분명하다.

다음으로, 특별한 일이 없으면 같은 본문을 가지고 설교하기 때문에 동료들이나 주변의 지역 교회의 목회자들과 함께 설교를 준비할 수 있다. 다른 설교자들과 함께 설교를 준비한다는 것은 자신의 오류와 한계를 극복하는데 도움을 주고 자신의 설교를 발전시킬 수 있으며 더욱 풍성한 설교를 가능하게 한다. 뿐만 아니라 렉셔너리를 위해서 출판된 많은 설교 보조 자료의 도움을 받을 수 있다.

세 번째로 설교자는 누구나 자신의 좋아하는 본문과 주제가 있기 마련이다. 따라서 특별히 주의하지 않으면 성도들에게 편식을 하게 할 가능성이 높다. 그러나 렉셔너리는 성경 전체를 어느 정도 골고루 설교하도록 구성되었기 때문에 렉셔너리를 따라 설교하면 체계적이고 균형 잡힌 설교를 할 수 있게 한다. 뿐만 아니라 설교자가 피하고 싶은 본문이나 주제도 설교하게 할 수 있게 한다. 덤으로 본문 선택에 있어서도 많은 어려움을 덜어 준다.

하지만 렉셔너리를 본문 선택의 방법으로 설교하면 몇 가지 한계와 문제가 발생할 수 있다.

무엇보다도 먼저, 바람직한 설교는 목회적 상황과 오늘날 성도들이 직면하고 있는 사회적 이슈와 사건들을 민감하게 반영해야 하며, 때로는 그러한 내용들이 설교의 주제가 되어야 한다. 하지만 많은 사람들이 지적하는 것처럼 렉셔너리에서 제시된 본문을 따라 설교하면 현실과 동떨어진 설교 또는 시사성이 결여된 설교가 될 가능성이 있다. 그것은 렉셔너리는 사회적 상황과 목회 현장이 고려되어 본문이 배정된 것이 아니라 교회력만 반영하여 본문을 배치하기 때문이다.

다음으로, 같은 차원에서 우리나라는 다른 나라에 없는 독특한 교회 문화, 국경일(삼일절, 광복절 등) 그리고 명절(추석, 설 등)이 있다. 그러나 현재 우리나라에 소개되어 사용되는 RCL은 그러한 것들이 전혀 고려되지 못하였다. 따라서 교회나 성도들이 처한 상황이나 필요에 겉도는 설교가 될 수 있다.

또한 혹자는 렉셔너리에 포함된 본문보다 포함되지 못한 부분이 더 많기 때문에 강단에서 렉셔너리에 포함되지 못한 많이 본문이 설교에서 외면당할 수 있다고 주장하기도 한다.

그러나 어쩌면 이러한 문제들은 다음의 두 가지를 기억하면 쉽게 해결될 수 있을 것이다. 하나는 렉셔너리를 사용하되 렉셔너리에 전적으로 얽매이지 않는 것이다. 특별한 일이나 행사가 없으면 렉셔너리를 따라 설교하되, 특별한 사회적 이슈나 사건 등이 발생하거나 교회의 행사가 있거나 고려해야 할 교회의 문제가 있으면 얼마든지 렉셔너리에 얽매이지 않고 거기에 맞는 본문을 정해 설교하면 된다.

다음으로, 한국 교회의 대부분은 일주일에 한 번만 예배드리는 것이 아니라 여러 차례 예배를 드리기 때문에 일주일에 한 번 정도 렉셔너리에 근거한 본문으로 설교하고 다른 예배 시간에는 렉셔너리와는 별도로 연속적으로 강해 설교를 하거나 필요에 따라 주제를 정하여 설교하면 된다.

IV. 우리의 과제

필자는 이제 우리 교단도 단순히 부활절과 성탄절에 머물고 있는 상황에서 교회력의 공식적인 확대와 교회력에 근거한 렉셔너리의 공식적인 사용을 진지하게 고려해야 한다고 생각한다. 하지만 교회력의 회복과 렉셔너리의 사용이 활성화되기에 앞서 우리 앞에 놓인 몇 가지 과제가 있다.

먼저, 오늘날 다양하게 제시된 교회력에 대한 신학적 검토를 통해 우리 교단의 신학에 부합한 교회력의 범위와 의의를 분명히 제시해야 한다.121)

다음으로, 우리나라의 문화(국경일 그리고 명절)와 한국 교회의 상황을 고려한 렉셔너리의 개발이 필요하다.122)

마지막으로, 렉셔너리의 내용에 있어서 성경 전체에서 소외된 부분을 최소화하고, 신약과 구약이 균형을 이루도록 배치되도록 해야 한다.

아무쪼록 본서가 우리 교단 안에서 교회력의 회복과 렉셔너리의 활용

---

121) CL이나 RCL이 의도하는 것처럼 에큐메니칼 정신과 목적으로 모든 한국 교회가 함께 사용할 수 있는 렉셔너리를 만든다는 것은 각 교단의 신학적 차이 때문에 결코 쉽지 않을 것이다. 그러나 마치 주일 학교 공과나 교회 소그룹 모임(또는 구역예배) 교제를 교단별로 만드는 것처럼(실제적으로 렉셔너리를 활용하여 교단의 주일 학교 공과나 청년이나 장년들의 소그룹 모임 교제를 제작하는 것도 필요하다), 우리 교단 교회들을 위해 렉셔너리를 만들어서 사용하는 것도 가능하다. 뿐만 아니라 교회력을 고려하여 매일 성경 읽기를 위해 제작된 Daily Readings(Consultation on Common Texts, *The Revised Common Lectionary Daily Readings* [Minneapolis: Fortress Press, 2005])을 활용하여 개인의 경건의 시간을 위한 지침서를 제작하거나, 그것을 새벽기도회의 본문으로 활용해도 유익할 것이다.
122) 참고. 김순환, "교회력과 성서정과의 효과적인 활용을 위한 방안 연구," 「일립논총」 10(2004), 11-55.

에 대한 논의의 시발점이 되길 바란다. 아울러 위에서 제기한 선행 연구를 통해 교회력을 통해 주시는 주님의 은혜와 렉셔너리의 사용이 주는 유익을 모든 설교자와 성도들이 함께 누릴 수 있기를 간절히 소망한다.[123]

---

123) RCL은 책의 서론에서 다음과 같이 렉셔너리가 교회에서 활용될 수 있다고 말한다(Consulation on Common Text, *The Revised Common Lectionary*, 9-10).

1) 전체 교회나 전체 교단에 동일한 말씀 선포의 지침서로 사용될 수 있다.
2) 주일에 읽혀질 본문을 목회자, 설교자, 성도, 성가대 그리고 교회 학교 교사들에게 미리 알려주는 방편으로 사용될 수 있다.
3) 다른 목회자들과 함께 설교를 준비하고 자료와 통찰력을 공유케 하는 지침서로 사용될 수 있다.
4) 설교 보조물, 주석, 주일학교 커리큘럼, 다른 경건을 위한 보조 자료의 제작을 돕는 자료로 사용될 수 있다.
5) 교회의 기도와 설교에 보조를 맞추어 성경을 읽고, 공부하고 기도하기 원하는 개인과 그룹의 자료로 사용될 수 있다.

제 4 부
설교의 전달

제12장

효과적이고 설득력 있는 전달

지금까지 우리는 바르고 효과적인 내용으로 설교를 하기 위해 필요한 과정과 요소들을 살펴보았다. 이제 효과적이고 설득력 있고 능력 있는 전달을 위해서 필요한 부분들을 고찰하고자 한다. 이것은 설교를 완성하는 부분과 실제적으로 전달하는 부분 모두를 포함한다.[1]

물론 앞에서 살펴 본대로 효과적이고 능력 있는 설교를 위해서 설교의 중심 주제와 목적을 분명히 해야 하고, 청중에게 적절하며 일관성과 통일성이 있는 설교의 구조와 전개도 잘 결정해야 한다. 물론 성령의 역사하심은 그 무엇보다 중요하다. 그러나 설교자의 의도를 충분히 그리고 설득력 있게 전달하고, 설교자가 원하는 목표를 달성하기 위한 전달의 이론과 기술도 필요한 것은 두말할 나위가 없다.[2]

---

1) 흔히 자신이 생각하고 말하고자 하는 부분을 글로 표현하고 실제로 전달하는 학문적 영역을 '수사학(Rhetoric)' 또는 '스피치 커뮤니케이션(Speech Communication)'이라고 한다. 일반적으로 두 용어가 특별한 의미 차이 없이 상호 교환적으로 쓰이기 때문에 본서에서도 이 두 용어를 문맥에 따라 상호 교환적으로 사용할 것이다.

2) 능력 있고 효과적이고 설득력 있는 전달을 위해서 기술 또는 방법이 꼭 필요한가에 대한 논란이 계속 있어왔다. 종종 설교는 듣든지 아니 듣든지 결과를 하나님께 맡기고 그냥 선포하는 것이라고 생각하는 분들이 있다. 그들은 고린도전서 1:21("하나님의 지혜에 있어서는 이 세상이 자기 지혜로 하나님을 알지 못하므로 하나님께서 전도의 미련한 것으로 믿는 자들을 구원하시기를 기뻐하셨도다.") 과 고린도전서 2:1-4("내가 너희에게 나아가 하나님의 증거를 전할 때에 말과 지혜의 아름다운 것으로 아니하였나니 … 내 말과 전도함이 지혜의 권하는 말로 하지 아니하고 성령의 나타나심과 능력으로 하여") 등의 말씀에 근거해서 전달의 기술과 방법에 대

효과적인 전달에 관한 이론과 기술인 수사학은 그리스, 로마시대부터 지금까지 부침을 거듭하며 발전되어 왔다. 특히 요즈음은 스피치 커뮤니케이션(Speech Communication)과 관한 연구가 일반 학문에서도 활성화되고 있다. 북미와 구라파에서는 오래 전부터 스피치 커뮤니케이션이 교육의 중요한 부분으로 인식되어서, 초등학교부터 자기가 생각하고 말하고자 하는 것을 글로 작성하여 효과적으로 전달하는 교육을 하고 있다. 우리나라에서는 1990년대 중반 이후 이 부분에 대한 관심이 급증하였고, 최근에는 많은 대학과 기관에서 효과적인 스피치 커뮤니케이션을 위한 학과나 연구 과정들이 계속해서 개설되고, 스피치 커뮤니케이션과 관련된 많은 서적들이 출판되고 있다.[3]

해서 부정적이다. 그러나 고린도 전서에서 언급한 '전도'의 미련한 것은 전도의 행위를 의미하기보다는 말 그대로 십자가의 도를 전하는 것을 의미한다. 즉, 다른 내용을 전하는 것이 아니라 사람들에게 미련하게 생각되어지는(참고. 고전 1:18,23) 십자가의 진리를 전함으로 하나님께서 자기 백성을 구원하신다는 것을 의미한다. 또한 바울이 말과 지혜의 아름다운 것에 대해 부정적으로 언급한 것은 구변과 지식에 능통한 고린도 교회의 상황을 고려한 일종의 경고로 볼 수 있다. 물론 너무 기교적이고 가식적인 전달은 지양되어야 한다. 전달의 기술과 방법에 대한 부정적인 견해도 아마 이러한 부분에 대한 비판일 것이다. 설교에 있어서 내용과 전달은 수레의 두 바퀴와 같다. 좋은 내용을 가진 설교도 제대로 전달하지 못해서 효과가 감소되는 경우가 있다. 글로 보면 좋은 내용인데 제대로 전달하지 못하는 경우가 있고, 같은 설교의 내용이라도 전달의 방법에 따라 효과와 결과가 다를 수 있다. 성경을 보면, 설교자의 대표적인 모델이라고 할 수 있는 선지자들, 예수님 그리고 바울도 효과적인 전달을 위해서 수사학적으로 다양한 방법들을 사용한 것을 볼 수 있다. 따라서 최근에는 수사학적 접근이 성경 연구에 있어서 중요한 방편 가운데 하나로 사용되고 있다. 수사학에 대한 새로운 관심은 제임스 밀렌버그(James Muilenburg)가 1968년 SBL(The Society of Biblical Literature)의 회장으로 취임할 때 "양식비평, 그 이후"("Form Criticism and Beyond")란 제목으로 강연하면서 본격적으로 시작되었다. 그는 양식비평이 전통이나 장르의 틀에 얽매여 제대로 성경의 의미를 파악하지 못하게 하였다고 하면서, 그 대안으로 성경의 문학적 특징에 관심을 두는 수사학적 접근을 제안하였다.

3) 예를 들어, '커뮤니케이션북스(주)'는 미디어와 커뮤니케이션 분야의 전문 출판사로 그와 관련된 수많은 책들을 출판하고 있고, '한국수사학회(Rhetoric Society of Korea)'나 '한국소통학회(Korean Speech & Communication

물론 설교와 일반적인 스피치(연설)의 기본 원리가 반드시 일치하지 않는다. 설교는 나름대로 독특한 부분이 있다. 설교에서 청중에 대한 고려도 중요하지만 설교는 우선적으로 '하나님 중심적(Theocentric)'이어야 하고, 성령의 역사하심은 효과적이고 능력 있는 전달을 위해 절대적으로 중요한 요소이다. 그렇기 때문에 스피치 커뮤니케이션의 일반 이론이 설교에 모두 그대로 적용되지는 않는다. 그러나 설교의 효과적인 전달을 위해서 일반 스피치 커뮤니케이션 이론이 많은 도움을 주는 것은 분명하다.

오늘날 설교를 포함한 모든 수사학의 모태는 '고전(전통적인) 수사학'이다. 그렇기 때문에 먼저 고전 수사학의 이론을 간략하게 살펴보는 것이 순서이다.

I. 고전(전통적인) 수사학

설득을 위한 커뮤니케이션에 관심은 인류역사의 시작부터였다고 해도 과언이 아닐 것이다. 성경은 사단이 아담과 하와를 설득시키기 위해서 여러 가지 방법을 동원하였음을 보여준다. 역사적인 자료로 볼 때, 파피루스에 썼던 현존하는 세계 최고(最古)의 기록물에 의하면, 가게미(Kagemi)라는 사람이 이미 BC 2500년경에 왕에게 설득의 방법을 가르쳐주었다는 내용이 나온다.4) 또한 BC 8세기의 호머(Homer)의 서사시인 <일리아드(Illiad)>에도 뛰어난 수사적 기법이 있는 것으로 보아 당시에도 설득을 위

Association)' 등에서는 정기적으로 학술대회를 개최하여 수사학 또는 스피치 커뮤니케이션과 관련된 연구 논문들을 발표하고, 발표된 논문들을 「수사학」 그리고 「스피치와 커뮤니케이션」 이라는 학회지를 통해 계속 출판하고 있다.
4) 차배근, 리대룡, 오두범, 조성경 공저, 『설득 커뮤니케이션 개론』 (서울: 나남, 1992), 17.

한 기술에 대한 관심이 있었음이 분명하다.5) 그런데 설득을 위한 수사학이 실제적으로 시작된 것은 기원전 5세기경이었다.6) BC 467년 옛 그리스 시칠리아(Sicily) 섬의 시라큐스(Syracuse)에서 트라시발루스(Thrasybalus)라는 독재자가 쫓겨남으로 참주정치가 막을 내리고 민주정치가 시작되었다. 이때 백성들은 참주들에게 빼앗겼던 땅을 찾기 위해 소송을 제기하였는데, 법정에서 자신의 주장을 효과적으로 내세우는 방법에 관심을 갖게 되었다고 한다. 이러한 시민들의 욕구에 부응하여 코렉스(Corax)가 자신의 주장을 효과적으로 논증하는 방법을 가르쳤는데 이것이 수사학의 효시라고 하는 것이 일반적인 견해다.

이렇게 탄생한 수사학은 그 후 그리스의 아테네에서 민주주의적 재판제도와 선거제도를 통하여 더욱 발전하게 되었다. 당시 재판제도는 아테네 시민들이 배심원으로 참여하여 원고와 피고의 진술을 듣고 투표하여 판결을 내렸기 때문에, 원고와 피고에게는 그들을 상대로 자신의 입장이나 주장을 설득력 있게 입증하는 것이 무엇보다도 중요하였다. 또한 정치가가 되기 위해서도 유권자들을 설득해야만 선거를 통해 당선이 될 수 있었다.

이와 같이 수사학은 최초에 담론(談論)의 수사학으로 시작하였으나, 얼마 있지 않아 표현법과 문체의 수사학 그리고 교육과 학문의 대상으로서의 수사학으로 발전되었는데,7) 이러한 고전 수사학의 전체적인 이론을 체

---

5) 호머는 종종 수사학의 창시자로 간주되기도 한다. 참고. Gert Ueding, *Klassisch Rhetorik*, 박성철 역, 『고전 수사학』 (서울: 동문선, 2003), 13; 차배근 외, 『설득 커뮤니케이션 개론』, 17.

6) 고전 수사학의 발단에 대한 좀 더 자세한 내용을 위해 롤랑 바르트(Roland Barthes), "옛날의 수사학," in 김현 편, 『수사학』, (서울: 문학과 지성사, 1985), 22-3; 임동욱, 『설득 커뮤니케이션의 이해』 (서울: 커뮤니케이션북스, 2003), 8-11; 차배근 외, 『설득 커뮤니케이션 개론』 44-5; 김욱동, 『수사학이란 무엇인가』 (서울: 민음사: 2002), 22-3; 박성창, 『수사학』 (서울: 문학과 지성사, 2000), 122-30 등을 참고하라.

7) 일반적으로 대표적인 소피스트(Sophist) 가운데 한 사람인 고르기아스

계화시킨 사람은 아리스토텔레스이다.[8] 그리고 수사학은 지금까지 이천오백 년에 가까운 기간 동안 다른 분야와 마찬가지로 시대와 상황에 따라 발전과 퇴보를 거듭하였다.[9] 고전 수사학의 핵심적인 내용(또는 체계)은 다음과 같다.

1. 청중이나 목적에 따른 수사학의 분류

고대 수사학자들은 '청중'이나 '연설의 목적'에 따라 수사학을 세 가지 형식으로 분류하였다.[10] 물론 이러한 분류는 아리스토텔레스의 공헌이었다.

1) 재판적(법정적: Judicial) 수사학: 이것은 '법정'에서 재판관에게 상대방을 고발하거나 자신을 변호하는 것과 관련된 수사법으로, '과거'일

(Gorgias)는 문체 또는 문학으로서의 수사학을 태동시킨 사람으로 인정된다. 롤랑 바르트, "옛날의 수사학," 24-5.

8) 아리스토텔레스(Aristoteles, BC 384 ~ 322)는 플라톤의 수사학 비판(아리스토텔레스의 스승들인 소크라테스와 플라톤은 대체로 수사학에 대해 비판적이었다)과 소피스트들의 수단과 방법을 가리지 않는 수사학의 양극단으로부터 수사학을 구해내고 그것을 조직화 하였다(아리스토텔레스와 함께 대표적인 고전수사학자들로서 키케로[Marcus Tullius Cicero, BC 106-BC 43]와 퀸틸리아누스[Marcus Fabius Quintilianus, 35? ~ 100?]이 있다. 이들은 자주 3대 고전 수사학자로 불려진다). 르볼은 다음과 같이 아리스토텔레스의 수사학에 대한 공헌을 평했다(박성창, 『수사학』, 125에서 재인용).

여러 다양한 시기들을 통해서 수사학이 여러 부분들 중 하나로 환원되기도 하고 어떠한 부분들이 집중적으로 부각되고 조명되기는 하였으나 아리스토텔레스가 규정한 바 수사학의 체계 자체가 부정된 적은 없었다. 즉 오늘날 영화나 무의식에 대해 수사학을 언급할 때조차도 우리가 참조하는 것은 바로 아리스토텔레스의 수사적 체계인 것이다. 다시 말해서, 수사학의 역사는 그 시작과 더불어 끝난다.

9) 역사 안에서 수사학의 발전과 퇴보에 대한 좀 더 자세한 설명을 위해서 Ueding, *Klassisch Rhetorik*(위딩은 책 전체를 통해 고전 수사학의 태동부터 발전 과정을 상술하였다); 김욱동, 『수사학이란 무엇인가』, 25-9을 참고하라.

10) 이 부분에 대해서는 양태종, 『수사학 이야기』(부산: 동아대학교 출판사, 2000); 박성창, 『수사학』, 70-2, 132-3을 참고하였다.

의 옳고 그름을 따지는데 사용된다. 여기에서는 확실한 것을 전제로 하여 불확실한 것을 추론해 내는 '삼단논법'이 주요 설득 수단이다. 즉, 연역적 접근이라고 할 수 있다.

2) 심의적(정치적: Deliberative) 수사학: 이것은 '의회'나 '공공 집회'에 모인 사람들에게 닥칠 일의 득실을 따져 부추기거나 말리는 것과 관련된 수사법으로, '미래' 일을 결정하는데 영향을 주기 위해서 사용된다. 여기에서는 과거의 유사한 것을 빗대어 미래에도 그럴 것이라고 주장하는 '예증법'이 주요 설득 수단이다. 즉, 귀납적 접근이라고 할 수 있다.

3) 제의적(첨언적: Epideictic) 수사학: 이것은 '식장'에서 어떤 의식(儀式)을 위해 모인 일반 대중에게 누군가의 공적이나 행동을 칭찬하거나 비난하는 것과 관련된 수사법으로, '현재'의 태도를 견지하고 즐기도록 하기 위해서 사용된다. 여기에서는 '과장법'이 주요 설득 수단이다.

물론 한 연설에서 반드시 하나의 수사학적 형태만 가져야 하는 것이 아니었다. 한 연설에서 세 가지 형태 모두가 복합적으로 사용될 수도 있고, 특별한 목적을 위해서 하나만을 적용할 수도 있다. 단지 청중이나 연설의 목적에 따라 다른 방법과 접근이 필요함을 주지 시켜준 것이다.

2. 수사학의 구성 요소들

고대 수사학은 효과적인 연설 또는 담론을 위해서 다섯 가지의 구성 요소로 나누어서 설명하였다.

1) 논거 발견술(inventio): 이것은 연설에 필요한 자료들을 찾는 것과 관련된다. 즉, 어떤 새로운 것을 창조해 내는 것이라기보다는 기존의 것들을 재발견하고 재활용하는 것을 의미한다(여기에서 'inventio'는 창작이라기보다는 발견을 의미한다.). 그래서 설득에 필요한 논거들을 수립한다.

2) 논거 배열술(dispositio): 이것은 내용을 설득력 있게 구성하기 위해 수집된 자료들을 탐구해서 배열하는 과정을 말한다. 흔히 초안이라고 부르는 것이 여기에 해당한다.

3) 표현술(elocutio): 이것은 정확하고 효과적인 언어 사용과 관련된다.

4) 기억술(memoria): 이것은 작성된 연설을 암기하는 것을 말한다.

5) 연기술(actio): 이것은 효과적으로 전달하기 위해서 동작(비언어적 요소: 표정, 제스처, 시선)과 목소리(억양, 음의 고저, 끊어 읽기, 말의 속도 등등)를 탐구하는 것이다.

고대 수사학의 초기에는 앞의 세 가지가 중요시 되고 나중의 두 가지는 소홀히 여겼으나, 시간이 지나면서 나중의 두 가지도 함께 중요하게 다루어졌다. 이 다섯 가지 구성 요소는 고대 수사학의 핵심부분이다. 그래서 대부분의 수사학 개론서는 위의 다섯 가지 기술들을 구체적으로 설명하고 있는데, 이 다섯 가지 기술들은 연속적으로 그리고 총체적으로 발휘되어야만 효과가 있음을 강조한다.

3. 설득의 세 가지 요소

고전 수사학은 효과적인 연설을 위해 세 가지 요소가 필요하다고 강조하였다.

1) 로고스(logos): 논리적이고 이성적인 호소를 통해 청중의 이해를 돕거나 설득하는 것과 관련된다.

2) 에토스(ethos): 청중의 관심을 끌고 신뢰를 획득하기 위해 연설자의 성품(인격)과 도덕성이 뒷받침 되어야 함을 강조한다.

3) 파토스(pathos): 연설자가 청중의 의견을 바꾸거나 결정하도록 호소하기 위해 연설자의 열정과 확신이 있어야 함을 요구된다.

4. 글의 짜임새

고전 수사학은 연설이 다음의 네 부분으로 구성되어진다고 하였다.

1) 서론부: 시작하면서 청중이 나머지 이야기도 듣고 싶은 마음의 생기도록 준비시키는 부분이다.

2) 진술부: 사실들을 이야기하거나 재구성하는 부분으로, 이때는 주로 '로고스'적 특징이 많이 반영되어야 한다.

3) 논증부: 논거들을 제시하며 자신의 입장을 증명하거나 상대방의 주장을 반박하는 부분으로, 이때는 주로 예증법과 논증법이 쓰인다.

4) 결론부: 청중의 기억을 새롭게 하기 위해서 전체를 정리하고 요약하는 부분이다.

지금까지 고전 수사학의 핵심적인 체계와 내용을 간략하게 살펴보았다. 전통적인 수사학은 놀라운 정도로 현대적이며 오늘날 설교나 스피치 커뮤니케이션을 위해서도 여전히 유익함을 쉽게 발견할 수 있다.[11] 설교도 때로는 복음과 성경의 변호와 방어를 위해서, 때로는 현재의 신앙적 태도를 견지하도록, 그리고 때로는 미래의 바람직한 결정을 촉구하기 위해서 행해질 수 있다. 각각의 상황에서 다른 청중을 대상으로 그리고 다른 설교 목표를 위해서 다른 접근 방법이 필요하다는 것도 너무도 당연한 일이다. 고전 수사학의 핵심 이론인 다섯 가지 구성 요소도 설교 준비 과정의 기틀을 제공한다. 즉, 자료들을 모아서 그것을 배열하며 살을 붙여서 설교를 작성하고 필요한 부분을 암기하여 전달하는 것은 효과적인 설교를 위한

---

11) 오늘날도 고전 수사학은 여전히 설교학 논의의 중요한 재료가 되고 있다. 특히 설득의 삼 요소인 로고스, 에토스 그리고 파토스는 설교학 논문에 자주 등장하는 주제 가운데 하나이다.

필수적인 과정이다. 로고스와 에토스와 파토스 역시 설득을 위한 핵심적인 요소들임은 두 말할 나위가 없다. 글의 짜임새에 관한 부분도 설교의 효과적인 구성과 전달을 위해서 지금까지 활용되었고 또한 설교자가 당연히 알아야 할 기초적인 부분이다.12)

5. 고전 수사학에 대한 평가

고전 수사학은 그동안 많은 도전을 받아왔다. 특별히 최근에 신설교학학자들은 고전 수사학의 가장 핵심적인 문제점은 청중에 대해 별로 관심을 보이지 않는 것이라고 지적하였다. 물론 청중도 고려되었으나 역동적인 참여자로서가 아니라 단순히 설득을 대상으로서만 연구되어졌다는 것이다. 몇몇 학자들의 주장을 들어보자. 피터스(H.J.C. Pieterse)는 다음과 같이 전통적인 수사학을 평가하였다.

이 모델(전통적인 모델)의 약점은 송신자와 수신자간의 일방통행을 전제하고 있으며, 또한 그것이 커뮤니케이션을 하나의 역동적인 과정으로 보지 않으므로 그 속에서 발생하는 상호작용이 그 역동적인 요소들을 제공하지 못한다는 사실에 있다. 그리스 철학자들이 가진 대화의 개념과 상호작용의 개념 그리고 화자와 듣는 자 사이에 여러 가지 상호 작용은 특히 최근 설교학의 발전

---

12) 기독교 설교를 위해서 수사학을 체계적으로 정리하여 소개한 것은 어거스틴(Aurelius Augustinus, 354~430)이었다. 그는 *De Doctrina Christiana(On Christian Doctrine)* 제 4권에서 최초로 설교학의 이론을 정립하여, 그 후 중세 교회 1000년 동안 설교의 방향을 제시하였다. 그는 일반 수사학과 설교학은 엄연히 구분되어야 하지만 여전히 수사학이 설교에 유용하다고 생각하여, 당시에 유행하였던 수사학 이론(특히 그는 키케로의 이론을 많이 인용하였다)을 설교에 접목하였던 것이다. 참고. Aurelius Augustinus, *De Doctrina Christiana*, 김종흡 역, 『기독교교육론』 (서울: 크리스챤 다이제스트, 1992); Ueding, *Klassisch Rhetorik*, 113-24; 최창섭, 『교회와 커뮤니케이션 총론』 (서울: 성바오로 출판사, 1978), 66-9.

에서 상실되었다. 듣는 자는 설교학 연구에서 정당한 몫의 관심을 받지 못했다.[13]

그러면서 그는 커뮤니케이션의 트립틱(triptych- 3면경처럼 3장으로 이어진 그림)은 발신자(설교자), 메시지 그리고 수신자(청중)로 이루어진다고 하면서, 설교에 있어서 수신자의 피드백은 그 무엇보다도 중요하다고 하였다.[14] 설교는 마치 공놀이와 같은 방식으로 진행되어야 한다는 것이다.

마이론 차티어(Myron Chartier)는 전통적인 수사학을 '궁수-과녁 모델'이라고 하였다.[15] 즉, 전통적인 수사학은 궁수(설교자)의 화살이 하나님의 말씀(설교)을 과녁(청중)에 도달하도록 해서 청중의 태도와 믿음 또는 행동을 변화시키는 것에만 관심이 있었다는 것이다. 그러나 설교는 "궁수→화살→과녁=효과적 커뮤니케이션"으로 끝나는 것이 아니라 "역동적이고 지속적이며 복합적인 과정"이라고 하면서 효과적인 설교를 위해서 내용의 차원(자아 개방, 경청,[16] 명료성)과 관계의 차원(비언어적 커뮤니케이션과 설교자와 회중의 자기 평가[17])이 함께 발전해야 한다고 주장하였다. 그는 물론 이 두 차원은 뒤얽혀 있어서 분류하는 것이 매우 어려운 일이지만, 이 두 차원은 커뮤니케이션으로서의 설교에 유용하다고 하였다.[18]

---

13) H. J. C. Pieterse, *Communicative Preaching*, 정창균 역, 『설교의 커뮤니케이션』 (수원: 합동신학대학원 출판사: 2002), 59.
14) Pieterse, *Communicative Preaching*, 61, 69.
15) Myron R. Chartier, *Preaching as Communication*, 정장복 역, 『말씀의 커뮤니케이션』 (서울: 대한기독교서회, 1990), 163-4.
16) '경청'은 성도들의 이야기를 듣고 설교에 반영하는 것을 의미한다 (Chartier, *Preaching as Communication*, 197-214).
17) '자기 평가'는 사람들이 자신을 인정하고 자신에게 가치를 부여하는 정도를 말한다(Chartier, *Preaching as Communication*, 256-73).
18) Chartier, *Preaching as Communication*, 176.

로빈 메이어스(Robin Meyers)도 설교는 '커뮤니케이션'이며 효과적인 전달을 위해서는 화자와 청자 모두가 중요하다고 하였다.[19] 그는 전통적인 모델이 화자와 메시지 자체만 중요시하였다고 비판하면서 그것을 '메시지 중심모델'이라고 하고, 자신의 방법을 '자기 설득모델(self-persuasion model)'이라고 하였다. 다시 말해, 설득의 효과는 외부에서 들어오는 메시지에 의해 결정되는 것이 아니라, 청자가 메시지를 듣고 자신의 내부에서 능동적이고 은밀한 논쟁을 통해서 그것을 지지하거나 반박한다는 것이다. 그는 이제 더 이상 설교자가 직접 회중을 설득할 수 없다고 하면서, 설교자가 먼저 자신이 메시지에 의해 설득이 되어야 하며, 열정을 가지고 메시지를 전파하면 청중들은 스스로 자신을 설득한다고 주장하였다. 다시 말해, 열정이 설교자가 청중으로 하여금 자기 스스로를 설득하게 하는 가장 중요한 요소라는 것이다.

한 걸음 더 나아가 루시 로우스(Lucy Rose)는 극단적인 차원에서 전통적인 설교학을 비평하였다. 그녀는 전통적인 수사학에 바탕을 둔 설교에서 설교자는 야구의 투수 역할을 하고 청중은 포수의 역할을 한다고 하면서, 그러한 설교의 가장 큰 문제는 설교자와 청중과의 거리(gap)라고 하였다.[20] 또한 고대 수사학의 핵심은 설득인데, 설득이 목적인 전통적인 설교는 설교자가 절대 우위를 점하는 '일방통행식 설교'라고 폄하하였다. 그녀가 생각하는 설교자는 성경 해석의 전문가나 문제에 대해 답을 말해주는 사람이 아니라 설교자와 청중이 함께 원탁(round table)에 앉아서 함께 성경의 의미를 결정하고 함께 삶의 문제를 교훈 받아야 한다고 하면서, 설교는 청중들과 함께 결정하고 결론을 맺는 '열려진 이야기(open discourse)'여야 한다고 하였다.[21] 다시 말해, 바람직한 설교는 설교자와

---

19) Robin R. Meyers, *With Ears to Hear: Preaching as Self-Persuasion*, 이호형 역, 『설득력 있는 설교의 비밀』(서울: 쿰란, 1999), 32-40.

20) Lucy A. Rose, *Sharing the Word* (Louisville: Westminster John Knox, 1997), 15, 21.

예배자의 연결성(connectedness)과 상호성(mutuality)에 근거하는 '대화 설교(conversational preaching)'여야 한다고 하였다.

이상 신설교학의 관점에서 전통적인 수사학의 문제와 한계를 지적하는 몇몇 학자들의 견해를 들어보았다. 신설교학 학자들의 문제 제기와 제안들은 어느 정도 전통적인 설교학에 도전이 되었고, 그동안 소홀하게 여겼던 청중에 대한 관심을 증대시켜왔다.[22] 하지만 필자는 설교에 있어서 청중의 위치와 역할이 중대한 것은 부인할 수 없는 사실이지만, 신설교학 운동의 주장이 전적으로 옳지는 않다고 생각한다. 그 부분에 대해 좀 더 구체적으로 살펴보자.

먼저, 청중의 역할과 중요성을 강조하는 신설교학 운동은 고전 수사학에 근거한 전통적인 설교에서 설교자의 권위가 지나치게 강조되었다고 하면서, 설교자의 권위는 철저히 배격되고 '권위 없는 자처럼'설교해야 한다고 주장한다.[23] 물론 신설교학 운동이 이러한 주장을 통해 설교자가 권위주의에 의해서 강압적으로 설교해서는 안 된다는 것을 강조하였다. 하지만 메시지를 전하는 과정에서 설교자의 권위가 세워지고 유지되는 것은 필요하고 중요하다. 그것은 성경의 예를 보면 분명히 알 수 있다. 예수님께서 하나님의 말씀을 가르칠 때 청중들에 의해서 '권위 있는 자와 같다'고 인정을 받았고,[24] 또한 권위 있는 말씀을 통해 더러운 귀신이 쫓겨나

---

21) Rose, *Sharing the Word*, 112.
22) 청중은 신설교학 운동의 핵심적 관심사다. 이에 관한 학자들의 주장에 대한 좀 더 자세한 설명을 위해 본서 <3장. 설교란 무엇인가?>를 참고하라.
23) 이에 관해 대표적인 학자는 '귀납적 설교'를 주장한 프레드 크레독이다(참고. Fred B. Craddock, *As One without Authority*, 김운용 역 『권위 없는 자처럼』 [서울: 예배와 설교 아카데미: 2001]). 뿐만 아니라 신설교학 운동의 핵심적인 위치에 있는 '이야기(식) 설교'도 이러한 주장을 반영한 것이라고 할 수 있다.
24) 필자는 예수님의 권위 있는 가르침의 내용은 산상 수훈을 통해서 볼 때 크

는 역사도 일어났다(마 7:28-29; 막 1:21-28; 눅 4:31-37).[25] 설교자도 예수님처럼 설교하는 과정에서 권위 있는 자로 인정받아야 하고, 말씀을 통한 능력도 나타나야 한다. 구약의 선지자들도 하나님의 말씀을 전할 때 스스로 권위를 부여하고자 했다. 예를 들어, 이사야 6장에서 선지자의 신비스러운 경험을 기록한 것은 그가 자신의 생각을 전하는 것이 아니라 하나님의 말씀을 받아서 전한다는 권위가 필요하였기 때문이다. 오늘날 우리도 당시와 같이 하나님의 권위와 하나님 말씀의 권위가 무너져버린 포스트모더니즘의 상황에 살고 있다. 이러한 상황에서 설교자도 스스로 말씀 전하는 자의 권위의 근거를 제시할 필요가 있다. 뿐만 아니라 바울도 서신들에서 자신이 사도의 권위로 권면하고 있음을 누누이 강조하였다. 사도의 권위는 그가 말씀을 전하는 근거요 메시지의 진정성과 수용에 결정적인 영향을 주었다. 역시 포스트모더니즘의 상황에서 설교자도 설교를 위해 하나님의 특별한 부르심을 받은 자임을 강조할 필요가 있다. 물론 설교자의 권위는 하나님에 의해서 주어지는 것이고 청중들에 의해 세워지는 것이고, 설교자의 권위가 세워지기 위해서는 바른 말씀을 선포해야 하고, 말씀을 전하기에 합당한 삶과 인격이 전제되어야 한다.

다음으로, 신설교학 운동은 청중을 설득하려고 해서는 안 되며, 청중과 함께 결론을 내리거나 적용과 결론을 청중들에게 일임해야 한다고 주장한다. 물론 청중의 동의를 얻지 못하는 설교자 자신만의 논리를 일방적으로

___

게 두 가지라고 생각한다. 하나는 기존의 잘못된 가르침을 바로잡는 교훈이었고(산상 수훈을 보면 계속해서 "… 하는 것을 너희가 들었으나, 나는 너희에게 말하노니 …"라는 말씀이 반복되고 있다), 다른 하나는 기존의 상식을 뛰어넘는 가르침이었다(대표적인 예로서, 오리를 가자고 하면 십리를 가고, 속옷을 달라고 하면 겉옷까지 주라고 하셨다.). 김창훈, 『복음의 본질과 복음의 핵심』 (서울: 솔로몬, 2005), 57-8
25) 필자는 "더러운 귀신의 쫓겨남"은 단순히 악한 영의 세력이 쫓겨나는 것을 의미하지 않고, 기본적으로 우리가 얽매여 있는 것(사상, 물질, 명예 등등)에서 해방됨을 의미한다고 생각한다. 다시 말해, 바른 가르침이 선포되어 하나님의 나라가 임하게 되면 우리가 얽매여 있는 것에서 자유롭게 된다. 김창훈, 『복음의 본질과 복음의 핵심』, 60-1.

전개하거나 자신의 결론을 청중들에게 억지로 주입하거나 강요해서는 안 될 것이다. 그러나 복음과 성경의 진리를 전하는 과정에서 설교자 편에서의 설득하는 기술과 능력도 분명 필요하다. 이것도 성경의 예를 통해 쉽게 확인될 수 있다. 예수님과 바울 그리고 구약의 선지자들은 자신들의 주장을 효과적으로 전하고 청중들을 설득시키기 위해서 전통적인 수사학에서 강조하는 비유법, 예증법 그리고 과장법 등을 다양하게 사용하였고, 때때로 청중들이 납득할 수 있도록 치밀한 논리를 전개하였다. 따라서 다양한 방법과 과정을 통해 청중을 설득하고, 또한 청중들이 메시지를 마음으로부터 동의하도록 유도하는 것도 오늘날 설교자가 해야 할 중요한 부분 가운데 하나이다.

마지막으로, 극단적인 청중 중심의 설교는 오히려 오늘날 극복해야 할 중요한 과제 가운데 하나이다. 성경을 보면, 예수님과 바울 그리고 구약의 선지자들은 청중의 상황을 고려하였고, 그들에게 가장 효과적인 방법과 내용으로 메시지를 전하였지만 청중에 전적으로 얽매이지는 않았다. 그들은 때때로 청중을 엄히 꾸짖기도 하고, 청중이 듣기 싫어하더라도 필요할 때는 핍박이나 손해나 오해를 감수하면서까지 하나님의 말씀과 하나님의 뜻을 전했다. 청중이 설교에 있어서 절대적인 중심을 차지할 때 메시지는 왜곡되지 않을 수 없다. 설교는 기본적으로 하나님 중심적이어야 한다. 다시 말해, 설교자는 기본적으로 청중을 기쁘게 하는 것이 아니라 하나님을 기쁘시게 해야 하고, 청중에게 인정받는 것이 아니라 하나님께 인정받는 것이 기본적인 자세여야 하고 최우선의 목표가 되어야 한다(고전 4:1-5; 갈 1:10).

결론적으로 필자는 효과적이고 능력 있는 설교를 위해서 균형과 조화가 중요하다고 생각한다. 다시 말해, 전통적인 수사학이 강조하는 논리와 설득과 설교자의 권위도 가치 있게 여겨야 하며, 또한 신설교학 운동이 주장하는 청중에 대한 고려도 역시 중요하게 여겨야 한다. 어느 것 하나만 강조하면 효과적인 설교가 이루어질 수 없다. 극단은 항상 문제를 가져오기 마련이다.26)

II. 효과적이고 설득력 있는 설교를 위한 우선적인 요구 사항들

효과적이고 능력 있는 설교를 위해서 설교를 완성하고 실제적으로 전달하는 부분에 대해서 논하기에 앞서 우선적으로 요구되는 사항들을 먼저 살펴보는 것이 옳은 순서일 것이다. 그것은 크게 세 가지이다.

1. 성령의 역사하심

설교에 있어서 성령의 역할은 아무리 강조해도 지나침이 없다. 성령의 역사하심은 일반 연설과 설교를 구별 짓는 가장 중요한 특징 가운데 하나이다. 그렇기 때문에 사도 바울도 "내 말과 전도함이 지혜의 권하는 말로

---

26) 전통적인 수사학과 청중에 대한 관심을 표현하는 현대 수사학의 균형적인 활용에 대해서 Lucy L. Hogan & Robert Reid, *Connecting with the Congregation: Rhetoric and the Art of Preaching* (Nashville: Abingdon, 1999)을 참고하라. 호간과 라이드는 로고스, 파토스, 에토스를 강조하는 전통적인 수사학과 스타일과 배열(arrangement)을 강조하는 현대 수사학을 함께 고려하는 오각(five-legged)의 수사학적 균형(Rhetorical Stance)을 주장하였다. 뿐만 아니라 신설교학의 대표 학자들 가운데도 전통적인 수사학적 접근과 청중을 함께 고려하는 균형적인 시각이 필요함을 인정하였다. 뿐만 아니라 신설교학의 극단적인 부분에 대해서는 신설교학자들도 어느 정도 인정하고 있다. 참고. Fred Craddock, "Is There Still Room for Rhetoric," in Martha Simmon(ed), *Preaching on the Brink: The Future of Homiletics* (Nashville: Abingdon, 1996); Thomas Long, "And How Shall They Hear? The Listener in Contemporary Preaching," in Gail O'Day & Thomas Long(eds.). *Listening the Word: Studies in Honor of Fred B. Craddock* (Nashville: Abingdon, 1993).

하지 않고 다만 성령의 나타남과 능력으로 한다(고전 2:4).”고 고백하였고, “우리의 씨름이 혈과 육에 대한 것이 아니요 정사와 권세와 이 어두움의 세상 주관자들과 하늘에 있는 악의 영들에게 대함이라.”고 선포하였다(엡 6: 12). 성령께서는 설교를 준비하고 전달하는 전(全) 과정과 설교의 효과 (결과)까지 설교의 모든 부분을 관할하신다. 성령의 역사하심 없이 효과적 이고 능력 있는 설교를 하는 것은 절대로 불가능하다.[27] 이와 관련하여 패리스 휫셀(Faris D. Whitesell)의 말은 자주 인용되고 있다.

성령은 상황에 맞추어 우리가 성경 말씀을 올바로 선택하도록 인도해 주신 다. 성령은 성경을 연구하기 위하여 우리가 사서 읽어야 할 책을 선별하도록 인도해 주시며, 그 본문을 연구할 때에 바로 이해하도록 조명해 주시고 통찰 력을 주신다. 성령은 관련되는 성구들이 기억나게 하시고, 알맞은 예화들을 떠오르게 하신다. 그는 우리가 기쁨으로 본문에 집중하게 하시며 설교 원고 를 쓰거나 말로 표현할 때에 힘을 주신다. 그는 담대함과 확신함으로 설교하 게 하시며, 설교하는 도중에 새로운 생각들이 떠오르도록 영감을 주시며 적 절하지 않는 것들을 빠뜨리게 하신다. 그는 청중을 하나로 만드시며 주의를 기울이게 하시고, 마음을 열게 하시며 기대했던 방법뿐 아니라 기대하지 못 했던 방법으로도 하나님의 말씀을 적용하게 하신다. 성령께서는 확신을 주시 며, 회개시키시며, 위로를 베푸시고, 영감을 주시며, 의로 책망하시고 바르게 하시며 가르치신다. 그는 듣는 사람들의 마음과 기억 속에 말씀을 심으셔서 그것이 옥토에 뿌려진 씨앗처럼 열매를 맺게 하신다. 그렇다면 성령의 인도 하심과 능력 없이 설교를 준비하고 말씀을 전하려고 한다는 것이 얼마나 어 리석은 일이겠는가?[28]

---

27) 필자는 하나님께서 설교자들을 훈련시키는 가장 대표적인 것 가운데 하나가 성령의 역사하심을 온전히 인정하고 철저히 의지하게 하는 것이라고 생각한다. 설교 자들은 종종 철저히 준비했는데 그것이 전혀 효과가 나타나지 않는 것을 경험하기 도 하고, 반대로 조금 부족하게 준비했는데 생각했던 것보다 효과적이고 능력 있게 설교를 하는 경험도 한다. 하나님께서 이러한 경험을 하게 하시는 이유는 무엇일까? 필자는 그것은 설교자가 항상 스스로를 인정하지 말고 온전히 성령 하나님을 의지 하도록 하는 하나님의 훈련 과정이라고 믿는다.

그러면 성령의 역할과 우리의 연구, 수고, 노력 그리고 지혜와의 관계는 어떠한가? 이것은 필자가 자주 질문 받는 것 가운데 하나이다. 성령의 역사와 우리의 노력과 수고 사이의 상관관계에 대해서, 필자는 한 편으로는 전적인(100%) 성령의 역사하심을 인정하고 의지해야하며, 또한 다른 한 편으로는 우리의 전적인(100%) 수고와 노력이 필요하다고 생각한다. 다시 말해, 설교를 준비하고 전달하는 모든 과정에 있어서 한 편으로는 설교자가 스스로 전적으로 무능함을 인정하고 모든 주권과 능력을 가지고 계시는 성령 하나님을 철저히 인정하고 의지함과 동시에, 다른 한 편으로는 성령께서 전혀 역사하지 않을 것처럼 생각하고 설교자 스스로 최고의 지혜를 모아 자신이 할 수 있는 모든 수고와 노력을 해야 함을 의미한다. 이것은 상식적으로는 납득되지 않을 수도 있지만 신앙 안에서는 이해되는 말이고, 사도 바울도 실제적으로 그렇게 설교하였다. 사도 바울은 철저히 성령의 나타남과 역사하심을 의지하였지만, 자신이 할 수 있는 모든 노력을 다했다(고전 9:20-27; 골 1:28-29).

2. 매체가 메시지이다

마샬 맥루한(H. Marshall McLuhan)은 "매체가 메시지다!"(The medium is the message)는 금언(金言)을 남겼다.[29] 이 금언은 설교에서도 그대로 적용된다. 효과적이고 능력 있는 설교를 위해서 기술적인 부분보다도 설교자의 인격과 삶이 훨씬 더 중요하다. 데니스 킨로(Dennis Kinlaw)가 "설교에 있어서 최대의 문제는 설교의 준비가 아니라 설교자

---

28) Faris D. Whitesell, *Power in Expository Preaching* (Westwood: Fleming H. Revell, 1963), 144-5.

29) H. Marshall McLuhan, *Understanding Media*, 박정규 역, 『미디어의 이해』 (서울: 커뮤니케이션북스, 1997).

의 준비이다."고 한 말은 시사하는 바가 크다.[30] 김남준 목사도 많은 사람들은 자신의 설교 작성 방법이나 설교 행위 스타일을 바꾸려고 노력하지만 정작 설교하는 자신이 바뀌려고 하지는 않고 있다고 하면서 언제나 잠들었던 교회와 그리스도인들을 깨우는 영적 각성 한 가운데는 하나님이 깨우는 설교자가 있었기 때문이라고 하였다.[31] 그렇기 때문에 지금 침체해 가는 한국 교회의 강단을 살릴 수 있는 한 가지 길은 강력한 감화력을 지니고 하나님의 음성을 대변해 줄 수 있는 영적인 설교자의 출현이라고 하였다.[32]

그러면 효과적이고 능력 있는 설교를 위해서 설교자가 성숙시키고 발전시켜야 할 부분은 어떤 것인가? 크게 셋으로 나눌 수 있다.

먼저, 하나님과의 관계이다.

무엇보다도 설교자는 하나님과 온전한 관계에 있어야 한다. 설교자에게는 구원의 확신이 있어야 하고, 항상 구원의 기쁨과 감격과 감사가 넘쳐야 한다. 또한 성경이 하나님 말씀이라는 절대적인 믿음이 있어야 한다. 그때 감격적이고 열정적으로 설교할 수 있다. 뿐만 아니라, 하나님께 대한 철저한 신뢰와 의지 그리고 말씀에 대한 절대적인 순종이 있어야 한다. 그래서 성도들이 설교자에게서 하나님의 함께하심과 놀라운 능력으로 역사하심을 볼 수 있어야 한다. 그때 설교자로서의 권위가 세워지며, 그때 또한 하나님 말씀을 확신과 담대함으로 가르치고 전할 수 있다.

다음으로 설교자와 성도들과의 관계이다.

성도들과 원만한 관계를 이루지 못한 설교자가 효과적이고 설득력 있는 설교를 한다는 것은 불가능한 일이다. 그렇기 때문에 설교자는 성도들

---

30) Dennis F. Kinlaw, *Preaching in the Spirit*, 홍성철 역, 『성령 안에서 설교하라』 (서울: 세복, 1996), 21.
31) 김남준, 『설교자는 불꽃처럼 타올라야 한다』 (서울: 두란노, 1995), 16, 30.
32) 김남준, 『설교자는 불꽃처럼 타올라야 한다』, 28.

과 좋은 인간관계를 유지해야 한다. 물론 우리는 한계를 가진 인간이기에 모든 사람들과 항상 좋은 관계를 유지하기가 쉽지 않다. 하지만 성도들과의 관계에서 힘들고 어려울 때에도 설교자에게는 항상 용납하고 인정해주는 부모의 심정이 있어야 한다. "내가 너희를 부끄럽게 하려고 이것을 쓰는 것이 아니라 오직 너희를 내 사랑하는 자녀 같이 권하려 하는 것이라. 그리스도 안에서 일만 스승이 있으되 아버지는 많지 아니하니 그리스도 예수 안에서 내가 복음으로써 너희를 낳았음이라(고전 4:14-15)."고 고백했던 사도 바울의 마음과 자세가 설교자에게 있어야 한다는 것이다. 뿐만 아니라, 성도에 대한 믿음과 소망과 사랑이 있어야 한다. 성도들을 신뢰하지 못하고, 성도들을 통하여 이루실 하나님의 역사하심을 기대하지 않고, 성도들에 대한 뜨거운 사랑이 없이 기쁨과 즐거움으로 설교한다는 것은 불가능하다. 또한 목회자의 그러한 마음이 성도들에게 자연스럽게 전달될 때 효과적이고 능력 있는 설교를 할 수 있다.

마지막으로 설교자 자신의 개인적인 성숙이다.

사도 바울은 목회자 디모데에게 모든 사람들에게 본이 되고 목회자 자신의 진보를 모든 사람에게 드러나게 하라고 권면하였다(딤전 4:12-16). 물론 설교자도 인간이기에 완벽할 수 없다. 그러나 성도들로 하여금 "너나 잘해라!"라는 말과 같은 업신여김을 받지 말아야 하며 해가 거듭될수록 신앙과 인격과 실력이 향상되어가는 것이 나타나야 한다. 설교자가 성숙되지 않으면서 어떻게 성도들이 변화되고 성숙되기를 기대할 수 있겠는가?

3. 동일시(Identification)

효과적인 설교를 위해서 반드시 필요한 것 가운데 하나는 동일시이다. 동일시는 원래 심리학에서 나온 용어인데 설교에 있어서 동일시는 설교자가 청중들과 하나가 되고 청중들의 상황에 동참하는 것을 의미한다.[33] 동일시의 대표적인 모델은 예수님이시다. 그는 하나님이시지만 우리 인간들을 구원하시기 위해서 인간의 모습을 취하셨다.

그러면 어떻게 동일시 할 수 있을 것인가?

먼저, 설교 자체를 통해서 동일시 될 수 있다. 종종 어떤 설교자들은 자신이 마치 하나님인 것처럼 생각하고 하나님의 위치에서 청중들만 문제가 있는 것과 같이 꾸짖고 책망한다. 물론 설교자가 자녀들에게 하는 것처럼 설교를 통해 꾸짖고 책망할 수도 있다. 아니 해야 한다. 하지만 기본적으로는 설교자는 설교를 통하여 청중들과 구별된 특별한 사람이 아니라 똑같이 연약하고 한계가 많은 인간이고, 모든 성도들과 똑같이 하나님에 대한 믿음을 소유한 자이고, 이 땅에서의 사명을 위해 부르심을 받은 자임을 드러내야 한다. 그때 목회자와 성도들의 공감대가 형성되며, 성도들은 더 큰 격려와 도전을 받을 수 있다. 따라서 종종 청중들에게 설교자 자신의 부족함이나 다짐 등을 적절한 범위 내에서 함께 나누는 것은 효과적인 설교를 위해 유익하다(참고. 고후 11:28-30).[34]

다음으로, 감정이입(感情移入)이 필요하다. 감정이입이란 "다른 사람의 경험을 갖는바 없이 그들을 이해하는 능력이다."[35] 설교자는 어려움을 당한 사람들에 대한 이야기를 하면서 함께 울어주고, 기쁨을 경험한 사람들에 대한 이야기를 하면서 함께 기뻐해야 한다. 즉, 동고동락의 마음과 자세를 가져야 한다. 그리고 그것이 설교를 통해 드러나야 한다. 그런데 감정이입과 관련하여 가장 경계해야 할 것은 진정성의 문제이다. 감정이입이 가식과 위선이 되지 않도록 실제로 평소에 성도들을 향한 뜨거운 사랑과 동고동락의 마음을 가져야 한다.

마지막으로, 성도들과 다양한 방법을 성도들과 삶을 나누어야 한다. 설

33) 참고. Craig A. Loscalzo, *Preaching Sermons that Connect: Effective Communication through Identification* (Downers Grove: IVP, 1992), 55-8.

34) Chartier, *Preaching as Communication*, 179-96.

35) Fred B. Craddock, *Preaching* (Nashville: Abingdon, 1985), 95.

교자는 자기 발전을 위한 시간을 가져야 하지만, 그것과 함께 심방이나 상담 그리고 공식적이고 비공식적인 만남을 통해서 그리고 성도들의 신앙생활과 삶에 참여하고 그들과 교제하면서 성도들에 대한 이해의 폭을 넓혀야 한다. 그때 뜬 구름 잡는 설교가 아니라 그들의 진정한 필요를 채우는 설교를 하게 된다.

결국, 동일시는 효과적인 설교를 위해서 선택 사항이 아니라 의무사항이라고 할 수 있다. 왜냐하면 설교는 독백(Monologue)이 아니고 대화(Communication)이기 때문이다. 그러나 동일시에 있어서 주의해야 할 것은 아첨이나 위선으로 또는 억지로 하는 것이 아니라 지체로서 동고동락의 마음과 진정 사랑하는 마음에서 출발하고 자연스럽게 표출되어야 한다. 그러나 동일시는 항상 성도들의 생각에 동의한다거나, 그들이 원하는 것을 무조건 쫓아가는 것을 의미하지는 않는다.36)

III. 설교의 완성과 전달

이제 효과적이고 설득력 있는 설교를 위해서 실제적으로 완성하고 전달하는 부분에 대해서 살펴보자. 설교의 주제와 목적 그리고 설교의 구조(전개)가 결정되면 이제 설교를 완성하고 실제적으로 전해야 하는데, 같은 내용이라고 할지라도 어떻게 설교를 완성하고, 전달하느냐에 따라 그 효과는 천양지차로 다르게 나타난다. 설교를 완성하고 전달하는 부분에 대해서는 크게 언어적인 부분과 비언어적인 부분으로 나누어진다. 언어적인 부분은 설교를 작성하는 '문장 작성법'에 관한 것이고, 비언어적인 부분은 실제로 전달하는 '대중 연설법'(Public speaking)과 관련된다.

---

36) Loscalzo, *Preaching Sermons that Connect*, 26.

1. 언어적 측면

설교에 있어서 언어적인 측면은 설교를 작성할 때와 실제적으로 전달할 때 모두 중요하다. 물론 설교는 문어체가 아니라 구어체로 작성하고 전달해야 한다. 따라서 설교를 작성할 때 직접 입으로 말해 가면서 하는 것이 더욱 실제적이고 효과적이다. 그러면 언어적인 측면에서 효과적인 설교를 위해 명심해야 할 것이 무엇인지 알아보자.

1) 쉬운 단어와 표현을 사용하라(Easy).

설교를 작성하고 실제로 전달할 때 가장 먼저 유의해야 할 것은 모든 청중이 이해할 수 있는 쉬운 단어와 표현을 사용해야 한다는 것이다. 설교자는 신학에 대한 전문적인 교육을 받고, 일반적으로 성도들보다 여러 부분에 대해 더 많은 지식을 소유하고 있다. 뿐만 아니라 설교를 준비하는 과정에서 전문적인 지식을 습득할 수 있다. 이러한 설교자들이 범하기 쉬운 오류 가운데 하나는 자신들이 알고 있는 신학적인 용어, 전문적인 용어 또는 학문적인 용어와 표현을 사용하는 것이다.[37]

물론 커뮤니케이션에 있어서 중요한 원칙 가운데 하나는 청중의 수준에 맞는 언어를 사용하는 것이다. 예를 들어, 어떤 분야의 전문가들이 모인 모임이나 지식수준이 높은 청중들에게는 그들에게 익숙한 전문 용어 또는 그들의 수준에 맞는 단어와 표현을 사용하는 것이 효과적이다. 지적 수준이 높은 청중들에게 그들의 수준을 고려하지 않고 접근하면 오히려

---

37) 필자는 설교자들이 어려운 단어나 전문 용어를 사용하는 이유 가운데 하나는 자신의 지식을 드러내기 위해서 또는 자기의 부족한 면을 은폐하기 위함이라고 생각한다. 그러나 설교단은 자신의 지식을 드러내어 자랑하거나 또는 자신을 변호하는 자리가 아니다.

역효과가 날 수도 있다. 교회 안에서도 예배나 모임에 참석하는 성도들의 신앙과 지적 수준에 적합한 단어나 표현을 사용해야 한다. 예를 들어, 수요일 밤 예배와 같이 신앙생활을 오래하여 성경에 대한 지식이 있고 신학적인 용어에 어느 정도 익숙한 청중들에게 설교할 때는 그들에 맞는 신앙적 또는 신학적 용어를 사용할 수도 있다. 또한 특별한 부류의 사람들이 모이는 소그룹에서는 그 그룹의 수준에 맞는 단어와 표현을 사용할 수 있다. 그러나 주일 예배에 참석하는 청중은 지적인 수준에서, 신앙의 수준에서 그리고 연령 면에서 참으로 다양하게 형성되어 있다. 그러한 상황에서 어느 한 부류의 청중들도 열외가 되지 않도록 모든 부류의 사람들이 다 이해할 수 있는 단어와 표현을 사용하는 것은 설교자로서 당연한 의무이다.

설교자는 신약 성경이 당시 지식인들이 사용했던 고전적 헬라어를 사용하지 않고 평민들이 사용했던 썼던 '코이네 헬라어'로 기록되었다는 것을 기억해야 한다. 그래서 칼빈 밀러는 설교자는 "시장 언어(market language: 비속 언어나 품위가 없는 언어를 말하는 것이 아니라, 모든 사람들이, 특히 신앙생활을 하지 않는 사람들이라도, 이해할 수 있는 언어)"를 사용해야 한다고 강하게 주장하였다.[38] 또한 존 웨슬리(John Wesley)가 가끔 자신의 설교를 자신의 하녀에게 읽어주면서 이해하지 못하는 내용이나 표현이 있다면 말해주라고 하면서까지 쉬운 표현을 사용하고자 했던 일화는 잘 알려져 있다.

물론 때때로 신학적인 용어, 전문적인 용어 또는 학문적인 용어를 사용해야 할 때가 있다. 예를 들어, 구약 특히 시편을 설교할 때는 히브리어의 중요한 특징인 '평행법(parallelism)'이라는 용어를 사용하면서 설명할

---

38) Calvin Miller, *Marketplace Preaching* (Grand Rapids: Baker, 1995). 물론 설교의 효과를 위해서(즉, 좀 더 실감나게 와 닿도록 하기 위해서) 꼭 필요할 경우 속어나 비어를 사용할 수도 있다고 생각한다. 그러나 그것은 정말 어쩌다 한 번 사용해야 효과가 있다. 필자는 설교자는 항상 TV나 라디오의 뉴스 시간에 사용하는 수준의 절제되고 품위 있는 단어와 표현을 사용해야 한다고 생각한다.

필요가 있고, 사회적 현상을 설명하고자 할 때 전문 용어를 사용할 수도 있다. 그때에는 반드시 짧고 분명한 설명과 함께 실제적 예를 소개함으로 성도들이 왜곡되게 이해하거나 잘 모르고 넘어가는 일이 없도록 해야 한다.39) 또한 필요에 따라 '원어'의 의미를 밝히고 설명해야 할 때도 있다. 그러나 전문 용어나 원어는 한 번의 설교에서 여러 번 사용하면 효과도 없고 청중들이 혼란스러워 할 것이다.40)

그런데 쉬운 단어나 표현을 사용한다는 것이 설교의 수준을 낮추거나 뻔하고 창조적이지 않는 내용으로 설교하라는 것을 의미하지는 않는다. 설교자가 기억해야 할 설교 작성의 중요한 원칙 가운데 하나는 "깊이 있는 내용을 쉽게 전달"하는 것이다. 그것은 탁월한 설교자가 갖추어야 할 중요한 자질 가운데 하나이다. 따라서 설교자는 설교할 내용을 먼저 충분히 이해하고 소화해야 한다. 왜냐하면 내용을 분명히 이해하고 있어야만 쉽게 표현하고 설명할 수 있기 때문이다. 또한 깊이 있는 내용을 쉽게 표현하기 위해서는 많이 묵상하며 수고하고 노력해야 한다. 뿐만 아니라 평상시에도 설교자는 쉬우면서도 신선하고 고상한 단어와 표현을 사용할 수 있도록 배우고 훈련해야 한다.41)

---

39) 예를 들어, 어떤 설교자들이 '구속사적 해석(또는 접근)'이란 용어를 정확한 설명도 없이(때때로 설교자 자신도 온전하고 바르게 이해하고 있지도 못하면서) 사용하곤 한다. 그렇기 때문에 많은 성도들이 구속사적 접근에 정확한 이해가 부족하거나 왜곡된 시각을 가지고 있다.

40) 필자는 한 번의 설교에서 전문 용어나 원어의 사용과 설명은 2번 이하로 하는 것이 바람직하다고 생각한다.

41) 알프레드 깁스는 설교자가 매일 새로운 말 하나씩 배울 수 있도록 사전을 손에서 절대 멀리 하지 말아야 한다고 주장한다. 그렇게 함으로 풍부하면서도 정확하고 참신하고 창의적인 단어사용을 할 수 있고, 같은 단어의 반복으로 인한 지루함도 상쇄할 수 있다고 하였다. Alfred P. Gibbs, *The Preacher and His Preaching*, 조성훈 역, 『설교자와 그의 설교』 (서울: 전도출판사, 1993), 366. 우리말의 효과적인 사용과 표현의 다양한 방법들에 관해서 김욱동, 『수사학이란 무엇인가』 (서울: 민음사: 2003)를 참고하라.

2) 정확하고 분명하게 표현하라(Clear).

설교를 작성하며 전달할 때 또 하나 기억해야 할 것은 전하고자 하는 내용을 정확하고 분명하게 표현하는 것이다. 우리말에 '아 다르고 어 다르다.'는 말이 있다. 이 말은 화자(話者)가 심사숙고해서 단어를 선택하여 정확하고 분명하게 자신의 생각을 표현해야 한다는 것을 교훈한다. 왜냐하면 조그마한 표현 하나가 의미 전달에 많은 영향을 줄 수 있고, 또한 오해를 낳을 수 있기 때문이다. 마찬가지로, 설교자도 청중이 설교를 들으면서 설교자의 말을 즉시 이해하지 못하고 한참을 생각하게 하거나 애매하게 표현함으로 오해가 발생하도록 해서는 안 된다. 또한 설교자는 자신이 하고 싶은 말을 특별한 경우 외에는 돌려 말하거나 모호하게 표현해서도 안 된다.

이와 관련하여 헤돈 로빈슨은 설교자를 의사와 비교하여 설명하였다.[42] 만약 의사가 환자에게 약을 처방하면서 언제 어떻게 약을 사용하고 복용할 것인지를 정확하고 분명하게 정보를 제공하지 않는 것은 일종의 직무유기이고, 환자의 생명에 까지 영향을 줄 수 있다. 마찬가지로, 영적인 의사라고 할 수 있는 설교자도 청중들에게 구원의 길과 생명이 넘치는 삶을 위해 필요한 지침들을 제공하고 방향을 제시할 때 그들이 오해하거나 충분히 이해하지 못해서 잘못된 방향으로 가지 않도록 정확하고 분명하게 표현해야 하는 것은 너무도 당연하고 중요하다.

그런데 여기에서 짚고 넘어가야 할 것은 쉽고 단순하게 표현하는 것과 정확하고 분명하게 표현하는 것이 항상 일치하지는 않는다는 것이다. 쉬운 단어나 단순한 문장을 사용한다고 할지라도 분명하게 의미 전달이 되지 않을 때가 있고, 좀 더 어려운 표현이나 긴 문장을 사용해도 분명하고

---

42) Haddon Robinson, *Biblical Preaching*(rev. ed.) (Grand Rapids: Baker Book House, 2001), 188.

정확할 때가 있다. 예를 들어, "설교의 효과를 높이려면 청중의 수준에 맞는 표현방식을 택해야 한다."는 말은 "설교가 제대로 되게 하려면 교인들이 쓰는 말을 써야 한다." 말보다도 약간 더 어려운 표현을 사용하고 있지만 더 정확하고 분명하게 의미가 전달될 수 있다.

그러면 정확하고 분명하게 표현하지 못하는 이유(또는 원인)는 무엇인가? 필자는 세 가지 정도 이유가 있다고 생각한다. 그것은 설교자가 자신이 전할 내용을 분명히 이해하거나 알고 있지 못하거나, 자신의 생각을 표현하기 위해서 제대로 준비하지 못했거나, 또는 그 부분에 대해 충분히 훈련되지 못했기 때문일 것이다. 그렇기 때문에 설교자는 자신이 전하고자 하는 내용을 충분히 소화하고 숙지해야 하고, 또한 철저히 준비해서 전해야 할 내용을 정확하고 분명한 표현으로 정리해서 전해야 한다.[43] 뿐만 아니라 설교자는 항상 자신이 전하고자 하는 말 그리고 하고 싶은 말을 정확하고 분명하게 표현하도록 노력하고 습관화해야 한다. 구체적인 제안을 하면, 설교자는 국어사전을 늘 활용하고 문법을 공부해야 하며, 수필집 등을 읽음으로 상황과 문법에 맞는 어법과 정확하고 분명한 단어와 문장을 사용하는 방법과 기술을 배워야 한다.[44]

---

43) 차티어는 설교의 명확성을 위해서 적합성의 원칙, 단순성의 원리, 정의 우선의 원리, 구조의 원리, 반복의 원리, 비교와 대조의 원리, 강조의 원리 등의 일곱 가지의 원칙을 제시하였는데, 그 가운데 '반복의 원리'는 설교를 완성하는데 있어서 중요한 부분이라고 생각한다. 그에 의하면, 반복의 원리란 개념의 명확성을 위해서 그 개념을 약간 다른 방식으로 반복하는 것을 의미하는데, 가능한 반복의 전략으로는 (1) 주요 개념의 반복 (2) 어려운 개념의 재 진술 (3) 이해가 부족하거나 잘못된 것으로 피드백 되는 개념의 반복 (4) 실례나 동의어, 비유 또는 주기적인 요약 등을 사용할 수 있다고 하였다. Chartier, *Preaching as Communication*, 222-7. 물론 설교자의 준비 부족으로 인해 불필요한 반복이 있어서는 안 된다.

44) 프레드 크레독(Craddock, *Preaching*, 198-200)은 설교자의 언어의 풍성함과 정확함을 위해서 다음과 같은 훈련을 제안하고 있다. 1) 언어의 중요성과 힘을 스스로에게 일깨우기 위해서 이 부분에 있어서 자격을 구비한 전문가들의 글을 읽어라. 2) 설교자로서의 자신의 일을 언급할 때 단지 '이야기,' '연설,' 혹은 '설교' 등의 보편적인 표현보다 더 힘 있고 상상력을 발휘하는 표현들을 생각해서 사용하

3) 구체적인 표현을 사용하라(Specific/Concrete).

설교를 작성할 때 또 한 가지 필요한 것은 가능한 한 구체적인 표현을 사용하는 것이다. 구체적인 표현을 사용한다는 것은 설교를 작성하거나 전달할 때 자세한 부분을 생략하거나 추상적으로 또는 막연하게 표현하지 않는 것을 의미한다. 다시 말해, 효과적인 설교를 위해 설교자는 사람이나 사물의 이름 또는 수치나 시간 그리고 장소 등을 언급할 때 특별한 경우가 아니면 두루뭉술하게 표현하는 것이 아니라 구체적으로 표현해야 한다.

구체적인 표현과 추상적인 표현의 결과와 관련하여 릿핀은 추상적인 표현은 청중에게 지루함을 주고, 청중의 마음에 어느 이미지도 남기지 않기지 않지만, 구체적인 표현은 청중에게 강한 충격을 주고 청중의 기억에 오래 남게 된다고 하였다.[45] 그러면서 추상적 표현과 구체적인 표현의 대조를 위해서 다음과 같은 실제적 예들을 제시하였다.

추상적	표현구체적 표현
몇 사람	여섯 명의 우주인
오래 전에	1876년 12월
많은 외제차들	혼다와 토요타의 52%

라. 3) 매일 이십 분 내지 십오 분 씩 위대한 작가들의 것이라고 인정받는 수필, 희곡, 단편, 시, 소설 등을 읽어라. 4) 친구들이나 친척들에게 개인적인 편지를 써라. 5) 다섯 주나 여섯 주마다 자신의 설교를 검토해보고 지나치게 많이 사용된 단어나 구절이 없는지 확인해 보라. 6) 사람들끼리 이야기하는 것을 들어라. 7) 외국 사람들과 함께 이야기를 해 보라. 8) 어린 아이들, 세 살에서 다섯 살까지의 아이들과 함께 이야기를 해 보라. 9) 정기적인 훈련으로서, 듣는 사람들, 경험 없는 사람들이 받아들이기 어렵거나 애매한 생각이나 개념들을 설교에서 추려내 보라. 10) 단어 놀이를 해 보라.

45) Duane Litfin, *Public Speaking: A Handbook for Christians*(2nd ed.) (Grand Rapids: Baker, 1992), 293.

가까운 미래	2주 후
약간의 채소	옥수수, 완두, 홍당무
참고 서적	사전들과 지도들
많은 꽃	5백 송이의 노란 장미[46]

뿐만 아니라 사람이나 책을 인용하거나 소개할 때도 좀 더 구체적으로 설명해야 한다. 예를 들어, 어떤 사람의 말을 인용할 때 단순히 "칼빈은 … 라고 말했다."고 한다거나, 어떤 책에 대해서 언급할 때 "이 책은 이 부분에 대해서 … 라고 말한다." 등과 같이 표현하면 구체적으로 전달하지 않는 것이다. 대신에 "대표적인 개혁신학자 가운데 한 사람인 칼빈은 … 라고 말했다."는 표현과 같이 칼빈에 대한 약간의 설명을 덧붙이는 것이 좀 더 구체적이라 할 수 있다. 어떤 책의 내용을 소개할 때도 그 책의 저자가 어떤 사람인지 언급하고(단순히 이름만을 말하기보다는 약간의 구체적인 부분을 소개하는 것이다.), 또한 단순히 책 제목을 말하기 보다는 그 책이 얼마나 권위가 있고 신뢰가 있는 책인지 간단히 설명하는 것이 더 구체적인 표현이라 할 수 있다.[47]

4) 문장을 짧고 단순하게 하라(Simple).

---

46) Litfin, *Public Speaking*, 293.
47) 이 원리는 전체 설교와 적용에서도 적용된다. 성경을 보면, 예수님은 가르치실 때 항상 구체적인 실례와 표현을 사용하셨음을 쉽게 알 수 있다. 예를 들어, 비판하지 말라고 하시면서 "자신의 눈 속에 있는 들보를 먼저 빼라."고 하셨다(마 7:5); 누가 더 높은 가를 따졌던 제자들에게 예수님은 겸손을 가르치시기 위해 어린아이 하나를 불러 저희 가운데 세우셨다(마 18:2-5, 막 9:36, 눅 9:46-48); 하나님께서 우리의 모든 부분을 책임지심을 확인하시기 위해서 공중의 새와 들풀을 예로 드셨다(마 6:25-34); 거짓 선지자를 판단하는 근거로 열매를 말씀하시면서 좋은 나무와 못된 나무의 예를 사용하셨다(마 7:15-19). 이러한 구체적인 실례들과 표현들은 예수님의 가르침을 하늘에 뜬 구름을 잡는 막연하고 추상적인 교훈에 머무르지 않게 하고, 훨씬 생생하고 강력하게 청중들에게 도전하고 감동을 주었을 것이 분명하다.

효과적인 설교 작성을 위해 필요한 또 한 가지는 설교의 문장을 짧고 단순하게 하는 것이다. 이와 관련하여, 차티어는 "설교자가 자기 의사를 명확하게 전달하려면 가능한 한 최소한의 언어를 사용해야 한다. 일반적으로 말이 단순하면 단순할수록 청중들이 더 잘 이해한다."고 하였다.48) 문장을 길고 복잡하면 당연히 이해하는데 시간과 노력이 필요하다. 그리고 짧은 문장으로 표현할 수 있는데 길게 표현하는 것은 시간 낭비이고, 청중으로 하여금 설교를 지루하게 느끼도록 하는 원인이 될 수 있다. 또한 문장을 짧고 간결하게 할 때 훨씬 더 힘 있고 생동감 있게 전달될 수 있다. 그렇기 때문에 설교자는 특별히 도움이 되지 않는 불필요한 말 또는 의미 없는 말들을 장황하게 늘어놓지 않아야 하고, 또한 가능한대로 짧은 문장으로 나누어서 설교를 작성하고 전달해야 한다.49)

유명한 CNN의 명 사회자인 레리 킹(Larry King)은 위대한 연설가들은 진부한 표현, 과장된 문장, 전문 용어, 유행어들을 전혀 사용하지 않았고, 쉽고 짧고 단순한 표현으로 감동적인 연설을 하였다고 평가하였다.50) 그 대표적인 예로, 링컨의 게티스버그의 연설은 채 5분도 걸리지 않았고, 케네디의 취임사는 채 15분이 걸리지 않았으며, 명 연설가인 처칠도 연설을 짧게 하기로 유명하다고 하면서 그들의 연설은 한결같이 간결하였다고 하였다. 그러면서 위대한 연설가들이 공통적으로 지킨 원칙이 'Kiss의 법칙(Keep it simple and stupid: 단순하게 그리고 머리 나쁜 사람도 알아

---

48) Chartier, *Preaching as Communication*, 223.

49) 이 원리는 전체 설교에도 적용된다. 전체 설교에서도 설교의 주제와 목적에 집중해서 불필요한 내용이나 주제와 목적에 벗어난 내용 등은 과감히 설교에서 제거할 때 효과적이다. 이 말은 전체 설교 시간을 짧게 하라는 말은 아니다. 필자는 오늘날 청중들의 요구에 따라 설교 시간이 짧아지는 것을 안타깝게 생각한다. 가능한대로 설교는 충분히 길어야 한다. 중요한 것은 심리적으로 느껴지는 길이이지 물리적인 길이가 아니다.

50) Larry King, *How to Talk to Anyone, Anytime, Anywhere*, 강서일 역, 『레리 킹, 대화의 법칙』 (서울: 청년 정신, 2001), 238-41.

듣게 하라.)'이라고 하였다.

따라서 설교자는 문장이 짧고 단순하도록 철저히 준비해야 한다. 왜냐하면, 준비가 되지 않는 경우에 짧고 함축적으로 표현할 수 있는 문장이 길어지는 경우가 많기 때문이다. 또한 설교자는 항상 자신이 말하고자 하는 내용을 짧고 단순한 문장으로 작성하고 전달하도록 훈련하고 연습을 해야 한다. 장두만 목사가 제안한대로 한 문장이 가능한 한 17단어 이상을 넘기지 않는 것이 바람직하다.51)

5) 이매지네이션(Imagination)52)을 활용하라.53)

최근 설교를 완성하고 전달하는 과정에서 가장 강조되는 것 가운데 하나는 '이매지네이션'이다. 월터 브르그만(Walter Brueggemann)은 '상상적인 언어(imaginative speech)'의 사용을 강조하면서 설교자는 신문의 세계에서 벗어나 시인처럼 말해야 한다고 하였다.54) 폴 윌슨(Paul S. Wilson)은 이매지네이션이란 "서로 연결되거나 상관되지 않는 두 아이디어를 하나로 해서 그것으로 하여금 창조적인 효과와 능력을 가져오게 하는 것"이라고 하면서 성경과 오늘의 상황을 연결시키는 이매지네이션의

---

51) 장두만 목사는 한 문장에서 사용된 단어와 수와 문장의 난이도와의 관계를 보여주는 루돌프 플레쉬(Rudolf Flesch)의 연구를 소개하였다(『(다시 쓰는) 강해 설교 작성법』, 261). 플레쉬는 다음과 같은 연구 결과를 발표하였다.

8단어 이하는 아주 쉽다; 11단어는 쉽다. 14단어는 비교적 쉽다; 17단어는 표준이다; 21단어는 비교적 어렵다; 25단어는 어렵다; 29단어 이상은 아주 어렵다.

52) 일반적으로 영어 'Imagination'은 다양한 분야에서 '상상력(想像力)' 또는 '상상(想像)'으로 번역되어 사용되어 왔으나, 우리말의 '상상력' 또는 '상상'이 주는 뉘앙스는 오해의 가능성이 많기 때문에 본서에서 필자는 영어를 그대로 차용하여 '이매지네이션'으로 표기하고자 한다.

53) 이매지네이션에 대한 좀 더 자세한 것은 본서 <12장. 설교에 있어서 '이매지네이션'의 활용>을 참고하라.

54) Walter Brueggemann, *Finally Comes the Poet: Daring Speech for Proclamation* (Fortress Press: Minneapolis, 1989).

활용은 설교에 있어서 본질적인 요소라고 하였다.[55] 또한 워렌 위어즈비 (Warren W. Wiersbe)는 이매지네이션은 우리 마음의 화랑에서 칠하고 조각하고 디자인하고 때때로 지우면서 이미지를 만드는 능력이라고 하면서, 성경과 오늘날의 필요에 다리를 놓기 위해서 이매지네이션이 절대적으로 필요하다고 하였다.[56] 또한 성경적인 설교는 단순히 성경의 진리를 선포하는 것 이상이라고 하면서 성경적인 설교는 성경의 진리를 이매지네이션에 의해서 선포하는 것이라고 하였다.

그런데 무엇보다도 중요한 것은 설교를 위한 이매지네이션 활용의 기원이 성경이라는 것이다. 구약에서 하나님께서는 직접 또는 하나님의 사람들을 통하여 이매지네이션을 활용하여 말씀을 하셨다. 예를 들어, 하나님께서는 아브라함에게 자손을 약속하면서 하늘의 별과 땅의 티끌로서 그 수효의 많음에 대한 상상을 자극하셨다(창 15:1-5). 이사야서를 보면 하나님께서는 포도원의 비유를 통해서 이스라엘의 상태를 표현하셨고, 하나님의 사랑과 언약을 젖 먹는 자식을 둔 여인과 비교하였다. 또한 선지자 호세아에게는 음란한 여인을 취하게 하심으로 실제적인 상상을 자극하는 행동을 하게 하셨다. 이 모든 것은 이매지네이션을 통한 메시지의 전달이라고 할 수 있다.

예수님과 바울도 이매지네이션을 사용하여서 그들이 원하는 메시지를 효과적으로 전하고자 하였다. 먼저 예수님의 예를 들어보자. 예수님께서는 비유가 아니면 말씀하지 않으셨다. 그래서 항상 "천국은 마치 …과 같다." 고 하시면서 천국을 비유를 통해서 말씀하셨다. "저희가 목자 없는 양과 같이 유리함이라(마 9:36)," "내가 너희를 보냄이 양을 이리 가운데 보냄과 같으니(마 10:16)," "예루살렘아! 예루살렘아! 암탉이 그 새끼를 날개

---

55) Paul Wilson, *Imagination of the Heart: New Understandings in Preaching* (Abingdon Press: Nashville, 1992), 32.

56) Warren W. Wiersbe, *Preaching & Teaching with Imagination* (Victor Books: Wheaton, 1994), 23-31.

아래 모음같이 내가 네 자녀를 모으려 한 일이 몇 번이냐(마 23:37)?" 등과 같은 직유법을 사용하셨다.57) "너희는 세상의 빛과 소금이라(마 5:13-14)," "눈은 마음의 등불이니 (마 6:22)," "거짓 선지자들은 노략질 하는 이리라(마 7:15)," "나는 생명의 떡이니(요 6:35)," "나는 세상의 빛이라(요 8: 12, 9:5)," "나는 선한 목자라(요 10:11, 14)," "내가 포도나무요 너희는 가지라(요 15:1, 5)." 등과 같이 은유법을 사용하셔서 효과적으로 메시지를 전하셨다.58) 또한 "만일 네 오른 눈이 너로 실족케 하거든 빼어 내 버리라 네 백체 중 하나가 없어지고 온 몸이 지옥에 던지우지 않는 것이 유익하며 또한 만일 네 오른손이 너로 실족케 하거든 찍어 내 버리라 네 백체 중 하나가 없어지고 온 몸이 지옥에 던지우지 않는 것이 유익하리라(마 5:29-30)."라고 이매지네이션을 동원하여 과장하면서 자신의 메시지를 강력하게 표현하셨다.

바울도 마찬가지다. 바울은 예배소 교회의 장로들에게 이단들에 대한 경계심을 강화하기 위해서 이단들을 '흉악한 이리(행 20:29)' 라고 표현하였고, 회심하기 이전의 모든 것의 무익함을 표현하기 위해서 '배설물(빌 3:8)' 이라는 용어를 사용하였고, 믿는 자들이 마귀와 싸우기 위해서 철저히 무장해야 함을 강조하기 위해서 '하나님의 전신갑주를 입어야 한다(엡 6:11).' 고 하였다. 또한 믿음의 경주를 달음질로 비유하였고(고전 9:23-27), 주님의 재림의 갑작스러움을 해산에 비유하였으며(살전 5:3), 영적으로 미성숙한 사람들을 어린아이라고 하였고(고전 3:1, 고후 6:13), 거짓 가르침을 독한 창질의 썩어짐과 같다고 하였다(딤전 2:17).

이 모든 것들이 다 이매지네이션을 활용한 메시지의 전달이다.59) 이렇

---

57) 직유적 표현은 '같이' 혹은 '처럼' 과 같은 말을 사용해서 보통은 유사하지 않은 두 가지를 비교하는 것이다. 그러니까 덜 알려진 것을 더 알려진 것에 의해 더욱 명확하게 표현하는 것이다.

58) 은유적 표현은 '이것은 저것과 같다.' 대신에 '이것은 저것이다.' 고 직접 말함으로서 더욱 강력한 비유의 형태를 취하는 것이다.

게 이매지네이션을 활용할 때 메시지가 더욱 효과적이고 설득력이 있게 전달된다는 것은 두말할 나위가 없다. 특히 '문자 이후의 시대,' '영상시대,' 또는 '멀티미디어 시대' 라고 불리는 요즈음은 더욱 더 이매지네이션이 요구된다.

그러면 이매지네이션을 사용하여 효과적으로 전달하기 위해 우리가 노력해야 할 부분은 무엇인가? 크게 세 가지이다.[60]

먼저, 감성을 자극하는 언어를 사용해야 한다.[61] 그러니까 설교자는 단순히 논리적으로만 접근하는 것이 아니라 감각과 정서를 통해서도 설교가 경험될 수 있도록 해야 한다.

다음으로, 그림언어의 사용해야 한다.[62] 그러니까 설교자는 청중들의 청각에만 호소하는 것이 아니라 시각도 자극할 수 있어야 한다.

---

59) 예수님과 바울의 이매지네이션을 통한 메시지의 전달의 좀 더 구체적인 설명과 자세한 예들을 위해서 Roy B. Zuck, *Teaching as Jesus Taught* (Baker Books: Grand Rapids, 1995); *Teaching as Paul Taught* (Baker Books: Grand Rapids, 1998)를 참고하라.

60) 멀티미디어시대에 걸 맞는 이매지네이션의 사용에 좀 더 자세한 설명을 위해서, 김지찬, 『언어의 직공이 되라』(서울: 생명의 말씀사, 1999); 정창균, 『고정관념을 넘어서는 설교』(수원: 합동신학대학원, 2002), 25-38; 주승중 편저, 『영상 세대를 향해 이렇게 설교하라』(서울: 예배와 설교 아카데미, 2004) 등을 참고하라.

61) 감성에 호소한 대표적인 설교자로 흔히 찰스 스펄전(Charles H. Spurgeon)을 꼽는다. 스펄전의 감각에 호소하는 설교(sense appeal sermon)의 좀 더 자세한 설명과 구체적 실례를 위해서 Jay E. Adams, "스펄전 설교에 나타난 감각적 호소" in *Studies in Preaching*, 박광철 역, 『설교연구』(서울: 생명의 말씀사, 1994), 13-77을 참고하라.

62) 그림 언어에 대한 좀 더 자세한 것은 Gary Smalley & John Trend, *The Language of Love*, 서원교 역, 『사랑언어 그림언어』(서울: 요단, 1996)을 참고하라. 스멜리와 트렌트는 그림언어는 "대화의 도구로, 내용이나 대상을 사용하여 상대방의 감정과 지성을 동시에 활동시키는 것이다. 그렇게 함으로 상대방은 우리의 말을 단순히 들을 뿐 아니라 경험하는 것이다(*The Language of Love*, 36)."고 하면서, 그림언어는 1) 우리를 하나님과 가깝게 하고, 2) 성경의 진리를 이해하고 기억하게 하고, 3) 하나님께서 우리에게 소망과 격려를 주시는 주요 방법이고, 4) 복음 전도에 강력한 도구를 제공한다고 하였다(*The Language of Love*, 223-39).

세 번째로, 비유적 언어를 사용하라. 그러니까 두 개 이상의 개념을 직간접적으로 서로 비교함으로 알려진 것으로부터 알려지지 않는 것을 드러낼 수 있어야 한다.

그러나 설교를 위해서 이매지네이션을 활용할 때 우리는 두 가지를 유의해야 한다.

하나는 이매지네이션의 지나친 사용은 메시지 본래의 의미와 목적을 왜곡시킬 위험이 있음을 명심해야 한다. 다시 말해, 청중들에게 더욱 효과적으로 들려지는 것에 관심을 집중하다보면, 내용과 전달의 주객이 전도될 가능성이 있다.

다른 하나는 논리적 전개에 대한 무관심이나 배척이 있어서는 안 된다. 이미지 중심의 이매지네이션이 담긴 설교가 필요하지만 여전히 설교에 있어서 가장 중요한 것은 논리적 타당성임을 명심해야 한다.

지금까지 효과적인 설교를 위해서 필요한 문장 작성법을 살펴보았다. 정리하면, 설교자는 효과적인 설교를 위해서 가능한 한 쉬운 단어와 표현을 사용해야 하고, 설교자의 생각을 정확하고 분명하게 그리고 구체적으로 표현해야 하며, 또한 문장을 가능한 한 짧게 해야 하며, 설교자가 전하고자 하는 것을 이매지네이션을 활용해서 전달하도록 최선을 다해야 한다.

※ 이매지네이션을 활용한 설교의 실례

예1) 행복한 결혼이 되기 위해서 필요한 것은 '나' 자신에게 콩깍지가 계속 끼이는 은혜가 필요합니다. 오늘 본문을 보면, 아담이 하와를 보면서 "내 뼈 중에 뼈요, 살 중에 살이라"고 고백합니다. 이것은 배우자의 존귀함과 소중함과 관련한 최고의 찬사요 고백입니다. 배우자에 대한 뜨거운 사랑의 고백이 아가서에도 나옵니다. 아가서 4:1-5에 보면, 신랑이 신부의 외적인 아름다움에 대한 뜨거운 고백이 있습니다. 그런데 술람미 여인이 솔로몬이 고백한대로 정말 그렇게 아름다웠을까요? 그것은 모르는 일이지만 눈에 어느 정도 콩깍지가 끼인 것이 분명합니다. 사랑하는 여러분, 행복한 결혼을 위해서는 이렇게 나의 눈에 콩깍지가 끼어야 합니다. 사실 우리는 결혼할 때 모두 콩깍지가 끼어서 결혼했습니다. 그런데 대부분의 사람들이 시간이 지나면 그 콩깍지가 벗겨집니다. 그러나 내 눈에 콩깍지가 벗겨지지 않고 계속 있어서 상대방이 최고로 아름답고 귀하게 보일 때 그 결혼이 행복한 결혼입니다.

예2) 탐심이나 욕심 때문에 우리는 불순종할 수 있습니다. 우리는 신앙생활하면서 그리고 살아가면서 순종과 불순종 사이에서 선택의 기로에 있을 때가 있습니다. 예를 들어, 순종과 불순종 사이에 1000만원이 걸려 있을 수 있습니다. 한 번 눈 딱 감고 거짓말하거나 속이면 1000만원의 수입을 올릴 수 있는 상황이라고 합시다. 그 때 우리는 천 만원에 대한 욕심 때문에 신앙 양심을 속일 수 있습니다. 제가 조금 높게 잡은 것 같은데요, 우리는 천 만원이 아니라 종종 몇 만원 때문에도 양심을 속일 수도 있습니다(예를 들어, 세 살 이하가 무료 입장인 놀이 공원에서 우리 아이가 4살인데도 3살이라고 하는 경우도 있습니다). 또한 이런 경우도 있을 수 있습니다. 그동안 크게 문제 되지 않는 어떤 일들이 믿음이 성숙하게 되니까 하나님께 합당치 않게 생각되어서 바꾸려고 할 때 그렇게 하면 인간적인 관점에서 보면 손해가 예상될 수 있습니다. 예를 들어, 식당을 하는데 조금 질이 떨어지는 재료를 썼는데 하나님께서 마음에 불편함을 주셨다고 합시다. 그 때 우리는 눈 앞에 보이는 이익과 손해 때문에 망설이며 불순종할 수 있습니다. 그러면서 마음은 원이로되 합니다.

예3) "성령을 소멸치 말아야 한다" 또는 "성령을 근심시키지 말아야 한다"는 것은 간단히 이야기하면 성령의 인도하심과 감동케 하심을 거부하지 말라는 것입니다. 우리는 종종 성령님을 오해하는 경우가 있습니다. 마치 콘센트에 플러그를 꽂으면 기계가 작동하는 것처럼 성령님께서 역사하시면 우리가 자동적으로 움직이는 것처럼 생각하는데 결코 그렇지 않습니다. 물론 때로는 성령께서 강권적으로 우리에게 임하시고 역사하시지만, 성령님은 인격적인 분이시기 때문에 우리가 얼마든지 성령님의 인도와 감동을 거부할 수도 있습니다. 예를 들어, 말씀을 통해, 기도를 통해, 또한 이렇게 설교를 통해 하나님께서 우리 마음에 때로는 감동을 주시고, 때로는 도전하시면서 결단케 하시고, 때로는 명령하시기도 하십니다. 그러나 우리는 그 성령님의 감동과 도전과 명령에 순종하지 않을 수 있습니다. 그것이 성령을 소멸하는 것이고, 또한 그로 말미암아 성령님을 근심시킬 수 있는 것입니다. 그렇게 하지 말라는 것입니다.

2. 비언어적 측면63)

---

63) 효과적인 커뮤니케이션을 위해 비언어적인 부분에 대한 중요성이 자주 강조되어 왔다. 어떤 학자들은 커뮤니케이션에 있어서 언어적인 요소보다 비언어적인 요소가 훨씬 더 많은 영향을 미친다는 것을 수치로 발표하기도 하였다. 그 중 대표적으로 두 사람이 자주 인용된다. 언어학자인 레이 버드휘스텔(Ray L. Birdwhistell)은 정상적인 두 사람이 대화를 나눌 때 언어를 통해 전달되는 부분은 35% 이하에

효과적인 전달을 위한 비언어적인 면이란 완성된 설교를 실제적으로 전달하는 부분과 관련된다. 목소리, 자세, 시선, 얼굴 표정, 제스처 등이 이 부분에 해당한다.[64] 이러한 비언어적인 부분에 대해 그동안 설교학계에서 큰 관심과 연구가 부족했던 것이 사실이지만,[65] 최근에 효과적인 설교를 위한 중요한 요소로 관심을 받고 있다.[66]

1) 목소리

불과하고, 나머지 65% 이상은 비언어적 부분으로 전달된다고 하였다(Ray L. Birdwhistell, *Kinesics and Context* [Philadelphia: Univ. of Pennsylvania Press, 1970], 158.). 또한 심리학자인 알버트 메라비안(Albert Mehrabian)은 커뮤니케이션에서 메시지의 전달효과에 미치는 여러 요인 중에서 시각적 요소가 55%, 음성적 요소가 38%, 그리고 내용적 요소가 7%를 차지한다고 하였다. 즉, 비언어적 요소가 전달의 효과에 93%를 차지한다고 주장한 것이다(Albert Mehrabian, *Nonverbal Communication* [Chicago: Aldine Antherton, 1972], 25-30). 필자는 이들과 수치적으로는 동의하지 않지만, 효과적인 설교를 위해서 비언어적인 부분이 중요하다는 것은 인정한다.

64) 차티어는 언어적 부분과 비언어적 부분이 어떻게 연결되는지를 여섯 가지로 설명하였다. 그것은 '반복'(언어로 진술한 것을 재 진술하는 역할), '모순'(언어적 커뮤니케이션의 모순이 드러나는 것인데, 이것은 전달에 있어서 치명적인 손해다), '대체'(언어적 표현을 대신함), '보충'(언어적 메시지를 수정하거나 마무리 짓는 역할), '강조'(언어적 메시지의 강조를 드러냄), '관련과 조절'(설교자와 청중의 감정을 봄으로 의사소통의 흐름을 조절하게 함) 등이다. Chartier, *Preaching as Communication*, 246-8.

65) 로빈슨(Robinson, *Biblical Preaching*, 201-2)은 "설교 구성 요소들을 그 중요성에 따라 배열해보면, 생각(주제), 배열, 언어, 목소리, 제스처다. 하지만 사람들의 인상에 남는 순서는 거꾸로 된다. 제스처와 목소리가 가장 중요하고 결정적인 요소로 등장한다."고 하면서 효과적인 설교를 위해 비언어적인 부분이 매우 중요함을 강조하였다.

66) 최근에는 설교학계 뿐 아니라 일반 커뮤니케이션 분야에서도 효과적인 전달을 위해 비언어적인 부분에 대한 관심이 증대되었고 또한 활발한 연구가 진행되고 있다. 이를 위해 '한국수사학회(Rhetoric Society of Korea)'와 '한국소통학회(Korean Speech & Communication Association)'에서 발행하는 논문집인 「수사학」과 「스피치와 커뮤니케이션」을 참고하라.

설교는 목소리를 통해 전달되기 때문에 목소리는 설교에 있어서 중요한 요소이다. 설교의 내용을 음식이라고 한다면 목소리는 음식을 담는 그릇과도 같다고 할 수 있다. 목소리와 관련하여 빠르기(rate), 크기(volume), 높이(pitch), 길이(duration), 쉬기(pause) 등이 효과적인 설교를 위해 고려되어야 한다.

(1) 빠르기/속도(rate)

일반적으로 말의 속도는 화자(speaker)의 기질, 태도, 감정을 드러낸다. 대개 급하고 다혈질인 사람들은 말의 속도가 빠르다. 확신이 있거나 흥분될 때도 말의 속도가 빨라진다. 그런데 청자의 입장에서 보면, 말의 속도는 너무 빠르면 듣고 이해하기가 쉽지 않고 긴장되며 조급함과 불안함을 느낄 수 있다. 반면에 너무 느리면 지루함을 느낄 수 있고, 화자가 뭔가 둔하고 열의가 없다는 인상을 받는다. 설교에 있어서 말의 빠르기는 적절해야 한다.67) 그러나 속도를 다양하게 하면 전달에 효과를 줄 수 있다. 설교의 내용이 고조될 때는 속도를 빠르게 하고 때로는 필요에 따라서 속도를 늦추면서 완급을 조절하는 것이 바람직하다. 설교자는 속도의 변화를 통해서도 자신의 의도와 내용의 의미를 보여줄 수 있어야 한다.

---

67) 물론 분야별로 적절한 말의 빠르기는 다르다. 김상준은 방송과 관련하여 분야별로 실제적인 상황에서의 속도를 측정하고, 그에 근거하여 다음과 같이 권장 속도(1분에 발화하는 음절 수: 음절은 자음과 모음으로 이루어진 발음 가능한 최소 단위를 의미한다)를 제시하였다. 뉴스는 350-370, 다큐멘터리(내레이션)은 300, DJ는 340, 프레젠테이션은 340, 의식(진행)은 300, 스포츠 중계는 600, 연설은 278 등이다. 김상준 "아나운싱의 이론과 실제," in 김상준 외, 『화법과 방송언어』 (서울: 도서출판 역락, 2005), 123. 설교는 위의 분야 가운데 연설에 가장 가깝다고 할 수 있다. 그런데 설교는 일방적으로 전달하는 연설보다는 약간 느린 속도로 진행하는 것이 바람직하다고 판단된다. 그렇다면 설교에 있어서 적절한 빠르기는 1분에 240-270 음절 정도가 아닐까 생각한다.

(2) 크기(volume)

오늘날은 좋은 음향시스템이 뒷받침되어 있기에 설교자의 타고난 목소리의 크기는 과거에 비해 그 중요성이 많이 감소하였다. 그러나 마이크를 통해 전달되는 목소리의 크기는 메시지의 전달에 영향을 줄 수 있다. 일반적으로 큰 목소리는 열정과 확신의 이미지를 줄 수 있는 반면 작은 목소리는 나약함이나 열등감 등의 이미지를 드러낼 수 있다(물론 자신의 나약함이나 불안감을 숨기기 위해서 목소리를 크게 할 수도 있고, 목소리가 작아도 열정과 확신이 드러날 수도 있다). 기본적으로 설교는 대화할 때 보다는 크게 말해야 하는데, 모든 청중이 분명히 알아들을 수 있을 정도의 크기로 하는 것이 바람직하다. 왜냐하면, 계속 너무 크게 하면 청중들이 지칠 수 있고, 계속 너무 작게 하면 지루함을 줄 수 있기 때문이다. 그런데 효과적인 설교를 위해서 목소리의 크기의 변화는 필요하다. 어쩌면 목소리의 여러 요소들 가운데 가장 큰 변화가 요구되는 것이 목소리의 크기라고 할 수 있다. 따라서 설교자가 내용에 따라 때로는 잔잔하게, 때로는 크게 하면서 목소리의 크기를 바꾸어서 전함으로 설교자의 의도를 드러내어야 한다. 그러나 처음부터 끝까지 또는 불필요하게 또는 아무 의미 없이 고래고래 고함을 지르는 것은 지양되어야 한다.

(3) 높이(pitch)

높이는 목소리의 높낮이를 의미한다. 음악의 낮은 도부터 높은 도까지 8음계가 있는 것처럼 설교하는 목소리에도 높낮이가 있다.[68] 기본적으로 바람직한 음높이는 설교자의 입장에서 보면 자신의 성대에 부담이 없고 편안한 높이이고, 청중의 입장에서 보면 그들에게 가장 편안하게 들리는 높이이다. 물론 소리의 크기와 마찬가지로 목소리의 높낮이도 설교의 전

---

68) 종종 목소리의 크기와 높이의 구분에 대해 혼동하는데, 목소리의 크기는 음악에서 포르테와 피아노의 구분이라면 높이는 음정의 구분이라고 할 수 있다.

달에 영향을 줄 수 있다. 같은 내용이라도 목소리의 높이를 달리하여 전달하면 얼마든지 의미의 변화를 일으킬 수 있고, 또한 음높이의 변화를 통해 설교자의 의도를 드러낼 수 있다(예를 들어, 설교자가 목소리를 높여서 이야기하면 그것은 당연히 중요한 내용이거나 강조하고 싶은 내용일 것이다). 따라서 설교자는 효과적인 전달을 위해서 높이에도 다양한 변화를 주어야 한다. 만약 음높이에 변화가 없거나 계속 높은 음성을 낸다면, 청중들이 지루해 하거나 피곤하게 느낄 수 있다.

(4) 길이(duration)

영어는 주로 고저(高低, Accent)에 의해 의미의 변화를 추구한다면, 우리말은 주로 단어를 발음할 때의 음절의 길이에 따라 의미의 변화를 추구한다. 예를 들어, '말'이란 단어를 길게 발음하면 '말(言)'이 되고, 짧게 발음하면 '말(馬)'이 된다. '눈'이란 단어를 길게 발음하면 눈(雪)이 되고, 짧게 발음하면 눈(眼)이 된다. '무력'이란 단어에서 무를 길게 발음하면 '무력(武力)'이 되고 짧게 발음하면 '무력(無力)'이 된다. 또한 '잘했다!'와 '잘~했다!'의 의미도 다르다. 따라서 설교자는 단어의 장단(長短)을 잘 구분하여 발음해야 한다. 또한 필요에 따라 장단에 변화를 주어 설교자는 자신의 의도를 전할 수 있다.

(5) 쉬기(pause)

쉬기는 목소리를 내지 않고 잠깐 멈추는 것을 의미한다. 일종의 '띄어 말하기'이다. 기본적으로 설교자는 설교를 진행하는 과정에서 단어와 단어 사이, 구와 구 사이, 절과 절 사이, 문장과 문장 사이, 문단과 문단 사이, 그리고 설교의 각 구성 요소들(예를 들어, 서론, 본론, 결론, 예화 등) 사이에서 '적절하게' 쉬어야 한다.[69] 쉬기는 말의 속도와 밀접하게 연결

---

69) 임태섭, 『스피치 커뮤니케이션』(서울: 커뮤니케이션북스, 2003), 311.

되어 있기 때문에, 휴지도 당연히 설교의 전달에 영향을 줄 수 있다. 만약 쉬는 시간이 보통보다 길면 청중들은 답답해하거나 지루해 할 수 있고, 보통보다 짧으면 청중들이 설교자의 생각과 의도를 따라가는 것이 쉽지 않을 수 있고, 심지어 곡해할 수도 있다. 반면에 설교자가 여유를 가지고(일반적으로 긴장하거나 흥분하면 휴지를 제대로 유지하기가 어렵다) 쉬기를 적절하게 지켜가면서 설교하면 청중들도 차분하고 안정된 상태에서 설교에 집중할 수 있다. 뿐만 아니라 설교자는 쉬기를 활용하여 자신이 의도했던 것이나 강조하는 바를 드러낼 수 있다.[70]

그러면 목소리 사용의 기본 원칙이 무엇인가?

먼저, 대부분의 설교학자들이나 커뮤니케이션 전문 학자들이 가장 강조하는 것은 마치 일상 대화를 하는 것처럼 자연스럽게 설교하라는 것이다. 종종 평상시 목소리와 다르게 좀 더 거룩하고(?) 점잖은 목소리로 설교하거나, 마치 웅변하는 것처럼 설교하는 분들도 있다. 하지만 그것은 옳지 않다. 그러한 목소리에 청중들은 거부감과 불편함을 느낀다. 물론 때로는 빠르거나 늦게, 때로는 크거나 작게, 때로는 높거나 낮게, 때로는 길거나 짧게, 때로는 쉬면서 소리를 내어야 하지만 그때도 대화할 때와 같은 자연스러움을 유지해야 한다.

두 번째는 목소리의 단조로움을 피하고 변화를 추구해야 한다. 음성의 빠르기나 크기나 고저나 길이나 쉬기에 변화를 주지 않고 밋밋하고 단조롭게 설교하면 청중은 지루해 한다. 그것은 마치 강약이나 고저의 변화가 없는 음악을 듣는 것과 같다. 뿐만 아니라 설교의 주제와 목적이 분명하고 설교자 자신이 전해야 할 메시지에 깊이 잠겨 있으면 메시지를 전하는 과

---

70) 휴지의 올바른 사용과 똑같은 문장이라고 휴지를 어떻게 사용하느냐에 따라 강조가 달라지는 구체적인 예들을 위해서, 문용식, 『스피치 커뮤니케이션』 (서울: 그리심, 1998), 140-3을 참고하라.

정에서 자연스럽게 목소리의 변화가 동반되지 않을 수 없다. 그러나 거짓된 감정을 조장하거나 표리부동한 전달이 되어서는 안 된다.

세 번째, 확신과 열정으로 가득 찬 목소리가 필요하다. 설교자는 아나운서가 뉴스를 전달하는 것처럼 단지 객관적인 사실을 단백하게 보도하는 사람이 아니다. 설교자는 복음에 대한 확신과 감격 그리고 하나님의 사랑에 뜨거운 체험이 있는 사람이다. 만약 그렇다면 설교를 통해서 그 열정과 확신이 자연스럽게 드러나지 않을 수 없다. 뿐만 아니라 그때 효과적이고 설득력 있는 설교를 할 수 있다.[71]

네 번째로, 분명한 발음이 필요하다. 정확하지 못한 발음은 설교의 내용을 파악하지 못하게 할 뿐 아니라 메시지 자체에 대한 설득력도 감소하게 할 수 있기 때문에 정확한 발음으로 설교하도록 해야 한다.

마지막으로, 목을 가다듬거나 허사(虛辭)를 사용하지 않도록 주의해야 한다. 예를 들어, '아~,' '에~,' '음~,' '그~,' '그리고,' '저기,' 등과 같은 불필요한 소리를 하지 말아야 한다. 이러한 현상은 설교자가 극도로 긴장 또는 흥분하거나, 설교가 불충분하게 준비되거나, 다음 말이 생각나지 않는 것이 원인이 될 수 있고, 설교자의 습관인 경우도 있다. 이런 부분은 훈련과 노력을 통하여 고쳐야 한다.

결론적으로, 사람의 얼굴이 다 다른 것처럼 누구나 다 각자가 타고난 목소리가 있고, 각자의 음성에 장점과 단점이 있다. 설교자는 가능한 한 위에서 언급한 기본적인 원칙들을 지키면서, 자신의 장점을 잘 살려야 한다. 또한 자신의 부족한 부분은 고치고 보완하기 위해 최선의 수고와 노력과 훈련을 해야 한다. 예를 들어, 발음에 문제가 있거나 쉽게 목이 쉬거나

---

71) 로빈 메이어스(Robin Meyers)는 이제 더 이상 설교자가 직접 회중을 설득할 수 없고, 설교자가 먼저 자신이 전하는 메시지에 먼저 설득되어서 열정을 가지고 메시지를 전달하면 청중들은 그것을 보고 스스로 자신을 설득한다고 하였다. Meyers, *With Ears to Hear*, 32-40.

피곤을 느끼는 성대를 가지고 있는 설교자는 발음 교정이나 효과적으로 소리를 내는 발성 연습을 해야 하고, 필요하면 전문가의 도움을 받아야 한다(물론 그러한 부분에 특별한 문제가 없는 설교자들도 발성연습이나 제대로 발음하는 훈련을 하면 유익하다.). 특별히 요즈음에는 음성 클리닉이 있는 병원들이 있기 때문에 병원의 도움을 받을 수도 있다.

2) 자세

설교를 할 때는 기본적으로 강단에서 적당한 거리(약 15-20cm)를 띄어서 두 발을 어깨 넓이만큼 벌리고 허리와 가슴은 편안하게 바로 세워야 한다. 한 쪽 다리에 체중을 실은 삐딱한 자세나 뒷짐을 지는 자세, 손을 호주머니에 넣는 자세, 뒷짐을 지는 자세 등은 바람직하지 않다.[72] 이러한 자세는 거만하거나 단정치 못하다는 인상을 줄 수 있다.

고개는 숙이거나 너무 뒤로 재끼지 말고 바로 들어야 한다. 고개를 숙이면 위축되게 보이고 너무 뒤로 재끼면 교만하게 보일 수 있다. 또한 고개를 적당하게 들 때 제대로 목소리도 나올 수 있다.

그런데 설교 내내 같은 자세를 유지하는 것보다 간간히 자세를 바꾸는 것이 좋다. 때로는 체중을 한 쪽 다리에 더 많이 실어둘 수도 있으며, 때로는 한 발을 약간 앞으로 내 딛거나 가볍게 움직일 수도 있다. 이렇게 적절할 때 자세를 가볍게 바꾸면 설교자 몸에 불편함도 어느 정도 감소되고 자세의 단조로움도 피할 수 있다. 그러나 적당한 때에 다시 기본자세로 돌아오는 것이 좋다.

---

72) 설교의 바람직한 자세는 문화적인 부분이 고려되어야 한다. 예를 들어, 설교자들이 호주머니에 손을 넣고 설교하는 것을 미국 사람들은 자연스럽게 생각하지만, 우리나라에서는 건방지거나 버릇이 없는 것으로 생각한다. 또한 미국에서는 설교자들이 강단 위에서 자유롭게 돌아다니면서 설교하지만, 우리나라에서는 아직 그런 움직임에 익숙하지 않다.

또한 설교할 때 팔을 처리하는 것이 쉽지 않은데, 기본 원칙은 필요할 때 항상 쉽게 움직일 수 있으며 또한 다시 제 자리로 쉽게 돌아올 수 있는 위치에 자연스럽게 두는 것이 좋다. 즉, 두 팔을 모두 가볍게 내려 뻗거나, 한 팔은 내려 뻗고 다른 팔은 탁자 위에 가볍게 올려두어도 좋다. 아니면 두 손을 가볍게 앞으로 모아 둘 수도 있다. 그러나 강단의 양쪽을 잡거나 강단을 짚는 것은 바람직하지 않다. 손으로 강단을 의지하면 자세가 엉거주춤하게 될 뿐 아니라 발성에도 좋지 않는 영향을 줄 수 있다.

3) 시선

설교에 있어서 설교자와 청중의 시선 교환은 중요하다. 설교할 때 설교자가 자신의 설교 원고에만 시선을 고정하거나, 눈을 감거나, 옆이나 천장을 보아서는 안 된다. 청중을 바라보지 못하거나 다른 곳을 응시하는 것은 심리적으로 위축되어 있다는 것을 보여준다. 가장 바람직한 것은 청중 개개인의 눈을 자연스럽고 따뜻하게 쳐다보면서 설교하는 것이다. 그러나 응시가 지나치게 강렬하거나, 시선이 한 지점만 너무 오랫동안 머물거나, 빠르게 고개를 이쪽저쪽으로 옮기는 것도 바람직하지 않다. 천천히 시선을 옮기면서 청중 전체에 시선을 골고루 주는 좋다. 그러나 억지로 눈을 맞추려고 노력하다보면, 부담스럽고 어색할 수 있다. 이것은 초보 설교자들이 자주 경험하는 것인데, 반드시 극복해야 할 문제 가운데 하나이다. 그러한 경우는 어느 정도 익숙해질 때까지 청중들의 머리 윗부분을 쳐다보거나(스피치는 대개 위에서 내려다보고 하기 때문에 청중의 머리 부분을 쳐다보면 청중들은 연사가 자신들을 정면으로 보고 있는 것처럼 느끼게 된다.) 미리 회중석의 여러 지점들을 정해놓고 그 곳을 천천히 옮기면서 바라보는 것도 하나의 방법일 수 있다.[73]

---

73) 임태섭, 『스피치 커뮤니케이션』, 329.

4) 얼굴 표정

설교자의 얼굴 표정은 효과적인 설교를 위해서 그 무엇보다도 중요한 부분이다. 그것은 얼굴 표정에서 메시지에 설교자의 태도와 설교자의 감정 상태가 가장 분명하게 드러나기 때문이다. 설교를 하면서 계속 불필요한 미소를 짓거나 얼굴을 찡그리는 것은 좋지 않다. 계속 불필요한 웃음을 보이면 신실함과 신뢰성에 손상을 줄 수 있고, 계속 찡그리는 표정은 설교자가 긴장하고 있거나 초조해 하고 있음을 보이는 것이므로 청중들이 부담을 느낄 수 있다. 설교자의 표정에는 기본적으로 두 가지가 분명하게 나타나야 한다. 하나는 설교자는 궁극적으로 복음을 전하는 자이기에 좋은 소식을 전하는 자의 기쁨과 즐거움과 확신이 드러나야 한다.[74] 다른 하나는 아비의 심정으로 성도들을 사랑하는 따뜻하고 온유한 모습 그리고 성도들에 대한 친근감이 드러나야 한다.

그런데 얼굴 표정도 다른 비언어적 요소와 같이 설교의 내용의 변화에 따라 적절히 바꾸어져야 한다. 즐거운 이야기할 때는 즐거운 표정을, 진지한 이야기할 때는 진지한 표정을 지어야 한다. 그러나 지나치게 흥분하거나 불필요한 감정 노출은 삼가야 한다. 또한 설교 도중에 실수를 하였다고 해서 쑥스런 표정이나 머쓱한 표정을 드러나게 보이는 것은 좋지 않다.

5) 제스처

설교할 때 손과 팔의 움직임을 제스처라고 한다. 손과 팔을 움직이지 않고 가만히 고정시켜 둔 상태에서 설교하는 것은 바람직하지 않다. 기본

---

74) 필자는 설교자는 본질적으로 좋은 소식(good news)을 전하는 자이기에 복장도 가능하면 밝은 복장이 바람직하다고 생각한다.

적으로 다른 비언어적 요소와 같이 설교자는 설교 때에 내용과 목소리의
변화에 따라 자연스럽게 손과 팔 그리고 몸 전체를 움직여야 한다. 또한
손과 팔의 움직임은 청중의 시선과 관심을 모아주기 때문에 때로는 의도
적인 제스처를 보여주어야 할 때도 있다. 그러나 너무 많은 제스처는 바람
직하지 않다. 그것은 청중을 산만하게 할 수 있다. 또한 어떤 설교자들은
계속해서 손이나 팔을 움직이면서 설교하는 경우도 있는데 그것도 바람직
하지 않다. 왜냐하면, 제스처는 메시지의 내용을 보완하는 역할을 하는데
너무 많으면 제스처의 효과가 없어지기 때문이다. 제스처는 꼭 필요한 때
에 적절하고 분명하게 사용해야 한다. 뿐만 아니라 너무 단조로운 제스처
보다는 내용에 맞추어서 제스처를 좀 더 다양하게 사용해야 한다.[75]

3. 전달 방식

---

75) 문용식(『스피치 커뮤니케이션』, 161-3)은 손과 팔로 하는 제스처의 다양한
행동들의 의미들을 제시하였는데 적절한 제스처를 위해서 도움이 될 수 있다. 또한
임태섭(『스피치 커뮤니케이션』, 327)은 일반 스피치의 관점에서 연사들이 스피치
중에 만들어 낼 수 있는 좋지 않는 여러 행위들을 지적하였는데 설교자도 참고할 만
하다.
  1) 몸을 좌우로 또는 앞뒤로 자꾸 흔들어대는 행위
  2) 다리의 무게 중심을 이쪽저쪽으로 자꾸 옮기는 행위
  3) 단추나 옷 또는 넥타이를 만지작거리는 행위
  4) 귀를 잡거나, 이마를 문지르거나 턱을 만지작거리거나 머리를 쓰다듬는 행
     위
  5) 머리칼을 뒤로 보내기 위해 고개를 급작스럽게 젖히는 행위
  6) 손가락으로 탁자를 탁탁 두드리거나 손바닥으로 탁자의 가장 자리를 문지
     르는 행위
  7) 카드를 만지작거리거나 호주머니 속의 물건을 만지작거리는 행위
  8) 호주머니에 손을 넣었다 뺏다 하는 행위
  9) 손을 비벼대는 행위
  10) 팔찌나 시계 등 장신구를 만지작거리는 행위
  11) 팔소매를 걷어 올리는 행위

설교를 전달하는 방식은 크게 네 가지이다.

1) 원고 낭독 형

원고 낭독 형은 원고를 완벽하게 준비해서 설교 시간에 철저히 원고에 의지하면서 거의 원고를 읽어주는 형이다. 이 방식은 설교 전과 설교 중에 설교자에게 안정감과 편안함을 주고, 설교하려는 내용을 적절한 단어로 분명하고 정확하게 표현하고, 불필요한 단어와 내용의 나열로 지루하거나 이해에 혼란을 주지 않는 장점이 있다. 그러나 이 방법은 설교하는 도중 원고에 집착하게 되므로 비언어적인 부분의 효과를 크게 기대할 수 없고, 청중과 시선을 교환하기 어려우며, 청중의 반응을 충분히 파악하고 거기에 적절하게 대처하기 어렵고, 필요에 따라 적절하게 원고의 내용에 더하게도 하시고 빼기도 하시는 성령의 역사를 크게 경험할 수 없다. 앞에서 언급했던 전달의 기본적인 원칙들에 따른다면 이 방법은 바람직하지 않다.

그런데 이렇게 원고에 철저히 의지하여 설교했던 대표적인 설교자는 조나단 에드워드(Jonathan Edwards)이다. 그는 초롱불 아래 앉아서 설교 원고를 읽었으며, 제스처나 청중과의 시선의 접촉이 거의 없었다고 한다. 그러나 그의 설교를 듣고 많은 사람들이 떼굴떼굴 구르면서 회개하였고, 그는 1차 미국 부흥 운동을 이끄는 대표적인 사람이 되었다. 성령께서 놀랍게 역사하신 것이다.

2) 즉석 형

즉석 형은 원고 낭독 형과 정 반대로 충분히 준비는 하지만 원고를 작성하지 않고 자유롭게 설교하는 형이다. 이 방식은 원고 낭독 형의 장단과 단점을 반대로 갖는다. 이 방식의 대표적인 설교자는 찰스 스펄전

(Charles H. Spurgeon)이다. 그는 본문을 연구하고 묵상하면서 설교를 준비하지만 설교할 때는 원고 없이 자유롭게 설교하고, 원고 작성은 설교한 후에 기억을 되살려서 했다고 한다. 그런데 좀 더 바람직하지 않는 즉석 형이 있다. 그것은 설교를 전혀 준비하지 않고 강단에 올라가서 성경을 펴고 성령께서 주시는 말씀을 전하는 것이다. 예를 들어, 1930년대의 이용도 목사는 기도하다가 설교하러 강대상에 올라가서 때로는 7시간을 설교하고, 때로는 하나님께서 말씀을 주시지 않는다고 그냥 내려오기도 했다고 한다.

3) 암기 형

암기 형은 설교를 준비한 후 그것을 철저히 암기해서 설교하는 형이다. 이 방법은 기억이 실패하지 않는 한 원고 낭독 형이 가지는 장점과 단점을 대부분 그대로 갖는다. 하지만 설교 원고에 집착하지 않기 때문에 청중과 시선을 교환하면서 설교할 수 있고 비언어적인 부분의 효과를 잘 살릴 수 있다. 그러나 이 방식은 준비를 위한 많은 시간과 노력에 비해 효과는 그렇게 높지 않다고 할 수 있다.

4) 원고 숙지 형

원고 숙지 형은 원고를 작성하고 완전히 숙지한 후 설교하는 형이다. 이 방법은 원고 낭독 형과 즉석 형 그리고 암기 형의 중간쯤에 위치한다고 할 수 있다. 이 방법은 원고를 숙지하기 때문에 종종 원고를 보지만[76] 원고에 얽매이지 않기 때문에 자연스럽고 청중과의 커뮤니케이션을 원활하

---

76) 그런데 효과적인 전달을 위해 절대로 원고를 보지 말아야 할 때가 있다. 그것은 서론, 결론, 강조할 때, 그리고 예화를 말할 때이다.

게 할 수 있는 방법이다. 또한 설교 시간에 성령의 역사에 열려 있기 때문에 준비한 내용을 뺄 수도 있고 준비되지 않는 내용도 추가될 수 있다.[77]

이상 몇 가지 전달 방식에 대해서 살펴보았다. 모든 방식에는 장단점이 있다. 어느 방식이 절대적으로 옳다고도 할 수 없다. 또한 어느 한 방법을 모든 사람에게 강요하는 것도 지양해야 한다. 자신의 장점을 살리고 단점을 보완할 수 있는 방식을 스스로 결정하는 것이 좋다. 그러나 필자는 기본적으로 철저히 원고를 작성해서 그것을 숙지한 다음에 원고를 가지고 올라가서 자연스럽게 설교하는 것이 가장 바람직하다고 생각한다.

4. 맺는 말

이제까지 우리는 설교의 있어서 언어적인 부분과 비언어적인 부분의 중요성 그리고 기본 원칙을 살펴보았다. 이제 마무리하면서 설교자가 기억해야 할 전달의 기본 원칙을 정리하고자 한다.

1) 원고를 완전히 작성하라.

설교를 준비하는 과정에서 토씨 하나까지도 기록하면서 준비하는 것이 바람직하다. 이것은 좀 더 쉽고, 간결하고, 분명하게 전달하는데 유익하며, 설교자의 논리력, 문장력 그리고 표현력의 향상에도 많은 도움을 준다.

2) 원고를 작성한 다음에 전달을 위해서 충분히 연습하라.

---

77) 혹자는 아웃라인만 가지고 강단에 올라가서 설교하는 것을 추천하기도 하지만, 필자는 완전히 작성한 원고 자체를 가지고 올라가는 것이 바람직하다고 생각한다.

많은 설교자들이 내용의 질을 향상시키기 위해서는 많은 관심을 갖지만, 전달을 위해서는 별로 노력하지 않는다. 하지만 설교 전에 전달을 위한 충분한 연습이 필요하다. 리허설을 해보는 것도 바람직하다. 거울을 보면서 할 수도 있고, 비디오 촬영을 한 다음에 다시 확인할 수도 있다.

3) 자연스럽게 전달하라.

전달의 가장 기본적인 원칙은 자연스럽게 전달하는 것이다. 설교할 때와 평상시의 모습에 심한 차이가 있어서는 안 되고, 마치 대화하는 것처럼 자연스럽게 발성하고, 자연스러운 자세와 표정과 제스처로 설교해야 한다.

4) 자신의 스타일로 전달하라.

모든 설교자들은 자신의 성품, 교육, 경험에 기초해서 자신이 가장 편안하게 사용하는 표현과 표현 방법이 있는데, 그것을 잘 활용하여 본인의 스타일로 전하는 것이 자연스럽고 바람직하다. 물론 더 나은 소통과 전달을 위해 자신의 부족한 부분을 보완하려는 노력은 필요하다.

5) 단조로움을 피하라.

전달할 때 무미건조하게 전하지 말고, 필요에 따라 적합한 비언어적인 요소들을 활용하라. 뿐만 아니라 목소리의 속도, 고저, 음량에 변화를 주고, 자세, 제스처, 얼굴 표정 등을 다양하게 활용하면서 전달하라.

6) 확신과 열정이 드러나도록 하라.

설교자는 뉴스를 보도하는 앵커처럼 단지 객관적인 사실을 전달하는 자가 아니다. 설교자는 자신이 확신하고 경험한 복음의 진리를 생명을 걸고 증언하고 설득하는 자이다. 그렇다면 당연히 자신의 확신과 자신이 경험한 진리에 대한 열정이 목소리와 자세와 얼굴 표정과 제스처에서 드러나야 한다.

7) 발전을 위해 계속 노력하라.

더 이상 향상이 필요 없는 완벽한 설교자는 없다. 모든 설교자는 자신의 부족한 부분을 보완하기 위해 끊임없이 노력하고 배우는 자세가 필요하다. 좀 더 나은 전달을 위해서 필자는 네 가지를 제안한다.

(1) 자신의 설교를 비디오테이프로 보면서 스스로 점검하자.
(2) 뛰어난 설교자의 장점들을 본받자.
(3) 동역자들의 평가와 지적을 부끄러워하지 말자.
(4) 성도들의 반응(또는 피드백)에도 유의하자.

제13장

설교에 있어서
'이매지네이션'의 활용[1]

최근 들어 설교학에서 많은 관심을 보이고 있는 부분 가운데 하나가
소위 '이매지네이션(Imagination)'에 대한 것이다. 많은 사람들은 설교자
가 갖추어야 할 중요한 요소 가운데 하나가 이매지네이션이라고 주장한
다.[2] 특히 설교를 주로 커뮤니케이션의 관점에서 이해하는 신설교학(the
New Homiletic)에서 이매지네이션은 역동적인 설교 그리고 효과적인 전
달을 위해 반드시 필요한 요소로서 강조되고 있다.

하지만 전통적으로, 특히 보수적인 교단에서, 이매지네이션이 설교에
있어서 크게 강조되지 않았다. 뿐만 아니라 오해의 소지도 많다. 그것은
이매지네이션이라는 단어가 주로 경험을 초월하거나 비현실적이고 주관적
인 정신세계와 연관되기 때문이다[우리말 번역인 '상상(력)'도 마찬가지

---

1) 본장은 「신학지남」 303(2010/여름호): 81-106에 "설교에 있어서 '이미지네
이션(Imagination)'의 활용"으로 게재된 논문을 수정 보완한 것이다.
2) 예를 들어, 워렌 위어스비(Warren W. Wiersbe)는 다음과 같이 주장한다
("Imagination: The Preacher's Neglected Ally," in Haddon Robinson &
Carig Larson[eds.], *The Art and Craft of Biblical Preaching* [Grand Rapids:
Zondervan, 2005], 565-6).
　설교는 과학임과 동시에 예술이다. 해석학과 설교학은 우리에게 뼈대를 제공
한다. 그리고 이매지네이션은 그 뼈에 살을 붙인다. 설교에 있어서 과학은 본
문을 분석적으로 파헤칠 수는 있지만 죽은 사람을 살려내지는 못한다. … 당
신의 설교가 흥미와 함께 깊은 감동을 주기를 원한다면 은유의 힘과 이매지네
이션의 재능을 배워야한다.

다].[3] 그래서 이매지네이션은 비성경적 설교를 유발시키는 요인으로 간주되기도 하고, 이매지네이션에 의한 설교는 일반적인 설교가 아니라 특이하거나 이해하기 어려운 복잡한 설교로 오해되기도 한다.[4] 이러한 상황에서 필자는 이매지네이션에 오해를 푸는 것이 필요하다고 판단되었다. 본 장의 목적은 크게 두 가지이다. 하나는 설교에 있어서 이매지네이션에 대한 바른 이해를 제시하는 것이고, 다른 하나는 이매지네이션의 효과적인 활용 방법을 구체적으로 제공하는 것이다.

따라서 본장에서는 이매지네이션이라는 단어가 설교학에서는 어떤 의미로 사용되고 있는지, 이매지네이션이 설교에 사용되어야 하는 근거가 무엇인지, 이매지네이션을 설교에서 어떻게 활용할 것인지 그리고 이매지네이션을 설교에서 활용할 때 주의할 점이 무엇인지 논의하고자 한다.

I. 설교학에서 '이매지네이션'이란?

이매지네이션이라는 단어는 철학, 교육, 예술, 문학이나 과학 등에서

---

3) 예를 들어, '상상 임신'은 실제로는 임신이 아닌데 임신한 것처럼 믿는 것이고, '상상으로 말하지마!'라고 말하면 사실에 근거하지 않고 주관적인 생각이나 판단으로 이야기하는 것을 비꼴 때 쓰인다.

4) 위어스비는 이매지네이션이란 단어를 설교와 연관시킬 때 두려워하는 이유를 네 가지로 요약하였다(Warren W. Wiersbe, *The Dynamics of Preaching* [Grand Rapids: Baker Book House, 1999], 124-5).

    1. 이매지네이션을 '공상(imaginary)' 또는 '환상(fancy)'이라는 말과 동일시하기 때문이다.

    2. 성경에서 이매지네이션이라는 단어가 부정적인 뉘앙스를 주기 때문이다(예를 들어, 영어 성경(NIV)에서 창세기 6:5은 'Every imagination of the thoughts of his heart was only evil continually'로 번역되어 있다.).

    3. 성경을 문학적 관점으로 보지 못하기 때문이다.

    4. 오늘날 분석적 설교를 너무 강조하기 때문이다.

여러 가지 의미로 다양하게 사용된다.5) 설교학에서는 이매지네이션이 어떤 의미로 사용되는가? 객관적으로 이매지네이션을 정의하기 위해서는 몇몇 대표적인 학자들의 주장을 살펴보고, 그들의 주장을 종합하는 것이 바람직하다고 생각한다. 설교에 있어서 이매지네이션과 관련하여 가장 설득력 있는 이론을 제시한 워렌 위어스비(Warren W. Wiersbe)는 "이매지네이션은 마음 안에서 상을 만들어 내는 능력이다. 우리는 마음의 화랑에서 계속해서 그림도 그리고 상도 조각하고 디자인하기도 하며 때때로 어떤 것을 지워버리기도 한다(Imagination is the image-making faculty in your mind, the picture gallery in which you are constantly painting, sculpting, designing and sometimes erasing)."고 하였다.6)

19세기 예일대학에서 최초로 설교학 세미나('Yale Lectures on Preaching')를 개최하였던 탁월한 학자요 설교자였던 헨리 비처(Henry W. Beecher)는 "이매지네이션은 보이지 않는 사물을 인식하는 마음의 능

---

5) 우리말 사전에서도 상상은 다양하게 정의되어 있다. 먼저, 삼성 문화사에서 출간된 『우리말 대사전』에서 상상은 '1) 미루어 생각함, 이미 아는 사실이나 관념을 재료로 하여 새 사실과 새 관념을 만드는 작용, 2) 어떤 사물의 사정이나 마음을 미루어 생각함' 이라고 정의되어 있다. 『우리말 대사전』, "상상력" (서울: 삼성문화사, 1995), 871. 포털 사이트(Portal Site)인 다음(Daum)의 국어사전에서 상상은 '1) 실제로 경험하지 않은 현상이나 사물에 대하여 마음속으로 그려 봄, 2) 외부 자극에 의하지 않고 기억된 생각이나 새로운 심상을 떠올리는 일. 재생적 상상과 창조적 상상이 있다.' 고 정의한다. 또한 네이버(Naver) 백과사전(출처를 '두산백과사전' 으로 밝혔다.)에 의하면 상상은 '과거의 경험으로 얻어진 심상(心像)을 새로운 형태로 재구성하는 정신작용' 이라고 하면서 '기억의 재생은 과거의 경험을 그대로 생각해내는 것이므로 상상이라고는 하지 않으며, 사고(思考)는 추상적 개념을 구사하는 것으로 이미지에 의존하지 않기 때문에 상상과는 구별된다. 상상의 내용이 현실에는 없는 것이라고 생각되는 경우, 이것을 공상이라고 한다. 그러나 달 여행은 공상이었지만 점차 상상으로 발전되더니 이제는 현실이 되었다. 상상하는 사람은 그 내용이 현실이 아니라는 것을 알고 있으나, 망상(妄想)이나 환각(幻覺)은, 있지도 않은 것을 현실로서 생각해 낸다는 데서 상상과는 구별된다.' 라고 좀 더 구체적으로 상상의 의미를 제한하였다.

6) Warren W. Wiersbe, *Preaching & Teaching with Imagination: The Quest for Biblical Ministry* (Wheaton: Victor Books, 1994), 25.

력이고 또한 보이지 않는 것을 다른 사람들에게 볼 수 있도록 하는 제시하는 능력이다."[7]고 하면서 "성공한 설교자가 되는데 가장 중요한 요소가 바로 이매지네이션"[8]이라고 하였다.

미국 설교학 역사에서 가장 영향력 있는 설교학자 가운데 한 사람으로 평가받고 있는 앤드류 블랙우드(Andrew W. Blackwood)는 이매지네이션은 '감추어진 것'과 관련되어 있는데 "사역자들이 다른 사람들의 눈에는 감추어진 것을 보고, 성도들과 함께 그가 경험한 것을 나누는 하나님이 부여하신 능력이다."고 하였다.[9] 한 걸음 더 나아가 그는 설교의 역사에서 탁월한 성경적 설교자들은 모두 이매지네이션을 효과적으로 활용한 것에 반해, 대중적 설교자로 실패한 사람들은 모두 이매지네이션을 활용하는데 있어서 실패한 사람들이라고 극단적인 평가까지 하였다.[10]

신학과 이매지네이션의 관련성에 크게 관심을 보였던 가레트 그린(Garrett Green)은 이매지네이션은 "하나님의 계시와 인간의 경험 사이의 연결 즉 접촉점"[11]이라고 하면서 설교자의 과제는 자신의 이매지네이션을 활용함으로써 하나님(또는 성경)과 청중과의 만남을 중재하고 촉진하는 것이고, 설교자는 이매지네이션을 통해 죄인들을 구원하는 사역에 봉사해야 한다고 역설했다.[12]

문학으로서의 성경의 탁월성을 인정하고 문학적 관점에서의 성경 연구

---

7) Henry Ward Beecher, "The Power of Imagination," in Warren W. Wiersbe(ed.), *Developing a Christian Imagination* (Wheation: Victor Books, 1995), 220.

8) Beecher, "The Power of Imagination," 216.

9) Andrew W. Blackwood, *Preaching from the Bible* (New York: Abingdon Press, 1941), 197.

10) Blackwood, *Preaching from the Bible*, 197-9.

11) Garrett Green, *Imagining God: Theology and the Religious Imagination*, 장경철 역, 『하나님 상상하기: 신학과 종교적 상상력』 (서울: 한국장로교출판사, 1996), 70.

12) Green, *Imagining God*, 222.

에 많은 제안을 하였던 리랜드 라이컨(Leland Ryken)은 전통적으로 이매지네이션의 개념이 많이 무시되었다고 하면서 이매지네이션이란 "새로운 어떤 것을 창조하며, 친숙한 것도 신선한 방식으로 새롭게 보고 느낄 수 있게 하며, 오래된 진리를 새롭게 표현하며, 진리를 우리의 삶에 생명력 있는 적용하는 능력"[13]이라고 정의하였다. 또한 이매지네이션은 "정적이고 생명력 없는 것의 탁월한 적(賊)이기 때문에 이매지네이션은 항상 어디에서나 꿈틀거리게 하고 성장하게 하는 목표를 둔다."고 하였다.[14]

오늘날 대표적인 설교학자 가운데 한 사람으로 이매지네이션에 특별한 관심을 보이고 있는 폴 윌슨(Paul S. Wilson)은 이매지네이션은 "서로 연결되거나 상관되지 않는 두 아이디어를 하나로 해서 그것으로 하여금 창조적인 효과와 능력을 가져오게 하는 것이다."[15]고 하면서 이매지네이션이야말로 신비스러운 것을 드러내는 가장 강력한 방법이라고 하였다.[16]

세계적인 교회 미래학자로 명성을 날리고 있는 레너드 스윗(Leonard Sweet)은 이매지네이션은 "이미지를 만들어 내는 능력이다."[17]고 하면서 상상력은 "감성과 지성이 교차하는 곳에서 피어난다."[18]고 주장하였다.

이상에서 언급된 학자들의 견해를 종합하면, 설교학에서의 이매지네이션은 '보통 사람들이 보지 못한 감추어진 것을 보는 하나님께서 부여하신 능력이요, 전하고자 하는 진리를 일반사람들이 미처 깨닫거나 생각지 못한 것과 연결시켜서 효과적이고 신선하게 전달하는 창조적인 능력' 이라고

---

13) Leland Ryken, *The Christian Imagination: Essays on Literature and the Arts* (Grand Rapids: Baker Book House, 1981), 37.

14) Ryken, *The Christian Imagination*, 37.

15) Paul S. Wilson, *Imagination of the Heart: New Understandings in Preaching* (Nashville: Abingdon Press, 1992), 32.

16) Wilson, *Imagination of the Heart*, 16.

17) Leonard Sweet, *Aqua Church*, 김영래 역, 『모던 시대의 교회는 가라: 포스트모던 시대의 교회 리더쉽 기술』 (서울: 좋은 씨앗, 2004), 318.

18) Sweet, *Aqua Church*, 305.

정의할 수 있다. 그러니까 설교학에서의 이매지네이션은 비현실적인 환상이나 공상과는 전혀 다른 개념이고,[19] 많은 학자들이 주장하는 바와 같이 단순히 청중을 즐겁게 하거나 흥미를 유발시키기 위한 선택 사항이 아니라 효과적이고 능력 있는 설교를 위한 필수적인 요소라고 할 수 있다.

II. 이매지네이션의 근거로서 성경

이와 같이 이매지네이션의 활용이 설교를 위해 필수적인 요소라면 그 근거는 어디에 있는가? 신설교학이 강조하기 때문인가? 아니면 오늘날 시대적 상황 때문인가?

1. 신설교학(New Homiletics)에서의 강조

1970년대 이후 신설교학은 마치 쓰나미(tsunami)와 같이 설교학계를 강타하여 전통 설교학 이론들을 무너뜨리면서 설교학계의 새로운 맹주로서 자리를 잡고 있다. 이러한 상황 속에서 일반적으로 이매지네이션은 신설교학의 산물로서 이해되고 있다. 물론 명제와 논리가 강조되던 전통적인 설교학을 대신하여 내러티브 설교(Narrative Preaching)로 대표되는 신설교학으로 인해 이매지네이션이 더욱 큰 관심을 갖게 되었다는 것은 사실이다.

좀 더 구체적으로 살펴보면, 신설교학의 시발점으로 간주되는 『As

---

19) 그래서 프레드 크래독(Fred B. Craddock)은 이매지네이션은 모든 사고의 근본이며, 이것을 공상(fantasy)을 연결하는 것은 공정치 못한 일 또는 불행한 일이다고 지적하였다(*As One Without Authority: Essays on Inductive Preaching*, 김운용 역, 『권위 없는 자처럼』 [서울: 예배와 설교 아카데미, 2001], 143).

One without Authority』이라는 책에서 프레드 크레독(Fred B. Craddock)은 설교학계에 최초로 '귀납적 설교'를 소개하면서 한 장(章)을 할애해서 귀납적 설교에서의 이매지네이션의 활용에 대해서 자세히 언급하였다.[20] 그는 설교에서 있어서 이매지네이션이 재평가되어야 한다고 하면서, 이매지네이션은 지루하고 무기력한 설교를 구할 수 있는 가장 실제적인 것이기 때문에 설교에 있어서 필수적인 요소라고 강조하였다. 또한 설교자는 이미지를 사용하여 복음의 빛 아래 주어지는 삶의 경험들을 재창조해야 한다고 하였다.[21]

새로운 설교 구조(structure)와 진전(movement)이 있는 설교를 주장함으로 신설교학을 설교학계에서 본격적인 논의의 장(場)으로 이끌었던 데이비드 버트릭(David Buttrick)도 그의 대표적인 저서 『Homiletics: Moves and Structures』에서 한 장(章)을 할애해서 설교에 있어서 이미지와 은유(metaphor)의 필요성과 효과에 대해 언급하였다.[22] 그는 설교는 은유를 만드는 작업이기 때문에 설교자는 이미지와 비유 그리고 예증과 같은 방법을 통해 말로 그림을 그려야 하고 또한 그것들을 함께 합쳐야한다고 하였다. 그럴 때 설교를 통해 보이지 않는 것을 보이도록 할 수 있고 진정 삶에서 변화를 일으킬 수 있다고 주장하였다.[23]

뿐만 아니라 이들과 함께 신설교학의 대표적인 학자들인 토마스 롱(Thomas G. Long)이나 윌슨도 여러 저서들을 통해 이매지네이션을 강조하였고,[24] 리치드 젠센(Richard A. Jensen)과 윌리암 바우쉬(William J.

---

20) Craddock, *As One Without Authority*, 142-73.
21) Craddock, *As One Without Authority*, 146-7.
22) David Buttrick, *Homiletics: Moves and Structures* (Philadelphia: Fortress Press, 1987), 113-25.
23) Buttrick, *Homiletics*, 113.
24) Thomas G. Long, *Preaching and the Literary Forms of the Bible* (Philadelphia: Fortress, 1989); *The Witness of Preaching*(2nd. ed.) (Louisville: Westminster John Knox Press, 2005); Paul S. Wilson,

Bausch) 등도 이야기 설교(story-telling)와 함께 설교에 있어서 이매지 네이션을 강조하였다.[25] 그것은 이야기 또는 내러티브 설교와 이매지네이 션은 깊이 연결되어 있기 때문이다. 결국, 신설교학의 주된 관심은 효과적 인 전달인데 그것을 위해 이매지네이션은 반드시 필요한 요소로 강조된 것이다. 그러나 신설교학의 설교학적 이론들의 제시와 함께 이매지네이션 이 새롭게 강조된 것은 분명하지만 그들의 주장 때문에 이매지네이션이 설교에 있어서 필수적인 요소가 되는 것은 아니다.

2. 시대적 요청

이 시대는 급격하게 변하고 있는데, 오늘날을 흔히 '포스트모던 (Post-modern) 시대'라고 한다. 포스트모던 시대는 특별히 감성이 중시 되는 시대이기 때문에 학문과 예술과 교육의 모든 영역에서 이매지네이션 이 요구되고 있다. 마찬가지로 포스트모던 시대의 변화하는 청중을 따라 가기 위해서 설교에 있어서도 이매지네이션은 필수적인 요소라고 많은 사 람들은 주장한다. 스윗의 말을 들어보자.

> 계몽주의는 기독교 신앙에 새 인식론을 강조했다. 곧 신앙을 이성화하고 추 상적인 것으로 만듦으로써 우리에게서 신비를 쫓아버린 것이다. … 그러나 포스트모던의 종교적 비전은 지성적이기보다는 상상적이다. 시청각적 이미 지들에서부터 강하게 자극된 정서와 상상 모두는 인간과 종교적 활동의 중심 이 되어가고 있다. 포스트모던 기독교인들은 이성의 날개를 이미 잘라냈고

Imagination of the Heart; *The Four Pages of the Sermon* (Nashville: Abingdon Press: 1999).

25) Richard A. Jensen, *Telling the Story: Variety and Imagination in Preaching* (Minneapolis: Augsburg Publishing House, 1980); William J. Bausch, *Storytelling: Imagination and Faith* (Mystic: Twenty-Third Publication, 1993).

이제는 풍부한 상상과 초자연주의의 바람을 타고 있다. 상상력은 교회의 가장 가치 있는 일용품이 되었다.[26]

뿐만 아니라 오늘날은 소위 '멀티미디어 시대(Multi-media generation)' 또는 '영상 시대(Visual generation)'라고 불리어지기도 한다. 500여 년 전 구텐베르그가 인쇄기를 발명한 이후 중요한 커뮤니케이션이 문자로 이루어지는 소위 '문자 문화(literary culture)'였지만 이제는 스크린을 통해 커뮤니케이션이 이루어지는 멀티미디어 시대 또는 영상 시대가 되었다. 따라서 문자 시대는 개념(idea)과 개요(outline)을 통해 좌뇌(left-brain) 작용을 중요시하면서 메시지를 전달하고자 했으나 이제는 설교에 있어서도 이매지네이션을 통해 눈으로 보이게 하는 언어 또는 이미지와 은유가 풍부한 그림으로 보여주는 언어가 필요하다고 주장한다.[27] 예를 들어, 한 때 문자 이후 시대(post-literate)의 대안으로 이야기 설교를 주장했던 대표적인 학자인 젠센은 이제는 영상 시대이기 때문에 이야기로 생각하고 전달하는 차원을 넘어 그림으로 생각하고 전달해야 한다고 주장하였다.[28] 즉, 말로만 듣는 설교가 아니라 눈과 귀로 함께 보고 듣게 하는 설교를 해야 한다는 것이다. 물론 청중의 상황은 설교에 있어서 고려해야 할 중요한 요소이다. 또한 시대적 상황의 변화도 무시해서는 안 된다. 하지만 오늘날이 포스트모던의 시대적 상황이기 때문에 그리고 멀티미디어 시대이기 때문에 이매지네이션이 설교의 필수적인 요소가 되어야 하는 것은 아니다.

---

26) Sweet, *Aqua Church*, 310.
27) 참고. Michael Rogness, *Preaching to a TV Generation: the Sermon in the Electronic Age* (Lima: C.S.S., 1994), 23-32.
28) Richard A. Jensen, *Envisioning the Word: the Use of Visual Images in Preaching* (Minneapolis : Fortress Press, 2005), 1-10.

3. 이매지네이션 활용의 진정한 근거요 이유로서 성경

설교에 있어서 이매지네이션이 활용되어야 할 진정한 근거는 성경이다. 위어스비는 오늘날 설교에 있어서 이매지네이션이 제대로 활용되지 않는 가장 중요한 이유는 우리가 성경이 이매지네이션으로 가득 찬 책이라는 것을 잊기 때문이라고 하였다.[29] 사실 성경에는 어느 책보다도 탁월하게 눈에 보이도록 하는 언어, 이미지와 은유가 풍부한 언어가 사용되었다. 하나님과 그의 사자(messenger)들은 밋밋하고 무미건조하게 하나님의 뜻을 전하지 않았다.[30] 그 구체적인 예들을 살펴보자.

먼저, 성경 전체를 통해 하나님과 그의 백성들과의 관계는 결혼이라는 이미지를 통해 표현된다. 하나님은 남편으로 그의 백성들은 아내로 설명하면서 부부간의 정조를 지켜야 하는 것처럼 이스라엘이 하나님과의 관계에서 정조를 지켜야 함을 강조하였고, 이스라엘이 우상숭배를 하고 하나님과 말씀을 떠날 때는 영적인 간음으로 표현하였다. 신약에서도 그리스도와 교회(또는 성도)와의 관계를 부부 관계로 묘사하고 있다.

또한 하나님의 뜻을 효과적으로 전하기 위해 참으로 다양한 방법이 사용되었다. 예를 들어, 창세기 15장에서, 하나님께서는 아브라함에게 자손을 약속하면서 단순히 자손을 많게 하시겠다고 말씀하지 않으셨다. 하늘의 별과 바다의 모래로서 그 수효의 많음을 비유적으로 표현하셨다. 이사야서에서 하나님께서는 포도원의 비유를 통해서 이스라엘의 상태를 표현하셨고(사 5:1-7), 하나님의 변함없는 사랑과 약속을 젖 먹는 자식을 둔 여인과 비교하였다(사 49:14-15). 낙심하고 좌절해 있는 이스라엘을 향해 선지자는 "소년이라도 피곤하며 곤비하며 장정이라도 넘어지며 쓰러지되

---

29) Wiersbe, "Imagination: The Preacher's Neglected Ally," 563.

30) 창세기부터 요한계시록까지 성경 전체에 걸쳐 어떤 이미지들이 사용되고 있는지에 대한 구체적인 예들을 위해서 Wiersbe, *Preaching & Teaching with Imagination*, 89-198을 참고하라.

오직 여호와를 앙망하는 자는 새 힘을 얻으리니 독수리가 날개 치며 올라 감 같을 것이요 달음박질하여도 곤비하지 아니하겠고 걸어가도 피곤하지 아니 하리로다(사 40:30-31)."라고 이미지와 비유를 사용하여 하나님의 뜻을 전했다. 선지자 호세아는 음란한 여인을 취함으로 실제적인 상상을 자극하는 행동을 하였다. 시편에서는 하나님을 목자, 산성, 바위 등으로 다양하게 비유를 사용하였다.

뿐만 아니라, 예수님과 바울도 다양한 방법을 통해 효과적으로 하나님 의 말씀을 전하고 가르치셨다.[31] 무엇보다도 예수님께서는 비유가 아니면 말씀하지 않으셨다고 하신다(마 13:34, 막 4:33). "천국은 마치 …과 같 다."고 하시면서 천국을 비유를 통해서 말씀하셨다. "저희가 목자 없는 양 과 같이 유리함이라(마 9:36)," "내가 너희를 보냄이 양을 이리 가운데 보 냄과 같으니(마 10:16)," "예루살렘아! 예루살렘아! 암탉이 그 새끼를 날개 아래 모음같이 내가 네 자녀를 모으려 한 일이 몇 번이냐(마 23:37)?" 등 과 같은 직유법을 사용하셨다.

"너희는 세상의 빛과 소금이라(마 5:13-14)," "눈은 마음의 등불이니 (마 6:22)," "거짓 선지자들은 노략질하는 이리라(마 7:15)," "나는 생명의 떡이니(요 6:35)," "나는 세상의 빛이라(요 8: 12, 9:5)," "나는 선한 목자 라(요 10:11, 14)," "내가 포도나무요 너희는 가지라(요 15:1, 5)." 등과 같 이 은유법을 사용하셔서 효과적으로 메시지를 전하셨다. "만일 네 오른 눈 이 너로 실족케 하거든 빼어 내 버리라 네 백체 중 하나가 없어지고 온 몸 이 지옥에 던지우지 않는 것이 유익하며 또한 만일 네 오른손이 너로 실족 케 하거든 찍어 내 버리라 네 백체 중 하나가 없어지고 온 몸이 지옥에 던 지우지 않는 것이 유익하리라(마 5:29-30)."라고 과장법을 사용하셔서 자

---

31) 예수님과 바울의 이매지네이션을 통한 메시지의 전달의 구체적인 설명과 자 세한 예들을 위해서 Roy B. Zuck, *Teaching as Jesus Taught* (Grand Rapids, Baker Books, 1995); *Teaching as Paul Taught* (Grand Rapids: Baker Books, 1998)를 참고하라.

신의 메시지를 효과적이고 강력하게 표현하셨다. 뿐만 아니라 잃어버린 양의 비유, 탕자의 비유, 포도원 품꾼의 비유 등 많은 가상의 이야기들을 통하여 백성들을 가르치셨다.

바울도 마찬가지다. 바울은 에베소 교회의 장로들에게 이단들에 대한 경계심을 강화하기 위해서 이단들을 '흉악한 이리(행 20:29)' 라고 표현하였고, 회심하기 이전의 모든 것의 무익함을 표현하기 위해서 '배설물(빌 3:8)' 이라는 용어를 사용하였고, 믿는 자들이 마귀와 싸우기 위해서 철저히 무장해야 함을 강조하기 위해서 '하나님의 전신갑주를 입어야 한다(엡 6:11).' 고 하였다. 믿음의 경주를 달음질로 비유하였고(고전 9:23-27), 주님의 재림의 갑작스러움을 해산에 비유하였으며(살전 5:3), 영적으로 미성숙한 사람들을 어린아이라고 하였고(고전 3:1, 고후 6:13), 거짓 가르침을 독한 창질의 썩어짐과 같다고 하였다(딤후 2:17).

이상에서 보는 바와 같이 성경은 이미지와 비유로 가득 차 있다. 설교자들이 이매지네이션을 활용해야 할 이유가 분명해졌다. 그것은 이매지네이션이 하나님과 그의 사자들이 효과적이고 설득력 있게 하나님의 뜻을 전달하던 방편이었기 때문이다. 단순히 신설교학이 주장해서도 아니고, 오늘의 시대적 상황이 요청해서도 아니다. 성경이 이매지네이션 활용의 근본적 근거이기 때문에 조나단 에드워드(Jonathan Edwards)[32]나 찰스 스펄전(Charles H. Spurgeon)[33] 같은 역사적으로 탁월한 설교자들이 이

---

32) Jonathan Edwards(*The Classics of Jonathan Edwards: The Distinguishing Marks*, 노병기 역, 『성령의 역사 분별 방법』 [서울: 부흥과 개혁사, 2004], 72)는 "이매지네이션은 눈에 보이지 않는 것들을 생각하도록 하나님이 주신 기능이기에 이 기능을 어느 정도 사용하지 않고서는 영적인 것이나 비가시적인 것을 생각할 수 없도록 만드셨다."고 하면서 "성령은 이매지네이션을 통해 진리에 대한 생생한 감각을 주신다(74)."고 설교에 있어서 이매지네이션을 강조했다. 뿐만 아니라 그는 <진노하신 하나님의 손에 있는 죄인들>이라는 이매지네이션이 탁월하게 반영된 역사에 길이 남을 설교를 남겼다.

33) 설교의 역사에 대해 탁월한 저서를 남긴 에드윈 다아간(Edwin C. Dargan, *A History of Preaching*[vol. II] [Ann Arbor: Baker, 1974], 537)은 스펄전을

매지네이션을 활용한 설교를 하였고, 대표적인 강해 설교자로 알려진 마틴 로이드 존스(D. Martin Lloyd-Jones)[34]나 존 스토트(John Stott)[35]도 설교에 있어서 이매지네이션이 반드시 필요함을 역설하였다.

III. 설교에서의 이매지네이션의 활용

지금까지 우리는 이매지네이션이 무엇인지 그리고 설교에 있어서 이매지네이션이 사용되어야 하는 근거가 무엇인지 살펴보았다. 그러면 이매지네이션이 설교의 어떤 과정에서 활용될 수 있는가? 물론 이매지네이션은 전체의 과정에서 다양한 역할을 하지만 크게 나누면 두 가지이다. 하나는 본문의 주해 과정이고, 다른 하나는 전달 과정이다.

1. 본문의 바르고 깊이 있는 주해를 위해 이매지네이션이 필요하다.

"역사의 많은 위대한 설교자들 가운데서 Spurgeon은 가장 탁월한 설교자였고, 또한 그보다 더 완벽하게 이매지네이션을 발휘했던 설교자도 없었다"고 평가하였다. 실제로 그는 이매지네이션을 통하여 오감을 자극하는 탁월한 설교를 하였다. 이매지네이션을 활용하여 오감에 호소하는 Spurgeon의 설교에 대한 자세한 연구를 위해 Jay E. Adams, "스펄전 설교에 나타난 감각적 호소" in *Studies in Preaching*, 박광철 역, 『설교연구』 (생명의 말씀사, 1994), 13-77을 참고하라.

34) 마틴 로이드 존스(D. Martin Lloyd-Jones, *Preaching and Preachers* [London: Hodder and Stoughton, 1976], 235)도 이매지네이션은 "하나님께서 주신 선물이며, 설교에 있어서 이매지네이션은 아주 중요하고 도움이 된다."고 하였다. 또한 역사적으로 탁월한 설교자는 모두 이매지네이션을 풍부하였는데, 오늘날 설교에 있어서 이매지네이션이 제 자리를 찾지 못한 것에 대해 안타까워하였다 (235-6).

35) 존 스토트(John Stott, *I Believe in Preaching* [London : Hodder and Stoughton, 1983], 238)는 "우리 인간은 추상적인 개념을 다루는 것이 매우 힘들다는 것을 안다. 우리는 그런 추상적인 개념을 (수학에서와 같이)상징들(symbols)이나 그림으로 바꾸어야 할 필요가 있다. 왜냐하면, 이매지네이션의 능력이야말로 하나님께서 인간에게 주신 가장 탁월하며 특별한 선물이기 때문이다."고 하였다.

성경적 설교를 위해 본문을 바르고 깊이 있게 주해하는 것은 필수적이다. 필자는 본문을 깊이 있게 이해하기 위해 세 가지 이매지네이션이 필요하다고 생각한다.[36] 그것은 '역사적 이매지네이션,' '문맥적 이매지네이션,' 그리고 '상식적 이매지네이션' 이다.

1) 역사적 이매지네이션

성경의 모든 사건과 말씀들은 역사적으로 특별한 환경에서 발생하였다. 그러나 성경 자체에서는 그것을 구체적으로 기록하거나 제시하지 않는 것이 일반적이다. 그렇기 때문에, 본문의 시간적, 환경적, 문화적, 지리적 배경이나 상황의 연구와 고려는 본문의 올바른 이해와 설교를 위해서 반드시 필요하다. 역사적 이매지네이션은 본문의 역사적 상황과 배경을 통한 이매지네이션이다. 다시 말해, 역사적 이매지네이션은 고고학, 성경지리, 성경역사, 신구약 배경 등에 대한 전문지식을 바탕으로 이매지네이션을 활용하여 본문의 역사적 사건을 재구성하여 본문의 의미와 의도를 발견하는 것이다. 예를 들어, 여호수아 3장은 이스라엘이 요단강을 건너는 사건을 기록하고 있다. 본문을 보면 그때가 '곡식을 거두는 시기(15절)' 라는 시간적 배경을 알려주고 있다. 지금은 요단강이 그렇게 크지 않지만 당시에는 강의 폭이 20-30m, 깊이가 3-4m 정도였다고 한다. 그런데 곡식을 거두는 시기(오늘날의 3-4월)에 강물은 그보다 훨씬 넘치고 있었다. 그때는 우기가 막 끝났을 때였고 겨우내 얼었던 헬몬 산의 눈과 얼음이 녹아 흘러내리는 시기였기 때문에 하류에 있는 요단강은 일 년 중 가장 물이 넘

---

36) 흔히 해석학은 '과학(science)이요 예술(art)' 이라고 한다. 다시 말해, 설교자는 주어진 본문을 주해하기 위해 해석학적인 도구들을 활용하여 과학적으로 접근해야 한다. 그러나 과학적 접근만을 가지고는 부족하다. 과학적 도구들을 효과적으로 사용하고 응용하는 창조적이고 예술적인 기술이 필요하다. 이매지네이션은 그러한 창조적이고 예술적인 기술의 한 부분이라고 할 수 있다.

치는 시기였다. 이러한 역사적 배경에 근거한 이매지네이션을 통해 우리는 다음의 질문을 할 수 있다. 왜 하나님께서 다른 때를 택하지 않고 요단강의 물이 가장 넘치는 시기를 택하였을까? 다른 때를 택하였으면, 좀 더 쉽게 건널 수도 있었지만 하나님께서 이때를 택한 것일까? 그것이 단지 우연일까? 필자는 하나님께서 요단강을 쉽게 건너게 하지 않고 물이 가장 넘치는 어려운 시기를 택해서 건너게 하신 것은 그들에게 기적이 필요했기 때문이라고 생각한다. 다시 말해, 요단강은 그들이 가나안을 정복하기 위해 넘어야 할 첫 번째 관문이었는데, 그 첫 번째 관문을 통과하면서 그들이 기적적인 하나님의 능력을 경험하는 것은 앞으로서 전쟁에서 유익하고 필요했기 때문이었다는 것이다. 이와 같이 역사적 상황에 근거한 이매지네이션은 성경에 기록된 사건이나 말씀에서 하나님의 깊은 의도를 발견하는데 많은 도움이 된다.

2) 문맥적 이매지네이션

문맥 속에서 본문의 의미를 파악하는 것은 성경해석에 있어서 기본이다. 문맥은 단어의 의미, 절의 의미, 단락의 의미를 파악하는데 결정적으로 중요한 역할을 할 수 있다. 문맥을 통해 본문의 의미와 의도를 깊이 있게 이해하도록 하는 것을 문맥적 이매지네이션이다. 예를 들어, 창세기 22장을 보자. 1절을 보면 "그 일이 있은 후에"라고 말씀한다. 원문은 "그 일"이 아니고 "그 일들이 있은 후에"라고 되어 있다. 그러면 '그 일들은' 무엇을 의미하는가? 당시에 아브라함은 그토록 기다렸던 아들을 하나님의 전능하심을 통하여 얻게 되었고, 기업의 상속할 자로서 이삭에게 문제가 될 수 있었던 이스마엘과 하갈이 쫓겨나서 가정의 분쟁이 해결되고 평안이 있었다. 더군다나 그가 살았던 그랄 지방의 왕이 직접 와서 화해를 제안할 정도로 주위의 환경이 그에게 우호적이었다. 그에게 여러 가지 좋은 일들이 일어났고, 그의 삶이 전반적으로 큰 문제가 없이 안정되고 평안한 생활을 하고 있었던 어쩌면 아브라함 생애에 있어서 최고의 시간을 보내고 있을 때였다. 그러니까 본문에서 "그 일들이 있은 후에"는 "하나님께서 여러모로 안정되고 편안한 환경을 허락하신 상황에서"를 의미한다. 그때 하나님께서 아브라함이 하나님을 얼마나 사랑하고 있으며 믿음을 온전히 유지하고 있는지 시험하셨던 것이다. 이와 같이 본문의 문맥을 통한 이매지네이션은 본문의 의미와 교훈을 깊이 있게 발견하는데 유익하다.

3) 상식적 이매지네이션

우리 인간에게는 모든 사람들이 공감하는 상식이 있다. 성경의 본문을 이해할 때도 역시 문자적으로는 분명히 드러나지 않지만 상식 차원에서 모든 사람들이 공감하는 상식이 활용되어야 한다. 설교자의 역할 가운데 하나는 누구나 공감할 수 있는 상식을 가지고 본문의 의미를 바르고 더욱 깊게 파악하는 것이다. 이것을 상식적 이매지네이션이라고 한다. 물론 상식적 이매지네이션은 역사적, 문맥적 이매지네이션에 기초해야 될 때가 많다. 예를 들어, 출애굽기 17:8-15은 이스라엘과 아말렉과의 전쟁 이야기를 기록하고 있다. 그런데 상식적으로 생각하면 이스라엘이 그 전쟁에서 결코 이길 수 없었다. 광야 생활을 하고 있던 이스라엘을 아말렉이 공격하였는데 그것도 이스라엘이 지쳐 있을 때 뒤에서 약한 부분들을 공격했다(참고. 신 25:17-18). 또한 이스라엘은 노예생활을 하다가 출애굽 한 후에 첫 번째 전쟁이었기 때문에 전쟁에 대한 경험도 없었고 전쟁을 위해서 잘 준비되지도 못했을 것이 분명하다. 하지만 아말렉은 그곳이 그들의 삶의 본거지였기 때문에 전쟁에 중요한 요소 가운데 하나인 그곳 지형을 잘 알고 있었고 또한 철저하게 전쟁을 준비하여서 정예요원으로 이스라엘을 공격하였을 것이다. 뿐만 아니라, 오늘날 당시의 르비딤이라고 추정되는 곳은 깊은 골짜기를 이루고 있었기 때문에 만약 산 위에서 공격을 하면 꼼짝없이 패배할 수밖에 없는 이스라엘에게 절대적으로 불리한 지형이었다. 그러니까 상식적으로 보면, 이스라엘과 아말렉과의 싸움은 애초에 전혀 싸움이 되지 않는 싸움이었고 이변이 없는 한 이스라엘에게 승산이 전혀 없는 전쟁이었다. 그러한 싸움에서 하나님께서는 이스라엘에게 승리를 주신 것이다. 이와 같이 상식적 이매지네이션은 본문의 의미를 더욱 풍성히 알게 하는데 중요한 역할을 한다.

요약하면, 설교자는 역사적 자료, 문맥, 그리고 상식에 근거한 이매지네이션을 통하여 본문을 재구성하거나 등장인물들의 성격이나 내면의 생각 그리고 대화의 내용이나 행동의 동기들을 좀 더 자세하고 깊이 있게 알 수 있으며, 갈등의 내용과 요인들 그리고 해결의 과정과 방법 등에 생기를 불어넣을 수 있다. 물론 역사적 이매지네이션, 문맥적 이매지네이션, 상식적 이매지네이션이 엄격히 분리되거나 본문마다 따로 구분되어 활용되는 것도 아니다. 대부분의 경우 이 셋은 보완적이고 종합적으로 활용된다. 뿐만 아니라, 이러한 이매지네이션이 분명한 근거도 없이 막연하게 활용되거나 너무 주관적이 되어서는 안 된다. 신뢰할만한 역사적, 문화적, 사회적, 지리적 배경에 근거하여 다른 사람들이 공감하고 믿을 수 있는 '창조적이며 신실한 이매지네이션(creative and faithful imagination)'이 요구된다.[37]

2. 효과적이고 설득력 있는 전달을 위해서 이매지네이션이 필요하다.

본문을 주해하고 적용점을 찾아 전해야 할 내용을 결정한 후에 설교자는 그 내용을 최대한 효과적이고 설득력 있게 전달하기 위해 최선을 다해야 한다. 효과적이고 설득력 있는 전달을 위해 다양한 요소들이 필요하다.

---

37) 참고. Long, *The Witness of Preaching*, 56-8.

그 가운데 하나가 이매지네이션을 통한 '그림 언어'와 '비유 언어'의 사용이다.

1) 그림 언어(또는 이미지 언어)의 사용

설교자가 단순히 개념(idea)을 전하는 것이 아니라 전하고자 하는 개념을 마치를 그림으로 보여주는 것처럼 이미지화해서 전하는 언어를 '그림 언어'라고 말한다. 그런데 효과적인 그림언어의 사용을 위해 설교자에게 이매지네이션이 필요하다. 성경에는 그림언어로 가득 차 있다. 예를 들어, 선지자 이사야는 백성들의 회개를 촉구하면서, "우리가 서로 변론하자 너희의 죄가 주홍 같을지라도 눈과 같이 희어질 것이요 진홍 같이 붉을지라도 양털 같이 희게 되리라."고 마치 그림을 그려주듯이 전했다. 예수님께서도 "어찌하여 형제의 눈 속에 있는 티는 보고 네 눈 속에 있는 들보는 깨닫지 못하느냐?"며 비판하지 말라는 추상적일 수 있는 개념을 구체적으로 눈으로 보고 마음으로 그릴 수 있게 전하셨다. 마찬가지로 설교자가 말씀을 전할 때 단순히 청중들의 청각만을 사용하는 것이 아니라 시각에도 호소할 때 더욱 효과적인 것은 두말할 나위가 없다. 이와 관련해서 라메쉬 리차드(Ramesh Richard)는 잘 언급하였다.[38]

설교자가 사용하는 단어는 단순히 음성 상자로부터 흘러나오는 소리가 되어서는 안 된다. 그림을 그려가는 설교를 해야 한다. '공중 앞에서 행함이 없는 자신만을 생각하는 믿음은 소용이 없습니다.'고 하기 보다는 '공중 앞에서 행함이 없는 자신에게만 관심 있는 믿음은 고리가 없는 옷걸이와 같이 소용이 없습니다.'고 말해야 한다. 설교자가 적절하게 선택한 단어들은 기쁨, 자유, 평강, 분노, 긴장, 죄책감이나 또는 설교의 목적에 부합하는 감정들을 성

---

38) Ramesh Richard, *Preparing Expository Sermons: Seven-Step Method for Biblical Preaching*(2nd. ed.) (Grand Rapids: Baker Books, 2001), 132

도들의 마음에 불러일으킬 수 있다.

물론 설교에서 개념을 분명히 하는 것은 필요하고 중요하다. 그러나 개념이나 명제를 이매지네이션을 통해 이미지화 했을 때 청중은 눈으로 보게 되고 그것은 청중의 마음과 생각에 오랫동안 살아남아 청중으로 말씀에 참여하게 하고 결국에는 변화하도록 이끌어주는 것이다. 그림언어에 효과에 대해서 게리 스멜리(Gary Smalley)와 존 트렌드(John Trend)는 그림언어란 "대화의 도구로 내용이나 대상을 사용하여 상대방의 감정과 지성을 동시에 활용하는 것이다. 그렇게 함으로써 상대방은 우리의 말을 단순히 들을 뿐 아니라 경험하는 것이다."[39]고 하면서, 그 결과로 1) 우리를 하나님과 가깝게 하고, 2) 성경의 진리를 이해하고 기억하게 하고, 3) 하나님께서 우리에게 소망과 격려를 주시는 주요 방법이고, 4) 복음 전도에 강력한 도구를 제공한다고 하였다.[40]

많은 사람들은 그림언어의 사용의 대표적인 예로 1960년대 마틴 루터 킹(Martin Luther King, Jr.) 목사의 "나에게는 꿈이 있습니다(I have a Dream)!"라는 연설과 찰스 스펄전의 설교를 제시한다.[41] 우리가 잘 아는 킹목사의 연설의 일부분을 보자.

나에겐 꿈이 있습니다. 어느 날 이 나라가 똑바로 일어서서 '모든 사람은 평등하게 창조되었다는 것은 자명한 진리다.'는 국제적 신조가 갖는 진정한 의미를 실현하게 될 것이라는 꿈이 있습니다.
나에겐 꿈이 있습니다. 어느 날 조지아의 붉은 동산 위에 전 노예의 아들과 전 주인의 아들이 형제애의 테이블에 같이 앉게 될 것이라는 꿈이 있습니다.

---

39) Gary Smalley & John Trend, *The Language of Love*, 서원교 역, 『사랑 언어 그림 언어』 (서울: 요단, 1996), 36.
40) Smalley & Trend, *The Language of Love*, 223-39.
41) 스펄전이 이매지네이션을 활용하여 그림 언어를 효과적으로 사용한 구체적인 예들을 위해 Adams, "스펄전 설교에 나타난 감각적 호소," 13-77을 참고하라.

나에겐 꿈이 있습니다. 어느 날 불의의 열기로 사막처럼 뜨겁고 억압의 열기로 사막처럼 뜨거워져 있는 미시시피주조차 자유와 정의의 오아시스로 변할 것이라는 꿈이 있습니다.

…

나에겐 꿈이 있습니다. 어느 날 모든 계곡이 높아지고, 모든 언덕과 산이 낮아지고 거친 곳이 평탄해지고, 구부러진 곳이 똑바로 되며, 주님의 영광이 드러나고, 모든 사람들이 다 함께 그것을 보게 될 것이라는 꿈이 있습니다.

킹목사는 단순히 인종차별을 없애자고 목소리만 높여서 연설하지 않고 이매지네이션을 동원하여 그가 소원하고 바라는 내용을 생생하게 그림으로 보여줌으로 많은 사람들에게 감동을 주고 행동을 유발시켰다. 이것이 바로 이매지네이션을 활용한 그림 언어의 능력이다.

2) 비유 언어의 사용

효과적인 전달을 위해 설교자에게 필요한 다른 하나는 이매지네이션을 활용한 '비유 언어(比喩言語, figurative language)'의 사용이다.[42] 비유 언어의 사용은 그 전까지 전혀 연결되지 않는 개념이나 생각들을 그들이 전하고자 하는 진리와 연결함으로 더욱 신선하고 설득력 있고 효과적으로 전달하는 일종의 수사법이다. 위에서 보는 바와 같이 성경의 저자들은 탁월하게 비유 언어를 사용하였다.[43] 설교자들도 마찬가지로 이매지네이션을 통해 비유 언어들을 계속 개발하고 활용할 때 그들이 전하고자 하

---

42) 네이버(Naver) 국어사전에서 비유는 '어떤 현상이나 사물을 직접 설명하지 아니하고 다른 비슷한 현상이나 사물에 빗대어서 설명하는 일'이라고 정의한다 (http://dic.naver.com/ver.com/). 사실 우리는 일상생활에서 너무 자연스럽게 비유 언어를 사용하고 있다. 예를 들어, '깨가 솟아진다(재미있다).' '죽을 쑤다(망치다).' '무릎을 꿇다(굴복하다).' 등은 모두 비유적 표현이다.

43) 성경에 나타난 비유 언어 사용의 구체적인 설명과 예들을 위해 김지찬, 『언어의 직공이 되라』 (서울: 생명의 말씀사, 1996)를 참고하라.

는 메시지를 더욱 효과적이고 실감나게 전하게 될 것이다. 비유 언어에는 직유법, 은유법, 환유법,44) 제유법45) 등이 있는데, 대표적인 것은 은유법과 직유법이다.46)

(1) 은유법

은유법은 본질적으로 다르게 보이는 두 가지 대상이나 개념을 직접 연결하는 비유법을 말한다. 일반적으로 'A는 B이다'의 형식을 취한다. 예수님께서 "나는 포도나무요 너희는 가지이니"라고 하는 말씀은 대표적인 은유법이다. 설교에서는 다음과 같이 사용될 수 있다. 기도에 대한 강조를 할 때 "하나님은 기도를 통해 우리에게 필요한 것들을 채워주십니다."라고 말하기 보다는 "기도는 수도꼭지를 트는 것이고 전원 스위치를 켜는 것입니다. 저수지에 아무리 물이 있어도 수도꼭지를 틀어야만 그 물을 사용할 수 있고, 발전소에 전력이 많이 있어도 스위치를 켜야만 그 전력을 사용할 수 있습니다. 하나님께서는 기도라는 은혜의 수단을 통해 우리에게 필요한 것들을 채워주십니다."와 같이 은유적으로 전달하면 더욱 실감나게 와 닿을 것이다. 영적 건강을 유지하기 위해 전도의 필요성을 강조할 때도 단순히 "우리의 영적인 건강을 유지하기 위해 전도는 필수적입니

---

44) 어떤 대상이나 개념을 그것의 속성과 밀접한 관계가 있는 다른 낱말을 빌려서 표현하는 방법이다. 예를 들어, 우리나라 권력의 핵심부를 '청와대'로 미국의 금융계를 '월스트리트'로 표현하는 것 등이다. 성경을 보면, '내가 다윗의 집의 열쇠를 그의 어깨 위에 두리니(사 22:22)'에서 집의 열쇠는 열쇠를 가지고 있는 효과, 즉 집을 통제하는 것을 나타낸다.

45) 환유법과 유사한 것으로 전체를 일부로, 또는 일부를 전체로 나타내는 비유법이다. 예를 들면, "그는 손톱하나 까딱하지 않았다."에서 손톱하나는 몸의 일부로서 전체를 나타내는 것이다. 성경에서 예수님의 "사람이 떡으로만 살 것 아니요 하나님의 입으로 나오는 말씀으로 사느니라."는 말씀에서 떡은 우리가 살기 위해서 먹어야 할 음식을 가리킨다.

46) 수사학적인 관점에서 비유 언어의 더욱 자세한 설명과 실제적인 예들을 위해 김욱동, 『수사학이란 무엇인가』 (서울: 민음사, 2002)을 참고하라.

다."라고 말하기 보다는 "오늘날 우리는 너무 많은 음식을 먹습니다. 설교도 많이 듣고 성경 공부도 열심히 합니다. 하지만 운동을 하지 않습니다. 그러면 영적으로 비만해져서 성인병에 걸리지 않을 수 없습니다. 영적인 병에 걸리지 않도록 열심히 운동하는 것이 전도입니다."라고 전달하면 더욱 효과적으로 동기유발을 할 수 있을 것이다.

(2) 직유법

은유는 두 상이한 것들 사이의 은근한 비교를 행하는 데 반해, 직유는 '~처럼', '~같이', '마치 ~인 것인 양' 등과 같은 용어를 사용하여 명백한 비교를 행하는 데 있다. '천국은 마치 ~와 같다.' 는 예수님의 말씀은 직유법의 대표적인 예다. 실제 설교에서는 다음과 같이 사용될 수 있다. "우리는 십자가의 진리를 자주 그리고 반복적으로 듣는 것이 필요합니다. 왜냐하면 그것은 우리의 신앙과 삶에 유익하기 때문입니다."라고 단순하게 말하는 것보다 "십자가의 진리를 듣는 것은 마치 거울을 보는 것과 같습니다. 우리가 매일 아침에 그리고 필요할 때마다 거울을 보며 우리의 외모를 점검하는 것처럼 십자가의 진리를 자주 그리고 반복적으로 듣는 것이 우리의 신앙과 삶에 유익하고 반드시 필요합니다."라고 비유적으로 전달한다면 훨씬 실감나고 효과적인 전달이 될 수 있다. "우리에게 닥친 모든 일을 믿음으로 바라보아야 하나님의 뜻을 깨달을 수 있습니다."라고 무미건조하게 말하는 것보다. "믿음은 눈이 좋지 않은 사람이 안경을 끼고 이 세상과 나의 주변을 바라보는 것과 같습니다. 시력이 안 좋은 사람이 안경을 벗으면 아무 것도 보이지 않지만 안경을 끼면 훨씬 잘 보이는 것처럼 믿음으로 이 세상을 바라보고 하나님의 섭리를 바라보면 하나님의 뜻과 섭리와 의도를 깨달을 수 있습니다."라고 비유적으로 말할 때 더욱 효과적이라는 것은 두 말할 나위가 없다.

결국 설교자가 밋밋하고 무미건조하게 전하는 것이 아니라 이매지네이션을 통해 비유 언어를 사용하여 전할 때 보다 분명하게 전달할 수 있을 뿐 아니라 설교자의 의도와 목적을 더욱 효과적으로 전할 수 있다.

IV. 이매지네이션의 사용에 있어서 유의할 점

이상에서 본 바와 같이 이매지네이션은 깊이 있고 효과적인 설교에 있어서 필수적이다. 그러나 이매지네이션의 사용에 있어서 주의할 점이 있다. 그것은 크게 두 가지이다.

먼저, 절제되고 통제된 이미지와 비유의 사용이 요구된다. 효과적인 설교를 위해서 가장 중요한 것 가운데 하나는 설교의 주제와 목적을 분명히 하는 것이다. 탁월한 설교는 단순한 설교이다. 너무 복잡하고 지나치게 많은 이미지나 비유는 오히려 청중들을 혼란스럽게 한다. 개개의 이미지나 비유들은 설교의 주제와 목적을 분명히 하는데 도움이 되어야 한다. 윌슨이 주장한 것처럼 하나의 지배적인 이미지를 사용해야 하고,[47] 다양한 이미지와 비유를 활용하더라도 그것이 소위 빅 아이디어(Big Idea) 아래서 통합되어야 한다.[48]

다음으로, 공감대가 형성되는 이미지와 비유를 사용해야 한다. 설교에 있어서 청중 분석은 참으로 중요하다. 이미지나 비유를 사용할 때 청중들의 문화적인 환경이나 연령 등을 고려해야 한다. 예를 들어, 예수님은 갈

---

47) Wilson, *The Four Pages of the Sermon*, 175이하.
48) 로이드 존스(Lloyd-Jones, *Preaching and Preachers*, 236)는 이매지네이션의 필요성과 중요성을 거듭 강조하면서도 "이매지네이션의 문제는 지나치게 멀리 나가는 것이다. 도움이 되는 지점을 벗어나서 이매지네이션 그 자체에 관심을 끌게 하고 전하고자 했던 진리와는 무관하게 된다. 결국 이매지네이션을 통해 설교자가 보았던 것이 진리보다 더 사람들에게 영향을 주게 된다."고 경고하였다.

릴리 시골 사람들에게 말씀을 전했기 때문에 농업과 관련된 이미지와 비유들을 사용하셨고, 바울은 로마의 도시 문화권에 있는 사람들에게 복음을 전했기 때문에 군인이나 경주의 비유를 사용하였다. 공감대가 형성되지 않는 이매지네이션의 활용은 오히려 혼란만 가중시킨다. 시골에 있는 사는 분들에게 강남 사람들에게만 통용되는 이미지나 비유를 사용한다면 효과가 있겠는가?

V. 이매지네이션의 개발과 발전

이매지네이션에 대해 오해하는 것 가운데 하나는 이매지네이션은 천부적인 은사요 재능이기에 개발하고 발전시키기 힘들다고 생각하는 것이다. 그러나 이매지네이션은 얼마든지 개발하고 발전시킬 수 있다는 것이 일반적인 견해이다.[49) 위어스비는 상상력을 훈련하고 개발하기 위해 우리는 우선적으로 성령의 도우심을 구해야 한다고 강조하면서 다음과 같이 말한다.[50)

우리가 하나님의 형상대로 지음을 받았다면 그리고 하나님이 무한히 독창적인 분이시라면 그 분은 우리의 창조력을 향상시킬 수 있는 분이시다. … 우리의 문제는 이매지네이션이 부족한 것이 아니라 우리가 이매지네이션을 활

---

49) 블랙우드(Blackwood, *Preaching from the Bible*, 203-7)는 이매지네이션을 3단계로 나누어 설명하였다. 그것은 묘사적(descriptive) 이매지네이션, 건설적인(constructive) 이매지네이션, 그리고 창조적(creative) 이매지네이션이다. 묘사적인 단계는 사실을 단순히 묘사해 주는 단계이다. 건설적인 단계는 옛 것을 조직화하고 한데 묶어 새로운 조화를 만들어 내는 종합화하는 능력이다. 창조적인 단계는 특별한 사람들에게 부여되는 것인데 캠벨 몰간(G. Campbell Morgan)과 같은 설교의 재능을 가진 사람들에게 발견되는 것이라고 하였다.
50) Wiersbe, *Preaching & Teaching with Imagination*, 290.

용하지 않는 것이다.[51]

그러면 이매지네이션을 개발하고 발전시키고 효과적으로 활용하기 위해 필요한 것은 무엇인가?

1. 시간적 여유가 필요하다.

오늘날 설교자(특별히 한국 교회 설교자)들은 너무 바쁘다. 또한 너무 많은 설교를 한다. 바쁘고 쫓기는 삶과 사역에서 이매지네이션을 개발하고 충분히 활용하기가 쉽지 않다. 이매지네이션을 효과적으로 활용하기 위해 설교자에게 여유와 쉼이 필요하다. 가능하다면 설교 횟수를 주 2회 정도로 줄이고,[52] 토요일 늦게 까지 설교 준비하기 보다는 미리 준비하는 것이 바람직하다. 최소한 금요일까지는 설교 준비를 마치고 토요일은 여유와 쉼과 묵상의 시간이 되어야 한다.[53] 그럴 때 이매지네이션이 개발되

---

51) 윌슨(Wilson, *Imagination of the Heart*, 16)도 많은 사람들은 이매지네이션을 예술가와 연결시키고 사람에 따라서 이매지네이션을 가지고 태어나는 사람이 있고 그렇지 못한 사람이 있는 것을 단정 짓는 경우가 많은데 마치 악기를 배우기 위해 훈련해야 하는 것처럼 이매지네이션은 얼마든지 훈련에 의해 개발될 수 있다고 하였다.

52) 많은 설교학자들은 1분 설교를 위해 1시간의 준비가 필요하다고 한다. 그렇다면 새벽기도회를 제외하고 주 2회 이내로 설교 횟수를 줄이는 것이 바람직하다. 물론 교회의 규모가 작거나 교역자 수가 많지 않을 때는 그것이 쉽지 않을 것이다. 이때는 예배의 내용이나 순서 또는 교회의 시스템을 바꾸는 것도 고려할 만하다.

53) 위어스비(Wiersbe, *Preaching & Teaching with Imagination*, 293-4)의 말은 일중독에 빠져 있는 설교자들에게 좋은 제안이 될 것이다.

놀이와 휴식은 창조적인 과정의 한 부분이다. 정신없이 일하다가 느긋하게 휴식을 취하게 되면 상상력이 작동하기 시작해 원하는 것을 얻는 경우가 많다. 그저 많은 자료를 모아서 열심히 연구하는 정도로는 안 된다. 또한 부화를 위해 시간을 투자하는 것도 중요한데 바로 그때가 이매지네이션이 작동하여 무언가를 끄집어 낼 시간이기 때문이다. 창조적인 사람은 휴식을 결코 낭비라고 생각하지 않는다.

고 효과적으로 활용될 수 있다.

2. 독서가 필요하다.

이매지네이션을 개발하고 발전시키기 위해 독서는 아무리 강조해도 부족함이 없다.54) 설교자는 다양한 분야의 책55)과 다양한 논조의 신문을 읽어야 한다. 또한 독서를 할 때 이매지네이션의 관점에서 읽어보는 것도 바람직하다. 특별히 이매지네이션의 보고인 성경을 이매지네이션의 관점에서 묵상하는 것도 필요하다.

3. 어휘를 늘려라.

이매지네이션이 풍부한 설교를 위해서 어휘는 활의 화살과 같다. 위어스비는 "단어는 우리로 보게 하는 등불이요, 집을 짓는 도구요, 운전할 때 붙잡을 손잡이요, 싸움을 돕는 무기다."56)고 강조하면서 어휘를 늘릴 수 있는 최선의 방법은 좋은 사전을 옆에 끼고 다니는 것이라고 하였다.57)

---

54) 이와 관련하여 크레독(Craddock, *As One Without Authority*, 149)의 말은 도움이 된다.
　　문학 작품을 통해 전해지는 삶의 개방적인 수용성을 갖는 것도 민감성을 유지하는데 좋은 효과가 있다. 한 설교자의 설교 내용과 분위기 그리고 넓이에 있어서 풍부함을 더해주는 것으로 설교자의 다양한 독서보다 더한 것은 없다. 설교에 있어서 가장 가치 있는 문헌은 다음 주 설교에 압박을 받지 않으며 읽을 수 있는 좋은 책이라고 할 수 있다. 즉 설교 준비에 쫓기면서 온 마음을 거기에 빼앗긴 상태에서 당장 이번 주에 써 먹을 수 있는 자료가 없을까하여 이곳저곳을 뒤지는 형태의 독서는 별로 도움을 주지 못한다는 것이다.
55) 수필, 에세이, 소설 등 문학 뿐 아니라 인문과학과 자연과학에 관련된 책들도 읽어야 한다.
56) Wiersbe, *Preaching & Teaching with Imagination*, 298.
57) 알프레드 깁스(Alfred P. Gibbs, *The Preacher and His Preaching*, 조성훈 역, 『설교자와 그의 설교』 [서울: 전도출판사, 1993], 366)도는 설교자가 매일 새

4. 모든 일에 관심을 가지고 살펴라.

이매지네이션을 개발하고 발전시키고 활용하기 위해서 설교자는 항상 주변의 모든 일에 관심과 주의를 기우려야 한다. 즉, 설교자는 주변에서 일어나는 사소한 일이나 미세한 자연의 변화라도 아무런 생각 없이 지나치는 것이 아니라 민감성(sensitivity)과 통찰력(insight)을 가지고 그러한 것들을 성경의 진리 그리고 우리의 신앙과 삶과 연결하여 질문하며 묵상하는 자세가 필요하다.

VI. 결론

많은 설교자들은 이매지네이션에 대해 들어보지 못했거나 설교에 있어서 그저 부가적이고 선택적인 요소로 오해하기도 한다. 하지만 이매지네

로운 말 하나씩 배울 수 있도록 사전을 손에서 절대 멀리 하지 말고 배우는 노력이 필요하다고 주장한다. 그렇게 함으로 풍부하면서도 정확하고 참신하고 창의적인 단어 사용을 할 수 있고, 또한 같은 단어의 반복으로 인한 지루함도 상쇄할 수 있다고 한다. 또한 프레드 크레독(Fred B. Craddock, *Preaching* [Nashville: Abingdon Press, 1985], 198-200)은 설교자의 언어의 풍성함과 정확함을 위해서 다음과 같은 훈련을 제안하고 있다. 1) 언어의 중요성과 힘을 스스로에게 일깨우기 위해서 이 부분에 있어서 자격을 구비한 전문가들의 글을 읽어라. 2) 설교자로서의 자신의 일을 언급할 때 단지 '이야기,' '연설,' 혹은 '설교' 등의 보편적인 표현보다 더 힘 있고 상상력을 발휘하는 표현들을 생각해서 사용하라. 3) 매일 이십분 내지 십 오 분 씩 위대한 작가들의 것이라고 인정받는 수필, 희곡, 단편, 시, 소설 등을 읽어라. 4) 친구들이나 친척들에게 개인적인 편지를 써라. 5) 다섯 주나 여섯 주마다 자신의 설교를 검토해보고 지나치게 많이 사용된 단어나 구절이 없는지 확인해 보라. 6) 사람들끼리 이야기하는 것을 들어라. 7) 외국 사람들과 함께 이야기를 해 보라. 8) 어린 아이들, 세 살에서 다섯 살까지의 아이들과 함께 이야기를 해 보라. 9) 정기적인 훈련으로서, 듣는 사람들, 경험 없는 사람들이 받아들이기 어렵거나 애매한 생각이나 개념들을 설교에서 추려내 보라. 10) 단어 놀이를 해 보라.

이션은 성경에 그 근거를 둔 것으로 깊이 있고 효과적이고 능력 있는 설교를 위해 반드시 필요한 요소임을 확인할 수 있었다. 뿐만 아니라 이매지네이션은 어느 특별한 사람들에게만 주어지는 능력이 아니고 얼마든지 개발하고 발전시킬 수 있음도 살펴보았다. 아무쪼록 창조적이고 신실한 이매지네이션을 활용함으로 우리의 강단의 더욱 풍성하게 되며, 더욱 효과적으로 복음이 전파되기를 간절히 바란다.

제 5 부
설교의 본질

제14장

포스트모더니즘과 설교[1]

오늘날 우리는 삶의 모든 영역에서 커다란 변화를 경험하고 있다. 이렇게 급변하는 오늘날의 '패러다임'[2]을 흔히 '포스트모더니즘(Postmodernism)'이라는 용어로 표현한다. 포스트모더니즘으로 대변되는 오늘날 우리 시대의 평가에 대해 디오게니스 알렌(Diogenes Allen)의 말은 자주 인용된다.

하나의 커다란 지적 혁명이 일어나고 있다. 그것은 아마도 중세로부터 근대로 전환될 때만큼이나 큰 혁명이다. 근대의 기초들이 무너지면서 우리는 포스트모던 세계로 들어가고 있다. 계몽주의(1600-1780)를 지배했고 근대 사고의 기초를 형성했던 것들이 이제 힘없이 무너져 내리고 있다.[3]

---

1) 본장은 「신학지남」289(2006/겨울호): 272-294에 "포스트모더니즘과 설교"로 게재된 논문을 수정 보완한 것이다.

2) 패러다임은 토마스 쿤(Thomas Kuhn)에 의해서 도입된 학문적 용어로서 '시대를 지배하는 문화와 사고의 이론적 틀'을 말한다. Thomas Kuhn, *The Structure of Scientific Revolution* (Chicago: University of Chicago Press, 1962).

3) Diogenes Allen, *Christian Belief in a Postmodern World* (Louisville: Westminster/ John Knox, 1989), 2. 레이스 앤더슨(Leith Anderson) 또한 오늘날의 급격한 시대 변화에 대해서 잘 진단하였다(*A Church for the Twenty-first Century* [Minneapolis: Bethany House, 1992], 17).

오늘날 우리는 우리의 국가와 전 세계에서 거대한 구조적 변화를 경험하고 있다. 그 변화는 인쇄술의 발명, 산업 혁명, 그리고 공산주의 등장과 붕괴보다도 더욱 영향력이 있는 변화가 될 것임이 틀림없다.

오늘날 시대적 정황을 잘 설명한 김욱동의 말 또한 인용할 만하다.

그것(포스트모더니즘)은 마치 우리가 매일 들이마시는 공기처럼 삶의 일부를 구성하고 있다. 싫든 좋든 우리는 지금 포스트모더니즘 안에 살고 있으며, 따라서 그것을 주어진 현실로 받아들이지 않으면 안 된다. 그것을 거부하는 것은 곧 우리가 현재 영위하고 있는 삶의 일부를 거부하는 것이나 다를 바 없다.4)

실제적으로 '포스트모더니즘'이라는 말은 대단한 위력을 가지고 우리의 모든 삶과 신앙생활에 침투했고, 때로는 무분별할 정도로 빈번하게 사용되고 있는 것이 현실이다. 이제 더 이상 '포스트모더니즘'은 일부 지식인들만이 사용하는 전문적인 또는 학문적인 용어가 아니다.

이러한 포스트모던 시대의 상황이 오늘날 설교에 중요한 영향을 미치고 있다는 것은 두말할 나위가 없다. 본장에서는 '청중 분석'의 측면에서 오늘날의 설교 상황(Context)인 포스트모더니즘에 대응한 바람직한 설교학적 접근에 대해서 고찰하고자 한다. 우선 포스트모더니즘에 대한 개괄적인 설명을 하고, 다음으로 포스트모더니즘의 상황과 맞물려 등장하고 발전하게 된 소위 '신설교학(New Homiletics)'의 특징들에 대해 언급할 것이다. 마지막으로 신설교학의 열풍에 휩싸여 있는 오늘날에 설교자가 놓치지 말아야 할 것 몇 가지를 제안하고자 한다.

I. 포스트모더니즘의 이해

---

4) 김욱동, 『포스트모더니즘의 이해』 (서울: 문학과 지성사, 1990), 13.

어떤 문화 운동도 어느 한 순간에 갑작스럽게 나타나지 않는다. 문화는 항상 역사가 진행되면서 도전과 응전을 통해 끊임없는 변화의 과정을 겪는다. 그렇기 때문에 포스트모더니즘의 이해를 위해서 간략하지만 먼저 이 전 시대, 특히 모더니즘(Modernism)에 대해 살펴볼 필요가 있다.5)

1. 모더니즘(근대)

14-16세기에 서유럽에서 번성한 르네상스(Renaissance: 원래는 프랑스어인데, '회복' 또는 '재생'을 의미한다)에서 근대가 시작되었다고 하는 것이 일반적인 견해이다.6) 다른 문화 운동들이 그러하듯이 르네상스도

---

5) 포스트모더니즘은 어원적으로 보더라도 모더니즘과 밀접한 관계에 있다. 즉, 포스트모던이즘은 post 와 modernism의 합성어인데, 여기에서 'post'는 두 가지로 이해될 수 있다. 하나는 '반대' 또는 '대립'의 개념["탈(脫)"의 의미]으로 이해될 수 있고, 다른 하나는 연속의 개념("후기"의 의미)으로 이해될 수 있다. 물론 이에 대해 많은 논란이 있다. 필자는, 뒤에서 보는바와 같이, 연속의 의미도 없지 않아 있지만 반대 또는 대립의 의미가 더욱 강하다고 생각한다. 참고. Stanley J. Grenz, "Star Trek and the Next Generation: Postmodernism and the Future of Evangelical Theology," in David D. Dockery(ed.), *The Challenge of Postmodernism*(2nd ed.) (Grand Rapids: Baker, 2001), 78.

6) 르네상스 운동이 일어난 배경을 알기 위해서 역시 그 이전인 중세의 특징을 알 필요가 있는데, 그것은 두 학자의 견해를 소개함으로 대신하고자 한다. 먼저, 진 바이스(Gene E. Veith)는 근대 이전 시대의 특징을 다음과 같이 두 가지로 요약하였다(*Postmodern Times: A Christian Guide to Contemporary Thought and Culture*, 홍치모 역, 『포스트모더니즘의 세계: 도전받는 크리스찬』 [서울: 아가페 출판사, 2004], 31-7).

   a. 무엇보다도 근대 이전에는 초자연적 존재를 믿었다. 다시 말해, 사람들은 전반적으로 하나님 의 살아계심을 믿었거나 그렇지 않을지라도 최소한 신이 존재한다는 것만이라도 인정했다.
   b. 다음으로, 진리가 객관성을 가지고 있다는 것과 지적 절대 진리가 있다는 것에 대해서 인정 하였다.

또한 데이비드 그리핀(David R. Griffin)은 근대에 의해 거부된 중세 세계관의 핵심을 이루는 세 가지를 다음과 같이 정리하였다(*God and Religion*, 강성도 역, 『포스트모던 하나님, 포스트모던 기독교』 [서울: 한국기독교연구소, 2002], 58-60).

다양한 국면을 지니고 있다. 하지만, 일반적인 의미에서, 르네상스는 그 용어가 의미하는 것처럼 고대 그리스와 로마의 문화를 이상으로 하여 그 것을 회복시키고 부흥시킴으로써 새로운 문화를 창출해 내려는 운동이었다. 즉, 고대를 문화의 절정기로 보는 반면, 5세기 로마 제국의 몰락과 함께 시작된 중세를 '야만시대,' '인간성이 말살된 시대,' '인간의 창조성이 철저히 무시된 암흑시대'라고 평가한다. 그들은 참다운 인간성을 회복하기 원했는데, 그것이 고전(古典)의 회복과 부흥을 통해서 가능하다고 생각했다. 이와 같이 인간의 가치와 존엄성, 능력 그리고 탁월성의 회복이 당시 사람들의 진정한 목적이었기에 이들을 '인문주의자(humanist)'라고 부르기도 한다.

이어서 근대는 17-18세기 유럽에서 번성하였던 계몽주의(啓蒙主義: Enlightenment) 운동을 통해 그 전성기를 맞이하였다.[7] 그러면 근대를 대표하는 계몽주의의 시대에 나타난 특징은 무엇인가?

---

　　a. 중세는 세계가 인격적인 신에 의해서 창조되었다고 보았다.
　　b. 인간은 사물의 구성에 있어서 특권을 가진 자리에 위치하고 있다고 생각했다.
　　c. 지구에서의 우리의 삶은 존재의 끝이 아니며, 단지 존재의 시작이라고 믿었다. 즉, 천국과 지 옥의 교리를 받아들였다.
한 마디로, 근대 이전의 시대는 신 중심의 세계관과 종교에 대한 권위가 인정되던 시기라고 할 수 있는데 근대는 그에 대한 반발인 것이다.
　　7) 스탠리 그렌츠(Stanley Grentz)는 르네상스가 근대의 조모(祖母)요 계몽주의는 근대의 어머니라고 하면서 르네상스와 계몽주의의 차이를 다음과 같이 설명하였다(Stanley Grentz, *A Primer On Postmodernism* [Grand Rapids: Eerdmans, 1996], 60. 이 형기, 『모더니즘과 포스트모더니즘 그리고 기독교 신학』 [서울: 장로교신학대학교 출판사, 2003], 32에서 재인용).
　　르네상스는 근대적 멘탈리티의 기초를 놓았으나, 모더니티의 상부구조를 건축하지는 못했다. 르네상스 우주론이 인간을 우주의 중심으로 끌어 올렸지만, 그 것은 아직 개인적 자아를 이 세계의 자결적인 중심으로 확립시키지 못했다. 르네상스 이론가들은 과학적 방법의 선구자들이 되었지만, 과학적 비전에 맞는 지식 추구를 재구성하지는 못했다. 르네상스는 교회의 권위를 뒤흔들어 놓았으나, 이성의 권위를 보좌에 올려놓지는 못했다.

무엇보다도 계몽주의 시대는 인간의 이성(Reason)에 절대적인 가치와 신뢰를 부여하였다. 즉, 인간의 이성이 모든 가치 판단과 규범의 기준이 되었고, 심지어는 이성이 그동안 최고의 권위로 여겨져 온 성경과 교회와 신학보다 상석(上席)을 차지하게 되었다.[8] 그렇기 때문에 계몽주의는 흔히 '이성의 시대(The Age of Reason)'라고도 불리어진다.[9]

다음으로 계몽주의 시대에는 과학이 획기적으로 발전하였다. 코페르니쿠스(Nicholas Copernicus), 갈릴레이(Galileo Galilei), 케플러(Johannes Kepler), 그리고 뉴턴(Isaac Newton)에 이르기까지 과히 혁명이라고 할 수 있을 정도로 자연 과학이 발전하여 많은 우주와 과학의 원리들이 수정과 변화를 가져오게 되었다(지동설, 천체 운행의 법칙 그리고 만유인력의 법칙 등).[10]

뿐만 아니라 이러한 이성의 강조와 과학의 발달로 나타난 근대의 또하나의 특징은 거대담론(Meta-narrative 또는 Meta-discourse: 우주와 인간 사회를 움직이는 커다란 질서)에 대한 인정이다. 그러나 이전과는 달리 근대의 거대담론은 일종의 '이신론(理神論-Deism)'[11]에 그 기초를 두고 있었다. 그 결과 더 이상 우주의 질서와 운행을 위해서 인격적인 창조주 하나님의 존재는 설 자리가 없게 되었다. 뿐만 아니라 근대의 거대담론은 유럽의 식민지주의를 도출하게 만들었다. 즉, 문화와 가치관에 대한 보편화는 서양인들로 하여금 인종적 문화적 우월감을 가지고 아시아와 아프리카 등 비 서양세계의 다문화적-다종교적 목소리를 묵살하는 원인을 제공하였다.[12]

---

8) 참고. 이형기, 『모더니즘과 포스트모더니즘 그리고 기독교 신학』, 40.
9) '생각하는 존재' 또는 '이성적인 존재'로서의 우리 인간에 대한 강조는 "나는 생각한다. 고로 존재한다"고 하였던 프랑스의 근대 철학의 대표적인 학자인 데카르트(Rene Descartes)의 유명한 말 속에도 잘 드러난다.
10) 참고, 신국원, 『포스트모더니즘』(서울: IVP, 1999), 42.
11) 하나님을 비인격적인 우주의 원리나 자연의 힘으로 간주하면서, 이법(理法)에 의해서 우주가 운행된다는 이론이다.

결국 계몽주의 사상의 초석은 '인본주의(Humanism)'이다. 이제 하나님을 대신하여 이성이 하나님이 되었으며 인간의 과학적 지식에 의해서 자연과 세계의 지배와 통치가 가능하다고 생각하게 되었다. 따라서 이 시대에는 이성과 과학을 효과적으로 활용함으로 인간들에 의해서 유토피아가 실현될 수 있다는 낙관주의가 팽배하였다. 뿐만 아니라 하나님을 두려워하거나 섬기기보다는 인간의 능력에 대한 무한한 신뢰와 자만으로 가득하게 되었다.[13]

한 걸음 더 나아가, 이와 같이 인간의 이성을 믿고 초자연적 신의 존재를 거부하는 경향은 여러 가지 다양한 모습으로 발전하였는데 그 대표적인 운동 또는 사상은 마르크스(Karl H. Marx)에 의한 공산주의, 다윈(Erasmus Darwin)의 진화론, 니이체(Friedrich Nietzsche)의 허무주의(사신신학), 그리고 무의식의 세계에 의미를 부여한 프로이드(Sigumd Freud)의 정신분석학 등이라 할 수 있다.[14] 이러한 운동과 사상들로 인해 모더니즘은 그 절정을 이루었는데, 근대 이전의 신 중심의 세계관이 인간 중심의 세계관으로 완전히 바뀌게 되었고 기독교는 그 기초부터 흔들리게 되었다. 뿐만 아니라 이러한 근대주의 사상과 맞물려 신학계에서도 기존의 신앙과 신학에 커다란 도전이 생겨났다. 과학적, 이성적, 그리고 합리적 방법으로 성경을 탐구함으로 역사비평, 양식비평, 편집비평 등 새로운 방법론이 등장함으로, 자유주의 신학사상이 범람하게 되었다. 이로 인해 성경은 하나님의 말씀으로서 신적 권위를 상실하고 단지 신앙의 문서 가운데 하나로 전락하게 되었다.[15]

---

12) 참고, 이형기, 『모더니즘과 포스트모더니즘 그리고 기독교 신학』, 46.
13) David Bosch, *Transforming Mission: Paradime Shift in Theology of Mission* (Maryknoll: Orbis Books, 1991), 264-7.
14) 김욱동, 『모더니즘과 포스트모더니즘』 (서울: 현암사, 2004), 54-6,
15) 모더니즘에 대한 좀 더 자세한 설명을 위해서, 김욱동, 『모더니즘과 포스트모더니즘』, 17-59; 이형기, 『모더니즘과 포스트모더니즘 그리고 기독교 신학』, 17-49를 참고하라.

2. 포스트모더니즘

인간 이성의 신뢰와 과학기술의 발전으로 인해 가능하게 생각되었던 근대의 인본주의적 낙관주의는 1, 2차 세계 대전을 거치면서 그 기초가 흔들리기 시작하였다. 1, 2차 세계 대전으로 우리 인류는 역사상 다시 생각하고 싶지 않은 처참한 파괴를 경험하였고, 인간 이성의 한계와 과학 발달의 부작용을 직접 눈으로 보게 되었다. 인간이 중심이 되어 인간의 이성과 인간의 능력으로 가능하다고 믿었던 유토피아의 소망과 꿈이 양차 대전을 통해서 무너지기 시작한 것이다.

이어서 1960년 후반에 유럽과 미국을 중심으로 세계 곳곳에서 일어난 반문화운동으로 근대의 해체는 가시화되었다. 1968년에 시카고(Chicago), 파리(Paris), 프라하(Prague), 멕시코시티(Mexico City), 메드리드(Madrid), 도쿄(Tokyo), 베를린(Berlin) 등에서 젊은이들을 중심으로 동시에 일어난 거대한 데모의 물결은 당시 기존(근대)의 질서와 체계에 대한 반발이 얼마나 심각했는지를 보여준다.[16] 특히 베트남 전쟁은 이성적이고 합리적인 사고와 계획 그리고 현대 과학기술의 한계와 폐단을 여실히 보여주었는데, 이로 인하여 베트남 전쟁에 반대하는 미국과 유럽 학생들의 시위는 전체 사회에 커다란 충격과 도전이 되었고 세계는 중대한 변화를 경험하게 되었다. 이제 기존의 권위, 기존의 질서 그리고 기존의 문화는 그 설 자리를 상실하게 되었다.[17]

한 걸음 더 나아가 1989-1990년의 구 소비에트 연방 공화국과 동구 공산권의 해체 그리고 동서독의 통일은 근대의 꿈과 이상의 몰락에 확실

---

16) David Harvey, *The Condition of Postmodernity* (Cambridge: Basil Blackwell, 1989), 38. 하비는 1968년을 모던 시기에서 포스트모던 시기로의 전환점이라고 하였다.

17) Veith, *Postmodern Times*, 45-48.

한 마침표를 찍게 하였다. 다시 말해, 근대적 낙관주의의 대표적인 상징 가운데 하나였던 이데올로기의 이상이 종식된 것이다. 이제 우리는 바야 흐로 이데올로기와 냉전을 벗어나서 다원화된 힘의 균형 속에 화해와 협 력을 추구하는 새로운 시대에 살고 있다.

뿐만 아니라 과학과 산업의 발전으로 인한 부작용을 철저히 경험하고 있다. 오존층과 자연 환경의 파괴와 지구의 온난화 현상, 오염된 물과 공 기, 핵전쟁의 위협 등으로 인해 인류는 생존의 위협을 느끼게 되었다.[18] 이성과 과학의 한계를 뼈저리게 경험한 것이다.

이와 같이 인간의 한계와 과학 발전의 부작용이 드러나면서 근대에 대 항하는 여러 가지 운동과 사상들이 일어나면서 포스트모더니즘이 등장하 게 되었고 그 정도와 깊이를 점점 더해 가고 있다. 그렇기 때문에 근대의 몰락을 스스로 이름을 높이고 흩어짐을 면하고자 했던 '바벨탑의 사건'에 비유한 비이스의 평가와 진단은 옳은 것이다.[19]

그러면, 근대에 대항해서 일어난 포스트모더니즘의 특징은 무엇인 가?[20]

무엇보다도 먼저, 포스트모더니즘의 특징은 상대주의이다. 다시 말해, 근대는 거대담론에 대한 확신이 있었는데, 포스트모더니즘은 윤리, 종교, 예술, 철학, 건축, 문학, 삶의 방식 등 모든 부분에 있어서 객관적이고 절 대적인 진리(가치 또는 규범)를 인정하지 않는다. 예를 들어, 전에는 비정 상적이고 죄악시 되었던 동성애, 성 전환 등이 이제는 단지 삶의 방식이나

---

18) 이형기, 『모더니즘과 포스트모더니즘 그리고 기독교 신학』, 48.
19) Veith, *Postmodern Times*, 22-5.
20) 포스트모더니즘을 정의하거나 특징을 명확하게 기술하는 것은 쉽지 않다. 왜냐하면, 학자들마다 주장이 다른 뿐 아니라 때로는 상충되기 때문이다. 본고에서 필자는 포스트모더니즘의 특징 가운데 특히 설교와 밀접하게 연결된 부분을 중심으 로 학자들에 의해 어느 정도 일치된 견해를 서술하고자 한다.

성향 또는 기호의 차이 정도로 여겨진다(그래서 이미 많은 나라는 동성애라든지 성전환 등이 법적으로도 그 정당성을 인정하고 있다). 종교에 있어서도 같은 원리가 적용된다. 모더니스트들은 기독교가 진리가 아니라는 것을 다각도로 공격하였다고 하면, 이제 포스트모더니스트들은 기독교만 구원을 주는 유일한 진리가 아니고 단지 하나의 종교일 뿐이라고 주장한다.21) "사람이 각각 자기 소견에 옳은 대로 행하였더라(삿 21:25)"는 사사기의 상황은 포스트모던 시대를 가장 함축적으로 표현한다고 할 수 있다.22)

다음으로, 포스트모더니즘의 특징은 다원주의이다. 다원주의는 상대주의와 동전의 양면과 같이 절대적 진리와 규범을 부인하는 포스트모더니즘의 또 다른 모습이다. 즉, 포스트모더니즘은 근대의 객관적 과학주의를 반대하고 문학, 예술, 문화, 철학 등에 있어서 기본적인 원칙이나 목적에 있어서 서로 다를 수 있음을 인정하며 문화적 삶도 자유롭고 다양한 모습을 갖는다. 따라서 포스트모더니즘에서는 상대방을 인정하는 관용과 여유가 최고의 덕목이라고 할 수 있다. 이러한 경향은 신앙과 종교에서도 나타나는데, 자신의 신앙과 믿음을 전파하고 강요하는 것은 무식과 교만과 독선으로 간주된다.23)

세 번째로, 포스트모더니즘의 특징은 감성주의이다. 근대는 합리적 이성이 모든 것의 기준이 되었기 때문에 모든 것을 논리적이고 지적으로 접근하였다. 그러나 포스트모던 시대는 이성보다는 감성적인 것(EQ: Emotional Quotient)을 강조한다. 다시 말해, 사람들은 모든 영역에 있

---

21) Veith, *Postmodern Times*, 21.
22) 이러한 상대주의적 관점은 성경의 해석에 있어서도 하나의 절대적이고 고정적인 의미를 부인하는 형태로 나타나게 되었다. 특별히 '독자비평(Reader-Response Criticism)'은 이러한 상대주의적 특징과 밀접하게 연결되어 있다.
23) 신국원, 『포스트모더니즘』, 113.

어서 감정적이며 감각적인 것을 추구하며, 자신의 감정에 지배되어 감정이 흘러가는 대로 말하고 행동한다. 이것은 성도의 신앙과 교회의 예배와 모임 등에서도 그대로 나타난다. 즉, 신앙을 성경과 교리에 기초 위에 세우기보다는, 체험이나 신비 또는 느낌을 더 중요하게 여기며, 예배와 찬양과 기도에 있어서도 감정적인 부분이 우선시 된다.

마지막으로, 포스트모던의 특징은 혼합주의이다. 근대는 절대적 가치와 상위 가치가 인정되던 시대였다. 그러나 포스트모던 시대에는 탈 장르화 현상이 두드러져서 독특한 장르의식이 해체되고 이질적인 장르들이 혼합되어지는 경향이 있다. 예를 들어, 남녀의 구별이 없어지는 '유니섹스(unisex),' 그리고 팝과 오페라의 만남인 '팝페라(popera),' 동서양의 음식간의 '퓨전(fusion),' 비평(criticism)과 픽션(fiction)을 결합하여 비평에 창조성을 부여한 크리티픽션(critifiction), 사실(fact)와 허구(fiction)를 결합한 팩션(faction) 등의 신조어는 모두 혼합 주의로 인해 나타난 현상이라고 할 수 있다.[24] 신앙에서도 혼합주의적 현상이 나타난다. 오늘날 교회의 '세속화(世俗化)'와 '이교화(異敎化)'는 대표적인 혼합주의적 현상이라고 할 수 있다. 교회 안에 세상의 원리가 그대로 수용되어지고, 교회의 정체성이 무디어져서 다른 종교와 구분이 사라지고 있는 것이 오늘날의 안타까운 현실이다.

위에서 우리는 우리의 신앙(또는 설교)과 밀접하게 연결된 부분을 중심으로 포스트모더니즘의 특징을 간략하게 살펴보았다. 물론 위에서 언급한 포스트모더니즘의 특징이 이 시대 전체를 대표하는 현상인지에 대한 논란은 있을 수 있다. 오늘날도 여전히 모더니즘의 특징이 공존하기도 하기도 하고, 지역과 세대와 분야에 따라 모더니즘이 더욱 강하게 지배하는 부분도 있는 것도 분명하다. 하지만 많은 학자들이 언급한 것처럼,[25] 오늘날은

---

24) 김욱동, 『모더니즘과 포스트모더니즘』, 224-30.

모든 분야에서 역사상 어느 때보다도 급하게 변해가고 있는 것을 부인할 수 없다. 상대주의, 다원주의, 감정주의, 혼합주의는 우리가 살고 있는 이 시대의 모습에서 드러나는 중요한 특징들이며, 또한 그러한 포스트모더니즘의 특징적 요소들이 이 사회와 교회 안에서 점점 더 확대되어가고 더욱 깊이 자리를 잡아가고 있음도 인정하지 않을 수 없다.

II. 포스트모더니즘과 신설교학

이렇게 급격한 변화를 경험하고 있는 포스트모던의 시대적, 문화적 상황과 함께 설교학에서도 커다란 변화가 있었다. 포스트모던 시대가 본격적으로 시작되는 1970년대에 들어서면서 미국의 설교학계를 중심으로 하여 전통적인 설교의 대안으로 소위 '신설교학(the New Homiletic)'[26]이 등장하였다. 그리고 지난 40여 년 동안 신설교학은 설교학계에 엄청난 도전을 주었고, 많은 변화를 가져왔다.

1970년까지는 대체적으로 아리스토텔레스에 의해 체계화된 고전 수사학과 고전 수사학을 설교학에 접목시킨 어거스틴의 이론이 설교학의 기초를 이루었다. 20세기 중반까지의 전통적인 설교학의 대표적인 교과서라고 할 수 있는 존 브러더스(John A. Broadus, 1827-1895)의 On Preparation and Delivery of Sermons[27]와 필립스 브룩스(Phillips Brooks, 1835-1893)의 Lectures on Preaching[28] 등에서도 아리스토텔

---

25) 본장의 서론을 참고하라.

26) '신설교학'에 대한 개괄적인 이해와 대표적인 학자들의 주장에 대해서 Richard Eslinger의 두 책을 참고하라. *A New Hearing: Living Options in Homiletical Method* (Nashville: Abingdon, 1987); *The Web of Preaching: New Options in Homiletical Method* (Nashville: Abingdon, 2002).

27) John A. Broadus, *On Preparation and Delivery of Sermons*, 정성구 편역, 『설교학 개론』 (서울: 세종문화사, 1993).

레스와 어거스틴의 이론에 크게 벗어나지 않았다. 다시 말해, 논리와 명제의 중요성을 강조하고, 효과적인 설교를 위해 설교자의 자세와 삶이 어떠해야 하는지, 그리고 설교 준비 과정에서의 논증, 예증, 적용 등을 어떻게 전개해야 하는지에 대한 구체적인 설명이 주를 이루었다.

그런데 1958년에 헨리 그레이디 데이비스(Henry Grady Davis)에 의해서 설교학은 새로운 국면을 맞이하게 되었다. 물론 그도 역시 그 이전의 사람들과 같이 설교에 있어서 논리와 조직 그리고 명제를 여전히 중요시 하였지만, 성경의 '내러티브적 성격'을 부각시키면서 신설교학의 길을 열어놓았다. 그는 "우리 설교의 9/10는 개념들의 해설이고 논리적 전개인데 복음서를 보면 해설이 1/10이 채 안 된다."[29]고 지적하면서, 우리 설교자들은 복음서의 대부분이 이야기 형식으로 구성되어 있다는 사실을 기억해야 한다고 했다. 이어서 1971년에 크레독(Fred B. Craddock)의 『권위 없는 자처럼』이란 기념비적 책을 통하여 새로운 설교학 운동이 본격적인 시작을 가져왔고,[30] 유진 라우리(Eugene Lowry), 데이비드 버트릭(David Buttrick), 토마스 롱(Thomas G. Long), 존 맥쿨루어(John S. McClure), 폴 윌슨(Paul S. Wilson) 등을 통해서 신설교학은 그 범위를 확장하면서 발전되어 왔다.

그러면 포스트모더니즘과 보조를 함께 하며 발전한 신설교학의 특징은 무엇인가?

먼저는 청중에 대한 관심과 고려이다. 신설교학 운동이 전통적인 설교

---

28) Phillips Brooks, *Lectures on Preaching*, 서문강 역, 『설교론 특강』 (서울: 크리스챤 다이제스트, 1995).

29) Henry Grady Davis, *Design for Preaching* (Philadelphia: Fortress, 1958), 157.

30) Fred B. Craddock, *As One without Authority*, 김운용 역, 『권위 없는 자처럼』 (서울: 예배와 설교 아카데미: 2001). 흔히 그의 책은 설교학에 있어서 코페르니쿠스적 전환을 가져온 것으로 평가된다.

에 관하여 제기했던 가장 근본적인 문제는 설교에 있어 청중의 역할과 청중에 대한 관심이었다. 전통적인 설교가 청중에 대해 별로 관심을 보이지 않았다는 것이다. 물론 청중도 고려되었으나 역동적인 참여자로서가 아니라 단순히 설득을 대상으로서만 연구되어졌다고 하였다. 예를 들어, 마이론 차티어(Myron Chartier)는 전통적인 수사학을 '궁수-과녁 모델'이라고 평가하였다.[31] 즉, 전통적인 수사학은 궁수(설교자)의 화살이 하나님의 말씀(설교)을 과녁(청중)에 도달하도록 해서 청중의 태도와 믿음 또는 행동을 변화시키는 것에만 관심이 있었다는 것이다.

그러면 신설교학이 청중에 대해 얼마나 큰 관심을 가지고 있는지 몇몇 학자들의 주장을 살펴보자. 우선 토마스 롱은 설교자가 증인이며 설교는 증언이라고 하였다(Preaching as Witness).[32] 그는 증인으로서의 설교자는 자신을 위해서 그리고 단지 하나님에 대해서 알기 위해서 성경에 접근하는 것이 아니라, 성도들의 문제와 필요와 관심에 대한 답(하나님의 뜻)을 발견하기 위하여 성도들을 대표해서 성경에 접근해야 한다고 하였다. 또한 증인으로서 설교자의 권위는 직분에 의해서 주어지는 것이 아니고 설교자가 성도들을 위해서, 그리고 성도들의 문제와 필요와 관심과 관련하여 본문에서 보고 듣고 발견하였기 때문에 설교자는 성도들을 위해서 바로 보고 듣는 방법을 배워야 하고, 성도들을 위해 말할 것을 보고 듣고 발견할 때까지 계속해서 본문과 성도 사이의 다리를 왔다 갔다 해야 한다고 하였다.[33]

다음으로, 데이비드 버트릭은 독특하면서도 새롭게 '현상학적 설교 (Phenomenological Preaching)'를 제안하였다.[34] '현상학적 설교'는

---

31) Myron R. Chartier, *Preaching as Communication*, 정장복 역, 『말씀의 커뮤니케이션』 (서울: 대한기독교서회, 1990), 163-4.
32) Thomas G. Long, *The Witness of Preaching*(2nd ed.) (Louisville: Westminister/ John Knox, 2005).
33) Long, *The Witness of Preaching*, 47-51.

'설교를 들을 때 청중의 의식 안에서 실제로 일어나는 것'에 대한 관심이다. 그는 그동안 많은 설교자들은 주제를 정하고 그것을 삼대지로 나누어서 너무 천편일률적 또는 기계적으로 설교해 왔다고 평가하면서, 지루함을 없애주고 설교를 마칠 때까지 성도들의 관심을 끝까지 집중하도록 하기 위해서 설교 전체가 하나의 주제를 위해서 그리고 정해진 목표를 향하여 구조적인 움직임을 가져야 한다고 주장하였다. 왜냐하면, 구조적인 움직임을 갖는 것이 오늘날 청중들의 의식에 합당하기 때문이라는 것이다.35)

마지막으로 맥쿨루어(John S. McClure)는 설교의 준비 과정에서의 청중의 참여에 대해 관심을 가졌다. 그는 전통적인 설교를 '권위적인 설교(sovereign preaching)'라고 평가하면서, 전통적인 설교의 준비 과정에서 발견되는 문제들을 해결하려는 시도로 '협력 설교(Collaborative Preaching 또는 Roundtable Pulpit)'를 제안하였다.36) 그는 설교 준비

---

34) David Buttrick, *Homiletic: Moves and Structures*(Philadelphia: Fortress, 1987). 그의 새로운 설교 방법론은 *A Captive Voice: The Liberation of Preaching*, 김운용 역, 『시대를 앞서가는 설교』(서울: 요단, 1994)의 4장에서 요약 설명되었다.
35) 참고. Buttrick, *A Captive Voice*, 161, 184.
36) John S McClure, *The Roundtable Pulpit* (Nashville: Abingdon, 1995), 맥쿨루어와 같은 차원에서 루시 로우스(Lucy Rose)도 극단적으로 전통적인 설교학을 비평하였다. 그녀는 전통적인 설교에서 설교자는 야구의 투수 역할을 하고 청중은 포수의 역할을 한다고 하면서, 그러한 설교의 가장 큰 문제는 설교자와 청중과의 거리(gap)라고 하였다. 또한 고대 수사학의 핵심은 설득인데, 설득이 목적인 전통적인 설교는 설교자가 절대 우위를 점하는 '일방통행식 설교'라고 폄하하였다. 그녀는 설교자는 성경 해석의 전문가나 문제에 대해 답을 말해주는 사람이 아니라 설교자와 청중은 함께 원탁(round table)에 앉아서 함께 성경의 의미를 결정하고 함께 삶의 문제를 교훈 받아야 한다고 하면서 설교는 청중들과 함께 결정하고 결론을 맺는 '열려진 이야기(open discourse)'여야 한다고 하였다. 다시 말해, 바람직한 설교는 설교자와 예배자의 연결성(connectedness)과 상호성(mutuality)에 근거하는 '대화 설교(conversational preaching)'여야 한다고 하였다. Lucy A. Rose, *Sharing the Word* (Louisville: Westminster John Knox, 1997), 15, 21, 112.

과정에서 협력 설교는 설교자와 성도들이 함께 동등한 자격으로 원탁 테이블에 앉아서 1) 함께 설교의 주제를 정하고, 2) 함께 그 주제를 분석하고 해석하며, 3) 함께 설교의 브레인스토밍(brainstorming)에 참여하는 설교라고 하였다.[37] 그리고 성도들은 브레인스토밍 그룹에 사인을 함으로 직접 참여하거나, 그 그룹의 회원들에게 설교를 피드백 함으로써 간접적으로 참여할 수 있다고 하였다.[38]

이상의 학자들의 주장에서 본 바와 같이, 전통적인 설교학과 비교할 때 신설교학은 청중에 대한 지대한 관심을 보여주었다. 신설교학에서 청중은 설교의 준비와 전개와 전달에 있어서 더 이상 수동적인 존재가 아니라 역동적인 참여자가 되었다.

신설교학의 두 번째 특징은 설교에 있어서 귀납적인 접근에 대한 강조이다. 전통적인 설교는 대개 주제 설교 또는 삼대지 설교로서, 일반적으로 요점과 결론을 먼저 제시하고, 그 후에 그 요점과 결론을 위해서 구체적인 예를 들면서 설득하거나 논리적인 설명으로 보충하는 연역적인 방법이었다. 하지만 신설교학의 시발점이 된 프레드 크레독은 1971년에 『권위 없는 자처럼』이라는 책에서 '귀납적 설교(Inductive Preaching)'를 제안하였다. 그는 전통적으로 사용된 연역적 방법은 권위주의의 산물인데, 설교가 능력을 상실한 이유가 당시 세대들의 사고는 귀납적인데 반해 설교는 너무 권위적이기 때문이라고 진단하면서, 이러한 강단의 권위주의를 극복하기 위해서 귀납적 설교를 해야 한다고 주장하였다. 즉, 결론이 과정에 앞서는 연역적인 주제 설교 대신에 청중들이 가지는 특별한 문제와 함께

---

37) 맥쿨루어는 최근에 그의 이러한 설교방법론은 신설교학의 단점과 한계를 극복하는 것이라고 하면서, 자신의 방법론을 'Other-Wise Preaching(그 기초와 방향이 전통 설교학과 차이가 있는 설교 또는 설교학)'이라고 하였다. John McClure, *Other-Wise Preaching: A Postmodern Ethic For Homiletics* (St. Louse: Chalice, 2001).
38) McClure, *The Roundtable Pulpit*, 50-1.

시작하여 성도들과 함께 결론을 이끌어 가는 설교로 바뀌어야 설교의 능력을 회복할 수 있다는 것이다. 또한 성도들은 설교 사건에 있어서 단순히 메시지를 듣기만 하는 수동자가 아니라 설교자와 함께 결론을 만들어 가는 설교의 참여자가 되어야 하며, 그것을 위해서 설교자는 결론을 내리지 말고 결론을 열어놓아서(open-ended sermon), 청중들이 스스로 결론을 내리고 설교를 완성하도록 해야 한다고 하였다. 그러한 귀납적 설교만이 청중의 관심을 일으키며 청중들에게 기대감을 유발시킬 수 있다는 것이다.39) 그러면서 그는 귀납적인 방법이 설교자와 성도들의 관계를 새롭게 할 수 있다고 보았다. 왜냐하면, 귀납적 설교에서 설교자는 성도들과 함께 말씀을 나누는 자이기 때문에 성도들과 동일시(Identification)되지 않을 수 없으며, 또한 성도들과의 공통적 경험은 귀납적 설교에서 필수적이기 때문에 설교자는 성도들의 삶에 깊은 관심을 가지면서 성도들과 동고동락하지 않을 수 없다는 것이다.

신설교학의 세 번째 특징은 설교에 있어서 '이야기(story-telling 또는 retelling-story)' 40) 또는 '이야기 형식(story-style)' 41)에 대한 강조인데, 이 이야기(형식)에 대한 강조는 신설교학의 핵심이라고 해도 과언이 아니다. 왜냐하면, 설교에 있어서 청중에 대한 고려와 귀납적인 접근은 자연스럽게 이야기 형식으로 연결되며, 또한 이야기 형식의 설교가 가장 청중을 효과적으로 설교에 참여시키는 귀납적인 접근 방식이기 때문이다.

---

39) Craddock, *As One without Authority*, 121-7.

40) 참고. Charles Rice, Edmund Stimle & Morris Niedenthal, *Preaching the Story* (Philadelphia: Westminster, 1980); Richard A Jensen, *Telling the Story* (Minneapolice: Augsburg, 1980); *Thinking in Story* (Lima: CSS, 1993).

41) 참고, Eugene Lowry, *The Homiletics Plot*, 이연길 역, 『이야기식 설교 구성』 (서울: 한국 장로교 출판사, 1996); *How to Preach a Parable*, 이주엽 역, 『설교자여, 준비된 스토리 텔러가 되라』 (서울: 요단출판사, 1999); Wayne B. Robinson, *Journeys toward Narrative Preaching*, 이연길 역, 『이야기 설교를 향한 여행』 (서울: 한국 장로교 출판사, 1998); 이연길, 『이야기 설교학』 (서울: 쿰란 출판사, 2003).

이렇듯 이야기(형식)을 강조하는 신설교학 학자들은 설교의 사명은 교인들을 그리스도 안에서 변화시키는 것인데, 사람을 변화시키려면 진리를 논리적으로 전달하는 것보다 삶의 내용을 이야기로 전달하는 것이 훨씬 효과적이라고 하면서, 그것이 또한 성경적인 방법이라고 주장한다.

설교에 있어서 이야기 형식을 강조하는 대표적인 학자는 유진 라우리(Eugene Lowry)이다. 그는 지금까지의 설교는 주제나 논제를 잡아서 대개 세 가지로 적절하게 자르고 그 부분들을 어떤 논리적인 순서에 따라서 조직하는 것이었다고 지적하면서 설교는 여러 재료를 가지고 짜깁기 또는 건축(construct)하는 것이 아니라, 연속성(continuity)과 움직임(movement)을 가지고 발전 또는 전개시키는 것(develope)이라고 주장하였다.[42] 마치 소설이나 영화처럼 설교는 문제 해결을 향한 긴장과 관심을 놓지 않는 연속성과 움직임이 있어야 하고, 내용 구성에 있어서 극적인 전환과 절정을 향하는 집중성이 있어야 한다는 것이다. 한 마디로, 그는 설교에 있어서 플롯(plot)[43]을 강조하였다.[44] 그렇기 때문에 그는 단순히 이야기를 포함하거나 이야기 자체가 내러티브 설교가 아니라 플롯을 가진 설교가 내러티브 설교(Narrative Preaching)라고 하였다. 또한 이러한 내러티브 설교의 특징 때문에, 그는 내러티브 설교는 특별한 사람만이 할

---

42) Lowry, *The Homiletics Plot*, 14-25.
43) 플롯은 설교 전체의 '구성' 또는 '줄거리'를 의미한다. 다시 말해, 내러티브 설교는 '기-승-전-결' 또는 '발단-전개-갈등-해결-종결(대단원)'과 같은 이야기 형식(story-style)을 빌어 설교를 구성하는 것이다.
44) 유진 라우리는 '스토리(story)'와 '내러티브(narrative)'를 구분하여 사용했는데, '스토리 형식(story-style)'을 '내러티브'라고 하였다. 그는 '스토리'와 '내러티브'의 차이를 구분하기 위해서 'Medicine'이라는 단어를 사용하였다. 'Medicine'이란 단어는 이미 제조된 병 안에 들어 있는 약 자체를 말하지만 다른 면에서는 의사의 처방까지를 포함하는 의미로서의 약을 의미하기도 하는데, 약 자체가 '스토리'라고 한다면 처방과 조제까지를 포함하는 것이 '내러티브'라는 것이다. 참고. Eugene Lowry, *How to Preach a Parable*, 27-30; *The Sermon: Dancing the Edge of Mystery* (Nashville: Abingdon, 1997), 24.

수 있는 설교가 아니라 모든 사람이 다 할 수 있는 설교라고 하였다.

지금까지 신설교학의 대표적인 주장들을 살펴보았는데, 신설교학의 우선적인 관심은 '효과적인(또는 지루하지 않고 흥미를 주는) 전달'이라고 할 수 있다. 다시 말해, 효과적인 전달을 위해서 설교의 준비와 작성과 전달 과정에 있어서 청중을 고려하고 참여시켜야 하며, 시대의 정서에 적합하게 귀납적으로 접근해야 하고, 성경의 가르침대로 이야기로 전달하거나 이야기 형식으로 접근해야 한다는 것이다.

III. 포스트모던 시대와 설교

위에서 우리는 오늘날 우리 시대의 패러다임인 포스트모더니즘과 함께 등장하게 된 신설교학의 특징들을 살펴보았다. 신설교학은 설교에 있어서 커다란 지각변동을 가져왔고, 효과적인 전달을 위한 많은 교훈과 도전을 주었다. 그러한 공헌과 장점에도 불구하고 필자는 신설교학이 설교에 있어서 중요한 몇 가지를 놓치고 있고, 일방적이고 편협한 부분이 있다고 생각한다.45) 필자는 여기서 바람직한 설교를 위해 설교자들이 잊지 말아야

---

45) 로날드 알렌은 일방적으로 효과적인 전달에만 관심을 갖는 신설교학에 대해 문제를 제기하면서 설교란 신학적 행위이고, 설교학은 신학적 관점에서 접근되어야 한다고 주장하였다(Ronald Allen, "Agenda in Homiletics," in *Papers of Annual Meeting of the Academy of Homiletics*[1991], 32-46). 찰스 캠벨도 신설교학의 가장 대표적인 문제를 복음의 본질과 교회의 정체성의 훼손이라고 하였다 (Charles L. Campbell, *Preaching Jesus,* 이승진 역, 『프리칭 예수』 [서울: 기독교문서선교회, 2001]). 다시 말해, 설교의 본질은 예수의 복음을 전해지고 교회의 정체성을 세우는 것이 되어야 하는데, 신설교학은 설교가 들려지는 것에만 관심이 있고 기독교 복음을 개인의 경험으로 변질시켰다는 것이다. 혹자는 이와 같이 신설교학의 한계를 지적하고 신학적 행위로서 설교를 강조하는 찰스 캠벨과 루시 로즈(Lucy A. Rose)를 중심으로 한 설교학의 움직임을 '후기 신설교학 운동(A Post-new

할 몇 가지를 상기시키고자 한다.[46]

1. 성령의 역사하심에 온전히 의존하라.

위에서 살펴본바와 같이, 신설교학의 최고의 관심은 효과적인 전달이다. 그들은 좀 더 효과적이고 설득력 있는 접근을 위해서 청중을 고려하고 귀납적으로 접근해야 하며 이야기 형식으로 설교해야 한다고 말한다. 그러한 신설교학의 제안들이 효과적인 전달을 위해서 유익하다는 것은 두말할 나위가 없다. 하지만 단지 청중을 고려한 설교의 형식 자체가 효과적이고 능력 있는 설교로 만들어주는 것이 아니다. 효과적이고 능력 있는 설교를 위한 가장 중요한 요소는 그 무엇보다도 성령의 역사하심임을 설교자들은 기억해야 한다. 설교에 있어서 성령의 역할은 아무리 강조해도 지나침이 없다. 성령의 역사하심은 일반 연설과 설교를 구별 짓는 가장 중요한 특징 가운데 하나이기도 하다. 그렇기 때문에 사도 바울도 "내 말과 전도함이 지혜의 권하는 말로 하지 않고 다만 성령의 나타남과 능력으로 하여(고전 2:4)"라고 고백하였고, "우리의 씨름이 혈과 육에 대한 것이 아니요 정사와 권세와 이 어두움의 세상 주관자들과 하늘에 있는 악의 영들에게 대함이라(엡 6: 12)."고 선포하였다. 성령께서는 설교의 준비와 전달하

Homiletic Movement)' 이라고 명명하기도 하지만 필자는 그들 역시 신설교학의 우산(umbrella) 아래 있다고 보는 것이 올바른 평가라고 생각한다. 이와 관련된 좀 더 자세한 논의를 위해서 최진봉, "후기 새로운 설교학의 등장에 관한 연구," 「신학과 실천」 22(2010): 175-208를 참고하라.

46) 특별히 그래함 존스톤(Graham Johnston)은 포스트모던 시대의 설교에서 세 가지 위험을 언급하였다(*Preaching to a Postmodern World* [Grand Rapids: Baker, 2001]. 61).

   1. 설교자들이 포스트모던 경향에 두려움을 느끼고 하나님의 말씀에 대한 확신을 상실할 수 있다.
   2. 설교자들이 하나님과 그의 진리에 대해 부끄러워 할 수 있다.
   3. 설교자들이 본질적으로 실용주의적 접근을 수용할 수 있다.

는 과정과 설교의 효과까지 관할하신다. 성령의 역사하심 없이 효과적이고 능력 있는 설교를 기대해서는 안 된다. 이와 관련하여 패리스 휫셀(Faris D. Whitesell)의 말은 자주 인용된다.

성령께서는 상황에 맞추어 우리가 성경 말씀을 올바로 선택하도록 인도해 주신다. 성령은 성경을 연구하기 위하여 우리가 사서 읽어야 할 책을 선별하도록 인도해 주시며, 그 본문을 연구할 때에 바로 이해하도록 조명해 주시고 통찰력을 주신다. 그는 관련되는 성구들이 기억나게 하시고, 알맞은 예화들을 떠오르게 하신다. 그는 우리가 기쁨으로 본문에 집중하게 하시며 설교 원고를 쓰거나 말로 표현할 때에 힘을 주신다. 그는 담대함과 확신함으로 설교하게 하시며, 설교하는 도중에 새로운 생각들이 떠오르도록 영감을 주시며 적절하지 않은 것들을 빠뜨리게 하신다. 그는 회중을 하나로 만드시며 주의를 기울이게 하시고, 마음을 열게 하시며 기대했던 방법 뿐 아니라 기대하지 못했던 방법으로도 하나님의 말씀을 적용하게 하신다. 성령께서는 확신을 주시며, 회개시키시며, 위로를 베푸시고, 영감을 주시며, 의로 책망하시고 바르게 하시며 가르치신다. 그는 듣는 사람들의 마음과 기억 속에 말씀을 심으셔서 그것이 옥토에 뿌려진 씨앗처럼 열매를 맺게 하신다. 그렇다면 성령의 인도하심과 능력 없이 설교를 준비하고 말씀을 전하려고 한다는 것이 얼마나 어리석은 일이겠는가?47)

그러면 성령의 역할과 우리의 연구, 수고, 노력 그리고 지혜와의 관계는 어떠한가? 전적인(100%) 성령의 역사하심을 인정하고 우리의 전적인(100%) 수고와 노력이 필요하다. 이 말은 설교의 준비 과정과 전달에 있어서 모든 것의 주권을 가지고 계시는 성령 하나님을 철저히 인정하고 의지함과 동시에 설교의 전 과정에서 최고의 지혜를 모으고 최선의 수고와 노력을 해야 함을 의미한다. 사도 바울의 설교도 그러하였다. 사도 바울은

---

47) Faris D. Whitesell, *Power in Expository Preaching* (Westwood: Fleming H. Revell, 1963), 144-5.

철저히 성령의 나타남과 역사하심을 의지하였지만 자신이 할 수 모든 노력을 다했다고 고백한다(고전 9:20-27; 골 1:28-29).

2. 본문에 충실한 설교가 요구된다.

필자의 판단으로, 신설교학에 있어서 특히 내러티브 설교에 있어서 드러나는 대표적인 문제는 본문을 피상적으로 접근하거나 본문의 의미를 왜곡해서 전달하는 것이다. 그것은 신설교학의 우선적인 관심 가운데 하나가 흥미 있고 효과적인 전달이기 때문이다.[48] 모든 설교에서 본문의 의미가 왜곡될 가능성이 있지만, 내러티브 설교에서 본문의 의미가 왜곡되는 경우를 훨씬 더 빈번하게 볼 수 있다.[49] 물론 내러티브 설교를 주장하는 분들은 내러티브 설교를 통해서도 본문의 의미를 바르고 깊이 드러낼 수 있다고 하지만, 본문을 깊이 관찰하고 해석하는 부분이 극히 부족하다는 것은 내러티브 설교의 실제적인 예들을 보면 쉽게 드러난다. 예를 들어, 유진 라우리의 대표적인 내러티브 설교의 하나인 마태복음 20:1-16의 설교를 보면 본문의 의미가 많이 왜곡되어 핵심적인 주제와는 다른 부분이 강조되었음을 알 수 있다.[50]

---

48) 참고. Calvin Miller, *Preaching: The Art of Narrative Exposition* (Grand Rapids: Baker, 2006), 80

49) 이렇게 본문의 핵심에 벗어나고 본문의 의미를 왜곡하는 경향이 있는 내러티브 설교의 약점을 극복하기 위해 설교자는 다른 설교 형태와 마찬가지로 본문 연구를 통해 본문의 중심 주제와 적용을 먼저 결정하고 그것에 맞추어서 내러티브 설교를 구성해야 한다.

50) 그는 이 본문에서 하나님의 사랑을 강조하면서 '하나님의 사랑을 받고 하나님 나라에 초청 받은 자가 더 이상 무엇을 바라겠는가?' 라는 중심 명제로 설교하였다. 그러나 이 본문은 우월감과 큰 상을 기대하며 주님을 섬기는 제자들에게 겸손하게 주님을 섬기고 대가를 미리 생각하고 주님을 따르지 말라는 경고의 말씀으로 필자는 이해한다. 그것은 마태복음 19:27의 베드로의 질문을 보면 분명하게 드러난다. 참고, 김창훈, 『복음의 본질과 복음의 핵심』 (서울: 솔로몬, 2005), 453-7,

필자는 오늘날 우리 시대는 선지자 시대와 유사한 부분이 많다고 생각한다. 아모스 선지자는 이스라엘의 영적 사회적 타락을 보면서, "양식이 없어 주림이 아니며 물이 없어 갈함이 아니요 여호와의 말씀을 듣지 못한 기갈이라(암 8:11)."고 하였는데, 하나님의 바른 뜻('What')의 전달보다 전달 방법('How')에만 관심을 가지고 있는 요즈음의 시대가 선지자 시대의 모습과 유사하다고 할 수 있다. 본문에 충실한 설교는 이 시대의 사명이라고 하면서 '해설적 설교(Expository Preaching)'를 해야 한다고 주장한 존 스토트의 말에 우리는 주의를 기울여야 한다.[51] 설교자는 바른 말씀이 고갈되어 가고 있는 위기의 시대에 "여호와의 율법을 연구하여 준행하며 율례와 규례를 이스라엘에게 가르치기로 결심(스 7:10)"하고, 실제적으로 "하나님의 율법 책을 낭독하고 그 뜻을 해석하여 백성으로 그 낭독하는 것을 다 깨닫게 하였던(느 8:8)"에스라를 본받아야 할 것이다.[52]

성경은 지금도 살아 계신 하나님의 말씀이며, 살았고 운동력이 있어 좌우에 날선 어떤 검보다도 예리하여 혼과 영과 및 관절과 골수를 찔러 쪼개는 능력을 지니고 있기 때문에, 성령의 능력을 의지하여 하나님의 말씀을

---

51) John Stott, *Between Two Worlds*, 정성구 역, 『현대교회와 설교』(서울: 풍만, 1987), 139. 스토트는 성경을 해설한다는 것은 본문으로부터 거기에 있는 것을 끌어내어 그것을 볼 수 있도록 노출시키는 것을 의미하고 해설적 설교의 반대는 본문에 실제로 없는 것을 부과하는 것이라고 하면서, 설교자는 닫혀 있는 것을 열고 불투명한 것을 명백히 하며 매듭지어 있는 것을 풀고 단단히 포장되어 있는 것을 펼쳐주어야 한다고 하였다.

52) 브라이언 채플은 "강해 설교는 과거 150년 동안 보수적인 서부 교회에서 두드러지게 나타났는데, 거기에는 최소한 두 가지 이유가 있다. 먼저, 성경의 권위가 위협받게 되자, 이것을 극복하기 위해서 복음주의자들이 찾아낸 방법이 강해 설교였으며 또한 이것이 성경의 진리에 다가갈 수 있는 일반적이고 보편적인 접근 통로라고 생각했기 때문이다."고 하였다. 오늘날도 절대적인 진리가 인정되지 않는 포스터모더니즘의 환경 속에서 교회가 계속 침체되어가고 있는데, 이러한 상황에서 설교자들은 그의 말에 귀를 기울여야 한다. Bryan Chapell, *Christ-Centered Preaching: Redeeming the Expository Sermon*(2nd ed.) (Grand Rapids: Baker, 2005), 132.

바르게 전달하기만 하면 놀라운 일들이 일어날 것으로 필자는 믿는다.

3. 복음의 기본 진리(또는 교리)를 자주 그리고 분명히 선포해야 한다.

필자는 신설교학이 심각하게 고민해야 할 중요한 문제 가운데 하나는
기독교 정체성의 약화라고 생각한다. 내러티브 설교는 삶의 변화를 위한
효과적인 전달에 최우선적 관심이 있기 때문에 기독교의 기본 진리와 교
리에 대한 가르침이 많이 소홀함을 볼 수 있다.53) 이러한 경향은 포스트
모더니즘의 감성주의의 영향으로 더욱 심화되고 있다. 우리는 설교는 단
지 삶의 변화만을 위해 행해지는 것이 아님을 명심해야 한다. 물론 그리스
도 안에 있으면, 삶의 변화가 오는 것은 당연하다, 하지만, 만약 설교가 삶
의 변화만을 추구한다면 기독교 외에 다른 방법이나 종교로도 얼마든지
가능하다. 실제로 기독교인보다도 훨씬 양심적이고 도덕적인 비 기독교인
들을 많이 볼 수 있다. 복음의 기본진리나 교리에 대한 가르침 없이 삶에
대한 강조나 감정적인 부분에 치우치게 되면 순간적인 효과가 있을 수는
있으나, 장기적으로는 기독교의 정체성이 무너지는 것은 불을 보듯 뻔하
다. 신앙 안에서 삶의 진정한 변화는 기독교의 바른 진리의 기초위에서 이
루어져야 한다.54)

---

53) Brian C. Stiller(*Preaching Parables to Postmoderns* [Minneapolis:
Fortress, 2005], 25-30)도 포스트모던 시대는 새로운 방법으로 접근해야 하는데,
그것은 비유(parable)를 통해 그리고 비유를 설교하는 것이 가장 효과적이라고 하였
다. 또한 David J. Lose(*Confessing Jesus Christ: Preaching in a Postmodern
World* [Grand Rapids: Eerdmans, 2003], 3)는 오늘날 포스트모던 시대와 기독교
전통에 모두 충실한 설교는 '고백적 설교(Confessional Preaching)'라고 하였다.
확실성을 증명하거나 지적으로 접근하기보다는 예수 그리스도에 대한 확신에 찬 고
백이 필요하다는 것이다.
54) 참고. Glenn A. Nielsen, "Preaching doctrine in a postmodern age,"
Concordia Journal 27/1(2001): 17-29. Craig A. Loscalzo("Apologizing For
God: Apologetic Preaching To A Postmodern World," *Review & Expositor*

이러한 염려스러운 상황에서 바울의 설교는 오늘날 설교의 좋은 모델이 될 수 있다.55) 바울은 오늘날과 같이 당시도 다원화와 다신론의 시대였고 그의 편지의 수신자들이 오늘날 우리와 같이 이교 문화권에 있었기 때문에56) 로마서나 에베소서에서 다소 어렵고 딱딱할 수 있음에도 불구하고, 먼저 기독교의 기본 진리를 자세히 설명한 다음에, 그 기초 위에서 성도의 삶에 대해서 교훈하였던 것이다.57)

4. 다양한 설교 형식이 필요하다.

신설교학은 효과적으로 전달하기 위해서 반드시 귀납적으로 이야기식으로 전달해야 한다고 주장한다. 그러한 신설교학의 주장은 너무 일방적이고 단편적인 접근이다. 물론 이야기식, 귀납적 접근이 바람직한 경우가 많지만, 모든 설교 방식은 장단점이 있고 주제와 청중에 따라 보다 효과적

93[1996]: 405-18)는 오늘날의 포스트모던의 상황에서 변증적 설교가 필요하다고 주장하였다.

55) 참고. James W. Thompson, *Preaching Like Paul: Homiletical Wisdom for Today* (Louisville: Westminster John Knox, 2001). 톰슨은 50-60년대의 성도들과 오늘날의 성도들의 신앙 수준과 성경의 친숙도와 이해에 대한 차이 때문에 간접적이며 귀납적 접근이 당시에는 어느 정도 유효했지만 오늘날에는 효과가 없기 때문에 오늘날은 더욱 더 바울과 같은 접근이 필요하다고 주장하였다(상게서, 1). 필자도 결론과 적용을 열어놓는 귀납적 접근이 특별한 경우에는 필요하고 효과적일 수 있지만, 일반적으로는 구체적이고 직접적으로 결론과 적용을 언급하는 것이 바람직하다고 생각된다.

56) Michael J. Quicke, *360-Degree Preaching: Hearing, Speaking, and Living the Word* (Grand Rapids: Baker, 2003), 68-9.

57) 바람직한 설교는 본문에 대한 설명(주해)와 적용이 균형을 이루어야 한다. 뿐만 아니라 청중의 바람직한 신앙을 위해서 지, 정, 의의 전 인격적인 관심과 고려가 필요하며. 효과적이고 설득력 있는 설교를 위해서 고전 설교학에서 강조된 로고스, 에토스, 파토스의 균형도 필요하다. 참고. Lucy L. Hogan & Robert Reid, *Connecting with the Congregation: Rhetoric and the Art of Preaching* (Nashville: Abingdon, 1999).

인 접근 방식이 있을 수 있다. 어떤 한 방법만이 모든 상황에서 절대적으로 효과적이라고 단정하거나, 단순히 설교의 형식 자체만을 가지고 어떤 형식이 다른 형식보다 더 성경적이라든지 더 효과적이라고 판단해서는 안된다.[58] 설교의 주제와 내용, 설교 환경(예배 환경-주일 낮, 주일 밤, 수요일 밤, 새벽 예배 등; 청중의 상황-연령, 지식, 장소 등; 설교자의 위치-권위나 신뢰성 등), 설교의 목적에 따라서 다양한 형식을 사용할 수 있고 또한 해야 한다.[59] 뿐만 아니라, 설교자의 은사에 따라 기본적인 설교의 형식들을 응용하여 자신에 맞는 독특한 설교 방법을 개발하는 것도 바람직하다. 그러니까 논리성과 사고력이 뛰어난 설교자는 그 은사에 맞게, 언어에 대한 분석 능력이 뛰어난 사람은 그 은사에 맞게, 이야기에 대한 특별한 은사가 있는 설교자는 그 은사에 맞는 설교 방식을 주 설교 방법으로 개발할 수 있다는 것이다.[60]

---

58) 도날드 수누키안은 "성경적 설교를 논함에 있어 본문 설교와 주제 설교 그리고 강해 설교를 나누는 구식의 구별 방법은 유익하지 못하다. … 이러한 구분 대신 우리는 성경 자료를 어떻게 다루느냐라는 잣대로 성경적 설교를 규정한다. 본문 설교, 주제 설교, 강해 설교 모두가 성경적 메시지일 수 있다."고 주장했다. Donald R. Sunukjian, *Invitation to Biblical Preaching*, 채경락 역, 『성경적 설교의 초대』 (서울: CLC, 2009), 16-7.

59) 마크 엘리엇(Mark B. Elliott)과 로날드 알렌(Ronald Allen)은 다양한 설교 방법들을 제시하고 또한 그와 관련된 실제적인 설교의 예들을 보여주었다. Mark B. Elliott, *Creative Styles of Preaching*, 성종현 역, 『당신의 설교는 창조적입니까?』 (서울: 그루터기 하우스, 2001); Ronald Allen, *Patterns for Preaching*, 허정갑 역, 『34가지 방법으로 설교에 도전하라』 (서울: 예배와 설교 아카데미, 2004).

60) 이와 관련하여 Dave Stone, *Refining Your Style: Learning from Respected Communicators*, 김지홍 역, 『(청중을 사로잡는) 13가지 맛깔스런 설교 레시피』 (서울: 국제제자훈련원, 2008)는 좋은 참고 자료가 될 수 있다. 이 책에서 저자는 미국의 대표적인 설교자들이 자신들의 은사에 맞는 접근 방식을 효율적으로 사용하여 얼마나 설득력 있고 효과적인 설교를 하고 있는지 자세하게 보여주고 있다.

IV. 결론

포스트모던의 시기는 설교에 있어서 위기임과 동시에 기회이다.61) 기독교 역사는 모든 시대에 하나님 말씀의 능력 또는 설교의 능력이 얼마나 위대한 지를 분명히 보여주었다. 하나님께서는 모든 세대마다 말씀의 능력을 보여주기 위해서 특별한 사람들을 세우셨고 그들에게 특별한 은사와 능력을 부여하셨다. 그러나 설교의 능력이 교회 역사의 위대한 사람들에게만 주어지는 것은 아니다. 우리도 얼마든지 베드로, 바울, 마틴 루터, 죤 칼빈, 죤 웨슬리, 조나단 에드워드, 디 엘 무디, 빌리 그래함처럼 쓰임 받을 수 있다. 그런데 그러한 말씀의 능력은 아무에게나 나타나지 않는다. 그 능력을 믿고 사모하며 전적으로 헌신하는 자에게 나타난다. 그렇기 때문에 이 땅의 모든 설교자들은 성령께서 역사하심을 사모하며, 말씀의 능력을 확신하며, 균형 잡힌 말씀의 선포와 효과적이고 지혜로운 접근을 위해서 최선의 노력을 다해야 할 것이다. 그때 설교의 놀라운 능력을 경험할 것이고, 그때 우리 한국 교회는 제 2의 전성기를 경험할 수 있을 것이다.

---

61) Ronald A. Allen, "Preaching and Postmodernism," *Interpretation* 55/1(2001): 34-48. 포스트모더니즘을 위기로 보아야 하는지 아니면 기회로 보아야 하는지에 대한 학자들의 입장에 대해서 David D. Dockery, "The Challenge of Postmodernism," in David D. Dockery(ed.), *The Challenge of Postmodernism*(2nd ed.) (Grand Rapids: Baker, 2001), 17을 참고하라.

제15장

'뉴노멀(New Normal)'
시대의 도래와 설교[1]

주지하는 것처럼, 오늘날 한국 교회는 여러 면에서 심각한 위기 가운데 있다. 숫자적으로 감소 추세에 있으며, 사회적 영향력도 점점 약화되고 있다.[2] 설상가상으로 우리 사회는 문화적으로, 환경적으로 그리고 기술적으로 이전에 거의 예상치 못한 엄청난 변화를 경험하고 있다. 그러한 변화의 상황을 흔히 '뉴노멀(New Normal)'[3]이라고 부른다. 쉽게 이야기하면, 이전과는 많이 다른 새로운 시대가 도래했으며 우리는 그 변화된 상황에

---

1) 본장은 "'뉴노멀(New Normal)' 시대의 도래, 무엇을 그리고 어떻게 설교할 것인가?" 「신학지남」 제 349호(88/4): 311-81에 게재된 논문을 수정한 것이다.

2) 한국 교회의 위기 상황은 목회자를 양성하는 신학대학원의 지원자가 갈수록 줄어들고 있는 것을 통해서도 확인될 수 있다. 2021년도 입시에서 총신신대원이 1.44대 1, 장신신대원이 2.41대 1, 합동신학대학원 1.20대 1 그리고 고신신대원 1대 1로 지원자가 입학정원을 간신히 초과했지만, 서울신학대학원(0.54대 1), 한신신대원(0.43대 1), 성결신대원(0.40대 1) 아세아연합신학대학원(0.28대 1) 등은 정원에 크게 못 미쳤다. 그런데 2013년의 입시 경쟁률은 총신신대원 2.56대 1, 장신신대원 3.28대 1, 합동신학대학원 2.31대 1, 고려신학대학원 1.84대 1 서울신학대학원 1.23대 1 한신신대원 1.1대 1이었다. 이와 같은 신학대학원의 입시 경쟁률 하락이 목회자 질적 수준의 하락으로 이어지는 것은 명약관화하다.

3) '뉴노멀(New Normal)'이라는 용어는 원래 2008년 세계 금융위기 이후에 나타난 저성장, 저물가, 저금리, 높은 실업률 등 새로운 세계 경제 질서를 일컫는 말로 사용되었으나, 최근에는 그 의미가 확장되고 일반화되어 시대의 변화와 함께 새롭게 등장하는 기준 또는 표준을 의미하기도 하고, 여러 가지 사회적 현상이나 상황의 급격한 변화를 통해 경험하고 있는 새로운 시대 또는 새로운 상황을 의미하기도 한다.

적응해야 한다는 것이다. 그런데 우리 사회가 경험하고 있는 변화의 내용과 성격을 잘 규정지어 주는 용어들이 있는데, 그것은 '포스트모더니즘(Postmodernism),' '포스트(또는 위드) 코로나(Post or With Corona),' 그리고 '4차 산업혁명(The Fourth Industrial Revolution)' 이다. 최근 여러 신학자들이 사회적 측면에서, 신학적 측면에서, 목회적 측면에서 그리고 설교학적 측면에서 오늘날 한국 교회의 위기와 뉴노멀 시대의 여러 현상들을 분석, 평가하며 한국 교회가 나아가야 할 방안들을 제시하고 있다. 그런데 필자는 오늘날의 위기와 사회적 변화들을 좀 더 종합적으로 분석하고 평가할 필요가 있다고 생각한다. 왜냐하면 이러한 현상들과 변화들이 우리에게 따로 따로 분리되어서 다가오는 것이 아니라 종합적으로, 동시에 그리고 상호영향을 미치면서 다가오기 때문이다. 본고에서 필자는 복잡하게 급변하는 오늘날의 현상들을 정리 분석하고, 청중분석의 관점에서 그러한 현상들로 인해 교회와 성도들에게 어떤 변화가 있었는지 살펴본 후에, 이 시대에 적실하고 효과적이며 능력 있는 설교를 위해 설교학적으로 중요하거나 필요한 부분이 무엇인지 논의하고자 한다.

I. 급변하는 오늘날의 상황들

먼저, 오늘날의 변화된 시대와 상황을 잘 정리해 주는 '포스트모더니즘,' '포스트(또는 위드) 코로나,' 그리고 '4차 산업혁명'에 대한 간략한 설명과 함께 그러한 현상들로 인해 우리에게 현실적으로 다가오는 이슈들을 설교학적 관점에서 살펴보고자 한다.

1. 포스트모더니즘

오늘날 문화적으로 그리고 정신적으로 급변하는 상황을 대변하는 대표적인 표현 가운데 하나인 '포스트모더니즘'과 관련하여 김욱동의 말은 자주 인용된다.

그것(포스트모더니즘)은 마치 우리가 매일 들이마시는 공기처럼 삶의 일부를 구성하고 있다. 싫든 좋든 우리는 지금 포스트모더니즘 안에 살고 있으며, 따라서 그것을 주어진 현실로 받아들이지 않으면 안 된다. 그것을 거부하는 것은 곧 우리가 현재 영위하고 있는 삶의 일부를 거부하는 것이나 다를 바 없다.[4]

그렇다면 포스터모더니즘으로 표현되는 변화의 대표적인 특징 또는 모습은 무엇인가?[5] 필자는 그것을 '상대주의,' '다원주의,' '감성주의,' '혼합주의'라고 생각한다.

무엇보다도 먼저, 포스트모더니즘의 특징은 상대주의이다. 다시 말해, 근대는 거대담론에 대한 확신이 있었는데, 포스트모더니즘은 윤리, 종교, 예술, 철학, 건축, 문학, 삶의 방식 등 모든 부분에 있어서 객관적이고 절대적인 진리(가치 또는 규범)를 인정하지 않는다. 예를 들어, 전에는 비정상적이고 죄악시 되었던 동성애, 성 전환 등이 이제는 단지 삶의 방식이나 성향 또는 기호의 차이 정도로 여겨진다(그래서 이미 많은 나라는 동성애

---

4) 김욱동, 『포스트모더니즘의 이해』 (서울: 문학과 지성사, 1990), 13. Leith Anderson도 오늘날 포스트모던으로의 강력한 변화에 대해 다음과 같이 평가하였다. Leith Anderson, *A Church for the Twenty-first Century* (Minneapolis: Bethany House, 1992), 17.
　　오늘날 우리는 우리의 국가와 전 세계에서 거대한 구조적 변화를 경험하고 있다. 그 변화는 인쇄술의 발명, 산업 혁명, 그리고 공산주의 등장과 붕괴보다도 더욱 영향력이 있는 변화가 될 것임이 틀림없다.
5) 포스트모더니즘의 특징에 대해서는 기존의 연구물인 김창훈, "포스트모더니즘과 설교," 「신학지남」 289(2006/겨울호): 272-94에서 많은 부분을 가져 왔음을 밝힌다.

라든지 성전환 등에 대해서 법적으로도 그 정당성을 인정하고 있다). 종교에 있어서도 같은 원리가 적용된다. 모더니스트들은 기독교가 진리가 아니라는 것을 다각도로 공격하였다고 하면, 이제 포스트모던니스트들은 기독교만 구원을 주는 유일한 진리가 아니고 단지 하나의 종교일 뿐이라고 주장한다.[6] "사람이 각각 자기 소견에 옳은 대로 행하였더라(삿 21:25)"는 사사기의 상황은 포스트모던 시대를 가장 함축적으로 표현한다고 할 수 있다.

다음으로, 포스트모더니즘의 특징은 다원주의이다. 다원주의는 상대주의와 동전의 양면과 같이 절대적 진리와 규범을 부인하는 포스트모더니즘의 또 다른 모습이다. 즉, 포스트모더니즘은 근대의 객관적 과학주의를 반대하고 문학, 예술, 문화, 철학 등에 있어서 기본적인 원칙이나 목적에 있어서 서로 다를 수 있음을 인정하며 문화적 삶도 자유롭고 다양한 모습을 갖는다. 따라서 포스트모더니즘에서는 상대방을 인정하는 관용과 여유가 최고의 덕목이라고 할 수 있다. 이러한 경향은 신앙과 종교에서도 나타나는데, 자신의 신앙과 믿음을 전파하고 강요하는 것은 무식과 교만과 독선으로 간주된다.[7]

세 번째로, 포스트모더니즘의 특징은 감성주의이다. 근대는 합리적 이성이 모든 것의 기준이 되었기 때문에 모든 것을 논리적이고 지적으로 접근하였다. 그러나 포스트모던 시대는 이성보다는 감성적인 것(EQ: Emotional Quotient)을 강조한다. 다시 말해, 사람들은 모든 영역에 있어서 감정적이며 감각적인 것을 추구하며, 자신의 감정에 지배되어 감정이 흘러가는 대로 말하고 행동한다. 이것은 성도의 신앙과 교회의 예배와 모임 등에서도 그대로 나타난다. 즉, 신앙을 성경과 교리에 기초 위에 세

---

6) Gene E. Veith, *Postmodern Times: A Christian Guide to Contemporary Thought and Culture*, 홍치모 역, 『포스트모더니즘의 세계: 도전받는 크리스찬』 (서울: 아가페 출판사, 2004), 21.

7) 신국원, 『포스트모더니즘』 (서울: IVP, 1999), 113.

우기보다는, 체험이나 신비 또는 느낌을 더 중요하게 여기며, 예배와 찬양과 기도에 있어서도 감정적인 부분이 우선시 된다. 오늘날 청소년들과 청년들이 소위 '경배와 찬양'에 매력을 느끼고 몰입하는 것도 이에 해당한다고 할 수 있다.

마지막으로, 포스트모던의 특징은 혼합주의이다. 근대는 절대적 가치와 상위 가치가 인정되던 시대였다. 그러나 포스트모던 시대에는 탈 장르화 현상이 두드러져서 독특한 장르의식이 해체되고 이질적인 장르들이 혼합되어지는 경향이 있다. 예를 들어, 남녀의 구별이 없어지는 '유니섹스(unisex),' 그리고 팝과 오페라의 만남인 '팝페라(popera),' 동서양의 음식간의 '퓨전(fusion),' 비평(criticism)과 픽션(fiction)을 결합하여 비평에 창조성을 부여한 크리티픽션(critifiction), 사실(fact)과 허구(fiction)를 결합한 팩션(faction) 등의 신조어는 모두 혼합 주의로 인해 나타난 현상이라고 할 수 있다.[8] 신앙에서도 혼합주의적 현상이 나타난다. 오늘날 교회의 '세속화(世俗化)'와 '이교화(異敎化)'는 대표적인 혼합주의적 현상이라고 할 수 있다. 교회 안에 세상의 원리가 그대로 수용되어지고, 교회의 정체성이 무디어져서 다른 종교와 구분이 사라지고 있는 것이 오늘날의 안타까운 현실이다.

물론 이러한 포스트모더니즘의 특징들이 '이 시대 전체를 대표하는 현상인지' 또는 '이 시대 전체가 완전히 포스트모더니즘에 잠겨 있는지'에 대한 논의는 있을 수 있지만, 포스트모더니즘의 특징적 요소들이 이 사회 안에 더욱 깊이 자리를 잡아가고 있고, 또한 교회와 성도들에게도 많은 영향을 주고 있음은 부인할 수 없는 사실이다.

그런데 이러한 포스트모던의 시대적, 문화적 상황과 함께 설교학에서도 기독교 역사에 있어서 가장 커다란 변화가 있었다. 그것은 포스트모던

---

8) 김욱동, 『모더니즘과 포스트모더니즘』(서울: 현암사, 2004), 224-30.

시대가 본격적으로 시작되는 1970년대에 들어서면서 미국의 설교학계를 중심으로 하여 전통적인 설교의 대안으로 제시된 소위 '신설교학(New Homiletic)'의 등장이다.[9] 신설교학은 포스트모던 시대를 특징짓는 상대주의, 다원주의, 감성주의 그리고 혼합주의의 특징과 밀접하게 연결되어 있는데, 지난 50여 년 동안 설교학계에 엄청난 도전을 주었고, 지금도 설교학의 대세를 형성하고 있다.

그러면 신설교학의 핵심 또는 주장은 무엇인가? 신설교학의 우선적인 관심은 '삶의 변화'와 '효과적인 전달'(또는 '삶의 변화를 위한 효과적인 전달')로 요약될 수 있다. 다시 말해, 신설교학자들은 시대와 상황은 이전 과는 전혀 다르게 변화가 되었는데 교회의 강단은 여전히 전통적인 방법에 머물러 있기 때문에 설교가 제대로 전달이 되지 않고 성도들의 삶이 변화되지 않는다고 하면서 설교가 효과적으로 전달되고 설교를 통해 삶이 변화되기 위해서는 시대의 문화와 상황에 부합하는 접근 방식이 요구된다고 주장한다. 그러면서 그들은 다양한 설교학적 제안들을 하였는데, 그 중심에 '내러티브 설교(Narrative Preaching)'가 자리 잡고 있다. 필자의 판단으로 내러티브 설교가 전통적인 설교와 구별되는 대표적인 특징은 '이야기(story)', '플롯(Plot)' 그리고 '귀납적인 접근'에 대한 강조인데, 긍정적인 면과 부정적인 면 모두 존재한다.[10]

2. (포스트 또는 위드) 코로나

2019년 12월 중국 우한 지역에서 원인 불명의 폐렴 환자들이 발생한 이후 지금까지 우리는 그전에 전혀 예상하지 못한 많은 일들을 경험하고

---

9) 포스트모더니즘의 등장 배경에 대해서는 김창훈, "포스트모더니즘과 설교," 154-5을 참고하라.

10) 신설교학에 대한 전반적인 평가에 대해서는 김창훈, 『하나님 중심적 설교』 (서울: 호밀리아, 2016), 179-201을 참고하라.

있다.[11] 2년 가까이 중앙재난안전대책본부(중대본)가 매일 정기적으로 코로나 확진자, 중증환자, 사망자 등의 상황과 통계를 보고하고 있고, TV이나 라디오의 거의 모든 뉴스는 코로나의 상황에 대한 보도로 시작된다. 정부가 코로나의 상황에 따라 사회적 거리두기를 단계별로 정해서 모임과 만남과 접촉을 통제하고 있다. 심지어 정부가 앞장서서 명절에 고향과 가족 방문을 자제하도록 권고하고 있으며, 결혼식과 장례식도 인원과 방법에 여러 제한을 두고 있다. 또한 학생들도 학교에 제대로 가지 못하고 있고, 음식점, 카페, 체육시설 그리고 목욕탕 등도 함부로 갈 수 없다. 필자가 섬기는 학교도 지난 이 년 동안 비대면으로 수업을 하고 있다. 뿐만 아니라 마스크를 쓰는 것이 일상화되었고, 재택근무도 점차 범위를 넓혀가고 있다. 그래서 역사를 '코로나 전후'[12]로 구분해야 한다는 것이 단순한 풍자로 들리지 않는다.[13]

코로나로 인한 사회적 삶과 일상에 대한 예상치 못한 급작스러운 변화와 함께 목회와 성도들의 신앙생활에 있어서도 이전에 전혀 상상치 못했던 일들을 경험하고 있다. 사회적 거리두기와 집합 금지로 인해 교회당에서의 예배와 교제 그리고 목회 활동의 인원의 제한이 있어 대부분 교회가 비대면 방식을 활용할 수밖에 없는 상황이 되었다. 불행 중 다행으로 최근

---

11) 초기에는 이 전염병을 '우환 폐렴'으로도 불려 졌으나, WHO에서 2020년 2월 11일에 편견을 유도할 수도 있는 지명이나 동물명을 피하도록 하는 원칙에 따라 공식적으로 'Corona Virus Discase 2019(약칭, COVID-19)'로 명명하였으며, 우리말로는 '신종 코로나바이러스 감염증 19(약칭, 코로나 19)'로 통용되고 있다.

12) 흔히 'BC(before Corona)와 AD(Anno[After] Disease)' 또는 'BC(before Corona)와 AC(After Corona)'라는 용어를 사용하곤 하는데, 이것은 예수님 탄생을 기점으로 인류의 역사를 기원전(Before Christ=예수 탄생 이전)과 기원후(Anno Domini=예수 탄생 이후)로 구분한 것에 착안한 것이다.

13) 실제로 전염병들이 역사의 변곡점이 되었던 것을 역사가 증명한다. 참고. William H. McNeill, *Plagues and People,* 허정 역, 『전염병과 인류의 역사』(서울: 한울, 1992); 예병일, 『세상을 바꾼 전염병』(서울: 다른, 2015). 김서형, 『전염병이 휩쓴 세계사(부제: 전염병은 어떻게 세계사의 운명을 뒤바꿔놓았는가)』(서울: 살림, 2020).

에 급속도로 발전한 5G(5 Generation)의 통신혁명과 큰 용량의 영상 콘텐츠도 업로드 하고 접속할 수 있도록 하는 유튜브(YouTube) 플랫폼의 도움으로 거리두기와 집합 금지의 전혀 예상치 못한 상황을 비교적 빠르고 무난하게 적응하고 극복하고 있는 것 같기도 하다.

그런데 여기에서 우리는 코로나 19가 발발한지 이 년 가까이 지난 상황에서 교회와 성도의 상황은 어떠한지 그리고 코로나의 상황이 끝난 후에 '포스트(또는 위드) 코로나'의 시대에 어떤 부분들이 예상되고 있는지 살펴볼 필요가 있다. 이와 관련하여 예장 통합총회가 지난 8월 13일 "코로나19 이후 2021년 한국 교회 변화 추적조사 결과 발표회"를 개최했는데 유의미한 몇몇 자료들을 살펴보자.14)

먼저, 코로나로 인한 대표적인 변화는 온라인 예배의 일반화 또는 활성화이다. 사실 온라인 예배는 그동안 성도들이 대형 교회에서 현장에 참여하되 다만 다른 공간에서 예배를 드리는 정도가 일반적이었다. 그러나 지금은 훨씬 더 많은 성도들이 교회에 가지 않고 가정이나 다른 장소에서 TV나 핸드폰 등의 모바일 기계를 이용하여 예배에 참여하고 있다. 이와 관련하여 좀 더 구체적으로 통계를 살펴보자.

---

14) 이 조사는 통합총회, 목회데이터연구소, 한국기독교언론포럼이 공동으로 주관하여 지난 6월 17일부터 6월 30일까지 기독교 조사 전문기관인 (주)지앤컴리서치에 의뢰해 통합총회 소속 담임목회자 891명(리스트를 활용한 모바일 조사)과 개신교인 1,000명(패널을 활용한 온라인 조사) 등 1,891명을 대상으로 실시됐다. 이번 조사는 코로나 이후 불확실성의 시대에 조사 통계를 통해 목회자와 개신교인의 인식이 어떻게 바뀌고 있는지 추적함으로써 향후 한국 교회가 어떻게 대응해야 하는지 방향성을 모색할 목적으로 진행되었다고 한다. 이전에도 목회데이터연구소는 코로나가 발생한 후 얼마 지나지 않은 2020년 3월 29일 주일 예배와 관련하여 다양한 부분에 대한 설문조사를 하였는데("코로나19로 인한 한국 교회 영향도 조사 보고서," 2020. 4. 9), 참고하면 유익할 것이다.

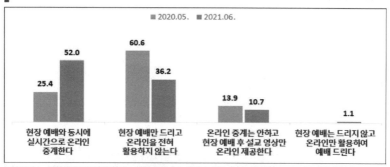

[그림] 현 주일예배 운영 형태　　　　　　　　　　　　　　(Base=전체, N=891, %)

■ 2020.05.　■ 2021.06.

현장 예배와 동시에 실시간으로 온라인 중계한다: 25.4 / 52.0

현장 예배만 드리고 온라인을 전혀 활용하지 않는다: 60.6 / 36.2

온라인 중계는 안하고 현장 예배 후 설교 영상만 온라인 제공한다: 13.9 / 10.7

현장 예배는 드리지않고 온라인만 활용하여 예배 드린다: 1.1

* 2020.05 : 대한예수교장로회총회(통합), 통합 총회 소속 목회자 대상 포스트 코로나19 조사, 전국 통합 총회 소속
　　　　　담임목사 1135명, 모바일조사, 2020.05.28.~06.01.

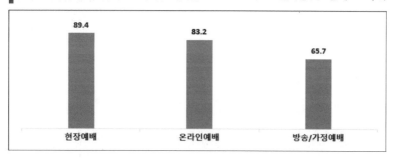

[그림] 지난 주일 예배별 만족도(4점 척도, 매우+약간 만족)　　　(Base=지난 주일예배 드린 자, N=682, %)

현장예배: 89.4

온라인예배: 83.2

방송/가정예배: 65.7

　　위의 조사를 보면, 현재 주일예배 운영 형태에 대해, '현장예배 Only'
비율은 36.2%였고, '현장+온라인 동시중계'가 52%였으며, 온라인 중계는
안하고 현장 예배 후 설교 영상만 온라인 제공이 10.7%라고 응답했다. 이
는 전체 응답자 가운데 온라인 활용이 60%이상이며, 2020년 5월과 비교
하면 일 년 사이에 두 배 가까이 증가한 것으로 조사되었다. 또한 현장 예
배나 온라인 예배의 만족도는 거의 같은 것으로 확인된다.

다음으로 이러한 온라인 예배의 활성화와 일반화와 밀접하게 연결되어 있는 '주일 성수'에 대한 목회자들과 성도들의 생각은 다음과 같이 파악되었다.15)

주일성수에 대한 의견(목회자)

■ 주일 예배는 반드시 교회에서 드려야 한다
■ 주일예배를 온라인 예배 또는 가정 예배로도 대체할 수 있다
■ 잘 모르겠다

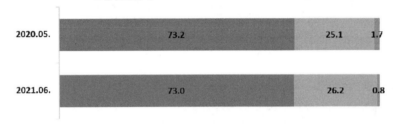

주일성수에 대한 의견(교인)

■ 주일 성수 개념에서 주일 예배는 반드시 교회에서 드려야 한다
■ 온라인 예배 또는 가정 예배로도 대체할 수 있다
■ 잘 모르겠다

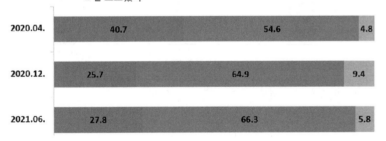

주일 성수에 대해 목회자들은 반드시 교회에서 예배를 드려야 한다는 것이 압도적인 주장이지만, 교인들은 초반에는 대등하였는데 최근 들어서는 온라인 예배 또는 가정 예배로 대체될 수 있다는 의견이 2/3 정도로 증

15) 통합총회, 목회데이터연구소, 한국기독교언론포럼, "코로나19 이후 2021년 한국 교회 변화 추적조사 결과 발표회," 2021. 8. 13.

가한 것으로 조사되었다.

이와 같은 코로나 19 상황과 관련하여 목회데이터연구소[16]는 "코로나가 종식되어도 주일 대면 예배를 드리지 않는 사람들이 늘어날 것으로 예상된다"고 하면서 "교회에 가서 직접 주일예배를 드리지 않는 경우를 자세히 분석하면 2가지 경우가 발견되는데, 첫째는 온라인 예배에 익숙해져서 굳이 교회에 가지 않고 온라인 예배로 대체해서 예배를 드리는 사람들이 증가할 것이며, 둘째는 아예 예배를 드리지 않는 사람들이 늘어날 것이라"고 예상했다. 또한 연구소는 "이 매서운 변화 앞에서 교회는 어떤 전략을 취해야 할지 분명한 노선이 있어야 한다"며 "개교회 차원을 넘어 신학교, 총회, 연합기관 등 여러 단위에서 힘을 모아 지혜를 짜내야 할 것"이라고 제안했다.

한편, 위의 조사를 분석한 정재영은 "온라인 예배가 주일 예배로서 안정화되고 있으며, 특히 온라인 예배가 가나안 성도들의 예배 접촉률을 상승시키는 긍정적 효과가 있다"고 주장했다. 하지만 "온라인 예배를 형식적으로 드리는 경향이 있고, 현장 예배를 드리는 경우에 신앙을 더 잘 유지하고 있는 것으로 나타나 코로나 시기에 온라인 예배와 현장 예배의 상호보완적 운영이 관건이다"고 당부했다. 이어 "코로나 이후에 온라인 예배 및 온라인 교회 등에 대한 성도들과 목회자 사이에 인식의 차이가 더 커질 가능성이 있으므로 이 간극을 어떻게 줄일 것이냐가 코로나 이후 교회 생활에서 매우 중요한 부분이 될 것이다"고 진단했다.[17]

또 한 가지 코로나와 관련하여 더욱 중요하게 이슈가 되는 것이 있는

---

16) 목회데이터연구소, "코로나19로 인한 한국 교회 영향도 조사 보고서," 2020. 4. 9.

17) 정재영, "'코로나19 이후 2021년 한국 교회 변화 추적조사(목회자 및 개신교인)' 결과 발표 기자 회견(상/하)" 「크리스천투데이」 (2021. 8. 13)

데, 그것은 교회당 건물이 없는 소위 '온라인 교회'의 본격적인 등장이다. 먼저, 코로나 19의 공포가 본격화되었던 2020년 4월에 '아둘람 온라인 공동체'란 이름의 온라인 교회가 설립되었다.[18) 이 공동체는 매주 주일 오전 10시에 줌(Zoom)을 통해 실시간 예배를 진행한다. 두 명의 공동 설립자 가운데 한 사람인 신성남 집사는 아둘람 온라인 교회는 건물, 교권, 재정 등이 없는 자유로운 공동체임을 강조하면서, "기존 교회의 장점과 특수성이 분명히 존재하지만, '교권주의,' '재정비리' 등으로 얼룩진 한국 교회를 위해 분명한 역할을 할 수 있을 것이다"고 했다.[19) 또한 공동 설립자인 지성수 목사는 아둘람 공동체와 관련하여 '개척'이라고 하지 않고 '개업'이라고 하면서 다음과 같은 기고문을 올렸다.

> 개척이 아니라? 개업이라니? 발끈할 사람도 있을 것이다. 그러나 이제는 교회 개척이 되지 않는다는 것은 모두가 안다. 그래서 개업이다. 개업은 사업이기 때문에 처음부터 망할 가능성이 있으면 하지 않는다. 망하지 않고 안전하게 가려면 원가를 최대한 낮추어야 한다. 그래서 원가가 전혀 들지 않는 교회를 개업한 것이다. 오프라인 세상에서는 건물이 필요하지만, 온라인에서는 커뮤니케이션이 필요할 뿐이다. 오프라인 교회들은 코로나 사태가 진정되면 다시 건물로 돌아가겠지만, 온라인 교회는 제자리에 남을 것이다. 사이버 시대는 디지털 교회가 필요하다. 그러나 막상 시작하고 보니 실망을 넘어 스트레스를 받았다. 설교하는 이들이 여전히 자기들끼리 통하는 이야기만 하고 있었기 때문이다. 교회를 떠났지만 그들의 신앙적 관심은 자신들의 삶에 있지 않고 여전히 교회에 있었다. 그럴 수밖에 없는 까닭은 평생을 교회를 다녀도 신앙을 통해 세상을 어떻게 이해하고 어떻게 살아야 하는가를 배워 본 일이 없기 때문일 것이다. 오직 교회 생활에만 비중을 두는 한국 교회 신자

---

18) 양재형, "목사도 성전도 없다... 아둘람 온라인 공동체의 실험," 「뉴스M」 (2020. 5. 28); 양재형, "건물, 목사, 재정비리 없는 온라인 교회를 아시나요?" 「뉴스M」 (2020년 6월 11일).
19) 양재형, "건물, 목사, 재정비리 없는 온라인 교회를 아시나요?"

들은 교회를 다닐수록 세상을 제대로 이해하기가 힘든 것이다. 그러므로 디지털 교회의 방향은 어떻게 믿느냐가 아니라 어떻게 사느냐로 가야 할 것이다.[20)

또한 두레 수도원을 설립했던 김진홍 목사는 2020년 11월 21일 기존 교회론에서부터 완전히 탈피한 '두레 온라인 교회'를 설립했다.[21)] 그는 이 교회를 가리켜 '가나안 성도들을 위한 교회'라고 설명하면서 "건물 없는 교회, 두레 온라인 교회는 국경이 없고 장벽이 없다. 누구든 차별 없이 교인이 될 수 있다. 외국 어느 나라에 살고 있거나 신앙생활을 중단했거나, 처음 시작하는 분들 모두를 위한 교회"라고 말했다.

물론 온라인 교회는 코로나 이전에도 존재하였다. 특히 미국에서는 1990년대부터 이미 온라인 교회가 시작되었고, 지금 왕성하게 교회로서 역할을 하는 교회들도 있다.[22)] 하지만 분명한 것은 코로나 19를 기점으로 온라인 교회는 더욱 활성화될 가능성이 높다는 것이다. 특별히 여러 가지 사정으로 교회 생활을 중단하고 있는 가나안 성도들이나 기존의 교회에 크게 상처와 실망을 경험한 성도들 그리고 온라인 문화에 익숙한 젊은이들을 중심으로 한 다양한 모습으로 온라인 교회가 등장할 것은 명약관화하다.[23)] 이번의 설문 조사가 그것을 확인해 주었다.[24)]

---

20) 양재형, "건물, 목사, 재정비리 없는 온라인 교회를 아시나요?"
21) 김진홍, "김진홍의 아침묵상: 건물 없는 교회, 두레온라인교회를 창립합니다,"「크리스천투데이」(2020년 11월 2일).
22) 미국의 '온라인 교회'에 대한 좀 더 자세한 내용은 박해정, "코로나 19 사태에 따른 온라인 예배에 관한 고찰,"「신학과 세계」98(2020/6): 183-6을 참고하라.
23) 조성돈, "4차 산업혁명 시대의 목회,"「신학과 실천」61(2018): 637; 노충헌, "가나안 성도는 '제도로서의 교회' 불편하다,"「기독신문」(2018. 11. 29).
24) 통합총회, 목회데이터연구소, 한국기독교언론포럼, "코로나19 이후 2021년 한국 교회 변화 추적조사 결과 발표회," 2021. 8. 13.

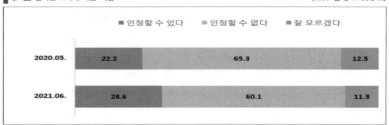

[그림] 온라인 교회에 대한 의견　(Base=전체, N=891, %)

■ 인정할 수 있다　■ 인정할 수 없다　■ 잘 모르겠다

2020.05. : 22.2 / 65.3 / 12.5

2021.06. : 28.6 / 60.1 / 11.3

* 2020.05 : 대한예수교장로회총회(통합), 통합 총회 소속 목회자 대상 포스트 코로나19 조사, 전국 통합 총회 소속
담임목사 1135명, 모바일조사, 2020.05.28.~06.01.

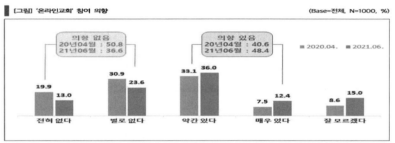

[그림] '온라인교회' 참여 의향　(Base=전체, N=1000, %)

의향 없음
20년04월 : 50.8
21년06월 : 36.6

의향 있음
20년04월 : 40.6
21년06월 : 48.4

■ 2020.04.　■ 2021.06.

전혀 없다 : 19.9 / 13.0
별로 없다 : 30.9 / 23.6
약간 있다 : 33.1 / 36.0
매우 있다 : 7.5 / 12.4
잘 모르겠다 : 8.6 / 15.0

* 2020.04 : 한국기독교목회자협의회, 코로나19로 인한 한국교회 영향도 조사, 만19세 이상 개신교인 1000명, 온라인조사,
2020.4.2.~4.6.

위의 조사를 보면, 목회자들은 온라인 교회를 공교회로 인정하는 것에
대해 대단히 부정적인데 반하여 성도들의 거의 절반은 온라인 교회 참여
의향이 있는 것으로 파악되었다. 온라인 교회에 대해 목회자와 성도들의
온도차가 있음을 알 수 있다.

3. 4차 산업혁명(The Fourth Industrial Revolution)

'4차 산업혁명'이라는 용어는 2016년 1월말 '다보스 포럼(Davos
Forum)'이라고도 불리는 '세계경제포럼(WEF. World Economy
Forum)'25)이 열렸을 때 창립자요 의장이었던 클라우스 슈밥(Klaus

25) 세계경제포럼은 매년 1월 스위스 동부에 위치한 다보스(Davos)에서 개최된
다고 하여 '다보스 포럼(Davos Forum)'이라고도 불리는데, 전 세계의 정치, 경제,

Schwab)이 공식적으로 사용함으로 본격적으로 회자되었다고 할 수 있다. 당시 다보스 포럼의 주제는 '4차 산업혁명의 이해'였는데, 당시 세계의 석학들은 이 주제를 가지고 논쟁하였고, 이 논쟁으로 인해 사람들에게 널리 알려지게 되었다. 우리나라에서 4차 산업혁명이 실제로 피부에 와 닿게 된 사건은 같은 해 3월에 많은 사람들의 흥미와 관심을 유발시켰던 이세돌과 인공 지능 '알파고(AlphaGO)'와의 바둑 대결이었다. 대결 결과는 예상과는 달리 알파고의 4:1 완승으로 끝남으로 센세이션을 일으켰다. 또한 문재인 대통령도 2017년 취임하자마자 대선 공약이었던 '4차 산업 혁명 위원회'를 대통령 직속으로 설치함으로 4차 산업에 대한 관심을 증폭시켰다.26) 뿐만 아니라 최근 몇 년 동안 우후죽순처럼 4차 산업에 대한 많은 연구 논문들이 발표되고 있고, 다양한 관점에서 서적들이 출판되었으며, 일반인들도 4차 산업 혁명의 구체적인 부분들을 실제 삶에서 경험하면서 이제 4차 산업혁명은 전문가들이나 특별한 부류의 사람들만의 전유물이 아니고 많은 사람들에게 익숙한 영역이 되었다. 사실 코로나-19의 상황에서 교회가 빨리 적응할 수 있었던 것도 4차 산업혁명의 발전으로 가능했고, 전염병이 확산되지 않도록 예방하고 대처하는 방역의 모든 조치에도 4차 산업혁명의 결과물들이 활용되고 있다.

그러면 4차 산업혁명의 내용은 무엇인가? 4차 산업혁명은 1,2,3차 산업혁명을 전제로 하기 때문에 먼저 1,2,3차 산업혁명에 대해 잠간 살펴보는 것이 필요하다.27) 1차 산업혁명은 1760-1840년경에 걸쳐 발생하였다.

사회 지도자 2000여명이 함께 모여 약 일주일동안 경제, 정치, 문화 등의 다양한 분야에 대해 토론하는 국제민간회의이다.

26) 4차 산업혁명 위원회 규정, '제2조(설치 및 기능) ①은 다음과 같이 말한다. 초연결, 초지능 기반의 4차 산업혁명 도래에 따른 과학기술 인공지능 및 데이터 기술 등의 기반을 확보하고, 신산업, 신서비스 육성 및 사회변화 대응에 필요한 주요 정책 등에 관한 사항을 효율적으로 심의 조정하기 위하여 대통령 소속으로 4차 산업혁명위원회를 둔다.

이전에는 인력, 수력, 풍력과 같은 자연 동력에만 의존하였는데, 이 때에 증기기관의 발명되고 기계가 활용되어 편의와 생산성의 증대를 가져왔기에 '기계화 혁명'이라고도 칭한다. 2차 산업혁명은 1870에서 1차 세계 대전 직전인 1914사이에 미국에서 일어났는데, '전기'와 '컨베이어 벨트(생산조립라인)'의 활용으로 특징지을 수 있기에 '대량생산 혁명'이라고도 한다. 3차 산업혁명은 1970년대와 1980년에 발생하였는데, 컴퓨터와 인터넷 그리고 정보통신기술(ICT) 등의 발달로 기존의 아날로그 방식이 디지털 기술로 진화되었기 때문에 '디지털 혁명'이라고 할 수도 있고, 또는 전 세계적인 네트워크로 디지털화 된 정보를 공유할 수 있기에 '지식정보 혁명'이라고도 할 수 있다. 이와 같은 1,2,3차 산업혁명으로 역사와 우리 인간의 삶은 엄청난 변화와 진보를 경험하게 되었다. 그리고 이제 4차 산업혁명이 우리에게 다가 왔는데, 이 용어와 개념을 대중화시킨 클라우스 슈밥은 다음과 같이 4차 산업혁명에 의미 부여를 한다.[28]

불안정한 정치, 사회적 맥락 속에서 인공지능부터 생명공학, 첨단소재, 퀀텀 컴퓨터(Quantum Computer)에 이르기까지 우리의 삶의 방식을 급격하게 바꾸어 놓을 강력한 첨단 기술로 인해 우리는 또 다른 기회와 도전 과제에 맞닥뜨리게 되었는데, 이런 변화를 4차 산업혁명이라고 한다(밑줄은 필자).

또한 많은 학자들이 4차 산업혁명에 대해 개념 정의를 시도하고 있는데, 필자가 이해한 대로, '4차 산업혁명은 인공지능, 빅데이터, 사물인터넷, 블록체인, 3D 프린터 등 첨단의 정보통신기술(ICT)이 경제, 사회, 문

---

27) 1,2,3차 산업혁명의 시기와 내용에 대해서는 학자들마다 약간의 차이는 있지만 일반적으로 인정되는 내용을 필자가 정리하였다. 특별히 양승훈, "기독교 세계관적 관점에서 본 4차 산업혁명," 벤쿠버기독교세계관대학교 「통합연구」 21(2019): 7-43에 1,2,3차 산업혁명이 간결하면서도 명확하게 설명되고 평가되어 있다.
28) Klaus Schwab, The Fourth Industrial Revolution, 김민주, 이엽 역, 「클라우스 슈밥의 제 4차 산업혁명」 (서울: 새로운 현재, 2018), 책 표지.

화 전반에 융합되어 혁신적인 변화를 가져오는 차세대 산업혁명으로, 초연결, 초지능, 초융합을 특징으로 한다'고 정의할 수 있다. 뿐만 아니라 4차 산업혁명은 기존 산업혁명에 비해 더 넓은 범위(scope)에 더 빠른 속도(velocity)로 더 크게 영향(impact)을 끼치게 될 것으로 학자들은 예측하고 있다.

그러면 이제 4차 산업혁명의 이해를 높이기 위해 우리의 일상과 삶에 가장 밀접하게 연결되어 있는 4차 산업혁명의 구체적인 내용 몇 가지를 소개하고자 한다.

1) 인공지능(AI, Artificial Intelligence)

아마 4차 산업혁명과 관련하여 가장 많이 듣고 가장 궁금해 하는 용어 가운데 하나가 '인공지능'이다. 인공지능은 컴퓨터가 인간처럼 스스로 학습하고 판단하고 결정하는 지적 행동이 가능한 것을 의미한다. 인공지능은 개념적으로 '약 인공지능(Weak AI),' '강 인공지능(Strong AI)' 그리고 '초 인공지능(Super AI)'으로 구분된다.[29] 약 인공지능은 자의식이 없는 인공지능을 말한다. 다시 말해, 주로 특정 분야에 특화된 형태로 개발되어 인간의 한계를 보완하고 생산성을 높이기 위해 또는 인간이 명령한 범위 내에서 주어진 제한적인 임무를 수행하는데 활용된다. 강 인공지능은 사람처럼 자율적인 판단력과 자유로운 사고가 가능하고 감정과 의지를 지닌 인공지능을 말한다. 인간처럼 여러 가지 일을 수행할 수 있다고 해서 '범용인공지능(AGI, Artificial General Intelligence)'이라고도 한다. 초인공지능은 인간보다 월등한 지적, 물리적 능력을 보유함으로 인간을 조

---

29) 참고. 이창익, "인간이 된 기계와 기계가 된 신: 종교, 인공지능, 포스트휴머니즘,"「종교문화와 비평」 31(2017): 235.

정하거나 지배할 수도 있는 초월적 수준의 인공지능을 말한다. 현재까지 개발된 인공지능은 대개 약 인공지능이거나 약 인공지능에서 강 인공지능으로 넘어가는 수준이지만,[30] 멀지 않은 미래에 강 인공지능은 물론이고 초 인공지능도 등장할 것으로 전문가들은 예측한다.[31] 만약 특단의 조치나 대비 없이 초 인공지능이 현실화된다면 인공지능이 신격화되고 인공지능에 의해 인간의 미래와 삶이 좌지우지되는 경우가 발생할 가능성도 전혀 배제할 수 없다.[32]

2) 빅데이터(Big-Data)

---

30) 지금 우리에게 알려진 인공지능의 대표적인 예는 앞에서 언급한 2016년 3월에 바둑 기사 이세돌 9단과 겨루었던 알파고이다. 알파고는 바둑의 기본규칙과 3천만 개의 기보를 학습한 후 스스로 대국하며 훈련하였다. 이세돌 9단과 대국하여 이긴 후로도 계속 진화함으로 세계의 대표적인 기사들과 대국하여 한 번도 패한 적이 없다고 한다. 의료 분야에서도 인공지능은 활용되고 있다. X-레이, CT, MRI 등 메디컬 이미지를 인공지능을 이용해 자동 분석하는 분야가 급부상하고 있으며, 미래엔 간단한 진료 역시 방대한 의학 데이터를 기반으로 한 인공지능이 해결해 줄 것으로 전망된다. 금융 분야에서도 사람이 주식변동 그래프를 보고 투자를 판단하는 것이 아니라 인공지능이 다양한 자료들을 분석하여 투자를 판단하는 알고리즘이 점차 각광을 받고 있다. 보험업계 역시 보험료 계산을 데이터에 따른 위험률을 기반으로 인공지능이 판단하도록 하고 있다. 이 외에도 앞으로 더욱 더 많은 영역에서 인공지능은 활용될 것이고 이에 따른 직업군에서의 많은 변화가 있을 것은 쉽게 예측이 가능하다.
31) 최근 들어 4차 산업혁명과 연결된 공상과학 영화들이 많이 상영되었다. 예를 들어, <그녀>, <트랜센던스>, <AI>, <엑스 마키나> 등은 인공지능 로봇과 연결하여, <마이너리티 리포트>, <앳지 오브 투마로우>, <아이언 맨>, <토털 리콜> 등은 사물인터넷(IoT)과 웨어러블 기기와 관련하여, <메트릭스>와 <아바타>는 증강현실(AR: Augmented Reality)에 대해서, <엘리시움>과 <빅 히어로>는 헬스 케어와 관련하여 극단적이면서 생생하게 4차 산업혁명이 가져올 미래의 모습을 상상하였다.
32) 그 때는 이전까지의 인간에 대한 개념은 사라지고 새롭게 '트랜스휴머니즘(trans-humanism: 과학기술을 이용하여 인간의 신체적, 정신적 능력을 개선할 수 있다고 믿는 신념 혹은 운동)' 또는 '포스트휴머니즘(post-humanism: 인간을 중심으로 여기는 인본주의(휴머니즘)를 부정하거나 초월하고자 하는 사상)' 시대의 도래가 예상되기도 한다. 참고. 이창익, "인간이 된 기계와 기계가 된 신: 종교, 인공지능, 포스트휴머니즘," 209-54.

데이터는 컴퓨터 및 디바이스를 통해 생성되거나 저장된 정보를 말하는데, 빅데이터는 문자적으로 기존의 데이터베이스(DB) 관리도구로는 수집, 저장, 관리, 분석할 수 없는 훨씬 크고 다양하고 복잡한 데이터를 의미한다. 물론 빅데이터는 단순히 데이터의 양적인 크기만을 의미하지 않는다. 이전에는 구조에 따라 단순히 데이터베이스에 테이블 형태로 저장되는 일부 정형 데이터(structured data)만 관리되었다면, 빅데이터는 기존에 다루기 어려운 대용량의 정형 데이터 그리고 반정형 데이터(semi-structured data)와 비정형 데이터(unstructured data)까지도 분석하고 처리하여 더 큰 가치를 창출하는 기술까지를 의미한다.[33] 한 마디로, 빅데이터는 폭발적으로 증가하는 엄청난 데이터양(Volume), 빠른 생성 속도(Velocity), 포맷과 형식의 다양함(Variety)으로 특징지어 질 수 있다.[34]

---

33) 일반적으로 데이터는 구조에 따라 데이터베이스에 단순히 테이블 형태로 저장되는 정형 데이터(structured data), 확장성 마크업 언어(XML: eXtensible Markup Language)와 같이 데이터의 구조를 포함하여 파일로 저장하는 반정형 데이터(semi-structured data), 그리고 텍스트, 그림 또는 사진과 같이 전혀 구조화되지 않은 비정형 데이터(unstructured data)로 분류한다. 정형 데이터는 틀이 잡혀 있는 체계화된 데이터를 말하는데, 안정성이 높지만, 변형이 유연하고 구조가 정해져 있기 때문에 손쉽게 저장, 관리할 수 있다. 금융, 제조 등 대부분 기업이 업무용으로 보유하고 있는 데이터베이스가 정형 데이터에 속한다. 그런데 비정형 데이터는 정형 데이터와 다르게 틀이 잡혀 있지 않은 데이터인데 이메일, 문서 등 텍스트는 물론 이미지, 음성, 영상, 소셜 미디어 콘텐츠나 댓글 등의 데이터를 포함한다. 방대한 양, 다양한 형태의 데이터는 분석 처리 기술을 거쳐야만 활용이 가능하다. PC 그리고 모바일 기기 이용이 늘어나면서 디지털 환경에 생성되는 데이터 또한 급격히 증가하였고 전문가들은 데이터의 90%는 비정형 데이터라고 한다. 반정형 데이터는 그 중간에 해당한다.
34) 흔히 이 세 가지를 빅데이터의 '3V' 특징이라고 한다. 혹자는 여기에 '정확성(Veracity)'을 추가하여 빅데이터의 '4V' 특징이라고 말하기도 한다. 실제로 빅데이터는 다양한 분야에서 과거에는 불가능했던 여러 일들을 가능하게 해주고 있다. 예를 들어, 기업들은 빅데이터 분석을 통해 고객들의 성향과 필요를 파악하고 고객에게 맞춤형 서비스를 제공하고 마케팅 활동을 한다. 그것은 과거에는 물건을 살 때

3) 사물 인터넷(Internet of Things: IoT)

사물 인터넷은 사람과 사람을 연결하는 기존의 네트워크를 넘어서 사람과 사물, 그리고 사물과 사물까지 연결하는 것을 의미한다. 다시 말해, 지금까지는 사람이 정보를 수집하고 판단하고 지시하거나 통제를 했다면 이제는 사물 자체에 있는 센서와 통신 기능을 이용해서 스스로 정보를 수집하고 판단하고 그 정보에 따라 스스로 조치를 취하고 통제하는 것이다. 다시 말해, 가스레인지, 냉장고, 세탁기, 자동차와 같은 사물들이 모두 인터넷에 연결되어 서로의 정보를 수집하고 판단하여 서로를 조정할 수 있는 것이다. 예를 들어, 아침에 출근을 앞두고 있는데 교통사고로 출근길 도로가 심하게 막힌다는 뉴스가 떴다면, 그 소식을 접한 스마트폰은 알아서 알람을 평소보다 30분 더 일찍 울린다. 또한 스마트폰 주인을 깨우기 위해 집안 전등이 일제히 켜지고, 커피포트가 때맞춰 물을 끓인다. 그리고 식사를 마친 스마트폰 주인이 집을 나서며 문을 잠그자, 집안의 모든 전기기기가 스스로 꺼지고, 가스도 안전하게 차단된다.[35]

그렇다면 4차 산업혁명의 기술은 목회와 설교에 어떤 영향을 주며 또한 어떤 변화를 가져올 것인가?[36] 크게 세 가지 정도를 언급할 수 있을

만 데이터에 기록이 남겨졌지만 이제는 구매를 하지 않더라도 인터넷에서 방문자가 돌아다닌 기록이 자동적으로 데이터로 저장하여 소비자들이 어떤 상품에 관심이 있는지를 통계화 시킬 수 있기 때문이다. 또한 자연 재해와 교통량을 예측하는 일, 수십 개의 언어를 번역해주는 자동번역 서비스, 독감이나 코로나와 같은 질병이나 전염병의 상황을 분석하여 앞으로의 일들을 예측하는 일, 여론조사를 더욱 정확하게 종합적으로 분석하여 선거 결과를 알려주는 일, 전력 사용 데이터를 바탕으로 전력 사용에 필요한 지침을 제시하는 일 등은 모두 빅데이터를 활용하여 다양하고 복잡한 데이터들을 수집하고 분석하고 처리함으로 가능하다.

35) 참고, 이지영, "사물과 사물이 인터넷으로 대화를 나눈다," in http://www.bloter.net.

것 같다.

먼저는 인공지능에 의한 설교 로봇이 등장할 가능성이다.[37] 다시 말해, 설교자를 대신해서 인공지능 설교 로봇이 설교할 날이 올 수도 있다는 것이다. 실제로 독일에서 지난 2017년에 'BlessU-2(블레스유투)'라고 명명한 로봇 설교자가 마르틴 루터의 고향이자 종교개혁의 성지인 독일 비텐베르크(Wittenberg)의 한 복음주의 교회에 처음으로 등장했다. 이 로봇은 세계 종교개혁 500주년 박람회 행사의 일환으로 전시장에 설치되었으며, 2017년 5월 말경부터 9월까지 공개되었다. 이 로봇은 남녀 목소리 변환이 가능하고, 각각 독일어, 영어, 프랑스어, 스페인어, 폴란드어 등 5개의 언어로 원하는 성경 구절을 읽어주거나 "하나님은 당신을 축복하고 보호하신다(God bless you and protect you)"는 식의 짧은 축복 기도를 해 주었는데, 전시장에서 큰 인기가 있었고, 5월 말 첫 주에만 600번이 넘는 축복 기도를 했다고 한다. 로봇 책임자인 슈테판 크렙은 "많은 사람들이 블레스유투에 흥미를 느끼고 있지만 로봇은 결코 목회자의 사역을 대신하지 못할 것"이라면서 "우리는 다만 기술의 진보를 신학적 관점에서 어떻게 받아들여야할지를 논의하고 싶었다"고 말했다.[38] 하지만 언젠가는 로봇

---

36) 이에 대한 좀 더 자세한 설명과 평가를 위해 김병석, "인공지능(AI) 시대, 예배 공동체 설교의 자리는 어디에 있는가?,"「신학과 실천」49(2016): 159-184; 김병석, "급변하는 사회, 4차 산업혁명 인공지능(AI) 시대의 예배와 설교의 위치,"「신학과 실천」59(2018): 153-182; 이정현, "제4차 산업혁명 시대 속에서의 설교,"「샬롬나비」14(2018): 90-118; 오현철, "4차 산업혁명 시대의 목회적 대응,"「복음과 실천신학」48(2018): 82-106; 전대경, "4차 산업혁명 시대의 AI 목사의 가능성과 그 문제,"「조직신학연구」32(2019): 10-50; 이성민, "인공지능 시대의 예배와 설교"「신학과 세계」99(2020/12): 251-83; 박현신, "인공지능혁명(AIR)에 대한 교회의 대응에 관한 연구: 설교자의 역할을 중심으로,"「복음과 실천신학」57(2020): 82-116 등을 참고하라.

37) 김진영, "4차 산업혁명... 설교도 로봇이 대신 해줄까?"「크리스천투데이」(2018년 5월 25일).

38) 김상기, "로봇이 축복 말씀 전한다? 비텐베르크 종교개혁 500주년 전시회에 등장,"「국민일보」(2017년 6월 2일).

설교자를 통해 설교를 듣게 되는 상황이 있을지도 모른다는 것이 결코 기우만은 아닐 것이다.

다음으로, 목회자로 인공지능 로봇의 활용 가능성이다. 물론 성직자는 인공지능에 의한 대체 가능성이 낮은 직군에 해당하지만,[39] 일본의 사찰에서 2019년 1월부터 '로봇 승려'가 실제로 활동하고 있다고 한다. 교토에 있는 400년 된 사찰 '교다이지(高台寺)'에 법명이 '마인다(Mindar)'인 신앙심이 깊은 로봇 승려가 절을 찾은 신도들과 함께 예불을 올리고 반야심경을 일본어로 설법하는데, 외국인들을 위해 스크린에 영어와 중국어로 번역까지 해 준다는 것이다. 이 사찰의 주지 스님 고토 텐쇼는 로봇 승려에 대해서 다음과 같이 말한다.

> 이 로봇 승려는 결코 죽는 법이 없으며, 항상 자신을 최신으로 상태로 업데이트합니다. … 아름다움 그 자체입니다. 지식을 영원히 그리고 끝없이 저장할 수 있습니다. … 인공지능이 탑재되어 있으면, 우리는 고해에 빠진 사람들이 이를 극복할 수 있도록 도울 지혜를 계속 키워나갈 수 있습니다. … 로봇 승려가 상처받은 인간의 마음과 감정을 어루만져주길 기대합니다.[40]

또한 이러한 인공지능 성직자의 출현과 관련하여 다음과 같이 평가하였다.

> 결국 성직자 지원자 수가 부족한 종교에서는 인공지능이 인간의 역할을 대신하는 '로봇 성직자'를 일부 도입할 수도 있다는 예상을 하게 된다. 마치 가정에 '로봇 가사 도우미'가 있고, 학교에 '로봇교사'와 '로봇 상담사'가 있는 것처럼, 종교 기관에서 '로봇 성직자'가 종교의식을 주관하는 일도 전혀

39) 김동표, "목사도 인공지능이 대체할 수 있을까?"「아시아경제」(2018년 5월 19일).

40) 이기철, "일본에 등장한 '로봇 스님' … 프랑켄슈타인 탄생 vs 관음보살 화신"「서울신문」(2019. 08. 14.).

불가능하지는 않을 것이다.[41]

세 번째로 빅데이터의 활용으로 지식과 정보의 평균화시대가 열릴 가능성이 매우 높다.[42] 위에서 언급한 인공지능과 연결하여 멀지 않은 미래에 신학교 교수가 필요 없을 정도로 신학 전 분야에 관련한 모든 지식과 성경 원어에 대한 모든 정보를 저장하고 필요에 따라 정보를 제공하는 빅데이터가 등장할 수 있다.[43] 뿐만 아니라 4차 산업혁명 시대는 빅데이터의 초연결, 초공유 시대이기 때문에 설교 본문, 설교 주제, 청중의 상황 등을 입력하면 지금까지의 모든 자료를 분석, 평가, 정리하여 설교자의 청중에게 적실한 설교가 자동으로 완성되어 나올 수 있을 것이다. 그렇게 설교가 완성된다면 매주일 지 교회에서 사역하는 많은 설교자들의 설교의 내용이나 수준에 있어서의 큰 차이가 없을 수도 있다. 이러한 지식의 평균화 상황이 되면 설교 도용과 표절의 개념이 모호해 질 것이고, 설교 도용과 표절에 대한 새로운 논의도 있을 것이다.[44]

II. 설교학적 대안

앞에서 우리는 오늘날 문화적으로 정신적으로 사회적으로 환경적으로 급격하게 변화하는 상황에 대해서, 그리고 그러한 상황이 사회와 교회와 성도들에게 어떤 영향을 주었으며 또한 앞으로 어떤 변화가 예상되는지를

---

41) 이기철, "일본에 등장한 '로봇 스님' ⋯ 프랑켄슈타인 탄생 vs 관음보살 화신."
42) 김병석, "인공지능(AI) 시대, 예배 공동체 설교의 자리는 어디에 있는가?" 169.
43) 이정현, "제4차 산업혁명 시대 속에서의 설교," 201-2.
44) 김병석, "급변하는 사회, 4차 산업혁명 인공지능(AI) 시대의 예배와 설교의 위치," 160-3.

간략하게 논의하였다. 그렇다면 한국 교회가 경험하고 있는 위기와 앞으로 더욱 급격하게 변화될 뉴노멀 시대의 상황 속에서 설교학적 대안은 무엇인가? 본고에서는 크게 두 가지로 나누어서 논의하려고 한다. 먼저 이러한 상황에서 설교자에게 요구되는 기본적인 자세에 대해서 언급하고, 그 후에 적실하고 효과적이며 능력 있는 설교를 위해 실제로 무엇을 어떻게 해야 할 것인지에 대해 언급하고자 한다.

1. 기본자세

1) '개혁주의 성경적 역사관'이 요구된다

지금 한국 사회는 결코 극복하기 쉽지 않은 위기 상황에 있고, 위에서 언급했던 포스트모더니즘, 코로나, 4차 산업혁명 등의 복합적인 상호 작용으로 인해 여러 가지 도전에 직면해 있다. 그러한 위기와 급격한 사회적 변화는 공동체로서의 교회와 목회자(설교자)들과 성도 개개인들에게 위기감, 당혹감 또는 좌절감을 불러일으키기에 충분하다.[45]

특별히 상대주의와 다원주의 등으로 특징지어지는 포스트모더니즘의 영향으로 삼위일체 하나님, 성경 그리고 설교자(목회자)의 권위가 급격하게 약화되고 있으며, 복음의 유일성에도 심각한 도전을 받고 있다. 이로 인해 강단(설교 사역)은 위축되지 않을 수 없고, 강단의 위축은 당연히 교회와 신앙의 위기로 연결된다.

---

45) 오현철("4차 산업혁명 시대의 목회적 대응," 82-106)은 4차 산업혁명으로 인해 노동력 위기, 디지털 소수, 불멸의 인간, 공감력 퇴화 등의 문제가 발생할 것으로 진단하였다. 박현신("인공지능혁명(AIR)에 대한 교회의 대응에 관한 연구: 설교자의 역할을 중심으로," 82-116)은 4차 산업혁명으로 말미암아 대량실업과 일자리 이슈, AI와 관련한 법적/도덕적 이슈, 트랜스휴머니즘/ 포스트휴먼 이슈, AI와 빅데이터/알로리즘 이슈, AI와 종교적 이슈 등의 문제가 발생할 것으로 예상하였다.

또한 코로나 19로 말미암아, 목회와 설교의 상황에 많은 변화가 있었다. 무엇보다도, 아래의 도표가 보여주는 것처럼, 코로나 19의 상황에서 교세(장년 예배 참석 숫자, 헌금, 주일학교 등)가 1/4 이상이 감소된 것으로 조사되었다.[46] 또한 코로나의 상황이 극복된다고 할지라도 어느 정도까지 교세가 회복이 될 수 있을지 알 수 없다.[47] 뿐만 아니라 코로나 19와 4차 산업혁명의 복합적인 영향으로 전통적인 교회관, 신앙관, 예배관, 설교관 등에 대한 심각한 도전과 변화가 예상된다. 대표적으로 온라인 예배의 의존도가 코로나 이전보다 많이 높아질 것이고, 이미 시작된 온라인 교회도 더욱 활성화 될 것으로 예상된다.[48] 또한 이로 인한 가나안 교인의 증가는 불을 보듯 뻔한 일이다.

또한 4차 산업혁명의 기술과 과학의 발달로 말미암아 삼위일체 하나님, 기독교 신앙 그리고 창조 질서에 대한 도전도 더욱 속도를 높여 확산

---

46) 참고. 통합총회, 목회데이터연구소, 한국기독교언론포럼, "코로나19 이후 2021년 한국 교회 변화 추적조사 결과 발표회,"

47) 참고. 통합총회, 목회데이터연구소, 한국기독교언론포럼, "코로나19 이후 2021년 한국 교회 변화 추적조사 결과 발표회," 아래의 도표('코로나19 종식 후 출석 교인 수 예상')가 보여주는 것처럼, 대부분의 목회자들은 코로나 이전 상황으로 회복되는 것에 대해 부정적인 견해를 가지고 있다. 코로나19 종식 후 출석교인 수 예상에 대해 절반 이상(57.2%)의 목회자가 감소를 예상했는데, 이는 지난해 5월 결과 대비 8.0%p 더 증가한 수치이다(반면, '증가할 것 같다'는 비율도 10.6%p 증가했다). 또한 어느 정도 감소가 예상되는지 물은 결과 평균 26.5% 감소될 것으로 조사되었다.

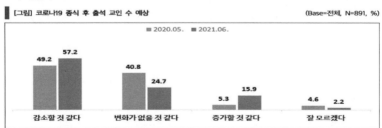

[그림] 코로나19 종식 후 출석 교인 수 예상   (Base=전체, N=891, %)

■ 2020.05. ■ 2021.06.

	감소할 것 같다	변화가 없을 것 같다	증가할 것 같다	잘 모르겠다
2020.05.	49.2	40.8	5.3	4.6
2021.06.	57.2	24.7	15.9	2.2

* 2020.05 : 대한예수교장로회총회(통합), 통합 총회 소속 목회자 대상 포스트 코로나19 조사, 전국 통합 총회 소속 담임목사 1135명, 모바일조사, 2020.05.28.~06.01.

될 것이다. 다시 말해, 하나님과 인간과의 관계, 사람과 사람과의 관계 그리고 사람과 다른 피조물과의 관계에 있어서 성경의 명령과는 다른 모습이 드러남으로 유일신 하나님에 대한 신앙과 하나님 백성의 공동체로서의 교회에 대한 도전은 더욱 심화될 것이다.49)

물론 신학적 입장이나 세계관에 따라 오늘날의 위기와 상황에 대한 다양한 견해와 제안이 있을 수 있다. 혹자는 오늘날의 상황을 보면서 한국 교회도 20세기 유럽이 경험한 기독교의 쇠퇴와 약화의 길로 가는 것이 아니냐는 우려를 하기도 한다. 혹자는 지나친 비관주의나 무책임한 낙관주의를 경계하면서 잘 대비해야 한다고 주장한다. 우리의 수고와 노력이 가장 중요한 부분임을 강조하는 것이다. 혹자는 선지자적 비관주의를 견지해야 한다고 주장한다. 결과는 비관적인데 그럼에도 불구하고 선지자적 외침이 필요하다는 것이다. 물론 지금의 상황에서 우리 인간의 지혜, 수고,

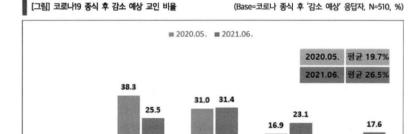

[그림] 코로나19 종식 후 감소 예상 교인 비율 (Base=코로나 종식 후 '감소 예상' 응답자, N=510, %)

* 2020.05 : 대한예수교장로회총회(통합), 통합 총회 소속 목회자 대상 포스트 코로나19 조사, 전국 통합 총회 소속 담임목사 1135명, 모바일조사, 2020.05.28.~06.01.

48) 1인 가구의 증가와 청년들의 온라인 환경의 친숙함도 이러한 변화에 영향을 줄 것으로 판단된다. 참고. 조성돈, "4차 산업혁명 시대의 목회," 634-7.
49) 참고. 이창익, "인간이 된 기계와 기계가 된 신: 종교, 인공지능, 포스트휴머니즘," 209-54; 조성돈, "4차 산업혁명 시대의 목회," 627-31.

노력 그리고 대처 능력은 중요하다. 또한 회개와 각성을 촉구하는 선지자적인 외침도 필요하다. 그런데 필자는 오늘날의 위기와 급변하는 상황과 관련하여 교회의 리더인 목회자(설교자)와 성도에게 가장 중요하게 요구되는 기본적인 자세가 있는데, 그것은 '개혁주의 성경적 역사관'으로 역사와 우리의 상황을 바라보는 것이다.

개혁주의 신학에 있어서 역사에 대한 기본적인 입장은 '역사는 하나님이 정하신 목표를 향하여 진행된다'는 것이다.[50] 다시 말해, 개혁주의 역사관은 '역사의 주인은 하나님이시고, 하나님께서는 목표를 가지고 주도적으로 역사를 이끌어 가심을 믿는다'에 근거한다.[51] 또한 이러한 개혁주의 역사관과 연결하여 성경을 통해 확인할 수 있는 역사의 큰 흐름이 있는데, 그것은 '죄-심판-은혜'의 반복이다. 성경에서 우리는 계속해서 하나님을 대항하고 하나님의 뜻에 불순종하며 죄를 짓는 인간들의 모습을 발견한다. 그리고 하나님께서는 죄의 대가로 반드시 징계하신다. 그러나 그것이 끝이 아니라 그들을 회복시키시는 은혜로운 하나님의 모습이 나온다(대표적인 예는 창세기 1-11장과 사사기이다). 결국 지금까지의 역사를 통해서 우리는 인간의 약함과 완악함에도 불구하고 하나님께서는 궁극적으로 은혜를 베푸시며 그의 정하신 역사의 목표인 구원 계획을 이루어 가시는 것을 확인할 수 있다. 이와 같은 개혁주의 성경적 역사관을 배제한 채 단지 우리가 경험하는 현상만을 가지고 이 시대와 상황을 평가하고 판단

---

50) Anthony A. Hoekema, *The Bible and the Future*, 류호준 역, 『개혁주의 종말론』(서울: 기독교문서선교회, 1986), 38-61.

51) 성경은 너무도 분명하게 우리가 경험하는 모든 것이 우연히 우발적으로 발생하는 것이 아니라 전능하시고 전지하신 하나님의 주권과 섭리 가운데서 일어난다고 말씀한다(사 14:24-27). 하나님 안에서 위기와 어려움은 회복과 더 큰 은혜를 위한 과정이지 결코 마지막이 아님도 말씀한다(사 1:21-27). 예수님께서도 참새 한 마리도 하나님의 뜻에 따라 팔리며 하나님께서 우리의 머리카락도 세신다고 말씀하셨다(마 10:29-31). 사도 바울은 우리가 경험하는 모든 것을 통하여 합력하여 선을 이루며(롬 8:28), 하나님께서는 감당할 시험만 허락하시고 우리가 넉넉히 이기게 하신다고 말씀한다(고전 10:13; 롬 8:31-39).

해서는 안 된다.

그렇다면, 이러한 개혁주의 성경적 역사관에 기초해서 우리가 경험하는 변화의 상황에서 우리가 가져야 할 실제적이고 구체적인 자세는 무엇인가? 그것은 하나님의 주권과 섭리 그리고 은혜의 차원에서 '위기는 기회'라는 인식이다. 다시 말해, 단순히 회의적이거나 비관적으로 보아서도 안 되고, 무책임하게 긍정적 또는 낙관적으로 대처해서도 안 되며, 또한 선지자적 비관주의로 대응해서도 안 된다. 특별히 필자는 개혁주의 성경적 역사관으로부터 역사 안에서 오늘날 우리가 경험하는 위기는 크게 두 가지 관점에서 도전과 기회가 될 것이라고 판단한다 먼저, 지금의 위기와 도전은 교회와 신앙의 정체성을 확인하고 성경에서 말씀하는 하나님께 합당한 교회와 신앙의 본질을 회복하는 계기가 될 수 있다. 다음으로, 사람들이 지금의 혼란스러운 시대적 상황과 변화 속에서 더 큰 허무와 한계를 경험하고 교회와 신앙만이 사회와 인간의 근본적인 문제를 해결할 수 있는 유일한 방편임을 깨닫게 되는 기회가 된다는 것이다. 이와 관련한 김영한의 주장은 설득력이 있다.

> 4차 산업혁명의 온라인상에서는 다양한 사람들과 어울리고 서로 위로하고 격려하지만, 실제 대인 관계에서는 철저한 소외를 경험한다. … 4차 산업혁명 시대에 인공지능 기술이 사람의 마음 속 공간을 채우지는 못할 것이며, 그 공간을 채울 수 있는 것은 영성(靈性, spirituality)일 수밖에 없다. … 4차 산업혁명 시대에서 사람들은 더 절실히 인생의 목적과 추구해야 할 가치를 종교로부터 찾으려는 노력을 기울이게 될 것이다. … 인간은 본질적으로 '하나님 앞에 선 존재'(being coram deo)로 있으며, 하나님을 대면하면서 인격적 관계를 만들어왔다. 그러므로 4차 산업혁명이 던지는 화두는 하나님과의 관계 재정립을 위한 성장의 시발점이 될 수 있다. 4차 산업혁명 시대도 믿음 안에서는 두려워 할 필요는 없다. 하나님께서 이미 그 시대 안에, 그리

고 시간과 공간을 초월하여 선재하시기 때문이다.[52]

실제로 성경 시대와 기독교 역사 2000년을 돌아보더라도 어느 한 때 위기가 아니었던 시기가 없었다. 구약 성경을 보더라도 하나님에 대한 반역과 도전 그리고 하나님 백성 이스라엘의 위기는 계속되었다. 첫 사람 아담과 하와의 불순종, 바벨탑 사건, 애굽에서의 종 생활, 이방나라들의 침략, 바벨론 포로 그리고 마치 하나님께서 전혀 간섭하지 않았던 것 같이 여겨졌던 중간기의 암흑 시기가 있었다. 그리고 때가 차서 예수 그리스도께서 이 땅에 오신 후에도 마찬가지다. 초대 교회의 박해와 흩어짐, 중세 교회의 암울한 상황, 20세기 초반 유물론과 진화론의 범람 등으로 말미암아 기독교는 수없이 많이 도전받고 위축되는 위기의 상황을 경험하였다. 그러나 뒤돌아보면 그 모든 것은 하나님의 주권과 섭리와 뜻 가운데서 진행되었다. 전혀 소망이 없어 보이던 때 또는 암흑 같은 상황에서도 하나님께서는 스스로 계획하신 구원 역사를 진행하고 계셨다. 뿐만 아니라 그 모든 위기의 상황에서 하나님의 백성과 교회는 다시 본질을 회복하였고, 복음은 더욱 왕성하게 전파되었던 것을 우리는 역사를 통해 확인할 수 있다.[53]

많은 학자들도 오늘날 여러 가지 위기와 변화의 상황이 또 다른 의미에서 기회임을 주장한다. 먼저, 포스트모던의 상황은 설교학의 '코페르니쿠스적 전환(Copernican Revolution)'을 가져왔다.[54] 김운용은 "포스트모던 상황은 설교 사역에 있어서 본질과 토대를 흔들어 놓을 만한 강력한

---

52) 김영한, "4차 산업혁명 시대의 기독교 신앙,"「샬롬나비」14(2018): 36-7.

53) 양동옥, "인공지능(artificial intelligence; A. I)시대의 도래와 설교학의 과제,"「한국실천신학회 정

기 학술세미나」2018: 397.

54) Richard Eslinger, *A New Hearing: Living Options in Homiletical Method* (Nashville: Abingdon, 1987), 14, 65.

지진과 같이 와 닿기도 하고, 어떤 점에서는 그 나름대로 새로운 장을 열어주는 가능성으로 다가오기도 한다"고 평가하였다.[55] 실제로 어거스틴 이후 오랫동안 멈추어 있었던 설교(학)에 대한 진지한 학문적 논의가 있었으며, 설교 형식(또는 구조)에 대한 다양한 제안들이 있었고, 그동안 설교학의 관심에서 소외되었던 청중분석에 대한 논의 등을 통해 설교학의 놀라운 진전이 있었다. 포스트모던의 시기는 설교에 있어서도 위기임과 동시에 기회인 것이 분명하다.[56]

또한 많은 생명을 앗아간 초대 교회 시대의 두 차례에 걸쳐 발생한 전염병은 기독교의 확산에 결정적 역할을 하였다. 이와 관련하여 로드니 스타크(Rodney Stark)는 그 이유를 세 가지로 설명하였다.

먼저 역병은 이방 종교와 헬라 철학이 설명하고 위로할 수 있는 범위를 훌쩍 뛰어 넘는 것이었던 반면 기독교는 왜 인류가 이런 끔찍한 시대에 봉착하게 되었는지 보다 만족스러운 해명을 제시했고 희망찬, 때로는 활력적인 미래상을 제시했다.
두 번째는 초기부터 기독교의 사랑과 선행의 가치관은 사회봉사와 공동체 결속으로 현실화되었다. 재앙이 닥쳤을 때 기독교인은 더 훌륭하게 대처했고 그 결과는 '월등히 높은 생존율'이었다. 이것이 뜻하는 바는 매번 역병이 휩쓸고 간 후, 기독교인은 새로운 개종 없이도 전체 인구에서 차지하는 비중이 더 커졌다.
세 번째는 매번 역병이 휩쓸 때마다 이교도들의 사망률이 증가함으로 이교도들의 네트워크는 우월한 생존율을 보인 기독교도들의 네트워크로 전환이 발생하였다. 다시 말해, 역병들을 경험하는 과정에서 이교도들의 회심과 기독

---

55) 김운용, " 포스트모던시대에서의 설교,"「장신논단」17(2001): 352.
56) Ronald A. Allen, "Preaching and Postmodernism," *Interpretation* 55/1(2001): 34-48. 포스트모더니즘이 위기인지 기회인지에 대한 학자들의 논의와 관련하여 David D. Dockery, "The Challenge of Postmodernism," in David D. Dockery(ed.), *The Challenge of Postmodernism*(2nd ed.) (Grand Rapids: Baker, 2001), 17을 참고하라.

교로의 개종이 현실화된 것이다.57)

4차 산업혁명도 같은 차원에서 이해될 수 있다. 이길용은 4차 산업혁명 시대가 교회에 새로운 기회를 제공할 것이라고 주장한다.

4차 산업혁명 시대는 교회로서는 새로운 기회이기도하다. 계몽주의 시대 이후 이성 중심적으로 흘러왔던 신앙 행위를 다시 하나님 체험이라는 본질로 되돌릴 수 있는 계기로 활용할 수 있기 때문이다. 인공지능이 인간의 뇌를 대체하기 시작하면서 이성과 논리 중심적 가치관도 이전의 영향력을 계속 유지하기 곤란해질 것이다. 그것이 도리어 인간에게 체험의 가치를 재평가하는 기회가 될 것이다. 이는 교회의 영역에서도 그대로 이어질 가능성이 크다.58)

2) 철저한 준비가 필요하다.

그렇다면 여기에서 질문이 있다. 하나님의 주권과 섭리와 은혜를 믿는다면, 이러한 위기와 급변의 상황에서도 우리는 가만히 있어도 되는가? 결코 그렇지 않다. 역사는 죄-심판-은혜의 패턴을 반복하면서 하나님께서 정하신 목적을 향하여 나아간다는 개혁주의 성경적 역사관에 근거해서 위기를 기회로 만들기 위해 설교자에게 요구되는 것이 있다. 그것은 위기를 기회로 바꾸기 위해 철저하게 그리고 최선을 다해 준비하는 것이다.59) 필자는 여기에서 두 가지를 제안한다.

---

57) Rodney Stark, *The Rise of Christianity*, 손현선 역, 『기독교의 발흥』 (서울: 좋은 씨앗, 2016), 117-9. 참고. 이상규, "초대 교회 당시의 전염병," in 『전염병과 마주한 기독교』 (경기: 다함, 2020), 120-5.
58) 이길용, "4차 산업혁명 시대 교회의 대응 전략," 「신학과 선교」 57(2019), 230.
59) 아래 도표에서 보는 바와 같이 뉴노멀 시대와 관련하여 설교자의 준비가 부족하다는 것이 일반 성도들의 견해이다.

먼저, 설교자에게는 급변하는 시대적 상황과 관련한 전문가 수준의 지식이 있어야 한다. 그렇다면 왜 시대적 상황에 대한 전문가 수준의 지식이 필요할까? 크게 세 가지 관점에서 설명할 수 있다. 첫째, 그것은 적실하고 효과적이고 능력 있는 설교를 위해서 이다. 주지하는 바와 같이, 설교에 있어서 청중 분석은 아주 중요한 요소이다.[60] 특별히 청중 분석은 청중들에게 효과적으로 접근하기 위해서 그리고 깊이 있고 실제적이고 구체적이며 설득력 있는 적용을 제시하기 위해서 절대적으로 필요하다. 청중 분석이 제대로 되지 않으면 뻔한 설교, 뜬 구름 잡는 설교, 또는 허공을 치는 설교가 되지 않을 수 없다. 위에서 살펴본 것처럼, 포스트모더니즘, 코로나 19 그리고 4차 산업혁명은 오늘날 교회와 성도들을 둘러싸고 있는 결코 뗄 수 없는 문화적, 사회적, 기술적 환경이요, 성도들의 신앙과 삶에 절대적인 영향을 주는 요소들이다. 따라서 급변하는 뉴노멀 시대와 사회에 대한 계속된 관심과 전문가 수준의 깊이 있는 앎이 없이 적실한 설교는 불가능하다.

다음으로 교회와 성도가 사회적 책임과 사명을 잘 감당토록 하기 위해서 이다. 교회는 폐쇄되거나 세상과 격리된 공동체가 아니라 세상 속에 존

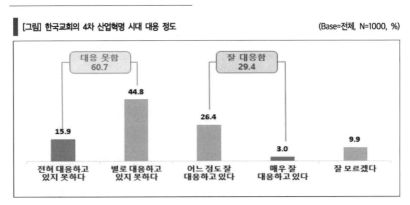

[그림] 한국교회의 4차 산업혁명 시대 대응 정도 (Base=전체, N=1000, %)

60) 청중 분석의 성경적 근거와 당위성에 대해서는 김창훈, 『하나님 중심적 설교』, 304-9을 참고하라.

재하는 공동체이다. 성도는 교회에만 속한 것이 아니라 사회의 구성원이 며 성도의 삶의 주된 영역은 교회가 아니라 세상이다. 교회와 성도는 이 세상에서 감당해야 할 사명이 있다. 교회와 성도가 세상에서 감당해야 할 사회적 사명과 책임은 선택 사항이 아니라 복음의 필수적인 부분이다. 그 렇기 때문에 교회는 이 세상의 기관들과는 다른 '대안적 공동체'의 모습 을 보여야 되고, 성도는 제사장으로서 세상의 빛과 소금의 사명을 감당해 야 한다. 결국 소극적 면에서는 교회와 성도들이 오늘의 급변하는 상황에 잘 적응하도록 그리고 적극적인 면에서 오늘날의 위기의 상황 또는 급변 하는 상황에서 맡겨진 사명을 감당하도록 해야 하는데, 지도자(설교자)에 게 이 시대와 상황에 대한 깊은 지식 없이 그러한 일이 가능하겠는가?

마지막으로 교회와 성도의 사회적 책임과 사명과 관련한 설교자의 책 무 때문이다. 사실 목회자(설교자)가 직접 세상에 나가 사회적 책임을 감 당하기에는 여건이나 역량으로 볼 때 쉽지 않다. 또한 그것은 목회자 본연 의 임무와 사명도 아니다. 목회자(설교자)가 할 일은 성도들이 정치, 경제, 문화, 예술 등의 사회 각 분야에서 적극적으로 활동하며 탁월하게 영향력 을 발휘할 수 있는 인재들을 양육하여 자신이 속해 있는 사회의 각 분야에 파송해야 하는 것이다. 뿐만 아니라 목회자(설교자)는 교회와 성도가 사회 적 봉사와 섬김을 더욱 더 온전히 그리고 바르게 감당하도록 호소력 있고 설득력 있는 설교를 통해서 계속 영적 에너지를 공급하고 구체적이고 실 제적인 방향을 제시해야 한다.

결국 설교자는 교회와 성도와 함께 뉴노멀의 위기와 변화에 잘 대처하 고 맡겨준 사명을 감당하기 위해서 성도들과의 직접적인 교제, 독서, 강의 등의 다양한 방법을 통해서 청중들이 속해 있는 사회의 변화와 환경에 대 해 배우고 알아야 한다. 그것도 피상적이고 형식적으로 또는 평균 수준 정 도에서 아는 것이 아니라 거의 전문가 수준의 지식에 이르러야 된다.[61]

왜냐하면 그 때 지도자로서의 사명을 제대로 감당할 수 있으며, 그 때 설교에 권위가 따르고 설득력이 있기 때문이다.

다음으로, '신학적 통찰력'이 있어야 한다.

뉴노멀 시대의 상황에 대한 전문가 수준의 깊은 지식과 함께 설교자들에게 요구되는 것은 '신학적 통찰력'이다.[62] 다시 말해, 설교자는 너무도 급격하게 우리에게 다가온 여러 가지 사회적, 문화적 상황과 이슈에 대한 신학적 분별력이 있어야 하고, 이러한 상황에서의 성도의 신앙과 삶에 대한 분명한 신학적 입장이 준비되어야 한다. 예를 들어, 설교자는, 이윤석이 언급한 것처럼, 4차 산업혁명과 관련하여 교회와 성도의 두 가지 과제즉, '먼저, 4차 산업혁명을 어떻게 이해해야 할 것인가? 그리고 우리가 어떻게 대처해야 할 것인가?'에 대해 분명한 이해와 제시가 있어야 한다.[63] 또한, 설교자는, 이성민이 제안한 것처럼, 오늘날 변화하는 시대와 상황에서 설교자는 결코 흔들리지 말고 지켜야 할 것이 무엇인지, 적절하게 변화를 주어야 할 것은 무엇인지, 그리고 적극적으로 변화를 주어야 할 것은 무엇인지 분명히 방향 설정을 해 줄 수 있어야 한다.[64] 한 마디로, 뉴노멀 시대에 설교의 사명을 제대로 감당하기 위해서 설교자는 '신학자'가 되어야 한다. 다시 말해, 설교자가 뉴노멀 시대에 설교의 사명을 감당하기 위

---

61) 그래서 J. A. Smith는 사회적 상황을 깊이 고려하지 않는 설교는 사회적인 상황과 관련한 설교를 하지 않는 것만 못하다고 경고한다("Preaching and Social Concerns," in M. Duduit(ed.), *Handbook of Contemporary Preaching* [Nashville: Broadman, 1992], 509).

62) 참고. 조지훈, "뉴노멀 시대의 설교학적 교리 이해,"「설교한국」13(2021/봄호): 104.

63) 이윤석,「4차 산업혁명과 그리스도인의 삶」(서울: 기독교문서선교회, 2019).

64) 이성민, "인공지능 시대의 예배와 설교," 267-75. 참고. 박문수, "제4차 산업혁명시대 정보문화와 그리스도인의 삶,"「한국그리스도사상 연구/새천년복음화연구소 제47차 학술회의 자료집」(2017): 48.

해서는 포스트모더니즘, 코로나, 4차 산업혁명에 관련한 다양한 이슈들에 대해 성경적/신학적 입장을 분명히 정리해야 한다.65) 그런데 안타깝게도 오늘날 설교자들에게 신학적 사고와 통찰력이 부족하다는 것이 일반적인 평가이다. 양승훈의 말은 새겨 들을 만 하다.

이렇게 중요하고도 광범위하게 영향을 미치는 4차 산업혁명이지만 이에 대한 성경적, 신학적 조망은 상대적으로 빈곤한 편이다. 다시 말해, 4차 산업혁명에 대한 기술적 이해나 사회경제적 이해는 많이 이루어지고 있지만 신학적, 성경적 이해는 부족하다. 이는 4차 산업혁명의 기술적 파급을 이해하는 과학자, 공학자들은 신학을 잘 알지 못하고, 신학자, 목회자들은 4차 산업혁명의 기술 자체에 대한 이해가 부족하기 때문이다. 4차 산업혁명 기술에 대한 무지는 과도한 기대나 불필요한 우려를 만들 수 있고, 이에 대한 성경적, 신학적 조망의 부재는 4차 산업혁명 사회 속으로 진보주의, 물질주의, 기술주의 등 잘못된 이데올로기들이 비집고 들어올 수 있는 여지를 준다.66)

그런데 여기에서 한 가지 짚고 넘어가야 할 것은 실제 목회 현장에서

---

65) David Wells는 현대 교회가 영적으로 심각한 위험한 상황에 있는데, 그 대표적인 이유는 복음주의 교회에서 신학이 실종되었기 때문이라고 하였다(David Wells, *No Place for Truth*, 김재영 역, 『신학실종』 [서울: 부흥과 개혁사, 2006], 148이하). Robert Hughee와 Robert Kysar도 이 시대의 목회자에게서 신학적 예리함이 무디어져 버렸음을 안타까워한다(Robert Hughee & Robert Kysar, *Preaching Doctrine* [Fortress Press: Minneapolis, 1997], 2). 또한 유경제 목사는 한국 교회 강단의 취약점을 설교자들의 설교에서 '신학의 부재,' '개교회 중심의 잘못된 교회론,' '역사의식의 결여로 인한 예언적 설교 역할의 상실' 등의 세 가지로 요약하였다(유경제, 『한국 교회 16인의 설교를 말한다』 [서울: 대한 기독교 서회, 2004], 11-20). 필자는 이들의 평가에 동의하며, 설교자들은 그들의 질타에 귀 기우려야 한다고 생각한다.
66) 양승훈, "기독교 세계관적 관점에서 본 4차 산업혁명," 36. 특별히 양승훈은 '창조-타락-구속'의 관점에서 4차 산업혁명에 대해 설명하고 평가하면서, 많은 문제와 우려가 있지만 이미 우리에게 침투해 있는 4차 산업혁명의 존재를 인정하고 이를 적절하게 활용하는 지혜가 필요하다고 주장하였다("기독교 세계관적 관점에서 본 4차 산업혁명," 40-2).

신학적 통찰력을 가지고 급변하는 뉴노멀 시대의 사회적 상황과 이슈와 관련하여 지역 교회에서 설교하는 것은 결코 쉽지 않다는 것이다. 여러 가지 이유가 있는데, 주된 이유는 공동체 안에 뉴노멀 시대의 사회적 환경에 대한 다양한 견해들이 존재하기 때문이다. 공동체의 구성원이 뉴노멀 시대의 상황에 대해 만장일치의 동일한 입장을 절대적으로 가질 수가 없다. 각자의 가치관, 이권 또는 삶의 형편에 따라 사회적 환경에 대한 견해가 다를 수 있다. 특히 우리나라는 많은 사회적 현상과 이슈들에 대해 지역적으로 그리고 세대 간에 현격한 입장 차이를 보여준다. 그래서 항상 여론 조사를 통해 구성원들의 입장을 알기를 원하지만 절대적으로 의견이 모아지는 경우는 거의 없다. 또 한 가지 문제가 되는 것은 일반적으로 사회적 환경과 이슈에 대해 진보 신학과 보수 신학의 입장이 다른 경우가 많은데, 심지어 같은 신학적 입장을 견지하고 있는 교단 내의 신학자와 목회자들도 특정한 사회적 이슈들에 대한 견해가 다른 경우가 있다는 것이다.

그런데 분명한 것이 있다. 그것은 뉴노멀 시대의 상황과 문화 그리고 이슈들에 대해 공동체 안에 다양한 견해가 있고 다양한 신학적 입장이 있다고 해서 뉴노멀 시대의 사회적 상황들이나 이슈들에 대해서 단지 포괄적이고 일반적인 관점에서 수박 겉핥기식으로 대충 설교해서는 안 된다는 것이다.[67] 그러면 설교자와 설교 행위의 권위와 위상이 손상된다. 모든 설교에서도 마찬가지로 사회적 상황과 이슈에 대한 설교에서도 깊이 있고 통찰력 있는 성경적/신학적 접근을 할 때 설교자와 설교 행위는 신뢰와 존중을 받을 수 있다.[68]

---

67) 그렇기 때문에 목회자(설교자)들도 신학적 통찰력을 키우기 위해 많은 노력을 해야 하고, 신학자들도 부지런히 연구하고 토론하여 목회자들이 바른 신학적 통찰력을 가질 수 있도록 충분한 가이드라인을 제공해 주어야 한다.
68) 물론 이런 경우는 귀납적으로 접근하는 것이 바람직한데, 이에 대해서는 뒤에서 좀 더 자세히 논의할 것이다.

결국 설교자는 뉴노멀 시대에 효과적이고 설득력 있는 설교를 위해서 특별하고 세밀한 준비가 필요하다. 먼저 설교자는 뉴노멀 시대의 상황에 대해 거의 전문가 수준으로 알아야 하고, 다음으로 뉴노멀 시대의 상황과 이슈들에 대한 신학적 통찰력이 있어야 한다.

3) 신앙과 삶에 모범이 되어야 한다.

뉴노멀의 급변하는 시기에 설교자(목회자)에게 또 한 가지 기본적으로 요구되는 것은 성숙하고 모범이 되는 인격, 도덕성, 삶 그리고 영성이다. 물론 능력 있는 설교를 위해서 설교자의 신앙과 삶의 모범의 문제는 지금 까지 계속 강조되어 왔다. 왜냐하면 매체 자체가 메시지이기 때문이다. 신 앙과 삶이 뒷받침되지 않는 설교자의 메시지를 듣고 도전받거나 감동받을 가능성은 희박하다. 그래서 바울도 목회자인 디모데에게 "누구든지 네 연 소함을 업신여기지 못하게 하고 오직 말과 행실과 사랑과 믿음과 정절에 있어서 믿는 자에게 본이 되어 내가 이를 때까지 읽는 것과 권하는 것과 가르치는 것에 전념하라(딤전 4:12-13)"고 권면하였다.

그런데 설교자의 모범이 되는 신앙과 삶에 대한 중요성은 지금의 위기 의 상황과 급변하는 뉴노멀의 상황에서 더욱 더 중요하게 강조되어야 한 다. 이에 대한 몇 가지 이유가 있다.

먼저, 오늘날 위기 상황의 많은 부분이 목회자(설교자)에게 책임이 있 다는 것을 부인할 수 없기 때문이다. 다시 말해, 오늘날 성도들이 교회를 떠나고, 신앙생활에 시험에 들며 가나안 교인들을 양산시킨 한국 교회 위 기의 대표적인 원인 가운데 하나가 목회자들이라는 것이다. 한국 갤럽의 조사에 의하면,[69] 무종교인의 35%(숫자로는 약 880만 명)가 과거에 종교 를 가지고 있다가 떠났는데, 그 가운데 68%가 기독교이었다고 한다(약

---

69) 한국갤럽, 『한국인의 종교』 (서울: 한국갤럽, 2015), 25-8.

600만 명). 또한 다른 종교로 개종한 경험이 있는 사람들이 10%(약 250만 명)였는데, 그 가운데 개신교를 떠나 다른 종교로 개종한 비율이 52%였다고 조사되었다(약 130만 명). 그러니까 개신교회를 다니다가 이탈한 인구를 모두 합하면 약 730만 명이나 된다. 이것은 불교 이탈자 270만 명, 가톨릭 이탈자 115만 명에 비하면 월등히 높은 수치이다.

그런데 비슷한 시기의 여러 설문 조사들을 종합하면, 그러한 한국 교회 위기의 대표적인 원인이 목회자들이었음이 확인된다. 먼저 2014년 한국장로신문이 전국장로수련회에 참석한 예장 통합 교단의 장로 852명을 대상으로 '한국 교회의 현실'과 관계된 설문조사를 했는데,[70] '한국 교회의 위기의 원인'에서 첫 번 째로 지적된 것이 '목회자의 부족한 영성과 인성'(34%)이라고 응답하였다(다음은 '신앙 및 교회의 세속화'로 29%이었다). 또한 한국 교회가 '대사회적 신뢰도를 회복하기 위해 가장 시급히 개선해야 할 점'에 대해서도 '교회 지도자들의 도덕성'이라는 응답이 압도적으로 높은 1위(53%)를 차지했다(다음은 '교인들의 삶의 변화'로 18%였다).

또한 2017년 기독교언론포럼이 전국 주요 언론사 기자 225명을 대상으로 한국 교회에 대한 인식조사를 실시하였는데,[71] '한국 교회가 해결해야 할 가장 시급한 과제'로 '세속화/물질주의'(44%)와 '목회자의 자질부족/사리사욕/이기심'(34%)을 꼽았다. 한국 교회가 신뢰성을 회복하기 위해 가장 필요한 덕목은 여기서도 교회와 목회자의 영성(세속화/물질주의 극복)과 도덕성(목회자의 사욕 포기)이었다. 결국 오늘날 한국 교회의 위기의 원인도, 위기를 극복할 수 있는 대안도 '목회자의 영성과 삶 그리고 도덕성'임이 교회의 평신도 지도자들과 사회의 대표적인 여론 주도층에

---

70) 이대웅, "장로들 '위기 원인, 목회자 영성·인성과 교회 세속화'," 「크리스찬투데이」 (2014. 7. 22).
71) 김찬, "한국 교회 위기와 목회자의 윤리적 책임" 「크리스천포커스」 (2017. 8.6).

의해서 숫자적으로 확인된 것이다.

또한 코로나의 상황과 이후의 위드 코로나 시대에도 여전히 한국 교회 개혁의 가장 중요한 부분은 목회자와 관련된 것으로 조사되었다. 2021년 1월 대한예수교장로회 합동 교단이 발표한 '코로나19 시대 한국 교회 신생태계 조성 및 미래전략 수립을 위한 조사 결과 보고서'에 따르면,[72] 목회자(목사와 부목사) 600명을 대상으로 한 설문조사 결과, '한국 교회에 혁신이 얼마나 필요한가'라는 질문에 '매우 필요'가 86%, '약간 필요'도 12.9%로 응답하였다. 그러니까 한국 교회의 혁신이 '필요하다'는 의견이 전체 98.9%를 차지했다. 그런데 이러한 상황에서 가장 중요한 개혁 대상이 무엇인지에 대해서 '목회자'라는 응답이 32.8%로 가장 많았고, 이어 '개별 교단·총회·노회'가 28.4%, '기독교 관련자 모두' 23.2%, '기독교 기관·연합 단체' 7.4% 등의 순이었다. 결국 교단이나 총회나 노회도 사실상 목회자들과 연관되어 있기 때문에 사실상 한국 교회 위기와 개혁과 변화의 책임의 60%이상이 목회자에게 있음을 말하는 것이다.

또한 이에 앞서 2020년 11월에 만 19세 이상 전국 개신교인 1000명을 대상으로 실시한 설문조사에서도 응답자의 29.9%는 '개신교 신뢰도 회복을 위해 우선 개혁해야 할 것'으로 '교회 지도자들의 삶'을 꼽았다.[73] '사회와의 소통·사회적 공익 추구'(20.1%), '교인들의 삶'(13.4%), '불투명한 재정사용'(10.2%) 등이 뒤를 이었다. 목회자(설교자)가 지금의 위기와 앞으로의 개혁과 회복을 위해서 핵심적인 위치를 차지하고 있다는 면에서 목회자 대상 설문조사 결과와 큰 차이가 없었다.

또한 코로나로 인해 발생하는 대표적인 현상이 온라인 교회의 등장인

---

72) 조현, "대한예수교장로회 합동교단, 목회자 600명 설문조사 결과"「한겨레신문」(2021. 1. 19).

73) 조현, "대한예수교장로회 합동교단, 목회자 600명 설문조사 결과."

데, 앞의 조사들에 따른다면 이에 대한 근본적인 원인도 목회자에 대한 불신이라고 할 수 있다. 그래서 아둘람온라인공동체의 공동 설립자인 신성남 집사와 지성수 목사는 다양한 이유로 교회를 떠나거나, 기존 교회에서 예배를 드리기 어려운 사람들을 위한 공동체로 시작한 아둘람은 물리적 공간을 넘어 기존 교회의 대안을 찾고자하는 전 세계의 뜻있는 사람들의 온라인 소통의 공간이 되고 있다고 하였다.[74]

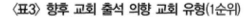

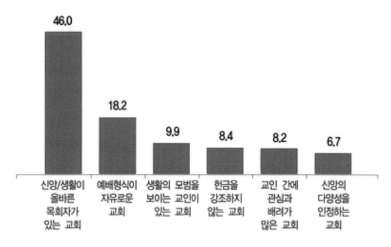

〈표3〉 향후 교회 출석 의향 교회 유형(1순위)

- 46.0 신앙/생활이 올바른 목회자가 있는 교회
- 18.2 예배형식이 자유로운 교회
- 9.9 생활의 모범을 보이는 교인이 있는 교회
- 8.4 헌금을 강조하지 않는 교회
- 8.2 교인 간에 관심과 배려가 많은 교회
- 6.7 신앙의 다양성을 인정하는 교회

비슷한 관점에서 실천신대원 21세기 교회연구소(소장: 정재영 교수)와 한국 교회탐구센터(소장: 송인규 교수)는 2018년 11월 30일 기독교회관에서 '가나안 성도 신앙생활 탐구'를 주제로 세미나를 진행했는데, 가나안 성도 가운데 52.2%가 '언젠가 교회에 다시 나가고 싶다'는 의지를 보였는데, 아래 도표에서 보여주는 바와 같이, 향후 출석하고 싶은 교회 유형 가운데 '신앙과 생활이 올바른 목회자가 있는 교회'(46.0%), '예배 형식이 자유로운 교회'(18.2%), '생활의 모범을 보이는 교인이 있는 교

---

74) 양재형, "건물, 목사, 재정비리 없는 온라인 교회를 아시나요?"

회'(9.9%)에 나가고 싶다는 설문 조사 결과를 발표하였다.[75]

뿐만 아니라 4차 산업혁명의 환경에서도 목회자의 모범적인 신앙과 삶은 중요한 요소로 작용할 것으로 판단된다. 앞에서 언급한 대로, 4차 산업혁명의 결과가 성도들의 사회생활과 교회 생활에 영향을 주게 될 것이다. 신앙생활에서도 강(또는 초) 인공지능으로 무장한 로봇 목회자와 로봇 설교자가 등장하여 어떤 면에서는 사람보다 더욱 탁월하게 목회와 설교의 기능을 감당할 수도 있을 것이다. 설령 목회와 설교 사역 전체는 아니더라도 최소한의 역할을 하게 될 것은 분명하다. 하지만 많은 문제가 발생할 것으로 예상된다. 먼저, 많은 사람들은 과학의 발달로 탁월하고 완벽한 기능을 가진 기계들이 등장할수록 인간들이 가지는 허전함과 갈급함은 더할 것이다. 왜냐하면, 인공지능이 아무리 업무에 탁월하다고 할지라도 기계는 인간에게 있는 감정, 마음, 인격이 없으며 영성을 가질 수 없기 때문이다. 다음으로, 인공지능 로봇에 의한 설교는 단지 로봇 안에 내장된 정보를 제공할 뿐이지 성도들과 영과 영의 만남 그리고 인격적 만남과 교제가 불가능하다. 인공지능에 의한 설교는 인간에게만 있는 사회성에 기반을 둔 소통과 공감이 이루어질 수 없다. 뿐만 아니라 한계와 죄성을 가진 설교자가 말씀을 준비하면서 경험하는 고뇌와 좌절의 동일시도 인공지능을 통해서는 경험할 수 없다.

결국 4차 산업혁명의 결과물들이 채울 수 없는 한계가 분명하게 드러날 것이고, 그 한계는 인간 목회자들이 아니면 해결될 수 없다. 이를 위해 성도들의 모델이 될 수 있고 탁월한 인격과 삶을 갖춘 모범이 되는 목회자(설교자)들의 영성 있는 메시지와 돌봄은 절대적으로 중요하고 필요하다.[76] 4차 산업혁명의 시기에 목회자의 역할에 대한 김영한의 말은 새겨

---

75) 노충헌, "가나안성도는 '제도로서의 교회' 불편하다."
76) 그래서 Clyde Reid는 설교자가 담대한 설교를 하지 못하는 대표적인 이유는 설교자 자신이 그렇게 살지 못하기 때문이라고 날카롭게 지적하였다. Clyde Reid, *The Empty Pulpit*, 정장복 역, 『설교의 위기』(서울: 대한 기독교 출판사,

들을 만 하다.

그리스도 교회는 하나님의 말씀으로 사람들의 공허한 마음을 채워야 할 것이다. 구약 선지자 아모스는 미래의 영적 기근의 때에 관하여 예언적 선언을 하고 있다. … 아모스가 말하는 미래에 지구촌에 올 기근이란 하나님의 말씀을 듣지 못하는 영적 기근이라는 사실을 말해준다. 미래 교회의 방향성은 인공지능이 메울 수 없는 영성의 차원으로 나아가야 한다. 그러므로 교회는 인공지능을 사용하는 인간에게 무엇보다 인생의 목적과 추구해야 할 가치, 삶의 윤리에 대해 명료하게 해답을 제시하는 성경 말씀을 철저하게 가르쳐야 한다.77)

필자는 데니스 킨로(Dennis Kinlaw)의 "설교에 있어서 최대의 문제는 설교의 준비가 아니라 설교자의 준비이다"는 말에 전적으로 동의한다.78) 그의 말은 뉴노멀 시대에도 여전히 진리이다. 또한 많은 사람들은 자신의 설교 작성 방법이나 설교 행위 스타일을 바꾸려고 노력하지만 정작 설교하는 자신이 바뀌려고 하지는 않고 있다고 지적하고 언제나 잠들었던 교회와 그리스도인들을 깨우는 영적 각성 한 가운데는 하나님이 깨우는 설교자가 있었기 때문이라고 평가하면서,79) 지금 침체해 가는 한국 교회의 강단을 살릴 수 있는 한 가지 길은 강력한 감화력을 지니고 하나님의 음성을 대변해 줄 수 있는 영적인 설교자의 출현이라고 한 김남준의 통찰력은 뉴노멀의 시대에도 여전히 유효하다고 생각한다.80) 실제로 기독교 역사는 모든 시대에 하나님 말씀의 능력 또는 설교의 능력이 얼마나 위대한 지를 하나님의 사람들을 통해 분명히 보여주었다. 하나님께서는 모든 세대마다

1982), 24.

77) 김영한, "4차 산업혁명 시대의 기독교 신앙," 37-8.

78) Dennis F. Kinlaw, *Preaching in the Spirit*, 홍성철 역, 『성령 안에서 설교하라』 (서울: 세복, 1996), 21.

79) 김남준, 『설교자는 불꽃처럼 타올라야 한다』 (서울: 두란노, 1995), 16, 30.

80) 김남준, 『설교자는 불꽃처럼 타올라야 한다』, 28.

말씀의 능력을 보여주기 위해서 특별한 사람들을 세우셨고 그들에게 특별한 은사와 능력을 부여하신 것이다.

2. 실제적인 부분

앞에서 우리는 오늘의 위기와 뉴노멀 시대에 설교자에게 기본적으로 요구되는 부분에 대해서 살펴보았다. 그러면 이제 오늘의 상황에서 바르고 적실하고 효과적이고 능력 있는 설교를 위해 실제적으로 필요한 부분이 무엇인지 논의하고자 한다.

1) '기독교 신앙의 정체성'을 세우는 설교가 필요하다

무엇보다도 하나님과 기독교 신앙에 도전적으로 급변하고 있는 오늘날의 상황과 사회에서 교회와 성도들이 흔들리지 않고 바르게 대응하기 위해서 가장 중요한 것은 우리 기독교 신앙의 정체성을 바르고 온전히 세우는 설교다. 기독교 신앙의 정체성을 세우는 설교란 한 마디로 우리가 믿는 하나님과 하나님의 백성으로서 우리 자신 그리고 기독교 신앙의 본질 또는 특성에 대해 바르고 분명하게 제시하고 알게 하는 것이다 그렇다면 지금의 상황에서 정체성을 바로 세우는 설교가 필요한 이유는 무엇인가?

무엇보다도 성경은 하나님의 백성들에게 신앙의 정체성을 온전히 유지하기를 가장 중요하게 강조하기 때문이다. 하나님께서 이스라엘 백성들을 택하시고 그들에게 가장 중요하게 강조했던 명령은 '하나님 백성으로서의 정체성을 분명히 보여주는 것'이었다. 하나님께서는 거듭 거듭 이스라엘에게 '성민(구별된 백성)'임을 강조하셨고(출 19:5-6), '내가 거룩하니 너희도 거룩하라(레 19:2)'고 명령하셨다. 또한 가나안을 정복할 때 그 땅에 거주하는 백성들을 진멸하라고 하셨고, 절대로 그 땅 백성들과 결혼을 하지 말라고 하셨다. 이 명령들은 모두 구별된 하나님의 백성으로서 이스라엘의 정체성을 분명히 세우는 것과 관련된다(신 7:1-11, 왕상 11:1-11, 느 13:25-27). 또한 이스라엘 백성들에게 가장 중요하게 간주되는 할례, 안식일, 음식법 등의 제도들도 모두 우선적으로 이스라엘이 하나님의 구별되어 선택된 민족임을 기억하며 살도록 하는 방편이었다. 요약하면, 하나님께서는 이스라엘이 신앙과 삶에서 다른 이방 백성들과 구별된 모습을 보여주기 원하셨고, 또한 그들의 구별된 모습을 통해 유일하신 하나님을 드러내 주길 바라셨다. 하지만 이스라엘은 하나님 백성으로서의 정체성을 잃어버리고 혼합 종교의 모습을 보였고, 하나님 백성으로서의 사명을 제대로 감당하지 못했다. 그러한 상황에서 선지자들이 그들을 향해 외쳤던 회개의 메시지의 핵심도 바로 신앙의 정체성에 대한 것이었다(참고. 사 1:2-4, 25-27, 렘 2:5,13,20; 3:19-20; 9:14; 44:16-19). 신약 성경에서도 마찬가지다. 예수님께서 성도는 세상 사람들과 구별되어 세상의 빛과 소금이 되어야 한다고 하셨고(마 5-6장; 5:13-16), 사도 바울은 성도들의 모임인 교회를 그리스도의 몸(고전 12:27; 엡 1:23; 골 1:18), 성령의 전(고전 3:16; 엡2:21-22), 진리의 기둥과 터(딤전 3:15)라고 칭하며 교회가 세상의 기관들과는 구별된 공동체임을 강조했으며, 베드로는 그리스도인들을 택하신 족속, 왕 같은 제사장, 거룩한 나라, 하나님의 소유된 백성이라 규정지었다(벧전 2:9).

다음으로 성경에서 가장 중요하게 강조하지만 한국 교회의 상황으로 볼 때 그리고 오늘날 설교학의 흐름으로 볼 때 정체성에 대한 부분이 가장 취약하기 때문이다. 우선 기독교의 정체성에 대한 부분은 오늘날 한국 교회의 가장 취약한 부분이다. 필자는 오늘날 한국 교회의 대표적인 문제는 '세속화(세상과 구분이 사라져 감)'와 '이교화(異敎化, 다른 종교들과 구분이 사라져 감)'라고 생각한다.[81] 주지하는 것처럼, 교회가 성경에서 말

---

81) 이에 대한 좀 더 자세한 논의는 김창훈, "한국 교회 회복을 위한 목회적 제

씀하는 진정한 교회의 모습을 보여주지 못하고 있고, 교회의 지도자들이 존경을 받지 못하고 비아냥의 대상이 되고 있으며, 성도가 세상에서 제대로 사명을 감당하지 못하고 성도다운 모습을 보여주지 못하고 있다. 그 결과 기독교 신앙의 매력을 보여주지 못하고 있으며 제사장 역할도 제대로 감당하지도 못하고 있다. 그래서 필자의 판단으로 한국 교회의 가장 중요한 과제는 '교회가 교회되는 것이고, 성도가 성도되는 것이고, 목회자가 목회자가 되는 것'이라고 생각한다.

또한 오늘날 설교학계의 대세인 소위 '신설교학'의 가장 큰 문제도 기독교 정체성과 관련되어 있다. 물론 신설교학이 설교학의 연구와 발전에 지대한 공헌을 하였음을 인정하지만, 신설교학의 가장 큰 문제와 한계로 기독교 신앙의 정체성의 약화로 지적되어 왔다. 예를 들어, Ronald Allen 은 지나치게 효과적인 전달에만 관심을 갖는 신설교학에 대해 문제를 제기하면서 설교란 '신학적 행위(theological act)'이고, 설교학은 신학적 관점에서 이해되고 접근되어야 한다고 주장하였다.[82] 또한 Charles Campbell은 신설교학의 가장 대표적인 문제를 복음의 본질과 교회의 정체성의 훼손이라고 하였다. 다시 말해, 설교의 본질은 예수의 복음이 전해지고 교회의 정체성을 세우는 것이 되어야 하는데, 신설교학은 설교가 들려지는 것에만 관심이 있고 기독교 복음을 개인의 경험으로 변질시켰다는 것이다.[83] 이렇게 신설교학에 대한 여러 가지 문제들이 제기되자 신설교학의 한계를 극복하기 위해 여러 학자들이 다양한 제안들을 하였지만 그들 역시 여전히 큰 범위에서 신설교학의 한계를 극복했다고 할 수 없

안: 바른 교회 균형, 잡힌 신앙,"「신학지남」 79(2012/3): 159-79을 참고하라.

82) Ronald Allen, "Agenda in Homiletics," in *Papers of Annual Meeting of the Academy of Homiletics*(1991), 32-46.

83) Charles L. Campbell, *Preaching Jesus: New Directions for Homiletics in Hans Frei's Postliberal Theology*, 이승진 역, 『프리칭 예수』(서울: 기독교 문서 선교회, 2001), 191-294.

다.84) 결국 신설교학은 효과적인 전달을 위한 새롭고 다양한 제안들을 통해 설교학의 지평을 넓혔지만, 근본적으로 기독교의 정체성을 지키고 세우는데 있어서 문제를 드러내고 있는 것이다.

이상에서 기술한 바와 같이 교회와 성도의 정체성을 분명히 하는 것은 성경의 가장 중요한 명령이지만 한국 교회와 오늘날 설교학의 전반적인 상황에서 가장 취약한 부분이기도 하다. 이러한 상황에서 가장 중요하게 요구되는 것은 정체성을 바르고 분명히 세우는 설교인 것이다. 정체성을 세우는 설교가 얼마나 중요한지 20세기 유명한 역사학자인 Kenneth S. Latourette의 통찰력은 늘 우리에게 도전이 된다.

시간과 공간 속에 얽매이지 않은 자신의 정체성을 희생하고 주변의 환경에 순응하였던 교회들은 결국 자신들이 그렇게 순응했던 시대와 사회, 그리고 기류가 바뀌면서 모두 소멸해 버리고 말았다. 다만 예수의 유일성에 관한 핵심적 진리와 역사상 발생한 사건으로서의 예수의 탄생과 생애, 가르침, 죽음, 부활에 대한 진리 그리고 하나님 자신의 계시와 인간의 구속을 위하여 예수를 통해 역사하신 하나님의 사역에 대한 믿음의 진리만이 영속적인 삶을 위해서 필수적인 것으로 입증되었다.85)

그렇다면 기독교 신앙의 정체성을 온전히 세우기 구체적으로 어떻게 설교해야 하는가? 필자는 크게 두 가지가 필요하다고 판단한다.

(1) 무엇보다도 하나님 말씀(본문)을 바르고 충실하게 전해야 한다.
성경은 하나님의 말씀으로 하나님이 어떤 분인지, 우리가 누구인지 그

---

84) 참고. 최진봉, "후기 새로운 설교학의 등장에 관한 연구,"「신학과 실천」 22(2010): 175-208.

85) Kenneth S. Latourette, *A History of the Expansion of Christianity* (vol. 7) (New York: Harper and Brothers, 1945), 472.

리고 신앙의 도리가 무엇인지에 분명히 말씀해 주는 유일무이한 텍스트요 근거이다. 따라서 하나님 말씀인 성경을 바르고 충실하게 설교하는 것이야 말로 기독교의 정체성을 세우는데 가장 직접적이며 확실한 수단이다. 성경과 관련한 칼빈의 말들은 늘 우리에게 도전이 된다.

> 하나님께서는 택한 자들을 가르치사, 그저 어느 한 신을 어렴풋이 바라보게 하시는 것이 아니라, 그들이 바라보아야 할 참 하나님이 바로 자신이심을 분명히 보여 주신다. 하나님은 태초부터 자기 교회를 위하여 이를 계획하셨고 그리하여 갖가지 일상적인 증거들 이외에 자신의 말씀을 주셨으니 이 말씀이야말로 하나님을 깨닫는데 필요한 더 직접적이고도 더 확실한 수단이다.[86]

칼빈은 또한 두 비유들을 통하여 하나님을 바르고 온전히 아는데 성경이 절대적으로 중요하고 필요함을 말한다. 먼저, 칼빈은 성경은 '안경'과 같다고 하였다.[87]

> 가령 노인이나 눈이 흐린 사람, 혹은 시력이 좋지 못한 사람에게 아무리 훌륭한 책을 내어놓는다 해도, 그 사람들은 그것이 좋은 책이라는 것을 인정하면서도 눈이 흐리기 때문에 두 단어도 연달아 읽지를 못할 것이다. 그러나 안경의 도움을 받으면 아주 또렷하게 그 책을 읽어 내려갈 수가 있을 것이다. 이와 마찬가지로, 하나님에 관한 갖가지 혼란스런 지식을 마음에 제대로 모아주며, 우리의 우둔함을 몰아내고, 참되신 하나님을 분명하게 보여 주는 것이 바로 성경인 것이다.

다음으로, 성경은 '실(絲)'과 같다고 하였다.

> 만일 하나님의 말씀에서 벗어나게 되면, 우리가 아무리 열심히 달려간다 할

---

86) Inst, I. 6. 1.
87) Inst, I. 6. 1.

지라도, 우리가 이미 정도에서 벗어나 있기 때문에 결코 목표에 이를 수가 없는 것이다. 말씀이라는 실(絲)의 인도를 받지 않으면, 하나님의 찬란한 모습이 우리에게 마치 도저히 설명이 불가능한 미로와도 같아지기 때문에, 그 말씀의 길을 따라 절뚝거리며 걷는 것이 차라리 그 길 바깥에서 온 힘을 다해 달리는 것보다 낫다.[88]

만약 위에서 언급한 칼빈의 말에 동의한다면, 기독교 신앙의 정체성을 세우기 위해 설교자가 해야 할 가장 중요한 일은 하나님의 말씀을 바르고 충실하게 드러내는 설교를 하는 것이다.

뿐만 아니라, 본문에 충실한 설교가 위기와 도전을 극복하는데 절대적인 역할을 하였음을 기독교 역사를 통해서도 확인할 수 있다. 초대 교회의 황금의 입으로 불리어졌던 John Chrysostom의 말은 여전히 설득력 있다.[89]

치료의 유일한 수단과 방법이 우리에게 제시되어 왔다. … 그것은 하나님의 말씀을 가르치는 것이다. 이것이 최상의 도구이며, 최상의 식이요법과 기후이다. 이것이 약을 대신하고 뜸질과 절단을 대신해서 쓰인다. 태우거나 절단하는 일도 필요할지라도 이 한 가지 방법만은 꼭 사용되어야 한다. 그 방법 없이는 다른 아무 것도 쓸모가 없을 것이다.

실제로 Edwin C. Dargan은 기독교 설교 역사의 연구를 통해 하나님의 말씀을 바르고 충실하게 설교하는 것이 얼마나 중요한 것이었는지 확인시켜 주었다.

---

88) Inst, I. 6. 3.
89) Clyde E. Fant & William M. Pinson, *Twenty Centuries of Great Preaching*(vol. I), (Waco: Word Books, 1971), 108-109.

교회의 영적 생활과 활동의 쇠퇴는 흔히 활기 없고 형식적이며, 열매 없는 설교를 동반한다. 이런 설교는 한편으로는 원인이고 다른 한편으로는 쇠퇴의 결과이다. 반면에, 기독교 역사의 위대한 부흥들을 조사해 보면, 거의 대개가 강단 사역에서 시발점을 찾을 수 있으며 그 부흥들은 진행되면서 더 높은 수준의 설교를 개발하고 가능케 했다.[90]

결국 교회가 계속 침체되어 가는 오늘날의 위기와 절대적인 진리가 인정되지 않는 포스터모더니즘의 환경 속에서 그리고 기술의 발달로 하나님의 권위에 도전하는 상황에서 설교자들은 어떤 것을 더하거나 빼거나 왜곡하는 일이 없이 본문의 핵심 메시지를 바르고 분명하게 전달하는 하나님 중심적 설교는 이 시대의 절실한 요구라고 할 수 있다.

(2) 바른 복음을 전해야 한다.

정체성을 바로 세우기 위해 또 한 가지 중요한 것은 복음(한 마디로, 하나님이시며 구원자이신 예수 그리스도를 믿음으로 구원에 이르는 것, 롬 1:15-17; 행 16:31)의 본질과 핵심을 바르게 전하는 것이다. 왜냐하면 바른 복음을 통해 기독교의 진정한 모습이 드러나기 때문이다. 그렇다면 지금의 상황에서 특별히 바른 복음이 강조되어야 할 이유는 무엇인가? 그것은 크게 두 가지로 나누어서 설명할 수 있다.

먼저, 오늘날 한국 교회의 상황 때문이다.

앞에서 성경에 충실한 메시지를 전해야 한다고 했는데, 그 성경의 핵심

---

90) Edwin C. Dargan, *A History of Preaching*, 김남준 역 『설교의 역사(I)』 (서울: 솔로몬, 1995), 27-28. 같은 차원에서 Bryan Chapell도 "강해 설교는 과거 150년 동안 보수적인 서부 교회에서 두드러지게 나타났는데, 거기에는 최소한 두 가지 이유가 있다. 먼저, 성경의 권위가 위협받게 되자, 이것을 극복하기 위해서 복음주의자들이 찾아낸 방법이 강해 설교였으며 또한 이것이 성경의 진리에 다가갈 수 있는 일반적이고 보편적인 접근 통로라고 생각했기 때문이다"라고 하였다. Bryan Chapell, *Christ-Centered Preaching: Redeeming the Expository Sermon*(2nd ed.) (Grand Rapids: Baker Academic, 2005), 132.

적이고 중심적인 주제가 바로 복음이고, 하나님의 최고의 관심과 목표와 사역은 인류의 '구속'이며, 또한 하나님께서 우리에게 명령한 최고의 의무는 예수님께서 이루신 구원을 전파하는 것임을 쉽게 알 수 있다(마 28:19-20; 요 20:30-31; 행 1:8). 그렇기 때문에 우리는 때를 얻든지 못 얻든지 복음을 전해야 하고, Bryan Chapell이 강조한 것처럼, 설교는 우선적으로 모든 인간이 '타락한 상황에 있다는 것에 초점(FCF: The Fallen Condition Focus)'을 맞추어야 한다.[91] 만약 이 견해에 동의한다면, 본문의 메시지를 성실하게 전하는 설교의 핵심은 당연히 '복음적'이어야 한다. 뿐만 아니라 삶에 대한 구체적이고 실제적인 적용도 복음의 관점에서 전해져야 하고, 특별히 성경에서 강조하는 복음에 합당한 삶이 바르고 분명하게 제시되어야 한다.

하지만 오늘날 한국 교회의 가장 큰 문제 가운데 하나는 성경에서 말씀하는 복음이 바르게 선포되지 않고 있다는 것이다.[92] 특별히 많은 학자들과 목회자들은 오늘날 한국 교회와 강단의 가장 큰 문제는 소위 '번영신학(Prosperity Theology)' 또는 '번영 복음(Prosperity Gospel)'이라고 주장한다.[93] 한 마디로 하면, 번영신학은 "하나님이 (항상) 자기 백성이 번영하게 되기를 바라시며, 특히 그분이 좋아하는 사람에게 (반드시)

---

91) Chapell, *Christ-Centered Preaching*.
92) 김세윤(『복음이란 무엇인가』 [서울: 두란노, 2003], 8)도 오래 전부터 한국 교회에 바른 복음의 메시지가 선포되지 못한 것에 대해 안타까워했다.
  복음에 대한 올바른 이해는 그리스도인의 삶에 있어서 가장 기본적인 것입니다. 교회를 오래 다녀도 복음이 무엇인지, 그 복음이 약속한 구원이 무엇인지 모르거나 또는 그 한 측면만 왜곡된 채로 이해하며 신앙생활을 하는 사람들이 많습니다. 그리하여 그들은 복음이 가져다주는 구원의 소망과 실재를 제대로 누리지 못하며, 올바른 기독교적 세계관과 가치관 및 윤리를 정립하지 못하여 결국 그들의 좋은 의도에도 불구하고 올바른 제자도의 삶을 살지 못하고 맙니다.
93) 신성욱, "번영신학과 설교학적 대안," 「설교한국」 4/2(2012, 가을): 56-100; 최이우, "번영신학과 기독교 설교," 「설교한국」 4/2(2012, 가을): 9-21; 류장현, "번영신학에 대한 신학적 비판," 「신학논단」 61(2010): 7-30.

번영을 주신다"[94]는 것이다. 물론 기독교 신앙 안에는 '물질과 자녀와 건강이 형통하는 복'이 포함되어 있다. 하지만 예수 그리스도 안에서 '반드시' 그리고 '모든 사람'에게 그것이 경험되는 것은 아니다. 성경은 너무도 분명하게 '박해'를 받는 자가 복이 있고(마 5:10-12), 무릇 그리스도 예수 안에서 경건하게 살고자 하는 자는 핍박을 받는다(딤후 3:12)고 말씀한다. 그렇기 때문에 그러한 세상적 번영이 신앙생활의 최고의 관심과 목표가 되는 것은 성경에서 말씀하는 기독교의 본질이 아니다. 그런데 많은 목회자(설교자)들이 번영신학을 추구하거나 번영신학에 지배되어 있기 때문에 기독교의 본질을 왜곡시키면서 세상의 복을 강조하는 메시지만을 전하고 있다. 뿐만 아니라 번영신학은 개교회의 수적인 성장을 설교자(목회자)들의 우선적인 관심이 되게 하였다.[95] 물론 생명력 있는 교회가 생명력 있는 메시지를 통해 수적으로 확장되는 것은 너무도 당연한 결과다. 그런데 문제는 수적인 성장 자체가 최고의 복이요 목회의 목적이 되기 때문에 인위적인 모든 수단과 방법을 동원할 뿐 아니라 신앙생활과 삶에 진정으로 필요하고 유익한 메시지보다는 청중들의 비위를 맞추는 메시지를 선포하는 것이다. 결국 오늘날 복음이 바르게 전해지지 않고 있기 때문에 기독교가 왜곡되게 이해되고 있으며,[96] 앞에서 살펴본 것처럼, 신앙생활을 포기

---

94) 신성욱, "번영신학과 설교학적 대안," 56.

95) 구약 이스라엘의 신앙적 타락도 기본적으로 번영신학에 기인한 것이라고 할 수 있다. 다시 말해, 이스라엘이 가나안에서 하나님과 함께 이방신들을 섬겼던 가장 중요한 원인은 그들의 우선적인 관심이 그 땅에서의 부와 풍요였기 때문이다.

96) '한국기독교목회자협의회'의 설문 조사에 의하면(한국기독교목회자협의회, 『한국기독교 분석리포트』[서울: 도서출판 URD, 2018], 50-1), 신앙생활의 이유가 구원과 영생이 42.5%였고, 마음의 평안이 37%, 가족의 권유가 13.3%, 건강, 재물, 성공 등 축복을 받기 위해서가 3.7%, 신도들과 친교을 위해서가 1.5였다. 또한 '한국갤럽'의 조사(한국갤럽, 『한국인의 종교』, 26-7.)에서도 종교를 믿는 이유에 대해서 기독교인들의 대답은 마음의 평안을 위해 45%, 죽은 다음의 영원한 삶을 위해 (즉 구원을 위해) 26%로 조사되었다. 물론 다른 종교보다도 마음의 평안을 위해서 믿는 비율은 낮고(불교 79.6%, 천주교 72.5%) 구원을 위해 믿는 비율은 높았으나 (불교 2%, 천주교 13.3%), 전체적으로 많은 사람들이 신앙의 본질과 핵심에서 벗어

하고 교회를 이탈하여 타종교나 무종교로 옮기는 많은 사람들이 발생하고, 또한 한국 교회와 성도가 세상의 지탄의 대상이 되고 있는 핵심 요인이라고 해도 결코 과장된 말이 아니다.

물론 오늘날 하나님의 권위나 절대적 진리에 대해 부정적인 포스트모더니즘의 환경에서 복음을 바르게 전하는 것이 쉽지 않다.97) 또한 세상에서의 삶의 적응과 변화를 강조하는 설교 또는 위로와 치유와 회복에 초점을 맞추는 설교가 당장 청중에게 인기가 있을 수는 있다. 하지만 그러한 설교는 장기적으로 교회를 무너뜨리고 기독교의 정체성을 훼손시킬 수밖에 없다는 것을 설교자들은 명심해야 한다.

다음으로 현실적인 이유 때문이다. 다시 말해, 오늘날의 포스터모더니즘, 코로나 그리고 4차 산업혁명으로 인해 갈수록 정신적, 영적 갈급함과 허전함이 심화되는 상황에서 치유와 회복을 위한 최고의 방법 또는 유일한 길이 바른 복음을 통해서 가능하기 때문이다.

성경은 너무도 분명하게 인간의 모든 문제를 해결할 수 있는 유일한 방법은 복음(예수 그리스도)임을 말씀한다(요 4:1-30, 14:6; 롬 7:25). 물론 문제를 안고 있는 자들과 상처 입은 자들의 치유와 회복을 위해 다양한 관점(사회학적, 의학적, 심리학적 관점 등)에서 접근할 수 있고, 또한 가능하다면 다양한 수단과 방법을 활용해야 한다. 복음서를 보면, 예수님도 치유 대상의 상황과 형편을 고려하여 다양하게 접근하셨음을 알 수 있다. 또한 교회에서도 정신과적 치료, 심리학적 치료, 또는 약물을 통한 치료도 절대로 무시해서는 안 된다. 무조건 신앙 안에서 믿음으로만 또는 기도로

___

나 있음을 알 수 있다(한국기독교목회자협의회, 『한국기독교 분석리포트』, 50)

97) 복음주의 학자인 Norman L. Geisler는 과거와 달라진 현대인들의 특징을 세 가지로 설명한다. 1) 복음의 메시지 자체에 대해 사람들의 관심이 점점 사라지고 있다. 2) 도덕적 절대성을 거부하고 진리에 대해 무관심하다. 3) 절대적 진리를 주장하는 그리스도인들을 오만하게 생각한다. Norman L. Geisler & David N. Geisler, *Conversational Evangelism*, 김문수, 정미아 역, 『마음을 여는 전도대화』 (서울: 순출판사, 2011), 23-30.

만 치료해야 한다고 고집하면서 그러한 부분들을 무시하는 것은 하나님을 시험하는 것이다. 따라서 설교에서도 그러한 부분들이 반영되어야 한다. 그러나 예수 그리스도의 복음 없이 전인적이고 온전한 치유는 있을 수 없다. 복음의 능력이 동반되지 않는 치유와 회복은 일시적이요 부분적일 수밖에 없다. 왜냐하면, 인간의 모든 불행은 근본적으로 죄로 인해 왔기 때문이고, 또한 복음을 통해 죄 문제를 해결하지 않으면 진정한 그리고 온전한 치유와 회복이 있을 수 없기 때문이다. 그래서 D. Martin Lloyd-Jones는 "성경적인 인간관에 따르면 불행이나 비참함, 더 나아가 신체적 질병이나 우리에게 고통과 괴로움을 주는 모든 것은 원죄의 결과요 타락의 산물"[98]이라고 지적하면서 구원의 메시지 즉 복음만이 인간이 가진 모든 문제의 '유일한 해결책이요 치료책'이라고 주장하였다.[99] 실제로도 하나님의 복음에는 능력이 있기 때문에 복음이 제대로 역사하기만 하면 삶의 근본적인 문제들이 치유되는 것을 주변에서 쉽게 볼 수 있다. 따라서 설교를 통해 진정한 필요를 채우고 전인 치유의 결과를 얻기 원한다면, 예수 그리스도의 복음이 바르게 선포되어야 하고 또한 내용에 있어서 반드시 복음이 중심적 위치를 차지해야 한다. 복음의 핵심과 본질을 담고 있는 로마서의 강해를 시작하면서 옥한흠 목사가 한 고백은 마음에 새겨둘만 하다.

건강이 나빠져 2년 동안 투병생활을 하면서 나 자신에게 무엇보다 시급한 것은 구원의 감격을 다시 회복하는 일임을 절감하게 되었다. … 십자가의 예수 그리스도를 더 가까이 가서 만나야 한다. 믿음의 능력이 얼마나 위대한가를 발견해야 한다. 이러한 은혜 없이 답답하고 목이 타는 영혼이 어디에 가서 힘을 얻을 수 있겠는가? 이 병든 세대를 무슨 방법으로 치료할 수 있겠는

---

98) D. Martin Lloyd-Jones, *Preaching & Preachers*, 정근두 역, 『설교와 설교자』 (서울: 복 있는 사람, 2010), 43.
99) 참고. Lloyd-Jones, *Preaching & Preachers*, 41-67.

가?[100]

정리하면, 교회가 침체되고 약화되는 지금의 위기와 하나님과 기독교 신앙에 대항하고 도전하는 급변하는 뉴노멀의 상황에서 기독교 신앙의 정체성을 바로 세울 뿐 아니라 사람들의 허전함과 갈급함을 근본적으로 해결하고 기독교의 부흥을 가져올 수 있는 것은 복음을 바르고 분명하게 전함으로 가능할 것이다.

2) '내러티브 전개 방식'과 '귀납적 전개 방식'을 활용하라.

오늘날의 위기의 상황과 뉴노멀의 급변하는 시기에 무엇보다도 중요한 것은 기독교 신앙의 정체성을 세우기 위해 성경에 충실한 설교와 바른 복음을 전하는 것이라고 했다. 성경에 충실한 설교와 바른 복음을 전하는 것은 기본적으로 설교의 내용과 관련된다. 그런데 위기와 변화의 시기에 효과적이고 능력 있는 설교 사역을 위해서 또 한 가지 중요한 것이 있는데, 그것은 청중 분석의 관점에서 효과적인 방법으로 설교의 내용을 전하는 것이다. 특별히 오늘의 상황에서 효과적인 전달을 위해 필자는 크게 두 가지를 제안하고자 한다.

먼저, '내러티브 전개 방식'을 활용하는 것이다.

내러티브 전개 방식에 대해 언급하기 전에 설교의 형식, 구조 또는 전개에 대해 기본적인 몇 가지를 서술할 필요가 있는 것 같다.

첫째, 지금까지 다양한 설교의 형식, 구조 또는 전개가 제안되어 왔는데, 가장 큰 범위에서 설교자가 택할 수 있는 설교의 형식은 '주제 설교 형식,' '내러티브 설교 형식,' 그리고 '강해 설교 형식'으로 구분된다.[101]

---

100) 옥한흠, 『내가 얻은 황홀한 구원』 (서울: 두란노, 1992), 7-8.
101) 각 설교 형식의 정의, 방법, 장단점 등에 대한 자세한 설명은 김창훈, 『하

필자는 기본적으로 '제대로 된 강해 설교 형식'이 가장 바람직하다고 생각하지만, 설교 형식 자체가 성경적 설교와 바른 복음을 전하는 것과 직접적으로 연결되지는 않는다. 얼마든지 주제 설교나 내러티브 설교의 형식을 통해서도 성경적 설교를 하며, 바른 복음을 전할 수 있고, 강해 설교라는 형식을 사용하지만 전혀 비성경적으로 설교를 할 수도 있다. 단순히 설교 형식 자체만을 가지고 어떤 형식이 다른 형식보다 더 성경적이라고 하든지 어떤 한 형식이 모든 상황에서 절대적으로 효과적이라고 단정해서는 안 된다.[102]

둘째, 자신의 은사에 따라 자신이 가장 효과적으로 활용할 수 있는 설교 형식을 주 전달 방식으로 사용해야 한다. 단순히 탁월한 설교자들의 방법을 모방하거나 학자들의 일반적인 제안을 따라 부화뇌동하지 말라는 말이다. 논리성과 사고력이 뛰어난 설교자는 그 은사에 맞게, 언어의 분석능력이 뛰어난 사람은 그 은사에 맞게, 스토리텔링에 은사가 있는 설교자는 그 은사에 맞게 주 설교 방법을 선택하고 활용해야 한다.[103] 한 걸음 더 나아가 할 수만 있다면 기본적인 설교의 형식들을 응용하여 자신만의 독특한 설교 형식을 개발하는 것도 바람직하다.

나님 중심적 설교』, 135-260('제2부 설교의 형식')을 참고하라.

102) 이와 관련하여 도날드 수누키안의 말은 깊이 새겨둘만하다[Donald R. Sunukjian, *Invitation to Biblical Preaching*, 채경락 역, 『성경적 설교의 초대』 (서울: CLC, 2009), 16-7.].

성경적 설교를 논함에 있어 본문 설교와 주제 설교 그리고 강해 설교를 나누는 구식의 구별 방법은 유익하지 못하다. … 이러한 구분 대신 우리는 성경 자료를 어떻게 다루느냐라는 잣대로 성경적 설교를 규정한다. 본문 설교, 주제 설교, 강해 설교 모두가 성경적 메시지일 수 있다.

103) Dave Stone, *Refining Your Style: Learning from Respected Communicators*, 김지홍 역, 『(청중을 사로잡는) 13가지 맛깔스런 설교 레시피』 (서울: 국제제자훈련원, 2008)는 이와 관련하여 좋은 참고 자료가 될 수 있다. 저자는 이 책에서 미국의 대표적인 설교자들이 자신들의 은사에 맞는 접근 방식을 어떻게 효율적으로 사용하여 얼마나 설득력 있고 효과적인 설교를 하고 있는지 구체적인 예들을 제시하였다.

셋째, 가능하면 다양한 설교 형식을 활용하는 것이 바람직하다. 많은 설교자들이 본문, 설교 내용, 또는 청중에 상관없이 기계적이고 획일적으로 자신에게 편한 하나의 구조에 맞추어서 설교를 전개하곤 한다. 하지만 그것은 바람직하지 않다. 설교자는 하나님께서 다양한 방법(장르)으로 우리에게 말씀하셨다는 것을 기억해야 한다. 하나님께서는 이야기도 사용하시고, 시도 사용하시고, 편지도 사용하셨다. 또한 플롯도 사용하시고 논리도 사용하셨다. 마찬가지로 설교자도 할 수만 있다면 본문에 따라, 설교 내용에 따라, 또는 청중에 따라 적실한 설교 형식, 구조 또는 전개 방식을 사용하여 메시지를 전하는 것이 바람직하다.104)

네 번째는 본문의 장르(특징)를 설교의 구조와 전개에 반영하는 것이 바람직하다. 위에서 언급한 것처럼, 많은 설교자들은 본문의 장르를 무시하고 모든 장르의 본문을 자신이 사용하는 하나의 설교 구조에 끼워 맞추어 설교하곤 한다. 하지만 본문의 장르가 설교의 구조를 결정하는 절대적인 요인은 아니라고 할지라도, 본문의 장르와 특징이 설교의 구조와 전개에 반영되는 것이 바람직하다. 왜냐하면 그것이 본문의 의도와 핵심을 더욱 잘 드러낼 수 있는 방편 가운데 하나이기 때문이다.

이러한 기본적 전제 위에서 필자는 오늘날 뉴노멀의 상황에서 설교의 구조와 전개와 관련하여 크게 두 가지가 활용되는 것이 바람직하다고 생각한다. 그것은 '내러티브 전개 방식'과 '귀납적 전개 방식'이다.105) 그

---

104) 많은 학자들이 설교 구조와 전개에 대해 다양한 모델들을 제시하였다. 예를 들어, 로날드 알렌(Ronald J. Allen)은 *Patterns for Preaching*에서 34가지의 설교 구조(또는 형식)에 대해 언급하면서 그 구체적인 실례들을 보여주었다. Ronald J. Allen, *Patterns for Preaching*, 허정갑 역, 『34가지 방법으로 설교에 도전하라』(서울: 예배와 설교 아카데미, 2004).

105) 물론 필자는 오늘의 상황에서 효과적인 설교를 위해 이 방식만을 사용해야 한다고 주장하는 것은 아니다. 전통적인 방식으로 설교하여도 얼마든지 성도들을 집중시킬 수 있고 도전과 변화를 줄 수 있음이 분명하다.

이유는 무엇인가?

무엇보다도 제대로 된 내러티브 전개 방식과 귀납적 접근 방식은 권위를 가지고 청중을 압박하거나 청중들에게 부담을 주지 않으면서 자연스럽고 편안하게 접근할 수 있다는 장점이 있다. 다시 말해, '덜 설교적(less preachy)'이기 때문에 포스트모더니즘의 상황에서 권위주의를 배격하며 절대적 진리를 인정하지 않는 이들, 특별히 젊은이들에게 거부감을 주지 않고 효과적으로 접근할 수 있는 것이다.

다음으로 크레독은 설교에 있어서 지루함을 주는 것은 중범죄라고 하였다.[106] 특별히 오늘의 시대는 모든 것이 빠르게 진행될 뿐 아니라 우리는 주변에서 탁월한 강의를 쉽게 접할 수 있기 때문에 지루한 설교는 천대를 받을 수 있다. 그런데 제대로 된 내러티브 전개 방식과 귀납적 접근 방식은 설교의 진행에 있어서 연속성과 움직임을 보여주고 극적인 요소를 더해 주기 때문에 설교의 지루함을 제거해 주고, 청중들이 계속되는 긴장 가운데서 설교에 집중하게 할 수 있게 해준다.[107]

그런데 여기에서 오해하지 않아야 할 것은 '내러티브 전개 방식'과 '내러티브 설교 형식'은 전적으로 동일한 개념이 아니라는 것이다. '내러티브 설교 형식'이 하드웨어의 개념이라면, '내러티브 전개 방식'은 소프트웨어의 개념이다. 그렇기 때문에 내러티브 설교 형식 뿐 아니라 주제 설교나 강해 설교 형식에서도 얼마든지 내러티브 전개 방식을 사용될 수 있는 것이다.

그렇다면 내러티브 전개 방식을 사용한다는 것은 무엇을 의미하는가?

---

106) Fred B. Craddock, *As One without Authority*, 김운용 역, 『권위 없는 자처럼』 (서울: 예배와 설교 아카데미: 2001), 55.

107) 이연길, 『이야기 설교학』 (서울: 쿰란출판사, 2003), 192.

필자는 신설교학의 최고의 공헌은 다양한 내러티브 전개 방식들의 제안이라고 생각한다. 예를 들어, 유진 라우리(Eugene Lowry)는 내러티브 전개 방식과 관련하여 플롯을 활용한 '다섯 단계(갈등 찾기-갈등 분석-해결의 실마리-복음 제시-결과 기대)' 또는 '네 단계(갈등-심화-대반전-해결)' 의 설교의 전개 방식을 제안하였다.108) 또한 그는 그러한 구조 안에서 '스토리 진행,' '스토리 보류,' '스토리 유예,' '스토리 전환' 등과 같은 다양한 설교의 구조들이 가능하다고 하였다.109) 또한 데이비드 버트릭(David Buttrick)은 '현상학적 전개식 설교' 를 제안했고,110) 폴 윌슨(Paul S. Wilson)은 '본문에 나타난 문제(Trouble in the Bible)' - '이 세상에 있는 문제(Trouble in the world)' - '본문에 나타난 하나님의 행동(God' s action in the Bible) '-' 이 세상에 나타난 하나님의 행동(God' s action in the world)' 으로 구성된 '네 페이지 설교(The Four Pages of the Sermon)' 의 구조를 제시하였다.111) 내러티브 전개 방식을 사용한다는 것은 이러한 내러티브 전개 방식들을 설교에 활용할 수 있는 것이다.

물론 그동안 이러한 내러티브 전개 방식들을 활용한 내러티브 설교 형식이 본문의 의미를 왜곡하거나 본문의 의미를 충분히 드러내지 못한 것에 대해 많은 비판이 있었다. 그러나 필자는 설교자가 분명한 설교관과 의지만 있으면 이러한 내러티브 전개 방식들을 통해서도 본문의 의미를 바르게 드러내는 성경적 설교가 가능하고 더욱 효과적으로 복음을 바르게

---

108) Eugene Lowry, *The Homiletics Plot*(expanded ed.) (Louisville: Westminster John Knox Press, 2001).

109) Eugene Lowry, *How to Preach a Parable*, 이주엽 역, 『설교자여, 준비된 스토리 텔러가 되라』 (서울: 요단출판사, 1999).

110) David Buttrick, *Homilitic: Moves and Structrues* (Philadelphia: Fortress, 1987). '현상학적 전개식 설교' 의 실제적인 예들을 위해서, 김창훈, 『하나님 중심적 설교』, 103-15를 참고하라.

111) Paul S. Wilson, *The Four Pages of the Sermon: A Guide to Biblical Preaching* (Nashville: Abingdon, 1999).

전할 수 있다고 믿는다.

다음으로 내러티브 전개 방식과 밀접하게 연결된 '귀납적 전개 방법'의 활용도 중요하다. '어떻게 설교의 내용을 전개하느냐' 에 따라 크게 연역적 전개와 귀납적 전개로 분류될 수 있다. 설교에 있어서 연역적 전개 방식은 전체의 주제 또는 전하고자는 핵심 메시지를 먼저 제시한 다음에 그것을 구체적으로 설명하거나 논리적으로 증명하고, 특별한 예를 들어서 주제 또는 핵심적 내용을 확인함으로써 설득시키는 것이다. 다시 말해 연역적 방법은 설교의 요점이나 결론을 설교의 서두에서 먼저 제시하는 것이다. 예를 들어, '용서' 라는 주제에 대해 다음과 같이 연역적으로 설교할 수 있다. 먼저, '용서는 성도의 마땅한 삶이다' 는 주제 또는 요점을 선포한다. 그 다음에 설교의 주제나 목적에 따라서, '용서의 정의', '용서해야 할 이유', '용서를 위한 구체적인 방법', '성경에 기록된 용서의 예와 그 결과 또는 용서하지 못하였던 예와 그 결과' 그리고 '주위에 용서하거나 용서하지 않았던 사람들의 구체적인 예와 결과' 등 구체적인 설명이나 논리적인 증명, 그리고 특별한 실례들을 언급함으로 주제를 설명하거나 논증하여 청중들을 설득한다.

설교에 있어서 귀납적 전개 방식은 특별한 실례(성경에 있는 구체적인 예 또는 청중들이 경험한 특별한 문제 또는 사회에서 볼 수 있는 특별한 이슈) 또는 문제 제기와 함께 시작하여 그것으로부터 일반적인 원리를 세우고, 그 원리를 삶에 적용하는 것이다. 다시 말해 요점이나 결론이 설교의 마지막에 온다. 다음의 개요는 귀납적 전개 방식의 예들이다.

특별한 실례: 1) 요셉의 고난에 대한 구체적인 설명(창 41-45장)
　　　　　　　　2) 초대 교회의 전염병에 대한 설명
원리: 1) 고난에는 하나님의 뜻과 섭리가 있다.

2) 모든 상황에서 하나님의 주권과 섭리를 인정하자.
적용: 1) 고난의 순간에 항상 하나님의 뜻과 의도를 헤아리라.
　　2) 위기는 기회이다.

　혹자는 연역적 전개 방식이 오늘날 효과적이지 못한 방법이라고 평가하면서, 귀납적 전개 방식만을 주장하기도 한다. 그러나 반드시 그렇지 않다. 두 방법 모두 장단점이 있기 때문에 어떤 한 방법만이 모든 상황에서 절대적으로 효과적이라고 단정해서는 안 된다. 단지 설교자는 본문, 설교 내용, 청중에 따라서 더 효과적인 방법을 택해야 한다. 그런데 필자는 오늘날의 급변하는 상황에서는 귀납적 방법이 더욱 효과적이라고 생각한다. 그 이유는 간단하다. 대체로 연역적 설교는 설교 환경이 설교자나 성경의 권위가 인정될 때, 그리고 논쟁적인 주제보다는 모두가 진리로 인정하고 받아들이는 주제를 설교할 때 효과적인 접근 방법인데 반하여 귀납적 접근은 논쟁적인 상황이나 청년층이나 지적 수준이 높은 청중들에게 설교할 때 효과적인 방법이기 때문이다. 다시 말해, 핵심이나 결론을 먼저 제시한 다음에 이미 제시된 주제와 결론을 논증하고 설명하는 연역적 방법보다는 설교자가 성도들과 함께 주제 또는 결론을 이끌어 내어 성도들에게 마치 자신이 직접 결론을 내린 것처럼 느끼게 하는 귀납적 방법이 뉴노멀 시대에 더욱 효과적이라는 것은 명약관화하다.

3) 성령의 역사를 경험하는 설교가 요구된다

　오늘날의 위기와 급변하는 뉴노멀 시대에 효과적이고 능력 있는 설교를 위해서 또 한 가지 중요한 요소는 성령 하나님의 능력을 사모하고 의지하는 설교를 회복하는 것이다. 왜냐하면 설교를 준비하여 전달하고, 설교를 통해 변화를 가져오는 설교의 모든 과정에서 성령의 역할은 절대적으로 중요하기 때문이다. 말씀의 저자이신 성령 하나님의 조명 없이 어떻게 설교자가 성경에서 하나님의 뜻과 의도를 제대로 발견할 수 있으며, 또한 성령의 역사하심이 없이 어떻게 복음 안에서 사람들을 변화시킬 수 있겠는가? 그것은 절대 불가능하다.

그런데 포스트모더니즘과 연결된 신설교학의 영향으로 인해 최근 많은 설교자들이 성령의 역사하심에 의존하기보다는 수사학적 방법론에 더 매달리는 경향이 있는 것 같다.[112] 또한 4차 산업혁명의 고도화된 과학기술의 발전과 더불어 자칫 순진한 또는 지성적이지 않는 사람으로 간주될 수도 있기 때문에 성령의 역할에 대해 소극적인 모습을 보이는 것도 같다.[113]

하지만 설교자는 시대와 환경과 대상을 초월해서 성령의 역사하심은 일반 연설과 설교를 구별 짓는 가장 중요한 특징 가운데 하나임을 반드시 기억해야 한다.[114] 바울은 "내 말과 전도함이 지혜의 권하는 말로 하지 않고 다만 성령의 나타남과 능력으로 한다(고전 2:4)"고 고백하였고, "우

---

112) 허도화, "성경적 성령 설교에 대한 새로운 이해: 초대교회의 설교에 나타난 성령의 활동들을 중심으로," 「영산신학저널」 38(2016): 110; Jeffrey Crotts, *Illuminated Preaching*, 이승진 역, 『성령의 조명을 받는 설교』 (서울: 성서유니온 선교회, 2011), 73-87.

113) James A. Forbes, Jr., *The Holy Spirit & Preaching* (Nashville: Abingdon Press, 1989), 22. 한 걸음 더 나아가 Greg Heisler는 복음주의 진영에서 조차 설교에 있어서 성령의 역할을 정당하게 연결시키는데 실패했다고 평가하였다[*Spirit-Led Preaching: the Holy Spirit's Role in Sermon Preparation and Delivery*, 홍성철, 오태용 역, 『성령이 이끄는 설교』 (서울: 베다니 출판사, 2008), 31].

114) 권성수(『성령설교』, [서울: 국제제자훈련원, 2009], 59)는 흥미롭게 설교를 정의하였다.

'설교는 성령의 영향을 받은 설교자가 성령의 영향을 받은 메시지를 성령의 영향을 받은 청중에게 전하여 성령으로 주님을 닮는 삶의 변화를 일으키는 것이다.' 요컨대 설교는 PMA-ST이다. P는 설교자(Preacher)의 P, M은 메시지(Message)의 M, A는 청중(Audience)의 A, S는 성령(Spirit)의 S, T는 변화(Transformation)의 T이다. 더 정확하게 표현해서 설교는 S(PMA)T이다.

리의 씨름이 혈과 육에 대한 것이 아니요 정사와 권세와 이 어두움의 세상 주관자들과 하늘에 있는 악의 영들에게 대함이라"고 선포하였다(엡 6:12).115) 필자는 하나님께서 설교자들을 훈련시키는 가장 대표적인 것 가운데 하나가 준비, 전달, 그리고 결과의 설교의 전 과정에서 성령의 역사하심을 온전히 인정하고 철저히 의지하게 하는 것이라고 생각한다. 예를 들어, 설교자들은 종종 철저히 준비했는데 그것이 전달되는 과정에서 전혀 효과가 나타나지 않는 것을 경험하기도 하고, 반대로 조금 부족하게 준비했는데 전달하는 과정에서 생각했던 것보다 효과적이고 능력 있게 설교를 하는 경험도 한다. 하나님께서 이러한 경험을 하게 하시는 이유는 무엇일까? 필자는 그것은 설교자가 항상 스스로를 인정하지 말고 온전히 성령 하나님을 의지하도록 하는 하나님의 훈련 과정이라고 믿는다.

그러나 성령의 역사하심에 절대적으로 의지하는 설교를 하는데 있어서 오해하지 말아야 할 것이 있다. 그것은 크게 세 가지이다.

먼저, 성령님은 우리의 수고와 노력을 무시하지 않는다. 설교자는 성령의 역사하심을 사모하고 의지한다고 해서 설교를 준비하고 전달하는 모든 과정에서의 우리의 수고와 노력이 결코 줄어들지 않는다는 것을 명심해야 한다. 필자는 능력 있는 설교를 위해서 한 편으로는 전적인(100%) 성령의 역사하심을 인정하고 의지해야 하며, 다른 한 편으로는 우리의 전적인 (100%) 수고와 노력이 필요하다고 자주 강조한다. 물론 이것은 인간적으로는 이해되지 않을 수도 있지만, 신앙 안에서는 충분히 이해되는 말이고, 사도 바울도 그 원리를 따라 설교하였다. 사도 바울은 철저히 성령의 역사하심을 사모하고 의지하였지만, 자신이 할 수 모든 노력을 다하여 말씀을 전했다(고전 9:20-27; 골 1:28-29).116) 이와 관련하여 정장복의 말은 새

---

115) Crotts는 그의 저서의 부록에서 '성령의 조명에 관한 성경의 핵심 구절들'을 잘 정리하였다(Crotts, *Illuminated Preaching*, 196-239).

겨들을 만 하다.

성령이 설교자에게 임하여 그에게 권능을 부여하고 그로 하여금 땅 끝까지
말씀의 증언자가 되게 하신다는 약속이 있었어도 그 말씀의 종이 보여주는
충성(忠誠)의 정도에 따라 응답하심을 간과해서는 안 된다. ··· 본문과 주제
를 찾아 헤매이면서 성령의 도움을 요청하는 자에게, 그리고 주시는 말씀의
뜻과 그 메시지를 알려고 씨름을 하는 자에게 성령은 언제나 함께 하신다는
사실이다. ··· 자신의 최선을 다 내어놓지 못한 설교자를 말씀의 사자로 성령
이 끝까지 붙들어 주실 것이라는 기대는 참으로 어리석은 것이다.117)

다음으로, 성령 하나님은 다양한 수단과 방법의 활용을 무시하지 않는
다. 효과적인 전달에 관한 이론과 기술인 수사학은 그리스, 로마 시대부터
지금까지 부침을 거듭하며 발전되어 왔다. 특히 요즈음은 스피치 커뮤니
케이션(Speech Communication)과 관련된 연구가 일반 학문에서도 활성
화되고 있다. 물론 스피치 커뮤니케이션의 일반 이론이 설교에 모두 그대
로 적용되지는 않는다 할지라도 설교의 효과적인 전달을 위해서 일반 스

---

116) 그래서 Crotts는 "설교에서 성령의 역할에 대한 새로운 이해는 어떤 면에
서는 설교자의 부담을 덜어줄 수도 있지만, 반대로 새로운 부담을 가중시킬 수도 있
다. ··· 결국 설교에서의 성령의 조명에 대한 강조와 요청은 오히려 설교 준비 과정
과 전달의 기준을 더 높이 끌어 올린다"고 언급하였다(Crotts, *Illuminated
Preaching*, 17-19)

117) 정장복, 『설교학 서설』 (서울: 엠마오, 1992), 257-8. 이와 관련하여
Henry Coffin의 말도 자주 인용된다(Henry S. Coffin, *Communication
Through Preaching* [New York: Charles Scriber's Sons, 1952], 43.).
    설교의 계획과 준비를 비롯하여 전달의 부분은 설교자의 책임으로 간주된다.
하나님은 모자라는 부분을 채우셔서 설교의 완성으로 이끄신다. ··· 이것이 우
리의 설교에 임한 성령의 역할이다. 그러므로 우리의 설교자들은 설교를 위해
기도와 연구와 작성을 하면서 기다리는 것이다. 이때 성령은 이 모든 준비 위
에 우리가 생각하고 구하는 것 이상으로 가득히 채우신다. 그리고 성령은 설
교자의 모든 것 위에 자신의 옷을 입히시고, 그들을 통하여 교회가 말씀을 받
게 하신다.

피치 커뮤니케이션 이론이 많은 도움을 주는 것은 분명하다. 뿐만 아니라 앞에서 언급한 것처럼 신설교학에서 제안되고 있는 설교 구성의 다양한 유형들도 활용해야 하고, 4차 산업혁명으로 인한 엄청난 기술의 발전도 설교자는 활용할 수 있어야 한다.

세 번째로, 성령님은 청중 분석을 무시하지 않는다. 설교에서 청중 분석을 한다는 것은 설교를 듣는 대상과 설교가 전해지는 상황을 고려하여 설교 내용을 정하고 적절한 방법으로 전하는 것을 의미한다. 다시 말해, 오늘날은 위기의 상황이요, 포스트모더니즘, 위드 코로나, 그리고 4차 산업혁명이 지배하고 있는 급변하는 시기와 상황임을 기억하고 고려하여 상황에 맞는 적실한 메시지를 정하고 또한 이러한 상황에서 가장 효과적이고 적절한 방법으로 전해야 하는 것이다. 왜냐하면 그것은 설교자의 믿음이 약해서가 아니라 성경적이기 때문이다.

결국 설교자는 한편으로는 우리의 수고와 노력과 수단과 방법이 전혀 무익한 것처럼 성령께 온전히 의지하고, 다른 한 편으로 성령께서 전혀 역사하지 않는 것처럼 최선을 다해 준비하고 전달해야 하는 것이다.

그렇다면 성령의 능력을 경험하는 설교를 위해 설교자가 해야 할 일은 무엇인가?

먼저, 성령의 능력을 경험하는 설교를 위해 설교자가 해야 할 가장 중요한 것은 기도하는 것이다. 사실 설교자는 설교의 전 과정에서 즉 설교를 준비하여 전하고 또한 전한 다음의 열매를 보면서 늘 한계와 좌절을 경험한다. 그런데 다른 한 편으로는 설교의 전 과정에서 기도를 통해 성령님께서 놀랍게 역사하시고 도와주시고 인도해 주시는 것을 경험한다. 다시 말해, 설교자는 기도를 통해 성령께서 설교문을 준비하는 과정에서 깨달음과 지혜를 주시는 것을 경험하기도 하고, 전하는 과정에서 미처 준비하지 못한 것을 더하기도 하시고 준비한 내용을 빼시면서 설득력 있고 능력 있는 설교로 이끄시는 것을 경험하기도 하고, 안 믿는 사람을 돌아오게 하고, 성도를 그리스도 안에서 성숙하게 하고, 치유하셔서 변화를 일으키시는 것을 경험하기도 한다(고전 1:19-21; 12:3). 따라서 설교자는 설교의 전 과정을 통해 기도 외에는 이런 유가 일어날 수 없음을 알고(막 9:29), 성령 하나님께서 인도하시고 도와주시고 역사하시도록 기도에 매진해야 할 것이다. 20세기의 가장 탁월한 신학자 가운데 한 사람인 존 스토트는 성령의 역사하심이 있는 설교를 위해 항상 '기도' 해야 한다고 강조한다.[118)]

> 설교문을 작성한 후에는 기도를 합니다. 물론 우리는 설교 준비를 시작하기 전에도 기도했고, 준비 과정 내내 기도하는 자세를 유지해 왔습니다. 그렇지만 이제 설교가 완성되고 설교문도 작성되었으니 설교를 놓고 기도해야 합니다. 저는 이 기도를 주일 아침 교회로 나서기 전에 하기를 원합니다. 주님 앞에 무릎 꿇을 때 비로소 설교 메시지를 붙들고, 또 붙듭니다. 마침내 메시지가 우리를 붙들 때까지 말입니다. 그러면 우리가 설교할 때 이 메시지가 메모나 기억에서 나오는 것이 아니라 우리 개인 신앙의 깊은 곳에서, 마음의 진실한 외침으로 나오게 됩니다.

다음으로 설교를 준비하고 전하는 모든 과정에서 성령의 놀라운 능력을 경험하기 위해서 또 한 가지 필요한 것은 삶 전체로 준비하는 것이다. 쉽게 이야기하면 설교 자체에 대한 준비도 필요하고, 간절히 기도하는 것도 중요하지만, 평소에 계속해서 구별되고 성숙한 삶, 하나님께 합당하고 기쁨이 되는 삶을 사는 것도 필수적이다. 왜냐하면 성령은 명칭 그대로 거룩한 영이시기 때문이다. 성령 하나님께서는 깨끗하게 준비된 그릇에 필요한 은혜를 주신다. 반면에 죄는 우리의 기도가 상달되는 것 그리고 성령

---

118) John R. W. Stott & Greg Scharf, *Challenge of Preaching*, 박지우 역, 『설교: 말씀과 현실을 연결하는 살아 있는 설교』 (서울 : IVP, 2016), 149.

께서 역사하시는 것을 가로막는다. 설교자의 구별되고 깨끗한 삶과 관련하여 Greg Heisler는 다음과 같이 도전한다.

> 나는 당신에게 이렇게 도전하고 싶다. 지속적인 기도를 통하여 하나님의 임재의 능력 안에서 무릎 꿇음으로써 하나님이 당신을 준비하게 하라. 성경을 부지런히 연구함으로써 하나님의 말씀의 영광 가운데 들어가는 준비를 하라. 회개와 깨끗케 함과 하나님 앞에서 책망 받을 것이 없는 삶을 통하여 당신의 인격을 준비하고 닦으라. 그러면 당신은 변화된, 성령 충만한 설교자로 강단에 서게 될 것이다. 그때에 당신은 장광설이 아닌 마음에 얹힌 것을 전달하고 의견이 아닌 확신을 말하며, 청중을 기쁘게 하는 것이 아니라 하나님을 기쁘시게 하는 설교를 하게 된다.[119]

한 걸음 더 나아가 설교자는 본문을 연구하고 기도하며 설교를 준비하면서 그 말씀을 자신에게 먼저 적용하고 자신을 먼저 변화시킬 때 청중을 향한 더 큰 성령의 역사하심을 경험할 수 있음을 명심해야 한다. 이제 본고를 마무리하면서 결론으로 Crotts의 권면을 인용하고자 한다.

> 진정한 소통자가 되기 위해서 꼭 필요한 것은, 하나님의 말씀에 대한 근면한 연구와 아울러 자신의 삶과 사역 속에서 성령의 역사에 복종하는 것이다. 그럴 때 비로소 설교자는 자신의 설교가 존 오웬이 말한 회심과 확신을 위한 '도구적인 원인(instrumental cause)으로 작용할 것을 기대할 수 있다.[120]

III. 나가면서

본고에서 필자는 오늘날 한국 교회의 심각한 위기의 상황과 예상치 못

---

119) Heisler, *Spirit-Led Preaching*, 55.
120) Crotts, *Illuminated Preaching*, 102-3.

하게 급격하게 변화하고 있는 뉴노멀 시대의 상황에서 적실하고 효과적이며 능력 있는 설교를 위해 필요한 부분이 무엇인지 제안하였다. 이를 위하여 크게 기본자세와 실제적인 부분으로 나누어서 논의하였다. 먼저, 지금의 상황에서 설교자에게 기본적으로 요구되는 것은 1) 개혁주의 성경적 역사관 2) 철저한 준비 그리고 3) 신앙과 삶의 모범이라고 제안하였다. 이어서 설교의 실제적인 부분에서는 1) 기독교 신앙의 정체성을 세우는 설교 2) 내러티브 전개 방식과 귀납적 전개 방식을 활용하는 설교 그리고 3) 성령의 능력을 회복하는 설교가 요구된다고 주장하였다. 아무쪼록 본고가 위기와 변화의 상황 가운데 있는 한국 교회의 회복과 부흥을 위해 도움이 되기를 소원한다.

제16장

'구속사적 설교'의 평가[1]

'구속사적 설교'는 한국 교회에서 설교와 관련해서 자주 듣는 설교학적 원리 가운데 하나이다. 필자는 본문의 의미가 왜곡되고, 복음적인 메시지가 약화되는 오늘날의 상황에서 구속사적 접근과 설교는 설교자들에게 꼭 필요하고, 설교자들이 반드시 기억해야 할 설교의 기본 원리가 되어야 한다고 생각한다. 그러나 구속사적 설교에 대해 오해하고 있는 목회자들이 많고, 또한 설교의 현장에서 구속사적 설교는 자주 오용되거나 남용되는 경향도 있는 것 같다. 필자는 한국 교회 강단이 바로 서고 회복되기 위해 구속사적 설교에 대한 정확한 이해와 평가가 필요하리라 생각한다. 본 장에서는 이를 위해서 먼저 구속사적 설교가 등장하게 된 배경 또는 이유가 무엇인지 살펴보고, 구속사적 설교의 핵심적인 원리와 주장이 무엇인지 알아볼 것이다. 그 후에 극단적인 구속사적 설교를 주장하는 자들의 문제가 무엇인지 평가하고, 마지막으로 그 오류를 극복하기 위한 필자의 대안을 제시하고자 한다.

I. 구속사적 설교가 등장하게 된 배경

---

1) 본장은 「복음과 실천신학」 15(2007/겨울): 132-152에 "구속사적 설교의 평가"로 게재된 논문을 수정 보완한 것이다.

설교함에 있어서, 특별히 성경을 해석하고 적용함과 관련하여, 피해야할 몇 가지 함정(pitfall)또는 잘못된 접근들이 있는데, 그 대표적인 예는 '인간 중심적(Anthropocentric) 설교,' '영해(Allegorizing 또는 Spiritualizing) 설교,' '도덕적(Moralizing) 설교' 등이다. 이러한 잘못된 접근들은 본문을 피상적으로 접근하거나 잘못된 관점에서 접근할 때 또는 좀 더 은혜로운(?) 설교를 하고자 할 때 나타나는 결과들이다. 성경해석과 설교에 있어서 이러한 잘못된 접근들을 극복하고자 제안되었던 것이 구속사적 설교가 등장하게 된 넓은 의미의 배경이라고 할 수 있다.[2]

그런데 성경 해석과 설교에 있어서 구속사적 접근이 등장하게 된 직접적이고 구체적인 계기는 한 마디로 '역사적 본문의 모범적 설교(Exemplary Preaching)'에 대한 반발이다. 이것은 특별히 1930-40년대에 화란에서 몇몇 학자들에 의해서 강력하게 제기되었다.[3] 그들에 의하면, '역사적 본문의 모범적[4] 설교'는 역사적 본문[5]을 설교할 때, 본문에 언급된 인물들의 구속사적 위치와 역할을 무시한 채 단지 우리가 본받아

---

2) 참고. Sidney Greidanus, *Sola Scriptura: Problems and Principles in Preaching Historical Texts*, 권수경 역, 『구속사적 설교의 원리』(서울: 학생신앙운동, 2003), 81-106.

3) 이에 대한 좀 더 구체적인 논의를 위해서 Greidanus, *Sola Scriptura*; C. Trimp, *Preaching and the History of Salvation*, tr. N. D. Kloosterman (Scarsdale: Westminster Discount Book Service, 1996); 변종길, "구속사적 설교의 의미와 한계,"「그 말씀」113(1998/11): 14-7; 정성구, 『개혁주의 설교학』(서울: 총신대학교 출판부, 1991), 346-61을 참고하라.

4) 여기에서 '모범적'이라는 말은 1940년에 홀베르다(B. Holweda)에 의해 만들어 졌다. 그는 "나는 이러한 방법을 '모범적'이라 부르고자 하는데 그 이유는 그것이 성경의 역사를 우리에게 모범이 되는 다양한 독립적 역사들로 해체시키기 때문이다"라고 하였다(Greidanus, *Sola Scriptura*, 32에서 재인용).

5) 성경의 모든 본문은 특수한 역사적 상황에서 생겨나고 또한 그 상황과 관련해서 기록된 것이기 때문에 사실 모든 본문이 역사적이다. 그런데 여기에서 언급하는 역사적 본문은 범위를 좁혀서 예언적이거나 시적이거나 교의적 본문과 구별되는 어떤 역사적 사건에 대한 이야기를 제공하는 본문을 의미한다(참고. Greidanus, *Sola Scriptura*, 25).

야 할 모범으로 설교되거나, 또는 성경의 인물들이 설교에 있어서 단지 교훈을 증명하고 보충하기 위한 예화로 사용되는 것을 의미한다. 그들은 이러한 역사적 본문의 모범적 설교를 '인간 중심적 설교' 또는 '도덕적 설교'로 간주하면서 구속사적으로 접근해서 설교해야 한다고 주장하였다.[6] 그들의 주장은 스킬더(K. Schilder)에게서 잘 나타난다.

　　역사적 본문에 대한 설교가 진정한 설교가 되는 것은 그 설교가 본문이 묘사하는 특별한 시점에서 구속을 향해 점진하는 하나님의 계시의 사역을 보여주고, 또 그 설교가 그 한 점과 (모든 시대를 관통하고 전 성경을 관통하는), 하나님의 점진하는 사역의 전체 선과의 관계를 확립시켜 줄 때 만이다. 이 일에 실패하는 설교는 역사적인 설교 본문에 나타나는 대로의 하나님의 말씀에 수종드는 것이 아니다.[7]

　　그런데 구속사적 설교가 북미의 설교학계에서 본격적으로 논의되고 우리나라에도 소개된 직접적인 계기는 1970년 초에 시드니 그레이다누스(Sidney Greidanus)가 화란의 자유대학(Free University)에서 박사학위를 위해서 쓴 논문(Sola Scriptura: Problems and Principles in Preaching Historical Texts)에 의해서였다. 이후에 국내외에서 여러 학자들에 의해서 구속사적 설교의 정당성과 필연성이 강조되었다.[8]

---

6) Greidanus, *Sola Scriptura*, 86. 당시 구속사적 설교를 주장하는 학자들에 의하면, '전기적 설교'(Biological Preaching: 성경 인물들의 전기를 통해서 교훈 받는 설교)가 대표적인 인간 중심적 설교라고 하면서, 이러한 전기적 설교는 성경을 통일적으로 해석하지 않고 성경의 역사를 단편적으로 해체하여 접근하는 것이기 때문에 성경을 모독하는 것이라고 하였다. 또한 '도덕적 설교'는 성경의 인물들이 설교에서 하나의 예화로서만 사용되는 것을 의미한다고 하였다.

7) Greidanus, *Sola Scriptura*, 150. Greidanus는 Schilder를 '구속사적 설교의 창시자'라고까지 하였다.

8) 구속사적 설교를 강하게 주장하는 자들은 대개 보수 신학을 추구하는 신학자인데, 구속사적 설교와 관련된 대표적인 서적으로, Greidanus, *Sola Scriptura*; Edmund P. Clowney, *Preaching & Biblical Theology*, 김정훈 역, 『설교와 성경

II. 구속사적 설교(그리스도 중심적 설교)의 핵심적인 주장[9]

구속사 학파는 반드시 구속사적 설교를 해야 할 중요한 근거 또는 이유를 제시하였는데, 그것은 크게 세 가지로 정리할 수 있다.

먼저, 구속사적 설교는 성경의 통일성과 점진성에 기초한다. 다시 말해, 성경은 독립적이고 단편적인 것이 아니라 전체적으로 통일성을 이루고 있고, 그 통일성 안에서 그림자에서 실체로, 희미한 빛에서 보다 밝은 빛으로, 예언에서 성취로, 모형에서 원형으로 계시의 점진을 이룬다는 것이다.[10] 그리고 이러한 통일성과 점진성의 중심은 그리스도이시기 때문에 모든 설교는 그리스도를 중심으로 하는 구속사적으로 설교되어야 한다는 것이다. 홀베르다(B. Holwerda)는 다음과 같이 말했다.

성경은 많은 역사들을 담고 있는 것이 아니라 하나의 역사, 계속 진행되는 하나님의 계시의 한 역사, 늘 점진하는 하나님의 구속사역의 한 역사를 담고 있다. 그리고 정경에 이름이 기록된 다양한 인물들은 모두 이 하나의 역사에서 그들 자신의 독특한 위치를 부여받았으며, 이 역사에 대해 그들의 독특한

신학』(서울: 한국기독교 교육 연구원, 1982); 고재수, 『구속사적 설교의 실제』(서울: 기독교문서선교회, 1987); 정성구, 『개혁주의 설교학』; Bryan Chapell, *Christ-Centered Preaching: Redeeming the Expository Sermon*(2nd ed.) (Grand Rapids: Baker, 2005); Graeme Goldsworthy, *Preaching the Whole Bible as Christian Scripture*, 김재영 역, 『성경신학적 설교 어떻게 할 것인가』(서울: 성서 유니언 선교회, 2002); 문상기, "설교의 구속사적 이해와 현대 설교의 과제," in 정장복 박사 화갑 기념 논문출판위원회(편), 『현대사회와 예배. 설교사역 : 菁海 정장복 박사 화갑기념 논문집』(서울: 예배와 설교 아카데미, 2002), 191-217 등이 있다.

9) 일반적으로 '구속사적 설교'와 '그리스도 중심적 설교'는 상호 교환적으로 사용된다. 아래에서 설명되는 바와 같이, 그것은 구속사적 설교의 핵심이 모든 성경에서 예수 그리스도를 발견하고 증거 하는 것이기 때문이다.

10) Greidanus, *Sola Scriptura*, 149에서 재인용.

의미를 갖는다. 그러므로 우리는 모든 이야기를 그들이 서로 갖는 그 관계 속에서, 그들이 구속사의 중심이신 예수 그리스도와 가지는 그 일관성 속에서 이해하도록 노력해야 한다.[11]

다음으로, 구속사적 설교는 통일성과 점진성을 가지고 있는 성경의 핵심적이고 중심적인 주제는 '예수 그리스도를 통한 구속(또는 구원)' 이라는 것에 기초한다. 다시 말해, 성경의 모든 본문은 가장 핵심적 주제인 구속이라는 큰 틀 안에 있기 때문에, 설교자는 모든 본문을 예수 그리스도의 구속과 연결하여 이해하고 해석하고 적용해야 한다는 것이다. 이 부분에 대해서는 그레엄 골즈워디(Graeme Goldsworthy)가 '구속사 학파'의 견해를 잘 대변하고 있다고 생각한다.[12] 골즈워디는 예수 그리스도는 모든 성경의 핵심이요 중심이기 때문에 예수 그리스도를 언급하지 않고는 그 본문의 참된 뜻을 드러낼 성경이 없다고 하면서,[13] 성경의 어떤 부분을 적절하게 해석하려면, 그것을 예수 그리스도라는 인물과 그 분의 사역과 연결해야 한다고 하였다.[14] 그렇기 때문에 해석자의 핵심적인 질문은 항상 "이 본문이 어떻게 예수 그리스도를 증거하고 있는가?"에 모아져야 하고,[15] 또한 설교자는 설교할 때마다, 본문에서 그리스도에게 이르는 성경적인 길들을 추적한 다음, 그 길을 그리스도로 부터 청중에게 이르는 길과 연결하여 적용해야 한다고 하였다.[16] 골즈워디는 만약 성경 본문을 교인들에게 적용함에 있어 오직 그리스도 안에서 그리고 오직 그리스도를 통해서 실현된다는 것을 명확히 하지 않으면서 본문에서 직접적으로 청중에

---

11) Greidanus, *Sola Scriptura*, 55-6에서 재인용.
12) 참고. Goldsworthy, *Preaching the Whole Bible as Christian Scripture*.
13) Goldsworthy, *Preaching the Whole Bible as Christian Scripture*, 198.
14) Goldsworthy, *Preaching the Whole Bible as Christian Scripture*, 143.
15) Goldsworthy, *Preaching the Whole Bible as Christian Scripture*, 197.
16) Goldsworthy, *Preaching the Whole Bible as Christian Scripture*, 220.

게 적용하면, 그 설교는 기독교적인 설교가 아니며, 기껏해야 소원이나 경건주의적인 생각을 드러내는 것뿐이고, 최악의 경우 그것은 그리스도를 부인하는 율법주의라는 점에 있어서 '사단적'이라고 단언하였다.[17)]

세 번째로, 구속사적 설교는 역사를 주관하시고 진행하시는 하나님의 최고의 관심과 목표와 사역은 인류의 '구속'이며, 또한 하나님께서 우리에게 명령한 최고의 의무는 예수님께서 이루신 구원을 전파하는 것이기 때문에 우리의 모든 설교는 예수 그리스도를 통해서 이루신 구속을 선포하는 설교여야 한다는 것에 기초한다. 이 부분에 있어서는 브라이언 채플(Bryan Chapell)이 '구속사 학파'의 입장을 잘 대변해 준다.[18)] 채플의 성경 해석과 설교에서 핵심적인 개념은 '타락한 상황에 초점 맞추기(FCF: The Fallen Condition Focus)'이다. 그는 성경 본문을 완전히 이해하고 바르게 설교하기 위해서는 FCF를 확실하게 이해해야 한다고 하였다. 다시 말하면, 모든 성경은 궁극적으로 하나님의 구속사역을 드러내려는 목적과 취지를 가지고 있기 때문에, 성경 본문의 FCF를 이해하지 못했다면 그 구절에 관련된 사실을 아무리 많이 알고 있어도 그 구절이 무엇을 말하고 있는지 완벽하게 깨달았다고 할 수 없다고 하였다.[19)] 그리고 궁극적으로 설교는 오늘날 기독교인들이 FCF를 대처해 나가는 방법을 성경 본문에서는 어떻게 이야기하고 있는지 말해주는 것이라고 하면서, 만약 설교자들이 계시에 관한 것을 많이 이야기했어도 그것을 하나님의 구속 사역과 직접 연관시키지 못했다면 그들은 성경의 계시를 적절하게 설명했다고 할 수 없다고 주장하였다.[20)]

---

17) Goldsworthy, *Preaching the Whole Bible as Christian Scripture*, 201.
18) 참고. Chapell, *Christ-Centered Preaching*. 채플은 책의 전반부에서 강해 설교에 대해 자세하게 기술한 다음, 후반부에서는 구속사적 설교(그리스도 중심적 설교)의 원리와 방법에 대해 구체적으로 설명하였다. 그에 의하면 "강해 설교는 곧 그리스도 중심의 설교이다(280)."
19) Chapell, *Christ-Centered Preaching*, 269-80.
20) Chapell, *Christ-Centered Preaching*. 269-80.

III. 구속사적 설교의 평가

필자는 구속사적 설교의 기본 원리와 방향에 대해서는 전적으로 동의한다. 특별히 신설교학의 돌풍으로 인해 설교학의 관심이 효과적인 전달쪽으로 지나치게 치우쳐 있는 상황에서, 구속사적 설교는 기독교 설교의본질이 무엇인지에 대한 새로운 도전과 각성을 주고 있으며, 성경적인 설교를 위해서 반드시 필요하고 중요한 지침들을 제공하고 있다고 생각한다. 좀 더 구체적으로 이야기하면, 먼저, 성경의 통일성과 점진성에 대한 확고한 안목을 심어주었다. 다음으로, 성경의 핵심 주제와 우리가 선포해야 할중심 주제가 구원(구속)이라는 사실을 다시 한 번 일깨워 주었다. 세 번째로, 위에서 언급한 인간 중심적 설교, 영해 설교, 도덕적 설교 등 설교에있어서 피해야 할 함정에 대한 도전을 주었다. 그런데 문제는 구속사적 설교를 주장하는 많은 사람들이 일방적이고 배타적이라는 것이다. 필자는그와 같이 극단적인 구속사적 설교를 주장하는 '구속사 학파' 21)에게서 몇가지 '문제점들' 22)을 발견한다.

1. 모범적 설교에 대한 배척과 무시

극단적인 구속사적 설교를 주장하는 구속사 학파는 '모범적 설교' 23)를배격하면서, 배타적이고 일방적인 관점에서 구속사적 설교만 해야 한다고주장한다. 그것은 1930-40년대 화란의 신학자들에게도 발견되고, 오늘날의 구속사적 설교를 주장하는 학자들에게도 발견된다. 예를 들어, 판트피

---

21) 필자는 본서에서 극단적이고 배타적으로 구속사적 설교를 주장하는 사람들을 '구속사 학파' 라고 부르고자 한다.
22) 혹자는 좀 완곡하게 '주의할 점' 이라고 표현하기도 한다.
23) 일반적으로 '모범적 설교' 는 성경의 인물이나 사건을 우리의 신앙과 삶에모범으로 제시하는 설교를 의미한다.

엘(Van't Veer)은 "이 두 방법(구속사적 방법과 모범적 방법)을 결합시키는 일은 만약 우리가 설교의 통일성을 유지하기 원한다면 절대로 불가능하다. 왜냐하면 그 각각이 성경의 역사 기록에 대한 관점이 서로 다르며 따라서 그 역사를 서로 다른 규칙에 따라 해석할 것이기 때문이다."[24]고 하였다.

또한 오늘날의 구속사 학파의 대표적인 학자들인 골즈워디나 채플에게서도 구속사적 설교의 일방성과 배타성이 발견된다. 물론 모든 설교가 복음적이어야 된다는 그들의 주장에 대해 필자는 기본적으로 동의한다. 또한 그들은 '모범적 설교'라는 용어를 직접적으로 언급하지 않았다. 그러나 모든 본문의 해석에서 반드시 그리스도를 발견해야 하고, 적용의 내용도 항상 그리스도와 연결해야 된다고 하는 골즈워디의 주장은 설교의 모범적인 측면이 고려되지 않는 한 쪽으로 치우친 주장이라고 생각한다.[25] 또한 모든 본문은 그리스도의 사역을 예언하거나 준비하거나 반영하거나 결과를 나타낸다고 하면서,[26] " ~처럼 되라," "선한 사람이 되라," 또는 "영적 훈련을 받아라." 등과 같이 인간적인 수고와 노력이 강조되는 설교는 성도들의 신앙을 손상시키고 치명적으로 나쁜 메시지가 된다고 하는 채플의 주장도 역시 모범적 측면을 무시하는 일방적인 주장이라고 생각한다.[27]

그런데 많은 학자들은 필자와 마찬가지로 구속사적 설교의 기본적인

---

24) Greidanus, *Sola Scriptura*, 61에서 재인용.
25) Goldsworthy, *Preaching the Whole Bible as Christian Scripture*, 187-212.
26) Chapell, *Christ-Centered Preaching*, 282.
27) Chapell, *Christ-Centered Preaching*, 289-93. 물론 본문에 드러나 하나님의 의도를 무시하고 '~이 되라.'고 설교한다면 그것은 인간중심적이며 도덕적 접근임에 분명하다. 그러나 본문의 하나님의 의도를 드러낸 후에 적용에 관점에서 그러한 모범적 측면은 얼마든지 논의될 수 있고 선포될 수 있는데, 그것조차도 거부하는 것은 한 쪽으로 치우친 것으로 바람직하지 못하다.

전제와 방향에 대해서는 동의하지만 배타적이고 일방적이며 극단적인 부분에 대해서는 반대한다. 1930-40년대 화란의 많은 학자들도 구속사적 설교를 주장했던 스킬더나 홀베르다의 주장에 기본적으로는 동조했지만, 배타적이고 일방적인 면에 대해서는 반대하였다. 그들은 극단적인 구속사적 접근의 불합리성을 지적하며 모범적 접근의 가능성을 보여주었다. 예를 들어, 다우마(J. Douma)는 일부 설교자들이 그리스도 중심적인 부분만을 지나치게 강조하면서, 하나님께서 사람에 관해 말씀하시는 것에는 거의 주의를 기울이지 않는 경향이 있다고 하면서, 역사적 본문에 관한 설교에서도 오늘의 삶에 대한 실천적인 부분이 포함되어야 한다고 주장하였다.28) 그의 말을 들어보자.

> 우리의 조상들은 구속사가 그리스도를 그 중심에 두는 통일된 구조라는 것을 잘 알고 있었다. 그러나 그들이 자유롭게 할 수 있다고 생각하는 것은 성경에 묘사된 특정 인물들을 (성경의 자료를 이용하여) 따로따로 취급하여 그들을 심리학적으로 그려내고 그들의 투쟁과 시험, 그들의 연약함을 말하고 그리고는 성경 인물들의 경험과 오늘날 신자들의 투쟁 사이에 평행선을 긋는 일이었다. 조금의 주저함도 없이 우리 조상들은 성경 인물들의 미덕을 모두에게 모범으로 추천했을 뿐만 아니라 그들의 죄악과 연약함을 경고로 제시하기도 했다.29)

또한 당시 화란의 대표적인 개혁신학자 가운데 한 사람인 헤르만 바빙크(Herman Bavinck)도 두 방법을 함께 결합해야 한다고 하면서 다음과 같이 말한다.

> 나는 역사적인 책들을 통일체로 읽을 수 있다. 그러나 그것들을 또한 쪼갤

---

28) Greidanus, *Sola Scriptura*, 162.
29) Greidanus, *Sola Scriptura*, 57에서 재인용.

수도 있다. 그러나 또한 그것들을 역사들(복수), 다양한 인물들이 우리를 위해 그려져 있는 역사들의 수집으로 읽을 수도 있다.[30]

요약하면, 그들은 구속사적 접근이 잘못되었다거나 모범적 설교만이 옳다고 주장하는 것이 아니라 구속사적 설교의 일방성과 배타성을 거부한 것이다. 이것에 대해서 오늘날의 학자들의 견해도 같다.[31]

그러면 구속사 학파들이 주장하는 것처럼, 모범적 설교는 절대적으로 배척되어야 할 비성경적인 설교이고, 강단에서 행해져서는 안 될 설교인가? 결코 그렇지 않다. 성경을 보면 실제적으로 모범적 접근과 설교가 가능함을 자주 보여주었다. 많은 분들이 모범적 설교의 정당성을 입증하기 위해서 자주 인용하는 본문들이 있는데, 그것은 고린도전서 10장, 히브리서 11장, 야고보서 5장이다.[32]

고린도전서 10장을 보면, 구약의 여러 가지 일들을[33] 기록한 다음에 11-12절에서 이렇게 말씀한다.

그들에게 일어난 이런 일은 본보기가 되고 또한 말세를 만난 우리를 깨우치기 위하여 기록되었느니라. 그런즉 선줄로 생각하는 자는 넘어질까 조심하

---

30) Greidanus, *Sola Scriptura*, 78.
31) 참고. C. Trimp, *Preaching and the History of Salvation*; John Carrick, *The Imperative of Preaching* (Edinburgh: Banner of Truth Trust, 2002), 108-146; 변종길, "구속사적 설교의 의미와 한계,"「그 말씀」113(1998/11): 14-23; 정창균, "기독론적 설교의 함정과 오류,"「그 말씀」162 (2002/12): 18-29; 김지찬, "역사서와 기독론적 설교,"「그 말씀」162(2002/12): 50-9.
32) 참고. Greidanus, *Sola Scriptura*, 135-43.
33) 광야에서 일어났던 금송아지 사건(7절: 출 32:1-6), 이스라엘 백성들이 모압의 신들에게 절을 하며 모압 여자들과 간음하다가 하나님의 심판을 당한 바알브올 사건(8절: 민 25:1-9), 이스라엘 백성들이 많은 표적을 보고도 하나님의 능력을 불신하는 죄를 범했다가 불뱀에 의해 물려죽은 사건(9절: 민 21:4-9) 등이 언급되어 있다.

라.

역사적 사건들이 오늘날 우리에게 같은 죄를 짓지 말하고 하는 경고와 교훈이 된다는 것이다. 야고보서 5장에서는 인내의 모범으로서 욥을 언급하였고(5:10-11), 믿음과 능력의 기도의 모범으로서 엘리야(5:16-18)를 언급하고 있다. 히브리서 11장을 보면 구약의 많은 신앙의 인물들을 우리가 본받고 따라야 할 믿음의 모범으로 제시하였다. 한 걸음 더 나아가서, 우리의 구원자 되시는 예수 그리스도 조차도 우리의 삶의 모범으로 등장한다. 빌립보서 2장을 보면 성도들의 하나 됨을 위한 권면을 한 다음에(1-4절), 하나 됨을 위해서 우리가 가져야 할 본으로서 예수 그리스도를 제시하고 있다. 예수 그리스도는 우리의 구원자이시지만 그의 성육신과 이 땅에서의 삶과 구원을 이루시는 과정은 우리의 신앙과 삶의 본이 된다.

그렇기 때문에 구속사 학파가 주장하는 것처럼 모범적 설교가 비성경적이지 않다. 오히려 배타적이고 일방적인 구속사적 설교가 옳지 않다.[34] 엘리자베스 악흐트마이어(Elizabeth Achtemeier)가 주장하는 것처럼, 그리스도 안에서 구원받은 우리는 구약의 이스라엘과 같이 하나님의 백성이기 때문에 그들의 자세와 믿음은 우리의 것들이 될 수 있다.[35] 오퍼다인(Overduin)의 말처럼 만약 '구속사적'이라는 말과 '모범적'이라는 말에 적절한 내용만 부여한다면, 이 두 용어들 사이에는 아무런 대조의 문제가

---

34) 극단적인 구속사 학파에 속하는 마틴 루터(참고. Greidanus, *Preaching Christ from the Old Testament,* 175-97)가 행함에 대해 강조한 야고보서를 지푸라기 서신이라고 한 것은 극단적인 구속사 학파가 범할 수 있는 심각한 오류 가운데 하나이다.

35) Elizabeth Achtemeier, *Preaching from the Old Testament* (Louisville: Westminster/John Knox, 1989). 그레이다누스도 우리가 믿는 하나님이 영원토록 동일하신 분이고 구약의 이스라엘이나 우리가 모두 하나님의 언약백성이라는 것이 본문의 해석과 적용의 연속성을 증명한다고 하였다. Sidney Greidanus, *The Modern Preacher and the Ancient Text* (Grand Rapids: Eerdmans, 1988), 169-73.

없다.[36] 따라서 구속사적 접근과 모범적 접근은 반대와 대립의 개념으로 취급하지 말아야 하며, 어느 하나도 극단적으로 접근하지 말아야 한다.

예를 들어, 여호수아 2장을 보자. 하나님께서 기생 라합이라는 인간적으로 보면 어느 것 하나 내세울 것이 없는 여인을 통해 그 위기를 넘기게 하셨다. 이것이 우연인가? 뿐만 아니라 그 여인은 예수님의 조상이 되어 예수님의 족보에 오르는 영광을 얻게 되었다. 이 사건이 교훈하는 것은 무엇인가? 이 사건은 한 마디로 하나님께서 어떻게 하나님의 위대한 일과 구원 사역을 이루어 가시는가에 대한 하나의 샘플을 보여주고 있다. 연약하고 사회적으로 천대받은 여성이요, 혈통적으로 냉대받은 이방인이요, 그것도 도덕적으로 불순하게 여겨지는 기생을 택해서도 하나님의 뜻과 구원 사역을 이루어 가시는 하나님의 방법을 보여준다. 이것은 고린도전서 1장 26-29절의 말씀과도 부합(符合)된다. 그러면 라합이 한 거짓말은 어떻게 이해할 것인가?

신약 성경은 거짓말을 한 라합에 대해 긍정적인 평가를 한다. 히브리서 11장을 보면 그녀는 위대한 믿음의 사람 가운데 한 사람으로 평가되고 있고, 야고보서 2장을 보면 믿음의 조상인 아브라함과 함께 행함이 있는 믿음의 대표로서 소개되고 있다. 그러면 라합에 대한 이러한 대단한 긍정적인 평가는 상황에 따라 거짓말해도 괜찮다는 것인가? 이 부분에 관해 어느 학자가 잘 정리해 주었는데, 그것은 거짓말이 분명 잘못된 것이지만 그녀의 거짓말과 비교하여 그의 믿음의 가치가 너무 훌륭했기 때문에 그녀가 칭찬받았다는 것이다. 다시 말해, 그 상황에서 거짓말 한 것과 그의 행함이 있는 믿음을 무게로 달면 상대가 되지 않을 만큼 믿음의 무게가 가치가 있고 훌륭한 것이었다. 라합은 '엄청난 결단'과 '생명을 내건 행함이 있는 믿음'을 보여주었다. 만약에 발각되었으면 그녀는 즉시 죽음에 처할 수도 있었다.

---

36) 참고. Greidanus, *Sola Scriptura*, 59.

라합의 믿음은 머리에만 있는 믿음, 몸을 사리는 믿음이 아니었다. 하나님을 절대 신뢰하는 행함이 있는 믿음이었고, 조국과 민족도 초월하는 믿음이었고, '죽으면 죽으리라!' 는 믿음이었다. 그 믿음의 가치가 거짓말한 것과 상대가 되지 않을 만큼 위대하고 존귀한 것이었다. 여기에서 구속사적 접근과 모범적 접근은 전혀 대립되지 않는다. '왜 기생 라합인가?' 라는 질문에서 하나님께서 약하고 천한 자를 사용하여 하나님의 구원 역사를 이루신다는 것은 구속사적 접근이다. '거짓말을 어떻게 이해할 것인가?' 에서 라합의 행함이 있는 믿음의 강조는 모범적 접근이다. 역사를 주관하시는 하나님을 선포하고, 그 하나님 앞에서 우리의 행함이 있는 믿음의 필요함이 함께 강조하는 것은 전혀 대립이 되지 않고 잘 조화를 이룬다. 이와 같이 구속사적 관점과 모범적 관점은 잘 조화를 이룰 뿐 아니라 오히려 바람직한 설교를 위해서 전개 과정에서 자연스럽게 발전적으로 연결되어야 한다.[37]

2. 왜곡되거나 미흡한 해석과 적용

성경 해석에 있어서 ABC는 본문에서 시작하여 가까운 문맥, 책의 문맥, 신(구)약의 문맥 그리고 전체 성경의 문맥을 고려하여 본문을 해석하는 것이다. 그러나 구속사적 설교는 그러한 해석학적 원리를 간과한 채 그리스도를 가지고 본문으로 들어가서 그리스도의 빛 아래서 모든 본문을 해석하려고 하는 '취향'을 부인할 수 없다(Eisegesis).[38] 물론 제자들이

---

37) 이와 관련하여 클라우니(Clowney, *Preaching and Biblical Theology*, 73-4)도 "윤리적 설교와 구속사적 설교 중 하나를 택해야 한다고 생각하는 사람이 있으나 신약은 두 가지 모두를 인정할 뿐 아니라 양자를 대립관계에 두지 않는다. … 구속사적 설교에는 반드시 윤리적 적용이 따라오게 되며 이것이 말씀을 설교하는 일에 있어서 본질적인 요소"라고 주장하였다.
38) Greidanus, *Preaching Christ from the Old Testament*, 336.

십자가에 못 박히시고 부활하신 주님에 대한 진리 위에서 구약을 보았을 때 구약 전체가 밝게 빛났던 것처럼 오늘날 우리도 그러한 관점으로 구약을 보아야 할 때가 있다.[39] 그러나 본문을 그리스도의 빛 아래에서 해석하는 것은 해석의 마지막 단계에서 이루어져야 할 작업이다. 물론 구속사학파도 같은 주장을 하지만, 그들의 이론과는 달리 구속사적 설교는 해석의 처음 단계부터 그리스도와 함께 본문으로 들어가기 때문에 왜곡되거나 미흡한 해석이 나올 가능성이 많다. 특별히 이러한 왜곡되거나 미흡한 해석은 구약을 설교할 때 나타나기 쉽다.

예를 들어, 예언서에 예수님의 탄생을 예언한 본문들이 많은데, 이러한 본문에서 역사적 배경에 대한 관찰과 연구 없이 곧바로 그리스도를 설교하면 미흡한 해석과 적용이 도출되지 않을 수 없다. 이사야 7장을 보자. 거기에는 그 유명한 '임마누엘과 동정녀 탄생'의 예언이 언급되어 있다. 이 본문의 직접적인 배경은 북쪽 이스라엘과 아람(시리아)이 연합군을 형성하여 남쪽 유다를 침입한 사건이다(7:1-2). 그때는 북쪽 이스라엘이 멸망하기 약 10년 전이었는데, 그 두 연합군의 침입의 소문을 듣고 아하스 왕은 삼림이 바람에 흔들림같이 떨었다고 한다(2절 하). 그러한 상황에서 아하스 왕은 하나님을 신뢰하지 않고 굴욕적으로 앗수르 왕을 의지하였다(참고. 왕하 16:7-9).

그래서 아하스 왕은 선지자 이사야가 하나님께서 그들을 굴복시키실 것이기 때문에 징조를 구하라고 요청하였지만, 그 요청을 무시하면서 자신의 불신을 교묘히 위장하였다(10-13절). 결국에 그는 하나님 대신 앗수르를 의지한 대가를 받게 되었다(참고. 대하 28:16-27). 이사야 7장에서의 강조는 어려운 시대에 아하스 왕의 반역에도 불구하고 하나님의 직접적인 개입으로 새로운 인물을 독특하게 탄생으로 이스라엘을 구원하신다는 것에 있다. 다시 말해, 시대가 아무리 어렵다 할지라도 그리고 사람들이 하

---

39) Greidanus, *Preaching Christ from the Old Testament*, 278-9.

나님을 반역한다고 할지라고 하나님께서 이스라엘을 내버려두시지 않고 하나님께서 이스라엘과 함께 하심을 하나님께서 약속하신 것이다. 이러한 역사적 배경 가운데서 본문을 이해하면, 이 본문에서 단순히 구원자 되신 예수님에 대한 예언만을 강조할 수 없다. 대신 역사적 배경 가운데서 이 본문을 접근하면 설교자는 이 본문에서 구원자 되시는 예수님을 선포함과 동시에 우리의 악함과 연약함에도 불구하고 하나님께서 주도적으로 구원 역사를 진행하시고 성취하심을 드러내고, 또한 지금 우리의 구원도 궁극적으로 하나님께서 완성하신다는 확신을 설교할 수 있다.

또 하나의 예를 들어보면, 출애굽기 17장은 우리가 잘 알고 있는 대로 이스라엘이 아말렉과의 싸움에서 모세의 기도와 여호수아의 전투를 통해서 승리한 사건을 기록하였다. 구속사적 설교를 주장하는 사람들은 이 본문에서 억지로 그리스도를 드러내고자 한다. 예를 들어, 본문에서 여호수아는 백성의 지도자로서 자기 백성에서 승리를 주었기 때문에 예수님의 모형이라고 하면서 예수님께서 십자가 위에서 사탄을 이기시고 자기 백성에 대한 승리를 쟁취하셨고, 마지막 날에 마귀와 싸워 승리를 얻으실 것이라고 설교하는 것이다. 하지만 이것은 지나친 의미 부여이다.[40] 필자는 하나님께서 이 본문을 통해 이루고자 하신 것을 역사적, 문맥적으로 접근해서 그 핵심 주제를 선포하면 된다고 생각한다. 필자는 본문에서 전혀 싸움이 되지 않는 싸움에서도 그리스도인들은 기도를 통해 승리의 삶을 살 수 있다는 관점에서 설교하는 것이 자연스럽다고 생각한다.[41] 억지로 이

---

40) Greidanus, Preaching Christ from the Old Testament, 474-80. 이와 같이 억지로 구속사적으로 접근해야 한다면 필자는 전장에서 치열하게 전쟁하는 여호수아를 위해서 산 위에서 중보 기도하는 모세가 더욱 예수님의 모형에 가깝다고 생각한다. 그러나 모세는 피곤하여 손을 올리고 내리고 하였고 아론과 훌의 도움을 받는 인간적인 한계를 보여주었기 때문에 역시 온전한 예수님의 모형이 될 수 없다.
41) 필자는 이 본문의 설교에서 하나님 백성(개인적으로 그리고 전체적으로)을 대적하는 악한 세력이 비록 감당할 수 없이 강할지라도 그리스도 안에서 하나님께서 승리를 주신다는 것(본문에서의 하나님의 핵심적인 의도- 하나님 중심적 접근)과

본문을 예수 그리스도와 연결하려고 하면 지나친 해석과 적용을 낳지 않을 수 있다.

또한 구약의 지혜서(욥기, 잠언, 전도서)를 설교할 때도(지혜서의 우선적인 목적은 말 그대로 우리의 신앙과 삶의 지혜를 위한 것이다), 본문에서 억지로 구속 역사나 그리스도를 선포하고자 하면 억지 해석이 나오지 않을 수 없다.

뿐만 아니라 극단적인 구속사적 설교는 모형론화(Typologizing)와 영해의 가능성이 있다.[42] 예를 들면, 특별한 연결점도 없이 이삭이 아브라함에게 순종해서 죽임을 당하려고 했기 때문에 이삭을 예수님의 모형으로 취급한다든지,[43] 요셉이 무고히 고난을 받았기 때문에 요셉을 예수님의 모형으로 취급하는 것[44]은 모형론화의 우를 범하는 것이다. 또한 위에서

그러한 상황에서 우리의 의무로서 생명을 다하는 최선의 기도가 요구된다는 것(모범적 접근)을 함께 강조해야 한다고 생각한다.

42) 모형론(typology)과 모형론화는 다르다. 모형론은 구속역사에서 사건들, 사람들 혹은 사물들 사이의 정당한 연결 관계에 의한 것이다. 예를 들어, 유월절 어린 양과 광야의 놋 뱀(요 3:14-15)은 그리스도의 십자가의 모형이다. 그러나 모형론화는 객관적인 근거 없이 해석자 또는 설교자가 임의대로 모형으로서의 의미를 부여하는 것이다. 일종의 영해라고 할 수 있다. 모형론에 대한 정의와 바람직한 모형론적 접근을 위한 설교학적 제안에 대해서 Greidanus, *Preaching Christ from the Old Testament*, 365-79를 참고하라.

43) 사실 이삭의 순종과 예수님의 구속 사역을 위한 순종은 연결 고리가 거의 없다(이삭의 순종은 구속 사역을 위한 것도 아니었고, 이삭은 죽지도 않았다). 흔히 창세기 22장의 배경인 모리아 땅이 솔로몬 시대에 완성된 성전이 세워진 곳과 같은 곳이라고 속단하기도 한다(참고. 대하 3:1). 하지만 두 곳이 반드시 같은 곳이라고 단정할 수 없고, 특히 역대하에 언급된 모리아 산은 아브라함이 아니라 다윗과 연결되어 있다. 따라서 Greidanus는 여러 가지 이유를 제시하면서 이삭보다는 오히려 이삭대신에 바쳐진 숫양이 예수 그리스도의 모형에 가깝다고 주장하였다. 이에 대한 자세한 논의는 Greidanus, *Preaching Christ from the Old Testament*, 442-54을 참고하라. 또한 일부 학자들은 창세기 22장의 요점은 '아브라함의 순종과 그로 말미암은 복' 또는 '하나님의 시험과 준비하심'이라고 주장하기도 한다. 참고. Gordon J. Wenham, *Genesis II*(WBC) (Dallas: Word, 1994), 112. 필자는 히브리서 11장이 이 사건에 하나님에 대한 전적인 믿음과 순종의 본으로서 의미를 부여하기 때문에 그렇게 주장하는 것도 정당하다고 생각한다.

언급한 것처럼, 영해는 우리가 구약을 설교할 때 피해야 할 함정이지만, 극단적인 구속사적 접근은 일방적으로 구약에서 그리스도를 전하려고 의도하기 때문에 영해의 가능성이 다분하다.

그래서 그레이다누스는 올바른 구속사적 설교를 위해서 역사적 해석과 유기적 해석의 필요성을 주장하였다.[45] 먼저, 역사적 해석이다. 그레이다누스는 역사적 해석에 대해서 이렇게 말했다.

역사적 해석은, 자기가 사용할 수 있는 온갖 알맞은 방법을 이용하여, 본문이 그 역사적 맥락 안에서 갖는 의미를 결정하려고 애쓴다. 해석자는 본문의 첫 청취자들이 그 본문을 들었던 것처럼 그 본문을 듣고자 하여야 한다. 이것이 그로 하여금 오늘날의 교회와 그 첫 독자들 사이에 있는 간격을 깨닫게 해 줄 것이다.… 역사적 해석은 본문의 메시지를 상대화하려고 노력하는 것이 아니라, 본문이 처음에 계시하고, 약속하고, 위로하고, 경계하는 하나님의 말

---

44) 참고. Greidanus, *Preaching Christ from the Old Testament*, 371. 같은 관점에서 고재수도 흔히 사무엘상에 기록된 다윗의 고난을 그리스도의 낮아진 상태의 예표라고 생각하는데 그것은 잘못된 것이라고 지적하였다. 왜냐하면, 다윗이 당한 핍박은 사무엘상 19-27장에 넓게 언급되어 있는데 그 여러 가지 사건들의 의미가 단지 한 가지 곧 그리스도 낮아지심의 예표만을 의미한다는 것은 어불성설이고, 그 안에 기록된 여러 가지 특별한 일들도 예수 그리스도의 생애와의 연결이 불가능하기 때문이라는 것이다. 고재수,『구속사적 설교의 실제』, 55-7.

45) 그레이다누스는 학위 논문인 〈*Sola Scriptura*〉에서 구속사적 설교의 핵심 논쟁들을 잘 정리하면서 구속사적 설교의 바른 방향을 제시하였다. 또한 그의 두 번째 저서인 〈*The Modern Preacher and the Ancient Text*〉에서도 그리스도 중심적 설교의 의미를 성경 전체의 문맥에서 본문을 해석하고 적용하는 것으로 온건하고 바람직하게 정의하였다. 그러나 세 번째 저서인 〈*Preaching Christ from the Old Testament*〉에서 그가 어느 정도 인정하는 것처럼(76, 335), 그의 견해는 극단적 구속사 학파 쪽으로 많이 기우려져 있다. 그렇지만 그가 구약에서 그리스도에게로 연결하는 다양한 길에 대한 제언은 참으로 유익하다. 그는 '점진적 구속사의 길,' '약속-성취의 길,' '모형론의 길,' '유추의 길,' '통시적 주제의 길,' '신약 관련 구절 사용의 길,' 그리고 '대조의 길'을 통해서 구약에서 그리스도를 설교할 수 있다고 통찰력 있게 제안하였다. Greidanus, *Preaching Christ from the Old Testament*, 335-403.

씀으로 들려졌던 그 맥락 안에서 본문의 메시지에 귀 기울이고자 노력하는 것이다.[46]

다음으로, 유기적 해석이다. 역시 그레이다누스의 말을 들어보자.

> 유기적 해석은 문학적 맥락과 관련된다. … 본문은 그 본문의 가까운(직접적인) 문맥 속에서, 다음으로 각 권의 문맥 속에, 구약과 신약의 문맥 속에서, 그리고 마지막으로 전체 성경 맥락 속에서 관찰되어야 한다. … 유기적 해석은 성경 전체 맥락 안에서 본문을 보는 것이기 때문에, 해석이 하나님 중심적이어야 한다는 것을 역사적 해석보다 더 명백하게 보여준다.[47]

3. 설교의 다양한 면의 무시

브라이언 채플은 우리가 은혜로 구원을 받았지만 순종을 통해서 그 은혜를 유지할 수 있다고 암시하는 설교는 성화 과정에서의 하나님의 사역을 부식시킬 뿐 아니라 궁극적으로 하나님의 본성에 의문을 제기하고 결국 구원자체를 의심하게 만드는 것이고,[48] 교훈을 실천할 수 있는 능력과 동기가 그리스도의 구원 사역을 통해서 제시되지 않는다면 설교자는 바리새주의를 선포하는 결과를 초래한다고 하였다.[49] 결국, 인간적인 노력을 주장하는 설교, 즉 성도들의 행위를 근거로 하나님께 순종하는 것을 강조하는 설교는 무익하고 그리스도 중심의 설교와 대치된다고 하였다.[50]

물론 설교자는 모든 설교에서 우선적으로 하나님의 주권과 은혜 그리고 도우심과 인도하심과 역사하심을 강조해야 한다. 하지만 신앙에 있어

---

46) Greidanus, *Sola Scriptura*, 253-5.
47) Greidanus, *Sola Scriptura*, 257-8.
48) Chapell, *Christ-Centered Preaching*, 291.
49) Chapell, *Christ-Centered Preaching*, 19.
50) Chapell, *Christ-Centered Preaching*, 20.

서 인간의 책임과 의무를 과소평가하는 것은 인간의 자유의지를 무시하는
것이다. 하나님께서는 우리 인간을 로봇으로 창조하시지 않았다. 따라서
성숙과 거룩을 위해서 하나님의 은혜와 함께 인간의 책임과 노력도 함께
강조하는 것은 당연하다. 그것이 성경이 우리에게 말씀하는 방법이다. 하
나님께서는 자주 순종하는 삶과 불순종하는 삶의 결과를 말씀하시면서 우
리 인간의 의무와 책임을 강조하셨다.

또한 설교의 가장 큰 목적이 복음을 전하는 것임은 어느 누구도 부인
할 수 없고, 설교는 당연히 복음적이어야 한다. 그러나 설교의 목적은 다
양하다. 신약에서 설교(preaching)에 해당하는 단어가 30여나 된다.[51] 그
가운데 피터스(H. J. C. Pieterse)는 설교의 기본적인 성격을 'kerugma,'
'didache,' 'paraklese' 등의 셋으로 축약하였다.[52] 'kerugma'는 예수
님을 통한 구원, 또는 복음을 선포하는 것과 관련되어 있고, 'didache'는
예수님의 장성한 분량에 이르도록 삶을 변화시키고 성숙한 신앙에 이르도
록 가르치는 것과 관련되어 있으며, 'paraklese'는 상처받고 괴로워하는
사람들을 격려하고 위로하고 치료하는 것과 관련되어 있다. 이 견해에 동
의한다면, 설교는 어원적으로만 볼 때도, 복음 선포, 신앙의 성장 그리고
삶의 변화와 회복과 복합적으로 관련되어 있다. 다시 말하면, 설교는 안
믿는 사람들이 주님께 돌아오게 하고 주님께 돌아온 사람들이 변화되게
(성숙하게) 하고 상처받고 어려움에 있는 사람들을 치유하고 위로하는 역
할을 하는 것이다. 또한 디모데후서 3:16-17은 "모든 성경은 하나님의 감
동으로 된 것으로 교훈과 책망과 바르게 함과 의로 교육하기에 유익하니
이는 하나님의 사람으로 온전케 하며 모든 선한 일을 하기에 온전케 하려
함이니라."고 말씀한다. 이 말씀은 하나님의 말씀이 구원 이후에도 성도들

---

51) Gerhard Friedrich, "κῆρυξ, κηρύσσω, κήρυγμα, προκηρύσσω," in
TDNT(vol. III) (Grand Rapids: Eerdmans, 1965): 683-718(특히 703-704).

52) H. J. C. Pieterse, *Communicative Preaching*, 정창균 역, 『설교의 커뮤
니케이션』 (수원: 합동신학대학원 출판사, 2002), 23-4.

의 가르침과 책망과 의로 교육하기에도 중요한 역할을 함을 보여준다. 로마서와 에베소서에서도 복음과 구원의 메시지를 기술한 다음에 그리스도 안에서 신앙의 성숙과 성장에 대해서 깊이 있게 권면하였다. 결국, 일방적이고 배타적인 구속사적 설교는 인간의 책임과 자유의지에 대해 소홀한 것이며, 설교의 다양하고 복합적인 기능과 역할과 목적을 무시하는 것이라고 할 수 있다.[53]

4. 종합적 평가

성경의 해석과 설교에 있어서 구속사적 접근은 중요한 부분이고, 원리적으로 너무도 당연하다. 그래서 많은 복음주의 계통의 학자들은 구속사적 설교의 기본 원리를 인정하고 받아들인다. 문제는 구속사적 설교를 주장하는 분들의 대부분이 극단적이라는 것에 있다. 극단적이고 배타적인 구속사적 설교를 주장하는 분들은 교회의 역사를 볼 때 항상 극단은 또 다른 극단을 가져온다는 사실을 명심해야 한다.

IV. 대안적 결론 - (삼위) 하나님 중심적 (구속사적) 해석과 설교

필자는 극단적인 구속사적 접근에 대한 대안으로 '(삼위) 하나님 중심적 (구속사적) 접근'을 제안한다. 다소 복잡하게 보이는 필자의 제안을 설명할 필요가 있다. 먼저, 필자의 제안은 본문의 해석과 적용에 있어서의 기본 방향은 '하나님 중심적'이어야 함을 의미한다. '하나님 중심적 해석과 설교'는 '바르고 건전한 해석학적 과정을 통하여 성경에서 하나님의

---

53) 실제로 구속사적 설교를 실행한다는 분들의 설교를 보면 내용과 결론이 거의 천편일률적으로 같고, 적용도 많이 부족한 것을 알 수 있다.

의도 또는 뜻을 발견하여 그것을 오늘의 상황에 적용하여 설교하는 것'이다.54) 다음으로 '(구속사적)'이라는 용어를 삽입한 것은 '그리스도를 통한 구속'이 성경의 핵심 주제요 성경을 이해하는 핵심적인 관점이며 선포해야 할 핵심 내용임을 강조하는 것이다. 뿐만 아니라, '(삼위)'를 삽입한 것은 구속사적으로 접근함에 있어서 단지 예수님만 일방적으로 강조하는 것이 아니라 성부, 성자, 성령 삼위 하나님이 함께 강조되어야 함을 제시하는 것이다.

그러면 (삼위) 하나님 중심적 (구속사적) 접근의 유익은 무엇인가?

먼저, 구속사적 설교에서 극복하고자 했던 함정들을 피하게 한다. 본서에서 거듭 강조하는 것처럼 하나님 중심적 접근은 전통적으로 행해져 왔던 해석학적 원리에 의해서 본문을 접근하는 것이다. 전통적인 성경 해석은 역사적 배경과 문화적 배경의 고려, 문맥에 대한 고찰(전체 성경의 빛 아래의 해석), 문법적 관계 및 구문론의 연구, 그리고 단어의 연구를 통해 본문을 해석하고 적용하는 것을 말한다. 굳이 '하나님 중심적 접근'이라고 강조하는 것은 본문에 의도된 하나님의 뜻과 목적을 발견하는 것을 최우선시 하기 때문이다. 이렇게 본문의 하나님의 뜻과 의도에 대한 강조는 본문의 주해와 설교에서 일반적으로 나타나는 오류인 인간중심적 설교, 영해 설교, 도덕적 설교의 한계와 오류를 차단할 수 있고, 또한 극단적인 구속사적 접근으로 인해 발생할 수 있는 영해와 모형론화의 함정에도 빠지지 않게 한다.

다음으로, (삼위) 하나님 중심적인 (구속사적) 접근은 단순한(또는 극단적인) 구속사적 접근보다도 좀 더 포괄적이고 균형 있는 설교를 하게 한다. 하나님 중심적 접근은 본문에서 단순히 그리스도만을 발견하고 구속만을 강조하는 것이 아니라(물론 그것이 성경을 이해하는 핵심적인 관점

---

54) 하나님 중심적 해석과 설교에 관한 좀 더 자세한 설명을 위해서 Greidanus, *The Modern Preacher and the Ancient Text*, 102-21을 참고하라.

이요 선포해야 할 최고의 주제임을 인정하지만), 본문에서 포괄적으로 하나님의 뜻과 의도를 발견하고자 하기 때문에 신앙과 삶을 위한 교훈을 찾는데도 훨씬 적극적이라고 할 수 있다.55) 즉, 본문에서 구원과 신앙과 삶에 대한 포괄적인 교훈을 얻을 수 있기 때문에 구원(복음) 일변도의 설교가 아니라, 구원의 메시지와 함께 성숙과 회복의 메시지도 무시하지 않는 균형 있는 설교를 하게 한다. 이러한 접근은 하나님의 은혜와 사랑에 대한 강조와 함께 자연스럽게 인간의 책임과 의무 그리고 수고와 노력도 언급하게 한다.

마지막으로 (삼위) 하나님 중심적 (구속사적) 접근은 단순한 구속사적 접근이 자칫 범할 수 있는 그리스도 일원론 또는 양태론의 오류를 피하게 한다. 구속사 학파들이 구속사적 설교를 그리스도 중심적 설교라고 명명하는 것처럼 구속사적 접근은 자칫 그리스도 일원론 또는 양태론에 빠질 가능성이 있다(물론 구속사학파도 이 점에 대해서 주의를 요하도록 강조하기도 한다).56) 다시 말해, 고의적으로 의도하지는 않을지라도 그리스도를 중점적으로 강조하다보면 성부 하나님이 무시되거나 소홀하게 언급될 수 있고, 또한 그리스도를 믿는 것이 하나님 믿는 것을 대체하는 것처럼, 또는 그리스도를 믿는 것이 하나님을 믿는 것에 추가된 것과 같은 인상을 줄 수도 있다. 그러나 (삼위) 하나님 중심적 (구속사적) 접근은 성경 전체

---

55) 이 부분에 관해서 그레이다누스의 말을 들어보자(Greidanus, *Sola Scriptura*, 262.)

하나님 중심적인 관점은 이 구절의 윤리적인 흐름과 본문에 나오는 인간에 함께 귀 기울인다. 그렇지만 고립시켜서 하는 것이 아니라 저자의 하나님 중심적인 틀에 비추어 그렇게 한다. 성경의 역사적 본문들을 기록한 저자들의 궁극적인 관심은 사람의 전기나 성격 묘사를 제시한 것이 아니다. 그들이 이 사람들을 묘사한 것은 그 사람이 잘나서거나 도덕적 모범으로서 가치가 있기 때문이 아니라 하나님의 행동을 선포하기 위해서 인 것이다. 똑같은 사람을 똑같은 방법으로 이용함으로서 오늘날의 설교자들도 참으로 하나님 중심적인 설교를 해 낼 수 있는 것이다.

56) 참고. Greidanus, *Preaching Christ from the Old Testament*, 270-1.

의 빛 아래서 삼위 하나님의 함께 강조되기 때문에, 본문에서 천지를 창조하시고 역사를 주관하시는 하나님, 언약에 신실하신 하나님 그리고 구원을 계획하시고 진행하시고 완성하신 하나님을 드러내고, 그 연장선상에서 그리스도를 통한 구원의 진리를 선포하게 한다. 뿐만 아니라 그 구원의 진리를 깨닫게 하고 적용케 하시는 분으로서 성령의 역사도 함께 강조한다. 이와 같이 삼위 하나님이 함께 언급될 때, 구원의 진리에 대해 더욱 온전하고 바르게 선포될 수 있다.[57] 이렇게 예수 그리스도를 통한 구원의 메시지를 선포함에 있어서 성부, 성자, 성령 삼위 하나님이 함께 강조되는 것은 교리와 구원의 진리를 가장 분명하게 말씀하는 로마서나 에베소서에서도 분명하게 드러난다.

결론적으로, '본문이 있어도 비성경적인 설교일 수 있고 본문이 없어도 성경적인 설교일 수 있다'는 설교학적 격언이 있다. 같은 차원에서, '본문을 어떻게 예수 그리스도와 연결하여 해석하느냐?' 또는 '설교에서 얼마나 많이 예수님을 언급하느냐?'에 따라 그 설교가 복음적이고 성경적 설교가 되는가가 결정되지 않는다. 본문을 바른 해석학적 원리에 의해서 정당하게 해석하고 적용할 때 예수님이나 구원이란 단어를 많이 언급하지 않아도 얼마든지 복음적이고 성경적인 바른 설교가 될 수 있다.

---

57) 물론 '삼위 하나님'이 함께 강조되어야 한다는 말은 모든 본문과 모든 설교에서 삼위 하나님이 항상 함께 언급된다는 것을 의미하지는 않는다. 다만 좀 더 큰 범위에서 보았을 때(예를 들어, 6개월 단위나 1년 단위로 보았을 때) 삼위 하나님 가운데 어느 한 분만 강조되어서는 안 되고 균형을 이루어야 된다는 것을 의미한다.

※ 팀 켈러의 '극단적' 그리스도 중심적 설교의 비평적 연구[58]

팀 켈러(Timothy J. Keller)는 최근 한국 교회에 가장 큰 영향을 미치고 있는 목회자 가운데 한 사람이다.[59] 그의 목회와 설교 사역을 소개하기 위해 이미 여러 차례 목회자 컨퍼런스가 개최되었고, 그의 사역에 대한 책들과 많은 설교집들이 우리말로 번역되어 소개되고 있다. 그의 로마서 설교집 한국어 번역판 표지에 다음과 같이 그를 소개하고 있다.[60]

〈뉴욕타임즈〉가 선정한 베스트셀러 저자이자 〈뉴스위크〉에서 "21세기의 C. S. 루이스"라는 찬사를 받은 팀 켈러, 그는 리디머장로교회(Redeemer Presbyterian Church of New York) 담임목사로,[61] 뉴욕 한복판에서 방황하는 수많은 젊은이들이 그를 통해 역동적인 하나님 나라의 역사 속으로 뛰어들고 있다. 리디머교회 성도들은 '맨해튼에서 가장 생기 넘치는 회중'이라고 불린다. 개척 당시 50여 명의 성도로 시작한 이 교회는 현재 3만 명 이상이 교회 웹 사이트에서 팀 켈러의 설교를 다운로드 받아 듣고, 약 8천 명의

---

58) 본장은 "팀 켈러(Timothy J. Keller)의 '극단적' 그리스도 중심적 설교의 비평적 연구"「신학지남」 88/1(2021): 213-53에 게재된 글을 수정한 것이다.

59) 팀 켈러의 목회와 설교 사역의 영향력이 지금 우리나라에만 국한되는 것은 아니다. 그의 탁월한 목회와 설교 사역은 오래 전부터 전 세계적인 관심과 연구 대상이 되었다. 2006년 2월 29일에 *The New York Times*에 "Preaching the Word and Quoting the Voice"라는 타이틀로 기고한 글에서 Michael Luo는 "전 세계의 목회자들이 켈러 박사와 리디머 교회로 부터 배우기 위해서 계속해서 뉴욕으로 몰려오고 있다. 그들의 방문 목적은 뉴욕과 같은 세계적인 도시에서 어떻게 그와 같은 영향력이 있는 교회를 세울 수 있을 것인가를 배우기 위함이다"고 했다. Michael Luo, "Preaching the Word and Quoting the Voice,"「The New York Times」 Feb. 29, 2006.

60) Timothy J. Keller, *Romans 1-7 for You*, 김건우 역, 『당신을 위한 로마서 I』(서울: 두란노, 2014).

61) 그는 지금은 리디머 교회를 은퇴했고, 총 4개의 교회로 분리되어 운영되고 있다.

성도들이 주일마다 모여 예배드리는 교회로 성장했다. '대도시에서 가장 성공한 기독교 복음 전도자'라는 팀 켈러의 별명은 그래서 붙여졌다.

그는 신학자요,[62] 목회자요, 설교자요, 전략가이다. 특별히 위에서 언급된 것처럼 그는 탁월한 기독교 변증가이다. 그런데 필자는 최근 출간된 그의 설교에 관한 책들과 설교집들 안에 극단적인 부분이 있음을 발견하였다. 한국 교회는 대개 성공(?)하거나 또는 영향력 있는 사역자들이나 설교자들의 사역과 설교를 무비판적으로 수용하고 추종하는 경향이 있어 왔기 때문에 그의 설교학적 제안과 실제에 대해 평가하는 것이 필요하다고 판단 되었다.

I. 팀 켈러의 설교에 대한 핵심 주장들

팀 켈러의 설교에 대한 핵심적인 주장은 크게 네 가지로 정리될 수 있다.[63]

1. 성경 말씀 자체를 설교하라. 즉, 전체 성경의 맥락 안에서 '강해 설교'를 하라.

1) 무엇보다도 그는 설교자의 최고의 의무는 본문(성경)의 의미를 온전히 드러내는 것이라고 주장한다.

---

62) 그는 1984년부터 모교인 웨스트민스터신학교(Westminster Theological Seminary)에서 5년간 설교학을 가르쳤다.

63) 본고에서는 그의 설교에 대한 주장이 종합적이고 함축적으로 정리되어 있는 Timothy J. Keller, *Preaching*, 채경락 역, 『팀 켈러의 설교』 (서울: 두란노서원, 2016)을 중심으로 살펴보고자 한다.

성경의 전달자로서 우리는 성경이 하나님의 권위와 능력을 지닌다는 것을 정말로 인식하고 있는가? 만약 그렇다면 우리는 우리 자신의 생각을 뒷받침하기보다 단지 성경을 활용하여 성경 자체의 통찰을 드러내는데 초점을 맞출 것이다.64)

하나님이 설교자의 마음에 담아 주셨다고 믿는 어떤 통찰이나 부담을, 기회를 봐서 적당한 성경 본문을 찾아 사람들에게 늘어놓은 것이 되어서는 안 된다. 설교의 목적은 성경을 설교하되 그 자체의 통찰과 방향, 교훈을 가지고 설교하는 것이다.65)

2) 그러한 설교를 그는 '강해 설교' 라고 명명한다.

설교자는 본문의 의미를 그 문맥 안에서 선명하게 전해야 한다. 역사적인 시대 배경과 전체 성경의 맥락 안에서 말이다. 말씀을 섬기는 이 과업이 바로 '강해(exposition)' 다. 단락의 메시지를 이끌어 내되, 나머지 성경 전체의 가르침의 조망 안에서 신실하고도 통찰력 있게 도출하여, "성경 한 부분을 설명할 때 다른 부분과 괴리되지 않도록" 하는 것이다.66)

따라서 그는 "강해 설교가 교회의 대표 식단이 되게 하라"고 하면서, 다음과 같이 그 이유를 설명하였다.67)

1) 강해 설교는 성경 전체가 진리라는 당신의 확신을 분명하게 표현하고 전달하는 최선의 방편이다.
2) 진중한 강해 설교는 듣는 이로 하여금 권위가 말하는 이의 의견이나 추론

---

64) Keller, *Preaching*, 45.
65) Keller, *Preaching*, 46.
66) Keller, *Preaching*, 35-6.
67) Keller, *Preaching*, 49-56.

이 아니라 성경 본문 자체를 통한 하나님의 계시 안에 있음을 보다 쉽게 인식하게 한다.

3) 강해 설교는 당신의 교회 공동체를 향해 하나님이 친히 어젠다를 놓으시게 한다.

4) 강해 설교는 성경 본문이 설교자의 어젠다를 내려놓도록 한다.

5) 지속적인 강해 설교의 공급은 청중에게 그들 스스로 성경을 어떻게 읽어야 할지, 한 단락을 어떻게 숙고하고 의미를 발굴할 수 있는 지를 가르쳐 준다.

6) 지속적인 강해 설교는 개인적으로 편한 주제로부터 벗어나도록 하고, 보다 넓은 지평의 단락과 주제로 인도한다.[68]

또한 그는 '권위, 특히 종교적인 권위에 대해 갈수록 반감이 짙어지는 문화 속에서 진중한 성경 강해가 얼마나 효과가 있을까?' 하는 의문을 제기할 수 있지만, 오늘날도 여전히 강해 설교는 효과적이라고 주장한다.[69]

2. 매번 복음(그리스도)을 설교하라.

1) 한 걸음 더 나아가 그는 본문을 온전히 드러내는 강해 설교는 그리스도를 설교하는 것으로 나타나야 한다고 하였다. 왜냐하면 모든 본문은

---

68) 한편 그는 강해 설교와 함께 '주제 설교'도 유익한 설교의 한 형식으로 인정한다. 다시 말해, 상황이나 설교의 주제에 따라 주제 설교도 필요하고 유익할 때가 있다는 것이다(Keller, *Preaching*, 47-8).

사도행전에서 바울은 회당에서는 성경 강해를 했지만, 아레오바고의 광장에서는 성경을 전혀 사용하지 않은 채 주제 연설을 했다. … 바울의 판단에 성경을 안 믿는 것은 물론이고 성경의 가장 기본적인 전제들에 대해서도 전혀 문외한인 청중을 앞에 두고서 진중하게 성경을 강해하는 것은 적절하지 않았던 것이다. 복음전도 상황은 주제형 메시지가 더 어울린다. 이외에도 나누고자 하는 기본 메시지가 성경의 메시지지만 하나의 단락만 가지고는 그 주제에 대해 성경이 말하는 바를 충분히 말할 수 없는 경우가 있다(예, 삼위일체 교리).

69) Keller, *Preaching*, 64-6.

궁극적으로 예수 그리스도를 증거 하기 때문이라는 것이다.

강해 설교는 메시지를 성경 본문에 기초해 도출한다. 설교의 요지는 성경 본문 안에 있는 요지들이고, 본문의 주요 사상들을 다룬다. 강해 설교는 본문 해석을 나머지 성경의 교리적인 진리에(조직신학에 민감하게) 조율시킨다. 또한 단락을 성경 전체 내러티브 안에 위치시킴으로써, 어떻게 그리스도가 본문 주제의 궁극적인 성취가 되는지를(성경신학에 민감하게) 보여준다.[70]

어떤 본문이 전체 정경 문맥 안에서 가지는 의미를 보여 준다는 것은 곧 그 본문이 전체 성경의 중심 사상인 그리스도와 구원의 복음을 어떻게 가리키고 있는지를 보여 주는 것이다. 성경 본문을 해설할 때 우리가 스스로를 구원할 수 없고 오직 예수님만이 하실 수 있음을 그 본문이 어떻게 보여 주는지를 풀지 못했다면 아직 우리의 작업이 끝나지 않은 것이다. 이는 우리가 모든 성경 본문에서 그리스도를 설교해야 함을 의미한다.[71]

성경을 '남김없이 온전히' 전한다는 것은 곧 그리스도를 성경 메시지의 중심 주제와 본질로 설교하는 것이다.[72]

설교자는 예수에 관해 성경 본문 자체가 말하는 주제들과 요지들을 제시해야 한다. 다시 말해, 설교자는 예수에게 '스스로 제한시켜야' 한다는 말이다.[73]

어떤 본문을 설교하든 그것의 주제가 그리스도의 인격 안에서 성취됨을 보여 주지 않는 한 우리는 그 본문을 제대로 설교할 수 없다.[74]

강해 설교는 우리가 성경의 주된 주제 하나를 더욱 선명하게 보도록 인도한

70) Keller, *Preaching*, 49.
71) Keller, *Preaching*, 68-9.
72) Keller, *Preaching*, 29.
73) Keller, *Preaching*, 30.
74) Keller, *Preaching*, 37.

다. … 즉 예수 복음 그 자체 말이다. 예수 복음이야 말로 성경의 모든 사건과 내러티브에 대한 해명이요, 모든 개념과 이미지의 완성이기 때문에 매주 청중은 물론이요 설교자도 그리스도의 은혜로운 구원을 갈수록 더 선명하게 이해할 것이다. … 강해 설교는 그 실체를 사람들의 마음에 그 어떤 대안보다 강하게 각인시킬 수 있다.[75]

또한 켈러는 모든 성경에서 그리스도를 설교하는 본을 예수님과 바울이 보여주었다고 주장한다.

예수님은 제자들에게 그분이 누구이며 무엇을 하러 오셨는지를 이해하지 못했다면 하나님의 구원도 성경 자체도 이해할 수 없다고 말씀하셨다. 어떤 본문이 전체 정경 문맥 안에서 가지는 의미를 보여준다는 것은 곧 그 본문이 전체 성경의 중심 사상인 그리스도와 구원의 복음을 어떻게 가리키고 있는지를 보여주는 것이다. 성경 본문을 해석할 때 우리가 스스로 구원할 수 없고 오직 예수님만이 하실 수 있음을 그 본문이 어떻게 보여 주는지를 풀지 못했다면 아직 우리의 작업이 끝나지 않은 것이다. 이는 우리가 모든 본문에서 그리스도를 설교해야 함을 의미한다. 다시 말해, 매번 복음을 설교해야 하고, 일반적인 영감이나 도덕적 가르침으로 만족해서는 안 된다는 것이다.[76]

(바울은) 구약 본문을 설교하면서도 바울은 예수 외에는 아무 것도 알지 아니했다고 말한다. … 바울에게는 항상 하나의 주제만 있었으니, 바로 예수다. 성경 어디를 펼치더라도, 예수가 중심 주제였다. … 그래서 바울은 어떤 본문을 설교하든 예외 없이 예수에 관해 설교했다. … 바울에게 그리스도는 모든 성경 본문을 이해하는 열쇠(좋은 설교의 첫 번째 면모)요, 또한 말씀을 듣는 이의 마음과 삶에 설득력 있게 새기는 열쇠(두 번째 면모)였다.[77]

---

75) Keller, *Preaching*, 57.
76) Keller, *Preaching*, 68-9.
77) Keller, *Preaching*, 30.

2) 팀 켈러는 모든 본문이 궁극적으로 그리스도를 증거 하기 때문에 제대로 된 강해 설교를 위해서 그리스도를 설교해야 한다고 주장할 뿐 아니라 그리스도를 설교하는 것이 설교 본래의 기능이며 그렇게 하는 것이 설교의 역할과 책임을 제대로 감당하는 것이라고도 하였다. 따라서 설교자는 매번 그리스도를 설교해야 한다는 것이다. 그의 말들을 들어보자.

알렉 모티어는 설교할 때 우리가 두 가지 책임을 지닌다고 말한다. 첫째는 진리에 대한 것이요 둘째는 특정한 그룹의 사람들을 향한 것이다. ··· 이것이 설교의 두 가지 과업이라면, 이 둘을 완수하기 위한 하나의 열쇠가 있다. 바로 그리스도를 설교하는 것이다.[78]

우리에게 두 가지 과업이 있다. 설교를 통해 우리는 하나님의 진리의 말씀을 섬기고 사랑해야 하고, 또 한 편으로는 우리 앞에 있는 사람들을 섬기고 사랑해야 한다. 매시간 성경 본문을 선명하게 설교하고 매시간 복음을 설교함으로 우리는 말씀을 섬긴다. 우리는 문화와 마음을 향해 설교함으로써 사람들에게 다가가야 한다. ··· 어떻게 이런 일이 가능할까? 우리가 그리스도를 설교할 때 이 모든 일이 일어난다. ··· 모든 성경 본문에서 우리가 그리스도를 풍성하게 설교할 때 그 일은 현실이 된다.[79]

매번 그리스도를 설교하는 것은 사람들에게 성경이 어떻게 서로 맞아 들어가는지를 보여주는 길이다. 설교자에게 두 가지 책임이 있다. 성경 진리를 향해 가진 책임과 듣는 이들의 영적인 필요에 대한 책임이다. 매번 그리스도를 설교하는 것은 실로 사람들을 내면으로부터 변화되도록 진정으로 돕는 길이다.[80]

뿐만 아니라 그는 그리스도를 설교함으로 소위 '율법주의와 반율법주

78) Keller, *Preaching*, 37.
79) Keller, *Preaching*, 39.
80) Keller, *Preaching*, 83-4.

의' 그리고 '도덕주의'를 극복할 수 있다고 하였다.

성경 전달자로서 설교하고 가르칠 때 우리는 언제나 인생을 바라보는 이 두 관점(율법주의와 반율법주의)을 염두에 두어야 한다. 신자들이 어떻게 살아야 하는 지에 대한 개별 본문의 권면들을 해설할 때 성경의 나머지 부분과 분리해 다루면 자칫 율법주의의 관점을 지지하는 결과를 낳을 수 있다. 반면 하나님의 은혜로운 구원과 무조건적인 사랑을 묘사하는 단락의 경우는 문맥에서 따로 떼어 놓으면 값없이 은혜가 삶의 변화로 귀결될 필요가 없다는 인상을 줄 수 있다.[81]

율법주의는 하나님의 은혜를 제대로 붙잡지 못한다. 그래서 우리 인생을 이끄는 안내자요, 우리를 진정으로 우리 자신이 되게 하고 하나님을 기쁘시게 하는 방편인 율법 본연의 기능을 왜곡한다. … 반율법주의는 하나님의 사랑의 은혜를 제대로 붙잡지 못한 나머지, 율법을 자유와 인격 성장을 방해하는 걸림돌로만 보고, 우리의 자유와 인격 모두를 자라게 하시는 하님의 위대한 도구로 인식하지 못한다. … 율법주의와 반율법주의 모두 오직 복음으로만 치유된다.[82]

어떤 설교든, 어떻게 살아야 하는지만 일러 주고, 자칫 열심히만 하면 스스로 감당할 만큼 충분히 완벽해 질 수 있다는 인상을 주게 된다. … 그것은 그리스도의 사역에 대한 믿음으로 살라는 초청보다 '더 열심히 하라'라는 도덕적 권면이 되어 버린다. … '본문을 대할 때마다 항상' 그리스도의 구원에 선명하게 맞추지 않는다면 다시 말해 유혹을 물리치고 율법을 완전하게 성취하며, 궁극적인 거인인 죄와 죽음을 처리함으로써 그분이 어떻게 우리 모두를 위해, 우리를 대신해 우리를 구원했는지를 보여주지 않는다면, 우리는 그저 그들의 도덕주의를 더욱 공고히 하는 도덕주의자가 될 것이다.[83]

---

81) Keller, *Preaching*, 72.
82) Keller, *Preaching*, 77-8.
83) Keller, *Preaching*, 84-6.

3. 그러면 어떻게 모든 성경에서 그리스도를 설교할 것인가?

켈러에게 있어서 강해설교를 하고 매번 복음을 설교한다는 것은 매번 성경 본문 매 단락에서 그리스도를 설교하는 것을 의미한다.[84] 그것은 성경이 예수 그리스도 안에서 절정에 이르는 하나의 단일한 이야기이기 때문이라고 하였다.[85]

매번 복음을 설교하는 열쇠는 매번 그리스도를 설교하는 것이고 그렇게 하는 열쇠는 특정 본문이 전체 정경의 문맥 안으로 어떻게 맞아 들어가는지 성경의 거대한 내러티브의 흐름 안에 하나의 장으로서 어떻게 참여하는지를 찾아내는 것이다. 다시 말해, 하나님이 어떻게 그분의 아들 예수 그리스도 안에 있는 값없는 은혜의 구원으로 우리를 구원하시고 세상을 새롭게 하시는지를 찾는 것이다.[86]

그러면서 그는 모든 본문에서 예수님을 발견하고 설교하는 6가지 구체적인 방법론을 제시하였다.[87]

1) 성경의 모든 장르, 모든 부분에서 그리스도를 설교하기

특별히 켈러는 "구약의 모든 장르와 모든 부분은 그리스도를 향하고 있고, 우리에게 다른 곳과는 구별되는 방식으로 그분이 누구인지를 알려준다"고 강조하였다.[88]

---

84) Keller, *Preaching*, 80.
85) Keller, *Preaching*, 81.
86) Keller, *Preaching*, 98.
87) Keller, *Preaching*, 98-123.
88) Keller, *Preaching*, 100.

2) 성경의 모든 주제로 그리스도를 설교하기

그는 성경 전체를 가로지르는 왕국, 언약, 집과 추방, 하나님의 임재와 예배, 쉼과 안식일, 공의와 심판 그리고 의로움과 벌거벗음 등과 같은 주제를 통해 그리스도를 설교할 수 있다고 하였다.

3) 성경의 모든 주요 인물로 그리스도를 설교하기

켈러는 성경의 모든 인물에서 그리스도를 설교할 수 있는 근거를 다음과 같이 제시하였다.

성경의 모든 주요 인물과 리더는 우리를 불러내어 하나님을 위한 백성으로 만들어 가시는 궁극적 리더이신 그리스도를 가리킨다. 성경의 기름 부음을 받은 모든 선지자, 제사장, 왕, 사사 등 모든 종류의 구원이나 구출, 구속을 이루는 리더들은 모두 그리스도를 가리키는 표적인데, 그들의 능력에서도 그렇지만 그들의 허물에서도 그러하다. … 예수님은 모든 사사가 가리키는 사사요(그분이야말로 진정으로 공의를 행하시기에), 모든 선지자가 가리키는 선지자요(그분이야 말로 진정으로 우리에게 진리를 보여 주시기에), 모든 제사장이 가리키는 제사장이요(그분이야 말로 진정으로 우리를 하나님께로 이끄시기에), 왕들의 왕이시다.

4) 성경의 모든 주요 이미지에서 그리스도를 설교하기

이와 관련하여 켈러의 말을 들어보자.

꼭 사람이 아니라도 비인격적인 사물과 패턴 중에도 그리스도를 가리키는 이미지나 예표가 많이 있다. 이런 상징들 가운데 상당수가 그리스도 안에서 완성되는 은혜의 구원을 생생하게 묘사한다. 광야의 구리 뱀과 내리친 바위로부터 솟아난 생수는 당연히 그리스도를 가리킨다. 또한 모든 희생제사와 성전 제도 역시 그분을 가리키고 있다. 제단으로 나아가는 정결예식부터, 제사와 성전 자체까지 모든 의식 제도는 절대적으로 그분의 정체와 그분이 행하

신 일을 드러낸다. 안식일과 희년 율법도 그분을 가리킨다.[89]

5) 모든 구원 이야기에서 그리스도를 설교하기

켈러는 성경에 등장하는 모든 구원 이야기, 예를 들어 나아만의 이야기, 에스더나 룻 이야기, 출애굽 이야기, 그리고 다윗과 골리앗 이야기 등에서 예수님을 발견할 수 있고 또한 예수님과 연결하여 설교할 수 있다고 하였다.

6) 본능을 통해 그리스도를 설교하기

켈러는 위에서 제시한 방법 외에도 "많은 경우 성경 본문에서 그리스도에 이르는 연결선은 정형화된 방법으로 조직되기보다 직관으로 가장 잘 감지된다"고 하였다.[90] 그러면서 "모든 이야기의 맥락이 모든 주제의 절정이 그리스도께로 수렴된다는 걸 안다면 당신은 모든 성경 본문이 궁극적으로 예수님에 관한 것임을 보지 않을 수 없다"고 단언하였다.[91]

물론 켈러는 그리스도로 이르는 과정에서 본문을 설교하지 않은 채 '그리스도'를 설교하는 것에 대해 주의하도록 당부하기도 하였다. 다시 말해, "본문을 설교하지 않은 채 급하게 그리스도를 설교하는 일이 없도록 주의하고, 반대로 그리스도를 설교하지 않은 채 본문만 설교하지도 말아야 한다"는 것이다.[92]

4. 매번 그리스도를 설교하는 강해설교 작성을 위한 지침

---

89) Keller, *Preaching*, 111-2.
90) Keller, *Preaching*, 118.
91) Keller, *Preaching*, 119.
92) Keller, *Preaching*, 93.

켈러는 매번 그리스도를 설교하는 강해설교 작성을 위한 제안에서 자신 설교의 메타 개요(meta-outline), 즉 자신의 모든 설교의 기저를 흐르는 복음 패턴을 다음과 같이 제시하였다.[93]

도   입: 문제는 무엇인가? 즉, 우리가 직면한 현실에서 문제는 무엇인가?
초기 대지: 성경은 무엇이라고 말하는가? 즉, 우리가 행해야 할 것은 무엇인가?
중간 대지: 우리를 막아서는 것은 무엇인가? 즉, 왜 우리는 그렇게 할 수 없는가?
말미 대지: 예수님은 어떻게 성경 주제를 완성하고 이 핵심 문제를 해결하는가? 즉, 예수님은 어떻게 그것을 행하셨는가?[94]
적용: 예수님을 믿는 믿음을 통해 우리는 이제 어떻게 살아야 하는가?

이어서 켈러는 강해설교에서 어떻게 이 기저 패턴을 활용할 수 있는지를 확인시켜 주기 위해, 창세기 22장의 아브라함과 이삭의 이야기를 본문으로 구체적인 실례를 제시하였다.[95]

1) 우리는 무엇을 해야 하는가? 우선순위를 드리는 삶을 살아야 한다.
2) 그러나 우리는 행할 수 없다: 우리는 저주를 받아 마땅하다.
3) 그러나 행하신 분이 한 분 계신다: 예수님은 십자가에서 하나님께 우선순위를 드리셨다.
4) 이제야 비로소 우리는 변화할 수 있다: 예수님이 우리를 위해 아브라함처

93) Keller, *Preaching*, 303이하.
94) 이와 관련하여 켈러(*Preaching*, 304-5)는 "내러티브 본문이라면 설교자는 본문 안의 인물이 어떻게 그리스도를 궁극적인 구원자, 고난 받는 자, 선지자, 제사장, 왕, 종으로 소개하는지 보여줄 수 있다. 교훈적인 본문이라면 설교자는 어떤 의미에서 그리스도가 도덕규범의 궁극적인 실현이시며, 또한 그것을 따르는 백성이 되는 유일한 길이 되시는지 보여줄 수 있다"고 강조하였다.
95) Keller, *Preaching*, 305-7.

럼 순종하였음을 볼 때 우리도 아브라함처럼 살기 시작할 수 있다.

또한 주제 설교('우리의 문화 속 아름다움과 성적 매력의 힘에 대한 설교')를 위해서도 다음의 예를 제시하였다.[96]

1) **우리는 무엇을 해야 하는가?** 우리 안에 있는 육체의 아름다움의 힘이 파괴되어야 한다.
2) **그러나 우리는 행할 수 없다:** 우리는 아무리 노력해도 우리 문제를 극복할 수 없다.
3) **그러나 행하신 분이 한 분 계신다:** 예수님은 말할 수 없이 아름다우셨지만 스스로 흉하게 되심으로 우리에게 아름다움을 선물하셨다(사 53장 참조).
4) **이제야 비로소 우리는 변화할 수 있다:** 그분이 우리를 위해 행하신 바를 직시할 때 오직 우리가 그분 안에 있을 때 우리는 수치심과 유한성의 두려움으로부터 자유하게 된다.

또한 이러한 기저 패턴에 살을 입히는 여러 실제적인 예들도 제시하였다. 그는 창세기 12장(아브라함이 소명을 받는 장)을 통해 아브라함과 같이 안정한 공간을 떠나 '하나님의 부르심에 순종한 사건'을 설교하고자 할 때, '예수님이 하늘과 그분의 영광을 떠나서 보여준 사랑과 구원의 본에 대한 깨달음과 믿음이 있을 때 우리도 위험을 무릅 쓰고 다른 사람들과 문화로 나아갈 수 있다'고 접근해야 한다고 하였다.[97] 잠언 14:31, 잠언 19:17 또는 마태복음 25장을 통해 '가난한 이들을 돌보라'는 부분을 설교하고자 할 때도 '우리가 영적으로 심히 가난할 때 예수님이 우리를 품으셨다는 사실을 직시할 때 우리도 가난한 자들보다 나을 것이 없다는

---

96) Keller, *Preaching*, 307-9.
97) Keller, *Preaching*, 309-10.

것을 알게 되고 우리에게서 거들먹거리는 태도와 조급함을 제거해 준다'
고 접근해야 한다고 하였다. '간음과 부부 사랑'에 대해 설교하고자 할 때
에도 '예수님이 그분의 신부인 우리를 향해 희생적인 사랑을 보여주셨음
을 즉 그 분은 우리가 사랑스럽기 때문에 사랑한 것이 아니라 우리를 사랑
스럽게 만들기 위해서 사랑하셨음을 알 때 가능하다'고 접근해야 한다고
하였다.[98] '십일조와 관대함'에 대해 설교하고자 할 때에도 어느 대목에
서건 '우리를 위해 무한대가를 치르시고 단지 십일조가 아니라 그분의 전
부를 주신 우리의 궁극적인 수여자이신 예수님께로 나아갈 때 우리도 부
를 나눌 수 있는 안전과 기쁨을 얻는다'는 사실을 강조해야 한다고 하였
다.[99] 만약 이 모든 예에서 예수님에 대한 부분이 빠지면 도덕주의가 된
다는 것이다.[100]

　　또한 마태복음 5장에 있는 팔복설교에서도 말씀을 따라 '이렇게 되라.
열심히 노력하라. 그러면 여러분은 예수님의 제자가 될 것이다'와 같은 단
순한 도덕적 권면이 되어서는 안 된다고 하였다.[101] 다시 말해, '우리를
위해' 심령이 가난해지셨던 예수 그리스도를 알게 할 때, 그것이 우리를
하나님 앞에 심령이 가난해지도록 돕고, 그래서 '나는 주님의 은혜가 필요
합니다' 하고 말할 수 있게 한다는 것이다. 그러면서 그는 성경이 모든 부
분이 그렇지만 이렇게 팔복은 우리가 생각하는 것보다 훨씬 더 많이 우리
에게 예수님을 가리킨다고 하였다.

　　이러한 설교 패턴은 그의 잠언 묵상집에도 확연하게 드러난다.[102] 그
는 잠언에서 말씀하는 대부분의 명령과 삶의 모습 그리고 지혜의 본으로

---

98) Keller, *Preaching*, 312-13.
99) Keller, *Preaching*, 313-14.
100) Keller, *Preaching*, 310-12.
101) Keller, *Preaching*, 122.
102) Timothy J. Keller, *God's Wisdom for Navigating Life*, 윤종석 역,
『오늘을 사는 잠언: 하나님의 지혜로 인생을 항해하다』 (서울: 두란노, 2018).

예수님을 제시하였다. 예를 들어,[103) 잠언 1:3-4를 '지혜' 라는 주제로 묵
상하면서 "최고의 지혜는 고난 당한 종이신 예수님에게서 드러났다(사
52:13)"고 서술하였다. 잠언 1:5도 '지혜' 라는 주제로 묵상하면서 "예수님
도 그분의 모든 행동의 기초를 성경에 두었고, 성경을 인용해 자신의 죽음
을 설명하고 맞이하셨다(마 27:46; 시 22:1)"고 하였다. 잠언 1:22을 '미
련함' 이란 주제로 묵상하면서 "예수님만이 습관적으로 자기주장을 펴거나
뒤로 물러나지 않고 늘 온전한 지혜로 각 상황에 적절히 반응하셨다(요
11:23-25; 32-35)"고 하였다. 잠언 6:6-11에서 '미련함' 이란 주제로 묵
상하면서 결론에 "이는 예수님과 크게 대비된다. 그분은 '내 아버지께서
이제까지 일하시니 나도 일한다(요 5:1)' 라고 말씀하셨다"고 하면서 미련
함의 대조되는 모습으로 예수님을 제시하고 있다.

뿐만 아니라 이와 같이 기저 패턴으로 설교해야 할 신학적, 수사학적,
실천적 이유가 있다고 하였다.[104)

이렇게 윤리와 명령에 관한 본문을 적용할 때 우리 자신의 공로나 노력이 아
니라 예수님의 사역을 중심으로 적용해야 하는 신학적, 수사학적, 실천적 이
유가 있다. 신학적 차원에서 성화는 오직 우리가 믿음 안에서 자랄 때 이루
어진다. 청중의 마음이 예수님께로 모아질 때 오직 그 때 비로소 그 마음이
부드러워지고 재구성된다. … 수사학적인 이유는 도덕주의적인 설교는 따분
하고 너무 진부해서 무시당하기 쉽다. 일단 한 번 그들이 마음을 닫아버리면
그들의 상상력을 다시 회복하기란 참으로 어렵다. … 실천적인 이유는 도덕
주의적인 적용은 장기적으로는 작동하지 않는다. 부모나 자녀를 사랑하라고
말하면서도 그것이 왜 어려운지 이면에 숨은 이유들을 제대로 다루어주지 않
는 설교는 우리의 가정을 실제로 변화시킬 수 없다. 설교가 예수님께 이르지
않는 한 듣는 이들의 두려움과 자긍심을 휘저어서는 일반적인 미덕으로 잠시

---

103) Keller, *God's Wisdom for Navigating Life*, 23-27.
104) Keller, *Preaching*, 314-5.

몰아 갈 뿐이며, 그 효과도 그리 오래가지 못한다.

5. 평가

1) 팀 켈러는 여러 가지 면에서 오늘날 강단의 회복을 위한 탁월한 설교학적 제안들을 제공하고 있음을 결코 부인할 수 없다. 무엇보다도 그가 강조하는 '그리스도 중심적 설교'는 오늘날 강단이 놓치고 있는 설교의 본질에 대한 강한 도전을 준다. 특히 오늘날은 본문의 바르고 깊은 주해와 설명이 없는 설교, 청중의 귀를 즐겁게 하고 청중의 입맛에만 맞추는 설교, 그리고 기독교 신앙의 정체성이 분명하지 않고 세속적이고 기복적이고 이교적인 설교가 난무하고 있기 때문에 더욱 그렇다. 필자는 원리적인 면과 실제적인 면에서 구속사적 설교는 오늘날 강단이 회복되기 위해 진정 중요한 설교학적 제안이라고 믿는다.

2) 본 고에서 필자가 구체적으로 언급하지는 않았지만, 켈러는 일반적으로 구속사적 설교를 강조하는 소위 구속사 학파들이 많이 소홀히 하였던 부분들에 대해 구체적이고 실제적인 방법론을 많은 부분 제시하였다. 특별히 효과적이고 능력 있는 설교를 위해 소위 '청중 분석(이 시대를 읽고 거기에 대처하는 원리)'과 관련하여 탁월한 통찰력을 보여주었을 뿐 아니라,[105] 적용과 관련하여 나름대로 구체적이고 실제적인 기저 패턴을 제시하였다.[106]

---

105) 참고. Keller, *Preaching*, 127이하.
106) 켈러의 설교에 대한 긍정적인 평가를 위해서, 김대혁, "Timothy Keller의 설교를 위한 그리스도 중심적, 삼중적 관점의 해석학 연구," 「복음과 실천신학」 제34권(2015): 9-50; 박현신, "포스트에브리팅 세대의 세계관 변혁을 위한 전제주의 변증적 설교: Timothy Keller 모델을 중심으로," 「개혁논총」 제29권(2014/봄): 337-91; 박두진, "팀 켈러(Timothy Keller)의 '마음을 움직이는 구속사적 설교'에 대한 목회적 적용," 신학박사학위(Th. D), 총신대학교, 2018을 참고하라.

3) 그러나 필자의 판단으로 그에게 있어서 문제가 되고 고려되어야 할 것은 그의 설교학적 접근이 '극단적으로' 그리스도 중심적이라는 데에 있다. 따라서 본고에서는 이 부분에 대한 좀 더 구체적으로 논의하고 평가하고자 한다.

II. 극단적 그리스도 중심적 설교의 문제(오류)[107]

위에서 필자는 켈러가 여러 가지 면에서 오늘날 강단의 회복을 위한 탁월한 설교학적 제안들을 제공하고 있지만, 그럼에도 불구하고 켈러의 설교학적 제안을 '극단적인 구속사적 설교'[108]라고 평가하였다. 이제 켈러가 제안한 그리스도 중심적 설교가 왜 '극단적'이라고 평가되어야 하는지 그리고 그로 인해 발생하는 문제(오류)는 무엇인지 살펴보고자 한다. 물론 그것은, 앞으로 논의되겠지만, 단지 켈러에게서만 나타나는 것이 아니라, 극단적으로 그리스도 중심적 설교를 주장하고 추구하는 대부분의 학자 또는 설교자들에게서도 발견되는 것이다.

1. 신학적 오류: 그리스도 일원론(Christomonism)
  - 그리스도를 전하는 것이 복음을 전하는 것이다(?)

---

107) 이 부분은 전체적으로 필자의 김창훈, 『하나님 중심적 설교』 (서울: 호밀리아, 2016), 569-591를 팀 켈러의 설교에 초점을 맞추어 보완하고 확대하고 심화하여 논지를 전개하였음을 밝힌다.
108) 일반적으로 '그리스도 중심적 설교'와 '구속사적 설교'는 상호 교환적으로 쓰이기 때문에 본 고에서도 특별한 구분이나 차이 없이 교환적으로 사용할 것이다.

무엇보다도 극단적 그리스도 중심적 설교에서 발견되는 대표적인 문제는 '그리스도 일원론'의 위험성이다. '그리스도 일원론적 설교'란 '삼위 하나님 가운데 오직 그리스도만을 별도로(또는 특별히) 강조하는 설교'를 의미한다.[109]

팀 켈러는, 위에서 언급한 대로, '그리스도를 전하는 것이 복음을 전하는 것'이라고 강하게 주장한다. 하지만 엄격하게 이야기하면, 그리스도를 전하는 것과 복음을 전하는 것은 반드시 동일한 개념이 아니다. 실제로 우리는 설교에서 예수 그리스도를 많이 언급하지만 기복적이고 기독교의 정체성을 훼손하는 반(反) 복음적인 설교를 얼마든지 들을 수 있다. 우리는 복음을 전한다는 것은 단지 그리스도를 전한다는 것보다 훨씬 깊고 넓은 개념임을 알아야 한다. 다시 말해, 복음을 전하는 것은 단지 예수만을 전하는 것이 아니고 '구속의 과정, 의미 그리고 결과 전체'를 포함하는 구속의 전 과정을 전하는 것이다. 필자는 복음을 바르고 온전히 전하기 위해서는 '삼위 하나님의 관점'에서 전해야 한다고 믿는다. 구원을 계획하시고 시작하시고 진행하시고 완성하신 성부 하나님, 하나님의 계획을 몸소 실행하시고 성취하신 성자 예수님 그리고 그 구원을 적용시키고 이끌어 가시는 성령 하나님이 함께 언급되고 강조되어야 한다는 것이다. 그것은 진실로 성경이 말씀하는 바이다. 몇 가지 예만 살펴보자. 마가복음은 예수님의 처음 공생애 사역을 다음과 같이 소개한다.

요한이 잡힌 후 예수께서 갈릴리에 오셔서 하나님의 복음을 전파하여 이르시되 때가 찼고 하나님의 나라가 가까이 왔으니 회개하고 복음을 믿으라 하시더라(막 1:14-15)

---

109) 그리스도 일원론적 설교에 대한 좀 더 자세한 설명은 Sidney Greidanus, *Preaching Christ from the Old Testament*, 김진섭 외 역, 『구약의 그리스도, 어떻게 설교할 것인가』 (서울: 이레서원, 2002), 270-76을 참고하라.

예수님께서 공생애를 시작하실 때, "때가 찼고 하나님 나라가 가까 왔다"고 하시면서 "회개하고 복음을 믿으라"고 선포하셨다. 예수님을 통해 이루실 구원은 하나님께서 시간적으로 상황적으로 주도하셨으며("때가 차매"), 예수님을 통해 임하게 되는 구원의 핵심 내용이 '하나님 나라(하나님의 통치와 다스림)'와 우선적으로 관계있음을 말씀하셨다("하나님의 나라가 가까웠다").110) 또한 복음서 기자는 단순히 복음이라고 하지 않고 '하나님의 복음'이라고 소개한다. 여기에서 소유격은 구문론적으로 '주격(기원)'의 의미가 있다.111) 즉, '하나님의 복음'은 복음이 하나님께서 주도적으로 계획하시고 준비하시고 진행하시고 완성시키신 복음임을 말씀하는 것이다. 또한 요한복음 14-16장에서 예수님께서는 자신을 통해 임하는 복음과 관련하여 성령 하나님의 사역과 역할에 대해 집중적으로 말씀하셨다.

바울도 마찬가지다. 로마서에서 자주 '하나님의 복음'이라고 하였고(롬 1:1), '복음에는 하나님의 의(하나님의 언약 관계에서의 신실하심)가 나타났다'고 하였다(롬 1:17).112) 또한 로마서 8장은 흔히 성령장이라고 할 만큼 성령 하나님에 대한 강조가 강하다. 뿐만 아니라 에베소서 1장에서도 복음을 설명하면서 성부 성자 성령 하나님이 하시고 하실 일들이 함께 소개하고 있다(엡 1:3-14). 정리하면, 성경은 복음을 단순하게 예수 그리스도와 동일시하지 않고, 삼위 하나님의 관점에서 그리고 구원의 전 과정을 포함하여 '예수님을 통한 구원' 또는 '복음'을 설명하고 있음을 쉽게 확인할 수 있다.113)

---

110) 참고. 김창훈, 『마가복음: 복음서의 하나님 중심적 이해와 적용』 (서울: 호밀리아, 2018), 29-38.

111) 참고. Daniel B. Wallace, *Greek Grammar: Beyond the Basic* (Grand Rapids: Zondervan, 1996), 121.

112) 참고. 김창훈, 『로마서: 복음의 하나님 중심적 이해와 적용』 (서울: 호밀리아, 2018), 46-51.

113) 그레이다누스(Greidanus, *Preaching Christ from the Old Testament,*

이러한 관점으로 볼 때, 오직 그리스도만을 극단적으로 강조하는 켈러의 설교학적 제안에는, '그리스도 일원론적 설교'의 문제가 있음을 지적하지 않을 수 없다. 같은 관점에서 필자는 켈러의 복음에 대한 이해가 너무 범위가 좁거나 왜곡되지 않았나 하는 의구심이 있다. 예를 들어, 켈러는 마가복음 5장의 예수님의 축귀 사역에 대한 설교를 통하여 자신이 추구하는 설교 이론과 방향에 대해 설명하였다.114) 그는 두 사람의 설교를 비교하면서 한 설교자가 이 본문에서 '예수님을 우리 삶의 모든 문제(예, 낮은 자존감, 중독문제 등)의 해방자'로 소개하였는데 이 설교는 죄와 은혜의 문제가 선명하게 다루어지지 않았고 십자가가 꼭 있어야 할 필요가 없고 복음을 아주 선명하게 제시하지 않았다고 평가한다. 대신 다른 설교자가 "이 사람의 벌거벗음과 사슬과 소외, 그의 발광과 울부짖음은 우리 모두의 초상입니다. 우리는 죄인이고 성경은 우리 모두가 영적으로 죄와 우상, 공중의 권세 잡은 자의 노예가 되었다고 말합니다. 우리는 어둠의

271-5)도 예수님의 사역의 목표가 하나님의 영광이었으며, 바울도 하나님의 영광을 위해 복음을 전했다고 강조함으로 그리스도 일원론적 설교에 문제가 있음을 지적하였다. 또한 이와 관련한 제임스 던(James Dunn)의 통찰은 음미할 만 하다[James Dunn, "Christology as an Aspect of Theology," in *The Future of Christology: Essays in Honor of Leander E. Kerk* (ed. Abraham J. Malherbe and Wayne A. Meeks (Minneapolis: Fortress, 1993), 212. Greidanus, *Preaching Christ from the Old Testament*, 274에서 재인용].

기독교의 복음은 가장 우선적으로, 최종적으로 그리고 가장 중요하게 성부 하나님과 관련되어 있다. 신약 성경은 수준 높은 기독론을 제시하였다. 그런데 어떤 경우에도 신약의 저자들은 그리스도를 성부 하나님의 대안으로 또는 단순히 그리스도 자신을 성도의 예배의 대상으로 제시하지 않았다. 물론 분명 신약의 저자들에게 그리스도는 최고의 찬양과 헌신과 경배를 받으시기에 합당하신 분이었다. ⋯ 그러나 그리스도는 성도들이 그를 통해 하나님을 보게 하고, 또한 그를 통해 하나님께 기도를 드릴 수 있는 중보자로서 경배의 대상이었다. 만약 성도의 예배가 그리스도께 멈추거나 또는 그리스도를 통해 하나님에게까지 나아가지 않는다면 그것은 궁극적으로 기독신자의 예배가 아닌 것이다.
114) Keller, *Preaching*, 88-91.

나라에서 빛의 나라로 옮겨 와야 합니다. 우리 모두가 이런 형편에 처해 있습니다. … 예수님이 귀신 들린 사람을 고칠 수 있던 이유는 그 사람은 비록 죄인이었지만 예수님이 그 사람과 자리를 바꾸셨기 때문이다. 예수님이 우리의 대리자가 되었다"고 설교하였는데, 그 설교는 복음을 제대로 전한 것이라고 평가하였다. 하지만 필자는 첫 번째 경우가 오히려 본문과 복음에 충실한 설교라고 믿는다. 두 번째 설교가 오히려 본문보다 더 많은 것을 이야기하는 것이라고 생각한다. 왜냐하면 복음의 핵심 내용은 하나님 나라가 임하는 것이기 때문이다. 다시 말해, 복음은 하나님의 통치와 다스림을 경험하는 것이기 때문에(참고. 마 3:2; 막 1:14-15),[115] 마가복음 5장의 말씀도 하나님 나라의 핵심 개념인 하나님의 통치와 연결하여 설명하는 것은 지극히 성경적이고 복음적이라고 할 수 있다.[116]

물론 필자가 강조하는 삼위 하나님 중심적 접근은 모든 설교에서 항상 삼위 하나님이 함께 언급되거나 함께 강조되어야 하는 것을 의미하지는 않는다. 또는 모든 설교에서 삼위 하나님과 관련하여 똑같은 시간을 할애해야 하는 것도 의미하지도 않는다. 또한 복음의 핵심인 예수님의 십자가와 부활에 대한 강조를 소홀히 하라는 것도 결코 아니다(물론 예수님의 십자가와 부활도 삼위 하나님의 관점에서 설명하는 것이 가장 바람직하다고 생각한다). 그런데 분명한 것은 복음을 전할 때 우리는 본문의 강조에 따라 초점을 맞추어 전해야 한다는 것이다. 다시 말해, 본문이나 설교의 문맥이 성부 하나님에 대한 강조가 있으면 성부 하나님께 초점을 맞추어야 하고, 성령 하나님께 대한 강조가 필요하다면 성령 하나님께 초점을 맞추어야 한다. 또한 실제적인 면에서도 항상 예수님 중심으로 결론지어 지는 천편일률적인 설교 패턴은 청중에게 따분하고 진부할 수 있다.

요약하면, 단지 예수 그리스도를 전하는 것이 복음을 전하는 것이라고

---

115) 참고. 김창훈, 『마가복음: 복음서의 하나님 중심적 이해와 적용』, 29-38.
116) 참고. 김창훈, 『마가복음: 복음서의 하나님 중심적 이해와 적용』, 197-204.

주장하고 강조하는 팀 켈러의 설교학적 제안은 다분히 '그리스도 일원론적 접근'이라고 할 수 있다. 전체적인 그의 설교를 종합할 때 많이 양보한다고 할지라도 최소한 그리스도 일원론의 위험성이 많다고 할 수 있다. 우리는 극단적 그리스도 중심적인 설교의 그리스도 일원론을 극복하고 '삼위 하나님 관점에서 구속의 전 과정을 포함하는 온전한 복음'을 전해야 할 것이다.117)

2. 해석학적 오류: 모형론화와 영해
– 모든 성경에서 그리스도를 발견하라(?)

극단적 그리스도 중심적 설교의 또 하나의 문제점은 '해석학적 오류'의 가능성이다. 모든 설교는 바른 주해에 근거해야 하고 해석학적 정당성을 확보해야 한다. 여러 가지 해석학적 오류의 함정들이 곳곳에 대기하고 있는 그리스도 중심적 설교는 더더욱 그렇다.118) 일반적으로 그리스도 중심적 설교와 관련하여 가장 많이 대두되는 해석학적 문제는 소위 '모형론

---

117) 그리스도 일원론과 관련하여 Johann Le Roux의 문제 제기와 경고는 음미할 만 하다("Die Betekenis van die Verhoudinge in die Goddelike DrieEenheid vir die Prediking," Th. D. dissertation, Univ. of Potchefstroom(1991), 147. Greidanus, *Preaching Christ*, 270에서 재인용)
　　그리스도 중심적이라는 용어에 내포된 '중심' 혹은 '중심점' 사상이 '중보자'가 아닌 다른 어떤 의미일 때 하나님의 경륜은 왜곡된다. 그렇게 되면 설교는 그리스도 일원론으로 퇴보되며, … 마치 그리스도 혼자만 하나님이신 것처럼 설교하게 된다.
118) 그레이다누스(Greidanus, *Preaching Christ from the Old Testament*, 303-403)는 바른 주해와 해석학적 정당성이 확보된 그리스도 중심적 설교를 위해 필요한 지침들과 방법론을 제시하였다. 물론 그가 제시한 지침들과 방법론이 다소 복잡하고 어렵게 보일 수도 있지만, 온전한 그리스도 중심적 설교를 위해서 반드시 참고하고 고려해야 할 사항이라고 판단된다. 그가 구약을 바르게 그리스도 중심적으로 설교하기 위해 제시한 일곱 가지 방법론은 다음과 같다. 1) 점진적 구속사의 길, 2) 약속-성취의 길, 3) 모형론의 길, 4) 유추의 길, 5) 통시적 주제의길, 6) 신약 관련 구절 사용의 길, 7) 대조의 길.

화(typologizing)'와 '영해(또는 알레고리적 해석, allegorizing)'이다.

그러면 모형론화와 영해란 무엇인가? 모형론화의 이해를 위해 우선 '모형론(typology)'에 대한 설명이 필요하다. 모형론은 '하나님의 구원 역사 속에서 실재하는 인물, 제도, 사건들의 유추와 상승작용을 통해 연결되는 모형(과 대형 사이의 연결시키는 방법(시도)'라고 정의할 수 있다.[119] 그레이다누스는 참된 모형론의 특징에 대해 네 가지를 제시했는데, 핵심을 잘 정리한 것이라고 판단된다.[120]

1) 참된 모형은 역사적이다. 오직 역사적인 인물들, 제도들, 사건들에만 적용된다.

2) 참된 모형은 하나님 중심적이다. 즉, 하나님의 행위와 관계된다.

3) 참된 모형은 대형(원형)과 의미심장한 유추를 보여준다.

4) 참된 모형은 대형에 의해 확대 상승이 드러난다.[121]

---

119) 모형론에 대한 좀 더 자세한 설명을 위해 Gerhard von Rad, "Typological Interpretations of the Old Testament," tr. J. Bright, in *Essays on Old Testament Hermeneutics*, ed. Claus Westermann (Richmond: John Knox, 1963), 17-39; Walther Eichrodt, "Is Typological Exegesis an Appropriate Method?" tr. J. Bright, in *Essays on Old Testament Hermeneutics*, ed. Claus Westermann (Richmond: John Knox, 1963), 224-45; Leonhard Goppelt, *Typos: The Typological interpretation of the Old Testament in the New*, 최종태 역, 『모형론』(서울: 새순출판사, 1987)을 참고하라.

120) Greidanus, *Preaching Christ from the Old Testament*, 374-5.

121) 그레이다누스는 바르고 온전한 모형론적 접근을 위한 규칙도 제시하였다 (Greidanus, *Preaching Christ from the Old Testament*, 376-79).

1) 모형론적 해석은 항상 문예적-역사적 해석을 전제하라.

2) 모형을 세부 사항에서 찾지 말고 자기 백성을 구속하시는 하나님의 활동과 관련된 본문의 중심 메시지에서 찾아라.

3) 구약 시대에서 인물, 제도, 혹은 사건의 상징적 의미를 결정하라.

4) 구약의 모형과 신약의 대형 사이의 대조점들을 기록하라.

5) 구약의 상징/모형에서 그리스도로 옮겨 갈 때, 그 의미가 점진적으로 확대하는 만큼 상징의 의미를 진전시켜라.

6) 단순히 그리스도께로 모형론적인 계열을 그리지 말고, 그리스도 자체를 설교

예를 들어, 구약의 출애굽, 유월절 어린 양, 제사 제도, 성막, 광야의 놋 뱀, 가나안 정복 등은 모두 예수님의 구속 사역과 관련하여 역사적으로 의미심장한 유추를 보여주며 확대 상승을 분명하게 드러낸다. 이에 반해, 모형론화(typologizing)는 역사적, 신학적, 성경적 근거 없이 설교자(또는 주해자)가 임의로 사건이나 인물이나 제도를 그리스도와 연결하여 주해하고 적용하는 것이다. 예를 들어, '나무를 지고 모리아 산으로 오르는 이삭은 십자가를 지시는 그리스도의 모형이다,' '자기 형들을 찾아 나서는 요셉의 복종은 그리스도의 복종의 예언적 모형이다,' '요셉이 이스마엘 사람들에게 팔린 것은 그리스도께서 유다에 의해 팔리는 것을 예표한다' 등은 모형론화 라고 할 수 있다.122) 이러한 예들은 하나님의 직접 행하심의 개입이 없거나 역사적으로 유추나 상승 확대를 보여주지 않고 단순한 또는 우발적인 병행 관계에 불과하기 때문이다.123)

'영해'는 우리가 잘 알고 있는 것처럼 설교자(또는 주해자)가 성경적 신학적 근거 없이 임의로(주관적으로) 사건이나 인물이나 제도 등에 영적인 의미를 부여하는 것이다.124) 예를 들어, 여호수아서 6장의 여리고 전투에 대한 설교에서 "여호수아는 예수님을, 여리고는 세상을, 나팔을 든 7명의 제사장들은 마태, 마가, 누가, 요한, 야고보, 유대 그리고 베드로를

하라.

122) 참고. Greidanus, *Preaching Christ from the Old Testament*, 157, 371.

123) 그레이다누스(Greidanus, *Preaching Christ from the Old Testament*, 365-382)는 모형론과 모형론화 또는 영해의 주요한 차이점은 구속사가 기능하는 방식에 있다고 하였다. 비록 모형론화와 영해가 구속사를 부인하지 않는다고 할지라도 성경 해석 시 구속사는 아무런 역할을 하지 못하는데 반하여 모형론적 해석은 구속사를 필요로 하는데 이는 모형과 대형 사이의 유추와 상승이라는 요소가 구속사 내에서 추출되고 있기 때문이라는 것이다.

124) 참고. Greidanus, *Preaching Christ from the Old Testament*, 120-148.

상징하고, 기생 라합은 죄인들로 구성된 교회를 가리키며, 라합이 자신과 그녀의 가족을 살육으로부터 구하고자 창 밖에 매단 붉은 줄은 그리스도의 구속의 피를 상징한다"고 하거나 "아브라함은 이삭을 위해 신부(리브가)를 얻어 주려고 자기 종(성령님)을 보낸 성부의 모형이고, 이삭은 주 예수 그리스도를 나타내며, 리브가는 교회를 의미한다"고 하는 것 등은 영해이다.[125] 왜냐하면 이러한 해석은 분명한 역사적, 성경적, 신학적 근거가 없이 설교자가 임의로 본문에 어떤 영적 의미를 부여하였기 때문이다.[126]

그렇다면, 모형론화와 영해의 문제점은 무엇인가? 사실, 위에서 보는 것처럼, 모형론화와 영해는 예수 그리스도를 전하기에 가장 쉬운 방법이다. 왜냐하면 설교자가 역사적, 성경적, 신학적 근거 없이 '마음껏' 또는 '자기 원하는 대로' 사건이나 인물이나 제도에 구속사적 의미를 부여하거나 예수님을 연결할 수 있기 때문이다. 그러나 영해와 모형론화의 가장 심각한 문제점은 설교자가 말씀의 청지기(또는 종)가 아니라 말씀의 주인이 되어 마음대로 말씀이 자신 원하는 의미를 부여하는 것에 있다. 이와 관련하여 버나드 램(Bernard Ramm)의 약간 극단적일 수 있는 지적을 모든 설교자는 마음 깊이 새겨야 한다.[127]

(모형론화나) 영해가 가져온 불행은 그것이 하나님 말씀의 참된 의미를 흐리게 한다는데 있다. 만약 그러한 잘못된 접근들이 복음의 핵심적이고 진정한 의미를 변질시킨다면, 그것은 최악의 경우 사이비 종교나 이교도들이 하는 일이 될 수 있음을 기억해야 한다. 실제로 그것은 역사적으로 영지주의자들

---

125) 참고. Greidanus, *Preaching Christ from the Old Testament*, 148, 370.

126) 해석학 전체적인 관점에서 보면, 영해(알레고리적 해석)는 모형론화보다 그 범위가 넓고 다양하게 활용될 수 있다. 그런데 구속사적 설교의 관점에서만 보면 영해와 모형론화는 거의 비슷한 개념이라고 할 수 있다.

127) Bernard Ramm, *Protestant Biblical Interpretations: A Textbook of Hermeneutics* (Grand Rapids: Bakers, 1970), 30.

이 신약 성경을 잘못 주해했을 때 정확하게 발생하였던 일이다. 만약 성경이 그러한 잘못된 방법으로 다루어진다면 성경은 주해자의 손 안에서 마음껏 이용될 수 있는 일종의 '공작용 점토(putty)'가 되어 버린다.

그런데 위에서 언급한 대로, 켈러는 찰스 스펄전(Charles Haddon Spurgeon)의 말을 인용해 "모든 성경은 그리스도로 나아가는 길이 있다"고 하면서,[128] "성경 전체의 맥락 안에서 접근하면 온전함을 잃지 않은 채 각 본문의 중심 메시지로부터 그리스도를 설교할 수 있는 '어떤 길'이 있기 때문에 설교가 끝나기 전에 바로 그 길을 가리키고, 바로 그 길로 여행하라"고 주장한다.[129] 그러면서 모든 본문에서 예수님을 발견하고 설교하는 6가지 구체적인 방법론을 제시하기도 했다.

그러나 우리는 모든 본문에서 그리스도를 발견하는 것이 설교를 위한 주해의 유일한(또는 최고의) 관심과 목표가 될 때 해석학적 오류가 발생할 가능성이 많다는 것을 기억해야 한다. 다시 말해, 그러한 접근 방식은 흔히 지적되는 대로 '주입식 주해(eisegesis)'가 되어 모형론화와 영해의 오류를 범할 가능성이 많고, 또한 본문의 의미를 왜곡하거나 미흡하게 해석할 가능성이 많다.[130]

---

128) 스펄전은 우리에게 잘 알려진 『목회자 후보생들에게』라는 책에서 그리스도 중심적 설교와 관련하여 많은 사람들이 자주 인용하는 유명한 말을 했다 [Charles H. Spurgeon, *Lecture to My Students*, 원광연 역, 『목회자 후보생들에게』 (서울: 크리스챤다이제스트, 2009), 123-4].
제가 드리고 싶은 모든 말씀의 요점은 이것입니다. 형제 여러분, 그리스도를 전하십시오. 언제나 영원토록 그리스도를 전하시기 바랍니다. 그가 온전한 복음이십니다. 그의 품성과 그의 직분과 사역이 모든 것을 다 포괄하는 유일한 위대한 주제가 되어야 합니다.
129) Keller, *Preaching*, 94, 96.
130) 이와 관련한 구체적인 예를 위해서, 김창훈, 『하나님 중심적 설교』, 581-5을 참고하라. 또한 여기에서 우리는 모든 본문에서 그리스도를 발견하기 위해서 본문을 주해하는 것과 성경 전체의 빛 아래서 본문을 주해하고 설교한다는 것은 결코 동일한 개념이 아님을 기억해야 한다. 물론 성경이 통일성과 점진성이 있고 그 중심

실제로 모든 본문에서 예수 그리스도를 발견하는 것이 목표요 관심인 켈러에게서 주입식 주해의 해석학적 오류가 발견되는 것은 너무 당연한 결과이다. 그의 사사기 설교를 예로 들어보자. 그는 사사기 설교 서론에서 다음과 같이 이야기했다.[131]

사사기의 이야기들은 이따금 우울하고 속상하지만 항상 흥미진진하고 예측 불가능하다. 나는 그 이야기를 들으며 사사기가 어떻게 예수님을 가리키는지 살펴보고자 한다. 그리고 오늘날 다원주의 사회에서 예수님을 영화롭게 하고 기쁘시게 하는 삶을 살려면 어떻게 해야 하는지 사사기에서 제시하는 방법을 살펴보겠다.

그러면서 그는 사사기 1:1-2:5을 '절반의 제자도로는 안 된다'는 제목으로 설교하면서 결론은 그 주제와는 좀 엉뚱하게 "우리는 오직 십자가 위에서 하나님이 이 긴장을 어떻게 해소하실 수 있는지 이해할 수 있다. … 그래서 우리는 죄악 되고 불순종하는 삶 속에서도 용서받고 순종하는 삶을 살아갈 수 있다. 십자가는 우리가 교만해지지 않으면서 우리 스스로를 받아들일 수 있는 곳이고, 낙담하지 않으면서도 우리 자신에게 도전을 줄 수 있는 곳이다"고 결론을 내렸다.[132] 바람직한 구속사적 접근은 본문의 핵심 주제와 연결되어야 하는데,[133] 그의 십자가에 대한 언급은 본문의 핵심 주제와도 연결되지 않고 설교의 문맥을 볼 때에도 적절하지 않다.

그는 사사기 2:6-3:6을 '우상 가운데 사는 삶'이란 제목으로 설교하

에 예수 그리스도가 있는 것은 분명하지만, 예수 그리스도를 가지고 본문에 들어가면 그것은 주입식 주해인 것이다.

131) Timothy J. Keller, *Judges for You*, 김주성 역, 『당신을 위한 사사기』 (서울: 두란노서원, 2015), 13.

132) Keller, *Judges for You*, 38-9.

133) 참고. Greidanus, *Preaching Christ from the Old Testament*, 376; 김진규, "구약의 그리스도 중심적 설교 방법론 연구," 「성경과 신학」 82(2017): 73.

면서 "사사 시대에는 사사가 리더였다면 오늘날 우리의 궁극적 리더는 예수 그리스도시다"고 했다.[134] 전체 설교에서 문자적으로 예수 그리스도에 대한 언급은 이 한 문장뿐이다. 그러면서 그 이유나 근거를 전혀 설명하지 않았다.

그는 사사기 3:7-31을 '옷니엘과 에훗, 연약함을 사용하시다' 는 제목으로 설교하면서, "옷니엘이 죽기 전에 이룬 40년의 평화는 예수 그리스도께서 그의 죽음을 초월하여 우리에게 가져오시는 영원한 평화에 대해 감사하게 된다"고 하면서, "에훗은 우리에게 예수님을 가리킨다. 그는 또한 우리에게 우리 자신을 가리킨다"고 하였다.[135] 하지만 그러한 설명의 근거나 이유가 전혀 언급되지 않는다.

그는 사사기 4:1-5:31을 '드보라와 바락, 연합과 공존으로 통치하다' 의 제목으로 설교하면서 "이 모든 것을 통해 하나님이 택한 리더는 단지 구원할 뿐 아니라 통치한다는 것을 알 수 있다. 그런 면에서 드보라는 후에 나타날 왕조뿐만 아니라 그리스도까지 예고한다"고 하였는데,[136] 그렇게 이해할 수 있는 설명이 전혀 없다.

그는 사사기 6:1-40을 '기드온, 하나님의 임재를 구하다' 의 제목으로 설교하면서 "역사의 이 시대에 사는 우리는 예수 그리스도, 하나님의 아들을 안다는 면에서 기드온보다 유리하다. 예수 그리스도께서 그의 말씀으로 자신을 계시하셨기 때문이다(히 1:1-2)"고 했다.[137] 그러나 히브리서 1:1-2는 예수님 자신이 말씀으로 자신을 계시하신 것이 아니라 하나님께서 예수 그리스도를 통해 계시하신 것, 즉 중보자로서 예수님의 역할이 강조되었다는 점에서 그의 설명은 적절하지 않다.

정리하면, 위의 사사기 설교를 예로 볼 때, 켈러는 정당한 해석학적 절

---

134) Keller, *Judges for You*, 50.
135) Keller, *Judges for You*, 72, 79.
136) Keller, *Judges for You*, 85
137) Keller, *Judges for You*, 128.

차나 과정이나 설명 없이 임의적이거나 돌발적으로 예수 그리스도 안에서의 구원을 언급하거나 사사들을 예수님의 모형으로 제시하고 있다. 심하게 표현하면, 모든 본문에서 어떻게 해서든 예수 그리스도를 끌어내어 전해야 한다는 일종의 강박 관념이 그에게 있는 것 같다는 생각이 든다. 하지만 그러한 접근 방법은 영해요 모형론화이다.

이러한 모형론화 또는 영해의 심각한 해석학적 오류는 켈러가 자신이 강조하는 그리스도 중심적 설교의 대표적인 모델의 한 사람으로 언급하고 있는 스펄전의 설교에서도 쉽게 발견된다.[138] 예를 들어, 스펄전은 창세기 22장을 설교하면서 "종들은 뒤에 남았고 아브라함과 이삭만 홀로 남은 것과 마찬가지로 겟세마네 동산에서 예수님의 제자들이 도망했을 때 성부와 성자만 홀로 남았습니다. 이삭이 나무의 단을 짊어졌다는 것은 자신의 십자가를 짊어지신 예수님의 참된 모습입니다"라고 말한다. 또한 모세가 마라에 쓴 물에 던졌던 나무와 관련하여 "나는 한 나무를 알고 있습니다. 이 나무는 영혼에 넣으면 영혼의 모든 생각과 바램들을 달게 할 것입니다. 예수님은 이 나무를 알고 계셨고 이 나무 위에 죽으셨습니다"고 설교하였다.[139] 주입식 주해로 야기된 영해와 모형론화의 심각한 오류라고 평가하지 않을 수 없다.[140]

결국 '모든 본문에서 그리스도를 발견하여 설교하라' 는 켈러의 주장은 주입식 주해라는 해석학적 오류를 범할 가능성이 높다. 실제로 그의 사사

---

138) 스펄전의 극단적 그리스도 중심적 설교와 관련하여 Greidanus, *Preaching Christ from the Old Testament*, 232-48를 참고하라.

139) Greidanus, *Preaching Christ from the Old Testament*, 242-3.

140) 스펄전의 설교에 있어서 영해의 또 다른 예들을 위해 김창훈, "하나님 중심적 인물 설교에 대한 연구," 「복음과 실천신학」 25(2012/봄): 140-141을 참고하라.

기 설교에서 본 바와 같이 그러한 접근 방법은 역사적, 신학적, 성경적 근거 없이 본문에 예수 그리스도와 관련된 의미를 부여하는 영해와 모형론화의 결과를 낳은 것을 부인할 수 없다. 바르고 온전한 주해와 설교는 어떤 특별한 목적을 가지고 주입식으로 본문에 접근하지 않고, 선입견 없이 가까운 문맥에서부터 점점 성경 전체의 문맥으로 확대해서 본문을 해석하는 것이다.141)

3. 설교학적 오류: 모범적 설교의 배척 또는 무시142)

극단적 그리스도 중심적 설교의 또 하나의 문제는 설교학적 오류, 즉 모범적 설교143)의 배척 또는 무시(또는 모범적 설교를 구속사적 설교와 대립되는 개념으로 이해)의 가능성에 대한 것이다.

사실 이 문제는 구속사적 설교가 뜨거운 논쟁의 대상이었던 1930-40년대 화란에서도 아주 심각하게 논의되었던 이슈 가운데 하나이다. 당시에도 극단적인 구속사 학파는 모범적 설교 자체를 부인하였다. 예를 들어, 판트피엘(Van't Veer)은 "이 두 방법(구속사적 방법과 모범적 방법)을 결합시키는 일은 만약 우리가 설교의 통일성을 유지하기 원한다면 절대로 불가능하다. 왜냐하면 그 각각이 성경의 역사 기록에 대한 관점이 서로 다

---

141) 설교를 위한 주해에 대한 좀 더 자세한 설명을 위해, 김창훈, 『하나님 중심적 설교』, 272-96을 참고하라. 또한 구약 부분 부분을 성경 전체의 빛 아래서 의미를 파악하도록 도움을 주는 좋은 지침서로서 Raymond B. Dillard, Tremper Longman, *An Introduction to the Old Testament*, 박철현 역, 『최신구약개론』 (고양: 크리스챤다이제스트, 2009)을 참고하라. 그들은 구약의 각 책에 '신약의 관점에서'라는 부분을 첨가하여 각 책의 성경 전체에서의 의미를 제시하였다.

142) 이 부분은 김창훈, 『하나님 중심적 설교』, 575-81에서 많은 부분 가져왔음을 밝힌다.

143) 모범적 설교는 '성경의 사건이나 인물을 긍정적인 면에서 또는 부정적인 면에서 오늘날 우리의 신앙과 삶의 해야 할 모범 또는 하지 말아야 할 모범으로 제시하는 설교'를 의미한다.

르며 따라서 그 역사를 서로 다른 규칙에 따라 해석할 것이기 때문이다"144)고 하였다.

이러한 모범적 설교에 대한 배척은 오늘날 극단적 구속사적 설교를 강조하는 브라이언 채플(Bryan Chapell)145)과 그래암 골즈워드(Graeme Goldsworthy)에게서도 발견된다. 물론 그들은 '모범적 설교'라는 용어를 직접적으로 비판하지 않았다. 그러나 "~처럼 되라(be like)," "선한 사람이 되라(be good)," 또는 "영적 훈련을 받아라(be disciplined)" 등의 "~을 하라" "~이 되라"와 같이 인간적인 수고와 노력이 강조되는 설교는 하나님의 본질을 훼손하며 성도들의 신앙을 손상시키는 반구속사적인 나쁜 메시지가 된다고 하는 채플의 주장은 모범적 측면을 배척하거나 무시하는 바르지 못한 주장이다.146) 또한 모든 본문의 해석에서 반드시 그리스도를 발견해야 하고, 적용의 내용도 항상 그리스도와 연결해야 된다고 하는 골즈워디의 주장은 설교의 모범적인 측면이 고려되지 않는 한 쪽으로 치우친 주장이다.147)

필자는 켈러에게서도 이러한 모범적 접근에 대한 배척이 암암리에 나

---

144) Sidney Greidanus, *Sola Scriptura: Problems and Principles in Preaching Historical Texts*, 권수경 역, 『구속사적 설교의 원리』 (서울: 학생신앙운동, 2003), 61에서 재인용.

145) 채플은 본문이 그리스도에 대해 혹은 그리스도의 사역에 대해 직접 언급하기도 하지만 설령 그렇지 않더라도 모든 본문은 그리스도의 사역을 예언하거나 준비하거나 반영하거나 결과를 보여준다고 주장한다. 그렇기 때문에 "만약 설교자들이 성경 계시와 관련하여 많은 부분 옳게 이야기한다고 할지라도 그것을 하나님의 구속 사역과 직접 연결시키지 못했다면, 그들은 성경 계시를 적절하게 설명하지 못한 것이다"고 하였다. 따라서 본문에 충실한 제대로 된 "강해설교는 곧 그리스도 중심적 설교"라고 규정하였다. Bryan Chapell, *Christ-Centered Preaching: Redeeming the Expository Sermon*(2nd ed.) (Grand Rapids: Baker, 2005), 280-2.

146) Chapell, *Christ-Centered Preaching*, 289-93.

147) Graeme Goldsworthy, *Preaching the Whole Bible as Christian Scripture*, 김재영 역, 『성경신학적 설교 어떻게 할 것인가』 (서울: 성서 유니언 선교회, 2002), 187-212.

타난다고 생각한다. 물론 그는 브라이언 채플이나 그래암 골즈워드와 같이 모범적 접근을 배척한다는 표현은 직접적으로 사용하지 않았지만, 복음에 반하는 도덕주의 또는 도덕주의적 잘못된 접근을 경계하면서 다음과 같이 문제를 제기한다.[148]

> 결국 성경을 읽는 데는 단 두 가지 길이 있다. '근본적으로 나에 관한 것인가? 아니면 근본적으로 예수님에 관한 것인가?' 다른 말로 '근본적으로, 내가 해야 할 일에 관한 것인가? 아니면 근본적으로 그분이 행하신 일에 관한 것인가?'

다시 말해, 하나님의 말씀을 나에 대한 교훈으로 또는 내가 할 일에 관한 것으로 설교가 진행되면 그것이 바로 '도덕주의'를 강조하는 것이고 자력 구원 의식을 강화하는 것이라고 평가한다.[149] 그렇기 때문에, 위에서 언급한 것처럼, 그는 적용을 위한 기저 패턴을 제시하면서 적용의 과정에서 신앙과 삶의 모범으로서 예수 그리스도가 반드시 중간에 언급(개입)되어야 한다고 주장하고 있다.[150] 물론 예수님은 우리의 구원자이시지만 또한 우리 신앙과 삶의 모범이 되시기 때문에 신앙과 삶의 모범으로 예수 그리스도를 제시하는 것은 바람직한 적용의 한 방법이 될 수 있다. 그러나 필자는 단순히 신앙과 삶의 모범으로 예수 그리스도를 제시하는 것 자체가 복음의 본질이나 핵심을 드러내는 것이라고 강조하거나, 또한 그러한 접근이 온전한 구속사적 메시지라고 주장하는 것은 옳지 않다고 평가한다.

이상에서 본 바와 같이 극단적인 구속사적 설교를 주장하는 사람들은 직접적으로 또는 암시적으로 모범적 접근 자체를 배척하거나 바람직하지

---

148) Keller, *Preaching*, 84.
149) Keller, *Preaching*, 85-6.
150) Keller, *Preaching*, 303 이하.

않는 설교학적 접근이라고 주장한다. 그러나 필자와 마찬가지로 많은 학자들은 구속사적 설교의 기본적인 전제와 방향에 대해서는 동의하지만 모범적 설교를 배척하거나 무시하는 부분에 대해서는 반대한다. 1930-40년대 화란의 많은 학자들도 구속사적 설교를 주장했던 스킬더나 홀베르다의 주장에 기본적으로는 동조했지만, 배타적이고 일방적인 면에 대해서는 반대하였다. 그들은 극단적인 구속사적 접근의 불합리성을 지적하며 모범적 접근의 필요성과 가능성을 주장하였다.

그러면 구속사 학파들이 주장하는 것처럼, '모범적 설교는 절대적으로 배척되어야 할 비성경적이고 반구속사적 접근인가?' 결코 그렇지 않다. 성경을 보면 실제적으로 모범적 접근과 설교가 가능함을 자주 보여주었다. 많은 분들이 모범적 설교의 정당성을 입증하기 위해서 자주 인용하는 본문들이 있는데, 그것은 고린도전서 10장, 히브리서 11장, 야고보서 5장이다.151) 고린도전서 10장을 보면, 구약의 여러 가지 일들을152) 기록한 다음에 11-12절에서 이렇게 말씀한다.

그들에게 일어난 이런 일은 본보기가 되고 또한 말세를 만난 우리를 깨우치기 위하여 기록되었느니라 그런즉 선줄로 생각하는 자는 넘어질까 조심하라

역사적 사건들이 오늘날 우리에게 같은 죄를 짓지 말라고 하는 직접적인 경고와 교훈이 된다는 것이다. 야고보서 5장에서는 인내의 모범으로서 욥을 언급하였고(5:10-11), 믿음과 능력의 기도의 모범으로서 엘리야

---

151) 참고. Greidanus, *Sola Scriptura*, 135-43.
152) 광야에서 일어났던 금송아지 사건(7절: 출 32:1-6), 이스라엘 백성들이 모압의 신들에게 절을 하며 모압 여자들과 간음하다가 하나님의 심판을 당한 바알브올 사건(8절: 민 25:1-9), 이스라엘 백성들이 많은 표적을 보고도 하나님의 능력을 불신하는 죄를 범했다가 불 뱀에 의해 물려죽은 사건(9절: 민 21:4-9) 등이 언급되어 있다.

(5:16-18)를 언급하고 있다. 히브리서 11장을 보면 구약의 많은 신앙의 인물들을 우리가 직접적으로 본받고 따라야 할 믿음의 모범으로 제시하였다. 그렇기 때문에 구속사 학파가 주장하는 것처럼 모범적 설교가 비성경적이지 않다. 오히려 배타적이고 일방적인 구속사적 설교가 옳지 않다. 오퍼다인(Overduin)의 말처럼 만약 '구속사적'이라는 말과 '모범적'이라는 말에 적절한 내용만 부여한다면, 이 두 용어들 사이에는 아무런 대조의 문제가 없다.153) 따라서 구속사적 접근과 모범적 접근은 반대와 대립의 개념으로 취급하지 말아야 하며, 어느 하나도 극단적으로 접근하지 말아야 한다.

물론 본문에 드러나 하나님의 뜻과 의도를 무시하거나 전혀 언급하지 않고 단지 '~이 되라' 또는 '~같이 행하라'고 설교한다면 그것은 인간중심적이며 도덕적 접근임에 분명하다. 또한 그러한 오류의 함정에 빠지지 말아야 한다. 그러나 하나님 중심적으로 접근하여 본문의 하나님의 의도를 드러낸 후에 그 관점에 근거해서 모범적인 적용을 제시하는 것은 바람직한 설교의 구조요 논리적 진전이라고 할 수 있다. 예를 들어, 룻이라는 인물에 대해 설교한다고 하자.154) 만약 설교자가 단순히 자식의 지극한 효성을 통해 받는 복이 얼마나 큰지를 강조하거나, 시어머니와 며느리의 관계가 어떻게 되어야 하는지에 대해서만 부각시킨다면 그것은 인간중심적 또는 도덕적 해석과 설교가 된다. 왜냐하면 하나님께서 단순히 룻이라는 개인을 부각시키기 위해서 또는 효성심이라든지 시어머니와 며느리의 관계의 바람직한 본을 우선적으로 교훈하기 위해서 룻에 대해 기록케 하시지는 않았기 때문이다. 하나님께서 룻이라는 여인을 등장시키신 것은

---

153) 참고. Greidanus, *Sola Scriptura*, 59.
154) 룻과 에스더에 대한 예는 김창훈, "하나님 중심적 인물 설교에 대한 연구," 149-152에서 가져왔음을 밝힌다.

연약하고 사회적으로 천대받은 여성이요 또한 혈통적으로 냉대 받은 이방인을 택해 하나님의 구원사역을 이루어 가시는 하나님의 섭리와 주권과 계획을 드러내기 위한 것이었다. 이 견해에 동의한다면, 룻을 설교할 때 설교자는 우선적으로 그러한 하나님의 뜻과 의도를 강조해야 한다. 그러한 약하고 천한 자를 들어서 하나님의 위대한 구원 역사를 이루어 가심을 보여주는 룻의 이야기는 오늘날 많은 성도들에게 소망이 되고, 겸손함을 위한 도전이 될 것이다. 그 후에 모범적 관점에서 하나님의 위대한 구원 사역을 이루는 하나님의 백성의 합당한 삶으로서 룻의 신실함 또는 효성을 강조할 수 있고, 바람직한 고부간의 관계 등도 적용점으로 제시할 수 있을 것이다. 이와 관련하여 클라렌스 메카트니(Clearence Macartney)는 좋은 실례를 보여준다. 그는 룻의 이야기에서 다음과 같은 두 가지 진리가 발견된다고 결론을 내린다.

가. 하나님께서 우리들의 생을 섭리하신다는 사실이다.
나. 선택과 결심이 놀라운 힘을 가지고 있다는 사실이다.[155]

또 다른 예를 위해 믿음의 여인 에스더를 보자. 에스더서의 핵심 메시지는 세상의 모든 역사가 하나님의 주권 하에 있으며 하나님은 당신의 백성들을 모든 상황에서 구원하신다는 것이다.[156] 좀 더 범위를 좁히면, 하

---

155) Clearence Macartney, *Great Women of the Bible* (Grand Rapids: Baker Book House, 1942), 20-3.
156) 에스더와 관련하여 찰스 스윈돌(Charles Swindoll)은 다음과 같이 결론을 내린다[Charles Swindoll, *Esther: A Woman of Strength and Dignity*, 조계광 역, 『믿음과 기품의 여인 에스더』 (서울: 생명의 말씀사, 2005), 16].
하나님은 때로 멀리 계신 듯이 느껴지기도 하고 눈에 보이지도 않으시지만 궁극적 승리를 일구어 내신다. 바로 이것이 에스더서의 핵심주제이다. 유대인의 역사를 다루는 에스더서에는 하나님의 이름이 직접 언급되지 않는다. 하지만 모든 사건의 배후에서 그분의 임재를 분명히 느낄 수 있다. 하나님은 모든 상황을 섭리하여 궁극적 승리를 이끌어내심으로서 스스로를 유대 백성의 하나님으

나님의 기적적인 섭리로 이스라엘이 구원받은 사건을 기념하는 '부림절(Purim)'은 구속사적으로 성도와 교회를 멸하려고 도전하는 모든 악한 세력들의 멸망과 성도와 교회의 최후의 승리를 예표한다고 할 수 있다. 이러한 핵심 메시지로부터 설교자는 자연스럽게 성도는 어떠한 상황에서도 낙심하지 않고 하나님의 도우심과 인도하심을 믿고 영광스러운 소망을 가져야한다고 설교할 수 있다. 그리고 그러한 메시지의 기초 위에서 극한 어려움 속에서도 '죽으면 죽으리라'는 자세로 철저하게 하나님께 매달리는 에스더의 자세는 우리의 신앙과 삶에 모범으로 적용의 관점에서 소개될 수 있다. 에스더와 관련하여서도 메카트니는 다음과 같이 적용을 제시하였다.

　　가. 하나님의 목적은 인간과 국가의 생활에서 이루어지고, 모든 것이 하나님
　　　　의 섭리 가운데 진행된다.
　　나. 하나님께서는 각 개인에 대한 경륜을 가지고 계신데, 그것을 깨달았을 때
　　　　자기의 생명을 잃는 한이 있더라도 하나님의 뜻에 순종하였던 에스더처
　　　　럼 순종하자.157)

위의 두 예는 본문에서 하나님의 의도나 섭리를 먼저 설명하고, 그것에 근거해서 인물의 긍정적인 부분이나 부정적인 부분을 우리의 신앙과 삶의 모범으로 제시하고 있다. 이러한 설교의 전개는 어쩌면 하나님 중심적 설교에서 바람직하고 자연스러운 전개요, 적용의 방법이라고 할 수 있다.158)

로 입증하셨다.

157) Macartney, *Great Women of the Bible*, 36-42.

158) 이와 관련하여 에드문드 클라우니(Edmund P. Clowney, *Preaching & Biblical Theology*, 김정훈 역, 『설교와 성경신학』 [서울: 한국기독교 교육 연구원, 1982], 73-4)도 "윤리적 설교와 구속사적 설교 중 하나를 택해야 한다고 생각하는 사람이 있으나 신약은 두 가지 모두를 인정할 뿐 아니라 양자를 대립관계에 두지 않는다. … 구속사적 설교에는 반드시 윤리적 적용이 따라오게 되며 이것은 말씀을 설교하는 일에 있어서 본질적인 요소"라고 주장하였다.

4. 기독교 신앙의 왜곡

극단적 그리스도 중심적 설교의 또 다른 문제는 '기독교 신앙의 왜곡'의 가능성이다. 이러한 문제점은 켈러를 비롯한 극단적인 구속사적 설교를 주장하는 사람들에게서 다양하게 나타난다. 무엇보다도 극단적인 그리스도 중심적 설교는 인간의 책임을 약화시킬 수 있다. 위에서 살펴보았던 대로 켈러는 복음 설교를 위한 기저 패턴을 제시하면서 다음과 같이 구체적인 제안을 하였다.

설교의 마지막을 '이렇게 살라'라는 문장으로 끝내지 마라. 대신 "우리는 이렇게 살 능력이 없습니다. 그런데 그렇게 사신 분이 계십니다. 그리고 그분을 믿음으로 우리도 이런 삶을 시작할 수 있습니다"로 마무리하라.[159]

설교의 마지막 단계에 적용을 위해 많은 시간을 할애할 수 있고, 또 그렇게 해야 한다. 하지만 일반적으로 마지막을 채우는 최고의 길은 '여러분은 이렇게 해야 합니다'가 아니라 '여기 우리가 하나님을 알 수 있도록 우리를 위해 모든 걸 해 주신 분이 계십니다' 하고 강조하는 것이다. 물론 그 분은 예수님이다.[160]

위에서 언급한 것처럼, 극단적 그리스도 중심적 설교를 주장하는 것으로 평가받는 브라이언 채플도 같은 주장을 한다.[161] 그 역시 인간적인 수

---

159) Keller, *Preaching*, 242.
160) Keller, *Preaching*, 248.
161) 채플은 본문이 그리스도에 대해 혹은 그리스도의 사역에 대해 직접 언급하기도 하지만 설령 그렇지 않더라도 모든 본문은 그리스도의 사역을 예언하거나 준비하거나 반영하거나 결과를 보여준다고 주장한다. 그렇기 때문에 "만약 설교자들이 성경 계시와 관련하여 많은 부분 옳게 이야기한다고 할지라도 그것을 하나님의 구속 사역과 직접 연결시키지 못했다면, 그들은 성경 계시를 적절하게 설명하지 못한 것이다"고 하였다. 따라서 본문에 충실한 제대로 된 "강해설교는 곧 그리스도 중

고와 노력이 강조되는 설교는 '비구속적 메시지'라는 것을 인식해야 한다고 하면서,[162] 다음과 같이 경고하였다.[163]

우리가 은혜에 의해 구원을 받았지만 순종을 통해 그 은혜를 유지할 수 있다고 암시하는 복음주의 설교는 성화의 과정에서 하나님의 역사하심을 약화시킬 뿐 아니라 궁극적으로는 하나님의 본성에 의문을 제기하게 하는 것이며 (우리가 온전히 자격을 갖추었을 때만 하나님께서 우리를 사랑하신다고 하는), 우리의 불완전함을 정직하게 직면하게 될 때 우리의 구원 자체를 의심하게 만든다.

하지만 여기에서 우리가 기억해야 할 것이 있다. 성경적 설교 또는 강해 설교의 가장 기본적인 요구 사항은 본문에 있는 그대로를 전하는 것이다. 그런데 성경을 보면 하나님께서는 거의 대부분 아주 단순하게 명령형으로 신앙과 삶의 요구 사항들을 말씀하신다. 또한 때로는 단호하게 회개를 촉구하신다. 물론 성경 전체의 문맥으로 볼 때 그러한 말씀에는 하나님의 은혜와 성령의 역사하심이 전제되어 있다. 또한 우리는 우리의 힘과 능력과 소원만으로 성화를 이루거나 주님께서 원하시는 사람이 될 수는 없고 주의 은혜와 도우심과 인도하심은 필수적임을 확실히 믿는다. 그러나 성경이 전제되어 있는 성령의 역사하심이나 하나님의 은혜에 대한 언급이 없이 단순하게 명령하거나 회개를 촉구하는 것은 우리 인간의 책임을 강조하는 것임을 알아야 한다. 아마 신명기 28장과 산상수훈(마 5-7장)은 이와 관련한 가장 대표적인 본문일 것이다.

또한 극단적인 그리스도 중심적 설교는 성경에 대한 왜곡된 견해를 가

심적 설교"라고 규정하였다. Chapell, *Christ-Centered Preaching*, 280-2.
162) Chapell, *Christ-Centered Preaching*, 289-93.
163) Chapell, *Christ-Centered Preaching*, 291.

질 수 있다. 필자의 판단으로 켈러에게는 이 부분이 분명하게 드러나지 않지만 극단적으로 그리스도 중심적 설교를 강조하는 사람들에게 얼마든지 가능한 일이다. 이와 관련하여 부정적으로 평가받는 대표적인 사람은 마틴 루터(Martin Luther)이다.164) 오직 그리스도만을 강조하게 루터에게서165) 그와 관련하여 여러 가지 성경에 대한 왜곡된 견해가 드러난다.

먼저, 루터는 율법과 복음을 구별하였다. 그는 율법과 복음을 구분하는 일은 성경을 적절하게 이해하는 데 필수적이며 중요하다고 하면서 갈라디아서 강해에서 다음과 같이 주장한다.166)

율법으로부터 복음을 구별해내는 지식은 가장 절실히 요구되는 지식이다. 왜냐하면 율법과 복음의 구별은 모든 그리스도교 교리의 요약이기 때문이다. 그러므로 모든 사람(그리스도인)은 단순히 말로만이 아니라 느낌으로 그리고 체험으로 율법과 복음을 구별해 내는 지식을 열심히 배워야 한다. 실로 이 구별은 우리의 심령과 양심 안에서도 잘 구별이 되어야 한다.

이와 함께 루터는 율법과 복음의 본질을 다음과 같이 설명한다.167)

복음은 구원과 평화를 위한 우리 편에서 어떠한 행위를 요구함이 없이 주어지는 하나님의 화육하신 아들에 관한 설교이다. 그것은 구원과 은총과 위로와 기쁨의 말씀이며 신랑과 신부의 목소리며 좋은 말씀이며 평화의 말씀이

---

164) 마틴 루터의 극단적 그리스도 중심적 설교와 관련하여 Greidanus, *Preaching Christ from the Old Testament*, 175-197을 참고하라.
165) 시편 143편 주석에서 마틴 루터는 다음과 같이 말했다(Martin Luther, *Luther's Works* (American Edition, 이하 *LW*), 14: 204.
　　성경 안에서 그리스도를 충분히 발견하지 못할 때 나는 결코 만족할 수 없었다. 그러나 반대로 성경 안에서 그리스도를 충분히 발견할 때는 나는 만족할 수 있었다. 성령 하나님은 성경을 통해서 예수 그리스도 외에 다른 것을 알기 원치 않으신다는 사실을 나는 발견했다.
166) Luther, *LW*, 26: 117.
167) Luther, *LW*, 31: 231.

다. … 그러나 율법은 파괴와 분노와 슬픔과 비탄의 말씀이며 심판관과 변호
자의 목소리이며 저주의 말씀이다.

또한 루터는 그리스도에 대한 증거가 설교 뿐 아니라 성경의 책들을
평가하는 기준이 되기도 했다.[168] 다시 말해, 그리스도 중심성에 대한 지
나친 강조로 인하여 루터는 행함을 강조한 야고보서를 '지푸라기 서신'으
로 폄하하고,[169] 유다서에도 그리스도에 대한 구체적인 언급을 찾아볼 수
없기 때문에 별로 중요하지 않게 여겼다. 또한 에스더서는 예수 그리스도
와 연결점을 찾아보기 힘들고 유대주의적 요소가 많기 때문에 하나님의
말씀으로 인정하기 힘들어 했고, 유대교적인 색채를 띠는 요한계시록도
하나님의 말씀으로서 반신반의 했었다.[170]

이상의 루터의 예에서 보는 바와 같이 극단적 구속사적 설교는 예수
그리스도에 대한 언급이 성경의 중요성과 필요성을 결정하는 기준이 되는
성경관에 대한 심각한 왜곡을 초래할 가능성이 얼마든지 있음을 기억해야
한다.

정리하면, 위에서 우리는 극단적 그리스도 중심의 설교는 그리스도만
을 극단적으로 추구함으로 여러 부분에서 기독교 신앙의 왜곡의 가져올

---

168) 이에 대한 좀 더 자세한 설명을 위해 김윤규, "루터의 개혁설교에 관한 연
구,"「한국실천신학회 정기학술세미나」2019(2): 344-5를 참고하라.

169) 루터가 야고보서를 지푸라기 서신으로 폄하한 것에 대한 좀 더 자세한 논
의를 위해서 전대경, "루터와 칼빈의 로마서와 야고보서 이해를 통한 개혁주의 이신
칭의 재조명: 이행칭의가 아닌 신행일치를 위하여,"「ACTS 신학저널」34: 193-233
을 참고하라.

170) 이와 관련한 그레이다누스(Greidanus, *Preaching Christ from the Old
Testament*, 195)의 비판도 우리는 눈 여겨 볼 필요가 있다.
그리스도를 설교하는 일에 집중하려는 루터는 결국 구약에 있는 다른 근본적
인 계시들을 경시하게 된다. 즉 하나님의 선한 창조, 하나님의 피조 세계에 대
한 인간의 청지기적 사명, 구속사, 구약에 나타난 하나님 왕국의 도래, 하나님
의 언약, 기독교인의 삶에 대한 하나님의 율법의 가치 등등은 어떻게 되었는
가?

수 있음을 확인하였다. 이것은 구원에 대한 신앙과 이해가 한 쪽으로 치우쳐 졌을 때 당연히 따라 오는 부작용이요 오류인 것이다.

III. 나가면서

필자는 팀 켈러가 탁월한 통찰력과 실행력을 가진 이 시대에 영향력 있는 사역자요 설교자임에는 의심의 여지가 없다고 생각한다(본고에서는 그 부분에 대해서 구체적으로 다루지 않았다). 하지만 필자는 그의 설교학적 제안에 문제가 있음을 발견했다. 그것은 그의 설교학적 제안이 '극단적으로' 그리스도 중심적 설교라는 것이다. 그러한 극단적 구속사적 설교는 신학적으로, 해석학적으로, 설교학적으로 그리고 신앙적으로 심각한 오류가 발생할 가능성이 있다. 실제로 그러한 오류들은 극단적 구속사적 설교를 주장하는 분들에게서 자주 발견되곤 한다. 팀 켈러도 예외는 아니다.

필자는 구속사적 설교는 오늘날 모든 설교자들이 기억해야 하고 반드시 따라야 할 설교의 본질이요 원리임을 믿는다. 하지만 극단적인 접근은 주의해야 한다. 본고에서 필자는 그러한 극단적 구속사적 설교에서 발견되는 대표적인 오류로서 '그리스도 일원론적 설교,' '모형론화와 영해,' '모범적 설교의 배척 또는 무시,' 그리고 '기독교 신앙의 왜곡' 등을 제시하였다. 이러한 극단적인 그리스도 중심적 설교의 문제 또는 오류를 극복하기 위해서 본고에서는 '(삼위) 하나님 중심적 구속사적 설교' 가 제시되었다.

제17장

예언자적 설교

(Prophetic Preaching)[1]

본장은 예언자적 설교의 의의와 중요성의 잘못된 인식에 그 출발점이 있다.[2] 일반적으로 예언자적 설교는 '사회적, 정치적 변혁에 관한 설교(사회 참여와 관련된 설교 또는 사회 정의를 위해 투쟁하는 설교)'로 이해된다. 또한 그러한 설교를 하는 자들은 자신들이 예언자적 사명을 감당하고 있다고 생각한다.[3] 또는 예언자적 설교는 죄를 책망하고 죄에 대해 심판을 외치는 설교(정죄하는 설교)로 이해되기도 한다. 이런 관점에서 예언자적 설교를 이해하는 사람들은 바람직하고 균형 잡힌 설교를 위해 예언자적 설교가 필요하다고 주장한다.[4] 혹자는 이러한 이해와 관련하여 예언자적 설교는 교회에 필요하지만 교인들의 정서에 반하기 때문에 지역 교회에 유익이 되지 않는 설교로 간주하기도 한다.[5]

---

1) 본장은 「성경과 신학」 52(2009/12): 193-224에 "예언자적 설교: 그 의의와 중요성"으로 게재된 논문을 수정 보완한 것이다.
2) 참고. Walter Brueggemann, *The Prophetic imagination*(2nd ed.) (Minneapolis: Fortress, 2001), 2-3, J. Philip Wogaman, *Speaking the Truth in Love* (Louisville: Westminster John Knox, 1998), 3-10.
3) 해방 신학 또는 민중 신학 계열에 속한 사람들이 이 부류의 대표적인 경우일 것이다. 참고. Justo L. Gonzalez & Catherine G. Gonzalez, *The Liberating Pulpit* (Eugene: Wipf and Stock Publishers, 2003).
4) Ronald Allen, "The Relationship between the Pastoral and the Prophetic," *PreachingEncounter* 49(1988): 173-89; Wogaman, *Speaking the Truth*.

최근 들어 몇 몇 학자들에 의해 예언자적 설교에 대한 새로운 이해가 제시되었다. 그 대표적인 학자로 월터 브루그만(Walter Brueggemann)이 있다. 브루그만은 "예언자적 목회의 임무는 우리를 둘러싸고 지배하는 문화에 익숙해진 의식과 인식에 대응하는 대안적인 의식과 인식을 낳고 키우며 불러일으키는 것"이라고 하였다.[6] 그는 또한 지배적인 문화에 대응하는 대안적 의식을 깨우치기 위해서 '비판(criticism)'과 '동력화(erergizing)'가 필요하다고 주장하였다. 그러면서 예언자적 비판은 슬픔의 언어와 함께 선포되어야 하고, 예언자적 동력화는 소망의 언어와 함께 선포되어야 한다고 하였다. 브루그만이 교회 안에서의 예언자적 설교의 가치를 강조함으로 예언자적 사명의 바른 이해를 위해 많은 공헌을 하였음이 분명하다. 하지만, 아쉬운 점은 그도 역시 예언자적 설교의 다양한 측면을 보지 못하고 사회적인 관점(즉, 교회의 대 사회적 관점)에 치우쳐 있음을 부인할 수 없다.[7]

또한 필립 보거만(J. Philip Wogaman)은 '사랑 안에서 진리를 외치는 설교'가 예언자적 설교라고 하였다.[8] 그러면서 목회적 설교와 예언자적 설교는 대립의 관계가 아니라 상호 보완 관계에 있다고 하였다. 다시 말해, 목회적 설교가 보완될 때 온전한 예언자적 설교가 가능하다는 것이

---

5) 참고. Earl E. Shelp & Ronald H. Sunderland(eds.), *The Pastor as Prophet* (New York: Pilgrim, 1985). 혹자는 구약의 예언자들의 주 임무는 미래의 일 특히 예수님을 예언하는 일이 주 업무였기 때문에 우리와 크게 상관없는 설교로도 인식되고 있다. 미래 특히 예수님의 오심과 연결된 예언자에 대한 이해는 예언자적 설교와 관련된 서적들이 많지 않은 원인이기도 하다.

6) Brueggemann, *The Prophetic imagination*, 3.

7) 그는 "예언자들은 독립된 개인들이 아니라 사회의 구조 속에서 그리고 일정한 사회적 역할의 수행과 관련하여 이해되어져야 한다"고 하였고, 그의 우선적인 관심은 "예언서의 말씀이 사회의 구조를 반영하고 봉사하고 도전하는 방법"에 있다고 하였다. Walter Brueggemann, *A Social Reading of the Old Testament: Prophetic Approachs to Israel's Communal Life* (Minneapolis: Fortress, 1994), 221-2. 참고. Brueggemann, *The Prophetic imagination*, 11.

8) Wogaman, *Speaking the Truth*.

다. 나아가서 그는 예언자적 설교의 작성을 위한 방법과 실제적인 예도 제시하였다. 하지만 그의 주장도 여전히 사회적 측면에 대한 강조가 많고 예언자적 설교에 대한 전반적인 이해와 방향제시가 부족하다는 것이 필자의 판단이다. 최근에 리안 알그림(Ryan Ahlgrim)은 예언자적 설교의 모델로 예수님을 제시하였다.[9] 그는 이분법적 관점에서 서기관적 설교(Scribal Preaching)와 예언자적 설교를 비교하였다. 그에 의하면, 서기관적 설교는 본문에 대한, 어떤 주제에 대한 그리고 하나님에 대한 설교로 청중들을 변화시키지 못하고 단지 정보를 전달하는 설교라고 하였다. 반면에 예수님의 설교는 어떤 주제를 경험케 하는 설교이며 하나님을 위한 설교이며 하나님을 경험하게 하는 설교이고 실제적인 변화를 가져오는 설교였기 때문에 예언자적 설교라고 하였다. 하지만 예수님의 설교가 예언자적 설교의 진정한 모델이 된다고 하는 그의 주장은 근거가 빈약하다고 하지 않을 수 없다.

I. 예언자의 역할과 예언서 메시지의 본질

필자는 지금까지 예언자적 설교가 잘못 이해되고 있는 근본적인 이유는 구약의 예언자와 예언서 메시지에 대한 오해 때문이라고 생각한다. 그렇기 때문에 예언자적 설교의 바른 이해와 방향 제시 그리고 오늘날의 적용을 위해서 구약 성경에 기록된 대로의 예언자들의 역할과 예언서 메시지의 본질을 간략하게나마 정리하는 것이 우선적인 일이다.

1. 예언자의 역할: 예언자들은 단순히 사회 개혁자들이었나?

---

9) Ryan Ahlgrim, *Not as the Scribes: Jesus as a Model for Prophetic Preaching* (Scottdale: Herald, 2002).

구약의 예언자들에 대한 가장 일반적인 오해는 구약의 예언자를 당시 사회의 불의에 대항해서 심판을 외치는 사회 개혁자로 여기는 것이다.[10] 과연 그러한가? 당시의 예언자들이 사회에 대한 깊은 관심을 가진 것은 분명하지만 그들은 단순한 사회 개혁자들이 아니었다. 그들이 강조한 것은 하나님 백성의 사회적 삶과 책임이었다. 예를 들어 보자. 이사야 1:17에서 예언자는 "선행을 배우며 공의를 구하며 학대 받는 자를 도와주며 고아를 위하여 신원하며 과부를 위하여 변호하라."고 선포한다.[11] 물론 이 메시지가 일견 사회 개혁 또는 사회 정의에 관한 메시지로 보여 질 수도 있다. 그러나 그렇지 않다. 그것은 두 가지를 통해 확인된다. 먼저 본문의 메시지가 선포된 배경을 살펴보자. 하나님께서는 이스라엘이 배은망덕하고 죄를 범하였을 때(사 1:2-4), 다른 나라를 통해서 이스라엘을 징계하

---

10) 예언자들의 당시 사회의 부패와 불의에 대항하는 메시지와 관련한 다양한 방향에서의 연구들이 있어왔다. 심판의 메시지가 선포되었던 '당시의 사회적 배경에 대한 연구'(Eryl W. Davies, *Prophecy and Ethics* [Sheffield: JSOT, 1981]; Robert R. Wilson, *Prophecy and Society in Ancient Israel* [Philadelphia: Fortress, 1980]) 라든지, '예언자들의 심판의 메시지와 이웃 나라 전통과의 관계에 대한 연구'(Moshe Weinfeld, *Social Justice in Ancient Israel and in the Ancient Near East* [Minneapolis: Fortress, 1995]; Bruce V. Malchow, *Social Justice in Hebrew Bible* [Collegeville: Liturgical Press, 1996]) 등이 그 예이다. 하지만 존 디어만(John A. Dearman)이 주장한대로 당시의 사회적 배경에 대한 신뢰할 만한 자료가 부족하기 때문에 정확한 사회적 배경을 밝힌다는 것이 불가능하며[*Property Rights in the Eighty-Century Prophets: The Conflict and its Background* [Atlanta: Scholars, 1988]], 또한 고대 근동의 법과 이스라엘의 법이 유사성은 있지만 구약의 사회 정의에 대한 메시지는 이웃 이방 국가들의 법에서는 볼 수 없는 독특한 특징이 있음도 지적되어 왔다(참고. Leon Epzstein, *Social Justice in the Ancient Near East and the People of Bible*, tr. J. Bowden [London: SCM press, 1986]).

11) 필자는 본서에서 예언자의 메시지의 핵심과 성격을 특별히 이사야서를 중심으로 살펴보고자 한다. 그것은 예언서 전체를 살펴보는 것은 지면 상 한계가 있을 뿐 아니라 이사야서가 예언서 전체의 메시지를 충분히 대표할 수 있다고 하는 것이 일반적인 이해이기 때문이다. 참고. John Barton, *Isaiah 1-39* (Sheffield: Sheffield Academic Press, 1995); John Oswalt, "Judgment and Hope: The Full-Orbed Gospel," *Trinity Journal* 17(1996): 191-202.

셨다(사 1:5-9). 징계를 받은 이스라엘은 제멋대로 살면서도 하나님께서 제정한 방법대로 예물과 예배를 드리고 기도하기만 하면 하나님께서 그것들을 기뻐하시고 그들을 회복시키실 줄 알았다. 그러나 그러한 모습들을 보고 하나님께서는 가증스럽다고 평가하면서 하나님의 백성으로서 그들이 마땅히 해야 할 일이 무엇인지를 제시하는데, 그것이 이사야 1:17이다. 그렇기 때문에 이 말씀은 단순히 사회 정의나 개혁에 관한 메시지라기보다는 하나님께서 받으시는 예배를 위한 하나님 백성의 합당한 삶에 대한 메시지라고 보는 것이 타당하다.

이와 같은 이해는 모세의 율법을 통해서 확인될 수 있다. 신명기 10:17-19과 24:17-19를 보면, 하나님께서는 이스라엘 백성들에게 고아와 과부와 나그네를 사랑하라고 명령하신다. 그러면서 그러한 삶이 종살이 하던 애굽에서 그들을 구원한 하나님을 기억하는 것이라고 한다. 다시 말해, 하나님께서는 고아와 과부로 대표되는 사회의 약한 자를 돌아보는 것은 구원받은 하나님의 백성으로서 당연히 살아야 할 삶으로서 명령하셨다. 하지만 예언자 시대의 이스라엘은 예수님 시대의 종교 지도자들과 같이 하나님의 백성으로서의 합당한 삶의 모습은 없이 단지 형식만 갖추어서 하나님께 예배하고 기도를 드렸다. 그와 같은 모습을 본 예언자들은 율법을 근거로 하나님께서 받으실만한 예배와 기도를 위해 하나님의 백성이 당연히 살아야 할 사회적 삶과 책임이 무엇인지 선포한 것이다.[12] 결론적으로, 예언서에서 일견 사회 정의에 대한 메시지처럼 보여 지는 예언자들의 선포는 단순히 사회 개혁이나 사회 정의를 위한 메시지라기보다는 하나님 백성의 사회적 삶과 책임에 대한 외침이라고 간주하는 것이

---

12) 잘 알려진 "오직 공법을 물 같이, 정의를 하수 같이 흘릴지로다(암 5:24)!"라는 예언자의 외침도 같은 맥락에서 이해될 수 있다. 문맥 가운데서 이해하면, 여기에서도 예언자는 단순히 사회 정의를 선포한 것이 아니라, 이사야와 같이 하나님의 백성으로서 당연히 살아야 할 바른 사회적 삶과 당연히 감당해야 할 책임을 다하면서 예배를 드려야 함을 강조하였다.

정당하다. 따라서 예언자들을 단순히 사회 개혁자라고 보는 것을 옳지 않다.[13]

2. 예언서의 핵심 메시지

구약 예언자들의 또 다른 오해는 그들의 일차적인 임무가 미래의 일, 특히 예수님의 오심에 대한 예언이라고 간주하는 것이다. 물론 구약의 예언자들이 미래에 있을 하나님의 행하심도 선포하였고, 예수님의 오심과 관련하여 중요한 역할을 했던 것은 분명하다. 그러나 예언자들의 일차적인 사명은 미래의 일, 특히 예수님 오심에 대해 예언하는 것이 아니었다. 포괄적인 의미에서 예언자들은 당시의 종교적 정치적 사회적 상황과 관련하여 하나님의 뜻을 선포하였다. 미래에 대한 선포나 예수님의 오심에 대한 예언도 일차적으로는 당시의 이스라엘의 상황과 밀접하게 관계되어 있다. 뿐만 아니라 메시야 예언에 대한 메시지는 양적으로도 극히 일부분이다.[14]

그러면 예언자들의 핵심 메시지는 무엇이었는가? 예언자들의 메시지의 성격과 핵심을 알기 위해 당시의 상황을 살펴보자. 당시의 상황은 크게 3가지로 요약될 수 있다.

먼저는 이스라엘이 영적으로 사회적으로 타락했었다. 물론 이 둘은 밀접하게 연결되어 있다. 이스라엘은 애굽이나 앗수르 등 다른 나라들을 의

---

13) 뿐만 아니라, 예언자들이 특별히 백성의 지도자들을 책망하는 것을 자주 볼 수 있는데, 그것은 하나님께서 원하시는 바른 삶으로 하나님의 백성들을 인도해야 할 백성의 지도자들이 백성들보다 오히려 더 큰 악을 행했기 때문이다.

14) 예언서(이사야서)에서의 메시야 예언에 대한 좀 더 자세한 연구를 위해서, Antti Laato, *Who is Immanuel? The Rise and the Foundering of Isaiah's Messianic Expectations* (Abo: Abo Academy Press, 1988); Paul Wegner, *An Examination of Kingship and Messianic Expectation in Isaiah 1-35* (Lewiston: Mellen, 1992)를 참고하라.

지하였고 하나님과 함께 이방신 섬겼다. 또한 사회적 삶도 엉망이었다. 다음으로, 이스라엘은 힘들고 어려운 상황에서 낙심하고 있었다. 그것은 특히 이사야 40장 이하에 잘 언급되어 있다. 이사야 40-55장에 보면 이스라엘은 힘들고 어려운 상황에서 크게 두 가지 의문점을 가지고 있었다. 하나는 '하나님의 무능함'에 대한 것이었고(사 40:27), 다른 하나는 '하나님의 그들을 버리심'에 대한 것이었다(사 49:14). 다시 말해, 그들이 지금 그렇게 어려움을 당하고 있는 이유가 하나님께서 무능하든지 아니면 하나님께서 자신들을 버리신 결과라고 생각한 것이다. 세 번째는 국제 정치 상황의 변화(앗수르-바벨론-페르시아로 국제 정세의 주도권이 변화됨)로 사회가 혼란되었고(참고. 이사야 7, 13-23, 36-39장), 그러한 주도권 쟁탈 속에서 이스라엘은 여러 가지 피해를 보며 혼돈 속에서 힘든 삶을 살았다.

1) 심판의 메시지와 함께 한 구원(소망/ 회복)의 메시지

이러한 상황 속에서 예언자들이 선포했던 메시지의 두 주제는 심판 메시지와 구원(소망 또는 회복)의 메시지였다. 예언자들은 이스라엘이 영적으로 사회적으로 타락한 때는 죄를 벌하시는 심판의 메시지를 선포하였고, 낙심하고 좌절하였을 때는 하나님께서 택하신 백성을 결코 버리시지 않을 것이라는 회복과 구원의 메시지를 선포하였다. 하지만 여기에서 중요한 것은 예언자들의 핵심 메시지가 무엇이냐는 것이다. 혹자는 예언자들의 중심 메시지는 심판의 메시지라고 생각한다.[15] 한 걸음 더 나아가서 예언자들은 이미 확정된, 결코 바꾸어질 수 없는 다가올 심판의 메시지를 선포했다고 주장하기도 한다.[16] 혹자는 심판의 메시지와 소망의 메시지가 동

---

15) John J. Schmitt, *Isaiah and His Interpreters* (New York/Mahwah: Paulist, 1986), 61-5.

16) A. Vanlier Hunter, *Seek the Lord: A Study of the Meaning and Function of the Exhortations in Amos, Hosea, Isaiah, Micah and Zephaniah*

등하게 예언자들의 핵심 메시지였다고 하기도 한다.[17] 하지만 많은 학자들은 예언자들의 주 메시지는 구원(소망)의 메시지라고 주장한다.[18]

필자는 세 번째 견해에 동의한다. 그것은 세 가지 차원에서 확인될 수 있다. 먼저, 그것은 예언서가 항상 회복과 구원의 메시지로 끝남을 통해서 알 수 있다. 이사야서, 예레미야서, 에스겔서 그리고 모든 소예언서들이 모두 회복의 메시지와 함께 끝이 난다. 이것은 하나님의 궁극적 목적과 계획은 이스라엘의 구원이요 회복임을 보여준다. 다음으로, 좀 더 구체적으로 이사야서를 살펴보자. 물론 이사야서 전체를 보면 양적으로 심판의 메시지가 더 많다. 그러나 항상 심판 메시지는 소망(회복, 구원)의 메시지와 함께 선포되었고 끝을 맺음을 알 수 있다. 몇 가지 구체적인 예를 보자. 일반적으로 이사야 1장은 이사야서의 전체의 요약이라고 하는데, 결론인 24-27절에서 예언자는 "혼잡물을 다 제하여 버린 다음에 회복시킬 것"이라고 선포하였다. 또한 일반적으로 하나의 문학적 단위라고 인정되는 이사야 1-12장에서도 심판의 메시지가 많은 양을 차지하고 있지만 마지막은 회복과 구원의 메시지와 함께 끝난다. 뿐만 아니라 이사야서 후반부인 40-66장은 거의 대부분이 소망과 구원의 메시지로 구성되어 있다. 마지막으로, 예언서 곳곳에 선포되고 있는 '시온주의(하나님께서 결국은 시온을 회복시킨다는 사상),' '메시아에 대한 소망,' 그리고 '남는 자 사상(하나님께서 이스라엘 가운데 남는 자들을 두시고 그들을 통하여 하나님의 뜻을 이루신다는 것)' 등도 예언자의 핵심 메시지는 심판의 메시지가 아니라 소망의 메시지임을 확인시켜 준다. 다시 말해, 하나님께서 죄에 대해

(Baltimore: St. Mary's Seminary and University, 1982).

17) Peter R. Ackroyd, "Isaiah 1-12: Presentation of a Prophet," in *Congress Volume, Göttingen 1977* (Leiden: Brill, 1978), 16-48; Christopher R. Seitz, *Isaiah 1-39* (Louisville: John Knox, 1993).

18) Rolf Rendtorff, *Canon and Theology*, tr. and ed. M Kohl (Minneapolis: Fortress, 1993). 146-69; Marvin A. Sweeney, *Isaiah 1-39* (Grand Rapids: Eerdmans, 1996), 17.

분명히 심판하시고 정죄하시지만 그것은 마지막이 아니고 회복의 과정이
다.

이상에서 우리는 예언자의 핵심 메시지는 심판이 아니고 소망과 구원
의 메시지라는 것을 쉽게 확인할 수 있다. 하지만, 심판의 메시지와 구원
의 메시지는 각 각 별도의 구분된 메시지가 아니라 존 오스왈트(John N.
Oswalt)가 주장한 것처럼 하나의 '패키지(package)'로 이해해야 한다.[19]
한 마디로 예언서의 메시지는 '심판의 메시지와 함께 한 구원의 메시지'
라고 요약할 수 있다.

2) '유일신 하나님'의 메시지

예언서의 또 하나의 핵심 메시지는 '유일신 하나님'의 메시지이다. 이
스라엘이 당시의 시대적 상황에서 낙심하고 좌절되었을 때 그리고 국제
정세가 심히 혼란스럽게 움직이고 있을 때 예언자들은 '유일신 하나님'을
선포하였다. 예들 들어, 예언서(특히 이사야서)에서 자주 볼 수 있는 "하나
님을 누구와 비교할 수 있는가?(사 40: 8, 25; 46:5)" 또는 "하나님 외에
다른 신은 없다(사 43:11, 44:8 등등)." 등이 유일신 하나님에 대한 메시
지이다. 뿐만 아니라 예언자들은 유일신 하나님께서 단지 이스라엘의 하
나님이실 뿐 아니라 전 세계와 역사의 통치자이심을 선포하고 있다.

이러한 역사와 세계의 통치자로서 유일신 하나님의 선포는 예언서 곳
곳에 기록되어 있는 소위 '이방에 대한 경고 또는 심판(Oracles against
Nations)'의 메시지에서 잘 나타난다.[20] 대표적으로 이사야 13-23장을

---

19) John N. Oswalt, "Judgment and Hope: The Full-Orbed Gospel,"
Trinity Journal 17(1996): 191-202.
20) 예언서들의 특징 가운데 하나는 '이방 나라들에 대한 경고 또는 심판'을 포
함한다는 것이다. 이사야서 (13-23장), 예레미야서 (46-51장), 에스겔서 (25-32장),
아모스서 (1:3-2:3), 스바냐서 (2:4-15), 스가랴서 (9:1-8)에 '이방 나라들에 대한 경

살펴보면, 이방에 대한 경고가 단순히 이방 나라들에 대한 경고나 심판의 선포가 아니라 그 이상의 메시지를 내포하고 있음을 쉽게 알 수 있다. 따라서 이사야 13-23장의 주요 관심 또는 주요 주제가 무엇인지에 대해서 많은 논란이 있어 왔다. 혹자는 이방에 대한 경고는 이스라엘의 구원을 말하기 위해서 선포되었다고 한다. 그러나 이사야 13-23장은 이방의 심판이 단순히 이스라엘의 구원과 연결되어 있음을 말하지 않는다. 왜냐하면 이사야 13-23에는 이스라엘의 심판도 포함되어 있기 때문이다. 혹자는 이방에 대한 경고는 이스라엘을 경고하기 위한 것이라고 한다. 그러나 이방에 대한 경고는 단순히 이스라엘의 경고만을 의도하지 않았다. 왜냐하면 거기에는 시온 또는 하나님의 백성의 구원과 계속된 보호를 언급하고 있기 때문이다. 혹자는 이방에 대한 경고가 전쟁 전에 이스라엘을 격려하기 위한 것이라고 한다. 그러나 그러한 주장은 확인되지 않는 가설일 뿐이다.

필자는 이방에 대한 경고의 핵심 메시지는 이사야 14:24-27에 잘 나타나 있다고 생각한다. 거기에서 예언자는 하나님께서 앗수르를 파하며 이스라엘을 회복시킬 것이라고 하면서 역사의 주관자로서의 하나님을 선포하였다(참고. 사 10:15). 다시 말해, 이방에 대한 경고에서 예언자는 하나님께서 온 세계와 역사의 주인 되심과 다른 신들과 우상들과의 비교되지 않는 하나님의 유일하심을 선포한 것이다. 결국 이사야 13-23장에 있는 이방에 대한 경고는 "너희가 나를 누구에게 비기며 나로 그와 동등 되게 하겠느냐?" 또는 "나 곧 나는 여호와라 나 외에 구원자가 없느니라."는 메시지가 다른 각도에서 선포된 것이다.[21]

고'를 포함되어 있고 오바냐서와 나훔서는 전체가 각각 에돔과 니느웨에 대해서 심판을 선포하고 있다. 필자는 이러한 이방 나라들에 대한 경고가 예언서 전체의 핵심 주제와 밀접하게 연결되어 있고 또한 예언자들의 메시지를 이해하는 데 중요한 열쇠를 제공하고 있다고 생각한다.

21) John N. Oswalt, *The Book of Isaiah 1-39* (Grand Rapids: Eerdmans, 1986), 427-8.

결론적으로 예언자는 정치적으로 불안정하고 주변 강대국들의 성장으로 억압 상태에 있었던 이스라엘을 향해 유일신 하나님의 메시지를 선포함으로, 하나님 외에 다른 신들이나 우상들을 의지하지 말고 우주를 통치하시는 하나님만을 전적으로 신뢰토록 하며, 또한 힘들고 어려운 상황에서 낙심하거나 좌절하지 않을 근거를 제시하였다.22)

3. 예언서 메시지의 성격: 언약에 근거한 메시지 선포

이제 예언서 메시지의 성격에 대해 살펴볼 필요가 있다. 왜냐하면 그것은 오늘날 예언자적 설교의 본질을 결정하는데 중요하기 때문이다. 예언서 메시지의 성격에 대한 몇 가지 주장이 있다. 혹자는 예언자들의 메시지는 아주 특별한 메시지라고 주장한다.23) 그것은 예언자들과 하나님과의 특별한 경험이 강조되었기 때문이다. 예를 들어, 이사야나 예레미야나 에스겔 등은 모두 부르심의 특별한 경험을 하였고 말씀을 받는 특별한 과정이 있었다. 하지만, 예언서의 메시지를 보면 그 내용이 비이성적이거나 신비스럽지 않다. 하나님과 예언자들과의 신비스러운 특별한 경험을 기록한 것은 하나님의 말씀의 전달자로서 예언자들의 권위를 강조하는데 우선적 목적이 있다는 것이 일반적인 견해이다.24) 혹자는 예언서의 메시지가 그

---

22) 뿐만 아니라, 이방에 대한 경고는 단순히 이스라엘에게만 선포된 것이 아니라 주위의 이방 나라들에게도 선포되었을 가능성을 배제할 수 없다(참고. Paul R. Raabe, "Why Prophetic Oracles against the Nations?" in A. B. Beck, A. H. Bartelt, P. R. Raabe & C. A. Franke(eds.), *Fortunate the Eyes That See. Essays in Honor of David Noel Freedman in Celebration of His Seventieth Birthday* [Grand Rapids: Eerdmans, 1995], 236-56). 만약 그렇다면 13-23장은 이방 나라들도 그들의 교만이나 정치적인 술수를 포기하고 그리고 다른 나라들을 억압하지 말고 방향을 돌이켜서 하나님을 인정하고 하나님을 섬기라고 하는 메시지를 선포하고 있다고 할 수 있다.

23) 참고. John H. Hayes, *An Introduction to Old Testament* (Nashville: Abingdon, 1979), 254-60.

이전의 하나님의 말씀과는 다른 전혀 새로운 메시지라고 주장하기도 한다.[25] 그것은 예언서는 하나님께서 이스라엘의 버리심을 선언하였기 때문이라는 것이다. 그러나 앞에서 살펴본 대로 이스라엘의 심판의 메시지는 결코 예언자들의 마지막 메시지가 아니었다. 심판은 회복의 과정으로 선포되었다.

하지만 대체적으로 예언자들의 메시지는 하나님과 이스라엘의 언약 관계와 그에 따르는 율법을 근거로 당시의 상황에 맞추어서 선포되었다고 이해된다.[26] 다시 말해, 하나님과 이스라엘의 언약 관계는 예언자의 심판과 소망의 메시지의 출발점이다. 그렇기 때문에 이사야의 메시지는 하나님과 이스라엘의 관계성에서 출발한다(참고. 사 1:2-3). 또한 이사야 5장에서는 이스라엘의 죄악된 모습과 그들에 대한 하나님의 징계를 포도원과 그 주인의 관계에서 설명하고 있고, 이사야 40-55장에서도 하나님께서 이스라엘과의 관계가 결코 변할 수 없는 언약 관계임을 선포하고 있다(사 49:14-17; 62:12). 뿐만 아니라, 앞에서 언급한 대로 예언서에 있는 약한 자와 가난한 자에 대한 예언자들의 관심 그리고 유일신 사상 등은 하나님의 이스라엘의 언약의 징표인 율법과 결코 분리될 수 없다. 그래서 해리 모우블리(Harry Mowvley)의 주장은 옳은 것이다.

---

24) Gerhard Von Rad, *Old Testament Theology*(II), tr. D. M. G. Stalker (London: SCM, 1965), 50이하; John F. A. Sawyer, *Prophecy and the Prophets of the Old Testament* (Oxford: Oxford University Press, 1987), 3-8.

25) Ernest W. Nicholson, *God and His People* (Oxford: Clarendon, 1986), 201-10.

26) Von Rad, *Old Testament Theology*(II); Gene M. Tucker, "Prophecy and the Prophetic Literature," in D. A. Knight & G. M. Tucker(eds.), *The Hebrew Bible and Its Modern Interpreters* (Philadelphia: Fortress, 1986), 325-35; Gary Stansell, *Micah and Isaiah: A Form and Tradition* (Atlanta: Scholars, 1988).

예언자들은 이미 존재하고 있는 전통들을 취하여 그것들을 그들의 설교에 사용하였고, 종종 그것을 재확인시켰고, 종종 그것을 수정하거나 재해석하기도 하였다. 그와 같은 방법으로 예언자들은 새롭고 놀라운 통찰력으로 세상과 그의 백성들을 위한 하나님의 목적을 드러내었다.[27]

결론적으로, 예언서의 메시지는 언약과 율법의 전통을 새로운 상황에서 해석하여 선포하였다고 할 수 있다. 즉 예언서의 비판의 메시지는 언약 관계에서 요구된 삶을 살지 않은 것에 대한 비판이요 책망이었고, 소망(회복, 구원)의 메시지는 언약에 신실하신 하나님과의 언약 관계의 당연한 결과로 선포되었다.

II. 예언자적 설교의 이해

지금까지 우리는 구약 예언자들의 역할 그리고 예언서의 내용과 성격을 간략하게 정리해 보았다. 이제 오늘날 예언자적 설교가 어떻게 이해되고 실제적으로 행해져야 되는지 살펴보고자 한다.

1. 목회적 설교(Pastoral preaching)로서 예언자적 설교

예언자적 설교와 목회적 설교의 관계에 대한 다양한 견해가 있다. 그것은 크게 세 가지로 정리될 수 있다. 하나는 배타적인 관계이다. 즉 예언자적 설교는 목회적 설교와 배타적인 특징을 가지고 있기 때문에 지역교회에서 행하는 것은 바람직하지 않다는 것이다.[28] 다음으로, 상호보완적 관

---

27) Harry Mowvley, *Reading the Old Testament Prophets Today* (Atlanta: John Knox, 1979), 59.
28) R. C. Devor, "Whatever Happened to Prophetic Preaching?"

계이다. 즉 예언자적 설교는 목회적 설교와 반대되는 개념이지만 바람직한 목회를 위해서 상호보완 되어야 한다는 것이다.29) 세 번째는 포함적 관계이다. 즉 목회적 설교의 큰 범위 안에 예언자적 설교는 포함되어 있다는 것이다.30) 그러나 필자는 이러한 견해들은 예언자적 설교에 대한 바르지 못한 이해에서 연유되었다고 생각한다. 일반적인 이해와는 달리 예언자적 설교는 목회적 설교보다 그 범위가 훨씬 넓을 뿐 아니라 목회적 설교를 포함한다고 하는 것이 필자의 견해이다.

그러면 목회적 설교로서 예언자적 설교가 어떻게 이해되고 행해져야 하는지 살펴보자. 목회적 설교로서 예언자적 설교를 이해하기 위해서 먼저 목회적 설교에 대한 기본적인 이해가 필요하다. 일반적으로 목회적 설교는 '1) 지역교회의 성도들에게(대상) 2) 교회 전체와 개개인의 필요를 고려해서 메시지를 선포하되(내용) 3) 성도들의 회복을 목표로 하는 설교(목표)'라고 정의된다.31) 만약 목회적 설교의 이러한 이해에 동의한다면, 예언자적 설교는 당연히 목회적 설교이다. 그 근거는 다음과 같다. 먼저, 구약 예언자들은 우선적으로 사회가 아니라 하나님의 백성인 이스라엘을 대상으로 메시지를 선포하였다. 다음으로, 구약의 예언자들은 하나님 백성의 삶과 상황에 우선적으로 관심을 가지고 메시지를 선포하였다. 마지막

Christian Ministry 21(1990): 9-11.

29) J. Randall Nichols, The Restoring Word (San Francisco: Harper & Row, 1987). Paul S. Wilson, Imagination of the Heart: New Understandings in Preaching (Nashville: Abingdon, 1988). 참고. Zack Eswine, Preaching to a Post-Everything World (Grand Rapids: Baker, 2008).

30) Ronald J. Allen, "The Relationship between the Pastoral and the Prophetic," Preaching Encounter 49(1988): 173-89.

31) 목회적 설교에 대한 좀 더 자세한 설명을 위해서 P. G. Watermulder, Preaching as Pastoral Care (Ph.D. Diss., Drew University, 1982); Nichols, The Restoring Word; Gary D. Stratman, Pastoral Preaching (Nashville: Abingdon, 1983); Roger Alling & David J. Schlafer(eds.), Preaching as Pastoral Caring (Harrisburg: Morehouse, 2005)를 참고하라.

으로 예언자들은 이스라엘의 하나님과의 관계회복과 하나님께 대한 신뢰 회복을 목표로 메시지를 선포하였다. 이러한 구약의 예언자들의 메시지 선포의 대상 그리고 메시지의 내용과 목적은 오늘날 목회적 설교가 추구하는 것과 기본적으로 동일하다. 그렇기 때문에 예언자적 메시지는 지역교회에서 지역교회 목회자가 선포할 수 있고 선포해야 할 메시지이다.[32]

그러면 바람직한 목회적 설교로서의 예언자적 설교를 위해서 필요한 것은 무엇인가? 먼저, 목회적 설교로서 예언자적 설교를 위해서 무엇보다도 성도와 설교자와의 온전한 관계가 형성되어야 한다. 이를 위해서 두 가지가 필요하다. 하나는 '동일시(Identification)'이다.[33] 구약의 예언자들은 하나님의 백성들과 자신들을 분리하지 않고 동일시하였다. 이사야 예언자는 자신의 아이들의 이름(이사야 8장)과 자신의 상징적인 행동(이사야 20장)을 통하여 이스라엘의 상황과 동일시하였고, 에스겔은 사로잡힌 자들과 함께 그발강가에 앉음으로 자기의 백성들의 고난에 동참하였다. 다른 하나는, 사랑과 열정의 마음이다. 구약의 예언자들은 차가운 마음을 소유한 사람들이 아니었다. 물론 그들이 때때로 분노와 함께 심판을 선포하였지만 그것은 그들이 마음 깊은 곳에서 자기 백성 이스라엘을 사랑하였기 때문이고 이스라엘의 믿음의 회복을 위해서 뜨거운 열정의 발로였다. 마찬가지로, 오늘날도 바람직한 목회적 설교로서 예언자적 설교를 위해서 설교자는 성도들과 분리되지 말고 동일시되어야 하며 사랑과 열정의 마음을 가져야 한다.

다음으로 목회적 설교로서 예언자적 설교를 위해서 성도들의 필요를

---

32) 참고. Thomas Long, *The Witness of Preaching*(2nd ed.) (Louisville: Westminster/ John Knox, 2005), 242-4.

33) 동일시는 원리 심리학적 용어이나 설교학에서는 '설교자가 성도와 하나가 되는 것 또는 성도의 상황에 함께 참여 하는 것'을 의미한다. 예수님의 성육신은 동일시의 최고의 모델이다. 동일시에 대한 좀 더 자세한 설명을 위해서 Craig A. Loscalzo, *Preaching Sermons that Connect: Effective Communication through Identification* (Downers Grove: IVP, 1992)를 참고하라.

아는 것이 중요하다. 위에서 살펴본 것처럼, 구약의 예언자들은 이스라엘의 필요에 민감하였고 그들의 필요를 채우는 메시지를 외쳤다. 마찬가지로 오늘날 예언자적 설교도 성도들의 필요를 인식해야 하고 그 필요를 채워야 한다. 하지만 바람직한 예언자적 설교는 표현된 필요(Expressed needs: 설교의 대상인 교회에 의해 직접 표현된 필요) 뿐 아니라 표현되지 않는 진정한 필요(Unexpressed actual needs: 교회에 의해 표현되지 않았더라도 하나님의 말씀의 빛 아래서 또는 설교자의 관점에서 볼 때 성도의 믿음과 사명과 삶을 위해서 채워져야 할 필요) 모두를 파악하고 채워야 한다. 그런데 만약 표현된 필요와 표현되지 않는 진정한 필요가 대립된다면 후자를 택해야 한다. 예를 들어, 예레미야서에서 확인될 수 있는 것처럼 이스라엘은 소망과 위로의 말씀을 듣기 원했지만 예레미야는 심판의 메시지를 전했다. 왜냐하면 그것이 이스라엘을 향한 하나님의 뜻이었고, 그것이 이스라엘의 진정한 필요였기 때문이다.

2. 사회적 설교(Social preaching)로서 예언자적 설교

예언자적 설교는 목회적 설교이다. 하지만 예언자적 설교의 관심이 단순히 목회적 상황에만 머물러서는 안 된다. 예언자적 설교는 구약의 예언자들처럼 성도들이 속하여 살고 있는 사회에도 관심을 가져야 한다. 즉, 예언자적 설교는 사회적 설교이다. 그러면 이제 '사회적 설교로서의 예언자적 설교'가 어떻게 실제로 행해져야 하는지 살펴보자.

1) 사회적 문제에 대한 관심

무엇보다도 먼저, '사회적 설교로서의 예언자적 설교'는 사회적인 문제에 대한 관심을 드러내는 설교이다. 여기에는 두 가지 접근이 있는데,

하나는 설교에서 청중의 사회적 상황을 고려하는 것이고 다른 하나는 현재 사회적 이슈에 관해 직접 설교하는 것이다. 좀 더 구체적으로 설명하면, 예언자적 설교를 위해서 설교자는 우리 주위(세상)에서 일어나고 있는 일들을 고려하고, 그러한 문제들을 성경 본문의 빛 아래서 조명해야 한다.34) 예를 들어, 기아, 전쟁, 폭동, 사회적 무질서, 경제적 침체, 정치적 혼란 등과 같은 사회적 상황을 본문과 연결하여 설교 중에 적절히 다루어야 한다.35) 뿐만 아니라 예언자적 설교는 공동체 전체의 삶에 영향을 미치는 사회적 이슈에 관해 하나님의 뜻을 선포해야 한다. 즉, 에이즈, 낙태, 동성애, 부동산 투기, 장애인, 노인 차별, 성차별, 인종차별, 학력차별 등의 문제에 대해 하나님의 뜻이 무엇인지 직접적으로 언급해야 한다. 그런데 사회적인 이슈를 논할 때에는 포괄적이고 일반적인 관점에서 논해서는 안 된다. 깊이 있고 통찰력 있는 접근이 필요하다. 따라서 권위 있는 예언자적 설교를 위해서 설교자는 항상 사회적 문제에 깊은 관심을 가져야 하며, 또한 많은 연구와 더불어 전문가들의 도움도 구해야 한다.36)

2) 예언자적 공동체의 양육

두 번째로, '사회적 설교로서의 예언자적 설교'를 행하는데 있어서 더욱 중요하고 실제적 방법은 예언자적 공동체를 세워가는 것이다. 즉, 설교를 통해서 사회에 대한 의무와 책임을 수행하기 위해 예언자적인 공동체

---

34) A. Van Seters, *Preaching as a Social Act* (Nashville: Abingdon, 1988), 264.

35) 참고. Kelly M. Smith, *Social Crisis Preaching* (Macon: Mercer University Press, 1984), 34.

36) 따라서 J. A. Smith는 사회적 이슈에 대한 준비되지 못한 설교는 사회적인 상황이나 현재의 이슈를 고려하지 않은 설교보다 유익하지 못하다고 경고하고 있다 ("Preaching and Social Concerns," in M. Duduit(ed.), *Handbook of Contemporary Preaching* [Nashville: Broadman, 1992], 509).

로서 교회를 양육시켜야 한다.37) 이를 위해서 필자는 두 가지의 방향의 메시지가 필요하다고 생각한다. 하나는 교회의 정체성 강화이고 다른 하나는 사회 안에서 교회의 책임과 사명에 대한 강조이다.

(1) 교회의 정체성의 강화

구약의 예언자들은 당시의 사회적 · 정치적 · 경제적 상황에 반응하여 메시지를 선포하였는데, 그 과정에서 특별히 이스라엘의 정체성을 강조하였다. 먼저 예언자들은 하나님께서 특별히 이스라엘을 택하시고 보호하셨으며, 끝까지 그들을 돌보시고 회복시키실 것이라 강조하였다. 즉 그들은 하나님께서 이스라엘을 다른 나라들로부터 구별하셨으므로 이스라엘은 세상에서 특별히 구별된 공동체라고 역설하였다. 또한 예언자들은 이스라엘이 믿고 섬기는 하나님의 유일성을 강조하였다. 뿐만 아니라 예언자들은 하나님께서 이스라엘이 다른 나라와 구별된 특별한 공동체가 되기를 원하신다고 외쳤다. 다시 말해, 하나님의 백성으로서 이스라엘은 믿음의 삶을 살아야 하고, 이방나라들과는 구별된 삶을 살아야 한다는 것이다. 요약하면, 예언자들은 이스라엘이 다른 나라로부터 구별되어 하나님께 드려졌으므로 세상에서 거룩하고 구별된 공동체로서 살아야 한다고 강조하였으며, 그러한 이스라엘의 구별은 구별된 존재로서의 유일신 하나님에 근거한다고 선포하였다. 마찬가지로, '사회적 설교로서의 예언자적 설교'는 교회가 세상에서 구별된 특별한 공동체임을 강하게 설득시켜야 한다.38)

---

37) Brueggemann, *Prophetic Imagination*; Stanley Hauerwas, "The Pastor as Prophet," in E. E. Shelp & R. H. Sunderland(eds.), *The Pastor as Prophet* (New York: Pilgrim, 1985). William H. Willimon, "Would that All the Lord's People Were a Prophet," *Journal for Preachers* 16/4(1993): 16-21; Charles L. Campbell, *Preaching Jesus: New Directions for Homiletics in Hans Frei's Postliberal Theology* (Grand Rapids: Eerdmans, 1997). 프라이에게 영향을 받은 캄펠은 설교자의 주요 역할 또는 설교의 주 기능은 개별적인 청중들을 위한 것이라기보다는 교회 전체를 세워가는 것이라고 주장했다(221이하).

(2) 교회의 책임과 사명에 대한 강조

앞에서 언급한 대로, 특별히 구별된 하나님의 백성으로서 이스라엘의 정체성의 강조와 함께 예언자는 이스라엘의 사회에 대한 책임과 사명을 강조하였다. 마찬가지로 '사회적 설교로서의 예언자적 설교'는 교회가 사회에 대한 의무를 수행하도록 촉구해야 한다. 예언자적 설교자는 교회의 사회적 책임은 선택이 아니라 복음의 필수적인 한 부분임을 선포해야 한다. 다시 말해 예언자적 설교는 하나님과의 관계 뿐 아니라 세상과의 관계도 중요함을 강조하면서,39) 교회가 사회적 책임을 회복하는 것을 도와야 한다. 어떤 의미에서 예언자적 설교는 교회가 사회적인 역할을 감당하기 위해서 교회에 도전하거나 대항하는 것이 아니라 교회와 함께 분투하며 노력하는 것이다. 이와 관련하여 윌몬은 예언자적 설교의 주된 역할에서 다음과 같이 말하고 있다.

---

38) 이와 관련하여 브루그만의 주장은 아주 설득력이 있다. 그는 오늘날 미국 교회는 미국의 소비주의적 정서에 함몰되어 특별한 공동체로서의 교회의 정체성을 상실했다고 주장하며 대안 공동체로서의 교회의 정체성을 회복해야 한다고 주장하였다(*Prophetic Imagination*, 11이하). 윌몬(Willimon, "Would that All the Lord's People Were a Prophet," 16-21)도 비슷하게 예언자적 사역은 세상의 공동체에 대응하는 독특한 교회 공동체를 형성하도록 교회를 이끌어 가는 것이라고 하였다. 또한 Hauerwas와 Willimon은 교회의 정체성을 회복할 것을 강조하기 위해 교회를 '식민지'로 기독교인들을 이 세상에서 '체류하는 이방인'으로 규정하였다. 즉 그들은 "교회는 상이한 문화를 형성하는 섬으로서의 식민지"라고 하였고 성도들은 "세례를 받음으로 우리의 삶의 영역이 옮겨져서 새로운 문화에 적응해야 하는 체류하는 이방인이 되었다(Stanley Hauerwas & William H. Willimon, *Resident Aliens* [Nashville: Abingdon, 1989], 12)."고 하였다. 따라서 교회가 세상에서 어떤 모습으로 무엇을 위하여 어떻게 존재하는가에 대해서 늘 관심을 가져야 한다고 주장하였다(43).

39) David J. Bosch, *Witness to the World* (London: Marshall, Morgan & Scott, 1980), 222. 또한 그는 "신실하고 끊임없는 하나님과의 교제가 없다면 교회는 초월성을 상실하고, 세상과의 진정한 연대가 없다면 교회는 그 현실성을 상실한다."고 하였다.

예언자적 설교의 목적은 예언자 공동체의 탄생과 준비이다. 따라서 우리의 설교는 예언자적 교사, 예언자적 가게 주인, 예언자적 가정의 식구들과 진리를 말할 수 있는 16세 아이를 키우는 것을 목적으로 해야 한다.[40]

마지막으로 예언자적 공동체를 세우기 위하여, 교회가 사회로부터 완전히 격리되어서도 안 되고, 그 안에 완전히 포함되어서도 안 된다. 이 점에 대하여, 베델 뮐러(Bethel A. Müller)와 스미트(D. J. Smit)는 다음과 같이 지적하였다.

교회는 우리가 쉽게 접할 수 있는 세상의 이야기를 되풀이해서도 안 되고, 세상의 이야기와 교회의 연결을 전혀 고려하지 않고 무시해서도 안 된다. 교회는 이러한 두 극단의 사이에서 적절한 방법으로 교회만 갖는 독특한 이야기를 만들어야 한다.[41]

결론적으로, 예언자적 공동체를 양육하는 것이야 말로 교회의 정체성을 강화하고 교회의 사회적 책임을 성취하는 가장 유효한 도구이며 사회에 예언자적으로 참여하는 가장 효과적인 방법이라고 말할 수 있다. 뿐만 아니라 예언자적 공동체 양육의 개념은 우리에게 '사회적 설교로서의 예언자적 설교'에 대한 확실한 이해를 제공한다. 한 편으로, 예언자적 공동체를 양육하는 개념은 '사회적 설교로서의 예언자적 설교'가 에이즈, 낙태, 인종차별과 같은 사회적 이슈들을 찾아 논하거나 청중의 사회적 상황을 설교에 반영하는 것 이상이 되어야 함을 확인시켜준다. 다시 말해, 이것은 교회가 사회에서 수행하여야 할 책임과 의무를 감당하기 위해서 실

---

40) Willimon, "Would that All the Lord's People Were a Prophet," 20.

41) Bethel A. Müller & D. J. Smit, "Public Worship: A Tale of Two Stories," in J. Mouton & B. C. Lategan(eds.), *The Relevance of Theology for the 1990s* (Pretoria: Human Sciences Research Council, 1994), 389.

제적으로 사회에 들어가야 함을 분명히 보여준다. 다른 한편으로, 예언자적 공동체를 양육하는 개념은 '사회적 설교로서의 예언자적 설교'는 설교자가 단순히 시가행진에 참여하고, 사회 운동의 지도자로 섬기고, 데모하는 자들에게 연설하고, 협상자로 봉사하는 자가 되는 것을 의미하지 않음을 확인시켜준다.

3. 신학적 설교(Theological Preaching)로서 예언자적 설교

앞에서 필자는 예언자적 설교는 목회적 설교요 사회적 설교라고 하였다. 그러나 예언자적 설교는 목회적 설교이기에 단순히 인간적인 관점에서 접근되어서도 안 되고, 사회적인 설교이기에 단순히 사회학적인 관점에서 접근되어서도 안 된다. 예언자적 설교는 신학적 설교이다. 다시 말해, 예언자적 설교는 '성경적 설교(Biblical Preaching)'요 '하나님 중심적인 설교(God-centered Preaching)'다. 그러면 신학적 설교로서 예언자적 설교가 어떻게 이해되며 어떻게 가능한지 살펴보자.

1) 성경적 설교 또는 하나님 중심적 설교

(1) 예언자적 설교의 기초로서 하나님의 말씀

예언서에 보면 "하나님의 말씀을 들어라." "하나님의 말씀이 내게 임했다." "이것이 하나님의 말씀이다." 등과 같은 말씀이 자주 등장한다. 이러한 말씀들은 예언자들의 선포의 근거가 하나님 말씀이었음을 단적으로 보여준다. 또한 위에서 본 바와 같이 예언자들은 그들에게 전해내려 왔던 전통(언약과 율법: 오늘날로 하면 성경이라고 할 수 있다)을 당시의 상황에서 해석하고 적용하여 선포하였다. 마찬가지로 오늘날도 예언자적 설교의 근거는 하나님의 말씀이어야 한다. 또한 성경은 설교자가 교회와 사회와 세계를 해석하는 렌즈여야 한다.

(2) 하나님의 뜻의 선포로서 예언자적 설교

앞에서 보았던 대로 예언자들은 당시의 이스라엘에게 그 시대의 죄악의 상황, 어려운 상황, 그리고 국제 정치의 혼란 속에서 하나님의 뜻과 섭리를 깨우쳐주기 원했다. 마찬가지로, 예언자적 설교도 목회적, 사회적 상황을 고려해서 현재 교회에 필요한 하나님의 뜻과 섭리를 선포해야 한다.

(3) 유일신 하나님에 대한 선포로서 예언자적 설교

이사야 13-23, 40-55장에서 강하게 드러난 것처럼, 예언자들은 유일신 하나님을 선포했다. 마찬가지로 예언자적 설교도 오늘날의 혼돈의 상황에서 지금도 살아계셔서 역사를 주관하신 하나님을 선포해야 하고, 하나님의 주권, 위엄, 거룩함, 능력, 지혜, 신실함, 은혜의 무한하심 등 유일신 하나님에 대한 메시지를 선포해야 한다.

이상과 같이 예언자적 설교는 성경에 기초해서 하나님의 뜻을 전하는 설교요, 하나님이 설교의 내용이요 목표이기 때문에 성경적 설교(Biblical Preaching)요, 하나님 중심적 설교(God-Centered Preaching)라고 할 수 있다.

2) 신학적 설교의 전제 조건: 신학적 해석 또는 하나님 중심적 해석

신학적 설교로서 예언자적 설교를 위해 반드시 필요한 전제 조건은 '신학적 해석(또는 하나님 중심적 해석)'이다. 즉, 본문에서 하나님의 뜻과 의도를 발견하는 것이다.[42]

---

42) '신학적 해석' 또는 '하나님 중심적 해석'에 대한 좀 더 자세한 논의를 위해서 Sidney Greidanus, *The Modern Preacher and the Ancient Text* (Grand

그런데 신학적 해석과 관련하여 피해야 할 몇 가지 함정(pitfall)들이 있다. 대표적으로 '인간 중심적(Anthropocentric) 해석(또는 설교),' '영해(Allegorizing 또는 Spiritualizing) 설교,' '도덕적(Moralizing) 해석(또는 설교)' 등이 있다. 이러한 잘못된 접근들은 단순히 목회적 차원 또는 사회적 차원에서 본문을 접근할 때, 본문을 피상적으로 접근하거나 잘못된 관점에서 접근할 때 또는 좀 더 은혜로운(?) 설교를 하고자 할 때 나타나는 결과들이다. 먼저, '인간 중심적 해석'은 본문에 등장한 인물들을 중심으로 설명하고 적용하는 것이다.

성경에서 등장인물들은 일차적으로 그 인물들의 탁월함이나 악함을 드러내기 위해서 등장하는 것이 아니다. 그들은 하나님의 뜻을 이루는 과정에서 선택된 자들이고, 천지를 창조하시고 유일하신 하나님의 전능하심과 역사를 주관하심 등을 드러내기 위해서 쓰임 받은 자들이다. 그러나 설교자가 본문에서 핵심적으로 드러내고자 하는 하나님의 섭리와 뜻을 무시한 채 등장인물들을 부각시키고 그 인물들이 중심이 되어서 접근하면, 그것은 인간중심적 해석(설교)이 된다.43) 다음으로, '영해(설교)'는 본문을 해석학적 원리에 따라서 정당하게 해석하지 않고(즉, 역사적 상황이나 문맥을 고려하지 않고) 주관적으로 본문에 영적인 의미를 부여하여 해석하고 적용하는 것이다.

마지막으로 '도덕적 해석(설교)'은 인간 중심적 해석과 어느 정도 같은 맥락을 가지고 있는데, 본문의 진정한 의도를 무시한 채 본문에서 단순히 윤리적인 교훈만을 이끌어내는 접근이다. 물론 설교에서 신앙인의 윤리적

Rapids: Eerdmans, 1989), 102-21을 참고하라.

43) 인간중심적 해석과 설교를 피하기 위해, 알렌은 설교의 주제를 작성하는데 있어서 가능하면 1) 주어를 하나님으로, 2) 동사는 하나님의 활동을 표현하는 것으로 그리고 3) 서술어는 하나님의 사랑과 정의에서 나오는 특징들로 하는 것이 좋다고 제안하였다. Ronald J. Allen, *Preaching the Topical Sermon* (Louisville: Westminister / John Knox, 1992), 63-5.

이고 도덕적인 부분도 강조되어야 한다. 하지만 윤리적이고 도덕적인 교훈이 본문의 이차적이거나 부수적인 내용인데, 본문의 하나님의 의도를 간과하거나 왜곡해서 윤리적인 것이 핵심적인 주제로 설명되거나 강조되면 그것은 도덕적 해석(설교)이 된다. 이러한 잘못된 함정들에 빠지지 않고 하나님 중심적 접근을 통해 본문에서 하나님의 뜻과 의도를 제대로 발견하여 선포할 때 바르고 온전한 예언자적 설교가 될 수 있다.

4. 종말론적 설교로서 예언자적 설교

1) 의미

종말론적 설교로서 예언자적 설교는 '하나님의 임하심'을 설교함을 의미한다.[44] 그러면 종말론적 설교로서 예언자적 설교가 무엇을 의미하는지 좀 더 자세하게 살펴보자.

먼저, 하나님의 임하심을 선포하는 종말론적 설교로서 예언자적 설교는 '심판의 메시지와 함께 구원의 메시지를 선포'하는 설교를 말한다. 즉 심판과 구원을 통해 하나님의 임하심을 선포함으로 새로운 각성과 도전을 주고 현재의 삶에 소망과 힘을 불어넣어 주는 설교이다. 물론 예언자적 설교에서 심판의 메시지가 무시되어서는 안 되지만 예언자적 설교의 중심 메시지는 심판의 메시지가 아니라 구원과 소망의 메시지임을 늘 기억해야 한다. 그러나 설교의 구조에 있어서 심판의 메시지에서 소망의 메시지로 반드시 이어진다거나 또는 소망의 메시지의 양이 심판의 메시지보다 항상

---

44) '종말론적'이라는 단어의 의미는 크게 두 가지로 나누어진다. 하나는 광의의 의미이고 다른 하나는 협의의 의미인데, 여기에서는 광의의 의미로 '하나님의 임하심'을 의미한다. 참고. Donald E. Gowan, *Eschatology in the Old Testament* (Philadelphia: Fortress, 1986); William J. Dumbrell, *The Search for Order: Biblical Eschatology in Focus* (Grand Rapids: Baker, 1994).

많아야 된다는 것을 의미하지 않는다. 순서나 양은 고려하지 않아도 되며 때로는 소망만 때로는 심판만 선포될 수 있다.[45]

다음으로, 종말론적 설교로서 예언자적 설교는 현재와 미래에 임하시는 하나님을 선포하는 설교이다. 다시 말해, 구약의 예언자들과 마찬가지로 현재적 관점에서 하나님께서 우리의 모든 것을 알고 계시며 여전히 역동적으로 활동하고 계시고 모든 일에 관여하심을 선포해야 하고, 또한 역사의 마지막에 이루어질 하나님의 구원과 심판을 선포해야 한다. 특별히 하나님께서 역사를 주관하시는 전능하시며 유일하신 하나님이심을 강조해야 한다.

마지막으로 종말론적 설교로서 예언자적 설교는 은혜와 순종을 함께 강조하는 설교이다. 예언서를 보면, 하나님의 구원과 회복은 단지 긍정적인 사고방식이나 낙관주의에서 출발하지 않는다. 하나님의 구원은 하나님의 은혜와 사랑의 결과이며 회복은 하나님의 죄의 용서와 관련되어 있다. 구원과 회복은 전적인 하나님의 값없이 주시는 선물이다. 그러나 그 하나님의 은혜는 결코 값 싼 은혜가 아니다. 하나님의 은혜로서 구원받은 사람들에게는 하나님의 뜻과 말씀에 대한 철저한 순종이 요구된다. 만약 순종하지 않으면 그에 대한 징계가 따른다. 은혜와 순종도 역시 떨어질 수 없는 관계이다.

요약하면, 하나님의 임하심을 선포하는 종말론적 설교로서 예언자적 설교는 현재와 미래의 관점에서 그리고 은혜와 순종을 함께 강조하며 심판 메시지와 함께 구원의 메시지를 선포하는 설교이다.

2) 종말론적 설교를 위한 다양한 접근들

---

45) 윌슨((Wilson, *The Practice of Preaching*, 114))은 바람직한 설교를 위해서 처음에는 심판의 주제로 시작하여 나중에 소망의 메시지로 끝나야 하며, 심판의 메시지와 소망의 메시지는 40/60 또는 50/50의 비율로 선포해야 한다고 하였다.

종말론적 설교로서 예언자적 설교는 다양한 관점에서 접근할 수 있다. 먼저, 언약의 관점에서 설교할 수 있다. 예언자들은 언약을 근거하여 이스라엘 백성들을 꾸짖고 소망을 선포하였다. 오늘날도 예언자적 설교는 언약의 관점에서 설교할 수 있다. 언약의 핵심적인 요소는 하나님의 주권적인 선택과 변함없이 신실하게 끝까지 지켜주시는 하나님의 사랑이며 언약의 당사자인 인간에게 요구되는 것은 순종이다. 다음으로, 하나님 나라의 관점에서 설교할 수 있다. 하나님의 나라는 일차적으로 하나님의 통치와 다스림을 의미하는데 현재와 미래의 관점을 모두 포함하며, 철저한 회개와 헌신을 요구한다(참고. 막 1:14-15). 이것은 예언자적 설교가 요구하는 내용과 일치한다. 세 번째로, 복음의 관점에서 설교할 수 있다. 십자가와 부활로 요약되는 복음은 타락하고 소망 없는 죄인을 위한 구원의 메시지이다. 뿐만 아니라 예수님의 재림도 미래에 나타날 하나님의 궁극적인 임하심의 표현이다. 따라서 예언자적 설교는 복음의 선포와 불가분리의 관계에 있음을 확인할 수 있다. 이상과 같이 종말론적 설교로서 예언자적 설교는 성경의 핵심 주제들과 복음의 메시지를 통하여 선포될 수 있다. 이것은 예언자적 설교가 교회 안에서 성도들을 위해서 선포될 수 있고 또한 선포되어야 함을 재차 확인시켜 준다.

3) 실제적인 방법: 삼중 해석과 삼중 목표

그러면 실제적으로 종말론적 설교로서 예언자적 설교는 어떻게 행해져야 하는가? 한 마디로 하면, 목회적 관점, 사회적 관점, 신학적 관점의 삼중 해석과 삼중 목표를 따라서 메시지가 형성되고 선포되어야 한다. 물론 앞에서 언급된 바와 같이 예언자적 설교는 그 형성과 목표에 있어서 우선적으로 신학적이어야 한다. 즉, 목회적 관점과 사회적 관점에서 설교될 때 그것이 신학적이 되지 않으면 바람직한 예언자적 설교가 될 수 없다. 그러나 목회적 관점과 사회적 관점의 고려 없는 신학적 접근도 바람직하지 못하다. 뿐만 아니라, 목회적 관점과 사회적 관점도 분리될 수 없고 긴밀히 연결되지 않으면 안 된다.

무엇보다도 예언자적 설교는 '삼중 해석'을 요구한다. 다시 말해, 예언자적 설교는 교회의 필요와 상황, 사회의 상황과 이슈, 그리고 하나님(성경)의 뜻을 함께 고려하여 형성되는 설교이다. 물론 설교의 출발은 성경으로 부터, 목회적 상황으로 부터, 사회적인 문제로부터 모두 가능하다. 그러나 예언자적 설교는 최종적인 메시지 형성을 위해서 세 가지 관점이 고려되고 해석되어야 한다. 뿐만 아니라 예언자적 설교는 '삼중 목표'를 갖는다. 다시 말해, 예언자적 설교의 목표는 신학적(하나님과의 관계의 회복, 사회 안에 하나님의 뜻의 실현)이어야 하고, 목회적(교회의 표현된 필요와 표현되지 않는 필요를 채움)이어야 하며, 사회적(교회의 정체성을 분명히 하면서 사회적 책임을 감당키 위한 사회의 대안적 공동체로 세워감)이어야 한다. 물론 모든 설교에서 세 가지 목표가 동시적으로 함께 달성되어야 한다는 것은 아니지만, 이 세 가지 가운데 하나라도 소홀히 되어서는 안 된다.

5. 오늘날 강단에서의 예언자적 설교의 중요성

지금까지 우리는 구약의 예언자의 역할과 예언서 메시지의 이해를 근거로 오늘날 예언자적 설교가 어떻게 이해되어야 하는지 살펴보았다. 이제 결론적으로 예언자적 설교의 중요성을 간단히 피력하고자 한다. 한 마디로, 예언자적 설교는 이 시대 강단의 대안이요 이 시대에 회복되어야 할 메시지이다.

먼저, 삼중 해석을 근거로 삼중 목표를 추구하는 예언자적 설교는 오늘날 많은 문제점과 한계를 드러내고 있는 강단의 대안될 수 있다. 오늘날 많은 설교가 한 쪽으로 치우치는 경향이 없지 않다. 영적인 부분에 치우침으로 삶의 구체적 상황을 언급하지 않으며, 특히 사회적 삶과 책임에 대해 소홀한 설교가 많다. 또한 치유하고 감싸주는 메시지에 치우침으로 영적으로 곪아 있는 것을 수술치 못하는 경우도 있다. 뿐만 아니라, 사회정치적 메시지에 치우침으로 설교가 인도주의적이며 사회학적인 교양 강좌가 되는 경우도 있다. 이와 같이 설교가 한쪽 방향으로 치우친 경향이 많은 이 시대에 교회와 강단이 살기 위해서 균형 잡힌 설교로서의 예언자적 설교는 대안이 될 수 있다.

다음으로, 당시 상황과 오늘날 상황의 유사성을 보면 예언자적 메시지는 오늘날 회복되어야 할 메시지이다. 당시와 마찬가지로 오늘날도 신적 권위가 파괴되어가고(예, 인간복제), 마지막으로 지탱해야 할 공의와 윤리의 파괴되고 있고, 의학과 과학기술의 발달에도구 인간의 고민과 고통이 증가하고 있다.46) 이러한 때에 심판의 메시지와 함께 구원과 소망의 메시지 그리고 유일신 하나님에 대한 메시지는 반드시 선포되어야 한다.

---

46) 이러한 오늘날의 포스트모던의 상황과 그의 합당한 설교학적 접근에 대한 좀 더 자세한 논의를 위해서 Graham Johnston, *Preaching to a Postmodern World* (Grand Rapids: Baker, 2001)와 본서 <13장. 포스트모더니즘과 설교>를 참고하라.

제18장

설교와 성령 사역[1]

주지하는 바와 같이, 한국 교회와 강단은 심각한 위기 가운데 있다. 설상가상으로 오늘날의 상황과 환경도 급격하게 변화하고 있다. '포스트모더니즘(Postmodernism),' '포스트 코로나(Post-Corona),' 그리고 '4차 산업혁명(The Fourth Industrial Revolution)' 등은 오늘날 변화되고 있는 상황과 환경을 표현해 주는 대표적인 용어들이다. 이렇게 변화되고 있는 소위 '뉴노멀 시대(New Normal Era)'의 상황과 환경은 한국 교회와 강단의 위기를 심화시키고 있다. 필자는 이러한 변화와 위기의 상황을 극복하기 위해 필요한 설교학적 과제는 '(삼위) 하나님 중심적 설교의 회복'임을 다양한 관점에서 강조하여 왔다.[2]

그런데 필자가 제안하는 '(삼위) 하나님 중심적 설교'와 관련하여 '성령 사역'[3]에 대한 좀 더 자세한 논의가 필요하다고 판단되었다. 크게 두

---

1) 본장은 필자의 연구년(2022년) 결과로 총신대학교에 제출한 논문을 수정한 것이다.

2) 김창훈, "강단회복을 위한 제안: (삼위) 하나님 중심적 설교의 회복,"「복음과 실천신학」제27권(2013/봄): 121-47; 김창훈,『하나님 중심적 설교』(서울: 호밀리아, 2016); 김창훈, "'뉴노멀(New Normal)' 시대의 도래, 무엇을 그리고 어떻게 설교할 것인가?"「신학지남」제 349호(88/4): 311-81.

3) 설교에 있어서 성령의 역할을 강조하기 위해 학자들은 '성령이 이끄는 설교,' '성령의 조명을 받는 설교,' '성령 설교,' '영성 설교' 등과 같은 다양한 표현들을 사용한다. 또한 설교에 있어서 성령의 역할과 관련하여 '성령의 임하심,' '성령의 조명하심,' '성령의 능력을 부어주심,' '성령의 변화시키심,' '성령의 기름 부으심' 등과 같이 다양한 관점이 강조되기도 한다. 참고. Greg Heisler, *Spirit-Led Preaching: The Holy Spirit's Role in Sermon Preparation and Delivery*, 홍

가지 이유 때문이다. 먼저, 오늘날 여러 가지 이유로 인해 설교에 있어서 성령 사역이 강조되지 않거나 또는 오해되고 있기 때문이고,4) 다음으로 (삼위) 하나님 중심적 설교에 있어서 성령 사역에 대한 정리와 보완적인 설명이 필요하다고 판단하였기 때문이다. 본고에서는 성령 사역과 관련하여 오늘날 설교(학)의 문제점, 설교에 있어서 성령 사역의 필요성과 중요성, 실제적인 설교에 있어서 성령의 역할 그리고 설교 사역과 관련하여 바르고 능력 있게 성령 사역을 경험하기 위한 제안(전제) 등에 대해 논의하고자 한다.

I. 성령 사역과 관련한 오늘날 설교(학)의 문제점5)

성철, 오태용 역, 『성령이 이끄는 설교』 (서울: 베다니출판사, 2008); Jeffrey Crotts, *Holy Spirit's Vital Role in Unveiling His Word. the Bible Illuminated Preaching*, 이승진 역, 『성령의 조명을 받는 설교』 (서울: 성서유니온 선교회, 2011); 권성수, 『성령설교』 (서울: 국제제자훈련원, 2009); 허도화, "성경적 영성설교에 대한 새로운 이해: 초대교회의 설교에 나타난 성령의 활동을 중심으로," 「영산신학저널」 제38권(2016): 105-144. 본고에서 '설교에 있어서 성령 사역' 이라는 표현은 설교 준비, 전달 그리고 결과(변화)의 모든 과정에서 그리고 설교를 행하는 설교자와 설교를 듣는 청중에게 모두에게 영향을 미치는 성령의 역사하심 전체를 포괄적으로 의미한다.

4) Robert Smith Jr.는 〈Heisler, 『성령이 이끄는 설교』〉의 서문에서 "오늘날 현대 교회는 성령론을 절단해 내고, 설교에서 성령의 부재로 인해 강단은 고통당하고 있다. … 특별히 설교에 있어서 마치 삼위일체의 의붓자식처럼 냉대를 받고 있다"고 평가하였다(Heisler, 『성령이 이끄는 설교』, 16). 기독교 역사 전체를 볼 때도 성령은 올바로 평가받지 못했거나(즉, 성령께서 삼위 하나님 가운데서 열등하거나 덜 중요한 존재로 평가 받았거나), 오해되거나 남용되는 경우가 많았다. 참고. 김재성, 『개혁주의 성령론』 (서울: CLC, 2014), 49-76; Michael S. Horton, *Rediscovering the Holy Spirit: God's perfecting presence in creation, redemption, and everyday life*, 황영광 역, 『성령의 재발견: 창조와 구속, 그리고 일상생활 가운데 일하시는 성령 하나님』 (서울: 지평서원, 2019), 11-36.

5) 최근 몇몇 학자들이 성령 사역의 관점에서 오늘날 설교학의 문제점에 대해 논의하였다. 대표적인 예로, Heisler(『성령이 이끄는 설교』, 47-57)는 대부분의 설교학 책에서 성령에 대한 언급이 없다고 안타까워하면서 그에 대한 세 가지 이유를 열

필자는 오늘날 성령 사역과 관련하여 설교(학)의 문제점은 크게 네 가지라고 생각한다.

1. 청중(인간) 중심의 설교학: 신설교학

오늘날 설교학의 대세는 1970년대를 기점으로 발전해 온 소위 '신설교학(New Homiletic)'이다. 무엇보다도 신설교학 운동(movement)은 설교학의 지평을 광대하게 펼쳤고, '학문으로서 설교학'의 진정한 발전을 가져오게 하였다.[6] 이전의 소위 '전통적인 설교학'은 아리스토텔레스의 고전수사학을 바탕으로 대동소이한 내용들이 주를 이루었는데, 신설교학을 통해 설교신학에 대한 근본적인 논의가 진행되었으며, 내러티브 설교를 중심으로 한 다양한 설교학적 제안들이 있어온 것이다.[7]

그런데 신설교학의 우선적인 관심은 청중이며, 핵심적인 강조는 '효과

거하였다. 먼저 설교가 후기신학적(Post-theological)이 되었고(즉, 하나님이 아니라 청중이 설교의 중심이 되었고), 다음으로 성령의 과용과 남용 때문이며, 세 번째로 학교에서 설교를 가르치는 방식에 문제가 있기 때문이라고 하였다. 문상기("설교를 위한 성령의 사역,"「복음과 실천」48(2011/1): 295-301)도 Heisler와 비슷하게 오늘날 설교학에 있어서 성령 부재의 원인을 네 가지로 정리하였다. 1) 설교신학 상실, 2) 신설교학의 영향, 3) 본문만을 강조하는 설교 그리고 4) 설교학을 배우고 가르치는 방식의 문제 때문이라고 하였다. 또한 허도화("성경적 영성설교를 위한 새로운 이해," 109-11)는 성령의 부재 원인을 세 가지로 설명하였다. 그것은 1) 20세 초반의 고전적인 설교학 교과서들이 수사학에 치중하였기 때문이며, 2) 20세기 후반의 신설교학이 설교 방법론에 치중하였기 때문이며, 그리고 3) 21세기의 탈자유주의 설교학(Postliberal Homiletics)이 기독론에 치우쳤기 때문이라고 하였다.

6) 그렇기 때문에 Richard Eslinger는 신설교학 운동이 '설교학의 코페르니쿠스적 전환(Copernican Revolution)'을 가져왔다고 평가하였다. Richard Eslinger, *A New Hearing: Living Options in Homiletical Method* (Nashville: Abingdon, 1987), 14, 65.

7) 신설교학 운동을 통해 제안된 다양한 설교의 구조와 방법론에 대해서 김창훈, 『하나님 중심적 설교』, 103-33; 179-236을 참고하라.

적인 전달을 통한 청중들의 삶의 변화'이다. 또한 그 기조 위에서 신설교학 계열의 많은 학자들은 효과적인 전달을 통해 청중들을 변화시키기 위한 다양한 설교의 구조들을 제안하였다. 물론 그러한 제안들이 설교학의 발전에 많은 기여를 한 것은 분명하지만 다른 한 편으로 효과적인 전달을 위해 수사학적 방법론에 지나치게 의존한다는 평가를 받아왔다.8) 성령 사역의 관점에서 볼 때 신설교학에는 성령께서 역사하실 여지가 별로 존재하지 않는다.9)

정리하면, 신설교학은 청중(인간)이 지나치게 고려되고, 수사학적 관점에서만 접근하기 때문에 흔히 '청중(인간) 중심의 설교학'으로 평가된다. 신설교학은 설교 사역이 일반 연설과는 다른 독특하고도 특별한 사역임을 간과하고 있는 것 같다. 모든 설교자는 "설교자로서의 우리의 소명(부르심)은 하나님을 위한 사역에로가 아니라 그분과 함께 함께 하는 사역에로의 부름"10)이기 때문에 설교자가 풍성한 열매를 맺기 위해서 절대적으로 중요한 것은 성령 충만이라는 Dennis Kinlaw의 말을 기억해야 할 것이다.11)

---

8) 김창훈, 『하나님 중심적 설교』, 197-201.

9) 예를 들어, Crotts(『성령의 조명을 받는 설교』, 86-7)는 "더그 패짓과 프레드 크레독처럼 유행을 선도하는 학자들의 제안에 담긴 문제점은 하나님의 말씀을 소통하는 것과 관련하여 성령의 조명이라는 교리를 철저히 무시한다는 것이다. 이것은 결국 설교의 본질을 놓치는 것이나 다름없다"고 평가했다.

10) Dennis F. Kinlaw, *Preaching in the Spirit*, 정일호 역, 『성령과 설교』(서울: 기독교문서선교회, 1995), 40.

11) 신설교학과 관련된 문제점과 약점을 극복하기 위해서 설교자 바울을 연구한 James W. Thompson도 현대설교는 바울의 설교를 따라야 한다고 주장했다. 바울은 성경적 진리를 올바르게 이해하고 그 진리에 사로잡혀 성령의 능력을 체험하고 성령의 능력으로 말씀을 전한 설교자였는데, 그의 설교를 듣는 자들이 삶이 변화된 원동력은 오직 성령의 능력이었다는 것이다. James W. Thompson, *Preaching Like Paul: Homiletical Wisdom for Today* (Louisville: Westminster, 2001), 15.

2. 기독론 중심의 설교학: 구속사적 설교

구속사적 설교(또는 그리스도 중심적 설교)12)는 본문의 구속사적 의미를 드러내고 설교의 본질을 회복하기 위한 설교학적 제안이다.13) 필자는 구속사적 설교의 기본 원리와 강조점은 충분히 설득력이 있으며, 오늘날 설교학계에 공헌하는 바가 크다고 판단한다. 특별히 오늘날 강단에서 기독교 신앙과 복음이 많이 왜곡되어 있고, 청중 중심의 설교가 대세를 이루고 있는 상황에서 구속사적 설교의 제안은 설교의 본질에 대한 바른 방향을 제시하기 때문에 설교자들에게 많은 도전이 된다고 할 수 있다. 그런데 문제는 그리스도 중심의 설교를 강조하는 대부분의 학자들이나 설교자들이 지나치게 '극단적'이라는데 있다.

성령 사역의 관점에서 볼 때 극단적 기독론 중심의 설교에서 여러 가지 심각한 신학적/신앙적 오류가 발견된다.14) 대표적으로 '그리스도 일원론' 또는 '양태론적 단일신론'의 경향이다. 다시 말해, 극단적인 그리스도 중심적 설교에서는 개혁주의 신학과 신앙에서 중요한 위치를 차지하고 있는 '삼위일체론' 교리에 대한 심각한 왜곡을 가져올 수 있다. 성경 전체의 핵심적인 주제인 창조, 타락, 구원의 전 과정에서 서로 구분되지만 본질은 동일한 성부, 성자, 성령 삼위 하나님은 동등하게 강조되어야 하고, 기독교 신앙과 복음도 삼위 하나님 관점에서 이해되고 설명되어야 한다. 그 때 기독교 신앙과 복음의 본질이 바르게 선포되고 유지될 수 있다.

3. 말씀 중심의 설교학: 강해설교

---

12) 대부분의 학자들은 특별한 의미부여 없이 '구속사적 설교'와 '그리스도 중심적 설교'를 상호 교차적으로 사용한다.

13) 김창훈, 『하나님 중심적 설교』, 569-91.

14) 김창훈, "팀 켈러(Timothy J. Keller)의 '극단적' 그리스도 중심적 설교의 비평적 연구," 「신학지남」 제 346호(88/1): 213-53.

청중이 중심되고 본문의 의미가 왜곡될 가능성이 큰 신설교학의 대척점에 서 있는 오늘날 대표적인 설교학적 제안은 강해설교이다.[15] Haddon W. Robinson이 강조한 대로 강해설교는 하나의 방법론이라기보다는 본문 또는 말씀에 충실한 설교를 위한 일종의 '철학'이라고 할 수 있다.[16] 특별히 1980년대 이후 한국 교회에서의 강해설교 형식에 대한 설교자의 선호도는 상당히 높다. 필자는 오늘날 본문의 의미가 왜곡되고 적용 중심의 설교가 대세를 이루고 있는 한국 교회 강단을 생각할 때 '제대로 된' 강해설교는 한국 교회와 강단의 위기를 극복할 수 있는 대표적인 제안 가운데 하나라고 판단한다.

하지만 성령 사역의 관점에서 볼 때 말씀 자체에 대한 일방적인 강조, 즉 소위 '말씀(성경) 주의'는 설교 사역의 한계와 신앙의 왜곡을 가져올 수 있다.[17] 왜냐하면, 뒤에서도 언급하겠지만, 말씀은 성령과 '상호의존적'으로 함께 역사해야 하기 때문이다. Heisler도 강해설교의 타당성을 인정하면서도 성령 사역과 관련하여 강해 설교의 한계를 지적하였는데, 그

---

15) 강해 설교의 정의, 장점 그리고 구체적인 방법에 대해서는 김창훈, 『하나님 중심적 설교』, 237-60을 참고하라

16) Haddon W. Robinson, *Biblical Preaching: The Development and Delivery of Expository Messages*(rev. ed.) (Grand Rapids: Baker Book House, 2001), 22.

17) 물론 강해 설교학자들 가운데 설교에 있어서 성령 사역에 대해 강조를 하는 학자들도 있다. 예를 들어, John MacArthur("성령과 강해설교," in *Rediscovering Expository Preaching*, 김동완 역, 『강해설교의 재발견』 [서울: 생명의말씀사, 1993], 163, 181)는 "성령의 조명하시는 역사를 떠나서는 하나님의 말씀의 객관적인 계시를 옳게 이해한다는 것은 불가능하다. … 우리는 우리의 설교가 청중을 향한 성령의 조명하시는 역사 없이는 아무것도 성취하지 못한다는 사실을 깨달아야 한다"고 했고, Robinson(*Biblical Preaching*, 21)도 "강해 설교는 하나의 성경적 개념(아이디어)을 전달하는 것이다. 그 개념은 하나의 본문을 문맥 안에서 역사적, 문법적, 문예적으로 연구함으로 얻어진 결과인데, 성령께서 그 개념을 먼저 설교자의 인격과 경험에 적용하고, 그것을 다시 설교자를 통하여 청중들에게 적용하는 것이다"고 강해설교를 정의하면서 성령 사역을 강조하였다.

의 말은 자주 인용된다.

나는 기독교 설교, 특히 강해설교의 개혁이 완전히 이루어졌다고 믿지 않는
다. 우리는 성경본문을 강하게 강조할 뿐 아니라, 우리로 하여금 성경을 설교
할 수 있는 능력을 주시는 성령도 그만큼 강력하게 강조해야 한다. 다시 회
복된 강해설교에 보충해야 할 것이 있다. 그것은 강해설교에 있어서 성령의
역할을 참신하고도 실질적으로 살펴야 한다는 것이다. 우리가 성경을 강력하
게 선포하기 위해서는 성령과 성경, 이 둘이 다 필요하다.[18]

4. 설교 신학의 부재

Thomas Long은 설교를 피아노 치는 것에 비유하면서 설교에 있어서
가장 중요한 것은 설교의 기본기를 확립하는 것이라고 했다.[19] 필자는 그
의 말에 동의한다. 그리고 설교자가 갖추어야 할 대표적인 기본기 가운데
하나는 '바른 설교 신학의 정립'이라고 생각한다. 다시 말해, 바르고 능력
있는 설교자 또는 하나님께 인정받는 설교자가 되기 위해서 설교자는 '하
나님께서 기뻐하시는 설교는 무엇인가?' '기독교 신앙의 본질에 합당한
설교란 무엇인가?' '설교의 바른 목표는 무엇인가?' 등의 설교 신학이 분
명히 정립되어야 하고 또한 그대로 실행해야 한다.

하지만 필자는 오늘날 많은 설교자들에게 분명한 설교 신학이 존재하
는지 의심하지 않을 수 없다.[20] 왜냐하면 오늘날 대부분의 강단에서 기독

---

18) Heisler, 『성령이 이끄는 설교』, 22. 권성수(『성령설교』, 10)도 "강해설교는
우리가 설교해야 할 성경본문의 절대적인 권위를 회복한 점은 높이 평가하지만, 성
경(본문)과 성령의 밀접한 상호관계를 충분히 살리지 못한 문제점, 즉 청중들이 살
아가야 할 동기와 능력을 제공해 주지 못한 약점을 가지고 있다"고 평가했다.

19) Thomas G. Long, *The Witness of Preaching*(2nd ed.) (Louisville:
Westminister/ John Knox, 2005), 14.

20) 필자는 "설교의 위기는 형식과 관련된 문제도 아니고, 형식상의 실수를 탓
해야 할 문제도 아니다. … 설교의 위기는 바로 신학에 뿌리를 갖고 있는 것이다. 모

교 본질과 복음을 벗어난 기복적/세속적 메시지 그리고 청중의 귀를 즐겁게 하고 청중의 입맛에 맞추는 메시지가 대세를 이루고 있는 것을 부인하기 어렵기 때문이다. 이것은 우리나라만의 문제가 아닌 것 같다. 오래 전에 Walter Kaiser도 전 세계 교회가 온갖 조미료와 방부제가 가미된 음식 그리고 이상한 대체 음식만이 강단에 가득하기 때문에 오늘날 교회가 심각한 영양실조를 경험하고 있고, 설교가 전혀 영향력을 행사하지 못하며 강단이 텅 빈 것처럼 느껴지고 있다고 안타까워하였다.21) 이렇게 하나님 말씀의 핵심과 기독교 본질에서 벗어난 설교를 하면서 성령의 역사와 능력을 기대한다는 것은 언감생심이다. 그러한 메시지는 오히려 성령님을 근심시키고 성령의 역사를 방해할 따름이다. 과연 오늘날 설교자들에게 교회의 진정한 부흥을 가져오고 사람들을 변화시키는 원동력이 성령님이라는 성경적/역사적 믿음이 있는지 의심하지 않을 수 없다.

II. 설교에 있어서 성령 사역의 필요성과 중요성

앞에서 우리는 오늘날 설교(학)에 있어서 성령 사역이 왜곡되거나 약화된 이유들을 살펴보았다. 그렇다면 이제 설교 사역에 있어서 성령 사역이 왜 필요한지 그리고 성령 사역이 얼마나 중요한지 성경적 관점과 역사적

든 설교의 위기는 항상 잘못된 신학으로부터 비롯된다"고 한 Helmut Thielicke의 날카로운 지적에 동의한다. Helmut Thielicke, *Leiden an der Kirche Ein Personliches Wort*, 심일섭 역, 『현대교회의 고민과 설교』 (서울: 대한기독교출판사, 1982), 94.

21) Walter Kaiser, Jr., *Toward an Exegetical Theology* (Grand Rapids: Baker Book House, 1981), 7-8. John Piper도 오늘날의 설교가 "관계 중심적이고, 분명하지도 않고, 유머러스하며, 가볍고, 너무 느긋하고, 인간적인 필요와 역동적인 인간관계에 집중되어 있고, 심리학적 접근에 흠뻑 빠져 있고, 감정적 치료를 위한 전략에 집중해 있다"고 평가했다. John Piper, "Preaching as Worship: Meditations on Expository Exultation," *Trinity Journal* 16(1995/Spring): 30.

관점에서 살펴보고자 한다.

1. 성경적 관점(성경적 증거)

무엇보다도 설교 사역에 있어서 성령 사역의 필요성과 중요성은 영원하고 불변하는 하나님의 말씀인 성경이 증거하고 강조하기 때문이다.

1) 성령의 '신성'에 대한 성경적 증거

무엇보다도 성경은 성령께서 본질적으로 성부 하나님 그리고 성자 하나님과 동등한 하나님이심(즉, 성령의 신성)을 증거한다(창 1:2; 시 104:30; 마 28:19; 눅 1:35; 요 3:5-8; 행 5:3-4; 롬 8:11; 고전 2:10-11; 3:16-17; 12:4-6; 고후 13:13; 딤전 3:16; 딛 3:5; 벧전 1:2 벧후 1:21).[22] 뿐만 아니라 성경은 하나님의 속성인 영원하심(히 9:14), 무소부재(편재)하심(시 139:7-10), 전지하심(사 40:13-14; 고전 2:10- 11), 전능하심(눅 1:35-38), 창조주 되심(창 1:2; 욥 26:13, 33:4; 시 104:30); 경배의 대상(마 28:19; 롬 9:1; 고전 13:14)이심을 성령 하나님께 똑같이 적용하고 있다.[23] 칼빈도 『기독교 강요』에서 성령의 영원한 신성(하나님 되심)에 대한

---

22) Millard J. Erickson, *Christian Theology*, 신경수 역, 『복음주의 조직신학(하)』(서울: 크리스챤다이제스트, 1995), 30-3. Erickson(『복음주의 조직신학(하)』, 30-1)은 위의 성경 구절들이 어떻게 성령의 신성을 드러내는지를 구체적으로 설명하였는데 가장 두드러진 예로 사도행전 5장의 사건을 제시하였다. "사도행전 5장을 보면, 베드로는 아나니아를 꾸짖으면서 "아나니아야, 어찌하여 사단이 네 마음에 가득하여 네가 성령을 속이고 땅값 얼마를 감추었느냐"(3절)이라고 물었다. 다음 절에서 그는 "네가 사람에게 거짓말을 한 것이 아니요 하나님께로다"라고 단언하였다. 베드로의 마음속에서 "성령께 거짓말 하는 것"과 "하나님께 거짓말 하는 것"은 상호 교환될 수 있는 표현인 것처럼 보인다. … 따라서 우리는 아나니아가 거짓말을 범한 성령이 하나님이라는 사실을 강조하고 있다는 결론에 이르게 된다."
23) Horton, 『성령의 재발견』, 44.

많은 성경적 증거들이 있다고 하면서 다음과 같이 그 이유들을 열거하였다.[24)

먼저, 성령께서 창조에 관여하셨고, 지금도 우주를 보존하시기 때문이다.
다음으로, 성령께서 하나님과 주권적인 권세를 공유하셔서 선지자들을 파송
　하시기 때문이다.
셋째로, 성령께서 만물에게 생기를 주시기 때문이다.
넷째로, 성령께서 중생과 미래의 영생을 베푸는 주체이시기 때문이다.
다섯째로, 성령께서 각종 은사들의 근원이시며 성도들에게 그 은사들을 선택
　적으로 베푸는 분이기 때문이다.
여섯째로, 성령께서 하나님이라고 불리시기 때문이다.
일곱째, 성령을 훼방하면 하나님을 훼방하는 것이요, 그 죄는 결코 사하심을
　얻지 못하기 때문이다.

2) 구약 성경에서의 성령 사역

필자의 판단으로 구약 성경은 설교 사역과 관련하여 크게 네 가지 방
향에서 '하나님의 영'으로서 성령 사역을 말씀한다. 먼저, 하나님의 영(성
령 하나님)은 백성의 지도자들에게 임하셨다. 다시 말해, 특별한 사람들에
게 사명을 부여하셔서 백성들의 지도자들로 세우시며 또한 그들이 하나님
께서 맡기신 사명을 잘 감당하도록 하나님의 영이 임하셨음을 말씀한다.
구체적인 예로, 사사를 세우시고 사명을 감당케 하실 때(삿 3:10; 6:34;
11:29; 13:25; 14:6,19; 15:14), 선지자들을 세우시고 사명을 감당케 하실
때(사 61:1; 겔 2:2; 3:24; 8:3, 11:1,24; 4:8-9,18; 5:11; 미가 3:8; 느

---

24) John Calvin, *Institutes*, I. 13. 14-15. 본고에서 『기독교 강요』는 'John
Calvin, *Institutes of the Christian Religion*, 원광연 역, 『기독교 강요』(고양:
크리스챤다이제스트, 2003)'을 주로 인용하고, 필요에 따라 다른 번역이나 필자의
사역을 활용하기도 할 것이다.

9:20), 그리고 왕을 세우실 때 하나님의 영이 강력하게 임하여 그들에게 비상한 능력을 부여하셨다(삼상 10:10; 11:6; 16:13).[25]

다음으로 하나님의 영이 특별한 사역을 위해 선택된 사람들에게 임하셨다. 광야에서 성막과 기구들을 만드는 일을 위해서 특별한 사람들을 부르시고 하나님의 영으로 충만케 하셔서 지혜와 총명과 지식의 사람들이 되게 하셨고(출 31:1-11; 출 35:30-35), 다른 사람들을 가르치는 능력도 주셨으며(출 35:34), 모세에게 임하신 하나님의 영이 모세를 돕는 70인에게도 임하여 그들이 예언[26]을 하기도 하였으며(민 11:25), 발락에게도 하나님의 영이 임하여 그가 하나님의 뜻을 선포케 하셨다(민 24:2-3).[27]

세 번째로, 하나님의 영은 백성들에게도 임하셨다. 특별히 하나님의 영은 하나님의 백성들을 향한 하나님의 사랑과 계획을 알려주시며, 하나님의 백성이 하나님의 마음에 합한 삶을 살 수 있도록 그들을 인도하고 변화시키는 주체요 원동력이심을 말씀한다.[28] 예를 들어, 에스겔 11:19-20에서 하나님은 이렇게 말씀하신다.

내가 그들에게 한 마음을 주고 그 속에 새 영을 주며 그 몸에서 돌 같은 마음을 제거하고 살처럼 부드러운 마음을 주어 내 율례를 따르며 내 규례를 지켜 행하게 하리니 그들은 내 백성이 되고 나는 그들의 하나님이 되리라.

---

25) 이승현, 『성령』 (용인: 킹덤북스, 2012), 52.

26) 성경에서 '예언'의 주된 의미는 '미래를 말하는 것'이 아니라 '하나님의 말씀과 하나님의 뜻을 전하는 것'이다. 그래서 많은 학자들은 예언자는 'Fore-teller(단순히 미래에 대해서 말하는 자)'가 아니라 'Forth-teller(현실과 관련되고 현실에 필요한 메시지를 전하는 자)'로 이해되어야 한다고 주장한다. 그래서 최근에 우리나라의 학자들도 예언을 한자로 옮길 때 '미리 예'의 '豫言'이 아니라 '맡길 예'의 '預言'이라 해야 한다고 주장하면서 그 의견에 동조하고 있다. 김창훈, 『구약장르별 설교』 (서울: 총신대학교, 2015), 268-71.

27) Heisler, 『성령이 이끄는 설교』, 79-80.

28) Sinclair B. Ferguson, *Holy Spirit*, 김재성 역, 『성령』 (서울: IVP, 1999), 17-20; 이승현, 『성령』, 37-8

네 번째로, 구약 성경에서는 종말론적(마지막 때에) 보편적인 복으로써 성령을 약속하셨다. 그 대표적인 말씀이 우리에게 너무 잘 알려진 요엘 2:28-29이다.

그 후에 내가 내 영을 만민에게 부어 주리니 너희 자녀들이 장래 일을 말할 것이며 너희 늙은이는 꿈을 꾸며 너희 젊은이는 이상을 볼 것이며 그 때에 내가 또 내 영을 남종과 여종에게 부어 줄 것이며

이사야 32:14-15에서도 종말론적 회복에 대해 약속하신다.

대저 궁전이 폐한 바 되며 인구 많던 성읍이 적막하며 오벨과 망대가 영원히 굴혈이 되며 들나귀가 즐기는 곳과 양 떼의 초장이 되려니와 마침내 위에서 부터 영을 우리에게 부어 주시리니 광야가 아름다운 밭이 되며 아름다운 밭을 숲으로 여기게 되리라.

또한 이사야 11:1-2, 42:1-4, 61:1-2, 예레미야 31:31-33, 에스겔 36:26-27; 39:29 등에서도 성령의 도래와 함께 이중적 또는 삼중적으로 성취될 역사적 이스라엘의 회복, 새언약시대(메시아 시대) 그리고 종말론적 새 시대에 대한 약속이 언급된다.[29]

3) 예수님 공생애에서의 성령 사역

---

29) Hendrikus Berkhof, *The Doctrine of the Holy Spirit*, 이창우 역, 『기독교와 성령의 역사』, (서울: 기독교문화협회, 1986), 22이하; James Buchanan, *The Office and Work of The Holy Spirit*, 신호섭 역, 『성령의 사역, 회심과 부흥』(서울: 지평서원 , 2006), 450; Horton, 『성령의 재발견』, 258 이하; Ferguson, 『성령』, 69-70.

예수님은 하나님이시기 때문에 이 땅에서의 사역에서 성령의 주도적인 인도하심과 도우심이 필요 없으신 분이셨지만, 성경은 예수님 공생애 사역 전체를 통하여 성령은 영향을 미쳤고 역사하셨음을 말씀한다(물론 그것은 구약에서 이미 약속된 것이었다. 참고. 행 2:16-22).[30] 좀 더 구체적으로 성경은 예수님께서 성령으로 잉태되셨고(마 1:18-20; 눅 1:35), 세례 요한에게 세례를 받으신 후에 하늘이 열리면서 성령이 비둘기 같이 임하셨음 말씀한다(막 1:10, 눅 3:21-22). 또한 예수님께서 광야에서 사탄에게 시험을 받도록 이끄신 이도 성령이시고(마 4:1, 막 1:13, 눅 4:1), 공생애 전체를 통해 말씀을 선포하시고 귀신을 쫓아내시는 사역도 역시 성령의 역사하심 또는 기름 부음과 연결된다.[31] 특별히 누가복음 4:18-19의 말씀은 우리에게 너무 잘 알려져 있는데, 예수님 공생애 전체 사역을 성령의 임하심과 연결하고 있다(참고. 마 12:28; 눅 4:14).

주의 성령이 내게 임하셨으니 이는 가난한 자에게 복음을 전하게 하시려고 내게 기름을 부으시고 나를 보내사 포로 된 자에게 자유를, 눈 먼 자에게 다시 보게 함을 전파하며 눌린 자를 자유롭게 하고 주의 은혜의 해를 전파하게 하려 하심이라 하였더라.

그렇기 때문에 초대 교회 성도들도 예수님 공생애 전체를 통해 성령께서 충만하게 임했다고 믿었고, 베드로도 "하나님이 나사렛 예수에게 성령과 능력을 기름 붓 듯 하셨다"고 선포하였다(행 4:27, 10:38).

4) 신약 성경에서의 성령 사역

---

30) Crotts, 『성령의 조명을 받는 설교』, 57-63.
31) 유태화, 『삼위일체론적 성령론』(서울: 대서, 2006), 123-46.

Buchanan은 "예수 그리스도의 오심이 구약의 위대한 약속이라면 성령의 오심은 신약의 위대한 약속이다"고 했다.[32] 위에서 논의한 대로, 구약에서도 성령에 대한 언급이 있지만 신약에서의 성령 사역에 대한 언급은 구약과는 차원이 다르다. 신약 성경은 너무도 분명하게 다양한 성령 사역에 대해 언급하는데, 크게 몇 가지로 분류될 수 있다.

(1) 무엇보다 먼저 예수님께서 요한복음 14-16장에서 '또 다른 보혜사'[33]인 성령에 대해서 고별 설교의 형식으로 말씀하시고 승천하시기 전에도 성령의 강림을 약속하셨다(눅 24:49; 행 1:4-5, 8). 그리고 오순절에 약속하신 성령이 임하셨다(행 2:1-4; 16-18).

(2) 사도행전은 성령께서 교회를 창설하시며 복음 전파와 선교를 주도하시는 것을 말씀한다(행 2:27).[34] 성령 충만의 결과로 사도들은 이전과는 전혀 다른 모습과 담대하게 복음을 전파하고 놀라운 능력으로 설교의 열매를 맺게 되었다(행 2장, 4장, 6장). 또한 빌립이 에디오피아 내시에게 복음을 전한 것도(행 8:29, 39), 베드로가 고넬료와 그의 권속들에게 복음을 선포하고 회심케 한 것도 성령의 주권적 인도하심으로 진행되었고(행 10:19, 43, 11:12, 15), 이방 선교를 위해 바나바와 바울을 따로 불러 세우신 것도 성령의 역사였다(행 13:2-4).[35]

(3) 성령께서 우리를 예수 그리스도를 믿게 하고 진리 가운데로 인도하신다고 말씀한다(요 3:5, 15:26, 16:8-11, 16:13; 롬 8:2, 8:9; 엡 5:18; 고전 2:4, 2:10, 12:3; 살전 1:5; 딛 3:5-7; 요일 3:24, 4:13.)

(4) 성령은 그리스도인의 신앙과 삶과 사역에 있어서 절대적인 영향을 미친다고 말씀한다. 더욱 변화되고 성숙하고 능력 있는 신앙생활과 삶을

---

32) Buchanan, 『성령의 사역, 회심과 부흥』, 62.
33) '또 다른 보혜사'에 대한 좀 더 자세한 설명을 위해 김재성, 『개혁주의 성령론』, 42이하를 참고하라.
34) 유태화, 『삼위일체론적 성령론』, 287.
35) 유태화, 『삼위일체론적 성령론』, 286-7.

위해서 성령의 역사하심이 절대적으로 필요하고 중요하다는 것이다. 예를 들어, 신앙생활과 사역을 위해 필요한 은사를 주시며(롬 12:6-8; 고전 4-11; 12:8-10, 28; 갈 5:22-23; 엡 4:11; 벧전 4:11), 능력을 주시며(롬 8:23-26; 갈 3:1-3; 5:16-25; 엡 4:30), 내주하시며 필요에 따라 도우시고 인도해 주시며(롬 8:14, 26; 고후 3:17, 12:9-10; 13:4, 엡 4:30; 빌 4:13; 살전 5:19; 요일 4:13), 인치시고 영광의 보증이 되신다(엡 1:13).

(5) 성령은 담대하고 능력 있게 복음을 전하게 하신다고 말씀한다(행 1:8, 4:13, 29, 31; 고전 2:4; 엡 6:17; 빌 1:20; 살전 1:5-6).[36]

(6) 성령은 교회를 다스리시며 건강하게 유지시키시며(행 5:1-11, 6:1-6), 오늘날도 여전히 교회에 말씀하신다(계 2:1, 7, 8, 11, 12, 17, 29; 3:1, 6, 7, 13, 14, 22)고 하신다.

이상과 같은 성경은 성령의 하나님(신성) 되심을 증거하며, 성령 사역이 하나님 백성의 리더십과 성도들의 신앙과 삶을 위해 절대적으로 중요함을 말씀한다. 특별히 신약 시대에는 성령께서 더욱 강력하게 역사하고 있음이 강조된다. 이로 볼 때 오늘날 성도들의 신앙과 삶의 문제를 다루는 설교 사역에 성령 사역이 절대적으로 중요하고 필요하다는 것은 두말할 나위가 없다.

2. 역사적 관점(역사적 증거)

성령 사역의 필요성과 중요성은 비단 성경 안에서만 언급되는 것이 아니다. 교회의 역사를 통해서도 실제적으로 확인된다. 학자들은 이구동성으로 역사적으로 설교에 놀라운 능력이 나타나고 부흥을 경험한 곳에 항상 성령의 강력한 역사가 있었음을 서술한다.[37] 예를 들어, D. Martin

---

36) Ferguson, 『성령』, 273.

Lloyd-Jones는 "장구한 교회 역사는 우리가 신약 가운데서 보는 것이 언제나 부흥과 개혁시대 교회의 특징으로 되었다는 것을 거듭 보여준다"[38]고 하면서, "하나님께서 하늘을 가르시고 강림하신 것이 바로 성령의 강림이다. 부흥은 하나님이 성령으로 강림하실 때 일어나는 것이다"[39]고 했다. 계속해서 설교에서 성령의 강력한 능력과 역사가 필요하다는 역사적 증거로써 종교개혁의 두 선두 주자들인 Martin Luther와 John Calvin의 예를 들어 설명한다.

> 성령이 권능 있게 역사하시는 그 시대에는 굉장한 증거가 있었습니다. 루터 자신이 온 방안이 빛으로 가득 찬 것처럼 보였다고 묘사한 저 위대한 체험이 있었습니다. 그 체험은 의심할 여지도 없이 그의 비상한 설교를 이해하는 열쇠가 되는 것입니다. 신학자 루터에만 너무 관심을 가지다보니까 설교자 루터는 망각해 버리는 경향이 있습니다. 루터는 능력 있는 설교자였습니다. 존 칼빈[40]도 마찬가지입니다.[41]

---

37) 최근 여러 학자들이 역사적으로 탁월한 설교자들을 성령 사역의 관점에서 논의하는 글들을 발표하였다. 예를 들어, 이우제, "로이드 존스: 성령의 능력에 사로잡힌 설교자," 「복음과 실천신학」, 11(2006): 19-61; 박태현, "조오지 휫필드의 설교관: 성령의 사역의 관점에서," 「성경과 신학」 72 (2014): 155 – 89; "로이드 존스의 성령론적 설교," 「성경과 신학」 96 (2020): 63 – 93 등이 있다.

38) D. Martyn Lloyd-Jones, *Preaching and Preachers*, 서문강 역, 『목사와 설교』(서울: 기독교문서선교회, 1977), 412.

39) D. Martyn Lloyd-Jones, *Revival: Can We Make It Happen?* 서문강 역, 『부흥』(서울: 생명의말씀사, 2009), 459.

40) 칼빈도 그의 시편주석 서문에서 자신의 회심에 대해 언급하였는데, 박용규는 1532년과 1534년 사이에 발생한 성령의 강권적인 역사에 의한 칼빈의 갑작스런 회심의 사건에 대해 "젊은 칼빈을 완전히 바꾸어 주었다. 죄에 대한 깊은 각성, 하나님의 거룩에 대한 인식, 바울 서신과의 만남을 경험하였다. … 오만, 편견, 그리고 고집쟁이였던 젊은 칼빈은 자신의 뜻보다는 하나님의 뜻을 따르는 궁극적으로 하나님의 소명을 받아들이는 사람으로 변했다. 이후 칼빈은 오직 하나님의 구속의 은혜에 사로잡힌 종, 하나님의 주권과 그 영광만을 높였던 인물이 되었다"고 정리하였다. 박용규, 『세계부흥운동사(개정판)』(서울: 생명의말씀사, 2016), 200-6.

41) Lloyd-Jones, 『목사와 설교』, 413. 참고. Lloyd-Jones, 『부흥』, 459.

한 걸음 더 나아가 그는 Luther와 Calvin 외에 기독교 역사에서 성령의 강력한 역사하심으로 인하여 크고 놀라운 일들을 경험했던 설교자들의 구체적인 사례들을 소개하였다.42) 예를 들어, 휴 래티머, 존 브래드포드, 로버트 부르스, 존 리빙스턴,43) 코튼 매더, 조나단 에드워즈, 데이빗 브레이너드, 길버트 테넌트, 조지 윗필드, 웨슬리 형제(특히 요한 웨슬리44)), 하우웰 해리스, 다니엘 로우랜즈, 데이빗 몰간,45) 토마스 찰즈 에드워즈

---

42) Lloyd-Jones, 『목사와 설교』, 413-26.

43) Lloyd-Jones는 17세기 초기에 스코틀랜드에 살았던 존 리빙스턴이 설교에서 놀라운 능력을 경험했던 일화를 소개한다. "그래서 밤새 기도로 씨름했고 그 지역에 나가서 계속 기도하였습니다. 다른 많은 사람들도 기도에 동참했습니다. 그럼에도 그는 영혼의 큰 고뇌에 빠져서 마음의 평안을 찾지 못하다가 월요일 새벽이 되어서야 하나님께서 자신에게 메시지를 주시며 큰 능력으로 함께 해 주시리라는 확신을 얻게 되었습니다. 이렇게 해서 리빙스턴은 그 유명한 월요일 설교를 하게 되었고, 그 한 번의 설교로 500명이 교회에 더해지는 역사가 일어났다. 그 굉장한 날에 모였던 회중은 하나님의 성령이 자신들에게 부어지는 엄청난 경험을 했습니다. 그의 남은 생애에 관한 이야기도 그의 못지않게 의미 있고 중요합니다. 리빙스턴은 그 이후에도 오래 살았지만 다시는 같은 경험을 하지는 못했습니다. 그는 그 일을 회상했으며 그 일을 사모했습니다. 그러나 같은 경험은 두 번 하지 못하였습니다." Lloyd-Jones, 『목사와 설교』, 415-6.

44) Lloyd-Jones는 우리에게 너무도 잘 알려진 요한 웨슬레의 예도 소개한다. "런던의 올더스게이트 가에서 한 무리의 사람들이 성경 연구와 상호의 신앙을 돈독히 하려고 모임을 가지고 있었습니다. 그런데 그 모임 기간 중 어느 날 밤에 한 사람이 루터의 로마서 서문을 읽을 것을 지명 받았습니다. 여기서 이 사람은 루터의 로마서 서문을 읽고 있었습니다. 그런데 그것을 낭독할 때 웨슬리의 마음이 이상하게 뜨거워졌고 갑자기 하나님께서 바로 자신의 모든 죄를 용서하였다는 확신이 들었던 것입니다. 그 뜨거움을 느꼈을 때 무엇인가가 자기 속에서 녹기 시작했습니다. 이 사람이 새로운 능력을 가지고 설교하기 시작하며 하나님께 크게 쓰임을 받기 시작한 것은 이 순간부터였습니다." Lloyd-Jones, 『목사와 설교』, 418-9.

45) Lloyd-Jones는 유명한 강해설교자 데이빗 몰간의 특별한 경험도 소개한다. "나는 그날 밤 보통의 데이빗 몰간으로 잠자리에 들었습니다. 그러나 다음 날 아침 사자가 된 기분으로 일어났고 성령에 충만해 있다는 것을 느꼈습니다"고 고백하였는데, 그 이후로 그는 설교를 통해 놀라운 일들을 경험하였는데 사람들이 죄를 깨닫고 회개하고 큰 기쁨을 얻고 돌아갔으며, 교인들이 점점 늘어났는데, 그러한 놀라운 역사는 2년 동안 계속되었다는 것이다. Lloyd-Jones, 『목사와 설교』, 422.

등을 통해 성령께서 어떻게 역사하셨으며 그 결과로 어떤 놀라운 일들이 발생하였는지를 설명하였다.

Buchanan도 역사적으로 설교 사역과 관련하여 성령 사역이 얼마나 중요한 지를 언급하면서, 블레어, 리빙스턴, 웰쉬, 딕슨, 조나단 에드워즈, 데이빗 브레이너드, 맥클로치, 윗필드, 로브, 등과 같은 구체적인 인물들을 예로 제시하였다.46) 계속해서 그는 "하나님의 성령의 은혜로우신 역사는 기독교회를 통하여 계속되어야 하며, 죄인들의 회심과 하나님의 백성들의 거룩을 위하여 세상 끝나는 날까지 효과적이어야 한다는 사실은 성경의 예언이며 약속이다"고 주장하며,47) "기독교회를 향하신 하나님의 성령의 새롭게 하시고 거룩하게 하시는 사역은 결코 종결되지 않았다. 아미 마지막 죄인이 회심에 이르고 구원으로 회복되기까지 이 사역은 절대로 종결되지 않을 것이다"고 강조했다.48)

성령 사역을 통한 부흥의 역사는 우리나라에서도 동일하게 발생하였다. 대표적인 예가 우리에게 너무도 잘 알려진 1907년도의 평양대부흥운동이다. 이 부흥운동은 전 세계의 부흥의 역사에서 결코 찾아보기 쉽지 않은 놀라운 사건이었다. 물론 이 부흥운동이 촉발되고 놀랍게 확장하게 된 결정적 요인과 수단은 길선주 목사의 설교(말씀 사경회)와 성경공부 집회였다.49) 당시 부흥운동을 직접 목격하였던 선교사였던 William Newton

---

46) Buchanan, 『성령의 사역, 회심과 부흥』, 439-68.
47) Buchanan, 『성령의 사역, 회심과 부흥』, 449.
48) Buchanan, 『성령의 사역, 회심과 부흥』, 451.
49) William Newton Blair & Bruce F. Hunt, The Korean Pentecost and the Sufferings which Followed, 김태곤 역, 『한국의 오순절과 그 후의 박해』 (서울: 생명의말씀사, 1995), 80-4; 정성구, 『한국 교회 설교사』 (서울: 총신대학교 출판부, 1986), 136-42. 길선주 목사의 둘째 아들인 길진경 목사는 당시의 상황을 다음과 같이 설명하였다(길진경, 『영계 길선주』 [서울: 종로서적, 1980], 184).
  실로 그것은 성령의 놀라운 이적의 역사였다. 마침 재령에서 돌아온 길선주 목사의 마음에는 성령의 불이 타올랐고, 영력은 갑절이나 넘쳤다. 부흥의 소망은 너무나 확실했고, 기쁨이 충만했다. 부흥기간 중의 길선주 목사의 설교는

Blair는 1907년 평양 장대현 교회에서 성령의 역사로 발생한 놀라운 부흥 운동에 대해 다음과 같이 보고했다.

> 설교가 있은 후에, 이씨가 사회를 맡아 기도회를 인도했다. "통성으로 기도 합시다"라는 이씨의 말과 함께, 모인 무리들은 모두 큰 소리로 함께 기도하기 시작했다. 그러자 형언할 수 없는 결과가 나타났다. 그것은 혼란스러움이 아니라 기도 소리로 어우러진 영혼들의 웅장한 조화였다. 주체할 길 없는 기도 열망에 의해 혼연 일체가 된 심령들의 부르짖음이었다. 내게는 그 기도 소리가 수많은 물줄기들이 떨어지는 소리 혹은 하나님의 보좌를 두드리는 기도의 폭포 소리처럼 들렸다. 아니 그것이 여러 줄기라기보다는 한 분 성령으로부터 나와서 위에 계신 한 분 하나님께 올려지는 하나의 거대한 물줄기였다. 오순절 날의 경우처럼, 그들은 한곳에 함께 모여 일심으로 기도를 드리고 있었다. 그러자 "홀연히 하늘로부터 급하고 강한 바람 같은 소리가 있어 저희 앉은 온 집에 가득"하였다(행 2:2). 하나님이 항상 회오리바람 속에서 임하시거나 작고 세미한 음성 가운데 임하시는 것은 아니다. 평양에서의 그날 밤에 하나님은 울음소리 가운데 우리에게 임하셨다. 기도가 계속되면서, 죄를 자각함으로 말미암은 무거운 슬픔의 기운이 회중들 가운데 임했다. 한켠에서 어떤 사람들이 울기 시작했다. 그러자 갑자기 모든 회중이 울음을 터트렸다.[50]

III. 설교 사역과 성령 사역의 관계

지금까지 우리는 신앙생활과 삶 그리고 설교 사역을 위해 성령 사역이 절대적으로 필요하고 중요함을 성경적 관점과 역사적 관점에서 살펴보았

신령한 은혜의 샘이 되어 솟아 흘렀고, 성령의 충만한 기도는 성도들의 마음을 사로잡았다.

50) Blair & Hunt, 『한국의 오순절과 그 후의 박해』, 85-6.

다. 이제 설교 사역과 성령 사역의 직접적이고 실제적인 관계에 대해 살펴보고자 한다. 다양한 관점에서 논의될 수 있겠지만, 본고에서는 크게 세 가지 방향에서 살펴보고자 한다.

1. 설교 사역의 핵심으로서 성령 사역

성경은 무엇보다도 설교 사역의 중심에 성령 사역이 있다고 말씀한다. 설교 사역과 성령 사역과 관련하여 대표적으로 인용되는 두 개의 성경 구절이 있다. 그것은 고린도전서 2:4-5와 데살로니가전서 1:5이다.

> 내 말과 내 전도함이 설득력 있는 지혜의 말로하지 아니하고 다만 성령의 나타나심과 능력으로 하여 너희 믿음이 사람의 지혜에 있지 아니하고 다만 하나님의 능력에 있게 하려 하였노라(고전 2:4-5).[51]

> 이는 우리 복음이 너희에게 말로만 이른 것이 아니라 또한 능력과 성령과 큰 확신으로 된 것임이라 우리가 너희 가운데서 너희를 위하여 어떤 사람이 된 것은 너희가 아는 바와 같으니라(살전 1:5).

사도 바울은 자신의 설교(복음 전파) 사역이 인간적인 말의 능력과 세상의 지혜로 되지 않고 성령의 역사와 능력으로 가능한 '성령 사역'임을 분명하게 고백하고 있다. 학자들도 다양한 관점에서 성령께서 설교 사역에 있어서 핵심적인 역할을 한다고 강조한다. 예를 들어, 허도화는 성령은 설교의 정의, 내용, 방법 등을 이해하는데 중요한 역할을 한다고 하면서, "1) 설교는 성령에 의해 감동을 받아 기록된 성경을 본문으로 삼기 때문

---

51) 이 말씀은 고린도전서 1:18-24의 '하나님께서는 세상 사람들이 어리석게 생각하는 십자가의 진리를 전하는 방법으로 안 믿는 사람들을 구원하시기를 기뻐하신다'는 말씀과 연결되어 있다.

에, 2) 성령은 말씀을 선포하는 설교자에게 능력을 주기 때문에, 그리고 3) 성령은 청중을 깨닫게 하고 확신시키고, 회심시키기 때문에" 설교가 궁극적으로 성령 사역이라고 강조하였다.[52] Rudolf Bohren도 "설교는 기적이라고 말할 수 있는데, 설교한다는 것은 성령으로부터 와서, 성령에 의해서 행해지고, 성령을 목표하여 행해지는 것이라는 말이다. 설교는 성령으로 말미암아 기적으로서의 성격을 가지게 된다"[53]고 하면서 설교 사역이 단적으로 성령 사역이라고 주장하였다. 권성수 또한 다음과 같이 성령을 핵심 개념으로 설교를 정의하기도 하였다.

설교는 성령의 영향을 받은 설교자가 성령의 영향을 받은 메시지를 성령의 영향을 받은 청중에게 전하여 성령으로 주님을 닮는 삶의 변화를 일으키는 것이다.' 요컨대 설교는 PMA-ST(P는 설교자 Preacher의 P, M은 메시지 Message의 M, A는 청중 Audience의 A, S는 성령 Spirit의 S, T는 변화 Transformation의 T), 더 정확하게 표현해서 S(PMA)T이다.[54]

사도 바울은 "우리의 씨름이 혈과 육에 대한 것이 아니요 정사와 권세와 이 어두움의 세상 주관자들과 하늘에 있는 악의 영들에게 대함이라(엡 6:12)"고 선포하였다. 우리의 신앙생활 전체가 궁극적으로 영적 싸움이기에, 설교 사역도 당연히 영적 싸움이다. 따라서 설교 사역에서 성령의 역할은 아무리 강조해도 지나침이 없다. 성령 사역은 설교를 일반 연설과 구별 짓게 하는 가장 중요한 특징 가운데 하나이다.

2. 성령의 사람으로서 설교자

---

52) 허도화, "성경적 영성설교에 대한 새로운 이해," 112-3.
53) Rudolf Bohren, *Predigtlehre*, 박근원 역, 『설교학 원론』 (서울: 대한기독교출판사, 1996), 92.
54) 권성수, 『성령설교』, 59.

설교 사역이 궁극적으로 성령 사역이라면, 설교자는 당연히 성령의 사람이어야 한다. 성령의 사람으로서 설교자는 크게 두 부분으로 나누어 설명할 수 있다.

무엇보다도 설교자는 성령의 의해서 소명을 받고 세우심을 받아야 한다. 위에서 본 바대로 구약에서 하나님의 사람들은 하나님의 영인 성령에 의해 부르심과 세우심을 받았다. 오늘날도 마찬가지다. 성령은 특별한 부르심을 통해 설교자를 세우신다. 바울은 자신을 '전파하는 자(또는 선포자)'로 세우심을 입었다고 고백하고 있다.

이를 위하여 내가 전파하는 자와 사도로 세움을 입은 것은(딤전 2:7).
내가 이 복음을 위하여 선포자와 사도와 교사로 세우심을 입었노라(딤후 1:11).

그렇기 때문에 바울은 자신이 부르심을 받은 사명을 감당하지 않으면 화가 임할 것이라고 고백한다. 우리에게 잘 알려진 고백이다.

내가 복음을 전할지라도 자랑할 것이 없음은 내가 부득불 할 일임이라 만일 복음을 전하지 아니하면 내게 화가 있을 것이로다(고전 9:16).

또한 바울은 하나님께서 그리스도의 몸인 교회를 세우기 위해 다양한 사역자들을 부르신다고 말씀한다.

그가 어떤 사람은 사도로, 어떤 사람은 선지자로, 어떤 사람은 복음 전하는 자로, 어떤 사람은 목사와 교사로 삼으셨으니 이는 성도를 온전하게 하여 봉사의 일을 하게 하며 그리스도의 몸을 세우려 하심이라(엡 4:11-12).

이러한 성경적 근거를 가지고 칼빈은 설교자는 반드시 성령의 부르심과 임하심이 있어야 한다고 말한다.

성령의 역사는 인간과 더불어 시작된다. 성령이 설교자를 만들었다. 그러므로 누구나 설교자가 되기를 원하면 반드시 성령을 받아야 한다. 하나님의 종이라고 생각되어진 사람은 반드시 징표를 소유해야 하는데 … 곧 하나님의 영을 부여받는 것이다.[55]

또한 Heisler는 설교자로서의 소명은 맡겨진 설교자로서의 사명을 감당하기 위해서도 중요하다고 하였다.

설교자가 설교를 해야 하는 소명은 성령이 이끄는 설교에 있어서 지속적인 촉매 작용의 역할과 같다. 설교자의 권위, 설교자의 우선순위, 그리고 설교자의 열정은 모두 하나님의 은혜로운 부르심에 근거한다.[56]

물론 성령을 통한 설교자로의 부르심은 인간의 눈에 보이지 않는 내적인 부르심이기 때문에 부르심의 과정이 외적이고 공개적으로 드러나는 경우는 많지 않다. 하지만 성령을 통해 설교자로 부르심을 받은 사람은 본이 되는 성숙한 삶과 사역의 열매를 통해 하나님과 교회 앞에서 자신의 설교자로서의 부르심을 열매로 보여주어야 한다.[57]

---

55) Calvin. *Institutes*, I. 17. 4. William Barclay도 같은 차원에서 "성령의 체험을 가진 사람만이 메시지를 가진 사람일 수 있으며, 예언자들과 마찬가지로 '주님께서 말씀하시기를' 이란 말을 할 수 있는 사람이다. 설교자가 학자, 목사, 행정가, 교회 정치가, 재기 넘치는 웅변가, 사회 개혁가일 수 있다. 그러나 성령 받은 사람이 아니고서는 아무것도 아니다"고 하면서 설교자를 성령의 사람으로 규정지었다. William Barclay, *The Promise of the Spirit*, 서기산 역, 『성령의 약속』 (서울: 기독교문사, 1972), 186.

56) Heisler, 『성령이 이끄는 설교』, 168.

57) 정장복, 『설교학 서설』 (서울: 도서출판 엠마오, 1994), 62.

뿐만 아니라 하나님께서 맡기신 설교 사역을 온전히 그리고 능력 있게 감당하기 위해서도 설교자는 성령의 사람이 되어야 한다. 다시 말해, 설교자는 '위(하늘)로부터 오는 능력을 힘입어(눅 24:49; 벧전 1:12)' 사명을 감당하는 성령의 사람이 되어야 한다는 것이다. 그렇다면 위로부터 내려오는 성령의 능력을 힘입어 설교 사역을 감당하는 성령의 사람이 되기 위해서 설교자에게 요구되는 것은 무엇일까? 그것은 겸손하게 자신의 부족함과 한계를 철저히 인정하고 고백하며 철저히 성령님을 의지하는 것이다. 왜냐하면, 설교자도 성령에 의해 특별한 부르심을 받았지만 본질적으로는 청중들과 마찬가지로 하나님의 은혜와 언약적인 사랑이 필요한 죄인이며 여전히 연약함과 한계가 있는 인간이기 때문이며, 또한 청중보다도 더 집요하고 강력한 사탄의 시험과 공격으로 인해 때때로 넘어질 수밖에 없는 존재이기 때문이다.[58] 이와 관련하여 John R. W. Stott의 고백과 권면은 설교자에게 많은 도전이 된다.

그의 능력을 받기 위해 우리는 먼저 우리의 연약함을 인정해야 하고 심지어 그것을 드러내야 한다. 그것이 신약성경 저자들의 동일한 진리에 대한 다양한 표현 중 가장 나를 감동 시켰던 결정적인 역설이었음을 나는 고백한다. '약함을 통한 강함' 그것은 바울이 고린도 교회에 보낸 서신 속에서 반복되고 있는 주제이고 심지어 중심 주제이기까지 하다.[59]

---

58) 성경을 보면, 하나님께 쓰임 받은 하나님의 사람들도 원래 탁월했던 사람들이 아니었음을 고백한다. 모세는 "나는 입이 뻣뻣하고 혀가 둔한 자"라고 했고(출 4:10), 이사야는 자신은 "입술이 부정한 자"라고 했고(사 6:5), 예레미야는 "나는 아이라 말할 줄 모르는 자"라고 했고(렘 1:6), 베드로도 "원래 학문이 없는 평범한 사람"이라고 했고(행 4:13), 바울도 "말에는 부족한" 사람이라고 했다(고후 11:6)..
59) John R. W. Stott, *Between Two Worlds*, 정성구 역, 『현대교회와 설교』 (서울: 풍만, 1985), 354-5.

기독교 설교자인 우리 모두가 유한하고, 타락했고, 깨지기 쉽고, 무능력한 피조물인 것을 성경은 '질그릇' 혹은 '진흙으로 만든 그릇'이라고 표현했다. 능력은 그리스도께 속하였고, 그의 성령을 통하여 발휘된다.[60]

John Piper도 John Stott의 말에 보조를 맞추고 있다.

우리가 설교 사역을 감당하는데 있어서 얼마나 전적으로 성령께 의존하는가! 모든 진정한 설교는 좌절감의 감정에 뿌리를 둔다. 당신은 주일 아침에 일어났을 때 한편으로는 지옥의 연기 냄새를 맡고 다른 한편으로는 천국의 신선하고 상큼한 바람을 느낄 수 있다. 당신은 서재에 가서 산고를 거쳐 탄생한 설교 원고를 살펴본다. 그리고는 무릎을 꿇고 부르짖는다. "하나님, 저는 너무 연약합니다! 저는 이 일을 감당할 자격이 없음을 압니다. 이제 3시간이 지나면 저의 말들이 어떤 이에게는 사망에 이르는 냄새가 되고, 어떤 이에게는 생명에 이르는 향기가 될 것입니다(고후 2:16). 하나님! 어느 누구도 이 일을 감당하기에 충분하지 않음을 고백합니다."[61].

3. 설교의 모든 과정에서의 성령 사역

뿐만 아니라 설교를 준비하고 전달하는 모든 과정과 설교의 능력과 성도의 변화를 경험하기 위해서 성령 사역은 절대로 필요하고 중요하다.[62] 좀 더 구체적으로 살펴보자.

1) 설교 준비하는 과정에서

---

60) Stott, 『현대교회와 설교』, 359.
61) John Piper, *The Supremacy Of God In Preaching* (Grand Rapids: Baker Book House, 1990), 37-8.
62) 이와 관련하여 Calvin도 "성령의 조명 사역 없이는 말씀이 역사할 수 없다"고 함으로 성령 사역은 설교 사역의 대전제일 뿐 아니라 성령 사역 없이 참된 하나님 말씀의 설교가 존재할 수 없다는 것을 강조하였다. Calvin, *Institutes*, 3. 2. 33.

무엇보다도 설교를 준비하는 모든 과정에서 성령 사역은 절대적으로 필요하다. 설교의 근거와 핵심 내용이 되는 성경은 우리가 믿는 대로 성령의 감동으로 우리에게 주어진 하나님 말씀이다(딤후 3:16; 벧후 1:21). 그렇다면 성령의 감동으로 우리에게 주어진 말씀을 성령의 조명 없이 결코 바르고 온전하게 깨달을 수 없다는 것은 너무도 당연한 진리이다. 고린도전서 2:10-12에서도 성령께서 우리의 눈과 생각과 마음을 열어 하나님의 말씀을 깨닫게 하실 때에만 우리가 성경을 바르게 이해할 수 있다고 말씀한다.

오직 하나님이 성령으로 이것을 우리에게 보이셨으니 성령은 모든 것 곧 하나님의 깊은 것까지도 통달하시느니라. 사람의 일을 사람의 속에 있는 영 외에 누가 알리요 이와 같이 하나님의 일도 하나님의 영 외에는 아무도 알지 못하느니라. 우리가 세상의 영을 받지 아니하고 오직 하나님으로부터 온 영을 받았으니 이는 우리로 하여금 하나님께서 우리에게 은혜로 주신 것들을 알게 하려 하심이라

그래서 유태화는 설교 준비 과정에서의 성령의 조명에 대해 다음과 같이 강조한다.

해석자에게 주어진 텍스트와 해석자 사이에 의미적 연관을 생성하는 분이 바로 성령이시라는 점이다. 따라서 텍스트가 선행하고 해석자는 그 텍스트의 중심에 도달하기 위하여 성령의 도우심을 요청하게 되는 것이다. 바른 성경해석, 성경의 심장을 관통하는 해석을 위하여 해석자는 성경을 영감하신 성령의 인도를 간구하여야 한다. 물론 이 말이, 간혹 오해되는 것처럼, 해석자의 해석적인 노력을 배제하는 것은 아니다. 이 말이 의미하는 바는 성령은 해석자의 해석 과정에 관여한다는 것이다.[63]

또한 Rudolf Bohren은 성령님을 설교자에게 말씀을 주시는 분으로 설명한다.

나는 성령을 말씀을 주시는 자라고 부르며, 그 때문에 먼저 설교자로서의 나는 스스로 말씀을 얻게 되는 것이 아니라는 사실을 말하고 싶은 것이다. 성령이 말씀하시고, 그 다음에 내가 말을 하게 되는 것이다. '신율적인 상호관계'는 먼저 언어를 주고받는 일 가운데서 일어나는 것이다. … 그러므로 설교자의 '골방 속으로' 열려진 창문이 있는 것이며, 어느 누가 거기서 말하고 있는 경우에도 개체로서의 설교자가 있다고는 말할 수 없게 된다. 결국 성령의 임재이다!64)

그렇다면 설교 준비 과정에서의 성령 사역과 관련하여 설교자가 할 일은 무엇인가? Crotts가 제안한 것처럼, 설교를 준비하는 동안 설교자가 해야 할 가장 대표적인 일은 성령의 조명과 역사를 위해 간절하게 기도하며, 또한 성령의 조명 아래에서 말씀을 깊이 묵상하는 것이라고 생각한다.

설교자가 본문을 연구하며 설교를 준비하는 과정에서 밟아야 하는 분명한 두 가지 단계가 있다. 첫째로, 설교자는 말씀을 위한 성령의 조명을 위해 기도했던 시편 기자나 바울처럼 먼저 설교 준비 과정에서 성령께서 마음에 말씀의 빛을 비춰주시도록 기도해야 한다. … 둘째로, 설교자는 말씀을 선포하기 전에 먼저 깊이 묵상해야 한다. 단순히 학문적인 차원을 넘어, 성경 구절을 깊이 묵상하여 참 진리를 마음속에 음미해야 한다. 그 본문이 원래 기록되었을 때 무슨 뜻이었는지, 자신의 개인적인 삶에 이 말씀은 무엇을 교훈하는지 그리고 마지막으로 설교를 듣는 사람들에게 무슨 의미를 전달하는 지에 대해서 (성령의 조명아래) 다각도로 묵상해야 한다.65)

---

63) 유태화, 『삼위일체론적 성령론』, 341-2.
64) Bohren, 『설교학 원론』, 103-5.
65) Crotts, 『성령의 조명을 받는 설교』, 182-3.

2) 효과적인 전달을 위하여

그렇다면 성령의 조명 아래 묵상을 통해 준비한 메시지를 청중들에게 효과적으로 전하기 위해 필요한 것은 무엇일까? 설교자 뿐 아니라 설교를 듣는 청중도 성령의 조명과 역사하심이 없이 말씀을 깨달을 수 없다는 것은 너무도 당연하다. 실제로 성령의 조명에 의해 하나님의 말씀을 깨닫게 되는 성경의 예들은 많다. 대표적인 예로, 누가복음 24장은 부활하신 예수님께서 엠마오로 가던 두 명의 제자들을 만나 모세의 율법과 선지자의 글과 시편에 자신의 부활에 관해 기록된 모든 예언들을 해석해 줄 때, 스스로는 예수님을 알아보거나 예수님의 말씀을 깨닫지 못했다. 그들의 눈을 열어주시고 마음을 뜨겁게 하신 분이 성령이다. 이 후에 예수님을 만난 제자들의 '마음을 열어 깨닫게 하신 분(눅 24:45)'도 성령이다. 또한 두아디라에서 루디아의 마음을 열어 바울의 말을 따르게 하신 분도 성령이시다(행 16:14). 뿐만 아니라 성령님은 청중에게 하나님의 말씀을 듣고 각각 자신의 상황에 적절하게 이해하도록 만드신다. 예를 들어, 오순절에 성령 충만한 베드로를 위시한 제자들이 하나님의 말씀을 전할 때 성령께서는 다양한 언어 배경을 가진 청중들이 각각 자신들의 언어로 듣도록 역사하였다. 그렇기 때문에 칼빈도 설교자가 말씀을 전하는 과정에서 성령의 조명이 절대적으로 필요함을 강조하였다.

> 그의 성령으로 이 거룩한 구원의 복음을 통하여 어리석은 자를 가르치며 연약한 자를 강하게 하고, 눈먼 자를 밝혀주며 모든 백성들과 모든 민족들에게 그의 진리가 다스리게 하고, 온 세상이 한 분 하나님과 한 분 구세주이신 예수 그리스도를 알게 해야 합니다.[66]

---

66) 권연경, 『설교자 칼빈』 (서울: 웨스트민스터출판부, 2004), 115.

한 걸음 더 나아가 효과적인 전달을 위한 성령의 조명의 필요성에 대해 John MacArthur는 종교 개혁의 핵심 모토인 '오직 성경'의 원리와 연결시키면서 루터의 말을 인용하였다.

조명의 중요성은 종교개혁가들의 가르침인 '오직 성경'(sola scriptura)의 원리에 포함되어 있다. 「의지의 속박」이란 책에서 루터는 다음과 같이 말하고 있다. "하나님의 영을 소유하지 않은 자는 아무도 성경에 있는 것을 결코 보지 못한다. 인간은 그 마음이 어두워졌기 때문에, 성경을 논하고 인용할 수는 있어도 이해하거나 참으로 알지는 못 한다 … 모든 성경을 그리고 성경의 모든 부분을 이해하는 데는 성령이 필요하다."[67]

이처럼 성령께서 청중을 조명하실 때만, 청중은 성경을 통해 영적 유익을 얻을 수 있다. 다시 말해, 그 어떤 설교도 청중을 향한 성령 사역 없이는 효과적으로 전달될 수 없다는 것이다. 설교자와 청중에게 역사하시는 성령의 사역(조명)에 대한 Terry G. Carter와 Scott Duvall과 J. Daniel Hays의 말은 이 단락의 결론으로 적절하다.

성령께서 하나님의 진리를 드러내고 그 가운데로 인도하신다는 말씀은 어느 누구에게나 눈으로 보고 귀로 들어서 이해되고 인식되는 쉽고 단순한 일반적인 진리가 아니다. 그것은 성령의 내적 역사로 말미암는 것으로 설교자가 성령의 감동을 받는 것이며, 믿는 자 각 개인의 상황과 형편과 필요에 맞게 깨달아지고 경험되어지는 주관적 진리가 되는 것으로 살아 있는 진리를 사람들에게 가져오는 성령의 위대한 사역이다.[68]

---

67) MacArthur, "성령과 강해설교," 173.

68) Terry G. Carter & Scott Duvall & J. Daniel Hays, *Preaching God's Word : A Hands-On Approach to Preparing, Developing, and Delivering the Sermon*, 김창훈 역, 『성경설교』 (서울: 성서유니온선교회, 2009), 142-4.

3) 청중의 변화를 위하여

설교의 목적은 청중의 변화이다. 아무리 아름답고 그럴듯한 설교를 한다고 할지라도 설교를 통해 청중의 신앙과 삶에 변화가 없다면 그 설교는 무의미하다. 그런데 설교를 통해 청중을 변화시키는 것은 전적으로 성령 사역이다. 그래서 로이드 존스 목사의 설교를 연구한 정근두는 강단에 선 설교자에게 가장 중요한 것 중의 하나는 바로 성령의 역사하심에 사로잡히는 것이라고 강조하였다.

진정한 설교자는 성령의 동참이 없는 설교의 전달에는 참된 능력의 역사가 있을 수 없을 뿐 아니라 최상의 화술을 사용하는 명연설가일지라도 하나님이 원하시는 깊은 은혜와 감동을 줄 수 없다는 사실 앞에 겸허히 수긍해야 할 것이다. 더불어 성령이 설교자에게 임하여 그에게 권능을 부여하고 그로 인하여 땅 끝까지 말씀의 증언자가 되게 하신다는 약속이 있었어도 그 말씀의 종이 보여 주는 충성의 정도에 따라 응답하심을 간과해서는 안 된다.[69]

또한 Heisler도 "성령은 메시지에 생명을 불어넣는 불이다. 성령은 설교자가 메시지를 준비하고 전달할 때 심령에 불을 붙인다. 그리고 청중이 그 메시지를 들을 때 성령께서 그들의 마음을 뜨겁게 감동시키신다"고 하면서, 설교에 대한 교인들의 냉담과 무감동을 극복하기 위한 한 가지 방법으로서 설교자들이 예레미야의 시대로 돌아가야 한다고 권면한다.[70] 예레

---

69) 정근두, 『마틴 로이드 존스에게 배우는 설교』 (서울: 복있는사람, 2016), 254. 또한 Tony Merida는 "성령님의 사역 없이도 우리는 '우리의 혀가 닳아 없어지기까지 설교' 할 수 있다. 그러나 우리는 단 한 명의 회심자도 볼 수 없을 것이다. 회심하지 않은 사람의 상태를 깨달아야 한다. 우리에게는 죽은 자에게 생명을 주시는 하나님의 생기, 숨결이 필요하다"고 했다. Tony Merida, *Faithful Preaching*, 김대혁 역, 『설교다운 설교』 (서울: CLC, 2016), 121.

70) Heisler, 『성령이 이끄는 설교』, 46.

미야가 하나님의 말씀을 선포하지 않으면 그의 중심이 불붙은 것 같아서 골수에 사무치고 답답하여 견딜 수 없었듯이(렘 20:9), 설교자는 하나님의 말씀과 하나님의 성령으로 충만한 강단으로 담대히 나와 성령의 능력을 의지하여 청중의 가슴에 불을 붙이라고 도전한다.

결론적으로, 성령은 설교의 성경을 통해 하나님을 계시하신 분이시며, 성경 저자들을 영감하신 성경의 '원저자(Original Author)'이시다. 그렇기 때문에 성령님께서 조명하심으로 설교자가 성경에 있는 하나님의 뜻과 의도를 바르게 깨달아 전하게 되고, 성령님께서 조명하심으로 청중들은 선포되는 말씀의 의도를 바르게 파악하고 예수 그리스도를 영접하여 구원에 이르게 되며 또한 그리스도의 장성한 분량에 이르도록 자라게 된다. 한마디로, 성령께서 설교를 준비하고 전달하는 모든 과정과 설교를 통해 청중이 변화되는 부분까지 설교의 모든 부분을 관할하시고 주도하시고 역사하셔야 한다. 성령 사역 없이 바르고 효과적이고 능력 있는 설교를 하는 것은 절대로 불가능하다.[71] 이와 관련하여 패리스 휫셀(Faris D. Whitesell)의 말은 자주 인용되고 있다.

성령은 상황에 맞추어 우리가 성경 말씀을 올바로 선택하도록 인도해 주신다. 성령은 성경을 연구하기 위하여 우리가 사서 읽어야 할 책을 선별하도록 인도해 주시며, 그 본문을 연구할 때에 바로 이해하도록 조명해 주시고 통찰력을 주신다. 성령은 관련되는 성구들이 기억나게 하시고, 알맞은 예화들을

---

[71] 필자는 하나님께서 설교자들을 훈련시키는 가장 대표적인 것 가운데 하나가 성령을 온전히 인정하고 철저히 의지하게 하는 것이라고 생각한다. 설교자들은 종종 철저히 준비했는데 그것이 전혀 효과가 나타나지 않는 것을 경험하기도 하고, 반대로 조금 부족하게 준비했는데 생각했던 것보다 효과적이고 능력 있는 설교가 되는 경험을 하기도 한다. 하나님께서 이러한 경험을 하게 하시는 이유는 무엇일까? 필자는 그것은 설교자가 항상 겸손하며 더욱 더 성령 하나님을 의지하도록 하는 하나님의 훈련 과정이라고 믿는다.

떠오르게 하신다. 그는 우리가 기쁨으로 본문에 집중하게 하시며 설교 원고를 쓰거나 말로 표현할 때에 힘을 주신다. 그는 담대함과 확신함으로 설교하게 하시며, 설교하는 도중에 새로운 생각들이 떠오르도록 영감을 주시며 적절하지 않는 것들을 빠뜨리게 하신다. 그는 청중을 하나로 만드시며 주의를 기울이게 하시고, 마음을 열게 하시며 기대했던 방법뿐 아니라 기대하지 못했던 방법으로도 하나님의 말씀을 적용하게 하신다. 성령께서는 확신을 주시며, 회개시키시며, 위로를 베푸시고, 영감을 주시며, 의로 책망하시고 바르게 하시며 가르치신다. 그는 듣는 사람들의 마음과 기억 속에 말씀을 심으셔서 그것이 옥토에 뿌려진 씨앗처럼 열매를 맺게 하신다. 그렇다면 성령의 인도하심과 능력 없이 설교를 준비하고 말씀을 전하려고 한다는 것이 얼마나 어리석은 일이겠는가?72)

IV. 설교 사역의 바르고 능력 있는 성령 사역을 위한 제안(전제)들

이제까지 우리는 성령 사역은 설교 사역을 위해 절대적으로 필요하고 중요하다는 것을 살펴보았다. 이제 설교 사역과 관련하여 바르고 능력 있고 효과적인 성령 사역을 경험하기 위해 설교자가 반드시 명심해야 할 부분들을 제안하고자 한다.

1. 성령론의 정립

설교 사역에 있어서 성령 사역이 바르고 능력 있고 효과적으로 이뤄지기 위해서는 무엇보다도 먼저 성령 하나님(성령론)에 대한 바른 신학적 이

---

72) Faris D. Whitesell, *Power in Expository Preaching* (Westwood: Fleming H. Revell, 1963), 144-5.

해와 지식이 필요하다.[73] 본고에서는 크게 두 가지를 논의하려고 한다.

1) '삼위일체론'의 정립

우리 기독교 신앙 가운데 신비스러운 영역에 속하는 대표적인 교리 가운데 하나가 '삼위일체론'이다. 설교 사역과 관련한 성령 사역에 있어서도 삼위일체로서 성령 하나님에 대한 이해는 기본적으로 필요하다.

기독교 역사를 볼 때 초기부터 교회의 주된 관심은 기독론이었다. 예수님의 하나님 되심과 관련하여 기독교의 존폐가 달려있기에 그것은 어쩌면 당연한 것이었다. 기독론 논의의 틈바구니 속에서 성령님에 대한 관심과 연구는 그렇게 풍성하지는 못했지만 분명한 자리매김은 있었다.[74] 예를 들어, 325년 '니케아 공의회(the Council of Nicaea)'에서 작성된 '니케아 신경'은 성령님의 신성에 대해 다음과 같이 선포한다.

그리고 성령을 믿는다. 그러나 그분이 계시지 않은 때가 있었다고 말하거나 그분이 나시기 이전에는 계시지 않았다고 말하거나, 존재하지 않은 것에서 나왔다든지 혹은 하나님의 아들이신 그가 다른 실체나 본질에서 유래되었다든지 창조되었다든지 변모하고 변질된다고 말하는 자들은 보편적이며 사도적 교회가 정죄한다.[75]

그 후 381년에 열린 콘스탄티노플 공의회(the Council of Constantinople)를 통해 명문화된 '니케아-콘스탄티노플 신경'은 성령님에 대해 더욱 밀도 있게 선포한다.

---

73) 성령론의 남용과 왜곡에 대한 좀 더 자세한 논의를 위해, 김재성, 『개혁주의 성령론』, 49-76을 참고하라.
74) 유태화, 『삼위일체론적 성령론』, 14-47.
75) 참고. 김영재 편저, 『기독교신앙고백』 (수원: 영음사, 2015), 50.

(우리는) 주님이시오, 생명을 주시는 성령을 믿는다. 성령께서는 아버지에게서 나오시고 아버지와 아들과 함께 예배와 찬송을 받으시며 선지자들을 통하여 말씀하신 분이시다.[76]

이와 같이 초기 기독교 역사에서도 풍성하지는 않았지만 성령님은 하나님이시고 성부와 성자와 함께 존귀와 영광을 받으실 분이심을 신앙고백들 속에서 발견할 수 있다. 하지만 중세 시대의 로마 카톨릭 교리에서는 성령론에 대한 논의가 초대 교회와는 다른 방향으로 진행되었고, 삼위일체 하나님의 논의에서 성령님은 소외되거나 왜곡되었다.[77] 그리고 종교개혁의 과정을 거치면서 특별히 칼빈에 의해 비로소 신학적으로 성령론이 바르게 정립되었다는 것이 일반적인 견해이다.[78] 무엇보다도 1563년 하이델베르크 요리문답 53문에 성령님에 대해서 다음과 같이 고백한다.

성령은 성부와 성자와 함께 영원하신 참 하나님이십니다. 성령은 내게도 임하셔서 나로 하여금 참된 신앙을 통하여 그리스도와 그의 모든 은혜에 참여하게 해 주십니다. 성령께서는 나를 위로하시고 영원히 내게 머무십니다.[79]

또한 1647년에 작성된 웨스트민스터 신앙고백서는 삼위일체 하나님에 대해서 그리고 성령님의 신성에 대해서 바르고 분명하게 고백하며 선포하고 있다.

---

76) 참고. 김영재 편저, 『기독교신앙고백』, 55.

77) 김재성(『개혁주의 성령론』, 25-6)은 중세 시대를 '성령에 대해서 암흑기'였다고 평가하였다. 중세 신학의 성령론의 논의에 대한 좀 더 자세한 설명은 유태화, 『삼위일체론적 성령론』, 47-56을 참고하라.

78) 칼빈의 성령론에 대한 전반적인 논의는 김재성, 『성령의 신학자, 요한 칼빈』 (서울: 생명의말씀사, 2004)을 참고하라.

79) 참고. 김영재 편저, 『기독교신앙고백』, 495.

하나이신 하나님 안에 삼위가 계시니, 동일한 본질과 능력과 영원성을 가지셨다. 즉, 성부 하나님, 성자 하나님, 성령 하나님이시다. 성부께서는 아무에게도 나셨거나 나오지 않으시고, 성자께서는 영원히 나셨으며, 성령께서는 성부와 성자에게서 나오신다.[80]

이상과 같이, 기독교회는 '하나님은 한 분이시며 하나님 안에는 한 하나님과 세 위격이 계시며 이 삼위는 함께 동등하며 함께 영원하시다'는 삼위일체 교리를 분명히 정립하고 고백하고 선포하였다. 하지만 오늘날 설교자들 가운데 부지불식간에 성령 사역과 관련하여 '양태론'(하나의 신적 인격이 때로는 아버지로 때로는 아들로 때로는 성령으로 스스로를 드러낸다는 주장), '삼신론'(각 위격이 구별되는 세 분의 신), 또는 '종속설'(성령이 성부 하나님 또는 성자 하나님보다 존재론적으로 열등하다는 주장)과 같은 이단 사상들과 유사한 메시지를 전하는 경우가 있는 것을 본다.[81] 온전한 삼위일체 교리 안에서 바른 성령론의 정립은 성령 사역으로서 설교 사역을 위한 필수 요건이다.

뿐만 아니라 성경은 성령님의 사역과 관련하여 삼위 하나님의 구별되시는 관계, 즉 성령 하나님과 성부 하나님 그리고 성자 하나님의 관계에 대해 많지는 않지만 분명히 말씀하신다. 그 대표적인 말씀이 요한복음 16:13-14이다(참고. 요 17:3-6; 고전 8:4; 엡 4:3-6; 딤전 2:5).

그러나 진리의 성령이 오시면 그가 너희를 모든 진리 가운데로 인도하시리니 그가 스스로 말하지 않고 오직 들은 것을 말하며 장래 일을 너희에게 알리시리라 그가 내 영광을 나타내리니 내 것을 가지고 너희에게 알리시겠음이라.

---

80) 참고. 김영재 편저, 『기독교신앙고백』, 623.
81) Horton, 『성령의 재발견』, 46-7.

이 말씀은 삼위 하나님 사이의 관계가 어떠한지 그리고 성령님 사역의 핵심이 무엇인지 보여준다. 먼저 성령 하나님은 성부, 성자 하나님과 독립적으로 분리되어 사역하시는 것이 아니라 구별되지만 본질적으로 동일하시며 서로 연합하고 상호 교통하심을 보여준다. 다음으로 성령님은 자신을 드러내시지 않고 예수님을 드러내시며 예수님께 받은 것을 말씀하신다고 한다. 다시 말해, 성령의 최우선의 관심은 자신이 아니라 복음 되신 예수 그리스도를 드러내시는 것이다. 왜냐하면 그것이 하나님께서 예수님과 성령님을 보내신 목적이고 하나님의 최고의 관심이기 때문이다.

이러한 삼위 하나님 사이의 관계는 성령 사역으로 설교 사역에서 중요한 방향 제시를 한다. 먼저 성령 사역으로서 설교 사역을 통해 선포되어야 할 핵심 메시지는 복음적이어야 함을(쉽게 이야기하면, 예수님을 증거 하는 것임을), 다음으로 모든 설교를 통해 아버지 하나님께 영광이 되어야 함을,[82] 세 번째로 설교의 전 과정에서 분리되지 않고 구별되시지만 동일한 본질이신 삼위 하나님이 항상 균형 있게 언급되고 강조되어야 함을 교훈한다. 다시 말해, 성령 사역은 설교 사역에 있어서 기본이요 핵심이지만 설교 사역에서 단순히 성령만이 강조되거나 성령 중심으로만 진행되어서는 안 된다는 것이다. 삼위일체 하나님에 대한 고려나 강조 없이 단순히 또는 극단적으로 '성령 중심의 설교,' '성령에 의한 설교,' '성령 설교,' '성령 사건' 등으로 설교를 규정하는 것은 신학적으로 오해와 문제를 유발할 가능성이 많다. 그것은 극단적인 그리스도 중심적 설교와 유사한 우를 범할 수 있다.

이와 관련하여 필자는 '삼위 하나님 중심적 설교'를 계속 강조하여 왔다. 물론 필자가 강조하는 삼위 하나님 중심적 접근은 모든 설교에서 항

---

82) Caivin(*Institutes*, 3. 1. 1)도 "성령의 사역은 말씀이라는 수단을 통해 우리 가운데 믿음을 창조하는 것이다. 즉, 그리스도께서 우리를 위해 행하신 모든 일들은 성령께서 그리스도를 우리에게 알게 하시고, 우리를 그리스도와 연합되게 하시기 위함이다"라고 강조하였다.

상 삼위 하나님이 동시에 언급되거나 함께 강조되어야 하는 것을 의미하지는 않는다. 또는 설교에서 삼위 하나님과 관련하여 똑같은 시간을 할애해야 하는 것을 의미하지도 않는다. 또는 복음의 핵심인 예수님의 십자가와 부활에 대한 강조를 소홀히 하라는 것도 결코 아니다(물론 예수님의 십자가와 부활도 삼위 하나님의 관점에서 설명되고 선포되어야 한다). 그런데 분명한 것은 복음을 전할 때 본문의 강조에 따라 또는 설교의 문맥에 따라 각각 성부 하나님, 성자 예수님 그리고(또는) 성령 하나님께 초점을 맞추어야 하지만 전체적이고 종합적으로 보면 삼위 하나님에 대한 언급과 강조가 균형을 이루어야 한다는 것이다.[83]

2) 성령의 인격성

성령 사역으로서 설교 사역을 위해서 또 한 가지 기억해야 할 것은 성령 하나님은 인격적인 분이라는 사실이다. 오늘날 성령에 대한 대표적인 오해 가운데 하나는 단순히 전기 콘센트를 전원에 연결하는 것처럼 아무 때나 우리가 원하고 필요할 때 성령을 활용할 수 있는 것으로 또는 단순히 성령을 통해 모든 것이 가능하고 모든 일을 이룰 수 있는 '요술램프' 정도로 성령을 인식하는 경우가 있는 것 같다.

하지만 성경은 성령 하나님이 성부 하나님 그리고 성자 하나님과 같이 인격적인 분임을 말씀한다. 성령은 지, 정, 의를 가지신 분이다. 구체적으로 성령은 스스로 생각하시며(롬 8:26-27), 모든 것을 아시며(고전

---

83) 필자와 약간 개념이 다르지만 오늘날 대표적인 설교자 가운데 한 사람인 John Piper도 '하나님 중심적 설교'를 강조하였다. 그는 설교 사역에서 하나님을 최고로 높여야 한다고 주장하면서, "성부 하나님, 성자 하나님, 성령 하나님이 설교 사역의 시작이요, 중간이요, 마지막"이라고 하였다. 뿐만 아니라 그는 "삼위 하나님 관점에서 볼 때 설교의 목적은 하나님의 영광이요, 설교의 토대는 그리스도의 십자가요, 설교의 은사는 성령의 능력이 되어야 한다"고 역설하였다. Piper, *Supremacy of God in Preaching*, 19.

2:10-11), 때로는 성령은 근심도 하시며(엡 4:30), 또한 성령은 판단하시며(행 16:7), 계획하시고 실행하시는 분(고전 12:10-11)이시다.[84]

그렇다면 이와 같이 지성과 감정과 의지를 가지고 계시는 인격적인 성령께서 설교 사역과 관련하여(물론 신앙생활에서도 적용된다) 우리에게 원하시는 것은 무엇일까? 그것은 성령께서 다양한 은혜의 방편들을 통해 우리와 깊이 있는 그리고 중심의 교제하기 원하신다는 것이다. 다시 말해, 성령은 우리가 조종하고 이용하는 대상이 아니며 단지 어떤 일을 이루기 위해 활용하는 힘이나 능력이 아니라 우리와 인격적인 관계를 맺기 원하신다는 것이다. 그렇기 때문에 설교자나 청중이나 모두 성령과 바르고 깊은 인격적인 교제와 사귐을 갖는데 우선적인 관심과 열심을 내어야 한다. 만약 그렇지 않고 단지 성령을 이용하여 어떤 일을 도모하거나 능력을 경험하려고 하면 결코 성령 사역을 온전히 경험할 수 없을 것이다. 따라서 성령 사역으로서 설교 사역을 위해서 성령을 인격적인 분으로 바르게 인식하고 믿는 것이 절대적으로 중요하다. 뿐만 아니라 성령과 깊은 인격적인 교제가 있다면 성령을 진정으로 사랑하며 성령께 붙잡힌바 되어서, 우리 자신을 온전히 성령께 드리며 그 분의 뜻을 이루고 그 분께 영광 돌리는데 최선을 다하게 될 것이다.

2. 성령과 말씀의 상호의존성

앞에서 우리는 설교 사역에 있어서 성령 사역의 필요성과 중요성을 논의하였다. 그런데 여기에서 놓치지 말아야 할 한 가지 상기해야 할 중요한 사실이 있다. 그것은 개혁주의 중요한 모토 가운데 하나인 '성령은 말씀과

---

84) 유태화, 『삼위일체론적 성령론』, 66-94; 김재성, 『개혁주의 성령론』, 17-47; Horton, 『성령의 재발견』, 24-35; Erickson, 『복음주의 조직신학 (하)』, 17-37.

함께' 역사하신다는 것이다.[85]

앞에서 우리는 오늘날 설교 사역에 있어서 성령 사역을 강조하지 않고 일방적으로 말씀만 강조하는 소위 '말씀주의'에 대해 문제를 제기하였다. 하지만 하나님 말씀이 동반되지 않는 또는 하나님 말씀의 범위를 넘어서는 '성령주의'도 또한 경계해야 한다. 말씀이 동반되지 않는 성령 사역은 교회와 성도의 신앙에 심각한 문제를 야기하지 않을 수 없다.[86] 그것은 성경에서 쉽게 발견할 수 있는 것처럼, 악한 영이 성령을 가장하고 우리에게 역사할 수 있기 때문이고 또한 우리 인간이 타락하여 온전히 분별할 수 있는 영적 능력을 상실하였기 때문이다. 그런데 예수님께서 본을 보이셨던 것처럼 하나님 말씀은 성령과 악한 영을 판단하고 구별하는 기준을 제시하고 있고 또한 악한 영의 유혹과 간계에 넘어가지 않는 지혜와 지식을 제공하기 때문이다. 칼빈은 성령과 말씀의 밀접한 관계를 다음과 같이 말한다.

말씀이 성령의 증거에 의해 확증되기까지는 우리가 말씀 자체에 대해 큰 확신을 가질 수 없다. 주님께 그의 말씀의 확실성과 그의 성령을 함께 묶어놓으셨다. 그래서 성령이 말씀 위에 비추어서 우리로 거기서 하나님의 얼굴을 바라볼 수 있게 할 때에 우리의 마음은 말씀에 대한 존경의 마음을 가지게 된다. 다른 한편으로, 우리가 성령을 그의 이미지인 그의 말씀에서 인식할 때

---

85) Louis Berkhop, *Systemmatic Theology*, 권수경, 이상원 역, 『조직신학 (하)』 (경기: 크리스챤다이제스트, 2000), 872-3.

86) 그 대표적인 예가 신사도 운동과 오순절 계열에서 나타난다. 참고. 김재성, 『교회를 허무는 두 대적: 신사도 운동과 변질된 현대신학』 (서울: 킹덤북스, 2013); 양승우, 『신사도 운동, 과연 무속신앙인가』 (서울: 북랩, 2018); 현대 종교 편집국, 『신사도 운동 바로알기』 (서울: 월간현대종교, 2016); Walter Chantry, *Signs of the Apostles : Observations on Pentecostalism Old and New*, 이용중 역, 『오늘날의 은사주의 운동, 과연 성경적인가』 (서울: 부흥과 개혁사, 2010); John MacArthur, *Charismatic Chaos*, 이용중 역, 『무질서한 은사주의』 (서울: 부흥과 개혁사, 2008); 정동수, 『빈야드 운동의 실체: 제 3의 오순절 물결』 (서울: 생명의 샘, 1996).

에 우리는 망상의 위험 없이 성령을 포용하게 된다.[87]

유태화도 성경(설교)과 성령 사역의 상호관계성에 대해 설교를 듣는 청중의 관점에서 매우 의미 있는 설명을 하였다.

선포되는 설교의 들음을 통하여 성령이 은혜를 베푸신다. 선포되고 들려지는 설교를 통하여 성령이 신자(청중)의 마음에 하나님의 은혜를 전달하신다. 따라서 설교는 은혜를 전달하기 위하여 성령이 사용하시는 주된 도구이다. 설교는 그리스도를 선포하는 것이다. 신구약 성경이 전체로 증언하는 그리스도를 선포할 때, 구원의 은덕이 신자들에게 제공되며, 성령이 주로서 이 말씀을 사용하여 신자에게 은혜를 적용한다. 이것은 말씀 자체가 내포하는 능력을 성령이 주관적인 현실로 바꾸는 사역이다. 즉, 이해와 설득과 큰 능력으로 신자들에게 주관적인 계시의 사건이 되게 하는 것이다. 이것이 신자의 마음을 새롭게 하며 생각을 바꾸게 하며 하나님의 백성으로서 자신의 삶을 규정하고 표현하게 하는 것이다.[88]

다른 한 편으로 성경은 하나님 말씀으로서 성경 자체의 능력과 유효성(효과성)에 대해서도 말씀한다. 물론 우리에게 너무 익숙한 말씀들이지만 확인 차원에서 몇 구절을 인용하고자 한다.

여호와의 율법은 완전하여 영혼을 소성케 하고, 여호와의 증거는 확실하여 우둔한 자로 지혜롭게 하며, 여호와의 교훈은 정직하여 마음을 기쁘게 하고, 여호와의 계명은 순결하여 눈을 밝게 하도다(시편 19:7-8).

또 어려서부터 성경을 알았나니 성경은 능히 너로 하여금 그리스도 예수 안에 있는 믿음으로 말미암아 구원에 이르는 지혜가 있게 하느니라 모든 성경

---

87) Calvin, *Institutes*, 1. 9. 3.
88) 유태화, 『삼위일체론적 성령론』, 346-7.

은 하나님의 감동으로 된 것으로 교훈과 책망과 바르게 함과 의로 교육하기에 유익하니 이는 하나님의 사람으로 온전하게 하며 모든 선한 일을 행할 능력을 갖추게 하려 함이라(딤후 3:15-17).

하나님의 말씀은 살아 있고 활력이 있어 좌우에 날선 어떤 검보다도 예리하여 혼과 영과 및 관절과 골수를 찔러 쪼개기까지 하며 또 마음의 생각과 뜻을 판단하나니(히 4:12).

그가 그 피조물 중에 우리로 한 첫 열매가 되게 하시려고 자기의 뜻을 따라 진리의 말씀으로 우리를 낳으셨느니라(약 1:18).

너희가 거듭난 것은 썩어질 씨로 된 것이 아니요 썩지 아니할 씨로 된 것이니 살아 있고 항상 있는 하나님의 말씀으로 되었느니라(벧전 1:23).

뿐만 아니라 성경은 성령 사역과 말씀의 유사적 효과성에 대해서도 말씀한다.[89]

오직 성령으로 충만함을 받으라. 시와 찬송과 신령한 노래들로 서로 화답하며 너희의 마음으로 주께 노래하며 찬송하며(엡 5:18하-19).

그리스도의 말씀이 너희 속에 풍성히 거하여 모든 지혜로 피차 가르치며 권면하고 시와 찬송과 신령한 노래를 부르며 감사하는 마음으로 하나님을 찬양하고(골 3:16).

이와 같이 성경은 너무도 분명하게 말씀 자체의 능력과 효과성에 대해 말씀할 뿐 아니라 구체적이고 실제적으로 우리가 믿는 창조주 하나님에 대해서, 예수 그리스도를 통한 구원의 도리에 대해서 그리고 신앙과 삶의

---

89) 참고. 유태화, 『삼위일체론적 성령론』, 260-2.

나아갈 방향에 대해서 계시해 주신다.90)

　그렇다면 여기에서 '설교 사역에 있어서 말씀과 성령의 관계가 어떻게 정립될 수 있는가?' 라는 질문이 생길 수 있다. 이와 관련하여 필자는 우리의 신앙과 삶을 위해서 그리고 설교 사역을 위해서 말씀과 성령은 결코 분리될 수 없으며 말씀 자체의 효력과 성령 사역은 '상호의존적91)' 이어야 한다고 생각한다. 다시 말해, 성령께서 하나님의 말씀인 성경과 함께 그리고 성경에 근거하여 역사할 때, 또한 하나님의 말씀은 성령의 역사가 동반될 때 바르고 능력 있고 효과적인 설교 사역이 될 수 있다는 것이다. 한마디로 설교자는 '성령은 말씀과 함께,' '말씀은 성령 사역과 함께' 라는 두 슬로건 모두를 설교 사역의 가장 중요한 원리로 여기고 적용해야 할 것

---

90) Calvin은 두 비유들을 통하여 성경이 신앙생활에서 절대적으로 중요하고 필요함을 말한다. 먼저, 칼빈은 성경은 '안경' 과 같다고 하였다.
　가령 노인이나 눈이 흐린 사람, 혹은 시력이 좋지 못한 사람에게 아무리 훌륭한 책을 내어놓는다 해도, 그 사람들은 그것이 좋은 책이라는 것을 인정하면서도 눈이 흐리기 때문에 두 단어도 연달아 읽지를 못할 것이다. 그러나 안경의 도움을 받으면 아주 또렷하게 그 책을 읽어 내려갈 수가 있을 것이다. 이와 마찬가지로, 하나님에 관한 갖가지 혼란스런 지식을 마음에 제대로 모아주며, 우리의 우둔함을 몰아내고, 참되신 하나님을 분명하게 보여 주는 것이 바로 성경인 것이다(Calvin, Institutes, I. 6. 1.).
　다음으로, 성경은 '실(絲)' 과 같다고 하였다.
　만일 하나님의 말씀에서 벗어나게 되면, 우리가 아무리 열심히 달려간다 할지라도, 우리가 이미 정도에서 벗어나 있기 때문에 결코 목표에 이를 수가 없는 것이다. 말씀이라는 실(絲)의 인도를 받지 않으면, 하나님의 찬란한 모습이 우리에게 마치 도저히 설명이 불가능한 미로와도 같아지기 때문에, 그 말씀의 길을 따라 절뚝거리며 걷는 것이 차라리 그 길 바깥에서 온 힘을 다해 달리는 것보다 낫다(Calvin, Institutes, I. 6. 3.).
91) 혹자는 말씀과 성령이 '상호보완적 관계' 가 되어야 한다고 주장하는데, '상호보완적' 이라는 표현은 말씀 자체나 성령 자체에 무언가 부족함이 있다는 뉘앙스를 주기 때문에 바람직한 표현은 아니라고 생각한다. 설교 사역에 있어서 말씀과 성령은 서로에게 종속이나 하위 개념이 아니라 자체적으로 각각이 완전하다. 하지만 악한 영이 틈타지 못하고 신앙의 오류를 막기 위해 상호의존적으로 함께 역사해야 하는 것이다. 참고. Calvin, *Institutes*, 3. 2. 33.

이다. 이 두 슬로건의 어느 한 쪽도 소홀히 하거나 또한 두 슬로건 가운데 어느 한 쪽으로도 치우쳐서는 안 된다.[92]

정리하면, 설교 사역에 있어서 성령 사역은 '말씀과 함께' 진행되어야 한다. 이를 위해서 설교자는 앞에서 강조한 것처럼 성령의 조명을 통해 말씀을 바르게 깨닫고 또한 깨달은 하나님의 뜻과 의도를 성령의 역사하심과 함께 잘 전해야 한다. 또한 설교를 준비하고 전하고 변화시키는 모든 과정에서 말씀을 벗어나거나 초월하지 않고 말씀과 함께 또는 말씀을 수단으로 해서 성령의 역사와 능력이 경험될 수 있도록 최선을 다해야 한다.

3. 설교자의 할 일

이제 본고의 마지막 부분으로 성령 사역으로서 설교 사역과 관련하여 간과하지 말아야 할 중요한 것이 있는데, 그것은 설교자 자신의 수고와 노력이다. 설교자가 최선을 다해 해야 할 일이 있다. 물론 설교자가 최선을 다해 수고하고 노력한다고 해서 성령께서 우리의 수고와 노력에 비례해서 역사하시는 것은 아니다. 성령 하나님은 우리의 수고와 노력과 상관없이 주권적으로 그리고 자유롭게 사역하신다. 단지 필자는 우리 인간 편에서

---

92) 성령과 말씀과의 관계에 대해 루터파와 개혁파 사이에 미묘한 차이가 있다 (참고. Berkhof, 『조직신학(하)』, 872-3; Herman Bavinck, *Gereformeerde Dogmatiek*(IV), 박태현 역, 『개혁교의학』 [서울: 부흥과개혁사, 2011], 540-45). 루터파의 경우 말씀과 성령의 관계를 '말씀을 통하여' 또는 '말씀 안에서' 라는 개념을 강조하고, 개혁파의 경우 '말씀과 더불어' 라는 개념을 강조한다. 이와 관련하여 유태화는 루터파의 경우 말씀과의 관계에서 성령의 주되심이 강조되지 못하고 종속되는 개념이 내포되어 있고, 개혁파의 경우는 말씀과의 관계에서 성령의 주되심은 확보하였으나 말씀 자체의 능력을 온전히 인정하지 못하는 개념이 내포되어 있다고 평가하면서 "말씀은 성령의 수단이다. 그러나 성령은 말씀 속에 갇히는 것이 아니며 그렇다고 말씀이 자동적으로 작용하는 것도 아니다. 말씀은 성령을 마음으로 인도하며 성령은 말씀을 마음속으로 밀어 넣는다" Berkhof, 『기독교와 성령의 역사』, 57)의 설명과 주장이 좀 더 바람직하다고 하였다(유태화, 『삼위일체론적 성령론』, 343-8).

할 수 있는 일이 무엇인지를 제시하고자 한다. 본고에서 강조하고 싶은 것은 크게 네 가지이다.

1) 설교자는 최선을 다해 준비해야 한다.

설교 사역이 궁극적으로 성령 사역이라는 것은 설교자가 설교를 준비하고 전달하고 성도들을 변화시키는 모든 과정에서 준비나 노력을 소홀히 하거나 인간적인 지혜를 무시하는 것을 결코 의미하지 않는다. 무엇보다도 설교자는 성령의 인도하심과 도우심을 구하면서 설교를 준비하되 준비된 원고 그대로 출판해도 문제가 되지 않을 만큼 토씨나 어미 하나까지도 빠트리지 않고 완벽하게 원고를 준비해야 하고 또한 효과적인 전달을 위해서 충분히 원고도 숙지해야 한다.[93] 물론 전달하는 과정에서 성령의 인도하심에 따라 준비된 내용의 크고 작은 첨삭이 있을 수 있고 또한 그러한 과정을 통하여 더욱 온전하고 효과적인 설교가 되는 경우도 있다. 하지만 설교를 시행할 때 성령을 의지하고 사모하면 성령께서 필요한 메시지를 주실 것으로 믿고 설교 준비를 소홀히 하는 우는 범하지 말아야 한다.

또한 설교자는 효과적인 설교를 위해서 지혜롭게 다양한 수단과 방법을 활용할 수 있어야 한다. 효과적인 설교 작성과 전달에 관한 이론과 기술인 수사학은 그리스, 로마 시대부터 지금까지 부침을 거듭하며 발전되어 왔다. 최근 우리나라에서도 스피치 커뮤니케이션(Speech Communication)과 관련된 연구가 일반 학문에서도 활성화되고 있다. 물론 스피치 커뮤니케이션의 일반 이론이 설교에 모두 그대로 적용되지는 않는다 할지라도

---

[93] "기도 없이 연구하는 것은 무신론이요, 연구 없이 기도하는 것은 뻔뻔스러운 짓이다"고 한 George Whitefield의 금언과 같은 외침도 같은 차원에서 이해해야 한다.

설교의 효과적인 작성과 전달을 위해서 일반 스피치 커뮤니케이션 이론이 많은 도움을 주는 것은 분명하다. 뿐만 아니라 신설교학 학자들에 의해 제안된 다양한 설교 구성의 유형들도 은사와 능력에 따라 시도해 보아야 하고, 4차 산업혁명으로 인해 발달된 놀라운 기술과 도구들도 활용해야 한다.

그렇기 때문에 설교자는 한 편으로는 설교 사역이 전적으로(100%) 성령 사역임을 인정하고 철저히 성령을 의지해야 하며, 다른 한 편으로는 최선을 다해(100%) 수고하고 노력하며 지혜롭게 접근해야 한다.94) 이것은 상식적으로나 이성적으로는 납득되지 않을 수도 있지만 신앙 안에서는 충분히 이해되는 말이다.95) 사도 바울도 실제로 그렇게 하였다. 사도 바울은 철저히 성령의 나타남과 역사하심을 의지하였지만, 자신이 할 수 모든 노력과 지혜를 동원하여 복음을 전했다고 고백한다(고전 9:20-27; 골 1:28-29).

정리하면, "설교에서 성령의 역할에 대한 새로운 이해는 어떤 면에서는 설교자의 부담을 덜어줄 수도 있고, 반대로 새로운 부담을 가중시킬 수도 있다"96)고 한 Crotts의 통찰력은 설교자들에게 시사하는 바가 크다. 설교 사역이 궁극적으로 성령 사역이라는 깨달음과 믿음은 한 편으로는 설교의 전 과정에서 성령의 인도하심과 조명과 도우심이 있기에 설교에 대한 부담을 완화시켜 주고 평안과 감사를 주지만, 다른 한 편으로는 설교자가 최

---

94) 설교 사역 전체에서 절반이 성령의 사역이고, 절반이 설교자의 몫이라고 오해하지는 말아야 한다.

95) 이와 관련하여 Lloyd-Jones도 성령 사역과 설교자의 준비가 상충되는 것이 아니라 상호의존적이 되어야 한다고 강조한다(Lloyd-Jones, 『목사와 설교』, 400).
　면밀한 준비와 성령의 감동은 서로 상충되는 것이 아니라 상호의존적이어야 합니다. 우리 모두 극단에 치우치는 경향이 있습니다. 어떤 이는 자기 자신의 준비에만 의지하고 더 이상은 바라지 않고, 어떤 이는 준비를 경멸하여 성령의 역사와 감동과 영감에만 의지하는 경향을 가집니다. 그러나 어느 한쪽만으로는 결단코 되지 않습니다. 늘 둘을 겸해야하고 '둘이 함께' 가야 합니다.

96) Crotts, 『성령의 조명을 받는 설교』, 17.

선을 다해 수고하고 노력할 뿐 아니라 성령께 더욱 의지하면서 더욱 민감하게 반응해야 한다는 더 큰 의무감과 부담감을 안겨주는 것이다.

2) 청중의 상황과 환경이 고려되어야 한다(청중 분석이 필요하다).

이 부분도 역시 최선을 다해 그리고 지혜를 모아 설교 준비를 하는 것과 연결되어 있다. 필자는 장년들에게 했던 설교를 그대로 주일학교 아이들에게 설교하면서 성령께서 역사하니까 그렇게 했다고 변명(?)하는 설교자를 만난 적이 있다. 물론 오순절에 성령이 임했을 때 청중들이 자기의 언어로 들었던 것을 보면 그러한 시도도 역시 불가능한 것이 아니다. 그러나 그것은 특별한 경우이지 성경의 일반적인 교훈은 아니다.

성경은 효과적이고 능력 있는 설교를 위해서 설교를 듣는 대상과 설교가 전해지는 상황을 고려하라고 교훈한다. 그와 같이 청중을 고려하여 설교한 가장 대표적인 예는 예수님과 바울에게서 찾아볼 수 있다. 예수님과 바울은 각각 다른 청중을 대상으로 설교하였기 때문에 다른 접근과 언어와 목표를 가지고 복음(진리)을 전하고 설명하였다. 예수님의 설교 대상은 주로 시골에 사는 유대인들이었기 때문에 하나님의 말씀과 뜻을 전할 때 그들에게 익숙하고 잘 알고 있는 새, 농사 일, 목자 등과 같은 비유를 사용하였다. 그런데 바울의 설교 대상은 로마의 지배 아래 있었던 도시권의 사람들이었기 때문에 경주, 군대 생활 등을 비유로 사용하였다.

또한 바울 자신은 모든 사람에게 자유 하였지만 모든 사람에게 맞추어 복음을 전했다고 고백한다(고전 9:19-22). 뿐만 아니라 성경의 기자들도 청중을 고려하였음을 알 수 있다. 예를 들어, 마태복음은 흔히 유대인을 위한 복음서이고, 마가복음은 이방인을 위한 복음서라고 한다. 그렇기 때문에 접근 방식에서 확연한 차이를 볼 수 있다. 유대인들은 구약을 알고 인정하기 때문에 구약을 통해 예수님의 메시아 되심을 증명하는 방법이 가장 효과적이다. 그래서 마태복음에는 구약의 인용이 많다. 그래서 "…함을 이루려 하심이라" 또는 " … 함이 이루어 졌느니라"와 같은 구절들이 많이 등장한다. 그러나 마가복음의 대상인 이방인들은 구약을 모르고 또는 인정하지 않기 때문에 마가복음에는 구약에 대한 인용이 거의 없다. 이것은 성경의 저자들도 효과적으로 복음을 전하기 위해 청중을 고려했다는 것을 분명하게 보여준다. 결국 청중 분석은 효과적인 전달을 위해 하나님과 하나님의 사람들이 활용하신 방법임을 알 수 있다. 물론 내용과 전달에 있어서 청중에게 끌려가는 청중 중심의 설교가 되어서는 안 된다. 그러나 내용과 전달에 있어서 청중을 고려하는 것은 성령 사역으로서 설교 사역에 있어서 절대적으로 필요하고 중요한 것임을 설교자는 기억해야 한다.

3) 간절한 마음으로 기도한다.

모든 설교자는 설교를 준비하고 전달하고 또한 성도들을 변화시키는 설교의 전(全) 과정에서 늘 한계와 좌절을 경험한다. 그런데 그러한 상황에서 설교자는 또한 성령께서 놀랍게 역사하시고 도와주시고 인도해 주시는 것을 경험한다. 설교자는 성령께서 설교문을 준비하는 과정에서 이전에 알지 못하는 진리를 깨닫게 해 주시는 것을 경험하기도 하고, 전달하는 과정에서 준비한 내용을 첨삭하셔서 더욱 설득력 있고 능력 있는 설교로 이끄시는 것을 경험하기도 하고, 또한 전혀 예상하거나 기대하지 않았는데 설교를 통해 안 믿는 사람을 돌아오고, 성도가 그리스도 안에서 성숙해지고, 치유와 회복의 변화가 일어나는 것을 경험하기도 한다(고전 1:19-21; 12:3).

그런데 이와 같이 성령 사역으로서 설교 사역의 놀라운 일들의 경험을 위해서(또는 성령의 능력을 경험하는 설교를 위해서) 설교자에게 요구되는 가장 대표적이고 중요한 일은 무엇인가? 성경은 하나님께 기도하는 것이라고 말씀하신다. 성경 전체를 통해서 하나님께서 우리의 신앙과 삶을 위해서 기도에 대해서 얼마나 중요하게 강조하는지는 여기에서 언급할 필요가 없다. 특별히 우리의 원하고 필요한 것이 있을 때 우리가 해야 할 가장 중요한 일이 기도임을 거듭 거듭 강조하고 있다.

대표적으로 누가복음 11:5-13을 잠깐 살펴보자. 예수님께서 비유를 말씀하시는데, 밤중에 찾아온 친구에게 필요한 것을 주는 것은 그의 '간청함' 때문이라고 말씀한다(눅 11:8). 그러면서 "구하라 그러면 너희에게 주실 것이요 찾으라 그러면 찾아낼 것이요 문을 두드리라 그러면 너희에게 열릴 것이니 구하는 이마다 받을 것이요 찾는 이는 찾아낼 것이요 두드리는 이에게는 열릴 것이니라(눅 11:9-10)"고 말씀하신다. '그냥 주시고, 그냥 문이 열리고, 그냥 찾아내는 것이 아니고, 구해야 주시고, 두드려야 열리고, 열심히 찾아야 찾는다'는 것이다. 하나님의 기본적인 원칙은 우리의 원하고 필요한 것이 있을 때 기도하게 하시고 기도라는 은혜의 통로를 통해 우리가 원하고 필요한 것을 얻게 하신다는 것이다. 그러면서 결론으로 "너희가 악할지라도 좋은 것을 자식에게 줄 줄 알거든 하물며 너희 하늘 아버지께서 구하는 자에게 성령을 주시지 않겠느냐 하시니라(눅 11:13)"고 말씀하신다. 최고의 기도 응답이 성령이심을 말씀하신 것이다.

누가복음 11장은 본고의 주제인 성령 사역으로서 설교 사역과 관련하여 중요한 말씀이다. 한 마디로, 성령 사역으로 설교 사역이 되기 위해 우리가 해야 할 가장 중요한 것은 기도임을 말씀하는 것이다. 따라서 설교자는 설교의 전 과정을 통해 기도 외에는 이런 유가 일어날 수 없음을 알고(막 9:29), 성령 하나님께서 인도하시고 도와주시고 역사하시도록 기도에 매진해야 할 것이다. 20세기의 가장 탁월한 신학자 가운데 한 사람인 John Stott와 Greg Scharf의 기도에 대한 강조는 모든 설교자들에게 도전이 될 것이다.[97]

---

97) John R. W. Stott & Greg Scharf, *Challenge of Preaching*, 박지우 역,

설교문을 작성한 후에는 기도를 합니다. 물론 우리는 설교 준비를 시작하기 전에도 기도했고, 준비 과정 내내 기도하는 자세를 유지해 왔습니다. 그렇지만 이제 설교가 완성되고 설교문도 작성되었으니 설교를 놓고 기도해야 합니다. 저는 이 기도를 주일 아침 교회로 나서기 전에 하기를 권합니다. 주님 앞에 무릎 꿇을 때 비로소 설교 메시지를 붙들고, 또 붙듭니다. 마침내 메시지가 우리를 붙들 때까지 말입니다. 그러면 우리가 설교할 때 이 메시지가 메모나 기억에서 나오는 것이 아니라 우리 개인 신앙의 깊은 곳에서, 마음의 진실한 외침으로 나오게 됩니다.

그런데 여기에서 기억해야 할 또 한 가지는 한 번 성령께서 임재하시고 충만하게 역사하시면 자동적으로 계속 유지되는 것이 아니라는 것이다. 계속적이고 반복적으로 설교 사역을 통해 성령 사역을 경험하기 위해서 설교자는 계속해서 반복적으로 성령의 임재와 충만을 사모해야 하고 또한 기도해야 한다.[98]

4) 삶으로 준비되어야 한다.

설교자가 설교를 준비하고 전하고 성도들을 변화시키는 모든 과정에서 성령의 놀라운 능력을 경험하기 위해서 또 한 가지 필요한 것은 삶 전체로 준비하고 설교하는 것이다. 쉽게 이야기하면, 설교 자체에 대한 준비도 필요하고, 간절히 기도하는 것도 중요하지만, 성도들에게 본이 되는 구별되고 성숙한 삶이 뒷받침 되어야 한다는 것이다. 크게 두 가지 이유 때문이다. 먼저, 성령은 명칭 그대로 거룩한 영이시기 때문이다. 성령 하나님께

『존 스토트의 설교: 말씀과 현실을 연결하는 살아 있는 설교』 (서울 : IVP, 2016), 149.

98) 계속적이고 반복적인 성령 사역을 위한 좀 더 자세한 설명과 성경의 구체적인 예들을 위해, Lloyd-Jones, 『목사와 설교』, 404-12를 참고하라.

서는 깨끗하게 준비된 그릇에 필요한 은혜를 주신다(딤후 2:20-21). 반면에 죄는 우리의 기도가 상달되는 것 그리고 성령께서 역사하시는 것을 가로막는다(사 59:1-3; 약 4:1-3). 다음으로 특별한 은혜와 섭리가 없는 한 본이 되지 않고 삶이 뒷받침 되지 않은 설교자의 설교를 통해 성도의 변화가 일어나는 것은 불가능하다. 설교자는 성도들로부터 "당신이나 잘하세요!"라는 비아냥을 듣지 말아야 한다. 그래서 사도 바울은 디모데에게 "누구든지 네 연소함을 업신여기지 못하게 하고 오직 말과 행실과 사랑과 믿음과 정절에 있어서 믿는 자에게 본이 되어라(딤전 4:12)"라고 권면한 것이다.

한 걸음 더 나아가 설교자는 본문을 연구하고 기도하며 설교를 준비하면서 그 말씀을 자신에게 먼저 적용하고 자신을 먼저 변화시킬 때 청중을 향한 더 큰 성령의 역사하심을 경험할 수 있음을 명심해야 한다. 이제 본 단락을 마무리하면서 Crotts와 Heisler의 권면을 인용하고자 한다.

> 진정한 소통자가 되기 위해서 꼭 필요한 것은, 하나님의 말씀에 대한 근면한 연구와 아울러 자신의 삶과 사역 속에서 성령의 역사에 복종하는 것이다. 그럴 때 비로소 설교자는 자신의 설교가 존 오웬이 말한 회심과 확신을 위한 '도구적인 원인(instrumental cause)'으로 작용할 것을 기대할 수 있다.[99)]

> 나는 당신에게 이렇게 도전하고 싶다. 지속적인 기도를 통하여 하나님의 임재의 능력 안에서 무릎 꿇음으로써 하나님이 당신을 준비하게 하라. 성경을 부지런히 연구함으로써 하나님의 말씀의 영광 가운데 들어가는 준비를 하라. 회개와 깨끗케 함과 하나님 앞에서 책망 받을 것이 없는 삶을 통하여 당신의 인격을 준비하고 닦으라. 그러면 당신은 변화된, 성령 충만한 설교자로 강단에 서게 될 것이다. 그때에 당신은 장광설이 아닌 마음에 얹힌 것을 전달하고 의견이 아닌 확신을 말하며, 청중을 기쁘게 하는 것이 아니라 하나님을

---

99) Crotts, 『성령의 조명을 받는 설교』, 102-3.

기쁘시게 하는 설교를 하게 된다.100)

위에서 우리는 성령 사역으로써 설교 사역을 위해서 설교자가 할 일을 논의하였다. 물론 최선을 다한 준비가 충분조건은 아니다. 아무리 최선을 다해 준비한다고 할지라도 설교의 능력을 경험할 수 있는 것이 아니다. 설교를 통해 성령의 능력을 경험하는 것은 전적으로 하나님의 은혜의 영역에 속한다. 그렇지만 설교자는 준비하고 전하는 모든 과정에서 수고와 노력을 소홀히 하는 우를 범해서는 안 된다. 특별한 경우를 제외하고 성령 사역과 설교자의 최선을 다한 준비는 상호의존적이기 때문이다. 따라서 설교자는 청중을 고려하면서 최선을 다해 준비해야 하고, 하나님께 합당한 삶을 살면서 계속해서 최선을 다해 기도해야 한다. 그것이 바로 설교자가 할 일인 것이다.

V. 나가는 글

지금까지 필자가 강조하고 있는 '(삼위) 하나님 중심적 설교'에 있어서 '성령 사역' 또는 '설교 사역 전체에서의 성령의 역사하심'에 대해 논의하였다. 이를 위해 먼저 성령 사역의 관점에서 오늘날 설교의 문제가 무엇인지 살펴보았다. 이후에 성경적 관점과 역사적 관점에서 설교 사역에 있어서 성령 사역이 왜 필요하며 또한 얼마나 중요한지 확인하였다. 그리고 한 걸음 더 나아가 실제적 관점에서 '성령 사역과 설교 사역과의 관계, 성령 사역과 설교자와의 관계, 그리고 설교의 준비와 전달 그리고 청중의 변화 등 설교의 모든 과정에서의 성령의 역할에 대해 살펴보았다. 마지막으로 설교 사역에 있어서 바르고 능력 있는 성령 사역을 위해 주의해야 할

---

100) Heisler, 『성령이 이끄는 설교』, 54.

부분 또는 명심해야 할 부분들을 제안하였다. 그것은 바른 성령론의 정립, 성령과 말씀의 상호의존성, 그리고 설교자의 최선을 다하는 수고와 노력이다. 아무쪼록 성령의 역사하심으로 우리의 설교가 더욱 바르고 더욱 능력 있고 더욱 효과적이 되어서 이 땅의 교회가 회복과 부흥을 경험할 수 있기를 소원한다.

제 6 부
하나님 중심적 설교 모델

제19장

칼빈의 하나님 중심적 설교

 탁월한 종교 개혁자 존 칼빈(John Calvin, 1509-1564)은 본서에서 강조하는 '하나님 중심적 설교'의 신학적, 설교학적 기초를 제공하였다. 지금까지 칼빈에 대한 연구는 그의 대표적인 저작인 『기독교 강요』를 중심으로 주로 조직신학이나 교회사 분야에서 진행되어 왔다.[1] 하지만 저자는 설교가요 목회자로서의 칼빈을 연구하는 것도 결코 소홀해서는 안 된다고 생각한다. 왜냐하면 칼빈은 그의 생애의 가장 중요한 시기에 설교자와 목회자로서 사역을 감당했기 때문이다. 그래서 엘시 멕키(Elsie A. McKee)의 설교자/목회자로서의 칼빈에 대한 평가는 정당하다.[2]

 칼뱅은 하나님의 뜻에 관한 유일한 권위인 성경을 강해한 개신교 설교자였다. 또한 그는 성경의 정경성과 성경의 모든 책을 구절구절 설명할 필요가 있음을 진지하게 받아들인 개혁주의 설교자였다. 칼뱅은 주석가이자 신학자로서 특별한 은사를 가진 설교자였기에 그의 설교 내용은 질적으로 매우 우수하다. … 설교는 목사인 칼뱅에게 중요한 과제로 그가 몰두한 성경 연구의 열매이자 매일매일 회중들을 목양하기 위한 주요한 수단이었다. 우리는 이

---

 1) 칼빈은 26세의 젊은 나이에 우리에게 너무나도 잘 알려진 『기독교 강요』 초판(1536년, 총 6장으로 구성됨)을 저술하였고, 최종판(1559년, 총 4권 80장으로 구성됨)이 나오기 까지 23년 동안 수정 보완함으로 5배 분량의 책으로 확장하여 우리에게 전해진다. 칼빈의 『기독교 강요』는 오늘날 개혁교회의 신학과 신앙의 토대를 제공한 최고의 걸작으로 평가받고 있다.
 2) Elsie A. McKee, 이정숙 역, 『칼뱅의 목회 신학』 (서울: 두란노 아카데미, 2011), 74.

유명한 개혁가를 목사이자 설교자로 기억해야 한다.

칼빈 설교의 원리와 특징을 살펴보기 전에 먼저 칼빈의 '성경관' 과 '성경 해석 원리' 를 알아보는 것이 순서라고 판단된다. 왜냐하면 '성경관' 과 '성경 해석 원리' 는 설교와 불가분리의 관계에 있기 때문이다.

I. 칼빈의 성경관

1. 하나님 말씀으로서 성경

무엇보다도 칼빈은 성경이 '하나님 말씀' 임을 확신하였다. 칼빈에 따르면, 성경이 하나님 말씀이라는 최고의 근거는 하나님 자신에게 있다. 성경은 스스로 성경이 하나님의 말씀을 증거한다. 하나님 말씀으로서의 성경에 대한 칼빈의 말들을 들어보자.

성경에 대한 최고의 증거는 일반적으로 하나님께서 친히 그 속에서 말씀하신다는 사실에 있다.[3]

마치 흰 물건과 검은 물건이 그 색깔을 명확하게 드러내듯이, 또한 단 것과 쓴 것이 각기 그 맛을 확실히 드러내듯이, 성경도 과연 그것이 진리라는 명확한 증거를 자체적으로 충만히 드러낸다.[4]

도저히 어쩔 수 없을 정도로 파렴치해지지 않으면 하나님이 성경 속에서 말

---

3) Inst, I. 7. 4. 본서에서 『기독교 강요』는 'John Calvin, *Institutes of the Christian Religion*, 원광연 역, 『기독교 강요』 (고양: 크리스챤다이제스트, 2003)' 을 주로 인용하고, 필요에 따라 다른 번역이나 저자의 사역을 활용하기도 할 것이다.
4) Inst, I. 7. 2.

씀하신다는 명백한 증거가 성경 자체에 나타나 있으며, 따라서 성경의 가르침이 하늘로부터 온 것이라는 것을 고백하지 않을 수 없을 것이다.5)

칼빈은 성경을 살아계신 하나님의 말씀이라 믿었다. 이 때문에 그는 어제나 오늘이나 영원토록 동일하신 하나님께서 오늘날도 성경을 통하여 우리들에게 말씀하신다고 믿었다. 그러므로 칼빈은 우리가 성경을 읽고 들을 때 마치 하나님의 살아있는 말씀을 듣는 듯이 해야 한다고 강조한다.6) 또한 하나님의 말씀으로서 성경을 경건한 자세로 받아들이고 성경의 제자가 될 때 온전한 믿음의 사람이 될 수 있으며 진정한 의미에서의 신앙생활이 시작된다고 역설하였다.7)

칼빈은 인간이 성경을 마주하는 태도를 강조할 뿐만 아니라, 성령의 조명과 역사하심이 절대적으로 필요함도 함께 강조하였다.

논쟁을 통하여 성경에 대한 확고한 믿음을 세우려고 애쓰는 사람들이 있다면, 그것은 정말 어처구니없는 일을 행하는 것이다. … 모든 이론을 다 합친 것보다도 성령의 증언이 훨씬 더 훌륭하다. 오직 하나님만이 그의 말씀에 대해서 적절히 증언하실 수 있으므로, 그 말씀이 사람들의 마음에 받아들여지기 위해서는 먼저 성령의 내적 증거에 의하여 확증되어야만 한다.8)

참된 믿음은 오직 하나님의 성령께서 우리 마음에 인 쳐 주시는 것이라는 사실을 분명히 깨달아야 한다.9)

---

5) Inst, I. 7. 4.
6) Inst, I. 7. 1.
7) Inst, I. 6. 2.
8) Inst, I. 7. 4.
9) Inst, I. 7. 5.

2. 하나님을 알게 하는 유일한 방법(수단)으로서 성경

칼빈은 성경은 하나님을 알게 하는 유일한 방법이요 수단이라고 힘주어 말한다. 칼빈은 『기독교 강요』 1권의 제목을 '창조주 하나님을 아는 지식'이라고 하고, 6장의 주제를 '창조주 하나님께로 나아가는 데에는 성경이라는 안내자와 교사가 필요함'이라고 붙였다. 다시 말해, 성경이 하나님을 알게 하고 깨닫게 하는 유일한 길임을 자세하게 설명한 것이다. 그는 두 비유들을 통하여 하나님을 바르고 온전히 아는데 성경이 절대적으로 중요하고 필요함을 말한다.

먼저, 칼빈은 성경은 '안경'과 같다고 하였다.[10]

가령 노인이나 눈이 흐린 사람, 혹은 시력이 좋지 못한 사람에게 아무리 훌륭한 책을 내어놓는다 해도, 그 사람들은 그것이 좋은 책이라는 것을 인정하면서도 눈이 흐리기 때문에 두 단어도 연달아 읽지를 못할 것이다. 그러나 안경의 도움을 받으면 아주 또렷하게 그 책을 읽어 내려갈 수가 있을 것이다. 이와 마찬가지로, 하나님에 관한 갖가지 혼란스런 지식을 마음에 제대로 모아주며, 우리의 우둔함을 몰아내고, 참되신 하나님을 분명하게 보여 주는 것이 바로 성경인 것이다.

다음으로, 성경은 '실(絲)'과 같다고 하였다.

만일 하나님의 말씀에서 벗어나게 되면, 우리가 아무리 열심히 달려간다 할지라도, 우리가 이미 정도에서 벗어나 있기 때문에 결코 목표에 이를 수가 없는 것이다. 말씀이라는 실(絲)의 인도를 받지 않으면, 하나님의 찬란한 모습이 우리에게 마치 도저히 설명이 불가능한 미로와도 같아지기 때문에, 그

---

10) Inst, I. 6. 1.

말씀의 길을 따라 절뚝거리며 걷는 것이 차라리 그 길 바깥에서 온 힘을 다해 달리는 것보다 낫다.[11]

칼빈에게는 하나님 말씀인 성경이야말로 하나님을 알고 깨닫는 데 가장 직접적이며 확실한 수단이었다.

하나님께서는 택한 자들을 가르치사, 그저 어느 한 신을 어렴풋이 바라보게 하시는 것이 아니라, 그들이 바라보아야 할 참 하나님이 바로 자신이심을 분명히 보여 주신다. 하나님은 태초부터 자기 교회를 위하여 이를 계획하셨고 그리하여 갖가지 일상적인 증거들 이외에 자신의 말씀을 주셨으니 이 말씀이야말로 하나님을 깨닫는데 필요한 더 직접적이고도 더 확실한 수단이다.[12]

그렇기 때문에 그는 성경은 하나님께서 택하신 자들에게 주시는 '아주 특별한 선물' 이라고 했다.[13] 왜냐하면 마음이 연약하고 무기력한 인간이 하나님의 거룩하신 말씀의 도움이 없이는 절대로 하나님께 이를 수 없기 때문이다.[14] 다시 말해, 우리 인간은 전적으로 타락했기 때문에 말씀을 벗어나서는 하나님을 제대로 알 수도 없고 오해할 수밖에 없는데, 오직 하나님의 말씀인 성경을 통해서 하나님을 온전히 그리고 바르게 알 수 있다는 것이다. 이와 관련하여 그는 시편 19편을 인용하였다.

여호와의 율법은 완전하여 영혼을 소성시키며 여호와의 증거는 확실하여 우둔한 자를 지혜롭게 하며 여호와의 교훈은 정직하여 마음을 기쁘게 하고 여호와의 계명은 순결하여 눈을 밝게 하시도다(시 19:7-8)."[15]

---

11) Inst, I. 6. 3.
12) Inst, I. 6. 1.
13) Inst, I. 6. 1.
14) Inst, I. 6. 4.
15) Inst, I. 6. 4.

3. 유일한 구원자 예수 그리스도께 이르게 하는 길로서 성경

칼빈은 하나님께서 성경을 통해서 예수 그리스도께서 유일한 구원자이심을 알게 하시고, 또한 그 예수님께 이르는 유일한 길을 제시한다고 강조한다. 먼저, 하나님께서 오직 예수 그리스도 안에서만 하나님 자신을 계시하였다고 말한다.

하나님께서 그리스도 안에서 스스로 우리에게 계시하시지 않으면, 우리는 구원에 필요한 하나님의 지식을 가질 수 없다.[16]

옛날의 거룩한 사람들은 마치 거울을 바라보듯이 그리스도 안에서 하나님을 바라봄으로써만 하나님을 알았다(참고. 고후 3:18). 이 말은 곧 하나님께서는 아들을 통하는 방법 외에는, 즉 그의 유일한 지혜와 빛과 진리를 통하는 방법 외에는 절대로 다른 방법으로 자기 자신을 사람들에게 계시하지 않으셨다는 뜻이다. 아담, 노아, 아브라함, 이삭, 야곱 등이 하늘의 도리에 대하여 그들이 얻었던 모든 것을 바로 이 샘에서 마신 것이다. 그리고 모든 선지자들도 그들이 선포한 모든 하늘의 말씀을 바로 그 샘에서 퍼 올린 것이다.[17]

따라서 우리가 성경을 통하여 찾아야 할 가장 중요한 것은 유일한 구원자 예수 그리스도라고 하였다. 그는 요한복음 20:30의 주석에서 성경을 읽는 목적에 대해서 분명히 언급하였다.[18]

우리가 확실히 해야 할 것은 그리스도는 성경 이외의 다른 곳에서는 도저히 알 수 없다는 것이다. 그리고 이것이 사실이라면 성경은 그 안에서 그리스도

---

16) Inst, II. 6. 4.
17) Inst, IV. 8. 5.
18) Comm, 요 20:30.

를 발견할 목적으로 읽혀져야 할 것이다.

또한 1543년 올리베탕(Olivétan)의 신약 서문에서도 이렇게 말했다.[19]

우리들이 성경 전체에서 찾아야 하는 것은 다름이 아니라 예수 그리스도와 그 분 안에 담겨 있으며 그분을 통해 하나님 아버지에게서 우리에게 제공하는 무한한 부요를 참으로 아는 것이다. 율법과 선지서들을 철저하게 조사한다면 우리를 그분에게로 이끌어 가지 않을 단어가 하나도 없을 것이다. 사실 지혜와 이해의 모든 보물이 그 분 안에 감추어져 있다는 점을 생각할 때 다른 목표를 갖는다거나 그리로 향하는 것은 어불성설이다.

4. 신앙과 삶의 유일한 표준으로서의 성경

칼빈은 하나님과 예수 그리스도를 아는 것과 우리 자신을 아는 것이 밀접하게 연결되어 있다고 하였다.[20]

우리가 가지고 있는 지혜, 즉 참되고 건전한 지혜는 거의 두 가지 부분으로 되어있으니, 곧 하나님을 아는 지식과 우리들 자신을 아는 지식이 그것이다. 그러나 이 두 지식은 갖가지 끈으로 서로 연결되어 있어서, 그 중 어느 것이 먼저 오며, 또 어는 것이 뒤에 결과로 따라오는 것인지를 분간하기 쉽지 않다.

그렇기 때문에 성경은 삼위 하나님을 아는 유일한 수단이요 길일 뿐 아니라 우리의 신앙과 삶의 유일한 표준이요 지침이라고 하였다. 이러한

---

19) Donald K. McKim, "칼빈의 성경관," in Donald K. McKim(ed.), *Reading in Calvin's Theology*, 이종태 역, 『칼빈 신학의 이해』 (서울: 생명의 말씀사, 1991), 85에서 재인용.

20) Inst, I. 1.

성경의 목적과 관련하여 그는 '거울'과 '저울'의 비유를 사용하였다. 즉 "사람은 성경이라는 신실한 거울에 비쳐보아야만 올바로 자신을 볼 수 있다(참조. 약 1:22-25)"[21]고 하였고, 또한 성경을 저울로 비유하는 것과 관련하여서는 어거스틴의 말을 인용한다.[22]

그릇된 저울을 가져다 놓고 우리가 좋아하는 것을 우리가 좋아하는 때에 우리가 좋아하는 방식으로 무게를 달아서 '이것은 무겁다, 이것은 가볍다'는 식으로 판단하지 말자. 성경이라는 하나님의 저울을 하나님의 보고에서 가져다놓고 그것으로 무엇이 무거운지를 재도록 하자. 아니 다시 잴 필요가 없다. 이미 주께서 재어놓으신 것을 인정하도록 하자.

이와 같이 성도들은 우리 자신을 잘 이해하고 신앙과 삶의 바른 길을 가기 위해 그리고 신앙과 삶의 진정한 변화를 위해 거울과 저울인 성경을 진지하게 연구해야 한다고 하면서 제네바 성경 서문에 다음과 같이 말하였다.[23]

성경이 우리에게 주어진 목적은 우리의 어리석은 호기심과 교만을 채우라는 것이 아니다. 그러나 바울은 성경이 유익한 것으로 이야기 하는데 어디에 쓸모가 있다는 것인가? 그것은 우리에게 건전한 교리로 교훈하기 위함이요, 우리를 위로하기 위함이요, 우리에게 감동을 주기 위함이요, 우리로 하여금 모든 착한 일을 실행하도록 도와주는데 유익하다는 것이다. 만약 성경에서 받아들일 수 있는 건설적인 힘이 무엇인지를 묻는다면 한마디로 답할 수 있다. 곧 우리는 그것을 통해서 하나님을 신뢰하는 법과 그분은 경외하며 살아가는 법을 배운다.

---

21) Inst, II. 2. 11.

22) Inst, II. 8. 58.

23) Hans-Joachim Kraus, "Calvin's Exegetical Principles," *Interpretation* 31(1977): 11에서 재인용.

II. 칼빈의 성경 해석 원리

존 머레이(John Murray)는 "존 칼빈은 종교개혁 시대의 주석가이었을 뿐만 아니라, 모든 시대에 걸쳐서 가장 뛰어난 성경주석가였다"라고 평가하였다.[24] 실제로 칼빈은 1540년 나이 30세에 최초로 『로마서』 주석을 낸 후, 그가 죽은(1564년, 55세)이후 1565년에 나온 최후의 주석서인 『에스겔』과 『여호수아서』에 이르기까지 구약 21권과 신약 24권(요한2, 3서와 계시록 제외)의 방대한 분량의 주석들을 집필한 열정의 성경 해석자였다.[25] 그래서 자주 루터를 '성경 번역의 왕'(the king of translation)으로, 칼빈은 '성경 주석의 왕'(the king of commentators)으로 부르곤 한다.[26]

물론 칼빈은 자신의 성경 해석 원리나 방법을 종합적이고 구체적으로 제시하는 논문이나 저서를 직접 쓰지는 않았다. 그러나 『기독교 강요』와 주석 등을 통해 자신이 추구하는 성경 해석의 원리들을 제시하였다. 우선 그것은 『기독교 강요』 서문에 잘 드러난다. 1539년 라틴어 판 서문에서

---

24) John Murray, *Calvin on Scripture and Divine Sovereignty*, 나용화 역, 『칼빈의 성경관과 주권사상』 (서울: 기독교문서선 교회, 1976), 78.

25) 참고. 칼빈의 기독교 강요(수정 증보판)와 주석의 출판 연도에 대해서는 한성진, "칼빈의 기독교 강요와 주석과의 관계연구," in 개혁주의학술원편, 『칼빈과 성경』 (부산: 고신대학교 출판부, 2008), 180을 참고하라. 칼빈의 주석 전집은 전 20권으로 우리말로도 번역되어 있다. John Calvin, *The Calvin Commentary*, 존 칼빈 성경 주석 출판위원회 편, 『칼빈 성경주석』 (서울: 성서원, 1999).

26) 참고. Philip Schaff, *History of Christian Church*(Vol. VIII) (Grand Rapids: Eerdmans, 1910, 1984), 524. 벤자민 워필드(Benjamin B. Warfield)도 "칼빈은 타고난 해석가로서 본문을 해석할 때 그의 언어 지식의 소양과 훈련받은 기술에 명석한 지성, 비범한 지적 동정, 청렴결백한 정직, 비범한 역사관 그리고 사상에 발전에 뛰어난 통찰력을 첨가시켰는데, 이 모든 것은 그의 심오한 종교적 이해력에 의하여 조명되었다. 따라서 그의 성경 해석은 완전히 새로운 경이적인 것으로서 새로운 해석 방법-현대적 해석-을 도입했다"고 극찬하였다. Benjamin B. Warfield, *Calvin and Augustine* (Grand Rapids: Baker Book House, 1956), 9.

칼빈은 "본서에서의 나의 목표는 신학도들이 성경을 연구하는 데 있어서 준비시키고 훈련시키기 위함이다. 다시 말해, 그들이 부담감을 갖지 않고 편안하게 성경에 접근하고 또한 흔들림 없이 계속해서 성경에 계속해서 연구할 수 있도록 하기 위함이다"고 『기독교 강요』의 저술 목적을 서술했다.[27] 그리고 1541년 판, 1550년 판, 1559년 최종판에까지 그 목적에 변함이 없었고, 1559년의 서문에도 다음과 같이 기록한다.

이 최종본의 목적은 신학도로 하여금 하나님의 말씀을 읽을 수 있도록 준비시키고, 그들을 가르쳐서 그들이 성경에 쉽게 들어가고, 헛길로 빠지지 않고 바로 나아갈 수 있도록 하는 데 있다. 그러므로 이 강요를 소화한 사람은 그가 성경에서 무엇을 추구해야하며 성경 안에 있는 것은 무엇이든지 무엇을 목표로 하여 적용해야 할지를 쉽게 결정할 수 있을 것이다.

칼빈은 『기독교 강요』를 신학도(목회자 또는 설교자)들이 성경을 올바로 읽고 이해하고 가르치는 데 도움을 주기 위해서 저술한 것임을 서문에서 분명히 하였다. 뿐만 아니라, 앞으로 보겠지만, 칼빈은 그의 저술들을 통하여 자신의 성경 해석의 원리를 보여주는 실제적인 예들을 제시하였다.

그러면 칼빈의 성경 해석 핵심 원리는 무엇인가?

칼빈이 처음으로 쓴 『로마서』 주석 서문에는 그가 성경 해석에 있어서 가장 중요하게 여겼던 것이 무엇인지 밝혀주는 대목이 있다. 그는 친구이자 히브리어 선생인 시몬 그리네우스(Simon Grynaeus)에게 헌정하며 자

---

27) 칼빈은 1536년 기독교 강요 초판에서는 "오직 나의 목적은 신앙적 열정을 지닌 사람들이 진정한 경건에 이르는데 도움이 되도록 분명한 기본 원리를 전하는 것이다"고 기독교 강요의 집필 목적을 서술했다. 그러니까 초판에는 경건한 신앙생활과 삶에 도움이 되는 것이 기독교 강요의 저술 목적이었지만 그 후에 기독교 강요 저술 목적이 성경 이해와 해석을 위한 원리를 제시하는 것으로 방향이 약간 바뀐 것을 알 수 있다.

신의 성경 해석의 방법에 대해서 다음과 같이 쓰고 있다.[28]

3년 전 우리가 최선의 성경 해석 방법에 대해 함께 의논했을 때 내 기억으로는 당신이 가장 흡족해 하던 접근 방식이 내게도 다른 어떤 것들보다 더 만족스러웠습니다. 우리 두 사람은 모두 해석자의 가장 중요한 덕목이 명료한 간결성이라고 생각했습니다. 그리고 실제로 거의 유일한 책임은 자신이 설명하려고 하는 저자의 생각을 밝히는 것이기 때문에 해석자가 독자들을 저자의 생각으로부터 멀어지게 하는 정도만큼 저자의 목적으로부터 길을 잃게 되는 것입니다.

또한 그는 죽기 한 달 전 제네바 목사들에게 성경을 충실하게 해석하라는 충고와 함께 다음과 같은 고별사를 했다.[29]

나는 성경의 단 한 절도 왜곡시키지 않았으며 비록 난해한 의미를 만나서 그 미묘한 것을 연구하였으나 나의 발아래에 그것에 대한 유혹을 던지고 항상 단순성을 목표로 두었다.

칼빈은 처음 주석을 쓸 때와 사역을 마치고 이 땅에서 그의 인생을 마감하는 상황에서 거의 비슷한 각오와 고백을 하였다. 칼빈이 스스로 밝힌 이러한 각오와 고백을 보면서 그가 가장 중요하게 여겼던 성경 주해의 핵심 원리는 크게 두 가지임을 확인할 수 있다. 그것은 '저자의 의도를 드러내는 것(주해의 목표)'과 '간결하고 명확하게 그것을 설명하는 것(주해의 방법)'이다.[30]

---

28) Comm, 로마서: 서론.

29) Theodore Beza, *The Life of John Calvin*, ed. and tr. Henry Beveridge (Milwaukee: Back Home Industries, 1996), 100.

30) 칼빈의 해석학적 방법론에 대한 연구들 가운데 가장 잘 알려진 한스 크라우스(Hans-Joachim Kraus)의 주장은 주목할 만하다. 그는 칼빈의 해석학적인 원리를 다음과 같은 8가지로 정리하였다. (1) 간결성과 용이성, (2) 저자의 의도를 찾는

1. 성경 해석의 목표: 저자(하나님)의 뜻과 의도를 드러내는 것

칼빈에게 해석자의 가장 중요한 과제 또는 목표는 본문에서 저자이신 하나님의 뜻과 의도를 드러내는 것이었다. 필립 샤프(Philp Schaff)도 이 점을 인정한다.[31]

칼빈은 해석자의 첫째 되고, 근본적인 목적, 즉 생각의 법칙에 의하여 성경의 저자들과 말하는 자의 참된 의미를 계속하여 들어내는 것에 눈을 떼지 않는다. 그는 그 자신을 그들의 정신 상태와 환경에 주입하여 그들과 동일시되고, 그들이 실제로 무슨 말을 하였는가를 설명하도록 하지 그들이 무엇을 말하고, 무엇을 말했었어야 하는 지를 설명해서는 안 된다.

실제로 칼빈은 성경 해석에 있어서 그의 최고의 관심은 저자의 의도를 드러내는 것이었음을 보여주었다. 예를 들어, 칼빈은 『기독교 강요』 2권 8장에서 십계명을 해설하면서 "성경을 우리가 좋아하는 대로 아무렇게나 왜곡시키지 말아야 하며 율법을 제정하신 하나님의 순결하고도 순전한 의미를 신실하게 드러내야 한다"고 주장하면서,[32] 단순히 말로 표현된 것 이상의 내용이 포함되어 있기 때문에 우리는 각 계명을 대할 때마다 그것

것, (3) 저자의 상황에 한정된 역사적, 지리적 그리고 제도적인 컨텍스트를 조사하는 것, (4) 본문의 원래적인 의미를 말하는 것, (5) 주어진 본문의 컨텍스트를 고려하는 것, (6) 주어진 텍스트의 문자적인 의미를 넘어서는 것, (7) 성경에 사용된 은유나 비유를 인식하는 것, (8) 그리스도 중심의 해석. Kraus, "Calvin's Exegetical Principles," 8-18.

31) Schaff, *History of Christian Church*(Vol. VIII), 531.

32) 칼빈은 시 8편을 주해하면서도 "이제 나는 선지자의 마음을 풀어헤치는 신실한 해설가의 역할을 감당하려 한다"고 고백하기도 하였다. David L. Puckett, *John Calvin's Exegesis of the Old Testament* (Louisville: Westminster John Knox, 1995), 33에서 재인용.

이 무엇 때문에 우리에게 주어졌는지를 살펴보아야 한다고 하였다. 그러면서 그는 제오 계명과 제일 계명의 의도를 다음과 같이 설명하였다.[33]

제오 계명의 목적은 하나님께서 존귀하게 하신 자들에게 존귀를 돌리게 하는 데 있다. … 즉 하나님께서 어느 정도 존귀를 베풀어 주신 자들을 존귀하게 여기는 것이 옳은 것이요 또한 하나님을 기쁘시게 하는 것이다. 반대로 그들을 멸시하고 고집스럽게 대하는 것은 하나님께서 혐오하신다. 또한 제일 계명의 의도는 오직 하나님만이 경배를 받으실 분이시라는 것이다(참조. 출 20:2-3; 신 6:4-5). 그러므로 이 계명의 핵심은 참된 경건 -즉 하나님의 신성을 경배하는 것-이 하나님께 기쁨이 되며, 또한 불경건은 하나님께서 가증스럽게 여기신다는 데 있다. 이런 식으로 각 계명마다 그 관심사가 무엇인지 조사하고 그 목적을 탐구하여 율법을 제정하신 하나님께서 기뻐하시고 혐오하시는 바가 무엇인지를 찾아내는 것이다.[34]

여기에서 특히 우리가 주목해야 할 것이 있다. 그것은 칼빈이 저자의 의도를 파악하는데 있어서 '이중 저작성(신적인 면과 인간적인 면)'을 늘 염두에 두었다는 것이다. 다시 말해, 그는 성경의 저자는 성령 하나님이신데 사람들을 통하여 기록케 하셨다는 사실을 고려하며 저자의 의도를 파악했다는 것이다. 우선적으로 칼빈은 성경의 저자는 성령 하나님이심을 분명히 믿었다. 디모데후서 3:16을 설명하며 그는 "성경에서 유익을 얻기 원하는 모든 사람은 확정된 원리로서 이것- 즉 율법과 선지서들은 인간 마음대로 전승되었거나 인간의 생각을 그 기원으로 하는 가르침이 아니라 성령이 불러 주어 받아 쓰여 진 교훈이라는 것-을 먼저 받아들여야 한다"

---

33) Inst, II. 8. 8.
34) 칼빈이 저자의 의도를 강조한 또 다른 예들을 위해서, Puckett, *John Calvin's Exegesis of the Old Testament*, 32-37를 참고하라. 본서에서는 칼빈의 주해가 옳은 지 그른지에 대한 논의는 여기에서 하지 않겠지만, 칼빈이 성경을 주해하는데 있어서의 원리와 목표는 저자(하나님)의 의도를 파악하는 것이었음은 분명하다.

라고 하였다.35) 다시 말해, 칼빈에 따르면, 성경의 기자들은 성령의 영감에 압도되어서 "성령이 불러주시는 대로" 받아썼기 때문에 인간 저자들은 "확실하고 순수한 성령의 필사자"로서의 역할을 했다.36) 하지만 칼빈은 인간 저자의 역할도 무시하지 않고, 하나님께서 필사자로서 인간 저자의 개성이나 스타일을 활용하셨다고 강조하였다.37)

그래서 McNeill은 "칼빈은 습관적으로 성경 각 권의 인간 저자를 염두에 두었고 모든 구절에서 인간 저자의 목적과 의도를 소홀히 하지 않았다"고 주장한다.38) 푸켓도 칼빈은 인간 저자의 의도를 무시하지 않았고, 자주 인간 저자의 의도를 고려하지 않는 것에 대해 비판하였다고 주장한다. 그는 다음의 예들을 제시하였다.39) 칼빈이 아모스 6:10을 주해할 때, 기존의 두 사람의 해석을 반대하면서 "내가 생각하기에 선지자의 의도하는 바는 다르다. 그들은 선지자의 의도를 충분히 고려하지 않았다"고 의문을 제기하였다. 또한 호세아 10:1을 주해하면서도 그는 다른 해석자들의 견해를 받아들일 수 없다고 하면서 "그들은 선지자의 마음을 이해하지 못한 것 같다"고 평가하였다.40) 이러한 예들은 칼빈이 본문을 주해할 때 인간 저자의 의도에도 깊은 관심을 가졌음을 보여준다.

그렇지만 칼빈은 성령 하나님의 의도와 인간 저자의 의도가 결코 다르지 않다고 했다. 다시 말해, 칼빈은 성령의 의도와 인간 저자의 의도 사이

---

35) Comm, 딤후 3:16.

36) Inst, IV. 8. 9.

37) 칼빈의 '성경의 영감설'과 관련한 좀 더 자세한 설명을 위하여, 최홍석, "칼빈과 성경의 영감," in 개혁주의학술원편, 『칼빈과 성경』 (부산: 고신대학교 출판부, 2008), 13-34; McKim, "칼빈의 성경관," 73-9를 참고하라.

38) John T. McNeil, "The Significance of the Word of God for Calvin," *Church History* 28(June 1959) : 131-46.). 손석태, "칼빈의 성경 해석," *JSRT* 9(2009): 22에서 재인용.

39) Puckett, *John Calvin's Exegesis of the Old Testament*, 32-4.

40) 이와 관련한 좀 더 많은 예들을 위해 Puckett, *John Calvin's Exegesis of the Old Testament*, 34을 참고하라.

에는 긴장이 없으며, 성령은 인간 저자의 의도와 다른 '더 충만한(온전한) 의미(sensus plenior)'를 의도하지도 않았다는 것이다.[41] 정리하면, 칼빈은 성경의 해석에 있어서 인간 저자의 의도와 목적과 상황을 염두에 두면서 진정한 저자이신 하나님의 의도를 찾으려고 했던 것이다.

2. 저자의 의도를 알기 위해 필요한 도구(요소)들

그렇다면 이제 저자의 의도를 발견하고 드러내기 위해 칼빈이 구체적으로 고려한 것이 무엇인지 알아보자.

1) 역사적 배경(History Context)

칼빈은 성경을 이해하고 저자의 뜻과 의도를 파악할 때, 해당 본문의 역사적인 배경을 매우 중요하게 여겼다. 이와 관련하여 푸켓은 "칼빈은 어떤 본문이 16세기 사람에게 어떻게 적용할지를 설명하기 전에 원래 저자의 동시대에 사람들에게 그 본문의 무엇을 의미했는지를 먼저 파악해야 한다는 사실을 결코 놓치지 않았다"라고 기술하였다.[42] 또한 파커(T. H. L. Parker)도 "칼빈의 선지서 강해의 탁월한 특징 중 하나는 역사적 문맥을 그가 잘 다루고 있다는 점이다"라고 평가하였다.[43] 실제로 칼빈의 주석과 설교에서 본문의 의도를 드러내기 위해 역사적 배경을 설명하는 것을 쉽게 찾아볼 수 있다.[44] 뿐만 아니라 칼빈은 역사적인 배경 외에도 지

---

41) Puckett, *John Calvin's Exegesis of the Old Testament*, 35; Sidney Greidanus, *Preaching Christ from the Old Testament*, 김진섭 외 역, 『구약의 그리스도, 어떻게 설교할 것인가』 (서울: 이레서원, 2002), 216.

42) Puckett, *John Calvin's Exegesis of the Old Testament*, 67.

43) T. H. L. Parker, *Calvin's Old Testament Commentaries* (Edinburgh: Clark, 1986), 205-6.

44) 이에 대한 구체적인 실례들을 위해 Puckett, *John Calvin's Exegesis of*

리적인 배경, 그 당시 풍습과 제도, 사회적인 기관들 그리고 다른 전제되는 조건들을 연구했다.[45)]

칼빈이 역사적 배경을 중요하게 여긴 다른 이유도 있다. 칼빈은 역사적 배경을 강조함으로써 구약에서 예수 그리스도를 너무 쉽게 끌어내지 못하도록 예방했다. 그래서 시드니 그레이다누스(Sidney Greidanus)는 "극단적인 기독론적 해석에 대해 칼빈이 반대한 주요 원인은 역사적 해석에 대한 칼빈 자신의 관심이었다."고 평가하였다.[46)] 예를 들어 보자. 칼빈은 시 50편이 단순히 그리스도의 왕국을 예언하고 있다는 설명에 반대하였다. 물론 시 50편에서 율법의 제사적인 요소들이 그리스도께서 오신 이후에 폐지되었다고 하는 관점이 결코 잘못된 것은 아니지만, 칼빈은 해석자들이 이 본문의 원래 의미를 파악하는 데는 실패하였다고 하였다. 그 까닭은 본문의 역사적 문맥을 보면 시편 기자는 하나님의 의도에 온전히 부합하지 않은 제사는 결코 의미가 없음을 강조했기 때문이다. 즉, 시 50편의 우선적인 관심은 이스라엘 예배의 악용과 타락에 대한 비판이다.[47)] 또한 시 72편에서도 이 시편을 단순히 그리스도의 왕국에 대한 예언으로 해석해서는 안 된다고 언급한다. 칼빈은 직접적으로 그리스도를 가리키지 않는 것들을 그리스도로 무리하게 적용해서는 안 된다고 주장하였다.[48)]

2) 문맥(Literary Context)

칼빈은 저자의 의도를 드러내기 위해 문학적 문맥(Literary context)

---

the Old Testament, 67-72; Greidanus, Preaching Christ, 201-2, 213-14; 고광필, 『칼빈 신학의 논리』(서울: UBF 출판부, 2004), 254-6를 참고하라.

45) 참고. 권호덕, 『종교개혁 신학의 내포적 원리』(서울: 솔로몬, 1998), 339.

46) Greidanus, Preaching Christ, 213.

47) 참고. Puckett, John Calvin's Exegesis of the Old Testament, 67.

48) 참고. Greidanus, Preaching Christ, 213-4.

에도 관심을 가졌다. 칼빈은 기독교 강요에서 "성경에는 전후의 문맥에 따라서 의미가 결정되는 진술들이 많다"라고 언급하며 몇 가지 예들을 제시하였다.[49] 먼저, 그는 유아 세례와 관련하여 믿음과 회개를 먼저 고백하지 않고서는 세례를 시행한 일이 없다고 한 주장을 반박하는 과정에서 베드로가 세례를 준 경우(행 2:37-38)와 빌립이 내시에게 세례를 준 경우(행 8:37)를 언급하였다. 다시 말해, 베드로와 빌립이 믿음과 회개를 요구한 사람은 회개를 생각하고 믿음을 깨달을 만한 사람들이었음을 주지시키면서 이 경우들과 유아의 경우는 문맥이 다르다는 것이다. 다른 한 가지 예로, 신자들이 하나님의 심판 앞에 자기들의 의를 담대히 내어 놓고 판단 받는 것을 말하는 구절들(시 7:8, 17:1, 17:3, 18:20-23, 26:1, 4, 9, 10-11)의 저자의 의도는 두 가지가 문맥을 통해 알 수 있다고 하였다.[50]

하나는 성도들이 자기들 자신을 완전히 심사하여 삶 전체의 성격에 따라서 정죄를 받거나 무죄 판정을 받기를 바라는 것이 아니고 특정한 사안에 대해서만 하나님의 판단을 바라는 의미가 나타나 있는 구절들이요, 또 하나는 하나님의 완전하심과 견주어 자기 자신들의 의를 주장하는 것이 아니라 악하고 불경건한 자들과 비교하여 자기들의 의를 주장하는 구절들이다.

나아가 칼빈에게 저자의 의도를 드러내는 과정에서의 문맥의 강조는 단순히 가까운 문맥뿐 아니라 성경 전체의 빛 아래에서 성경을 해석함을 의미한다. 예를 들어, 마태복음 5:34-37의 맹세를 금지하는 예수님의 교훈에 대해 재세례파 사람들처럼 맹세를 무조건 예외 없이 다 정죄해서는 안 된다고 주장하였다.[51] 그것은 예수님을 성부 하나님의 원수로 만들어 버리는 것이 되기 때문에 성경 전체의 문맥으로 볼 때 잘못되었다는 것이

---

49) Inst, IV. 16. 23.
50) Inst, III. 17. 14.
51) Inst, II. 8. 26.

다. 다시 말해, 영원하신 하나님께서는 율법 아래에서 맹세를 정당한 것으로 허용하셨을 뿐만 아니라 필요한 경우 맹세를 할 것을 명령하였다는 것이다(출 22:10-11). 그러나 마태복음의 말씀은 율법을 느슨하게 만들거나 아니면 더욱 조이는 것이 아니라 서기관들과 바리새인들이 고안해 낸 갖가지 그릇된 것들로 인하여 매우 부패해져버린 율법의 참되고 진정한 이해를 다시 회복시키는 데 그 의도가 있었다고 하였다. 이러한 점을 이해한다면 마태복음에서 그리스도께서는 모든 맹세를 완전히 정죄하신 것이 아니고 오로지 율법의 규범을 어기는 그런 맹세들만을 정죄하셨다는 것이다.[52]

3) 문자적/문법적 의미

칼빈이 저자의 의도를 드러낼 때 중요히 여긴 또 하나의 요소는 문자적/문법적 의미이다. 칼빈이 성경 해석에 있어서 문자적/문법적 접근을 중요시 한 것은 중세 시대의 성경 해석 방법에 대한 반발이라고 할 수 있다. 칼빈은 이전의 알레고리적 접근과[53] 중세 시대의 4중적 해석에 대해 반대하였던 것이다.[54]

무엇보다도 칼빈은 『기독교 강요』에서 누가복음 10장의 강도 만난 사람의 비유를 한 예로 들면서 다음과 같이 알레고리적 해석과 접근을 반대

---

52) Inst, II. 9. 3.
53) 참고. Greidanus, *Preaching Christ*, 199.
54) 중세 시대에는 성경은 4중의 의미를 가지고 있기 때문에 성경의 해석은 그 의미들을 찾는 것이라고 믿었다. 그들이 추구했던 4중의 의미는 첫째는 문자적인 의미이고, 둘째는 풍유적인 의미이며, 셋째는 도덕적(비유적)인 의미이며, 넷째는 종말론적 의미라고 하였다. '예루살렘'을 예로 든다면 문자적인 의미로는 역사적 예루살렘 성읍을, 풍유적인 의미로는 그리스도의 교회를, 도덕적 의미로는 사람의 영혼을 그리고 종말론적인 의미로는 하늘의 예루살렘을 가리킨다고 해석한다. 이에 대한 좀 더 자세한 설명을 위해서 Greidanus, *Preaching Christ*, 159-74를 참고하라.

했다.55)

첫째로, 가령 내가 그들의 알레고리를 받아들이지 않는다면, 그들은 어떻게 하겠는가? 교부들은 주의 말씀의 참된 의미를 고려하지 않고 이런 해석을 고 안해 낸 것이 분명하다. 알레고리로 성경의 규범으로 정해진 한계를 넘어서 서는 안 되며, 더구나 그것으로 어떤 교리를 세우는 근거로 삼는 것은 더 욱 안 된다.

한 걸음 더 나아가 칼빈은 알레고리적 접근을 성경의 가르침을 훼손시 키는 사탄의 책략이라고 하였다.56)

우리는 오리겐이나 그와 같은 부류의 사람들의 알리고리적 해석을 단호하고 철저하게 거부해야 한다. 사탄은 아주 교묘하게 알레고리를 교회에 침투하게 하였다. 그것은 성경의 교리와 가르침을 애매하게 만들고 성경의 확실성과 견고성을 무너뜨리려는데 목적이 있었던 것이다.

실제로 칼빈은 유아 세례와 관련하여 언약의 개념을 설명하면서 다음 과 같이 알레고리적 접근을 반대했다.57)

여호와께서 제 2계명에서 그의 종들에게 천 대에 이르기까지 그 후손들에게 긍휼을 베푸시겠다고 공언하신 약속이 대체 어찌되겠는가(출 20:6)? 이 문제 를 알레고리로 풀어서 문제를 피해 가겠는가? 그러나 그것은 발뺌하는 방법 치고는 너무 경박스럽지 아니한가?

---

55) Inst, II. 5. 19.
56) Comm, 창 2:8. 참고. Puckett, *John Calvin's Exegesis of the Old Testament*, 106-7.
57) Inst, IV. 16. 15.

또한 알레고리적 접근을 하면서 유아 세례를 반대하는 세르베투스 (Servertus)에게 이렇게 반박한다.[58]

그는 또 한 가지 알레고리를 제시한다. 사도들은 사람을 낚는 어부였지(마 4:19), 어린아이들을 낚는 어부가 아니었다. 나를 이를 되받아 묻고 싶다. 복음이라는 그물에 온갖 종류의 고기들이 모여 든다는 그리스도의 말씀은(마 13:47) 과연 무슨 의미냐고 말이다. 그러나 나는 알레고리 따위로 장난을 치고 싶지 않기 때문에 곧바로 답변하겠는데, 사도들이 가르치는 임무를 부여받았을 때 어린아이들에게 세례를 주지 못하도록 금지를 받은 일이 없다는 사실이다. 그러나 아직도 궁금한 것은 복음서 기자가 그들을 가리켜 '안드로포스(ἄνθρωπος:이는 예외 없이 인류 전체를 다 포괄하는 용어다)' 라고 부르는데 어째서 세르베투스는 어린아이들이 안긴 이라는 것을 부인하는가 하는 것이다.

뿐만 아니라 칼빈은 성경 해석에 있어서 '문법적인 부분(즉, 문법적인 구조와 언어)' 을 중요하게 고려하였다. 그래서 Battles와 Hugo는 "칼빈 주석의 대표적인 특징은 본문의 단어들과 구절들의 의미를 드러내는 데 그가 쏟아 부었던 노력과 관심"이라고 했고,[59] 고광필도 칼빈의 성경 해석에 있어서 문법적 관심과 고려에 대해 다음과 같이 평가했다.[60]

칼빈은 히브리어에 능통한 사람이었다. 칼빈의 성경 원어에 대한 뛰어난 실력이 본문의 원 의미와 저자의 의도를 파악하고자 하는데 기본적인 도구가

---

58) Inst, IV. 16. 31. 6.

59) Puckett, *John Calvin's Exegesis of the Old Testament*, 59에서 재인용. 푸켓도 "사전적 문법적 고려는 칼빈에게 해석적 가능성을 제공하고, 문맥은 해석적 개연성을 결정하는 열쇠를 제공했다"고 말한다. Puckett, *John Calvin's Exegesis of the Old Testament*, 64.

60) 고광필 · 김재홍, 『칼빈의 성경 해석과 설교, 그리고 묵상』 (서울: UBF 선교회, 2009), 60.

되었음은 분명한 사실이다. 칼빈은 특히 중요한 성경구절을 히브리어, 헬라어로 암송하고 있었다.[61]

그러나 여기에서 우리가 알아야 할 것이 있다. 그것은 칼빈이 문자적이고 문법적으로 접근하였지만, 그는 '경직된 문자주의자' 는 아니었다. 그는 마치 예수님께서 우리를 구원하기 위해서 인간의 몸을 입고 낮아지신 것처럼, 하나님의 의도를 우리 인간에게 가장 효과적으로 전하기 위해서 '적응(accommodatio)' 하셨음을 인정하였다. 다시 말해, 칼빈은 이레니우스의 말을 인용해서 "스스로 무한하신 성부께서 성자 안에서 유한하게 되시는데, 이는 우리의 지성이 그의 영광의 광대함에 짓눌리지 않도록 자기 자신을 미천한 분량에 맞추셨기 때문이다"고 하면서,[62] 때로는 성경을 보면 찬란한 미사여구로 치장되지 않고 비천하고 세련되지 못하고 조잡하기까지 한 단순한 언어로 우리에게 말씀하시는 것을 발견할 수 있다고 하였다.[63] 그래서 우리가 성경을 주해할 때 그 적응 개념을 고려해야 저자이신 하나님의 뜻과 의도를 알 수 있다고 주장하였다. 이러한 '적응 사상' 또는 '적응 개념'은 칼빈의 성경관과 영감설을 이해하는데 중요한 부분인데, 이에 대한 고광필의 평가는 인용할 만하다.[64]

하나님은 당신의 영적인 진리를 가장 효과적으로 드러내기 위해서 비유, 상징, 은유, 의인화된 언어를 사용하여 가르쳐 주신다. 성경에는 하나님의 마음을 표현할 때에 인간이 사용하는 감정으로 표현한 경우가 많이 있다. 이것은

---

61) 푸켓은 문법적 해석과 관련하여 칼빈이 어휘의 의미 결정을 두고 고민할 경우 중요도에 따라 나열하면, (1) 유대인의 해석, (2) 어원, (3) 성경의 용례, (4) 문맥에 따라 결정했다고 평가한다. Puckett, *John Calvin's Exegesis of the Old Testament*, 60-63, 67.

62) Inst, II. 6. 4.

63) Inst, I. 8. 1.

64) 고광필 · 김재홍, 『칼빈의 성경 해석과 설교, 그리고 묵상』, 62.

우리 인간의 이해를 위해서 인간의 감정의 언어를 사용한 것이지, 하나님이 그런 분이라는 것을 의미하지는 않는다. 칼빈은 창세기 6:6"하나님이 땅위에 사람 지으셨음을 한탄하사"에 대한 주석에서 "하나님은 슬퍼하시거나 서러워하시지 않으신다. 하지만 하나님이 죄를 얼마나 증오하시며 싫어하시는가를 알려 줄 수가 없기 때문에 성령께서는 자신을 우리의 수준으로 비하시키시는 표현을 한 것이다. 성경에서 상징, 비유, 은유적인 언어는 인간의 연약성과 이해의 한계성을 고려하신 하나님의 특별한 배려이다.

2. 성경 해석의 방법: 간결함과 용이함

위에서 언급한 바와 같이 칼빈은 저자이신 하나님의 의도를 드러내는 것이 성경 주해의 목적이라고 했는데, 그것은 간결하고 용이하게 설명되어야 한다고 하였다. 안명준은 칼빈의 간결함과 용이함의 의미에 대해 다양한 학자들의 견해를 소개한 후에 "간결한 방법이란 길고 장황하고 거대한 해석을 피하고 가능한 짧고 간략한 방법을 의미하며, 용이한 방법이란 해석의 단순성을 찾으려는 시도로서 해석 시에 애매한 점을 제거해 본문의 의미를 알기 쉽게 독자들에게 설명하는 것이다"고 정리하였다.65) 간결함과 용이함에 대해서 칼빈은 『기독교 강요』에서 다음과 같이 직접 언급하였다.66)

나의 의도는 삶의 갖가지 덕목들 하나하나에 대해서 장황하게 다루려는 것이 아니다. 나로서는 그저 경건한 사람이 어떻게 올바로 질서 있는 삶을 살아나갈 수 있는지를 가르쳐주고, 또한 그러기 위해서 지켜야 할 몇 가지 보편적인 원리를 간략하게 제시해 주는 것으로 족하다. 언젠가는 이에 대해서 상세하게 말할 기회가 있을 것이고 아니면 그런 일을 다른 분이 하도록 남겨두고 싶다. 나는 천성적으로 간단명료한 것을 좋아하기 때문에, 무엇을 길고 장

---

65) 안명준, 『칼빈의 성경 해석학』 (서울: 기독교 문서 선교회, 1997), 63-4.
66) Inst, III, 6. 1.

황하게 설명하고 싶어도 아마 그렇게 잘하지 못할 것이다. 설령 길고 장황하게 다루는 것을 좋아한다 해도, 나로서는 그렇게 하는 경우가 거의 없을 것이다. 더구나, 이 책의 성격상 이 문제를 가능한 한 간단하게 말할 수밖에 없는 점도 있으니 더욱 그렇다.

실제로 칼빈은 성경의 의미와 신앙의 진리를 간결하고 용이하게 설명하였다. 예를 들어, 진정한 회개의 삶에 대해 다음과 같이 설명하였다.[67]

플라톤은 때때로 말하기를, 철학자의 삶은 죽을 때까지 명상하는 삶이라고 했다. 그러나 우리는 더욱 참된 의미에서 그리스도인의 삶은 육체가 완전히 죽임을 당하고 하나님의 영이 우리 속에서 완전히 다스리시기까지 육체를 죽이는 끊임없는 노력의 연속이라고 말할 수 있을 것이다. … 그리스도의 살으심과 죽으심에 접붙임을 받아 계속적인 회개에 주의를 기울이게 된 사람이야말로 큰 유익을 얻은 것이라 생각한다. 과연 죄를 정말 혐오하는 사람들은 그렇게 하지 않을 수 없다. 왜냐하면 의에 대한 사랑에 먼저 붙잡히지 않고서는 어느 누구도 죄를 미워하게 되지 않기 때문이다. 이런 생각은 그야말로 가장 단순한 것으로서, 내가 보기에는 성경의 진리와 가장 일치하는 것이라 여겨진다.

또 다른 예로, 신앙의 도리를 설명할 때도 간결성을 유지하려고 했다.[68]

믿음이 하나님의 자녀들과 불신자들을 구분해 주며, 또한 믿음으로 말미암아 우리가 하나님을 아버지라 부르고 우리가 사망에서 생명으로 옮기운 바 되며, 또한 믿음으로 말마암아 영원한 구원이시오 생명이신 그리스도께서 우리 속에 거하시는데 이제는 과연 그 믿음이라는 것이 무엇인지를 살펴보아야 하

---

67) Inst, III, 3. 20.
68) Inst, III. 2. 13.

겠다. 지금까지 믿음의 능력과 본질에 대해서는 간단하게나마 분명하게 설명했다고 생각한다.

그래서 리처드 갬블(Richard Gamble)은 칼빈의 간결함과 용이함은 "칼빈의 가장 두드러진 성경 해석 방법"이라고 하면서,[69] 다음의 예를 제시했다.[70]

칼빈의 주석들을 볼 때에 그의 간결성에 놀라지 않을 수가 없다. 루터는 창세기 주석을 8권을 쓴 반면에 칼빈은 단 한권을 썼다. 로마서 주석도 칼빈은 한 권인데 반해 부처는 4권을 썼다. 문체에 있어서 칼빈은 사실상 간결했다.

그렇다면, 칼빈이 이렇게 성경 해석에 있어서 간결성과 용이성을 추구했던 이유와 목적은 무엇인가? 먼저 칼빈은 간결하고 용이하게 설명하는 것이 성경이 추구하는 방법임을 믿었다. 칼빈은 『기독교 강요』에서 "우리는 사도의 권위를 취하자. 그것은 단순하고 명료한 생각이다"고 분명히 밝혔다.[71] 마찬가지로 갬블도 '간단 명료성'은 '성경의 수사학'이라고 말하면서, 칼빈이 이것을 바로 성경에서 배우고 모방하였다고 평가한다. 그는 다음과 같이 결론을 내린다.[72]

이 해석학의 궁극적인 전제는 성경의 명확한 간결성이다. 하나님의 말씀은 의미에 있어서 간결하다. 해석의 다양성이 없다. 그 의미에 있어서 간결하고 분명하다. 따라서 다양성을 가진 어휘의 문체를 만들어내지 않는다. 그것은

---

69) Richard Gamble, "BREVITAS ET FACILITAS: Toward an Understanding of Calvin's Hermeneutic," *Westminster Theological Journal* 47(1985): 2.

70) Richard Gamble, "Calvin as Theologian and Exegete, Is there Anything New?" *Calvin Theological Journal* 23(1988): 189.

71) Inst, III. 4. 6.

72) Gamble, "BREVITAS ET FACILITAS," 15.

872 _ 하나님 중심적 설교(God-Centered Preaching)

오직 인간 저자를 칭송할 뿐이다. 본 저자가 내리려는 결론은 칼빈의 해석 방법은 성경에서 발견되는 그러한 방법이라는 것이다.

또한 칼빈이 간결함과 용이함을 추구한 것은 독자들이 성경 본문의 의미를 쉽게 이해할 수 있도록 하고 교회를 온전히 세우는 데 도움이 되기 때문이었다. 그는 해석자는 독자들이 적정한 정도의 이상으로 깊이 사색해 들어가서 단순한 믿음에서 벗어나 방황하는 일이 없도록 해야 하며, 성령께서 성경에서 별가치 없는 것에 대해 침묵하시거나 가볍게 다루시는 것처럼, 유익이 없는 것에 대해 기꺼이 관심을 제거하는 것이 해석자들의 의무라고 하였다.[73] 이러한 칼빈의 견해는 1557년에 발행한 『시편』 주석의 서문에도 똑같이 나타난다. 칼빈은 시편 서문에서 "국민이 읽어서 이해할 수 있고 아주 유익을 줄 수 있는 무엇인가를 프랑스어로 썼으며, 다른 사람들에게 유익을 끼치기 위해서 단순한(쉬운) 문체로 가르치는 것을 철저히 지켰다"고 고백한다.[74]

손석태는 이러한 간결함과 용이함을 위한 칼빈의 노력이 Geneva Bible의 출판에도 잘 반영되어 있다고 하면서 다음과 같이 Geneva Bible 에 대해 설명하였다.[75]

Geneva Bible은 메리 여왕의 박해로 스위스로 망명해온 William Whittington과 Anthony Gilby를 중심으로 영국의 학자들이 제네바 시 당국자들의 보호와 칼빈의 후원과 격려 가운데 히브리어와 헬라어로부터 번역한 것이다. 이 성경은 출판이 되자마자 영국에서 매우 인기가 있어서 16,17세기에 가장 많이 읽히고, 가장 영향력 있는 책이었다. 1560년 제네바에서 처음 출판되어 1644년 마지막 출판될 때까지 무려 200회를 인쇄했으며, 메

---

73) Inst, I. 14. 3.
74) Comm, 시편: 서문.
75) 손석태, "칼빈의 성경 해석," 「개신논집」 9(2009): 25-6.

이플라워호를 타고 신대륙으로 왔던 청교도들이 King James Version 아니라 바로 Geneva Bible을 가지고 갔었다는 것은 널리 알려진 사실이다. 그런데 이 Geneva Bible이 그토록 인기가 있었던 이유는 무엇이었는가? 많은 사람들은 Geneva Bible의 특징 때문이라고 말한다. Geneva Bible의 특징은 성경 본문 외에 보통 사람들의 이해를 위하여 본문 주변에 주석을 달아놓는 것이었다. 이 분량은 무려 30만 단어로 성경 전체 분량의 1/3을 차지하였다. 이 주석에는 Calvin, Knox, Coverdale, Whittington, Gilby, William Keithe, Thomas Sampson 등이 참여하였다. 특히 이 Geneva Bible의 장 (Chapter) 구분이 바로 칼빈이 처음으로 제안하였던 것이다. 칼빈의 간단명료성은 이처럼 평신도들도 쉽게 성경을 읽고 이해할 수 있도록 배려하는 면에도 나타나 있음을 알 수 있다.

3. 성경 해석의 기본 원칙

1) Sola Scriptura

성경이 하나님의 말씀임을 확신한 칼빈은 성경 해석에 있어서도 '오직 성경(Sola Scriptura)으로'의 원칙을 철저히 고수하고자 했다. 우선 칼빈은 성경이 우리에게 필요하고 유익하고 중요한 부분만을 계시로 알려주었다고 강조하였다.[76]

하나님께서는 그의 뜻의 비밀 가운데서 우리에게 계시하시기로 정하신 부분을 그의 말씀으로 말미암아 밝히 제시해 놓으셨는데, 그것들을 계시하시기로 정하신 것은 그 내용들이 우리에게 중요하며, 또한 우리에게 유익을 줄 것을 미리 보셨기 때문에 그렇게 하신 것이다.

그렇기 때문에 우리는 성경이 계시하신 범위 밖의 것을 알려고 하지

---

76) Inst, III. 21. 1.

않는 것이 옳으며, 그것을 알려고 하는 것은 오히려 잘못된 길로 가는 것
이라고 하였다.

모호한 문제에 대해서는 하나님의 말씀으로 우리에게 제시된 것 이외에는 그
어떠한 것도 말하거나 추측하거나 심지어 알려고 하지도 말아야 한다. 더 나
아가서 성경을 읽을 때에도 우리는 덕을 위하여 주어진 것들을 찾고 묵상하
기를 끊임없이 힘써야 하며, 호기심에 빠지거나 무익한 것들을 탐구하는데
마음을 빼앗겨서는 안 될 것이다. 그리고 주께서는 열매 없는 질문들에 관하
여서가 아니라, 건전한 경건과 그의 이름을 경외하는 것과 참된 신뢰와 거룩
한 의무들에 관하여 우리를 가르치기를 원하시므로 우리는 그런 것들에 대한
지식으로 만족해야 할 것이다.[77]

하나님의 말씀이 알려 주는 것 이외의 것을 알려고 하는 것은 마치 길 없는
광야를 걸어가려는 것이거나(참고. 욥 12:24), 어두움 가운데서 무엇인가를
보려고 하는 것에 못지않게 미친 행동이다. 그리고 이 문제에 있어서 우리는
어떤 것에 대해 모른다는 것을 부끄러워해서는 안 된다. 여기에는 일종의 유
식한 무식이 있기 때문이다. 오히려 순전히 지식만을 위한 탐구는 기꺼이 억
제해야만 한다. 진리에 대한 열렬한 욕구는 어리석은 것이며 심지어 치명적
인 위험을 가져올 수 있다.[78]

따라서 칼빈은 성경을 넘어서 지나치게 사색하는 것을 경계하고 성경
안에서만 생각하고 말해야 한다고 가르쳐야 한다고 강조하면서 다음의 예
들을 제시하였다.

천사들이 창조된 시간이나 순서에 대해서 논란을 제기한다는 것은 부지런함
보다는 오히려 완악함의 증거일 것이다.[79]

---

77) Inst, I. 14. 4.
78) Inst, III. 21. 2.
79) Inst, I. 14. 4.

예정에 대해서 탐구해 들어간다는 것은 바로 하나님의 지혜의 신성한 경내를 침범하는 것이라는 사실이다. 어느 누구라도 몰지각한 확신을 갖고서 이곳을 침범하게 되면, 자기의 호기심도 만족시킬 수 없을 뿐만 아니라 미궁 속에 빠져서 도저히 헤어 나오지 못하고 말 것"이라고 했다.80)

2) 성령의 역사하심

안명준은 칼빈의 해석학과 성령의 역할에 대해서 다음과 같이 평가하였다.81)

칼빈은 성령의 신학자라고 불리울 정도로 성령을 강조한 신학자이다. … 오늘날 현대 자유주의 신학자들에게 있어서 성령의 역사나 성령의 조명 같은 말은 전혀 설득력을 갖지 못하는 말일 것이다. … 그들은 성경과 함께 역사하시는 성령을 인식하는데 있어서 이성의 한계를 벗어나서 성령을 완전히 배제시킨다. 그러나 성령의 인도하심, 역사하심, 조명하심은 칼빈이 성경을 해석하는데 있어서 핵심적인 신학적 해석 방법이다.

실제로 칼빈은 성경 해석에 있어서 성령의 역할을 무시한 당시의 스콜라주의자들에 대해 다음과 같이 반박한다.82)

하나님의 영이 우리를 이끌어 주시지 않으면 우리는 그리스도께로 갈 수 없는 것과 같이, 그렇게 성령의 이끌림을 받게 되면 우리의 지성과 마음은 높이 들려 우리의 이해력은 초월한 경지에 이른다. 그때에 우리의 영혼은 성령의 조명을 받아 이를테면 새로 날카로운 시력을 얻어, 이전에 눈을 멀게 했

---

80) Inst, Ⅲ. 21. 1.
81) 안명준, 『칼빈 해석학과 신학의 유산』 (서울: CLC, 2009), 57.
82) Inst, III. 2. 34.

던 그 찬란한 하늘의 비밀을 맛보게 된다. 그러므로 그리스도께서 두 제자에게 그의 나라의 비밀을 밝히 설명하려고 하셨으나(눅 24:45) 저희 마음을 열어 성경을 깨닫게 하시기까지는(눅 24:45) 아무런 발전이 없었다. 비록 사도들은 그리스도에게서 직접 배웠지만 그들이 귀로 들은 바와 같이 교훈을 그들의 마음속에 부어 넣기 위해서는 진리의 영이 그들에게 오실 필요가 있었다(요 16:13). 참으로 하나님의 말씀은 태양과 같이 말씀이 선포된 모든 사람들에게 비치지만, 눈먼 사람들에게는 아무 효과가 없다. 성령이 내면적 교사가 되셔서 우리의 마음을 비추시며, 하나님의 말씀이 들어올 길을 마련하시지 않으면 하나님의 말씀은 우리의 마음에 침투할 수 없다.

또한 칼빈은 성경의 저자요 해석자로서 성령의 영원하심과 동일하심 그리고 성령의 역할에 대해 다음과 같이 강조한다.[83]

사탄의 영이 성령의 모양으로 침투하지 않도록, 성령은 우리로 하여금 성경에 인 치신 모양으로 그분을 인식하게 하신다. 성령은 성경의 저자이다. 그는 변하실 수도 없고 자신과 다를 수도 없는 분이시다. 그러므로 그는 일단 성경에서 계시하신 대로 틀림없이 영원히 존속하신다.

뿐만 아니라 칼빈은 우리 인간이 성경을 해석할 때 성령의 조명이 왜 절대적으로 필요한지에 대해서 다음과 같이 역설한다.[84]

우리의 마음이 어둡고 악하지 않았다면 하나님의 말씀의 외부적인 증명만으로도 우리의 믿음을 불러일으키는데 충분하였을 것이다. 그러나 우리의 마음은 헛된 것에 기울어져 있어서 하나님의 진리에 결코 이를 수 없으며, 우둔하여 항상 하나님의 진리의 빛을 보지 못한다. 따라서 성령의 조명이 없으면 하나님의 말씀은 아무 것도 할 수가 없다(이것은 하나님의 말씀의 무력성을

---

83) Inst, I. 9. 2.
84) Inst, III. 2. 33.

나타내주는 것이 아니라 인간의 죄악의 심각성을 말한다고 하겠다). ⋯ 그리고 우리의 마음이 성령의 능력으로 강화되고 지원을 받지 않는다면 우리의 지성이 하나님의 영에 의해 조명을 받는 것은 부족하다. 이 문제에 대한 스콜라 철학자들의 생각은 완전히 잘못되었다. 그들은 지식에서 오는 단순한 동의를 믿음과 동일시하고 심령의 확신과 확실성을 무시해 버린다.

정리하면, 칼빈은 기본적으로 '오직 성경으로'의 원칙 위에서 성령의 조명과 인도하심을 전적으로 의지함으로 성경을 해석하였다.

III. 칼빈의 설교

1. 설교관

1) 설교의 위치

칼빈은 다양한 관점에서 설교는 교회의 교회됨을 위한 핵심 요소라고 하였다. 그의 말들을 들어보자.

어디서든 하나님의 말씀이 순결하게 전하여지고 또한 그 말씀을 들으며(즉, 말씀 사역에 대한 공경과 경외하는 자세가 있다면), 그리스도께서 정하신 규례를 따라 성례가 시행되면 거기에 하나님의 교회가 존재한다(참고. 엡 2:20).[85]

설교는 교회를 지탱시켜주는 주요 요인이요 교회의 생명(혼)이 되는 사역이다.[86]

---

85) Inst, IV. 1. 9.

교회는 오로지 외적인 설교를 통해서만 세워지며, 또한 성도들은 오직 하나의 끈에 의해서만 묶여지며 하나로 연합하여 배우고 전진함으로 하나님께서 세우신 교회의 질서를 유지한다(참고. 엡 4:12).[87]

로마교회주의자들이 아무리 성전과 제사장직과 기타 외형적인 겉치레를 강조하면서 성도들의 눈을 현혹시키며 어둡게 하고 있다. … 바울은 교회가 사람의 이런 저런 판단 위에 세워진 것도 아니요, 제사장직 위에 세워진 것이 아니고 오직 사도들과 선지자들의 가르침 위에 세워졌다는 사실을 우리에게 상기시켜 준다(엡 2:20).[88]

실제로 칼빈의 설교는 종교 개혁의 과정에서 핵심적인 역할을 함으로 교회가 교회되게 하는 원동력이 되었다. 그래서 다아간(Edwin C. Dargan)은 종교 개혁과 설교의 관계를 다음과 같이 평가하였다.[89]

종교개혁의 이 위대한 혁명의 사건과 업적들은 대부분 설교가와 설교가 이루어 놓은 작품이었다. 왜냐하면 하나님의 말씀과 그 말씀을 믿고 사랑하고 가르쳤던 신실한 사람들의 사역을 통해서 종교개혁이 일어났기 때문이다.[90]

2) 설교의 역할

칼빈은 성경이 하나님 말씀이며, 하나님께서 지금도 성경을 통해 말씀

---

86) Inst, IV. 2. 7.
87) Inst, IV. 1. 5.
88) Inst, IV. 2. 4.
89) Edwin C. Dargan, *A History of Preaching*, 김남준 역, 『설교의 역사(II)』 (서울: 솔로몬, 1994), 115-6.
90) 찰스 파티(Charles Partee)도 "종교 개혁은 기독교교회 역사 가운데 탁월한 설교가 만든 아마도 가장 위대한 개혁이었다"고 평가했다. Charles Partee, *The Theology of John Calvin* (Louisville: Westminster John Knox, 2008), 43.

하심을 믿었다.[91] 그런데 하나님께서는 사람들을 택하여 세우심으로 그 일을 진행하신다고 하였다.[92]

하나님께서는 물론 자기의 백성들을 한순간에 완전하게 만드실 수 있지만, 그럼에도 불구하고 그는 그들이 오로지 교회의 교육을 통하여 장성한 자들로 자라나기를 원하신다. … 곧, 하늘의 도리를 전하는 일이 목사들에게 맡겨졌다(엡 4:10-13).

성경에는 하나님께서 자신의 뜻과 계획을 직접 전하시지 않고, 사람들을 통하여 하시는 많은 실제적인 예들이 많다고 하였다.[93]

하나님께서는 그의 진리의 빛이 고넬료에게 더욱 충만하게 비치도록 하기 위하여 하늘로부터 천사를 보내사 베드로를 그에게 이끄셨다(행 10:3-6). 또한 바울을 부르사 주님 자신을 알게 하여 그를 교회에 접붙이고자 하셨을 때에도, 그에게 자기 자신의 음성으로 가르치지 않으시고 한 사람에게 그를 보내사 그에게서 구원의 도리를 전해 듣고 세례를 받게 하셨다(행 9:6-18).

어느 특정한 때에만 그렇게 하신 것이 아니라 항상 그렇게 하신다고 하였다.

과거에 이스라엘 백성들을 천사들에게 맡기시지 않고 땅에서 교사들을 일으키사 그들로 하여금 천사들의 직분을 수행하도록 하신 것처럼 오늘날에도 하나님은 인간적인 수단을 통하여 우리를 가르치기를 원하신다. 옛적에 율법을 주신 것으로 만족하지 않으시고 제사장들을 해석자들로 함께 두셔서 그들의 입술로 그 참된 의미를 가르치게 하신 것처럼(참조. 말 2:7), 오늘날에도 가

---

91) Inst, I. 7. 1.
92) Inst, IV. 1. 5.
93) Inst, IV. 3. 3.

르치는 자들을 지명하셔서 그들을 하여금 우리를 돕도록 하신다.[94]

그러면 하나님께서 스스로 아니면 천사들을 통해 그 일을 행하실 수 있으나 사람을 수단으로 사용하셔서 그 일을 행하시는 이유는 무엇인가? 칼빈은 그것을 크게 세 가지로 요약한다.[95]

먼저, 하나님께서 보내신 사역자들의 말을 하나님의 말처럼 겸손하게 순종하는지 시험하시기 위함이다.[96] 다시 말해, 우리와 똑같은 사람들을 통해서 때로는 우리보다 비천한 사람들을 통해서까지도 주의 말씀이 전해진다 할지라도 순종하는 것은 우리의 경건과 겸손을 드러내는 징표라는 것이다.[97] 결국 하나님께서는 이러한 방법을 통해 우리에게 겸손을 실천하게 하고 훈련시키신다고 하였다.

다음으로, 우리의 연약함에 대한 배려이다. 다시 말해, 우리가 하나님의 직접적인 임재로 인해 두려움 가운데 떨고 놀라서 도망가지 않고, 연약한 우리에게 친숙하고 일상적인 가르침의 방법을 통해 하나님의 뜻을 듣고 알 수 있도록 배려하셨다는 것이다.[98]

세 번째로, 그것이 공동체를 하나로 묶는 좋은 방법이고, 어쩌면 그것은 교회의 연합을 유지할 수 있는 가장 강력한 수단이기 때문이라고 하였다. 다시 말해, 성경은 하나님께서 각 사람들에게 그리스도의 분량대로 은혜를 주시는 목적이 성도를 온전하게 하며 봉사의 일을 하게하며 그리스도의 몸을 세우도록 하기 위함이라고 말씀하는데, 설교 사역은 그 가운데 대표적인 예라는 것이다(엡 4:4-8, 10-16).[99]

---

94) Inst, IV. 1. 5.
95) 참고. Dawn DeVries, "칼빈의 설교," in Donald McKim, *The Cambridge Companion to John Calvin*, 한동수 역, 『칼빈 이해의 길잡이』(서울: 부흥과 개혁사, 2004), 185-6.
96) Inst, IV. 1. 5.
97) Inst, IV. 3. 1.
98) Inst, IV. 1. 5.

이와 같이 하나님께서는 설교(자)를 통하여 하나님의 뜻을 전하시기 때문에 칼빈은 설교를 '신적 행위,' 즉 '하나님의 임재의 표시'요 '하나님께서 우리에게 가까이 오시는 수단'이라고 하였다.100) 물론 칼빈은 설교가 하나님의 말씀이 되기 위해 하나님의 말씀이 바르고 신실하게 선포되어야 한다는 전제 조건을 만족시켜야 한다고 하였다.101)

그렇다면 설교가 하나님의 말씀인 것에 대한 신학적 근거가 있는가? 이와 관련하여 파커는 칼빈의 견해를 다음의 세 가지로 요약하였다.102) 먼저, 설교는 성경의 주해 또는 해석이라는 의미에서 하나님의 말씀이다. 다시 말해, 설교는 하나님의 말씀인 성경의 의미를 드러내고 밝혀주기 때문에 하나님의 말씀이라는 것이다. 둘째로, 설교자는 하나님의 대사 곧 하나님의 이름으로 말하는 권위가 있는 사람으로서 하나님에게 보냄을 받고 명령을 받았기 때문에 설교는 하나님의 말씀이다. 다시 말해, 설교자는 자기가 스스로 말하는 것이 아니라 하나님의 사자로 마치 하나님께서 말씀하시는 것과 같이 말하기 때문에 설교는 하나님의 말씀이라는 것이다. 셋째로 가장 정확한 의미에서 설교는 계시라는 의미에서 하나님의 말씀이다. 다시 말해, 하나님과의 사랑의 교제로 인도하는 하나님의 지식은 자연적으로 얻을 수 있는 것이 아니고 오직 하나님에 의해서만 알려질 수 있기

---

99) Inst, IV. 3. 1.
100) 박건택(편역), 『칼빈의 설교학』(서울: 성서연구사, 1990); Dawn DeVries, "칼빈의 설교," 186-7; Ronald S. Wallace, "하나님의 말씀으로서 선포된 말씀," in Donald K. McKim(ed.), *Reading in Calvin's Theology*, 이종태 역, 『칼빈 신학의 이해』(서울: 생명의 말씀사, 1991), 306-7.
101) T. L. I. Parker, *Calvin's Preaching*, 김남준 역, 『칼빈과 설교』(서울: 솔로몬, 1993), 45.
102) T. L. I. Parker, *The Oracles of God*, 황영철 역, 『하나님의 대언자』(서울: 익투스, 2006), 64-70.

때문에 설교는 하나님을 알려주는 계시라는 것이다.

결국 칼빈은 설교자로 부르심을 받은 목사들은 "마땅히 그리스도의 일꾼이요 하나님의 비밀을 맡은 자로 여기고(고전 4:1)"고, 맡겨진 사명을 신실하게 최선을 다해 감당해야 한다고 힘주어 강조하였다.[103] 실제로 칼빈은 참으로 신실하게 설교자로서의 사명을 감당했다. 그의 후계자였던 베자는 1556년 5월 심한 열병에 걸렸을 때의 일화를 전한다.[104]

손가락이 떨리는 것으로 보아 병이 심하게 든 것을 알았지만 그것을 감추고 강단에 올라갔다. 그리고 그는 설교를 시작했으며 병자임에도 불구하고 설교를 계속하기 위해 온갖 노력을 다 했다.

3) 설교의 목적

칼빈은 설교를 통해 청중들의 변화가 일어나야 하고, 그 변화를 목적으로 설교해야 한다고 주장하였다. 그는 디모데후서 3:16-17을 설교하면서 다음과 같이 말했다.[105]

나는 성경을 강해하면서 다음과 같은 규칙을 항상 마음에 새기고 있습니다: 나의 설교를 듣는 사람들은 내가 베푸는 가르침으로부터 유익을 얻을 수 있어야 하고, 구원에 이르도록 자라갈 수 있어야 합니다. 만일 그러한 영향을 미치지 못하고 나의 설교를 듣는 사람들이 자라가지 못한다면 나는 신성모독 행위를 하는 것이고 하나님의 말씀을 모독하는 것입니다.

---

103) Inst, IV. 3. 6.
104) Beza, *The Life of John Calvin*, 111.
105) Serm, 딤후 3:16-7. 참고. Parker, *Calvin's Preaching*, 31.

한 마디로, 성경은 살아계신 하나님의 능력의 말씀이기 때문에 제대로 성경을 제대로 전하기만 하면 설교를 통해 청중들의 신앙과 삶에 변화가 일어나는 것은 너무도 당연하다는 것이다(히 4:12-13).[106]

그렇다면 어떤 변화가 일어나야 하는가?[107]

무엇보다도 불신자들이 주님께 돌아오는 변화가 일어나야 한다고 하였다. 다시 말해, '믿음은 들음에서 난다'고 말씀하신 바와 같이(롬 10:17), 하나님께서는 복음의 선포를 통해 불신자들을 부르시기 때문에(롬 1:16),[108] 설교자가 이 일을 반드시 감당해야 한다는 것이다. 뿐만 아니라 설교자(목사)들은 "복음을 전하지 않으면 화가 임한다"는 사실을 늘 명심해야 한다고 하였다(고전 9:16-17)."[109]

다음으로 설교를 통해 성도들이 양육되고 회복되는 변화가 있어야 한다고 하였다. 다시 말해, 디모데후서 3:16-17에서 말씀하는 바와 같이, 성경은 교훈과 책망과 바르게 함과 의로 교육하기에 유익하기 때문에 설교자가 신실하게 그 역할을 감당해야 한다는 것이다.

뿐만 아니라 이러한 목적을 위해 그는 성령의 역사하심이 절대적으로 필요하다고 했다. 다시 말해, 칼빈은 성경 해석에서 하나님의 뜻을 발견하기 위해서 성령의 역사하심이 절대적으로 필요한 것처럼, 설교를 통해 하

---

106) 이와 관련하여 로버트 갓프리(W. Robert Godfrey)는 "칼빈은 신실한 목회자는 하나님의 백성을 말씀으로 양육하고 발전시키는 일을 하는 자"라고 하면서 "성경을 가지고 자신과 성도들을 양육하고 인도하려고 노력했던 목회자로 평생을 살았다"고 평가하였다. W. Robert Godfrey, *John Calvin: Pilgrim and Pastor*, 김석원 역, 『칼빈: 순례자와 목회자』 (서울: 부흥과 개혁사, 2009), 29

107) 파커는 칼빈이 추구하였던 설교 목적을 크게 네 가지로 제시하였다. 즉, '하나님을 영화롭게 하는 것,' '삶을 변화시키는 것,' '진리를 증거하는 것' 그리고 '구원을 증거하거나 제시하는 것'이라고 하였다. Parker, *Calvin's Preaching*, 73.

108) Inst. IV. 1. 5

109) Inst. IV. 3. 6.

나님의 뜻을 깨닫기 위해서 또는 효과적으로 역사하기 위해서 성령께서 역사하셔야 됨을 믿고 강조하였다.

4) 설교자의 정체성

칼빈은 다양한 표현을 사용하여 설교자의 정체성에 대해 언급하였다. 다음은 그 대표적인 예이다.[110]

주께서 우리 가운데 눈에 보이는 상태로 임재하여 거하시는 것이 아니기 때문에(마 26:11), 우리는 주님이 사람들의 사역을 사용하셔서 일종의 '대리자'로서 그의 뜻을 입으로 우리에게 공개적으로 선포케 하신다. 그러나 그들에게 주님의 권한과 존귀를 전수하여 주시는 것은 아니고 다만 그들의 입을 통해서 주께서 그 자신을 행하시는 것뿐이다. 마치 일꾼이 '도구'를 통해 일하듯이 주님께서 그들을 통해 자신의 일을 행하신다. … 주께서는 사람들 중에서 몇을 택하셔서 그의 '사자'로 섬기도록 하시고(참고. 고후 5:20), 그의 은밀하신 뜻을 '해명하는 자'로, 다시 말해서, 즉 주님 자신을 '대변하는 자'로 세우시고 우리를 돌보신다고 하였다.

설교자는 하나님의 대리자요, 도구요, 사자요, 해명하는 자요, 대변하는 자라고 표현하고 있다. 이러한 표현들이 의도하는 것은 무엇인가? 그것은 설교자는 자신의 말을 하는 사람이 아니요, 하나님의 말씀을 순전하고 바르게 선포하는 역할을 하는 사람임을 강조하는 것이다. 칼빈은 신명기 3:12-22의 설교에서 다음과 같이 언급하였다.[111]

그렇다면 우리는 이것을 이상하게 여겨서는 안 됩니다. 왜냐하면, 하나님의

---

110) Inst. IV. 3. 1.
111) Serm, 신 3:12-22(No. 16); CO 26:66.

종들이 말할 때는 자기 스스로 말하는 것이 아무 것도 없고 하나님께서 그들에게 위임하시고 위탁하신 것을 드러내는 것이기 때문입니다. 그들은 자신을 하나님으로부터 분리시키지 않습니다. 한사람이 왕의 특사로서 전권을 위임받았을 때 그는 왕의 이름을 빌려서 말합니다. … 하나님의 종들도 이렇게 말합니다. 왜냐하면, 하나님께서 그들을 당신의 도구로 택하신 것을 알기 때문입니다. 또한 하나님께서 당신의 종들을 사용하기 원하신다는 것을 압니다. 그래서 그들은 자신들의 힘으로 알 수 있는 것은 아무 것도 없고 그들을 지도하는 분이 주님이시라는 것을 알고 있습니다.

그래서 칼빈은 자신의 생각이나 뜻을 전하지 않고 단지 하나님의 뜻을 전하는 것에 최선을 다하였다. 이와 관련하여 파커는 "칼빈의 설교의 주제는 성경의 주제였다. 따라서 그의 전 설교의 주제가 무엇인가 보다는 그의 설교 중에서 한 편씩 골라 그 주제가 무엇인가를 살펴보는 것이 더 쉽다"고 평가했다.112)

5) 설교자의 자세

칼빈은 설교자는 하나님께서 자신을 설교자로 부르신 것을 그 어떤 것보다도 영광스럽게 생각해야 한다고 하였다. 그의 말들을 들어보자.

하나님께서 인류에게 베풀어 주신 탁월한 은사들이 많지만 사람들의 입과 혀를 친히 거룩하게 구별하셔서 하나님의 음성이 그들 가운데 울려 퍼지도록 하시는 것이야말로 독특한 특권이 아닐 수 없다.113)

하나님께서 그 백성들을 위하여 교사들을 일으키시는 것이야 말로 그들에게

---

112) T. H. L. Parker, *John Calvin*, 김지찬 역, 『존 칼빈』 (서울: 생명의 말씀사, 1986), 217.
113) Inst. IV. 1. 5.

특별한 은혜를 베푸시는 것임을 기억해야 한다. 주께서는 "너희 말을 듣는 자는 곧 내 말을 듣는 것이요 너희를 저버리는 자는 곧 나를 저버리는 것이다(눅 10:16)"고 말씀하신 것처럼 교회의 가르치는 자의 직분은 참으로 영광스러운 것이다.114)

가르치도록 부르심을 받은 자들이 미천하기 때문에 그로 인해 말씀의 권위가 손상되는 것은 아니다. 하나님께서 인류에게 베풀어 주신 탁월한 은사들이 많지만 사람들의 입과 혀를 친히 거룩하게 구별하셔서 하나님의 음성이 그들 가운데 울려 퍼지도록 하시는 것이야말로 독특한 특권이 아닐 수 없다고 하였다.115)

하나님께서 그 백성들을 위하여 교사들을 일으키시는 것이야 말로 그들에게 특별한 은혜를 베푸시는 것임을 기억해야 한다. 주께서는 "너희 말을 듣는 자는 곧 내 말을 듣는 것이요 너희를 저버리는 자는 곧 나를 저버리는 것이다(눅 10:16)"고 말씀하신 것처럼 교회의 가르치는 자의 직분은 참으로 영광스러운 것이다.116)

그렇기 때문에 칼빈 자신은 하나님께서 자신을 "복음의 영광스러운 설교자요 목사의 직분을 주신 것"을 마음 속 깊이 감사했으며, 1564년 4월 25일에 마지막 유언에서 "나 존 칼빈, 하나님의 말씀의 종'이라고 고백하였다.117)

6) 설교자의 자격

칼빈은 디모데전서 3:1-7과 디도서 1:7에서 감독(말씀 사역을 수행하

---

114) Inst. IV. 3. 3.
115) Inst. IV. 1. 5.
116) Inst, IV. 3. 3.
117) 고광필, 『칼빈 신학의 논리』, 185.

는 자)의 조건을 말씀하신 것처럼, 설교자(목회자)는 자격을 갖추어야 한다고 언급한다.118) 다시 말해, 시끄럽고 문제를 일으키는 사람들이 경솔하게 스스로 나서서 가르치거나 다스리지 못하도록 막기 위해서는 부르심을 받지 않는 상태에서 교회에서 공적인 직분을 맡지 않도록 해야 하고 교회의 참된 사역자를 세워야 한다는 것이다.

이를 위해 칼빈은 무엇보다도 설교자는 내적 소명이 있어야 한다고 하였다. 다시 말해, 하나님은 "세상에서 사람들을 택하여 그의 사자가 되게 하시며 그의 비밀한 뜻을 해석하게 하시는데, 하나님이 이렇게 자신을 부르셨다는 내적인 확신, 즉 비밀한 소명이 있어야 한다"는 것이다.119) 이것은 야심, 탐욕 또는 그 밖의 어떤 이기심 때문이 아니라 하나님을 진정으로 경외함으로 교회의 덕을 세우고자 하는 불타는 열정으로 우리에게 맡기신 직분을 받아들이는 정직한 증거라고 하였다.120)

다음으로 그의 소명에 응답해야 한다고 하였다. 다시 말해, 주어진 임무를 신실하고 능력 있게 수행함으로 내적 소명이 사역을 통해 증명되어야 한다는 것이다(롬 1:1, 고전 1:1).121) 그래서 설교자는 무엇보다도 하나님의 말씀을 배우는 학생이 되어야 한다고 했다.122) 다시 말해, 주께서 이와 같이 말씀하셨다고 말하기 전에 설교자는 주께서 말씀하시는 것이 무

---

118) Inst, IV. 3. 12.
119) Inst, IV. 3. 1.
120) Inst, IV. 3. 11.
121) Inst, IV. 3. 10.
122) 파커는 칼빈이 직접 주석들과 설교를 통해 언급한 설교자의 자격을 크게 세 가지로 정리하였다. 첫째는 겸손이다. 다시 말해, 성경에 대한 믿음 또는 권위에 대한 신뢰에 근거한 순복이 요구된다. 두 번째 자격은 내적 순복에 외적 실천이다. 설교자는 자기가 회중에게 외치고 있는 그 가르침에 스스로 순종해야 한다. 세 번째로 설교자는 용기-아무리 불쾌하더라도 진리를 선포하고 책망이 필요하면 꾸짖을 수 있는 용기-를 필요로 한다. 네 번째로 권위는 설교자 개인의 것이 아니라 전적으로 메시지에 있다. 다시 말해, 설교자가 선포하는 메시지가 성경의 메시지인 한에서 권위가 있다. Parker, *Calvin's Preaching*, 64-5.

엇인지 분명하고 확고하게 알아야 한다는 것이다. 그렇기 때문에 그는 "먼저 학생이 되지 않고는 어느 누구도 하나님 말씀의 훌륭한 일꾼이 되지 못한다"고 경고하였다.[123]

7) 설교자에 대한 성도의 자세

무엇보다도 칼빈은 성도는 교회의 권위를 중요하게 여기고 순종해야 한다고 강조하면서 다음과 같이 그 이유를 이야기했다.

이름 없는 연약한 사람이 티끌 중에서 일어나 하나님의 이름으로 말을 전할 때에, 그 사람이 우리보다 나을 것이 아무 것도 없는데도 불구하고 우리가 그의 가르침을 순전하게 받는다면 바로 여기서 하나님을 향한 우리의 경건과 순종이 가장 적나라하게 드러나는 것이다.[124]

뿐만 아니라 설교자에게 순종하는 것이 교회의 연합(한 몸)을 이루는 가장 강력한 수단인데, 교회의 통일성을 깨뜨리는 일을 해서는 안 된다고 경고하였다.[125]

한 사람이 목사로 지정되어 나머지를 가르치고, 학생들이 되는 사람들은 한 사람의 입에서 나오는 가르침을 함께 받는 이러한 관계로 서로 묶여지는 것보다 서로 간의 사랑을 증진하게 하는 것으로 더 적절한 것이 없다.[126]

따라서 칼빈은 교회에서 세운 설교자(목회자)의 권위를 인정하고 순종하는 것이 성도의 의무요 자세임을 강조하였다.

---

123) Parker, *The Oracles of God*, 77.
124) Inst, IV. 3. 1.
125) Inst, IV. 1. 10.
126) Inst, IV. 3. 1.

2. 칼빈의 설교

1) 칼빈의 설교 사역

칼빈이 본격적으로 설교 사역을 시작한 것은 윌리엄 파렐(William Farel)의 부탁으로 1536년 제네바에서 목사로 활동하기 시작했을 때부터 였다.[127] 그런데 종교 개혁을 반대하는 사람들이 실권을 잡으면서 칼빈은 시 의회에 의해 1538년 제네바에서 추방된 후 스트라스부르그에서 프랑스 난민들로 구성된 교회에서 목사로서의 사역을 하게 된다. 그러던 중 제네 바 시 의회의 간청으로 3년 후인 1541년에 제네바로 다시 돌아와 생 피에 르(Saint-Pierr; 성 베드로) 교회를 중심으로 하나님의 부르심을 입을 때 까지 목회자와 설교자로 사역하였다.[128]

칼빈의 설교를 필사한 속기사 드니 라그니에르(Denis Raguenier)의 기록에 의하면, 칼빈은 주일의 경우 오전과 오후에 두 번 주로 신약을 강

---

127) 칼빈은 본인의 계획과는 다르게 하나님의 섭리에 의해 설교자/목회자로서 의 사역을 감당하게 되었다. 매키넌은 칼빈이 설교 사역을 시작하게 된 계기가 되었 던 제네바 종교 개혁의 강력한 지도자였던 파렐과 칼빈의 만남 과정에 대해 이렇게 재현한다(R. N. Hunt, *Calvin*, 57(Parker, *The Oracles of God*, 32에서 재인용).
그날 저녁 파렐은 칼빈이 머물고 있는 여관으로 급히 갔다. 파렐은 칼빈에게 교회의 형편을 설명하고 여기에 남아서 자기를 도와달라고 간청했다. 뜻밖의 간청에 깜짝 놀란 칼빈은 자기 계획과 소원을 이야기하며 그럴만한 인물이 못 된다고 설명하면서 극구 사양했다. 파렐이 집요하게 붙들수록 칼빈은 자기 앞 에 펼쳐진 광경이 더 두려워졌다. 그 때 파렐이 거룩한 분노를 발하면서 일어 나 호통을 쳤다. '나는 전능하신 하나님의 이름으로 당신에게 그렇게 할 것을 선언한다. 당신은 학문을 구실로 변명을 늘어놓고 있다. 만일 당신이 우리와 함께 주의 일에 헌신하기를 거절하면 하나님께서 당신을 벌할 것이다. 이는 당신이 그리스도께서 원하시는 일보다 자기 자신의 이익을 좇고 있기 때문이 다.
128) 이 시기에 칼빈의 사역과 관련한 좀 더 자세한 상황에 대한 설명은 Parker, *Calvin's Preaching*, 25-54를 참고하라.

해했고, 오후에는 자주 시편을 설교했다. 주중에는 평균 이틀에 한 번씩 설교를 했는데 오전 6-7시(겨울은 오전 7-8시)에 구약을 강해했다. Holy Week와 같은 특별한 절기의 주중에 신약을 강해하기도 했다.

그런데 안타깝게도 1549년 이전의 설교에 대해서는 알려진 바가 없다. 왜냐하면 칼빈이 원고 없이 설교했기 때문이다. 오늘날 남겨진 칼빈의 설교들은 칼빈의 설교가 사장되는 것을 안타깝게 생각하였던 '이민 협회'가 속기사들을 고용하여 칼빈의 설교를 필사함으로 기록으로 남게 되었다. 특히 라그니에르는 1549년부터 1560년(또는 1561년) 그가 세상을 떠날 때까지 공식적으로 속기사 사역을 하면서 2천 편이 넘는 칼빈의 설교를 필사하였고, 그 설교들을 36권으로 분류하여 설교된 날짜와 성경 본문까지 자세하게 기록으로 남겨놓았다. 또한 다른 사람들에 의해 그 후에도 263편의 설교가 추가로 남겨졌다.

라그니에르가 받아 적었던 원고들은 16세기에 출판되었고, 이 출판된 원고들이 19세기에 『칼빈 전집』(Calvini Opera=CO) 또는 『종교 개혁 전집』(Corpus Reformatorum=CR)에 872편이 수록되어 전해지고 있으며,[129] 그 외 원고로 남아 있는 거의 모든 설교들은 『칼빈의 추가 작품집』(Supplementa Calviniana=SC)에 실려 있고, 지금도 계속 추가로 출판

---

[129] 『칼빈 전집』은 요한 빌헬름 바움(Johann Wilhelm Baum), 아우구스트 에두아르트 쿠니츠(August Eduard Cunitz), 그리고 에두아르트 로이스(Eduard Reuss)가 1863년부터 시작하여 1900년에 마무리 편집한 <남아 있는 존 칼빈 작품 전집> (Ioannis Calvini opera quae supersunt omnia)을 의미하는데, 모두 59권으로 편집 출판되었다. 흔히 'CO' 라는 약자로 표기된다. 『종교 개혁 전집』은 다른 종교개혁자들인 필립 멜랑흐톤(Philiph Melanchthon)과 훌드리히 쯔빙글리(Huldrich Zwingli)의 저서들도 포함된 <종교개혁가들의 작품집> (Corpus Reformatorum)으로 흔히 'CR' 로 표기된다. 이 가운데 『칼빈 전집』은 『종교 개혁 전집』의 29-87권에 해당되기 때문에 『칼빈 전집』의 첫 권은 'CO 1' 이나 'CR 29' 로 표기된다. 『칼빈 전집』에서 1-4권은 <기독교강요>, 5-9권은 주로 소논문들, 10-20권은 서신들, 21권은 칼빈 전기, 22권은 1-21권의 색인, 23-44권은 구약성경에 관한 주석과 설교, 45-55권은 신약성경에 관한 주석과 설교, 56-57권은 칼빈의 불어성경, 58-59권은 빠진 설교 추가 내용과 23-55권의 색인을 담고 있다.

되고 있다. 그런데 안타까운 것은 칼빈의 많은 설교들이 제네바 도서관에 보관되었으나, 1805년 제네바 도서관이 부족하다는 이유로 서점에 팔려감으로 안타깝게도 유실되었다.130) 칼빈의 설교 가운데 1,460편의 설교 원고가 오늘날 남아있고, 약 1천여 편은 유실됐다. 칼빈의 설교 사역 목록을 파커는 다음과 같이 잘 정리해 주었다.131)

(칼빈의) 주일 설교는 신약성경에 관한 것이었고, 평일의 설교는 구약성경에 관한 것이었음을 알게 된다. 다만 유일한 예외로서 일정기간 동안 주일 오후에 시편을 설교했고, (아마 매년?) 절기에 적절한 본문을 택하여 시리즈로 설교하기도 했다. 이리하여 1549년의 수난주간에 일요일부터 토요일까지 마태복음 26장과 27장을 설교했고, 부활절에는 마태복음 28장을 설교했다. 1553년과 1554년에 걸쳐서 요한복음과 여러 복음서에서부터, 그리고 그 다음 해에는 다시 마태복음에서부터 유월절과 부활절에 관한 이야기를 택하여 설교했다. 성령강림절의 모든 설교는 사도행전 2장에서, 크리스마스 설교는 누가복음(당연히 2장)에서 채택했다. 그렇지만 그의 설교들은 연속적인 성경강해였고 성경 한 부분의 1장 1절에서 시작하여, 한 구절 때로는 몇 구절 또는 많은 성경구절로 설교하여 그 책을 끝낼 때 까지 연속 강해했다. 그리고 그 다음날이나 그 다음 주일에 또 다른 성경을 시작했다.
이렇게 해서 그 후 15년간의 설교 과정을 살펴볼 수 있다. 1549년 연초에 일요일 설교는 여전히 히브리서와 시편이었고 평일의 설교는 예레미야서였다. 히브리서 다음에는 사도행전을 강해하여 1554년 3월까지 계속했고, 예레미야서 다음에는 1550년에 애가를 강해했다가 그것을 끝낸 후에 1552년에 소선지서 8권 강해를 착수했다. 1554년 2월 26일에 욥기가 시작된 직후에 사도행전과 시편을 끝냈다. 이후에는 아침과 오후에 같은 성경을 가지고 설교하여 데살로니가전후서를 먼저 하고 디모데전서를 강해했다. 다시 1555년 4월에 디모데후서가 시작되었고, 이즈음에 욥기를 끝내고 신명기를 시작했다. 디모데후서 다음에는 디도서, 1555년 10월 20일부터 1557년 2월까지 고린

---

130) Parker, *Calvin's Preaching*, 68.
131) Parker, *Calvin's Preaching*, 93-4.

도전서가 계속되었고, 반면 1556년 7월 15일에 신명기강해가 끝나고 7월 16일에 이사야서(이것은 두 번째 설교였다)가 시작되었다. 고린도전서부터 에베소서까지 칼빈은 신약성경의 순서대로 강해하여 1559년까지 계속했고, 그는 7월에 복음서를, 9월에 창세기를 설교하기 시작했다. 그는 그 후의 여생 동안 일요일에 복음서에 전념했다. 이와 동시에 평일에는 1561년에 사사기, 1561년 8월부터 1562년 5월까지 사무엘상, 1563년 2월까지 사무엘하, 그리고 마지막으로 열왕기상을 설교했다.

2) 설교 형식과 구조

칼빈이 추구했던 주된 설교 형식은 소위 '연속 (강해) 설교'였다.[132] 다시 말해, 임의로 본문이나 주제를 택해서 설교한 것이 아니라 한 권의 책을 선택하여 계속해서 연속적으로 설교하였다. 설교를 전개할 때도 한 절을 읽고 그 절에 관하여 설명한 후에 적용을 제시하고, 그 다음 절을 읽고 설명하고 적용하는 설교 구조를 취하였다. 칼빈이 선택한 본문은 한 절에서 수십 절까지 다양하지만 주로 신약의 경우 2-5절정도 짧게 본문을 택하였고, 구약의 경우 주로 5-9절 정도를 본문으로 택하여 한 시간 정도 설교했다.[133]

'연속 설교' 형식에 대한 그의 강한 의지는 그가 1941년 9월에 스트라

---

132) 연속 설교는 종교 개혁자들의 대표적인 설교 형식인데, 맥키는 다음과 같이 의미를 부여했다(McKee, 『칼뱅의 목회신학』, 190).

개혁주의 신학자들은 이전의 달력에서 특별히 지정된 날 중 상당수가 비성경적이라고 생각했다. 사실 성경에는 대강절이나 사순절, 재의 수요일, 종려주일 같은 것이 없다. 이에 더해, 이들은 전통적으로 선택되어 온 교회력의 성경본문을 아예 빼 버리기도 했다. 특히 칼뱅 등의 개혁주의 목사들은 교회력이 제시하는 성경본문을 따르지 않았다. 대신 성경전체를 순서대로 읽어가며 설교했다. 이것이 바로 '성경연속강해'다. 예컨대 츠빙글리가 1519년 1월 1일에 취리히로 가서 목회를 시작했을 때, 그는 마태복음 1장 1-2절로 설교했으며 그 이후 날마다 전날에 이어지는 마태복음의 구절들을 본문으로 설교했다.

133) 참고. McKee, 『칼뱅의 목회 신학』, 70.

스부르그에서 제네바로 다시 돌아 와 스트라스부르그로 가기 직전인 1538
년 부활절에 설교를 중단했던 본문에 이어서 했던 설교를 통해 분명히 확
인된다.134)

> 설교를 시작하자 모두가 흥분과 기대를 감추지 않고 주의를 기울였다. 그러
> 나 나는 사람들이 듣고 싶어 하는 문제들에 대해서는 전혀 언급하지 않고 우
> 리의 임무에 대해서만 간략하게 이야기했다. 그런 다음에 덧붙여서 우리의
> 믿음과 고결성을 겸손하고 조심스럽게 권면했다. 이렇게 서두를 꺼낸 뒤에
> 나는 전에 중단했던 부분을 강해했다. 그렇게 함으로써 내가 설교의 직임을
> 완전히 포기한 것이 아니라 그 직무를 잠시 중단했다는 것을 나타냈다.135)

칼빈의 설교는 크게 본문의 주해(설명)와 적용으로 구성되어 있다.136)

---

134) Parker, *Calvin's Preaching*, 41.
135) 그 당시의 상황에 대해서 조이스 맥퍼슨은 다음과 같이 좀 더 자세하게
감동을 표현하였다[Joyce McPherson, *The River of Grace: a Story of John
Calvin*, 임금선 역, 『칼빈 이야기: 은혜의 강물』 (서울: 대성닷컴, 2009), 160-1].
> (제네바 시)의회는 존(존 칼빈)에게 캐논 11번가에 위치한 집을 내주었다. 존
> 이 주로 설교하게 될 생 피에르 교회로부터 한 블록 떨어진 곳이었다. 존은 첫
> 예배를 드리기 위해 언덕길을 걸어갔다. 웅장한 석조건물과 나무로 만든 첨탑
> 은 존이 그곳을 떠날 때의 모습 그대로였다. 제네바 사람들이 클레맨스와 벨
> 레리브라는 애칭을 붙여 준 교회의 종 역시 변함없이 사람들에게 예배시간을
> 알려 주었다. 존은 높은 강단으로 올라가 설교 본문을 읽었다. 존은 3년 전 마
> 지막 설교 본문에 바로 이어지는 설교를 했다. 교인들 역시 존의 마지막 설교
> 를 기억했기에 그들의 얼굴에는 감동의 빛이 역력했다. 존은 언제 떠났었냐는
> 듯이 태연하게 설교를 했다. 그리고 설교하는 동안 회중의 얼굴을 똑바로 바
> 라보았다. 존의 마음이 한시도 그들에게서 떠나지 않았다는 것이 확인되는 순
> 간이었다.
136) 류응렬은 칼빈의 주석과 설교의 공통점과 차이점을 이렇게 분석하였다(류
응렬, "칼빈의 설교에 나타난 성경 해석 방법론," 「설교한국」 1(2009): 236-7).
> 첫째, 주석과 설교의 공통점으로 칼빈은 본문에서 저자가 말하고자 하는 의도
> 를 찾는 것을 가장 중요한 목적으로 삼았다. 주석이나 설교는 성경을 다루기
> 때문에 성경을 풀어주는 해설자로서의 역할은 자신의 생각으로 본문을 지배하
> 는 것이 아니라 본문에 나타난 저자의 의도를 존중해야 한다는 점이다. 둘째,

파커는 칼빈의 일반적인 설교 구성을 다음과 같이 요약한다.137)

(1) 기도

(2) 이전 설교의 요약

(3) (a) 첫 번째 절의 주해와 설명

(b) 이것의 적용과 순종이나 권면을 위한 촉구

(4) (a) 두 번째 절의 주해와 설명

(b) 이것의 적용과 순종이나 권면을 위한 촉구

(5) 설교의 요약을 담은 기도

예를 들어, 사무엘하 6:20-23의 설교를 보자. 성경 본문과 함께 그의 설교 구조를 보면 훨씬 분명하게 그의 설교 전개 방식을 이해할 수 있을 것이다.

본문: 20. 다윗이 자기의 가족에게 축복하러 돌아오매 사울의 딸 미갈이 나와서 다윗을 맞으며 이르되 이스라엘 왕이 오늘 어떻게 영화로우신지 방탕한 자가 염치없이 자기의 몸을 드러내는 것처럼 오늘 그의 신복의 계집종의 눈 앞에서 몸을 드러내셨도다 하니 21. 다윗이 미갈에게 이르되 이는 여호와 앞에서 한 것이니라 그가 네 아버지와 그의 온 집을 버리시고 나를 택하사 나를 여호와의 백성 이스라엘의 주권자로 삼으셨으니 내가 여호와 앞에서 뛰놀리라 22. 내가 이보다 더 낮아져서 스스로 천하게 보일지라도 네가 말한바

주석과 설교는 몇 가지 점에서 차이를 보인다. 먼저 주석은 그 대상자가 목회자를 위해 기록된 반면 설교는 일반 교인을 위한 것이다. 따라서 주석에서는 히브리어와 헬라어를 통해 본문을 해석하고 라틴어를 응용했지만 설교에서는 성경 언어를 언급하지 않는다. 셋째, 주석은 짧게 저자의 의도를 간단하게 살피는 것을 위주로 한다면 설교에서는 본문의 의미 파악뿐 아니라 적용을 충분히 보여줌으로써 교인들에게 말씀을 어떻게 실천할지에 대한 구체적인 방향을 제시하였다. 넷째, 주석과 설교의 본문 선택에서도 차이를 보인다. 에베소서 주석은 모두 35편으로 되어 있는 반면에 설교는 48편으로 나뉘어 진행되었다.
137) Parker, *The Oracles of God*, 94-5.

계집종에게는 내가 높임을 받으리라 한지라 23. 그러므로 사울의 딸 미갈이 죽는 날까지 그에게 자식이 없으니라

1) 이전 설교의 요약

2) "자기의 가족에게 축복하러 돌아왔다" 설명

3) 적용

4) "미갈을 방탕한 자가 염치없는 것처럼 했다고 책망했다" 설명.

5) 적용

6) "여호와 앞에서 한 것이라" 설명

7) 적용

8) "하나님께서 사울의 집을 대신하여 나를 택하셨다" 설명

9) 적용

10) "나는 이보다 더 낮아질 것이다" 설명

11) 적용

12) "미갈의 교만을 정죄하셨다" 설명.

13) 적용

14) 전체 요약 및 적용

또 다른 예로 갈라디아서 1:3-5의 설교를 보자. 역시 성경 본문과 함께 칼빈의 설교 구조를 살펴보자.

1:3. 우리 하나님 아버지와 주 예수 그리스도로부터 은혜와 평강이 있기를 원하노라 4. 그리스도께서 하나님 곧 우리 아버지의 뜻을 따라 이 악한 세대에서 우리를 건지시려고 우리 죄를 대속하기 위하여 자기 몸을 주셨으니 5. 영광이 그에게 세세토록 있을지어다 아멘

서론: 이전 설교의 요약

1) 은혜와 평강의 의미와 상호 관계 설명

2) 적용

3) 예수님께서 우리 죄를 대속하기 위하여 자기 몸을 드리심에 대한 설명

4) 적용

5) 구속과 관련한 '하나님의 뜻'에 대한 설명

6) 적용

7) '악한 세대에서 우리를 건지시기 위해서'에 대한 설명

8) 적용

9) 우리를 통해 하나님께서 영광을 받으심

10) 적용

11) 전체 요약 및 적용

정리하면, 칼빈은 임의로 본문을 선택하지 않고 한 책을 선정하여 연속적으로 설교하였고, 각 본문을 설교할 때는, 위의 두 설교에서 보는 바와 같이, 본문을 이해하는 데 중요한 구절들의 의미를 빼놓지 않고 설명하면서 적용을 제시하는 설교의 구조(전개 방식)를 보여준다. 이러한 설교 형식과 구조는 그가 강조한 바 성경을 통하여 하나님의 뜻을 바르고 온전하게 전하는 대리자로서의 설교자의 역할과 정체성에 부합한다고 할 수 있다.

3. 설교의 핵심 원리: 하나님 중심적 설교

위에서 논의한 것처럼, 칼빈은 신약과 구약이 약간의 차이점(불연속성)이 있지만 하나의 통일성을 이루고 있고, 그 중심에 예수 그리스도가 있다고 하였다. 다시 말해, "모든 족장들과 맺으신 언약은 그 본질과 실체에 있어서 우리와 맺으신 언약과 너무도 흡사하기 때문에 그 두 언약들은 그 시행의 양상이 다를 뿐, 실제로는 하나요 동일한 것"[138]이며 그 언약 사

상의 중심에 예수 그리스도가 있다.

그렇기 때문에 칼빈은 성경을 읽을 때 독자는 우선적으로 본문에서 그리스도를 발견해야 한다고 주장하였다. 즉 "우리는 그리스도를 찾을 목적으로 성경을 읽어야 한다. 누구든지 이로부터 벗어나서 일생을 노력하고 연구한다 해도 그는 진리의 지식에 이를 수 없을 것이다. 우리는 하나님의 지혜보다 더 지혜롭다고 생각해서는 안 된다"고 하였다.[139] 정리하면, 칼빈은 예수 그리스도가 성경의 주해와 적용에 있어서 그 중심에 있어야 한다는 점을 분명히 하였다.

그런데 그의 구약 설교들을 보면 본문에서 무리하게 그리스도를 드러내거나 또는 그리스도와 연결시키지 않았음을 알 수 있다. 예를 들어, 그의 사무엘하 설교를 보면, 거의 대부분의 설교에서 그리스도는 드러나지 않고, 본문을 통해 드러내고자 하시는 하나님의 뜻과 의도가 무엇인지 설명하고 신앙과 삶에 필요한 적용을 제시한다. 이러한 사실을 필자의 조사에서만 발견된 것이 아니다. 칼빈의 설교 가운데 욥기, 신명기, 갈라디아서 그리고 에베소서 가운데 각각 하나를 발췌하여 설교를 분석한 드브리스(DeVries)는 구약의 두 설교 모두에서 "놀랍게도 예수 그리스도에 대한 언급이 전혀 없다. 칼빈은 이 설교에서 십자가 관련 신약 성경 구절을 몇 군데 인용한다"고 결론을 내렸다.[140] 또한 류응렬도 칼빈의 창세기 설교를 분석한 다음에 "칼빈의 다른 구약을 설교를 보면 창세기만큼 예수 그리스도가 강조되고 있지는 않는다. 때로는 예수 그리스도라는 이름이 거의 언급이 되지 않는 설교도 많다"고 평가하였다.[141]

이러한 칼빈의 구약 설교를 보면서 일부 학자들은 칼빈 설교 이론과 실제의 괴리(乖離)에 대해 언급한다. 예를 들어, 드브리스는 칼빈의 설교

---

138) Inst, II. 10. 2.
139) CO 19:125. 손석태, "칼빈의 성경 해석," 16에서 재인용.
140) DeVries, "칼빈의 설교," 195, 198.
141) 류응렬, "칼빈의 창세기 설교,"「개혁논총」12(2009): 29.

를 분석한 후에 다음과 같이 평가했다.142)

신약 설교에 비해 구약 설교들은 칼빈의 설교 신학에 잘 부합하지 않는다. 만일 선포된 말씀의 목적이 그리스도를 제시하고 제공하는 것이라면 두 편의 구약 설교 예에서 보는 바와 같이 예수 그리스도를 전혀 언급하지 않은 설교에서는 이 목적을 이룰 수 없다.143)

그러나 우리는 칼빈이 자신의 설교에서 특히 구약 설교에서 본인이 주장한 그리스도 중심성의 원리에 부합하지 않은 설교를 했다고 단정해서는 안 된다. 오히려 칼빈은 루터가 보여주었던 소위 극단적 구속사 학파의 오류를 피하고, 바람직하게 '(산위) 하나님 중심적 설교'를 하였다고 평가하는 것이 바람직하다고 생각한다.144) 필자의 판단으로 그레이다누스의 평가는 옳은 것이다.145)

칼빈의 구약 해석 방법론은 루터의 기독론적 해석 방법론과 구별하기 위해 전자를 하나님 중심적 해석이라고 부를 수 있다. 하나님의 주권과 영광에 초점을 맞추는 하나님 중심의 해석은 기독론적 해석보다 훨씬 넓은 해석이라고 볼 수 있지만, 기독론적 해석을 반드시 배제하지는 않는다. 칼빈은 하나님 중

---

142) DeVries, "칼빈의 설교," 206.
143) 송영목도 "칼빈의 하나님 중점적 해석이 그리스도 중심적 해석을 배제하지 않지만, 그럼에도 불구하고 그의 구약 해석에 있어서 그리스도 중심적 해석이 미비한 경우가 있다"고 평가했다[송영목, "칼빈의 성경 해석과 설교 이해,"「진리와 학문의 세계」 23(2011): 48.].
144) 송영목은 구약에서 예수 그리스도에 대한 언급이 별로 없는 것에 대해 이렇게 평가하였다[송영목, "칼빈의 성경 해석과 설교 이해, 48.].
구약의 기독론적 해석 원칙이 칼빈의 구약 설교에는 잘 드러나지 않는 경향이 있다. 이것은 그의 기독론적 해석을 넘은 삼위일체적 해석 때문일 수 있다. 그리고 칼빈이 연속 강해 설교를 했기에, 매 설교마다 그리스도를 언급할 필요가 없었기 때문일 수 있다. 또한 알레고리적 해석에 대한 경멸 때문에 문법-역사적 의미를 드러내려고 시도했기 때문 일 수 있다.
145) Greidanus, *Preaching Christ form the Old Testament*, 137.

심적이고 역사적인 구약의 해석을 성경이 말하는 그리스도 중심의 초점과 결합하고자 노력한다.

류응렬도 비슷한 관점에서 칼빈의 설교를 평가하였다.[146]

그리스도를 믿음으로 말미암는 칭의를 확신했지만 칼빈은 보다 넓은 관점, 즉 하나님의 주권과 영광이라는 점에 관심을 기울였다. … 칼빈이 집중한 예수 그리스도 안에서 성취되는 하나님의 주권과 은혜를 두고 하나님 중심적 설교라고 부를 수 있지만 이 말이 예수 그리스도를 강조하는 칼빈의 해석방법을 약화시켜서는 안 될 것이다. … 하나님의 사랑과 은혜와 주권은 예수 그리스도의 십자가와 삶을 통해 나타난다. 하나님을 중심으로 하는 설교가 예수 그리스도에 대한 집중이나 관심을 배제하는 것은 아니다. 하나님의 사랑과 주권이 나타나는 가장 중심적인 통로를 예수 그리스도의 십자가와 부활에 두었기 때문이다.

류응렬은 다른 글에서 또한 이렇게 말한다.[147]

구약의 본문을 일차적인 문맥에서 충분한 해석 없이 신약으로 넘어가거나 해석학적으로 연관이 없는데도 불구하고 곧바로 예수께로 연결하는 것은 본문에 나타난 저자의 의도를 살리는 해석이 아니다. 예수가 사라져버린 해석과 설교도 문제이지만 예수가 나타난다 할지라도 과정은 사라지고 예수라는 이름만 나타나는 설교 역시 성경적 설교라고 할 수 없다.

그렇다고 해서 칼빈의 구약을 설교할 때 예수 그리스도에 전혀 관심이 없었다고 할 수는 없다. 그레이다누스에 의하면, 칼빈은 극단적인 구속사적 접근은 피하였지만 구약과 신약과의 관계에서 점진적 계시, 영원한 로

---

146) 류응렬, "칼빈의 설교에 나타난 성경 해석 방법론," 250-1.
147) 류응렬, "칼빈의 창세기 설교," 30.

고스, 약속-성취, 모형론 등과 같은 다양한 방법을 사용하여 예수 그리스도로를 드러내고자 하였다.[148)

뿐만 아니라 칼빈은 주해와는 다르게 설교에서 적용으로 넘어갈 때는 그리스도를 언급하는 경우가 많다. 이 부분에 관하여 파커는 다음과 같이 지적한다.[149)

칼빈은 본문을 해석하고 주해할 때 역사적 정황에 집중한다. 이런 이유 때문에 설교에는 예수 그리스도나 복음의 언급이 거의 없거나 전혀 없다. 그러나 본문을 적용할 때가 되면 상황은 즉시 달라진다. 칼빈이 설교하던 대상인 '우리들'은 성육신과 신약의 증거 이전에 사는 사람이 아니다. 앞서 일어난 역사적 상황을 그대로 끌고 가는 것은 인위적이고 어리석은 일이다. 따라서 칼빈은 오늘날 예수님을 믿는 사람들에게는 자유롭게 기독교적 방식으로 설교한다.

5) 기타 칼빈 설교의 특징들

지금까지 우리는 칼빈의 설교관, 칼빈 설교의 실재 그리고 칼빈 설교의 핵심 원리를 살펴보았다. 그러면 이제 마지막으로 칼빈의 설교에 있어서 특별한 특징들을 살펴보도록 하자. 필자는 여기에서 세 가지를 제시하고자 한다.

먼저, 칼빈 설교의 특징 가운데 하나는 원고 없는 설교를 하였다는 것이다. 그는 강단에 메모지조차도 들고 올라가지 않았다. 그러나 원고가 없다는 것이 아무런 준비 없이 설교하였다는 의미는 아니다. 그는 철저히 준

---

148) Greidanus, *Preaching Christ form the Old Testament*, 217-223; 참고. Puckett, *John Calvin's Exegesis of the Old Testament*, 113-132. 이 부분에 대해서는 또 다른 연구가 필요하다고 판단되어 여기에서는 자세한 논의를 하지 않는다.
149) Parker, *Calvin's Preaching*, 126.

비하여 설교하였으며, 설교를 준비하지 않고 강단에 올라가는 자들을 향하여 다음과 같이 경고하였다.[150]

그것은 마치 내가 단 위에 올라가서 감히 책도 참고하지 않은 채 허튼 상상을 짜내며 '좋아 내가 단 위에 갈 때 하나님은 내게 충분한 것을 주실거야!' 라고 말하는 것과도 같다. 그리고 그것은 내가 마땅히 강조해야 할 것을 감히 읽지도 생각지도 않고 또한 성경을 백성 교회에 어떻게 적용할 것인지를 잘 숙고해 보지도 않고 나오는 것과 같다. 그러하여 나는 스스로 자만하는 자가 되며 결국 하나님은 나의 그 뻔뻔스러움을 사용하여 나를 혼란케 하실 것이다.

또한 설교자는 절제하며 최선의 노력을 다해 맡겨진 사명을 감당해야 한다고 주문한다.[151]

하나님의 말씀을 선포해야 하는 목사들은 자신들에게 위임된 임무를 잘 수행하고자 할 때 헛된 일을 즐기는 여가를 가져서는 안 될 것이다. 말씀의 사역자들이 하나님께서 자신들에게 명령하시는 것을 수행하고자 한다면 그들은 그들의 시간을 허비하면서 여기 저기 기분전환이나 하며 돌아다닐 그런 여가를 취해서는 안 될 것이다.

실제로 칼빈은 목회자와 설교자로서 엄격한 삶을 살았다.[152]

칼빈은 그의 서재에서 오랜 시간을 머물렀다. 이러한 연구 덕분에 그는 여타

---

150) Serm, 신 6:15-19(No. 49); CO 26:473-4. 박건택, 『칼빈의 설교학』, 66에서 재인용.
151) Serm, 딤전 4:14-15(No. 35); CO 53:427. 박건택, 『칼빈의 설교학』, 62에서 재인용.
152) Clyde Fant & William Pinson, *A Treasury of Great Preaching: Luther to Massillon* (Dallas: Word Publlishing, 1995), 141.

의 준비 없이 설교할 수 있었다. 아침 5시 이후에 그의 침상에는 책이 날아왔으며 그의 비서는 받아 적을 준비를 마쳤다. 천식으로 인한 약함 때문에 그는 의자에서 거의 온 종일을 보내야만 했다. 그러나 꾸준히 연구하는데 시간을 보냈다. 그의 인생 후반기에 들어와 칼빈은 하루에 한 끼의 식사를 했으며 식사 후에는 30분 정도를 걸었고 다시 서재로 들어갔다. 그의 설교는 부지런한 삶 속에서 나온 것임에 틀림없지만 그의 삶에 여가를 찾기란 어려웠다.

다음으로, 칼빈은 간결하고 용이하게 설교하였다.

위에서 칼빈의 해석의 중요한 원리가 가운데 하나가 간결함과 용이함이라고 하였는데, 설교에서도 칼빈은 간결하고 용이함을 추구하였다. 그는 다음과 같이 말한다.

> 항아리 주위를 맴돌지 않고, 허공을 헤매이지도 않고 곧바로 하나님의 말씀을 청중들의 교회를 목적으로 하여 잘라 말해야 한다. … 우리가 여기(강단)에 반나절 머물러 있으면서 내가 한권의 책 절반을 강해한다고 해도 여러분들을 고려하지 않고 내가 여기에서 헛되이 사색만 즐기고 또 막연한 것을 수없이 다루고만 있다면 그것은 도대체 뭐가 되겠는가? … 만약 내가 나만 포식한 것으로 만족하고 내가 설명해주는 교회를 여러분들이 받아들일 수 있는 능력이나 또 여러분들 자신들을 전혀 개의치 않고 있다면 도대체 뭐가 되겠는가?[153]

> 내가 성경을 주해할 때 나는 반드시 거기서 어떤 결론을 이끌어 내야 하는데 이것은 곧 나의 말을 듣는 자들이 내가 제시한 교리를 잘 활용하여 구원에 이르기까지 교회된다는 것입니다. 만약 내가 이런 문제에 애착심을 갖지도

---

153) Serm, 26:1-7(No. 95); CO 34:423. 박건택, 『칼빈의 설교학』, 130에서 재인용.

않고 나의 말을 듣는 자들의 교화에 대해 준비해 주지도 않는다고 한다면 나는 하나님의 말씀을 모욕하는 신성모독자가 되고 말 것입니다..154)

그래서 박건택은 "칼빈은 수사학적인 기교를 피하고 자신의 박식함을 뽐내길 거절하며 가장 대중적인 속담과 같은 제네바인들 특유의 표현들을 구사하며 도든 사람들이 알아들을 수 있는 단순한 말로 증거하면서 청중들을 유익하게 하려고 애썼다"고 평가한다.155)

세 번째로 그의 설교의 특징은 적용을 제시할 때 '우리'라는 단어를 사용하였다는 것이다. 다시 말해, 칼빈은 설교자들이 일반적으로 많이 사용하는 2인칭 '여러분' 또는 '당신'이라는 표현보다는 자신을 본문 말씀의 적용에 포함하는 '우리가' 또는 '우리를' 등과 같이 일인칭 복수를 사용하였다. 또한 2인칭 명령 대신에 "합시다!"의 1인칭 복수 명령을 사용하였다. 이와 관련하여 파커는 칼빈은 "자신을 청중과 분리하지 않았을 뿐 아니라 오히려 자신의 설교를 자기 자신에게 집중시켰다"고 하면서 이렇게 칼빈의 말을 인용하였다.156)

모여든 군중들은 하나님 말씀을 인간의 입을 통해 들어야 함을 알아야 한다. 말씀을 전하는 사람은 그 모든 것이 올바른 믿음임을 확실히 보증해야 하며 자신이 순종하는 최초의 사람이고자 선언하는 것이 될 바로 그 가르침에 대한 커다란 존경을 지녔음을 보증해야 하며, 그는 타인들에게 율법을 부과한다는 것을 선언할 뿐 아니라 복종은 보편적이며 그에게 있어 하나의 시작임을 선언하고자 의도하고 있음을 확인해야 한다.

---

154) Serm, 딤후 3:16-17(No. 24); CO 54:287. 박건택, 『칼빈의 설교학』, 130-1에서 재인용.
155) 박건택, 『칼빈의 설교학』, 130.
156) Serm, 딤전 3:1-4(No. 21); CO 53:257-8. Parker, *Calvin's Preaching*, 157-8에서 재인용..

그렇다고 해서 칼빈의 설교가 결코 약하거나 죄가 너그러이 용서되거나 가볍게 취급되는 법은 없었다.[157] 하지만 이러한 칼빈의 설교는 그리스도의 대사로서의 하나님의 말씀을 전달하는 자로서의 설교자의 정체성과 잘 부합한다. 또한 설교자는 먼저 말씀을 배우는 학생이 되어야 한다는 그의 주장과도 일맥상통한다.[158]

타인을 가르치고자 할 때 우리는 매일 배운다는 생각으로 강단에 올라야 합니다. 강단에 서서 나는 사람들이 내 말에 귀 기울여 듣도록 하기 위해서만 말하는 것이 아니라 나 또한 반드시 하나님의 학생이 되어야 하고 또 나의 입에서 흘러나오는 말씀이 나를 유익하게 해야 합니다. 그렇지 않으면 나에게 화가 임할 것입니다.[159]

Ⅳ. 나가면서

본장에서 우리는 칼빈의 성경관, 성경 해석 원리 그리고 그의 설교를 살펴보았다. 본장에서 살펴본 것처럼, 칼빈의 신학과 설교는 저자가 본서에서 강조하는 있는 하나님 중심적 설교의 토대가 되고 구체적인 내용이라는 것을 다시 한 번 확인할 수 있다. 참으로 놀라운 일이다. 물론 오늘날 설교학 이론에서 보면 칼빈의 제안이나 방법들이 비판받거나 온전히 수용되지 못할 부분들도 있을 수 있다. 그러나 오늘날 설교의 본질이 약화

---

157) Parker, *Calvin's Preaching*, 161.
158) Serm, 시 119:9-16(No. 2); CO 32:502. 박건택, 『칼빈의 설교학』, 131에서 재인용.
159) 우리가 익히 알고 있는 것처럼, "만일 설교자가 먼저 하나님의 말씀을 힘써 따르지 않으면 강단에 오르면서 목이 부러져 죽는 것이 낫다"고 한 칼빈의 말은 마음에 새겨둘만한 가치가 있다. Parker, *The Oracles of God*, 78.

되고 하나님의 말씀이 미흡하고 왜곡되는 상황에서 강단의 개혁과 회복을 위해서 칼빈의 신학과 설교는 많은 도전을 주고 기본적인 면에서 바른 방향 제시를 하고 있다고 믿는다. 모든 설교자는 칼빈의 신학과 설교에 대해 깊이 묵상해야 할 것이다.

제20장

옥한흠 목사의
하나님 중심적 설교

본장에서는 옥한흠 목사의 설교에 대해 살펴보고자 한다. 서울신학대
학교 설교학 교수인 정인교는 옥한흠 목사의 설교를 "설교의 모범 답안"
이라고 평가하면서, 옥 목사는 철저한 성경중심적 설교, 한 가지 주제에
집중하는 내용의 구성, 회중을 형이상학적 세계에 머물지 않게 하는 사실
적 접근, 모범적인 설교자로서의 기품, 신앙적 인격과 투명한 삶을 바탕으
로 한 설교를 하였다고 덧붙였다.[1] 정근두는 옥한흠 목사를 추모하면서
"나는 옥한흠 목사님하면 우리 시대에 가장 기억될만한 설교가로서의 그
분을 생각하고 싶다. 우리가 본받고 배워야 할 만한 설교자라고 생각한다.
그의 설교는 탁월했고 사람들을 변화시키는 능력을 발휘했다."고 평가하
였다.[2] 그에게 있어서 옥한흠 목사는 '본받아야 할 최고의 설교자'인 것
이다. 권성수는 "(옥한흠 목사는) 에쏘스(ethos), 파쏘스(pathos), 로고스
(logos)가 다 살아 있는 설교자였다. 에쏘스는 설교자의 삶이다. 파쏘스는
설교자의 마음이다. 로고스는 설교자의 말이다. 옥 목사는 삶과 마음, 말
에 있어 설교자의 모델이다." 라고 평하였다. 그에게 있어서 옥한흠 목사
는 모든 설교자들이 따라야 할 '균형 잡힌 설교자의 모델'인 것이다.[3]

---

1) 정인교, 『설교자여 승부수를 던져라』 (서울: 대한기독교서회, 2010), 204-17.
2) 정근두, "사람들을 변화시키는 탁월한 설교가," in 디사이플 편집부, 『광인,
옥한흠을 말하다』 (서울: 국제제자훈련원, 2010), 383.

저자도 본서에서 저자가 강조하는 '(삼위) 하나님 중심적 설교' 그리고 '예언자적 설교'의 대표적인 모델로서 옥한흠 목사를 추천하는데 주저하지 않는다. 하나님께서 기뻐하시는 바람직한 설교자의 모델을 갈망하는 설교자들과 후학들을 위해 그의 설교는 연구할 가치가 있다고 판단된다.

I. 생애, 목회 철학 그리고 성경관

그의 설교를 구체적으로 살펴보기 전에 그의 설교에 기초가 되는 부분들을 먼저 논의하는 것이 순서일 것이다. 그것은 크게 세 가지인데, 그의 '생애(삶),' '목회 철학' 그리고 '성경관'이다.

1. 생애

옥한흠 목사는 1938년 경남 거제에서 4대째 믿음의 후손으로 태어났다.4) 그의 증조부 옥주래 집사는 선교사로부터 복음을 들은 후 곧바로 상투를 자르고 제사를 폐하는 등 결연한 신앙인의 모습을 보임으로 마을에서 따돌림을 당하며 여러 가지 어려움을 겪었다.5) 그런 신앙의 배경 속에

---

3) 권성수, "그는 설교에 있어서도 광인이었다," in 디사이플 편집부, 『광인, 옥한흠을 말하다』 (서울: 국제제자훈련원, 2010), 304.

4) 옥한흠 목사의 생애와 사역은 우은진, "생애와 사역: 한없이 흠이 많은 사람입니다," in 디사이플 편집부, 『광인, 옥한흠을 말하다』 (서울: 국제제자훈련원, 2010), 15-52에 잘 정리되어 있다.

5) 옥 목사는 훗날 자신의 영적인 뿌리를 언급하면서 증조부인 옥주래에 대해 감사를 표했다[『로마서 II(롬 11:11-24): 아무도 흔들 수 없는 나의 구원』 (서울: 국제제자훈련원, 1993), 249].

저는 개인적으로 저의 증조할아버지를 잊을 수가 없습니다. 마을에서 예수 믿는다고 따돌림을 받고 가난하게 살면서도 예수 한 분을 위해서 생을 바쳤던 그 증조부가 안 계셨다면 우리 가문에 예수 그리스도가 제대로 증거 되었을까

서 그는 산골마을 삼거리 소재 초가집 시골교회에서 회심을 경험한다. 초등학교 3학년 무렵, 한 사경회를 통해 예수님이 자신을 위해 죽으셨다는 사실이 강력하게 그의 가슴에 부딪혀 온 것이다. 옥 목사는 그 때 처음으로 깊은 구원의 은혜를 경험하였는데, 다음과 같이 고백한다.[6]

어머니를 따라 당시에 유행하던 사경회란 사경회는 다 쫓아다니던 어느 날, 예수님이 나를 위해 죽으셨다는 사실이 뜨겁고 강력하게 어린 나의 가슴으로 부딪혀 온 것이다. 소위 구원의 감격을 맛본 사건이었다. 그 일은 마치 바닷가에 오래 서 있다 보면 때가 되어 밀물이 밀려오고 그 물에 두 발이 젖는 것과 같은 자연스러운 은혜였다. 그 때부터 시작해서 한 7년, 중학교 3학년 무렵까지 나는 뭐라 형언할 수 없는 행복에 젖어 지냈다. 예수님이 내 마음을 온통 소유하고 계신 것 같았다. 그리고 어린 나이에 어울리지 않게 열심히 성경을 읽으며 신앙의 터를 한 켜 한 켜 닦을 수 있었던 것 역시 나만이 누린 특별한 은총이었다.

초등학교 3학년 때 큰 은혜를 경험한 이후, 거제 지세포 대광중학교 시절, 옥한흠은 또 한 번 놀라운 은혜의 자리에 이르게 된다.[7] 당시 부산 남교회에서 개최되었던 학생신앙운동(Student For Christ, SFC) 수련회는 옥한흠의 삶을 완전히 바꾸어 놓은 계기가 되었다.[8]

저는 중학교 때 부산에 있는 모 교회의 집회에 참석했었는데, 그때 미국 정통 장로교회에서 파송 받아 일제시대부터 한국에서 선교를 하신 한부선 선교사님 가족이 나와서 특송을 하는 것을 보았습니다. 그때 부른 찬송가가 우리

하고 저는 의심합니다.

6) 옥한흠, 『제자훈련 열정 40년』 (서울: 국제제자훈련원, 2008), 16-7.

7) 옥한흠 목사의 청년 시절에 대해서는 옥성호, 『청년, 옥한흠』 (수원: 은보, 2016)을 참고하라.

8) 옥한흠, "십자가로 가까이," in 『소명자는 낙심하지 않는다』 (서울: 국제제자훈련원, 2008), 251-2.

가 잘 아는 "주 달려 죽은 십자가 우리가 생각할 때에 ⋯ 놀라운 사랑 받은 나 몸으로 제물 삼겠네" 였습니다. 그 선교사님 부부와 딸 둘, 아들 하나가 그렇게 서서 찬송가를 부르는데, 왜 그 십자가의 찬송을 선택해서 불렀는지 그 어린 나이에는 제가 미처 몰랐습니다. 그러나 제가 점점 나이가 들고 신학을 하면서 그때 그 아름답고, 은혜로웠던 장면을 마음에 떠올릴 때마다, '아아, 그 선교사님은 날마다 십자가를 마음에 두고 살았구나!' 하는 깨달음이 있었습니다. 그랬으니까 일제시대 때 선교사들을 다 추방할 때에도 그 선교사님은 한국을 떠나지 않고, 신사참배를 반대하다가 평양 감옥에 갇혀서 옥살이를 했던 것입니다.

이 수련회에서 말로 다 표현할 수 없는 큰 은혜를 경험한 옥한흠 목사는 완전히 변화된 삶을 살게 되었다. 그의 여동생 옥재선 권사는 오빠의 변화된 모습을 이렇게 회고한다.[9]

사실 어릴 때부터 곁에서 본 오빠가 보통 사람하고는 좀 다르다고 생각하긴 했어요. 그런데 그런 오빠가 어느 날 내게 완전히 다른 사람이 되어 나타났어요. 오빠가 중학교 때 부산의 어느 수련회에 참석한 이후부터였죠. 그 수련회의 회비가 없어서 오빠는 집의 쌀을 한 두 되 퍼 가지고, 그걸 수련회비로 대신 내고 참석했어요. 그런데 그 수련회 때 도대체 무슨 일이 있었는지, 그 수련회를 다녀오고 나서부터 오빠가 갑자기 확 바뀐 거예요. 물론 그 전에도 교회에서 한흠이는 크면 목사 해야 한다고 모든 어른들이 말할 만큼 열심을 다해 교회 다니고 성경을 읽곤 했지요. 그래도 그때는 지금 우리와 비슷한 수준이거나 거기서 조금 더 열심을 내는 그 정도였거든요. 그런데 부산 수련회 다녀오고 나서 완전히 사람이 달라진 거예요.

나중에 아들 옥성호에게 쓴 편지를 보면, 어렸을 때 받았던 은혜가 얼마나 강렬했는지 짐작할 수 있다. 훗날 옥 목사는 그의 아들에게 이 때의

9) 옥재선, "평생 사랑했던 여동생의 눈에 비친 옥한흠," in 디사이플 편집부, 『광인, 옥한흠을 말하다』 (서울: 국제제자훈련원, 2010), 168-9.

경험을 이렇게 들려주었다.10)

아빠가 청장년이 되고 바쁘게 사역을 하면서 비록 내 속에 신앙에 대한 회의가 찾아온 적은 단 한 번도 없었지만 어린 시절 느꼈던 그 은혜의 감동을 많이 잃은 채 살았었다. 솔직히 그 후 많은 시간이 흘렀지만 어린 시절 느낀 그 깊은 은혜는 내가 교회를 은퇴하는 그 순간까지도 백 퍼센트 회복되지 않았었다. 그러나 내가 너한테 확실히 말할 수 있는 게 하나 있다. 아빠가 살아온 삶의 열매를 볼 때 비록 내가 감정적으로 과거의 은혜를 온전히 회복하지는 못했지만 하나님의 은혜가 여전히 내게 유효하다는 사실을 말이다.

그 후 말씀에 은혜를 받고 매일 교회에서 살다시피 생활하는 그에게 교회 어른들은 목회자가 되라고 권면했다. 그러나 당시 교인 성미로 연명하는 목회자의 어려운 실상을 잘 알고 있었기 때문에 그는 가난한 목회자의 길을 가고 싶지 않았다. 그리하여 집에서 가깝고 장래가보장된 해군사관학교 진학을 꿈꾸게 되었다. 그러나 한 번은 신체검사에서 고혈압 판정을 받고 필기시험조차 치르지 못하였고, 또 한 번은 수학 과목 때문에 실패하였다. 그 후 재수를 통해 새로운 대학 진학을 시도했지만 그마저도 실패하고 말았다. 실패의 쓴 잔을 맛본 옥 목사는 한 달간 정신없이 방황했고, 자살 충동까지 느꼈다. 그러면서 몇날 며칠을 시골교회 마룻바닥에 뒹굴면서 기도한 끝에, 목회자의 길로 들어서기로 결심 했다. 그는 자신이 소명 받았을 때의 경험을 교갱협 영성 수련회에서 다음과 같이 고백하였다.11)

부끄럽지만 저의 이야기를 좀 해야 되겠습니다. 저는 스물세 살 때 하나님의

---

10) 옥성호, 『아버지, 옥한흠』 (서울: 국제제자훈련원, 2011), 83-4.
11) 옥한흠, "소명을 받은 자는 낙심하지 않는다," in 『소명자는 낙심하지 않는다』 (서울: 국제제자훈련원, 2008), 171.

소명을 받았습니다. 그 때가 1960년 봄이었는데, 그렇게도 안하겠다고 도망하던 제가, 그렇게도 하기 싫어서 그저 어디든 피할 수만 있다면 피하던 제가 2년, 3년 동안 하나님과 씨름하다가 결국 하나님의 강권적인 역사하심에 꺾여 작은 시골교회의 마룻바닥에 홀로 엎드려 하나님 앞에 항복하던 그 순간을 저는 기억하고 있습니다.

1961년 군사 5·16 군사 쿠데타가 발발하던 해에 옥 목사는 논산훈련소에 입소했다. 사관학교 낙방 후 부산의 한 신학교 부속기관 대학부를 2년간 다니다가 집에 내려와 대학 입시를 준비하던 중에 영장을 받은 것이다. 그는 고된 훈련소 생활 속에서도, 입시준비를 위해 책과 사전 그리고 성경을 손에서 놓지 않았다. 왜냐하면 옥 목사는 변화하는 시대에 적극적으로 대처하는 목회를 하려면 보리죽을 먹으며 고학을 해서라도 일반대학을 가야겠다는 목표가 있었기 때문이었다. 그리하여 그는 군대에서 화장실에 가서도 공부하는 열심을 보였다.

훈련을 마치고, 소위 '백'이 좋아야 갈 수 있다는 서울 6관구로 발령을 받았다. 이곳에서 목사 아들인 직속상관을 만나, 그의 배려로 낮에 근무하고 밤에는 입시준비를 했다. 3개월을 준비해서 국가고시에 붙었고, 당시 야간대학으로는 가장 인기가 높은 성균관대학교 영문과에 합격했다.

그런데 한 번 하면 끝을 봐야 하는 그의 철저한 성격으로 인해 부대 일과 학업 모두를 충실하게 감당하는 것은 결코 쉬운 일이 아니었다. 그 과정에서 그의 몸은 점점 여위어 갔고, 얼마 지나지 않아 각혈을 하게 되었다. 폐결핵이었다. 대학 시절에 또 한 가지 중요한 일이 있었는데 그것은 평생의 반려자인 사모님을 만나게 된 것이다. 옥 목사는 5년간의 대학 시절 동안, 기억에 남는 일은 처절한 투병 생활과 아내와의 만남이라고 회고한다. 중간에 폐결핵이 재발되는 어려움도 있었으나 하나님의 기적적인 역사하심으로 폐결핵이 완치됨으로 건강을 회복하였고, 결혼도 하게 되었다.[12] 그 후 옥 목사는 대학 과정을 무사히 마치고 총신대학교 신학대학원 전신인 총회신학원에 수석으로 입학했다.

청년 시절 옥 목사가 경험한 모든 고난과 역경이 그의 장래 사역과 설교에 많은 유익과 도움이 되었던 것은 두말할 나위가 없다. 박용규는 이렇게 평가한다.[13]

"고난당한 것이 내게 유익이라(시 119:71)"는 시편 기자의 고백처럼 대학시절의 병과의 투쟁은 훗날 옥한흠 목사가 병과 가난과 투쟁하며 고통당하는 사람들을 이해할 수 있는 중요한 원동력이 되었다. 그가 "고통에는 뜻이 있다." "나의 고통 누구의 탓인가?" "고통을 다루시는 하나님의 손길"과 같은

---

12) 옥 목사는 병들고 경제적으로 어려운 자신과 결혼해 평생 헌신과 내조와 기도로 도왔던 아내를 향해 '작은 예수'라고 표현할 정도로 늘 고마운 마음을 가졌다. 그는 이렇게 고백한다[옥한흠, "'그러나'의 은혜" in 『소명자는 낙심하지 않는다』, 125-7.].

제게는 작은 예수가 하나 있습니다. 그 작은 예수에 대한 감동이 나이가 들수록 더 진해집니다. … 그 작은 예수는 제 아내입니다. … 저는 대학에 늦게 들어갔습니다. 못 들어갈 대학을 들어간 것입니다. 공부를 할 수 없는 처지였기 때문에 헤매고 방황하다가 늦게 들어갔는데, 들어가고 얼마 되지 않아서 어려운 일이 많이 생겨, 결국 2학년 때 휴학을 했습니다. 그 때 목회를 하고 계신 외삼촌이 지방에 있던 집사람을 소개시켜 주셨습니다. 그러나 저의 입장이 여자의 흥미를 끌만한 아무런 요소도 없었습니다. 대학 2년생에다 가장 인기 없는 목사 지망생이었습니다. 그 당시에 목사 지망생이 장가가기가 얼마나 어려웠는지 상상을 못하실 겁니다. 게다가 고학생이었습니다. 그런데 외삼촌이 말씀을 잘 해 주셨는지 아니면 아내 눈에 뭐가 씌었는지 오직 일편단심입니다. 그 좋다는 의사에게서 중매가 들어와도 요지부동이었습니다. … 그래서 3년 후에 결혼을 했습니다. … 저는 결혼하고 나서 신학대학원에 들어가고, 그 다음에 전도사 일을 하고 부목사 일을 하고, 유학을 다녀오고 하면서 아내를 무지무지하게 고생시켰습니다. 그럼에도 저를 떠나지 아니하고 30년이 넘도록 제 곁을 지켜주고 있습니다. 제가 병이 나서 어려움을 당할 때 제 옆에 24시간 떠나지 않는 사람은 그 사람이었습니다. 저를 위해서 정말 눈물을 흘리면서 새벽마다 기도해주는 사람도 그 사람이었습니다. 제가 나이가 들어가면서 '저 사람은 나에게 있어서 작은 예수구나'라고 깨닫게 되었고, 그 사람을 생각할 때마다 마음이 촉촉이 젖어옵니다.

13) 박용규, 『한국 교회를 깨운다』(서울: 생명의 말씀사, 1998), 27-8.

용어들을 서슴없이 등장시킬 수 있었던 것은 바로 그런 과거의 경험 때문이었다. 강남의 부유한 아파트촌에서 걱정 없이 사는 사람들에게는 전혀 통할 것 같지 않는 고통에 대한 그의 메시지가 그들의 교만한 가치관을 무너뜨리고 영적 각성을 일으켰던 것도 그런 이유에서였다.

이중표도 옥한흠 목사가 청년 시절에 겪었던 쓰라린 고난이 옥 목사의 생애에서 중요한 역할을 했다고 보았다.[14)]

내가 볼 때 청년 옥한흠을 세속적 삶으로부터 하나님께로 완전히 떠나보내는 결정적인 사건은 그의 폐결핵 투병 생활이다. 질병으로 인한 사경에 이르는 고통은 때로 한 사람이 한 세계를 떠나 다른 세계로 들어가게 하시는 하나님의 한 방법이 되기도 한다. 그는 군 생활과 야간 대학 생활을 함께 하면서 몸이 약해져 폐결핵을 앓게 되었다. 각혈을 하기까지 고통을 받게 된 것은 그를 불러 쓰시기 위한 하나님의 손길임에 틀림없다. 죽음의 그림자를 경험한 사람이야말로 참으로 생명의 세계를 향하여 자기를 부인하는 자리에 서게 되기 때문이다. 이 세상을 떠나 하나님의 세계로 들어가게 한다는 점에서 보면 고난이야말로 하나님의 은혜요 섭리이다. 청년 옥한흠은 온전히 '떠남'을 결단하도록 하나님께 친히 재촉을 받은 사람이다. 그러므로 그는 진정으로 하나님의 사랑을 많이 받은 사람이다.

2. 목회 철학

옥한흠 목사의 목회 철학을 한 마디로 요약하면, '제자 훈련을 통해 평신도를 깨우는 것'이었다. 목회 철학이 설교 사역에 영향을 주고 또한 반영되는 것은 지극히 당연하다. 그러면 옥 목사의 목회 철학이 형성되는 과정과 실제를 알아보자.

---

14) 이중표, "별세의 사람 옥한흠," in 국제제자훈련원, 『8인이 말하는 옥한흠』 (서울: 국제제자훈련원, 2003), 81-2.

1) 성도교회의 대학부 사역[15]

성도교회 대학부 사역은 옥한흠 목사가 훗날 평신도를 깨우는 제자 훈련과 관련된 목회 철학을 수립하는 시발점이 되었다. 전도사 시절에 감당한 은평교회 사역이 그에게 구령의 열정과 목회자로서의 가능성을 심어준 기간이었다면, 성도교회 대학부 사역은 그에게 제자훈련에 눈을 뜨게 만들어준 기간이었다.[16] 성도교회 부임 후 6개월 간, 그는 주일학교를 섬겼다. 그러던 어느 날, 당시 김희보 담임목사가 젊은이 사역에 은사가 있는 것 같다며 그를 대학부 사역자로 임명했다. 그때 대학부 출석인원은 단 한 명이었다. 그가 바로 직장 사역 연구소장으로 많은 영향력을 끼치고 있는 방선기 목사다. 옥 목사는 방선기에게 대학부 사역의 협조를 부탁했고, 방선기는 기꺼이 협력하겠노라며 약속했다.

특별히 그 당시 방선기는 서울대 학생 선교단체인 네비게이토(Navigator)에 참여하고 있었다.[17] 옥 목사는 선교단체(Parachurch)에는 청년들이 몰려가고 역동적인 변화가 일어나는데, 왜 지역교회의 대학부나 청년부는 텅텅 비어있고 마치 죽은 송장처럼 무기력한가에 대해 궁

---

15) 성도교회 대학부와 관련된 내용은 옥한흠, 『제자훈련 열정 40년』, 35-45을 참고하라.

16) 박용규, 『한국 교회를 깨운다』, 33.

17) 이 때의 경험에 대해 방선기는 이렇게 술회한다[디사이플 편집부, 『광인, 옥한흠을 말하다』 (서울: 국제제자훈련원, 2010), 86.].

그 때 나는 선교단체에서 훈련을 받고 있었는데, 내가 받은 훈련 내용을 후배들과 나누고 있었다. 그 당시는 아직 선교단체들이 교회에서 인정받지 못하던 시절이라 그 일을 옥 목사님 모르게 했었다. 그러던 어느 날 같이 공부하고 있었는데 옥 목사님이 방문을 열고 들어오셨다. 그 순간 나는 죄송하기도 하고 떨리기도 했다. 나름대로 내가 이 공부에 대한 설명을 하자 옥 목사님은 자기 모르게 한 것에 대해서 화를 내시기는커녕 "그 좋은 것을 왜 너희끼리만 하느냐? 우리 다 같이 하자"고 하셨다. 그것이 성도교회 대학부 제자훈련의 시발점이 되었다.

금해 하고 있었다. 그러던 차에 방선기의 도움을 받아 네비게이토 자료와 프로그램을 분석하였고, 선교단체에는 기성교회가 갖지 못한 세 가지 강점이 있음을 발견했다. 그것은 '복음,' '양육' 그리고 '비전'이었다. 이를 간파한 옥 목사는 선교단체의 부족한 부분을 보완하면서 'Parachurch의 Church화'를 위해 최선을 다해 헌신하였다. 또한 방선기가 데려온 다섯 명의 친구들과 처음으로 제자훈련을 시도하였다. 나중에 12명까지 늘어난 학생들은, 자발적으로 학교 가는 날 이외의 시간은 모든 사생활이 중단되다시피 했다. 툭하면 기도원에 올라 기도하고, 성경 읽으며 시간을 보냈다. 방학이면 일주일씩 합숙했다. 또한 전 과목에서 B학점 이상이 아니면 가만두지 않겠다는 옥 목사의 엄포에 그들은 학업에도 진력했다.[18]

옥 목사는 성도교회 대학부에서 마치 '미친 사람(광인)'처럼 사역에 몰입했다.[19] 주일 집회는 무려 5시간 동안 이루어졌다. 이 시간 동안 리더를 중심으로 복음송 부르기, 모르는 사람 찾아 짝지어 기도하기, 도시락 먹기, 그룹 성경공부, 간증, 캠퍼스별 전도전략 모임, 새 가족 소개와 5분 메시지 그리고 마무리 기도로 진행됐다. 낮 예배가 끝나는 12시 30분부터 오후 5시 30분까지 당시 유래가 없는 집회로 대학부를 이끌어 갔지만, 이렇게 긴 집회 시간을 불평하는 사람은 없었다. 그것은 제자훈련의 결실이었다. 옥 목사는 5년 동안 매주 토요일에 제자훈련을 했다. 방학 동안에는 여름과 겨울에 걸쳐 두 차례 수련회를 혼자서 진행했다. 성도교회 대학부 사역은 그가 말하는 '제자훈련 광인론(狂人論)'의 탄생 배경이다. 옥 목사

---

18) 옥한흠, 『이것이 목회의 본질이다』 (서울: 국제제자훈련원, 2004), 20-3. 이때 함께 동역했던 제자들은 한국 교회와 사회에 엄청난 영향력을 미치고 있다. 대표적으로 김병재 변호사, 박성수 이랜드 회장, 방선기 직장사역연구소장, 한인권 삼성제일병원 내과과장, 한정국 OMF 선교사 등이 구원의 기쁨을 맛보고 말씀의 능력을 체험했다. 그리하여 처음에 단 한 명밖에 출석하지 않은 유명무실한 성도교회 대학부가 불과 3년 만에 재적 350명에, 출석인원 200명의 대학부로 급성장했다. 그 당시에 한국 교회에서 가장 많이 모이는 대학부가 된 것이다.
19) 옥한흠, 『이것이 목회의 본질이다』, 20-3.

는 제자훈련에 관한 '광인 공식'(a Crazy Man's Formula)을 만들어 냈다.

'광인공식 C(Crazy for Christ)=B(Belief·신념)+E(Enthusiasm·열정)+V(Vision·비전)'

박용규는 성도교회 대학부의 사역이 옥한흠의 장래 목회에 아주 귀중한 자산이 되었다고 하면서 다음과 같이 의미를 부여했다.[20]

첫째, 제자훈련에 눈을 뜨는 전기를 마련해 주었다. … 젊은이들을 대상으로 한 제자훈련실험은 장차 사랑의교회에서 장년들에게 제자훈련을 접목할 수 있는 용기를 제공해 주었다. … 둘째, 성도교회에서 훈련받은 젊은이들이 직간접으로 옥한흠의 동역자들이 되었다. … 셋째, 이 시기 옥한흠은 많은 서구의 원서들과 번역서들을 접하면서 기독교 지성의 폭을 넓혀갔다. … 넷째, 훌륭한 김희보 목사와 김성환 목사를 그곳에서 만나 장차 목회자로서의 생명인 '헌신과 섬김'의 훈련을 받을 수 있었다.

2) 미국 유학

이와 같이 제자훈련을 통하여 대학부에서 놀라운 부흥과 은혜를 경험했지만, 옥한흠 목사에게는 아직 해결되지 않은 두 가지 문제가 있었다. 하나는 제자훈련에 대한 신학적/성경적 근거를 세우는 것이었고, 다른 하나는 제자훈련이 젊은이들뿐만 아니라 일반 성인들에게도 동일한 열매가 맺힐 수 있다는 확신을 갖는 것이었다. 그래서 그는 미국 유학을 결심한다. 그의 말을 직접 들어보자.[21]

---

20) 박용규, 『사랑의교회 이야기』 (서울: 생명의 말씀사, 2012), 63-5.
21) 옥한흠, 『제자훈련 열정 40년』, 46-7.

대학생을 지도하면서 제자훈련의 중요성과 가치를 알면 알수록 나는 스스로의 한계에 자꾸 부딪히게 되었다. 선교단체의 내용과 방법들을 조합하는 가운데 제자훈련에 대한 확신과 반경은 넓어져 갔지만, 신학적 체계의 뒷받침 없이 공부하고 습득한 것이라 마치 뿌리 없는 나무를 기대고 있는 것 같은 불안감을 떨쳐 버릴 수가 없었다. 나는 제자훈련이 성경적이라는 신학적 근거를 찾고 싶었다. 또한 대학생이라는 특수 목회 대상에게 훌륭하게 먹혀 들어갈 제자훈련이 일반 목회의 복합적인 대상들에게도 과연 생산적으로 적용될 것인가에 대한 확신을 얻고 싶었다. 결국 이 두 가지 과제를 해결하기 위해 나는 미국 유학을 결심했다.

감사하게도 그의 소원을 아시는 하나님께서 그에게 미국 유학의 기회를 주셨다. 그는 단번에 국가고시에 합격하였고 만족할만한 토플 점수를 얻게 되었다. 또한 미국 미시간 주 그랜드래피즈(Grand Rapids) 소재 칼빈신학교(Calvin Theological Seminary)에서 전액 장학생으로 입학을 허락해 주었다.[22] 가족을 두고 홀로 2년 동안 칼빈신학교에서 공부를 했지만 제자 훈련에 대한 만족할만한 해답을 얻지는 못했다. 옥 목사는 본래 계획했던 대로 3년 중 남은 1년 동안 필라델피아에 있는 웨스트민스터신학교(Westminster Theological Seminary)로 옮겨 공부했다. 그는 한국 학생으로는 처음으로 목회학 박사과정에 입학 허가를 받았다. 학문적으로 제자훈련을 체계화시키고 발전시키기 위해 진학했지만, 의외로 웨스트민

---

22) 물론 당시에 옥 목사가 유학을 가기로 결정하는 것은 결코 쉽지 않은 문제였다. 당시의 상황을 김영순 사모는 이렇게 고백한다["나의 남편 옥한흠 – 김영순 사모와의 인터뷰," 「빛과소금」 통권 163호(1998/10), 78.].
당시 목사님 나이가 38세였으니까 늦깎이 공부였지요. 아이들은 초등학교 1, 2학년에 막내는 돌이 안 된 상태였고, 그 때 사실 경남 충무의 지교회로 가는 길과 유학의 두 길이 있었어요. 나는 물론 경남 충무로 가자고 그랬지요. 당시 성가대 지휘자보다도 적은 사례를 받는 최저의 생활이었지만 그것마저 다 버리고 공부하러 간다니까 기가 막히지요.

스터신학교는 실천신학 분야에 취약점을 갖고 있었다.

고민과 갈등 속에서 방황하는 그에게, 구내서점에서 그의 신학과 사역에 결정적인 전기를 가져다 준 사건이 발생했다. 가톨릭 신학자 한스 큉 (Hans Küng)의 저서 『교회론(The Church)』을 발견한 것이다. 비록 그의 신학사상에는 동조하지 않지만, 그의 책을 통하여 옥한흠 목사는 제자훈련의 당위성을 신학적으로 확인받는 감격과 기쁨을 경험하게 되었다. 옥 목사는 그 때의 감격을 다음과 같이 표현한다.[23]

> 한스 큉은 나에게 교회론의 본질 중 사도성이 무엇인지를 명료하게 가르쳐 주었다. 그에 의하면 모든 평신도는 사도의 계승자로서 예외 없이 세상으로 보냄 받은 예수의 제자요, 소명자라는 것이다. 나는 소위 유명하다는 신학자들의 교회론을 꽤 읽어 보았다. 그러나 모든 평신도가 소명자라는 사실을 교회 본질에 비추어 속 시원하게 풀어 준 책을 찾지 못했다. 한수 큉 덕분에 내가 왜 평신도를 그리스도의 제자로 깨워야 하며, 이것을 나의 목회 철학으로 삼아야 하는가에 대한 확고한 신학적 답을 얻게 되었으니 그 때의 환희를 어떻게 다 표현할 수 있겠는가!

한스 큉의 『교회론』을 접하고, 옥 목사는 연구과정을 어렵지 않게 풀어 나갈 수 있으리라는 생각을 갖게 되었다. 이에 따라, 1년쯤 학교에 더 머물다가 아예 졸업논문까지 써서 학위를 받고 귀국하려는 계획을 세웠다. 그런데 예상과는 달리 졸업 과정이 매우 까다로웠다. 논문 자체만으로는 안 되고, 현장에서 3년 간 사역하면서 프로젝트를 만들어야 한다는 원칙이 있었다. 이것은 새로운 갈등을 일으켰다. 이런 조건은, 제자훈련이라는 묘목을 가꾸는 데 척박한 한국 교회의 토양을 감안하면 쉽지 않은 일이었다. 목회자의 길을 갈 바에는 학문연구에 시간을 더 보낼 필요가 없다고 판단한 그는 귀국을 결심하게 되었다.

---

23) 옥한흠, 『제자훈련 열정 40년』, 51-2.

3) 사랑의교회 설립

그 무렵, 서울 불광동 소재 은평교회를 담임하던 배기주 목사로부터 편지가 왔다.[24] 내용은 귀국해서 개척할 의사가 있느냐는 것이었다. 배 목사가 섬기는 은평교회 교인 중 몇 가정이 한창 개발 중인 강남으로 이사를 갔는데, 거리가 멀어 본 교회 참석이 어렵다는 내용이었다. 옥 목사는 이제안이 자신이 드린 기도에 대한 하나님의 응답이요, 명령이라고 받아들였다. 그래서 더 이상 지체하지 않고 귀국하였고, 사랑의교회를 개척하게 되었다.[25]

(1) 소망: 건강한 교회

옥한흠 목사가 교회를 개척하면서 가졌던 기본적으로 가졌던 소망은 성경에 근거한 건강한 교회를 세우는 것이었다. 그는 이렇게 고백한다.[26]

---

24) 배기주 목사가 옥한흠 목사를 안 것은 1968년이다. 그해 6월, 은평교회 교육전도사로 부임한 옥 목사는 총회신학원 1학년에 재학 중이었다. 그가 유년 주일학교와 학생부를 맡아 지도하면서 몇 달이 채 안 되어 기하급수적인 부흥을 이루어 냈다. 부임 당시, 150여명이던 주일학교가 여름성경학교 이후 450여명으로 늘어난 것이다. 이 모습을 배 목사 내외는 지켜보게 되었다. 그 후 옥 전도사는 신학교 3학년이 되면서 성도교회로 옮겨 대학부 사역을 맡았고, 부목사로 5년을 더 섬긴 뒤 1975년에 미국 유학길에 올랐다. 박용규, 『한국 교회를 깨운다』, 31-3.
25) 1978년 6월에 귀국한 옥한흠 목사는 두 달도 채 되지 않은 7월 23일에 설립예배를 드렸다. 서울은평교회 배기주 목사와 강남으로 이사 온 몇몇 교인의 도움으로 반도유스호스텔 앞 3층짜리 건물 2층 40평을 얻었다. 교회 이름은 강남은평교회로 지었다. 이는 배 목사의 수고와 배려에 대한 감사의 의미가 들어 있었다. 그런데 개척 장소는 개척교회를 하기에 부적합한 곳이었다. 교통이 매우 나빠서 버스가 17분에 한 대꼴로 다녔고, 한참 신축 중인 아파트 단지는 너무 멀리 떨어져 있어서 그림의 떡이었다. 게다가 교회 주변은 몇 채 안 되는 주택과 지저분한 여관들로 둘러싸여 있었다. 돈이 부족하니 좋은 자리는 비싸서 잡을 수가 없었고, 할 수 없이 싼 곳을 얻은 것이다. 사랑의교회, 『개척 10년, 나누고 싶은 이야기들』(서울: 국제제자훈련원, 2004), 15-7.

내가 개척하면서 마음먹었던 것은 하나님이 말씀하시는 교회, 바로 그 교회를 만들자는 것이었다. 어려서 나에게 상처를 주었던 그런 교회가 아니라, 우리 교회에 발을 들여 놓는 사람이라면 이 교회 때문에 내가 행복했다고, 바로 살게 되었다고 고백할 수 있는 그런 교회를 만들겠다고 마음먹었다.[27] 그리고 그러기 위해서는 한 사람을 위해 피눈물을 쏟는 희생의 열매로 사역해야지, 세상의 기준으로 사람을 판단하면 안 되겠다고 결심했다.

또한 그는 교회 설립을 준비하는 과정에서 간절한 소망을 담아 이렇게 기도하였다.[28]

주님, 여러 교회들 가운데 또 하나의 교회를 더하지 말게 하소서. 종교적 허

---

26) 옥한흠, 『이것이 목회의 본질이다』, 46.

27) 옥한흠 목사는 어렸을 때 교회 생활을 하면서 크게 상처를 받은 적이 있었다. 교회의 리더 역할을 하였던 고향 교회 장로의 이중 인격적인 모습을 경험한 것이다. 그 장로의 횡포에 교역자들이 3년을 버티지 못했다. 교역자들이 그의 비위를 맞추지 않으면 길면 3년이요 짧으면 반 년 만에 눈물을 흘리며 쫓겨 가는 일을 비일비재하였다. 그 때의 일을 옥한흠은 이렇게 술회한다(옥한흠, 『제자훈련 열정 40년』, 304).

> 내가 예수님을 만나 한창 은혜의 단맛에 빠져 있을 때, 그 때가 아마 열한 살쯤 되었다고 생각한다. 정말 멋진 목사가 새로 부임해 왔다. 어린 내가 보기에도 그 분은 소신이 분명했고 전도의 열정이 뜨거워 동네마다 북 치고 다니며 복음을 전했다. 나도 주일 오후면 신이 나서 쫓아다니며 거들었다. 언젠가는 근처에서 가장 높은 산꼭대기에 올라가 40일 금식기도를 하고 내려오는 것을 보기도 했다. 교인들은 은혜를 받고 딴 세상을 사는 사람들처럼 행복해했다. 교회도 부흥이 되어 갔다. 예외가 있었다면 그 장로와 가족들뿐이었다. 2년이 안 돼 그 장로는 목사를 추방할 공작을 시작하였다. 한번은 목사를 자기 집으로 불러 장로 부부가 함께 폭행을 가하여 목사 얼굴에 상처를 입히기도 했다. 그래도 버티니까 새벽기도 시간에 설교하는 목사를 끌어내리고 헌금 주머니에 달린 막대기로 몇 개 안되는 호롱불을 함께 박살 내 버렸다. 나는 그 목사님을 송별하는 부둣가에 나가서 먼 바다를 바라보며 한없이 통곡하고 슬퍼했던 일을 기억한다.

28) 옥한흠, 『제자훈련 열정 40년』, 60-1.

세만 가득하고 정작 생명을 잉태하지 못하는 불임의 교회를 또 하나 세우지 말게 하소서. 사람을 위한 직함들만 줄줄이 만들고 정작 그리스도의 제자로 사람을 키우지 못하는 무기력하고 무책임한 교회를 만들지 마소서. 내가 그리스도의 군사라는 명쾌한 자기 인식 없이 행사에 바쁜 사교 클럽으로 전락하지 않게 하소서. 그리스도 왕국을 전략적으로 이 땅에 구축하는 야전 벙커가 되게 하시고 행정에 분주한 동사무소가 되지 않게 하소서.

(2) 비전: 평신도 양육

옥한흠 목사가 사랑의 교회를 설립할 때 가장 중요하게 여겼던 독특하면서도 특별한 목회 비전 또는 목회 철학은 '평신도를 깨우는 것'이었다. 그래서 옥한흠 목사는 일반적인 교회 설립예배와는 달리 의도적으로 담임 목사인 자신이 설립예배 설교를 담당했다. 설립예배 설교 제목은 "왜 이 교회를?(마 9:35-38)"이었는데, 그는 이 설교를 통하여 교회의 방향과 목표를 분명히 제시하였다. 설교의 핵심은 다음과 같다.[29]

예수님이 모든 성과 촌을 두루 다니며 사역하신 것처럼 개척되는 교회도 어느 지역에 묶여서 일하기보다 주님이 가라는 곳이면 어디나 갈 수 있는 교회 즉, 경계선 없는 목회를 할 수 있어야 합니다. 예수님의 사역이 보여준 가르치고, 전파하고, 치료하는 기능은 바로 우리 교회가 꾸준히 추구해야 할 기능입니다. 예수님이 세상 사람을 목자 잃은 양으로 보고 가슴 아파 하며 그들을 위해 일할 일꾼을 찾으신 것처럼 우리 교회는 세상으로 보내진 소명자로서 평신도를 깨우는 일에 비중을 두어야 합니다.

이와 같이 옥한흠 목사는 세상으로 보냄 받은 소명자로서 평신도를 깨우는 일에 최우선적으로 목회의 비전을 두고 개척 교회를 시작하였다. 그는 실패도 경험했지만 그 목회 비전과 철학은 결코 흔들리거나 바뀌지 않

---

29) 사랑의교회, 『개척 10년, 나누고 싶은 이야기들』, 23.

았다. 그는 이렇게 고백한다.[30]

교회를 개척했을 때, 나는 부흥 집회도 하지 않았고, 대심방도 하지 않았다. 다만 아무도 하지 않는 제자 훈련을 시작했다. … 그들은 시간이 지나도 적응하지 못하고 이 핑계를 대며 한 사람씩 빠지더니, 딱 한 사람 남았다. 내 아내였다. 장년을 대상으로 한 첫 번째 제자훈련을 실패한 것이다. 그러나 나는 제자훈련을 포기하지 않았고, 계속 이런 식으로 목회할거냐고 묻는 사람들도 있었지만 나는 그 길만 갔다. 성경이 진리라고 믿었기 때문이다. 성도를 온전케 하는데 투자하면, 그 후에 열매가 맺힐 것이라고 성경이 말씀하는 대로 믿었다.

그래서 기회가 있을 때마다 그는 평신도의 소명에 대해 강조하였다. 예를 들어, 로마서를 강해(롬 16:1-16)하면서도 '위대한 평신도 동역자들'이라는 제목으로 다음과 같이 설교하였다.

우리는 본문에서 사도 바울의 위대성을 또 하나 발견할 수 있습니다. 그것은 무엇입니까? 평범한 사람들을 발굴해서 복음을 위해 생명을 바쳐 일하는 탁월한 동역자로 만든다는 데 그의 위대함이 있습니다.[31] 현대 교회 안에는 비뚤어진 교역자의 우월의식이 자리를 잡고 있습니다. 동시에 비뚤어진 평신도의 열등의식도 만연하고 있습니다. 교역자는 자기 혼자 일을 다 하는 것처럼 떠벌입니다. 평신도는 '나는 평신도니까 이 정도면 된다' 고 하는 안일주의에 빠져 있습니다. 평신도를 일꾼으로 만들어서 함께 복음을 위해 뛰기를 원하는 그와 같은 열정을 갖지 못한 교역자들은 날이 갈수록 자기 혼자만 일을 다 하는 것처럼 우월의식을 갖게 됩니다. 동시에 평신도들은 교역자 밑에서 명령하는 대로 움직여만 주면 된다고 하는 일종의 열등의식 속에 빠져 버립니다. 이것은 오늘날 한국 교회가 직면한 대단히 큰 문제입니다. 이런 열등의

---

30) 옥한흠, 『이것이 목회의 본질이다』, 75-7.
31) 옥한흠, 『로마서 III(롬 16:1-16): 구원받은 자는 이렇게 산다』 (서울: 국제제자훈련원, 1994), 395.

식을 참지 못해서 어떤 평신도는 세상 직업 다 집어던지고 신학교로 달려가는 것을 봅니다. 그러나 그것만이 능사가 아닙니다. 뵈뵈, 더디오, 브리스가와 아굴라, 가이오, 에라스도와 같은 위대한 바울의 동역자들이 우리에게 주는 교훈은 무엇입니까? 가정을 가지고 있으면서도 복음을 위해서 동역자로 쓰임 받을 수 있다는 것입니다. 생업을 가지고도 주님을 위해서 헌신할 수 있다는 것입니다. 교회 지도자는 특별한 소명을 받은 사람입니다. 우리 모두가 바울처럼 그런 소명을 받은 자들은 아닙니다. 그러나 복음을 전하고, 하나님 나라를 확장하는 일은 특별히 소명 받은 자만 필요한 것이 아닙니다. 이름 없이, 빛도 없이 일할 수 있는 평신도들이 함께 동역자로 쓰임 받을 때 그들을 통해 하나님의 역사가 나타나는 것입니다. … 엄청난 인력을 보유하고 있는 한국 교회가 다음 세기에 제 구실을 감당하기 위해서라면 사람이 열쇠라고 하는 의식 변화, 평신도를 제자화해야 한다고 하는 의식 변화, 목회전략의 변화가 꼭 있어야 합니다. 이것이 없으면 다음 세대를 한국 교회가 감당할 수 없다고 생각합니다. 다음 세대뿐만 아니라 오늘날 이 세대도 감당하기 어려울 것입니다.[32]

(3) 근거: 교회론(신학)의 재정립
우선 옥 목사는 평신도를 깨우는 제자훈련 목회가 가장 성경적인 목회임을 강조한다.[33]

다시 말하지만 제자훈련은 우리가 선택할 수 있는 여러 가지 목회 방법 가운데 하나가 아니다. 그것은 지상 교회의 본질에 일치하는 것이요 예수님이 친히 모범을 보이시고 명령하신 유일한 목회 방법이다. … 내가 만들어 낸 것이라면 후회도 있을 수 있고 경우에 따라서는 집어치울 수도 있을 것이다. 그러나 제자훈련은 교회의 머리 되신 예수 그리스도께서 가르쳐 주신 목회 방법이다. 우리가 부족하다고 해서 그만둘 일이 아니다.

---

32) 옥한흠, 『로마서 III(롬 16:1-16)』, 406-7.
33) 옥한흠, 『평신도를 깨운다』 (서울: 국제제자훈련원, 2011, 개정2판), 293.

이러한 제자훈련과 관련된 확고한 신념과 관련하여 옥 목사는 한 예화를 소개한다.

15년 전쯤인가, 한 신학대학원에 제자훈련 특강을 하러 간 적이 있었다. 질문 시간이 되었는데, 한 젊은 목사가 손을 들고 일어났다. "듣자 하니 목사님이 말씀하시는 제자훈련이라는 것은 잘 배우고 잘 살고 시간적 여유가 있는 사람들이 사는 서울 강남에서나 통할 듯합니다. 하지만 저처럼 인천 달동네에서 개척한 목회자들에게는 남의 이야기 같습니다. … 이런 환경에서도 제자훈련 할 수 있다고 생각하십니까?" … 그의 허락을 받고 나는 질문했다. "목사님, 만일 인천 달동네에 옥한흠이라는 목사가 가서 교회를 개척했다면 제자훈련을 했겠습니까, 안했겠습니까?" 그랬더니 그는 피식 웃으며 "목사님이라면 했겠죠" 하고 멋쩍게 대답하며 자리에 앉았다.

그런데 옥 목사는 이와 같이 성경의 원리에 가장 근접한 제자 훈련 목회를 위해서 가장 중요한 것은 '목회 철학'을 재정립하는 것이라고 한다. 또한 왜 평신도를 깨워야 하는가에 대한 흔들림이 없는 확신이 생길 때까지 '교회가 무엇인가?'를 질문해야 한다고 했다.[34] 옥 목사의 목회 철학과 관련한 교회론에 대한 주장을 간단하게 요약하면 다음과 같다.[35]

첫째, 교회가 부름 받은 하나님의 백성이라는 정의는 종교개혁자들로부터 물려받은 값진 유산이지만 지상 교회는 세상으로부터 부름 받은 특권만 가진 것이 아니라, 세상으로 보냄 받은 소명을 함께 가지고 있다는 사실을 믿고 고백해야 한다.
다음으로 전 교회는 사도들의 계승자이다. 다시 말해, 어느 한 사람이나 특정한 그룹이 아니라 성직자나 평신도를 가릴 것 없이 교회에 소속된 모든 성도

---

34) 옥한흠, 『평신도를 깨운다』, 72.
35) 이와 관련한 좀 더 자세한 설명을 위해서 옥한흠, 『평신도를 깨운다』, 64-117을 참고하라.

가 그 계승자로서 자격을 가진다고 하였다. 그렇기 때문에 사도들이 주님으로부터 직접 명령받았던 대 사명 즉 선교적 소명을 전 교회인 평신도가 계승하고 있다는 소명의식을 깨우쳐 주어야 한다.

세 번째로 교회는 성도를 양육하고 훈련하기 위해 존재한다. 다시 말해, 교회는 하나님을 예배하는 공동체일 뿐 아니라 평신도들을 그리스도의 제자로 삼기 위해서 철저하게 가르쳐지키게 하는 일을 감당해야 한다는 것이다. 그리고 이 일을 위해 가르치는 교사로서 교역자를 주셨음을 명심해야 한다고 하였다(엡 4:11).

결론적으로 옥한흠 목사는 오늘날 교회가 한쪽으로 지나치게 치우친 교회론으로 인해 사명을 제대로 감당하지 못하고 있음을 안타까워하면서 다음과 같이 토로한다.[36]

전통적인 교회론이 예배를 지나치게 강조한 나머지 마치 세상을 위해서는 아무 책임이 없는 것 같은 착각을 일으키고 있다. 선교는 소수의 특정인들을 위한 전유물처럼 되어 있다. 평신도는 예배와 자기중심적인 영적 요구를 위해서만 교회를 필요로 하는 무능한 무리로 전락하고 있다. 예배는 있으나 증거가 결여되고, 교육은 있으나 이 세상에서 하나님의 뜻을 이루기 위한 소명 있는 삶으로 평신도를 부르는 책임 있는 훈련이 무시되고 있다. 평신도는 주의 일과 세상일을 구별하는 이원론에 빠져 자기는 평생 세상일에 열중하다 심판대 앞에 서야 한다는 죄책감과 불안에서 벗어나지 못하고 있다. 그러므로 우리는 사도성과 교회의 존재 이유를 통해 확인한 지상 교회의 선교적 소명을 가지고 우리의 교회론을 보완할 수 있어야 한다. 그래야만 잠자는 평신도를 깨우는 나팔을 힘차게 불 수 있을 것이다.

(4) 관심: 한 사람

옥 목사는 자신의 목회와 사역의 우선적 관심은 예수님께서 본을 보이

셨던 것처럼 '지극히 작은 한 사람'이라고 자주 강조하였다. 이른바 '한 사람 철학' 또는 '한 사람을 향한 목회'라고 했다. 그는 이렇게 고백한다.

오늘은 말씀을 깊이 나누기보다 제 속에 있는 생각을 이야기하고자 합니다. 저는 이런 질문을 심심찮게 받곤 합니다. "사랑의교회가 이렇게 성장하게 되리라고 생각하셨습니까?" 그럼 저는 이렇게 대답합니다. "사실 그런 물량적인 꿈은 없었습니다. 한 사람을 내다보는 사람이기에, 그 한 사람에게 충실과 열성을 다하여 오늘까지 왔고, 그러다보니 교회 건물도 짜깁기를 한 것처럼 됐습니다." 이 말은 진심입니다.[37)]

제자 훈련에 성공하려면 먼저 작은 자 한 사람에 대한 철학이 있어야 합니다. "나는 이 사람을 위해 죽어도 좋다. 나는 이 사람과 씨름하다가 내 사역이 끝나도 좋다"는 그런 각오가 있어야 합니다. 물론 제게도 이 각오가 있습니다.[38)]

요즘 목회자들은 물량주의에 빠져서 '한 사람 비전'을 잃었다. 약해 보이는 여 성도 한 명을 놓고도 하나님이 저를 붙드시면 엄청난 역사가 일어날 것이라고 믿고 기도하는 비전이 없다. … 하나님의 관점에서 사람을 보는 패러다임, 이것이 제자 훈련의 핵심이다. 하나님의 패러다임은 작은 자에 주목하는 것이다. 한 사람에 주목하는 것이다. … 교인이 수천 명, 수만 명이 되고 백 명이 넘는 교역자들 사이에게 헤매야 하는 이 시점에서도 나는 다수를 보지 않고 한 사람을 보는 자세를 견지해 왔다. 그렇기 때문에 제자 훈련이 아직도 살아서 이를 통해 하나님이 엄청난 역사를 이루고 계신 것이라고 믿는다. 제자 훈련에는 교회가 크든 작든 상관없다. 오직 한 사람이다.[39)]

따라서 제자 훈련을 제대로 감당하기 위해서는 한 사람에게 목숨을 거

37) 옥한흠, 『목사가 목사에게』 (서울: 국제제자훈련원, 2013), 43-4.
38) 옥한흠, 『목사가 목사에게』, 298.
39) 옥한흠, 『이것이 목회의 본질이다』, 44-5.

는 마음과 자세가 절대적으로 필요하다고 권면하고 있다.

> 제자 훈련은 누가 성공합니까? 이런 주님의 심정을 가진 자가 성공합니다. 비록 보잘 것 없는 수넴 여인이었으나 그녀를 위해 친히 먼 길을 걸어오신 주님처럼 그 영혼을 위해 자신을 던지는 뜨거운 가슴을 가진 사람이 제자 훈련에 성공합니다.[40]

> 여러분에게 단도직입적으로 묻겠습니다. 여러분은 한 사람을 위해 죽을 수 있습니까? 만일 그렇지 않다면 제자 훈련을 할 수 없습니다. 한 사람을 위해 죽는 것이 제자 훈련이요, 사역 훈련이기 때문입니다. 제자 훈련 생명이 어디 있다고 생각하십니까? 제자 훈련의 능력이 어디에서 나온다고 생각합니까? 제자 훈련의 비결이 무엇이라고 생각합니까? 바로 한 사람을 보는 눈에 달려 있습니다.[41]

> 지금까지 CAL 세미나를 마치고 간 만 몇천 명의 사역자 중에는 제자 훈련에 실패한 경우도 많은데, 여기에 중요한 이유가 하나 있습니다. 한 영혼에 대해 불타는 마음이 없다는 것입니다. 너무 양적인 데 치우치고 신경 쓰는 목회를 한다는 것입니다. … 양적 성장에 비중을 두면 둘수록 한 사람이 희생됩니다.[42]

뿐만 아니라 한 사람에게 집중하기 위해서 스스로 지나치게 분주하지 않도록 최선을 다했다고 말한다.[43]

> (한 사람 철학을 가로막는 것은) '지나친 분주함' 입니다. 저는 제자 훈련 사역이 '뺄셈 사역' 이라고 생각합니다. 이는 제가 목회하면서 25년 동안 지독

---

40) 옥한흠, 『목사가 목사에게』, 299.
41) 옥한흠, 『목사가 목사에게』, 260-1.
42) 옥한흠, 『목사가 목사에게』, 300-1.
43) 옥한흠, 『목사가 목사에게』, 303-4.

하게 씨름한 부분입니다. 할 수 있으면 빼려고 했습니다. 그래서 한 사람에게 집중할 수 있도록 말입니다. … 제가 목회할 때 집회 초청을 1년에 90퍼센트 이상 거절했습니다. 방학 때가 아니면 전부 거절했습니다. 저녁에 한 시간 해 달라는 것도 거의 거절했습니다.

부교역자들에게도 한 사람을 세우는 제자 훈련을 위해서 바쁘지 않아 야 한다고 권면한다.[44]

여러분이 스스로 일을 만들어 놓고 바쁜 생활을 합니까? 그렇다면 제자 훈련 에 손 떼십시오. 교회 전체적인 사역의 균형은 담임 목사가 져야 할 책임이 지만, 개개인의 생활에서 너무 바쁘다면 제자 훈련을 할 수 없습니다. 한 사 람이 눈에 안 들어오는데 어떻게 제자 훈련을 합니까?

이상에서 우리는 옥한흠 목사의 목회 철학과 비전이 무엇이며 그것이 어떻게 형성되었는지 살펴보았다. 제자 훈련을 통해 세상에 보냄을 받은 소명자로서 평신도를 깨워야 한다는 그의 목회 비전과 철학은 그의 목회 를 지탱해 준 원동력이요 변함없이 달려갈 수 있게 하는 추진력이 되었다. 뿐만 아니라 그의 목회 비전과 철학이 그의 설교에 중요하게 영향을 주었 고, 또한 무겁게 반영되었음은 당연한 이치이다. 그래서 옥한흠 목사는 평 신도를 깨우는 제자 훈련과 설교와의 관계에 대해 다음과 같이 말했다.

사랑의교회 성장에 대한 원인을 이론화시켜서 만들기는 어려운 이야기입니 다. 한 쪽에서는 '설교다' 또 다른 한 쪽에서는 '제자훈련이다' 이렇게 헷갈 리는 이야기를 하는 게 오히려 정상입니다. 만약 오늘의 사랑의교회가 있게 한 게 '제자훈련이다' 라고 한쪽 답변만 나온다면, 그것은 비정상입니다. 두 대답이 동시에 나온 게 정상입니다. 자녀를 잘 양육하려면 어머니는 자녀들

---

44) 옥한흠, 『목사가 목사에게』, 305.

을 끼니때마다 잘 먹여야 하고 동시에 학교 육을 철저히 시켜야 하는 것과 같은 이치입니다. 이는 설교라는 영양식과 제자훈련이라는 가르침이 잘 조화가 되어야 한다는 말입니다. 개인적으로 지난 25년간 사랑의교회에서 설교를 잘했다고 생각하지는 않습니다. 다만 제자훈련을 떠받드는 설교의 효과가 오늘의 사랑의교회를 존재하게 만들었다고 생각합니다. 그래서 제자훈련 하는 교회에서 설교는 대충해도 되는 사역이 아니라 제자훈련을 더욱 더 보완하고 상승시키는 작용을 해야 한다고 봅니다.[45)]

제자훈련과 설교는 본질적으로 같으면서 서로 보완적인 성격을 가지고 있다. 우리가 모든 족속으로 제자를 삼기 위해서는 주님이 분부하신 말씀을 가르쳐 지키게 해야 한다. 따라서 설교는 가르쳐 지키게 하는 방법의 하나로 보아야 한다. 그러나 설교는 형식과 시간에 많은 제한을 받고 있다. 설교만으로는 만족할 만한 성과를 거둘 수 없는 것이 현실이다. 제자훈련은 현대 설교가 지니고 있는 약점을 보완할 수 있는 가장 확실한 방법이다. 그리고 설교와 제자훈련이 효과적으로 보완이 되면 그 둘은 서로 상승작용을 일으키게 된다.[46)]

3. 성경관[47)]

---

45) 옥한흠, "제자훈련과 설교, 쉽게 하려는 유혹을 물리치라," 「디사이플」 (2006/11), 7.

46) 김대조, "설교학적측면에서 본 제자훈련," in 국제제자훈련원, 『교회와 제자훈련』 (서울: 국제제자훈련원, 2003), 246. 이와 관련하여 박응규도 같은 입장을 보였다[박응규, "옥한흠 목사의 설교 세계," 「성경과 신학」 77(2016): 68].

옥한흠의 설교와 제자훈련은 긴밀하게 연관되어 있다. 즉, 설교를 통해 제자훈련이 근거하고 추구하며 지향해야 할 목적이 무엇인지를 선포했고, 제자훈련은 그 내용을 구체적으로 훈련하고 적용시키는 과정이요 전략이라고 할 수 있다.

47) 이 부분은 오생락, "은보 옥한흠 목사의 설교 연구," (박사학위논문, 서울신학대학교 대학원, 2015)을 일부분 참고하였다.

옥 목사는 성경 전체가 정확무오한 하나님의 말씀임을 확신했다. 그는 분명하고도 확실한 성경관을 가지고 있었다. 우선 옥 목사는 제자훈련 교재 2권의 1과 '성경의 권위' 서론에서 이렇게 강조한다.[48]

성경은 이 세상에서 가장 권위 있는 책이다. 성경과 비교될만한 책은 아무것도 없다. 다른 책들은 모두 사람의 말을 쓴 것이지만, 성경은 하나님의 말씀을 기록한 것이다. 성경 속에서는 살아계신 하나님이 직접 말씀하고 계신다. 그러므로 우리는 성경이 특별한 권위가 있는 것처럼 보이도록 애를 쓰거나 장황하게 변명할 필요가 없다. 성경은 그 자체로 아무도 허물 수 없는 권위를 가지고 있기 때문이다.

그리고 결론에서 자신의 성경관을 다섯 개의 선명한 문장으로 천명하고 있다.[49]

- 성경은 살아 계신 하나님 말씀이다.
- 성경은 모두 다 성령의 영감으로 기록된 진리로서, 거짓이나 잘못이 하나도 없다.
- 신구약 66권은 최종적인 계시이며, 그 이상의 계시는 존재하지 않는다.
- 성경은 인간을 구원하고, 하나님의 뜻을 따라 거룩한 생활을 하게 하는 규범으로서 온전하며 충족하다.
- 성경 말씀의 권위는 하나님 자신의 권위로서 독자적이다.

이와 같은 분명한 성경관은 그의 설교에서도 자주 나타난다. 옥 목사는 베드로후서 1:20-21을 본문으로 하여 "성경의 권위"라는 제목으로 다음과 같이 신앙 고백적인 내용을 설교하였다.[50]

---

48) 옥한흠, 『제자훈련 교재 Ⅱ: 아무도 흔들 수 없는 나의 구원』 (서울: 국제제자훈련원, 2011), 11.
49) 옥한흠, 『제자훈련 교재 Ⅱ: 아무도 흔들 수 없는 나의 구원』, 16.

하나님이 나에게 주신 이 세상에 모든 것 중에서 심지어 '내 생명보다 더 귀한 것은 성경이다' '최고의 선물이다' '최고의 재산이다' '최고의 가보'라고 저는 생각합니다. 이만큼 이 성경을 주신 하나님의 은혜는 말로 다 표현할 수 없을 만큼 넘치고 풍성하고 황홀하다는 것을 제가 여러분에게 말씀드릴 수 있습니다. 저는 이 성경 때문에 예수님을 알게 되었고, 예수님 때문에 구원을 얻었습니다. 저는 이 성경 때문에 내 영혼의 양식이 항상 끊어지지 않는 축복을 누리게 되었고, 이 성경 때문에 삶의 지혜를 어려서부터 터득하게 되었으며, 이 성경은 나의 인생길을 밝혀 주는 등불이었음을 저는 고백하지 않을 수 없습니다.

또한 성경은 영원하고 유일한 진리라고 선포한다.[51]

성경이야말로 영원한 진리요, 하나님의 말씀이요, 생명의 양식이라는 것입니다. "사람이 떡으로만 살 것이 아니요, 하나님의 입에서 나오는 모든 말씀으로 살 것이니라"고 예수님이 선언하신 그 내용이 절대 거짓이 아니라는 것입니다. 우리에게는 정치문제도 중요합니다. 경제문제도 중요합니다. 우리에게는 교육이나 사회 전반의 문제가 관심사 중에 관심사 입니다. 그러나 이와 같은 문제들을 가지고 우리의 궁극적인 어떤 해답을 얻을 수가 없다는 데 고민이 있습니다. 우리 마음속에 있는 빈자리를 정치가 채워 줄 수가 있느냐? 경제가 채워 줄 수 있느냐? 철학이 채워 줄 수 있느냐? 채워 주지 못한다는 것이 우리의 솔직한 심정이에요. 그러니까 결국은 사람들이 하나님의 말씀으로 돌아오는 것입니다. 9월달 미국 테러가 발생하자마자 갑자기 사람들이 성경을 사보기 시작했습니다. 그래서 금방 작년 대비 42% 이상의 성경이 팔려 나갔습니다. 왜 그럴까요? 도무지 인간의 어떤 지혜를 가지고는 해답을 찾을 수 없는 급박한 상황을 맞이하자 말씀 앞에 올 수밖에 없는 거예요.

---

50) 옥한흠, "성경의 권위(벧후 1:20-21)," 1996년 12월 8일 성서주일설교.
51) 옥한흠, "말씀을 즐거워하는 자의 복(시편 1:1-6)," 2001년 12월 9일 성서주일설교.

성경이야말로 우리가 하나님을 알 수 있는 유일한 길입니다. 성경이야말로 우리가 죄에서 구원받을 수 있는 유일한 복음이 들어있는 말씀입니다. 성경이야말로 험한 인생길을 안전하게 인도하는 등불입니다. 성경이야말로 우리의 영혼의 양식이요 우리의 영혼의 찬양이요 기도입니다.

옥 목사는 대각성전도집회를 준비하는 과정에서 요나서를 설교한 적이 있는데, 성경은 너무도 분명한 역사적 사실임을 역설했다.[52]

이 이야기를 들으시면 개중에는 '또 동화 같은 소리 하고 앉았네. 그걸 누가 믿어?' 아마 이런 생각을 하실 거예요. '과학적인 이야기를 좀 해라' 하는 뭐 이런 생각을 하겠죠. 그런데 여러분, 잘못 생각하시는 겁니다. 우리만 과학적이고 합리적인지 아세요? 하나님도 굉장히 과학적이고 합리적인 분입니다. 천지 만물을 창조하신 하나님이 과학이고 합리고 없이 되는대로 모든 것을 만들어 놓았다면 이 지구가 지금 남아있겠어요? 얼마나 과학적인지요? 천문학자들의 이야기를 들어보세요. 이 세계 우주 법칙이 0.01초도 착오가 없이 돌아가지 않아요? 그러므로 성경에 하나님이 기록한 말씀이 그렇게 허무맹랑한 소리가 아니에요. 많은 사람들이 요나 이야기를 들으면 고개를 살래살래 흔들고 '못 믿겠어' 했습니다. 개중에는 '이게 어찌 사실일 수가 있는가' 하는 것을 좀 알고 싶어서 대형 백과사전 브리태니커를 출판하는 회사에다가 '정말로 고래가 사람을 삼킬 수 있습니까?' 이런 것을 질문을 하면 한동안은 그들에게 성실하게 자료를 보내준 일이 있다고 합니다. 그래서 브리태니커 사전을 출판하는 회사에서 보낸 자료 중의 하나를 제가 읽은 일이 있어요. 백과사전회사가 거짓말을 할 수가 없잖아요. 그 자료에 의하면 고래 가운데 스펌 고래(sperm whale)라는 고래가 있답니다. 아주 덩치가 큰 것인데 그 스펌 고래의 생김새와 버릇을 연구해 보니 사람을 통째로 삼켰다가 토해낼 수 있다 하는 것을 알았어요. 일단 사람이 통째로 뱃속을 들어가면 그

52) 옥한흠, "니느웨로? 아니면 다시스로(욘 1:1-2, 4:5-11)?" 2000년 10월 1일 주일설교.

뱃속에는 어느 정도의 공기가 남아있대요. 그 공기를 마시고 이삼일을 견딘대요. 온도는 약 42도라고 하니까 찜통더위겠죠. 그러나 죽느냐 사느냐 하는 문제에 그 찜통더위가 문제가 되겠어요? 그리고 그 강력한 소화액도 살아 있는 물체는 해를 못 끼친대요. 여러분 중에 아직도 성경 하면은 약간 자기가 더 과학적이고 똑똑한 것처럼 생각하는 분들 행여나 있을까 싶어서 이런 이야기 하는 거요. 그러지 마시라구요. 하나님은 거짓말하시지 않아요.

그렇기 때문에 옥 목사는 자유주의자들이 성경에서 숫자의 비정확성에 대한 문제를 제기하는 것과 관련하여 다음과 같이 변호한다.[53]

물론 자유주의 신학자들처럼 성경을 보면 약간 이상한 데가 있어요. 날카로운 지성을 가지고 성경을 읽는 사람들은, 보면 조금 마음에 시험을 받을 만한 내용들이 있어요. 예를 들까요? 사무엘하 10장18절을 보면 아람군대의 전차수가 700대라고 나옵니다. 그런데 똑같은 역사기록을 한 역대상 19장18절에 가서는 700대가 7,000대로 둔갑을 합니다. 자세히 살피는 사람들은 도대체 어떻게 된 것이냐 그렇게 생각할 수 있어요. 또 에스겔서 26장 1절을 보면 에스겔이 하나님으로부터 계시를 받은 연월일을 이야기하는데 '열한 번째 해 어느 달 초하루' 라고 기록을 하고 있습니다. 그러니까 햇수도 알고 날짜도 아는데 그만 달을 까먹었어요. 그렇기 때문에 '성경 안에는 거짓도 있고, 진리도 있고, 하나님의 말씀도 있다, 사람의 말도 있을 수 있다, 과학적으로 우리가 인정 못할 것도 있고, 인정할 것도 있다' 이런 식으로 붙일 수 있을지 모르지만 여러분 그렇게 하면 안 됩니다. 여러분, 성경의 원본은 지금 다 없어졌어요. 성경이 1,600년 동안 기록이 되었습니다. 그것도 지금부터 19세기를 거슬러 올라가서 1,600년이니까 지금부터 이야기하면 3,400년 전부터 성경이 기록되어 가지고 지금부터 1,900년 전에 성경이 완성되었어요. 그러니까 그 고대문명이 이어져 내려오는 시대에 성경이 1,600년 동안 기록이 되어서 66권이 형성이 되었는데 그 성경을 기록한 사람들 즉 성령에 감동함을 받은 저자들이 약 40명되지 않습니까? 그러면 1,600년의 인터발을

---

53) 옥한흠, "성경의 권위(벧후 1:20-21)," 1996년 12월 8일 성서주일설교.

놓고 어디에서 태어났는지 서로 보지도 못하고 알지도 못하는 40명의 사람들이 오직 성령이 주시는 말씀대로 기록해서 남겨놓은 것이 성경이요. 그러므로 우리가 상식적으로 생각하면 40여명이 1,600년 동안 기록했다면 그것은 전부 인간의 말이라고 하면 제 각기의 소리가 잡다하게 섞인 어떤 면에서는 잡록집이 될 수 있어요. 그러나 놀라운 것은 보세요. 66권을 모아 났더니 주제는 하나입니다. 장차 오실 예수 그리스도 이 세상에 오실 예수 그리스도, 예수 그리스도가 주제입니다. 1,600년 동안 40명이 서로 협의를 한 일도 없고, 컨설트를 한 일도 없고, 컨퍼런스를 한 일도 없고, 자료를 PC에 두어 가지고 뽑아본 일도 없지만 성령이 주도하는 대로 기록하다 보니까 그 성경의 주제가 예수 그리스도입니다. 이것이 기적 아닙니까? 그리고 원본이 다 없어지니까 원본이 없어지는 것을 대비해서 사본을 기록했습니다. 많은 신실한 자들이 성경 원본으로부터 사본을 만들었는데 그 사본이 여러 종류가 있습니다. 그 종류를 다 비교 연구해 가지고 만들어 낸 것이 오늘 성경입니다. 신약성경을 예를 들면 신약성경의 사본이 1만 3,000종이 더 됩니다. 1만 3,000종 전체를 놓고 학자들이 비교해 가지고 이것이 정확한 내용이다 하고 통일을 해서 기록한 것이 이것인데 그 1만 3,000종 신약성경 전체를 비교할 때 좀 문제가 된다. 여기의 말씀과 저기의 말씀이 좀 안 맞는다. 서로 이상하다 하는 내용이 12절에서 20절밖에 되지 않아요. 그것은 신약성경 전체의 1,000분의 1에 해당합니다. 그리고 문제가 되는 내용은 예수 그리스도와 그 진리에 대해서 전혀 영향을 미칠 수 없는 변두리에 있는 내용입니다. 그런데 그 오차 난 것을 가지고 헐뜯으면서 이것은 하나님의 말씀이 아니다 맞다 너무너무 유치한 소리예요.

또한 옥 목사는 성경의 편집설을 주장하는 학자들에 대해서도 하나님을 모독하는 행위라며 강한 어조로 비판한다.[54]

로마서 13장 1절에서 하나님은 위에 있는 권세들에게 굴복하라고 일종의 정치적인 말씀을 하고 계십니다. 바로 앞에까지만 해도 겸손한 자가 되고, 마음

---

54) 옥한흠, 『로마서 III(롬 13:1-7)』, 200.

을 주는 자가 되고, 축복하는 자가 되고, 원수를 위해서 먹을 것, 마실 것을 갖다 주는 사랑의 이웃이 되라고 말씀하시지 않았습니까? 앞의 내용과 오늘 이 말씀이 무슨 상관이 있을까 하고 우리는 의아해 할 수 있습니다. 어떤 성 경학자는 '로마서 13장 1절부터 7절까지의 말씀은 바울이 쓴 것이 아니고 누가 갖다 붙인 것이다. 그러므로 그것은 성경이라고 할 수 없다' 하고 악평 을 했습니다. 그 사람의 논리대로 하자면 앞에 있는 12장 21절이 건너뛰어 13장 8절과 바로 연결되어야 한다는 것입니다. 이웃에게 원수 갚지 말고 사 랑을 공급하라는 12장 말씀이 13장 8절의 피차 사랑의 빚 외에는 아무에게 든지 아무 빚도 지지 말라는 말씀과 직접 연결된다는 것입니다. 그렇다면 오 늘 본문은 아무 상관이 없는 내용을 고의로 삽입한 것으로 볼 수 있습니까? 아닙니다. 하나님의 말씀을 가지고 그렇게 함부로 말하면 안 됩니다. 이 말씀 을 놓고 누가 갖다 붙였다느니, 각색을 했다느니 하는 이야기는 하나님의 말 씀을 모독하는 것으로 보아 마땅합니다.

뿐만 아니라 우리가 성경을 어떻게 대해야 하며 성경을 어떻게 읽어야 하는 지에 대해서도 언급한다.

여러분은 어떤 마음으로 성경을 봅니까? 성경이 과연 최고의 권위입니까? 살아계신 하나님의 말씀입니까? 어거스틴은 '나는 비록 성경책을 펴서 글자 를 읽지만은 내가 성경을 펴서 글을 읽는 그 순간에는 글을 읽는 것이 아니 라 하나님이 직접 하늘에서 나에게 들려주시는 음성을 듣는 것이다' 고 고백 했어요. 여러분 이만큼 성경 말씀의 권위를 인정합니까? 인정하시면 그 성경 말씀 속에서 여러분은 그리스도를 볼 것입니다. 그리스도를 만날 것입니다. 그의 영광을 목도할 것입니다. 그 앞에서 은혜를 얻을 것입니다.[55]

성경을 바로 읽으세요. 바로 공부하세요. 그리고 그 말씀을 통해서 바로 은혜 를 받으세요. 여러분이 마음에 슬픔을 갖고 있습니까? 슬픔 당한 여러분들에

---

55) 옥한흠, 『요한이 전한 복음 I(요 5:31-47)』 (서울: 국제제자훈련원, 2012), 306.

게 주님이 무슨 말씀을 하시든지 그 음성이 들릴 때까지 성경을 읽으세요. 여러분, 남이 모르는 무거운 걱정을 안고 잠을 이루지 못합니까? 그럴 때 여러분 하나님의 말씀을 내 놓고 읽으세요. 읽으면서 성경을 읽는다고 말하지 말고 '주님이 나에게 뭔가 하시는 말씀이 있을 것이다' 하는 것을 기대하고 읽으세요. 그러면 살아계신 주님을 만나게 됩니다. 그리고 그 음성이 내 마음에 들립니다. 리빙스턴에게 "볼지어다. 내가 세상 끝 날까지 너희와 항상 함께 있으리라" 하는 말씀이 평생을 그와 함께 떠나지 않는 음성이 된 것처럼 근심 걱정에 빠진 여러분을 바로 일으켜 세우는 하나님의 말씀이 반드시 이 성경책 속에 있습니다.56)

그러면서 성경의 권위를 온전히 인정하라고 안타까운 심정으로 간곡하게 외치고 있다.57)

그러므로 성경 들고 다닌다고 다 성경의 권위를 인정하는 것 아닙니다. 성경의 권위가 무엇입니까? 성경의 권위 그것은 무조건 믿으라 무조건 순종하라고 명령하는 하나님의 말씀이라는 것이 바로 성경의 권위입니다. 성경의 권위는 '무조건 믿어. 무조건 순종해. 그러면 복을 받는다' 하는 하나님의 말씀으로 받는 것이 성경의 권위입니다. 여기에는 가타부타가 필요 없어요. 변명도 필요 없어요. 왜 그러느냐고 따질 필요도 없어요. 무조건 믿으라고 하니까 믿는 거요. 무조건 순종하라고 하니까 순종하는 거예요. 왜 그렇게 하느냐, 그것은 하나님의 말씀이라고 하는 믿음 때문입니다. 이 하나님의 말씀으로서의 성경을 인정하는 것이 바로 성경권위를 인정한다고 하는 것입니다. 그러면 진짜 이것이 하나님의 말씀이냐, 성경은 성경이 증명합니다. 성경은 사람이 증명하는 것이 아닙니다. 성경은 성경이 증거합니다. 그러므로 정말 하나님의 말씀이냐 하나님의 말씀으로서의 권위를 갖고 있느냐 하는 것은 성경에서 찾아봐야 합니다.

---

56) 옥한흠, 『요한이 전한 복음 I(요 5:31-47)』, 309.
57) 옥한흠, "성경의 권위(벧후 1:20-21)," 1996년 12월 8일 성서주일설교.

이처럼 옥 목사는 정확무오한 하나님의 말씀으로서 성경을 믿었고 또한 성경의 절대권위를 인정하였기 때문에 더욱 강력하고 담대하게 하나님의 음성으로 설교를 할 수 있었다. 박응규는 그와 같이 성경의 권위를 절대적으로 인정한 옥한흠 목사의 믿음과 신학이 그의 설교에 어떻게 작용했는지를 다음과 같이 평가한다.58)

그의 설교는 무엇보다도 성경의 궁극적 권위에 근거하고 있다. 또한 그의 설교에서, 해설과 더불어 처음 시작되는 성경 본문은 이해와 모든 궁극적 진리의 원천으로서 성경의 우선성을 확증해 준다. 이러한 성경의 권위에 근거한 옥한흠의 설교기반은 무엇보다도 종교개혁 신학에 기인하고 있다고 볼 수 있다.

II. 옥한흠 목사의 설교

1. 설교관

기본적으로 옥한흠 목사는 "설교는 현대의 청중으로 하여금 성경의 계시를 통해서 하나님의 음성을 듣게 하는 것"이라고 정의하였다.59) 그렇지만 옥한흠 목사에게 있어서 설교는 한 마디로 '십자가'였다.60) 다시 말해, 옥 목사에게 있어서 설교는 자신에게 "그저 힘들고, 무겁고, 벗어버리고 싶은 것, 때로는 스스로에게 굉장한 고통이 되었던 것"이었다.61) 그래서 옥 목사는 다음과 같이 고백하였다.62)

---

58) 박응규, "옥한흠 목사의 설교세계," 104.
59) 권성수 목사와의 인터뷰(1996년 9월 25일), in 권성수, 『성령설교』 (서울: 국제제자훈련원, 2009), 467.
60) 이태형, 『두려운 영광』 (서울: 포이에마, 2008), 17.
61) 이태형, 『두려운 영광』, 17.

일주일에 두 번 이상 설교를 하고, 또 신학교에서 설교학 강의를 몇 년 동안 하면서 실제로 느끼는 것은 설교란 인간에게 있어서 전혀 어울리지 않는 일이며, 사람이 할 수 없는 일이라는 것이다. 또 어떤 면에서는 인간이 해서는 안 될 것을 하는 것 같이 느껴진다. 설교를 공공연히 하나님의 말씀이라는 전제를 가지고 선포하게 되니까 전하는 사람으로서의 마음에 오는 부담감, 항상 미흡한데서 오는 고통, 하나님 앞에서 느끼는 죄송함, 이런 것들이 설교자라면 누구나 똑같이 느낄 것이다. 그래서 설교에는 대가가 없고, 설교에는 완성이라는 것도 없으며 졸업도 없다. 그저 평생 싸우고 고통 하면서 만분의 일이라도 하나님의 뜻을 이루고 갔다면 그것으로 만족해야 된다고 생각한다.

또한 옥 목사는 자신이 설교를 하면 할수록 더 고민이 많아지고 겁이 나는 이유를 종종 종교개혁자 마틴 루터의 말을 빌려 표현하기도 하였다.[63] 그것은 설교를 통해 변화가 나타나지 않기 때문이었다.

루터는 34년간 약 4000번 이상 설교했고 심지어 건강이 좋지 못해 어려움을 당하던 해에도 200번 이상 설교했다. 그런데 그가 설교하는 것을 항상 좋아한 것은 아니었다. 설교자로서 리더십을 펼치는 것은 값을 적당히 지불하고 할 수 있는 일이 아니기 때문이다. 루터는 "설교를 한다는 것은 힘든 일이다. 내가 자주 말했듯이 내가 선한 양심을 지닐 수만 있다면, 나는 설교를 하기보다는 차라리 수레를 끌고 돌을 운반하였을 것이다."고 말했다. 그는 묘한 말도 했다. "저주받은 악마가 설교자가 되어야지, 선한 사람은 결코 설교자가 되어서는 안 된다." 왜 그와 같이 잘못하면 오해될 수 있는 말을 했을까? 그것은 루터가 자신의 설교를 들은 성도들에게 변화가 일어나지 않자 절망했기 때문이다.

옥 목사가 자신의 아들들에게 목사직에 대해 강요하지 못한 이유도 역

---

62) 옥한흠, "설교와 청중,"「월간 목회」(1984/2), 83.
63) 옥한흠, "설교자와 리더십,"「디사이플」(2013/9), 61.

시 설교 때문이라고 했다.[64] 그것은 자신이 설교한 대로 살기가 쉽지 않기 때문이었다.

설교는 진짜 못할 일이다. 내가 설교를 하면 내가 그렇게 살아야 된다. 말하는 것만큼 책임을 져야 된다. 남에게 가르친 것만큼 나를 먼저 가르쳐야 된다. 그런데 그게 잘 안 된다. '이런 일을 진짜 할 짓이 아니다' 하는 생각이 들 때가 많았다. 어떤 때는 위선이라는 생각이 들었다. "왜 내가 이런 일을 하고 있나?" 제일 부끄러운 때는 아내를 볼 때다. 주일 예배에 사모가 앉아 내 설교를 들으면서 많은 생각을 했을 것이다. 어떤 사람은 이런 나를 완벽주의라고 비판한다. 그러나 설교자는 자기 설교에 책임을 져야 한다.

이와 같이 옥 목사에게 있어서 설교는 결코 감당하기 쉽지 않은 십자가의 무거운 짐이었지만,[65] 다른 한 편으로 "설교는 주님이 인간에게 맡기신 가장 영광스럽고, 고귀하고, 기쁜 사역"임을 강조하기도 했다.[66]

(나는) 하나님 앞에 설교자로 세워주신 점에 대해 감사드린다. 우리는 다 부족한 질그릇인데, 설교라는 보배를 질그릇에 담아 하나님 나라를 완성하는데 사용하시는 것이다. 그러므로 이 설교에 대해서는 우리가 보람과 긍지를 가져야 한다. 내가 비록 50명을 앉혀놓고 평생 설교하다가 끝나는 한이 있더라도 설교 그 자체는 청중의 숫자에 의해서 평가받는 것이 아니라, 설교 자체가 갖고 있는 가치와 영권 그리고 설교의 능력 때문에 평가받는 것이다. 이런 면에서 설교 안에는 감격의 눈물이 담겨 있다.

---

64) 옥한흠, "설교자와 리더십," 62.
65) 옥한흠 목사는 은퇴 이후에 평생 설교자로서 설교가 그에게 짐이요 고통이었던 이유는 크게 두 가지였다고 고백한다. 하나는 완전한 진리를 전해야 하는 불안전한 인격이라는 것 때문이요, 다른 하나는 자신이 전하는 만큼 살지 못한다고 하는 무서운 모순 때문이라고 하였다. 옥한흠, "목회자와 설교(2005년 5월 30일 교갱협 세미나)," in 박응규, 『옥한흠 목사의 설교 세계』(서울: CLC, 2017), 338.
66) 옥한흠, "설교자와 리더십," 64,

또한 설교의 기능과 역할과 관련해서 옥 목사는 "설교는 선포되는 하나님의 말씀을 통해서 전하는 자와 듣는 자가 다 같이 하나님과 깊이 만나게 되는 채널이다"고 정의하면서,[67] 설교를 통해 영향력이 나타나고 변화가 일어나야 한다고 주장하였다.

> 목회자만큼 사람들에게 깊은 영향력을 끼칠 수 있는 좋은 입지에 있는 사람도 드물다. 그런데 목회자가 교인들에게 영향력을 가장 잘 행사할 수 있는 채널은 바로 설교다. 설교는 교인들의 의식세계와 영적 세계, 심지어 교인들의 사생활에까지 영향력을 미친다. 그래서 설교는 중요하다. 교회는 설교와 함께 서고, 설교와 함께 쓰러진다. 그만큼 설교는 영향력을 행사할 수 있는 가장 강력한 채널이다.[68]

> 능력 있는 설교자는 사람을 변화시킬 수 있어야 합니다. 설교를 듣는 사람들이 자신의 죄를 철저히 회개하고 그 자리에서 돌이킬 수 있게 만들어야 합니다. 설교를 듣고 청중들이 주님의 말씀에 순종하려는 결단을 다시금 해야 합니다. 그렇게 결단한 영향이 실제 삶에 나타나고 인격이 자신도 모르게 주님을 바로 따라가는 제자의 모습으로 변해야 합니다. 그런데 현대 설교로는 이런 변화를 지향하기는 어렵다고 생각됩니다. 현대 설교가 안고 있는 본질적인 취약점 때문이지요.[69]

2. 옥한흠 목사의 설교 특징[70]

---

67) 옥한흠, "설교와 청중," 84.
68) 옥한흠, "설교자와 리더십," 59.
69) 이태형, 『두려운 영광』, 22.
70) 권성수 목사는 옥한흠 목사가 탁월한 설교자였던 이유를 다음과 같이 일곱 가지로 설명하였다(『성령설교』, 464).
    (1) 그는 문법적 역사적 신학적으로 성경을 바로 해석한다.
    (2) 그는 삶을 변화시키는 메시지를 전한다.
    (3) 그는 성경에 따라 교인들을 책망하여 교정하는 일을 두려워하지 않는다.
    (4) 그는 예언자의 음성과 선지자의 마음을 다 가지고 있다.
    (5) 그는 오관에 자연스러운 호소를 한다.

1) 하나님의 뜻을 드러내는 설교

평생 설교자로 살았던 옥한흠 목사에게 설교에 있어서 그 무엇보다도 중요한 것은 본문에 있는 하나님의 뜻을 충실하게 전하는 것이었다. 그는 이렇게 말한다.[71]

다시 강조하지만, 설교는 하나님의 말씀을 전하는 것입니다. 내 말을 전하는 것이 아닙니다. 그렇다면 설교자는 그때그때 성경을 통해 하나님의 음성을 들어야 합니다. '듣는다' 는 것이 어떤 것인지에 대해서는 긴 설명이 필요하지만 한마디로 말하자면 '나는 이것이 하나님이 주신 메시지라는 확신이 있다' 는 감정이 생겨야 합니다. 그리고 '이 메시지는 하나님의 말씀에서 절대 빗나가지 않았고 내 말을 보태지도 않았다. 예화 하나도 하나님의 말씀이기에 필요해서 썼다. 단지 분량을 메우기 위해 쓴 게 아니다' 라는 확신이 있어야 하는 것입니다. 항상 이런 확신을 갖고 설교를 할 수 있다면 그 설교는 강력해질 수 있습니다.

계속해서 그는 설교의 형식이나 길이에 관계없이 하나님의 말씀을 정확하게 전하는 것이 '바른 설교' 이며, 그 때 설교자로서 진정한 기쁨과 행복을 경험할 수 있다고 주장했다.[72]

강단에 서는 경력이 쌓이면 쌓일수록 나에게 가장 예민하게 와 닿는 문제가 있다면 그것은 어떻게 하면 설교를 바르게 할 수 있을까 하는 것이다. … 설

---

(6) 그는 가슴에 성령의 불을 품고 있다.
(7) 그는 하나님의 말씀을 자신의 삶과 교인들의 삶에 적용하기 위해서 최선을 다한다.
71) 이태형, 『두려운 영광』, 20.
72) 옥한흠, "설교를 바로 하는 것과 잘 하는 것," 「그말씀」 창간호(1992/8), 18-23.

교를 바로 한다는 것은 주님이 전하라고 말씀하시는 메시지만 전하겠다는 종으로서의 충심 어린 태도를 의미한다. … 우리가 설교의 형식만으로는 어느 것이 설교를 바로 하는 것인지 쉽게 결론을 내리기 어려울 것 같다. 그러나 한 가지 분명한 사실은 성경이 말씀하는 바를 가능한 한 그대로 전해야 한다는 것이다. 그 형식이 강해설교나 본문설교 아니면 제목설교가 되든 성경 말씀이 들려주는 진리 외에는 전하지 않는 것이 '바로 하는 설교'라고 할 수 있다. 아무리 형식이 완벽하고 듣기에 흥미진진하다고 할지라도 하나님의 말씀이 지닌 순수성을 결여하면 바로 하는 설교는 아니다. 우리 주변에서 생기는 영적, 신학적 혼란을 보면 거의가 설교를 바로 하지 않는데서 생긴 것이다. 설교의 형식이나 방법에서 오는 것이 아니라 내용에서 오는 피해이다. 그러므로 우리는 지체 없이 설교를 잘하겠다는 인간적인 욕심보다 바로 하겠다는 소명자적인 양심을 회복해야 한다고 생각한다. … 설교를 바로 해 보자는 소원은 성경에서 하나님의 음성을 듣는 기쁨을 가지고 강단에 서는 것을 말한다. 돌멩이가 날아와도 하나님의 말씀을 전한다는 그 기쁨 때문에 피하지 않는 용기 있는 태도를 말한다. … 만일 우리가 설교를 바로 하는 주의 종이 될 수만 있다면 우리는 하나님께서 세상에서 가장 좋고 가장 행복한 일을 맡겨주신 사람으로 자부할 수 있을 것이다.

그렇기 때문에 그는 사역자에게 가장 중요하게 요구되는 것은 먼저 진리에 굳게 서는 것이라고 하였다.[73]

(지도자는) 먼저 진리에 굳게 서야 합니다. 진리에 대한 확신과 체계가 없는 지도자는 무장했다고 말 할 수 없습니다. 지도자가 혼란을 겪거나 무식해선 안 됩니다. 평신도가 알고 있는 수준에서 더 발전하지 못하는 지도자는 있어서도 안 됩니다. 말씀을 깨닫고 배우고 연구하는 것은 진리의 시멘트를 더욱 탄탄히 다지는 일입니다. 아무리 기도를 많이 해도 진리에 대한 확고한 지식이 없으면 그 사람의 기도는 힘을 발휘하지 못합니다.

---

73) 옥한흠, 『목사가 목사에게』, 66-7.

그러나 옥 목사는 본문 말씀에 충실한 바른 설교를 하는 것이 결코 쉽지 않다고 고백한다. 그가 설교를 십자가라고 생각하면서 설교자로서 끊임없이 고통스러워했던 가장 중요한 원인은 자신이 매 주일 사랑의교회 강단에서 전하는 말씀이 과연 하나님의 말씀인가에 대한 확신이 들지 않을 때가 많았기 때문이었다고 한다.[74] 또한 그가 평생 동안 성경 본문을 놓고 씨름하며 분투, 노력하는 이유도 역시 하나님의 음성 듣기가 쉽지 않아서였다고 한다. 그의 말들을 들어보자.

종교개혁 시대의 설교자들은 자신들이 전하는 설교가 하나님의 말씀이라는 철저한 확신이 있었습니다. 자신들이 준비한 설교 원고를 성경과 맞먹는 하나님의 말씀이라고 생각했습니다. 그래서 그 당시의 설교문을 읽어보면 군더더기가 없습니다. 저 역시 하나님의 말씀이라고 생각하며 설교를 준비합니다. 그러나 간혹 '이게 하나님이 지금 주시는 시대의 메시지인가' 라는 의문이 드는 설교를 할 때가 있습니다. 성경 본문을 해석하기는 했지만 그 해석이 정말 하나님의 음성이라기보다는 내 뜻이 담긴 것일 수도 있잖습니까? 그래서 내 설교가 하나님의 말씀이라는 확신이 흔들릴 때가 있습니다. 그만큼 설교자가 하나님의 음성을 듣기가 쉽지 않다는 이야기지요.[75]

성경을 깊숙하게 연구하면서 사람들에게 듣기 좋도록 설교문을 준비하는 일은 얼마든지 할 수 있습니다. 그러나 그 일을 하면서 하나님이 오늘 우리 모두에게 주시는 그분의 음성이라는 확신, 선지자적인 사명을 갖고 외칠 수 있는 확고한 신념이 생기지 않을 때가 많거든요. 짧은 시간 내에 설교문을 준비해서 주님의 말씀을 재미있게 전하는 사람들을 보면 정말 대단합니다. 어떻게 하기에 하나님의 음성을 그렇게 쉽게 듣는지 굉장한 호기심이 듭니다.[76]

---

74) 이태형, 『두려운 영광』, 18.
75) 이태형, 『두려운 영광』, 18.
76) 이태형, 『두려운 영광』, 19

어떤 면에서는 한국 교회 내에서 설교로 성도들을 기만하는 경우가 생길 수 있다고 봅니다. 또 말씀을 선포할 때는 하나님의 말씀을 바로 해석하고, 깨닫고, 그것이 분명한 하나님의 음성이라고 확신했지만, 몇 년 지나고 보니 그게 아니었더라 하는 경우도 있겠지요. 그렇다면 허탈한 일이 아닐 수 없습니다.[77]

결코 쉽지 않고 때로는 시행착오도 경험했지만 옥 목사는 설교자로서의 양심과 신념을 가지고 본문이 말씀하는 하나님의 뜻을 바로 깨닫고 바로 전하기 위해 최선을 다했다. 이와 관련하여 옥한흠 목사 곁에서 오랫동안 동역한 김명호 목사는 이렇게 말한다.[78]

은보 옥한흠 목사는 자신의 생각을 성경을 활용해서 전달하는 것이 아니라 성경이 말하는 바를 붙잡기 위해서 많은 시간을 투자했다. 가끔 설교 준비를 하던 은보의 책상을 살펴보면, 본문을 연구하기 위해서 늘어놓은 다양한 주석과 참고도서들을 볼 수 있었다. 어떤 때에는 30-40권의 서적들이 쌓여 있었다. 은보가 즐겨 참고했던 책은 알렉산더 맥클라렌, 칼뱅, 존 맥아더, 메튜 헨리, 아더 핑크의 주석과 게르하르트 킷텔의 『신약성서 신학사전』이었다. 특별히 본문에 대해서 찰스 스펄전은 어떻게 설교했는지를 즐겨 보았다. 은보에게서 배울 수 있는 중요한 설교자의 모습은 우직하게 본문을 붙잡고 오래도록 씨름하는 태도였다. 은보는 다른 주석가들의 견해를 살피는 것보다 자신이 직접 성경 본문을 가지고 곱씹어 보고, 묵상하는 것을 중요하게 생각했다. 이것이 은보의 설교를 정리해 볼 때 그 어느 주석에서도 나오지 않는 은보만의 독특한 표현과 논리들, 동양적인 감성으로 표현되는 통찰력들을 찾아볼 수 있는 이유이다.

이와 같이 본문에 충실한 설교를 무엇보다도 중요하게 여겼기 때문에

---

77) 이태형, 『두려운 영광』, 19
78) 김명호, "설교자가 먼저 말씀처럼 살려고 몸부림쳐라," 「디사이플」 (2013/9), 67.

옥 목사는 2009년 1월 사랑의교회 교역자 수양회 때, '마지막' 설교를 하면서(건강 때문에 영상으로 대신 하였다) 부교역자들에게 목회자로서 말씀의 권위를 회복하는 데 최선을 다하라고 유언처럼 간곡하게 권면하였다.79)

첫째, 말씀의 권위를 회복하기 위해 부단히 노력하십시오. … 물론 시간이 없겠지만, 어떻게든 시간을 만들어서 하나님의 말씀과 씨름하길 바랍니다. 그렇지 않으면 평신도 앞에서 금방 탄로 날 것입니다. 말씀을 읽은 후 막연한 깨달음이라고 말하면서 그것으로 끝나면 그것은 QT 수준에 불과합니다. … 교역자가 그 정도 수준에서 머문다면 비참한 것입니다. 교역자는 말씀을 연구하고 하나님의 계시의 말씀을 깊이 파고 들어가야 합니다. 그러므로 평신도보다 훨씬 더 앞서야 하고, 말씀을 보는 눈이 날카로워야 합니다.

저자가 파악한 대로, 옥한흠 목사의 설교는 어느 설교 형식을 취하든지 항상 성경 본문에 근거한 설교였다. 본문이 전하고자 하는 메시지를 파악해서 그 메시지를 잘 전달할 수 있도록 하는 데 모든 초점을 맞추었다. 그렇다고 해서 내용이 지루하거나 딱딱하지 않았고, 단순히 학문적으로만 접근하지도 않았다. 물론 본문에 대한 그의 해석이 완벽하다는 것은 아니었다. 종종 도덕적으로 또는 인간중심적으로 해석하고 적용하기도 했다.80) 그러나 전반적으로 그가 본문에 충실한 설교를 하려고 최선을 다했음은 분명하다.

2) 복음적 설교

---

79) 옥한흠, 『목사가 목사에게』, 417-20.
80) 참고. 이승구, "옥한흠 목사의 설교에 대하여," 「조직신학논총」 15(2005): 203-49.

옥한흠 목사 설교의 또 한 가지 중요한 특징은 그의 설교가 복음적이며, 복음의 본질에 충실한 설교라는 것이다. 그가 복음전도설교에 있어서 가장 탁월한 설교자 가운데 한 사람이라는 것은 사랑의교회 트레이드마크처럼 되어버린 '대각성전도집회'를 통해 확인할 수 있다.[81] 사랑의교회는 1982년 10월부터 대각성전도집회를 시작하였는데, 옥 목사는 자신이 주 강사가 되어 1982년부터 2009년까지 총 60편의 설교를 통해 복음을 증거하였고, 수많은 사람들이 그의 설교를 통해 예수 그리스도를 영접하였다. 그의 복음전도설교는 『문 밖에서 기다리시는 하나님』,[82] 『전도자』,[83] 『전도 프리칭』,[84] 『옥한흠 목사의 다시 복음으로』[85] 등의 책으로 출간되었다.

그의 전도설교는 크게 세 부분으로 구성되어 전개된다. 먼저, '죄'와 '내세' 등 모든 사람들에게 피할 수 없는 질문에 대해 성경을 근거해서 문제를 제기한다. 다음으로 인생의 근본적인 문제를 해결하신 유일한 구원자 되신 예수 그리스도를 소개한다. 그리고 마지막으로 예수 그리스도 안에 있는 인생의 복과 은혜에 대해 선포한다.[86]

우선 옥한흠 목사는 대각성전도집회에서 불신자들에게 설교할 때도 우리 인간이 가지고 있는 근본적인 문제를 성경에서 말씀하는 그대로, 가감하지 않고 전한다.[87]

---

81) 대각성전도집회는 두 가지 목적을 위해 기획되고 실행되었다. 우선은 기존 성도들에게 복음전도설교를 통해 복음의 감격과 대각성을 불러일으키는 것이었고, 다른 하나는 태신자들을 초청하여 복음을 전하는 것이었다.

82) 옥한흠, 『문 밖에서 기다리시는 하나님』 (서울: 국제제자훈련, 2012, 개정판).

83) 옥한흠, 『전도자』 (서울: 국제제자훈련, 개정판, 2004).

84) 옥한흠, 『전도 프리칭』 (서울: 국제제자훈련원, 2011).

85) 옥한흠, 『옥한흠 목사의 다시 복음으로』 (수원: 도서출판 은보, 2015).

86) 옥한흠, 『옥한흠 목사의 다시 복음으로』의 전체 구조는 이러한 옥 목사의 특징이 드러나도록 편성되었다.

성경을 보면 제일 많이 나오는 말이 '죄' 라는 말입니다. 그리고 '죽음' 이라는 말입니다. 또 '심판,' '피' 라는 말입니다. 전부 원색적인 용어입니다. 그래서 사람들이 거부반응을 일으킵니다. "죄, 죄!" 하고 "피, 피!" 하는데 누가 좋아하겠습니까? 그러나 이처럼 사람들이 거부 반응을 일으킬 그런 원색적인 용어들이 왜 성경에 자꾸 나오는가 하면, 나 자신이 그런 진단밖에 받지 못하는 처지에 있기 때문입니다. 그런데 이것을 사람들이 자꾸 거부하고 아니라고 합니다. 그러니 아니라고 거부하는 그 자체가 너무나 불쌍한 자기 잘못을 저지르고 있는 것입니다.

그 후에 예수 그리스도를 소개하면서 오직 예수 그리스도 만이 유일한 구원자라고 분명하게 선포한다.

예수님이 누구입니까? 예수님은 하나님입니다. … 예수님은 천지만물을 창조하신 분입니다. 예수님은 알파와 오메가입니다. 시작과 끝입니다. 모든 만유의 주가 되시는 분입니다. 그 분이 바로 예수님입니다. 그런데 그에게 어떤 변화가 일어났습니까? 하나님과 동등 됨을 취할 것으로 여기지 않으셨습니다. … 그래서 사람들과 같이 되었고 사람의 모양으로 오셨습니다. 우리는 이것을 놓고 예수님이 세상에 오셨다고 말합니다. … 오셔서 자기를 낮추시고 죽기까지 복종하셨습니다. 즉 십자가에 죽으셨습니다. 자기 죄 때문에 죽으신 게 아닙니다. … 그런데 왜, 누구 때문에 죽으셨을까요? 하나님의 말씀은 이렇게 대답합니다. 우리를 위해 하나님의 아들이 십자가에 죽으셨다고 대답합니다. 그 이유는 내게 죽어야만 하는 이유가 있었기 때문입니다. 나를 위해 그분이 대신 죽지 않을 수가 없었습니다. 그래서 십자가에 죽으신 것입니다. 만일 이 말씀이 마음에 와 닿으면 여러분에게 오늘 굉장한 일이 일어날 것입니다.[88]

---

87) 옥한흠, 『전도 프리칭』, 112.
88) 옥한흠, 『옥한흠 목사의 다시 복음으로』, 237-9.

기독교를 다른 모든 종교들 중의 하나로 생각하는 사람들이 있습니다. 종착점은 다 같은데 길이 다른 것이라고 말합니다. … 뭘 몰라서 그런 말을 하는 것입니다. 모르니까 '너도 좋고 나도 좋고' 하는 것이지, 진실을 알면 고집이 나옵니다. 다른 사람들이 가진 것은 가짜 보석 반지고 내가 가진 반지는 진짜 보석 반지라는 것을 알면, 누가 와서 "네 거나 내 거나 다 똑같은 거다"라고 말할 때 "내 반지는 진짜다"라고 고집하지 않겠습니까? 그것이 잘못되었다고 말할 수 있겠습니까? "종교는 다 하나다. 이름만 다르지 구원도 하나고 하나님이나 부처님이나 다 똑같은 신이다"하고 말하는 것은 몰라서 하는 얘기입니다.[89]

마지막으로 예수 그리스도를 믿는 자에게 오는 놀라운 행복과 기쁨에 대해 설명한다.

예수님을 믿으면 진짜 행복, 놀라운 행복을 얻게 됩니다. 예수 그리스도를 믿고 '내가 돌아갈 고향이 있구나. 나를 만드신 하나님이 계시는 그곳으로 갈 수 있게 되었구나' 하고 확실히 알게 되면, '내 모든 죄가 하나님 앞에 용서받았구나' 하는 것을 확신하게 되면, 나도 모르게 기쁨의 심애 솟아납니다. 불안하던 마음에 평안이 찾아옵니다. 사람들을 사랑의 눈으로 보게 됩니다. 내 앞에 있는 고통을 의미 있게 해석합니다. 지금까지 내가 자랑하고 집착했던 모든 헛된 것에서 자유로워집니다. 재산이 있어도 그 재산이 내 눈을 어둡게 하지 못합니다. 일순간의 쾌락에 나 자신의 인격을 던지지 않습니다. 이러게 사람이 바뀝니다. 의미 있는 인생을 살게 됩니다. 우리 모두 이런 삶을 발견하고 싶지 않습니까?[90]

옥 목사는 불신자들 뿐 아니라 성도들에게도 복음을 바로 전하기 위해서 최선을 다했다. 먼저 제자 훈련 과정에서도 복음의 핵심을 분명하게 짚고 넘어간다. 제자훈련 교재 2권의 '예수 그리스도는 누구신가'의 서론에

---

89) 옥한흠, 『전도 프리칭』, 193-4.
90) 옥한흠, 『옥한흠 목사의 다시 복음으로』, 30-1.

서 예수님에 대해 다음과 같이 소개한다.[91)]

예수님은 참 하나님인 동시에 참 사람이셨다. 그가 한 인격에 신성과 인성이라는 두 품격을 소유할 수 있었다는 것은 우리가 이해하기 대단히 어려운 진리다. 그러나 천지를 창조하신 하나님의 능력을 믿으면 전혀 어려운 문제가 아니다. 기독교 역사상 수많은 이단이 그리스도의 신성과 인성에 도전하여 일어났다. 우리는 이 진리가 대단히 중요하다는 것을 깊이 인식해야 한다. 왜냐하면 오늘도 많은 이단이 나타나고 있기 때문이다. 만일 예수 그리스도께서 신성과 인성 중 어느 한쪽을 가지지 않으셨다면, 그는 우리의 구원자로서 자격을 상실할 수밖에 없다. 예수님의 신성과 인성은 구원자로서의 절대 조건이다. 그러므로 우리가 어찌 그 진리를 믿고 방어하는 일을 소홀히 할 수 있겠는가?

또한 '제자 훈련 인도자 지침서'를 보면, 처음 사람 아담의 죄로 모든 인류가 죄를 지었으며, 타락한 인간에게 구원자가 절대적으로 필요하다고 강조한다.[92)]

인류의 시조 아담의 범죄로 전 인류가 범죄 하였다. 그러므로 의인은 한 사람도 없다. 아담은 인류의 대표였다. 그러므로 그의 범죄는 그가 대표하는 전 인류의 범죄였다. 모든 후손이 아담의 범죄에 동참하였다는 가장 좋은 증거는 인간으로 태어나는 사람이 전부 죄를 짓는 본성을 가지고 있다는 점이다. 타락한 인간은 자신의 힘으로 하나님을 만날 수 없고, 하나님이 원하시는 선을 행할 수 없다. 그러므로 인간은 구원자를 절대로 필요로 하는 존재다.

뿐만 아니라 평소 주일의 설교에서도 그는 복음적인 설교, 복음의 본질과 핵심이 드러나는 설교를 하였다. 그것은 주일 낮에 복음의 핵심과 본질

---

91) 옥한흠, 『제자훈련 교재 Ⅱ: 아무도 흔들 수 없는 나의 구원』, 27.
92) 옥한흠, 『제자 훈련 인도자 지침서』 (서울: 국제제자훈련원, 1999), 132.

에 대해 가장 자세하면서도 분명하게 말씀하는 '로마서'와 예수님에 대해 가장 분명하게 알려주는 '요한복음'을 오랫동안에 걸쳐 연속 강해하는 것을 통해 확인할 수 있다. 옥 목사는 로마서 강해에 대해서 이렇게 의미를 부여한다.[93]

놀랍게도 오늘날 복음을 들어야 할 자들이 교회 안에 너무 많다. 복음을 제대로 배우지 못한 자들, 구원의 감격을 한 번도 깨닫지 못한 자들, 들어도 감각이 없는 자들, 심지어 잘못된 복음에 익숙해 있는 자들이 어디 한 두 명인가? 이런 자들은 로마서를 펴들고 자신의 죄인 됨을 실감나게 볼 수 있어야 한다. 십자가의 예수 그리스도를 더 가까이 가서 만나야 한다. 믿음의 능력이 얼마나 위대한가를 발견해야 한다. 하나님의 무궁한 사랑에 자아가 온통 침몰하는 체험을 해야 한다. 성령께서 길어 올리는 시원한 생수로 메마른 심령이 물댄 동산으로 바뀌어야 한다. 이러한 은혜 없이 답답하고 목이 타는 영혼이 어디에 가서 힘을 얻을 수 있겠는가? 이 병든 세대를 무슨 방법으로 치료할 수 있겠는가?

또한 요한복음 설교집을 출간하면서도 다음과 같이 소회를 밝힌다.[94]

예수를 처음 믿게 된 형제들 가운데 나를 찾아와 성경 중에 어느 것을 먼저 읽는 것이 좋으냐고 묻는 분들이 종종 있는데, 그 때마다 나는 주저하지 않고 요한복음을 권한다. 내가 요한복음을 사랑하는 탓도 있지만, 더 큰 이유는 요한복음을 펼 때마다 살아 계신 하나님의 아들 예수 그리스도의 생생한 음성을 들을 수 있기 때문이다. 요한복음에는 어느 복음서보다 더 풍성한 예수님 자신의 육성이 기록되어 있다. 그 음성을 듣고 그의 영광을 보게 되면 그를 믿지 아니할 자가 없다. 이것이 '믿는다'는 말을 백여 번이나 반복하고 있는 이유가 아닌가 싶다. … 요한복음을 파면 예수님이 개인적으로 만나 주

---

93) 옥한흠, 『로마서 강해 I(서론): 아무도 흔들 수 없는 나의 구원』 (서울: 국제제자훈련원, 1993), 8.
94) 옥한흠, 『요한이 전한복음 I(서론)』, 7-8.

제6부 하나님 중심적 설교 모델 _ 951

신 몇 사람들의 이야기가 우리의 심금을 울린다. 니고데모, 수가 성의 여인, 베데스다의 병자, 간음하다 잡힌 여인 등 이들은 모두 오늘을 사는 우리 자신들을 투영하는 거울이다. 지금도 우리 주변에는 이들처럼 예수님을 통하여 절망과 죽음에서 소망과 생명의 세계로 나아가야 할 자들이 얼마나 많은가?

그리고 그는 요한복음 강해의 첫 번째 설교에서 다음과 같은 간절한 소원을 표현한다.[95]

다시 한 번 이렇게 기도합니다. "주여, 주님의 영광을 보여 주옵소서, 내 눈을 열어 하나님의 영광을 다시 보여 주옵소서." 그 영광을 보기만 하면 당신 영혼의 질병은 모두 사라질 것입니다. 그 영광을 볼 때마다 세상의 헛된 영광에 취해 있던 당신 마음이 하늘의 영광의 빛으로 가득하게 될 것입니다. 예수 그리스도가 하나님이신 것을 보는 눈만 열리면 당신 마음을 짓누르고 있던 모든 근심과 걱정이 사라질 것입니다. 주의 영광을 보는 사람은 그분 앞에 무릎 꿇고 생을 주님 앞에 기쁨으로 드릴 것입니다. 주님의 영광을 보는 사람은 자신의 직업이나 가정도 주님의 것이라고 고백할 것입니다. 주님의 영광을 보는 사람은 세상의 어떤 기쁨이나 행복에 마음을 쉽게 빼앗기지 않을 것입니다.

그런데 그는 복음을 제대로 전하기 위해 설교자는 무엇보다도 하나님의 은혜와 복음에 대한 감격이 있어야 한다고 강조한다.[96]

제가 안식월 갖게 된 이유 중 하나는 육신의 문제 때문이었습니다. 그러나 더 중요한 이유는 영적인 탈진을 경험하게 되면서 구원의 감격과 기쁨이 메말라 버린 데 있습니다. 그러한 상태에 이르면 주님의 은혜로 구원받았다, 주님을 위해 부름 받았다는 긍지가 아무 것도 아닌 것이 됩니다. 즉 아주 극단

---

95) 옥한흠, 『요한이 전한복음 Ⅰ(요 1:1-18)』, 26.
96) 옥한흠, 『목사가 목사에게』, 25.

적인 상황에까지 빠지게 됩니다. 처음에는 구원받은 감격의 엔진이 꺼지게 됩니다. 하지만 사역자에게 있어서 이것만은 절대로 잃어서는 안 됩니다. 구원의 감격 없이 도대체 무엇을 가지고 사역할 수 있겠습니까? 교인들 앞에서는 얼마든지 아무렇지 않게 설교할 수도 있고 열정을 발할 수도 있지만, 구원의 감격에 대한 엔진이 꺼진 상태에서 과연 무엇으로 사역할 수 있겠습니까? 제 경우 부교역자로 사역한 7년간 한 번도 이 엔진이 꺼진 적이 없었습니다. … 만일 먹고 살기 위해 이 일을 한다고 생각한다면 이 엔진은 금방 꺼지고 말 것입니다. 다행히 저는 그런 생각으로 목회한 적이 없었습니다. 이 얼마나 감사한 일인지 모릅니다. 하나님께서 은혜를 주셨기 때문에 항상 기쁨과 감사가 있었습니다.

이런 이유 때문에 옥한흠 목사는 성경 본문에 근거하지 않는 설교 또는 복음의 본질에 벗어난 설교를 향해서는 아주 격하게 비판한다. 그 대표적인 예가 미국 레이크우드교회의 조엘 오스틴 목사의 설교인데, 옥 목사는 그의 설교는 설교가 아니라고 단호하게 말한다.[97]

오스틴 목사는 설교를 하는 것이 아닙니다. 그는 그것을 설교라고 할지 몰라도 적어도 제가 보기엔 설교가 아닙니다. 무엇보다도 그의 설교에서 성경적인 근거를 찾을 수 없습니다. … 성경에서는 하나님을 모르는 사람의 자아를 철저하게 부정하고 있습니다. 그런데 그것을 무시하고 '당신들이 긍정적으로 생각만 하면 된다' 고 무조건 치켜세우는 것은 성경의 뿌리를 완전히 뽑는 것과 마찬가지입니다. … 그러나 중생과 관계없는 모든 사람에게 긍정적인 메시지만 전하는 것은 탈선입니다. … 그런데 오스틴 목사의 설교에서는 내가 하나님이 되어버립니다. 포스트모던 시대의 전형적인 설교 스타일이지요. 내가 믿는 대로 뭐든지 된다고 하잖습니까? 그것 사람입니까? 전지전능한 하나님이지. … 그것은 성경적인 설교가 아닙니다.

---

97) 이태형, 『두려운 영광』, 31-2.

이와 같이 옥한흠 목사는 복음의 본질과 핵심을 가감 없이 그대로 전했기 때문에 조직신학자 이승구는 옥한흠 목사 설교의 가장 중요한 특징을 "복음적인 설교"라고 평가하였다. 그러면서 좀 더 구체적으로, "성경과 기독교의 기본적 교리를 잘 드러내는 설교," "복음에 근거한 소명감을 강조하는 설교," 그리고 "복음전도적인 설교"라고 설명하였다.[98] 특히 옥목사가 칼빈주의 5대 교리에 대해 강조하는 것을 언급하면서, "그는 단순한 복음주의가 아닌 참으로 구원론적으로 개혁파적인 복음주의를 주장하고 있음을 잘 알 수 있다"고 부언하였다.[99]

3) 사회적 삶과 책임의 강조

옥한흠 목사는 성경에 근거하여 하나님의 뜻을 드러내며 복음 선포에 우선순위를 두고 설교했지만. 목회철학과 제자훈련의 목적에서 강조되는 것처럼, 그의 설교는 단지 전도나 교회 생활의 범주에서 머물지 않았다. 그는 성도는 세상으로 보냄 받은 그리스도의 제자로서 빛과 소금이 되는 사회적 삶을 살아야 하고, 사회적 책임을 감당해야 할 의무가 있음을 힘주어 강조하였다.

흔히 기독교를 변화의 종교라고 말한다. 실제로 기독교의 역사는 변화된 사람들의 역사이다. 스데반을 돌로 쳤던 바울은 예수님을 만난 후 유럽을 변화시켰고, 말씀에 사로잡힌 루터는 종교적인 타락이 절정에 이른 중세의 암흑기를 밝힌 횃불이 되었다. 이처럼 역사를 변화시킨 기독교의 역사는 소수의 위대한 신앙 영웅들에게만 제한되지 않는다. 오늘날 세계 최강국으로 자리매김을 하고 있는 미국을 보면, 이름도 빛도 없이 사라져 간 소수의 헌신된 청교도들에게 그 뿌리를 두고 있음은 누구나 다 아는 사실이다. 이처럼 역사를

---

98) 이승구, "옥한흠 목사의 설교에 대하여," 205-14.
99) 이승구, "옥한흠 목사의 설교에 대하여," 209.

변화시키고 세상을 변화시키는 능력은 예수님을 만난 사람 그 누구에게든지 부어지는 전천후 은혜이다.[100]

참된 기독교는 개인적인 종교로서의 역할과 공적인 종교로서의 역할을 균형 있게 감당해야 합니다. 어느 한 쪽으로만 치우쳐 버리면 그것은 참 기독교가 아닙니다. 개인적인 종교로서의 기독교는 나 하나만 구원받으면 된다고 생각 합니다. 내가 구원받고 나의 소원이 이루어지는 것으로 만족하는 것입니다. 어느 신학자는 이것을 가리켜 '실리적인 개인주의'라고 했습니다. … 기독교 는 공적 책임을 가진 종교라는 것을 기억해야 합니다. 공적 책임이란 정의를 외치고 약한 자와 억눌린 자 편에 서서 하나님의 공의를 세우는데 앞장서는 것을 말합니다. 사회가 도덕적으로 타락했다면 교회가 그 타락의 환부를 끌어안고 치유하기 위해 애써야 한다는 것입니다. 그러나 안타깝게도 얼마나 많은 그리스도인들이 이러한 공적 책임을 도외시한 채 자기만을 위한 종교에 몰두해 있는지 모릅니다.[101]

하지만 하나님의 백성들이 제대로 사회적 사명을 감당하지 못하는 오 늘날 모습을 보며 탄식한다.

길을 가든지, 차를 타든지, 심지어 잠을 잘 때조차도 좌우에 있는 네 명 중 한 명은 기독교인이라고 여겨지는 우리나라에서 어디 하나 썩어서 냄새나지 않은 곳이 없다는 현실은 도대체 어떻게 된 일인가? … 그렇다면 가는 곳마 다 거침없이 그 사회와 역사를 변화시켜야 할 기독교는 우리 사회의 어디에 있으며 빛과 소금이어야 할 기독교인은 어디에 있는가?[102]

그러면서 하나님의 백성들이 감당해야 할 사회적 책임의 다양한 부분 문제에 대해서 구체적이고 실제적인 방법들을 언급했다. 우선 기독교인들

100) 옥한흠, 『희망은 있습니다』 (서울: 국제제자훈련원, 2009), 4.
101) 옥한흠, 『희망은 있습니다』, 13-4.
102) 옥한흠, 『희망은 있습니다』, 5.

은 북한 문제에 대해서 관심을 가져야 한다고 강조하였다.[103]

현대인들의 가장 두드러진 특징 하나를 들라면 무관심을 들 수 있을 것입니다. 사람들은 자기밖에 모르는 이기적인 동물들이 되어 버렸습니다. 자기에게 피해가 없는 일이면 남의 일처럼 생각하고 아무런 관심도 안 가지는 것입니다. … 북한에서 수많은 남녀노소들이 굶주려 죽어 가고 있다는 말을 듣고도 무관심 할 수 있다면 그는 하나님의 자녀라고 말할 수 없을 것입니다. 우리는 자기밖에 모르는 이 무서운 세대를 본받아서는 안 됩니다. 북한 사람들의 처지를 자신의 문제처럼 생각해야 하는 것입니다.

또한 노사 간의 분쟁에 대해 언급하면서, 부자 그리스도인의 사회적 의무에 대해서 강하게 촉구했다.[104]

구로공단에 있는 모 전자회사의 예를 듭니다. 작년 9월 12일부터 노사분규가 일어나서 교계와 사회에 물의를 많이 빚었습니다. 그 회사의 회장과 사장이 믿음이 좋다는 권사요, 장로로 있기 때문에, 그리고 그 회사를 설립한 목적도 하나님의 복음을 전하기 위한다는 선교의 구실을 내세웠기 때문에 우리 교계의 비상한 관심을 집중시킨 하나의 노사분쟁이라고 할 수 있습니다. 저는 어느 쪽을 두둔하고 싶지는 않습니다. 그러나 … (이 회사는) 매일 아침 근로자들을 40분 먼저 출근시켜서 아침마다 강제로 예배를 드린다고 합니다. 그리고 그 예배를 통해서 범사에 감사하고, 열심히 일하라는 식으로 항상 근로자들을 가르치고, 설득한다고 합니다. 분명히 여기에 어딘가 잘못되어 있다는 것을 우리는 봅니다. 회사의 예배도 사주가 덕을 세우면서 예배를 드려야, 그 예배가 근로자들에게 무엇인가 호소력이 있지, 그런 상황에서 아침마다 예배를 드리는 것은 기독교를 그야말로 어떤 면에서는 모욕하는 것이고, 예수의 이름을 어떤 면에서는 땅에 짓밟는 일이나 다름이 없습니다. 이 회사의 근로자들이 지난 9월 12일부터 분규에 들어가서, 겨울을 거치면서 6개월 이상을

---

103) 옥한흠, 『희망은 있습니다』, 235.
104) 옥한흠, 『희망은 있습니다』, 210-1.

그들은 어려운 상황에서 서로 대결을 했습니다. 회사에서 수십 명이 집단으로 쫓겨 나와서 밖에서 텐트를 치면서 그들은 자기들의 모든 악조건을 개선해달라고 사주에게 하소연을 했던 것입니다. 그러다가 몇 달 동안 월급도 못받고, 추운 데서 떨고 하니까 너무 사정이 어려워서, 이 회사가 예수 믿는 사람의 회사라고 하니까 아마 뜻이 있는 교회에 특별히 젊은 대학생들, 청년들이 모이는 교회에 서신을 보내서 자기들을 경제적으로 좀 도와달라는 이야기를 한 것 같습니다. 그 서신이 우리 교회 대학부에 날라 왔습니다. … 가진자는 가진 자답게 솔직해야 합니다. 그리고 자기의 의무를 감당해야 합니다. 자기의 몫을 조금이라도 더 줄이고, 근로자들의 복지시설도 좀 개선해주고, 처우 개선도 단 100원이라도 성실하게 더 책임져 준다면 이런 고통, 이런 갈등, 이런 충돌에서 오는 아픔을 우리가 조금이라도 더 감소할 수 있다고 봅니다.

옥 목사는 국가가 잘못된 길로 가고 있을 때에도 교회는 바른 말을 해야 한다고 강조한다.[105]

그러므로 우리가 이 나라를 사랑한다면 죄로 인해서 망하지 않도록 죄를 막아야 합니다. 권력을 가진 자들이 죄에서 떠날 수 있도록 바른말을 해야 합니다. 그들을 하나님 앞으로 인도하여 결과적으로 모든 정치가들이 선한 양심을 가지고 국정에 임하게 만들어야 합니다, 이것이 오늘날 교회가 감당해야 할 책임입니다.[106]

환경문제에 대해서도 우리 기독교인들이 책임을 다해야 한다고 강조한다.

---

105) 옥한흠, 『희망은 있습니다』, 64.
106) 하지만 박응규("한국 교회를 깨운 옥한흠의 설교 세계," 91)는 옥한흠 목사의 이러한 외침과는 달리 옥한흠 목사를 비롯한 대부분의 보수적인 목사들은 군사정권하에서 위정자들의 죄악에 대해 선지자적으로 외치는 데에 소극적이었음을 부인할 수 없다고 평가했다.

우리나라만큼 환경 파괴를 예사로 하는 나라가 또 있는지 모르겠습니다. 우리 민족만큼 후손의 내일을 걱정하지 않는 무감각한 백성이 또 있는지 모르겠습니다. 매사에 '나 하나 잘 살다 가면 그만' 이라는 식의 의식이 밑바닥까지 팽배해 있습니다. … 하나님이 만약에 지금 성경을 쓰신다면 이 말을 반드시 첨가하실 것 같습니다. '먼저 하나님을 사랑하라. 둘째는 네 이웃을 네 몸과 같이 사랑하라. 셋째는 자연을 네 몸과 같이 사랑하라.' 틀림없이 삽입할 것 같습니다.[107]

하나님께서는 우리에게 하나님의 소유인 피조물을 관리할 막중한 책임을 맡기셨습니다. 우리가 하나님께서 원하시는 대로 이 책임을 잘 감당하기 위해서는 무엇보다 자연을 사랑하는 마음을 가져야 합니다. 다소 불편하고, 덜 깨끗하다 해도 절제할 것은 절제합시다. 그럴 때 환경오염이 그만큼 줄어들 것입니다. 그리고 환경을 오염시키는 자들을 감시하고 자녀들을 철저히 교육합시다. 사람을 구원하는 일만 하나님의 일로 생각해서는 안 됩니다. 하나님께서 애초에 인간을 만드실 때 자연을 경작하고 관리하게 하고자 하신 것이라면 비록 저주받은 땅이라 할지라도 잘 관리하고 보존해야 할 책임이 우리에게 있는 것입니다.[108]

어딘가 예수 믿는 사람의 사고방식이 잘못되어 있는 것입니다. 자연 보호를 위해, 그 자리에서 기도하는 다른 사람들을 위해 지저분한 것을 깨끗이 치워야 하지 않겠습니까? 정말 세계의 구원을 위해 기도한 사람이라면 쓰레기 하나라도 안 버려서 자연을 해치지 말아야 하고, 이웃을 불쾌하게 하는 일은 하지 말아야 할 것입니다. 우리가 사소한 일 하나하나에까지도 하나님께 드리는 봉사의 의미를 담고 살아야 하는데 그렇지 못하다는데 문제가 있는 것입니다. 쓰레기를 줄이는 것도 하나님께 산 제사요, 전기를 아끼는 것도 이웃

---

107) 옥한흠, 『산상수훈 강해설교 I: 빈 마음 가득한 행복』 (서울: 국제제자훈련원, 2001), 215-6.

108) 옥한흠, 『희망은 있습니다』, 256-7.

을 위하고 나라를 위하는 봉사가 된다고 생각하고 이 일들에 앞장서 주기 바랍니다.[109]

정리하면, 옥한흠 목사는 성경적인 교회를 강조하였고 복음의 핵심과 본질에 위에서 그리스도인의 사회적 삶과 책임에 대해 누구보다도 많은 관심을 가졌던 균형 잡힌 설교자였다. 그의 간곡한 권면에 우리는 귀를 기울여야 한다.[110]

이 병든 사회를 치료하고 이 나라를 위기에서 구할 수 있는 길은 우리 예수 믿는 사람들이 부패한 사회에서 그 영향력을 강화하는 방법 외에는 다른 길이 없다. 우리가 더 밝은 빛이 되고, 더 짠맛을 내는 소금이 되는 길 외에는 결코 파멸적 쾌락에 찌든 이 사회를 살아나게 할 수 없다. 우리 그리스도인들이 바로 살아야 세상은 바뀐다.

4) 들리는 설교

옥한흠 목사가 설교에 있어서 중요하게 여겼던 또 한 가지는 '들어주는 설교'가 아니라, '들리는 설교'라야 된다는 것이다. 그러면 그에게 있어서 들리는 설교란 어떤 설교인가? 그는 들리는 설교란 '예화 등을 통해 단순히 재미있게 하는 설교'를 말하는 것이 아니라, '적절성이 있는 설교,' 또는 '청중들이 자신에게 하는 말씀으로 관심을 갖게 하는 설교'를 의미한다고 했다.[111] 그러니까 청중의 입장에서 '또 그 소리' 하면서 귀

109) 옥한흠, 『로마서 강해 II(롬 12:1-2): 아무도 흔들 수 없는 나의 구원』, 140.
110) 옥한흠, 『희망은 있습니다』, 6-7.
111) 류응렬, "한국의 명설교가 시리즈 3 - 설교가 하나님의 말씀으로 들리게 하십시오," 『그말씀』, 통권 215호(2007/5), 7-8; 옥한흠, 『제자훈련 열정 40년』, 184-7.

를 막는 설교가 아니라 반복되는 내용이지만 새롭게 들려야 한다는 것이다.[112] 옥 목사 자신도 타인의 설교를 들을 때 가만히 있어도 마음에 깊이 들어오는 설교가 있는 반면, 귀에 안 들어오는 설교가 있다고 하였다.[113] 그의 말들을 들어보자.

진짜 살아 있는 설교는 영적으로 캄캄한 사람이 아니라면 어떤 마음으로 앉아 있든지 예배에 나온 사람에게 들려야 합니다. … 적절성을 중요하게 생각하는 설교자는 '무엇을 전할 것인가'도 중요하게 생각해야 하지만, 설교를 듣는 청중이 어느 자리에 있는 사람인지를 깊이 고찰하는 눈을 갖고 있습니다. 그래야 그 사람들의 형편을 알 수 있기 때문입니다. 그 사람들의 형편을 알면 그들에게 맞는 설교를 찾을 수 있습니다. 그런 메시지가, 듣는 사람의 마음을 회복케 합니다. '설교의 적절성'이란 말은 오랜 강단의 경험을 통해 중요하다고 느껴졌습니다.[114]

설교가 들리느냐 들리지 않느냐는 전적으로 설교자에게 달려 있습니다. 같은 음식이라도 아이들이 잘 먹느냐, 아니면 몇 번 먹고 숟가락을 놓느냐는 어머니의 손에 달렸습니다. 설교도 똑같습니다. 청중이 설교를 듣지 않으려 해도 귀에 들어오는 설교를 해야 합니다. 어려운 작업이지요. 서론과 본론, 결론을 잘 처리한다고 해서 되는 게 아닙니다. 본문의 주석을 잘 했다고 해서 들리는 것도 아닙니다. 멋진 웅변조로 전달했다고 들리는 것도 아닙니다. 귀에 들리도록 설교를 하는 것을 '설교의 적절성'이라고 하는데, 여기에 도달하기 위해선 설교자가 반드시 해산의 수고를 해야 합니다.[115]

실제로 옥한흠 목사는 들리는 설교를 위해 최선을 다해 수고했다고 고백한다.[116]

---

112) 옥한흠, 『제자훈련 열정 40년』, 185.
113) 류응렬, "한국의 명설교가 시리즈 3," 7.
114) 류응렬, "한국의 명설교가 시리즈 3," 7.
115) 이태형, 『두려운 영광』, 24-5.

설교를 마치면 성도들로부터 '어떻게 제 사정을 족집게처럼 알고 말씀을 전해주셨나요?' 하는 소리를 자주 듣습니다. 또 많은 성도들이 '목사님은 주일마다 꼭 내게 필요한 말씀을 전해주신다' 는 말을 합니다. 살아가는 처지가 다른 많은 청중들이 각기 오늘 설교가 나를 위해 준비되었다고 여긴다면 그 설교는 들리는 설교라고 할 수 있겠지요. 사실 그렇게 들리는 설교를 하기까지 남모르는 노력을 엄청 했습니다. 설교문을 피드백 받아보면 '여기에 손이 가야겠구나' '이 부분은 너무 딱딱하다' '이 부분은 너무 진부하고 현실감이 부족하다' 등 여러 가지 것이 느껴집니다. 그렇게 취약하게 느껴지는 부분을 다시 바꾸는 노력을 하지요. 생각에서 그치는 게 아니라 실제로 바꿔야 합니다. 문장이 부족하면 문장을 다듬고, 예화가 부족하면 예화를 고쳐야 합니다. 전체 흐름이 딱딱하면 흐름을 바꿉니다. 설교문 한 편을 쓰는 데 열 번 이상 바꾸는 경우도 있습니다. 한 편의 주일설교를 위해 일주일 내내 작업을 하는 겁니다. 원고 쓰랴, 피드백 하랴, 다시 원고 쓰랴 … 이것이 어떻게 쉬운 작업이겠습니까? 설교를 쉽게 만드는 사람들이 볼 때는 '웃긴다' 고 하겠지요.

옥한흠 목사는 또한 '들리는 설교' 를 위해 하는 설교준비가 끝난 후에는 반드시 청중의 자리에 앉아서 청중의 입장에서 들으려고 하는 노력하였다고 한다.[117]

설교자가 시장 상인, 가정주부, 고위직 등 수많은 청중의 위치에 앉아서 준비한 메시지를 들어야 합니다. 그래서 자신이 전하는 메시지를 그 사람들이 어떻게 받아들일까 생각해야 합니다. 그들의 위치에서 피드백을 하는 것이지요. 이것은 상당히 고차원적인 노력입니다. 신앙생활을 오래하지 않은 사람들이 자신의 설교를 얼마나 알아들을까도 점검해야 합니다. 아무튼 설교자로서 청중의 입장에서 들으려고 노력 하는 시간이 필요하다는 말입니다.

---

116) 이태형, 『두려운 영광』, 25-26.
117) 이태형, 『두려운 영광』, 25.

쉽게 설교 준비를 하지 않고 이렇게 노력하고 수고하는 것을 가리켜 옥한흠 목사는 '성육신 원리' 라고 표현한다.[118]

쉽게 설교를 준비하려고 하지 마세요. 성육신의 원리를 체득 하세요. 이것 굉장히 중요합니다. 예수님은 하나님 우편에 앉아서 우리에게 복음을 들려주시지 않았어요. 그는 직접 찾아 오셔서 우리와 똑같은 모습을 입으시고 우리가 입는 옷, 우리가 신는 신 똑같이 신으시고 우리가 서 있는 자리에서 말씀 하셨어요. 이게 성육신이예요. 설교자는 내려앉아야 됩니다. 청중이 있는 자리에 서야 해요. 눈높이를 맞춰야 돼요. 이게 설교입니다.

또한 들리는 설교를 위한 자신의 노력에 가장 큰 도움이 되었던 것은 역시 제자훈련이었다고 고백한다.[119]

작은 모임에서 정기적으로 만나는 평신도들과 말씀의 은혜를 나누다 보니 그들의 언어를 이해하게 되었고, 그들이 잘 들을 수 있는 설교가 되려면 그 내용을 어떤 식으로 전개하는 것이 좋은지를 자연스럽게 터득할 수 있었다. 그리고 그들의 영적 수준을 정확히 진단할 수 있는 능력을 키우기도 했다. 따라서 제자훈련에서 얻은 여러 가지 이점 때문에 나의 설교에 많은 변화가 일어난 것은 말할 나위도 없다. 그들을 알고 하는 설교는 잘 모르고 하는 설교보다 그들의 귀에 더 잘 들리게 마련인 것이다. 수천 명이 한자리에 앉아서 똑같은 설교를 들으면서 '나를 두고 하는 말씀' 이라는 깨달음이 일어난다는 것은 성령의 초자연적인 역사임에 틀림없지만, 한편으로는 설교자가 들리는 메시지를 전했기 때문에 일어나는 기적이다.

뿐만 아니라 저자는 옥 목사의 설교가 들리는 설교가 되었던 것은 탁

---

118) 옥한흠, "목회자와 설교," 346.
119) 옥한흠, 『제자훈련 열정 40년』, 186-7.

월한 보조 자료(대표적으로 예화)의 사용이라고 생각한다. 그는 본문에 충실하고 본문을 설명하는데 많은 시간을 배분했지만, 다양한 내용의 보조 자료들을 적절하고 효과적으로 사용하는데도 심혈을 기우렸다.[120] 학자들은 흔히 예화를 청중을 본문과 연결시키는 창이라고 한다. 다시 말해, 예화는 하나님의 말씀을 우리의 신앙과 삶에 구체적이고 실제적으로 연결해 주는 역할을 한다는 것이다. 그러한 관점에서 볼 때 옥한흠 목사의 설교가 많은 사람들에게 감동을 주고, 그들로 하여금 삶을 바꾸게 만드는 하였던 비결 가운데 하나는 예화와 적용이 본문의 설명과 균형을 이루고 있기 때문이라고 할 수 있다.[121] 실제로 옥 목사는 자주 설교에 있어서의 균형을 강조하였다. 권성수 목사와의 인터뷰에서도 "21세기 설교자는 어떠해야 한다고 생각합니까?"의 질문에 다음과 같이 대답하였다.[122]

하나님 말씀의 권위를 회복해야 합니다. 너무 많은 설교자들이 잔꾀를 부립니다. 사람들을 울거나 웃게 만들면 은혜를 전했다고 생각합니다. 사람들을 즐겁게 하는 전략을 버리고 살아 계신 하나님의 살아 계신 말씀의 참된 권위를 회복해야 합니다. 동시에 평신도의 세계로 내려가야 합니다. 그들의 이해의 틀을 파악하고 그들의 삶의 방식을 알아야 합니다. 위대한 메신저는 하나님의 권위 있는 말씀을 소유한 사람만이 아니라 자신을 교인들의 삶의 패턴으로 성육하는 종의 모습입니다. 하늘의 구름 위에서 내려다보는 사람이 아닙니다. 한국의 목회자들이 이런 면에서 교인들과 관련을 맺지 못하면 21세기에는 살아남지 못할 것입니다.

이상에서 본 바와 같이 옥한흠 목사는 '들리는 설교'란 개념을 통해

---

120) 이승구("옥한흠 목사의 설교에 대하여," 226-31)는 옥한흠 목사가 얼마나 다양한 예화들 사용하였는지를 구체적으로 제시하면서, 이러한 옥 목사의 설교를 '연구하는 설교'라고 평하였다.

121) 실제로 옥 목사는 자주 설교에 있어서의 균형을 강조하였다. 예를 들어, 권성수 목사와의 대담에서도

122) 권성수, 『성령설교』, 469.

서 단순이 이론적이고 추상적인 설교나 막연하고 하늘의 뜬 구름 잡기 식의 설교가 되서는 안 된다는 것을 피력하였다. 대신에 청중의 삶이 반영된 구체적이고 실제적인 적용이 포함되는 설교를 위해 설교자가 부단히 노력해야 함을 강조하였던 것이다.[123]

5) 강하게 결단을 촉구하는 설교

옥 한흠 목사 설교의 또 하나의 특징은 강하고 직설적으로 결단을 촉구하며 도전하는 설교라는 것이다. 옥 목사는 한국 교회가 점점 미국 이민 교회를 닮아가는 것에 대해 매우 안타깝게 생각하였다.[124]

오늘날 교회 강단마다, 교회마다 너무 현실적으로 아부하는 하나냐 같은 그런 선지자들이 많이 있어요. 많은 사람들이 평안을 요구합니다. 미국 같은 경우는 더욱 그래요. 이민 생활이 너무 괴롭고 텐션이 많고 너무 지치니까 교회 가면은 무조건 토닥토닥 두들겨주기만 합니다. … 그러한 현실적인 욕구를 메꾸어 주지 못하는 목사는 자격 없는 목사입니다. 많은 교역자들이 죄 문제는 이야기하지 않습니다. 왜? 죄 이야기하면 교인들이 싫어하기 때문에 죄 이야기 안 합니다. 여러분 병원에 가서 칼을 가지고 상처를 째지 않고 어떻게 그 상처를 고칩니까? 성경의 법칙은 축복받기 위해서는, 그 마음이 불안이 사라지기 위해서는, 그 마음에 고독이 사라지기 위해서는, 그 마음의 진정한 평화를 얻기 위해서는 진짜 하나님 앞에 해결해야 될 것을 째서 뽑아내야 됩니다. 아파도 수술해야 됩니다. 그 다음에 평안이 옵니다. 그런데 사람들은 그것을 덮어두고 상처만 치료해 달라고 합니다. 거기에 부응해서 많은

---

123) 김대조는 존 스토트와 옥한흠 목사의 로마서 강해 설교를 비교 연구 한 후에 스토트의 장점은 '본문의 의미를 드러내는 성실함'이요, 옥 목사의 탁월한 부분은 '본문의 구체적 적용과 청중의 변화를 위한 깊은 열정'이라고 평가하였다. 김대조, "John Stott와 옥한흠의 강해설교에 대한 비평적 비교−로마서 설교를 중심으로,"「설교한국」1(2009), 81-112.

124) 옥한흠, 『옥한흠 설교전집 1』(수원: 은보, 2016), 39.

목사들이, 많은 종들이 교회 안에서 달콤한 이야기로 그저 등허리만 두들겨 줍니다. 현실적인 믿음, 이런 현실적인 믿음. 우리 이거 고쳐야 됩니다.

또한 균형을 잃어버린 한국 교회 강단에 대해서도 심각한 우려를 표명하였다.[125]

한국 교회 강단의 가장 심각한 문제 가운데 하나가 불균형입니다. 성도들이 말씀을 편식하는 겁니다. 편식하게 만든 주범은 설교자입니다. 오늘을 사는 크리스천들이 영적으로 제대로 살기 위해선 듣기 싫지만 들어야 하는 것들이 참 많습니다. 그런데 한국 교회 강단에서 그런 내용들이 제대로 선포되지 못하고 있습니다. … 그저 교인들에게 전하기 쉽고, 전할 때 분위기 좋은 말만 하는 겁니다. 그러나 그런 메시지만 선택하니 강단이 균형을 잃어버리게 되는 겁니다.

그래서 옥 목사는 때로는 거북하고 때로는 부담스러웠을지라도 성도들이 성경에서 말씀하는 진정한 그리스도인의 모습을 보이지 못하고 있음을 강하고 직설적으로 지적하며 결단을 촉구하였다.

이 시간, 주님은 우리에게 두 가지 질문을 하십니다. "너에게 그치지 않는 고통이 있는가?" "너의 형제, 너의 동족을 위한 눈물이 있는가?" 이 질문을 받고 당신은 무엇이라고 대답하시겠습니까? 바울처럼 양심적으로 대답해 보기 바랍니다. 아직도 남편이 믿지 않습니까? 아직도 부모가 예수를 모릅니까? 아직도 이웃이 예수 믿지 않습니까? 아직도 직장 동료가 예수 믿지 않습니까? 그런데 당신 혼자서만 구원받았다고 기뻐합니까? 만약 그렇다면 주님은 당신을 가증스럽게 보실지도 모릅니다. 나 혼자만 구원받아서는 이 땅에서도 행복할 수 없습니다. 우리는 다 같이 구원받아야 천국의 기쁨을 누릴 수 있습니다. 아직도 안 믿는 사람을 보아도 가슴에서 아픔이 저려 오지 않는다면

---

125) 이태형, 『두려운 영광』, 29.

북극의 빙산이 얼어붙은 그 마음을 녹여 달라고 하나님 앞에 기도하시기를 바랍니다.126)

여러분이 아들에게 마음을 많이 두고 있습니까? 아들을 하나님 앞에 드리세요. 여러분, 사업에 많은 마음이 가 있습니까? 사업을 아예 하나님 이름으로 명의 변경 해버리세요. 무슨 말인지 여러분들이 이해하실 겁니다. 여러분 앞으로의 어떤 꿈이, 어떤 출세가 여러분의 마음을 사로잡고 있으면 아예 그 꿈, 아예 그 비전을, 아예 그 모든 소망을 하나님에게 완전히 등기 등록 해버리세요. 그렇게 해서 "하나님 이것은 당신의 것입니다!" 하고 전부를 바치고 그 다음에 내가 그것을 위해서 하려고 할 때 하나님이 내 마음을 깨끗하게 해주시고 나에게 축복해주시지, "이거는 내 것입니다. 하나님!" 하고 꽉 붙들고 있는 사람은 비록 축복을 받았다고 하더라도 그것은 나중에 썩어요. 마음이 썩어요. 그래서 하나님이 이삭을 갖다가 바쳐라. 그 사랑하는 100세에 얻은 아들을 그거 바쳐라. 아브라함이 그대로 실천했죠.127)

우리 주변에 유대인처럼 잘못된 열심에 빠진 사람들이 너무 많습니다. 부지기수라고 할 수 있습니다. 그러므로 하나님께서 오늘 말씀을 통해 우리에게 물으십니다. "이 잘못된 열심에 빠져 있는 너희 동족을 구원하기 위해 바울처럼 고통하고 있느냐? 아니면 비판하고 욕하고 비웃기만 하느냐?" 이 질문에 당신은 무엇이라고 대답하시겠습니까?128)

사회가 왜 이 모양이냐고 한탄하지 말고, 누가 젊은이들의 정신을 이렇게 병들게 했냐고 따지지 맙시다. 이 사회에 민주화가 온전히 이루어지지 않은 것을 가지고 정치인들을 탓하지 맙시다. 우리 한국 사람들은 유난히 남 탓하기를 좋아하는 근성이 있는 것 같습니다. 그러나 남을 탓하기 이전에 우리 자신부터 돌아봅시다. 미가 시대와 같은 교육 부재의 상황이 되도록 방치해 둔 우리 자신의 책임을 솔직히 시인하자는 것입니다. 지금부터라도 우리 천만

---

126) 옥한흠, 『로마서 강해 II(롬 9:1-5)』, 21-2.
127) 옥한흠, 『옥한흠 설교전집 1』, 41-2.
128) 옥한흠, 『로마서 강해 II(롬 10:1-13)』, 56.

성도들이 하나님의 방법대로 사람을 키우는 일에 힘쓴다면 이 나라 젊은이들의 병든 정신이 치료될 날이 속히 올 것입니다. 이 불신 사회가 신뢰 사회로 바뀔 것입니다.[129]

오늘날 한국 교회를 보면 결코 그렇지 못한 것 같습니다. 기독교의 영광은 어디 있습니까? 내가 갈급한 은혜를 받는 것도 중요한 일이긴 하지만 이 사회를 염려하여 병든 부분을 치유하려고 몸부림치지 않는다면 그 기독교는 썩은 송장에 불과한 것입니다. 예수를 믿는다고 하면서 이 사회를 보고 가슴을 치며 하나님에 울부짖지 않는다면 그는 영적으로 뭔가 병들어 있는 자입니다. 나만 구원받고 잘살면 뭐합니까? 배가 가라앉고 있는데 식당에 앉아 맛있는 것을 혼자 실컷 먹게 되었다고 행복해 하는 사람이 있다고 가정해 봅시다. 그 사람이 정말 행복한 사람입니까? 그 사람은 정신 나간 사람인 것입니다.[130]

뿐만 아니라 교회의 본질에서 벗어난 한국 교회와 목회자들을 향해서도 서릿발 같은 질타를 쏟아놓는다.

한국 교회는 규모로 보나 뭐로 보나 모든 면에서 책임을 져야 합니다. 이 나라의 모든 문제에 대해 책임을 져야 하는 집단입니다. 한국 교회만큼 큰 집단이 없습니다. … 그런데 교회는 점점 더 세상을 닮아 가고 있습니다. 교회가 이렇게 힘을 잃어버리니까, 사회의 창조질서가 깨어져서 가정이 붕괴되고, 거짓과 착취가 판을 치고, 음란한 문화가 아이들까지 완전히 못쓰게 만들고 있습니다. 아니, 이제는 목사들도 이런 문제를 피해가지 못합니다.[131]

기독교인들 중에는 사람들을 속이고 장사하는 사람도 있고, 사치하는 사람도

---

129) 옥한흠, 『희망은 있습니다』, 103-4.
130) 옥한흠, 『희망은 있습니다』, 14-5.
131) 옥한흠, "한국 교회여, 복음의 능력을 회복하라," in 옥한흠 외, 『이 땅, 부흥케 하소서!』 (서울: 생명의말씀사, 2004), 59-60.

있고, 부동산 투기를 하는 자도 있고, 성적으로 타락한 사람도 있습니다. 하나님이 이런 교회를 향하여 사자처럼 부르짖고 계시는데 우리는 듣지 못하고 있습니다. 교회는 조용합니다. 오히려 더 요란한 찬양, 더 요란한 예배를 드리면서 자기들끼리 흥분해서 아우성입니다. 정말로 자기 죄를 놓고 눈물을 흘리며 하나님 앞에 가슴을 치며 통곡하는 사람을 보았습니까? 참회 기도하는 것도 다분히 형식적입니다. 그냥 "하나님, 잘못했습니다" 하면 끝나는 것입니다. 자신이 진짜 잘못하고 있는 것을 놓고 가슴을 치며 회개하는 일이 없습니다. 이것이 한국 교회의 현실입니다.[132]

목사만큼 돈을 사랑하는 사람이 없습니다. 목사 세계만큼 돈 가지고 안 통하는 세상이 없습니다. … 세상 정치판에서도 뇌물과 비리 등 부정부패 척결을 위해 노력하고 있습니다. 그런데 한국 교회는 잘못을 회개하지 않고, 가슴만 치고 있지는 않습니까? 한국 교회를 들여다보면 각종 비리와 뇌물이 성행하고 있습니다. 세상 정치판은 이런 잘못된 점을 바로 잡으려고 애쓰는데 교회는 아직도 회개하려는 움직임이 없습니다.[133]

교인들은 가끔 "우리 목사님은 천국이 그렇게 좋다면서 자기가 먼저 들어가 보지 왜 저렇게 안 들어가려고 발버둥을 치는지 모르겠다"고 빈정거립니다. 이것은 목회자들이 이상한 모순을 안고 살고 있다는 것입니다. 목회자들은 지도자의 입장에서 설교 강단에 서서 교인들에게 욕심을 버리라고 자주 이야기합니다. "하나님의 종들은 물질욕을 초월한 사람들이요, 명예라는 것은 굴러다니는 돌처럼 생각하는 사람들입니다. 할렐루야!" 하는 것이 목사 아닙니까? 그랬으면 강단에 내려가서 그 말대로 100퍼센트 살지는 못할지라도 흉내라도 좀 내야 될 것이 아닙니까? 흉내를 내려면 돈과 권력, 명예에 대해서 좀 초연할 수 있는 여유를 가져야 하지 않겠습니까? 그런데 단상에서 설교한 것에 비해 단 아래에서의 태도는 너무나 더럽다는 것입니다.[134]

---

132) 옥한흠, "한국 교회여, 회개의 영을 사모하라," in 옥한흠 외, 『이 땅, 부흥케 하소서!』 (서울: 생명의말씀사, 2004), 31.

133) 옥한흠, "한국 교회여, 회개의 영을 사모하라," 29-30.

134) 옥한흠, "교회갱신은 새로운 팀 리더십을 기다린다," in 옥한흠 외, 『내 마

물론 이 부분에 대해서 본인 스스로는 하나님 앞에서 온전히 만족하지 못하였다. 2007년 평양 대 부흥회 100주년 기념 대회의 설교 순서를 맡은 옥한흠은 이렇게 고백했다.[135)]

말씀대로 살지 못하는 죄를 지적하거나 책망하면 금방 싸늘해져 버립니다. 듣기가 싫고 몹시 거북스럽기 때문입니다. 사랑의교회에서 사역할 때 저는 비슷한 반응을 가끔 볼 수 있었습니다. 이런 청중의 반응에 예민해지면서 저도 모르는 사이에 그들이 좋아하는 말씀을 일부러 골라서 설교하는 사람으로 바뀌는 것을 보았습니다. 대신 죄라든지, 회개라든지, 순종이라든지 거룩이라든지 하는 듣기 피곤한 말씀은 할 수 있으면 피하거나 꼭 말을 해야 할 때에는 달래듯이 부드럽게 말하고 싶어 하는 유혹에 끌려가는 것을 보았습니다. 저의 이런 모습은 예수님이 절대 바라는 것이 아니었습니다. 저도 절대 원하던 것이 아니었습니다. 그러나 실제로는 그러한 일이 강단에서 일어나고 있었고, 그 결과 저도 모르는 사이에 복음을 조금씩 변질시켜 가는 설교자가 되고 있었습니다.

그러나 그의 설교 사역 전체를 놓고 객관적인 관점에서 볼 때 문성모의 평가는 정당하다고 판단된다.[136)]

옥한흠 목사는 설교의 궁극적 목적으로 교인들의 삶의 변화에 두었다. 그는 능력 있는 설교란 듣는 자들의 인격과 생활에 변화를 주는 설교이며, 변화의 열매가 없는 설교는 설교가 아니라고 강변했다. 이러한 이유 때문에 옥한흠 목사의 설교에는 예언자적인 신랄한 비판적 기능이 강조된다. 그의 설교는 어쩌면 이 시대의 세례 요한의 설교처럼 들린다. 그는 한국 교회의 강단에

음을 찢어라』(서울: 규장, 1998), 47.

135) 옥한흠, "주여 살려주옵소서(계 3:1-3), 2007년 평양부흥운동 100주년 기념대회 설교," in 박용규, 『옥한흠 목사의 설교 세계』(서울: CLC, 2017), 359.

136) 문성모, 『33인에게 배우는 설교』, 100.

능력 있는 설교가 없다고 비판했다. "할렐루야"와 "아멘"이 반복되면서 굉장한 감동의 도가니가 펼쳐지는 것 같지만, 듣는 자들의 삶과 인격에 변화를 주지 못하는, 설교 아닌 강연이 판을 치고 있다는 것이었다.

6. 기도와 성령에 대한 강조

옥한흠 목사의 설교 사역에서 드러나는 또 하나의 특징 가운데 하나는 기도와 성령에 대한 강조이다. 특히 병으로 많은 고통을 경험하면서 그는 더욱 기도와 성령에 대해 관심을 보였다.

무엇보다도 옥한흠 목사는 기도하는 사람이었다. 그의 평생 사역의 두 축인 제자훈련 사역과 설교 사역은 기도의 뒷받침 속에서 진행되었다. 왜냐하면 그는 목사의 직은 타고난 재능으로 하는 것이 아니라, 기도의 무릎으로 하는 것이며 기도의 무릎이 강해야 승리한다는 사실을 확신하였기 때문이다. 그는 종종 자신의 기도 생활을 소개하기도 한다.[137]

어떤 사람은 자기 전에 한두 시간씩 정해 놓고 아주 기가 막힌 시간을 갖는 경우도 봤습니다. … 이처럼 누구에게도 양도할 수 없고 무엇과도 바꿀 수 없는 나만의 기도 시간을 위해 제일 좋은 시간을 확보하십시오. … 저는 새벽에 일어나 엎드려 기도하면 보통 한 시간 안에는 눈을 잘 뜨지 않습니다. 이미 오랫동안 굳어진 기도 습관입니다만, 새벽에 기도하는 체질이다 보니 낮이나 저녁에 기도하려면 기도에 실패할 확률이 거의 80퍼센트입니다. 제가 원하는 바, 기도의 지성소에 들어갔다가 나오는 은혜를 체험하려면 아침 시간을 통해서만 가능합니다. 그러다 보니 모임 약속이 아침 여섯 시나 일곱 시인 경우, 참석을 꺼리게 됩니다. … 제겐 그 시간이 기도하는 시간이기 때문에 이 시간을 방해받는 게 너무나 싫습니다.

---

137) 옥한흠, 『목사가 목사에게』, 341-2.

옥 목사는 건강상의 이유로 새벽기도회는 참여하지 못했다. 대신 이른 아침에 교회로 와서 기도하는 시간을 아주 소중하게 여겼던 것이다. 그 시간이 그에게 있어서 기도의 골방이었다. 그래서 그 시간을 지키려고 가능하면 조찬 모임에 참석하는 것을 꺼렸다. 이 부분에 대해서 오랫동안 옥 목사와 함께 사역했던 강명옥 전도사는 이렇게 자신의 경험을 회고한다.

당시 나의 사택이 교회 안에 있었기 때문에 아침 7시에 기도하러 본당에 내려갔는데 어디서 너무나 낯익은 기도 소리가 들려왔다. 다름 아닌 강대상 밑이었다. 무릎 꿇고 눈물로 기도하시는 옥 목사님을 발견하고 조용히 본당 2층으로 올라가 기다렸다. 2시간이 지난 때쯤 기도를 마무리 하시는데 '나의 기쁨 나의 소망되시며' 찬송을 부르시고 계셨다. 그리고 그때 배웠다. 새벽예배에 나와서 인도하는 것만이 기도생활이 아니라 보이지 않는 곳에 서 무릎으로 하나님을 만나는 생활이 이어져야 교역자의 영성이 살아나고 능력이 나타난 다는 것과, 기도는 골방 기도를 해야 한다는 사실을 말이다.[138]

이렇게 사역에 있어서 기도의 중요성을 믿고 경험했기 때문에 그가 마지막 교역자 회의에서 사랑의교회 부교역자들에게 당부한 것도 역시 기도에 대한 것이었다.[139]

제가 공식적으로 여러분과 교역자 회의로 모여 이야기하는 것도 이번이 아마 마지막일 것입니다. 다음부터는 새로 오신 담임 목사님이 허락하지 않으면 이 자리에 못 오게 될 것입니다. 마지막 시간에 제가 여러분에게 부탁하는 것은 바로 '기도'에 대한 부분입니다. 저도 기도 때문에 무척 고생한 사람 중 한 사람입니다. 어떤 때는 아무 이유 없이 기도가 콱콱 막히기도 하고, 기분이나 상황에 따라 막히기도 합니다. 그러면서도 성도들 앞에서는 항상 기

---

138) 강명옥, "그는 제자훈련에 미쳐서 살았다!" in 디사이플 편집부, 『광인, 옥한흠을 말하다』 (서울: 국제제자훈련원, 2010), 143-4.
139) 옥한흠, 『목사가 목사에게』, 338-9.

도하는 목사로서의 이미지를 지켜야 하기 때문에, 제 위선과 내적인 갈등을 최소화하기 위해 "어떻게 하면 기도에 성공할 수 있을까?"를 놓고 많이 고민해 왔습니다. 그래서 이 시간을 통해 여러분에게 "꼭 기도에 성공하라"고 말하고 싶습니다.

그런데 이렇게 사역에 있어서 기도의 중요성에 대해 강조하는 옥 목사가 가장 간절하게 원하는 기도의 제목은 성령에 대한 것이었다.140)

만약, 하나님께서 종이와 펜을 주시면서 "속히 응답받았으면 하는 기도 제목이 있으면 한 가지만 적으라"고 하신다면 무엇을 쓰시렵니까? 사람마다 소원하는 내용이 다를 수 있습니다. 이러기도 하고 저러기도 할 것입니다. 그러나 한 가지 공통점이 있을 것입니다. 그것은 가장 절실한 것, 가장 시급한 것, 밤낮 사모한 것을 쓸 것입니다. … 만약 하나님께서 저에게 물으신다면 저는 두말하지 않고 "오, 주여! 성령을 주옵소서! 성령으로 충만케 해 주옵소서!" 하고 말할 것입니다.

그렇기 때문에 다른 목회자들에게도 자신과 조용기 목사와의 만남에 대해 이야기하면서 목회자는 무엇보다도 성령을 받고 성령의 능력을 경험해야 한다고 힘주어 강조하고 있다.141)

"이래서는 안 되겠다. 주여, 정말 저를 살려주소서" 하는 절규가 여러분의 가슴에 있습니까? 우리가 성령의 은혜를 다시 한 번 알고 그 은혜에 흠뻑 젖어야 하는 이유는 목회상의 문제 때문만은 아닙니다. 개인적으로 우리 자신을 돌아보아도 꼭 필요합니다. 혹시 복음의 감격이 식어버리고 능력은 사라진 채 말만 요란한 목사가 아닙니까? 우리는 성령을 받아야 합니다. 죄인 줄 알면서도 어떤 죄를 계속 범하고 있지는 않습니까? 성령을 받아야 합니다.

---

140) 옥한흠, "성령을 주시지 않겠느냐?" in 『소명자는 낙심하지 않는다』, 65-6.
141) 옥한흠, "성령을 주시지 않겠느냐?" 70-1.

마음에는 원이로되 육신이 약하여 순종이 안 되는 것이 있습니까? 성령 받아야 합니다. … 성령은 우리의 힘과 노력으로 안 되는 일을 해내시는 하나님의 신비한 능력입니다. … 세 번이나 예수님을 부인했던 베드로, 의욕도 자존심도 이제는 다 깡그리 무너져버린 그를 세상이 감당할 수 없는 부활의 증인으로 내세운 그 능력이 어디서부터 왔습니까? 성령이 주시는 능력이었습니다. 그러므로 이 능력을 받아야 됩니다.

성도들에게도 삼위 하나님이신 성령에 대해 설명하면서 같은 권면을 하였다.

성령이 누구십니까? 천지를 창조하신 하나님의 영이십니다. 성령이 누구십니까? 예수 그리스도를 처녀의 몸에 잉태케 하신 하나님의 영입니다. 성령이 누구십니까? 예수님이 세상에 계실 때 그에게 능력과 권세를 주신 하나님의 영입니다. 성령이 누구십니까? 예수님이 십자가에 못 박히시고 무덤에 장사되었을 때에 그를 죽음에서 일으켜 주신 하나님의 영입니다. 성령이 누구십니까? 선지자와 사도들의 마음을 감동하셔서 신구약 성경을 영감으로 기록하게 하신 하나님의 영입니다. 성령이 누구십니까? 이 세상에 교회를 탄생케 하시고 그 교회에 생명을 불어 넣으시고 하나님의 권세를 입혀 주신 하나님의 영이십니다. 그러므로 그는 하나님이십니다. 성부가 하나님이요 성자가 하나님인 것처럼 성령도 하나님이십니다. 그는 물건이 아니에요. 능력이 아니에요. 어떤 에너지나 기운이 아니에요. 어떤 사람의 공상이나 환상이 아니에요. 그는 하나님으로서의 인격자십니다. 그분이 너무 중요한 분이기 때문에 예수님이 남겨 놓고 가는 제자들을 향해서 여러 번 반복해서 성령을 말씀하십니다. 오늘 우리를 향해서도 똑같이 반복적으로 말씀하시는 줄 믿습니다. 우리는 성령에 대해서 다 안다고 은근히 생각할지 모르지만 아니에요. 우리는 그분에 대해서 더 배워야 되고 더 체험해야 합니다.[142]

그러나 여러분, 답답한 일은 우리의 힘으로 회개가 잘 안 된다는 것입니다.

---

142) 옥한흠, 『요한이 전한 복음 III(요 14:16-20)』, 121.

입으로 잘못했다는 말은 수없이 할 수 있으나, 죄를 끊어버리고 단호하게 돌아서는 거룩한 결단은 잘 하지 못합니다. … 우리가 진정한 회개를 하고, 세상 앞에 새 옷을 갈아입으려면, 성령께서 힘을 우리에게 주셔야 합니다. 통회하고 자복하고 버리는 결단을 할 수 있도록 성령이 우리를 도와 주셔야 합니다. 우리의 힘으로는 안 됩니다. 우리의 능으로는 안 됩니다. 오직 하나님의 신으로 할 수 있습니다. 한국 교회는 하나님의 성전 된 우리를 깨끗하게 청소하실 성령의 초자연적인 역사가 절실히 필요합니다.143)

특별히 평생 육신의 질병과 연약함을 안고 살았던 옥한흠 목사에게 있어서 성령은 단순히 지식의 차원을 넘어 실재였다. 따라서 인간이 가진 한계 또는 연약함 때문에 낙심하지 말고 오히려 더욱 성령을 의지하라고 간곡하게 권면한다.144)

짧다면 짧은 생이지만 제가 지금까지 살아오면서 크게 깨달은 것이 있습니다. 인간은 모두 다 약하다는 것입니다. 그리고 제가 중생 받은 후 지금까지 40여 년을 신앙생활하면서 발견한 것이 하나 있는데 아무리 믿음이 좋은 사람도 인간으로서의 연약은 벗어나지 못한다는 사실입니다. 사람이 몸을 입고 땅 위에서 숨을 쉬고 사는 한, 연약이라는 십자가는 벗을 수 없습니다. … 그렇지만 성경을 좀 더 주의 깊게 살펴보면 우리의 연약을 탄식할 필요가 없다는 것을 알게 됩니다. 그것은 우리로 하여금 실패하게 하는 조건도 아니요, 하나님을 잘 섬기지 못하게 하는 장애물도 아닙니다. 오히려 이 연약이 우리로 하여금 성공하게 할 뿐 아니라 하나님의 능력을 체험하게 하는 비결이 된다는 것을 알아야 합니다. 우리가 연약하기 때문에 성령이 도우십니다. 우리의 연약이 성령을 머물게 하는 조건이 되기 때문에 오히려 하나님께 감사할 수 있어야 합니다.

---

143) 옥한흠, "주여 살려주옵소서(계 3:1-3), 2007년 평양부흥운동 100주년 기념대회 설교," 361-2.
144) 옥한흠, 『로마서 강해 II(롬 8:26-27)』, 121, 125-6.

7) 생명을 건 설교 준비

옥한흠 목사 설교의 또 한 가지 중요한 특징 가운데 하나는 생명을 건 설교 준비이다. 그는 "좋은 설교를 위해서 설교자들은 어떤 노력을 해야 하는가?"라는 질문을 받을 때마다 로이드 존 오길비(Lioyd John Ogilvie)라는 전 미국 상원 원목의 이야기를 하곤 했다.[145]

은퇴할 당시 오길비 목사는 "다시 목사의 사역을 해야 한다면 무엇을 가장 먼저 하고 싶습니까?"라는 질문을 받았는데, 그는 "최선을 다해 설교를 준비할 것입니다. 강단에서의 1분이 서재에서의 한 시간과 맞먹는다는 사실을 미리 깨달았다면 좀 더 철저히 설교를 준비하는 목사가 되었을 것입니다"라고 대답했다는 것이다.

계속해서 그는 설교 준비를 위한 시간 투자와 노력은 감동과 은혜를 끼치는 좋은 설교와 비례한다고 강조한다.[146]

제가 볼 때, 좋은 설교는 얼마만큼 시간을 투자했느냐에 따라 좌우됩니다. 아무리 달변가라도, 시간을 적게 투자하고 적당히 하면 일시적으로 사람들에게 감동을 안겨 줄 수 있어도 결국 열매가 없습니다. 저의 경험으로도, 진통하고 시간을 투자하며 씨름한 설교는 그만한 대가와 열매가 있습니다. 그만한 능력이 있습니다. 그러나 쉽게 설교한 것은, 그만큼 가볍습니다.

또한 옥 목사는 "한 편의 설교를 만들기 위해 어떻게 준비해 하는지"에 대한 질문에 이렇게 대답했다.[147]

---

145) 이태형, 『두려운 영광』, 39.
146) 류응렬, "한국의 명설교가 시리즈 3," 10-1.
147) 옥한흠, "제자훈련과 설교, 쉽게 하려는 유혹을 물리치라,"「디사이플」 (2006/11), 5.

하나님께서는 '쉬지 말고 기도하라'고 말씀하셨습니다. 이 말은 현실성이 없습니다. 그러나 기도의 은혜를 아는 사람은 그 의미를 잘 이해할 수 있습니다. 길을 가다가도 주님과 대화할 수 있는 영적인 교제가 바로 기도입니다. 이 말씀을 바꾸어서 오늘날 설교자들에게는 '쉬지 말고 준비하라'는 말을 하고 싶습니다. 하루 24시간 머릿속에서 설교할 주제를 생각하고, 성령께서 깨닫게 하시는 아이디어도 메모하고, 서점에 가서 책도 찾아보는 등 '24/7 원리'를 항상 적용해야 합니다. '24/7원리'는 앨빈 토플러가 『부의 혁명』에서 한 말로, 요즘 비즈니스를 하루 24시간, 주 7일간 쉬지 않고 오픈하는 일반적 추세를 가리켜 하는 말입니다. 설교자의 설교도 이와 같을 수밖에 없습니다. 하루 24시간, 7일 내내 깊이 연구하고 생각해야 합니다. 그리고 기도해야 합니다. 이렇게 오랜 진통을 통해서 만들어진 설교는 급조된 설교와 다를 수밖에 없습니다.

그렇기 때문에 설교 준비를 소홀히 하는 목사들을 향하여 엄중히 경고한다.[148]

한국 교회 목회자들을 가만히 보니까 설교를 잘 못해요. 일반적으로 잘 못합니다. 잘 못하는 이유는 신학적인 문제도 있습니다. 그 사람의 신학이 무엇이냐에 따라 설교가 좌우되거든요. 그래서 설교 같지도 않은 설교를 가지고 평생 사역하는 사람도 있어요. 신학적인 문제도 있고, 또 그 사람의 은사 문제도 있고, 또 여러 가지 여건들이 좌우를 합니다만, 제가 볼 때 설교를 잘 못하는 가장 큰 원인의 하나는 투자를 안 해서 입니다. 설교를 놓고 목숨을 걸지 않아요. 그냥 적당히 하는 거예요. 이유는 간단해요. 목회가 바쁘다는 겁니다. 바쁘니까 설교도 쉽게 적당히 준비해서 하면 된다는 식이예요. 그래서 좀 약삭빠른 사람들은 남의 설교 카피하고, 좀 더 여러 가지 재주를 피우는 사람들은 이것저것 주워 모아서 잡탕처럼 만들어 시간 때우고, 그러니 설교

148) 옥한흠, "목회자와 설교, 2005년 5월 30일 교갱협세미나," in 박응규, 『옥한흠 목사의 설교 세계』 (서울: CLC, 2017), 324-5.

의 질이 떨어지지요. 저는 이것이 결정적인 문제점이라고 생각합니다.

그러면서 그는 자기 자신의 설교 준비 자세와 노력과 경험에 대해 종
종 이야기한다.

설교를 준비할 때마다 말씀을 있는 그대로 충실하게 가르치려고 노력했고,
목회의 여러 가지 사역 가운데 가르치고 훈련하는 일을 가장 우선하면서 지
금까지 달려왔다. … 지금까지 이 일에 우선순위를 두고 목회해 왔는데, 한
번도 이것이 뒤바뀌거나 좌우를 두리번거리면서 방황한 일이 없다.[149]

주일설교에서는 약 40분 동안 한 본문을 가지고 말씀을 전합니다. 설교 본문
을 읽고 그 내용을 자기가 큐티하듯이 발표할 수는 없지요. 그 내용이 생명
의 말씀으로 살아나게 하기 위해서는 많은 살을 붙여야 합니다. 최선을 다해
야 합니다. 혼이 담긴 노력은 배반하지 않습니다. 설교자들은 자신의 양심에
따라서 최선을 다해야 합니다. 저는 개척 초창기에는 메모 설교를 했습니다.
수천 명이 모인 뒤에는 원고 설교를 했지요. 그러나 청중들의 수와는 상관없
이 언제나 말씀에 생명을 걸었습니다.[150]

내 경우 원고를 다 작성해 놓고도 그 원고를 계속 뜯어 고치는 작업을
보통 5번은 반복하는 것 같다. 토요일 날 저녁까지 해놓고 나면, 마음에
또 안 든다. 그러면 또 작업하고, 또 마음에 안 들면 다시 고친다. 어느 정
도 정리가 되면 그 다음에는 마음에 두고, 그 말씀을 내 마음에 담기 위해
애쓴다. 성경 구절은 할 수 있으면 외우려고 하고, 할 수 있으면 원고에
메이지 않고 아이컨택(eye-contact)을 하면서 설교 할 수 있도록 노력한
다. 이런 면에서 설교자는 연출가다. 아무리 헨델의 〈할렐루야〉같은 위대

---

149) 옥한흠, "특집/ 평신도 시대를 열자— 평신도와 함께하는 목회,"「월간 목
회」(2003/8), 60.
150) 이태형, 『두려운 영광』, 39-40.

한 곡이라도 성가대가 죽 쓰면 아무도 감동을 못 받는다. 설교도 마찬가지다. 그런 면에서 목회자라는 자리는 보람이 있으면서도, 무거운 십자가다. 이 십자가를 목회자는 잘 감당해야 한다. 왜냐하면 영광스러운 십자가이기 때문이다.[151)

저는 25년간 목회하면서 교회 바깥에서 수많은 집회 요청을 받았습니다. 그럼에도 대부분 거절한 이유는 '설교' 때문이었습니다. 아마 요청한 대로 다 응했다면, 한 달에 두 주 이상은 교회를 비워야 했을 것입니다. 초청받은 집회의 10퍼센트 정도만 방학을 이용해 허락한 것 같습니다. 담임 목회자가 교회 밖으로 돌면, 주일 날 교회에 모이는 성도들이 손해를 봅니다. 친구 목회자 한 명은 그런 저를 '굴 파고 들어앉은 두더지'라고 핀잔하기도 했습니다. 목회하는 동안 주일 저녁 시간만 자유로웠을 뿐, 월요일부터 토요일까지 시간만 나면 책상에 앉았습니다. 정기적인 모임이나 특별한 약속이 아니면 어떻게 하든지 시간을 만들어 설교를 준비했습니다. 목회 후반기의 10여 년은 주당 30~40시간 이상 투자했습니다.[152)

심지어 그는 설교를 하면서도 계속 수정하며 설교하였음을 고백하기도 한다.[153)

나에게 아직 남아 있는 괴벽(怪癖) 하나가 있는데 완전히 준비된 원고를 들고 강단에 올라간 다음에도 설교를 하면서 느껴지는, 무언가가 빠지지 않았나 하는 미흡한 기분 때문에 한 번 하고 난 설교를 다시 뜯어고치기를 잘한다는 것이다. 어떤 때는 네 번 하는 주일 설교가 전부 다 조금씩 다를 정도로 매시간 씨름을 하는 타입이다.

---

151) 옥한흠, "설교자와 리더십," 65.
152) 옥한흠, 『나를 사랑하느냐』 (서울: 국제제자훈련원, 2011), 16.
153) 옥한흠, 『제자훈련 열정 40년』, 181.

이와 같이 옥 목사는 좋은 설교, 은혜로운 설교를 위해 평생 몸부림 쳤는데, 그가 설교를 위해 해산의 수고를 할 수밖에 없었던 이유를 다음과 같이 밝혔다.[154]

현역 목회시절 제게는 설교를 준비할 때마다 눈앞에 아른거리는 영상이 하나 있었습니다. 그것은 주일날 수천 명, 수만 명이 교회에 모이는데, 그들이 처한 다양한 상황들이 눈앞에 자주 떠오른다는 점입니다. 그들 중에는 주일날 설교를 듣고 새 힘을 얻지 못하면 삶의 무게를 감당하지 못해 주저앉아 버릴 사람들도 한두 명이 아니었습니다. 또 영적으로 병이 들어 위기를 만난 사람들도 많이 있었습니다. 예배를 드리기 위해 3시간 이상 운전하고 오는 사람들도 있었고, 갑작스런 사고와 병으로 고통하는 사람들이 설교에 귀를 기울이고 앉아 있는 것입니다. 설교를 준비하는 제 눈앞에 그들의 모습이 떠나지를 않았습니다. 만일 그들이 설교에서 은혜를 받지 못하고 허탈한 심정으로 교회의 문을 나선다면, 이것만큼 설교자로서 부끄럽고 고통스러운 일은 없을 것입니다. 그러니 한 편의 설교를 위해 최선을 다하는 것만이 저의 사명이라는 생각을 떨쳐 버릴 수가 없었습니다. 은혜로운 설교는 듣는 자들로 하여금 '나를 위한 하나님의 음성'으로 받아들이게 합니다. 설교자가 최선을 다하면 성령께서 이러한 적응성을 높여 주십니다. 비록 각자가 처한 형편은 달라도 제대로 준비된 설교는 성령의 능력으로 모든 사람에게 적용되는 불변의 진리가 되는 것입니다. 이것이 설교가 지닌 신비라고 저는 생각합니다. 이런 다양한 사람들의 모습을 눈앞에 그리면서 설교를 준비하면 지칠 줄 모르는 열정이 생깁니다. 좋은 설교는 청중이 의무적으로 들어주는 설교가 아니라 자기도 모르게 들리는 설교라야 합니다.

옥한흠 목사의 설교 준비와 관련한 시간투자와 수고와 열정에 대해 후임인 오정현도 이렇게 증언한다.[155]

---

154) 옥한흠, "제자훈련과 설교, 쉽게 하려는 유혹을 물리치라," 7-8.
155) 오정현, "내 평생의 스승," in 국제제자훈련원, 『8인이 말하는 옥한흠』 (서울: 국제제자훈련원, 2003), 198. 오정현은 옥한흠 목사의 설교의 특징을 세 가지로

첫째, 옥 목사님의 설교 준비의 핵심은 한 마디로 '절대적인 시간 투자'이다. 옥 목사님 설교의 전개력과 묵상력, 적용성과 논리성은 옥 목사님이 설교 준비에 들이는 엄청난 시간 투자를 이해하지 못하면 모두 껍데기에 불과하다. 옥 목사님의 설교 준비는 "옥 목사님은 삶 자체가 설교의 중심이다"라는 말에 그 핵심이 드러나 있다. … 먹이를 찾지 못하면 죽는다는 절박한 생존 본능이야말로 설교를 준비할 때의 옥 목사님의 모습이다. '내가 제대로 준비하지 않으면 사랑의교회는 죽는다'는 인식이 단순한 머릿속의 관념이 아니라, 굶주린 사자와 같은 생명을 건 생존 본능처럼 옥 목사님의 의식을 사로잡고 있다.

이상에서 본 바와 같이, 옥한흠 목사에게 가장 탁월하고 바람직한 설교는 기본적으로 온전한 시간과 노력을 투자하여 준비한 설교라는 확신이 있었다. 다시 말해, 설교자가 설교 준비의 절대 시간을 확보하지 않을 때 뻔한 내용과 값싼 복음을 전할 수밖에 없다는 것이다. 따라서 옥 목사는 평생 고집스럽게 절대적인 시간을 확보하며 생명을 걸고 열정적으로 설교 준비를 하였다.

뿐만 아니라 여기에서 한 걸음 더 나아가 옥 목사는 설교자로서 자신의 부족함을 알고 스스로의 발전을 위해서도 끊임없이 노력하였다고 고백한다.[156]

지금까지 설교자로서 강단에 설 때마다 '나는 타고난 설교자가 못 된다'는 생각을 많이 했다. 달변도 아니고 어려서부터 설교자가 되기 위해 문학이나

평가했는데, 그 첫 번째가 본문에서 언급한 '절대적인 시간 투자'이며, 두 번째가 '정교한 단어와 엄중한 단어 선택'이고, 세 번째가 '설교를 무게 있게 생각하고 가볍게 대하지 않는 것'이라고 했다.

156) 옥한흠, 『제자훈련 열정 40년』, 180-1.

문장 수업을 철저하게 받은 적도 없고 일찍부터 유능한 설교자를 꿈꿀 만한 어떤 계기를 만난 적도 없다. 그래서 그런지 내가 제일 부러워하는 사람은 설교를 쉽게 준비하는 재주가 있고, 그러면서 청중에게 큰 감동을 주는 설교자다. 이런 생각 때문인지 나보다 설교를 잘하는 목사나 나아 전혀 다른 개성을 가진 설교를 하는 목사들의 테이프를 교파나 국내외를 가리지 않고 자주 듣는 편이다. 좀 배우고 싶은 심정이 크기 때문이다. 이렇게 듣다보니 내가 받는 은혜가 많아 몇 년 전까지만 해도 하루에 한 개라도 듣지 않으면 심령이 컬컬해지는 일종의 금단현상까지 나타나는 듯하다. 이렇게 열심히 듣기는 듣지만 그들의 설교를 모방한다거나 그 내용을 그대로 카피해서 사용하는 일은 한 번도 없다. 한두 가지 예화 외에는.

이와 같은 자신의 발전을 위한 끊임없는 노력은 설교 스타일과 설교 형식의 변천 과정에서도 분명하게 드러난다. 그는 자신의 설교가 세 번(삼단계)의 변천 과정을 겪었다고 말했다.[157] 그것을 초기, 중기, 후기로 명명하는 것이 바람직하다고 판단된다.

먼저, 초기(개척-새성전 입당하기까지 6년)는 대부분 요점만 적은 메모지를 들고 설교했다. 개척 당시 숫자가 그렇게 많지 않고 가정적인 교회 분위기에서 예배를 드렸기 때문에 성도들과 눈을 맞추며 자유롭게 설교하였다. 그러나 전체 원고가 없다 보니까 어떤 틀에 얽매이지 않았고 설교에 힘은 있었으나 대개 어휘가 어색하고 문장이 세련되지 못하였으며 구조도 깔끔하지 못하였다. 또한 내용이 중복되기도 하고 길이도 들쭉날쭉했다.

다음으로 중기(교회 건축 후 5-6년 동안)는 교회를 건축하자마자 1년이 못 되어 출석교인 수가 2천 명으로 뛰어올랐고 예배가 3부로 나누어

---

157) 이것은 권성수 목사와의 인터뷰(1996년 9월 25일)에서 "내용이나 스타일에 있어서 설교를 바꿔보신 적이 있느냐?"는 질문에 대해 옥한흠 목사가 직접 답변한 내용이다(권성수, 『성령설교』, 466-7). 참고. 우은진, "평생 예수를 부르짖은 설교자: 아직도 청중을 깨운다," 「디사이플」 (2013/9), 70-2.

진행되었다. 그때부터 옥 목사 설교는 틀을 갖추기 시작했다. 그의 고백에 따르면, 설교를 매끄럽게 해야겠다는 생각과 예배가 3부로 이어지면서 시간에 쫓겨 미리 문장이나 내용을 다듬지 않으면 한정된 시간을 넘기기 일쑤였기 때문이라고 한다.[158] 교회의 열악한 환경이, 그로 하여금 과감하게 새로운 시도를 하게 만들었던 것이다. 사정이 이렇다 보니, 예전에 비해 설교 시간은 짧아졌는데, 대신 준비하는 시간이 몇 배로 늘어나게 되었다.

그리고 후기(1991년 건강의 어려움을 겪은 후부터 은퇴까지)는 성경한 권을 택하여 연속 강해 설교를 하였다.[159] 이때는 이전보다도 더욱 성경과 삶을 연결시키고자 했고, 탁월하고 아름답고 논리적인 접근보다는 성도들의 삶에 직접 적용되는 목표를 가진 설교로 변화를 꾀했다. 투병 생활의 어려움이 그대로 설교에 반영된 것이다. 1년 넘게 투병생활을 하면서 보낸 안식년 이후 옥한흠 목사는 1991년 9월 1일부터 1992년 12월 27일까지 약 16개월 동안 총 52회에 걸쳐 로마서 강해설교를 하였고,[160] 이후로 욥기,[161], 요한일서,[162] 요한복음,[163] 산상수훈[164] 등을 계속해서 강

---

158) 옥한흠, 『제자훈련 열정 40년』, 183-4.

159) 초기와 중기에는 임의로 본문을 택하여 설교하였다. 물론 이 때도 본문에 충실한 설교를 하였는데, 다만 한 책을 연속적으로 설교하지 않았을 뿐이다. 혹자는 이 때의 설교형식을 주제설교로 분류하는데, 그의 설교를 단순히 주제설교로 분류하는 것은 바람직하지 않고 '주제식-강해설교'로 분류하는 것이 적절하다고 판단된다.

160) 옥 목사의 로마서 강해는 『로마서 I: 내가 얻은 황홀한 구원』(서울: 국제제자훈련원, 1993);『로마서 II: 아무도 흔들 수 없는 나의 구원』(서울: 국제제자훈련원, 1993);『로마서 III: 구원 받은 자는 이렇게 산다』(서울: 국제제자훈련원, 1994) 등으로 출간되었다.

161) 옥 목사는 1993년 1월부터 3월까지 11주 동안 욥기의 핵심적인 본문들을 중심으로 강해설교 하였으며, 『나의 고통 누구의 탓인가』(서울: 국제제자훈련원, 1994)로 출간되었다.

162) 옥 목사는 1994년 4월부터 12월까지 총 17회에 걸쳐 요한일서를 강해설교 하였다.

163) 옥 목사는 1995년 9월부터 1999년 5월까지 약 3년 9개월 동안 총 65회에 걸쳐 연속적으로 요한복음을 강해설교 하였다. 『요한이 전한 복음 I, II, III』(서울:

해설교 하였다.

사실 유명해진 설교자가 설교 스타일이나 설교 형식을 바꾸는 것은 쉽지 않은 일인데, 옥 목사는 끊임없는 도전과 변화와 발전의 길을 택한 것이다.[165] 사랑의교회에서 함께 신앙생활을 한 이랜드 그룹 회장인 박성수 장로도 이와 같이 자신의 발전을 위해 끊임없이 노력하고 도전했던 옥 목사에 대해 이렇게 존경의 마음을 표한다.[166]

누가 내게 목사님을 잘 아는 사람으로서 목사님은 설교에 있어 천부적인 재능을 가지신 분인지 후천적 노력형인지 묻는다면 나는 주저하지 않고 후자라고 대답하겠다. 옥 목사님은 30년 이상 계속 성장해 오셨다. 목사님은 설교로 유명하고, 사랑의교회 부흥은 제자훈련 사역에 힘입은 바가 크다. 30년 설교를 들었으면 대개 어떤 윤곽 속에 그 설교가 들어 있을 법하지만, 목사님의 경우는 좀 다르다. 목사님 자신의 발전 때문이다. 나는 그 발전의 배경을 '배우려는 자세'(Teachable Mind)에 있다고 본다. 이런 자세 때문에 감수성을 유지하면서 성장을 지속할 수 있으셨으리라 생각한다.

Ⅲ. 나가면서

국제제자훈련원, 2000)의 세권으로 출간되었다.

164) 옥 목사는 2000년 2월부터 2001년 6월까지 총 30회에 걸쳐 산상수훈을 강해설교 하였다. 『빈 마음 가득한 행복』(서울: 국제제자훈련원, 2001)과 『하늘 행복으로 살아가는 작은 예수』(서울: 국제제자훈련원, 2001)의 두 권으로 출간되었다.

165) 옥 목사는 초기와 중기에도 사도행전(1984년-1986년), 데살로니가전후서 (1986년-1987년), 에스더(1987년), 시편(1987년-1989년) 등의 강해설교를 했다. 하지만 이것은 모두 수요일 저녁에 행해진 것이다. 수요 예배 청중과 주일 낮 예배의 청중이 확연히 다른 점을 고려할 때 주일 낮에 강해설교를 하는 것은 대단한 변화라고 할 수 있다.

166) 박성수, "내 인생을 바꾼 사건," in 국제제자훈련원(편), 『8인이 말하는 옥한흠』(서울: 국제제자훈련원, 2003), 104-5.

지금까지 우리는 옥한흠 목사의 설교에 대해 살펴보았다. 옥 목사의 설교는 필자가 본서에서 강조해 온 '(삼위) 하나님 중심적 설교'의 모델이 될 수 있음을 확인하였다. 그의 우선적 관심은 본문에서 하나님의 뜻을 드러내는 것이었다(주해). 바르고 복음적인 적용을 하고자 하였고, 적절성이 있는 내용을 통해 들리는 설교가 되도록 심혈을 기울였다(적용). 그리고 성령의 역사에 철저하게 의지하며 말씀을 전하고자 했다(전달). 뿐만 아니라 옥 목사의 설교는 '(성경적/목회적/사회적) 삼중 해석'에 근거해서 '(성경적/목회적/사회적) 삼중 목표'를 향하는 '예언자적 설교'의 좋은 모델이기도 하다. 물론 그의 설교가 완벽하고 부족한 부분이 없다는 것은 아니다. 그러나 그가 이 시대에 보기 드문 '바르고 균형 잡힌' 그리고 '탁월한' 설교자였다는 것은 분명하다.

제21장

정근두 목사의 하나님 중심적 설교:
야고보서 설교를 중심으로1)

선지자 아모스는 이스라엘의 영적, 사회적, 도덕적 타락을 보면서, "양식이 없어 주림이 아니며 물이 없어 갈함이 아니요 여호와의 말씀을 듣지 못한 기갈이라(암 8:11)"고 탄식하였다. 필자는 그러한 선지자 시대의 모습이 오늘날 한국 교회의 모습이라고 판단한다. 일찍이 월터 카이져 (Walter Kaiser, Jr.)는 그 문제의 핵심을 잘 지적하였다.2)

교회와 성경은 흥망성쇠를 같이 한다. 교회가 살면 성경이 산다. 그리고 성경이 살면 교회가 산다. … 전 세계 대부분의 교회가 건강하지 못하다는 것은 공공연한 사실이다. 교회는 극도로 쇠약해졌다. 그것은 온갖 인공 방부제가 들어있는 음식과 이상한 대용식으로 성도들이 양육되기 때문이다. … 하나님 말씀의 진정한 선포의 부재로 인한 전 세계적인 영적인 기근은 전 세계의 모든 지역에 아주 빠르게 확산되고 있다.

이러한 관점에서 필자는 오늘날 한국 교회가 강단의 능력을 경험하기 위해 '(삼위) 하나님 중심적 설교(God-centered preaching)'가 회복되어

---

1) 본장은 "'하나님 중심적 설교'의 한 모델로서 정근두 목사 설교 연구: 야고보서 설교를 중심으로"「신학지남」 86/4(2019): 193-234에 게재된 논문을 수정한 것이다.

2) Walter Kaiser, Jr., *Toward an Exegetical Theology* (Grand Rapids: Baker Book House, 1981), 7-8.

야 한다고 믿는다.[3] 필자는 (삼위) 하나님 중심적 설교를 다음과 같이 정의한다.

(삼위) 하나님 중심적 설교는 '성부, 성자, 성령 삼위 하나님께서 본문을 주해하여, 적용으로 연결하고, 효과적이고 능력 있게 전달하는 모든 과정에서 중심적인 위치를 차지하는 것'을 의미한다. 다시 말해, 하나님 중심적 설교는 '하나님 중심적 주해,' '하나님 중심적 적용,' 그리고 '하나님 중심적 전달'을 포함한다.[4]

다른 관점에서 하나님 중심적 설교는 또한 다음과 같이 정의될 수 있다.[5]

1) 성경(본문)에 나타난 하나님의 의도를 제대로 파악하여 전하는 설교를 의미한다. '인간중심적 설교,' '영해' 또는 '도덕적 설교'를 경계하는 개념이다.
2) 하나님이 인정하시고 기뻐하시는 설교를 의미한다. 청중의 요구와 필요가 주된 관심인 '청중 중심의 설교'를 경계하는 개념이다.
3) 전적으로 하나님(성령)의 능력을 믿고 의지하면서 설교하는 것을 의미한다. '수사학적인 방법이나 인간의 능력'에만 지나치게 의존하는 것을 경계하는 개념이다.

필자의 판단으로 이러한 하나님 중심적 설교의 모델 가운데 한 사람이

---

3) 이에 대한 좀 더 자세한 논의를 위해 김창훈, "강단회복을 위한 제안: (삼위) 하나님 중심적 설교의 회복,"「복음과 실천신학」제27권(2013/봄호): 121-47; 김창훈,『하나님 중심적 설교』(서울: 호밀리아, 2016), 9-13를 참고하라.
4) 김창훈, "강단회복을 위한 제안: (삼위) 하나님 중심적 설교의 회복," 124-5. 설교는 크게 두 분야로 나누어지는데 그것은 '내용'과 '전달'이고, 또한 내용은 크게 '주해'와 '적용'으로 구분될 수 있다. 그렇기 때문에 주해, 적용 그리고 전달은 설교 전체에 대한 요약이라고 할 수 있다.
5) 김창훈,『하나님 중심적 설교』, 11-3.

바로 정근두 목사이다.[6] 본고에서는 특별히 정 목사의 야고보서 설교[7]를 중심으로 그가 어떻게 하나님 중심적으로 설교하였는지 논의하고자 한다.[8]

I. 정근두 목사의 설교관

정근두 목사는 '20세기의 가장 위대한 설교자 가운데 한 사람'[9]으로 인정받는 데이빗 마틴 로이드 존즈(David Martyn Lloyd-Jones)에게 절대적인 영향을 받았다. 잘 알려진 것처럼, 정 목사는 한국인 최초로 로이드 존즈 목사의 설교를 연구해 박사학위를 취득하였고,[10] 그의 설교론이

---

6) 최근 출간된 정근두, 『마틴 로이드 존스에게 배우는 설교』(서울: 복 있는 사람, 2016)의 표지에서 정근두 목사를 다음과 같이 소개하고 있다.
    한국의 대표적인 강해설교자이자 저술가다. 1949년 경상남도 남해에서 출생했다. 10대에 목회자로서의 부르심을 확신한 후 고려신학대학교와 동대학원에서 수학했다. 대학원 시절, 로이드 존스의 『산상설교』를 처음 접한 후 영혼의 깊은 치유를 경험하게 된다. 이후 남아프리카공화국에 소재한 포체프스트롬 대학교 신학부에서 마틴 로이드 존즈에 대한 연구로 신학박사(Th. D) 학위를 받았다. 1986년 귀국한 이래 두레교회, 탄포리교회를 개척하고 시무했으며, 1995년 울산교회에 부임하여 현재까지 담임하고 있다. 지난 30년간 로이드 존즈에게서 배운 강해설교의 원리를 실제 현장에서 적용하는 것을 목회 철학으로 삼고 사역했다. 논리적이면서 심령을 꿰뚫는 설교, 이를 삶에 적용하는 능력은 그의 대표적인 특징으로 꼽는다.
7) 정근두, 『야고보서』(서울: 죠이북스, 2019).
8) 본고에서는 지면의 한계 때문에 특별히 '주해' 부분에 집중하고자 한다.
9) 참고. Iain Murray, *The Life of D. Martyn Lloyd-Jones*, 오현미 역, 『마틴 로이드 존즈: 20세기 최고의 설교자』(서울: 복있는사람, 2016). 정 목사 자신도 로이드 존즈를 "그가 행한 설교의 분량, 질적 탁월성 그리고 그의 설교의 영향력으로 인해 그를 세기적인 설교자 반열에 올려놓는 것은 공정하다"고 평가하였다(정근두, "무엇과도 바꿀 수 없는 설교의 영광," 『목회와 신학』, 2005년 12월호, 230.
10) 그의 학위 논문은 '정근두, 『로이드 존스의 설교론: 그의 설교의 원리와 방법』(서울: 여수룬, 1993)' 으로 번역되어 한국 교회에 소개되었고, 최근 수정 보완하여 정근두, 『마틴 로이드 존스에게 배우는 설교』(서울: 복 있는 사람, 2016)로 출판

집약된 저서 Preaching and Preachers를 번역하여 한국 교회에 소개하기도 하였다.[11] 따라서 로이드 존즈의 설교관을 먼저 살펴보는 것은 정근두 목사의 설교를 이해하는 데 많은 도움이 될 것이다.[12]

1. 로이드 존즈의 설교관[13]

먼저, 로이드 존즈는 교회 회복을 위해 최우선적으로 '진정한(참된) 설교'의 필요성과 중요성을 다음과 같이 강조하였다.

되었다.

11) D. Martyn Lloyd-Jones, *Preaching and Preachers*, 정근두 역, 『설교와 설교자』(서울: 복있는사람, 2008). 정근두 목사는 이 책에 대해 다음과 같이 평가하였다(정근두, "무엇과도 바꿀 수 없는 설교의 영광," 231-2).

> 설교에 대한 많은 책들을 읽었고 수많은 설교를 한 사람으로서 자신의 경험을 충분히 살려 이론적이거나 추상적 접근을 피하고 신학생들과 목회자들을 위한 실용적인 책이 되도록 노력한 결과, "이제 우리에게도 설교의 교과서가 생겼다"고 표현하기에 무리가 없는 책이 나오게 된 것이다. 이 책은 우리 시대 최고의 설교자에 의한 설교론이기에 이 분야의 고전이라고 부르기에 주저할 이유가 없다고 본다. 따라서 이 책은 다음 주일 설교 작성을 위해 즉석 도움을 받기를 원한다면 별 유익이 없다. 그러나 설교에 대해 깊이 있게 알고 싶어 하고, 설교자가 누구인지 진지하게 질문하는 목회자들을 위해 기쁨으로 추천할 수 있다.

12) 로이드 존즈와의 만남에 대해 정 목사는 아래와 같이 고백한다(정근두, 『마틴 로이드 존즈에게 배우는 설교』, 9.)

> 비록 로이드 존즈를 만난 적은 없지만 제 마음은 한 번도 그를 낯설게 생각한 적이 없습니다 그에 관해서 본격적인 연구를 시작했을 때 그는 이미 하늘의 부름을 받았지만, 그의 책과 설교 테이프를 통해 그를 만날 수 있었기 때문입니다. 저는 그의 설교에 "아멘"으로 응답하고 그의 열정에 공감하며 그가 바라본 하나님 나라의 확장을 저 역시 소원할 수 있었습니다. 또한 그의 설교를 통해서 성경 해석과 설교 작성, 설교 전달의 원리와 실제를 배울 수 있었습니다.

13) 본고에서는 그의 설교관이 함축적으로 요약, 정리되어 있는 D. Martyn Lloyd Jones, *Preaching and Preachers* (London: Hodder & Stoughton, 1971)을 중심으로 살피고자 한다.

나는 주저하지 않고 오늘날 기독교회의 가장 절실한 요구는 '진정한(참된) 설교'이며, 그것은 역시 명백하게도 세상이 가장 크게 필요로 하는 것이다.14)

교회사를 조감해 볼 때, 교회사상 쇠퇴기에 빠진 시대는 언제나 말씀 전하는 것이 감퇴되어 있었다. 언제나 종교 개혁이나 부흥의 여명을 알리는 것은 무엇인가? 그것은 말씀 전하는 것이 새롭게 되는 것이었다. … 참된 말씀 전파의 부흥은 언제나 교회 역사상 위대한 부흥 운동을 가져왔다. 물론 종교개혁과 부흥이 일어날 때에도 교회역사 이래 가장 주목할 만한 위대하고 중요한 말씀 전파 시대가 도래 했던 것이다.15)

그렇기 때문에 자신의 사역의 핵심을 설교에 두었다고 고백한다.16)

나(목회자)는 설교하는 일(말씀 증거)이 제일 우선적인 일이요 가장 중요한 것이라고 믿는다. 심방이나 다른 어느 활동도 설교의 부족함을 변상해 줄 수 없다. 실로 나는 설교가 본연의 위치를 지키지 못하고, 그 방법을 준비하지 못하는 한, 심방은 큰 의미를 가지지 못한다고 단언한다.

다음으로, 로이드 존즈는 진정한(참된) 설교는 반드시 '강해적'이어야 한다고 하였다.17) 그러면서 '강해적'이라는 용어를 다음과 같이 다양한

---

14) Lloyd-Jones, *Preaching and Preachers*, 11-2. 본고에서의 인용과 인용 페이지는 서문강 역, 『목사와 설교』(서울: 기독교문서선교회, 1999)를 기본으로 하였다. 하지만 필요에 따라 필자가 원문에서 사역을 하기도 하였다.

15) Lloyd-Jones, *Preaching and Preachers*, 30.

16) Lloyd-Jones, *Preaching and Preachers*, 241.

17) 로이즈 존즈는 설교가 '신학적'이어야 함도 강조하였다(Lloyd-Jones, *Preaching and Preachers*, 85-6). 그렇기 때문에 정근두 목사는 로이드 존즈가 강조한 설교의 3대 원리로 '신학적,' '강해적,' '성령의 능력으로 행해지는 것'으로 정리하였다. 하지만 종합적으로 볼 때 설교에 있어서 그의 최고의 강조점은 '강해적'이라는 것이 필자의 판단이다.

관점에서 설명하였다.

1) 본문(성경)은 모든 설교의 시작점이요, 메시지의 유일한 원천이다. 따라서 설교 준비를 시작할 때 택한 본문이나 구절들을 해석하는 것부터 출발하는 것은 가장 중요하면서 본질적이다.[18]

(2) 설교의 모든 내용이 성경에서 나와야 한다.[19] 설교에 자신의 생각이나 주장을 부가해서는 결코 안 된다.

(3) 본문의 핵심 메시지를 드러내야 한다. 설교에서 가장 중요한 것은 본문의 핵심에 확실히 도달하는 것이다.[20]

또한 그는 본문에 충실한 강해적 설교를 위해 설교자가 명심해야 할 부분도 제시하였다.

1) 설교자는 설교 준비를 할 때 해당 본문에 대해 '정직'해야 한다. 다시 말해, 자신을 즐겁게 하는 한 사상만을 잡아내어 그것을 다루기 위해 본문을 보면 안 된다. 그것은 '부정직한 행위'이다.[21]

2) 택한 본문에 무리를 가하지 말아야 한다. 설교를 위해 하나의 사상이 설교자에게 떠오를 수도 있고 그것이 설교자를 흥분시키고 감동시킬 수도 있다. 그러나 설교자가 그것을 특정 본문에 짜 맞추기 위해서 무리를 가한다든지 조작해서는 안 된다. 설교자는 한 본문을 깎아버리기보다는 차라리 훌륭한 설교(?)를 희생해야 한다.[22]

3) 진정한 설교 또는 강해적 설교를 위해 바른 성경관의 정립이 중요하다. 이와 관련하여 그는 다음과 같이 정리하였다.[23]

---

18) Lloyd-Jones, *Preaching and Preachers*, 97.
19) Lloyd-Jones, *Preaching and Preachers*, 97.
20) Lloyd-Jones, *Preaching and Preachers*, 265.
21) Lloyd-Jones, *Preaching and Preachers*, 259.
22) Lloyd-Jones, *Preaching and Preachers*, 263.
23) Lloyd-Jones, *Preaching and Preachers*, 15-6.

설교의 지위가 하락된 이유를 설명하는 교회 자체 내의 이유와 태도의 맨 첫 자리에 나는 주저 없이 성경의 권위에 대한 신뢰의 상실, 진리에 대한 신앙의 감소 등을 놓겠다. … 사람들이 성경을 권위 있는 하나님의 말씀으로 믿고 그 권위에 입각해서 말하는 동안에는 위대한 설교를 들을 수 있었다. … 나는 이 권위의 상실이 설교가 쇠퇴한 첫째 되고 가장 중요한 원인이라고 믿는다.

4) 설교 자체를 목적으로 성경을 읽지 말아야 한다. 그는 "설교자가 빠질 수 있는 가장 어리석은 습관 중 하나는 설교 본문을 찾기 위한 목적으로만 성경을 읽는다는 것이다. 이것은 위험하다. 그것은 힘이 닿는 데까지 막아야 하고 물리쳐야 한다"고 하였다.[24] 이 말은 '주입식(eisegesis)'으로 본문을 읽고 주해하지 말아야 함을 의미한 것 같다. 위에서 언급한 대로, 그러한 방법은 비정직하고 본문에 무리를 가할 가능성이 높기 때문이다.[25]

반대로 설교 준비를 위해서 선입견 없이 계속 말씀을 읽으면서 본문의 핵심 의도를 파악하고 설교의 골격을 정리해야 한다고 하면서, 다음과 같이 자신의 습관을 고백하였다.[26]

아주 여러 해 동안 나는 반드시 책상 위에나 호주머니에 비망록을 준비해 놓고 성경을 읽었다. 그리고 어떤 것이 떠올라 나를 감동시킬 때 즉시 나는 그것을 내 비망록에 적어 놓았다. 설교자는 다람쥐 같아야 한다. 다가올 겨울을 위해 양식을 모아서 쌓아놓는 다람쥐의 방법을 배워야 한다. 그러므로 여러분들은 설교의 골격을 만들어 그것을 종이 위에 옮겨놓아야 한다.

세 번째로, '전도 설교'는 매주 반복적으로 행해져야 한다고 하였다.[27]

---

24) Lloyd-Jones, *Preaching and Preachers*, 225.
25) Lloyd-Jones, *Preaching and Preachers*, 225.
26) Lloyd-Jones, *Preaching and Preachers*, 226.

로이드 존즈는 자신이 회심했던 경험을 교훈으로 삼아서, 교회의 구성원이 곧 그리스도인이라고 가정하는 것은 위험하고 잘못된 판단이라고 지적했다.[28] 따라서 오직 유일하신 구세주이신 예수 그리스도에 대한 믿음으로 인도하는 구원의 메시지를 전하는 소위 '전도설교'를 일주일에 최소한 번은 반복적으로 전해야 한다고 주장하였다.[29]

나는 주일 아침에는 주로 이미 믿는 사람들에게 하는 설교로서 그들의 덕성을 기르려고 노력했고, 주일 밤에는 거의 틀림없이 많이 있을 비그리스도인에게 설교한다고 생각하고 말씀을 증거하였다.

뿐만 아니라 복음 선포가 부족한 교회의 위험성에 대해서도 경고하였다.[30]

교회는 복음이 없는 도덕심과 윤리를 강론하려고 애써왔다. 즉 경건 없는 도덕을 가르쳐왔다. 그래서는 안 된다. 그것은 아무 소용도 없었을 뿐 아니라 앞으로도 절대로 쓸모가 없을 것이다. 그 결과 교회는 자기의 진정한 임무를 포기해 버림으로 품위를 잃어버려 끝내 방임 상태에 빠질 것이다.

네 번째로, 설교의 모든 과정에서 성령의 역사하심에 의존하는 것은 절대적으로 중요하다고 하였다. 그의 말을 들어보자.

설교자는 준비와 사전숙고와 함께 "성령의 자유롭게 역사(인도)하심"을 인정해야 하고, 자신을 개방시켜 성령의 역사에 민감할 수 있도록 노력해야 한다. 그래서 종종 내게 있어서 프로그램(설교 계획표)을 짜놓는 것이 우스운 일이

27) Lloyd-Jones, *Preaching and Preachers*, 44, 79, 81, 187 이하.
28) Lloyd-Jones, *Preaching and Preachers*, 191-3.
29) Lloyd-Jones, *Preaching and Preachers*, 193.
30) Lloyd-Jones, *Preaching and Preachers*, 44.

될 수 있었던 것은 설교를 준비하는 동안이나 전하는 동안에 전혀 예기치 않게 성령을 통하여 어떤 테마가 삽입되기도 하고 또는 내용에 있어서 여러 가지 변화와 발전이 끊임없이 발발하기 때문이다.[31]

여러분은 언제나 설교하기 전에 성령의 감동과 기름부으심을 기다리며 간구하는가? 성령의 역사가 여러분의 최고의 관심사인가? 설교자에게 이보다 더 철저하고 노골적인 시금석은 없다. … 이것은 무엇인가? 그것은 성령께서 설교자에게 특별한 방식으로 임하는 것이다. 그것은 설교자가 사람의 노력과 열심을 초월하여 성령에 의해 쓰임을 당해 그를 통해 성령께서 일하시는 도구가 되는 위치에서 설교 사역을 수행하도록 성령을 통해 주어지는 하나님의 능력과 권능이다. 이것은 성경에 아주 뚜렷하고 명백하게 나타나 있다.[32]

물론 로이드 존즈는 설교자가 최선을 노력을 해야 함도 함께 강조하였다.[33]

물론 우리는 극단에 치우치지 않아야 한다. 어떤 이는 자기 자신의 준비에만 의지하여 더 이상은 바라지 않고, 어떤 이는 준비를 경멸하여 성령의 역사와 감동과 영감에만 의지하는 경향을 가진다. 그러나 어느 한 쪽으로만 결단코 되지 않는다. 늘 둘을 겸해야 하고 '둘이 함께' 가야 한다.[34]

정리하면, 로이드 존즈의 설교관은 한 마디로 '본문의 하나님의 뜻과 의도만 온전히 드러나는 설교,' '복음이 강조되는 설교,' '성령의 역사하심에 절대적으로 의존하는 설교'라고 요약할 수 있다. 따라서 그의 설교관

---

31) Lloyd-Jones, *Preaching and Preachers*, 248.

32) Lloyd-Jones, *Preaching and Preachers*, 400-1.

33) Lloyd-Jones, *Preaching and Preachers*, 400.

34) 뿐만 아니라 로이드 존즈는 설교의 준비보다 설교자의 준비가 더욱 중요하다고 하면서 설교자는 무엇보다도 기도와 독서에 전념해야 한다고 강조하였다. Lloyd-Jones, *Preaching and Preachers*, 216, 230, 234

은 필자가 강조하는 (삼위) 하나님 중심적 설교와 핵심적인 면에서 부합하다고 평가하는 것은 적절하다.

2. 정근두 목사의 설교관

정근두 목사의 설교관은 그의 설교 준비 즉 본문 선택, 본문 연구 그리고 설교 핵심 주제 발견 등과 관련하여 그가 고백하고 제시한 내용을 보면 쉽게 알 수 있다. 그의 말들을 그대로 옮겨보자.

먼저, 본문 선택에 대한 것이다.[35]

본문을 어떻게 선택할까하는 문제부터 말씀드리면 좋겠습니다. 대체로 가장 안 좋은 방법은 주일저녁 설교가 끝나면 다음 주일 설교 뭘 할까 고민하기 시작하는 것입니다. 그보다 나은 방법은 책을 하나 정하는 것입니다. 본인이 관심 있는 책을 하나 정해서 일단 시작하면 설교가 끝나자마자 다음 설교 본문이 어딘지 알게 됩니다. 이 방법이 갖는 장점은 설교의 폭을 넓혀준다는 것입니다. 관심사를 가지고 주제별로 설교를 하면 설교자들마다 관심을 갖는 분야가 달라서 아무리 다양하게 설교를 한다 하더라도 한계가 있습니다. 그러나 한 권의 본문을 가지고 계속 설교를 하다보면 본문의 강조점이 그날 설교의 무게의 핵심이 되는 것입니다. 그러니까 설교의 주제가 계속해서 다양해 질 수 있습니다. 이렇게 하면 시간을 절약할 수 있습니다. 또 불필요한 오해를 받지 않을 수 있습니다. 특정 주제에 대해서 설교를 하더라도 본문이 진행되어 가는 순서대로 하는 중에 특정 주제에 관련된 본문이 나올 경우 오해를 받지 않고도 바른 설교를 할 수 있게 되는 것입니다. 또한 설교자의 주관에서부터 해방을 시킬 수 있습니다. 주제설교를 하는 분들은 지금 교회 상황에 필요한 설교를 해야 하지 않겠느냐고 하지만 그것이 갖는 함정이 있습

---

35) 정근두, "제자 훈련과 설교, 어떻게 준비할 것인가?," in 옥한흠 외 7명, 『제자훈련, 영적부흥과 갱신의 길』 (서울: 국제제자훈련원, 1999), 74-7.

니다. 제일 중요한 것은 본문이 말하고자 하는 핵심을 잡아야 하는데 거기에 부딪히기 전에 이 본문이 이 말을 해주길 바라고 접근해 가기 때문에 마치 부흥강사를 청하면서 교회 상황을 처음부터 말하고 거기에 대해서 어떻게 처방을 좀 해 주십사 하고 바라는 것과 마찬가지입니다. 그렇게 되면 아무래도 본문을 주관적으로 대할 위험이 아주 큽니다. 그리고 큐티를 해 나가면서 자기에게 은혜가 되는 것을 본문으로 택할 수 있습니다.

다음으로, 본문 연구에 대한 것이다.[36]

본문을 선택했으면 그 단락에 대해서 읽는 것부터 시작합니다. 읽는다는 것은 본문에 대해서 듣는다는 것을 포함합니다. 그런데 읽는 것도 사람에 따라서 모두 다 방법이 다릅니다. 중요한 것은 모델이나 프로그램이 아니라 정신입니다. 본문에 깊이 잠기는 정신 말입니다. 말씀에 대해 시간을 보내는 것 누가 대신 해 줄 수 없는 것입니다. 처음 보면 1대지, 2대지, 3대지로 딱딱 나눠지는 본문도 있지만 어떤 본문은 도대체 이런 성경말씀은 왜 있는지, 이 본문은 다만 설교자를 괴롭히기 위해서 존재하는 것은 아닌가할 정도로 황당한 말씀도 있습니다. 그런데서도 깊이 파고 들어가 보면 콸콸 솟아나는 샘물을 발견하게 될 것입니다. 그때 설교자만이 갖는 기쁨이 있습니다. 그런 면에서 본문을 계속 묵상하는 것이 필요합니다. 설교자는 본문이 말하고 싶어 하는 주제를 발견하기까지 계속 고민해야 합니다. 필요하다고 하면 본래 가지고 있던 생각을 포기하기도 해야 합니다. 본문을 처음 봤을 때는 이것을 말할 것이라고 생각했는데 말하지 않으면 처음에 기대했던 것에 대해서 말하지 않겠다는 정직한 결단을 내려야만 본문이 여러분에게 새롭게 말하기 시작할 것입니다.

세 번째로, 설교의 핵심 주제와 구조에 대한 것이다.[37]

---

36) 정근두, "제자 훈련과 설교, 어떻게 준비할 것인가?," 77.
37) 정근두, "제자 훈련과 설교, 어떻게 준비할 것인가?," 77-8.

묵상할 때 제일 좋은 방법은 본문이 말하기 시작할 때 쓰는 방법입니다. 감동될 때 쓰라는 것입니다. 쇠는 달았을 때 망치질을 해야 합니다. 뜨거울 때 망치질을 해야 원하는 모양이 나오는 것입니다. 그 감동이 식어지면 그때 그 기분이 아닙니다. 그래서 감동되었을 때 무조건 쓰라는 것입니다. 독서카드를 가지고 다니면서 그때그때 쓰라는 것입니다. 그렇게 기록한 것들은 잠정적인 out-line일 수도 있습니다. 해석학자들은 "Word is event"라는 말을 합니다. 말씀 사건이 생기게 되면 말씀 자체가 폭발적으로 말하기 시작하는 것을 접하게 됩니다. … 본문을 충분히 묵상하고 읽되, 궁금하면 주석으로 가는 것입니다. 주석은 여러분의 생각을 더 깊게 해 줄 수 있습니다. … 주석을 보되 깊이 있게 보고, 은혜를 받기위해 주석에서 한마디하고 지나갔지만 나는 열 마디, 백 마디 생각하며 쉽게 풀어보는 것이 필요합니다. 개역성경을 붙들고 웬 종일 걸리는 것 보다 좋은 주석을 가지고 같이 시작하는 것이 좋습니다. … 이런 과정을 거쳐 배경을 연구하고, 헬라어, 히브리어라는 언어 자체가 동사에 무게가 실려 있기 때문에 동사들을 연구하고, 중요한 단어가 무엇인지, 시제, 장르를 살펴봐야 합니다. 이렇게 본문을 깊이 연구하고 나면 처음 접근할 때 가지고 있던 생각은 접어두고 이 본문이 말하고 싶어 하는 게 무엇인지 한마디로 정리해 보는 것입니다. 저자가 그 주제를 어떻게 발전시켜 나가고 있는지 본문의 구조를 파악하고 나면 서신서에서는 저 같으면 설교대지가 나옵니다. 대체로 저자가 논지를 전개하는 대로만 나가면 타당합니다. 이야기체인 경우에는 대체로 본문이 어떻게 구성되어 있는가를 살펴야 되는데 많은 경우에 기승전결 구조를 띠고 있습니다. 이야기의 흐름대로 말해주면 사람들이 제일 잘 알아듣습니다.

요약하면, 정근두 목사는 설교를 준비하는 모든 과정과 강단에서의 설교를 통해 본문 자체가 말씀하는 것, 즉 하나님의 뜻과 의도를 드러내는 것이 자신의 최고의 관심이며, 목표라는 것을 분명히 하고 있다. 그래서 그는 다음과 같이 당부하고 있다.[38]

---

38) 정근두, "하늘 뜻 전달하기," 「목회와신학」 2005년 12월호, 247.

역사를 바로 보면 교회는 구약 시대부터 '언제나'가 아니라면 '때로는' 세상 논리를 전하는 기관으로 전락하기도 했습니다. 그러나 하나님께서 기대하는 강단은 줄기차게 하나님의 뜻을 전하는 자리입니다. 비록 세상의 귀에 들리지 않지만 오늘도 죽어가는 태아들의 호소를 듣는 주님의 사역자들이 되어 생명 파수꾼으로 역할을 다하는 일에 동참하기를 더 이상 주저하지 말아야 합니다. … 부디 한국 교회 강단은 세상과 함께 가거나 따라가는 대신 불변하는 하늘 뜻을 전달하기에 충실한 자리가 되기를 소원합니다. 이것이 교회의 영광을 회복하고 남북의 민족을 살리고 조국의 오늘과 내일을 보장받는 길입니다.

뿐만 아니라 그의 설교 사역에서 그는 항상 본문에 있는 하나님의 뜻을 전하는 일에 최선의 수고와 노력을 하였음을 고백한다.[39]

그동안 서울과 울산에서 각기 다른 목회 현장을 10년씩 경험했다. 서울에서는 개척 교회 10년, 울산에서는 기성 교회 10년을 보냈다. 160명 내외로 모이는 소형 교회에서 주일에 한 차례 설교를 했다면, 지금 2300명 내외로 모이는 대형 교회에서 주일에 세 차례 설교를 감당하고 있다. 그러나 어디서나 새로운 설교 한 편을 만들기 위해서 본문 연구에 12시간, 작성에 4-6시간 내외라는 기준을 바꾸지 않고 있다. 제대로 된 한 편의 새로운 설교를 위해 꼬박 이틀이라는 집중적인 시간을 필요로 한다.

이상에서 우리는 정 목사의 설교관은 일단 이론적 또는 원리적인 면에서 위에서 자신의 설교의 스승이요 롤 모델인 로이즈 존즈의 '진정한(참된) 설교' 그리고 필자가 강조한 '하나님 중심적 설교'와 맥을 같이 하고 있음을 알 수 있다.

---

39) 정근두, "설교자와 시간 관리," 「그말씀」 2006년 1월호, 156.

II. 정근두 목사의 야고보서 설교 분석[40]

1. 로이드 존즈의 성경 해석과 설교 원리

정근두 목사는 자신의 성경 해석과 설교 원리를 구체적이고 명시적으로 언급하지는 않았지만 그의 저서와 설교를 보면 로이드 존즈의 해석 원리가 그의 설교에 그대로 반영되고 있음을 알 수 있다. 따라서 설교관과 마찬가지로 정 목사의 성경 해석과 설교의 원리도 로이드 존즈의 견해 또는 제안을 먼저 살펴보는 것이 옳은 순서일 것이다. 정 목사가 제시한 로이드 존즈의 성경 해석의 원리를 다음과 같이 요약할 수 있다.[41]

1) 본문의 구조를 파악하라. 즉, 일반적이고 전체적인 구조, 문단의 개략적인 구조 그리고 세부적인 구조까지 세밀하게 분석해야 한다고 하였다.
2) 원본과 역본을 고려하라. 원본과 다양한 번역본들을 함께 살펴야 한다.
3) 문법의 기본 사항을 고려하라. 원어의 문법적인 부분에 관심을 가져야 한다.
4) 어휘론적 측면을 고려하라. 개별 단어의 원어적 의미를 파악해야 한다.
5) 구문론적 측면을 고려하라. '연결의 문제' 즉 접속사에 관심을 가져야 한다.
6) 형태론적 특징을 고려하라. 단어의 순서에도 관심을 가져야 한다.
7) 해석의 역사를 고려하라.
8) 역사적 문맥을 고려하라.

---

40) 로이드 존즈는 '설교 내용'과 '설교 행위(즉, 전달)'를 엄격하게 구별하고 둘 다 균형 있는 관심을 가져야 한다고 강조했다(Lloyd-Jones, *Preaching and Preachers*, 72이하). 하지만 본고에서는 '설교 내용'만을 논의하고자 한다.

41) 이 부분에 대한 좀 더 자세한 설명을 위해, 정근두, 『마틴 로이드 존스에게 배우는 설교』, 88-110을 참고하라.

9) 문학적 문맥을 고려하라. 다시 말해, 본문의 전체 정경적 문맥, 특정한 저서 및 저자 단위의 문맥, 주제별 문맥, 근접한 문맥 등을 고려해야 한다.

2. 정근두 목사의 야고보서 설교에 나타난 성경 해석과 설교 원리

이제 구체적으로 정근두 목사의 야고보서 설교에 나타난 성경 해석과 설교의 원리를 살펴보자.

1) 성경 전체의 빛 아래서 야고보서 본문을 이해하고자 하였다. 예를 들어, 신약 서신들의 인사말 차이를 설명하면서 신앙의 다양성과 자유를 다음과 같이 강조한다.[42]

오늘 우리는 흩어진 열 두 지파에게 보내는 야고보의 인사말을 통해서 우리에게 하시는 하나님의 말씀을 들어봅시다. 야고보는 어떻게 인사합니까? "하나님과 주 예수 그리스도의 종 야고보는 흩어져 있는 열 두 지파에게 문안하노라"고 했습니다. 야고보는 "문안한다"는 표현을 사용합니다. 사실 신약 서신서를 보면 편지 초두의 인사에서 "문안하노라"고 잘 표현하지 않습니다. 보통 어떻게 인사합니까? "하나님과 주 예수 그리스도로 좇아 은혜와 평강이 너희에게 있기를 원하노라"(고전 1:13)와 같이 모든 축복의 원천이신 하나님과 유일한 축복의 통로이신 그리스도의 이름으로 은혜와 평강을 비는 것이 신약서신의 일상적인 방법입니다. 특히 바울의 편지는 그러합니다.
그러면 다른 사도들은 어떻게 문안합니까? 베드로의 경우를 살펴봅시다. 그는 "은혜와 평강이 너희에게 더욱 많을지어다"(벧후 1:2)라고 문안합니다. 은혜와 평강이란 표현을 사용합니다만 "더욱 많을지어다"라고 그 나름대로의 표현을 합니다.
그러면 사도 요한은 어떻게 인사를 합니까? 요한일·이·삼서에는 통일된 형식이 없습니다. 그때마다 적절한 형식으로 접근합니다. 요한일서와 요한삼서에는 형식적인 인사말 자체가 아예 생략된 느낌을 줍니다. 다만 요한이서

---

42) 정근두, 『야고보서』 (서울: 죠이북스, 2019), 58-9.

에 그런대로 한 번 인사말이 나오는 것 같습니다. "은혜와 긍휼과 평강이 하나님 아버지와 아버지의 아들 예수 그리스도께로부터 진리와 사랑 가운데서 우리와 함께 있으리라"(요이 1:3). 하지만 여기서도 일상적인 표현을 피하고 있습니다. "너희에게 있을지어다" 대신 "우리에게 있으리라"고 말함으로 문안에 자기 자신을 포함시킵니다. 말하자면 세 번 가운데 한 번 문안하면서 그것도 탈 형식적으로 접근합니다.

마지막으로 유다서를 살펴봅시다. 자신을 "예수 그리스도의 종이요 야고보의 형제"(유 1:1)라고 소개하는 유다는 "긍휼과 평강과 사랑이 너희에게 더욱 많을지어다"라고 인사를 합니다.

우선 사도들마다 인사말에 통일된 형식이 없다는 사실을 주목하십시오. 모두다 개성을 가지고 인사를 합니다. 같은 사람도 경우마다 다를 수 있습니다. 요한처럼 아예 형식적인 인사를 생략하기도 합니다. 그러나 우리는 요한의 편지를 조금만 읽어보아도 거기 내포된 성도들을 향한 따뜻한 관심을 발견할 수 있습니다. 형식을 초월한 그리스도인의 사귐을 감지할 수 있습니다.

특별히 야고보서와 로마서를 비교하며 각각의 의미와 차이를 분명히 제시한다.

문제는 로마서에서 바울의 주장과 오늘 야고보서의 본문이 서로 모순되어 보인다는 것입니다. "우리 조상 아브라함이 그 아들 이삭을 제단에 드릴 때에 행함으로 의롭다 하심을 받은 것이 아니냐 네가 보거니와 믿음이 그의 행함과 함께 일하고, 행함으로 믿음이 온전케 되었느니라"(2:21-22). 2장 24절에서 야고보는 "사람이 행함으로 의롭다 함을 받고 믿음으로만 아니니라"고 일언지하에 바울이 애써 가르치는 교리를 뒤집는 느낌을 줍니다. 야고보는 "행함으로 의롭다 하심을" 받았다고 하는데 로마서에서 바울은 "행함으로 의롭다하심을 받은 것이 아니기에 자랑할 것이 없다"(롬 4:2)고 합니다. …
사랑하는 성도 여러분, 여기에 성경 해석 원리가 필요합니다. 가장 중요한 해석 원리 가운데 하나가 "해석은 문맥의 흐름 속에서 해야 한다"는 것입니다. 한 구절을 바로 해석(이해)하기 위해서는 반드시 그 구절의 앞 뒤 문맥을 살펴야 합니다. 앞뒤를 생각하지 않고 바울은 이렇게 말하고 야고보는 저렇게 말하니 모순이 아니냐고 하면 나무는 보면서도 숲을 보지 못하는 어리석음을 범합니다.[43]

그런 면에서 야고보의 목적과 바울의 목적은 서로 다르다고 할 수 있습니다. 로마서 4장에서 바울은 유대인의 기존 관념을 반박하는데 그 목적이 있습니다. 유대인들은 끝까지 율법을 지켜야 의롭다함을 받는다고 믿습니다. 율법대로 살아야 된다고 믿는 이들을 향해서 편지를 쓴 것입니다. 반면에 본문에서의 야고보의 목적은 실생활에서 아무런 열매가 없는 자들이 믿음이 있다고 주장하는 것을 반박하는 데 있습니다. … 야고보서 2장에서 야고보 선생은 믿음의 삶을 살지 않는 사람들을 염두에 두고 있습니다. 믿음과 행위가 마치 별개인 듯이 나오는 이들의 주장(2:18 참조)을 반박하는데 그 목적이 있습니다. 그러므로 바울이 상대한 청중과 야고보가 만나서 다루는 청중은 문제가 서로 다릅니다. 바울이 만난 사람들은 끝까지 자기 노력을 통해서 무언가 하나님과 바른 관계를 갖겠다는 사람들입니다. 가끔 우리도 그런 사람들을 만납니다. 복음을 전하고 전도하면서 하나님 앞으로 나오라고 하면 꼭 주를 답니다. "예! 교회에 가긴 가야 하는데, 먼저 제 문제를 좀 정리해 놓고 나가겠습니다."라고 말하는 사람들입니다.[44]

2) 야고보서 전체의 구조적 관점에서 각 단락의 의미를 파악하고자 한다. 구체적인 예들을 찾아보자.

우선 전체적인 문맥 속에서 본문의 위치를 살펴봅시다. 어떤 의미에서 1장 26절과 27절은 야고보서 전체의 주제라고 볼 수 있습니다. 야고보 선생의 관심은 신앙의 진위에 있습니다. 거짓 경건과 참 경건을 구별해 보여주고 싶어 합니다. … 이 세 가지를 1장 26, 27절은 말하고 나서 2장 1절에서 13절에서 계속해서 참 경건은 모든 인간을 사랑하는, 불쌍히 여기는 것임을 역설합니다

43) 정근두, 『야고보서』, 314-5.
44) 정근두, 『야고보서』, 316-7.

다. 특히 인간 차별이야말로 거짓 경건의 특색이요 속물근성의 표본임을 말하고 있습니다. 오늘 본문 2장 14절부터 끝 절까지 참 경건은 행동이 뒷받침되는 신앙임을 설명합니다. 구체적인 돕는 행위, 그것이 있어야 참된 경건, 제대로 된 신앙이라고 말합니다. 그리고 나서 3장 1절부터 12절에서는 참 경건은 자기 혀를 제어하는 것으로 풀이합니다.[45]

얼핏 보면 오늘 우리가 읽은 본문은 앞부분하고 아무 관계가 없는 것처럼 보입니다. 13절부터는 완전히 새로운 이야기가 시작되는 것 같습니다. 그러나 전체적으로 자세히 살펴보면 그렇지 않습니다. 오히려 3장 1절에서 시작했던 주제로 다시 돌아 가고 있습니다. "형제 여러분 여러분은 선생이 되려고 하지 마십시오. 여러분들도 다 아는 말이지만 선생 된 우리가 더 큰 심판을 받을 것입니다"(3:1)고 말하고 나서 2절부터는 선생들이 범하기 쉬운 말의 실수를 길게 거론했습니다. 마치 처음에 시작한 주제에서 벗어난 것처럼 보일 만큼 혀를 다스리는 문제를 길게 그리고 심각하게 다루었습니다.[46]

3) 가까운 문맥 속에서 본문의 의미를 드러내고자 하였다. 구체적인 예들을 살펴보자.

본문의 흐름 속에서 우리가 왜 지혜 없는 자인지 살펴봅시다. 앞 구절의 주제는 생의 어려움을 당하면 온갖 기쁨으로 여기라고 하는데, 그렇게 여기지 못하니까 어리석은 자입니다. 하나님의 관점에서 문제를 파악하지 못하니까 지혜가 부족한 자입니다.[47]

사람마다 기질이 다르지만 야고보 선생은 말을 빙빙 돌리는 것은 할 줄 모르는 사람입니다. 문단마다 첫 명령으로 시작했습니다. 첫 문단에서는 "온전히

---

45) 정근두, 『야고보서』, 288. 인용문의 가운데 일부는 초고에는 포함되어 있었으나 책으로 출판되는 과정에서 삭제되었다. 하지만 필자는 삭제된 부분도 중요하다고 판단하였기에 여기에 인용하였다.
46) 정근두, 『야고보서』, 351.
47) 정근두, 『야고보서』, 88.

기쁘게 여기라"고 명합니다. 두 번째 문단에서는 "지혜를 구하라"고 명합니다. 그럼 세 번째 문단의 명령은 무엇입니까? "자랑하라," 신나게 자랑하라고 명하고 있습니다. 간결하면서도 문제의 핵심을 정확히 꼬집는데 야고보의 특징이 있습니다. 매우 간결해서 쉽게 앞뒤 문단을 연결 짓기가 쉽지 않지만 잘 살펴보면 내면의 흐름이 있습니다.[48)]

먼저 오늘 본문의 전후 관계를 살펴봅시다. 오늘 본문은 13절부터지만 12절과 이어집니다. 12절부터 계속 시험이라는 주제를 공통으로 다루고 있습니다. 그러나 자세히 살펴보면 12절에서는 외적인 시련을 마음에 두고 있습니다. 그리고 13절 이하는 내적인 유혹의 문제를 다루고 있습니다. 복음 때문에 당하는 핍박이나 시련이 12절에서 다루는 문제라고 하면 13절 이하는 우리의 마음속에 일어나는 일반적인 유혹의 문제입니다. 공통 주제인 듯하면서도 12절과 13절 이하에서 말하는 시험은 외적인 것과 내적인 것으로 구별할 수 있습니다.[49)]

그러면 이제 야고보를 통해서 주신 이 말씀의 흐름을 살펴봅시다. 오늘 우리가 읽은 본문은 18절인데, 이 18절은 12절부터 시작된 말씀의 계속이라고 볼 수 있습니다. 특히 13절부터 본격적으로 시작한 논리의 계속입니다. 12절부터 18절까지 무엇에 대한 이야기를 하고 있습니까? 우선 주제 파악부터 해 봐야 합니다. …
자 그러면 이 부분의 전체 주제가 무엇이라고 했습니까? 시험에 대해서, 특별히 시험의 원인에 대해서 말하고 있습니다. 이 문제를 다루는 야고보 선생의 논리 전개 방식을 잘 살펴보십시오. 우선 시험에 빠지는 원인은 하나님 때문이 아니라고 밝힙니다. 그다음 사람마다 시험에 드는 것은 자기 욕망에 이끌린 탓이라고 말합니다. 시험에 드는 원인이 아닌 것을 먼저 말하고 난 후, 무엇이 원인인지를 말합니다. 그러니까 명제를 먼저 부정적으로 다루고 나서 다음에 긍정적으로 다루는 것입니다. 그래서 시험은 하나님에게서 오는

---

48) 정근두, 『야고보서』, 97-8.
49) 정근두, 『야고보서』, 127.

것이 아니라 자기 욕심에 이끌려서 빠진다고 확실하게 말합니다.[50]

하나님으로부터 오는 온갖 좋은 선물과 그의 선하신 뜻이 우리 삶에 이루신 놀라운 사건이 무엇입니까? 18절은 그것을 말해 줍니다. "그가 그 피조물 중에 우리로 한 첫 열매가 되게 하시려고 자기의 뜻을 따라 진리의 말씀으로 우리를 낳으셨느니라" 그것은 바로 진리의 말씀으로 우리를 낳으신 사건입니다. 그런 의미에서 18절은 17절의 논지를 발전시킨 것입니다. 17절에서 야고보는 하나님을 우리에게 항상 좋은 것을 주시는 은인으로 소개하고 있습니다. 그런데 18절에 와서는 하나님을 은인 정도가 아니라 우리를 낳아주신 아버지로 소개하고 있습니다. 여기 논리적인 진전이 있습니다. 성경을 해석할 때에 자기의 해석이 맞는지 틀리는지 알아보기 위해서는 논지가 발전하고 있는지를 살펴보십시오. 좋은 선물을 주시는 분도 우리에게 귀하지만 그보다도 부모는 우리에게 생명을 주신 더 귀한 분입니다. 앞에서 언급한 온갖 선물의 한 예로서 피조물 가운데 우리로 한 첫 열매가 되게 하시려고 생명으로 낳아준 구체적인 사건을 들고 있습니다. 우리에게 새 생명을 주신 그분이 우리를 사망으로 빠뜨리는 일을 한다는 것은 말이 되지 않습니다. 그러고 보면 13절에서 시작한 논지를 17절에도 계속하고 있습니다.[51]

한번 이야기하면 충분한데 같은 것을 말하고 또 말하는 것은 왜 일까요? 인간을 차별하지 말라는 2장 1절만으로는 야고보 선생에게 충분하지 않았습니다. 그래서 5절 이후에 같은 주제를 다시 논증하고 8절에서 다른 각도로 입증하고 있습니다.[52]

앞서 이 문제를 원론적으로 접근했다면 오늘은 각론적으로 하나씩 뜯어봅시다. 우선 본문 열두 절을 한 번 분석해 봅시다. 처음 두 절은 전체적인 주제의 선언입니다. 3절부터 5절의 상반 절까지는 혀의 위력에 대해서 말하고, 5절 하반 절부터 8절까지는 혀의 속성에 대해서 말합니다. 그리고 9절부터 12

---

50) 정근두, 『야고보서』, 153-4.
51) 정근두, 『야고보서』, 155-6.
52) 정근두, 『야고보서』, 248.

절까지는 혀의 기능을 말하고 있습니다.53)

일반적으로 야고보서를 이해하는데 오는 어려움은 무엇을 말하느냐 보다, 왜 그 말을 하느냐를 아는데 있다고 지난번에 말씀드린 바 있습니다. 각 구절의 내용보다는 앞뒤 연결을 이해하는 것이 어렵다는 말입니다. 그래서 어떤 분은 야고보서가 전체적인 흐름을 가진 편지라기보다는 설교 요점을 모아 놓은 것이 아니냐고 불평합니다. 그 말도 일리가 있습니다. 그래서 그런지 한 구절, 한 구절을 파고 들면 풍성한 생명수가 솟아나는 것 같습니다. 30분 설교에 다 담을 수 없는 풍성한 샘이 솟기 때문에 설교요약이라고 보아도 말이 됩니다. 어쩌면 구절 하나하나가 야고보 선생에게는 설교 요점이었을 것입니다. 그래서 야고보서 본문은 아무 구절이든지 깊이 파면 솟아 넘치는 샘물이 있습니다. 그러므로 성령의 감동아래 기록된 공동 서신 제 1호를 앞 뒤 연결이 없이 기록되었다고 말하는 것은 옳지 않습니다.

성령의 감동으로 이 편지를 기록했을 때는 앞 뒤 말의 배열에 타당한 이유가 있었는데, 다만 우리가 야고보 수준의 영성이 되지 못하기 때문에 그것을 파악하는데 어려움이 있는 것입니다. 바꾸어 말해서 야고보의 심정에 우리가 하나 되지 못하고 있기 때문에 왜 그 말 다음에 이 말이 나오는지 따라 잡지 못하는 것입니다. 그래서 무슨 말인지 앞 뒤 연결이 어렵다고 말하는 것보다는 차라리 우리의 수준을 부끄러워하면서 앞뒤의 연결에 대해 궁리해 보는 것이 말씀을 대하는 바른 자세일 것 같습니다. 거기에는 논리적인 흐름이 반드시 있을 것입니다.54)

사랑하는 성도여러분, 지금껏 야고보 선생은 신앙공동체가 신앙공동체답지 못한 문제의 원인을 규명했습니다. 그리고 신앙 공동체를 치료할 처방에 대해서 충분히 설명을 했습니다. 때로는 얼굴을 들고 듣기 거북하리만큼 신랄한 지적을 하기도 했습니다. 그리고는 조용히 타이르듯이 알아듣도록 설명하기도 했습니다. 문제를 지적하는 동시에 방책을 제시했습니다. 그것이 6절까

---

53) 정근두, 『야고보서』, 340.
54) 정근두, 『야고보서』, 421-2.

지의 말씀이라 본다면 오늘 본문 7-10절은 어쩌면 그의 설교의 적용으로 볼 수 있습니다. 이제는 충분하게 설명을 했기 때문에 구체적인 그들의 상황에 따라서 적용하는 것입니다.[55]

하지만 어떤 성경 구절이라도 바로 이해하기 위해서는 앞뒤 흐름 속에서 이해해야 합니다. 오늘 본문의 명령을 가장 자연스럽게 이해하기 위해서는 바로 앞부분과 관련해서 이해해야 합니다. 문제는 과연 앞부분과 어떤 관련이 있는가 하는 점입니다. 오늘 같은 본문과 같은 경우에는 앞 문단과의 관련을 찾아내는 것이 쉽지 않습니다. 그래서 어떤 이는 전혀 관련이 없다고 단언합니다. 오히려 야고보서 전부를 일련의 설교 제목들을 모아 놓은 책으로 취급해야 할 결정적인 증거로 이 본문을 제시하기도 합니다. 말하자면 "맹세하지 말라"는 것은 야고보 선생이 즐겨 전하던 설교 제목의 하나로 보아야 하며, 앞부분과 무관하다는 입장입니다. 얼핏 보면 정말 그런가하는 생각이 들기도 합니다. 표면적인 관련을 쉽게 찾을 수 없기 때문입니다. 그러나 만약 우리가 야고보 선생의 가슴 속에 타오르던 그 열정을 동일하게 가지고 본문을 읽어 본다면 그 뜨거움 속에 녹아 있는 관련을 찾을 수 있으리라 생각됩니다.[56]

4) 필요할 때 단어의 원어적 의미를 살피면서 본문의 의미를 설명한다. 구체적인 예들을 찾아보자.

그러면 우리는 여기서 말하는 시험이 무엇인지 다시 한 번 살펴봅시다. 2절에서 말하는 온갖 기쁨으로 맞이할 여러 가지 시험이라는 말과 12절에서 말하는 우리 모두가 통과해야 할 시험이라는 말은 꼭 같은 헬라어 '페이라스모스'($\pi\epsilon\iota\rho\alpha\sigma\mu\delta\varsigma$)로 되어 있습니다. 그런데 이 시험이라는 단어가 의미하는 것이 다양하기 때문에 이것이 무엇을 뜻하는지 정확히 파악할 필요가 있습니다.[57]

---

55) 정근두, 『야고보서』, 447.
56) 정근두, 『야고보서』, 533-4.
57) 정근두, 『야고보서』, 113.

여기 "들여다본다"는 것은 마치 마리아와 베드로가 부활절 새벽에 예수의 빈 무덤 앞에 가서 거기 무덤이 빈 것을 보고 혹시 어디에 예수님의 흔적이 있을까 해서 두리번거리며 들여다보았다고 할 때 사용된 말과 꼭 같은 말입니다. 마치 하늘의 천사들이 죄인인 우리에게 이 구원의 복음이 어떻게 해서 들려졌는지, 이 구원의 내용이 무엇인지 알고 싶어서 살펴보기를 원하는 것처럼 그렇게 자세히 살펴볼 때만이 우리의 참모습을 발견할 수 있습니다.58)

본문에는 '아름다운 옷'으로 번역되었는데 똑같은 헬라어 '에스데타 람프란'($\dot{\epsilon}\sigma\theta\tilde{\eta}\tau\alpha\ \lambda\alpha\mu\pi\rho\grave{\alpha}\nu$)가 누가복음 23장 11절에는 '빛난 옷'이라고 번역되었습니다. 군병들이 조롱하고 난 뒤에 예수에게 '빛난 옷'을 입혀 빌라도에게 다시 돌려보냈다고 합니다. 그런데 야고보서는 아름다운 옷이라고 바꾸었습니다. 오히려 빛난 옷이라고 해석했더라면 의미를 더 살릴 뻔 했습니다.59)

"돌아서다"는 말이 두 번 나오는데 이 말은 회심을 말하는 것이 아닙니다. 주님이 베드로를 향해서 "내가 너를 위하여 네 믿음이 떨어지지 않기를 기도하였노니 너는 돌이킨 후에 네 형제를 굳게 하라"(눅 22:32)고 말씀하셨습니다. '돌이키다'는 말이 여기에서 '돌아서게 하라'하고 같은 말입니다. 즉 '네 스스로 돌이키라'고 베드로를 향해서 주님이 말씀하고 계신 것입니다. 야고보는 공동체를 향해서 '곁길로 나간 사람을 돌이키도록 노력하라'고 말하는 것입니다. '일시적인 타락의 자리에서 부터, 열심이 식어진 자리에서 부터 돌이키도록 하라'는 뜻입니다. 즉 지금 영적으로 잠을 자고 있는 그를 깨우라는 말입니다. 그들은 예수를 이미 만난 형제요, 자매입니다. 그러나 지금 그는 위험한 자리에 있습니다. 그대로 방치해 두면 안 될 위기에 있습니다. 그래서 야고보 선생은 신앙 공동체 모두에게 마지막으로 그들의 직무를 깨우치고 있습니다.60)

---

58) 정근두, 『야고보서』, 201.
59) 정근두, 『야고보서』, 225-6.
60) 정근두, 『야고보서』, 594-5.

5) 쉽게 이해가 되지 않는 난해한 부분들의 의미를 설명함으로 하나님의 뜻과 의도를 분명하게 드러내고자 한다. 예들을 찾아보자.

야고보 선생은 무엇을 자랑하라고 명합니까? "낮은 형제는 자기의 높음을 자랑하고, 부한 형제는 자기의 낮아짐을 자랑할지니 ……." 무슨 선문답 같기도 하고 수수께끼 같기도 합니다. 그러나 잘 보면 '낮은 형제'라는 말은 '부한 형제'라는 말과 대조되고 있습니다. 그러므로 여기서 낮다고 하는 말의 일차적인 의미는 경제적으로 비천한 처지에 있는 사람을 가리킵니다. 그런 사람은 자기의 높음을 자랑하라고 합니다. 하나님의 자녀라는 높은 신분을 자랑하라고 명합니다. 그리스도 안에서 자기가 얼마나 높아졌는지를 자랑하라고 합니다. 그것 때문에 기뻐하라고 합니다. 사랑하는 성도 여러분, 세상을 살 때에 여러분의 처지가 어떠하든지 여러분에게 주어진 새로운 신분으로 인해서 자랑하십시오. 가난한 사람들은 고귀한 하나님의 자녀 된 그 신분 때문에 자랑할 수 있습니다.

야고보 선생은 또한 반대로 부한 형제는 자기의 낮아짐을 자랑하라고 합니다. 무슨 말씀입니까? 부한 형제는 자기의 낮아짐을 자랑하라니 무슨 뜻입니까? 그리스도 안에서 자신이 영적으로 빈곤하고 비천한 자임을 알게 되었으니 그것을 자랑하라는 말입니다. 전에는 돈 좀 가졌다고 세상에 무서운 것 없이 사람 무시하고 살았는데, 이제 예수님을 알고 나니까 그것이 별것이 아님을 알게 되었습니다. 자신이 아무 것도 아닌 죄인에 불과하다는 것을 알게 되어서 겸비해졌으면 그로 인해 자랑하라는 말입니다. 이것은 누구나 누리는 축복이 아닙니다. 특히 부자가 자신의 낮아짐을 안다는 것은 특별한 은총입니다. 예수님이 이렇게 말씀하셨습니다. 부자가 하나님 나라에 들어가기가 약대가 바늘귀로 들어가는 것보다 더 어렵다고 말입니다(막 10:25 참조). 가능성이 없다는 겁니다. 부자들은 하나님 나라에 들어가는 것이 전혀 가능성이 없다고 그렇게 말씀하셨습니다. 그런데 그런 부자가 자기가 자기 집에서 일하는 종들이나 비천한 자와 마찬가지인 죄인에 불과하다는 것을 알게 되었으면 엄청난 은혜를 받은 것입니다.[61]

---

61) 정근두, 『야고보서』, 98-9.

'자유의 율법'을 따라서 심판을 받는다는 것이 무슨 말입니까? 왜 율법을 "자유의 율법"이라고 말하고 있습니까? 야고보 1장 25절에는 "자유롭게 하는 율법"이라고 부르고 있습니다. 오늘 본문은 "자유의 율법"이라고 표현합니다. '자유롭게 하는 율법'이란 어떤 의미가 있을까요? 이것은 율법의 기능을 설명하는 말입니다. 율법의 궁극적인 목표는 우리를 자유하게 하는 것입니다. 율법은 죄를 짓는데서 부터 벗어나게 하는 역할을 합니다. 율법은 죄책감으로부터, 이미 지은 죄의 부담감으로부터 우리의 양심을 자유하게 합니다. 율법은 지금 죄를 짓지 않도록 하는 것뿐만 아니라 이미 지은 죄로부터 우리를 자유하게 합니다.

그러나 우리의 처지는 어떠합니까? 여러분은 하나님의 율법을 들을 때 자유합니까? 아니면 아직도 율법이 여러분을 속박합니까? 죄를 지은 인생에게 하나님의 율법은 무섭습니다. 하나님의 법이 밝게 비치면 비칠수록 우리의 삶이 폭로가 되니까 두려워합니다. 율법을 알면 알수록 우리의 죄가 드러나니까 양심의 고통을 느낍니다. 하나님의 말씀을 들으면 들을수록 우리가 자유를 누리게 되는 것이 아니라 우리의 양심이 속박을 당하게 됩니다.[62]

여러분은 삶에서 어떤 열매를 거둘 것입니까? 오늘 본문이 말하는 열매를 한 번 생각해 보십시오. 이 열매를 가리켜 "의의 열매"라고 합니다. 의의 열매는 두 가지로 생각할 수 있습니다. 먼저 "의의 열매"란 의로운 열매로 볼 수도 있습니다. 화평케 하는 자들이 이 씨를 심었습니다. 그럼 화평케 하는 자들은 누구입니까? 하나님의 자녀라고 불리는 사람들입니다. 마태복음 5장에 산상보훈을 보니까 이런 말씀이 있습니다. "화평케 하는 자들에게 복이 있나니 저희가 하나님의 아들이라 일컬음을 받을 것이요."(마 5:9)[63]

(다음으로) "의의 열매"란 의로운 행동이 산출한 열매로도 볼 수 있습니다. 열매를 맺게 한 것으로서의 의를 말하고 있습니다. 좀 쉽게 풀어 보면, 성경에는 공의의 열매를 화평이라고 했으며(사 32:17 참조), 하나님의 공의가 충

---

62) 정근두, 『야고보서』, 263-4.
63) 정근두, 『야고보서』, 391.

족되지 않는 곳에는 어떤 화평도 없다고 말합니다. 하나님의 공의가 충족되지 않으면 사람 사이의 화평을 이룬다는 것은 신기루라는 말씀입니다.[64] 사랑하는 성도 여러분, "의의 열매"는 이렇게도 해석될 수 있고 저렇게도 해석될 수 있지만 중요한 것은 '열매를 맺어야 한다'는 것입니다. 시작점이 의가 될 수도 있고 궁극적인 열매가 의가 되든지 상관이 없습니다. 하지만 우리 모두 열심히 하나님의 뜻에 합당한 열매를 주렁주렁 맺게 되기를 원합니다.[65]

6) 여러 번역본들을 참고하여 의미를 밝힌다.

저는 설교를 준비할 때 우선 본문을 바로 이해하려고 노력을 합니다. 본문을 바로 이해하기 위해서 여러 성경 번역을 모두 참조합니다. 개역성경부터 출발해서 공동번역, 표준새번역, 현대인의 성경 할 것 없이 모두 살펴봅니다. 한글 번역뿐 아니라 여러 영어 성경들도 대조해 봅니다. 성경 번역은 보통 번역위원들이 모여서 합니다. 여러 사람이 모여서 번역을 하기 때문에 크게 실수하지 않을 장점이 있는 동시에 또 개인적인 탁월성이 무시당할 수 있는 한계가 있습니다. 반면에 개인이 번역해 놓은 성경들은 이런 면에서 개인의 탁월한 능력이 돋보일 수 있습니다. 영어 성경만 아니라 때로는 제가 읽을 수 있는 다른 모든 외국어 번역 성경들을 꺼내어 먼지를 털어 내고 읽기도 합니다. 그러는 가운데 대부분은 본문의 바른 내용이 무엇인지 감을 잡게 됩니다. 그러나 오늘 본문은 예외입니다. 읽으면 읽을수록 본뜻이 무엇인지 어리둥절해집니다. 가장 행복할 때는 개역성경만 읽었을 때입니다. 하나만 알 때에 가장 자신 있게 무엇인가 말할 수 있기 때문입니다. 모르면 용감하다는 말이 그래서 나왔나 봅니다. 읽으면 읽을수록 번역 성경 종류만큼이나 각기 다른 번역 앞에 본래 무슨 의미에 대한 궁금증만 늘어납니다.[66]

64) 정근두, 『야고보서』, 393.
65) 정근두, 『야고보서』, 395.
66) 정근두, 『야고보서』, 422-3.

오늘 18절을 보면 거기에 대한 반론이 제기되고 있습니다. 물론 18절만큼 이론이 분분한 구절은 별로 없습니다. 말 자체가 어려워서가 아니라 정확한 의미를 파악하기가 쉽지 않습니다. 그 이유는 2,000년 전에 구두법이 없었기 때문입니다. 지금 우리는 글의 뜻을 분명히 하기 위해서, 혹 각 부분의 관계를 밝히기 위하여 점이나 부호를 사용합니다만 그 당시는 이런 구두법이 없었습니다. 어디에 쉼표나 따옴표를 사용하느냐에 따라 여러 가지 번역이 가능합니다. 오늘 본문을 다른 번역 성경 (Good News Bible[GNB]) 또는 New English(NEB)을 따라 설명해 보겠습니다. 18절 전반부를 이렇게 재구성해 봅니다. 누군가가 이렇게 말할 수 있습니다. "어떤 사람은 믿음을 강조할 수 있고 다른 사람은 행함을 강조할 수 있지 않느냐?" (그런데 죽은 믿음이라고 하는 것은 너무 심하지 않느냐?) 여기에 대한 대답으로 후반부를 새로운 따옴표 안에 넣을 수 있습니다. 즉 전반부는 어떤 이의 반론입니다. 그리고 후반부는 야고보의 대답입니다. (그렇다면) "행함이 없는 네 믿음을 내게 보이라 나는 행함으로 내 믿음을 네게 (증명해) 보이리라." 그리고 19절에서도 18절 초두에서 제기한 반론을, 그 허구성을 논리적으로 반박합니다. 말하자면 하나님의 존재하심과 초월하심을 믿는 것은 귀신들도 한다는 것입니다.[67]

좀 더 쉽게 풀어놓은 공동번역으로도 살펴보겠습니다. "여러분 가운데 지혜롭고 지식이 있는 사람이 있다면 그 사람은 지혜로운 사람답게 온유한 마음을 가지고 착한 생활을 함으로써 그 증거를 보여 주도록 하십시오."(약3:13, 공동번역)[68]

7) 당시 역사적 배경을 설명하면서 본문의 의미를 드러내고자 한다. 예들을 찾아보자.

그래서 오늘 본문에서 "내 형제들아"라고 부릅니다. 이렇게 부를 때는 좀 더

---

67) 정근두, 『야고보서』, 299-300.
68) 정근두, 『야고보서』, 352.

진지한 이야기를 하려는 것입니다. 1장 마지막 부분에서 고아와 과부의 이야기를 하다 보니까, 고아와 과부만 그렇게 따돌림을 당하는 것이 아니라 교회 안에서도 경제적인 처지에 따라서 차별받는 사람들이 많이 있는 것을 본 것입니다. 그러나 야고보 선생이 우리와 다른 점은 '아, 그거 뭐 교회도 사람들이 모인 곳인데 그럴 수도 있지!' 라고 넘긴 것이 아니라 이 문제를 아주 심각하게 생각하고 다루는 데 있습니다.[69]

사도와 선지자는 한곳에 머물면서 일하는 것이 아니라 이곳저곳으로 옮겨 다니며 일했습니다. 모든 하나님의 교회가 사도와 선지자의 일터였습니다. 사도가 어느 교회에 담임이 되는 법은 없습니다. 사도는 온 교회를 둘러보는 일들은 감당했습니다. 반면에 교사는 한 지역 교회에서 머물며 그곳에서 새로 예수를 믿는 사람들을, 기독교의 진리를 처음 받아들인 사람들을 진리로 가르치는 일을 하였습니다. 처음 교회에 나와서 하나님을 만난 이들에게 자기가 배운 신앙과 지식을 심어 주는 특권을 가지고 있었습니다. 교사라는 직책이 당시에는 존경받는 직책이던 만큼 흠모하는 사람들이 많았습니다. 교사는 당시에는 인기 직종이었습니다. 유대인 부모들은 누구나 아들 낳으면 "내 아들도 랍비가 되었으면……" 하는 소망을 가지고 있을 만큼 랍비, 선생이라는 직분은 존경받는 직책이었습니다.[70]

오늘 본문으로 돌아가 봅시다. 오늘 본문은 성경이 기록된 시대상을 물씬 풍깁니다. 13절을 읽어보면 당시 유대인의 모습과 생활상을 쉽게 연상할 수 있습니다. 여러분도 알다시피 유대인이라고 하면 옛날이나 지금이나 인정받는 분야가 몇 개 있습니다. 그 중 하나가 뛰어난 장사술입니다. 지금도 세계 경제가 그들의 수중에 있습니다만 그때도 뛰어난 사업 수완이 익히 알려져 있었습니다. 당시는 이른바 로마의 평화를 구가하는 시대였습니다. 지중해를 중심으로 로마가 온 세계를 통일하고 지배하던 시대입니다. 모든 길은 로마로 통하였고 여기저기에 새로운 도시가 생겨나던 시기였기에 유대인들은 상

69) 정근두, 『야고보서』, 223-4.
70) 정근두, 『야고보서』, 329.

술을 발휘할 절호의 기회를 누렸습니다. 새 도시가 건설되면 로마제국은 그 도시에 와서 살 사람들을 영입했는데, 특히 유대인들에게는 시민권을 제공해 가면서 환영했습니다. 유대인이 몰려오면 상업이 활발해지고 온갖 재화가 몰려들기 때문입니다. 도시의 번영은 유대인의 이주와 밀접한 상관관계를 갖고 있었습니다.

본문 13절에 등장하는 인물들은 아마 이런 부류의 상인들로 보입니다. 지도를 펴놓고 한 지점을 손가락으로 가리키면서 "이 도시에 가서 한탕 해야겠어, 한 1년 머물면 괜찮은 저택 한 채쯤 떨어질 거야!"라고 말하면서 말이지요.[71]

이 당시에는 사람들이 주로 농사를 짓고 살았습니다. 그래서 품꾼으로 농사 지으러 가서 일하고 하루라도 품삯을 받아오지 못한다면 부자는 상관없지만 가난한 사람들의 형편은 매우 어려워집니다. 아버지가 돌아오면서 곡식을 받아올 것을 기다리는 아이들이 있습니다. 먹지 못하여 배가 고프면 잠이 안 옵니다. 그런 식구들이 고픈 배를 움켜쥐고 하늘의 하나님을 향해서 부르짖고 있는 것을 하나님은 듣고 있습니다.[72]

"맹세하지 말라"는 의미는 당시 상황을 좀 살필 때 밝히 알 수 있을 것입니다. 당시 유대사회, 초기 기독교 사회의 편만한 사회악 중 하나가 되는대로 쉽게 맹세하는 것이었습니다. 익히 알려진 유대 사회적 폐습 중 하나가 하나님의 이름을 남용하는 죄악입니다. 이런 폐습이 초기 기독교 공동체의 상당 부문을 차지한 유대 기독교인들을 통해 교회 안에서도 번져 있던 죄악으로 보입니다. 걸핏하면 하나님의 진리를 갖다 대고, 하나님의 이름 갖다 대므로 자기 입장을 옹호하는 일들이 빈번했습니다. 매우 쉽게 신자들의 입에서 서원이 튀어 나오는가 하면, 주님의 이름으로 자기 입장을 옹호하는 일들이 예사였습니다. 주님의 이름으로 행해지는 서원과 맹세가 너무 범람하던 현실을 직시한 야고보 선생은 주님과 같은 맥락에서 '무엇보다도 맹세하지 말라'고

71) 정근두, 『야고보서』, 471-2.
72) 정근두, 『야고보서』, 499.

합니다. 매우 쉽게 행해지는 서원이나 맹세를 막기 위해서 일상 대화 가운데 도무지 맹세하지 말도록 명합니다.[73]

8) 루터가 평가했던 것처럼 야고보서는 지푸라기 서신이 아니라 로마서와 마찬가지로 신앙의 본질과 핵심을 말씀하는 서신임을 상기시켜주고 있다.

신앙의 첫 걸음을 내딛는 사랑하는 이웃 여러분, 신앙의 발걸음을 내딛는다고 인생의 모든 문제가 다 사라지는 것은 아닙니다. 교회에 다니기 시작하면 만사형통의 보험에 가입하는 것이 아닙니다. 건강도 좋아지고 가정도 평안해지고 사업도 보장되는 만능처방이 아닙니다. 그랬다면 여러분이나 저처럼 보통사람들은 교회당에 발 디디기조차 어려웠을 것입니다.
힘 있고 잘난 사람들이 모두 다 차지하고 우리에게까지 차례가 돌아오지 않았을 것입니다. 엄청난 프리미엄이 붙어서 우리 같은 서민에게는 그림의 떡이었을 것입니다. 일주일에 교회 한 번 나오고, 기천 원 헌금하는 것으로, 이처럼 종합보장이 된다면 정말 권세 있고 능력 있는 사람들이 이미 자리를 모두 차지했을 것입니다. 다행히 신앙은 인간사 제반 문제에 대한 완벽한 보험증서를 제시하지 않습니다. 오히려 신앙의 선배 야고보는 온 세상에 흩어진 믿음의 형제들에게 하는 첫 번째 권면으로 신앙인의 삶에도 여러 가지 시련이 있다고 일러주고 있습니다.[74]

신앙생활의 목표가 무엇입니까? 왜 예배를 드리고 신앙생활을 합니까? 왜 종교적인 규칙을 지키고 준수합니까? 왜 특별기도회를 합니까? 왜 이웃 초청 잔치를 합니까? 궁극적으로는 하나님을 기쁘시게 하기 위해서입니다. 그것이 종교의 궁극적인 목적입니다. 우리가 정한 시간에 모여서 예배하고 찬송하고 기도하고, 말씀을 듣고, 나아가서 기독교인의 삶을 사는 궁극적인 목적은 하나님을 기쁘시게 하는데 있습니다. 자기는 신앙이 좋다고 생각하면서

---

73) 정근두, 『야고보서』, 537-8.
74) 정근두, 『야고보서』, 75.

자신의 혀를 재갈 먹이지 않는다면 하나님을 기쁘시게 하는데는 애처롭게도 실패하고 있는 것입니다.

이사야를 통한 하나님의 탄식을 들어보십시오. "이 백성이 입술로는 나를 존경하되 마음은 내게서 멀도다. … 사람의 계명으로 교훈을 삼아 가르치나 나를 헛되이 경배하는도다"(사 29:13). 예배를 드릴 때 우리의 찬양, 우리의 기도는 진실해야 합니다. 그러나 경건한 행동은 일상적인 삶에서 계속 되어야 합니다. 말하자면 여러분이 부모로서 아이들에게 말할 때도 같은 경건을 유지해야 합니다. 배우자에게 이야기할 때도 마찬가지입니다. 상사로서 부하직원에게, 어른으로서 아이에게, 가진 자로서 갖지 못한 자에게 말할 때도 적용되어야 합니다. 항상 그 경건을 유지할 수 있어야 합니다.[75]

야고보는 구체적인 삶의 현실 속에서 신앙을 설명하기를 좋아했습니다. 그는 환란 중에 있는 고아와 과부를 떠나서 참된 경건을 이야기 할 수 없다고 믿었습니다. 고통을 받고 있는 고아와 과부와 아무 관련 없는 신앙생활이라는 것은 있을 수 없다는 것입니다. 처참한 현실에 아무런 의미가 되지 않는 신앙생활 무슨 소용이 있냐는 것입니다. 주님은 기독교가 그들만의 잔치가 되는 것은 원치 않았습니다. "너희는 세상의 소금이고 빛"(마 5:13-14 참조)이라고 말씀하셨습니다. 우리가 세상과 단절한다면 아무리 좋은 신앙도 의미가 없다는 것이 기독교의 전통입니다. 신앙이란 하나님께 예배드리는 이 시간만 중요한 것이 아니라 예배가 끝난 후에 서로 어떤 관계를 맺고 있는지도 중요합니다. 그리고 우리가 지금 보이지 아니하는 하나님을 경배하는지는 바로 옆에 앉아 있는 사람들과 어떤 관계를 맺어 가는지에 따라서 판정합니다. 눈에 보이는 형제를 괄시하면서 보이지 않는 하나님을 사랑한다는 신앙고백은 거짓이라는 것입니다.[76]

사랑하는 성도 여러분, 하나님을 떠난 인생은 험한 풍랑을 향해서 나아가고 있습니다. 하나님을 떠난 인생의 삶에는 평안과 안식이 없습니다. 하나님 없

---

75) 정근두, 『야고보서』, 214-5.
76) 정근두, 『야고보서』, 248.

이도 출세할 수 있고, 돈 벌 수 있고 이런저런 일이 가능합니다. 그래서 저는 잘 살아보겠다고 교회를 나오는 사람들이 가장 답답합니다. 성경은 예수님을 믿으면 "복 받는다" "잘 산다"라며 세속적인 가치를 말하진 않습니다. 오히려 성경은 악인들을 향해서 한 가지 선언을 합니다. 악인에게는 평강이 없다고 말합니다(사 57:21 참조). 높은 지위에 올라갈 수도 있고, 많은 재산을 축적할 수도 있고, 잘 나갈 수도 있지만 삶의 평강은 없다고 선언하고 있습니다. 하나님을 떠난 인생은 평안과 안식이 없습니다. 그러나 하나님께로 돌아올 때는 안식의 포구가 기다리고 있습니다.[77]

선한 일을 해야 한다는 것을 알면서도 실천하지 않으면 바로 그것이 죄입니다. 야고보 선생의 이 가르침은 주님의 가르침과 그 강조점이 매우 일치합니다. 주님도 여러 가지 비유를 들어서 누누이 이 문제를 말씀하셨습니다. 사람이 선한 일을 해야 된다는 것을 알면서 실천하지 않으면 그것이 바로 죄라는 것을 가르쳐 주려고 주님께서도 노력하셨습니다.[78]

이상에서 우리는 로이드 존즈가 강조한 성경 해석과 설교의 원리가 정 목사의 야고보서 설교에서 실제적이고 구체적으로 실현되고 있음을 쉽게 알 수 있다. 또한 필자가 강조하는 하나님 중심적 설교의 모델을 그대로 보여주고 있음도 확인할 수 있다.[79]

3. 정근두 목사의 야고보서 설교에서 보여준 설교의 구조와 전개

필자는 효과적이고 설득력 있는 설교를 위해 설교의 구조와 전개는 중요하다고 생각한다. 물론 설교에 있어서 본문의 의도를 잘 드러내는 내용

---

77) 정근두, 『야고보서』, 341.
78) 정근두, 『야고보서』, 484.
79) 하나님 중심적 설교를 위한 필자의 성경 해석과 설교의 원리를 위해 김창훈, 『하나님 중심적 설교』, 272-99를 참고하라.

이 무엇보다도 중요하다. 하지만 같은 내용이라고 할지라도 그것을 어떻게 구성하고 전개하느냐에 따라 그 내용이 전달되는 효과 또는 청중들이 그 내용을 수용하는 정도가 다르다는 것은 명약관화하다.[80] 그래서 로이드 존즈도 설교의 구성과 전개에 대해 다음과 같이 방향을 제시했다.[81]

여러 개의 명제들이나 소제목들을 잘 배열하는 것은 아주 중요한 일입니다. … 결단코 설교자는 자기가 뽑은 소제목들이나 대지들을 연결시키는데 있어서 반드시 앞뒤가 맞게 해야 한다는 것입니다. 즉 하나의 문제는 다음 문제로 이끌어가고 다음 문제는 그 다음 문제로 자연스럽게 유도되어야 한다는 것입니다. 각각의 대지들이나 소제목들이 다음의 대지들이나 소제목들에 연결되어 결국에는 어떤 일정한 결론에 이르게 되어야 합니다. 모든 것은 설교자가 전하려는 특정 원리(교리)의 급소 또는 핵심을 찌르게끔 유도되어야 한다는 것입니다. 내가 지금 강조하는 있는 것은 생각의 진전이 있어야 하며 각각의 요점들이 서로 떨어져 있어서는 안 된다는 것입니다. … 개개 요지(대지, 소제목)들은 전체 속의 부분이며, 모든 요지들을 다룸에 있어서 반드시 무언가 전진되어 나가는 일이 있어야 하고 더 큰 문제를 향하고 있어야 한다는 것입니다. … 이처럼 설교의 형식 문제에 있어서 논증과 주장의 진전이나 전진 또는 논증의 발전은 절대적으로 중차대한 문제입니다.

같은 차원에서 정 목사도 설교의 구조와 전개에 대해 다음과 같이 말한다.[82]

설교자에게는 본문만 가지고 12시간 이상 씨름할 정도로 본문에 대한 애정이 있어야 합니다. 이런 과정을 거치고 나면 청중에 대한 사랑이 있어야 됩니다. 서론이 왜 필요합니까? 청중 때문입니다. 본론은 왜 필요합니까? 청중 때문입니다. 결론은 왜 필요합니까? 역시 청중 때문입니다. 서론을 통해 듣

---

80) 김창훈, 『하나님 중심적 설교』, 356-69.
81) Lloyd-Jones, *Preaching and Preachers*, 99-100.
82) 정근두, "제자 훈련과 설교, 어떻게 준비할 것인가?," 79-80.

는 사람들의 관심을 유도하고, 듣는 사람들의 공감대를 형성합니다. 왜 그 설교를 들어야 하는지에 대해 관심을 유발시킵니다. 내가 이 설교를 통해 말하고 싶어 하는 것에 대한 주제를 소개할 수 있습니다. 서론 끝에는 사람들이 그림을 그릴 수 있어야 합니다. 본론은 어떻게 발전시켜야 합니까? 통일성과 질서와 진지성을 증진시켜줘야 합니다. 이 세 가지가 없으면 관심이 떨어지게 됩니다. 통일성과 질서와 진지성을 증진시키는 첫 번째 방법은 모든 부분이 전체를 지원하도록 하는 것입니다. 대지가 주제를 지원할 수 있도록 되어야 합니다. 두 번째는 대지 사이의 관계가 분명히 보여야 되고 균형을 이루어야 합니다. … 무게 중심이 같은 것을 잡아야 한다는 것이죠. 또한 첫 번째 것이 첫 번째로 와야 하고 두 번째 것이 두 번째로 와야 하고 세 번째 것이 세 번째로 와야 하는데 설교를 들어보면 첫째, 둘째, 셋째가 나오긴 하지만 왜 그런 순서대로 정리되었는지 이해할 수 없는 경우가 많이 있습니다. 연관성이 없는 그런 첫째, 둘째, 셋째는 쓰지 말아야 합니다. 그 다음 결론의 목적은 지금까지 했던 말은 무엇인지, 설교를 들었으면 어떤 행동을 해야 되는지를 드러내 보이는 것입니다. 결론을 들을 때 설교 전체가 완성된다는 느낌을 받을 수 있도록 해주어야 합니다. … 결론에서 중요한 것은 새로운 논지를 포함시키지 말라는 것입니다. 앞에서 말했던 것을 다시 강조할 수는 있지만 앞에서 말하지 않았던 것은 꺼내지 말라는 것입니다. 또한 결론은 생동감이 있어야하고, 분명하고 간결하게 결론을 내려야 합니다. 서론에서 무엇을 말하려고 했다면 그 약속을 지켜줘야 합니다. 그래서 충분하게 시간을 들이되 불필요하게 들여서는 안 됩니다.

필자의 판단으로 로이드 존즈와 정근두 목사가 설교의 구조와 전개에 있어서 강조한 것을 단순화시키면 '통일성,' '논리적 연결' 그리고 '진전'이라고 할 수 있다. 그렇다면 구체적으로 정근두 목사의 야고보서 설교에서 그것이 어떻게 실현되고 있는지 구체인 예들을 통해 살펴보자.

1) 야고보서 1:9-11
   제목: 새로운 신분

전개

1) 본문은 "자랑하라!"고 말씀합니다.

2) 여러분! 무엇을 자랑하고 있습니까?

3) 야고보 선생은 무엇을 자랑하라고 명합니까? 그것은 '새로운' 신분입니다.

 본문에서는 "낮은 형제는 자기의 높음을 자랑하고 부한 형제는 자신의 낮아짐을 자랑하라"고 말씀합니다. 세상을 살 때에 여러분의 처지가 어떠하든지 여러분에게 주어진 (불변하는) 새로운 신분으로 인해서 자랑하십시오. 가난한 사람들은 고귀한 하나님의 자녀 된 그 신분 때문에 자랑하라고 합니다. 성도가 자랑하는 것을 세상과 달리하는 데는 이유가 있습니다.

4) 불변하는 새로운 신분을 자랑해야 할 이유는 무엇입니까?

 "자랑하라"고 두 번 반복해서 명한 다음 그 이유를 설명해 줍니다. "이는 풀의 꽃과 같이 지나감이라" 왜 낮은 형제는 자기의 높음을 자랑합니까? 왜 부한 형제는 자기의 낮아짐을 자랑합니까? "이는"이라고 시작하는 설명을 잘 들어보십시오. 특별히 부한 자 뒤에 "이는"이라고 하는 이유는 무엇입니까? 낮은 자나 부한 자나 인생은 풀의 꽃과 같이 지나갑니다. 그러나 가난한 자는 부한 자 만큼 세상 집착도가 높지 않습니다. 빨리 지나가기를 바라고 삽니다. 그러나 부자는 자기도 모르게 땅위에 큰집을 짓고 살고 싶어 합니다. 하지만 그 영화도 풀의 꽃과 같이 지나갑니다.

5) 결단을 촉구하는 적용

 여러분은 날을 계산하며 살고 있습니까? 모세의 기도를 들어보십시오. "우리에게 우리 날 계수함을 가르치사 지혜의 마음을 얻게 하소서!"

 정 목사는 본문의 명령에서 출발하여 1) 청중들의 상황을 진단하고, 2) 본문의 핵심 메시지("새로운 신분을 자랑하라")를 언급한 후, 3) 그 이유를 설명한 다음에, 4) 적용의 차원에서 결단을 촉구하고 있다. 위의 설교에서 우리는 전체가 하나의 주제로 통일성을 이루고 있으며, 논리적으로 분명하게 연결되면서, 생각의 진전이 있음을 확인할 수 있다.

2) 야고보서 2:1-4

　제목: 영광의 주 예수 그리스도

1) 교회 안에서의 차별대우 언급(당시와 오늘날의 상황)

2) 교회 안에서 차별대우를 하지 말아야 할 이유는 무엇인가?

　‘영광의 주 곧 우리 주 예수 그리스도에 대한 믿음을 너희가 가졌으니’

3) 적용:

　(1) 원리적 적용: 주의 영광을 응시하라.

　　주의 영광을 응시하십시오. 주의 영광을 응시하게 될 때에 여러분은 영
　　광으로 영광에 이릅니다. 주님의 성령을 통해서 변화할 것입니다. 그런
　　사람들은 결코 세상의 번쩍거림에 현혹될 수 없습니다. 가졌다는 것
　　때문에 우대하는 곳이 교회가 아닙니다. 지위가 높다는 것 때문에 우
　　대하는 곳이 교회가 아닙니다. 권력을 가졌다고 더 나은 대접을 하는
　　곳이 교회가 아닙니다.

　(2) 실제적 적용:

　　a) 정말 보살핌을 필요로 하는 사람을 돌아보는 삶은 의식적인 신앙의
　　　결단이 있어야 합니다.

　　b) 과잉 친절, 과잉 무시 모두 조심해야 합니다.

　정 목사는 1) 역사적인 상황과 오늘날의 상황을 함께 언급한 후, 2) 본
문의 핵심 메시지(차별대우를 하지 말라)를 언급하고 그 이유를 설명하고,
3) 적용(원리적 적용과 실제적인 적용)을 제시한다. 위의 설교에서도 전체
가 하나님의 핵심 주제를 중심으로 통일성을 이루고 있으며 논리적 진전
을 이루고 있음을 확인할 수 있다.

3) 야고보서 4:1-3

　제목: 궁극적인 관심사

(1) 서론(본문의 개괄적 설명)

　오늘 본문은 ‘싸움과 분쟁의 원인’ 을 말하고, 이어서 ‘욕망이 지배하는

삶의 결과'를 보여주고, 마지막으로 '우리가 추구할 삶의 궁극적인 목적'
이 무엇인지를 말합니다.

(2) 본론

I. 싸움과 분쟁의 원인은 무엇입니까?

"너희 중에 싸움이 어디로, 다툼이 어디로부터 나느냐? 너희 지체 중에서
싸우는 정욕으로부터 나는 것이 아니냐?" 여러분은 무엇 때문에 서로 싸
우고 분쟁을 일으킵니까? 여러분의 지체 안에서 갈등을 일으키는 욕망에
서 나오는 것이 아닙니까?

II. 욕망이 지배하는 삶의 결과는 무엇입니까?

"너희는 욕심을 내어도 얻지 못하여 살인하며 시기하여도 능히 취하지 못
하므로 다투고 싸우는 도다." 여러분은 욕심을 부려도 얻지 못하면 살인
을 하고, 탐내어도 가지지 못하면 다투고 싸웁니다. 삶에 달관한 분이 우
리 모습을 보면 정말로 한심할 것입니다.

III. 삶의 궁극적 목적(선택)은 무엇입니까?

"너희가 얻지 못함은 구하지 아니하기 때문이요. 구하여도 받지 못함은
정욕으로 쓰려고 잘못 구하기 때문이라." 왜 그렇게 서로 시기하고 싸우
고 하는지 도대체 야고보 선생으로서는 이해가 되지 않았습니다. 정말 갖
고 싶은 것이 있으면 달라고 하면 될 것인데, 왜 그렇게 싸우는지 아이들
키워보면 이해가 안 될 때가 있습니다. 달라고 하면 엄마아빠가 얼마든지
주려고 하는데 왜 동생이 가진 것을 꼭 빼앗아야만 됩니까?

3) 적용:

(1) 원리적 적용: 핵심은 내 욕망을 충족할 것인지 아니면 하나님의 뜻을 이
룰 것인지 그게 늘 문제인 겁니다. 생의 궁극적 선택은 자신을 기쁘게
할 것인가 하나님을 기쁘시게 할 것인가에 달려 있습니다. 나를 지으신
하나님을 기쁘시게 하는 삶을 살 것인지, 되는대로 욕망을 따라 살 것인
지 택일하셔야 합니다.

(2) 구체적 적용: 기도도 마찬가지입니다. 도대체 무엇을 위해 기도하는지
생각할 필요가 있습니다. 무엇을 위해 기도드리고 있습니까? 내가 하고

싶은 일입니까? 아니면 하나님이 나를 통해서 이루시고자 하는 그 일 때문입니까?

위의 설교도 전체적으로 통일성을 이루고 있다. 뿐만 아니라 전체적인 구조와 전개가 논리적으로 연결되며 진전이 있는 전개가 진행되고 있음을 확인할 수 있다.

결론적으로 정 목사는 로이즈 존즈가 바람직한 설교를 위해 강조하였던(물론 필자도 강조하고 있는 바이다) 통일성, 논리적 연결 그리고 생각(사상)의 진전을 이루는 탁월한 설교의 구조와 전개를 보여주었다.

그러나 현실적으로 문제는 있다. 이러한 '논리적 연결'과 '생각의 진전'을 추구하는 설교가 간단명료한 소위 삼대지 설교에 익숙한 성도들에게는 어렵고 따라가기 힘들 수도 있다는 점이다. 정근두 목사도 설교 사역을 하면서 계속 그 어려움에 직면한 것 같다. 야고보서 설교에서도 종종 그러한 설교의 어려움을 토로하기도 하였다.

그리스도 안에서 사랑하는 성도 여러분, 그리고 하나님의 진리를 깨닫기 위해서 이 자리에 발걸음을 옮기신 여러분, 그렇습니다. 제 설교는 그렇게 쉽지 않습니다. 그리고 텔레비전 예능 프로그램처럼 재밌지도 않습니다. 저는 그런 프로그램을 별로 선호하지 않습니다. 왜냐하면 삶의 교훈 하나도 얻지 못하고 그저 웃기만 하는 프로그램을 보는 것은 시간 낭비라고 생각하기 때문입니다. 이처럼 진리를 추구하는 마음 없이 교회에 나와서 까지 의미 없는 즐거움을 추구하고자 하는 사람이라면 교회는 여러분에게 별로 맞지 않을 것입니다. 진리를 추구하는 마음이 없는 사람에게는 교회가 지루할 것입니다. 특히 진리 안에서 자라고자 하는 욕구가 없는 이에게는 아무리 교회를 오래 다녀도 마음이 어려울 수 있습니다.[83]

그리고 지금 제가 하는 강해 설교는 전개 방식에서 주제 설교처럼 대지를 뚜렷이 나누는 식이 아니다 보니 듣다가 다른 생각을 하면 따라잡기가 어려울 수도 있습니다. 그래서 귀를 기울이는 마음가짐이 필요하고 조금 더 은혜를 사모하는 열심이 요구됩니다.[84]

물론 정 목사의 이러한 고민과 부담은 바람직한 설교를 위해 모든 설교자가 극복해야 할 부분이다. 뿐만 아니라 이러한 부분을 보완하기 위해 예화 또는 이매지네이션(imagination)을 좀 더 적극적이고 효과적으로 활용하는 것도 필요하다는 것이 필자의 판단이다.[85]

4. 아쉬운 점

1) 설교의 핵심 주제 그리고 설교의 구조와 전개에 있어서 헬라어 구문론을 좀 더 적극적으로 활용하지 못한 아쉬움이 있다.

성경의 언어인 히브리어와 헬라어는 문법적 관계가 분명하다. 다시 말해, 성·수·격이 확실히 구분되어 있고, 수식관계가 분명하다. 따라서 설교할 본문의 문법적 수식관계를 도표(diagram)로 정리해 보는 것은 본문의 핵심 주제와 흐름을 파악하는 데 중요하고 필요하다. 다시 말해, 주 문장과 보조 문장 그리고 수식어와 수식구 등의 문법적인 관계를 고려해서 본문을 도식해 보면, 단어들의 관계, 절과 절의 관계, 전체의 흐름을 파악함으로 본문의 주제와 구조 그리고 설교의 구조를 결정하는데 중요한 도

---

83) 정근두, 『야고보서』, 259.
84) 정근두, 『야고보서』, 328.
85) 설교에 있어서 이매지네이션의 효과적인 활용과 관련하여 김창훈, 『하나님 중심적 설교』, 517-43을 참고하라.

움이 되는 경우가 많다. 물론 본문을 도식할 때 원어(히브리어와 헬라어)로 하는 것이 가장 바람직하지만, 최소한 영어로는 해야 한다. 예를 들어, 야고보서 1:2-4와 야고보서 1:5-8을 구문론적으로 분석해 보자.

(1) 야고보서 1:2-4

My brothers and sisters, whenever you face trials of any kind,
consider it nothing but joy,
    because you know that the testing of your faith produces endurance;
and let **endurance have its full effect,**
        so that you may be mature and complete, lacking in nothing(NRSV).[86]

본문에서 주 문장은 두 개의 명령형이다. 즉, 1) consider it nothing but joy(오직 기쁘게 여기라)와 2) let endurance have its full effect (온전한 인내를 가져라). 따라서 본문은 시험을 맞이하는 자세로 두 가지를 강조하고 있음을 확인할 수 있다. '강해적(진정한) 설교' 또는 '하나님 중심적 설교'를 위해서는 설교의 핵심 주제와 설교의 구조와 전개에 이러한 본문(원어)의 구문론적 분석이 반영되어야 한다.

(2) 야고보서 1:5-8

    If any of you is lacking in wisdom,
  ask God,
      who gives to all generously and ungrudgingly,
  and it will be given you.

---

86) 문법적 수식관계가 원문을 잘 반영하고 있고, 또한 큰 차이가 없기 때문에 영어 번역을 통하여 구문론적 분석(diagram)을 시도하였다.

But ask in faith, never doubting,

    for the one who doubts is like a wave of the sea,

        driven and tossed by the wind;

    for the doubter must not expect to receive anything

    from the Lord(NRSV).

        being double-minded and unstable in every way,

위의 본문에서는 두 개의 명령이 주 문장이다. 즉, 1) ask God(하나님께 지혜를 구하라)와 2) ask in faith, never doubting (믿음 안에서 의심하지 말고 지혜를 구하라)이다. 따라서 본문에서는 시험 때에 기도할 것(그 결과는 응답받을 것이다)과 응답받는 기도의 원리로서 믿음 안에서 의심치 않고 기도할 것을 명령하고 있다. 이러한 구문론적 분석이 설교의 핵심 주제와 설교의 구조와 전개에 반영되어야 한다. 그 때 '강해적(진정한) 설교' 또는 '하나님 중심적 설교'가 될 수 있다.

2) 본문 선택 범위에 대한 아쉬움이 있다.

흔히 본문을 선택할 때는 '하나의 중심적이고 통일적인 주제가 도출될 수 있는 단위(A Single Unit of Thought)'여야 한다고 주장한다. 왜냐하면 그것이 성경 의미의 가장 기본적인 단위(pericope)이기 때문이다. 물론 본문의 단위가 설교자의 취향이나 관점 또는 청중에 따라 다를 수 있다. 또한 한 단위를 여러 번 나누어서 설교하는 것도 가능하다. 예를 들어, 정 목사는 야고보서를 연속적으로 강해 설교할 때 1절을 4회에 걸쳐서 설교하였고, 야고보서 1:12-18도 함께 이해되어야 하는 하나의 의미의 단위이지만 네 번(약 1:12, 13-16, 16-17, 18)으로 나누어서 설교하기도 하였다. 필자는 그것도 얼마든지 가능하다고 믿는다. 하지만 하나의 의미의 단위를 여러 번 원자적으로 나누어서 설교할 때 주의할 점이 있다. 그것은 나누어서 설교하는 모든 부분에서 그 단위의 전체 핵심 주제를 결코 놓치지 말아야 하며, 또한 본문이 의도하는 것보다 더 많은 의미를 부여하지 말아야 한다는 것이다. 그런데 정근두 목사의 설교 가운데도 그러한 부분들이 종종 발견된다. 예를 들어, 정 목사는 야고보서 1:19-21을 두 번 나누어서 설교하였고, 21절의 의미를 넓혀 설교하였다. 그러나 19-21절은 의미의 한 단위이고 21절은 19-20과 연결하여 그 결론으로 설교되어야 한다. 4장 17절도 마찬가지이다. 4장 17절은 4:13-17의 결론이다. 따라서 4장 17절을 독립적으로 접근하여 의미를 부가하기보다는 13-16절과만 연결하여 그 결론으로 설교하는 것이 바람직하며 또한 과도하게 의미를 부여하지 않는 한 설교일 것이다.

III. 나가면서

정근두 목사의 설교를 분석하고 연구하면서 참 행복한 시간을 가졌다. 로이드 존즈가 '진정한(참된) 설교' 또는 필자가 강조하는 '하나님 중심적 설교'의 모델을 보았기 때문이다. 마치 가뭄에 단비를 만난 느낌이었다. 다만 그의 설교 사역이 한창 진행될 때 좀 더 적극적으로 소개하지 못한 아쉬움이 있다.

설교 평가서

작성자:

설교자:

설교 본문:

설교 제목:

설교 정황: 주일 낮, 주일 밤, 삼일 밤, 기타

설교 시간: 총 분

1. 본문 선택

 - 하나의 중심적이고 통일적인 주제가 도출되는 본문인가?

2. 설교 제목

 - 전체 내용을 함축하는가?

 - 참신하고 독창적인가?

 - 궁금증을 유발하는가?

 - 적용의 핵심이 반영되었는가?

3. 서론

 - 청중의 관심과 흥미를 유발시키는가?

 설교를 들을 필요를 제시하였는가?

 - 주제를 암시하는가?

 - 본론과 자연스럽게 연결되는가?

－ 길이는 적절한가?

4. 본문 해석

－ 하나님 중심적(신학적) 해석이 되었는가?

인간 중심적 해석, 영해, 도덕적 해석의 오류는 없는가?

　－ 잘못된 해석은 없는가?

본문에 그릇된 의미를 부여하지는 않았는가?

　－ 미흡한 해석은 없는가?

본문의 충분한 의미를 다 밝혀 내지 못한 부분은 없는가?

　－ 지나친 해석은 없는가?

본문이 보여주는 것 이상의 의미를 부여하지는 않았는가?

　＊ 종합적으로 본문이 제대로 해석되었는가?

5. 청중 분석

　－ 설교가 청중과 어떤 관련이 있는지 제시되었는가?

　－ 설교의 내용, 구조, 전개방식, 목적 그리고 언어 사용 등이 청중과
잘 어울리는가?

6. 적용

－ 적용이 본문의 가르침과 일치한가?

　(적용이 본문에서 자연스럽게 도출되었는가?)

－ 적용은 창조적인가?

－ 접근 방식에 설득력이 있는가?

－ 통일성이 있는가?

－ 구체적이고 실제적인가?

(what, where, why, how에 대한 언급이 있는가?)

- 적용은 전체를 위한 것인가?

(적용이 특별한 부류의 사람들에 대한 것인가?)

(청중과 설교자가 구분되지는 않았는가?)

7. 설교의 중심 명제

- 설교의 중심 명제가 분명하게 드러나는가?

- 중심 명제와 관련하여 불필요한 내용은 있지 않았는가?

8. 설교의 목표

- 설교의 목적을 분명히 알 수 있는가?

- 설교의 목적이 성취되었는가?

9. 설교 구성

- 통일성(Unity)을 유지하는가?

(설교 전체가 하나의 주제 하에 일관성을 유지하는가?)

- 논리성(Logic)은 있는가?

(설교의 각 부분들과 그 안의 내용들이 논리적으로 잘 연결되어 있는가?)

- 명확(Clearness)한가?

(내용의 분명한가?)

- 비율(Proportion)은 일정한가?

(설교의 각 부분[서론, 본론, 결론, 예화]들이 차지하는 비율이 조화와 균형을 이루는가?)

- 진전(Progressiveness)이 이루어지고 있는가?

(설교 전체가 목표를 향해 내용이 점점 발전해 가고 있는가?)

- 독립성을 유지하고 있는가?

(내용이 불필요하게 중복되지는 않았는가?)

10. 설교 내용분석
   - 전개 방식: 연역적인가? 귀납적인가? 혼합형인가?
   - 구조: 해석 중심인가? 적용 중심인가? 균형을 이루었는가?
   - 역할: 복음적인가? 교육적인가? 치유적인가? 복합적인가?
   - 목적: 문제 제기형인가? 방향제시형인가? 동기부여형인가? 혼합형
     인가?

11. 보조 자료
   - 믿을 만한가?
   - 흥미와 관심을 이끌었는가?
   - 요지와 잘 연결되었는가?
   - 효과적으로 사용되었는가?
   - 설득력 있게 사용되었는가?

12. 결론
   - 자연스럽게 결론에 도달하였는가?
   - 주제를 잘 요약하였는가?
   - 마지막 결단을 촉구하였는가?
   - 길이는 적절한가?

13. 언어 사용
   - 구어체인가?
   - 모든 청중이 이해할 수 있는 쉬운 언어를 사용했는가?
   - 불필요한 단어나 표현을 사용하지는 않았는가? 간결한가?

- 불명확한 표현은 없는가? 분명한가?
- 의도된 것을 제대로 표현하였는가?
- 학문적인 단어나 신학적인 단어가 설명 없이 사용되지는 않았는가?
- 품위가 떨어지는 단어는 없는가?
- 질문을 적절하게 사용하였는가?

14. 전달
- 설교 내용을 완전히 숙지하였는가?
- 대화체로 자연스럽게 전달하는가?
- 너무 무거운 분위기로 전달하지는 않는가?
- 청중과의 시선은 자연스러운가?
- 모든 청중에게 골고루 시선이 향하는가?
- 발음은 정확한가?
- 말의 속도는 적당한가?
- 음성의 고저는 자연스러운가?
- 표정은 밝고 자연스러운가?
- 몸은 바른 자세를 유지하는가?
- 제스처는 자연스러운가?
- 불필요한 제스처는 없는가?
- 복장이 너무 화려하거나 어둡지는 않는가?
- 메시지에 대한 확신과 열정이 충분히 드러나는가?

※ 종합적인 평가
- 전체적으로 신선하고 독창적인가? 아니면 뻔한 설교인가?
- 설득력이 있고 감동적인가?

- 다른 설교에 비해 강점은 무엇인가?
- 보완해야 할 대표적인 약점은 무엇인가?
- 이 설교의 대표적인 특징은 무엇인가?
- 이 설교에서 가장 기억나는 것은 무엇인가?

기타: